# Microsoft Excel Pivot-Tabellen für Power User

## Mit dynamischen Arrays, Power Query und Copilot

Bill Jelen



dpunkt.verlag

Microsoft

Wir hoffen, dass Sie Freude an diesem Buch haben und sich Ihre Erwartungen erfüllen. Falls Sie Anregungen, Wünsche und Kommentare haben, lassen Sie es uns wissen:
**service@rheinwerk-verlag.de**.

Informationen zu unserem Verlag und Kontaktmöglichkeiten finden Sie auf unserer Verlagswebsite **www.dpunkt.de**. Dort können Sie sich auch umfassend über unser aktuelles Programm informieren und unsere Bücher und E-Books bestellen.

**Autor:** Bill Jelen
**Übersetzung:** Rainer G. Haselier
**Lektorat:** Sandra Bollenbacher, Alissa Melitzer
**Buchmanagement:** Julia Griebel, Friederike Demmig
**Copy-Editing:** Isolde Kommer, Großerlach
**Satz:** mediaService, Gerhard Alfes, Siegen, *www.mediaservice.tv*
**Herstellung:** Stefanie Weidner, Frank Heidt
**Covergestaltung:** Eva Hepper, Silke Braun
**Bildnachweis:** Shutterstock: 1325342264©whiteMocca
**Druck:** mediaprint solutions, Paderborn

PEFC
PEFC/04-31-0810

Dieses Buch wurde mit mineralölfreien Farben auf PEFC-zertifiziertem Papier aus nachhaltiger Waldwirtschaft gedruckt. Der Umwelt zuliebe verzichten wir zusätzlich auf die Einschweißfolie. Hergestellt in Deutschland.



Bibliografische Information der Deutschen Nationalbibliothek:
Die Deutsche Nationalbibliothek verzeichnet diese Publikation in der Deutschen Nationalbibliografie; detaillierte bibliografische Daten sind im Internet über *http://dnb.dnb.de* abrufbar.

**ISBN Print: 978-3-98889-061-0**
**ISBN PDF: 978-3-98890-325-9**
**ISBN ePub: 978-3-98890-326-6**

1. Auflage 2026

Authorized translation from the English language edition, entitled MICROSOFT EXCEL PIVOT TABLE DATA CRUNCHING INCLUDING DYNAMIC ARRAYS, POWER QUERY, AND COPILOT 1st Edition by BILL JELEN published by Pearson Education, Inc, publishing as MICROSOFT PRESS, Copyright © 2025 Pearson Education, Inc.



dpunkt.verlag ist eine Marke des Rheinwerk Verlags.



Rheinwerk Verlag GmbH • Rheinwerkallee 4 • 53227 Bonn
*service@rheinwerk-verlag.de*

Microsoft Excel Pivot-Tabellen für Power User

**Bill Jelen**, Excel MVP und Betreiber der Website *MrExcel.com*, arbeitet seit 1985 mit Tabellenkalkulationen und startete 1998 die Website *MrExcel.com*. Bill war regelmäßiger Gast bei *Call for Help* mit Leo Laporte und hat mehr als 2600 Episoden seines täglichen Video-Podcasts *Learn Excel from MrExcel* produziert. Er ist Autor von 69 Büchern über Microsoft Excel und schreibt die monatliche Excel-Kolumne für die Zeitschrift *Strategic Finance*. Bevor er *MrExcel.com* gründete, arbeitete Bill 12 Jahre lang als Finanzanalyst für die Finanz-, Marketing-, Buchhaltungs- und Betriebsabteilungen eines 500 Millionen Dollar umsatzstarken börsennotierten Unternehmens. Bill lebt mit seiner Frau Mary Ellen in Merritt Island, Florida.

# Inhaltsverzeichnis

*Für Kim Sekas und Stacie Fuss*
*aus meiner morgendlichen Fitnessgruppe*
*mit dem Supernatural VR-Headset.*

*Immer wenn ich anfing, irrelevante Excel-Analysen zu posten,*
*erinnerten sie mich daran, dass ich Kapitel zu aktualisieren hatte.*

# Danksagungen

Danke an das Excel-Team bei Microsoft, das immer bereit ist, Fragen zu den unterschiedlichsten Features zu beantworten. Danke an die Community auf *MrExcel.com*, einer Gemeinschaft von Menschen, die sich für Excel begeistern. Danke an Bob Umlas, der als Fachlektor dieses Buch bearbeitet hat, und an die Kughens für ihr Projektmanagement. Danke an Mike Alexander, der bei den ersten vier Ausgaben dieses Buches mein Co-Autor war. Danke an Suat Ozgur, der meinen Programmcode in Kapitel 13 überprüft hat. Schließlich danke ich meiner Frau Mary Ellen für ihre Unterstützung während des Schreibprozesses.

# Einleitung

Die PivotTable ist *das* leistungsstärkste Werkzeug in Excel überhaupt. PivotTables entstanden in den 1990er-Jahren, als sich Microsoft und Lotus einen erbitterten Kampf um die Vorherrschaft auf dem Markt für Tabellenkalkulationen lieferten. Der Wettlauf um die ständige Verbesserung der Features ihrer jeweiligen Produkte führte Mitte der 1990er-Jahre zu vielen unglaublichen Funktionen, aber keine war so leistungsfähig wie die PivotTable.

Mit einer PivotTable können Sie in Sekundenschnelle eine Million Zeilen mit Transaktionsdaten in einen zusammenfassenden Bericht umwandeln. Wenn Sie mit der Maus ziehen können, können Sie eine PivotTable erstellen. Mit PivotTables können Sie nicht nur Daten schnell zusammenfassen und berechnen, sondern auch Ihre Analyse im Handumdrehen ändern, indem Sie einfach Felder von einem Bereich eines Berichts in einen anderen verschieben.

Kein anderes Tool in Excel bietet Ihnen die Flexibilität und analytische Leistung einer PivotTable. Die Power Query-Tools, die zwischen Excel 2013 und Excel 2016 eingeführt wurden, kommen der Leistungsfähigkeit einer PivotTable nahe. Einige Beispiele für Power Query finden Sie in Kapitel 17, »Pivotieren ohne PivotTable mithilfe von Formeln, Python oder Power Query«, und in Kapitel 19, »Entpivotieren in Power Query«.

## Was Sie in diesem Buch lernen werden

Es herrscht weitgehend Einigkeit darüber, dass fast 60 Prozent der Excel-Anwender 80 Prozent der Excel-Funktionen ungenutzt lassen, d. h., die meisten nutzen das Potenzial der in Excel integrierten Features nicht voll aus. Die PivotTable ist das bei Weitem produktivste dieser Tools. Obwohl PivotTables seit fast 30 Jahren ein Eckpfeiler von Excel sind, gehören sie nach wie vor zu den am wenigsten genutzten Tools der gesamten Microsoft-Office-Suite.

Wenn Sie dieses Buch in die Hand nehmen, haben Sie sicher schon von PivotTables gehört und vielleicht haben Sie sie sogar schon gelegentlich erhalten. Sie haben das Gefühl, dass PivotTables Möglichkeiten bieten, die Sie nicht nutzen, und Sie möchten lernen, wie Sie diese Leistung nutzen können, um Ihre Produktivität schnell zu steigern.

Mit den ersten beiden Kapiteln werden Sie in der Lage sein, grundlegende PivotTables zu erstellen, Ihre Produktivität zu steigern und innerhalb von Minuten, statt in Stunden, Berichte zu erstellen. In den ersten sieben Kapiteln werden Sie in der Lage sein, komplexe PivotTable-Berichte mit Drilldown-Features und begleitenden Diagrammen zu erstellen. Am Ende des Buches werden Sie in der Lage sein, ein dynamisches PivotTable-Berichtssystem aufzubauen.

## Was ist neu bei den PivotTables von Microsoft Excel?

Microsoft hat zwei neue Array-Funktionen eingeführt, die es einfacher machen, eine PivotTable mithilfe einer Formel zu replizieren: `PIVOTMIT (PIVOTBY)` und `GRUPPIERENNACH (GROUPBY)`. Ein Vorteil von Formeln gegenüber PivotTables ist, dass Formeln automatisch neu berechnet werden, wenn sich die zugrunde liegenden Daten ändern. Es kommt vor, dass Sie Dashboards für den Manager drei Hierarchieebenen über Ihnen erstellen und sich nicht darauf verlassen können, dass dieser weiß, dass er auf der Registerkarte *PivotTable-Analyse* die Schaltfläche *Aktualisieren* anklicken muss. In diesen Fällen kann die Funktion `PIVOTMIT` dafür sorgen, dass Ihr Dashboard auf dem neuesten Stand ist.

Bereits seit einigen Jahren bietet Microsoft das Feature *Datenanalyse* an, mit dem Sie oft eine Pivot-Tabelle erstellen können, indem Sie eine Zelle in den Quelldaten markieren und dann im Aufgabenbereich *Datenanalyse* eine der vorgeschlagenen PivotTables auswählen. Das Feature *Datenanalyse* ist erprobt und zuverlässig und wird immer ein zuverlässiges Ergebnis liefern. Für diese Ausgabe des Buches ist in Excel das brandneue Copilot-Feature verfügbar. Je nachdem, welches Microsoft 365-Abonnement Sie besitzen, müssen Sie dafür extra bezahlen. Das Copilot-Feature erzeugt oft einen Bericht, der genauso akkurat ist wie derselbe Bericht, der mit dem Feature *Datenanalyse* erstellt wird. Manchmal wird jedoch auch ein falscher oder ungenauer Bericht erstellt. Wenn sich Copilot auf der anderen Seite der Bezahlschranke befindet, sollten Sie zumindest das überlegene Feature *Datenanalyse* schätzen lernen, das in Microsoft 365 kostenlos verfügbar ist.

Sie können jetzt eine PivotTable erstellen, während Sie Excel für das Web verwenden. Es bietet zwar nicht alle Funktionen von Excel für Windows, aber die Möglichkeit, eine PivotTable in Excel für das Web zu erstellen, ist ein großer Schritt für die Onlineversion von Excel. Noch vor wenigen Jahren schrieb ich in der vorherigen Ausgabe dieses Buches, dass Excel für das Web niemals die Erstellung von PivotTables zulassen würde, und jetzt ist es möglich. Sie können sie zwar nicht wie in Windows optimieren, aber Sie können PivotTables erstellen.

Office 365 bietet eine neue Funktion zum Analysieren von Daten, die durch künstliche Intelligenz unterstützt wird. Markieren Sie einen Datensatz mit bis zu 250.000 Zellen und bitten Sie Excel, die Daten zu analysieren. Excel schlägt etwa 30 interessante Analysen vor, darunter mehrere PivotTables.

In der englischen Version von Excel ermöglicht es Ihnen das Feature *Datenanalyse*, eine Frage zu Ihren Daten zu stellen. Die Wahrscheinlichkeit, dass die Antwort in Form einer PivotTable oder eines PivotCharts geliefert wird, ist ziemlich groß. Datenanalyse und Fragenstellen sind also neue Einstiegspunkte für die Erstellung von PivotTables.

Falls Sie die Ausgabe 2019 dieses Buches verpasst haben – diese Funktionen sind seit Excel 2016 neu:

- Sie können Standardeinstellungen für alle zukünftigen PivotTables festlegen.
- Die automatische Datumsgruppierung, die in Excel 2016 für PivotTables eingeführt wurde, kann jetzt ausgeschaltet werden. Eine Mischung aus leeren Zellen und numerischen Zellen wird wie eine numerische Spalte behandelt und standardmäßig auf Summe statt auf Anzahl gesetzt.
- Power Pivot ist jetzt in allen Windows-Versionen ab Excel 2019 und von Office 365 enthalten.

## Fallstudie: Ein Leben ohne PivotTables

Angenommen, Ihr Vorgesetzter bittet Sie, eine einseitige Zusammenfassung einer Verkaufsdatenbank zu erstellen. Er möchte den Gesamtumsatz nach Region und Produkt aufschlüsseln. Angenommen, Sie wissen nicht, wie man Pivot-Tabellen verwendet. Sie werden Dutzende von Tastenanschlägen oder Mausklicks benötigen, um diese Aufgabe zu erledigen.

Dieser Beispieldatensatz (der in den Beispieldateien für das Buch enthalten ist – siehe Seite 27) hat Überschriften in Zeile 1, Daten in den Zeilen 2 bis 564 und Spalten in Spalte A bis Spalte I.

Zunächst müssen Sie eine sortierte, eindeutige Liste von Produkten auf der linken Seite des Summenberichts und eine sortierte, eindeutige Liste von Produkten oben erstellen. In der Vergangenheit konnte dies mit einem erweiterten Filter oder dem Befehl *Duplikate entfernen* erledigt werden. Aber heute ist es am einfachsten mit einer Formel.

1. Geben Sie in Zelle K2 die Formel **=SORTIEREN(EINDEUTIG(B2:B564))** ein. Sie erhalten eine Liste der eindeutigen Regionsnamen, die sich auf K2:K5 verteilen.
2. Um eine Liste der eindeutigen Produkte im oberen Teil des Berichts zu erhalten, geben Sie in Zelle L1 die Formel **=MTRANS(SORTIEREN(EINDEUTIG(C2:C564)))** ein.

Zu diesem Zeitpunkt haben Sie mit 68 Tastenanschlägen die Hülle des endgültigen Berichts erstellt, aber es sind noch keine Zahlen enthalten (siehe Abbildung E.1).

| | B | C | D | E | F | G | H | I | J | K | L | M | N | O |
|---|---|---|---|---|---|---|---|---|---|---|---|---|---|---|
| 1 | **Region** | **Produkt** | **Datum** | **Kunde** | **Anzahl** | **Umsatz** | **Herstellungskosten** | **Gewinn** | | | Doodads | Gadget | Gizmo | Widget |
| 2 | Mittlerer Westen | Gizmo | 01.01.2029 | Ford | 1000 | 22810 | 10220 | 12590 | | Mittlerer Westen | | | | |
| 3 | Nordost | Gadget | 02.01.2029 | Verizon | 100 | 2257 | 984 | 1273 | | Nordost | | | | |
| 4 | Süd | Gizmo | 04.01.2029 | Valero Energy | 400 | 9152 | 4088 | 5064 | | Süd | | | | |
| 5 | Mittlerer Westen | Gadget | 04.01.2029 | Cardinal Health | 800 | 18552 | 7872 | 10680 | | West | | | | |
| 6 | West | Gadget | 07.01.2029 | Wells Fargo | 1000 | 21730 | 9840 | 11890 | | | | | | |

**Abbildung E.1** Sie haben 68 Tastenanschläge gebraucht, um zu diesem Punkt zu gelangen.

Als Nächstes müssen Sie eine SUMMEWENNS-Formel erstellen, um den Umsatz für jede Region und jedes Produkt zu summieren. Wie in Abbildung E.2 dargestellt, erfüllt die Formel **=SUMMEWENNS(G2:G564,B2:B564,K2#,C2:C564,L1#)** diesen Zweck. Sie benötigen 44 Zeichen und die [↵]-Taste, um die Formel zu erstellen.

```
=SUMMEWENNS(G2:G564;B2:B564;K2#;C2:C564;L1#)
```

| K | L | M | N | O |
|---|---|---|---|---|
| | Doodads | Gadget | Gizmo | Widget |
| Mittlerer Westen | 6036 | 544772 | 652651 | 537965 |
| Nordost | 38860 | 714009 | 751724 | 620019 |
| Süd | 0 | 839551 | 918588 | 844186 |
| West | 28663 | 65382 | 70057 | 75349 |

**Abbildung E.2** Vor der Einführung von dynamischen Arrays wären in der Formel in L2 Dollarzeichen nötig gewesen. Anschließend hätte man die Formel dann in alle 16 Zellen kopieren müssen.

Geben Sie die Überschrift **Summe** für die Summenzeile und für die Summenspalte ein. Sie können dies in neun Tastenanschlägen tun, wenn Sie die erste Überschrift eingeben, dann [Strg]+[↵] drücken, um in derselben Zelle zu bleiben, und anschließend *Kopieren* verwenden, die Zelle für die zweite Überschrift auswählen und *Einfügen* verwenden.

Wenn Sie den Zellbereich K1:P6 markieren und [Alt]+[=] drücken (d. h. die [Alt]-Taste drücken und festhalten und dann das Gleichheitszeichen eingeben – eventuell müssen Sie zusätzlich die [⇧]-Taste gedrückt halten), können Sie die gesamte Formel mit vier Tastenanschlägen eingeben.

Mit dieser Methode, die 110 Klicks oder Tastatureingaben erfordert, erhalten Sie einen schönen Summenbericht, wie in Abbildung E.3 dargestellt. Wenn Sie dies in 5 oder 10 Minuten schaffen würden, wären Sie wahrscheinlich ziemlich stolz auf Ihre Excel-Kenntnisse; es gibt einige gute Tricks unter diesen 110 Operationen.

| K | L | M | N | O | P |
|---|---|---|---|---|---|
| | Doodads | Gadget | Gizmo | Widget | Summe |
| Mittlerer Westen | 6036 | 544772 | 652651 | 537965 | 1741424 |
| Nordost | 38860 | 714009 | 751724 | 620019 | 2124612 |
| Süd | 0 | 839551 | 918588 | 844186 | 2602325 |
| West | 28663 | 65382 | 70057 | 75349 | 239451 |
| Summe | 73559 | 2163714 | 2393020 | 2077519 | 6707812 |

**Abbildung E.3** Nur 110 Operationen später haben Sie einen zusammenfassenden Bericht.

Sie geben den Bericht an Ihren Vorgesetzten weiter. Innerhalb weniger Minuten kommt er mit einer der folgenden Anfragen zurück, die sicherlich eine Menge Nacharbeit verursachen wird:

- Können Sie die Produkte an der Seite der Tabelle ausgeben und die Regionen oben?
- Können Sie mir denselben Bericht nur für die Kunden aus der Branche Fertigungswirtschaft zeigen?
- Könnten Sie den Gewinn anstelle des Umsatzes ausgeben lassen?
- Können Sie diesen Bericht für jeden einzelnen Kunden kopieren?

# Erfindung der Pivot-Tabelle

Wann die PivotTable tatsächlich erfunden wurde, ist umstritten. Das Excel-Team prägte den Begriff *PivotTable,* der 1993 in Excel erschien. Das Konzept war jedoch nicht neu. Pito Salas und sein Team bei Lotus arbeiteten bereits 1986 an dem Konzept der Pivot-Tabelle und brachten 1991 Lotus Improv heraus. Davor stellte Javelin ähnliche Funktionen wie Pivot-Tabellen bereit.

Das Kernkonzept einer Pivot-Tabelle besteht darin, dass die Daten, Formeln und Datenansichten separat gespeichert werden. Jede Spalte hat einen Namen, und Sie können die Daten gruppieren und neu anordnen, indem Sie die Feldnamen an verschiedene Positionen im Bericht ziehen.

## Fallstudie: Das Leben mit PivotTables

Angenommen, Sie sind es leid, jedes Mal, wenn Ihr Vorgesetzter eine Änderung wünscht, die Berichte neu zu erstellen. Sie haben Glück: Sie können denselben Bericht wie in der Fallstudie etwas weiter vorne erstellen, aber stattdessen eine PivotTable verwenden. Excel bietet Ihnen 10 Miniaturansichten von empfohlenen Pivot-Tabellen, die Sie Ihrem Ziel näherbringen. Gehen Sie folgendermaßen vor:

1. Klicken Sie im Menüband auf die Registerkarte *Einfügen*.
2. Klicken Sie auf *Empfohlene PivotTables*. Blättern Sie durch die Liste der vorgeschlagenen *PivotTables* und suchen Sie nach einer Tabelle mit Umsatz, Region und Produkt. Möglicherweise müssen Sie unterhalb des vierten Vorschlags auf *Alle 10 Ergebnisse anzeigen* klicken. Wie in Abbildung E.4 gezeigt, können Sie entweder Um*satz von Region und Produkt* oder *Umsatz von Produkt und Region* wählen. Beides ist in Ordnung. Wählen Sie die Schaltfläche + *Vorhandenes Blatt* unterhalb von *Umsatz von Region und Produkt*.

**Abbildung E.4** Wählen Sie eine empfohlene PivotTable, die dem gewünschten Bericht möglichst nahekommt.

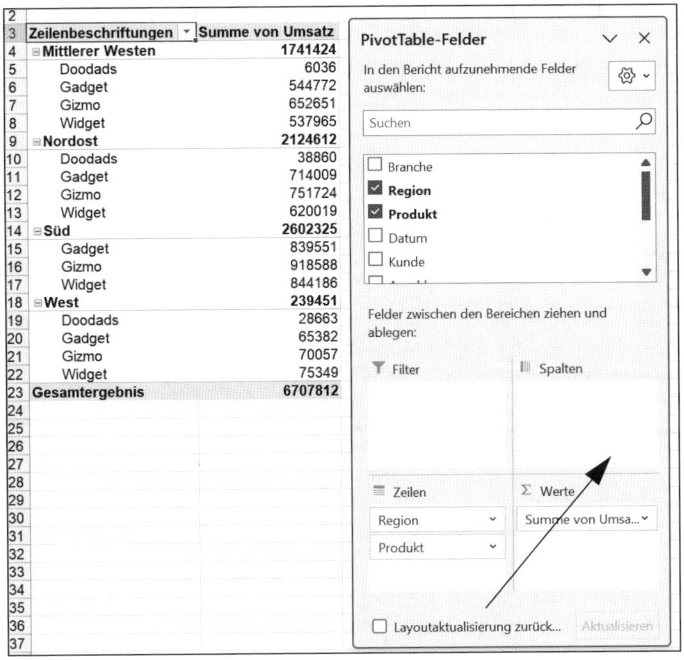


**Abbildung E.5** Um den Bericht fertigzustellen, ziehen Sie die Überschrift Produkt in den Bereich Spalten.

3. Excel fordert Sie nun auf, eine Startzelle für die PivotTable anzugeben. Es empfiehlt sich, eine leere Spalte rechts von Ihren Daten zu lassen und die PivotTable in Zelle K2 beginnen zu lassen. Die anfängliche PivotTable enthält sowohl Region als auch Produkt in der ersten Spalte der PivotTable. Ihr Ziel ist es, die Produkte oben in der PivotTable erscheinen zu lassen.
4. Ziehen Sie das Feld *Produkt* aus dem Bereich *Zeilen* in den Bereich Spalten (siehe Abbildung E.5).

Mit nur wenigen Mausklicks erhalten Sie den in Abbildung E.6 gezeigten Bericht.

| | | | | | | |
|---|---|---|---|---|---|---|
| 2 | | | | | | |
| 3 | Summe von Umsatz | Produkt | | | | |
| 4 | Region | Doodads | Gadget | Gizmo | Widget | Gesamtergebnis |
| 5 | Mittlerer Westen | 6036 | 544772 | 652651 | 537965 | 1741424 |
| 6 | Nordost | 38860 | 714009 | 751724 | 620019 | 2124612 |
| 7 | Süd | 0 | 839551 | 918588 | 844186 | 2602325 |
| 8 | West | 28663 | 65382 | 70057 | 75349 | 239451 |
| 9 | Gesamtergebnis | 73559 | 2163714 | 2393020 | 2077519 | 6707812 |

**Abbildung E.6** Dieser Bericht wurde mit wenigen Mausklicks erstellt.

Wenn Ihr Vorgesetzter mit einer Anfrage wie am Ende der vorherigen Fallstudie zurückkommt, können Sie die PivotTable ganz einfach verwenden, um die Änderungen vorzunehmen. Hier ist ein kurzer Überblick über die Änderungen, die Sie in den folgenden Kapiteln vornehmen werden:

- Könnten Sie die Produkte an der Seite und die Regionen oben anordnen? (Diese Änderung dauert 10 Sekunden: Ziehen Sie das *Produkt* in die *Zeilen* und die *Region* in die *Spalten*.)
- Könnten Sie mir denselben Bericht nur für die Kunden aus der Fertigungsbranche zeigen? (15 Sekunden: Wählen Sie *Datenschnitt einfügen* | *Branche*. Klicken Sie auf *OK* und dann im Datenschnitt auf *Fertigungswirtschaft*.)
- Könnten Sie statt des Umsatzes den Gewinn anzeigen? (10 Sekunden: Deaktivieren Sie das Kontrollkästchen *Umsatz* und aktivieren Sie das Kontrollkästchen *Gewinn*.)
- Könnten Sie diesen Bericht für jeden der Kunden kopieren? (30 Sekunden: Ziehen Sie *Kunde* in den Bereich *Filter*, öffnen Sie auf der Registerkarte *PivotTable-Analyse* das kleine Dropdownmenü neben der Schaltfläche *Optionen*, wählen Sie *Berichtsfilterseiten anzeigen* und klicken Sie auf *OK*.) Weitere Einzelheiten finden Sie unter »Tipp 17: Mit einer PivotTable ein Dataset auf verschiedene Tabellenblätter aufteilen«, in Kapitel 14.

## Eine PivotTable mit künstlicher Intelligenz erstellen

Das Tool Datenanalyse verwendet künstliche Intelligenz, um ein Dataset zu analysieren. In der englischen Version von Excel können Sie im Aufgabenbereich *Datenanalyse* eine Frage in natürlicher Sprache eingeben, und Excel erstellt eine Pivot-Tabelle.

Wenn Sie ein Microsoft 365-Abonnement besitzen, das *Microsoft 365 Copilot Chat* enthält, oder eine Lizenz für *Microsoft 365 Copilot* erworben haben, können Sie Copilot bitten, eine PivotTable zu erstellen. Markieren Sie in Ihrem Datensatz eine Zelle und klicken Sie auf der Registerkarte *Start* auf *Copilot*. Der Aufgabenbereich *Copilot* wird geöffnet. Geben Sie einen Auftrag an Copilot ein, der beschreibt, wie die PivotTable aufgebaut sein soll. Nach etwas »Denkarbeit« schlägt Copilot eine Pivot-Tabelle vor. Wenn Ihnen der Vorschlag gefällt, klicken Sie, wie in Abbildung E.7 gezeigt, auf *Zu neuem Blatt hinzufügen*.

Ausführliche Informationen zum Thema »Künstliche Intelligenz und Excel« finden Sie in Kapitel 18.

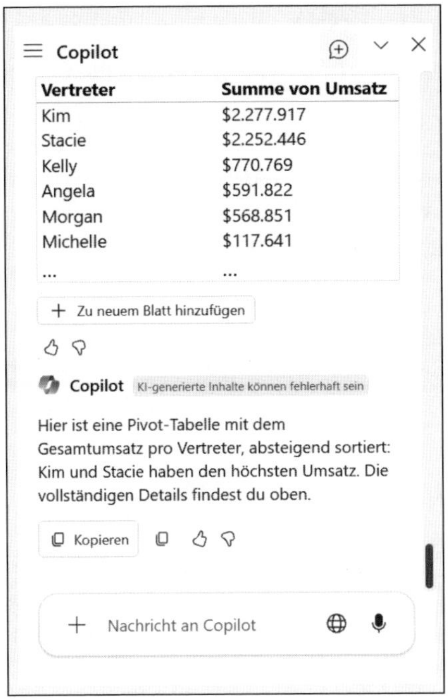


**Abbildung E.7** Sie können Copilot in Excel beauftragen, eine PivotTable zu erstellen.

## An wen sich dieses Buch richtet

Dieses Buch ist ein umfassendes Nachschlagewerk für eingefleischte Analysten, aber auch für gelegentliche Benutzer von Excel. Wir gehen davon aus, dass Sie sich in Excel gut auskennen und dass Sie einige umfangreiche Datasets zusammenfassen müssen.

## Aufbau des Buches

Der größte Teil des Buches befasst sich mit der Verwendung von Pivot-Tabellen in der Excel-Benutzeroberfläche. Kapitel 10, »Mit dem Datenmodell und Power Pivot auf weitere Features zugreifen«, befasst sich mit dem Power Pivot-Fenster. Kapitel 13, »PivotTable-Berichte mit VBA oder TypeScript erstellen«, beschreibt, wie man Pivot-Tabellen mit der leistungsstarken VBA-Makrosprache von Excel erstellt. Kapitel 18, »Künstliche Intelligenz und Copilot zum Erstellen von Pivot-Tabellen«, beschreibt die Verwendung von künstlicher Intelligenz und Copilot zum Erstellen von Analysen. Jeder, der die Grundlagen wie das Aufbereiten von Daten, Kopieren, Einfügen und Eingeben einfacher Formeln beherrscht, sollte kein Problem haben, die Konzepte in diesem Buch zu verstehen.

## Über die Begleitdateien

Die Begleitdateien für dieses Buch enthalten alle Datensätze, die für die Erstellung des Buches verwendet wurden, sodass Sie darin erläuterten Konzepte üben können. Sie können die Dateien von der Website des dpunkt.verlags herunterladen. Hier ist der Link:

*https://dpunkt.de/produkt/microsoft-excel-pivot-tabellen-fuer-power-user*

# Systemvoraussetzungen

Sie benötigen die folgende Software und Hardware, um die Codebeispiele für dieses Buch zu erstellen und auszuführen:

- Sie benötigen Microsoft Excel, das auf einem Windows-Computer läuft. (Ja, Excel läuft auch auf einem iPad oder einem Android-Tablet, aber keines dieser Geräte wird in absehbarer Zeit die Erstellung von PivotTables unterstützen.) Für Personen, die Excel auf einem Mac verwenden, sind einige der grundlegenden PivotTable-Konzepte verfügbar. Power Query und Power Pivot laufen nicht auf einem Mac. Wer Excel für das Web verwendet, kann viele der in diesem Buch beschriebenen PivotTables erstellen, hat aber weniger Möglichkeiten zur Formatierung.
- Um die Copilot-Features nutzen zu können, benötigen Sie ein Microsoft 365-Abonnement, das *Microsoft 365 Copilot Chat* enthält, oder eine Lizenz für *Microsoft 365 Copilot*.

# Kurzformat versus Tabellenformat

Microsoft hat das Standardlayout von Pivot-Tabellen im Jahr 2007 in ein Layout geändert, das *Kurzformat* genannt wird. Aus verschiedenen Gründen, die ich hier erläutern werde, bin ich kein Fan des Kurzformats und habe die Einstellungen in den Excel-Optionen so geändert, dass meine Pivot-Tabellen im Tabellenformat erstellt werden. Wenn Sie dieses Buch durcharbeiten, ist es hilfreich, den Unterschied zwischen der Darstellung derselben Daten im Kurzformat und im Tabellenformat schnell erkennen können.

In Abbildung E.8 zeigen die Spalten N:Q eine herkömmliche PivotTable, bei der das Tabellenformat als Berichtslayout verwendet wird. Jedes der drei Zeilenfelder erscheint in einer anderen Spalte mit aussagekräftigen Überschriften wie *Region*, *Produkt* und *Branche*.

| | N | O | P | Q | R | S | T |
|---|---|---|---|---|---|---|---|
| 2 | Region | Branche | Produkt | Summe von Umsatz | | Zeilenbeschriftungen | Summe von Umsatz |
| 3 | West | Einzelhandel | Gadget | 4380 | | West | 239451 |
| 4 | West | Einzelhandel | Gizmo | 17620 | | Einzelhandel | |
| 5 | West | Einzelhandel | Widget | 17250 | | Gadget | 4380 |
| 6 | West | Einzelhandel Ergebnis | | 39250 | | Gizmo | 17620 |
| 7 | West | Energiewesen | Gadget | 20610 | | Widget | 17250 |
| 8 | West | Energiewesen | Gizmo | 7032 | | Einzelhandel Ergebnis | 39250 |
| 9 | West | Energiewesen | Widget | 26406 | | Energiewesen | |
| 10 | West | Energiewesen Ergebnis | | 54048 | | Gadget | 20610 |
| 11 | West | Fertigungswirtscl | Gadget | 11550 | | Gizmo | 7032 |
| 12 | West | Fertigungswirtscl | Gizmo | 25861 | | Widget | 26406 |
| 13 | West | Fertigungswirtscl | Widget | 17840 | | Energiewesen Ergebnis | 54048 |
| 14 | West | Fertigungswirtschaft Ergebnis | | 55251 | | Fertigungswirtschaft | |
| 15 | West | Finanzwesen | Gadget | 26484 | | Gadget | 11550 |
| 16 | West | Finanzwesen | Gizmo | 19544 | | Gizmo | 25861 |
| 17 | West | Finanzwesen | Widget | 13853 | | Widget | 17840 |
| 18 | West | Finanzwesen Ergebnis | | 59881 | | Fertigungswirtschaft Ergebnis | 55251 |
| 19 | West | Gesundheitswese | Doodads | 28663 | | Finanzwesen | |
| 20 | West | Gesundheitswese | Gadget | 2358 | | Gadget | 26484 |
| 21 | West | Gesundheitswesen Ergebnis | | 31021 | | Gizmo | 19544 |
| 22 | West Ergebnis | | | 239451 | | Widget | 13853 |
| 23 | Mittlerer Weste | Consumer Goods | Gadget | 32254 | | Finanzwesen Ergebnis | 59881 |
| 24 | Mittlerer Weste | Consumer Goods | Gizmo | 61125 | | Gesundheitswesen | |

**Abbildung E.8** Die Überschrift *Zeilenbeschriftungen* in S2 ist ein Hinweis darauf, dass Ihre Pivot-Tabellen standardmäßig im Kurzformat angelegt sind.

Im Gegensatz dazu zeigen die Spalten S:T die gleichen Daten im Kurzformat. Die aussagekräftigen Überschriften von N2:P2 werden in S2 durch eine einzige Überschrift *Zeilenbeschriftungen* ersetzt. Die Werte für Region, Produkt und Branche werden in Spalte S gemischt angezeigt, wobei eine andere Einrückungsebene anzeigt, ob es sich um eine Region, einen Produktnamen oder einen Branchennamen handelt.

Was mich am Kurzformat stört, ist die Tatsache, dass Excel in der Spalte S Regionen, Produkte und Branchen vermischt. Es gibt jedoch keine Berechnungsfunktion, die den Unterschied zwischen einem um acht Leerzeichen eingerückten Feld und einem um vier Leerzeichen eingerückten Feld erkennen kann.

Ich weiß jedoch, dass ich in vielen Fällen die PivotTable in Werte umwandeln und die statische Version der Tabelle für andere Zwecke verwenden werde. Für diese anderen Einsatzzwecke wird jedes Feld in einer eigenen Spalte benötigt.

Wenn Sie den Beispielen in diesem Buch folgen und am Ende eine Pivot-Tabelle im Kurzformat haben, können Sie sicher sein, dass die Zahlen in Ihrer Pivot-Tabelle und die Zahlen im Buch die gleichen sind, nur mit einer anderen Formatierung.

Sie können eine PivotTable über die Registerkarte *Entwurf* im Menüband in ein neues Layout umwandeln. Öffnen Sie dazu das Dropdownmenü *Berichtslayout*, und wählen Sie zwischen *Im Kurzformat anzeigen* und *Im Tabellenformat* anzeigen.

Wenn Sie der Meinung sind, dass die PivotTable in den Spalten N:Q in Abbildung E.8 besser ist als die PivotTable in den Spalten S:T, führen Sie die folgenden Schritte aus, um die Standardeinstellungen für Pivot-Tabellen auf Ihrem Computer zu ändern.

1. Öffnen Sie das Menü *Datei* und wählen Sie *Optionen.*
2. Wählen Sie im Dialogfeld *Excel-Optionen* links in der Navigationsleiste die Kategorie *Daten.*
3. Klicken Sie neben *Änderungen am Standardlayout von PivotTables vornehmen* auf die Schaltfläche *Standardlayout bearbeiten.*
4. Öffnen Sie das Dropdownmenü *Berichtslayout* und wählen Sie *Im Tabellenformat anzeigen.*
5. Aktivieren Sie das Kontrollkästchen *Alle Elementbeschriftungen wiederholen.*
6. Klicken Sie im unteren Bereich des Dialogfelds *Standardlayout bearbeiten* auf die Schaltfläche *PivotTable-Optionen.* Im oberen Bereich des Dialogfelds *PivotTable-Optionen* befinden sich fünf Registerkarten.
7. Klicken Sie auf der Registerkarte *Layout & Format* in das Feld *Für leere Zellen anzeigen* und geben Sie eine Null (0) ein. Klicken Sie dreimal auf *OK*, um alle geöffneten Dialogfelder zu schließen.

Ihre PivotTables werden nun standardmäßig in dem in Abbildung E.8 links dargestellten Format angezeigt.

# Feedback

Mit Anmerkungen, Fragen oder Verbesserungsvorschlägen zu diesem Buch können Sie sich an den dpunkt.verlag wenden: *hallo@dpunkt.de.*

Bitte beachten Sie, dass über diese E-Mail-Adressen kein Software- oder Hardware-Support angeboten wird. Für Supportinformationen bezüglich der Software- und Hardwareprodukte von Microsoft besuchen Sie bitte die Microsoft-Website: *https://support.microsoft.com.*

KAPITEL 1

# PivotTable-Grundlagen

Stellen Sie sich vor, dass Excel ein großer Werkzeugkasten ist, der verschiedene Werkzeuge enthält, die Ihnen zur Verfügung stehen. Die PivotTable ist im Wesentlichen ein Werkzeug in Ihrem Excel-Werkzeugkasten. Wenn eine PivotTable tatsächlich ein physisches Werkzeug wäre, das Sie in der Hand halten könnten, würde ein Kamera-Zoomobjektiv sie am besten darstellen.

Wenn Sie durch ein Objektiv auf ein Objekt schauen, sehen Sie dieses Objekt anders. Sie können die Kamera drehen, um die Details des Objekts zu betrachten. Das Objekt selbst verändert sich nicht, und es ist auch nicht mit dem Objektiv verbunden. Das Objektiv ist lediglich ein Werkzeug, mit dem Sie ein gewöhnliches Objekt aus einer bestimmten Perspektive betrachten können.

Stellen Sie sich eine PivotTable als ein Zoomobjektiv vor, das auf einen Datensatz gerichtet ist. Wenn Sie einen Datensatz durch eine PivotTable betrachten, können Sie Details in den Daten sehen, die Sie vorher vielleicht nicht bemerkt hätten. Sie können herauszoomen, um eine zusammenfassende Ansicht zu erhalten, oder Sie können hineinzoomen, um Details eines Teils der Daten zu untersuchen.

Außerdem können Sie Ihre PivotTable drehen, um Ihre Daten aus verschiedenen Perspektiven zu betrachten. Der Datensatz selbst ändert sich nicht, und er ist auch nicht mit der PivotTable verbunden. Die PivotTable ist lediglich ein Werkzeug, mit dem Sie eine einzigartige Perspektive auf Ihre Daten erstellen können.

Mit einer PivotTable können Sie eine interaktive Ansicht Ihres Datensatzes erstellen, einen sogenannten *PivotTable-Bericht*. Mit einem PivotTable-Bericht können Sie Ihre Daten schnell und einfach in Gruppen kategorisieren, große Datenmengen zu aussagekräftigen Informationen zusammenfassen und eine Vielzahl von Berechnungen in einem Bruchteil der Zeit durchführen, die Sie per Hand benötigen. Die eigentliche Stärke eines PivotTable-Berichts liegt jedoch darin, dass Sie damit interaktiv Felder innerhalb Ihres Berichts ziehen und ablegen, die Perspektive dynamisch ändern und Summen neu berechnen können, um sie an Ihre aktuelle Ansicht anzupassen.

## Warum Sie eine PivotTable verwenden sollten

Was Sie in Excel tun, lässt sich in der Regel in drei Kategorien einteilen:

- Berechnen von Daten
- Gestalten (Formatieren) von Daten
- Filtern, um bestimmte Teile Ihrer Daten zu sehen

Obwohl viele integrierte Tools und Formeln beide Aufgaben erleichtern, ist die Verwendung einer PivotTable oft der schnellste und effizienteste Weg, um Daten zu berechnen und zu formatieren. Schauen wir uns ein einfaches Szenario an, das diesen Punkt veranschaulicht.

Sie haben Ihrem Vorgesetzten gerade einige Informationen zu den monatlichen Umsätzen gegeben, und er hat vorhersehbar nach weiteren Informationen gefragt. Er fügt dem Tabellenblatt eine Notiz hinzu und schickt es per E-Mail an Sie zurück. Wie Sie in Abbildung 1.1 sehen können, möchte er, dass Sie eine Zeile hinzufügen, in der die Gutschriften nach Monaten aufgeführt sind.

| | A | B | C | D | E | F | G | H | I |
|---|---|---|---|---|---|---|---|---|---|
| 1 | | Jan | Feb | Mar | Apr | Mai | Jun | Jul | |
| 2 | Umsatzerlöse | 66.427.076 | 68.619.453 | 69.444.496 | 67.669.316 | 69.572.075 | 67.196.220 | 66.884.772 | |
| 3 | | **Bitte fügen Sie eine Zeile "Gutschriften" hinzu und geben Sie für jeden Monat die Summe der Gutschriften an.** | | | | | | | |
| 4 | | | | | | | | | |

**Abbildung 1.1** Ihr Vorgesetzter ändert seine Anforderungen, nachdem Sie den ersten Durchgang eines Berichts erstellt haben.

Um diese neue Anforderung zu erfüllen, führen Sie in Ihrem Legacysystem eine Abfrage aus, die die benötigten Daten liefert. Wie üblich sind die Daten so formatiert, dass Sie damit nicht glücklich sind. Anstelle die Daten nach Monaten zu liefern, erhalten Sie von Ihrem Legacysystem detaillierte Transaktionsdaten nach Tagen, wie in Abbildung 1.2 dargestellt.

| | A | B | C |
|---|---|---|---|
| 1 | Dokumentnr | Wertstellungstag | Gutschrifsbetrag |
| 2 | D29210 | 02.01.2029 | -34,54 |
| 3 | D15775 | 02.01.2029 | -313,64 |
| 4 | D46035 | 02.01.2029 | -389,04 |
| 5 | D45826 | 02.01.2029 | -111,56 |
| 6 | D69172 | 02.01.2029 | -1630,25 |
| 7 | D25388 | 02.01.2029 | -3146,22 |

**Abbildung 1.2** Die Daten aus dem Legacysystem sind nach Tagen statt nach Monaten geordnet.

Ihre Aufgabe besteht darin, den Gesamtbetrag der Gutschriften pro Monat zu berechnen und die Ergebnisse in einen Auszug zu bringen, der dem Format des Originalberichts entspricht. Der endgültige Auszug sollte wie die in Abbildung 1.3 gezeigten Daten aussehen.

| | | | | | | |
|---|---|---|---|---|---|---|
| Jan | Feb | Mrz | Apr | Mai | Jun | Jul |
| -4.298.073 | -3.532.412 | -4.042.267 | -3.561.353 | -3.813.290 | -3.592.965 | -3.163.087 |

**Abbildung 1.3** Ihr Ziel ist es, eine Zusammenfassung nach Monaten zu erstellen und die Daten in ein horizontales Format zu transponieren.

Um diese Datenauszüge manuell zu erstellen, wäre eine komplizierte dynamische Array-Formel erforderlich:

```
=SUMME(FILTER(Neu!$C$2:$C$2616,TEXT(Neu!$B$2:$B$2616, "MMM")=B2)).
```

Im Gegensatz dazu würde die Erstellung des Auszugs mit einer PivotTable 8 Mausklicks erfordern:

- **Erstellen des PivotTable-Berichts:** 5 Klicks
- **Gruppieren der Daten nach Monaten:** 3 Klicks

Mit beiden Methoden erhalten Sie denselben Auszug, den Sie in den endgültigen Bericht einfügen können, wie in Abbildung 1.4 gezeigt.

| | A | B | C | D | E | F | G | H |
|---|---|---|---|---|---|---|---|---|
| 1 | | Jan | Feb | Mar | Apr | Mai | Jun | Jul |
| 2 | Umsätze | 66.427.076 | 68.619.453 | 69.444.496 | 67.669.316 | 69.572.075 | 67.196.220 | 66.884.772 |
| 3 | Gutschriften | -4.298.073 | -3.532.412 | -4.042.267 | -3.561.353 | -3.813.290 | -3.592.965 | -3.163.087 |
| 4 | Korrigierte Umsätze | 62.129.003 | 65.087.041 | 65.402.229 | 64.107.963 | 65.758.785 | 63.603.255 | 63.721.685 |

**Abbildung 1.4** Nachdem Sie dem Bericht Gutschriften hinzugefügt haben, können Sie den Nettoumsatz berechnen.

Die Verwendung einer PivotTable für die eben beschriebene Aufgabe reduziert nicht nur die Komplexität um mehr als die Hälfte, sondern verringert auch die Möglichkeit menschlicher Fehler. Darüber hinaus ermöglicht die Verwendung einer PivotTable die schnelle und einfache Formung und Formatierung der Daten.

Dieses Beispiel zeigt, dass es bei der Verwendung einer PivotTable nicht nur darum geht, Ihre Daten zu berechnen und zusammenzufassen. Mit PivotTables können Sie oft eine Reihe von Aufgaben schneller und besser erledigen als mit herkömmlichen Funktionen und Formeln. Mit PivotTables können Sie zum Beispiel große Datengruppen sofort vertikal oder horizontal transponieren. Sie können PivotTables verwenden, um schnell die eindeutigen Werte in Ihren Daten zu finden und zu zählen. Sie können PivotTables ebenfalls verwenden, um Ihre Daten für die Verwendung in Diagrammen vorzubereiten.

Unterm Strich können PivotTables Ihnen helfen, Ihre Effizienz drastisch zu steigern und Ihre Fehlerquote bei einer Reihe von Aufgaben, die Sie mit Excel erledigen müssen, zu verringern. PivotTables können nicht alles für Sie tun, aber bereits wenn Sie wissen, wie Sie die Grundlagen der PivotTable-Funktionalität nutzen, können Sie Ihre Datenanalyse und Produktivität auf ein neues Niveau heben.

## Wann Sie eine PivotTable verwenden sollten

Große Datensätze, sich ständig ändernde spontane Datenanfragen und vielschichtige Berichte sind absolute Produktivitätskiller, wenn Sie sie von Hand bearbeiten müssen. Der Nahkampf mit einer solchen Tabelle ist nicht nur zeitaufwendig, sondern birgt auch die Möglichkeit unzähliger Fehler in Ihrer Analyse. Wie können Sie also erkennen, wann Sie eine PivotTable verwenden sollten, bevor es zu spät ist?

Im Allgemeinen ist eine PivotTable in einer der folgenden Situationen von Vorteil:

- Sie haben eine große Menge an Transaktionsdaten, die immer schwieriger zu analysieren und sinnvoll zusammenzufassen sind.
- Sie müssen Beziehungen und Gruppierungen innerhalb Ihrer Daten finden.
- Sie müssen eine Liste mit eindeutigen Werten für ein Feld in Ihren Daten finden.
- Sie müssen Datentrends anhand verschiedener Zeiträume ermitteln.
- Sie erwarten häufige Änderungswünsche für Ihre Datenanalyse.
- Sie müssen Zwischenergebnisse erstellen, die häufig neue Ergänzungen enthalten.
- Sie müssen Ihre Daten in einem Format organisieren, das sich leicht in einem Diagramm darstellen lässt.

# Anatomie einer PivotTable

Da die Anatomie einer PivotTable ihre Flexibilität und sogar ihre ultimative Funktionalität ausmacht, wäre es schwierig, PivotTables wirklich zu verstehen, ohne ihre grundlegende Struktur zu kennen.

Eine PivotTable besteht aus vier Bereichen:

- Wertebereich
- Zeilenbereich
- Spaltenbereich
- Filterbereich

Die Daten, die Sie in diesen Bereichen platzieren, bestimmen sowohl den Nutzen als auch das Aussehen der PivotTable.

Die folgenden Abschnitte bereiten Sie auf die Erstellung einer PivotTable vor, indem sie die vier PivotTable-Bereiche und die damit verbundenen Funktionen näher beleuchten.

## Wertebereich

Der *Wertebereich* ist in Abbildung 1.5 dargestellt. Es handelt sich um einen großen rechteckigen Bereich unter und rechts von den Überschriften. In diesem Beispiel enthält der Wertebereich eine Summe des Feldes *Umsatz*.

Der Wertebereich ist der Bereich, der Berechnungen durchführt. Dieser Bereich muss mindestens ein Feld und für dieses Feld eine Berechnung enthalten. Die Datenfelder, die Sie hier ablegen, sind diejenigen, die Sie messen oder berechnen möchten. Der Wertebereich kann die Summe der Einnahmen, die Anzahl der Einheiten und den Mittelwert des Preises enthalten.

| | A | B | C | D | E | F |
|---|---|---|---|---|---|---|
| 1 | Region | (Alle) | | | | |
| 2 | | | | | | |
| 3 | Summe von Umsatz | Monat | | | | |
| 4 | Modell | Januar | Februar | März | April | Mai |
| 5 | 2500P | $33.073 | $29.104 | $25.612 | $22.538 | $19.834 |
| 6 | 3002C | $35.880 | $31.574 | $27.785 | $24.451 | $21.517 |
| 7 | 3002P | $90.258 | $79.427 | $69.896 | $61.508 | $54.127 |
| 8 | 4055T | $13.250 | $11.660 | $10.261 | $9.030 | $7.946 |
| 9 | 4500C | $100.197 | $88.173 | $77.593 | $68.281 | $60.088 |

**Abbildung 1.5** Das Herzstück der PivotTable ist der Wertebereich. Dieser enthält in der Regel eine Summe aus einem oder mehreren numerischen Feldern.

Es ist auch möglich, dass dasselbe Feld zweimal im Wertebereich angezeigt wird, jedoch mit unterschiedlichen Berechnungen. Ein Marketingmanager möchte beispielsweise die Summe der Umsätze, den Prozentsatz bezogen am Gesamtumsatz, den Rang und die laufende Gesamtsumme der Einnahmen sehen.

## Zeilenbereich

Der *Zeilenbereich,* wie in Abbildung 1.6 dargestellt, besteht aus den Überschriften, die sich auf der linken Seite der PivotTable befinden.

| | A | B | C | D | E | F |
|---|---|---|---|---|---|---|
| 1 | Region | (Alle) | | | | |
| 2 | | | | | | |
| 3 | Summe von Umsatz | Monat | | | | |
| 4 | Modell | Januar | Februar | März | April | Mai |
| 5 | 2500P | $33.073 | $29.104 | $25.612 | $22.538 | $19.834 |
| 6 | 3002C | $35.880 | $31.574 | $27.785 | $24.451 | $21.517 |
| 7 | 3002P | $90.258 | $79.427 | $69.896 | $61.508 | $54.127 |
| 8 | 4055T | $13.250 | $11.660 | $10.261 | $9.030 | $7.946 |
| 9 | 4500C | $100.197 | $88.173 | $77.593 | $68.281 | $60.088 |

**Abbildung 1.6** Die Überschriften an der linken Seite der PivotTable bilden den Zeilenbereich der PivotTable.

Wenn Sie ein Feld in den Zeilenbereich einfügen, werden die eindeutigen Werte dieses Feldes in den Zeilen an der linken Seite der PivotTable angezeigt. Der Zeilenbereich enthält in der Regel mindestens ein Feld, es ist aber auch möglich, dass keine Felder vorhanden sind. Das Beispiel weiter oben im Kapitel, in dem Sie einen einzeiligen Bericht über Gutschriften erstellen mussten, ist ein Beispiel für einen Bericht, in dem es keine Zeilenfelder gibt.

Zu den Arten von Datenfeldern, die Sie hier ablegen würden, gehören diejenigen, die Sie gruppieren und kategorisieren wollen – zum Beispiel Produkte, Namen und Standorte.

## Spaltenbereich

Der *Spaltenbereich* besteht aus Überschriften, die sich über den oberen Teil der Spalten in der PivotTable erstrecken. In der PivotTable in Abbildung 1.7 befindet sich das Feld *Monat* im Bereich *Spalten*.

| | A | B | C | D | E | F |
|---|---|---|---|---|---|---|
| 1 | Region | (Alle) | | | | |
| 2 | | | | | | |
| 3 | Summe von Umsatz | Monat | | | | |
| 4 | Modell | Januar | Februar | März | April | Mai |
| 5 | 2500P | $33.073 | $29.104 | $25.612 | $22.538 | $19.834 |
| 6 | 3002C | $35.880 | $31.574 | $27.785 | $24.451 | $21.517 |
| 7 | 3002P | $90.258 | $79.427 | $69.896 | $61.508 | $54.127 |
| 8 | 4055T | $13.250 | $11.660 | $10.261 | $9.030 | $7.946 |
| 9 | 4500C | $100.197 | $88.173 | $77.593 | $68.281 | $60.088 |

**Abbildung 1.7** Der Spaltenbereich erstreckt sich über den oberen Teil der Spalten. In diesem Beispiel enthält er die eindeutige Liste der Monate in Ihrem Datensatz.

Durch das Ablegen von Feldern im Bereich *Spalten* werden Ihre Elemente in einer spaltenorientierten Perspektive angezeigt. Der Spaltenbereich ist ideal für die Darstellung von Trends im Zeitverlauf. Hier können Sie u.a. Datenfelder ablegen, die Sie als Trend oder nebeneinander anzeigen möchten, z.B. Monate, Zeiträume und Jahre.

## Filterbereich

Der *Filterbereich* ist ein optionaler Satz von einem oder mehreren Dropdownlisten am oberen Rand der PivotTable. Der Filterbereich in Abbildung 1.8 enthält das Feld *Region*, und die PivotTable ist so eingestellt, dass alle Regionen angezeigt werden.

| | A | B | C | D | E | F |
|---|---|---|---|---|---|---|
| 1 | Region | (Alle) | | | | |
| 2 | | | | | | |
| 3 | Summe von Umsatz | Monat | | | | |
| 4 | Modell | Januar | Februar | März | April | Mai |
| 5 | 2500P | $33.073 | $29.104 | $25.612 | $22.538 | $19.834 |
| 6 | 3002C | $35.880 | $31.574 | $27.785 | $24.451 | $21.517 |
| 7 | 3002P | $90.258 | $79.427 | $69.896 | $61.508 | $54.127 |
| 8 | 4055T | $13.250 | $11.660 | $10.261 | $9.030 | $7.946 |
| 9 | 4500C | $100.197 | $88.173 | $77.593 | $68.281 | $60.088 |

**Abbildung 1.8** Filterfelder eignen sich hervorragend zum schnellen Filtern eines Berichts. Mit der Dropdownliste *Region* in Zelle B1 können Sie diesen Bericht für den Manager einer bestimmten Region drucken.

Filterfelder wurden in früheren Excel-Versionen *Seitenfelder* genannt.

Wenn Sie Felder in den Bereich *Filter* ablegen, können Sie die Datenelemente in Ihren Feldern filtern. Der Bereich *Filter* ist optional und nützlich, wenn Sie Ihre Ergebnisse dynamisch filtern müssen. Zu den Datenfeldern, die Sie hier ablegen können, gehören diejenigen, die Sie isolieren und auf die Sie sich konzentrieren möchten, zum Beispiel Regionen, Geschäftszweige und Mitarbeiter.

Datenschnitte und Zeitachsen haben einige der gängigsten Funktionen des Bereichs *Filter* ersetzt. Technisch gesehen ist ein Datenschnitt kein Teil der PivotTable. Er ist ein externer Filter, mit dem ein Datenschnitt mit mehreren Pivot-Tabellen verbunden werden kann. Dies ist bei der Erstellung von Dashboards sehr nützlich. Weitere Einzelheiten hierzu finden Sie im Abschnitt »Filtern mithilfe von Datenschnitten und Zeitachsen« in Kapitel 4.

# Hinter den Kulissen von PivotTables

Es ist wichtig zu wissen, dass Pivot-Tabellen einige Auswirkungen auf den Datei- und Speicherplatz Ihres Systems haben. Um eine Vorstellung davon zu bekommen, was das bedeutet, sehen wir uns an, was hinter den Kulissen passiert, wenn Sie eine PivotTable erstellen.

Wenn Sie die Erstellung eines PivotTable-Berichts initiieren, erstellt Excel einen Schnappschuss Ihres Datasets und speichert ihn in einem Pivot-Cache, einem speziellen Speichersubsystem, in dem Ihre Datenquelle für den schnellen Zugriff dupliziert wird. Obwohl der Pivot-Cache kein physisches Objekt ist, das Sie sehen können, können Sie ihn sich als einen Container vorstellen, der eine Momentaufnahme der Datenquelle speichert.

Änderungen, die Sie an Ihrer Datenquelle vornehmen, werden erst dann in Ihren PivotTable-Bericht übernommen, wenn Sie einen neuen Snapshot der Datenquelle erstellen oder den Pivot-Cache »aktualisieren«. Die Aktualisierung ist ganz einfach: Klicken Sie mit der rechten Maustaste auf die PivotTable und wählen Sie im Kontextmenü *Aktualisieren*. Sie können auch auf der Registerkarte *PivotTable-Analyse* auf die große Schaltfläche *Aktualisieren* klicken.

Der Vorteil beim Verwenden des Pivot-Cache statt der ursprünglichen Datenquelle ist die Optimierung. Alle Änderungen, die Sie am PivotTable-Bericht vornehmen, z. B. das Neuanordnen von Feldern, das Hinzufügen neuer Felder oder das Ausblenden von Elementen werden schnell und mit minimalem Overhead durchgeführt.

## Abwärtskompatibilität von Pivot-Tabellen

Fast jede neue Excel-Version führt Features für PivotTable-Berichte ein, die in früheren Excel-Versionen nicht funktionieren.

- Bestimmte Formatierungen, die in Microsoft 365 auf einen Datenpunkt angewendet werden, funktionieren nicht in Excel 2016 oder früher.
- Zeitachsen, die in Excel 2013 erstellt wurden, funktionieren nicht in Excel 2010 oder früher.
- Datenschnitte, die in Excel 2010 oder später erstellt wurden, funktionieren nicht in Excel 2007 oder früher.

Die Grenzwerte für eine PivotTable, die auf einem Pivot-Cache basiert, sind seit Excel 2007 gleichgeblieben. Wenn Sie über diese Grenzwerte hinausgehen müssen, lesen Sie Kapitel 10, »Mit dem Datenmodell und Power Pivot auf weitere Features zugreifen«.

Tabelle 1.1 zeigt die Beschränkungen für Pivot-Tabellen.

| Feature | Obergrenze |
|---|---|
| PivotTable-Berichte in einem Arbeitsblatt | durch verfügbaren Arbeitsspeicher beschränkt |
| eindeutige Elemente pro Feld | 1.048.576 |
| Zeilen- oder Spaltenfelder in einem PivotTable-Bericht | durch verfügbaren Arbeitsspeicher beschränkt |
| Berichtsfilter in einem PivotTable-Bericht | 256 (möglicherweise durch verfügbaren Arbeitsspeicher beschränkt) |
| Wertfelder in einem PivotTable-Bericht | 256 |
| Formeln für ein berechnetes Element in einem PivotTable-Bericht | durch verfügbaren Arbeitsspeicher beschränkt |
| Berichtsfilter in einem PivotChart-Bericht | 256 (möglicherweise durch verfügbaren Arbeitsspeicher beschränkt) |
| Wertfelder in einem PivotChart-Bericht | 256 |
| Formeln für ein berechnetes Element in einem PivotChart-Bericht | durch verfügbaren Arbeitsspeicher beschränkt |
| Länge des MDX-Namens für ein PivotTable-Element | 32.767 |

→

| Feature | Obergrenze |
|---|---|
| Länge einer relationalen PivotTable-Zeichenfolge | 32.767 |
| in Filter-Dropdownlisten angezeigte Elemente | 10.000 |

**Tabelle 1.1** Beschränkungen für PivotTables

# Ein Wort zur Kompatibilität

Excel bietet ein Tool zum Erkennen von Problemen mit der Abwärtskompatibilität. Um die Kompatibilität zu prüfen, wählen Sie, wie in Abbildung 1.9 gezeigt, *Datei | Informationen | Auf Probleme prüfen | Kompatibilität prüfen*.

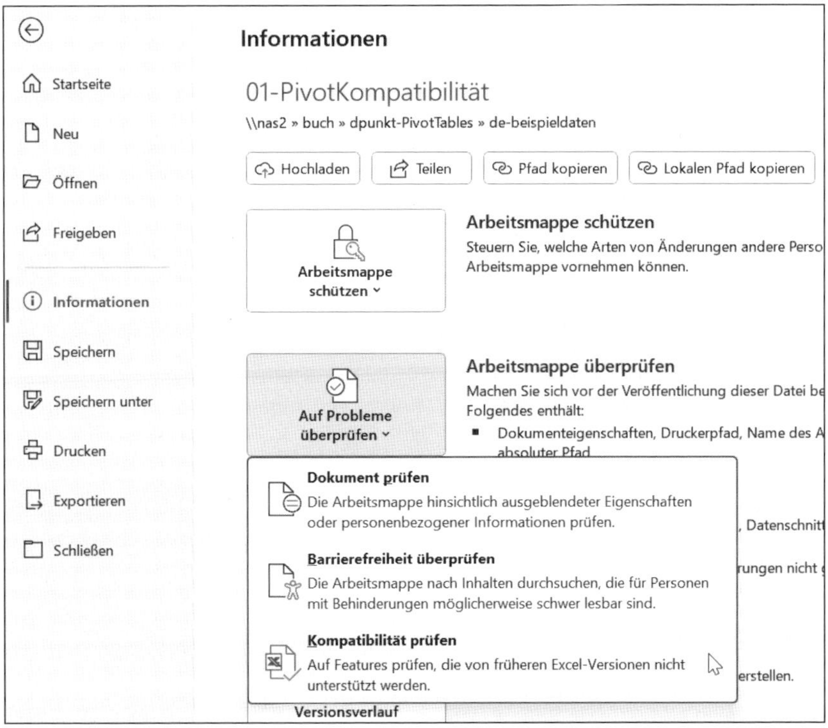


**Abbildung 1.9** Öffnen Sie das Dropdownmenü *Auf Probleme prüfen*, um das Tool *Kompatibilität prüfen* zu finden.

Verwenden Sie im Dialogfeld *Kompatibilitätsprüfung* die Dropdownliste *Anzuzeigende Versionen auswählen*, um auszuwählen, welche Excel-Version Ihre Kollegen möglicherweise verwenden. Das Dialogfeld zeigt Probleme mit Ihren Pivot-Tabellen an (siehe Abbildung 1.10). Alles, was mit *Erheblicher Funktionalitätsverlust* gekennzeichnet ist, sollte korrigiert werden. Alles, was mit *Geringfügiger Genauigkeitsverlust* gekennzeichnet ist, bezieht sich auf Formatierungsprobleme.

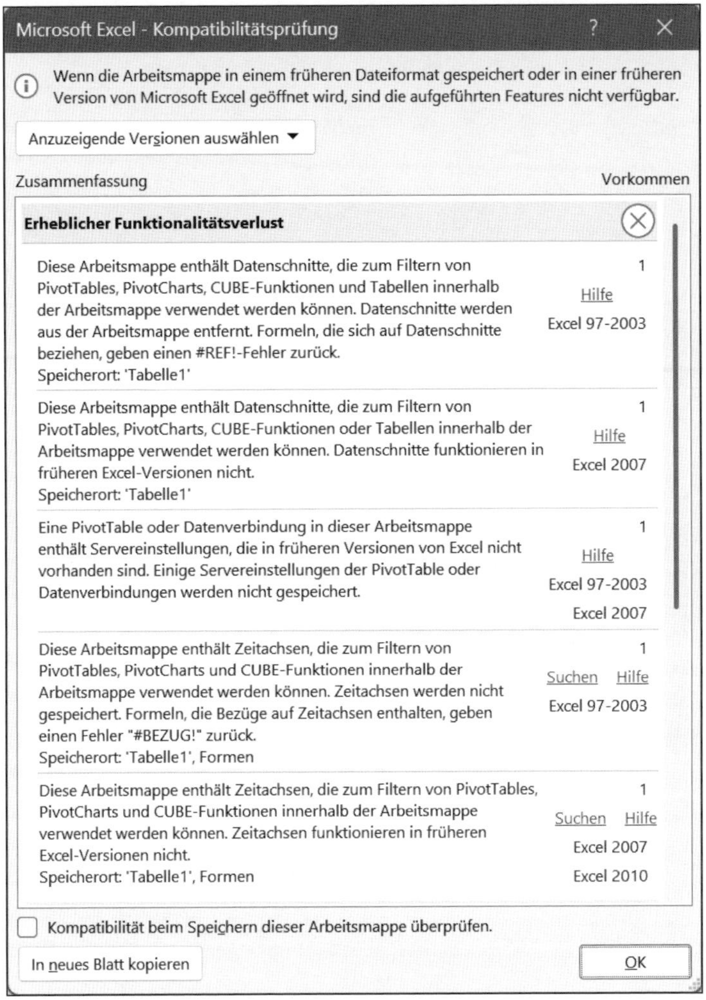


**Abbildung 1.10** Die Kompatibilitätsprüfung warnt Sie vor Kompatibilitätsproblemen, bevor Sie eine Arbeitsmappe im Format einer früheren Version von Excel speichern.

# Nächste Schritte

Im nächsten Kapitel erfahren Sie, wie Sie Ihre Daten für die Verwendung in einer Pivot-Tabelle vorbereiten. Kapitel 2, »Eine einfache PivotTable erstellen«, führt Sie außerdem durch die Erstellung Ihres ersten PivotTable-Berichts mithilfe des Dialogfelds *PivotTable erstellen.*

KAPITEL 2

# Eine einfache PivotTable erstellen

Wenn Sie ein machen lassen, nimmt sich der Fotograf Zeit, um sicherzustellen, dass die Beleuchtung stimmt, die Posen natürlich sind und alle ihr schönstes Lächeln zeigen. Diese Vorbereitungen gewährleisten, dass das Foto seinen Zweck erfüllt.

Wenn Sie einen PivotTable-Bericht erstellen, sind Sie der Fotograf, der einen Schnappschuss von Ihren Daten macht. Wenn Sie sich die Zeit nehmen, dafür zu sorgen, dass Ihre Daten optimal aussehen, können Sie sicherstellen, dass Ihr PivotTable-Bericht die gestellte Aufgabe effektiv erfüllt.

Einer der Vorteile der Arbeit mit einer Tabellenkalkulation ist die Flexibilität, mit der Sie Ihre Daten nach Ihren Bedürfnissen anordnen können. Welches Layout Sie wählen, hängt in der Tat stark von der jeweiligen Aufgabe ab. Viele der Datenlayouts, die für Präsentationen verwendet werden, sind jedoch nicht geeignet, wenn sie als Quelldaten für einen PivotTable-Bericht verwendet werden.

---

Während Sie die folgenden Seiten lesen, in denen es um die Vorbereitung Ihrer Daten geht, denken Sie daran, dass es bei PivotTables nur eine einzige feste Regel in Bezug auf die Datenquelle gibt: Die Datenquelle muss Spaltenüberschriften aufweisen, also Beschriftungen in der ersten Zeile der Daten, die die Informationen in jeder Spalte beschreiben. Ohne Spaltenüberschriften können Sie keinen PivotTable-Bericht erstellen.

---

Aber nur weil ein PivotTable-Bericht erfolgreich erstellt wurde, heißt das nicht, dass er auch effektiv ist.

Falls die Daten schlecht vorbereitet wurden, kann eine ganze Reihe von Dingen schief gehen – von ungenauen Berichten bis hin zu Problemen bei der Gruppierung und Sortierung.

## Vor dem Erstellen einer PivotTable Ihre Quelldaten formatieren

Sehen wir uns nun einige Schritte an, die Sie unternehmen können, um sicherzustellen, dass Sie am Ende einen brauchbaren PivotTable-Bericht erhalten.

## Sicherstellen, dass die Daten in einem tabellarischen Layout vorliegen

Ein perfektes Layout für die Quelldaten einer PivotTable ist ein Tabellenlayout. Im tabellarischen Layout gibt es keine leeren Zeilen oder Spalten. Jede Spalte besitzt eine Überschrift. In den meisten Fällen hat jedes Feld in jeder Zeile einen Wert. Spalten enthalten keine sich wiederholenden Gruppen von Daten.

Abbildung 2.1 zeigt ein Beispiel für Daten, die für eine PivotTable richtig strukturiert sind. Jede Spalte enthält eine Überschrift. Obwohl es sich bei den Werten in D2:D6 um dasselbe Modell handelt, erscheint die Modellnummer in jeder Zelle. Die Monatsdaten sind auf der Seite und nicht in den Spalten angeordnet.

| | A | B | C | D | E | F |
|---|---|---|---|---|---|---|
| 1 | REGION | VERTRIEBSGEBIET | LADEN | MODELL | MONAT | UMSATZ |
| 2 | Nord | Great Lakes | 65061011 | 4055T | April | 2354 |
| 3 | Nord | Great Lakes | 65061011 | 4055T | Februar | 3040 |
| 4 | Nord | Great Lakes | 65061011 | 4055T | Januar | 3454 |
| 5 | Nord | Great Lakes | 65061011 | 4055T | März | 2675 |
| 6 | Nord | Great Lakes | 65061011 | 4055T | Mai | 2071 |
| 7 | Nord | New England | 2105015 | 2500P | April | 11851 |
| 8 | Nord | New England | 2105015 | 2500P | Februar | 15304 |
| 9 | Nord | New England | 2105015 | 2500P | Januar | 17391 |
| 10 | Nord | New England | 2105015 | 2500P | März | 13468 |
| 11 | Nord | New England | 2105015 | 2500P | Mai | 10429 |
| 12 | Nord | New England | 22022012 | 3002C | April | 256 |
| 13 | Nord | New England | 22022012 | 3002C | Februar | 330 |
| 14 | Nord | New England | 22022012 | 3002C | Januar | 375 |
| 15 | Nord | New England | 22022012 | 3002C | März | 300 |

**Abbildung 2.1** Diese Daten sind für die Verwendung als Quelle einer PivotTable richtig strukturiert.

Tabellarische Layouts sind *datenbankzentriert*, d.h., diese Art von Layouts findet man am häufigsten in Datenbanken. Diese Layouts sind darauf ausgelegt, große Datenmengen in einem gut strukturierten, skalierbaren Format zu speichern und zu verwalten.

---

Möglicherweise arbeiten Sie für einen Manager, der verlangt, dass die Spaltenüberschriften in zwei Zeilen aufgeteilt werden. Beispielsweise möchte er vielleicht, dass die Überschrift Bruttogewinn aufgeteilt wird, wobei Brutto in Zeile 1 und Gewinn in Zeile 2 stehen soll. Da Pivot-Tabellen eine eindeutige Überschrift mit einer Zeilenhöhe erfordern, kann die Präferenz Ihres Vorgesetzten problematisch sein. Um dieses Problem zu lösen, beginnen Sie mit der Eingabe Ihrer Überschrift, z.B. Brutto. Bevor Sie die Zelle verlassen, drücken Sie `Alt`+`↵`, und geben Sie dann Gewinn ein. Das Ergebnis ist eine einzelne Zelle, die zwei Zeilen mit Daten enthält.

---

## Vermeiden, dass Daten in Abschnittsüberschriften gespeichert werden

Betrachten Sie die Daten in Abbildung 2.2. Dieses Tabellenblatt zeigt einen Bericht über die Verkäufe nach Monat und Modell für die Region Nord eines Unternehmens. Da sich die Daten in den Zeilen 2 bis 24 auf die Region Nord beziehen, hat der Autor des Tabellenblatts den Titel »Nord« als eine einzelne Zelle in C1 eingegeben. Dieser Ansatz eignet sich gut für die Anzeige der Daten, ist aber als Datenquelle für eine PivotTable nicht geeignet.

Außerdem ist der Autor von Abbildung 2.2 sehr kreativ mit den Modellinformationen umgegangen. Die Daten in den Zeilen 2 bis 6 beziehen sich auf das Modell 2500P. Der Autor gab diesen Wert einmal in A2 ein und wendete dann ein ausgefallenes vertikales Format in Kombination mit »Zellen verbinden« an, um dem Bericht ein interessantes Aussehen zu verleihen. Auch hier gilt, dass dies zwar eine coole Formatierung ist, die aber für PivotTable-Berichte nicht geeignet ist.

| | A | B | C |
|---|---|---|---|
| 1 | | | Nord |
| 2 | Modell 2500P | Januar | 33073 |
| 3 | | Februar | 35880 |
| 4 | | März | 90258 |
| 5 | | April | 13250 |
| 6 | | Mai | 100097 |
| 7 | | | |
| 8 | Modell 3200P | Januar | 29104 |
| 9 | | Februar | 31574 |
| 10 | | März | 79427 |
| 11 | | April | 11660 |
| 12 | | Mai | 88173 |
| 13 | | | |
| 14 | Modell 4055T | Januar | 35880 |
| 15 | | Februar | 25612 |
| 16 | | März | 27785 |
| 17 | | April | 69896 |
| 18 | | Mai | 10261 |
| 19 | | | |
| 20 | Modell 4500T | Januar | 33073 |
| 21 | | Februar | 25612 |
| 22 | | März | 27785 |
| 23 | | April | 69896 |
| 24 | | Mai | 10261 |

**Abbildung 2.2** Die Daten zu Region und Modell sind in diesem Dataset nicht richtig formatiert.

Außerdem fehlen im Arbeitsblatt in Abbildung 2.2 die Spaltenüberschriften. Sie können erraten, dass Spalte A das Modell, Spalte B den Monat und Spalte C den Umsatz enthält. Damit Excel jedoch eine PivotTable erstellen kann, müssen diese Informationen in der ersten Zeile der Daten enthalten sein.

## Vermeiden, Gruppen als Spalten zu wiederholen

Das in Abbildung 2.3 gezeigte Format kommt Ihnen vielleicht auch vertraut vor. Eine Zeitdimension wird über mehrere Spalten dargestellt. Obwohl es möglich ist, aus diesen Daten eine PivotTable zu erstellen, ist dieses Format nicht ideal.

| | A | B | C | D | E | F | G | H |
|---|---|---|---|---|---|---|---|---|
| 1 | | | | | | | | |
| 2 | Nord | MODELL | JANUAR | FEBRUAR | MÄRZ | APRIL | MAI | JUNI |
| 3 | | 4054T | $2.789 | $2.454 | $2.160 | $1.901 | $1.673 | $1.472 |
| 4 | | 4500C | $32.605 | $28.692 | $25.249 | $22.219 | $19.553 | $17.207 |
| 5 | | 3002P | $52.437 | $46.145 | $40.607 | $35.734 | $31.446 | $27.673 |
| 6 | | 2500P | $17.391 | $15.304 | $13.468 | $11.851 | $10.429 | $9.178 |
| 7 | | 4055T | $2.468 | $2.172 | $1.911 | $1.682 | $1.480 | $1.302 |
| 8 | | 3002C | $375 | $330 | $290 | $256 | $225 | $198 |

**Abbildung 2.3** Dieses Matrixformat ist gängig, aber für PivotTables nicht geeignet. Das Feld *Monat* ist über mehrere Spalten des Berichts verteilt.

Das Problem besteht darin, dass die Überschriften am oberen Rand der Tabelle sowohl als Spaltenbeschriftungen als auch als tatsächliche Datenwerte dienen. In einer PivotTable würde dieses Format Sie dazu zwingen, sechs Felder zu verwalten und zu pflegen, die jeweils einen anderen Monat darstellen.

## Beseitigen von Lücken und leeren Zellen in der Datenquelle

Löschen Sie alle leeren Spalten in Ihrer Datenquelle. Eine leere Spalte in der Mitte Ihrer Datenquelle führt dazu, dass die PivotTable bei der Erstellung nicht funktioniert, da die leere Spalte in den meisten Fällen keinen Spaltennamen besitzt.

Löschen Sie alle leeren Zeilen in Ihrer Datenquelle. Leere Zeilen können dazu führen, dass Sie versehentlich einen großen Teil Ihres Datenbereichs auslassen, wodurch Ihr PivotTable-Bericht unvollständig wird.

Füllen Sie in Ihrer Datenquelle so viele leere Zellen wie möglich aus. Obwohl das Ausfüllen von Zellen nicht erforderlich ist, um eine brauchbare PivotTable zu erstellen, sind leere Zellen in der Regel Fehler, die nur darauf warten, dass sie eintreten. Eine gute Praxis ist es, fehlende Werte mit einem logischen Code für fehlende Werte darzustellen, wo immer dies möglich ist.

---

Auch wenn das Entfernen von Lücken und leeren Zellen Ihnen wie ein Rückschritt erscheinen mag, wenn Sie einen schön formatierten Bericht erstellen möchten, zahlt es sich am Ende aus. Wenn Sie in der Lage sind, eine PivotTable zu erstellen, gibt es zahlreiche Möglichkeiten, eine ansprechende Formatierung der Daten zu erhalten.

---

In Kapitel 3, »Eine PivotTable anpassen«, erfahren Sie, wie Sie auf Ihre PivotTables PivotTable-Formatvorlagen anwenden können.

---

## Die richtige Typformatierung für Felder anwenden

Die richtige Formatierung von Feldern hilft Ihnen, eine ganze Reihe möglicher Probleme zu vermeiden, angefangen bei ungenauen Berichten bis hin zu Problemen bei der Gruppierung und Sortierung.

Stellen Sie sicher, dass alle Felder, die in Berechnungen verwendet werden sollen, explizit als Zahl, Währung oder in einem anderen für mathematische Funktionen geeigneten Format formatiert sind. Felder, die Datumsangaben enthalten, sollten ebenfalls mit einem der verfügbaren Datumsformate formatiert werden.

## Zusammenfassung der Merkmale für einen guten Entwurf der Datenquelle

Ein effektives Tabellendesign hat die folgenden Merkmale:

- Die erste Zeile Ihrer Datenquelle besteht aus Feldbezeichnungen oder Überschriften, die die Informationen in jeder Spalte beschreiben.
- Jede Spalte in Ihrer Datenquelle stellt eine eindeutige Datenkategorie dar.
- Jede Zeile in Ihrer Datenquelle stellt einzelne Elemente in jeder Spalte dar.

Keiner der Spaltennamen in Ihrer Datenquelle dient als Datenelement, das als Filter oder Abfragekriterium verwendet werden soll (d.h. Namen von Monaten, Daten, Jahren, Namen von Standorten oder Namen von Mitarbeitern).

### Fallstudie: Daten für die PivotTable-Analyse bereinigen

Das in Abbildung 2.4 gezeigte Tabellenblatt ist ein sehr ansprechender Bericht. Es kann jedoch nicht effektiv als Datenquelle für eine PivotTable verwendet werden. Können Sie die Probleme mit diesem Dataset identifizieren?

| | A | B | C | D | E | F |
|---|---|---|---|---|---|---|
| 1 | Branche | Kunde | | Jan | Feb | Mrz |
| 2 | Verbände | IMA Houston Chapter | | 0 | 0 | 0 |
| 3 | | Association for Computers & Taxation | | 30094 | 0 | 0 |
| 4 | | | | | | |
| 5 | Beratungsfirmen | Andrew Spain Consulting | | 89581 | 114596 | 112012 |
| 6 | | Data2Impact | | 21730 | 0 | 0 |
| 7 | | Cambia Factor | | 0 | 0 | 0 |
| 8 | | Fintega Financial Modelling | | 21015 | 0 | 0 |
| 9 | | Excelerator BI | | 0 | 0 | 0 |
| 10 | | Construction Intelligence & Analytics, Inc. | | 22104 | 0 | 2484 |
| 11 | | | | | | |
| 12 | Immobilien | Serving Brevard Realty | | 0 | 7152 | 24224 |
| 13 | | WM Squared Inc. | | 0 | 0 | 0 |
| 14 | | Juliet Babcock-Hyde CPA, PLLC | | 0 | 0 | 0 |

**Abbildung 2.4** Jemand hat viel Zeit damit verbracht, diesen Bericht so zu formatieren, dass er gut aussieht. Welche Probleme verhindern jedoch, dass er als Datenquelle für eine PivotTable verwendet werden kann?

Dies sind die drei Probleme mit dem Dataset und die erforderlichen Korrekturen, um das Dataset für die Verwendung mit einer PivotTable vorzubereiten:

- Es gibt leere Zeilen und Spalten in den Daten. Spalte C sollte gelöscht werden. Die leeren Zeilen zwischen den Branchen (z.B. die Zeilen 4, 11 und 15) sollten ebenfalls gelöscht werden.

→

- Leere Zellen zeigen die Daten in einem Gliederungsformat. Die Person, die dieses Arbeitsblatt liest, würde wahrscheinlich annehmen, dass die Zellen A6:A10 zur Branche »Beratungsfirmen« gehören. Diese leeren Zellen müssen mit den Werten von oben ausgefüllt werden.
- Das Arbeitsblatt enthält die Daten für jeden Monat in mehreren Spalten (eine Spalte pro Monat). Die Spalten D bis O müssen als zwei Spalten umformatiert werden. In die eine Spalte gehört der Monatsname und in die nächste Spalte die Anzahl der Einheiten für diesen Monat.

Um diese Daten zu bereinigen, war bisher VBA-Code oder eine Reihe von manuellen Schritten in Excel erforderlich.

Mit den Tools *Daten abrufen und transformieren*, die in Excel 2016 eingeführt wurden, können Sie diese Daten jetzt ganz einfach bereinigen. Führen Sie dazu die folgenden Schritte aus:

1. Wählen Sie den gesamten Datenbereich aus. In der Beispieldatei wäre das A1:O33.
2. Klicken Sie in der Bearbeitungsleiste von Excel in das Namensfeld und geben Sie einen aus einem Wort bestehenden Namen ein, z. B. **HässlicheDaten**. Drücken Sie die [↵]-Taste, um den Bereich zu benennen.
3. Wählen Sie auf der Registerkarte *Daten* in der Gruppe *Daten abrufen und transformieren* die Option *Aus Tabelle/Bereich* (siehe Abbildung 2.5).

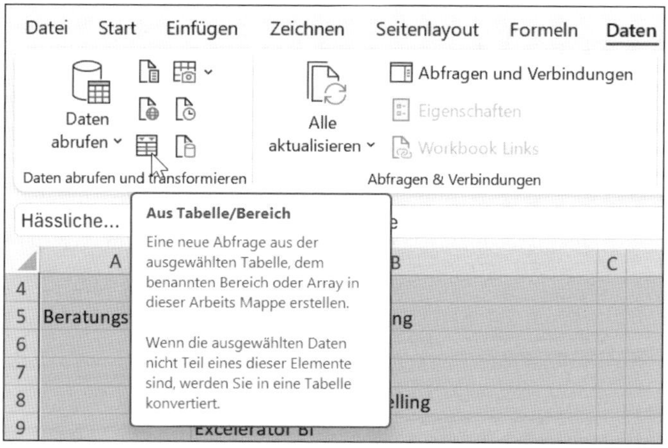


**Abbildung 2.5** Diese neuen Tools, die seit Excel 2016 auf der Registerkarte *Daten* verfügbar sind, hießen ursprünglich *Power Query* und wurden später in *Daten abrufen und transformieren* umbenannt.

Der Power Query-Editor wird geöffnet. Beachten Sie im Menüband die Registerkarten *Start, Transformieren, Spalte hinzufügen* und *Ansicht*. Folgen Sie diesen Schritten im Power Query-Editor.

4. Die ehemals leere Spalte C besitzt jetzt die Überschrift *Column 3*. Klicken Sie auf diese Überschrift und wählen Sie auf der Registerkarte *Start* den Befehl *Spalten entfernen* (siehe Abbildung 2.6).

→

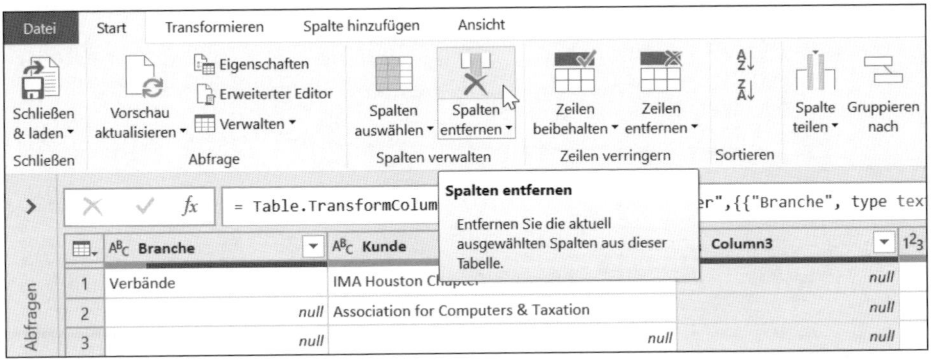


**Abbildung 2.6** Der Power Query-Editor enthält Tools, die oft besser sind als die entsprechenden Excel-Tools.

5. Klicken Sie auf die Überschrift *Kunde*. Wählen Sie *Start | Zeilen entfernen | Leere Zeilen entfernen* (siehe Abbildung 2.7).

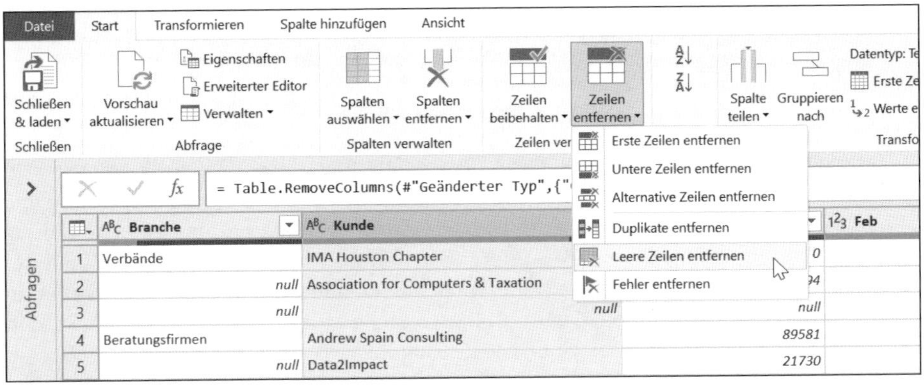


**Abbildung 2.7** Das Löschen von Leerzeilen ist ein in Power Query integrierter Befehl.

6. Wählen Sie die Spaltenüberschrift *Branche* aus. Wählen Sie auf der Registerkarte *Transformieren* den Befehl *Ausfüllen | Nach unten* (siehe Abbildung 2.8). Dieser erstaunliche Befehl ersetzt alle Zellen, die null enthalten, durch den Wert von oben.

→

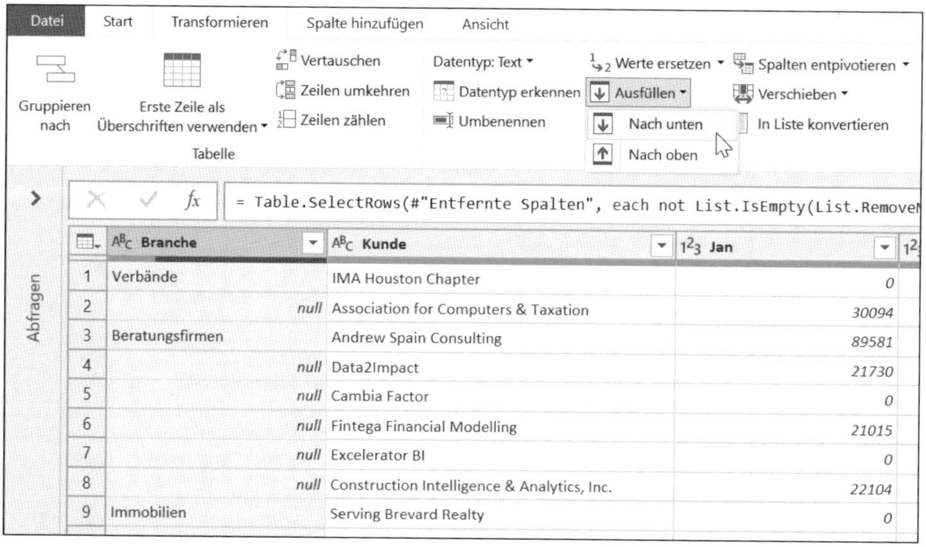


**Abbildung 2.8** Nach unten ausfüllen ersetzt *Start | Suchen und auswählen | Inhalte auswählen | Leerzeichen | OK,* dann **=A2** eingeben und schließlich das Drücken von Strg + ↵. Es ist viel einfacher, sich einen einzigen Befehl zu merken als viele obskure, aneinandergereihte Befehle.

7. Markieren Sie sowohl die Überschrift *Branche* als auch die Überschrift *Kunde*.
8. Öffnen Sie auf der Registerkarte *Transformieren* das Dropdownmenü *Spalten entpivotieren* und wählen Sie *Andere Spalten entpivotieren*. Das Ergebnis ist in Abbildung 2.9 zu sehen. Halten Sie einen Moment inne und bewundern Sie die Einfachheit der Schritte 5 bis 8. Dies sind drei neue Tools, die weitaus kompliziertere Aufgaben in Excel ersetzen. Obwohl die Daten an dieser Stelle an Excel zurückgegeben werden könnten, sind noch ein paar einfache Bereinigungsschritte erforderlich.

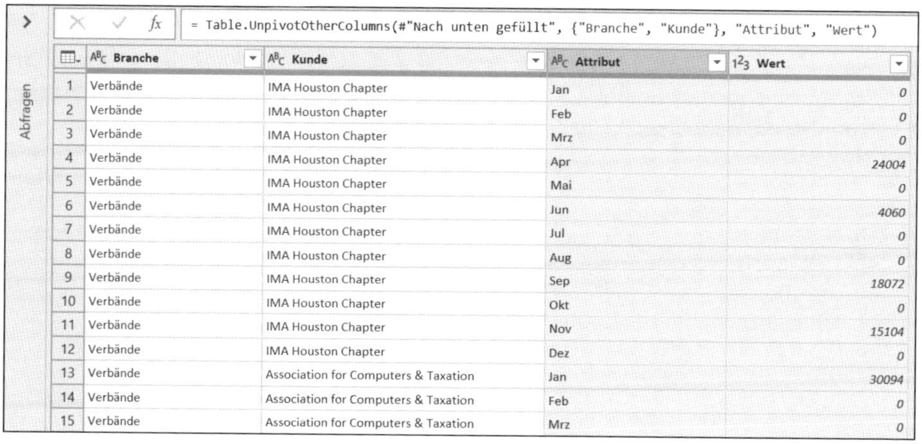


**Abbildung 2.9** An dieser Stelle könnten Sie die Daten zum Pivotieren an Excel zurückgeben.

9. Klicken Sie mit der rechten Maustaste auf die Spalte *Wert*. Wählen Sie *Umbenennen* und geben Sie **Umsatz** ein.

→

10. Öffnen Sie das Dropdownmenü *Filter* für die Spalte *Umsatz*. Deaktivieren Sie 0, um alle Nullwerte zu entfernen.
11. Wählen Sie die Spalte *Attribut* aus. Wählen Sie auf der Registerkarte *Spalte hinzufügen* die Option *Spalte aus Beispiel*. Die erste Zeile in Ihren Daten könnte *Apr* lauten. Wenn sich diese Daten auf das Jahr 2029 beziehen, geben Sie in die neue Spalte den Wert **1. Apr 2029** ein. Power Query füllt die verbleibenden Zeilen aus und verwendet *Zusammengeführt* als Überschrift für die neue Spalte. Klicken Sie auf *OK* (siehe Abbildung 2.10).

**Abbildung 2.10** Das Feature *Spalte hinzufügen aus dem Beispiel* ähnelt der Blitzvorschau in Excel, aber es wird eine Formel erstellt, die wiederverwendet werden kann.

12. Klicken Sie mit der rechten Maustaste auf die Überschrift der neuen zusammengeführten Spalte. Wählen Sie *Umbenennen* und geben Sie als Namen für die Überschrift **Datum** ein.
13. Klicken Sie bei ausgewählter Spalte *Datum* auf die Registerkarte *Transformieren*. Öffnen Sie die Dropdownliste *Datentyp* und wählen Sie *Datum*. Die Textdaten werden in echte Datumswerte umgewandelt.
14. Die in der Spalte *Attribut* angezeigten Monatskürzel werden nicht mehr benötigt. Markieren Sie die Spalte *Attribut* und wählen Sie dann *Start | Spalten entfernen*. Bevor Sie zu Excel zurückkehren, sehen Sie sich auf der rechten Seite des Power Query-Fensters die Liste der angewendeten Schritte an. Dies ist der größte Rückgängig-Stapel der Welt. Sie können jeden der Schritte anklicken und sehen, wie die Daten zu diesem Zeitpunkt aussahen. Wenn Sie vor mehreren Schritten einen Fehler gemacht haben, können Sie auf diesen Schritt klicken und eine Korrektur vornehmen. Wenn Sie sich noch mehr beeindrucken lassen möchten, öffnen Sie die Registerkarte *Ansicht* und wählen *Erweiterter Editor*. Der gesamte Code befindet sich in einer Programmiersprache namens »M«. Mit den Schritten 4 bis 13 haben Sie erfolgreich ein Programm geschrieben, das Sie wiederverwenden können, wenn Sie das nächste Mal ähnliche Daten von der IT-Abteilung herunterladen.
15. Wählen Sie *Start | Schließen & laden*. Ihre ursprünglichen Daten bleiben auf dem Blatt *Tabelle1*, und in die Arbeitsmappe wird ein neues Blatt *Tabelle2* eingefügt (siehe Abbildung 2.11). Die bereinigten Daten sind schmal und hoch. Im Allgemeinen eignen sich schmale und lange Datasets besser zum Pivotieren.

→

| | A | B | C | D |
|---|---|---|---|---|
| 1 | Branche | Kunde | Umsatz | Datum |
| 2 | Verbände | IMA Houston Chapter | 24004 | 01.04.2029 |
| 3 | Verbände | IMA Houston Chapter | 4060 | 01.06.2029 |
| 4 | Verbände | IMA Houston Chapter | 18072 | 01.09.2029 |
| 5 | Verbände | IMA Houston Chapter | 15104 | 01.11.2029 |
| 6 | Verbände | Association for Computers & Taxation | 30094 | 01.01.2029 |
| 7 | Verbände | Association for Computers & Taxation | 4270 | 01.08.2029 |
| 8 | Beratungsfirmen | Andrew Spain Consulting | 89581 | 01.01.2029 |
| 9 | Beratungsfirmen | Andrew Spain Consulting | 114596 | 01.02.2029 |
| 10 | Beratungsfirmen | Andrew Spain Consulting | 112012 | 01.03.2029 |
| 11 | Beratungsfirmen | Andrew Spain Consulting | 67408 | 01.04.2029 |
| 12 | Beratungsfirmen | Andrew Spain Consulting | 84383 | 01.05.2029 |

**Abbildung 2.11** Mit nur 11 Schritten in Power Query wurden die hässlichen Daten schnell bereinigt.

Power Query ist nicht nur schnell, sondern macht es auch einfach, die Datenbereinigung erneut durchzuführen. Gehen Sie zurück zu *Tabelle1* und ändern Sie eine beliebige Zahl in den ursprünglichen Daten. Wechseln Sie zu *Tabelle2*. Erweitern Sie den Bereich *Abfragen und Verbindungen*, sodass Sie ganz rechts neben der Abfrage *HässlicheDaten* auf das Symbol *Aktualisieren* klicken können. Power Query wiederholt alle Schritte und aktualisiert das Ergebnis.

# So erstellen Sie eine einfache PivotTable

Nachdem Sie nun ein gutes Verständnis für die Bedeutung einer gut strukturierten Datenquelle haben, gehen wir die Erstellung einer einfachen Pivot-Tabelle durch

Die im Buch verwendeten Beispieldaten können Sie kostenlos von *https://dpunkt.de/produkt/microsoft-excel-pivot-tabellen-fuer-power-user* herunterladen.

Um sicherzustellen, dass die PivotTable standardmäßig den Bereich Ihrer Datenquelle erfasst, klicken Sie in Ihrer Datenquelle auf eine beliebige Zelle. Öffnen Sie dann die Registerkarte *Einfügen* und suchen Sie die Gruppe *Tabellen*. Wählen Sie in der Gruppe *Tabellen* die Option *PivotTable* und dann aus dem Dropdownmenü die Option *Aus Tabelle/Bereich*. Abbildung 2.12 zeigt, wie Sie das Erstellen einer PivotTable starten.

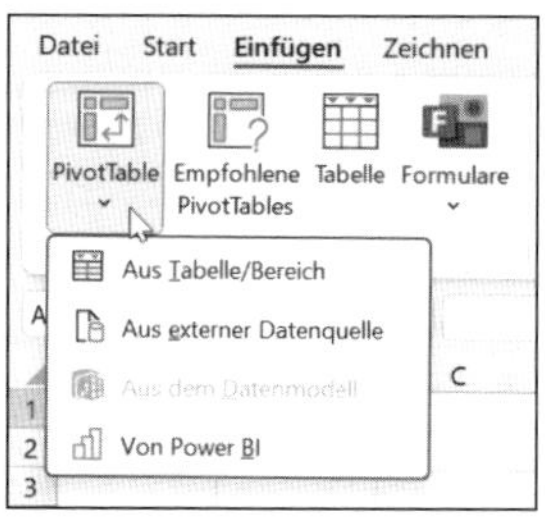


**Abbildung 2.12** Erstellen Sie eine neue PivotTable durch Auswahl von *PivotTable* auf der Registerkarte *Einfügen*.

Wenn Sie diese Optionen wählen, wird das Dialogfeld *PivotTable aus Tabelle oder Bereich* angezeigt (siehe Abbildung 2.13).

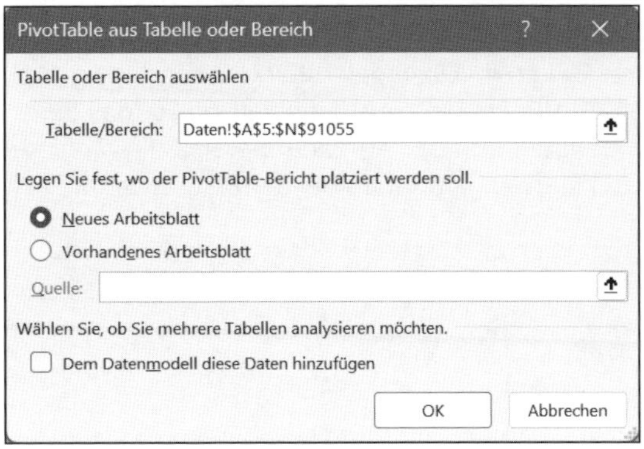


**Abbildung 2.13** Das Dialogfeld *PivotTable aus Tabelle oder Bereich*

Sie können auch eine Tastenkombination drücken, um eine neue PivotTable zu starten: Drücken Sie kurz die Alt-Taste, drücken Sie kurz die I-Taste und drücken Sie dann kurz die V-Taste.

Wie Sie in Abbildung 2.13 sehen können, stellt Ihnen das Dialogfeld *PivotTable aus Tabelle oder Bereich* nur zwei grundlegende Fragen:

- Wo befinden sich die Daten, die Sie analysieren möchten?
- Wo wollen Sie den PivotTable-Bericht platzieren?

Im Folgenden erfahren Sie, wie Sie diese beiden Abschnitte des Dialogfelds handhaben:

- **Tabelle oder Bereich auswählen** In diesem Abschnitt teilen Sie Excel mit, wo sich Ihr Dataset befindet. Sie können ein Dataset angeben, das sich in Ihrer Arbeitsmappe befindet, oder Sie können Excel anweisen, nach einem externen Dataset zu suchen. Wie Sie in Abbildung 2.13 sehen können, ist Excel intelligent genug, um Ihren Datensatz zu lesen und den Bereich für Sie auszufüllen. Sie sollten jedoch immer darauf achten, welchen Bereich Excel auswählt, um sicherzustellen, dass Sie alle Daten erfassen.
- **Legen Sie fest, wo der PivotTable-Bericht platziert werden soll.** In diesem Abschnitt teilen Sie Excel mit, wo die Pivot-Tabelle platziert werden soll. Standardmäßig ist dies auf *Neues Arbeitsblatt* eingestellt, was bedeutet, dass die PivotTable auf einem neuen Tabellenblatt innerhalb der aktuellen Arbeitsmappe platziert wird. Sie werden diese Einstellung nur selten ändern, da es relativ selten vorkommt, dass Sie die Pivot-Tabelle an einem bestimmten Ort platzieren müssen.

Beachten Sie die weitere Option im Dialogfeld *PivotTable aus Tabelle oder Bereich* in Abbildung 2.13: *Dem Datenmodell diese Daten hinzufügen*. Diese Option wählen Sie, wenn Sie mehrere Datenquellen in einer einzigen PivotTable zusammenfassen möchten.

Die Option *Dem Datenmodell diese Daten hinzufügen* wird ausführlich in Kapitel 7, »Unterschiedliche Datenquellen mit PivotTable-Berichten analysieren«, und in Kapitel 10, »Mit dem Datenmodell und Power Pivot auf weitere Features zugreifen«, behandelt. In diesem Kapitel beschränken wir uns auf die Grundlagen und behandeln die Schritte zum Erstellen einer PivotTable unter Verwendung einer einzigen Quelle, sodass Sie diese spezielle Option ignorieren können.

---

Nachdem Sie die beiden Fragen im Dialogfeld beantwortet haben, klicken Sie einfach auf die Schaltfläche *OK*. Excel fügt nun ein neues Arbeitsblatt hinzu, das einen leeren PivotTable-Bericht enthält. Daneben befindet sich der Aufgabenbereich *PivotTable-Felder*, der in Abbildung 2.14 dargestellt ist. Dieser Bereich hilft Ihnen bei der Erstellung Ihrer PivotTable.

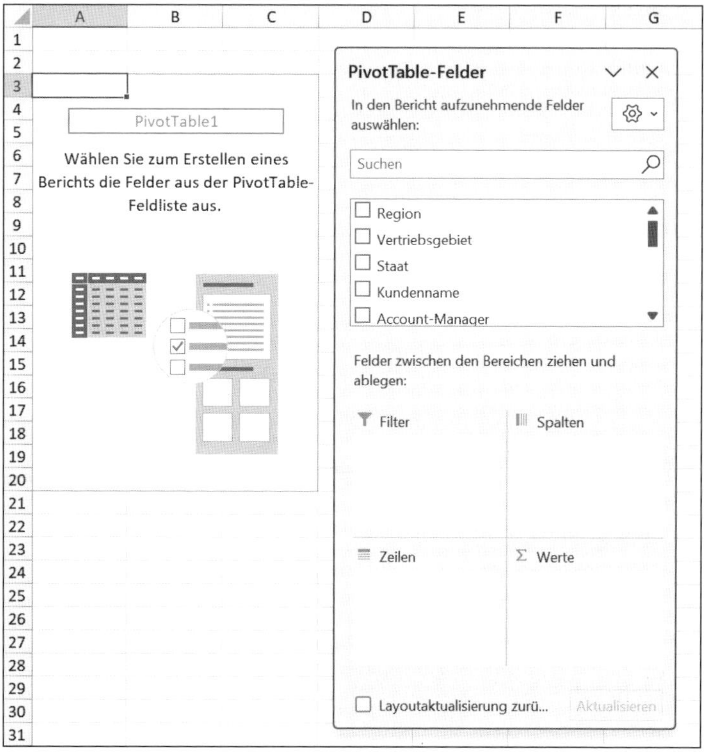


**Abbildung 2.14** Mithilfe des Aufgabenbereichs *PivotTable-Felder* können Sie eine PivotTable erstellen.

---

Die Symbole für Spalten und Zeilen in Abbildung 2.14 sind vertauscht. Ein Sommerpraktikant bei Microsoft hat vor einigen Versionen versehentlich die Symbole vertauscht, und niemand hat es bemerkt. Nachdem Bill, der Autor dieses Buches, den zuständigen Projektmanager darauf hingewiesen hatte, versprach Microsoft, die Symbole wieder an die richtige Stelle zu setzen. Der dunkelgraue Teil des Symbols soll anzeigen, wo die Daten angezeigt werden, wenn Sie ein Feld hier ablegen. Alle Daten, die in den Bereich *Spalten* gezogen werden, werden oben im Bericht angezeigt (wie auf dem Symbol dargestellt, das sich derzeit im Bereich *Zeilen* befindet). Es ist etwas seltsam, in diesem Buch über PivotTable-Berichte falsche Symbole zu zeigen, aber so sieht der Bereich nun mal zum Zeitpunkt der Drucklegung dieses Buches aus.

---

**Die Liste PivotTable-Felder finden**

Die Liste *PivotTable-Felder* ist Ihr Hauptarbeitsbereich in Excel. Hier können Sie Felder hinzufügen und Änderungen an einem PivotTable-Bericht vornehmen. Standardmäßig wird dieses Fenster angezeigt, wenn Sie den Cursor an einer beliebigen Stelle innerhalb einer PivotTable platzieren. Wenn Sie dieses Fenster jedoch explizit schließen, setzen Sie die Standardeinstellung außer Kraft und weisen das Fenster an, sich nicht zu aktivieren, wenn Sie sich in der PivotTable befinden.

Wenn durch Klicken auf die PivotTable die Liste *PivotTable-Felder* nicht aktiviert wird, können Sie sie manuell aktivieren, indem Sie mit der rechten Maustaste auf eine beliebige Stelle innerhalb der PivotTable klicken und *Feldliste einblenden* auswählen. Sie können auch auf eine beliebige Stelle innerhalb der PivotTable anklicken und dann im Menüband auf der Registerkarte *PivotTable-Analyse* in der Gruppe *Einblenden* das Symbol *Feldliste* anklicken.

## Felder zu einem Bericht hinzufügen

Sie können die Felder, die Sie für einen PivotTable-Bericht benötigen, hinzufügen, indem Sie die vier Bereiche in der Liste PivotTable-Felder verwenden: *Filter, Spalten, Zeilen* und *Werte*. Diese Bereiche, die den vier Bereichen der PivotTable entsprechen, werden verwendet, um die PivotTable mit Daten zu füllen:

- **Filter** Wenn Sie dem Bereich *Filter* ein Feld hinzufügen, können Sie nach dessen eindeutigen Datenelementen filtern. In früheren Versionen von Excel wurde dieser Bereich Berichtsfilter genannt.
- **Spalten** Wenn Sie ein Feld in den Bereich *Spalten* hinzufügen, werden die eindeutigen Werte dieses Feldes oben in der PivotTable angezeigt.
- **Zeilen** Das Hinzufügen eines Felds in den Bereich *Zeilen* zeigt die eindeutigen Werte aus diesem Feld unten, und zwar an der linken Seite der PivotTable an.
- **Werte** Wenn Sie ein Feld in den Bereich *Werte* hinzufügen, wird dieses Feld in den Bereich *Werte* der PivotTable aufgenommen, sodass Sie mit den Werten in diesem Feld eine bestimmte Berechnung durchführen können.

Werfen Sie einen Blick in Kapitel 1, »PivotTable-Grundlagen«, um sich die vier Bereiche eines PivotTable-Berichts noch einmal in Erinnerung zu rufen.

## Grundlagen des Aufbaus eines PivotTable-Berichts

Lassen Sie uns nun einen Moment innehalten und einige Grundlagen des Aufbaus eines PivotTable-Berichts besprechen. Dies ist häufig der Punkt, an dem die meisten Excel-Neulinge nicht weiterkommen. Woher wissen Sie, welches Feld wohin gehört?

Bevor Sie beginnen, Felder in die verschiedenen Bereiche einzufügen, sollten Sie zwei Fragen beantworten:

- Was will ich messen?
- Wie möchte ich es sehen?

Die Antwort auf die erste Frage sagt Ihnen, mit welchen Feldern in Ihrer Datenquelle Sie arbeiten müssen, und die Antwort auf die zweite Frage gibt an, wo Sie die Felder platzieren müssen.

Nehmen wir an, Sie möchten den Umsatz in Dollar nach Region auswerten. Dies würde Ihnen automatisch sagen, dass Sie mit den Feldern *Umsatz* und *Region* arbeiten müssen. Wie wollen Sie das sehen? Sie möchten, dass die Regionen auf der linken Seite des Berichts erscheinen und der Umsatzbetrag neben jeder Region berechnet wird.

Um diesen Effekt zu erzielen, müssen Sie das Feld *Region* in den Bereich *Zeilen* und das Feld *Umsatz* in den Bereich *Werte* einfügen.

Suchen Sie das Feld *Region* in der Liste *PivotTable-Felder*, und aktivieren Sie das Kontrollkästchen neben dem Feld. Wie Sie in Abbildung 2.15 sehen können, wird das Feld nicht nur automatisch dem Bereich *Zeilen* hinzugefügt, sondern Ihre Pivot-Tabelle wird außerdem aktualisiert und zeigt die eindeutigen Regionsnamen an.

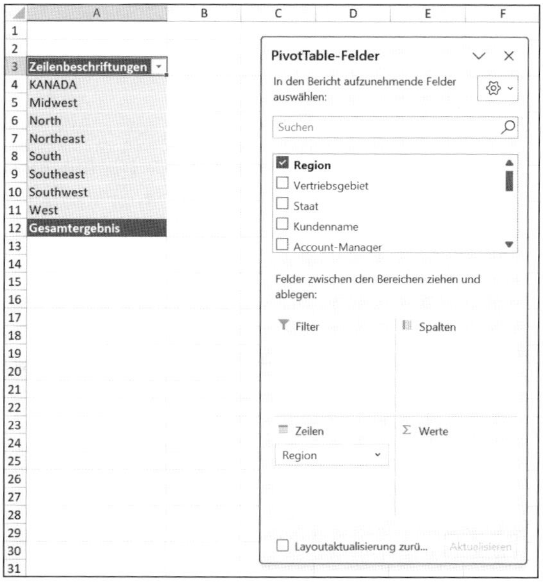


**Abbildung 2.15** Aktivieren Sie das Kontrollkästchen neben dem Feld *Region*, um dieses Feld automatisch zu Ihrer PivotTable hinzuzufügen.

---

Wenn Sie im Bereich *Zeilen* eine Region sehen, deren Name mehr als einmal angezeigt wird, bedeutet dies in der Regel, dass hinter einigen Zeilen dieser Region ein oder mehrere Leerzeichen stehen. Sie sollten diese Zellen suchen, die Leerzeichen löschen und dann die PivotTable aktualisieren.

---

Da sich nun die Regionen in Ihrer PivotTable befinden, ist es an der Zeit, die Umsätze hinzuzufügen. Suchen Sie dazu einfach nach dem Feld *Umsatz* und aktivieren Sie dessen Kontrollkästchen. Wie in Abbildung 2.16 gezeigt, wird das Feld *Umsatz* automatisch zum Bereich *Werte* hinzugefügt, und Ihr PivotTable-Bericht zeigt nun den Gesamtumsatz in Dollar für jede Region an.

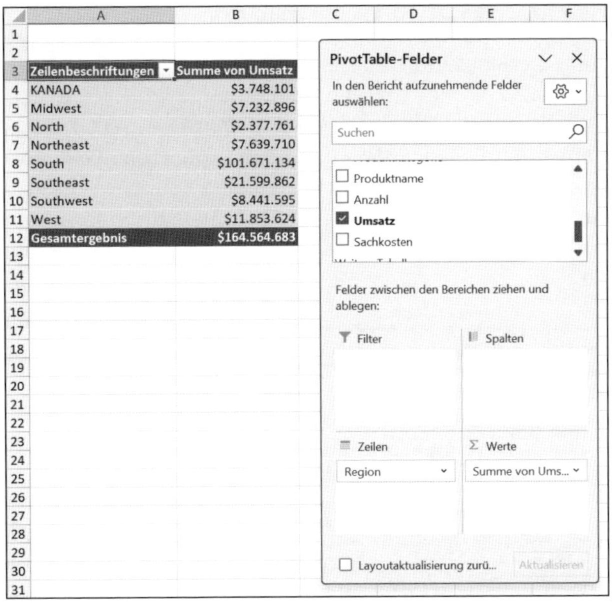


**Abbildung 2.16** Aktivieren Sie das Kontrollkästchen neben dem Feld *Umsatz*, um Daten zu Ihrem PivotTable-Bericht hinzuzufügen.

Und hiermit haben Sie bereits Ihren ersten PivotTable-Bericht erstellt!

**Woher weiß Excel, wo Ihre Felder hingehören?**

Wie Sie gerade gesehen haben, können Sie über die PivotTable-Feldliste Felder zu Ihrer PivotTable hinzufügen, indem Sie einfach das Kontrollkästchen neben den gewünschten Feldnamen aktivieren. Excel fügt die ausgewählten Felder automatisch zum PivotTable-Bericht hinzu. Aber woher weiß Excel, welcher Bereich für ein ausgewähltes Feld verwendet werden soll? Die Antwort lautet: Excel weiß nicht wirklich, welcher Bereich verwendet werden soll, sondern trifft eine Entscheidung basierend auf dem Datentyp. So funktioniert es: Wenn Sie ein Kontrollkästchen neben einem Feld aktivieren, wertet Excel den Datentyp für dieses Feld aus. Wenn der Datentyp numerisch ist, platziert Excel das Feld in den Bereich *Werte*, andernfalls platziert Excel das Feld in den Bereich *Zeilen*. Diese Platzierung unterstreicht natürlich, wie wichtig es ist, für Ihre Felder die Datentypen korrekt zuzuweisen.

Leere Zellen in Ihren numerischen Spalten führten bisher dazu, dass die Spalte als Text behandelt wurde. Anfang 2018 wurde dieses Verhalten von Excel für Office 365-Abonnenten geändert. Jetzt wird eine Spalte mit einer Mischung aus Zahlen und leeren Zellen als Wert behandelt, und das Feld wird mit der Standardberechnung »Summe« in den Wertebereich verschoben.

Wenn jemand den Inhalt von Zellen löscht, indem er mehrmals die `Leertaste` drückt, anstatt die `Entf`-Taste zu verwenden, behandelt Excel diese Leerzeichen als Text. Eine Mischung aus Zahlen und Text in einer Spalte führt dazu, dass Excel standardmäßig die Anzahl der Spalten zählt, anstatt deren Summe zu berechnen.

## Ebenen zu einer PivotTable hinzufügen

Nun können Sie Ihrem Bericht eine weitere Analyseebene hinzufügen. Nehmen wir an, Sie möchten nun den Umsatz in Dollar messen, den jede Region nach Produktkategorie erzielt hat. Da Ihre PivotTable bereits die Felder *Region* und *Umsatz* enthält, müssen Sie nur noch das Kontrollkästchen neben dem Feld *Produktkategorie* aktivieren. Wie Sie in Abbildung 2.17 sehen können, wurde Ihrer PivotTable automatisch eine Ebene für die Produktkategorie hinzugefügt und die Berechnungen aktualisiert, um Zwischensummen für jede Region einzubeziehen. Da die Daten effizient im Pivot-Cache gespeichert sind, dauerte diese Änderung weniger als eine Sekunde.

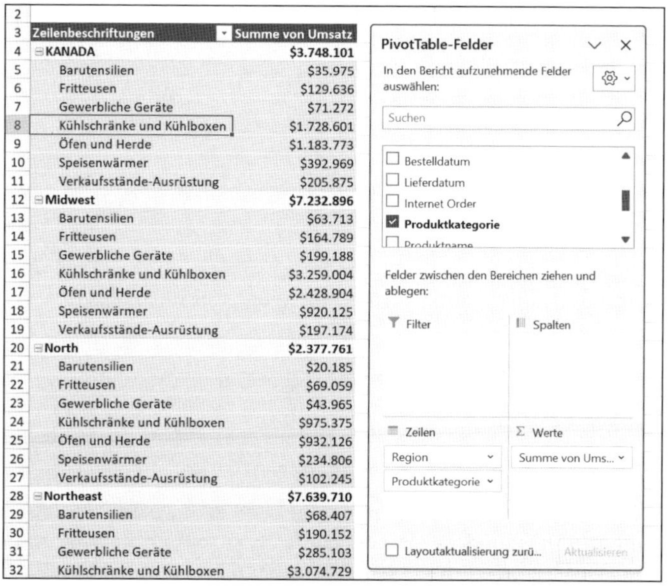


**Abbildung 2.17** Ohne PivotTable-Berichte würde das Hinzufügen von Ebenen zu Analysen stundenlange Arbeit und komplexe Formeln erfordern.

## Eine PivotTable neu anordnen

Angenommen, die von Ihnen erstellte Ansicht ist für Ihren Manager nicht geeignet. Er möchte die Produktkategorien am oberen Rand des PivotTable-Berichts sehen. Um diese Änderung vorzunehmen, ziehen Sie einfach das Feld *Produktkategorie* aus dem Bereich *Zeilen* in den Bereich *Spalten*, wie in Abbildung 2.18 dargestellt.

---

Sie müssen Ihre Felder nicht vorher in einem Bereich ablegen, um sie verschieben zu können. Sie können Felder direkt aus der PivotTable-Feldliste in den gewünschten Bereich ziehen. Sie können ein Feld auch über das Kontextmenü dieses Feldes in einen Bereich verschieben: Klicken Sie auf das schwarze Dreieck neben dem Feldnamen und wählen Sie dann den gewünschten Bereich aus.

---

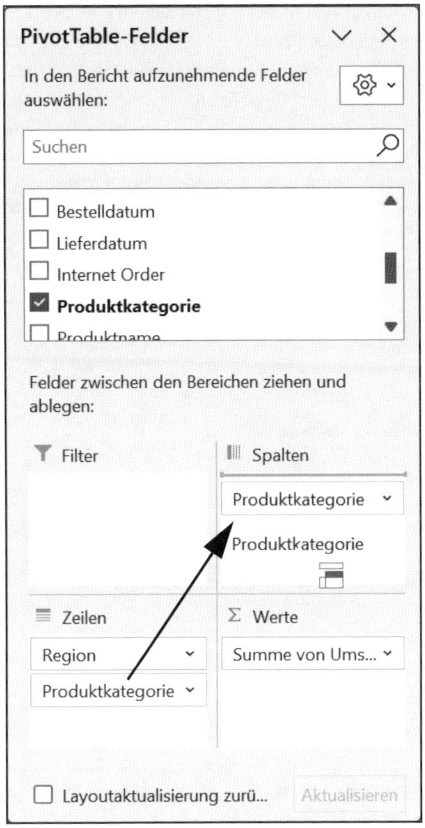


**Abbildung 2.18** Für die Neuanordnung einer PivotTable reicht es aus, Felder von einem Bereich in einen anderen zu ziehen.

Der Bericht wird sofort umstrukturiert, wie in Abbildung 2.19 dargestellt.

| Summe von Umsatz | Spaltenbeschriftung | | | | |
|---|---|---|---|---|---|
| Zeilenbeschriftungen | Barutensilien | Fritteusen | Gewerbliche Geräte | Kühlschränke und Kühlboxen | Öfen und Herde |
| KANADA | $35.975 | $129.636 | $71.272 | $1.728.601 | $1.183.773 |
| Midwest | $63.713 | $164.789 | $199.188 | $3.259.004 | $2.428.904 |
| North | $20.185 | $69.059 | $43.965 | $975.375 | $932.126 |
| Northeast | $68.407 | $190.152 | $285.103 | $3.074.729 | $2.608.727 |
| South | $1.191.742 | $2.420.745 | $5.923.097 | $21.720.580 | $37.777.857 |
| Southeast | $283.902 | $452.579 | $1.525.894 | $4.320.200 | $6.802.436 |
| Southwest | $73.529 | $268.555 | $289.527 | $3.275.278 | $3.023.924 |
| West | $68.685 | $276.443 | $296.292 | $5.432.751 | $3.641.725 |
| Gesamtergebnis | $1.806.138 | $3.971.959 | $8.634.337 | $43.786.517 | $58.399.472 |

**Abbildung 2.19** Ihre Produktkategorien sind jetzt spaltenorientiert.

---

**Sehnen Sie sich nach der Drag-and-drop-Funktionalität?**

In Excel 2003 und früheren Versionen konnten Sie Felder direkt auf das PivotTable-Layout ziehen und ablegen. Diese Funktion ist nur innerhalb der Liste PivotTable-Felder möglich (Ziehen in Bereiche). Microsoft hat jedoch die Möglichkeit geschaffen, mit einem klassischen PivotTable-Layout zu arbeiten, das die Drag-and-drop-Funktionalität ermöglicht.

Um das klassische PivotTable-Layout zu aktivieren, klicken Sie mit der rechten Maustaste auf eine beliebige Stelle in der PivotTable und wählen Sie *PivotTable-Optionen*. Öffnen Sie im Dialogfeld *PivotTable-Optionen* die Registerkarte *Anzeige* und aktivieren Sie das Kontrollkästchen neben *Klassisches PivotTable-Layout*, wie in Abbildung 2.20 gezeigt. Klicken Sie auf die Schaltfläche *OK*, um die Änderung zu übernehmen.

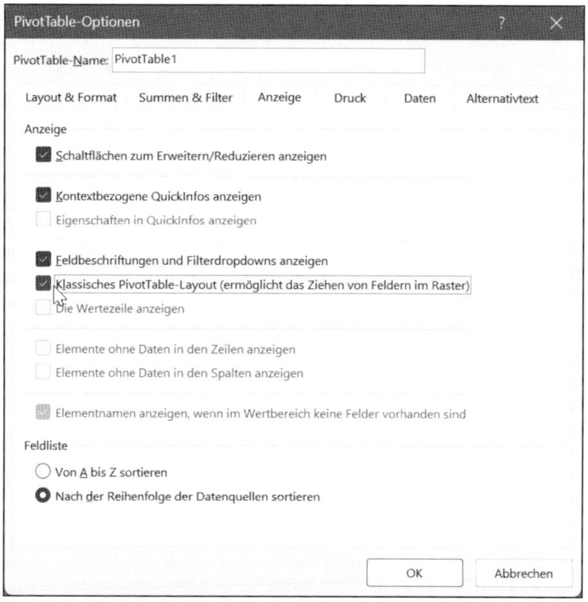


**Abbildung 2.20** Aktivieren Sie das Kontrollkästchen *Klassisches PivotTable-Layout.*

Jetzt können Sie Felder direkt in Ihr PivotTable-Layout ziehen und dort ablegen. Wenn Sie Ihre Pivot-Tabellen immer im klassischen Layout haben möchten, gehen Sie wie folgt vor:

1. Wählen Sie *Datei | Optionen*. Seit 2017 wird für Microsoft 365-Abonnenten im linken Bereich eine neue Kategorie *Daten* hinzugefügt.
2. In der Kategorie *Daten* ist die erste Einstellung *Änderungen am Standardlayout von PivotTables vornehmen*. Klicken Sie auf *Standardlayout bearbeiten.*
3. Das Dialogfeld *Standardlayout bearbeiten* bietet ein paar allgemeine Auswahlmöglichkeiten. Offensichtlich hat es das klassische Layout nicht unter die ersten paar Auswahlmöglichkeiten geschafft. Klicken Sie im Dialogfeld *Standardlayout bearbeiten* auf die Schaltfläche *PivotTable-Optionen.* Es wird ein Dialogfeld ähnlich Abbildung 2.20 angezeigt. Öffnen Sie die Registerkarte *Anzeige* und schalten Sie *Klassisches PivotTable-Layout* ein. Klicken Sie dreimal auf *OK,* um jedes der offenen Dialogfelder zu schließen. Alle zukünftigen PivotTables können im klassischen Modus erstellt werden.

## Einen Berichtsfilter erstellen

Es kann vorkommen, dass Sie verschiedene Berichte für bestimmte Regionen, Vertriebsgebiete oder Produkte erstellen sollen. Anstatt für jedes mögliche Analyseszenario separate PivotTable-Berichte zu erstellen, können Sie das Feld *Filter* verwenden, um einen Berichtsfilter zu erstellen. Sie können beispielsweise einen nach Regionen gefilterten Bericht erstellen, indem Sie einfach das Feld *Region* in den Bereich *Filter* und das Feld *Produktkategorie* in den Bereich *Zeilen* ziehen. Auf diese Weise können Sie jeweils eine bestimmte Region analysieren. Abbildung 2.21 zeigt die Summen für die Region *North*.

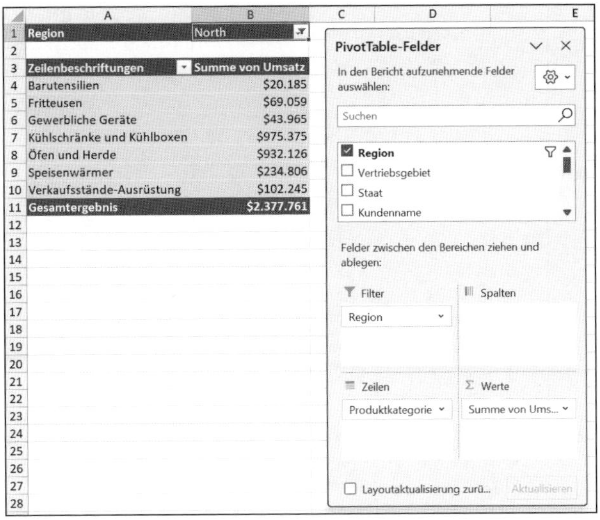


**Abbildung 2.21** Mit dieser Einstellung können Sie nicht nur die Umsätze nach Produktkategorien klar erkennen, sondern auch auf das Dropdownmenü *Region* klicken, um sich auf eine bestimmte Region zu konzentrieren.

# Die Features »Datenanalyse«, »Copilot« und »Empfohlene PivotTables« verstehen

---

**Das Feature »Datenanalyse« verwendet künstliche Intelligenz**

Das Feature *Datenanalyse* nutzt künstliche Intelligenz, um bis zu 250.000 Zellen Ihrer Daten zu analysieren. Sie bietet beschreibende Pivot-Tabellen und dann weitaus fortgeschrittenere Analysen. Das Feature *Datenanalyse* liefert oft mehr als 30 Auswahlmöglichkeiten. Abbildung 2.22 und Abbildung 2.23 zeigen einige Ergebnisse, die damit erzielt werden können.

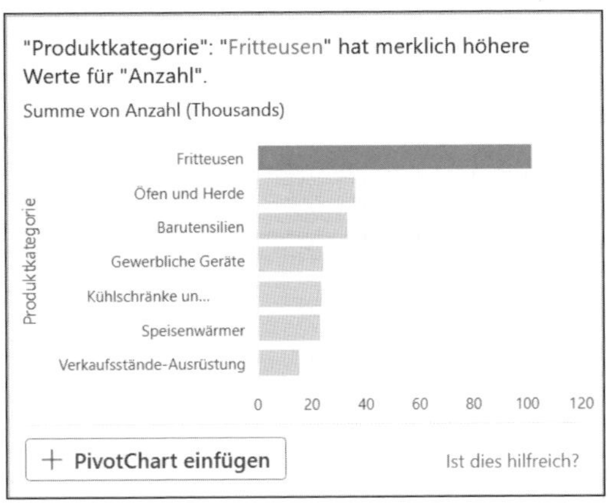


**Abbildung 2.22** Die künstliche Intelligenz hat in diesem Datensegment ein Paar Ausreißer entdeckt.

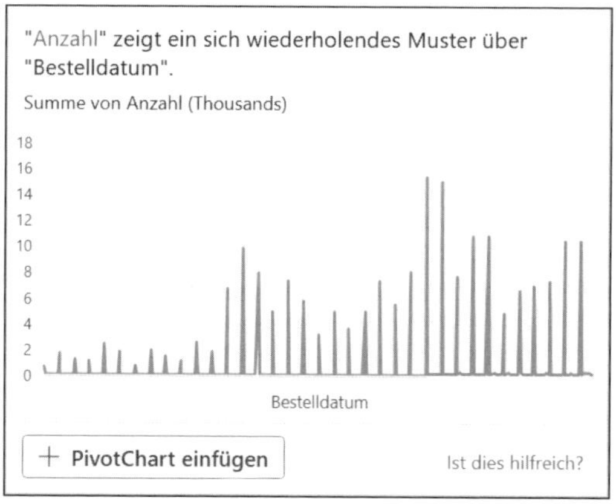


**Abbildung 2.23** Die Datenanalyse hat ein sich wiederholendes Muster erkannt. Dies könnte ein Hinweis auf eine wöchentliche oder monatliche Saisonalität sein.

Leider werden Kunden, die eine unbefristete Lizenz für Excel 2021 oder Excel 2024 erworben haben, dieses Feature in beiden Versionen nicht nutzen können. Microsoft vertritt den Standpunkt, dass Sie die intelligenten Office-Dienste nicht nutzen können, wenn Sie keine monatliche Abonnementgebühr zahlen.

Ende 2019 wurde eine zweite Iteration der künstlichen Intelligenz hinzugefügt, die es in der englischen Version von Excel ermöglicht, in natürlicher Sprache eine Frage zu Ihren Daten zu stellen.

# Datenschnitte zum Filtern Ihres Berichts verwenden

Mit Excel 2010 hat Microsoft ein Feature namens *Datenschnitt (Slicer)* eingeführt. Mit Datenschnitten können Sie Ihre PivotTable auf ähnliche Weise filtern wie mit Filterfeldern in einem PivotTable-Bericht. Der Unterschied besteht darin, dass der Datenschnitt eine benutzerfreundliche Oberfläche bietet, mit der Sie den aktuellen Filterstatus leicht erkennen können, selbst wenn mehrere Elemente ausgewählt sind.

## Einen Standard-Datenschnitt erstellen

Um das Konzept der Datenschnitte zu verstehen, setzen Sie den Cursor an eine beliebige Stelle in der PivotTable. Öffnen Sie die Registerkarte *Einfügen* und klicken Sie dann in der Gruppe *Filter* auf *Datenschnitt* (siehe links in Abbildung 2.24). Alternativ öffnen Sie die Registerkarte *PivotTable-Entwurf* und klicken Sie dann in der Gruppe *Filtern* auf *Datenschnitt einfügen* (siehe rechts in Abbildung 2.24).

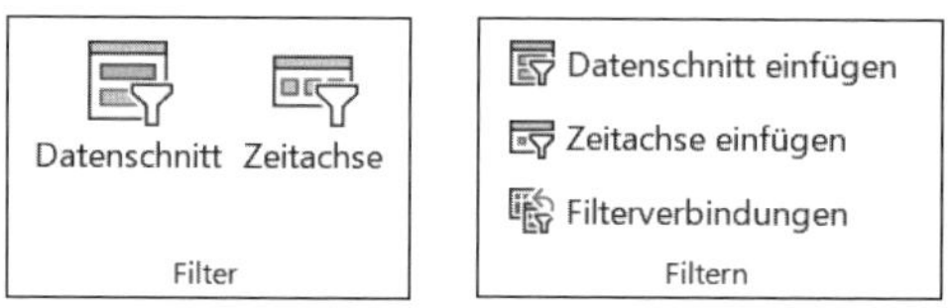


**Abbildung 2.24** Einfügen eines Datenschnitts

Das Dialogfeld *Datenschnitt auswählen,* das in Abbildung 2.25 dargestellt ist, wird geöffnet. Wählen Sie hier die Dimensionen aus, die Sie filtern möchten. In diesem Beispiel sind die Datenschnitte *Region* und *Vertriebsgebiet* ausgewählt.

**Abbildung 2.25** Wählen Sie die Dimensionen aus, für die Sie Datenschnitte erstellen möchten.

Nachdem die Datenschnitte erstellt sind, können Sie einfach auf die Filterwerte klicken, um Ihre PivotTable zu filtern. Wie Sie in Abbildung 2.26 sehen können, wird Ihre PivotTable gefiltert, wenn Sie im Datenschnitt *Region* auf *Midwest* klicken. Auch der Datenschnitt *Vertriebsgebiet* reagiert, indem er die Vertriebsgebiete hervorhebt, die zur Region *Midwest* gehören.

---

Sie können mehrere Werte auswählen, indem Sie die Strg-Taste auf Ihrer Tastatur gedrückt halten, während Sie die gewünschten Filter auswählen. Alternativ können Sie die *Mehrfachauswahl* neben dem *Filter*-Symbol oben im Datenschnitt aktivieren.

---

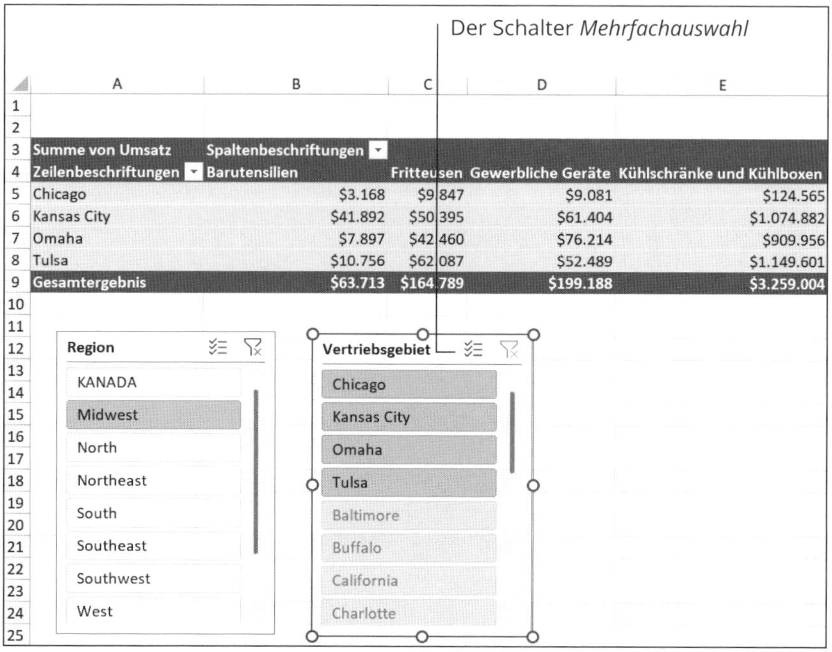


**Abbildung 2.26** Wählen Sie die Dimensionen aus, die Sie mithilfe von Datenschnitten filtern möchten.

In Abbildung 2.27 wurde die Mehrfachauswahl aktiviert, und es wurden Baltimore, California, Charlotte und Chicago ausgewählt. Beachten Sie, dass Excel die ausgewählten Vertriebsgebiete im Datenschnitt *Vertriebsgebiet* und auch die zugehörigen Regionen im Datenschnitt *Region* hervorhebt.

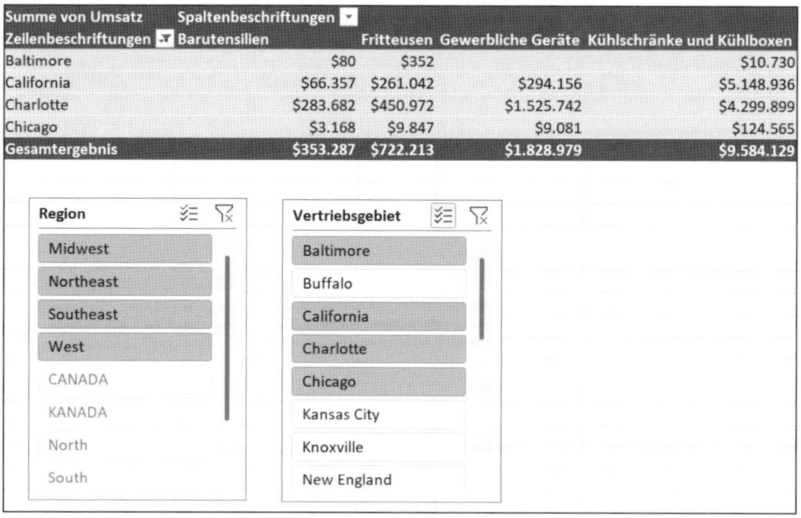


**Abbildung 2.27** Datenschnitte haben gegenüber dem Feld *Filter* den einzigartigen Vorteil, dass sie den aktuellen Filterstatus anzeigen.

Ein weiterer Vorteil von Datenschnitten ist, dass Sie jeden Datenschnitt mit mehr als einer PivotTable verknüpfen können. Mit anderen Worten: Jeder Filter, den Sie auf Ihren Datenschnitt anwenden, kann sich auf mehrere PivotTables auswirken.

Um einen Datenschnitt mit mehr als einer PivotTable zu verbinden, klicken Sie einfach mit der rechten Maustaste auf den Datenschnitt und wählen *Berichtsverbindungen*. Das in Abbildung 2.28 gezeigte Dialogfeld *Berichtsverbindungen* wird geöffnet. Aktivieren Sie das Kontrollkästchen neben jeder PivotTable, die Sie mit dem aktuellen Datenschnitt filtern möchten.

An diesem Punkt wird jeder über den Datenschnitt angewendete Filter auf alle verbundenen PivotTables angewendet. Auch hier haben Datenschnitte einen einzigartigen Vorteil gegenüber Filterfeldern, da sie den Filterstatus mehrerer PivotTables steuern können. Filterfelder können nur die PivotTable steuern, in der sie sich befinden.

Beachten Sie, dass die Auswahlmöglichkeiten in Abbildung 2.28 die PivotTables sind, die auf demselben Pivot-Cache basieren. Wenn Sie einen Datenschnitt zur Steuerung von Daten aus zwei verschiedenen Datensätzen verwenden möchten, lesen Sie in Kapitel 14 diesen Abschnitt: »Tipp 22: Einen Slicer erstellen, um Daten aus zwei verschiedenen Datasets zu steuern«.

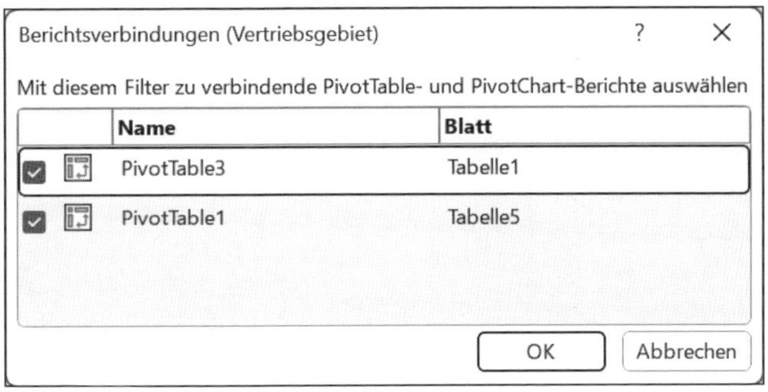


**Abbildung 2.28** Wählen Sie die Pivot-Tabellen, die Sie mit diesem Datenschnitt filtern möchten.

---

Beachten Sie, dass in Abbildung 2.28 die Namen der PivotTables ein wenig unklar sind (PivotTable1, PivotTable3). Excel vergibt automatisch diese generischen Namen für Ihre PivotTables, anhand derer es sie identifiziert. Sie können sich vorstellen, wie schwierig es wäre, zu wissen, welche PivotTable welche ist, wenn Sie mit mehr als einer Handvoll PivotTables arbeiten. Daher sollten Sie in Betracht ziehen, Ihren Pivot-Tabellen benutzerfreundliche Namen zu geben, damit Sie sie in Dialogfeldern wie dem in Abbildung 2.28 gezeigten erkennen können.

Sie können den Namen einer PivotTable ganz einfach ändern, indem Sie den Cursor an einer beliebigen Stelle innerhalb der PivotTable platzieren, die Registerkarte *PivotTable-Analyse* öffnen und dann in das Feld *PivotTable-Name* ganz links einen entsprechenden Namen eingeben.

---

## Einen Zeitachsen-Datenschnitt erstellen

Der Zeitachsen-Datenschnitt (eingeführt mit Excel 2013) funktioniert auf die gleiche Weise wie ein Standard-Datenschnitt, da Sie eine PivotTable mithilfe eines visuellen Auswahlmechanismus anstelle der alten Filterfelder filtern können. Der Unterschied besteht darin, dass der Zeitachsen-Datenschnitt ausschließlich für Datumsfelder konzipiert ist und eine hervorragende visuelle Methode zum Filtern und Gruppieren der Daten in einer PivotTable bietet.

Um eine Zeitachse einzufügen, muss Ihre PivotTable ein Feld enthalten, in dem alle Daten als Datumsangaben formatiert sind. Das bedeutet, dass Ihre Tabelle mit den Quelldaten mindestens eine Spalte enthalten muss, in der alle Werte als gültige Datumsangaben formatiert sind. Wenn auch nur ein Wert in der Spalte leer oder keine gültige Datumsangabe ist, erstellt Excel keinen Zeitachsen-Datenschnitt.

Um einen Zeitachsen-Datenschnitt zu erstellen, setzen Sie den Cursor an eine beliebige Stelle in der PivotTable, öffnen im Menüband die Registerkarte *Einfügen* und klicken dann auf das Symbol *Zeitachse*. Alternativ öffnen Sie die Registerkarte *Entwurf* und klicken dann in der Gruppe *Filtern* auf *Zeitachse einfügen.*

Das Dialogfeld *Zeitachsen einfügen* wird geöffnet und zeigt Ihnen alle verfügbaren Datumsfelder in der gewählten PivotTable an. Hier wählen Sie die Datumsfelder aus, für die Sie eine Zeitachse erstellen möchten.

Nachdem Ihr Zeitachsen-Datenschnitt erstellt wurde, können Sie die Daten in Ihrer PivotTable mithilfe dieses dynamischen Datenauswahlmechanismus filtern. Wie Sie in Abbildung 2.29 sehen, werden die Daten in der PivotTable durch Anklicken von *Aug* so gefiltert, dass nur die August-Daten angezeigt werden.

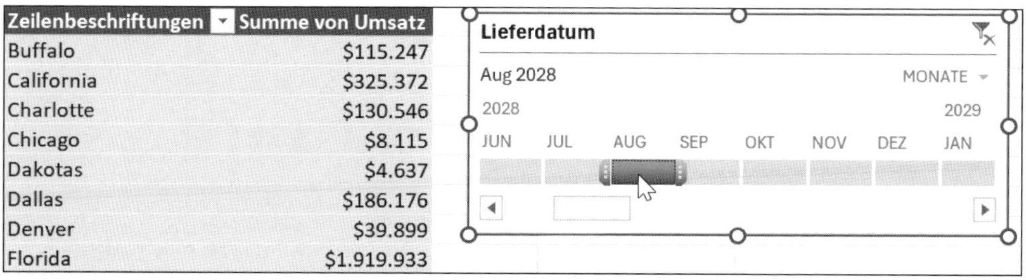

| Zeilenbeschriftungen | Summe von Umsatz |
|---|---|
| Buffalo | $115.247 |
| California | $325.372 |
| Charlotte | $130.546 |
| Chicago | $8.115 |
| Dakotas | $4.637 |
| Dallas | $186.176 |
| Denver | $39.899 |
| Florida | $1.919.933 |



**Abbildung 2.29** Klicken Sie auf eine Datumsauswahl, um die Pivot-Tabelle zu filtern.

Abbildung 2.30 zeigt, wie Sie den Zeitbereich mit der Maus erweitern können, um einen größeren Datumsbereich in die gefilterten Zahlen aufzunehmen.

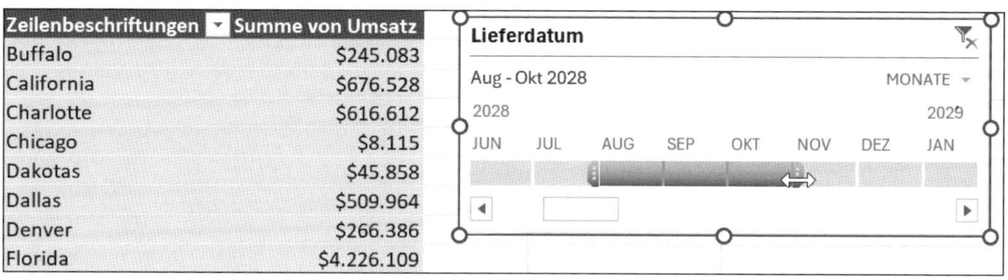

| Zeilenbeschriftungen | Summe von Umsatz |
|---|---|
| Buffalo | $245.083 |
| California | $676.528 |
| Charlotte | $616.612 |
| Chicago | $8.115 |
| Dakotas | $45.858 |
| Dallas | $509.964 |
| Denver | $266.386 |
| Florida | $4.226.109 |



**Abbildung 2.30** Sie können den Datumsbereich auf der Zeitachse erweitern, um mehr Daten in die gefilterten Zahlen aufzunehmen.

Möchten Sie Ihre PivotTable schnell nach Quartalen filtern? Das können Sie ganz einfach mit einem Zeitachsen-Datenschnitt tun. Klicken Sie auf das Dropdownmenü *Zeitspanne* und wählen Sie *Quartale*. Wie Sie in Abbildung 2.31 sehen können, können Sie bei Bedarf auch *Jahre*, *Monate* oder *Tage* auswählen.

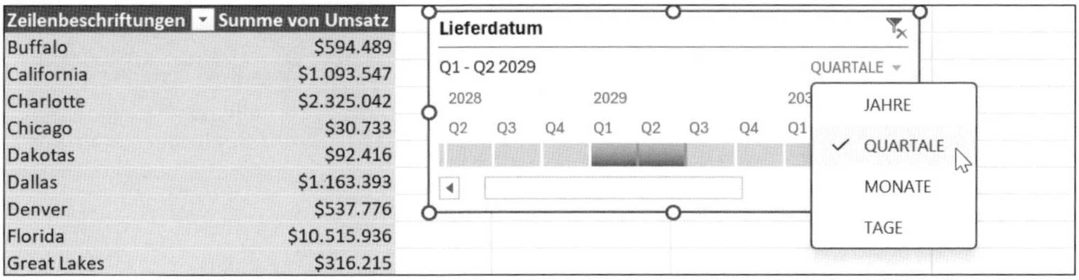


**Abbildung 2.31** Schnelles Umschalten zwischen der Filterung nach Jahren, Quartalen, Monaten und Tagen.

Beachten Sie, dass Zeitachsen-Datenschnitte nicht mit Excel 2010 oder früheren Versionen abwärtskompatibel sind.

## Fallstudie: Analysieren der Aktivität nach Vertriebsgebiet

Ihr Unternehmen hat 18 Vertriebsgebiete, in denen 7 Produkttypen verkauft werden. Sie wurden gebeten, einen Bericht zu erstellen, der die einzelnen Vertriebsgebiete und für jedes Produkt die Umsätze in Dollar aufzeigt. Sie beginnen mit einer beunruhigenden Transaktionstabelle, die mehr als 91.000 Zeilen an Daten enthält. Gehen Sie wie folgt vor, um Ihren Bericht zu erstellen:

1. Setzen Sie den Cursor in den Datensatz, öffnen Sie die Registerkarte *Einfügen*, und klicken Sie auf *PivotTable*.
2. Wenn das Dialogfeld *PivotTable erstellen* angezeigt wird, klicken Sie auf die Schaltfläche *OK*. Jetzt sollten Sie eine leere PivotTable und die Liste *PivotTable-Felder* sehen.
3. Suchen Sie in der Liste *PivotTable-Felder* nach dem Feld *Vertriebsgebiet* und aktivieren Sie dessen Kontrollkästchen.
4. Suchen Sie in der Liste *PivotTable-Felder* das Feld *Umsatz* und aktivieren Sie dessen Kontrollkästchen.

Um die Produktgliederungen zu erhalten, suchen Sie in der Liste PivotTable-Felder das Feld *Produktkategorie* und ziehen Sie es in den Bereich *Spalten*.

In fünf einfachen Schritten haben Sie einen Bericht berechnet und entworfen, der die Anforderungen erfüllt. Nach ein wenig Formatierung sollte Ihr PivotTable-Bericht ähnlich aussehen wie in Abbildung 2.32.

Damit Sie die analytischen Möglichkeiten, die Sie soeben genutzt haben, angemessen würdigen können, sollten Sie bedenken, dass Ihre Datenquelle mehr als 91.000 Zeilen und 14 Spalten umfasst, was für Excel-Verhältnisse eine beachtliche Datenmenge darstellt. Trotz dieser Datenmenge haben Sie in wenigen Minuten eine relativ solide Analyse erstellt.

→

| Summe von Umsatz | Spaltenbeschriftungen | | | | |
|---|---|---|---|---|---|
| Zeilenbeschriftungen | Barutensilien | Fritteusen | Gewerbliche Geräte | Kühlschränke und Kühlboxen | Öfen und Herde |
| Baltimore | $80 | $352 | | $10.730 | $7.470 |
| Buffalo | $37.398 | $127.288 | $237.298 | $2.030.465 | $1.654.377 |
| California | $66.357 | $261.042 | $294.156 | $5.148.936 | $3.477.215 |
| Charlotte | $283.682 | $450.972 | $1.525.742 | $4.299.899 | $6.789.653 |
| Chicago | $3.168 | $9.847 | $9.081 | $124.565 | $133.416 |
| Dakotas | $3.387 | $18.029 | $7.287 | $286.263 | $195.102 |
| Dallas | $59.580 | $151.270 | $255.146 | $2.282.743 | $2.931.717 |
| Denver | $34.559 | $120.087 | $70.069 | $1.764.174 | $1.563.784 |
| Florida | $1.132.162 | $2.269.475 | $5.667.951 | $19.437.837 | $34.846.140 |
| Great Lakes | $16.798 | $51.030 | $36.678 | $689.112 | $737.024 |
| KANADA | $35.975 | $129.636 | $71.272 | $1.728.601 | $1.183.773 |
| Kansas City | $41.892 | $50.395 | $61.404 | $1.074.882 | $742.490 |
| [illegible] | [illegible] | [illegible] | [illegible] | [illegible] | [illegible] |

**Abbildung 2.32** Diese Zusammenfassung kann in weniger als einer Minute erstellt werden.

# Mit den Änderungen in der Datenquelle Schritt halten

Kommen wir auf die Analogie mit dem Familienporträt vom Anfang des Kapitels zurück. Im Laufe der Jahre wird sich das Aussehen Ihrer Familie verändern und vielleicht wird die Familie sogar um einige neue Mitglieder erweitert. Das Familienporträt, das vor Jahren aufgenommen wurde, bleibt statisch und repräsentiert die heutige Familie nicht mehr. Es muss also ein neues Porträt aufgenommen werden.

Im Laufe der Zeit können sich Ihre Daten ändern und durch neu hinzugefügte Zeilen und Spalten wachsen. Der Pivot-Cache, aus dem der PivotTable-Bericht gespeist wird, ist jedoch nicht mit der Datenquelle verbunden, sodass er die Änderungen, die Sie an der Datenquelle vornehmen, erst dann wiedergeben kann, wenn Sie einen weiteren Schnappschuss erstellen.

Das Aktualisieren des Pivot-Caches durch Erstellen eines weiteren Schnappschusses der Datenquelle wird *Aktualisieren* Ihrer Daten genannt. Es gibt zwei Gründe, warum Sie Ihren PivotTable-Bericht aktualisieren müssen:

- Es wurden Änderungen an Ihrer bestehenden Datenquelle vorgenommen.
- Der Bereich Ihrer Datenquelle wurde durch das Hinzufügen von Zeilen oder Spalten erweitert.

Die folgenden Abschnitte erläutern, wie Sie Ihre PivotTable mit den Änderungen in Ihrer Datenquelle synchronisieren können.

## Mit Änderungen an der vorhandenen Datenquelle umgehen

Wenn sich einige Zellen in den Quelldaten Ihrer PivotTable aufgrund von Bearbeitungen oder Aktualisierungen geändert haben, können Sie Ihren PivotTable-Bericht mit wenigen Mausklicks aktualisieren. Klicken Sie dazu mit der rechten Maustaste in Ihren PivotTable-Bericht und wählen Sie *Aktualisieren.* Dieser Befehl erstellt einen weiteren Schnappschuss Ihres Datensatzes und überschreibt den vorherigen Pivot-Cache mit den neuesten Daten.

Sie können die Daten in einer PivotTable auch aktualisieren, indem Sie auf der Registerkarte *PivotTable-Analyse* das Symbol *Aktualisieren* oder auf der Registerkarte *Daten* das Symbol *Alle aktualisieren* auswählen.

Wenn Sie auf eine beliebige Stelle innerhalb einer PivotTable klicken, werden im Menüband die Registerkarten *PivotTable-Analyse* und *Entwurf* eingeblendet.

## Mit einem durch das Hinzufügen von Zeilen oder Spalten vergrößerten Datenquellenbereich umgehen

Wenn an Ihrer Datenquelle Änderungen vorgenommen wurden, die sich auf den Bereich auswirken (z. B., wenn Sie Zeilen oder Spalten hinzugefügt haben), müssen Sie den vom Pivot-Cache erfassten Bereich aktualisieren.

Klicken Sie dazu auf eine beliebige Stelle in der PivotTable und öffnen Sie dann im Menüband die Registerkarte *PivotTable-Analyse*. Wählen Sie anschließend *Datenquelle ändern*. Hierdurch wird das in Abbildung 2.33 gezeigte Dialogfeld geöffnet.

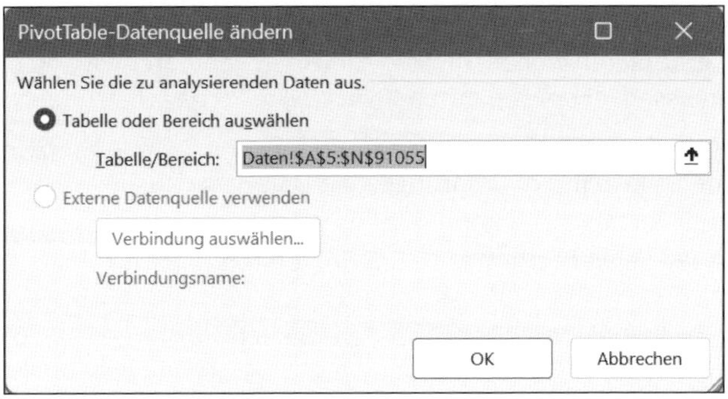


**Abbildung 2.33** Das Dialogfeld *PivotTable-Datenquelle ändern* ermöglicht es Ihnen, die Quelldaten Ihrer PivotTable neu zu definieren.

Hier müssen Sie lediglich den Bereich aktualisieren, um neue Zeilen und Spalten aufzunehmen. Nachdem Sie den entsprechenden Bereich angegeben haben, klicken Sie auf die Schaltfläche *OK*.

Wenn Sie die Quelldaten Ihrer PivotTable als Tabelle formatieren, indem Sie *Start | Als Tabelle formatieren* oder *Start | Tabelle einfügen* wählen oder [Strg]+[T] drücken, wird der Quellbereich der PivotTable automatisch erweitert, wenn die Daten wachsen. Sie müssen dennoch auf *Aktualisieren* klicken, um die neuen Zeilen zu übernehmen.

# Den Pivot-Cache gemeinsam nutzen oder einen neuen Cache erstellen

Es kommt häufig vor, dass Sie denselben Datensatz auf mehrere Arten analysieren müssen. In den meisten Fällen erfordert dieser Prozess, dass Sie separate PivotTables aus derselben Datenquelle erstellen. Denken Sie daran, dass Sie jedes Mal, wenn Sie eine PivotTable erstellen, einen Schnappschuss des gesamten Datensatzes in einem Pivot-Cache speichern. Jeder Pivot-Cache, der erstellt wird, erhöht die Speichernutzung und die Dateigröße. Aus diesem Grund sollten Sie erwägen, Ihren Pivot-Cache gemeinsam für mehrere PivotTables zu nutzen.

In Situationen, in denen Sie mehrere PivotTables aus derselben Datenquelle erstellen müssen, können Sie denselben Pivot-Cache verwenden, um mehrere PivotTables zu versorgen. Durch die Verwendung desselben Pivot-Caches für mehrere PivotTables erzielen Sie eine gewisse Effizienzsteigerung in Bezug auf Speicherverbrauch und Dateigröße.

Wenn Sie in älteren Excel-Versionen eine PivotTable mit einem Dataset erstellten, das bereits in einer anderen PivotTable verwendet wurde, bot Excel Ihnen die Möglichkeit, denselben Pivot-Cache zu verwenden. In der heutigen Version von Excel gibt es diese Möglichkeit jedoch nicht mehr.

Stattdessen gibt Excel jedes Mal, wenn Sie in Excel eine neue PivotTable erstellen, automatisch den Pivot-Cache frei. In den meisten Fällen ist dies von Vorteil: Sie können beliebig viele PivotTables mit demselben Pivot-Cache verknüpfen, ohne dass der Speicherplatz und die Dateigröße nennenswert zunehmen.

Wenn Sie jedoch eine PivotTable nach Monat und Jahr gruppieren, werden alle PivotTables auf ähnliche Weise gruppiert. Wenn Sie eine PivotTable nach Monat und eine andere PivotTable nach Woche gruppieren wollen, müssen Sie einen separaten Pivot-Cache erzwingen. Sie können Excel veranlassen, einen separaten Pivot-Cache zu erstellen, indem Sie die folgenden Schritte ausführen:

1. Wählen Sie eine Zelle in Ihrem ursprünglichen Datensatz aus.
2. Starten Sie den PivotTable-Assistenten (siehe auch folgenden Hinweis).
3. Klicken Sie auf die Schaltfläche *Weiter*, um den ersten Bildschirm des Assistenten zu verlassen.
4. Wählen Sie auf dem zweiten Bildschirm den Bereich für Ihre PivotTable aus und klicken Sie auf die Schaltfläche *Weiter*.
5. Excel zeigt eine wortreiche Meldung an, die besagt, dass Sie weniger Speicher verwenden können, wenn Sie auf *Ja* klicken. Klicken Sie stattdessen auf *Nein*.
6. Klicken Sie auf dem nächsten Bildschirm auf die Schaltfläche *Fertig stellen*.

Zu diesem Zeitpunkt haben Sie eine leere PivotTable, die aus ihrem eigenen Pivot-Cache gezogen wird.

Der PivotTable-Assistent ist in neueren Excel-Versionen standardmäßig nicht mehr im Menüband vorhanden. Sie können ihn jedoch der Symbolleiste für den Schnellzugriff hinzufügen. Klicken Sie dazu rechts an der Symbolleiste für den Schnellzugriff auf *Symbolleiste für den Schnellzugriff anpassen* und wählen Sie im Menü *Weitere Befehle*. Wählen Sie in der Liste *Befehle auswählen* die Option *Nicht im Menüband enthaltene Befehle*. Suchen Sie dann nach *PivotTable- und PivotChart-Assistent*, klicken Sie auf *Hinzufügen* und abschließend auf *OK*.

Wenn Sie bereits über eine vorhandene PivotTable verfügen, können Sie eine alternative Methode zum Erstellen eines separaten Pivot-Caches verwenden: Kopieren Sie die vorhandene PivotTable in eine neue Arbeitsmappe und kopieren Sie die PivotTable anschließend zurück in ein neues Blatt in der ursprünglichen Arbeitsmappe.

## Nebeneffekte der gemeinsamen Nutzung eines Pivot-Caches

Es ist wichtig zu wissen, dass die gemeinsame Nutzung eines Pivot-Caches mehrere Nebeneffekte mit sich bringt. Nehmen Sie zum Beispiel an, dass Sie zwei PivotTables haben, die denselben Pivot-Cache verwenden. Bestimmte Aktionen wirken sich auf beide PivotTables aus, die jeweils in Kapitel 5, »Berechnungen in PivotTables durchführen«, näher erläutert werden:

- **Aktualisieren der Daten** Es ist nicht möglich, die eine PivotTable zu aktualisieren und die andere nicht. Die Aktualisierung wirkt sich auf beide PivotTables aus.
- **Hinzufügen eines berechneten Feldes** Wenn Sie in einer PivotTable ein berechnetes Feld erstellen, wird das neu erstellte berechnete Feld in der Liste *PivotTable-Felder* der anderen PivotTable angezeigt.
- **Hinzufügen eines berechneten Elements** Wenn Sie in einer PivotTable ein berechnetes Element erstellen, wird es auch in der anderen Tabelle angezeigt.
- **Gruppierung oder Aufhebung der Gruppierung von Feldern** Jede Gruppierung oder Aufhebung der Gruppierung wirkt sich auf beide PivotTables aus. Angenommen, Sie gruppieren ein Datumsfeld in einer PivotTable, um Monate anzuzeigen. Dann wird in der anderen PivotTable das gleiche Datumsfeld ebenfalls gruppiert, um Monate anzuzeigen.

Obwohl keiner dieser Nebeneffekte einen kritischen Fehler im Konzept der gemeinsamen Nutzung eines Pivot-Caches darstellt, ist es wichtig, sie im Hinterkopf zu behalten, wenn Sie entscheiden, ob für Ihre Situation die Verwendung einer PivotTable als Datenquelle die beste Option ist.

# Mit PivotTable-Tools Zeit sparen

Microsoft hat viel Zeit und Mühe in das PivotTable-Feature investiert. Das Ergebnis dieser Bemühungen sind Tools, die die Funktionalität von PivotTables zugänglicher und benutzerfreundlicher machen. In den folgenden Abschnitten werden einige der Tools vorgestellt, mit denen Sie bei der Verwaltung von PivotTable Zeit sparen können.

## Layoutaktualisierungen zurückstellen

Das Frustrierende an der Erstellung einer PivotTable aus einer großen Datenquelle ist, dass Sie jedes Mal, wenn Sie ein Feld zu einem Pivot-Bereich hinzufügen, warten müssen, während Excel all diese Daten verarbeitet. Dies kann zu einem wahnsinnig zeitaufwendigen Prozess werden, wenn Sie mehrere Felder zu Ihrer PivotTable hinzufügen müssen.

Excel bietet hier Abhilfe, indem es die Möglichkeit bietet, Layoutänderungen so lange zu verschieben, bis Sie bereit sind, sie anzuwenden. Sie können diese Option aktivieren, indem Sie das relativ unauffällige Kontrollkästchen *Layoutaktualisierung zurückstellen* im Aufgabenbereich *PivotTable-Felder* aktivieren, wie in Abbildung 2.34 gezeigt.

Dieses Feature funktioniert folgendermaßen: Wenn das Kontrollkästchen *Layoutaktualisierung zurückstellen* aktiviert ist, verhindern Sie, dass Ihre PivotTable in Echtzeit aktualisiert wird, wenn Sie Ihre Felder ohne die PivotTable verschieben. Wenn Sie bereit sind, Ihre Änderungen anzuwenden, klicken Sie im Aufgabenbereich *PivotTable-Felder* auf die Schaltfläche *Aktualisieren,* die sich in der unteren rechten Ecke befindet.

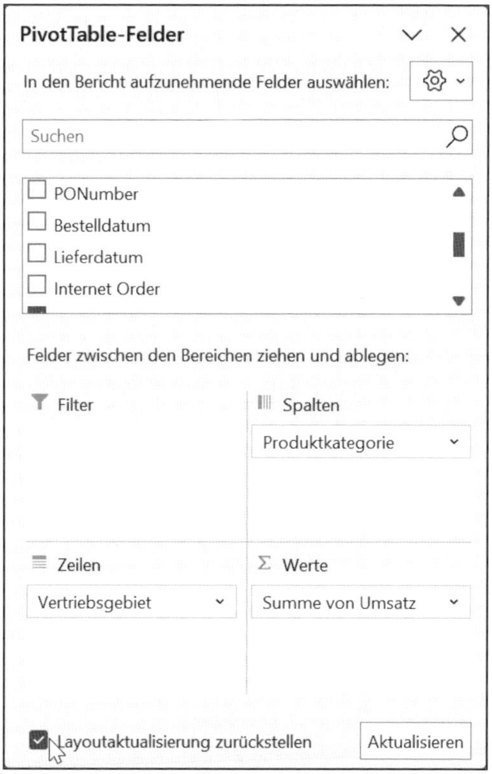


**Abbildung 2.34** Aktivieren Sie das Kontrollkästchen *Layoutaktualisierung zurückstellen,* um zu verhindern, dass die PivotTable aktualisiert wird, während Sie Felder hinzufügen.

---

Denken Sie daran, das Häkchen im Kontrollkästchen *Layoutaktualisierung zurückstellen* zu entfernen, wenn Sie mit der Erstellung Ihrer PivotTable fertig sind. Wenn Sie es aktiviert lassen, bleibt Ihre PivotTable im manuellen Aktualisierungsmodus, sodass Sie andere Features der PivotTable wie Sortieren, Filtern und Gruppieren nicht verwenden können.

---

Übrigens ist die Option *Layoutaktualisierung zurückstellen* auch über VBA verfügbar. Sie kann dazu beitragen, die Leistung von Makros zu verbessern, die die Erstellung von PivotTables automatisieren.

---

Ausführliche Informationen zur Verwendung von VBA zum Erstellen von Pivot-Tabellen finden Sie in Kapitel 13, »PivotTable-Berichte mit VBA oder TypeScript erstellen«.

---

## Mit einem Klick neu beginnen

Oft möchten Sie bei der Arbeit mit Ihren PivotTable-Layouts ganz von vorne beginnen. Excel bietet eine einfache Möglichkeit, von vorne zu beginnen, ohne den Pivot-Cache zu löschen. Wählen Sie die Registerkarte *PivotTable-Analyse* und wählen Sie die Dropdownliste *Löschen*. Wie Sie in Abbildung 2.35 sehen, können Sie mit diesem Befehl entweder Ihr gesamtes PivotTable-Layout löschen oder alle vorhandenen Filter entfernen, die Sie möglicherweise in Ihrer PivotTable angewendet haben.

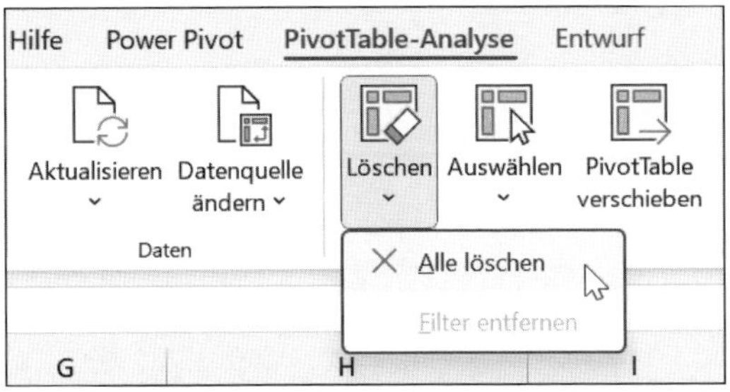


**Abbildung 2.35** Mit dem Befehl *Löschen* können Sie Ihre PivotTable-Felder löschen oder die angewandten Filter aus Ihrer PivotTable entfernen.

## Eine PivotTable verschieben

Nachdem Sie eine PivotTable erstellt haben, kann es vorkommen, dass Sie sie an eine andere Stelle verschieben müssen.

Vielleicht ist sie anderen Analysen auf dem Arbeitsblatt im Weg, oder Sie müssen sie einfach auf ein anderes Tabellenblatt verschieben. Obwohl es mehrere Möglichkeiten gibt, eine PivotTable zu verschieben, ist die einfachste die schnörkellose Methode von Excel: Wählen Sie im Menüband auf der Registerkarte *PivotTable-Analyse* den Befehl *PivotTable verschieben*. Dieses Symbol aktiviert das Dialogfeld *PivotTable verschieben*, das in Abbildung 2.36 dargestellt ist. Hier müssen Sie lediglich angeben, wohin die PivotTable verschoben werden soll.

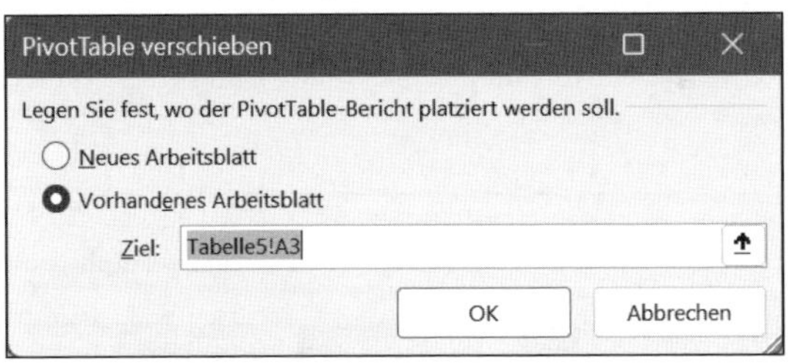


**Abbildung 2.36** Mit dem Dialogfeld *PivotTable verschieben* können Sie Ihre PivotTable schnell an eine andere Stelle verschieben.

## Details für jede Zelle im Wertebereich anzeigen

Sie haben eine PivotTable erstellt und an Ihren Manager geschickt, der einen Blick darauf wirft und sagt: »Das kann nicht richtig sein! Es ist unmöglich, dass wir im Wert von 205.000 $ gewerbliche Geräte nach Kanada verkauft haben!«

Wenn jemand eine der Zahlen im Wertebereich Ihrer PivotTable infrage stellt, wählen Sie einfach die Zelle aus, die den Wert enthält. Klicken Sie auf der Registerkarte *PivotTable-Analyse* auf *Details* (siehe Abbildung 2.37).

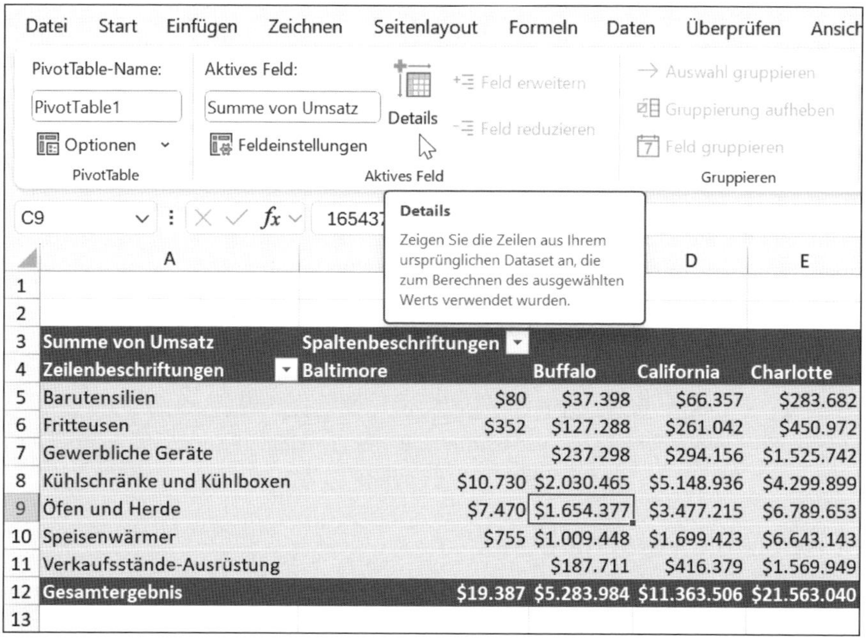


| | A | | | D | E |
|---|---|---|---|---|---|
| 1 | | | | | |
| 2 | | | | | |
| 3 | Summe von Umsatz | Spaltenbeschriftungen | | | |
| 4 | Zeilenbeschriftungen | Baltimore | Buffalo | California | Charlotte |
| 5 | Barutensilien | $80 | $37.398 | $66.357 | $283.682 |
| 6 | Fritteusen | $352 | $127.288 | $261.042 | $450.972 |
| 7 | Gewerbliche Geräte | | $237.298 | $294.156 | $1.525.742 |
| 8 | Kühlschränke und Kühlboxen | $10.730 | $2.030.465 | $5.148.936 | $4.299.899 |
| 9 | Öfen und Herde | $7.470 | $1.654.377 | $3.477.215 | $6.789.653 |
| 10 | Speisenwärmer | $755 | $1.009.448 | $1.699.423 | $6.643.143 |
| 11 | Verkaufsstände-Ausrüstung | | $187.711 | $416.379 | $1.569.949 |
| 12 | Gesamtergebnis | $19.387 | $5.283.984 | $11.363.506 | $21.563.040 |
| 13 | | | | | |

**Abbildung 2.37** Klicken Sie auf eine beliebige Zahl im Wertebereich und dann auf *Details*.

Excel fügt links neben dem aktuellen Blatt ein neues Tabellenblatt ein. Dieses Blatt enthält einen Titel, der angibt, welche Zelle aktiv war, als Sie auf *Details* geklickt haben. Die zweite Zeile ist leer, und dann folgen alle Zeilen des ursprünglichen Datensatzes, aus denen sich die ausgewählte Zahl zusammensetzt, wie in Abbildung 2.38 dargestellt.

Vor 2024 konnten Sie diesen Detailbericht durch Doppelklicken auf eine beliebige Zelle im Wertebereich der PivotTable aufrufen. Im Jahr 2024 ergänzte Microsoft im Menüband die Schaltfläche *Details* und verbesserte das Tabellenblatt mit den Details durch Hinzufügen des Titels.

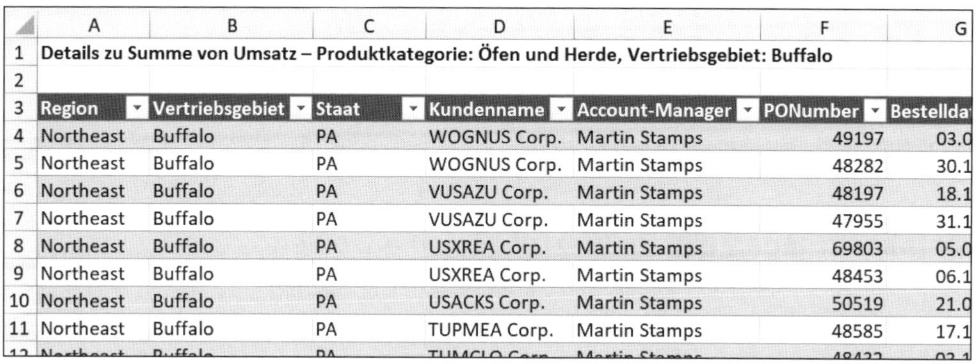

| | A | B | C | D | E | F | G |
|---|---|---|---|---|---|---|---|
| 1 | **Details zu Summe von Umsatz – Produktkategorie: Öfen und Herde, Vertriebsgebiet: Buffalo** | | | | | | |
| 2 | | | | | | | |
| 3 | Region | Vertriebsgebiet | Staat | Kundenname | Account-Manager | PONumber | Bestellda |
| 4 | Northeast | Buffalo | PA | WOGNUS Corp. | Martin Stamps | 49197 | 03.0 |
| 5 | Northeast | Buffalo | PA | WOGNUS Corp. | Martin Stamps | 48282 | 30.1 |
| 6 | Northeast | Buffalo | PA | VUSAZU Corp. | Martin Stamps | 48197 | 18.1 |
| 7 | Northeast | Buffalo | PA | VUSAZU Corp. | Martin Stamps | 47955 | 31.1 |
| 8 | Northeast | Buffalo | PA | USXREA Corp. | Martin Stamps | 69803 | 05.0 |
| 9 | Northeast | Buffalo | PA | USXREA Corp. | Martin Stamps | 48453 | 06.1 |
| 10 | Northeast | Buffalo | PA | USACKS Corp. | Martin Stamps | 50519 | 21.0 |
| 11 | Northeast | Buffalo | PA | TUPMEA Corp. | Martin Stamps | 48585 | 17.1 |

**Abbildung 2.38** Excel fügt links vom aktiven Blatt ein neues Arbeitsblatt mit allen Zeilen ein, aus denen sich die ausgewählte Zahl zusammensetzt.

Wenn Sie *Details* auf die Gesamtzahl am Schnittpunkt der Zeile *Gesamtsumme* und der Spalte *Gesamtsumme* anwenden, ist der Bericht *Details* eine exakte Kopie des gesamten ursprünglichen Datensatzes.

Sie können die Schaltfläche *Details* immer wieder verwenden. Jedes Mal wird links neben dem aktiven Blatt ein neues Tabellenblatt erstellt. Wenn Sie diese Tabellenblätter nicht benötigen, können Sie Strg+Z drücken, um den Vorgang rückgängig zu machen; Excel entfernt dann das neue Blatt.

## Nächste Schritte

In Kapitel 3 erfahren Sie, wie Sie Ihre PivotTable-Berichte verbessern können, indem Sie Ihre Felder anpassen, Feldnamen ändern, Statistikberechnungen ändern, Formate auf Datenfelder anwenden, Teilergebnisse hinzufügen und entfernen und die Einstellung *Anzeigen als* verwenden.

KAPITEL 3

# Eine PivotTable anpassen

Obwohl PivotTables eine extrem schnelle Möglichkeit bieten, Daten zusammenzufassen, sind die Standardeinstellungen für PivotTables manchmal nicht genau das, was Sie brauchen. In solchen Fällen können Sie PivotTables mit vielen leistungsstarken Einstellungen optimieren. Diese Anpassungen reichen von kosmetischen Änderungen bis hin zur Änderung der zugrunde liegenden Berechnungen, die in der PivotTable verwendet werden.

Viele der in diesem Kapitel beschriebenen Änderungen können für alle zukünftigen PivotTables gelten, indem Sie die neuen PivotTable-Standardeinstellungen verwenden. Wenn Sie immer wieder die gleichen Änderungen an einer PivotTable vornehmen, sollten Sie diese Änderungen in den PivotTable-Standardeinstellungen vornehmen.

In Excel finden Sie die Steuerelemente zum Anpassen einer PivotTable an unzähligen Stellen: auf der Registerkarte *PivotTable-Analyse*, der Registerkarte *Entwurf*, im Dialogfeld *Feldeinstellungen,* im Dialogfeld *Wertfeldeinstellungen*, im Dialogfeld *PivotTable-Optionen* und in den Kontextmenüs.

In diesem Kapitel werden nicht alle Steuerelemente nacheinander behandelt, sondern die folgenden Funktionsbereiche für die Anpassung von PivotTables beleuchtet:

- **Kleinere kosmetische Änderungen** Ändern Sie Leerzeichen in Nullen, passen Sie das Zahlenformat an und benennen Sie ein Feld um. Wenn Sie an jeder PivotTable dieselben Änderungen vornehmen, lesen Sie in Kapitel 14 den Tipp 5: »Verwenden Sie die Standardeinstellungen für Pivot-Tabellen, um das Verhalten aller zukünftigen Pivot-Tabellen zu ändern«.
- **Layoutänderungen** Vergleichen Sie drei mögliche Layouts, zeigen/verbergen Sie Teilergebnisse und Gesamtergebnisse und wiederholen Sie Zeilenbeschriftungen.
- **Größere optische Änderungen** Verwenden Sie PivotTable-Formatvorlagen, um eine PivotTable schnell zu formatieren.
- **Berechnungstyp für Zusammenfassungen** Wechseln Sie von Summe zu Anzahl, Min, Max und mehr.
- **Fortgeschrittene Berechnungen** Verwenden Sie die Einstellungen, um Daten als laufende Summe, als Prozentsatz der Gesamtsumme, als Rang, als Prozentsatz des übergeordneten Elements und mehr anzuzeigen.
- **Andere Optionen** Sehen Sie sich einige der obskuren Optionen an, die auf der Excel-Oberfläche zu finden sind.

# Allgemeine optische Änderungen vornehmen

An fast allen PivotTables müssen Sie einige Änderungen vornehmen, um sie verständlicher und leichter interpretierbar zu machen. Abbildung 3.1 zeigt eine typische PivotTable. Um diese PivotTable zu erstellen, öffnen Sie die Beispieldatei für Kapitel 3 und wählen Sie dann das Tabellenblatt *Daten* aus. Wählen Sie *Einfügen | PivotTable* und klicken Sie auf *OK*. Aktivieren Sie die Kontrollkästchen der Felder *Branche*, *Kunde* und *Umsatz*, und ziehen Sie das Feld *Region* in den Bereich *Spalten*.

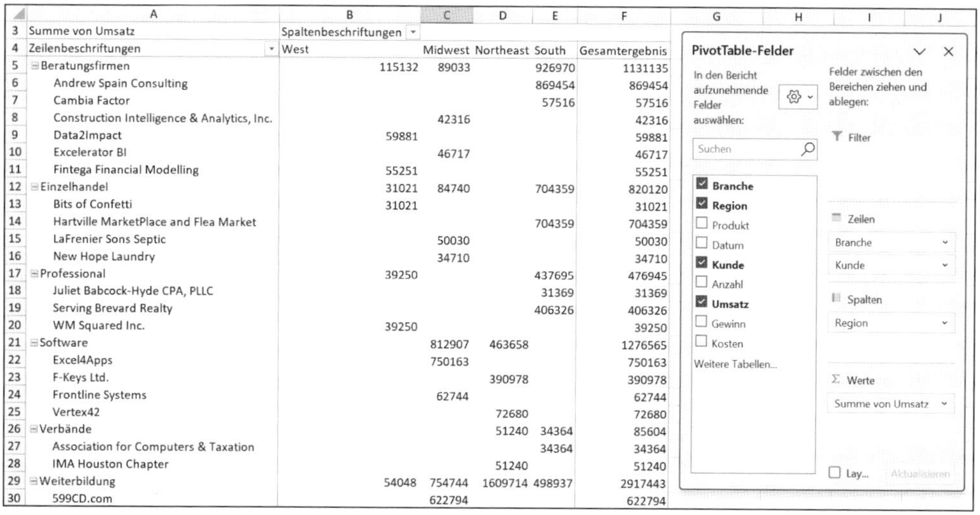

| | A | B | C | D | E | F |
|---|---|---|---|---|---|---|
| 3 | Summe von Umsatz | Spaltenbeschriftungen | | | | |
| 4 | Zeilenbeschriftungen | West | Midwest | Northeast | South | Gesamtergebnis |
| 5 | ⊟Beratungsfirmen | 115132 | 89033 | | 926970 | 1131135 |
| 6 | Andrew Spain Consulting | | | | 869454 | 869454 |
| 7 | Cambia Factor | | | | 57516 | 57516 |
| 8 | Construction Intelligence & Analytics, Inc. | | 42316 | | | 42316 |
| 9 | Data2Impact | 59881 | | | | 59881 |
| 10 | Excelerator BI | | 46717 | | | 46717 |
| 11 | Fintega Financial Modelling | 55251 | | | | 55251 |
| 12 | ⊟Einzelhandel | 31021 | 84740 | | 704359 | 820120 |
| 13 | Bits of Confetti | 31021 | | | | 31021 |
| 14 | Hartville MarketPlace and Flea Market | | | | 704359 | 704359 |
| 15 | LaFrenier Sons Septic | | 50030 | | | 50030 |
| 16 | New Hope Laundry | | 34710 | | | 34710 |
| 17 | ⊟Professional | 39250 | | | 437695 | 476945 |
| 18 | Juliet Babcock-Hyde CPA, PLLC | | | | 31369 | 31369 |
| 19 | Serving Brevard Realty | | | | 406326 | 406326 |
| 20 | WM Squared Inc. | 39250 | | | | 39250 |
| 21 | ⊟Software | | 812907 | 463658 | | 1276565 |
| 22 | Excel4Apps | | 750163 | | | 750163 |
| 23 | F-Keys Ltd. | | | 390978 | | 390978 |
| 24 | Frontline Systems | | 62744 | | | 62744 |
| 25 | Vertex42 | | | 72680 | | 72680 |
| 26 | ⊟Verbände | | | 51240 | 34364 | 85604 |
| 27 | Association for Computers & Taxation | | | | 34364 | 34364 |
| 28 | IMA Houston Chapter | | | 51240 | | 51240 |
| 29 | ⊟Weiterbildung | 54048 | 754744 | 1609714 | 498937 | 2917443 |
| 30 | 599CD.com | | 622794 | | | 622794 |



**Abbildung 3.1** Eine typische PivotTable vor der Anpassung

Diese Standard-PivotTable enthält mehrere störende Elemente, die Sie vielleicht schnell ändern möchten:

- Die Standard-Tabellenformatvorlage verwendet keine Gitternetzlinien, was es schwierig macht, die Zeilen und Spalten zu verfolgen.
- Die Zahlen im Wertebereich sind in einem allgemeinen Zahlenformat gehalten. Es gibt keine Kommas, Währungssymbole und so weiter.
- Bei spärlichen Datensätzen erscheinen viele Leerzeichen im Wertebereich. Die leere Zelle in D5 zeigt an, dass es in der Region Northeast keine Umsätze bei Beratungsfirmen gab. Die meisten Menschen ziehen es vor, Nullen anstelle von Leerzeichen zu sehen.
- Excel benennt Felder im Bereich *Werte* in den wenig einfallsreichen Namen *Summe von Umsatz* um. Sie können diesen Namen ändern.

Sie können jedes dieser Probleme mit nur wenigen Mausklicks beheben. In den folgenden Abschnitten werden die einzelnen Punkte behandelt.

---

Excel MVP Debra Dalgleish verkauft ein Pivot Power Premium-Add-In, das die meisten der hier aufgeführten Probleme behebt. Debras Add-In bietet einige weitere Funktionen als die neuen PivotTable-Standardeinstellungen. Dieses Add-In ist ideal, wenn Sie häufig PivotTables erstellen. Weitere Informationen finden Sie unter *http://mrx.cl/pivpow16*.

---

## Mit einer Formatvorlage die Gitternetzlinien wiederherstellen

Das Standardlayout der PivotTable enthält keine Gitternetzlinien und ist eher schlicht. Glücklicherweise können Sie eine Tabellenformatvorlage anwenden. Jede Tabellenformatvorlage, die Sie wählen, ist besser als die Standardvorlage.

Gehen Sie folgendermaßen vor, um ein PivotTable-Format anzuwenden:

1. Achten Sie darauf, dass sich die aktive Zelle in der PivotTable befindet.
2. Öffnen Sie im Menüband die Registerkarte *Entwurf*. Auf der rechten Seite des Katalogs *PivotTable-Formate* wird eine Schaltfläche mit einem Pfeil angezeigt.
3. Klicken Sie auf den Pfeil, um den gesamten Katalog zu öffnen, wie in Abbildung 3.2 dargestellt.

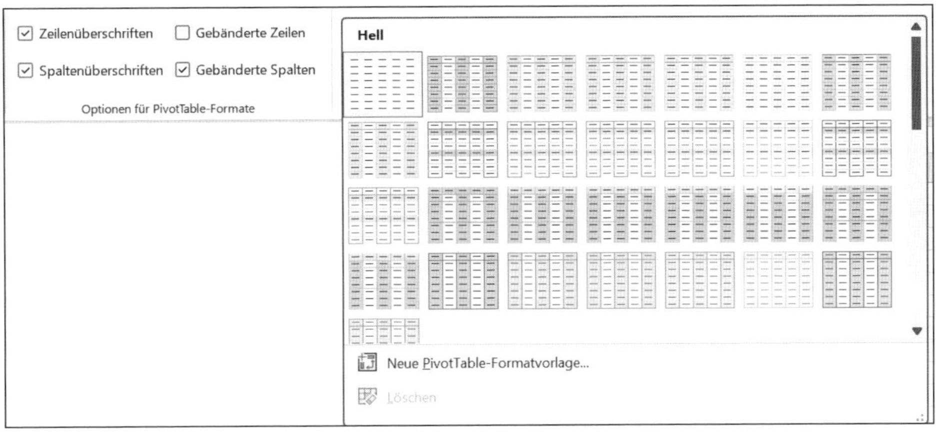


**Abbildung 3.2** Der Katalog enthält 85 Schnellformatvorlagen, aus denen Sie wählen können.

4. Wählen Sie ein anderes Format als das erste aus dem Dropdownmenü. Die Formate unten im Katalog enthalten in der Regel mehr Formatierungen.
5. Aktivieren Sie das Kontrollkästchen *Gebänderte Zeilen* links neben dem Katalog *PivotTable-Formate.* Dadurch werden in hellen Formaten Gitternetzlinien gezeichnet und in dunklen Formaten Zeilenstreifen hinzugefügt.

Es spielt keine Rolle, welches Format Sie im Katalog auswählen; jedes der 84 anderen Formate ist besser als das Standardformat.

Weitere Informationen zum Anpassen von Formatvorlagen finden Sie im Abschnitt »Das Erscheinungsbild einer PivotTable mit Formatvorlagen und Designs anpassen« weiter hinten in diesem Kapitel.

## Das Zahlenformat ändern, um Tausendertrennzeichen hinzuzufügen

Wenn Sie sich die Mühe gemacht haben, die zugrunde liegenden Daten zu formatieren, könnten Sie erwarten, dass die PivotTable einige dieser Formatierungen übernimmt. Leider ist das nicht der Fall. Selbst wenn Ihre zugrunde liegenden Datenfelder mit einem bestimmten numerischen Format formatiert wurden, zeigt die Standard-PivotTable Werte an, die mit einem allgemeinen Format formatiert wurden.

Ein Zeichen des Fortschritts ist, dass Sie beim Erstellen von PivotTables aus Power Pivot das Zahlenformat für ein Feld angeben können, bevor Sie die PivotTable erstellen. Diese Funktionalität steht für normale PivotTables noch nicht zur Verfügung.

---

Weitere Informationen zu Power Pivot finden Sie in Kapitel 10, »Mit dem Datenmodell und Power Pivot zusätzliche Features nutzen«.

---

Die Zahlen in den Abbildungen in diesem Kapitel gehen zum Beispiel in die Tausende oder Zehntausende. Auf dieser Umsatzstufe würden Sie normalerweise ein Tausendertrennzeichen und wahrscheinlich keine Dezimalstellen verwenden. Obwohl auf die Originaldaten ein numerisches Format angewendet wurde, formatiert die PivotTable Ihre Zahlen routinemäßig in einem hässlichen allgemeinen Stil.

Wie können Sie das Zahlenformat am schnellsten ändern? Das hängt davon ab, ob Sie ein einzelnes Wertfeld oder mehrere Wertfelder haben.

In Abbildung 3.3 enthält der Bereich *Werte* der PivotTable das Feld *Umsatz*. In der PivotTable gibt es viele Spalten, da sich das Feld *Produkt* im Bereich *Spalten* befindet. Klicken Sie in diesem Fall mit der rechten Maustaste auf eine beliebige Zahl und wählen Sie *Zahlenformat*.

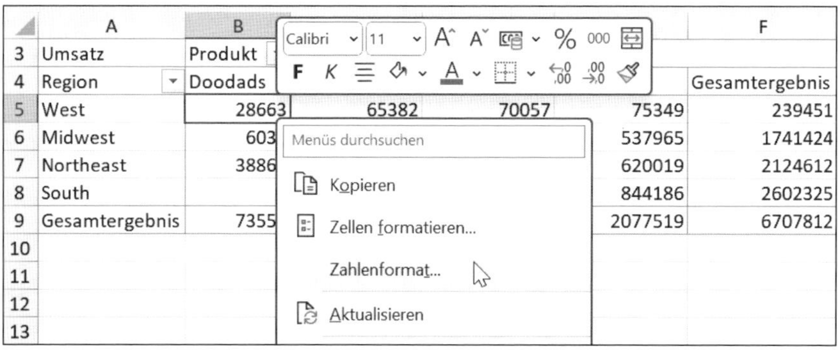


**Abbildung 3.3** Klicken Sie für ein einzelnes Wertfeld mit der rechten Maustaste auf eine beliebige Zahl und wählen Sie *Zahlenformat*.

Im Gegensatz zu Abbildung 3.3 enthält die Pivot-Table in Abbildung 3.4 drei Felder im Bereich Werte: *Umsatz*, *Kosten* und *Gewinn*. Anstatt das Zahlenformat auf jede einzelne Spalte anzuwenden, können Sie die gesamte PivotTable formatieren, indem Sie die folgenden Schritte ausführen:

1. Erstellen Sie eine Auswahl ab der ersten numerischen Zelle bis zur letzten numerischen Zelle, einschließlich der Zeile oder Spalte *Gesamtergebnis*, falls diese vorhanden ist.
2. Drücken Sie [Strg]+[1], um das Dialogfeld *Zellen formatieren* anzuzeigen.
3. Öffnen Sie im oberen Bereich des Dialogfelds die Registerkarte *Zahl*.
4. Wählen Sie ein Zahlenformat.
5. Klicken Sie auf *OK*.

Bis zu einer Codierungsänderung in Excel 2010 änderten die vorangegangenen Schritte das Zahlenformat nicht, wenn die PivotTable größer wurde. Wenn Sie jedoch das Gesamtergebnis in Ihre Auswahl aufnehmen, ändern diese Schritte das Zahlenformat für alle Felder im Wertebereich.

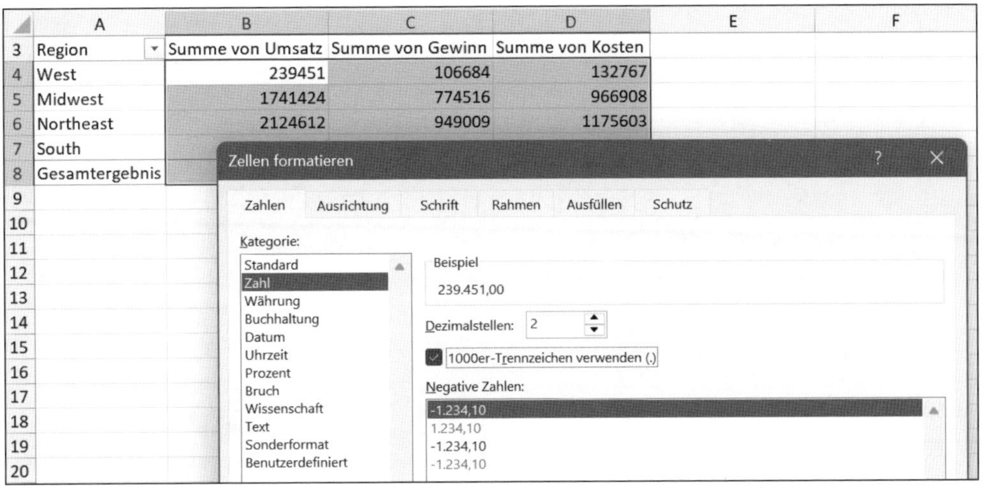


**Abbildung 3.4** Wenn sich mehrere Felder im Wertebereich befinden, wählen Sie alle Zahlenzellen aus und ändern das Format über das Dialogfeld *Zellen formatieren.*

## Leerzeichen durch Nullen ersetzen

Eines der Elemente eines guten Designs für Arbeitsblätter einer Tabellenkalkulation ist, dass Sie niemals leere Zellen in einem numerischen Abschnitt eines Arbeitsblatts lassen sollten.

Ein Leerzeichen bedeutet, dass es für eine bestimmte Kombination von Beschriftungen keine Verkäufe gab. In der Standardansicht wird eine tatsächliche Null verwendet, um anzuzeigen, dass es zwar eine Aktivität gab, der Gesamtumsatz aber null war. Dieser Wert könnte bedeuten, dass ein Kunde etwas gekauft und dann zurückgegeben hat, was zu einem Nettoumsatz von null führt. Obwohl es zwar einige wenige Anwendungsfälle gibt, bei denen man zwischen keinem Umsatz und einem Nettoumsatz von null unterscheiden muss, ist dies eher selten. In 99% der Fälle sollten Sie die leeren Zellen mit Nullen auffüllen.

Gehen Sie folgendermaßen vor, um diese Einstellung für die aktuelle PivotTable zu ändern:

1. Klicken Sie mit der rechten Maustaste auf eine beliebige Zelle in der PivotTable und wählen Sie *PivotTable-Optionen.*
2. Geben Sie auf der Registerkarte *Layout & Format* im Abschnitt *Format* neben dem Feld *Für leere Zellen anzeigen* die Zahl **0** ein (siehe Abbildung 3.5). Alternativ können Sie auch die Option *Für leere Zellen anzeigen* deaktivieren. Sie können hier auch etwas anderes eingeben, z.B. einen Bindestrich oder sogar die Wörter zip, nada, nix.

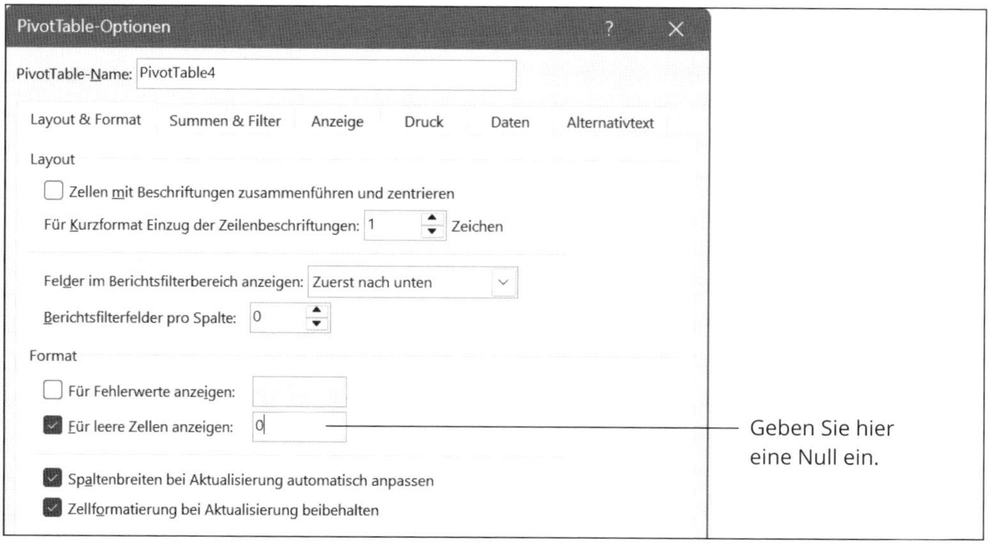


**Abbildung 3.5** Geben Sie eine Null in das Feld *Für leere Zellen anzeigen* ein, um die leeren Zellen durch null zu ersetzen.

3. Klicken Sie auf *OK*, um die Änderung zu übernehmen.

Hierdurch wird die PivotTable mit Nullen anstelle von Leerzeichen gefüllt, wie in Abbildung 3.6 dargestellt.

| | A | B | C | D | E | F |
|---|---|---|---|---|---|---|
| 1 | | | | | | |
| 2 | | | | | | |
| 3 | Summe von Umsatz | Spaltenbeschriftungen | | | | |
| 4 | Zeilenbeschriftungen | West | Midwest | Northeast | South | Gesamtergebnis |
| 5 | ⊟Beratungsfirmen | $115.132,00 | $89.033,00 | $0,00 | $926.970,00 | $1.131.135,00 |
| 6 | Andrew Spain Consulting | $0,00 | $0,00 | $0,00 | $869.454,00 | $869.454,00 |
| 7 | Cambia Factor | $0,00 | $0,00 | $0,00 | $57.516,00 | $57.516,00 |
| 8 | Construction Intelligence & Analytics, Inc. | $0,00 | $42.316,00 | $0,00 | $0,00 | $42.316,00 |
| 9 | Data2Impact | $59.881,00 | $0,00 | $0,00 | $0,00 | $59.881,00 |
| 10 | Excelerator BI | $0,00 | $46.717,00 | $0,00 | $0,00 | $46.717,00 |
| 11 | Fintega Financial Modelling | $55.251,00 | $0,00 | $0,00 | $0,00 | $55.251,00 |
| 12 | ⊟Einzelhandel | $31.021,00 | $84.740,00 | $0,00 | $704.359,00 | $820.120,00 |
| 13 | Bits of Confetti | $31.021,00 | $0,00 | $0,00 | $0,00 | $31.021,00 |
| 14 | Hartville MarketPlace and Flea Market | $0,00 | $0,00 | $0,00 | $704.359,00 | $704.359,00 |
| 15 | LaFrenier Sons Septic | $0,00 | $50.030,00 | $0,00 | $0,00 | $50.030,00 |
| 16 | New Hope Laundry | $0,00 | $34.710,00 | $0,00 | $0,00 | $34.710,00 |
| 17 | ⊟Professional | $39.250,00 | $0,00 | $0,00 | $437.695,00 | $476.945,00 |
| 18 | Juliet Babcock-Hyde CPA, PLLC | $0,00 | $0,00 | $0,00 | $31.369,00 | $31.369,00 |
| 19 | Serving Brevard Realty | $0,00 | $0,00 | $0,00 | $406.326,00 | $406.326,00 |
| 20 | WM Squared Inc. | $39.250,00 | $0,00 | $0,00 | $0,00 | $39.250,00 |
| 21 | ⊟Software | $0,00 | $812.907,00 | $463.658,00 | $0,00 | $1.276.565,00 |

**Abbildung 3.6** Ihr Bericht ist jetzt ein zusammenhängender Block und enthält keine leeren Zellen mehr.

## Einen Feldnamen ändern

Jedes Feld in einer endgültigen PivotTable hat einen Namen. Felder in den Zeilen-, Spalten- und Filterbereichen erben ihre Namen von der Überschrift in den Quelldaten. Feldern im

Wertebereich werden Namen zugewiesen, wie z.B. *Summe von Umsatz*. In manchen Fällen möchten Sie vielleicht lieber einen anderen Namen in der PivotTable anzeigen. Sie könnten beispielsweise *Gesamtumsatz* anstelle des Standardnamens bevorzugen. In solchen Situationen ist die Möglichkeit, die Feldnamen zu ändern, sehr praktisch.

---

Obwohl viele der Namen aus den Überschriften des ursprünglichen Datasets übernommen wurden, haben Sie möglicherweise keine Kontrolle über die Feldnamen, wenn Ihre Daten aus einer externen Datenquelle stammen. Auch in diesen Fällen möchten Sie möglicherweise die Namen der Felder ändern.

---

Gehen Sie folgendermaßen vor, um einen Feldnamen im Bereich *Werte* zu ändern:

1. Wählen Sie eine Zelle in der PivotTable aus, die den entsprechenden Wertetyp enthält. Möglicherweise haben Sie eine PivotTable, die im Bereich *Werte* sowohl die Summe der Anzahl als auch die Summe des Umsatzes enthält. Wählen Sie eine Zelle, die den Wert *Summe des Umsatzes* enthält.
2. Öffnen Sie im Menüband die Registerkarte *PivotTable-Analyse*. Unter der Überschrift *Aktives Feld* wird das Textfeld *PivotField-Name* angezeigt. Das Feld enthält derzeit den Text *Summe von Umsatz*.
3. Geben Sie einen neuen Namen in das Feld ein, wie in Abbildung 3.7 gezeigt. Klicken Sie auf eine Zelle in Ihrer PivotTable, um die Eingabe abzuschließen und die Überschrift in A3 zu ändern. Der Name des Feldtitels im Bereich *Werte* ändert sich ebenfalls und spiegelt den neuen Namen wider.

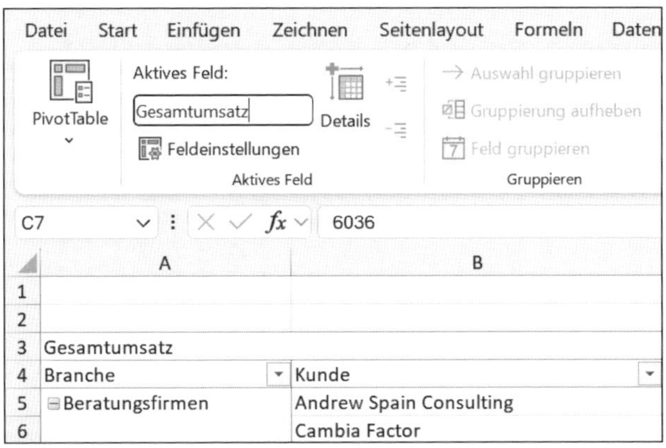


**Abbildung 3.7** Der im Feld *Aktives Feld* eingegebene Name wird in der PivotTable angezeigt. Obwohl Namen eindeutig sein sollten, können Sie Excel dazu bringen, einen Namen zu akzeptieren, der einem vorhandenen Namen ähnelt, indem Sie am Ende des Namens ein Leerzeichen hinzufügen.

---

Wenn Sie den Namen des Wertfelds, z.B. *Summe von Umsatz*, in der Excel-Tabelle sehen können, können Sie direkt einen neuen Wert eingeben, um das Feld umzubenennen. In Abbildung 3.7 könnten Sie beispielsweise in Zelle A3 Gesamtumsatz eingeben, um das Feld umzubenennen.

---

Eine häufige Frustration tritt auf, wenn Sie *Summe von Umsatz* in *Umsatz* umbenennen möchten. Das Problem ist, dass dieser Name nicht zulässig ist, da er nicht eindeutig ist; Sie haben bereits in den Quelldaten ein Feld mit dem Namen *Umsatz*. Um diese Einschränkung zu umgehen, können Sie das Feld umbenennen und am Ende des Namens ein Leerzeichen hinzufügen. Für Excel ist »Umsatz « (mit Leerzeichen) etwas anderes als »Umsatz« (ohne Leerzeichen). Da diese Änderung nur kosmetischer Natur ist, bemerken die Leser Ihrer Tabelle das Leerzeichen nach dem Namen nicht.

# Änderungen am Berichtslayout vornehmen

Excel stellt drei Berichtslayoutformate zur Verfügung. Das Excel-Team bietet weiterhin das Kurzformat-Layout als Standardberichtslayout an. Wenn Sie ein anderes Layout bevorzugen, können Sie es über die Standardeinstellungen für PivotTables ändern.

Berücksichtigt man die drei Berichtslayouts und die Möglichkeit, Teilergebnisse oben oder unten anzuzeigen, sowie die Optionen für leere Zeilen und *Alle Elementnamen wiederholen*, stehen 16 verschiedene Layoutmöglichkeiten zur Verfügung.

Layoutänderungen werden in der Gruppe *Layout* auf der Registerkarte *Entwurf* gesteuert, wie in Abbildung 3.8 dargestellt. Diese Gruppe enthält vier Symbole:

- **Teilergebnisse** Verschiebt Teilergebnisse an den oberen oder unteren Rand jeder Gruppe oder schaltet sie aus.
- **Gesamtergebnisse** Schaltet die Gesamtergebnisse für Zeilen und Spalten ein oder aus.
- **Berichtslayout** Stellt die Formate *Kurzformat*, *Gliederungsformat* oder *Tabellenformat* zur Verfügung. Bietet eine Option zur Wiederholung von Elementnamen.
- **Leere Zeilen** Fügt nach jeder Gruppe Leerzeilen ein oder entfernt sie.

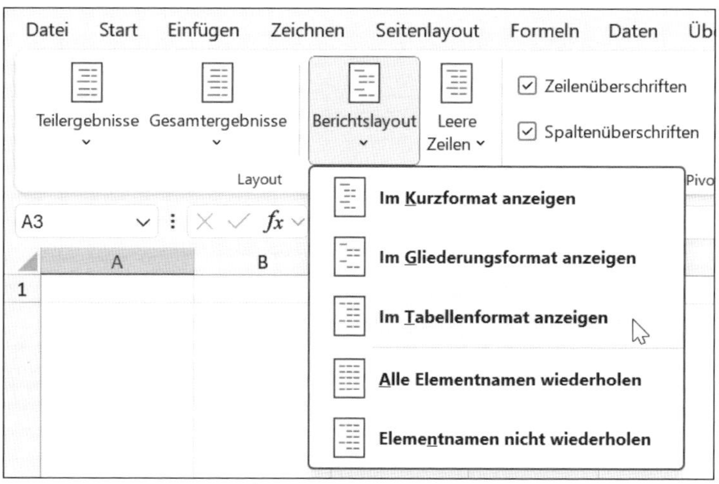


**Abbildung 3.8** Die Gruppe *Layout* auf der Registerkarte *Entwurf* bietet verschiedene Layouts und Optionen für Teil- und Gesamtergebnisse.

Die Mathematiker unter Ihnen denken vielleicht, dass 3 Layouts × 2 Wiederholungsoptionen × 2 Optionen für die Position der Teilergebnisse × 2 Optionen für Leerzeilen 24 Layoutmöglichkeiten ergeben. Die Option *Alle Elementnamen wiederholen* funktioniert jedoch nicht mit dem kompakten Kurzlayout, wodurch 4 der Kombinationen wegfallen. Außerdem funktioniert die Option *Teilergebnisse in der Gruppe oben anzeigen* nicht mit dem Tabellenlayout, wodurch weitere 4 Kombinationen wegfallen.

## Das Layout »Kurzformat« verwenden

Standardmäßig verwenden alle neuen PivotTables das Layout *Kurzformat*, das Sie in Abbildung 3.6 gesehen haben. In diesem Layout werden mehrere Felder im Zeilenbereich in Spalte A gestapelt. Beachten Sie in der Abbildung, dass die Branche Beratungsfirmen und der Kunde Andrew Spain Consulting beide in Spalte A stehen.

Das Kurzformat eignet sich für die Verwendung der Symbole *Erweitern* und *Reduzieren*. Wenn Sie eine der Zellen mit Branchenwerten auswählen, z.B. *Beratungsfirmen* in A5, und dann auf der Registerkarte *PivotTable-Analyse* auf das Symbol *Feld reduzieren* klicken, blendet Excel alle Kundendetails aus und zeigt nur die Branchen an, wie in Abbildung 3.9 dargestellt.

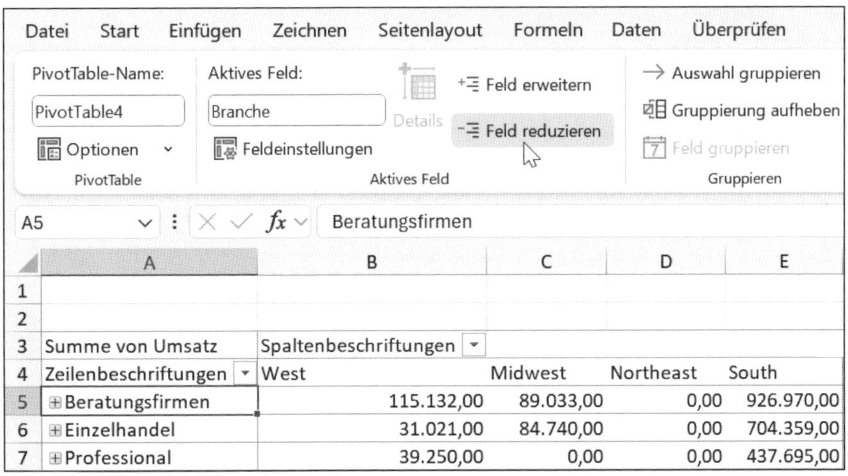


**Abbildung 3.9** Klicken Sie auf das Symbol *Feld reduzieren*, um Detailebenen auszublenden.

Nachdem ein Feld ausgeblendet wurde, können Sie Details für einzelne Elemente anzeigen, indem Sie die Plus-Symbole in Spalte A verwenden, oder Sie können auf der Registerkarte *PivotTable-Analyse* auf *Feld erweitern* klicken, um die Details wieder einzublenden.

Wenn Sie eine Zelle im innersten Zeilenfeld auswählen und auf der Registerkarte *PivotTable-Analyse* auf *Feld erweitern* klicken, zeigt Excel das Dialogfeld *Detail einblenden* an (siehe Abbildung 3.10), in dem Sie ein neues innerstes Zeilenfeld hinzufügen können.

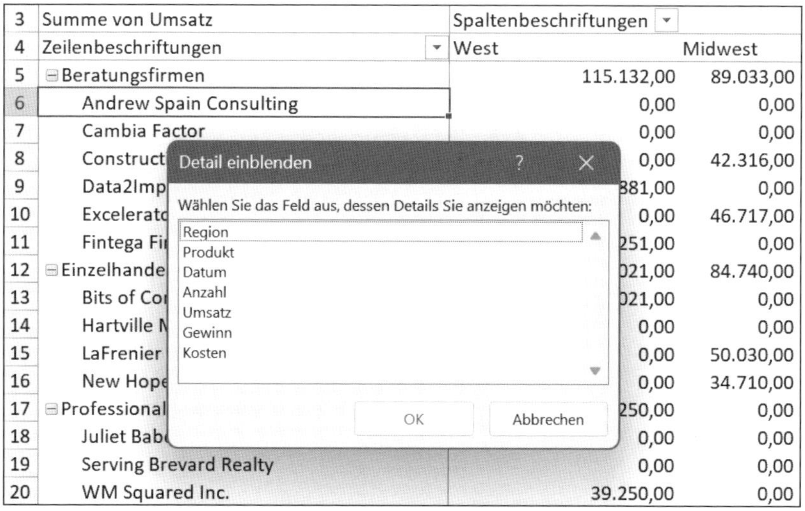


**Abbildung 3.10** Wenn Sie versuchen, das innerste Feld zu erweitern, bietet Excel an, ein neues innerstes Feld hinzuzufügen.

## Das Layout »Gliederungsformat« verwenden

Wenn Sie auf der Registerkarte *Entwurf* den Befehl *Layout | Berichtslayout | Im Gliederungsformat anzeigen* wählen, stellt Excel jedes Zeilenfeld in einer eigenen Spalte dar. Die in Abbildung 3.11 gezeigte PivotTable ist um eine Spalte breiter, und die Umsatzwerte beginnen in C statt in B. Dies ist ein kleiner Preis dafür, dass jedes Feld eine eigene Spalte belegen kann. In Kürze werden Sie erfahren, wie Sie eine PivotTable in Werte umwandeln können, damit Sie diese weiter sortieren oder filtern können. Dabei werden Sie jedes Feld in einer eigenen Spalte haben wollen.

Ab Excel 2010 hat das Excel-Team die Option *Alle Elementnamen wiederholen* dem Dropdownmenü der Schaltfläche *Berichtslayout* hinzugefügt. Dies erleichterte eine Menge Arbeit, da es nur zwei Klicks braucht, um alle leeren Zellen entlang der äußeren Zeilenfelder auszufüllen. Wenn Sie sich für die Wiederholung der Elementnamen entscheiden, werden Werte in den Zellen A6:A11, A12:A15 usw. angezeigt, wie in Abbildung 3.11 dargestellt.

Abbildung 3.11 zeigt die gleiche PivotTable wie zuvor, diesmal jedoch im Gliederungsformat und mit wiederholten Elementnamen.

Dieses Layout eignet sich, wenn Sie die Werte aus der PivotTable an einen neuen Ort kopieren möchten, um sie weiter zu analysieren. Das Kurzformat bietet zwar einen cleveren Ansatz, indem es mehrere Felder in einer Spalte zusammenfasst, es ist jedoch nicht ideal für die spätere Wiederverwendung der Daten.

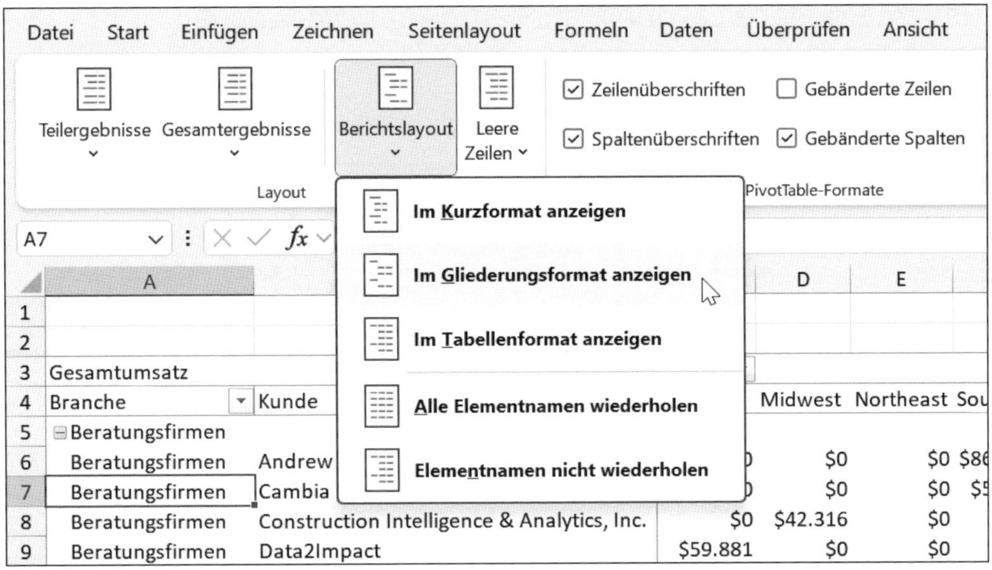


**Abbildung 3.11** Im Gliederungslayout wird jedes Zeilenfeld in einer eigenen Spalte untergebracht.

Standardmäßig werden sowohl im Kurz- als auch im Gliederungsformat die Teilergebnisse an den Anfang jeder Gruppe gesetzt. Sie können das Dropdownmenü *Teilergebnisse* auf der Registerkarte *Entwurf* verwenden, um die Summen an den unteren Rand jeder Gruppe zu verschieben, wie in Abbildung 3.12 gezeigt. In der Gliederungsansicht führt dies dazu, dass oben in jeder Gruppe eine nicht wirklich nützliche Überschriftenzeile erscheint. Zelle A5 enthält *Beratungsfirmen* ohne zusätzliche Daten in den Spalten rechts daneben. Folglich belegt die PivotTable 44 statt 37 Zeilen, weil jede der 7 Branchenkategorien eine zusätzliche Überschrift hat.

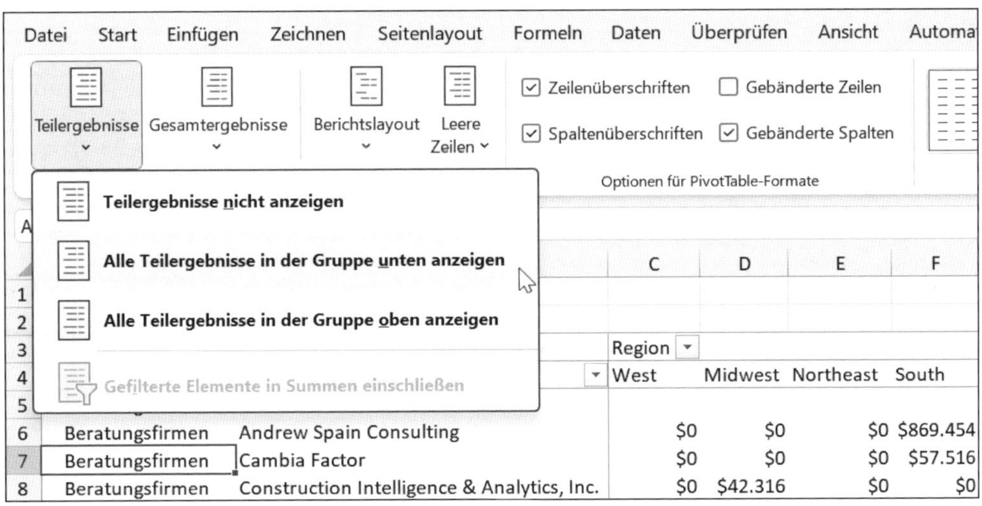


**Abbildung 3.12** Mit Zwischenergebnissen am unteren Rand jeder Gruppe nimmt der Umfang der PivotTable um weitere Zeilen zu.

## Das traditionelle Layout »Tabellenformat« verwenden

Abbildung 3.13 zeigt das tabellarische Layout. Dieses ähnelt dem Layout, das in PivotTables seit ihrer Erfindung bis Excel 2003 verwendet wurde. In diesem Layout können die Teilergebnisse nie am Anfang der Gruppe erscheinen. Die Funktion *Alle Elementnamen wiederholen* funktioniert mit diesem Layout, wie in Abbildung 3.13 gezeigt.

| | A | B | C | D | E | F |
|---|---|---|---|---|---|---|
| 3 | Umsatz | | Region | | | |
| 4 | Branche | Kunde | West | Midwest | Northeast | South |
| 5 | ⊟Beratungsfirmen | Andrew Spain Consulting | $0 | $0 | $0 | $869.454 |
| 6 | Beratungsfirmen | Cambia Factor | $0 | $0 | $0 | $57.516 |
| 7 | Beratungsfirmen | Construction Intelligence & Analytics, Inc. | $0 | $42.316 | $0 | $0 |
| 8 | Beratungsfirmen | Data2Impact | $59.881 | $0 | $0 | $0 |
| 9 | Beratungsfirmen | Excelerator BI | $0 | $46.717 | $0 | $0 |
| 10 | Beratungsfirmen | Fintega Financial Modelling | $55.251 | $0 | $0 | $0 |
| 11 | Beratungsfirmen Ergebnis | | $115.132 | $89.033 | $0 | $926.970 |
| 12 | ⊟Einzelhandel | Bits of Confetti | $31.021 | $0 | $0 | $0 |
| 13 | Einzelhandel | Hartville MarketPlace and Flea Market | $0 | $0 | $0 | $704.359 |
| 14 | Einzelhandel | LaFrenier Sons Septic | $0 | $50.030 | $0 | $0 |
| 15 | Einzelhandel | New Hope Laundry | $0 | $34.710 | $0 | $0 |
| 16 | Einzelhandel Ergebnis | | $31.021 | $84.740 | $0 | $704.359 |
| 17 | ⊟Professional | Juliet Babcock-Hyde CPA, PLLC | $0 | $0 | $0 | $31.369 |
| 18 | Professional | Serving Brevard Realty | $0 | $0 | $0 | $406.326 |

**Abbildung 3.13** Das Layout *Tabellenformat* ähnelt den PivotTables in älteren Versionen von Excel.

Das Tabellenformat ist das beste Layout, wenn Sie die resultierenden Zusammenfassungsdaten in einer späteren Analyse verwenden möchten. Wenn Sie die Tabelle in Abbildung 3.13 wiederverwenden wollten, würden Sie die PivotTables zusätzlich »glätten«, indem Sie die Befehle *Teilergebnisse | Teilergebnisse nicht anzeigen* und *Gesamtergebnisse | Für Zeilen und Spalten deaktiviert* wählen.

### Fallstudie: Eine PivotTable in Werte konvertieren

Angenommen, Sie möchten die in Abbildung 3.13 gezeigte PivotTable in ein reguläres Dataset konvertieren, das Sie sortieren, filtern, grafisch darstellen oder in ein anderes System exportieren können. Sie benötigen die Summen für die Branchen in den Zeilen 11, 16, 20 usw. nicht. Ebenso brauchen Sie die Gesamtergebnisse am unteren Rand nicht. Und je nach Ihren künftigen Anforderungen sollten Sie das Feld *Region* aus dem Bereich *Spalten* in den Bereich *Zeilen* verschieben. Dies würde es Ihnen ermöglichen, Kosten und Gewinn als neue Spalten in den endgültigen Bericht aufzunehmen.

Schließlich möchten Sie die Live-PivotTable zu statischen Werten konvertieren. Um diese Änderungen vorzunehmen, führen Sie die folgenden Schritte aus:

1. Wählen Sie eine beliebige Zelle in der PivotTable aus.
2. Wählen Sie auf der Registerkarte *Entwurf* den Befehl *Gesamtergebnisse | Für Zeilen und Spalten deaktiviert.*
3. Wählen Sie auf der Registerkarte *Entwurf* den Befehl, *Teilergebnisse, Teilergebnisse nicht anzeigen.*

→

4. Ziehen Sie die Kachel *Region* aus dem Bereich *Spalten* in die Liste *PivotTable-Felder*. Legen Sie dieses Feld zwischen *Branche* und *Kunde* im Bereich *Zeilen* ab.
5. Markieren Sie oben in der Liste *PivotTable-Felder* die Felder *Gewinn* und *Kosten*. Da beide Felder numerisch sind, werden sie in den Bereich *Werte* verschoben und erscheinen in der PivotTable als neue Spalten. Benennen Sie beide Felder über das Textfeld *Aktuelles Feld* auf der Registerkarte *PivotTable-Analyse* um. Der Bericht besteht nun aus einem zusammenhängenden, soliden Datenblock, wie in Abbildung 3.14 dargestellt.

| | A | B | C | D | E | F |
|---|---|---|---|---|---|---|
| 1 | | | | | | |
| 2 | | | | | | |
| 3 | **Branche** | **Region** | **Kunde** | **Gesamtumsatz** | **Gesamtgewinn** | **Gesamtkosten** |
| 4 | Beratungsfirmen | West | Data2Impact | $59.881 | 25.913,00 | 33.968,00 |
| 5 | Beratungsfirmen | West | Fintega Financial Modelling | $55.251 | 24.632,00 | 30.619,00 |
| 6 | Beratungsfirmen | Midwest | Construction Intelligence & Analytics, Inc. | $42.316 | 18.764,00 | 23.552,00 |
| 7 | Beratungsfirmen | Midwest | Excelerator BI | $46.717 | 19.961,00 | 26.756,00 |
| 8 | Beratungsfirmen | South | Andrew Spain Consulting | $869.454 | 382.170,00 | 487.284,00 |
| 9 | Beratungsfirmen | South | Cambia Factor | $57.516 | 26.765,00 | 30.751,00 |
| 10 | Einzelhandel | West | Bits of Confetti | $31.021 | 13.745,00 | 17.276,00 |
| 11 | Einzelhandel | Midwest | LaFrenier Sons Septic | $50.030 | 21.612,00 | 28.418,00 |
| 12 | Einzelhandel | Midwest | New Hope Laundry | $34.710 | 16.423,00 | 18.287,00 |
| 13 | Einzelhandel | South | Hartville MarketPlace and Flea Market | $704.359 | 311.381,00 | 392.978,00 |
| 14 | Professional | West | WM Squared Inc. | $39.250 | 18.614,00 | 20.636,00 |

**Abbildung 3.14** Die Pivot-Table enthält jetzt einen zusammenhängenden Datenblock.

6. Wählen Sie eine Zelle in der PivotTable aus. Drücken Sie ⇧+Strg+*, um alle Daten in der PivotTable auszuwählen.
7. Drücken Sie Strg+C, um die Daten aus der PivotTable zu kopieren.
8. Wählen Sie einen leeren Bereich eines Arbeitsblatts aus.
9. Klicken Sie mit der rechten Maustaste. Rechts neben dem Befehl *Inhalte einfügen* befindet sich ein Größer-als-Zeichen, das zu einem Flyoutmenü mit 14 Möglichkeiten zum Einfügen von Inhalten führt. Wählen Sie *Werte und Zahlenformat,* wie in Abbildung 3.15 gezeigt. Excel fügt eine statische Kopie des Berichts in das Arbeitsblatt ein.

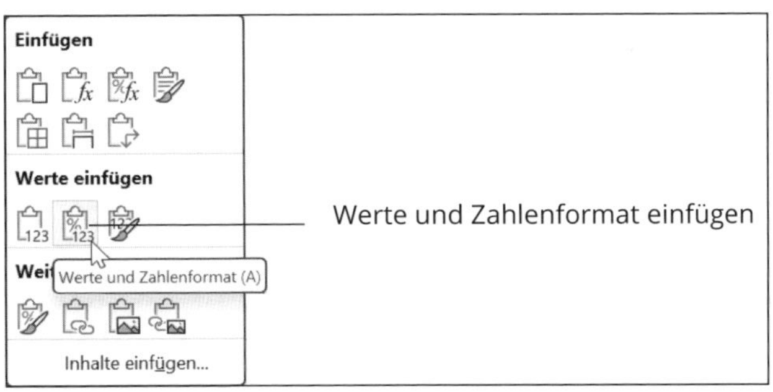


**Abbildung 3.15** Verwenden Sie *Werte und Zahlenformat*, um eine statische Version der Daten zu erstellen.

10. Wenn Sie die ursprüngliche PivotTable nicht mehr benötigen, wählen Sie die gesamte PivotTable aus und drücken Sie die `Entf`-Taste, um die Zellen aus der PivotTable zu löschen und den Speicherbereich freizugeben, der für den PivotTable-Cache verwendet wird. Eine Möglichkeit, die gesamte PivotTable auszuwählen, besteht darin, auf der Registerkarte *PivotTable-Analyse* das Dropdownmenü *Auswählen* zu öffnen und *Gesamte PivotTable* zu wählen.

Das Ergebnis ist ein zusammenhängender Block mit zusammenfassenden Daten. Diese 27 Zeilen sind eine Zusammenfassung der über 500 Zeilen des ursprünglichen Datasets, eignen sich aber auch für den Export in andere Systeme.

## Leere Zeilen, Gesamtergebnisse und weitere Einstellungen steuern

Über zusätzliche Einstellungen auf der Registerkarte *Entwurf* können Sie verschiedene Elemente umschalten.

Das Dropdownmenü *Leere Zeilen* bietet die Möglichkeit, nach jedem Element eine Leerzeile einzufügen. Diese Einstellung gilt nur für PivotTables mit zwei oder mehr Zeilenfeldern. Leerzeilen werden nicht nach jedem Element im inneren Zeilenfeld eingefügt. Nach jeder Gruppe von Elementen in den äußeren Zeilenfeldern wird eine Leerzeile angezeigt. Wie in Abbildung 3.16 dargestellt, erleichtert die Leerzeile nach jeder Branche die Lesbarkeit des Berichts. Wenn Sie jedoch das Feld *Branche* aus dem Bericht entfernen, verbleibt nur *Kunde* in den Zeilenfeldern, und es erscheinen keine leeren Zeilen (siehe Abbildung 3.17).

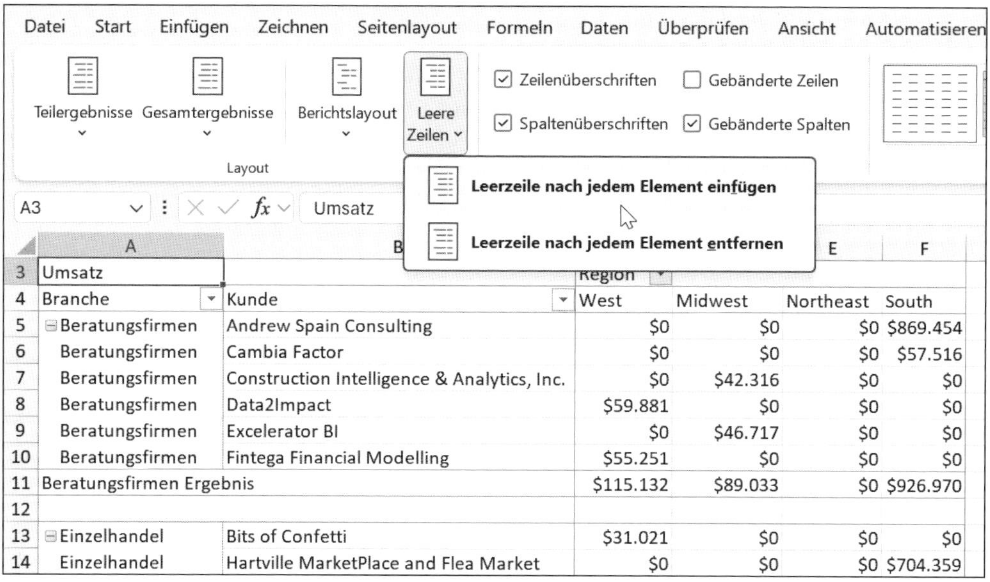


**Abbildung 3.16** Die Einstellung *Leere Zeilen* erleichtert die Lesbarkeit des Berichts.

| | A | B | C | D | E |
|---|---|---|---|---|---|
| 3 | Umsatz | Region | | | |
| 4 | Kunde | West | Midwest | Northeast | South |
| 5 | 599CD.com | $0 | $622.794 | $0 | $0 |
| 6 | Andrew Spain Consulting | $0 | $0 | $0 | $869.454 |
| 7 | Association for Computers & Taxation | $0 | $0 | $0 | $34.364 |
| 8 | Bits of Confetti | $31.021 | $0 | $0 | $0 |
| 9 | Cambia Factor | $0 | $0 | $0 | $57.516 |
| 10 | Construction Intelligence & Analytics, Inc. | $0 | $42.316 | $0 | $0 |
| 11 | CPASelfStudy.com | $0 | $0 | $568.851 | $0 |
| 12 | Data2Impact | $59.881 | $0 | $0 | $0 |
| 13 | Excel4Apps | $0 | $750.163 | $0 | $0 |
| 14 | Excelerator BI | $0 | $46.717 | $0 | $0 |
| 15 | ExcelTricks.de | $0 | $71.651 | $0 | $0 |
| 16 | Fintega Financial Modelling | $55.251 | $0 | $0 | $0 |

**Abbildung 3.17** Leerzeilen werden nicht angezeigt, wenn sich im Zeilenbereich nur ein Element im befindet.

Gesamtergebnisse können am unteren Ende jeder Spalte und/oder am Ende jeder Zeile erscheinen, oder sie können ganz ausgeschaltet werden. Die Einstellungen für Gesamtergebnisse finden Sie im Dropdownmenü *Gesamtergebnisse* der Gruppe *Layout* auf der Registerkarte *Entwurf*. Die Formulierung in diesem Dropdownmenü ist etwas verwirrend, daher zeigt Abbildung 3.18, was die einzelnen Optionen bieten. Standardmäßig werden Gesamtergebnisse für Zeilen und Spalten angezeigt.

| | A | B | C | D | E | F |
|---|---|---|---|---|---|---|
| 1 | Gesamtergebnisse nur für Zeilen aktiviert | | | | | |
| 2 | *Die Spalte Gesamtergebnis bleibt erhalten* | | | | | |
| 3 | **Gesamtumsatz** | **Produkt** | | | | |
| 4 | **Region** | **Doodads** | **Gadget** | **Gizmo** | **Widget** | **Gesamtergebnis** |
| 5 | Midwest | $ 6.036 | $ 544.772 | $ 652.651 | $ 537.965 | $ 1.741.424 |
| 6 | Northeast | $ 38.860 | $ 714.009 | $ 751.724 | $ 620.019 | $ 2.124.612 |
| 7 | South | | $ 839.551 | $ 918.588 | $ 844.186 | $ 2.602.325 |
| 8 | West | $ 28.663 | $ 65.382 | $ 70.057 | $ 75.349 | $ 239.451 |
| 9 | | | | | | |
| 10 | Gesamtergebnisse nur für Spalten aktiviert | | | | | |
| 11 | *Die Zeile Gesamtergebnis bleibt erhalten* | | | | | |
| 12 | **Gesamtumsatz** | **Produkt** | | | | |
| 13 | **Region** | **Doodads** | **Gadget** | **Gizmo** | **Widget** | |
| 14 | Midwest | $ 6.036 | $ 544.772 | $ 652.651 | $ 537.965 | |
| 15 | Northeast | $ 38.860 | $ 714.009 | $ 751.724 | $ 620.019 | |
| 16 | South | | $ 839.551 | $ 918.588 | $ 844.186 | |
| 17 | West | $ 28.663 | $ 65.382 | $ 70.057 | $ 75.349 | |
| 18 | **Gesamtergebnis** | **$ 73.559** | **$ 2.163.714** | **$ 2.393.020** | **$ 2.077.519** | |
| 19 | | | | | | |
| 20 | Gesamtergebnisse für Zeilen und Spalten deaktiviert | | | | | |
| 21 | **Gesamtumsatz** | **Produkt** | | | | |
| 22 | **Region** | **Doodads** | **Gadget** | **Gizmo** | **Widget** | |
| 23 | Midwest | $ 6.036 | $ 544.772 | $ 652.651 | $ 537.965 | |
| 24 | Northeast | $ 38.860 | $ 714.009 | $ 751.724 | $ 620.019 | |
| 25 | South | | $ 839.551 | $ 918.588 | $ 844.186 | |
| 26 | West | $ 28.663 | $ 65.382 | $ 70.057 | $ 75.349 | |

**Abbildung 3.18** Der Wortlaut ist verwirrend, aber Sie können die Gesamtergebnisse für die Spalte, die Zeile oder für beide ausschalten.

Wenn Sie eine Spalte mit Gesamtergebnissen, aber keine Gesamtergebnisse am unteren Rand wünschen, wählen Sie *Nur für Zeilen aktiviert,* wie oben in Abbildung 3.18 gezeigt. Das erscheint mir ein wenig verdreht. Um die Spalte mit den Ergebnissen beizubehalten, müssen Sie die Option Gesamtergebnisse nur für Zeilen einschalten. Der Grund dafür ist wohl, dass jede Zelle in F5:F8 eine Gesamtsumme der Zeile links von der Zelle darstellt. Daher werden die Gesamtergebnisse für alle Zeilen, aber nicht für die Spalten angezeigt. Vielleicht wird Microsoft eines Tages eine Version von Excel auf den Markt bringen, in der diese Einstellung »Gesamtergebnisspalte beibehalten« heißen wird. Aber im Moment bleibt es verwirrend.

Wenn Sie eine Zeile mit Gesamtergebnissen, aber keine Spalte anzeigen möchten, öffnen Sie das Menü *Gesamtergebnisse* und wählen *Nur für Spalten aktiviert.* Auch hier wird in einer verdrehten Version der Begrifflichkeit in Zelle B18 die Summe der Zellen in der sich darüber befindlichen Spalte gebildet.

Die letzte Option, *Für Zeilen und Spalten deaktiviert*, ist recht einfach. Excel zeigt weder in den Spalten noch in den Zeilen Gesamtergebnisse an.

---

Sie können diese verwirrenden Menüoptionen umgehen, indem Sie das Kontextmenü verwenden. Wenn Sie mit der rechten Maustaste auf eine Zelle mit der Beschriftung *Gesamtergebnisse* klicken, können Sie den Befehl *Gesamtsumme entfernen* wählen.

---

In Excel 2003 wurden PivotTables im Tabellenlayout angezeigt, und logische Überschriften wie Region und Produkt erschienen in der PivotTable, wie in der oberen PivotTable in Abbildung 3.19 zu sehen ist. Als das Excel-Team zum Kurzformat wechselte, wurden diese Überschriften durch Zeilen- und Spaltenbeschriftungen ersetzt. Diese fügen dem Bericht nichts hinzu. Um diese Überschriften auszuschalten, suchen Sie ganz rechts auf der Registerkarte *PivotTable-Analyse* nach dem Symbol *Feldkopfzeilen* und klicken darauf, um Zeilen- und Spaltenbeschriftungen aus Ihren PivotTables im Kurzformat zu entfernen.

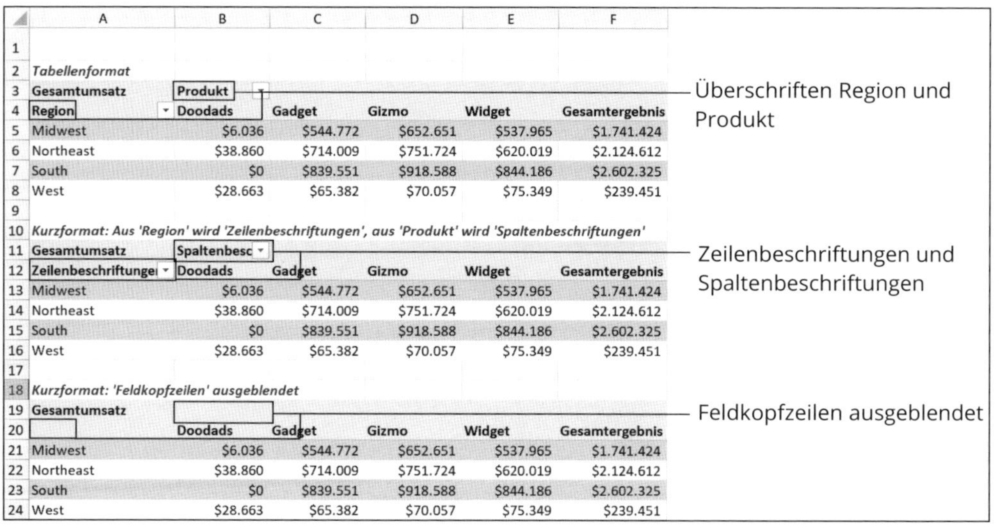

| | A | B | C | D | E | F |
|---|---|---|---|---|---|---|
| 1 | | | | | | |
| 2 | *Tabellenformat* | | | | | |
| 3 | **Gesamtumsatz** | **Produkt** | | | | |
| 4 | **Region** | **Doodads** | **Gadget** | **Gizmo** | **Widget** | **Gesamtergebnis** |
| 5 | Midwest | $6.036 | $544.772 | $652.651 | $537.965 | $1.741.424 |
| 6 | Northeast | $38.860 | $714.009 | $751.724 | $620.019 | $2.124.612 |
| 7 | South | $0 | $839.551 | $918.588 | $844.186 | $2.602.325 |
| 8 | West | $28.663 | $65.382 | $70.057 | $75.349 | $239.451 |
| 9 | | | | | | |
| 10 | *Kurzformat: Aus 'Region' wird 'Zeilenbeschriftungen', aus 'Produkt' wird 'Spaltenbeschriftungen'* | | | | | |
| 11 | **Gesamtumsatz** | **Spaltenbesc** | | | | |
| 12 | **Zeilenbeschriftunge** | **Doodads** | **Gadget** | **Gizmo** | **Widget** | **Gesamtergebnis** |
| 13 | Midwest | $6.036 | $544.772 | $652.651 | $537.965 | $1.741.424 |
| 14 | Northeast | $38.860 | $714.009 | $751.724 | $620.019 | $2.124.612 |
| 15 | South | $0 | $839.551 | $918.588 | $844.186 | $2.602.325 |
| 16 | West | $28.663 | $65.382 | $70.057 | $75.349 | $239.451 |
| 17 | | | | | | |
| 18 | *Kurzformat: 'Feldkopfzeilen' ausgeblendet* | | | | | |
| 19 | **Gesamtumsatz** | | | | | |
| 20 | | **Doodads** | **Gadget** | **Gizmo** | **Widget** | **Gesamtergebnis** |
| 21 | Midwest | $6.036 | $544.772 | $652.651 | $537.965 | $1.741.424 |
| 22 | Northeast | $38.860 | $714.009 | $751.724 | $620.019 | $2.124.612 |
| 23 | South | $0 | $839.551 | $918.588 | $844.186 | $2.602.325 |
| 24 | West | $28.663 | $65.382 | $70.057 | $75.349 | $239.451 |



**Abbildung 3.19** Im Kurzformat werden nützliche Überschriften durch den Text »Zeilenbeschriftungen« und »Spaltenbeschriftungen« ersetzt. Sie können diese ausschalten.

Wenn Sie mehrere PivotTables vertikal untereinander anordnen, wie in Abbildung 3.19, werden Sie feststellen, dass Änderungen in einer PivotTable die Spaltenbreiten für die gesamte Spalte ändern, was häufig dazu führt, dass in den anderen PivotTables #### angezeigt wird. Standardmäßig passt Excel die Spaltenbreite automatisch an die PivotTable an, ignoriert jedoch alle anderen Elemente in der Spalte. Um dieses Standardverhalten zu deaktivieren, klicken Sie mit der rechten Maustaste auf jede PivotTable und wählen Sie *PivotTable-Optionen*. Auf der ersten Registerkarte des Dialogfelds *Optionen* ist das vorletzte Kontrollkästchen *Spaltenbreiten bei Aktualisierung automatisch anpassen* aktiviert. Deaktivieren Sie dieses Kontrollkästchen. Dies ist eine weitere Einstellung, die Sie möglicherweise in den PivotTable-Standardeinstellungen anpassen möchten. Siehe hierzu »Tipp 5: Die Standardeinstellungen verwenden, um das Verhalten aller zukünftigen Pivot-Tabellen zu ändern« in Kapitel 14.

## Das Erscheinungsbild einer PivotTable mit Formatvorlagen und Designs anpassen

Sie können einem PivotTable-Bericht schnell Farben und Formatierungen zuweisen, indem Sie die 85 integrierten Formatvorlagen im Katalog *PivotTable-Formate* auf der Registerkarte *Entwurf* verwenden. Diese 85 Formatvorlagen werden durch die vier Kontrollkästchen links neben dem Katalog weiter modifiziert. Zusammen mit den 48 Designs auf der Registerkarte *Seitenlayout* haben Sie 65.280 einfache Möglichkeiten, eine PivotTable zu formatieren. Wenn keine dieser Möglichkeiten Ihren Anforderungen entspricht, können Sie ein neues Format definieren.

Beginnen Sie mit den vier Kontrollkästchen in der Gruppe *Optionen für PivotTable-Formate* auf der Registerkarte *Entwurf* des Menübands. Sie können spezielle Formatierungen für die Zeilenüberschriften, die Spaltenüberschriften, die gebänderten Zeilen oder die gebänderten Spalten auswählen. Ich bevorzuge hier gebänderte Zeilen, weil es so für den Leser einfacher ist, einer Zeile über einen breiten Bericht zu folgen. Sie sollten zuerst diese Einstellungen festlegen, da die hier getroffenen Optionen die im Katalog *PivotTable-Formatvorlagen* angezeigten Miniaturansichten verändern.

Wie bereits erwähnt, bietet der Katalog *PivotTable-Formatvorlagen* auf der Registerkarte *Entwurf* 85 integrierte Formatvorlagen. Der Katalog ist in 28 Stile für Hell, Mittel und Dunkel unterteilt und bietet Variationen der im aktuellen Thema verwendeten Akzentfarben. In Abbildung 3.20 können Sie sehen, welche Formatvorlagen im Katalog tatsächlich gebänderte Zeilen unterstützen und welche nur einen unteren Rand zwischen den Zeilen bieten.

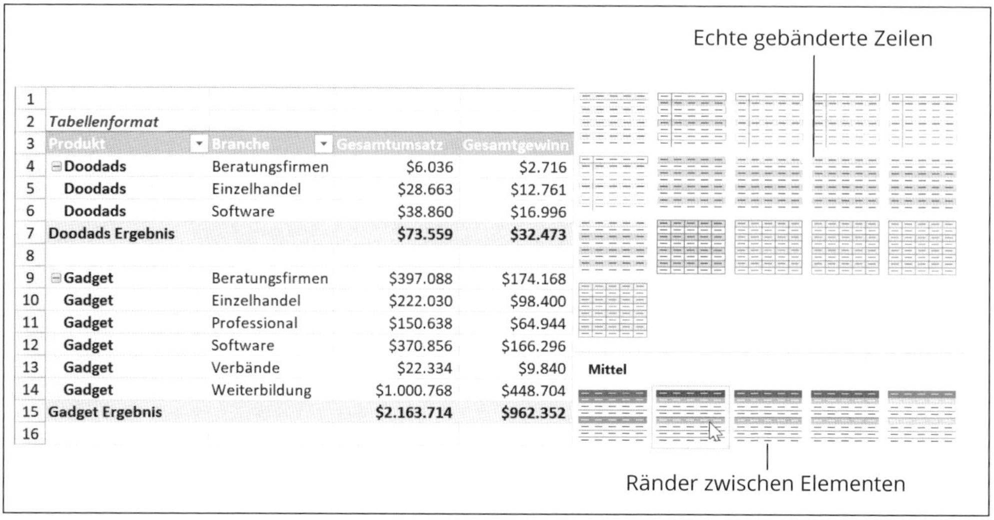


**Abbildung 3.20** Die Formatvorlagen werden hier mit Akzenten für Zeilenüberschriften, Spaltenüberschriften und abwechselnden Farben in den Spalten gezeigt.

---

Beachten Sie, dass Sie die Miniaturansichten für die 85 im Katalog angezeigten Formatvorlagen mithilfe der vier Kontrollkästchen in der Gruppe *Optionen für PivotTable-Formate* ändern können.

---

Das Excel-Feature *Live-Vorschau* funktioniert auch für den Formatvorlagenkatalog. Wenn Sie mit dem Mauszeiger über die Formatvorlagen-Miniaturansichten fahren, wird im Tabellenblatt eine Vorschau der Formatvorlage angezeigt.

## Eine Formatvorlage anpassen

Sie können Ihre eigenen PivotTable-Formatvorlagen erstellen, und die neuen Formate werden nur für die aktuelle Arbeitsmappe zum Katalog hinzugefügt. Um das benutzerdefinierte Format in einer anderen Arbeitsmappe zu verwenden, kopieren Sie die formatierte PivotTable und fügen sie vorübergehend in die andere Arbeitsmappe ein. Nachdem die PivotTable eingefügt wurde, wenden Sie das benutzerdefinierte Format auf eine vorhandene PivotTable in Ihrer Arbeitsmappe an und löschen dann die temporäre PivotTable.

Angenommen, Sie möchten eine PivotTable-Formatvorlage erstellen, bei der die gebänderten Farben drei Zeilen hoch sind. Gehen Sie wie folgt vor, um die neue Formatvorlage zu erstellen:

1. Suchen Sie im Katalog der PivotTable-Formate ein vorhandenes Format, das gebänderte Zeilen unterstützt. Klicken Sie im Katalog mit der rechten Maustaste auf die Vorlage, und wählen Sie *Duplizieren*. Excel zeigt das Dialogfeld *PivotTable-Format ändern* an.
2. Geben Sie einen neuen Namen für das Format ein. Excel hängt zunächst eine 2 an den vorhandenen Formatnamen an, d.h., Sie erhalten einen Namen wie *PivotStyleDark3*
3. Geben Sie einen besseren Namen ein, z.B. **GrüneBalken**.
4. Klicken Sie in der Liste *Tabellenelement* auf *Stripeset der ersten Zeile*. Im Dialogfeld wird ein neuer Abschnitt mit dem Namen *Stripesetgröße* angezeigt.

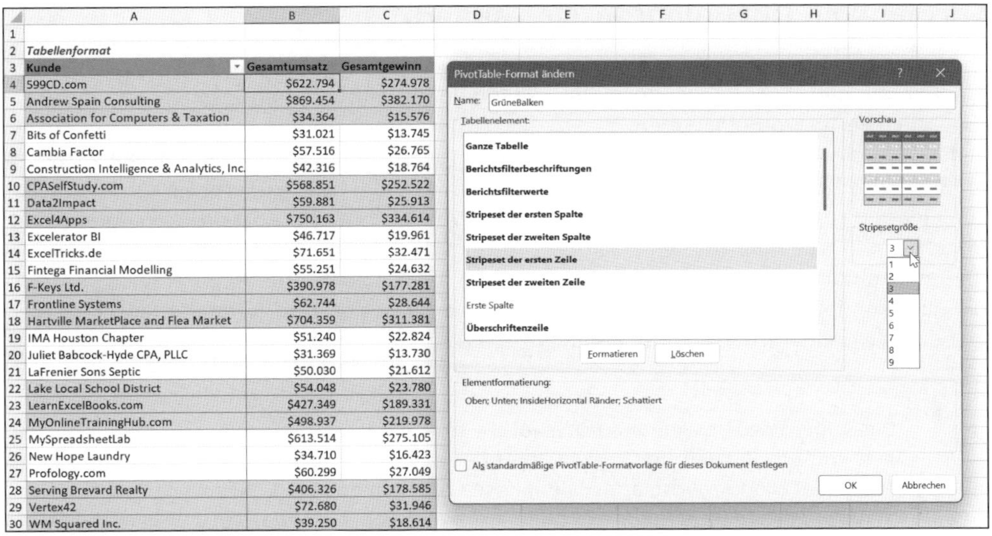


**Abbildung 3.21** Eine Formatvorlage im Dialogfeld *PivotTable-Format ändern* anpassen.

5. Wählen Sie in der Dropdownliste *Stripesetgröße* die *3* aus, wie in Abbildung 3.21 gezeigt.
6. Um die Farbe der Streifen zu ändern, klicken Sie auf die Schaltfläche *Formatieren*. Das Dialogfeld *Zellen formatieren* wird angezeigt. Klicken Sie auf die Registerkarte *Ausfüllen* und wählen Sie eine *Hintergrundfarbe* aus. Wenn Sie wirklich authentisch sein wollen, wählen Sie *Weitere Farben, Benutzerdefiniert* und verwenden Sie *Rot*=**200**, *Grün*=**225** und *Blau*=**204**, um grünes Papier aus den 1980er-Jahren zu simulieren. Klicken Sie auf *OK*, um die Farbe zu akzeptieren und zum Dialogfeld *PivotTable-Format ändern* zurückzukehren.
7. Klicken Sie in der Liste *Tabellenelement* auf *Stripeset der zweiten Zeile*. Wählen Sie *3* aus der Dropdownliste *Stripesetgröße*. Ändern Sie das Format, um eine hellere Farbe, z.B. Weiß, zu verwenden.
8. Wenn Sie vorhaben, in dieser Arbeitsmappe weitere PivotTables zu erstellen, aktivieren Sie unten links im Dialogfeld das Kontrollkästchen *Als standardmäßige PivotTable-Formatvorlage für dieses Dokument festlegen*.
9. Optional können Sie die Farben für die Überschriftenzeile und die Zeile mit dem Gesamtergebnis bearbeiten.
10. Klicken Sie auf *OK*, um die Erstellung der Formatvorlage abzuschließen. Seltsamerweise wendet Excel diese neue Formatvorlage nicht automatisch auf die PivotTable an. Nachdem Sie einige Minuten Arbeit in die Anpassung des Formats investiert haben, ändert sich die PivotTable nicht.
11. Ihr neues Format sollte als erste Miniaturansicht im Formatvorlagenkatalog zu sehen sein. Klicken Sie auf dieses Format, um es auf die PivotTable anzuwenden.

Wenn Sie nicht mehr als sieben benutzerdefinierte Formatvorlagen hinzugefügt haben, sollte die Miniaturansicht im geschlossenen Katalog sichtbar sein, sodass Sie sie auswählen können, ohne den Katalog erneut zu öffnen.

## Formate mit Dokumentdesigns ändern

Die Formatierungsoptionen für PivotTables in Excel sind beeindruckend. Die 84 Stile in Kombination mit den 16 Kombinationsmöglichkeiten der Formatoptionen ergeben Hunderte von möglichen Formatkombinationen.

Falls Sie dieser Kombinationen überdrüssig werden, können Sie auf der Registerkarte *Seitenlayout* das Dropdownmenü *Designs* verwenden, in dem viele integrierte Designs verfügbar sind. Jedes Design besitzt eine neue Kombination von Akzentfarben, Schriftarten und Formeffekten.

Um ein anderes Dokumentdesign zuzuweisen, öffnen Sie auf der Registerkarte *Seitenlayout* das Dropdownmenü *Designs*. Wählen Sie ein neues Design, und die in der PivotTable verwendeten Farben werden an das Design angepasst.

---

Das Ändern des Designs wirkt sich auf die gesamte Arbeitsmappe aus. Es ändert die Farben und Schriftarten und wirkt sich auf alle Diagramme, Formen, Tabellen und PivotTables auf allen Arbeitsblättern der aktiven Arbeitsmappe aus. Wenn sich in der Arbeitsmappe mehrere PivotTables befinden, werden durch das Ändern des Designs die neuen Farben auf alle PivotTables angewendet.

---

Einige der Designs verwenden ungewöhnliche Schriftarten. Sie können auch nur die Farben eines Designs anwenden, ohne die Schriftarten in Ihrem Dokument zu ändern, indem Sie auf der Registerkarte *Seitenlayout* das Dropdownmenü *Farben verwenden,* das sich neben dem Dropdownmenü *Designs* befindet, wie in Abbildung 3.22 dargestellt.

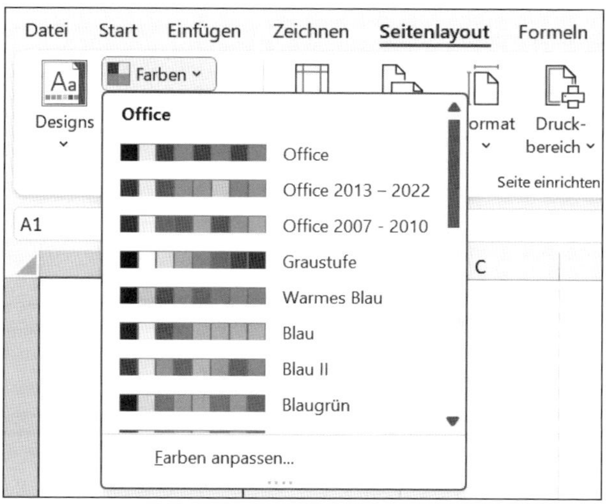


**Abbildung 3.22** Wählen Sie neue Farben aus dem Menü *Farben* aus.

## Fallstudie: Archäologie der Excel-PivotTables

Bei Microsoft war in den letzten Jahren eine großartige Person namens Howie Dickerman für PivotTables zuständig. Howie war einer der Architekten von Power Pivot und war immer gerne bereit, die MVPs einzubeziehen, wenn wir eine verrückte PivotTable-Idee hatten. Gelegentlich fanden wir eine seltsame PivotTable, und Howie grub sich in den Code ein, um herauszufinden, warum. Er nannte dies Excel-Archäologie. Howie ging 2021 in den Ruhestand, und seine Bereitschaft, auf archäologischen Expeditionen tief in die Excel-Codebasis einzudringen, wird uns fehlen.

Diese Kuriosität wäre genau das Richtige für ihn gewesen. Excel-MVP Wyn Hopkins von Access Analytic hat kürzlich eine Funktion in PivotTables entdeckt, mit der Sie schnell einen Rahmen auf mehrere Abschnitte innerhalb der PivotTable anwenden können.

Nehmen wir an, Sie haben eine PivotTable wie die in Abbildung 3.23. Lassen Sie auf jeder Seite der PivotTable eine leere Zeile und Spalte, umgeben Sie die PivotTable jedoch vollständig mit einem Rahmen. Der in Abbildung 3.23 gezeigte Rahmen besitzt auf jeder Seite eine andere Linienart, um zu veranschaulichen, wie jede Seite des Rahmens auf die PivotTable übertragen wird.

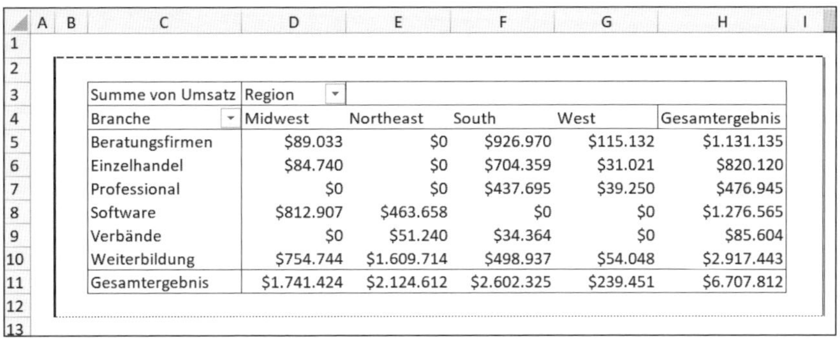

| Summe von Umsatz | Region | | | | |
|---|---|---|---|---|---|
| Branche | Midwest | Northeast | South | West | Gesamtergebnis |
| Beratungsfirmen | $89.033 | $0 | $926.970 | $115.132 | $1.131.135 |
| Einzelhandel | $84.740 | $0 | $704.359 | $31.021 | $820.120 |
| Professional | $0 | $0 | $437.695 | $39.250 | $476.945 |
| Software | $812.907 | $463.658 | $0 | $0 | $1.276.565 |
| Verbände | $0 | $51.240 | $34.364 | $0 | $85.604 |
| Weiterbildung | $754.744 | $1.609.714 | $498.937 | $54.048 | $2.917.443 |
| Gesamtergebnis | $1.741.424 | $2.124.612 | $2.602.325 | $239.451 | $6.707.812 |

**Abbildung 3.23** Eine relativ schlichte PivotTable mit einem Rand direkt außerhalb der PivotTable.

Um den äußeren Rahmen in die PivotTable zu übertragen, klicken Sie mit der rechten Maustaste auf eine beliebige Zelle in der PivotTable und wählen Sie *Aktualisieren*. Die Rahmen von außerhalb der PivotTable werden auf verschiedene Abschnitte innerhalb der PivotTable angewendet (siehe Abbildung 3.24).

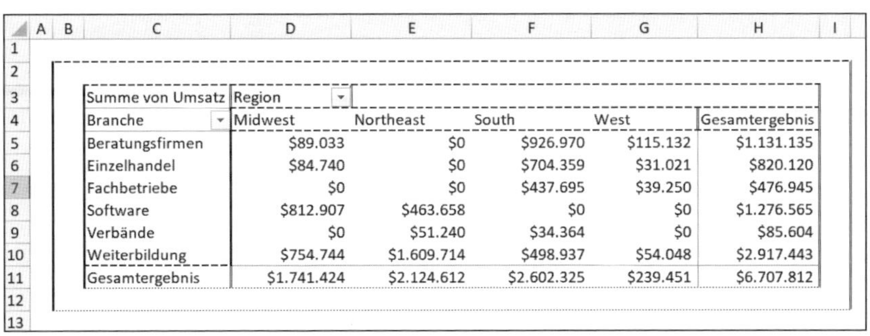

| Summe von Umsatz | Region | | | | |
|---|---|---|---|---|---|
| Branche | Midwest | Northeast | South | West | Gesamtergebnis |
| Beratungsfirmen | $89.033 | $0 | $926.970 | $115.132 | $1.131.135 |
| Einzelhandel | $84.740 | $0 | $704.359 | $31.021 | $820.120 |
| Fachbetriebe | $0 | $0 | $437.695 | $39.250 | $476.945 |
| Software | $812.907 | $463.658 | $0 | $0 | $1.276.565 |
| Verbände | $0 | $51.240 | $34.364 | $0 | $85.604 |
| Weiterbildung | $754.744 | $1.609.714 | $498.937 | $54.048 | $2.917.443 |
| Gesamtergebnis | $1.741.424 | $2.124.612 | $2.602.325 | $239.451 | $6.707.812 |

**Abbildung 3.24** Die Rahmenstile des äußeren Rahmens werden auf die PivotTable angewendet.

→

Nach einem ganz bestimmten Muster werden die im äußeren Rahmen verwendeten Rahmenstile auf die gesamte PivotTable angewendet. Der gestrichelte Rahmen, der oberhalb von Zeile 2 verwendet wird, wird oberhalb der Zeilen 3 und 4 sowie oberhalb der Zelle C11 angewandt. Der gepunktete Rahmen, der unter Zeile 12 verwendet wird, wird in der PivotTable unter Zeile 11 verwendet. Ähnlich verhält es sich mit dem linken Rand, der auf die meisten vertikalen Linien in der PivotTable angewendet wird. Der rechte Rand wird auf den rechten Rand der PivotTable angewandt.

Warum gibt es diese Funktion in Excel? Sie muss aus der Zeit vor dem Formatvorlagenkatalog stammen. Es muss eine Möglichkeit gewesen sein, eigene PivotTable-Formatvorlagen zu erstellen, bevor es Formatvorlagen gab.

# Berechnungstyp für Zusammenfassungen ändern

Wenn Sie einen PivotTable-Bericht erstellen, fasst Excel die Daten standardmäßig entweder durch Zählen oder Summieren der Elemente zusammen. Anstelle von Summe oder Anzahl können Sie auch Funktionen wie Min, Max und Anzahl Zahlen wählen. Insgesamt sind 11 Berechnungsarten verfügbar.

## Das Excel-Team hat den »Anzahl von Umsatz«-Fehler behoben

Anfang 2018 hat Microsoft einen Fehler behoben, der dazu führte, dass viele PivotTables die Anzahl der Umsätze anstelle einer Summe lieferten. Wenn eine Datenspalte nur Zahlen enthält, wählt Excel standardmäßig die Summe als Berechnung. Wenn eine Spalte Text enthält, wird in der PivotTable standardmäßig die Anzahl verwendet. Bis zum Jahr 2018 trat jedoch ein Fehler auf, wenn Sie eine Mischung aus Zahlen und leeren Zellen hatten. Eine leere Zelle führte dazu, dass in der PivotTable die Anzahl anstelle der Summe verwendet wurde.

Ein Excel-Kunde schrieb einen Brief an das Excel-Team und beschrieb diesen Fehler: »Warum behandeln Sie leere Zellen als Text? Behandeln Sie sie so, wie jede andere Formel sie behandeln würde, und betrachten Sie sie als null. Eine Mischung aus Zahlen und Nullen sollte nicht zu einer Zählung des Feldes führen.«

Ohne eine einzige Abstimmung auf Excel.UserVoice.com hat jemand aus dem Excel-Team den Fehler behoben. Wenn Sie eine Mischung aus Zahlen und leeren Zellen haben, erhalten Sie keine Anzahl der Umsätze mehr. Dies ist eine schöne Verbesserung.

# Berechnung in einem Wertfeld ändern

Das Dialogfeld *Wertfeldeinstellungen* bietet 11 Optionen auf der Registerkarte *Werte zusammenfassen nach* und 15 Hauptoptionen auf der Registerkarte *Werte anzeigen als.* Bei den Optionen auf der ersten Registerkarte handelt es sich um die grundlegenden Optionen Summe, Durchschnitt, Anzahl, Max und Min, die in Excel allgegenwärtig sind; bei den 15 Optionen unter *Werte anzeigen als* handelt es sich um interessante Optionen wie *% der Gesamtsumme, laufende Summe* und *Rangfolge*.

Es gibt mehrere Möglichkeiten, das Dialogfeld *Wertfeldeinstellungen* zu öffnen:

- Wenn Sie mehrere Felder im Wertebereich haben, doppelklicken Sie auf die Überschrift eines beliebigen Wertfelds.
- Wählen Sie eine beliebige Zahl im Bereich *Werte* und klicken Sie im Menüband auf der Registerkarte *PivotTable-Analyse* auf die Schaltfläche *Feldeinstellungen*.

- Öffnen Sie in der Liste *PivotTable-Felder* das Dropdown-Menü für ein beliebiges Element im Bereich *Werte*. Das letzte Element wird *Wertfeldeinstellungen* sein.
- Wenn Sie mit der rechten Maustaste auf eine beliebige Zahl im Wertebereich klicken, haben Sie die Möglichkeit, die Einstellungen für das Wertefeld zu wählen. Außerdem stehen Ihnen zwei zusätzliche Flyoutmenüs zur Verfügung, die sechs der elf Optionen für *Werte zusammenfassen nach* und die meisten Optionen für *Werte anzeigen als* bieten (siehe Abbildung 3.25).

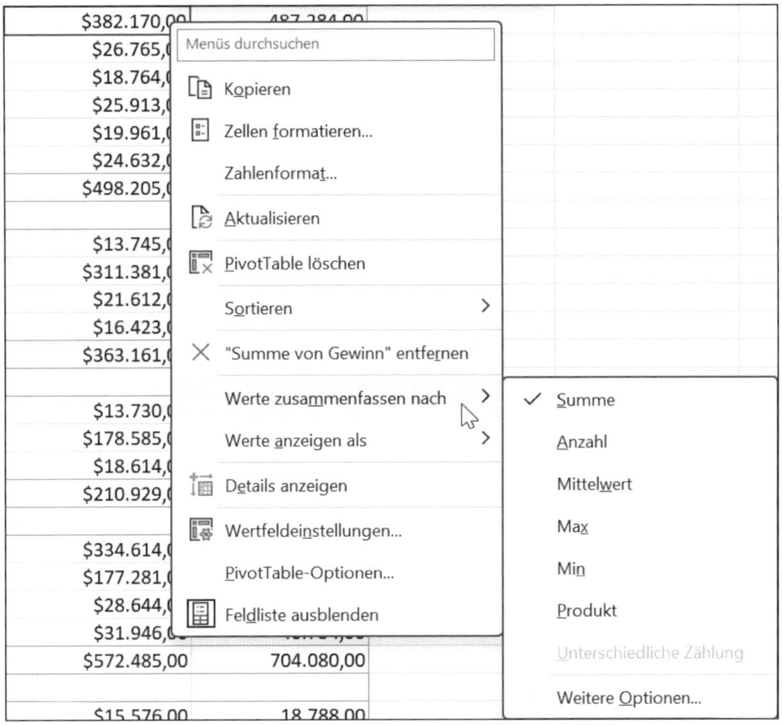


**Abbildung 3.25** Das Kontextmenü für eine beliebige Zahl im Wertebereich der PivotTable bietet ein Flyoutmenü mit den gängigen Berechnungsoptionen.

Die folgenden Beispiele zeigen, wie die verschiedenen Berechnungsoptionen verwendet werden können. Um die Einstellungen zu vergleichen, können Sie eine PivotTable erstellen, in der Sie das Feld *Umsatz* neunmal in den Bereich *Werte* ziehen. Jedes Mal wird eine neue Spalte in der PivotTable angezeigt. In den nächsten Beispielen sehen Sie die Einstellungen, die für die Berechnungen in jeder Spalte erforderlich sind.

Um die Berechnung für ein Feld zu ändern, wählen Sie eine Wertezelle für das Feld aus und klicken auf der Registerkarte *PivotTable-Analyse* auf die Schaltfläche *Feldeinstellungen*. Das Dialogfeld *Wertfeldeinstellungen* ähnelt dem Dialogfeld *Feldeinstellungen*, hat jedoch zwei Registerkarten. Die erste Registerkarte, *Werte zusammenfassen nach*, enthält *Summe, Anzahl, Durchschnitt, Max, Min, Produkt, Anzahl Zahlen, STABW, Standardabweichung (Grundgesamtheit), Var* und *Varianz (Grundgesamtheit).* Sie können eine dieser 11 Berechnungsoptionen auswählen, um die Daten in der Spalte zu ändern. In Abbildung 3.26 zeigen die Spalten B bis D verschiedene Einstellungen der Registerkarte *Werte zusammenfassen nach.*

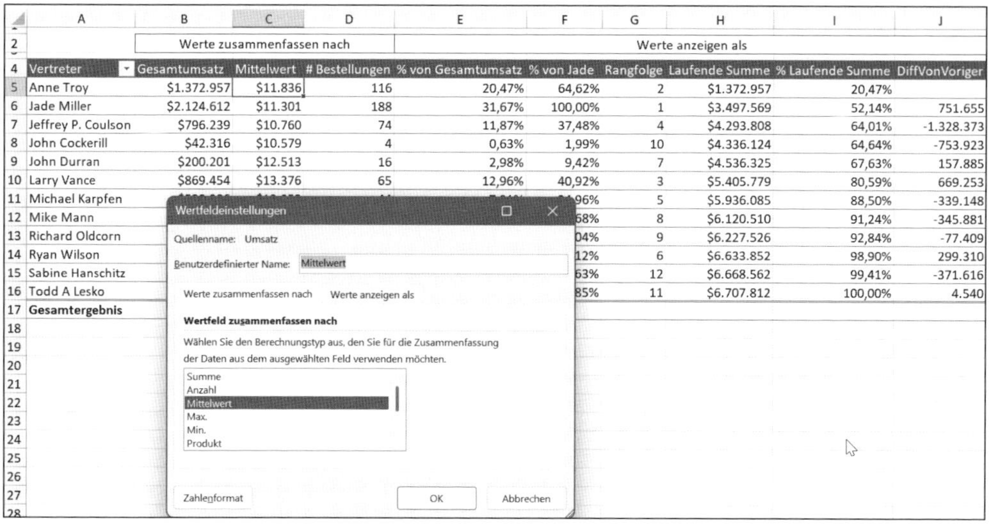


**Abbildung 3.26** Auf dieser Registerkarte können Sie eine der 11 Berechnungen für die Zusammenfassung auswählen.

Spalte B ist die Standard-Summenberechnung. Sie zeigt die Summe aller Datensätze für einen bestimmten Vertreter. Spalte C zeigt die durchschnittliche Bestellung für jeden Vertreter. Spalte D zeigt die Anzahl der Datensätze. Sie können die Überschrift ändern in *Anzahl der Aufträge* oder *Anzahl der Datensätze* oder was auch immer angemessen ist. Beachten Sie, dass es sich bei der Anzahl um die tatsächliche Anzahl der Datensätze und nicht um die Anzahl der einzelnen Artikel handelt.

---

Das Zählen eindeutiger Elemente war in Pivot-Tabellen bisher schwierig, ist jetzt aber mit Power Pivot sehr viel einfacher. Weitere Einzelheiten finden Sie im Abschnitt »Versteckte Features mit dem Datenmodell nutzen« in Kapitel 10.

---

Weitaus interessantere Optionen befinden sich auf der Registerkarte *Werte anzeigen als* des Dialogfelds *Wertfeldeinstellungen*, wie in Abbildung 3.27 gezeigt. In der Dropdownliste werden fünfzehn Optionen angezeigt. Je nachdem, welche Option Sie wählen, müssen Sie entweder ein Basisfeld oder ein Basisfeld und ein Basiselement angeben. Die Spalten E bis J in Abbildung 3.26 und Abbildung 3.27 zeigen einige der Berechnungen, die mit *Werte anzeigen als* möglich sind.

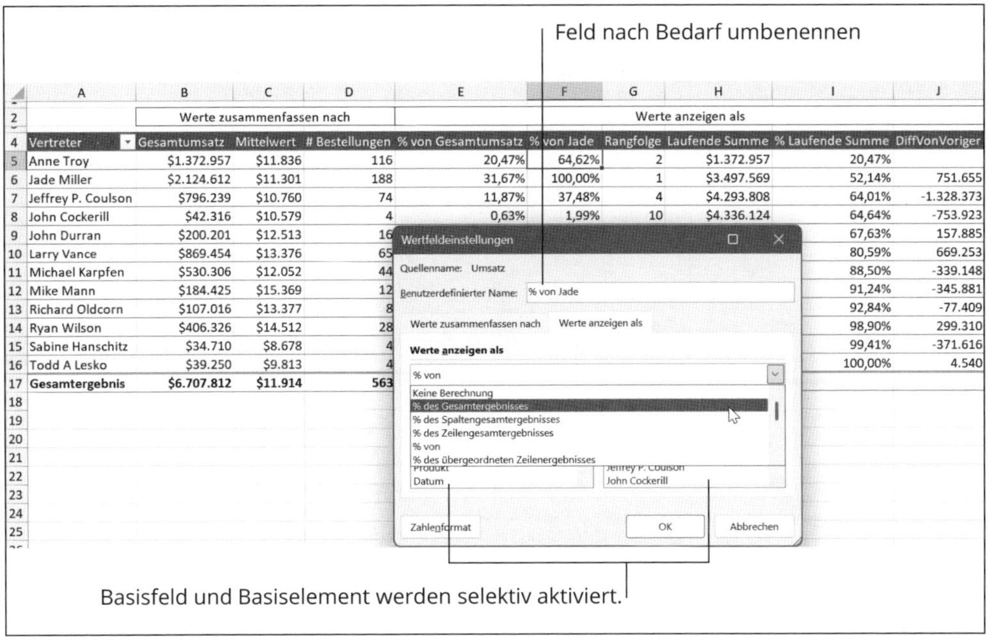


**Abbildung 3.27** Auf dieser Registerkarte stehen 15 verschiedene Möglichkeiten zur Verfügung, um Daten anzuzeigen.

Tabelle 3.1 gibt einen Überblick über die Optionen unter *Werte anzeigen als.*

| Werte anzeigen als | Zusätzlich erforderliche Informationen | Beschreibung |
|---|---|---|
| keine Berechnung | keine | – |
| % des Gesamtergebnisses | keine | zeigt Prozentsätze an, sodass alle Detailzellen in der PivotTable insgesamt 100% ergeben |
| % des Spaltengesamtergebnisses | keine | zeigt alle Werte in jeder Spalte als Prozentsatz des Gesamtwerts für die Spalte an, sodass die Werte insgesamt 100% ergeben |
| % des Zeilengesamtergebnisses | keine | zeigt alle Werte in jeder Zeile als Prozentsatz des Gesamtwerts für die Zeile an, sodass die Werte insgesamt 100% ergeben |
| % des übergeordneten Zeilenergebnisses | keine | zeigt bei mehrzeiligen Feldern einen Prozentsatz des Zeilengesamtergebnisses des übergeordneten Elements an |
| % des übergeordneten Spaltenergebnisses | keine | zeigt bei mehrzeiligen Feldern einen Prozentsatz des Spaltengesamtergebnisses des übergeordneten Elements an |
| Index | keine | berechnet die relative Wichtigkeit von Elementen; ein Beispiel finden Sie in Abbildung 3.31 |

→

| Werte anzeigen als | Zusätzlich erforderliche Informationen | Beschreibung |
|---|---|---|
| % des übergeordneten Ergebnisses | nur Basisfeld | berechnet bei mehreren Zeilen- und/oder Spaltenfeldern den prozentualen Anteil einer Zelle am Gesamtergebnis des übergeordneten Elements |
| Laufende Summe in | nur Basisfeld | berechnet eine laufende Summe |
| % laufende Summe in | nur Basisfeld | berechnet eine laufende Summe als Prozentsatz der Gesamtsumme |
| Rangfolge nach Größe (aufsteigend) | nur Basisfeld | liefert einen numerischen Rang, wobei 1 das kleinste Element darstellt |
| Rangfolge nach Größe (absteigend) | nur Basisfeld | liefert einen numerischen Rang, wobei 1 das größte Element darstellt |
| % von | Basisfeld und Basiselement | drückt die Werte für ein Element als Prozentsatz eines anderen Elements aus |
| Differenz von | Basisfeld und Basiselement | zeigt die Differenz eines Elements im Vergleich zu einem anderen Element oder zum vorherigen Element an |
| % Differenz von | Basisfeld und Basiselement | zeigt die prozentuale Differenz eines Elements im Vergleich zu einem anderen Element oder zum vorherigen Element an |

**Tabelle 3.1** Berechnungen in Werte anzeigen als

Die Möglichkeit, benutzerdefinierte Berechnungen zu erstellen, ist ein weiteres Beispiel für die einzigartige Flexibilität von PivotTable-Berichten. Mit den Optionen auf der Registerkarte *Werte anzeigen als* können Sie die Berechnung für ein bestimmtes Datenfeld so ändern, dass sie auf anderen Zellen im Wertebereich basiert.

In den folgenden Abschnitten werden verschiedene Optionen für *Werte anzeigen als* erläutert.

## Prozentualer Anteil am Gesamtergebnis

In Abbildung 3.26 zeigt Spalte E »% vom Gesamtumsatz«. Jade Miller generiert 2,1 Mio. $ Umsatz, was wiederum 31,67% des Gesamtumsatzes von 6,7 Mio. $ entspricht. Für Spalte E wird auf der Registerkarte *Werte anzeigen als* die Option *% des Spaltengesamtergebnisses* verwendet. Zwei weitere ähnliche Optionen sind *% des Zeilengesamtergebnisses* und *% des Gesamtergebnisses*. Wählen Sie eine dieser Optionen, je nachdem, ob sich Ihre Textfelder im Bericht nach unten, horizontal zum Bericht oder sowohl nach unten als auch horizontal zum Bericht erstrecken.

## Mit »% von« eine Zeile mit einer anderen Zeile vergleichen

Mit der Option *% von* können Sie ein Element mit einem anderen Element vergleichen. Ein Beispiel: Im aktuellen Datensatz war Jade im vergangenen Jahr die beste Verkäuferin. Spalte F zeigt die Umsätze aller Mitarbeiter als Prozentsatz von Jades Umsätzen. Zelle F7 in Abbildung 3.28 zeigt, dass Jeffs Umsatz ungefähr 37% von Jades Umsatz betrug.

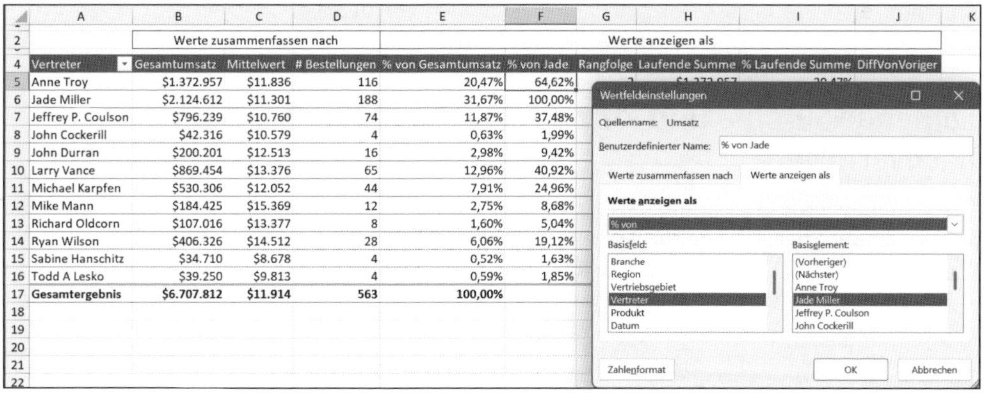

| Vertreter | Gesamtumsatz | Mittelwert | # Bestellungen | % von Gesamtumsatz | % von Jade |
|---|---|---|---|---|---|
| Anne Troy | $1.372.957 | $11.836 | 116 | 20,47% | 64,62% |
| Jade Miller | $2.124.612 | $11.301 | 188 | 31,67% | 100,00% |
| Jeffrey P. Coulson | $796.239 | $10.760 | 74 | 11,87% | 37,48% |
| John Cockerill | $42.316 | $10.579 | 4 | 0,63% | 1,99% |
| John Durran | $200.201 | $12.513 | 16 | 2,98% | 9,42% |
| Larry Vance | $869.454 | $13.376 | 65 | 12,96% | 40,92% |
| Michael Karpfen | $530.306 | $12.052 | 44 | 7,91% | 24,96% |
| Mike Mann | $184.425 | $15.369 | 12 | 2,75% | 8,68% |
| Richard Oldcorn | $107.016 | $13.377 | 8 | 1,60% | 5,04% |
| Ryan Wilson | $406.326 | $14.512 | 28 | 6,06% | 19,12% |
| Sabine Hanschitz | $34.710 | $8.678 | 4 | 0,52% | 1,63% |
| Todd A Lesko | $39.250 | $9.813 | 4 | 0,59% | 1,85% |
| **Gesamtergebnis** | **$6.707.812** | **$11.914** | **563** | **100,00%** | |



**Abbildung 3.28** Dieser Bericht wird mit der Option *% von* und Jade Miller als Basiselement erstellt.

Um diese Berechnung einzurichten, wählen Sie *Werte anzeigen als, % von*. Wählen Sie als Basisfeld *Vertreter*, da dies das einzige Feld im Bereich *Zeilen* ist. Als Basiselement wählen Sie *Jade Miller*. Das Ergebnis ist in Abbildung 3.28 dargestellt.

## Rangfolge anzeigen

Es sind zwei Rangfolgenoptionen verfügbar. Spalte G in Abbildung 3.29 zeigt die *Rangfolge nach Größe (absteigend)*. Jade Miller ist auf Platz 1 und Sabine Hanschitz auf Platz 12. Eine ähnliche Option ist *Rangfolge nach Größe (aufsteigend)*, was für die Pro-Golf-Tour gut wäre.

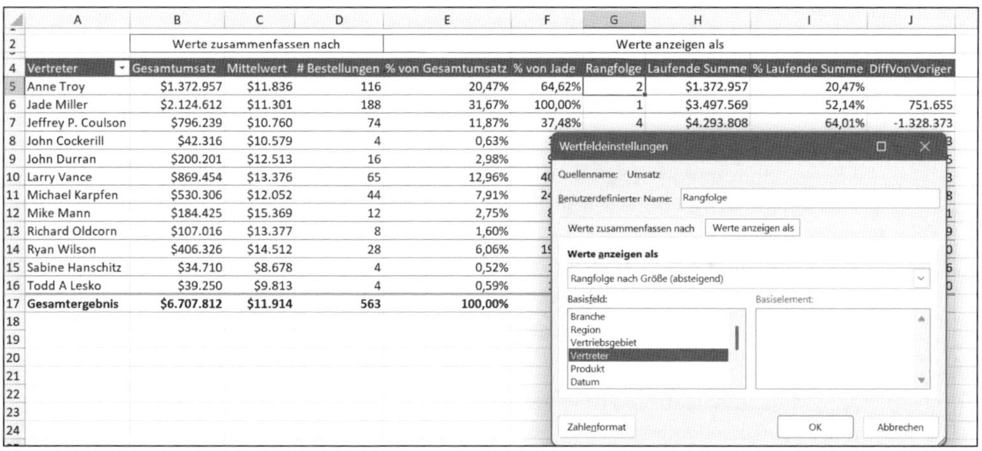

| Vertreter | Gesamtumsatz | Mittelwert | # Bestellungen | % von Gesamtumsatz | % von Jade | Rangfolge | Laufende Summe | % Laufende Summe | DiffVonVoriger |
|---|---|---|---|---|---|---|---|---|---|
| Anne Troy | $1.372.957 | $11.836 | 116 | 20,47% | 64,62% | 2 | $1.372.957 | 20,47% | |
| Jade Miller | $2.124.612 | $11.301 | 188 | 31,67% | 100,00% | 1 | $3.497.569 | 52,14% | 751.655 |
| Jeffrey P. Coulson | $796.239 | $10.760 | 74 | 11,87% | 37,48% | 4 | $4.293.808 | 64,01% | -1.328.373 |
| John Cockerill | $42.316 | $10.579 | 4 | 0,63% | | | | | |
| John Durran | $200.201 | $12.513 | 16 | 2,98% | | | | | |
| Larry Vance | $869.454 | $13.376 | 65 | 12,96% | | | | | |
| Michael Karpfen | $530.306 | $12.052 | 44 | 7,91% | | | | | |
| Mike Mann | $184.425 | $15.369 | 12 | 2,75% | | | | | |
| Richard Oldcorn | $107.016 | $13.377 | 8 | 1,60% | | | | | |
| Ryan Wilson | $406.326 | $14.512 | 28 | 6,06% | | | | | |
| Sabine Hanschitz | $34.710 | $8.678 | 4 | 0,52% | | | | | |
| Todd A Lesko | $39.250 | $9.813 | 4 | 0,59% | | | | | |
| **Gesamtergebnis** | **$6.707.812** | **$11.914** | **563** | **100,00%** | | | | | |



**Abbildung 3.29** Mit den Optionen *Rangfolge* können Sie die Rangfolge auf- oder absteigend anzeigen.

Um einen Rang einzurichten, wählen Sie *Wertfeldeinstellungen, Werte anzeigen als, Rangfolge nach Größe (absteigend)*. Sie müssen ein *Basisfeld* wählen. Da in diesem Beispiel *Vertreter* das einzige Zeilenfeld ist, wird es unter *Basisfeld* ausgewählt.

Diese Rangfolgenoptionen zeigen, dass PivotTables auf merkwürdige Weise mit Gleichständen umgehen. Ich sage merkwürdig, weil sie mit keiner der Methoden übereinstimmen, die bereits in den Excel-Funktionen `=RANG()`, `=RANG.MITTELWERT()`, und `=RANG.GLEICH()`

enthalten sind. Wenn zum Beispiel die ersten beiden Vertriebsgebiete gleichauf liegen, erhalten beide den Rang 1, und das dritte Vertriebsgebiet erhält den Rang 2.

## Laufende Summe und Prozentsatz der laufenden Summe nachverfolgen

Berechnungen der laufenden Summe werden häufig in Berichten verwendet, bei denen die Monate in der Spalte nach unten laufen oder wenn Sie zeigen möchten, dass die wichtigsten *N* Kunden *N* % des Umsatzes ausmachen.

In Abbildung 3.30 zeigt Zelle I8, dass die vier wichtigsten Verkäufer 76,97 % des Gesamtumsatzes ausmachen.

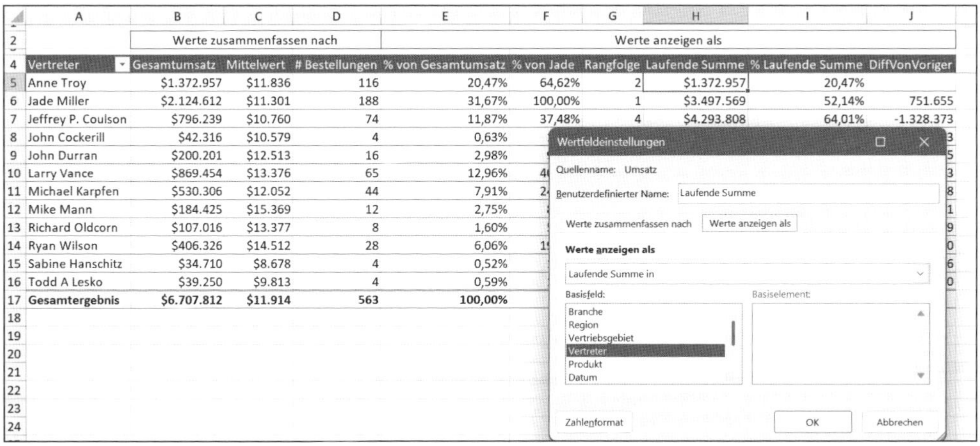


**Abbildung 3.30** Die laufende Summe oder einen Prozentsatz der laufenden Summe anzeigen

---

Um diese Abbildung zu erhalten, müssen Sie die Sortierfunktion verwenden, die ausführlich in Kapitel 4, »Pivot-Daten gruppieren, sortieren und filtern«, behandelt wird. Um eine ähnliche Analyse mit der Beispieldatei zu erstellen, gehen Sie zum Dropdown-Menü in A4 und wählen Sie *Weitere Sortieroptionen, Absteigend, Nach Gesamtumsatz.* Beachten Sie auch, dass die im nächsten Beispiel gezeigte Berechnung *% Differenz von* mit der Sortierung nicht kompatibel ist.

---

Um *Laufende Summe in* (wie in Spalte H gezeigt) oder *% Laufende Summe in* (Spalte I) anzugeben, wählen Sie *Feldeinstellungen, Werte anzeigen als, Laufende Summe in.* Sie müssen ein Basisfeld angeben, das in diesem Fall das Zeilenfeld ist: *Vertreter.*

## Änderung gegenüber einem vorherigen Feld anzeigen

Abbildung 3.31 zeigt die Einstellung *% Differenz von*. Für diese Berechnung sind ein Basisfeld und ein Basiselement erforderlich. Sie könnten zeigen, wie jedes Vertriebsgebiet im Vergleich zu Anne Troy steht, indem Sie Anne Troy als Basiselement angeben. Dies wäre ähnlich wie in Abbildung 3.26, nur dass jedes Vertriebsgebiet als Prozentsatz von Anne Troy angezeigt würde.

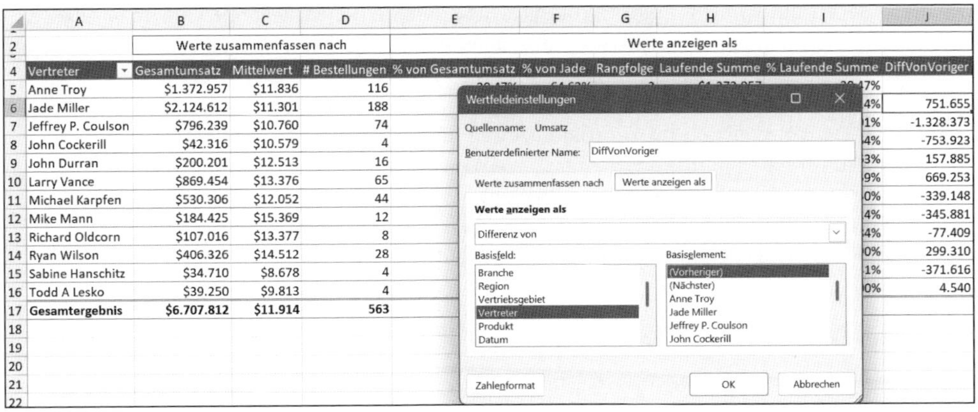


**Abbildung 3.31** Mit der Optionen *Differenz von* können Sie jede Zeile mit der vorherigen oder nächsten Zeile vergleichen.

Bei Datumsfeldern wäre es sinnvoll, *% Differenz von* zu verwenden und *(Vorheriger)* als Basiselement zu wählen. Beachten Sie, dass die erste Zelle keine Berechnung enthält, weil es in der PivotTable kein vorheriges Datum gibt.

## Prozentsatz eines übergeordneten Elements nachverfolgen

Bei der Legacy-Einstellung *% des Gesamtergebnisses* wird das aktuelle Element immer durch das Gesamtergebnis geteilt. In Abbildung 3.32 besagt Zelle E4, dass Chicago 2,75% des gesamten Datensatzes ausmacht. Im Message Board von MrExcel.com wird häufig die Frage gestellt, wie man die Einnahmen von Chicago als Prozentsatz der Gesamtsumme der Region Midwest berechnen kann. In älteren Versionen von Excel war dies möglich, aber schwierig. Ab Excel 2010 wurden die Optionen *% des übergeordneten Zeilenergebnisses, % des übergeordneten Spaltenergebnisses* und *% des übergeordneten Ergebnisses* ergänzt.

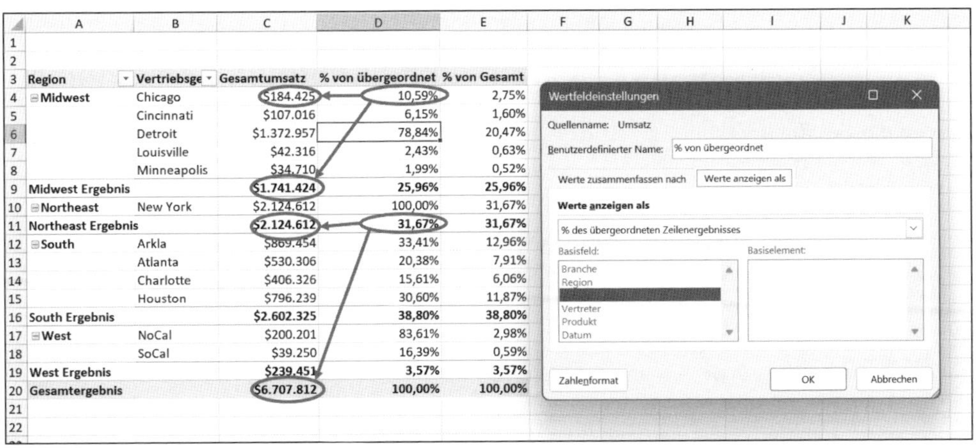


**Abbildung 3.32** Eine Option in Excel ermöglicht es Ihnen, einen Prozentsatz der übergeordneten Zeile zu berechnen.

Um diese Berechnung in Excel einzurichten, verwenden Sie *Feldeinstellungen, Werte anzeigen als, % des übergeordneten Zeilenergebnisses*. Zelle D4 in Abbildung 3.32 zeigt, dass Chicagos Umsatz von 184.425 $ 10,59% des Gesamtergebnisses des Mittleren Westens von 1.741.424 $ sind.

Die Berechnung der Zeilen mit dem Teilergebnis mag verwirrend erscheinen, obwohl sie sinnvoll ist. D4:D8 zeigt den prozentualen Anteil der einzelnen Vertriebsgebiete im Vergleich zur Gesamtsumme des Mittleren Westens. Die Werte in D9, D11, D16 und D19 vergleichen die Summe der Regionen mit der Gesamtsumme. Die 31,67% in D11 bedeuten zum Beispiel, dass die 2,1 Millionen Dollar der Region Northeast etwas weniger als ein Drittel der Gesamtsumme von 6,7 Millionen Dollar ausmachen.

## Die relative Bedeutung mit der Option »Index« anzeigen

Die letzte Option der 11 Berechnungen ist *Index*. Sie erstellt eine etwas undurchsichtige Berechnung. Microsoft behauptet, dass diese Berechnung die relative Bedeutung einer Zelle innerhalb einer Spalte beschreibt. In Abbildung 3.33 haben Pfirsiche aus Georgia einen Index von 2,55 und Pfirsiche aus Kalifornien einen Index von 0,50. Dies zeigt, dass eine Vernichtung der Pfirsichernte im nächsten Jahr für die Obstproduktion in Georgia verheerender wäre als für die Obstproduktion in Kalifornien.

| | A | B | C | D | E | F | G | H | I | J |
|---|---|---|---|---|---|---|---|---|---|---|
| 1 | Summe von Ums | Staat | | | | | | GA Pfirsich | 180 | |
| 2 | Frucht | California | Georgia | Ohio | Gesamtergebnis | | | / GA Gesamtergebnis | 210 | |
| 3 | Apfel | 100 | 10 | 30 | 140 | | A = Wertigkeit von Pfirsichen für GA | | 0,86 | |
| 4 | Banane | 200 | 10 | 1 | 211 | | | | | |
| 5 | Kiwi | 200 | 10 | 1 | 211 | | | Pfirsich Gesamtergebnis | 285 | |
| 6 | Pfirsich | 100 | 180 | 5 | 285 | | | / Gesamtergebnis | 847 | |
| 7 | Gesamtergebnis | 600 | 210 | 37 | 847 | | B = Wertigkeit von Pfirsichen | | 0,34 | |
| 8 | | | | | | | | | | |
| 9 | | | | | | | | Index = A/B | 2,55 | |
| 10 | Index | Staat | | | | | | | | |
| 11 | Frucht | California | Georgia | Ohio | Gesamtergebnis | | | | | |
| 12 | Apfel | 1,01 | 0,29 | 4,91 | 1,00 | | | | | |
| 13 | Banane | 1,34 | 0,19 | 0,11 | 1,00 | | | | | |
| 14 | Kiwi | 1,34 | 0,19 | 0,11 | 1,00 | | | | | |
| 15 | Pfirsich | 0,50 | 2,55 | 0,40 | 1,00 | | | | | |
| 16 | Gesamtergebnis | 1,00 | 1,00 | 1,00 | 1,00 | | | | | |

$$= \frac{GeorgiaPfirsiche/GeorgiaGesamtergebnis}{PfirsicheGesamtergebnis/Gesamtergebnis}$$

**Abbildung 3.33** Mithilfe der Indexfunktion zeigt Excel, dass der Pfirsichverkauf in Georgia wichtiger ist als in Kalifornien.

Hier ist die genaue Berechnung:

1. Teilen Sie zunächst die Pfirsiche aus Georgia durch die Gesamtanzahl aus Georgia. Dies ergibt 180/210, also 0,857.
2. Als Nächstes wird die gesamte Pfirsichproduktion (285) durch die gesamte Obstproduktion (847) geteilt. Daraus ergibt sich, dass Pfirsiche ein Bedeutungsverhältnis von 0,336 haben.
3. Nun wird das erste Verhältnis durch das zweite geteilt: 0,857/0,336.

In Ohio haben Äpfel einen Index von 4,91, d.h., eine Fruchtfäule bei den Äpfeln wäre schlecht für die Obstindustrie in Ohio.

Ich muss zugeben, dass ich selbst nach 10 Jahren, in denen ich über diese Berechnung schreibe, einige Teile nicht ganz verstehe. Was wäre, wenn ein Staat wie Hawaii auf die Produktion von Litschis angewiesen wäre, Litschis aber für die Obstproduktion in den USA fast keine Rolle spielen würden? Wenn Litschis die Hälfte der hawaiianischen Obstproduktion ausmachen, aber 0,001 der US-Obstproduktion, würde die Indexberechnung auf 500 hochschnellen.

# Teilergebnisse hinzufügen und entfernen

Teilergebnisse sind ein wesentliches Merkmal von PivotTable-Berichten. Manchmal möchten Sie vielleicht die Anzeige von Teilergebnissen unterdrücken, und ein anderes Mal möchten Sie vielleicht pro Feld mehr als ein Teilergebnis anzeigen.

## Teilergebnisse bei vielen Zeilenfeldern unterdrücken

Wenn Sie einen Bericht mit vielen Zeilenfeldern haben, können Teilergebnisse die klare Sicht auf die Daten verhindern. So ist es beispielsweise in Abbildung 3.34 nicht erforderlich, Teilergebnisse für jedes Vertriebsgebiet anzuzeigen, da es für jedes Vertriebsgebiet nur einen Vertreter gibt.

| | A | B | C | D |
|---|---|---|---|---|
| 3 | Region | Vertriebsgebiet | Vertreter | Summe von Umsatz |
| 4 | ⊟Midwest | ⊟Chicago | Mike Mann | 184425 |
| 5 | | Chicago Ergebnis | | 184425 |
| 6 | | ⊟Cincinnati | Richard Oldcorn | 107016 |
| 7 | | Cincinnati Ergebnis | | 107016 |
| 8 | | ⊟Detroit | Anne Troy | 1372957 |
| 9 | | Detroit Ergebnis | | 1372957 |
| 10 | | ⊟Louisville | John Cockerill | 42316 |
| 11 | | Louisville Ergebnis | | 42316 |
| 12 | | ⊟Minneapolis | Sabine Hanschitz | 34710 |
| 13 | | Minneapolis Ergebnis | | 34710 |
| 14 | **Midwest Ergebnis** | | | **1741424** |
| 15 | ⊟Northeast | ⊟New York | Jade Miller | 2124612 |
| 16 | | New York Ergebnis | | 2124612 |
| 17 | **Northeast Ergebnis** | | | **2124612** |
| 18 | ⊟South | ⊟Arkla | Larry Vance | 869454 |
| 19 | | Arkla Ergebnis | | 869454 |
| 20 | | ⊟Atlanta | Michael Karpfen | 530306 |

**Abbildung 3.34** Manchmal sind Teilergebnisse nicht auf jeder Ebene erforderlich.

Wenn Sie auf der Registerkarte *Entwurf* das Dropdownmenü *Teilergebnisse* verwenden, würden Sie alle Teilergebnisse, einschließlich der Teilergebnisse für Region und Vertriebsgebiet, deaktivieren. Die Teilergebnisse für die Region liefern immer noch gute Informationen, sodass Sie die Einstellung *Teilergebnisse* im Dialogfeld *Feldeinstellungen* verwenden möchten. Markieren Sie eine Zelle in der Spalte *Vertriebsgebiet*. Wählen Sie auf der Registerkarte *PivotTable-Analyse* den Befehl *Feldeinstellungen*. Ändern Sie die Einstellung *Teilergebnisse* von *Automatisch* auf *Keine* (siehe Abbildung 3.35).

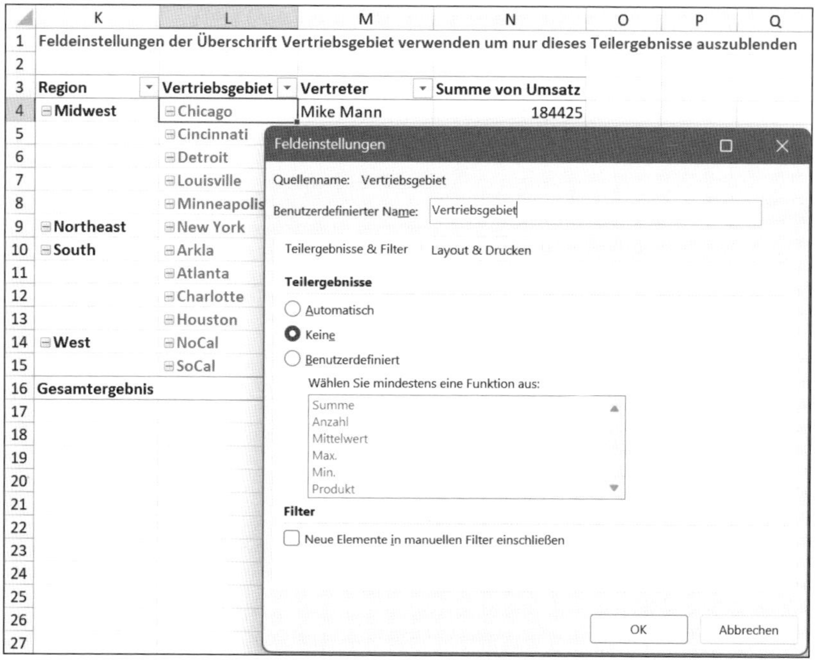

**Abbildung 3.35** Verwenden Sie die Option *Teilergebnisse* in den *Feldeinstellungen*, um die Teilergebnisse für ein Feld zu deaktivieren.

Um Teilergebnisse für das Feld *Vertriebsgebiet* zu entfernen, klicken Sie im unteren Bereich der Liste *PivotTable-Felder* auf das Feld *Vertriebsgebiet*. Wählen Sie *Feldeinstellungen*. Wählen Sie im Dialogfeld *Feldeinstellungen* die Option *Keine* unter *Teilergebnisse*, wie in Abbildung 3.35 gezeigt. Alternativ können Sie auch mit der rechten Maustaste auf eine Zelle klicken, die ein *Vertriebsgebiet* enthält, und das Häkchen bei *Teilergebnis 'Vertriebsgebiet'* entfernen.

## Mehrere Teilergebnisse für ein Feld hinzufügen

Sie können benutzerdefinierte Teilergebnisse zu einem Zeilen- oder Spaltenüberschriftenfeld hinzufügen. Wählen Sie das Feld *Region* im unteren Bereich der Liste *PivotTable-Felder* aus und wählen Sie *Feldeinstellungen*.

Wählen Sie im Dialogfeld *Feldeinstellungen* für das Feld *Region* die Option *Benutzerdefiniert* und wählen Sie dann die Arten von Teilergebnissen, die Sie sehen möchten. Im Dialogfeld in Abbildung 3.36 sind fünf benutzerdefinierte Teilergebnisse für das Feld *Region* ausgewählt. Es ist selten, dass PivotTables diese Einstellung verwenden. Sie ist nicht perfekt. Beachten Sie, dass die Anzahl von 211 Datensätzen in Zelle D25 wie der Rest der Spalte automatisch ein Währungsformat erhält, obwohl diese keinen Dollarbetrag enthält. Auch der Durchschnittswert von 12.333 $ für den Süden ist ein Durchschnitt der Einzeldatensätze, nicht ein Durchschnitt der Gesamtsummen der einzelnen Vertriebsgebiete.

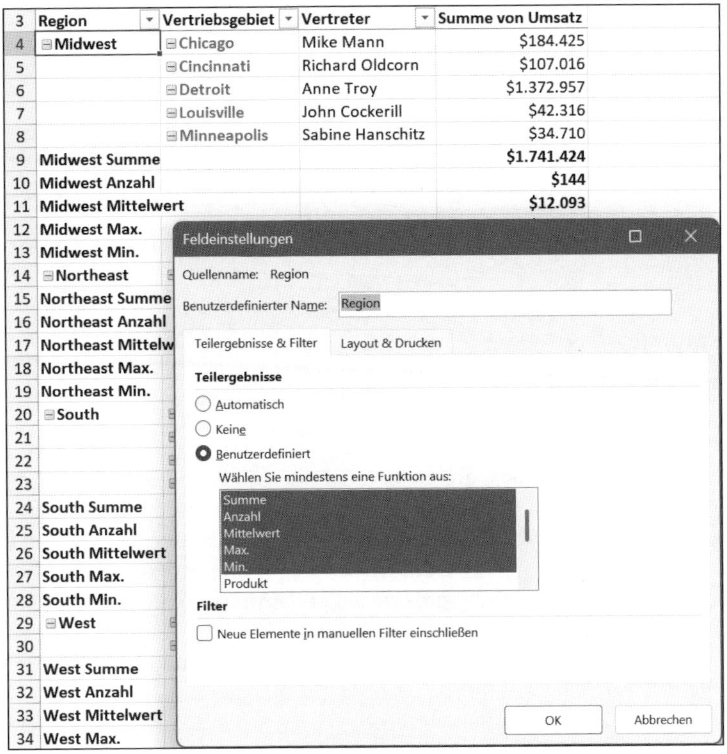


**Abbildung 3.36** Wenn Sie im Abschnitt *Teilergebnisse* die Option *Benutzerdefiniert* wählen, können Sie für ein Feld mehrere Teilergebnisse ausgeben lassen.

---

Wenn Sie den Durchschnitt der vier Regionen berechnen müssen, können Sie dies mit der Formelsprache DAX und Power Pivot tun. Siehe hierzu Kapitel 10.

---

## Die Formatierung einer Zelle

Sie können eine Zelle in einer PivotTable formatieren, und die Formatierung wird dieser Position folgen. In Abbildung 3.37 wurde zum Beispiel die Zelle mit dem Umsatz für Doodads in der Branche Software mit fett und kursiv formatiert.

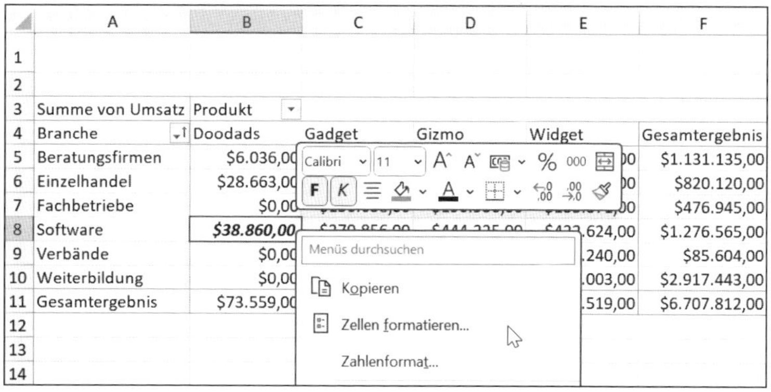


**Abbildung 3.37** Im Kontextmenü der rechten Maustaste wird eine neue Option *Zellen formatieren* angezeigt.

Wenn Sie die PivotTable neu anordnen, bleibt die dunkle Formatierung dieser Zelle auch dann erhalten, wenn die Zelle durch die Neuanordnung an eine andere Position in der PivotTable verschoben wird. Während in Abbildung 3.37 die Zelle B9 formatiert war, wurde die Formatierung in Abbildung 3.38 nach D5 verschoben.

Beachten Sie, dass die Formatierung beibehalten wird, wenn Sie die Zelle aufgrund eines Filters entfernen. Wenn Sie die Auswahl von Software aus dem Datenschnitt entfernen und dann erneut *Software* auswählen, wird die Formatierung wiederhergestellt.

Wenn Sie jedoch *Vertriebsgebiet*, *Produkt* oder *Umsatz* aus der PivotTable entfernen, geht die Formatierung der einzelnen Zellen verloren.

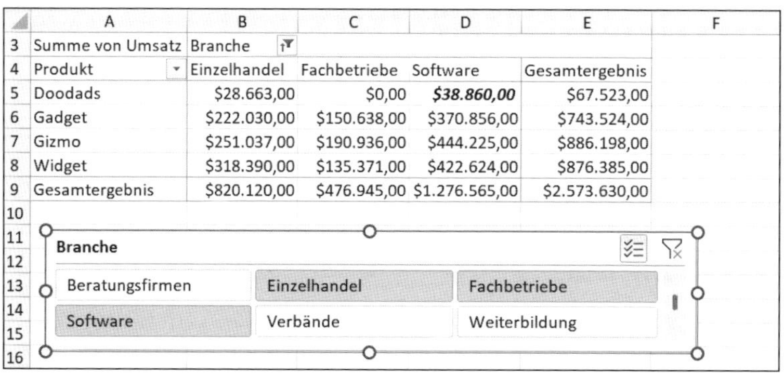


**Abbildung 3.38** Wenn Sie die PivotTable neu anordnen, verschiebt sich die Formatierung so, dass der Umsatz für Doodads-Verkäufe in der Branche *Software* formatiert bleibt.

In Abbildung 3.39 wurde ein Feld *Kunde* als Feld innerhalb der Zeile hinzugefügt. Die dunkle Formatierung, die auf die Doodads-Verkäufe von Software angewandt wurde, wird nun auf C5:C8 erweitert, um alle vier Kunden in dieser Gruppe zu erfassen. Beachten Sie, dass in Zelle C9 das Teilergebnis für Doodads, die an Kunden in der Branche *Software* verkauft wurden, nicht formatiert ist.

| | A | B | C | D | E | F | G |
|---|---|---|---|---|---|---|---|
| 3 | Summe von Umsatz | | Produkt | | | | |
| 4 | Branche | Kunde | Doodads | Gadget | Gizmo | Widget | Gesamtergebnis |
| 5 | ⊟Software | Excel4Apps | ***$0,00*** | $233.435,00 | $235.761,00 | $280.967,00 | $750.163,00 |
| 6 | Software | F-Keys Ltd. | ***$0,00*** | $100.784,00 | $165.727,00 | $124.467,00 | $390.978,00 |
| 7 | Software | Frontline Systems | ***$0,00*** | $14.497,00 | $31.057,00 | $17.190,00 | $62.744,00 |
| 8 | Software | Vertex42 | ***$38.860,00*** | $22.140,00 | $11.680,00 | $0,00 | $72.680,00 |
| 9 | Software Ergebnis | | $38.860,00 | $370.856,00 | $444.225,00 | $422.624,00 | $1.276.565,00 |
| 10 | Gesamtergebnis | | $38.860,00 | $370.856,00 | $444.225,00 | $422.624,00 | $1.276.565,00 |

**Abbildung 3.39** Wenn Sie ein Feld innerhalb der Zeile hinzufügen, wird die Formatierung um alle Kunden für Doodads im Sektor *Software* erweitert.

# Nächste Schritte

Beachten Sie, dass die folgenden Anpassungen für PivotTable-Berichte in Kapitel 4, »Pivot-Daten gruppieren, sortieren und filtern« sowie in Kapitel 5, »Berechnungen in PivotTables durchführen«, behandelt werden:

- Kapitel 4
  - eine PivotTable sortieren
  - Datensätze in einer PivotTable filtern
  - Tagesdaten bis hin zu Monaten oder Jahren gruppieren
  - Datenvisualisierungen und bedingte Formatierungen in einer PivotTable verwenden
- Kapitel 5
  - neue berechnete Felder hinzufügen

KAPITEL 4

# Pivot-Daten gruppieren, sortieren und filtern

In diesem Kapitel erhalten Sie zunächst einen kurzen Überblick über den Aufgabenbereich *PivotTable-Felder.* Dann folgt ein detaillierter Blick auf das Sortieren, Filtern und Gruppieren einer Pivot-Tabelle.

## Den Aufgabenbereich »PivotTable-Felder« verwenden

Die Einstiegspunkte zum Sortieren und Filtern sind über die gesamte Excel-Oberfläche verteilt. Es lohnt sich, die Dropdownmenüs der Zeilenüberschriften und die Liste der PivotTable-Felder genauer zu betrachten, bevor Sie sich mit dem Sortieren und Filtern beschäftigen.

Wie Sie bisher in diesem Buch gesehen haben, verwende ich nur selten das Kurzformat für eine PivotTable. Ich verwende die PivotTables-Standardeinstellungen, um sicherzustellen, dass meine PivotTables anfänglich das Tabellenformat und nicht das Kurzformat besitzen. Dafür gibt es viele gute Gründe, einer davon ist in Abbildung 4.1 und Abbildung 4.2 dargestellt.

In Abbildung 4.1 erscheint ein Dropdownmenü *Region* in A3 und ein Dropdownmenü *Kunde* erscheint in B3. Jedes dieser separaten Dropdownmenüs bietet umfangreiche Einstellungen für das Sortieren und Filtern.

Wenn Sie die PivotTable im Kurzformat belassen, gibt es keine separaten Überschriften für *Region* und *Kunde*. Beide Felder sind in Spalte A mit der albernen Überschrift *Zeilenbeschriftung* zusammengefasst. Das bedeutet, dass das Dropdownmenü immer Sortier- und Filteroptionen für die Region anbietet. Jedes Mal, wenn Sie zum Dropdownmenü A3 zurückkehren, um das Feld *Kunde* zu filtern oder zu sortieren, müssen Sie erneut *Kunde* aus einem Dropdown-Menü am oberen Rand des Menüs auswählen. Das ist ein zusätzlicher Klick. Wenn Sie fünf Änderungen am Feld *Kunde* vornehmen, wählen Sie *Kunde* immer und immer und immer wieder aus. Das sollte ausreichen, um Sie davon zu überzeugen, das Kurzformat aufzugeben.

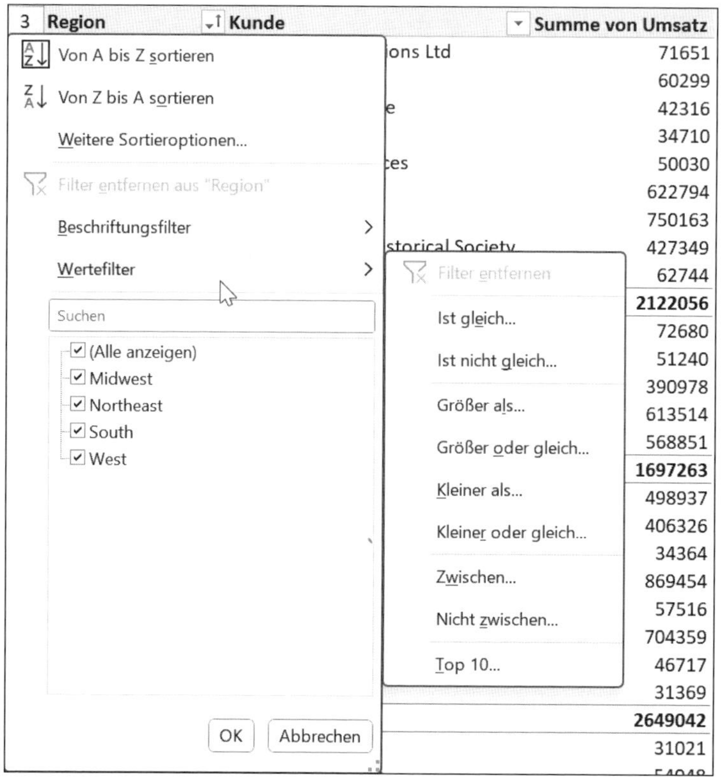


**Abbildung 4.1** Das Dropdownmenü in B3 für *Kunde* ist vom Dropdownmenü für *Region* getrennt.

**Abbildung 4.2** Im Kurzformat versucht ein einziges Dropdownmenü, die Sortierung und Filterung für alle Zeilenfelder zu steuern.

Wenn Sie das Kurzformat beibehalten möchten und mit dem konsolidierten Dropdownmenü für Zeilenbeschriftungen nicht zurechtkommen, können Sie direkt auf das unsichtbare Dropdownmenü für das richtige Feld zugreifen, indem Sie die Liste *PivotTable-Felder* verwenden, die für jedes Feld in den unteren Bereichen ein sichtbares Dropdownmenü enthält. Diese sichtbaren Dropdownmenüs enthalten jedoch keine Sortier- und Filteroptionen.

Diese Optionen finden Sie in Dropdownmenüs, die sich oben in der Liste *Felder* befinden. Sie müssen aber den Mauszeiger auf ein Feld bewegen, damit das Dropdownmenü angezeigt wird. Nachdem Sie den Mauszeiger wie in Abbildung 4.3 gezeigt auf ein Feld bewegt haben, können Sie direkt auf das in Abbildung 4.1 gezeigte Dropdownmenü *Kunde* zugreifen.

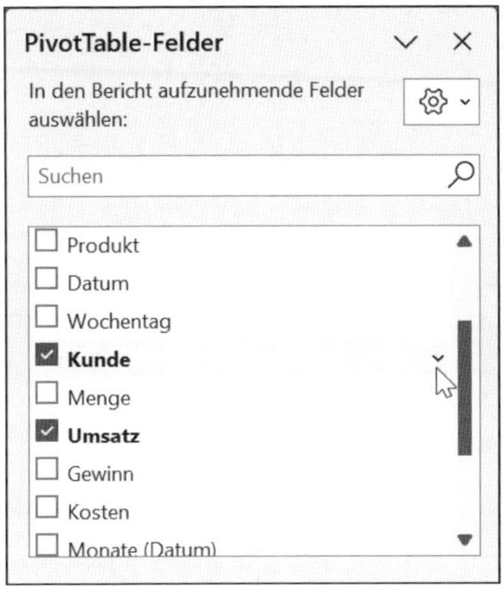


**Abbildung 4.3** Bewegen Sie den Mauszeiger oben in der Liste *Felder* über das Feld, um direkt auf die Sortier- und Filtereinstellungen für dieses Feld zuzugreifen.

## Den Aufgabenbereich »PivotTable-Felder« an- und abdocken

Der Aufgabenbereich *PivotTable-Felder* ist zunächst an der rechten Seite des Excel-Fensters angedockt. Wenn Sie den Mauszeiger im Aufgabenbereich auf die Überschrift *PivotTable-Felder* bewegen, ändert sich der Mauszeiger in einen vierköpfigen Pfeil. Ziehen Sie den Mauszeiger nach links, um den Aufgabenbereich an einer beliebigen Stelle im Excel-Fenster zu platzieren.

Nachdem Sie den Aufgabenbereich *PivotTable-Felder* abgedockt haben, kann es schwierig sein, ihn wieder an einer der beiden Seiten des Fensters anzudocken. Um den Aufgabenbereich *PivotTable-Felder* wieder anzudocken, müssen Sie die Titelleiste anfassen und ziehen, bis sich mindestens 85% des Aufgabenbereichs *PivotTable-Felder* außerhalb des Fensterrands befinden. Tun Sie so, als ob Sie versuchen würden, den schwebende Aufgabenbereich vollständig vom Bildschirm zu entfernen. Irgendwann kapiert Excel den Hinweis und dockt ihn wieder an. Alternativ können Sie auch einfach auf die Überschrift *PivotTable-Felder* doppelklicken. Beachten Sie, dass Sie den Aufgabenbereich *PivotTable-Felder* entweder auf der rechten oder auf der linken Seite des Excel-Fensters andocken können.

## Den Aufgabenbereich »PivotTable-Felder« minimieren

In 2020 erschien ein neues Feature, das entworfen wurde, um den Platz zu minimieren, den mehrere geöffnete Aufgabenbereiche auf dem Bildschirm einnehmen. Wenn in Excel mehr als ein Aufgabenbereich angezeigt wird, blendet Excel an der rechten Seite des Fensters ein Dock ein. Der aktive Aufgabenbereich ist sichtbar, und die anderen Aufgabenbereiche werden minimiert.

Es gibt keine Möglichkeit, dieses Dock anzuzeigen, es sei denn, Sie haben mindestens zwei Aufgabenbereiche aktiviert. Hier folgt eine einfache Möglichkeit, gleichzeitig zwei Aufgabenbereiche zu öffnen: Während in Ihrer PivotTable eine Zelle markiert ist, öffnen Sie die Registerkarte *Hilfe* und klicken auf *Hilfe*. Excel öffnet den Aufgabenbereich *Hilfe* und minimiert den Aufgabenbereich *PivotTable-Felder* zu einem Symbol, wie in Abbildung 4.4 zu sehen.

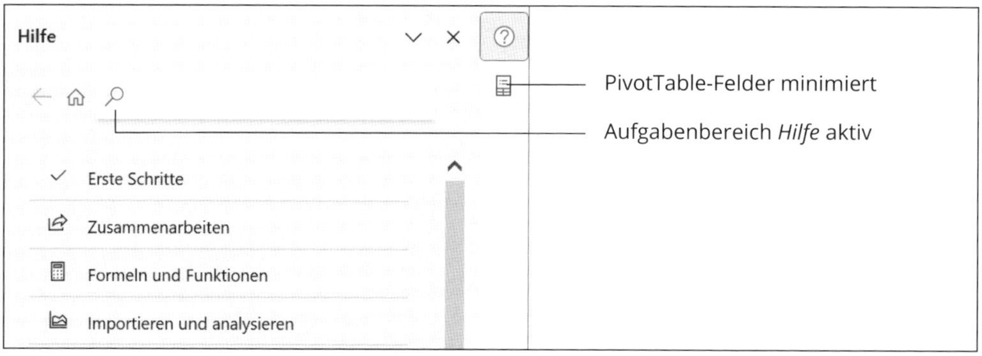


**Abbildung 4.4** Ein neues Dock für Aufgabenbereiche versucht zu vermeiden, dass beispielsweise vier geöffnete Aufgabenbereiche fast das komplette Tabellenblatt verdecken.

Was können Sie tun, wenn Sie einmal zwei Aufgabenbereiche gleichzeitig anzeigen lassen wollen? Lassen Sie den Aufgabenbereich *PivotTable-Felder* anzeigen, führen Sie dann die weiter vorn beschriebenen Schritte durch, um den Aufgabenbereich abzudocken, und docken Sie ihn dann an der linken Seite des Excel-Fensters an. Aufgabenbereiche, die an der linken Seite angedockt sind, werden nicht im Dock für Aufgabenbereiche minimiert.

## Den Aufgabenbereich »PivotTable-Felder« neu anordnen

Wie in Abbildung 4.5 dargestellt, befindet sich im oben im Aufgabenbereich *PivotTable-Felder* die Schaltfläche *Extras* (symbolisiert durch das Zahnrad). Klicken Sie diese Schaltfläche an, um das Dropdownmenü zu öffnen. Mit den ersten fünf Befehlen können Sie eine der fünf möglichen Anordnungen auswählen. Obwohl standardmäßig der Abschnitt *Felder* am Anfang des Aufgabenbereichs und der Abschnitt *Bereiche* am Ende des Aufgabenbereichs steht, sind vier weitere Anordnungen möglich. Mit anderen Optionen können Sie steuern, ob die Felder in der Liste alphabetisch oder in der Reihenfolge der ursprünglichen Datenquelle angezeigt werden.

Howie Dickermann, der mehrere Jahre lang das PivotTable-Team bei Microsoft leitete, gab an, dass die Anordnung in Abbildung 4.5 sein Favorit ist. Dieses Layout erlaubt es, alle Felder gleichzeitig zu sehen, und stellt außerdem genügend Platz für die verschiedenen Bereiche bereit.

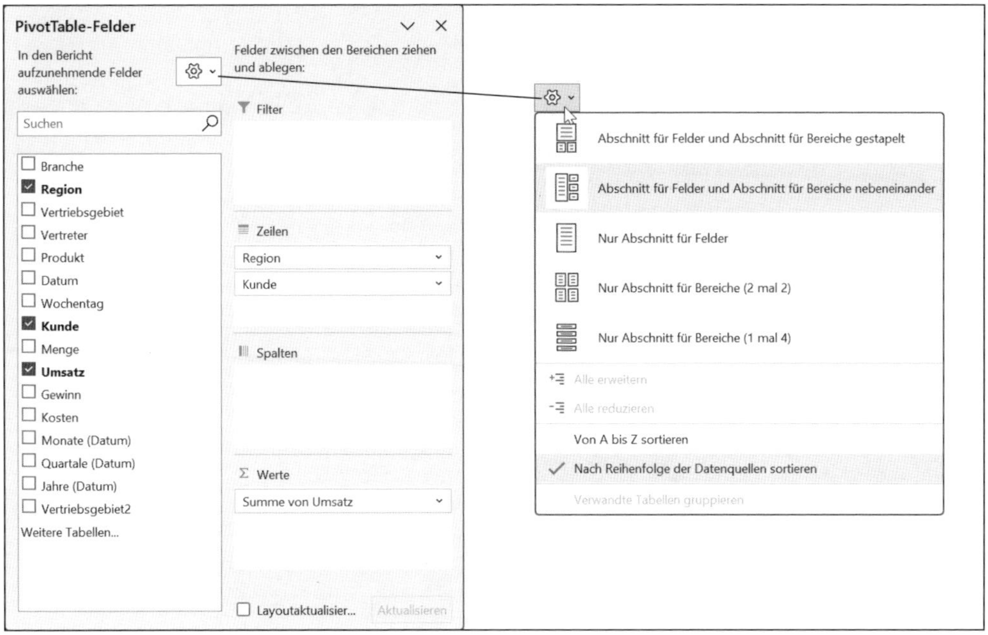


**Abbildung 4.5** Verwenden Sie dieses Dropdownmenü, um den Aufgabenbereich *PivotTable-Felder* neu anzuordnen.

Die letzten drei im Dropdownmenü angebotenen Anordnungen sind eher verwirrend. Wenn jemand den Aufgabenbereich *PivotTable-Felder* so ändert, dass nur der Abschnitt *Bereiche* angezeigt wird, können Sie keine neuen Felder sehen, die Sie der PivotTable hinzufügen können.

Wenn Sie jemals auf eine Version des Aufgabenbereichs *PivotTable-Felder* stoßen, der nur den Abschnitt *Bereiche* oder nur den Abschnitt *Felder* enthält, denken Sie daran, dass Sie zu einer weniger verwirrenden Ansicht der Daten zurückkehren können, indem Sie das Dropdownmenü *Extras* verwenden.

## Die Dropdownmenüs im Bereich »Bereiche« verwenden

Wie in Abbildung 4.6 dargestellt, verfügt jedes Feld im Bereich *Bereiche* über einen sichtbaren Dropdownpfeil. Wenn Sie diesen Pfeil anklicken, werden vier Kategorien von Befehlen angezeigt:

- Mit den ersten vier Befehlen können Sie das Feld innerhalb der Liste der Felder in diesem Bereich der PivotTable neu anordnen. Sie können dies auch erreichen, indem Sie das Feld im Bereich nach oben oder unten ziehen.
- Mit den nächsten vier Befehlen können Sie das Feld in einen neuen Bereich verschieben. Sie können dies auch durch Ziehen des Feldes in einen neuen Bereich erreichen.
- Mit dem nächsten Befehl können Sie das Feld aus der PivotTable entfernen. Sie können dies auch erreichen, indem Sie das Feld aus der Liste *Felder* ziehen.
- Mit dem letzten Befehl wird das Dialogfeld *Feldeinstellungen* für das Feld angezeigt.

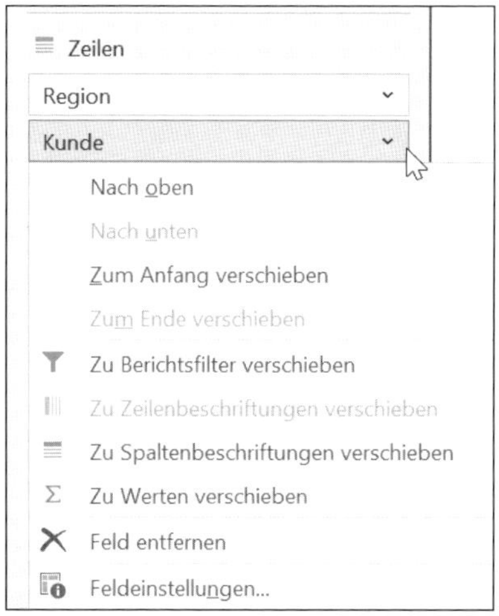


**Abbildung 4.6** Verwenden Sie dieses Dropdownmenü, um die Felder in Ihrer Pivot-Tabelle neu anzuordnen.

# In einer PivotTable sortieren

Elemente im Zeilen- und Spaltenbereich einer PivotTable werden in aufsteigender Reihenfolge nach einer benutzerdefinierten Liste sortiert. So können Wochentags- und Monatsnamen in Montag, Dienstag, Mittwoch, ... sortiert werden, anstatt in der alphabetischen Reihenfolge Dienstag, Donnerstag, Freitag, ..., Sonntag.

Wenn die Elemente nicht in einer benutzerdefinierten Liste vorhanden sind, werden sie in aufsteigender Reihenfolge sortiert. Das ist in Ordnung, aber in vielen Situationen möchten Sie, dass der Kunde mit dem höchsten Umsatz ganz oben in der Liste erscheint. Wenn Sie mithilfe einer PivotTable in absteigender Reihenfolge sortieren, richten Sie eine Regel ein, die steuert, wie dieses Feld sortiert wird, auch nachdem der PivotTable neue Felder hinzugefügt wurden.

---

Excel enthält standardmäßig vier benutzerdefinierte Listen, aber Sie können Ihre eigene benutzerdefinierte Liste erstellen, um die Sortierreihenfolge zukünftiger PivotTables zu steuern. Mehr dazu im Abschnitt »Eine benutzerdefinierte Liste zum Sortieren verwenden« weiter hinten in diesem Kapitel.

---

## Kunden auf der Basis des Umsatzes absteigend sortieren

In Abbildung 4.7 werden drei PivotTables angezeigt. Die erste PivotTable zeigt die Standardsortierung für eine PivotTable: Die Kunden sind alphabetisch geordnet, beginnend mit Adaept, Calleia usw.

In der zweiten PivotTable ist der Bericht in absteigender Reihenfolge nach dem Gesamtumsatz sortiert. Diese PivotTable wurde sortiert, indem Zelle E3 ausgewählt und im Menüband auf der Registerkarte *Daten* das Symbol *ZA* gewählt wurde. Obwohl dies nach einer normalen

Sortierung klingt, ist es besser. Wenn Sie innerhalb einer Pivot-Tabelle sortieren, richtet Excel eine Regel ein, die auch dann verwendet wird, nachdem Sie an der PivotTable weitere Änderungen vorgenommen haben.

| | A | B | C | D | E | F | G | H |
|---|---|---|---|---|---|---|---|---|
| 1 | *Kunde AZ ist die Standardsortierung* | | | *Absteigend nach Umsatz sortiert* | | | *Nach dem Einfügen eines Feldes bleiben die Sortierregeln erhalten* | |
| 2 | | | | | | | | |
| 3 | **Kunde** | **Umsatz_** | | **Kunde** | **Umsatz_** | | **Zeilenbeschriftungen** | **Umsatz_** |
| 4 | Adaept Information Management | 498937 | | MySpreadsheetLab | 869454 | | **Beratung** | **2555333** |
| 5 | Calleia Company | 406326 | | Surten Excel | 750163 | | Surten Excel | 750163 |
| 6 | Excel Design Solutions Ltd | 71651 | | SkyWire, Inc. | 704359 | | NetCom Computer | 613514 |
| 7 | Excel Learning Zone | 72680 | | SpringBoard | 622794 | | Adaept Information Management | 498937 |
| 8 | Excel4Apps | 91320 | | NetCom Computer | 613514 | | Calleia Company | 406326 |
| 9 | Excel-Translator.de | 42316 | | St. Peter's Prep | 568851 | | Excel Design Solutions Ltd | 71651 |
| 10 | F-Keys Ltd. | 34710 | | Adaept Information Management | 498937 | | Yesenita | 62744 |
| 11 | JEVS Human Services | 50030 | | The Salem Ohio Historical Society | 427349 | | Symons | 55251 |
| 12 | LearnExcelBooks.com | 34364 | | Calleia Company | 406326 | | JEVS Human Services | 50030 |
| 13 | Mike's Dog Store, San Antonio | 51240 | | MyOnlineTrainingHub.com | 390978 | | Spain Enterprises | 46717 |
| 14 | MyExcelOnline.com | 54048 | | Excel4Apps | 91320 | | **Einzelhandel** | **82609** |
| 15 | MyOnlineTrainingHub.com | 390978 | | Excel Learning Zone | 72680 | | Mike's Dog Store, San Antonio | 51240 |

**Abbildung 4.7** Wenn Sie die Standardsortierung außer Kraft setzen, merkt sich Excel die Sortierung, wenn zusätzliche Felder hinzugefügt werden.

Die Pivot-Tabelle in den Spalten G:H zeigt, was passiert, nachdem Sie Branche als neues äußeres Zeilenfeld hinzugefügt haben. Innerhalb jeder Branche sortiert die PivotTable die Daten weiterhin in absteigender Reihenfolge nach Umsatz. Innerhalb der Branche Beratung steht Surten Excel mit rund 750.000 $ an erster Stelle, gefolgt von NetCom mit ca. 614.000 $.

Sie könnten *Kunde* aus der PivotTable entfernen, weitere Anpassungen vornehmen und dann *Kunde* wieder in den Spaltenbereich einfügen, und Excel würde sich daran erinnern, dass die Kunden von oben nach unten dargestellt werden sollten.

Wenn Sie die gesamte Pivot-Tabelle in G3:H35 in Abbildung 4.7 sehen könnten, würden Sie feststellen, dass die Branchen alphabetisch sortiert sind. Es könnte jedoch sinnvoller sein, die umsatzstärksten Branchen an den Anfang zu stellen. Die folgenden Tricks können für die Sortierung eines äußeren Zeilenfeldes nach Umsatz angewendet werden:

- Sie können Zelle G4 auswählen und auf der Registerkarte *PivotTable Analyse* den Befehl *Feld reduzieren* verwenden, um die Kundendetails auszublenden. Wenn nur die Branchen angezeigt werden, wählen Sie H4 und klicken auf *ZA (Nach Größe sortieren, absteigend)*, um absteigend zu sortieren. Excel versteht, dass Sie eine Sortierregel für das Feld *Branche* einrichten möchten.
- Sie können das Feld *Kunde* vorübergehend aus der PivotTable entfernen, absteigend nach Umsatz sortieren und dann den Kunden wieder hinzufügen.
- Sie können *Weitere Sortieroptionen* verwenden, wie in den folgenden Absätzen beschrieben.

Um nach dem Feld *Branche* zu sortieren, sollten Sie das Dropdownmenü für das Feld *Branche* öffnen. Bewegen Sie den Mauszeiger oben im Aufgabenbereich *PivotTable-Felder* auf *Branche* und klicken Sie auf den angezeigten Dropdownpfeil (siehe Abbildung 4.8). Wenn Ihre PivotTable im Tabellen- oder Gliederungsformat angezeigt wird, können Sie auch einfach den Dropdownpfeil in Zelle G3 öffnen.

Wählen Sie im Dropdownmenü den Befehl *Weitere Sortieroptionen*, um das Dialogfeld *(Branche) sortieren* zu öffnen. In diesem Dialogfeld können Sie das Feld *Branche* in absteigender Reihenfolge nach dem Umsatz sortieren (siehe Abbildung 4.9).

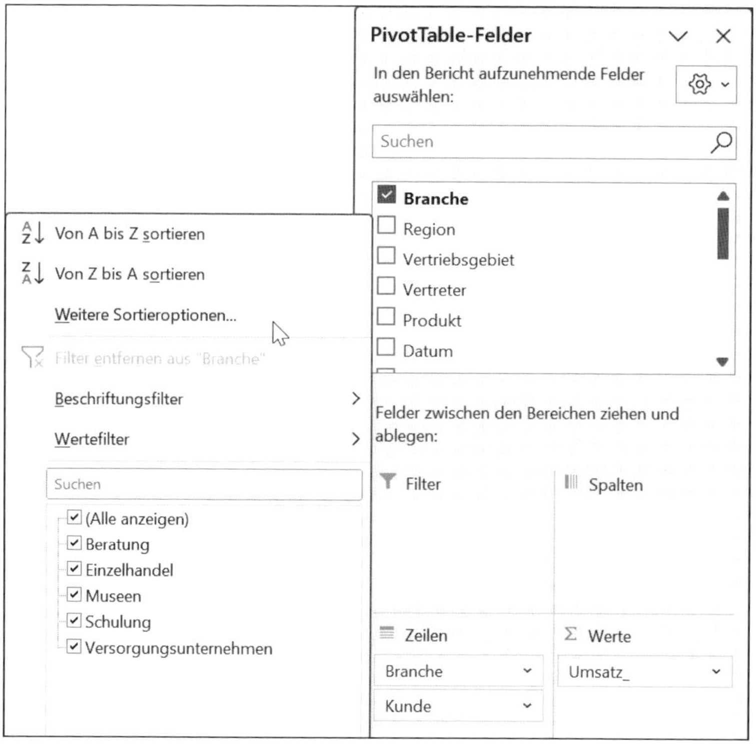


**Abbildung 4.8** Um die Sortierreihenfolge explizit zu steuern, öffnen Sie dieses Dropdownmenü.

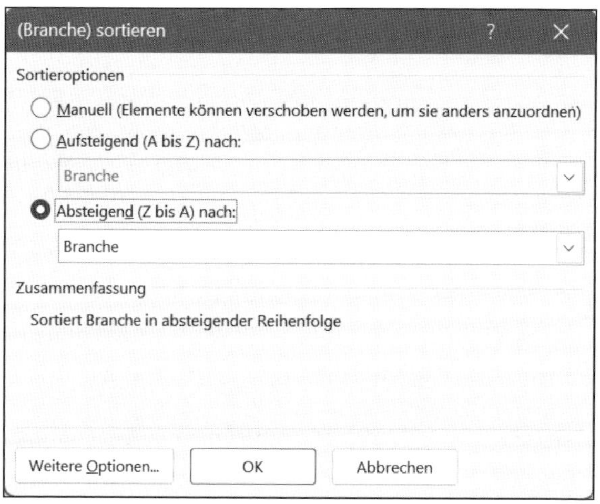


**Abbildung 4.9** Wählen Sie, ob Sie die Branchen nach dem Feld *Gesamt $* sortieren wollen.

Das in Abbildung 4.9 gezeigte Dialogfeld *(Branche) sortieren* enthält unten links die Schaltfläche *Weitere Optionen*. Wenn Sie auf diese Schaltfläche klicken, gelangen Sie in das Dialogfeld *Weitere Sortieroptionen*, in dem Sie eine benutzerdefinierte Liste angeben können, die für die Sortierreihenfolge des ersten Schlüssels verwendet werden soll. Sie können auch angeben, dass die Sortierung auf einer anderen Spalte als dem Gesamtergebnis basieren soll.

In Abbildung 4.11 enthält die PivotTable im Spaltenbereich die Spalte *Produkt*. Wenn Sie die Kunden beispielsweise nach dem Gesamtumsatz der Gadgets anstatt nach dem Gesamtumsatz sortieren möchten, können Sie dies über das Dialogfeld *Weitere Sortieroptionen* tun. Gehen Sie wie folgt vor:

1. Öffnen Sie in der Spaltenüberschrift *Kunde* in B4 das Dropdownmenü.
2. Wählen Sie *Weitere Sortieroptionen.*
3. Wählen Sie im Dialogfeld *(Kunde) sortieren* die Schaltfläche *Weitere Optionen.*
4. Wählen Sie im Dialogfeld *Weitere Sortieroptionen (Kunde)* die Option *Sortieren Nach/Werte in ausgewählter Spalte* (siehe Abbildung 4.10).
5. Klicken Sie bei *Sortieren nach* auf die Schaltfläche *Reduzieren* und klicken Sie dann in Zelle D5. Beachten Sie, dass Sie nicht auf die Überschrift *Gadget* in D4 klicken können; Sie müssen eine der Wertzellen für Gadget auswählen.
6. Klicken Sie zweimal auf *OK*, um zur PivotTable zurückzukehren.

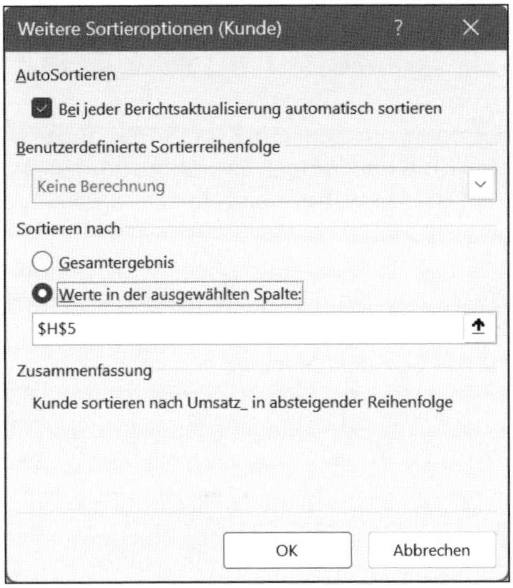


**Abbildung 4.10** Mit *Weitere Sortieroptionen* können Sie nach einem bestimmten Pivot-Feldelement sortieren.

Wenn Ihre PivotTable im Bereich *Zeilen* nur ein Feld besitzt, können Sie die Regel »Sortieren nach Doodads« einrichten, indem Sie auf der Registerkarte *Daten* eine einfache Sortierung vornehmen. Wählen Sie eine beliebige Zelle im Bereich B5:B30 aus und wählen Sie *Daten | ZA*. Die PivotTable wird so sortiert, dass die größten Doodads-Kunden oben stehen (siehe Abbildung 4.11). Beachten Sie, dass Sie nicht anhand der Überschrift *Doodads* in B4 sortieren können. Wenn Sie von dort aus sortieren, werden die Produktspalten nach Umsatz sortiert.

| | A | B | C | D | E |
|---|---|---|---|---|---|
| 3 | **Umsatz_** | **Produkt** | | | |
| 4 | **Kunde** | **Doodads** | **Gadget** | **Gizmo** | **Widget** |
| 5 | Excel Learning Zone | 38860 | 22140 | 11680 | 0 |
| 6 | Excel4Apps | 28663 | 20115 | 30068 | 12474 |
| 7 | Excel-Translator.de | 6036 | 18552 | 17728 | 0 |
| 8 | Symons | 0 | 11550 | 25861 | 17840 |
| 9 | Spain Enterprises | 0 | 19520 | 25378 | 1819 |
| 10 | Calleia Company | 0 | 133009 | 159354 | 113963 |
| 11 | Excel Design Solutions Ltd | 0 | 20950 | 41066 | 9635 |
| 12 | St. Peter's Prep | 0 | 367915 | 200936 | 0 |

**Abbildung 4.11** Beginnen Sie die Sortierung in Zelle B5, um nach dem Umsatz von Doodads zu sortieren.

## Eine manuelle Sortierreihenfolge verwenden

Das Dialogfeld *Sortieren* stellt auch eine manuelle Sortierreihenfolge zur Verfügung. Anstatt das Dialogfeld zu verwenden, können Sie eine manuelle Sortierung auf überraschende Weise aufrufen.

Beachten Sie, dass die Produkte in Abbildung 4.11 in der folgenden Reihenfolge angeordnet sind: Doodads, Gadget, Gizmo und Widget. Es scheint, dass die Produktlinie Doodads eine untergeordnete Produktlinie ist und wahrscheinlich nicht an erster Stelle in der Produktliste stehen würde.

Setzen Sie die Zellmarkierung in Zelle E4 und geben Sie **Doodads** ein. Wenn Sie die ↵-Taste drücken, erkennt Excel, dass Sie die Spalte *Doodads* an die letzte Stelle verschieben möchten. Alle Werte für diese Produktlinie werden von Spalte B in Spalte E verschoben. Die Werte für die übrigen Produkte werden nach links verschoben.

Eine unbeabsichtigte Folge davon ist, dass die Kunden nach dem Produkt neu sortiert werden, das in Spalte B verschoben wurde: Gadget. Das liegt daran, dass die Regel »Sortieren nach Doodads« eigentlich eine Regel »Sortieren nach allem, was in Spalte B steht« war.

Beachten Sie in Abbildung 4.12 die Zahlen in Zeile 17 und vergleichen Sie sie mit den Zahlen in Zeile 5 in Abbildung 4.11. Die Werte folgten der Änderung der Überschriften.

Dieses Verhalten ist überhaupt nicht intuitiv. Sie sollten dieses Verhalten niemals mit einem normalen (nicht in einer PivotTable enthaltenen) Datensatz in Excel ausprobieren. Sie würden niemals erwarten, dass Excel die Datenreihenfolge nur durch Verschieben der Beschriftungen ändert. Abbildung 4.12 zeigt die PivotTable, nachdem eine neue Spaltenüberschrift in Zelle E4 eingegeben wurde.

Wenn Sie es vorziehen, die Maus zu benutzen, können Sie die Spaltenüberschrift an eine neue Stelle ziehen und ablegen. Wählen Sie eine Spaltenüberschrift aus. Bewegen Sie den Mauszeiger auf den Rand der aktiven Zelle, bis sich die Maus in einen Pfeil mit vier Spitzen verwandelt. Ziehen Sie die Zelle an eine neue Position, wie in Abbildung 4.13 gezeigt. Wenn Sie die Maus loslassen, werden alle Werteinstellungen in die neue Spalte verschoben.

| | A | B | C | D | E |
|---|---|---|---|---|---|
| 3 | **Umsatz_** | **Produkt** | | | |
| 4 | **Kunde** | **Gadget** | **Gizmo** | **Widget** | **Doodads** |
| 5 | St. Peter's Prep | 367915 | 200936 | 0 | 0 |
| 6 | MySpreadsheetLab | 304198 | 288409 | 276847 | 0 |
| 7 | Surten Excel | 233435 | 235761 | 280967 | 0 |
| 8 | NetCom Computer | 204234 | 205758 | 203522 | 0 |
| 9 | SpringBoard | 185675 | 245491 | 191628 | 0 |
| 10 | SkyWire, Inc. | 185286 | 224935 | 294138 | 0 |
| 11 | Adaept Information Management | 182755 | 173770 | 142412 | 0 |
| 12 | The Salem Ohio Historical Society | 178254 | 149551 | 99544 | 0 |
| 13 | Calleia Company | 133009 | 159354 | 113963 | 0 |
| 14 | MyOnlineTrainingHub.com | 100784 | 165727 | 124467 | 0 |
| 15 | JEVS Human Services | 30104 | 4614 | 15312 | 0 |
| 16 | Vertex42 | 26484 | 19544 | 13853 | 0 |
| 17 | Excel Learning Zone | 22140 | 11680 | 0 | 38860 |
| 18 | Excel Design Solutions Ltd | 20950 | 41066 | 9635 | 0 |
| 19 | MyExcelOnline.com | 20610 | 7032 | 26406 | 0 |

**Abbildung 4.12** Geben Sie einfach eine Überschrift in E4 ein, um die Spalten neu anzuordnen.

| | A | B | C | D | E |
|---|---|---|---|---|---|
| 3 | **Umsatz_** | **Produkt** | | | D4:D31 |
| 4 | **Kunde** | **Gadget** | **Gizmo** | **Widget** | **Doodads** |
| 5 | St. Peter's Prep | 367915 | 200936 | 0 | 0 |
| 6 | MySpreadsheetLab | 304198 | 288409 | 276847 | 0 |
| 7 | Surten Excel | 233435 | 235761 | 280967 | 0 |
| 8 | NetCom Computer | 204234 | 205758 | 203522 | 0 |
| 9 | SpringBoard | 185675 | 245491 | 191628 | 0 |
| 10 | SkyWire, Inc. | 185286 | 224935 | 294138 | 0 |
| 11 | Adaept Information Management | 182755 | 173770 | 142412 | 0 |
| 12 | The Salem Ohio Historical Society | 178254 | 149551 | 99544 | 0 |
| 13 | Calleia Company | 133009 | 159354 | 113963 | 0 |

**Abbildung 4.13** Verschieben Sie eine Spalte durch Ziehen und Ablegen an eine neue Position.

Nach einer manuellen Sortierung werden alle neuen Produkte, die Sie zur Datenquelle hinzufügen, automatisch am Ende der Liste hinzugefügt und nicht alphabetisch angezeigt.

## Eine benutzerdefinierte Liste zum Sortieren verwenden

Eine weitere Möglichkeit, die Reihenfolge der Elemente entlang einer Dimension dauerhaft zu ändern, besteht darin, eine benutzerdefinierte Liste einzurichten. Alle zukünftigen PivotTables, die auf Ihrem Computer erstellt werden, berücksichtigen automatisch die Reihenfolge der Elemente in einer benutzerdefinierten Liste.

Die PivotTable oben in Abbildung 4.14 enthält Namen von Wochentagen. Die Namen der Wochentage wurden dem ursprünglichen Dataset mit `=TEXT(F2, "TTT")` hinzugefügt und nach unten kopiert. Excel setzt automatisch *Mo* an die erste und *So* an die letzte Stelle, obwohl dies nicht der alphabetischen Reihenfolge dieser Wörter entspricht, da Excel mit vier benutzerdefinierten Listen ausgeliefert wird, um die Wochentage, die Monate des Jahres und deren zwei- bzw. dreibuchstabigen Abkürzungen für beide zu steuern.

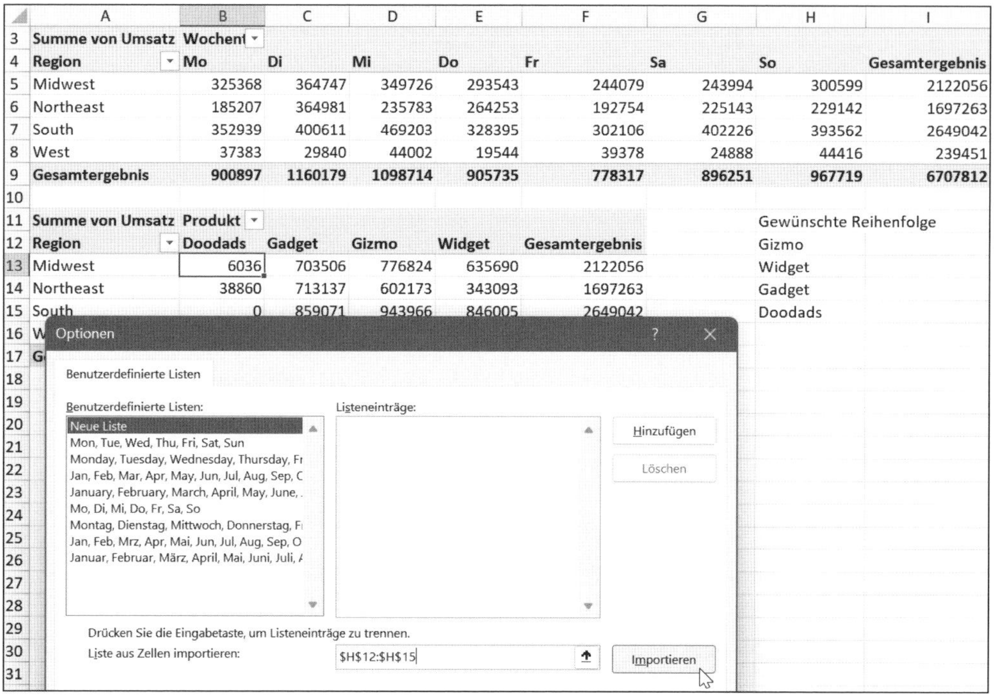


**Abbildung 4.14** Die Namen der Wochentage in B4:H4 folgen der im Dialogfeld *Benutzerdefinierte Listen* angegebenen Reihenfolge.

Pivot-Tabellen sortieren auch automatisch Quartale, die als JFM, AMJ, JAS und OND eingegeben werden, wobei JFM die Abkürzung für January, February und March ist. Diese spezielle Sortierroutine ist fest in Excel programmiert und funktioniert nur für englische Monatsnamen. Ich habe mich an die Ältesten des Excel-Teams gewandt, und es gibt einige Erinnerungen daran, dass die Logik in den 1990er-Jahren hinzugefügt wurde, wahrscheinlich auf Wunsch eines bestimmten Kunden. Dies wurde kürzlich entdeckt, als eine neue Mitarbeiterin namens Jas (vielleicht die Kurzform von Jasmine?) begann, die Daten an den Anfang der PivotTable zu sortieren.

Sie können Ihre eigene benutzerdefinierte Liste definieren, um die Sortierreihenfolge von PivotTables zu steuern. Führen Sie die folgenden Schritte aus, um eine benutzerdefinierte Liste zu erstellen:

1. Geben Sie in einem nicht zugänglichen Bereich des Tabellenblatts die Produkte in der gewünschten Reihenfolge ein. Geben Sie pro Zelle ein Produkt ein und gehen Sie dabei eine Spalte nach unten.
2. Markieren Sie die Zellen, die die Liste der Produkte in der richtigen Reihenfolge enthalten.
3. Klicken Sie auf die Registerkarte *Datei* und wählen Sie *Optionen*.
4. Wählen Sie links in der Navigationsleiste auf die Kategorie *Erweitert.* Blättern Sie nach unten zur Gruppe *Allgemein* und klicken Sie auf die Schaltfläche *Benutzerdefinierte Listen bearbeiten.* Im Dialogfeld *Benutzerdefinierte Listen* geben Sie Ihre Auswahladresse in das Textfeld *Liste aus Zellen importieren* ein, wie in Abbildung 4.14 dargestellt.
5. Klicken Sie auf *Importieren*, um die Produkte als neue Liste einzugeben.

6. Klicken Sie auf *OK*, um das Dialogfeld *Benutzerdefinierte Listen* zu schließen, und dann auf *OK*, um das Dialogfeld *Excel-Optionen* zu schließen.

Die benutzerdefinierte Liste wird nun auf Ihrem Computer gespeichert und ist für alle zukünftigen Excel-Sitzungen verfügbar. In allen zukünftigen PivotTables wird das Produktfeld automatisch in der Reihenfolge angezeigt, die in der benutzerdefinierten Liste angegeben ist. Abbildung 4.15 zeigt eine neue Pivot-Tabelle, die nach dem Einrichten der benutzerdefinierten Liste erstellt wurde.

| | A | B | C | D | E | F |
|---|---|---|---|---|---|---|
| 3 | **Summe von Umsatz** | **Produkt** | | | | |
| 4 | **Vertriebsgebiet** | **Gizmo** | **Widget** | **Gadget** | **Doodads** | **Gesamtergebnis** |
| 5 | Arkla | 288409 | 276847 | 304198 | 0 | 869454 |
| 6 | Atlanta | 187732 | 146570 | 196004 | 0 | 530306 |
| 7 | Charlotte | 159354 | 113963 | 133009 | 0 | 406326 |
| 8 | Chicago | 76737 | 42137 | 65551 | 0 | 184425 |
| 9 | Cincinnati | 30068 | 12474 | 17757 | 0 | 60299 |
| 10 | Cleveland | 630803 | 572139 | 597364 | 0 | 1800306 |

**Abbildung 4.15** Nachdem Sie eine benutzerdefinierte Liste definiert haben, folgen alle zukünftigen PivotTables der Reihenfolge in der Liste.

Gehen Sie folgendermaßen vor, um eine vorhandene PivotTable nach der neu definierten benutzerdefinierten Liste zu sortieren:

1. Öffnen Sie die Dropdownliste der Überschrift *Produkt* und wählen Sie *Weitere Sortieroptionen.*
2. Wählen Sie im Dialogfeld *(Produkt) sortieren* die Option *Weitere Optionen*.
3. Deaktivieren Sie im Dialogfeld *Weitere Sortieroptionen (Produkt)* das Kontrollkästchen *AutoSortieren*.
4. Wie in Abbildung 4.16 gezeigt, öffnen Sie im Dialogfeld *Weitere Sortieroptionen (Produkt)* die Dropdownliste *Benutzerdefinierte Sortierreihenfolge* und wählen die benutzerdefinierte Liste mit Ihren Produktnamen aus.
5. Klicken Sie zweimal auf *OK*.

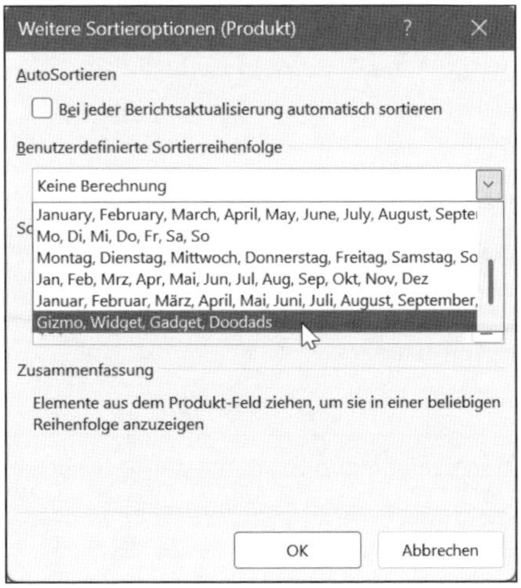


**Abbildung 4.16** Wählen Sie die Sortierung nach der benutzerdefinierten Liste.

Elemente in einer benutzerdefinierten Liste werden automatisch am Anfang aller zukünftigen PivotTables einsortiert. Wenn Sie eine PivotTables mit Personen haben, die deren Vornamen verwenden, werden Personen mit Namen wie Jan, Mai und April automatisch vor anderen Namen angezeigt. Namen, die in einer Liste erscheinen, auch wenn sie über mehrere benutzerdefinierte Listen verteilt sind, werden in der falschen Reihenfolge sortiert. Um dieses Verhalten für eine PivotTable zu deaktivieren, klicken Sie mit der rechten Maustaste auf eine Zelle in der PivotTable und wählen Sie *PivotTable-Optionen*. Auf der Registerkarte *Summen & Filter* deaktivieren Sie *Beim Sortieren benutzerdefinierte Listen verwenden*. Wenn Sie dies für alle Pivot-Tabellen deaktivieren möchten, ändern Sie die PivotTable-Standardeinstellungen, indem Sie *Datei | Optionen | Daten | Standardlayout bearbeiten | PivotTable-Optionen* wählen.

# Eine PivotTable filtern: ein Überblick

Excel bietet Dutzende von Möglichkeiten zum Filtern einer PivotTable. Abbildung 4.17 zeigt einige der verfügbaren Filter. Diese Methoden – und wie sie am besten eingesetzt werden – werden in den folgenden Abschnitten erläutert.

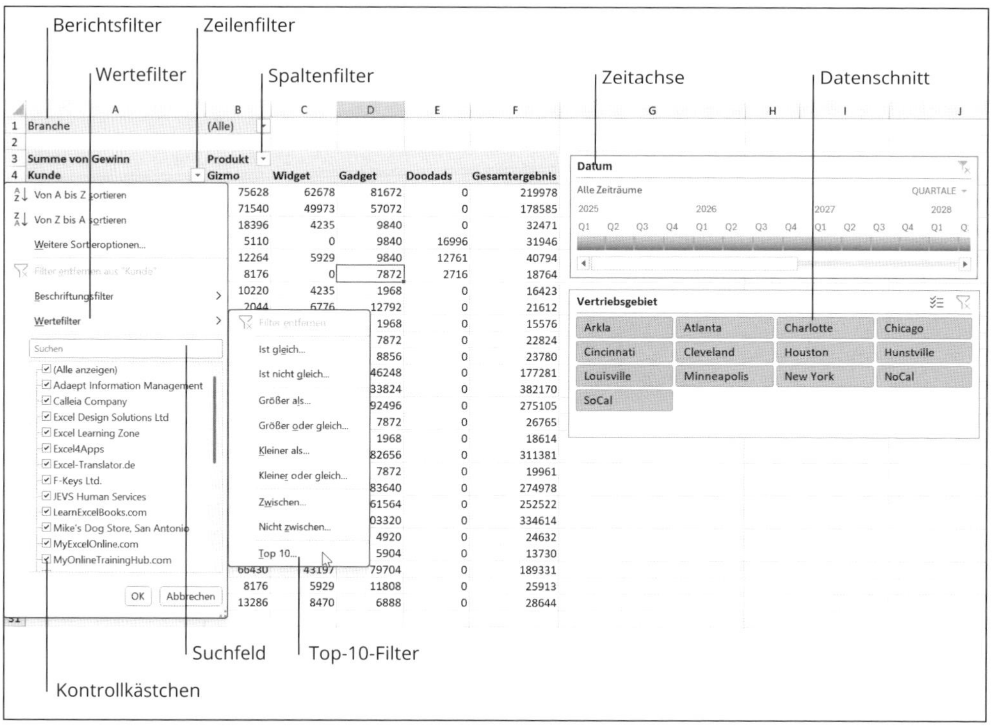


**Abbildung 4.17** Diese Abbildung zeigt einen Bruchteil der verfügbaren Filteroptionen.

Es gibt viele Möglichkeiten, eine Pivot-Tabelle zu filtern, wie in Abbildung 4.17 gezeigt:

- Der Zeitachsenfilter *Datum* in G4:H10 wurde in Excel 2013 eingeführt.
- Der Filter *Vertriebsgebiet* in G12:H19 ist ein Beispiel für den in Excel 2010 eingeführten Datenschnitt.
- Ein Dropdownmenü in B1 bietet das, was in Excel 2003 als »Seitenfilter«, in Excel 2010 als »Berichtsfilter« bezeichnet wurde und jetzt einfach als »Filter« bezeichnet wird.
- In Zelle G4 verbirgt sich der streng geheime AutoFilter.
- Die Dropdownlisten in A4 und B3 führen zu noch mehr Filtern.
- Sie sehen die traditionellen Kontrollkästchenfilter für jedes Pivot-Element.
- In Excel 2010 wurde ein Suchfeld eingeführt, mit dem ebenfalls gefiltert werden kann.
- Ein Flyoutmenü enthält Beschriftungsfilter.
- Je nach Feldtyp sehen Sie möglicherweise ein Flyoutmenü *Wertefilter*, einschließlich des leistungsstarken Top-10-Filters, der die obersten 10, untersten 5, untersten 3%, obersten 8 Millionen $ und mehr filtern kann.
- Je nach Feldtyp können Sie ein Flyoutmenü für Datumsfilter mit 37 virtuellen Filtern sehen, wie z. B. *Nächster Monat*, *Letztes Jahr* und *Jahr bis aktuelles Datum*.

## Filter für Zeilen- und Spaltenfelder verwenden

Wenn Sie im Zeilen- oder Spaltenbereich einer PivotTable ein Feld (oder mehrere Felder) abgelegt haben, wird in der Zelle mit der Überschrift für dieses Feld ein Dropdownmenü mit Filteroptionen angezeigt. In Abbildung 4.17 im vorherigen Abschnitt wird in A4 ein Dropdownmenü für Kunden und in B3 ein Dropdownmenü für Produkte angezeigt. Die PivotTable in dieser Abbildung verwendet als Layout das Tabellenformat. Wenn Ihre PivotTable das Kurzformat verwendet, sehen Sie ein Dropdownmenü auf der Zelle mit dem Text *Zeilen-* bzw. *Spaltenbeschriftungen*.

Wenn Sie mehrere Zeilenfelder haben, ist es genauso einfach, mit den unsichtbaren Dropdownmenüs zu sortieren, die angezeigt werden, wenn Sie im Aufgabenbereich *PivotTable-Felder* den Mauszeiger über ein Feld im oberen Bereich bewegen.

## Filtern mithilfe der Kontrollkästchen

Es kann vorkommen, dass in einer PivotTable ein paar störende Produkte erscheinen. Im vorliegenden Beispiel ist die Produktlinie Doodads ein Spezialprodukt mit sehr geringem Umsatz. Es könnte sich dabei um ein altes Produkt handeln, das nicht mehr im Sortiment ist, für das aber immer noch gelegentlich eine Bestellung eingeht. Jedes Unternehmen scheint diese verwaisten Verkäufe zu haben, die niemand wirklich sehen will.

Mit dem Kontrollkästchen-Filter lassen sich diese Artikel leicht ausblenden. Öffnen Sie das Dropdownmenü *Produkt* und deaktivieren Sie das Kontrollkästchen *Doodads*. Dieses Produkt ist nun nicht mehr sichtbar (siehe Abbildung 4.18).

Was ist, wenn Sie die Kontrollkästchen von Hunderten von Artikeln deaktivieren müssen, um nur einige wenige Artikel ausgewählt zu lassen?

Mit dem Kontrollkästchen *Alle auswählen* oben in der Liste können Sie alle Elemente aus- oder einschalten. Sie können dann die wenigen Elemente auswählen, die Sie in der PivotTable anzeigen möchten.

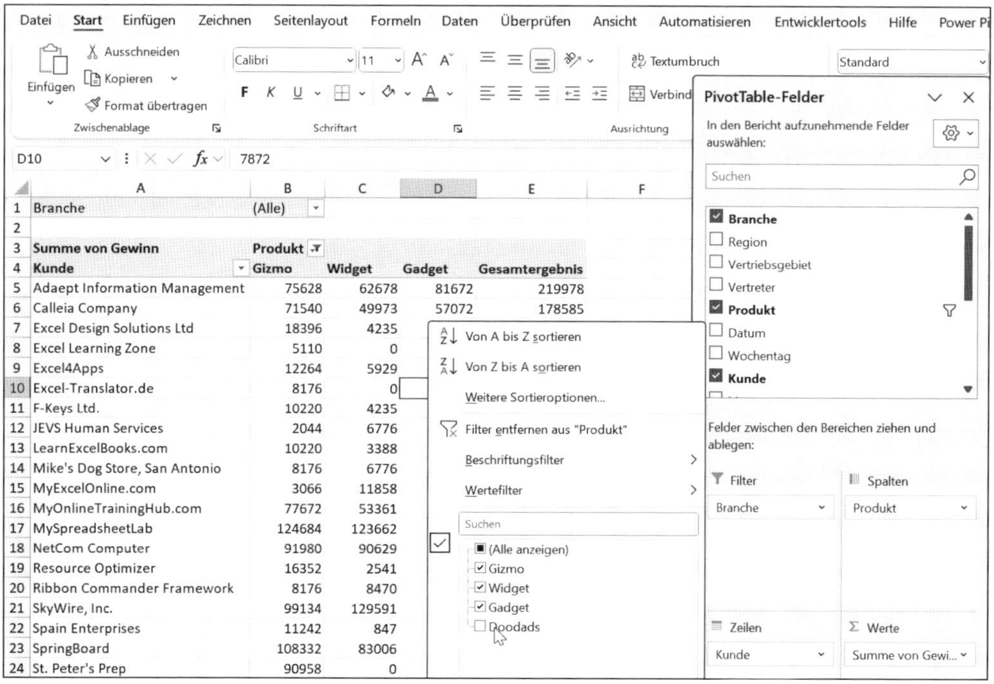


**Abbildung 4.18** Öffnen Sie den Produktfilter und deaktivieren Sie das Kontrollkästchen *Doodads*.

In Abbildung 4.19 wurden zuerst mit *Alle anzeigen* alle Kunden deaktiviert und dann mit zwei weiteren Klicks *Excel4Apps* und *F-Keys Ltd.* wieder ausgewählt.

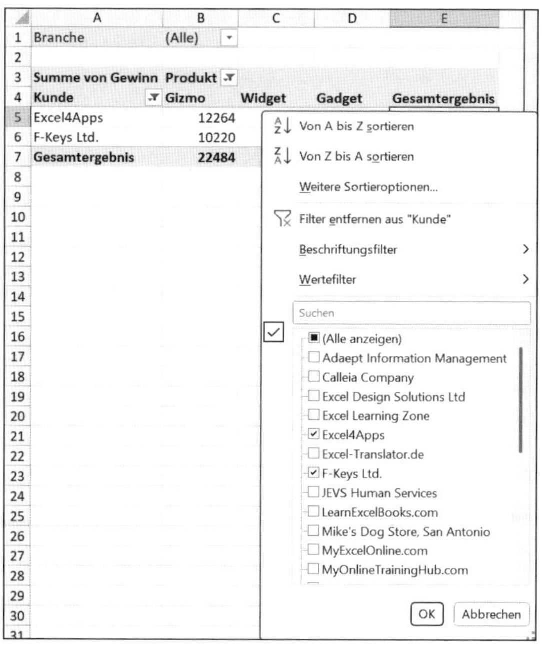


**Abbildung 4.19** Verwenden Sie *Alle anzeigen,* um alle Elemente ein- oder auszuschalten.

Die Kontrollkästchen funktionieren in diesem kleinen Datensatz mit 26 Kunden hervorragend. Im realen Leben, wenn die Liste der Kunden beispielsweise 500 Einträge oder mehr enthält, wird es nicht so einfach sein, Ihr Dataset mithilfe der Kontrollkästchen zu filtern.

## Filtern mithilfe des Suchfelds

Wenn Sie Hunderte von Kunden haben, kann das Suchfeld eine große Zeitersparnis bieten. In Abbildung 4.20 enthält die Datenbank Beratungs-, Schulungs- und andere Unternehmen. Wenn Sie die Liste auf Unternehmen einschränken möchten, deren Name »Excel« oder »Spreadsheet« enthält, können Sie wie folgt vorgehen:

1. Öffnen Sie das Dropdownmenü *Kunde.*
2. Geben Sie in das Suchfeld **Excel** ein (siehe Abbildung 4.20).

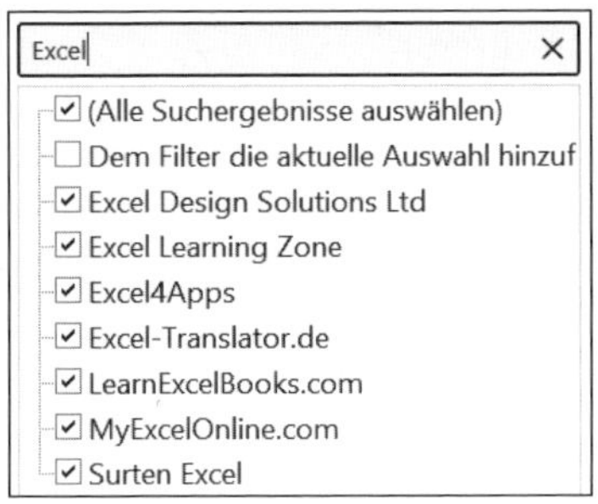


**Abbildung 4.20** Wählen Sie die Ergebnisse der ersten Suche aus.

3. Standardmäßig ist *Alle Suchergebnisse auswählen* ausgewählt. Klicken Sie auf *OK.*
4. Öffnen Sie erneut das Dropdownmenü *Kunde.*
5. Geben Sie in das Suchfeld **Spreadsheet** ein.
6. Wählen Sie *Dem Filter die aktuelle Auswahl hinzufügen,* wie in Abbildung 4.21 gezeigt. Klicken Sie auf *OK.*

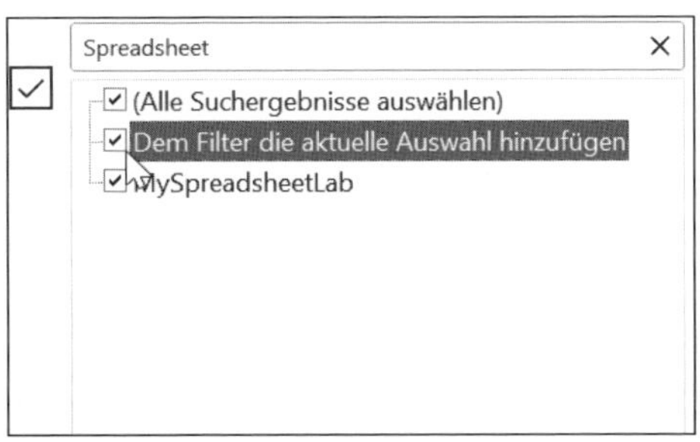


**Abbildung 4.21** Bei der zweiten Suche fügen Sie die neuen Ergebnisse dem vorhandenen Filter hinzu.

Sie haben nun alle Kunden ausgewählt, deren Name entweder »Excel« oder »Spreadsheet« enthält.

Die mit dem Suchfeld angewendeten Filter sind Einmalfilter. Wenn Sie weitere Daten zu den zugrunde liegenden Daten hinzufügen und die PivotTable aktualisieren, wird dieser Filter nicht erneut ausgewertet.

Wenn Sie den Filter erneut anwenden müssen, ist es besser, die im folgenden Abschnitt beschriebenen Beschriftungsfilter zu verwenden. Beschriftungsfilter würden alle Kunden finden, deren Name »Excel« enthält, Sie können damit jedoch keine Kunden finden, deren Name »Excel oder Spreadsheet« enthält.

## Filtern mit der Option »Beschriftungsfilter«

Was, wenn Sie alle Lotus 1-2-3-Berater finden und diese deaktivieren möchten? Es gibt eine wenig intuitive Möglichkeit, alle Suchergebnisse zu deaktivieren. Die meisten Benutzer werden es jedoch einfacher finden, die Beschriftungsfilter zu verwenden. Mit der Option *Beschriftungsfilter* können Sie Abfragen wie »alle Kunden auswählen, die nicht ›Lotus‹ enthalten« erstellen.

Textfelder bieten ein Flyoutmenü namens Beschriftungsfilter. Um alle Versicherungsunternehmen herauszufiltern, können Sie einen »Enthält-nicht«-Filter anwenden (siehe Abbildung 4.22). Im nächsten Dialogfeld können Sie angeben, dass Sie Kunden suchen, die nicht »Excel«, »Exc« oder »Exc*« enthalten.

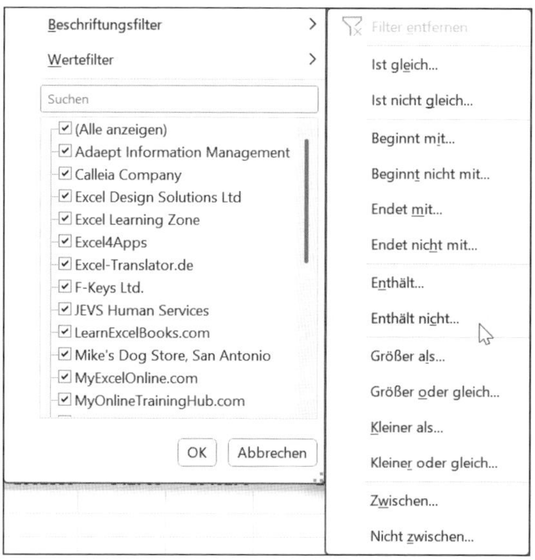


**Abbildung 4.22** Wählen Sie *Beschriftungsfilter | Enthält nicht.*

Auch wenn die Auswahl von *Beschriftungsfilter | Enthält nicht* sinnvoll ist, gibt es möglicherweise einen schnelleren Weg, um alle Elemente auszuschließen, die den Text »Excel« enthalten. Ich werde die vier Schritte beschreiben, aber ich muss zugeben, dass sie so wenig intuitiv sind, dass ich jedes Mal, wenn ich sie ausprobieren möchte, zu dieser Seite im Buch zurückkehre.

Um alle Objekte zu entfernen, die ein Wort wie »Excel« enthalten, führen Sie die folgenden Schritte aus:

1. Öffnen Sie das Filterdropdownmenü *Kunde.* Geben Sie in das Suchfeld **excel** ein. Excel zeigt alle Kunden an, die die Wörter »excel«, »Excel« oder »EXCEL« enthalten. Es werden alle gefilterten Kunden ausgewählt, wie in Abbildung 4.23 dargestellt.
2. Deaktivieren Sie das Kontrollkästchen *Alle Suchergebnisse auswählen.* Dies schaltet alle sichtbaren Einträge unterhalb des Suchfeldes aus.
3. Schalten Sie das Kontrollkästchen *Dem Filter die aktuelle Auswahl hinzufügen* ein. Dieser nicht intuitive Schritt wendet den aktuellen, nicht markierten Status der sieben sichtbaren Kunden auf den Filter an.
4. Klicken Sie auf *OK.* Der Filter blendet nun alle passenden Kunden aus.

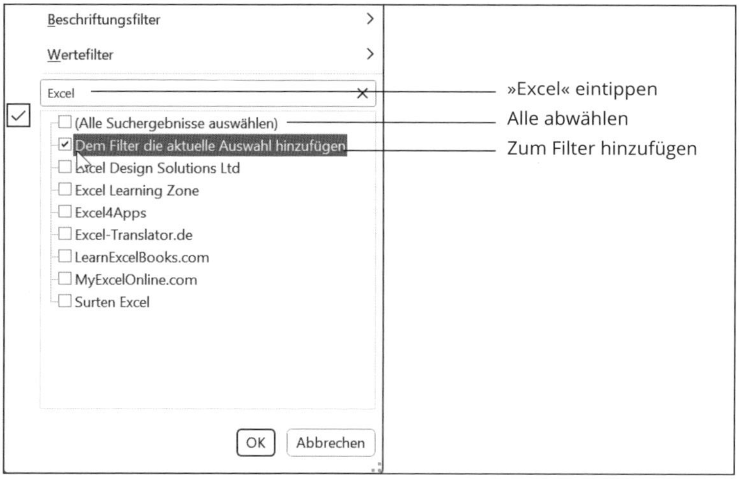


**Abbildung 4.23** Drei wenig intuitive Schritte, um passende Kunden auszublenden

Beachten Sie, dass Beschriftungsfilter nicht additiv sind. Sie können immer nur einen Beschriftungsfilter gleichzeitig anwenden. Wenn Sie die Daten in Abbildung 4.22 nehmen und einen neuen Beschriftungsfilter zwischen **D** und **Fzzz** anwenden, tauchen einige Excel-Kunden, die herausgefiltert wurden, wieder auf, wie in Abbildung 4.24 gezeigt.

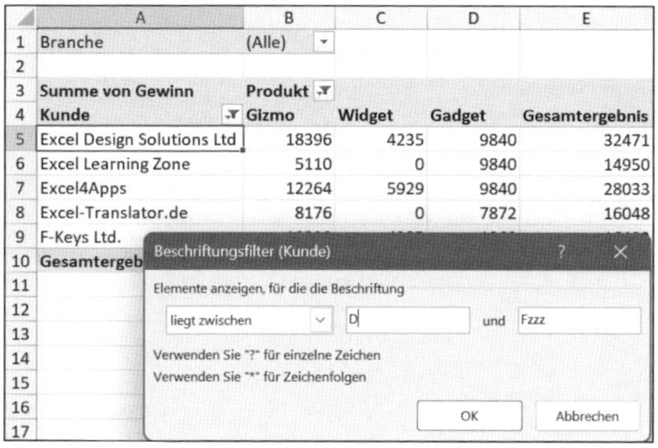


**Abbildung 4.24** Beachten Sie, dass ein zweiter Beschriftungsfilter nicht zum vorherigen Filter hinzugefügt wird. Die Excel-Einträge tauchen wieder auf.

## Eine Beschriftungsspalte anhand von Informationen in einer Wertespalte filtern

Mit dem Flyoutmenü *Wertefilter* können Sie Kunden anhand der Informationen in den Wertespalten filtern. Vielleicht möchten Sie Kunden mit einem Umsatz zwischen 30.000 $ und 50.000 $ anzeigen. Dies können Sie über das Dropdownmenü der Überschrift *Kunde* steuern. Gehen Sie wie folgt vor:

1. Öffnen Sie die Auswahlliste *Kunde.*
2. Wählen Sie *Wertefilter.*
3. Wählen Sie *Zwischen* (siehe Abbildung 4.25).

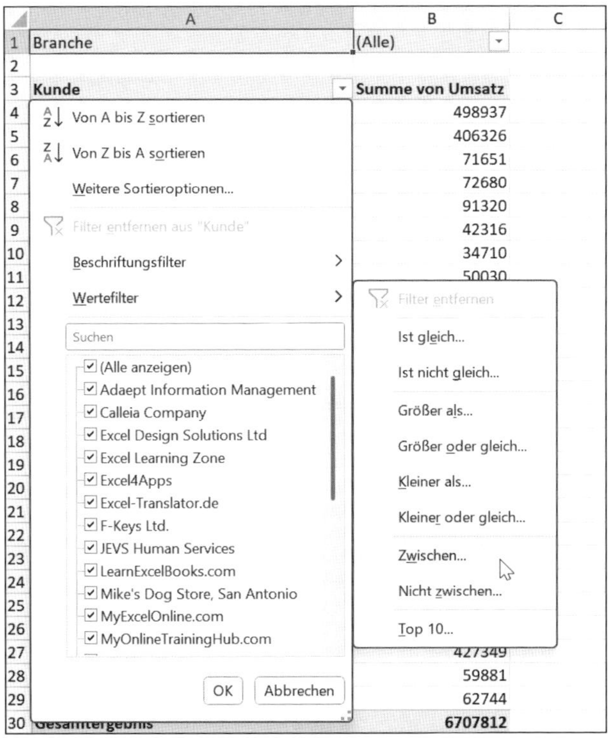


**Abbildung 4.25** Die Wertefilter für die Spalte *Kunde* betrachten die Werte im Feld *Umsatz*.

4. Geben Sie die Werte **30000** und **50000** ein, wie in Abbildung 4.26 dargestellt.

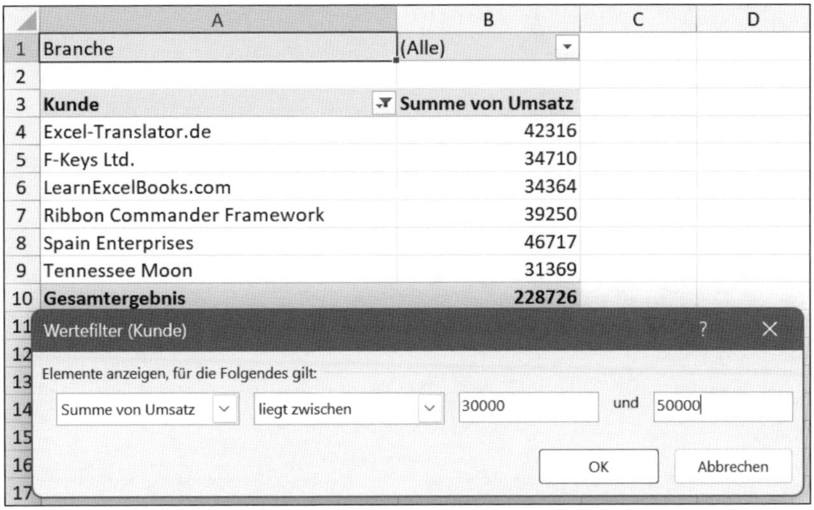


**Abbildung 4.26** Wählen Sie Kunden zwischen 30.000 und 50.000, einschließlich.

5. Klicken Sie auf *OK.*

Die Ergebnisse sind inklusive der eingegebenen Werte; wenn ein Kunde genau 30.000 $ oder genau 50.000 $ Umsatz brachte, wird er zusammen mit den Kunden zurückgegeben, deren Umsatz zwischen 30.000 $ und 50.000 $ lag.

Wenn Sie einen Wertefilter erstellen, werden bestehende Beschriftungsfilter entfernt.

## Einen Top-Fünf-Bericht mithilfe des Top-10-Filters erstellen

Einer der interessantesten Wertefilter ist der Top-10-Filter. Wenn Sie einen Bericht an den VP of Sales senden, möchte dieser nicht Hunderte von Seiten mit Kunden sehen. Eine kurze Zusammenfassung der Top-Kunden ist fast mehr, als die Aufmerksamkeitsspanne des VPs bewältigen kann. So erstellen Sie sie:

1. Öffnen Sie das Dropdownmenü *Kunde* und wählen Sie *Wertefilter | Top 10.*
2. Im Dialogfeld *Top-10-Filter,* in dem Sie zwischen *Obersten* und *Untersten* wählen können, verwenden Sie die Standardeinstellung *Obersten.*
3. Geben Sie in das zweite Feld eine beliebige Anzahl von Kunden ein: **10**, **5**, **7**, **12** oder etwas anderes.
4. Wählen Sie in der dritten Dropdownliste des Dialogfelds *Elemente*, *Prozent* oder *Summe.* Sie könnten nach den 10 wichtigsten Elementen fragen. Sie könnten nach den 80 Prozent der höchsten Einnahmen fragen (was theoretisch 20 Prozent der Kunden sein sollten). Oder Sie fragen nach genügend Kunden, um eine Umsatzsumme von 5 Millionen Dollar zu erreichen (siehe Abbildung 4.27).

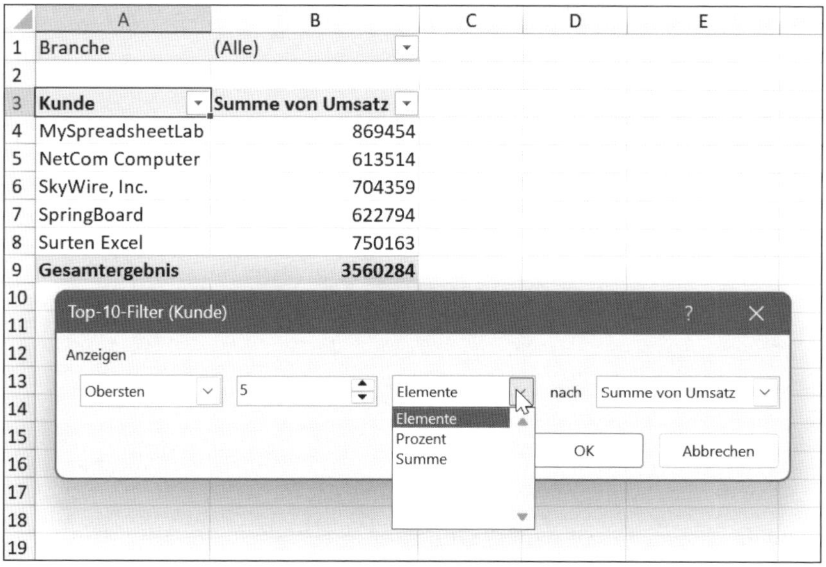


**Abbildung 4.27** Erstellen Sie einen Bericht über die fünf wichtigsten Kunden.

Das in Zelle B9 in Abbildung 4.27 gezeigte Gesamtergebnis von 3.560.284 $ ist der Umsatz nur der sichtbaren Kunden. Die Umsätze der übrigen Kunden sind darin nicht enthalten. Möglicherweise möchten Sie die Gesamtergebnisse aller Kunden am Ende der Liste anzeigen. Dazu haben Sie mehrere Möglichkeiten:

- Eine Einstellung auf der Registerkarte *Entwurf* unter dem Dropdownmenü *Zwischenergebnisse* ermöglicht es Ihnen, Werte aus gefilterten Elementen in die Summen einzubeziehen. Diese Option ist nur für OLAP-Datensätze und Datensätze verfügbar, bei denen Sie beim Erstellen der PivotTable die Option *Diese Daten zum Datenmodell hinzufügen* wählen.

---

Weitere Informationen zur Arbeit mit Power Pivot finden Sie in Kapitel 10, »Mit dem Datenmodell und Power Pivot auf weitere Features zugreifen«.

---

- Sie können die Gesamtsumme aus der PivotTable in Abbildung 4.28 entfernen und eine weitere einzeilige PivotTable direkt unter diesem Datensatz erstellen. Blenden Sie die Überschriften der zweiten PivotTable aus, und Sie erhalten die tatsächliche Gesamtsumme am unteren Rand der PivotTable.
- Wenn Sie die leere Zelle rechts neben der letzten Überschrift (C3 in Abbildung 4.27) auswählen, können Sie auf der Registerkarte *Daten* den Filter aktivieren. Dieser Filter ist nicht für PivotTables vorgesehen und normalerweise nicht verfügbar (»ausgegraut«). Nachdem Sie die regulären Filter hinzugefügt haben, öffnen Sie das Dropdownmenü in B3. Wählen Sie *Top 10 Filter* und fragen Sie nach den sechs obersten Elementen, wie in Abbildung 4.28 gezeigt, wodurch die fünf besten Kunden und die Gesamtsumme aus dem Datensatz zurückgegeben werden.

Beachten Sie, dass diese Methode einen Fehler in Excel ausnutzt. Normalerweise ist der Filter auf der Registerkarte *Daten* in einer PivotTable nicht zulässig. Wenn Sie diese Methode verwenden und später die PivotTable aktualisieren, aktualisiert Excel den Filter nicht für Sie, da das Excel-Team davon ausgeht, dass diese Filteroption bei einer PivotTable ausgegraut ist.

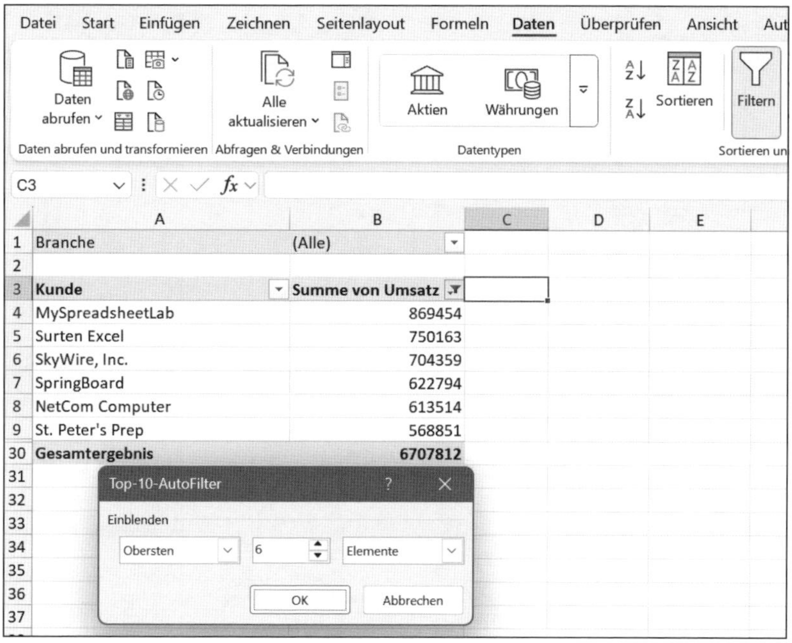


**Abbildung 4.28** Sie nutzen einen Bug in Excel aus, um einen regulären AutoFilter auf eine PivotTable anzuwenden.

## Filtern mithilfe der Datumsfilter in der Dropdownliste »Beschriftungsfilter«

Wenn Ihr Beschriftungsfeld nur Datumsangaben enthält, ersetzt Excel das Flyoutmenü *Beschriftungsfilter* durch das Flyoutmenü *Datumsfilter*. Diese Filter bieten viele virtuelle Filter, wie z.B. *Nächste Woche, Dieser Monat, Letztes Quartal* usw. (siehe Abbildung 4.29).

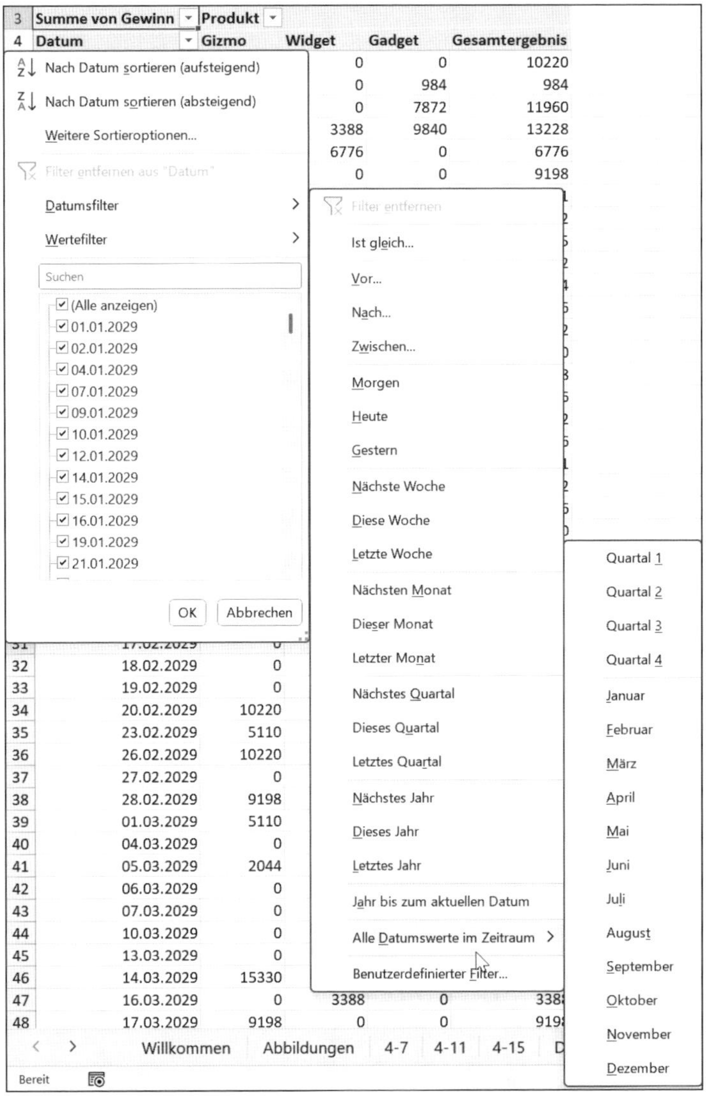


**Abbildung 4.29** Das Menü *Datumsfilter* bietet verschiedene virtuelle Datumsbereiche.

Sie können ein Datum oder einen Datumsbereich angeben, wenn Sie *Ist gleich, Vor, Nach* oder *Zwischen* wählen.

Die Optionen für den aktuellen, vergangenen oder nächsten Tag, Woche, Monat, Quartal oder Jahr belegen 15 Optionen. In Kombination mit *Jahr bis zum aktuellen Datum* ändern sich diese Optionen Tag für Tag. Sie können eine Liste von Projekten nach Fälligkeitsdatum pivotieren und sehen so immer die Projekte, die in der nächsten Woche fällig sind, indem Sie diese Option verwenden. Wenn Sie die Arbeitsmappe an einem anderen Tag öffnen, wird der Bericht neu berechnet.

Eine Woche beginnt am Sonntag und endet am Samstag. Wenn Sie *Nächste Woche* auswählen, zeigt der Bericht immer einen Zeitraum vom nächsten Sonntag bis zum folgenden Samstag an.

Wenn Sie *Alle Datumswerte im Zeitraum* auswählen, zeigt ein neues Flyoutmenü Optionen mit allen Monaten und allen Quartalen.

Wenn Ihr Datumsfeld Datumsangaben und Uhrzeiten enthält, funktionieren die Datumsfilter möglicherweise nicht wie erwartet. Wenn Sie nach Datumsangaben suchen, die dem 15.04.2022 entsprechen, meldet Excel möglicherweise, dass keine Datensätze gefunden wurden. Das Problem besteht darin, dass 18:00 Uhr am 15.04.2022 intern als 44666,75 gespeichert ist, wobei die 0,75 für die 18 Stunden stehen, die zwischen Mitternacht und 18:00 Uhr vergangen sind. Wenn Sie alle Datensätze zurückgeben möchten, die zu einem beliebigen Zeitpunkt am 15. April aufgetreten sind, aktivieren Sie im Dialogfeld *Datumsfilter* das Kontrollkästchen *Ganze Tage*.

# Filtern mit dem Filterbereich

PivotTable-Veteranen erinnern sich an den alten Seitenbereich einer PivotTable. Dieser Bereich wurde in Filterbereich umbenannt und funktioniert im Grunde immer noch genauso wie in den älteren Versionen von Excel. Microsoft hat jedoch die Möglichkeit hinzugefügt, mehrere Elemente aus dem Filterbereich auszuwählen. Obwohl der Filterbereich nicht so auffällig ist wie die Datenschnitte, ist er dennoch nützlich, wenn Sie Ihre PivotTable für jeden Kunden replizieren müssen.

## Felder zum Filterbereich hinzufügen

Die Pivot-Tabelle in Abbildung 4.30 ist ein perfektes Ad-hoc-Berichtstool, das man einem Manager der obersten Leitungsebene geben kann. Er kann die Dropdownlisten in B1:B4 und E1:E4 verwenden, um schnell den Umsatz für eine beliebige Kombination von Branche, Region, Vertriebsgebiet, Vertreter, Kunde, Produkt, Datum oder Wochentag zu finden. Dies ist eine typische Verwendung von Filtern.

| | A | B | C | D | E |
|---|---|---|---|---|---|
| 1 | Branche | (Alle) | | Vertreter | (Alle) |
| 2 | Kunde | (Alle) | | Produkt | Gizmo |
| 3 | Region | (Alle) | | Datum | (Alle) |
| 4 | Vertriebsgebiet | (Alle) | | Wochentag | Fr |
| 5 | | | | | |
| 6 | **Summe von Umsatz** | **Summe von Gewinn** | | | |
| 7 | 274.860 | 122.640 | | | |

**Abbildung 4.30** Mit mehreren Feldern im Bereich *Filter* kann diese Pivot-Tabelle viele Ad-hoc-Abfragen beantworten.

Um den Bericht einzurichten, ziehen Sie *Umsatz* und *Gewinn* in den Bereich *Werte* und dann so viele Felder wie gewünscht Felder in den Bereich *Filter*.

Wenn Sie dem Bereich *Filter* viele Felder hinzufügen, sollten Sie eine der versteckten PivotTable-Optionen verwenden. Klicken auf der Registerkarte *PivotTable-Analyse* auf *Optionen.* Ändern Sie auf der Registerkarte *Layout & Format* des Dialogfelds *PivotTable-Optionen* die Einstellung *Berichtsfilterfelder pro Spalte* von 0 in eine positive Zahl.

Excel ordnet die Filterfelder in mehrere Spalten an. Abbildung 4.30 zeigt die Filter mit vier Feldern pro Spalte. Sie können auch *Zuerst nach unten* in *Rechts, dann nach unten* ändern, um die Reihenfolge der Filterfelder neu anzuordnen.

## Ein Element aus einem Filter auswählen

Um die PivotTable zu filtern, klicken Sie auf ein beliebiges Dropdownfeld im Filterbereich der PivotTable. Das Dropdownmenü beginnt immer mit *(Alle)*, listet dann aber den gesamten eindeutigen Satz der in diesem Feld verfügbaren Elemente auf.

## Mehrere Elemente aus einem Filter auswählen

Unten in der Filter-Dropdownliste befindet sich das Kontrollkästchen *Mehrere Elemente auswählen.* Wenn Sie es aktivieren, fügt Excel neben jedem Element in der Auswahlliste ein Kontrollkästchen hinzu. Auf diese Weise können Sie mehrere Elemente aus der Liste auswählen.

In Abbildung 4.31 ist die PivotTable so gefiltert, dass die Einnahmen aus mehreren Branchen angezeigt werden, aber es ist unmöglich zu erkennen, welche Branchen enthalten sind.

| | A | B | C | D | E |
|---|---|---|---|---|---|
| 1 | Branche | (Mehrere Elemente) | | Vertreter | (Alle) |
| 2 | Kunde | (Alle) | | Produkt | Gizmo |
| 3 | Region | Midwest | | Datum | (Alle) |
| 4 | Vertriebsgebiet | (Mehrere Elemente) | | Wochentag | (Alle) |
| 5 | | | | | |
| 6 | **Summe von Umsatz** | **Summe von Gewinn** | | | |
| 7 | 464.326 | 205.422 | | | |

**Abbildung 4.31** Sie können mehrere Elemente auswählen, aber nachdem das Filter-Dropdownmenü geschlossen wurde, können Sie nicht mehr erkennen, welche Elemente ausgewählt wurden.

---

Wenn mehrere Elemente aus einem Filter ausgewählt werden, führt dies dazu, dass die Person, die den Bericht liest, nicht weiß, welche Elemente enthalten sind. Datenschnitte lösen dieses Problem.

---

## PivotTable-Bericht für jedes Element in einem Filter replizieren

Obwohl Datenschnitte inzwischen die Lieblinge des PivotTable-Berichts sind, kann der gute alte Berichtsfilter immer noch einen Trick ausführen, den Datenschnitte nicht können. Nehmen wir an, Sie haben einen Bericht erstellt, den Sie mit den für eine Branche zuständigen Managern teilen möchten. Sie haben einen Bericht, der Kunden mit Umsatz und Gewinn zeigt. Sie möchten, dass jeder Branchenmanager nur die Kunden in seinem Zuständigkeitsbereich sieht.

Gehen Sie folgendermaßen vor, um die PivotTable schnell zu replizieren:

1. Vergewissern Sie sich, dass die Formatierung in der PivotTable gut aussieht, bevor Sie beginnen. Sie werden mehrere Kopien der PivotTable erstellen und wollen nicht jedes Arbeitsblatt in der Arbeitsmappe formatieren, also überprüfen Sie die Zahlenformatierung und die Überschriften jetzt noch einmal.
2. Fügen Sie das Feld *Branche* zum Bereich *Filter* hinzu. Lassen Sie den Filter *Branche* auf *(Alle)* eingestellt.
3. Wählen Sie eine Zelle in der PivotTable aus, damit Sie im Menüband die Registerkarte *PivotTable-Analyse* sehen können.
4. Suchen Sie auf der linken Seite der Registerkarte *PivotTable-Analyse* nach der Schaltfläche *Optionen*. Klicken Sie nicht auf die große Schaltfläche *Optionen*, sondern klicken Sie stattdessen auf den Pfeil an der rechten Seite der Schaltfläche, um das zugehörige Dropdownmenü zu öffnen (siehe Abbildung 4.32).

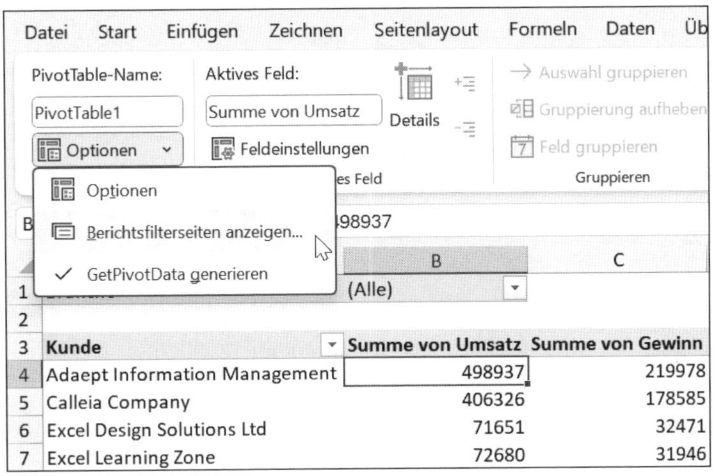


**Abbildung 4.32** Klicken Sie auf den kleinen Pfeil neben der Schaltfläche *Optionen*.

5. Wählen Sie *Berichtsfilterseiten anzeigen*. Im Dialogfeld *Berichtsfilterseiten anzeigen* sehen Sie eine Liste aller Felder im Berichtsbereich. Da diese PivotTable nur das Feld *Branche* enthält, ist dies die einzige Auswahlmöglichkeit (siehe Abbildung 4.33).

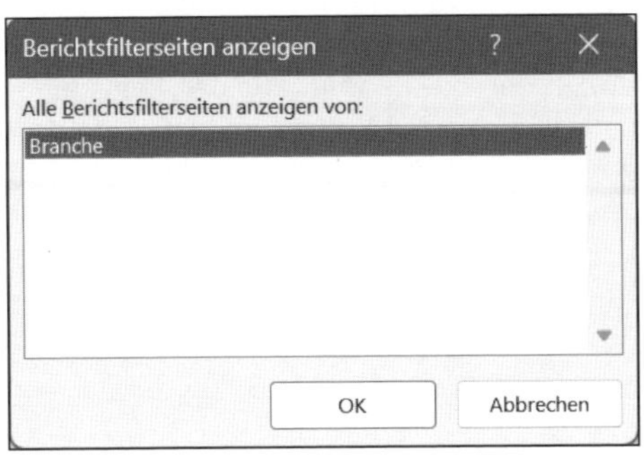


**Abbildung 4.33** Wählen Sie das Feld, nach dem der Bericht repliziert werden soll.

6. Klicken Sie auf *OK* und lehnen Sie sich zurück.

Excel fügt für jedes Element im Feld *Branche* ein neues Tabellenblatt ein. Auf dem ersten neuen Arbeitsblatt wählt Excel die erste Branche als Filterwert für dieses Blatt aus. Excel benennt das Arbeitsblatt so um, dass es der Branche entspricht. Abbildung 4.34 zeigt das neue Arbeitsblatt *Beratung* und die benachbarten Registerkarten, die Museen, Einzelhandel, Schulung sowie Versorgungsunternehmen enthalten.

| | A | B | C | D |
|---|---|---|---|---|
| 1 | Branche | Beratung | | |
| 2 | | | | |
| 3 | **Kunde** | **Summe von Umsatz** | **Summe von Gewinn** | **Summe von Kosten** |
| 4 | Adaept Information Management | 498937 | 219978 | 278959 |
| 5 | Calleia Company | 406326 | 178585 | 227741 |
| 6 | Excel Design Solutions Ltd | 71651 | 32471 | 39180 |
| 7 | JEVS Human Services | 50030 | 21612 | 28418 |
| 8 | NetCom Computer | 613514 | 275105 | 338409 |
| 9 | Spain Enterprises | 46717 | 19961 | 26756 |
| 10 | Surten Excel | 750163 | 334614 | 415549 |
| 11 | Symons | 55251 | 24632 | 30619 |
| 12 | Yesenita | 62744 | 28644 | 34100 |
| 13 | **Gesamtergebnis** | **2555333** | **1135602** | **1419731** |
| 14 | | | | |
| 15 | | | | |

Beratung | Einzelhandel | Museen | Schulung | Versorgungsunternehmen

**Abbildung 4.34** Excel fügt pro Branche schnell ein Arbeitsblatt hinzu.

Wenn sich die zugrunde liegenden Daten ändern, können Sie die Arbeitsblätter aller Branchen aktualisieren, indem Sie in einer Branchen-PivotTable auf *Aktualisieren* klicken. Nachdem Sie beispielsweise das Arbeitsblatt »Beratung« aktualisiert haben, werden alle PivotTables aktualisiert.

## Filtern mithilfe von Datenschnitten und Zeitachsen

Datenschnitte sind grafische Versionen der Berichtsfilterfelder. Anstatt die in der Filter-Dropdownliste ausgewählten Elemente hinter einer Überschrift wie *(Mehrere Elemente)* zu verbergen, enthält der Datenschnitt eine große Anzahl von Schaltflächen, die auf einen Blick zeigen, welche Elemente enthalten oder ausgeschlossen sind.

Um Datenschnitte hinzuzufügen, klicken Sie auf der Registerkarte *PivotTable-Analyse* auf die Schaltfläche *Datenschnitt einfügen.* Excel zeigt das Dialogfeld *Datenschnitt auswählen* an. Wählen Sie alle Felder aus, für die Sie grafische Filter erstellen möchten, wie in Abbildung 4.35 dargestellt.

**Abbildung 4.35** Felder für den Datenschnitt auswählen

Zunächst wählt Excel einspaltige Datenschnitte mit ähnlichen Farben aus und ordnet diese kaskadierend an (siehe Abbildung 4.36). Sie können diese Einstellungen jedoch ändern, indem Sie einen Datenschnitt auswählen und im Menüband die Registerkarte *Datenschnitt* verwenden.

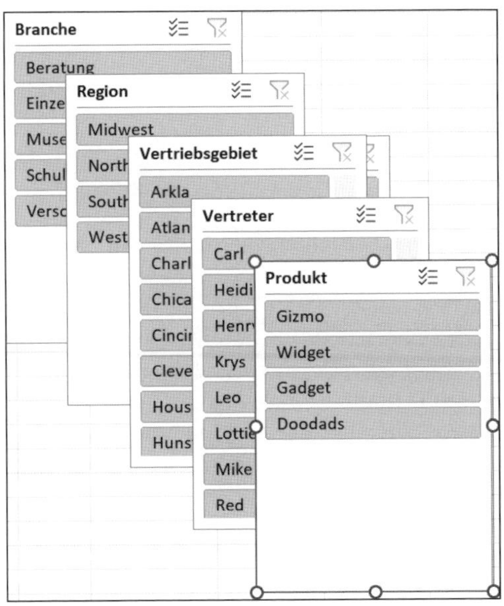


**Abbildung 4.36** Die Datenschnitte werden mit anfänglich jeweils einer Spalte angezeigt.

Sie können den Datenschnitt mehrspaltig formatieren. Wenn Sie 50 aus zwei Buchstaben bestehende Abkürzungen der US-Bundesstaaten anzeigen müssen, sieht das in 5 Zeilen mit 10 Spalten viel besser aus als in 50 Zeilen mit 1 Spalte. Klicken Sie auf den Datenschnitt, um auf die Registerkarte *Datenschnitt* zuzugreifen. Verwenden Sie das Drehfeld oder Textfeld *Spalten*, um die Anzahl der Spalten im Datenschnitt zu erhöhen. Verwenden Sie die Größenziehpunkte im Datenschnitt, um seine Breite oder Höhe anzupassen. Wählen Sie für jeden Datenschnitt im Katalog *Datenschnitt-Formatvorlagen* für jedes Feld eine andere Farbe aus, um ihn optisch interessant zu gestalten.

Nach der Formatierung der Datenschnitte ordnen Sie diese in einem leeren Bereich des Arbeitsblatts an, wie in Abbildung 4.37 dargestellt.

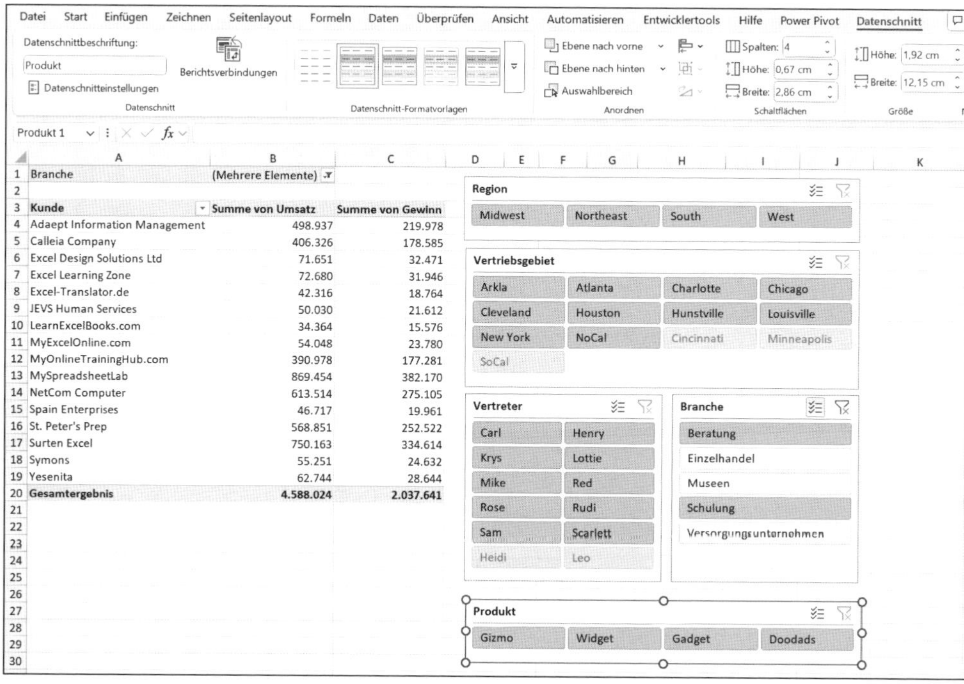


**Abbildung 4.37** Nach der Formatierung passen Ihre Datenschnitte möglicherweise auf einen einzigen Bildschirm.

In einem Datenschnitt können drei Farben erscheinen. Die dunkle Farbe zeigt Elemente an, die ausgewählt sind. Graue Felder bedeuten oft, dass das Element aufgrund anderer Datenschnitte keine Datensätze enthält. Weiße Felder zeigen Elemente an, die nicht ausgewählt sind.

Beachten Sie, dass Sie die Überschrift für den Datenschnitt und die Reihenfolge der Elemente im Slicer über die Schaltfläche *Datenschnitt-Einstellungen* auf der Registerkarte *Datenschnitt* im Menüband steuern können. Genauso wie Sie eine neue PivotTable-Formatvorlage definieren können, können Sie auch mit der rechten Maustaste auf eine vorhandene Datenschnitt-Formatvorlage klicken und *Duplizieren* wählen. Sie können die Schriftart, die Farben und so weiter ändern.

In Excel 2016 wurde in der Titelleiste des Datenschnitts ein neues Symbol eingeführt, das als drei Häkchen dargestellt wird. Wenn Sie es auswählen, können Sie im Datenschnitt mehrere Elemente auswählen, ohne die `Strg`-Taste gedrückt halten zu müssen.

## Zeitachsen zum Filtern nach Datum verwenden

Nach der Einführung von Datenschnitten in Excel 2010 gab es einige Rückmeldungen, dass die Verwendung von Datenschnitten kein idealer Weg sei, um mit Datumsfeldern umzugehen. Sie könnten am Ende einige Felder zu Ihrem ursprünglichen Datensatz hinzufügen, um (vielleicht) ein Jahrzehnt anzuzeigen, und dann die Gruppenfunktion für Jahr, Quartal und Monat verwenden. Am Ende hätten Sie eine ganze Reihe von Datenschnitten, die alle versuchen, eine Zeitspanne auszuwählen, wie in Abbildung 4.38 dargestellt.

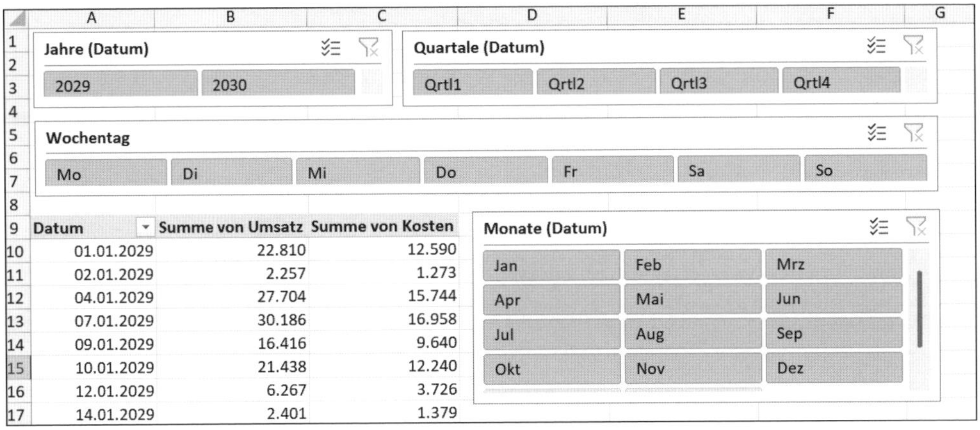


**Abbildung 4.38** Zum Filtern nach Datum sind vier verschiedene Datenschnitte erforderlich.

In Excel 2013 hat Microsoft eine neue Art von Filter eingeführt, den sogenannten *Zeitachsen-Datenschnitt*. Um einen solchen Filter zu verwenden, wählen Sie in Ihrer PivotTable eine Zelle aus und wählen auf der Registerkarte *PivotTable-Analyse* den Befehl *Zeitachse einfügen*. Zeitachsen können nur auf Felder angewendet werden, die Datumsangaben enthalten. Excel bietet Ihnen eine Liste von Datumsfeldern zur Auswahl, obwohl in den meisten Fällen nur ein einziges Datumsfeld zur Verfügung steht, aus dem Sie wählen können.

Abbildung 4.39 zeigt eine Zeitachse. Das Beste an einer Zeitachse ist vielleicht das Dropdownmenü, mit dem Sie die Zeitachse für Tage, Monate, Quartale oder Jahre umgestalten können. Dies funktioniert auch, wenn Sie Ihre Tagesdaten nicht nach Monaten, Quartalen oder Jahren gruppiert haben.

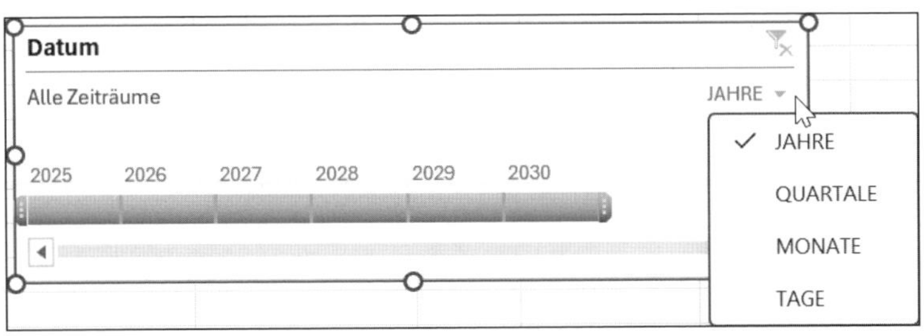


**Abbildung 4.39** Mit einer einzigen Zeitachse können Sie Ihre PivotTable nach Tag, Monat, Quartal oder Jahr filtern.

## Mehrere PivotTables über einen Satz von Datenschnitten ansteuern

Kapitel 12, »PivotTable-Berichte mit Makros verbessern«, enthält ein kleines Makro, mit dem Sie zwei PivotTables mit einem Satz von Filtern steuern können. In der Vergangenheit war dies ohne Makro nur schwer möglich.

Jetzt können Sie einen Satz von Datenschnitten oder Zeitachsen verwenden, um mehrere PivotTables oder PivotCharts zu steuern. In Abbildung 4.40 steuert der Datenschnitt *Vertriebsgebiet* drei Elemente. Er steuert die PivotTable oben links mit dem Umsatz nach Branche und Produkt. Er steuert zwei PivotTables, die für die Diagramme oben rechts und unten links erstellt wurden.

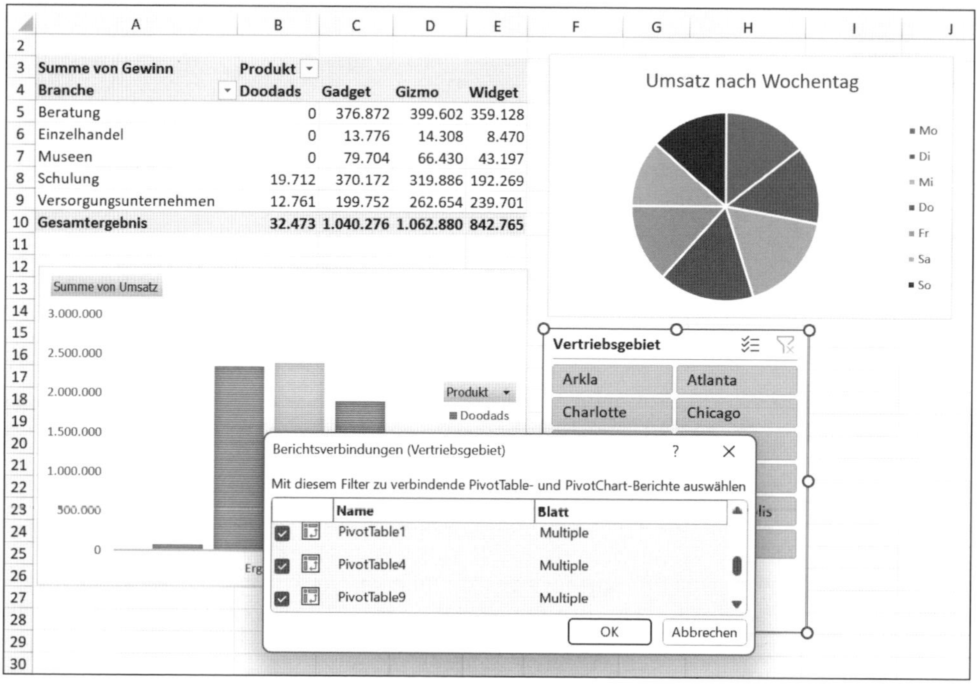


**Abbildung 4.40** Drei Pivot-Elemente werden durch denselben Slicer gesteuert.

Die folgenden Schritte zeigen Ihnen, wie Sie drei PivotTables erstellen, die mit einem einzigen Slicer verbunden sind:

1. Erstellen Sie die erste PivotTable.
2. Wählen Sie eine Zelle in der ersten PivotTable aus. Wählen Sie *Datenschnitt einfügen*. Wählen Sie ein oder mehrere Felder aus, das/die als Datenschnitt verwendet werden soll(en). Alternativ können Sie auch eine Zeitachse für ein Datumsfeld einfügen.
3. Wählen Sie die gesamte PivotTable aus.
4. Kopieren Sie sie mit Strg+C oder dem Befehl *Kopieren*.
5. Wählen Sie einen neuen leeren Bereich des Arbeitsblatts aus.
6. Fügen Sie mit Strg+V oder dem Befehl *Einfügen* ein. Excel erstellt eine zweite PivotTable, die den Pivot-Cache mit der ersten PivotTable teilt. Damit ein Datenschnitt mehrere PivotTables ansteuern kann, müssen diese denselben Pivot-Cache verwenden.

7. Ändern Sie die Felder in der zweiten PivotTable, um eine andere interessante Analyse anzuzeigen.
8. Wiederholen Sie die Schritte 3 bis 7, um eine dritte Kopie der PivotTable zu erstellen.

Bei den vorangegangenen Schritten müssen Sie den Datenschnitt erstellen, nachdem Sie die erste PivotTable erstellt haben, aber bevor Sie Kopien der PivotTable erstellen.

Wenn Sie bereits mehrere PivotTables haben und diese mit demselben Datenschnitt verknüpfen müssen, führen Sie die folgenden Schritte aus:

1. Klicken Sie auf den Datenschnitt, um ihn auszuwählen. Wenn der Datenschnitt ausgewählt ist, wird im Menüband die Registerkarte *Datenschnitt* angezeigt.
2. Öffnen Sie die Registerkarte *Datenschnitt* und wählen Sie dann *Berichtsverbindungen*. Excel zeigt das Dialogfeld *Berichtsverbindungen (Vertriebsgebiet)* an. Zu Beginn ist nur die erste PivotTable ausgewählt.
3. Wählen Sie, wie in Abbildung 4.41 dargestellt, im Dialogfeld die anderen PivotTables aus und klicken Sie auf *OK*.

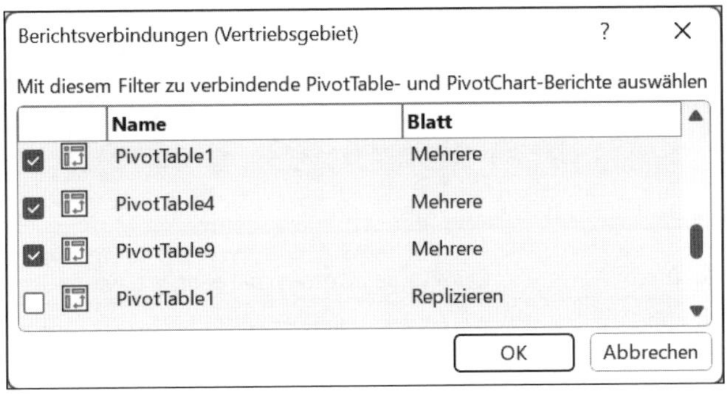


**Abbildung 4.41** Wählen Sie diesen Slicer aus, um ihn mit den anderen Pivot-Tabellen zu verbinden.

4. Wenn Sie mehrere Datenschnitte und/oder Zeitachsen erstellt haben, wiederholen Sie die Schritte 1 bis 3 für die anderen Datenschnitte bzw. Zeitachsen.

Das Ergebnis ist ein Dashboard, in dem alle PivotTables und PivotCharts als Reaktion auf die im Slicer getroffenen Auswahlen aktualisiert werden (siehe Abbildung 4.42).

---

Das Arbeitsblatt in Abbildung 4.42 eignet sich perfekt für die Veröffentlichung in SharePoint oder Ihrem OneDrive. Sie können die Arbeitsmappe für Kollegen freigeben und ihnen die Interaktion mit den Datenschnitten ermöglichen. Die Kollegen müssen sich nicht um die zugrunde liegenden Daten kümmern oder Zahlen eingeben, sondern können einfach auf den Datenschnitt klicken, um die Aktualisierung der Berichte anzuzeigen.

---

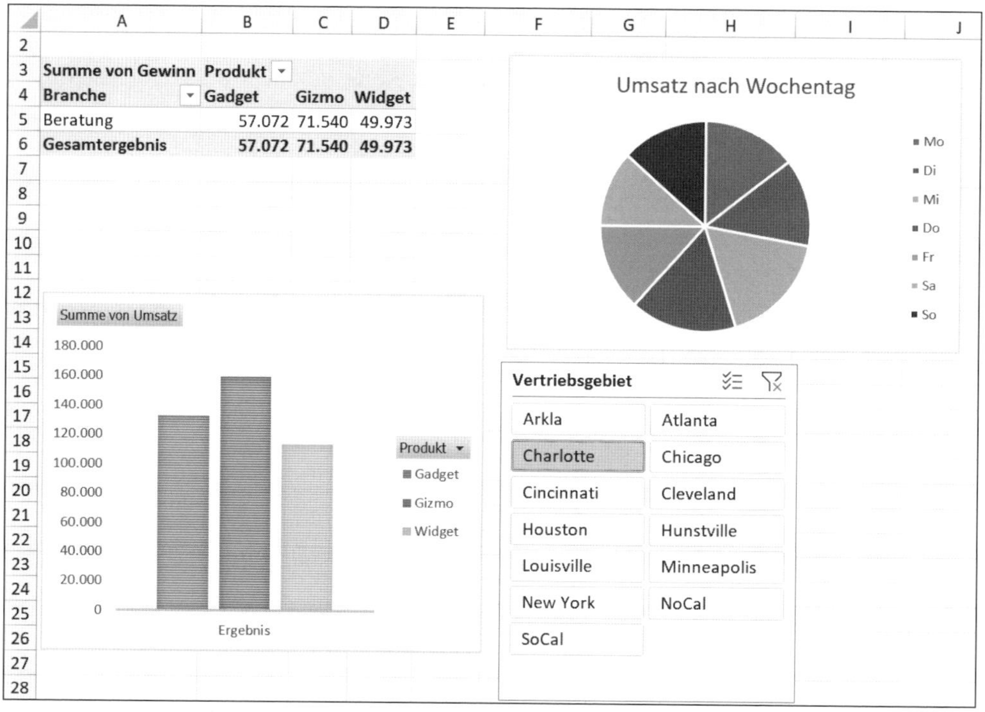


**Abbildung 4.42** Alle PivotCharts und PivotTables werden aktualisiert, wenn Sie im Datenschnitt eine Auswahl treffen.

# In einer PivotTable gruppieren und Hierarchien erstellen

PivotTable-Berichte können Zusammenfassungen und Aggregationen im Speicher durchführen. Sie können Tagesdaten zu Wochen, Monaten, Quartalen oder Jahren zusammenfassen lassen. Zeitwerte lassen sich zu Minuten oder Stunden aggregieren. Zahlen können in gleich große Bereiche gruppiert werden. Texteinträge können in Bereiche gruppiert werden.

Sie können das Power Pivot-Gitter verwenden, um eine Hierarchie zu definieren, damit Sie in einer PivotTable oder einem PivotChart schnell Drilldowns durchführen können.

## Numerische Felder gruppieren

Mit dem Dialogfeld *Gruppierung* für numerische Felder können Sie Elemente in gleichen Bereichen gruppieren. Dies kann bei der Erstellung von Häufigkeitsverteilungen nützlich sein. Die PivotTable in Abbildung 4.43 ist das genaue Gegenteil von allem, was Sie bisher in diesem Buch gesehen haben. Das numerische Feld *Umsatz* befindet sich im Bereich *Zeilen*. Ein Textfeld, *Kunde*, befindet sich im Bereich *Werte*. Wenn Sie ein Textfeld in den Wertebereich setzen, erhalten Sie die Anzahl der Datensätze, die den Kriterien entsprechen. In ihrem jetzigen Zustand ist diese PivotTable nicht sonderlich interessant. Sie zeigt Ihnen, dass genau ein Datensatz in der Datenbank einen Gesamtumsatz von 23.990 $ aufweist.

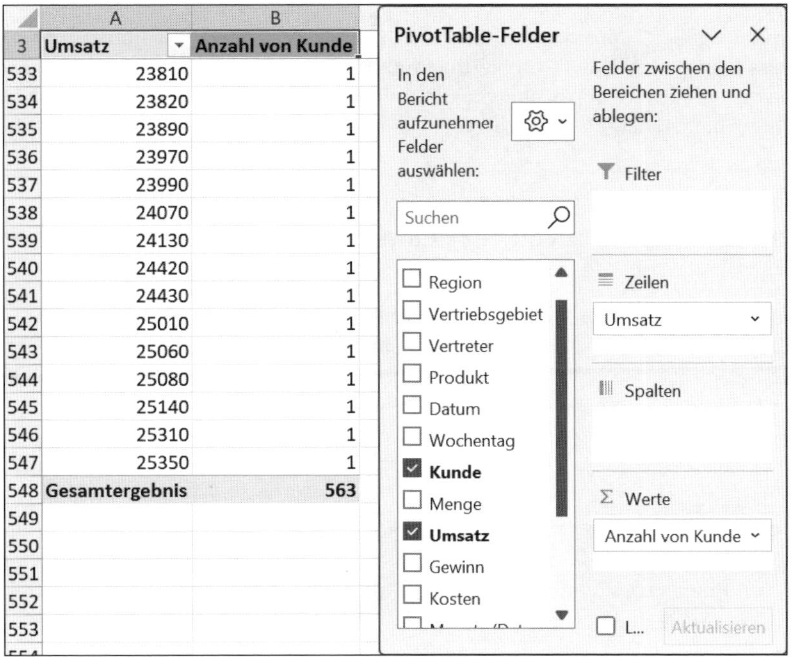


**Abbildung 4.43** Hier gibt es nichts Interessantes – nur viele Umsatzsummen, die genau einmal in der Datenbank vorkommen.

Wählen Sie in Spalte A der PivotTable eine Zahl aus. Wählen Sie auf der Registerkarte *PivotTable-Analyse* die Option *Feld gruppieren.* Da es sich bei diesem Feld nicht um ein Datumsfeld handelt, bietet das Dialogfeld *Gruppieren* die Felder *Starten, Beenden* und *Nach.* Wie in Abbildung 4.44 gezeigt, können Sie Beträge von 0 bis 30.000 in Gruppen von 5000 anzeigen lassen.

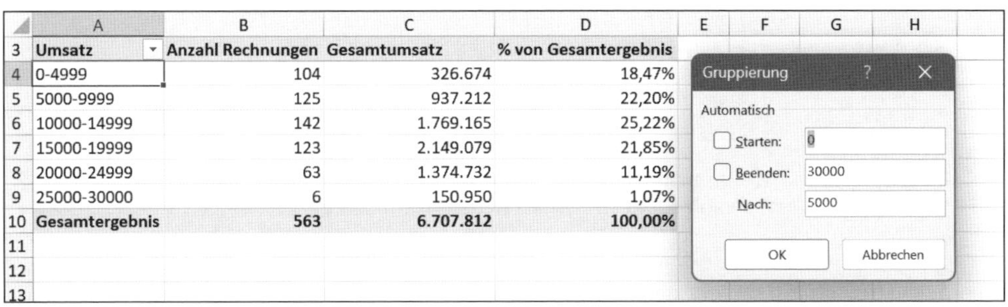


**Abbildung 4.44** Erstellen Sie eine Häufigkeitsverteilung, indem Sie die Bestellmenge in 5000-$-Buckets gruppieren.

Nach der Gruppierung des Umsatzes in Buckets (Klassen) können Sie zusätzliche Felder hinzufügen, z.B. Umsatz und % des Umsatzes, die als Prozentsatz des Gesamtergebnisses angezeigt werden.

Im Dialogfeld *Gruppierung* müssen alle Gruppen dieselbe Größe haben. Ich habe gehört, dass Leute nach einer Gruppierung in 0–100.000, 200.000–500.000 gefragt haben, aber das ist mit der Gruppierungsfunktion nicht möglich. Sie müssten den Quelldaten eine neue Spalte hinzufügen, um diese Gruppierungen zu erstellen.

## Fallstudie: Gruppieren von Textfeldern für die Neueinteilung von Bezirken

Angenommen, Sie erhalten einen Anruf vom Vizepräsidenten des Vertriebs. Die Vertriebsabteilung erwägt insgeheim eine massive Umstrukturierung der Vertriebsgebiete. Der Vizepräsident möchte einen Bericht sehen, der die Einnahmen nach der Neueinteilung der Gebiete zeigt. Sie sind schon lange genug dabei, um zu wissen, dass sich die vorgeschlagenen Regionen mehrmals ändern werden, bevor die Umstrukturierung stattfindet, daher wollen Sie derzeit noch nicht das Feld *Region* in Ihren Quelldaten ändern.

Erstellen Sie zunächst einen Bericht, der den Umsatz nach Vertriebsgebieten aufschlüsselt. Der VP of Sales schlägt vor, zwei Regionalmanager zu streichen und das Land in drei Superregionen aufzuteilen. Halten Sie die Strg-Taste gedrückt und markieren Sie die fünf Regionen, aus denen die neue Region West bestehen wird. Abbildung 4.45 zeigt die PivotTable, bevor die erste Gruppe erstellt wird.

| | A | B |
|---|---|---|
| 3 | **Vertriebsgebiet** | **Summe von Umsatz** |
| 4 | Arkla | 869.454 |
| 5 | Atlanta | 530.306 |
| 6 | Charlotte | 406.326 |
| 7 | Chicago | 184.425 |
| 8 | Cincinnati | 60.299 |
| 9 | Cleveland | 1.800.306 |
| 10 | Houston | 796.239 |
| 11 | Hunstville | 46.717 |
| 12 | Louisville | 42.316 |
| 13 | Minneapolis | 34.710 |
| 14 | New York | 1.697.263 |
| 15 | NoCal | 200.201 |
| 16 | SoCal | 39.250 |
| 17 | **Gesamtergebnis** | **6.707.812** |

**Abbildung 4.45** Verwenden Sie die Strg-Taste, um die nicht zusammenhängenden Zellen auszuwählen, aus denen die neue Region besteht.

Klicken Sie auf der Registerkarte *PivotTable-Analyse* auf *Auswahl gruppieren*. Excel fügt ein neues Feld namens *Vertriebsgebiet2* hinzu. Die fünf ausgewählten Regionen werden willkürlich zu einem neuen Gebiet namens *Gruppe1* zusammengefasst. In Abbildung 4.46 ist die Beschriftung *Gruppe1* in A4 das erste Element im neuen virtuellen Feld *Vertriebsgebiet2*. Zu den anderen Elementen im Feld *Vertriebsgebiet2* gehören Atlanta in A10, Charlotte in A12 usw. Die ähnlichen Elemente in A11 und A13 sind Elemente im ursprünglichen Feld *Vertriebsgebiet*. Seien Sie vorsichtig, während Sie die Strg-Taste gedrückt halten, um die nicht fett gedruckten Märkte für die Region Südost auszuwählen: Atlanta in Zeile 11, Charlotte in Zeile 13, Huntsville in Zeile 20 und Louisville in Zeile 22.

→

| | A | B | C |
|---|---|---|---|
| 3 | **Vertriebsgebiet2** | **Vertriebsgebiet** | **Summe von Umsatz** |
| 4 | **⊟Gruppe1** | Arkla | 869.454 |
| 5 | **Gruppe1** | Houston | 796.239 |
| 6 | **Gruppe1** | Minneapolis | 34.710 |
| 7 | **Gruppe1** | NoCal | 200.201 |
| 8 | **Gruppe1** | SoCal | 39.250 |
| 9 | **Gruppe1 Ergebnis** | | **1.939.854** |
| 10 | **⊟Atlanta** | Atlanta | 530.306 |
| 11 | **Atlanta Ergebnis** | | **530.306** |
| 12 | **⊟Charlotte** | Charlotte | 406.326 |
| 13 | **Charlotte Ergebnis** | | **406.326** |
| 14 | **⊟Chicago** | Chicago | 184.425 |
| 15 | **Chicago Ergebnis** | | **184.425** |
| 16 | **⊟Cincinnati** | Cincinnati | 60.299 |
| 17 | **Cincinnati Ergebnis** | | **60.299** |
| 18 | **⊟Cleveland** | Cleveland | 1.800.306 |
| 19 | **Cleveland Ergebnis** | | **1.800.306** |
| 20 | **⊟Hunstville** | Hunstville | 46.717 |
| 21 | **Hunstville Ergebnis** | | **46.717** |
| 22 | **⊟Louisville** | Louisville | 42.316 |
| 23 | **Louisville Ergebnis** | | **42.316** |
| 24 | **⊟New York** | New York | 1.697.263 |
| 25 | **New York Ergebnis** | | **1.697.263** |
| 26 | **Gesamtergebnis** | | **6.707.812** |

**Abbildung 4.46** Die erste Super-Region wird willkürlich als Gruppe1 bezeichnet.

Klicken Sie auf *Auswahl gruppieren*, um die Vertriebsgebiete in der angedachten Region Südost zu gruppieren. Wiederholen Sie den Vorgang, um die übrigen Vertriebsgebiete in der vorgeschlagenen Region Nordost zu gruppieren. Abbildung 4.47 zeigt, wie es aussieht, wenn Sie die Vertriebsgebiete in neue Regionen gruppiert haben. Fünf Dinge müssen noch angepasst werden: die Namen von Gruppe1, Gruppe2, Gruppe3 und Vertriebsgebiet2 sowie das Fehlen von Zwischenergebnissen für das äußere Zeilenfeld.

| | A | B | C |
|---|---|---|---|
| 3 | **Vertriebsgebiet2** | **Vertriebsgebiet** | **Summe von Umsatz** |
| 4 | **⊟Gruppe1** | Arkla | 869.454 |
| 5 | **Gruppe1** | Houston | 796.239 |
| 6 | **Gruppe1** | Minneapolis | 34.710 |
| 7 | **Gruppe1** | NoCal | 200.201 |
| 8 | **Gruppe1** | SoCal | 39.250 |
| 9 | **Gruppe1 Ergebnis** | | **1.939.854** |
| 10 | **⊟Gruppe2** | Atlanta | 530.306 |
| 11 | **Gruppe2** | Charlotte | 406.326 |
| 12 | **Gruppe2** | Hunstville | 46.717 |
| 13 | **Gruppe2** | Louisville | 42.316 |
| 14 | **Gruppe2 Ergebnis** | | **1.025.665** |
| 15 | **⊟Gruppe3** | Chicago | 184.425 |
| 16 | **Gruppe3** | Cincinnati | 60.299 |
| 17 | **Gruppe3** | Cleveland | 1.800.306 |
| 18 | **Gruppe3** | New York | 1.697.263 |
| 19 | **Gruppe3 Ergebnis** | | **3.742.293** |
| 20 | **Gesamtergebnis** | | **6.707.812** |

**Abbildung 4.47** Die Vertriebsgebiete sind gruppiert, aber Sie müssen noch einige Bereinigungen vornehmen.

→

Wenn Sie in Ihrer PivotTable die Beschriftungen *Gruppe1 Ergebnis*, *Gruppe2 Ergebnis* und *Gruppe3 Ergebnis* nicht sehen, klicken Sie mit der rechten Maustaste auf *Vertriebsgebiet2* in A2 und wählen *Feldeinstellungen*. Ändern Sie im Dialogfeld *Feldeinstellungen* den Wert der Option *Teilergebnisse* von *Keine* in *Automatisch*. Das Bereinigen des Berichts dauert nur wenige Augenblicke:

1. Wählen Sie Zelle A4. Geben Sie **West** ein, um den willkürlichen Namen *Gruppe1* zu ersetzen.
2. Wählen Sie Zelle A10. Geben Sie **Südost** ein, um den willkürlichen Namen *Gruppe2* zu ersetzen.
3. Wählen Sie A15. Geben Sie **Nordost** ein, um *Gruppe3* zu ersetzen.
4. Wählen Sie eine beliebige äußere Überschrift in A4, A10 oder A15. Klicken Sie auf der Registerkarte *PivotTable-Analyse* auf *Feldeinstellungen*.
5. Ersetzen Sie im Dialogfeld *Feldeinstellungen* den benutzerdefinierten Namen von **Vertriebsgebiet2** durch **Vorgeschlagene Region**. Abbildung 4.48 zeigt die daraus resultierende PivotTable, die für den Leiter der Vertriebsabteilung bereit ist.

| | A | B | C |
|---|---|---|---|
| 3 | **Vorgeschlagene Region** | **Vertriebsgebiet** | **Summe von Umsatz** |
| 4 | **West** | Arkla | 869.454 |
| 5 | **West** | Houston | 796.239 |
| 6 | **West** | Minneapolis | 34.710 |
| 7 | **West** | NoCal | 200.201 |
| 8 | **West** | SoCal | 39.250 |
| 9 | **West Ergebnis** | | **1.939.854** |
| 10 | **Südost** | Atlanta | 530.306 |
| 11 | **Südost** | Charlotte | 406.326 |
| 12 | **Südost** | Hunstville | 46.717 |
| 13 | **Südost** | Louisville | 42.316 |
| 14 | **Südost Ergebnis** | | **1.025.665** |
| 15 | **Nordost** | Chicago | 184.425 |
| 16 | **Nordost** | Cincinnati | 60.299 |
| 17 | **Nordost** | Cleveland | 1.800.306 |
| 18 | **Nordost** | New York | 1.697.263 |
| 19 | **Nordost Ergebnis** | | **3.742.293** |
| 20 | **Gesamtergebnis** | | **6.707.812** |

**Abbildung 4.48** Es ist nun leicht zu erkennen, dass diese Regionen stark unausgewogen sind.

Sie können wahrscheinlich vorhersagen, dass die Vertriebsabteilung die Märkte neu aufteilen muss, um die Regionen auszugleichen. Um zu den ursprünglichen Regionen zurückzukehren, markieren Sie jeweils eine der Zellen für die vorgeschlagene Region in A4, A10 und A15 und wählen *Gruppierung aufheben*. Sie können dann von vorne beginnen und die Regionen in neuen Kombinationen gruppieren.

## Datumsfelder manuell gruppieren

Ab Ende 2024 hat Microsoft die automatische Datumsgruppierung in PivotTables wieder aktiviert. Ich empfehle, diese Funktion zu deaktivieren und die Datumswerte manuell zu gruppieren, wenn sie gruppiert werden müssen.

Um die automatische Datengruppierung zu deaktivieren, gehen Sie zu *Datei | Optionen | Daten*. Das fünfte Kontrollkästchen lautet *Automatische Gruppierung von Datum/Uhrzeitspalten in PivotTables deaktivieren*. Aktivieren Sie dieses Kontrollkästchen, um die automatische Gruppierung von Datumwerten zu verhindern.

Ich bin kein Freund davon, den Algorithmus von Microsoft bestimmen zu lassen, wie gruppiert werden soll, weil die Gruppierung unvorhersehbar erscheint. Wenn sich Ihre Daten über ein ganzes Jahr erstrecken, wird die PivotTable auf eine bestimmte Weise gruppiert. Was aber, wenn Ihr Unternehmen am Neujahrsfeiertag keine Rechnungen erstellt hat? Wenn es für den 1. Januar keine Rechnungen gab, erstrecken sich Ihre Daten nicht über das gesamte Jahr, und Microsoft gruppiert sie anders. Anstatt die Gruppierung dem Zufall zu überlassen, ist es einfacher, die automatische Gruppierung zu deaktivieren und dann die Gruppierung so anzuwenden, wie Sie sie benötigen.

Excel bietet eine unkomplizierte Möglichkeit, Datumsfelder zu gruppieren. Wählen Sie eine beliebige Datumszelle in Ihrer PivotTable aus. Klicken Sie dann auf der Registerkarte *PivotTable-Analyse* in der Gruppe *Gruppieren* auf *Feld gruppieren.*

Wenn Ihr Feld Datumsinformationen enthält, wird die Datumsversion des Dialogfelds *Gruppierung* angezeigt. Standardmäßig ist die Option *Monate* ausgewählt. Sie haben die Möglichkeit, nach Sekunden, Minuten, Stunden, Tagen, Monaten, Quartalen und Jahren zu gruppieren. Es ist möglich – und in der Regel ratsam – im Dialogfeld *Gruppierung* mehr als ein Feld auszuwählen. In diesem Fall wählen Sie *Monate* und *Jahre*, wie in Abbildung 4.49 gezeigt.

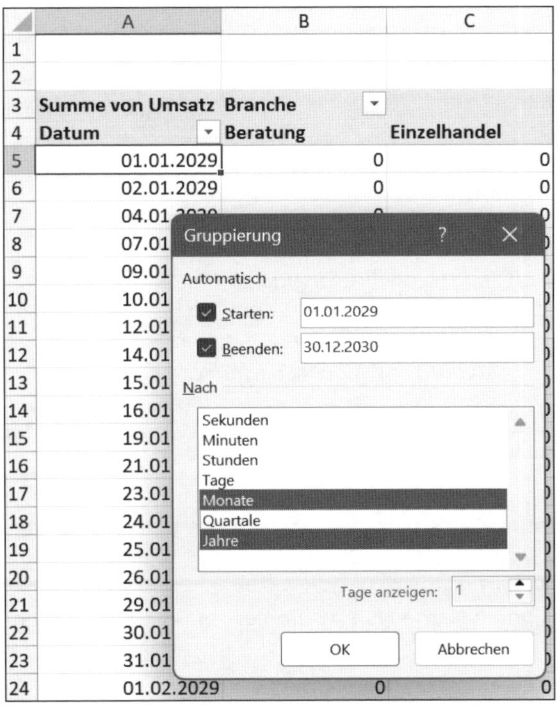


**Abbildung 4.49** Geschäftliche Nutzer von Excel gruppieren normalerweise nach Monaten (oder Quartalen) und Jahren.

An der resultierenden PivotTable lassen sich mehrere interessante Punkte erkennen. Beachten Sie zunächst, dass dem Aufgabenbereich *PivotTable-Felder* zwei virtuelle Felder namens

*Jahre (Datum)* und *Monate (Datum)* hinzugefügt wurden. Ihre Quelldaten werden nicht geändert, um die neuen Felder aufzunehmen. Stattdessen sind diese Felder jetzt Teil des Pivot-Cache im Speicher.

Ein weiterer interessanter Punkt ist, dass die Felder *Monate (Datum)* und *Jahre (Datum)* standardmäßig automatisch im Layout der PivotTable in denselben Bereich wie das ursprüngliche Datumsfeld eingefügt werden, wie in Abbildung 4.50 dargestellt. Obwohl dies automatisch geschieht, steht es Ihnen frei, Monate und Jahre auf der gegenüberliegenden Achse des Berichts zu pivotieren. Auf diese Weise lässt sich schnell ein Umsatzbericht für das gesamte Jahr erstellen.

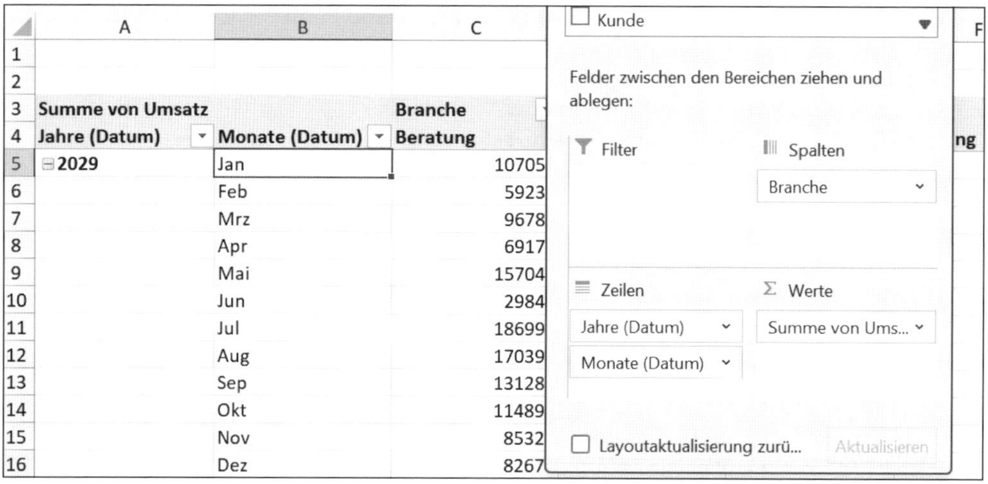


**Abbildung 4.50** Standardmäßig fügt Excel das neue gruppierte Datumsfeld dem PivotTable-Layout hinzu.

Schließlich enthalten die neu gruppierten Felder den ursprünglichen Spaltennamen in Klammern. Dies kann hilfreich sein, wenn Ihre Originaldaten mehrere Datumsspalten enthalten. So können die Daten beispielsweise ein Bestelldatum und ein Versanddatum enthalten. Wenn Sie beide nach Monaten und Jahren gruppieren, sehen Sie die neu gruppierten Felder mit Namen wie *Monate (Bestelldatum)* und *Monate (Lieferdatum).*

## Bei der Gruppierung nach Monaten die Jahre einschließen

Obwohl dieser Punkt nicht sofort offensichtlich ist, ist es wichtig zu verstehen, dass Sie bei der Gruppierung eines Datumsfelds nach Monat auch das Jahr in die Gruppierung einbeziehen müssen. Wenn Ihr Datensatz Januar 2029 und Januar 2030 enthält, führt die Auswahl von nur Monaten im Dialogfeld *Gruppierung* dazu, dass sowohl Januar 2029 als auch Januar 2030 in einer einzigen Zeile mit dem Namen *Jan* zusammengefasst werden (siehe Abbildung 4.51).

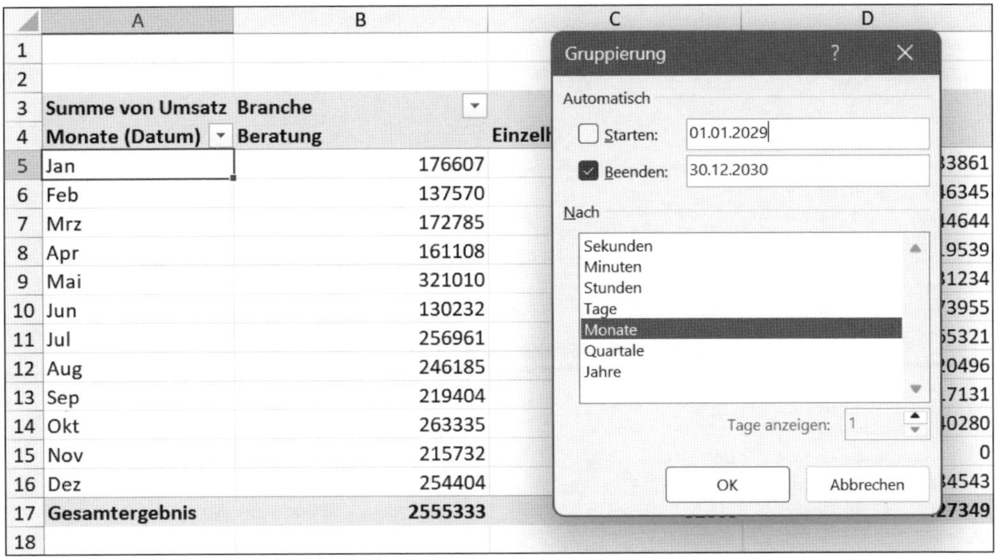


**Abbildung 4.51** Wenn Sie das Feld *Jahr* nicht in die Gruppierung einbeziehen, führt der Bericht die Verkäufe vom letzten Januar und von diesem Januar in einer einzigen Zeile mit dem Namen *Jan* zusammen.

## Datumsfelder nach Woche gruppieren

Das Dialogfeld *Gruppierung* bietet die Möglichkeit, nach Sekunde, Minute, Stunde, Tag, Monat, Quartal und Jahr zu gruppieren. Es ist auch möglich, auf wöchentlicher oder zweiwöchentlicher Basis zu gruppieren.

Der erste Schritt besteht darin, entweder einen Papierkalender oder einen elektronischen Kalender, z.B. die Kalenderfunktion in Outlook, für das betreffende Jahr zu finden. Wenn Ihre Daten am 1. Januar 2029 beginnen, ist es hilfreich zu wissen, dass der 1. Januar in diesem Jahr ein Montag ist. Sie müssen entscheiden, ob die Wochen am Sonntag oder Montag oder an einem anderen Tag beginnen sollen. Sie können zum Beispiel im gedruckten oder elektronischen Kalender nachsehen, ob der nächstgelegene Sonntag der 31. Dezember 2028 ist.

Wählen Sie eine beliebige Datumsüberschrift in Ihrer PivotTable aus. Wählen Sie dann *Feld gruppieren* auf der Registerkarte *PivotTable-Analyse*. Deaktivieren Sie im Dialogfeld *Gruppierung* alle Optionen in der Liste *Nach* und wählen Sie nur das Feld *Tage* aus. Dadurch wird das Drehfeld *Tage anzeigen* aktiviert. Um einen Bericht nach Woche zu erstellen, erhöhen Sie die Anzahl der Tage von 1 auf 7.

Als Nächstes müssen Sie das Datum im Feld *Starten* festlegen. Wenn Sie die Vorgabe akzeptieren, am 1. Januar 2029 zu beginnen, würden alle Ihre Wochenperioden von Montag bis Sonntag laufen. Wenn Sie vor dem Start einen Kalender überprüfen, wissen Sie, dass die erste Gruppe am 31. Dezember 2028 beginnen soll, damit die Wochen von Sonntag bis Montag laufen. Abbildung 4.52 zeigt die Einstellungen im Dialogfeld *Gruppierung* und den daraus resultierenden Bericht.

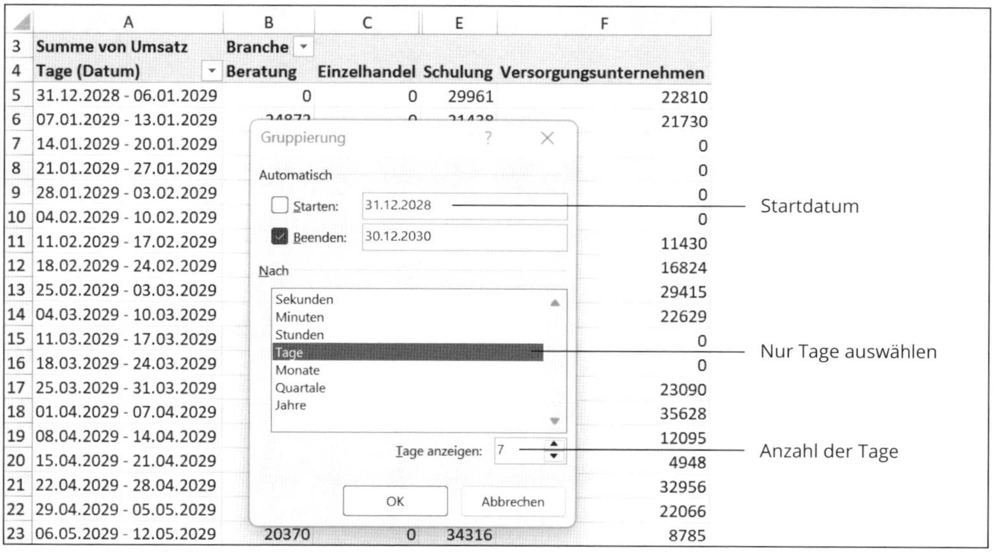


**Abbildung 4.52** Datumswerte nach Wochen gruppieren

---

Wenn Sie sich für die Gruppierung nach Woche entscheiden, kann keine der anderen Gruppierungsoptionen ausgewählt werden. Sie können dieses oder ein anderes Feld nicht nach Monat, Quartal oder Jahr gruppieren. Außerdem können Sie keine berechneten Elemente zur PivotTable hinzufügen.

---

## Einfach einen Jahresvergleichsbericht erstellen

Mit der Datumsgruppierung können Sie ganz einfach einen Jahresvergleichsbericht erstellen. Sie können die Daten entweder manuell nach Jahren gruppieren oder das Feature *Automatische Gruppierung* verwenden.

Gehen Sie folgendermaßen vor:

1. Erstellen Sie eine PivotTable mit *Jahre* im Bereich *Spalten* und *Monate* im Bereich *Zeilen*. Ziehen Sie *Umsatz* in den Bereich *Werte*.
2. Standardmäßig bietet die PivotTable eine Spalte *Gesamtergebnis* an. Klicken Sie mit der rechten Maustaste auf die Überschrift *Gesamtergebnis* und wählen Sie *Gesamtsumme entfernen*. Ihre PivotTable sieht dann wie in Abbildung 4.53 aus.
3. Ziehen Sie *Umsatz* ein zweites Mal in den Bereich *Werte*.
4. Ziehen Sie im Bereich *Spalten* die Spalte *Jahre* unter die Spalte *Werte*. Sie erhalten die in Abbildung 4.54 gezeigte PivotTable.

| | A | B | C |
|---|---|---|---|
| 3 | **Summe von Umsatz** | **Jahre (Datum)** | |
| 4 | **Monate (Datum)** | **2029** | **2030** |
| 5 | Jan | 273222 | 257524 |
| 6 | Feb | 301620 | 253977 |
| 7 | Mrz | 265793 | 210702 |
| 8 | Apr | 267766 | 271534 |
| 9 | Mai | 341412 | 313771 |
| 10 | Jun | 179555 | 239829 |
| 11 | Jul | 385767 | 297905 |
| 12 | Aug | 291661 | 270747 |
| 13 | Sep | 276524 | 233220 |
| 14 | Okt | 301903 | 308986 |
| 15 | Nov | 230273 | 278993 |
| 16 | Dez | 292057 | 363071 |
| 17 | **Gesamtergebnis** | **3407553** | **3300259** |

**Abbildung 4.53** Gruppieren Sie die Tagesdaten zu Monaten und Jahren. Ziehen Sie die Jahre, damit diese oben im Bericht erscheinen.

| | A | B | C | D | E |
|---|---|---|---|---|---|
| 3 | | **Werte** | **Jahre (Datum)** | | |
| 4 | | **Summe von Umsatz** | | **Summe von Umsatz2** | |
| 5 | **Monate (Datum)** | **2029** | **2030** | **2029** | **2030** |
| 6 | Jan | 273222 | 257524 | 273222 | 257524 |
| 7 | Feb | 301620 | 253977 | 301620 | 253977 |
| 8 | Mrz | 265793 | 210702 | 265793 | 210702 |
| 9 | Apr | 267766 | 271534 | 267766 | 271534 |
| 10 | Mai | 341412 | 313771 | 341412 | 313771 |
| 11 | Jun | 179555 | 239829 | 179555 | 239829 |
| 12 | Jul | 385767 | 297905 | 385767 | 297905 |
| 13 | Aug | 291661 | 270747 | 291661 | 270747 |
| 14 | Sep | 276524 | 233220 | 276524 | 233220 |
| 15 | Okt | 301903 | 308986 | 301903 | 308986 |
| 16 | Nov | 230273 | 278993 | 230273 | 278993 |
| 17 | Dez | 292057 | 363071 | 292057 | 363071 |
| 18 | **Gesamtergebnis** | **3407553** | **3300259** | **3407553** | **3300259** |

**Abbildung 4.54** Die beiden Jahreszahlen erscheinen zweimal oben im Bericht.

5. Doppelklicken Sie in Zelle D4 auf die Überschrift *Summe von Umsatz2*, um das Dialogfeld *Wertfeldeinstellungen* anzuzeigen.
6. Ändern Sie im Dialogfeld *Wertfeldeinstellungen* den benutzerdefinierten Namen in **% Änderung**. Öffnen Sie die Registerkarte *Werte anzeigen als*. Wählen Sie in der Dropdownliste *Werte anzeigen als* die Option *% Differenz von*. Wählen Sie in der Liste Basisfeld die Option *Jahre (Datum).* Wählen Sie in der Liste *Basiselement* die Option *(Vorheriger),* wie in Abbildung 4.55 gezeigt.

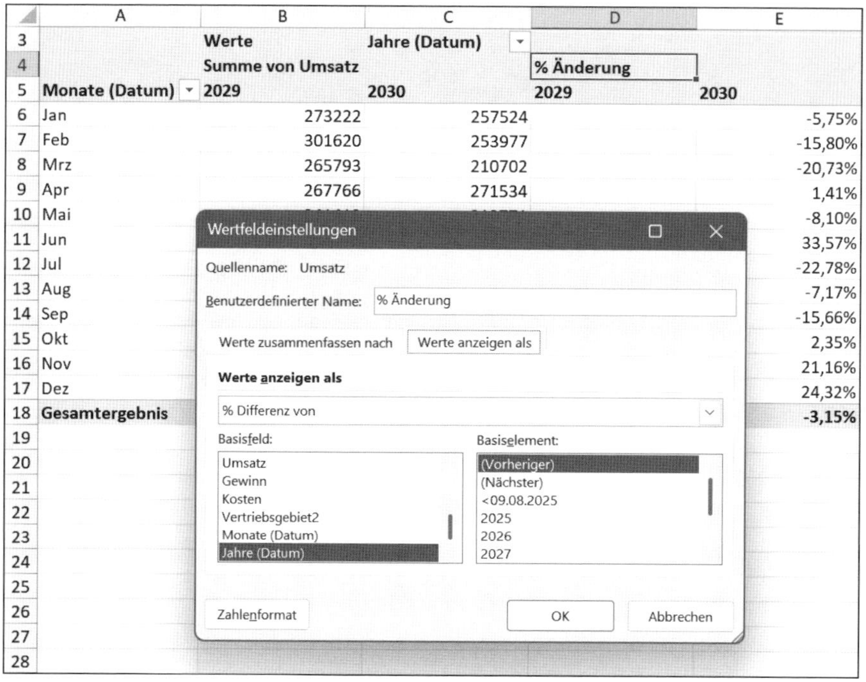


**Abbildung 4.55** Ändern der zweiten Spalte *Umsatz* in die prozentuale Differenz zum vorherigen Jahr.

7. Schließen Sie das Dialogfeld *Wertfeldeinstellungen*. In Spalte E wird die prozentuale Veränderung vom ersten zum letzten Jahr angezeigt. Spalte D bleibt leer, da die PivotTable keine Daten aus dem Jahr 2028 zum Vergleich mit 2029 enthält.
8. Blenden Sie Spalte D aus.
9. Wählen Sie in E5 die Überschrift *2030* aus. Drücken Sie `Strg`+`1` für *Zellen formatieren*. Wählen Sie auf der Registerkarte *Zahl* die Option *Benutzerdefiniert*. Geben Sie als Format **;;; "% Änderung"** ein.

Sie haben einen Bericht, der das Jahr 2029 mit dem Jahr 2030 und einer prozentualen Veränderung vergleicht. Sie können ganz einfach die Monate aus Spalte A entfernen und Region, Markt oder Produkt einfügen, um die Veränderung von Jahr zu Jahr zu sehen. Abbildung 4.56 zeigt einen Jahresvergleichsbericht für Regionen.

| | A | B | C | E |
|---|---|---|---|---|
| 3 | | **Werte** | **Jahre (Datum)** | |
| 4 | | **Summe von Umsatz** | | |
| 5 | **Region** | **2029** | **2030** | **% Änderung** |
| 6 | Midwest | 972790 | 1149266 | 18,14% |
| 7 | Northeast | 897378 | 799885 | -10,86% |
| 8 | South | 1410045 | 1238997 | -12,13% |
| 9 | West | 127340 | 112111 | -11,96% |
| 10 | **Gesamtergebnis** | **3407553** | **3300259** | **-3,15%** |

**Abbildung 4.56** Sobald Sie den Jahresbericht eingerichtet haben, können Sie in Spalte A jedes andere Feld einsetzen.

## Hierarchien erstellen

Wenn Sie Ihre PivotTable mithilfe des Datenmodells erstellen, können Sie die Diagrammsicht in Power Pivot verwenden, um eine formale Hierarchie zu erstellen.

Die Verwendung von Hierarchien wird so selten verwendet, dass Microsoft die Schaltflächen *Drilldown ausführen* und *Drillup ausführen* aus der Registerkarte *PivotTable-Analyse* des Menübands entfernt hat, um Platz für das neue Symbol *Details* zu schaffen. Hierarchien sind cool und sollten häufiger verwendet werden. Wenn Sie sie ausprobieren, müssen Sie die Symbolleiste für den Schnellzugriff oder das Menüband anpassen, um die Symbole *Drilldown ausführen* und *Drillup ausführen* hinzuzufügen.

So fügen Sie der Registerkarte *PivotTable-Analyse* des Menübands die Symbole *Drilldown ausführen* und *Drillup ausführen* hinzu:

1. Klicken Sie mit der rechten Maustaste auf das Menüband und wählen Sie *Menüband anpassen.* Excel zeigt das Dialogfeld *Excel-Optionen* an, in dem die Kategorie *Menüband anpassen* geöffnet ist.
2. Wechseln Sie in der rechten oberen Dropdown-Liste von *Hauptregisterkarten* zu *Registerkarten für Tools.*
3. Suchen Sie im rechten Listenfeld den Eintrag für *PivotTable-Analyse.* Klicken Sie auf das Symbol > links neben dem Eintrag, um die Liste der Symbole auf dieser Registerkarte zu erweitern.
4. Klicken Sie auf die Gruppe *PivotTable* direkt unter dem Eintrag *PivotTable-Analyse*. Wählen Sie unter dem Listenfeld auf der rechten Seite *Neue Gruppe*. Eine neue Gruppe mit dem Namen *Neue Gruppe (benutzerdefiniert)* wird hinter dem Eintrag *PivotTable* angezeigt.
5. Klicken Sie bei ausgewählter *Neuer Gruppe (Benutzerdefiniert)* auf das Feld *Umbenennen* direkt unter dem Listenfeld auf der rechten Seite. Geben Sie **Drill** als neuen Anzeigenamen ein. Es ist nicht wichtig, ein Symbol zu wählen. Klicken Sie auf *OK*, um das Dialogfeld *Umbenennen* zu schließen.
6. Wechseln Sie in der linken oberen Dropdown-Liste von *Häufig verwendete Befehle* zu *Alle Befehle.*
7. Blättern Sie im linken Listenfeld nach unten, bis Sie drei Einträge für *Drilldown ausführen, Drillup ausführen* sowie *Drillup ausführen* mit einem Flyoutmenü sehen. Wählen Sie den Eintrag *Drilldown ausführen,* und klicken Sie auf die Schaltfläche *Hinzufügen*>> in der Mitte des Dialogfeldes. Wiederholen Sie den Vorgang für das erste *Drillup ausführen*-Element.
8. Klicken Sie auf *OK,* um *Excel-Optionen* zu schließen. Auf der Registerkarte PivotTable-Analyse des Menübands sollten nun die Symbole *Drilldown ausführen* und *Drillup ausführen* sichtbar sein. Dies wird später in Abbildung 4.60 und Abbildung 4.61 gezeigt.

Alternativ können Sie diese Symbole auch der Symbolleiste für den Schnellzugriff hinzufügen.

Betrachten Sie die PivotTable und das PivotChart, die in Abbildung 4.57 dargestellt sind. Die PivotTable wird mithilfe des Datenmodells erstellt. Wenn Sie *PivotTable einfügen* wählen, stellen Sie sicher, dass Sie das Kontrollkästchen *Dem Datenmodell diese Daten hinzufügen* wählen.

Die PivotTable hat Regionen im Zeilenbereich und Produkte im Spaltenbereich. Das PivotChart zeigt ein gestapeltes Säulendiagramm.

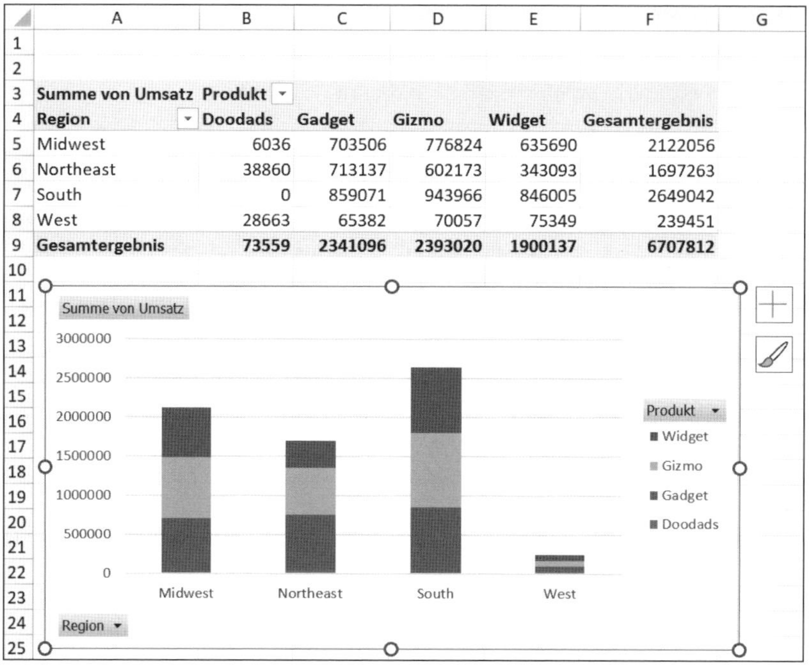

| Summe von Umsatz | Produkt | | | | |
|---|---|---|---|---|---|
| Region | Doodads | Gadget | Gizmo | Widget | Gesamtergebnis |
| Midwest | 6036 | 703506 | 776824 | 635690 | 2122056 |
| Northeast | 38860 | 713137 | 602173 | 343093 | 1697263 |
| South | 0 | 859071 | 943966 | 846005 | 2649042 |
| West | 28663 | 65382 | 70057 | 75349 | 239451 |
| **Gesamtergebnis** | **73559** | **2341096** | **2393020** | **1900137** | **6707812** |



**Abbildung 4.57** Eine PivotTable und ein PivotChart ohne Hierarchie.

Gehen Sie folgendermaßen vor, um eine Hierarchie unter *Region* hinzuzufügen:

1. Klicken Sie auf der Registerkarte *Power Pivot* des Menübands auf Verwalten.
2. Klicken Sie auf der Registerkarte *Start* des Fensters *Power Pivot für Excel* auf *Diagrammsicht*.
3. Ändern Sie die Größe der Tabelle *Range* so, dass Sie alle Felder sehen können.
4. Klicken Sie auf das oberste Feld für die Hierarchie: *Region*. Markieren Sie mit `Strg`+Klick die übrigen Mitglieder der Hierarchie: *Vertriebsgebiet* und *Vertreter*.
5. Klicken Sie mit der rechten Maustaste auf *Region* und wählen Sie *Hierarchie erstellen* (siehe Abbildung 4.58).

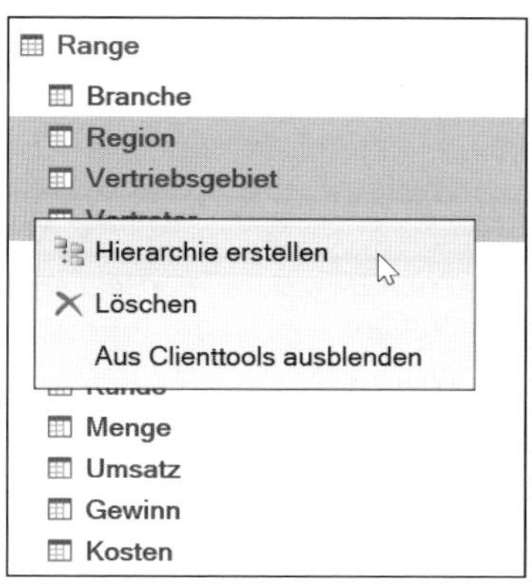


**Abbildung 4.58** Markieren Sie *Region, Vertriebsgebiet* und *Vertreter*. Klicken Sie mit der rechten Maustaste und wählen Sie *Hierarchie erstellen.*

6. Unten in der Tabelle wird *Hierarchie1* angezeigt. Klicken Sie mit der rechten Maustaste auf den Namen und wählen Sie *Umbenennen*. Geben Sie einen aussagekräftigen Namen ein, z. B. Geografie (siehe Abbildung 4.59).

**Abbildung 4.59** Die Hierarchie wird am unteren Ende der Tabelle angezeigt.

7. Überprüfen Sie sorgfältig die Reihenfolge der Hierarchie. In Abbildung 4.59 wird *Vertreter* vor *Vertriebsgebiet* angezeigt. Dies ist nicht korrekt. Klicken Sie mit der rechten Maustaste auf *Vertriebsgebiet* und wählen Sie *Nach oben*.
8. Schließen Sie das Power Pivot-Fenster und kehren Sie zu Excel zurück. Nach einer kurzen Pause werden im Bereich *PivotTable-Fe*lder der Tabellenname (Range), der Hierarchiename (Geografie) und die Bezeichnung *Weitere Felder* angezeigt.
9. Entfernen Sie *Region* aus dem Bereich *Zeilen*. Wählen Sie im Aufgabenbereich *PivotTable-Felder* die Hierarchie *Geografie*. Wie in Abbildung 4.60 zu sehen ist, erhalten Sie etwas sehr Ähnliches wie in Abbildung 4.57. Beachten Sie jedoch, dass nun im Menüband *Drilldown ausführen* aktiviert ist.

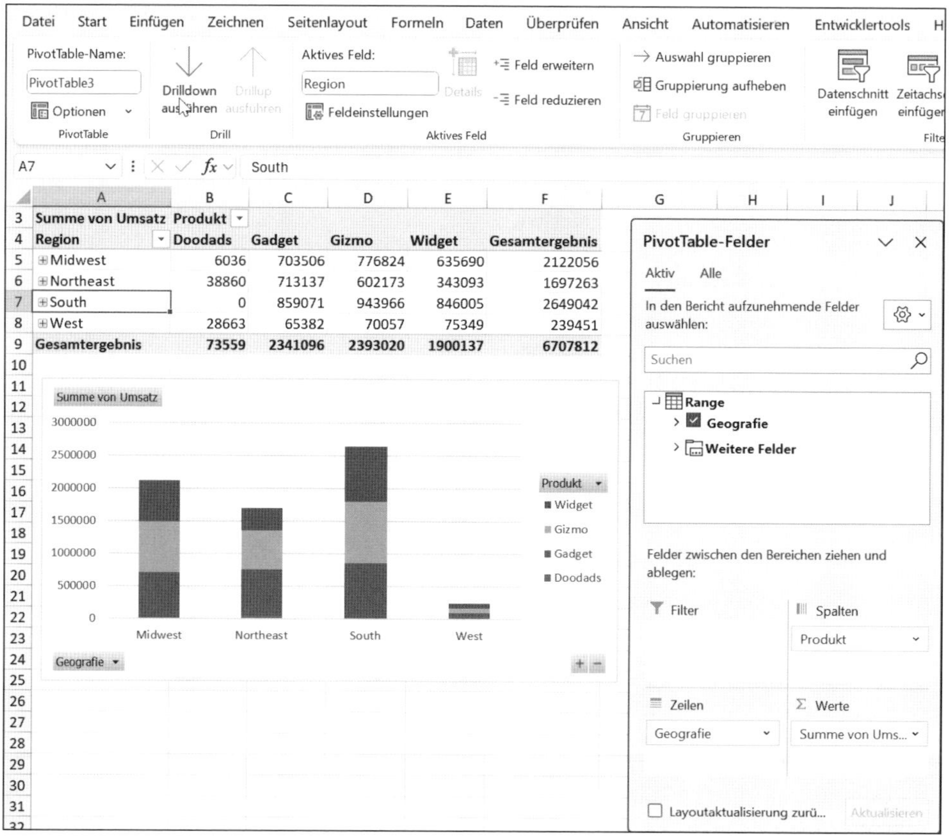


**Abbildung 4.60** Neben den einzelnen Regionen werden Pluszeichen angezeigt. Das Symbol *Drilldown ausführen* ist aktiviert.

10. Wählen Sie in Zelle A7 die Region *South* aus. Klicken Sie auf *Drilldown ausführen*. Die PivotTable und das PivotChart ändern sich und zeigen die Vertriebsgebiete in der Region *South* (siehe Abbildung 4.61).

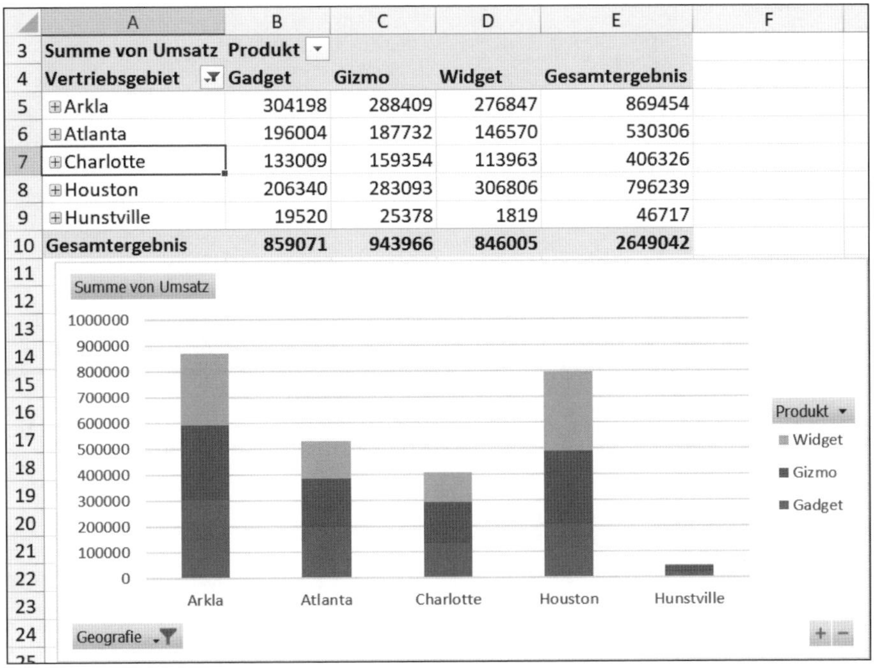

| Summe von Umsatz | Produkt | | | |
|---|---|---|---|---|
| Vertriebsgebiet | Gadget | Gizmo | Widget | Gesamtergebnis |
| ⊞Arkla | 304198 | 288409 | 276847 | 869454 |
| ⊞Atlanta | 196004 | 187732 | 146570 | 530306 |
| ⊞Charlotte | 133009 | 159354 | 113963 | 406326 |
| ⊞Houston | 206340 | 283093 | 306806 | 796239 |
| ⊞Hunstville | 19520 | 25378 | 1819 | 46717 |
| **Gesamtergebnis** | **859071** | **943966** | **846005** | **2649042** |



**Abbildung 4.61** Nach dem Drilldown in die Region *South* werden die Vertriebsgebiete dieser Region angezeigt. Das Symbol *Drillup ausführen* ist jetzt aktiviert.

Sie können *Drilldown ausführen* oder *Drillup ausführen* verwenden, um sich durch die Hierarchie zu bewegen.

# Nächste Schritte

In Kapitel 5, »Berechnungen in PivotTables durchführen«, erfahren Sie, wie Sie PivotTable-Formeln verwenden, um neue virtuelle Felder zu einer PivotTable hinzuzufügen.

KAPITEL 5

# Berechnungen in PivotTables durchführen

## Einführung in berechnete Felder und berechnete Elemente

Wenn Sie Daten mit PivotTables analysieren, müssen Sie Ihre Analyse oft erweitern, um Daten einzubeziehen, die auf Berechnungen basieren, die nicht in Ihrem ursprünglichen Dataset enthalten sind. Excel bietet mittels berechneter Felder, Measures und berechneter Elemente mehrere Möglichkeiten, innerhalb einer PivotTable Berechnungen durchzuführen.

Ein *berechnetes Feld* ist ein Datenfeld, das Sie erstellen, indem Sie eine Berechnung für vorhandene Felder in der PivotTable ausführen. Stellen Sie sich ein berechnetes Feld als eine virtuelle Spalte vor, die zu Ihrem Dataset hinzugefügt wird. Diese Spalte nimmt keinen Platz in Ihren Quelldaten ein, enthält die Daten, die Sie mit einer Formel definieren, und interagiert mit Ihren Pivot-Daten wie ein Feld – genau wie alle anderen Felder in Ihrer PivotTable.

Ein *Measure* ist ein berechnetes Feld, das in einer auf dem Datenmodell basierenden PivotTable mithilfe der Formelsprache Data Analysis Expressions (DAX) erstellt wird. Measures sind in vielen Fällen besser als berechnete Felder. Um ein Measure zu erstellen, müssen Sie beim Erstellen der PivotTable die Option *Dem Datenmodell diese Daten hinzufügen* wählen. Measures werden in Kapitel 10, »Mit dem Datenmodell und Power Pivot auf weitere Features zugreifen«, ausführlich behandelt. Weitere Informationen finden Sie in Kapitel 10 in den Abschnitten »Median in einer Pivot-Tabelle mit DAX-Measures erstellen«, »Im Wertebereich Berichtstext ausgeben« und »Zeitintelligenz verwenden«. DAX-Measures werden ebenfalls in der Fallstudie am Ende dieses Kapitels verwendet: »Fallstudie: DAX-Measures anstelle von berechneten Feldern verwenden«.

Ein *berechnetes Element* ist ein Datenelement, das Sie erstellen, indem Sie eine Berechnung mit vorhandenen Elementen in einem Datenfeld durchführen. Stellen Sie sich ein berechnetes Element als eine virtuelle Datenzeile vor, die zu Ihrem Datensatz hinzugefügt wird. Diese virtuelle Zeile nimmt keinen Platz in Ihren Quelldaten ein und enthält zusammengefasste Werte auf der Grundlage von Berechnungen, die mit anderen Zeilen im selben Feld durchgeführt wurden. Berechnete Elemente interagieren mit Ihren Pivot-Daten als Datenelemente – genau wie alle anderen Elemente in Ihrer PivotTable.

Mit berechneten Feldern und berechneten Elementen können Sie eine Formel in eine PivotTable einfügen, um Ihr eigenes benutzerdefiniertes Feld oder Datenelement zu erstellen. Die neu erstellten Daten werden Teil der PivotTable, interagieren mit anderen Pivot-Daten, werden bei der Aktualisierung neu berechnet und liefern Ihnen eine berechnete Metrik, die in Ihren Quelldaten nicht vorhanden ist.

Das Beispiel in Abbildung 5.1 zeigt, wie ein einfaches berechnetes Feld Ihren Daten eine weitere Perspektive hinzufügen kann. Ihre PivotTable zeigt den Gesamtumsatz und die Vertragsstunden für jeden Markt. Ein berechnetes Feld, das den durchschnittlichen Preis pro Stunde in Dollar anzeigt, verbessert diese Analyse und ergänzt Ihre Daten um eine weitere Dimension.

| | A | B | C | D |
|---|---|---|---|---|
| 3 | **Vertriebsgebiet** | **Umsatz_Betrag** | **Vertraglich vereinbarte Stunden** | **ø Kosten je Stunde** |
| 4 | BUFFALO | $450.478,27 | 6.864 | $65,63 |
| 5 | CALIFORNIA | $2.254.735,38 | 33.014 | $68,30 |
| 6 | CANADA | $776.245,27 | 12.103 | $64,14 |
| 7 | CHARLOTTE | $890.522,49 | 14.525 | $61,31 |
| 8 | DALLAS | $467.089,47 | 6.393 | $73,06 |
| 9 | DENVER | $645.583,29 | 8.641 | $74,71 |
| 10 | FLORIDA | $1.450.392,00 | 22.640 | $64,06 |
| 11 | KANSASCITY | $574.898,97 | 8.547 | $67,26 |
| 12 | MICHIGAN | $678.704,95 | 10.744 | $63,17 |
| 13 | NEWORLEANS | $333.453,65 | 5.057 | $65,94 |
| 14 | NEWYORK | $873.580,91 | 14.213 | $61,46 |
| 15 | PHOENIX | $570.255,09 | 10.167 | $56,09 |
| 16 | SEATTLE | $179.827,21 | 2.889 | $62,25 |
| 17 | TULSA | $628.404,83 | 9.583 | $65,57 |
| 18 | **Gesamtergebnis** | **$10.774.171,78** | **165.380** | **$65,15** |

**Abbildung 5.1** *ø Kosten je Stunde* ist ein berechnetes Feld, das Ihrer Datenanalyse eine weitere Perspektive verleiht.

Wenn Sie sich nun Abbildung 5.1 ansehen, fragen Sie sich vielleicht: »Warum sollte ich mir die Mühe machen, berechnete Felder oder berechnete Elemente zu erstellen? Warum nicht einfach Formeln in den umgebenden Zellen verwenden oder die Berechnung direkt in die Quelltabelle einfügen, um die benötigten Informationen zu erhalten?«

Um diese Fragen zu beantworten, werden wir in den nächsten Abschnitten die drei verschiedenen Methoden betrachten, die Sie verwenden können, um das berechnete Feld in Abbildung 5.1 zu erstellen:

- manuelles Hinzufügen des berechneten Feldes zu Ihrer Datenquelle
- Verwenden einer Formel außerhalb Ihrer PivotTable, um das berechnete Feld zu erstellen
- ein berechnetes Feld direkt in Ihre PivotTable einfügen

## Methode 1: Berechnetes Feld manuell zu den Quelldaten hinzufügen

Wenn Sie ein berechnetes Feld manuell zu Ihren Quelldaten hinzufügen, kann die PivotTable das Feld als reguläres Datenfeld übernehmen (siehe Abbildung 5.2). Oberflächlich betrachtet sieht diese Option einfach aus, aber diese Methode zur Vorberechnung von Metriken und deren Einbindung in Ihre Quelldaten ist auf mehreren Ebenen unpraktisch.

| | N | O | P | Q | R |
|---|---|---|---|---|---|
| 1 | Umsatz_Betrag | Vertraglich vereinb | Verkaufszeitra | Vertriebsmitarbeiter | ø Kosten je Stunde |
| 2 | $197,95 | 2 | P08 | 5060 | $98,98 |
| 3 | $197,95 | 2 | P08 | 5060 | $98,98 |
| 4 | $191,28 | 3 | P08 | 5060 | $63,76 |
| 5 | $240,07 | 4 | P11 | 44651 | $60,02 |
| 6 | $147,22 | 2 | P08 | 160410 | $73,61 |
| 7 | $163,51 | 2 | P02 | 243 | $81,76 |
| 8 | $134,01 | 3 | P02 | 243 | $44,67 |
| 9 | $134,01 | 3 | P02 | 243 | $44,67 |
| 10 | $134,01 | 3 | P02 | 243 | $44,67 |
| 11 | $239,00 | 3 | P01 | 4244 | $79,67 |
| 12 | $215,87 | 4 | P02 | 5030 | $53,97 |
| 13 | $180,57 | 4 | P02 | 64610 | $45,14 |

**Abbildung 5.2** Die vorherige Berechnung von berechneten Feldern in Ihren Quelldaten ist sowohl umständlich als auch unpraktisch.

Wenn sich die Definitionen Ihrer berechneten Felder ändern, müssen Sie zu den Quelldaten zurückkehren, die Metrik für jede Zeile neu kalibrieren und Ihre PivotTable aktualisieren. Wenn Sie eine weitere Kennzahl hinzufügen müssen, müssen Sie zu den Quelldaten zurückkehren, ein neues berechnetes Feld hinzufügen und dann den Bereich der PivotTable ändern, um das neue Feld zu erfassen.

## Methode 2: Mit einer Formel außerhalb der PivotTable ein berechnetes Feld erstellen

Sie können ein berechnetes Feld hinzufügen, indem Sie die Berechnung in einer externen Zelle mit einer Formel durchführen. In dem in Abbildung 5.3 gezeigten Beispiel wurde die Spalte *ø Kosten je Stunde* mit Formeln erstellt, die auf die PivotTable verweisen.

D4 fx =B4/C4

| | A | B | C | D |
|---|---|---|---|---|
| 3 | **Vertriebsgebiet** | **Umsatz_Betrag** | **Vertraglich vereinbarte Stunden** | ø Kosten je Stunde |
| 4 | BUFFALO | $450.478,27 | 6.864 | $65,63 |
| 5 | CALIFORNIA | $2.254.735,38 | 33.014 | $68,30 |
| 6 | CANADA | $776.245,27 | 12.103 | $64,14 |
| 7 | CHARLOTTE | $890.522,49 | 14.525 | $61,31 |
| 8 | DALLAS | $467.089,47 | 6.393 | $73,06 |
| 9 | DENVER | $645.583,29 | 8.641 | $74,71 |
| 10 | FLORIDA | $1.450.392,00 | 22.640 | $64,06 |
| 11 | KANSASCITY | $574.898,97 | 8.547 | $67,26 |

**Abbildung 5.3** Wenn Sie eine Formel neben Ihrer PivotTable eingeben, erhalten Sie ein berechnetes Feld, das aktualisiert wird, wenn die PivotTable aktualisiert wird.

Mit dieser Methode erhalten Sie zwar ein berechnetes Feld, das aktualisiert wird, wenn die PivotTable aktualisiert wird, jedoch können Änderungen an der Struktur der PivotTable dazu führen, dass die Formel unbrauchbar wird.

Wie in Abbildung 5.4 zu sehen ist, wird durch das Verschieben des Felds *Vertriebsgebiet* in den Bereich *Filter* die Struktur der PivotTable geändert – und die Schwachstelle von provisorischen berechneten Feldern, die externe Formeln verwenden, wird deutlich.

|  | A | B | C | D |
|---|---|---|---|---|
| 1 | Vertriebsgebiet | (Alle) |  |  |
| 2 |  |  |  |  |
| 3 | Umsatz_Betrag | Vertraglich vereinbarte Stunden |  | ø Kosten je Stunde |
| 4 | $10.774.171,78 | 165.380 |  | #DIV/0! |
| 5 |  |  |  | #DIV/0! |
| 6 |  |  |  | #DIV/0! |
| 7 |  |  |  | #DIV/0! |
| 8 |  |  |  | #DIV/0! |
| 9 |  |  |  | #DIV/0! |
| 10 |  |  |  | #DIV/0! |
| 11 |  |  |  | #DIV/0! |
| 12 |  |  |  | #DIV/0! |
| 13 |  |  |  | #DIV/0! |
| 14 |  |  |  | #DIV/0! |
| 15 |  |  |  | #DIV/0! |
| 16 |  |  |  | #DIV/0! |
| 17 |  |  |  | #DIV/0! |

**Abbildung 5.4** Externe Formeln können zu Fehlern führen, wenn die Struktur der PivotTable geändert wird.

## Methode 3: Berechnetes Feld direkt in eine PivotTable einfügen

Das Einfügen eines berechneten Feldes direkt in eine PivotTable ist die beste Option. Auf diese Weise entfällt die Notwendigkeit, Formeln zu verwalten, die Skalierbarkeit wird gewährleistet, wenn Ihre Datenquelle wächst oder sich ändert, und Sie sind flexibel, falls sich Ihre metrischen Definitionen ändern.

Ein weiterer großer Vorteil dieser Methode besteht darin, dass Sie die Struktur Ihrer PivotTable ändern und sogar verschiedene Datenfelder mit Ihrem berechneten Feld verwenden können, ohne sich Gedanken über Fehler in Ihren Formeln oder den Verlust von Zellbezügen machen zu müssen.

Der in Abbildung 5.5 gezeigte PivotTable-Bericht ist derselbe wie in Abbildung 5.1 mit dem Unterschied, dass er umstrukturiert wurde, um die durchschnittlichen Kosten pro Stunde nach Vertriebsgebiet und Produkt anzuzeigen.

|  | A | B | C | D | E |
|---|---|---|---|---|---|
| 3 | Vertriebsgebiet | Produkt_Beschreibung | Umsatz_Betrag | Vertraglich vereinbarte Stunden | ø Kosten je Stunde |
| 4 | ⊟BUFFALO | Cleaning & Housekeeping Services | $66.844,85 | 982 | $68,07 |
| 5 |  | Facility Maintenance and Repair | $69.569,62 | 821 | $84,74 |
| 6 |  | Fleet Maintenance | $86.460,11 | 1.439 | $60,08 |
| 7 |  | Green Plants and Foliage Care | $34.831,13 | 490 | $71,08 |
| 8 |  | Landscaping/Grounds Care | $65.465,46 | 1.172 | $55,86 |
| 9 |  | Predictive Maintenance/Preventative Maintenance | $127.307,10 | 1.960 | $64,95 |
| 10 | **BUFFALO Ergebnis** |  | **$450.478,27** | **6.864** | **$65,63** |
| 11 | ⊟CALIFORNIA | Cleaning & Housekeeping Services | $37.401,34 | 531 | $70,44 |
| 12 |  | Facility Maintenance and Repair | $281.198,37 | 3.103 | $90,62 |
| 13 |  | Fleet Maintenance | $337.224,52 | 5.737 | $58,78 |
| 14 |  | Green Plants and Foliage Care | $830.412,67 | 11.900 | $69,78 |
| 15 |  | Landscaping/Grounds Care | $248.342,72 | 3.421 | $72,59 |
| 16 |  | Predictive Maintenance/Preventative Maintenance | $520.155,76 | 8.322 | $62,50 |
| 17 | **CALIFORNIA Ergebnis** |  | **$2.254.735,38** | **33.014** | **$68,30** |

**Abbildung 5.5** Ihr berechnetes Feld bleibt funktionsfähig, auch wenn sich die Struktur oder das Layout der PivotTable ändern, weil neue Dimensionen aufgenommen werden.

Die Integration Ihrer benutzerdefinierten Berechnungen in eine PivotTable bietet unterm Strich erhebliche Vorteile, zu denen die folgenden gehören:

- Beseitigung potenzieller Formel- und Zellbezugsfehler
- Hinzufügen oder Entfernen von Daten aus der PivotTable, ohne dass die Berechnungen beeinträchtig werden
- Möglichkeit der automatischen Neuberechnung, wenn die PivotTable geändert oder aktualisiert wird
- Flexibilität zur einfachen Änderung von Berechnungen, wenn sich Ihre metrischen Definitionen ändern
- effiziente Verwaltung und Pflege Ihrer Berechnungen

---

Wenn Sie Ihre Daten in Power Pivot verschieben, können Sie die DAX-Formelsprache verwenden, um leistungsfähigere Berechnungen zu erstellen. In Kapitel 10, »Mit dem Datenmodell und Power Pivot auf weitere Features zugreifen«, erhalten Sie einen kurzen Überblick über die DAX-Formelsprache.

---

# Ein berechnetes Feld erstellen

Bevor Sie ein berechnetes Feld erstellen, benötigen Sie zunächst eine PivotTable. Erstellen Sie daher die PivotTable, die Sie in Abbildung 5.6 sehen.

| | A | B | C |
|---|---|---|---|
| 3 | **Vertriebsgebiet** | **Umsatz_Betrag** | **Vertraglich vereinbarte Stunden** |
| 4 | BUFFALO | $450.478,27 | 6.864 |
| 5 | CALIFORNIA | $2.254.735,38 | 33.014 |
| 6 | CANADA | $776.245,27 | 12.103 |
| 7 | CHARLOTTE | $890.522,49 | 14.525 |
| 8 | DALLAS | $467.089,47 | 6.393 |
| 9 | DENVER | $645.583,29 | 8.641 |
| 10 | FLORIDA | $1.450.392,00 | 22.640 |
| 11 | KANSASCITY | $574.898,97 | 8.547 |
| 12 | MICHIGAN | $678.704,95 | 10.744 |
| 13 | NEWORLEANS | $333.453,65 | 5.057 |
| 14 | NEWYORK | $873.580,91 | 14.213 |
| 15 | PHOENIX | $570.255,09 | 10.167 |
| 16 | SEATTLE | $179.827,21 | 2.889 |
| 17 | TULSA | $628.404,83 | 9.583 |
| 18 | **Gesamtergebnis** | **$10.774.171,78** | **165.380** |

**Abbildung 5.6** Erstellen Sie die hier gezeigte PivotTable.

---

Normalerweise würden die Felder im Wertebereich in Abbildung 5.6 »Summe von Umsatz_Betrag« und »Summe von Vertraglich vereinbarten Stunden« heißen. Nachdem Sie die Standard-PivotTable erstellt haben, klicken Sie in Zelle B2 und geben Sie einen neuen Namen ein: »Umsatz_Betrag «, also mit einem Leerzeichen am Ende. Benennen Sie ebenfalls C2 um, von »Summe von Vertraglich vereinbarten Stunden« in »Vertraglich vereinbarten Stunden «, ebenfalls mit einem Leerzeichen am Ende.

---

Sobald Sie eine PivotTable haben, ist es an der Zeit, Ihr erstes berechnetes Feld zu erstellen. Dazu müssen Sie das Dialogfeld *Berechnetes Feld einfügen* öffnen. Wählen Sie *PivotTable-Analyse* und klicken Sie dann in der Gruppe *Berechnungen* auf *Felder, Elemente und Gruppen.* Wenn Sie diese Option auswählen, wird eine Dropdownliste angezeigt, in der Sie *Berechnetes Feld* auswählen können, wie in Abbildung 5.7 gezeigt.

**Abbildung 5.7** Starten Sie die Erstellung Ihres berechneten Feldes, indem Sie *Berechnetes Feld* wählen.

Nachdem Sie *Berechnetes Feld* ausgewählt haben, öffnet Excel das Dialogfeld *Berechnetes Feld einfügen,* das Abbildung 5.8 zeigt.

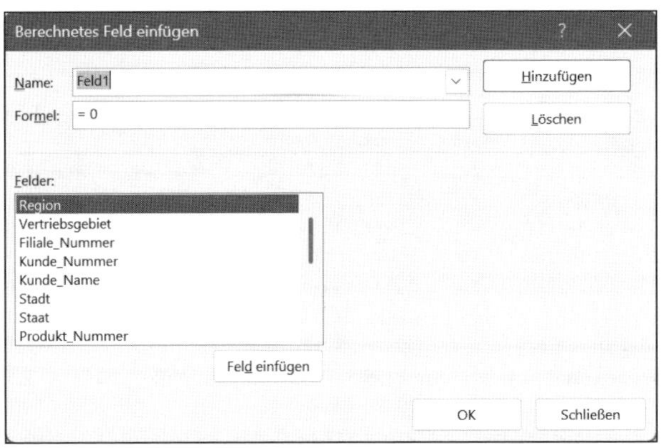


**Abbildung 5.8** Das Dialogfeld *Berechnetes Feld einfügen* unterstützt Sie bei der Erstellung eines berechneten Feldes in einer PivotTable.

Beachten Sie die beiden Eingabefelder – *Name* und *Formel* – am oberen Rand des Dialogfelds. Ziel ist es, dem berechneten Feld einen Namen zu geben und dann die Formel zu erstellen, indem Sie die Kombination von Datenfeldern und mathematischen Operatoren auswählen, die die gesuchte Metrik liefert.

Wie Sie in Abbildung 5.9 sehen, geben Sie dem berechneten Feld zunächst einen beschreibenden Namen, d.h. einen Namen, der den Zweck der mathematischen Operation beschreibt. In diesem Fall geben Sie in das Eingabefeld *Name* **ø Kosten je Stunde** ein.

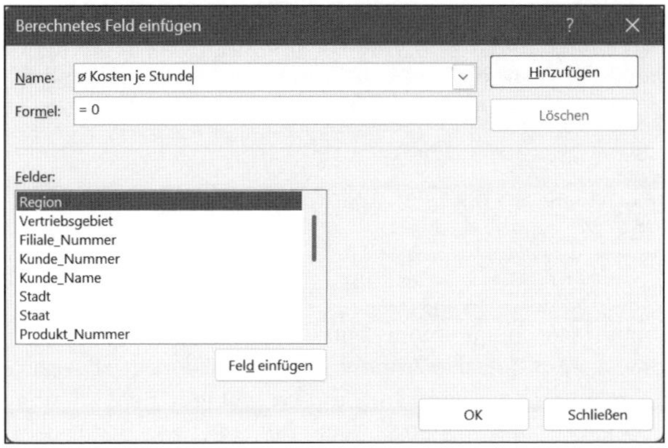


**Abbildung 5.9** Geben Sie Ihrem berechneten Feld einen beschreibenden Namen.

Wechseln Sie dann zur Liste *Felder* und doppelklicken Sie auf das Feld *Umsatz_Betrag*. Geben Sie **/** ein, um Excel mitzuteilen, dass Sie vorhaben, den Wert von *Umsatz_Betrag* durch etwas anderes zu dividieren.

---

Das Eingabefeld *Formel* im Dialogfeld *Berechnetes Feld einfügen* enthält standardmäßig = 0. Stellen Sie sicher, dass Sie die Null löschen, bevor Sie mit dem Erstellen Ihrer Formel fortfahren.

---

An dieser Stelle sollte Ihr Dialogfeld ähnlich aussehen wie in Abbildung 5.10 dargestellt.

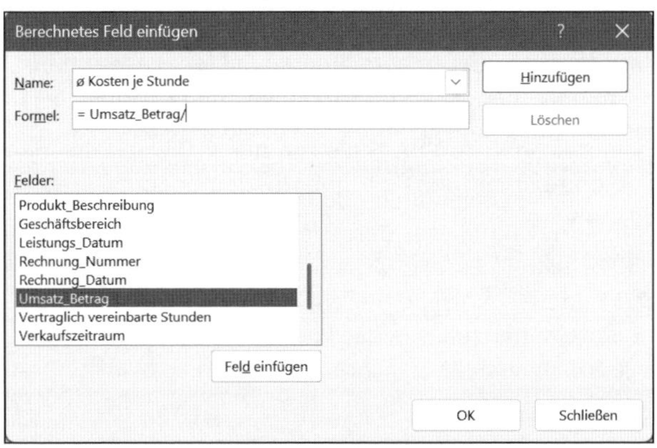


**Abbildung 5.10** Beginnen Sie Ihre Formel mit **= Umsatz_Betrag /**.

Doppelklicken Sie anschließend auf das Feld *Vertraglich vereinbarte Stunden,* um Ihre Formel zu vervollständigen (siehe Abbildung 5.11). Wählen Sie schließlich *Hinzufügen* und klicken Sie dann auf *OK,* um das neue berechnete Feld zu erstellen.

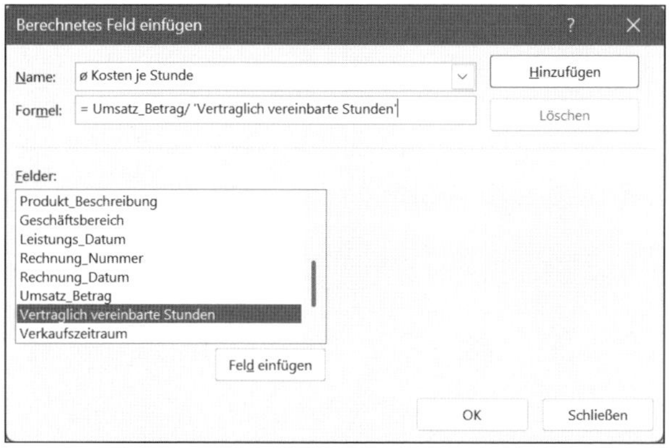


**Abbildung 5.11** Mit der vollständigen Formel *=Umsatz_Betrag/'Vertraglich vereinbarte Stunden'* erhalten Sie das berechnete Feld, das Sie benötigen.

---

Die aus einem berechneten Feld resultierenden Werte sind nicht formatiert. Sie können ganz einfach jede gewünschte Formatierung anwenden, indem Sie einige der Techniken aus Kapitel 3, »PivotTables anpassen«, verwenden.

---

Bedeutet dies, dass Sie soeben eine Spalte zu Ihrer Datenquelle hinzugefügt haben? Die Antwort lautet nein.

Berechnete Felder ähneln den standardmäßigen Berechnungen der Teilergebnisse und Gesamtergebnisse der PivotTable. Es handelt sich um mathematische Funktionen, die neu berechnet werden, wenn die PivotTable geändert oder aktualisiert wird. Berechnete Felder ahmen lediglich die echten Felder in Ihrer Datenquelle nach; Sie können sie ziehen, Feldeinstellungen ändern und sie mit anderen berechneten Feldern verwenden.

Nehmen Sie sich einen Moment Zeit und sehen Sie sich Abbildung 5.11 noch einmal genau an. Beachten Sie, dass die dort eingegebene Formel ein ähnliches Format besitzt wie die Formeln, die Sie in die Standardbearbeitungsleiste von Excel eingeben. Der offensichtliche Unterschied besteht darin, dass Sie keine Zahlen oder Zellbezüge verwenden, sondern auf Pivot-Datenfelder verweisen, um die in dieser Berechnung verwendeten Argumente zu definieren. Wenn Sie bereits mit Formeln in Excel gearbeitet haben, werden Sie das Konzept der Erstellung von berechneten Feldern schnell begreifen.

In Abbildung 5.12 ist zu sehen, dass in der PivotTable ein neues Feld mit der Bezeichnung *Summe von ø Kosten je Stunde* erstellt. Beachten Sie, dass Excel nicht nur das berechnete Feld zur PivotTable hinzufügt, sondern das neue Feld außerdem in die Liste *PivotTable-Felder* aufnimmt.

|  | A | B | C | D |
|---|---|---|---|---|
| 3 | **Vertriebsgebiet** | **Umsatz_Betrag** | **Vertraglich vereinbarte Stunden** | **Summe von ø Kosten je Stunde** |
| 4 | BUFFALO | $450.478,27 | 6.864 | 65,62911859 |
| 5 | CALIFORNIA | $2.254.735,38 | 33.014 | 68,29634034 |
| 6 | CANADA | $776.245,27 | 12.103 | 64,13660002 |
| 7 | CHARLOTTE | $890.522,49 | 14.525 | 61,30963787 |
| 8 | DALLAS | $467.089,47 | 6.393 | 73,06264195 |
| 9 | DENVER | $645.583,29 | 8.641 | 74,71164101 |
| 10 | FLORIDA | $1.450.392,00 | 22.640 | 64,06325088 |
| 11 | KANSASCITY | $574.898,97 | 8.547 | 67,26324675 |
| 12 | MICHIGAN | $678.704,95 | 10.744 | 63,1706022 |
| 13 | NEWORLEANS | $333.453,65 | 5.057 | 65,93902511 |
| 14 | NEWYORK | $873.580,91 | 14.213 | 61,46351298 |
| 15 | PHOENIX | $570.255,09 | 10.167 | 56,08882561 |
| 16 | SEATTLE | $179.827,21 | 2.889 | 62,24548633 |
| 17 | TULSA | $628.404,83 | 9.583 | 65,57495878 |
| 18 | **Gesamtergebnis** | **$10.774.171,78** | **165.380** | **65,14797303** |

**Abbildung 5.12** Sie können die Einstellungen für das neue berechnete Feld, z. B. den Feldnamen, das Zahlenformat und die Farbe, genauso ändern wie für jedes andere Feld.

## Fallstudie: Zusammenfassen der Prognose für das nächste Jahr

Alle Filialleiter Ihres Unternehmens haben ihre ersten Umsatzprognosen für das nächste Jahr vorgelegt. Ihre Aufgabe ist es, aus den übermittelten Zahlen einen zusammenfassenden Bericht zu erstellen, der Folgendes zeigt:

- Gesamtumsatzprognose nach Vertriebsgebiet
- Gesamtes prozentuales Wachstum gegenüber dem letzten Jahr
- Gesamter Deckungsbeitrag pro Vertriebsgebiet

Da es sich bei diesen Zahlen um einen ersten Durchlauf handelt und Sie wissen, dass sie sich in den nächsten zwei Wochen noch ändern werden, entscheiden Sie sich für die Verwendung einer PivotTable, um die gewünschte Zusammenfassung der Prognose zu erstellen.

Beginnen Sie mit der Erstellung der ersten PivotTable, die in Abbildung 5.13 dargestellt ist, die den Umsatz des letzten Jahres und die Prognose für das nächste Jahr für jedes Vertriebsgebiet anzeigt. Nach dem Erstellen der PivotTable werden Sie feststellen, dass Sie durch das Hinzufügen des Feldes *Prognose nächstes Jahr* im Datenbereich die erste Anforderung erfüllt haben: die Anzeige der Gesamtumsatzprognose nach Vertriebsgebiet.

→

| | A | B | C |
|---|---|---|---|
| 1 | | | |
| 2 | | | |
| 3 | **VERTRIEBSGEBIET** | **Umsatz letztes Jahr** | **Prognose nächstes Jahr** |
| 4 | BUFFALO | $450.478 | $411.246 |
| 5 | CALIFORNIA | $2.254.735 | $2.423.007 |
| 6 | CANADA | $776.245 | $746.384 |
| 7 | CHARLOTTE | $890.522 | $965.361 |
| 8 | DALLAS | $467.089 | $510.635 |
| 9 | DENVER | $645.583 | $722.695 |
| 10 | FLORIDA | $1.450.392 | $1.421.507 |
| 11 | KANSASCITY | $574.899 | $607.226 |
| 12 | MICHIGAN | $678.705 | $870.447 |
| 13 | NEWORLEANS | $333.454 | $366.174 |
| 14 | NEWYORK | $873.581 | $953.010 |
| 15 | PHOENIX | $570.255 | $746.721 |
| 16 | SEATTLE | $179.827 | $214.621 |
| 17 | TULSA | $628.405 | $661.726 |
| 18 | **Gesamtergebnis** | **$10.774.172** | **$11.620.760** |

**Abbildung 5.13** Die ursprüngliche PivotTable ist einfach, aber sie liefert die Daten für die erste Anforderung: die Anzeige der Gesamtumsatzprognose nach Vertriebsgebiet.

Die nächste Kennzahl, die Sie benötigen, ist das prozentuale Wachstum gegenüber dem Vorjahr. Um diese Daten zu erhalten, müssen Sie ein berechnetes Feld hinzufügen, das die folgende Formel verwendet:

```
(Prognose nächstes Jahr / Umsatz letztes Jahr) - 1
```

Um dies zu erreichen, gehen Sie wie folgt vor:

1. Öffnen Sie das Dialogfeld *Berechnetes Feld einfügen* und benennen Sie Ihr neues Feld **Prozentuales Wachstum** (siehe Abbildung 5.14).
2. Löschen Sie die 0 im Eingabefeld *Formel*.
3. Geben Sie eine öffnende Klammer ein **(**.

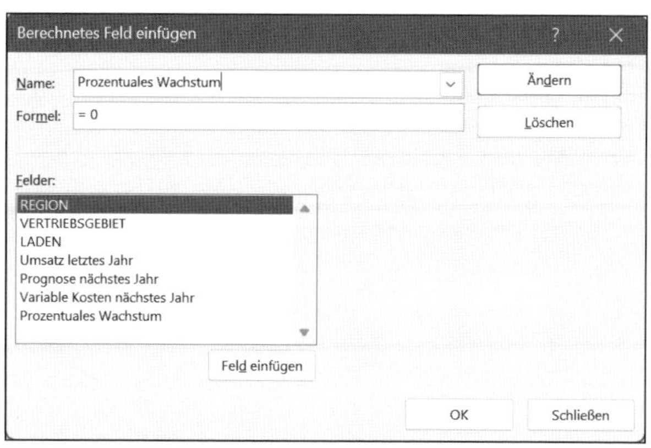


**Abbildung 5.14** Benennen Sie Ihr neues Feld **Prozentuales Wachstum**.

→

4. Doppelklicken Sie auf das Feld *Prognose nächstes Jahr*.
5. Geben Sie **/** (den Divisionsoperator) ein.
6. Doppelklicken Sie auf das Feld *Umsatz letztes Jahr.*
7. Geben Sie eine schließende Klammer ein **)**.
8. Geben Sie - (ein Minuszeichen) ein.
9. Geben Sie die Zahl 1 ein.

Jetzt sieht die Formel wie folgt aus:

```
= ('Prognose nächstes Jahr'/'Umsatz letztes Jahr')-1
```

Sie können in Ihren PivotTable-Berechnungen jede Konstante verwenden. Konstanten sind statische Werte, die sich nicht ändern. In diesem Beispiel ist die Zahl 1 eine Konstante. Während sich der Wert von *Umsatz letztes Jahr* oder *Prognose nächstes Jahr* mit ziemlicher Sicherheit basierend auf den verfügbaren Daten ändern wird, hat die Zahl 1 immer denselben Wert.

10. Nachdem Sie die vollständige Formel eingegeben haben, sollte Ihr Dialogfeld so aussehen, wie es Abbildung 5.15 zeigt.

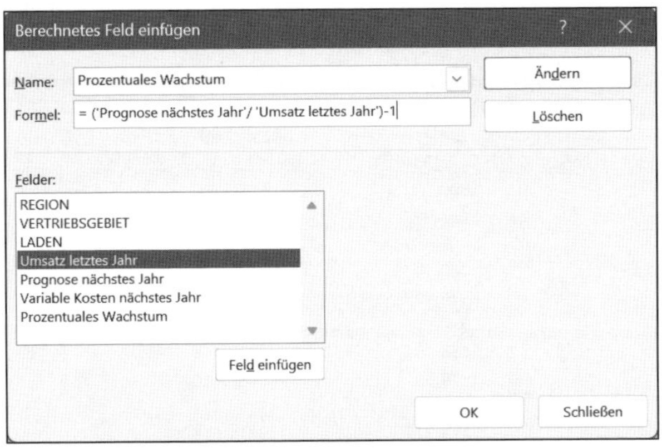


**Abbildung 5.15** Mit nur wenigen Klicks haben Sie eine Varianzformel erstellt!

11. Nachdem Sie Ihre Formel eingegeben haben, können Sie nun auf *OK* klicken, um Ihr neues Feld hinzuzufügen. Nachdem Sie das Format der resultierenden Werte in Prozentwerte geändert haben, haben Sie in Ihrer PivotTable eine schön formatierte Berechnung des prozentualen Wachstums. Jetzt sollte Ihre PivotTable wie in Abbildung 5.16 dargestellt aussehen.

→

| 3 | VERTRIEBSGEBIET | Umsatz letztes Jahr | Prognose nächstes Jahr | Summe von Prozentuales Wachstum |
|---|---|---|---|---|
| 4 | BUFFALO | $450.478 | $411.246 | -8,71% |
| 5 | CALIFORNIA | $2.254.735 | $2.423.007 | 7,46% |
| 6 | CANADA | $776.245 | $746.384 | -3,85% |
| 7 | CHARLOTTE | $890.522 | $965.361 | 8,40% |
| 8 | DALLAS | $467.089 | $510.635 | 9,32% |
| 9 | DENVER | $645.583 | $722.695 | 11,94% |
| 10 | FLORIDA | $1.450.392 | $1.421.507 | -1,99% |
| 11 | KANSASCITY | $574.899 | $607.226 | 5,62% |
| 12 | MICHIGAN | $678.705 | $870.447 | 28,25% |
| 13 | NEWORLEANS | $333.454 | $366.174 | 9,81% |
| 14 | NEWYORK | $873.581 | $953.010 | 9,09% |
| 15 | PHOENIX | $570.255 | $746.721 | 30,95% |
| 16 | SEATTLE | $179.827 | $214.621 | 19,35% |
| 17 | TULSA | $628.405 | $661.726 | 5,30% |
| 18 | **Gesamtergebnis** | **$10.774.172** | **$11.620.760** | **7,86%** |

**Abbildung 5.16** Sie haben in Ihre PivotTable eine Berechnung des prozentualen Wachstums eingefügt.

12. Mit dieser neu erstellten Ansicht Ihrer Daten können Sie leicht erkennen, dass drei Vertriebsgebiete ihre Prognosen erneut einreichen müssen, um gegenüber dem Vorjahr ein positives Wachstum zu erzielen (siehe Abbildung 5.17).

| | A | B | C | D |
|---|---|---|---|---|
| 1 | | | | |
| 2 | | | | |
| 3 | VERTRIEBSGEBIET | Umsatz letztes Jahr | Prognose nächstes Jahr | Summe von Prozentuales Wachstum |
| 4 | BUFFALO | $450.478 | $411.246 | -8,71% |
| 5 | CALIFORNIA | $2.254.735 | $2.423.007 | 7,46% |
| 6 | CANADA | $776.245 | $746.384 | -3,85% |
| 7 | CHARLOTTE | $890.522 | $965.361 | 8,40% |
| 8 | DALLAS | $467.089 | $510.635 | 9,32% |
| 9 | DENVER | $645.583 | $722.695 | 11,94% |
| 10 | FLORIDA | $1.450.392 | $1.421.507 | -1,99% |
| 11 | KANSASCITY | $574.899 | $607.226 | 5,62% |
| 12 | MICHIGAN | $678.705 | $870.447 | 28,25% |
| 13 | NEWORLEANS | $333.454 | $366.174 | 9,81% |
| 14 | NEWYORK | $873.581 | $953.010 | 9,09% |
| 15 | PHOENIX | $570.255 | $746.721 | 30,95% |
| 16 | SEATTLE | $179.827 | $214.621 | 19,35% |
| 17 | TULSA | $628.405 | $661.726 | 5,30% |
| 18 | **Gesamtergebnis** | **$10.774.172** | **$11.620.760** | **7,86%** |

**Abbildung 5.17** Sie können bereits einige Informationen aus dem berechneten Feld ablesen, das drei problematische Vertriebsgebiete identifiziert.

Nun ist es an der Zeit, sich auf die letzte Anforderung zu konzentrieren, nämlich den Gesamtdeckungsbeitrag nach Vertriebsgebieten zu ermitteln. Das ursprüngliche Dataset enthält eine Spalte für variable Kosten im nächsten Jahr, in der die Werte als negative Werte gespeichert sind. Um diese Daten zu erhalten, müssen Sie ein berechnetes Feld hinzufügen, das die folgende Formel berechnet:

```
= Prognose nächstes Jahr + Variable Kosten nächstes Jahr
```

→

Ein kurzer Blick auf Abbildung 5.17 bestätigt, dass das Feld *Variable Kosten nächstes Jahr* nicht im PivotTable-Bericht angezeigt wird. Können Sie PivotTable-Formeln mit Feldern erstellen, die derzeit nicht einmal in der PivotTable enthalten sind? Die Antwort lautet ja. Sie können jedes Feld verwenden, das Ihnen in der Liste *PivotTable-Felder* zur Verfügung steht, auch wenn das Feld selbst nicht in der PivotTable angezeigt wird.

Um dieses Feld zu erstellen, gehen Sie wie folgt vor:

1. Öffnen Sie das Dialogfeld *Berechnetes Feld einfügen* und nennen Sie Ihr neues Feld **Deckungsbeitrag**.
2. Löschen Sie die 0 im Eingabefeld *Formel*.
3. Doppelklicken Sie auf das Feld *Prognose nächstes Jahr*.
4. Geben Sie **+** (ein Pluszeichen) ein.
5. Doppelklicken Sie auf das Feld *Variable Kosten nächstes Jahr.*

Nachdem Sie die vollständige Formel eingegeben haben, sollte Ihr Dialogfeld so aussehen, wie es Abbildung 5.18 zeigt.

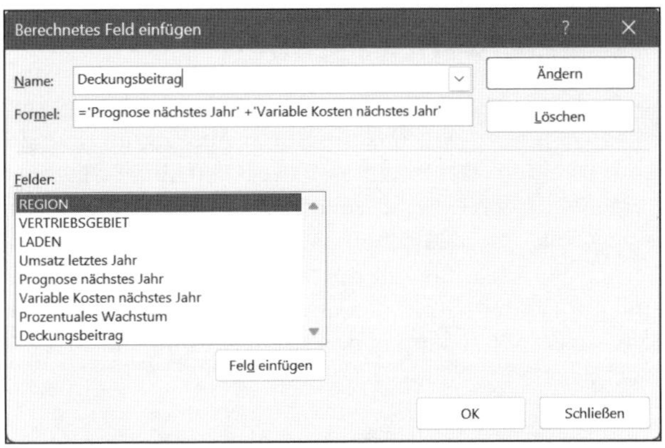


**Abbildung 5.18** Mit nur wenigen Klicks haben Sie eine Formel zur Berechnung des Deckungsbeitrags erstellt.

Nachdem Sie nun die Berechnung des Deckungsbeitrags erstellt haben, kann dieser Bericht formatiert und weitergegeben werden (siehe Abbildung 5.19).

| | A | B | C | D | E |
|---|---|---|---|---|---|
| 1 | | | | | |
| 2 | | | | | |
| 3 | **VERTRIEBSGEBIET** | **Umsatz letztes Jahr** | **Prognose nächstes Jahr** | **Summe von Prozentuales Wachstum** | **Summe von Deckungsbeitrag** |
| 4 | BUFFALO | $450.478 | $411.246 | -8,7% | -$169.546 |
| 5 | CALIFORNIA | $2.254.735 | $2.423.007 | 7,5% | $1.152.641 |
| 6 | CANADA | $776.245 | $746.384 | -3,8% | $118.415 |
| 7 | CHARLOTTE | $890.522 | $965.361 | 8,4% | $360.343 |
| 8 | DALLAS | $467.089 | $510.635 | 9,3% | -$908.021 |
| 9 | DENVER | $645.583 | $722.695 | 11,9% | -$697.393 |
| 10 | FLORIDA | $1.450.392 | $1.421.507 | -2,0% | $865.700 |
| 11 | KANSASCITY | $574.899 | $607.226 | 5,6% | -$328.773 |
| 12 | MICHIGAN | $678.705 | $870.447 | 28,3% | -$92.813 |
| 13 | NEWORLEANS | $333.454 | $366.174 | 9,8% | -$586.405 |
| 14 | NEWYORK | $873.581 | $953.010 | 9,1% | $506.335 |
| 15 | PHOENIX | $570.255 | $746.721 | 30,9% | $318.496 |
| 16 | SEATTLE | $179.827 | $214.621 | 19,3% | -$163.738 |
| 17 | TULSA | $628.405 | $661.726 | 5,3% | -$1.193.984 |
| 18 | **Gesamtergebnis** | **$10.774.172** | **$11.620.760** | **7,9%** | **-$818.743** |

**Abbildung 5.19** Der Deckungsbeitrag ist jetzt dank des berechneten Feldes ein Datenfeld in Ihrem PivotTable-Bericht.

Mit diesem PivotTable-Bericht können Sie alle neu eingehenden Daten zur Umsatzprognose einfach analysieren, indem Sie Ihren Bericht mit den neuen Daten aktualisieren.

# Ein berechnetes Element erstellen

Wie Sie zu Beginn dieses Kapitels gesehen haben, handelt es sich bei einem berechneten Element um ein virtuelles Datenelement, das Sie durch Ausführen einer Berechnung anhand vorhandener Elemente in einem Datenfeld erstellen. Berechnete Elemente sind besonders praktisch, wenn Sie eine Reihe von Datenelementen gruppieren und aggregieren müssen.

In der PivotTable in Abbildung 5.20 sehen Sie beispielsweise den Umsatz nach Verkaufszeitraum. Stellen Sie sich vor, dass Sie die durchschnittliche Performance der letzten sechs Verkaufszeiträume mit dem Durchschnitt der sieben vorhergehenden Verkaufszeiträume vergleichen müssen. Das heißt, Sie möchten den Durchschnitt von P01-P07 mit dem Durchschnitt von P08-P13 vergleichen.

| M | N |
|---|---|
| **Verkaufszeitraum** | **Summe von Umsatz_Betrag** |
| P01 | $681.864,88 |
| P02 | $1.116.915,69 |
| P03 | $657.611,29 |
| P04 | $865.498,25 |
| P05 | $925.802,36 |
| P06 | $868.930,06 |
| P07 | $640.586,92 |
| P08 | $1.170.261,79 |
| P09 | $604.552,10 |
| P10 | $891.253,45 |
| P11 | $949.604,77 |
| P12 | $887.664,89 |
| P13 | $513.625,33 |
| **Gesamtergebnis** | **$10.774.171,78** |

**Abbildung 5.20** Sie möchten die letzten sechs Verkaufszeiträume mit dem Durchschnitt der vorangegangenen sieben Verkaufsperioden vergleichen.

Beobachten Sie den Wert des Gesamtergebnisses in den nächsten Beispielen. Bei den in Abbildung 5.20 angegebenen 10,77 Millionen Dollar handelt es sich um den korrekten Betrag.

Berechnete Elemente werden immer zu einem bestimmten Feld in der PivotTable hinzugefügt. In diesem Fall berechnen Sie neue Summen entlang des Feldes *Verkaufszeitraum*. Daher müssen Sie eine der Verkaufszeitraum-Zellen auswählen und dann im Dropdownmenü *Felder, Elemente und Gruppen* den Befehl *Berechnetes Element* auswählen.

Führen Sie die folgenden Schritte aus, um die letzten sechs Verkaufszeiträume mit dem Durchschnitt der vorherigen sieben Perioden zu vergleichen:

1. Setzen Sie den Cursor auf ein beliebiges Datenelement im Feld *Verkaufszeitraum* und wählen Sie dann *Felder, Elemente und Gruppen* aus der Gruppe *Berechnungen*.
2. Wählen Sie als Nächstes den Befehl *Berechnetes Element,* wie in Abbildung 5.21 gezeigt. Wenn Sie diese Option wählen, wird das Dialogfeld *Berechnetes Element einfügen* geöffnet. Ein kurzer Blick auf Abbildung 5.22 zeigt Ihnen, dass die Titelleiste des Dialogfelds angibt, mit welchem Feld Sie arbeiten. In diesem Fall handelt es sich um das Feld *Verkaufszeitraum*. Beachten Sie außerdem, dass das Listenfeld *Elemente* automatisch mit allen Elementen im Feld *Verkaufszeitraum* gefüllt wird.
3. Sie müssen Ihrem berechneten Element einen Namen geben und dann seine Formel erstellen, indem Sie die Kombination von Datenelementen und Operatoren auswählen, die die gewünschte Kennzahl liefert.
4. In diesem Beispiel benennen Sie Ihr erstes berechnetes Element **ø Umsatz P1-P7**, wie in Abbildung 5.23 gezeigt.
5. Als Nächstes können Sie im Eingabefeld *Formel* Ihre Formel erstellen, indem Sie die entsprechenden Datenelemente aus der Liste *Elemente* auswählen. In diesem Szenario möchten Sie die folgende Formel erstellen:

```
=MITTELWERT(P01; P02; P03; P04; P05; P06; P07)
```

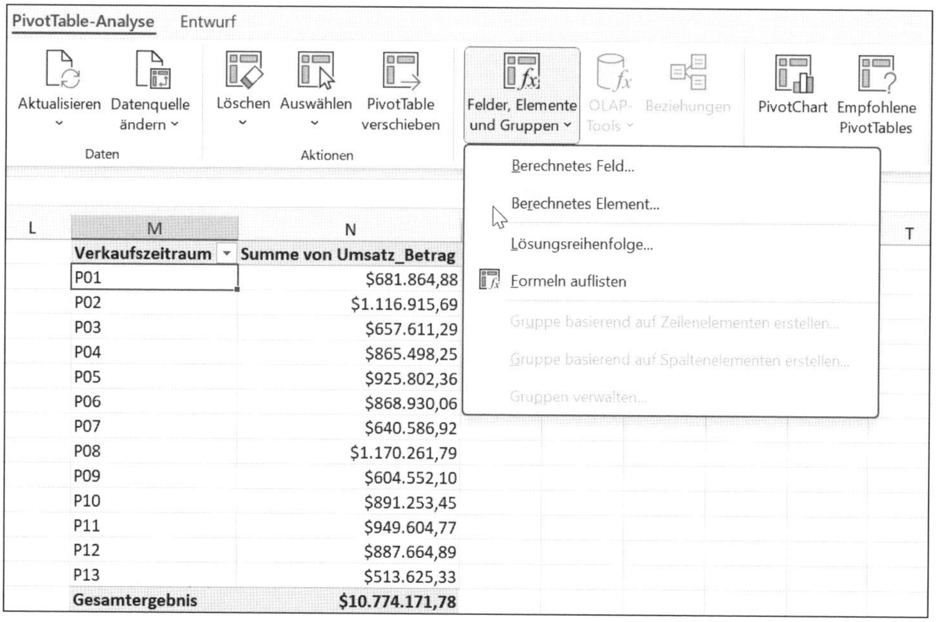


**Abbildung 5.21** Beginnen Sie die Erstellung Ihres berechneten Elements, indem Sie eine Zelle auswählen, die einen Verkaufszeitraum darstellt, und dann *Berechnetes Element* wählen.

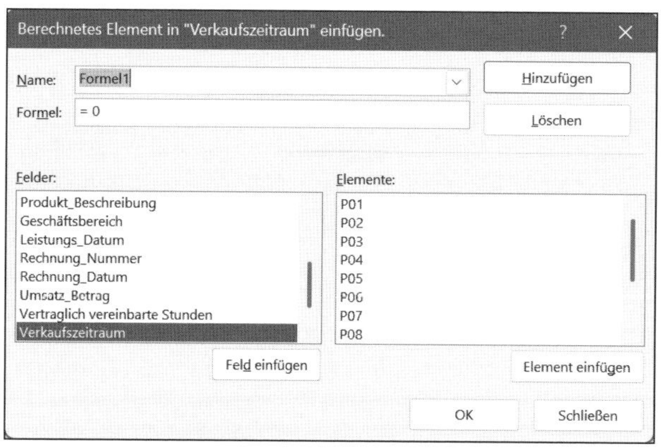


**Abbildung 5.22** Das Dialogfeld *Berechnetes Element einfügen* wird automatisch ausgefüllt, um das Feld widerzuspiegeln, mit dem Sie gerade arbeiten.

6. Geben Sie die in Abbildung 5.23 gezeigte Formel in das Feld *Formel* ein.
7. Klicken Sie auf *OK*, um Ihr neues berechnetes Element zu aktivieren. Wie Sie in Abbildung 5.24 sehen können, haben Sie jetzt ein Datenelement mit der Bezeichnung *ø Umsatz P1-P7.*

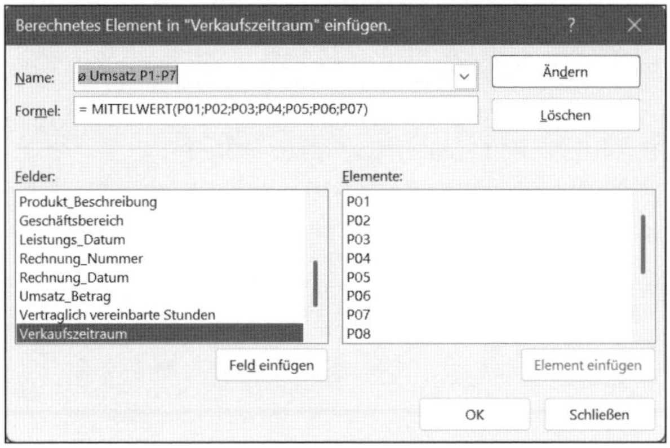


**Abbildung 5.23** Geben Sie eine Formel ein, die Ihnen den Durchschnitt von P01-P07 liefert.

| M | N |
|---|---|
| **Verkaufszeitraum** | **Summe von Umsatz_Betrag** |
| P01 | $681.865 |
| P02 | $1.116.916 |
| P03 | $657.611 |
| P04 | $865.498 |
| P05 | $925.802 |
| P06 | $868.930 |
| P07 | $640.587 |
| P08 | $1.170.262 |
| P09 | $604.552 |
| P10 | $891.253 |
| P11 | $949.605 |
| P12 | $887.665 |
| P13 | $513.625 |
| ø Umsatz P1-P7 | $822.458 |
| **Gesamtergebnis** | **$11.596.630** |

**Abbildung 5.24** Sie haben der Zeile 17 Ihrer PivotTable erfolgreich ein berechnetes Element hinzugefügt, obwohl das Gesamtergebnis jetzt falsch ist.

In der Formelsprache für berechnete Elemente gibt es eine Ungereimtheit. In der vorherigen Formel haben Sie explizit den Zeitraum 1 mit dem Feldnamen *P01* angegeben. Wenn Sie aus irgendeinem Grund nicht sicher waren, ob das Feld P01 oder M01 oder etwas anderes heißen sollte, konnten Sie auf das Element mit einer Indexnummer in eckigen Klammern verweisen. Mit `Verkaufszeitraum[1]` würden Sie beispielsweise auf den ersten in der PivotTable angezeigten Verkaufszeitraum verweisen. Dies würde die Formel verlängern zu:

```
=Mittelwert(Verkaufszeitraum[1]; Verkaufszeitraum[2];
Verkaufszeitraum[3]; Verkaufszeitraum[4]; Verkaufszeitraum[5];
Verkaufszeitraum[6]; Verkaufszeitraum[7])
```

Es ist auch möglich, eine relative Indexnummer zu verwenden. Um sich auf den Verkaufszeitraum zu beziehen, der fünf Positionen nach der berechneten Position liegt, könnten Sie `=Verkaufszeitraum[+5]` verwenden. Seltsamerweise kann die relative Indexnummer nur positiv sein, sodass es nicht möglich ist, mit einem relativen Index auf das vorherige Element in der Liste zu verweisen.

Sie können jede Tabellenblattfunktion sowohl in einem berechneten Feld als auch in einem berechneten Element verwenden. Die einzige Einschränkung ist, dass die von Ihnen verwendete Funktion nicht auf externe Zellen oder benannte Bereiche verweisen darf. Das bedeutet, dass Sie jede Arbeitsblattfunktion verwenden können, die keine Zellbezüge oder definierten Namen benötigt (z. B. `ZÄHLEN`, `MITTELWERT`, `WENN` und `ODER`).

Erstellen Sie ein berechnetes Element, um den durchschnittlichen Umsatz für P08-P13 darzustellen, wie in Abbildung 5.25 gezeigt.

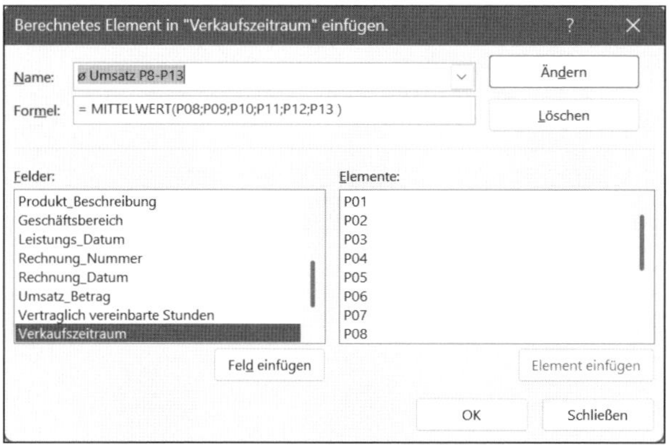


**Abbildung 5.25** Erstellen Sie ein zweites berechnetes Element.

Nun können Sie die einzelnen Verkaufszeiträume ausblenden, sodass der Bericht nur die beiden berechneten Elemente anzeigt. Wie in Abbildung 5.26 gezeigt, können Sie nach einer kleinen Formatierung anhand der berechneten Elemente die durchschnittliche Leistung der sechs jüngsten Verkaufszeiträume mit dem Durchschnitt der sieben vorherigen Zeiträume vergleichen.

| M | N |
|---|---|
| **Verkaufszeitraum** | **Summe von Umsatz_Betrag** |
| ø Umsatz P1-P7 | $690.202 |
| ø Umsatz P8-P13 | $836.160 |
| **Gesamtergebnis** | **$1.526.362** |

**Abbildung 5.26** Sie können nun die sechs jüngsten Verkaufszeiträume mit dem Durchschnitt der sieben vorhergehenden Zeiträume vergleichen.

Es ist oft ratsam, die Datenelemente auszublenden, die Sie zum Erstellen Ihres berechneten Elements verwendet haben. Beachten Sie in Abbildung 5.26, dass alle Zeiträume ausgeblendet wurden. Dadurch wird verhindert, dass Gesamt- und Zwischenergebnisse falsche Aggregationen anzeigen. Man könnte argumentieren, dass die Summe der beiden Durchschnittswerte in der Zeile *Gesamtergebnis* nicht relevant ist. Entfernen Sie das Gesamtergebnis, indem Sie *Gesamtergebnisse | Für Zeilen und Spalten deaktiviert* auswählen.

# Die Regeln und Unzulänglichkeiten von PivotTable-Berechnungen verstehen

Es gibt keine bessere Möglichkeit, Ihre Berechnungen in eine PivotTable zu integrieren, als berechnete Felder und berechnete Elemente zu verwenden. Allerdings haben berechnete Felder und berechnete Elemente auch ihre Nachteile. Es ist wichtig, dass Sie verstehen, was hinter den Kulissen geschieht, wenn Sie PivotTable-Berechnungen verwenden, und es ist noch wichtiger, die Grenzen und Einschränkungen von berechneten Feldern und berechneten Elementen zu kennen, um potenzielle Fehler bei der Datenanalyse zu vermeiden.

In den folgenden Abschnitten werden die Regeln für berechnete Felder und berechnete Elemente hervorgehoben, denen Sie bei der Arbeit mit PivotTable-Berechnungen am ehesten begegnen werden.

## Berechnungsreihenfolge und Priorität der Operatoren beachten

Genau wie in einer Tabellenkalkulation können Sie in Ihren Berechnungsformeln jeden Operator verwenden, d.h. jedes Symbol, das für eine durchzuführende Berechnung steht (+, -, *, /, %, ^). Außerdem beachten die Berechnungen in einer PivotTable, genau wie in einer Tabellenkalkulation, die Priorität der Operatoren. Mit anderen Worten: Wenn Sie eine Berechnung durchführen, die mehrere Operatoren kombiniert, wie z.B. (2+3) * 4/50%, wertet Excel die Berechnung aus und führt sie in einer bestimmten Reihenfolge durch. Die Reihenfolge der Operationen in Excel ist wie folgt:

- Elemente in Klammern auswerten
- Bereiche auswerten (:)
- Schnittpunkte auswerten (Leerzeichen)
- Vereinigungen auswerten (,)
- Negation durchführen (-)
- Prozentzahlen umrechnen (%)
- Potenzierung (^ )
- Multiplikation (*) und Division (/) durchführen, die gleichrangig sind
- Addition (+ ) und Subtraktion (-) durchführen, die gleichrangig sind
- Auswertung von Textoperatoren (&)
- Vergleiche durchführen (= ,<, >, <>, <=, >=)

**Operationen mit gleicher Priorität werden von links nach rechts ausgeführt.**

Betrachten Sie dieses einfache Beispiel. Die richtige Antwort auf `(2+3)*4` ist 20. Wenn Sie jedoch die Klammern weglassen, sodass Sie 2+3*4 erhalten, führt Excel die Berechnung wie folgt aus: 3*4 = 12 + 2 = 14. Die Rangfolge der Operatoren schreibt vor, dass Excel die Multiplikation vor der Addition ausführt. Durch die Eingabe von 2+3*4 erhalten Sie die falsche Antwort. Da Excel alle Berechnungen in Klammern zuerst auswertet und durchführt, erhalten Sie das richtige Ergebnis, indem Sie die 2+3 in Klammern einfassen.

Hier ist ein weiteres, oft verwendetes Beispiel. Wenn Sie `10^2`, also den Exponenten 10 hoch 2, in eine Formel eingeben, gibt Excel 100 als Antwort aus. Wenn Sie `-10^2` eingeben, erwarten Sie, dass -100 das Ergebnis ist, aber stattdessen gibt Excel wieder 100 zurück. Der Grund dafür ist, dass Excel die Negation vor der Potenzierung durchführt, d.h., Excel wandelt

10 in -10 um, bevor es die Potenzierung vornimmt, und berechnet somit -10*-10, was tatsächlich 100 ergibt. Wenn Sie in der Formel Klammern verwenden, also -(10^2), berechnet Excel den Exponenten, bevor es die Antwort negiert, und Sie erhalten -100.

Wenn Sie die Reihenfolge der Operationen verstehen, können Sie vermeiden, dass Ihre Daten falsch berechnet werden.

## Zellbezüge und benannte Bereiche verwenden

Wenn Sie Berechnungen in einer PivotTable erstellen, arbeiten Sie im Wesentlichen in einem Vakuum. Die einzigen Daten, die Ihnen zur Verfügung stehen, sind die Daten, die im Pivot-Cache vorhanden sind. Daher können Sie in Ihrer Formel nicht auf Zellen oder benannte Bereiche außerhalb des Pivot-Caches verweisen.

## Arbeitsblattfunktionen verwenden

Wenn Sie berechnete Felder oder berechnete Elemente erstellen, können Sie in Excel jede Arbeitsblattfunktion verwenden, die numerische Werte als Argumente akzeptiert und numerische Werte als Ergebnis zurückgibt. Einige der vielen Funktionen, die in diese Kategorie fallen, sind ANZAHL, MITTELWERT, WENN, UND, NICHT und ODER.

Einige Beispiele für Funktionen, die Sie nicht verwenden können, sind SVERWEIS, INDEX, SUMMEWENN, ZÄHLENWENN, LINKS und RECHTS. Auch diese Funktionen können nicht verwendet werden, da sie entweder Zellfeldreferenzen erfordern oder Textwerte als Ergebnis zurückgeben.

## Konstanten verwenden

Sie können jede Konstante in Ihren PivotTable-Berechnungen verwenden. Konstanten sind statische Werte, die sich nicht ändern. In der Formel [Verkaufte Einheiten]*5 ist 5 zum Beispiel eine Konstante. Obwohl sich der Wert von Verkaufte Einheiten je nach den verfügbaren Daten ändern kann, hat 5 immer denselben Wert.

## Verweis auf Gesamt- oder Teilergebnisse

Ihre Berechnungsformeln können nicht auf die Teilergebnisse oder die Gesamtergebnisse einer PivotTable verweisen, d.h., Sie können ein Teilergebnis oder Gesamtergebnis nicht als Variable oder als Argument in einem berechneten Feld verwenden. Measures, die mit der Formelsprache DAX erstellt werden, können diese Einschränkung umgehen.

## Spezifische Regeln für berechnete Felder

Berechnete Felder werden nicht in allen Fällen funktionieren. Manchmal ist es besser, die Zwischenberechnung zum ursprünglichen Dataset hinzuzufügen.

Betrachten Sie das in Abbildung 5.27 gezeigte sehr einfache Dataset. Sie hatten in Q1 zwei Verkäufe von Äpfeln. Der erste Verkauf waren fünf Kisten zu 20 $ und dann fünf Kisten zu 25 $. Der Gesamtumsatz in Q1 sollte 225 $ betragen, was sich durch Berechnung von =SUMME(5*20;5*25) ergibt.

| | A | B | C | D | E | F | G |
|---|---|---|---|---|---|---|---|
| 1 | Qtr | Produkt | Anzahl | Preis | | Ergebnis Q1 Apfel | |
| 2 | 1 | Apfel | 5 | 20 | | 100 | |
| 3 | 1 | Apfel | 5 | 25 | | 125 | |
| 4 | 1 | Banane | 3 | 28 | | 225 | |
| 5 | 1 | Banane | 2 | 33 | | | |
| 6 | 1 | Kirsche | 3 | 42 | | | |

**Abbildung 5.27** Der Gesamtumsatz für Äpfel in Q1 sollte 225 $ betragen.

In der PivotTable wird dies auf mehreren Ebenen falsch berechnet. In Zelle L2 in Abbildung 5.28 werden die beiden Stückpreise addiert, was zu einer sinnlosen Antwort von 45 $ führt. Das berechnete Feld in M2 nimmt dann die korrekte Gesamtzahl von 10 Kisten Äpfeln mal den falschen Preis von 45 $ und kommt so auf 450 $ als Gesamtumsatz für Äpfel im ersten Quartal. Erinnern Sie sich, dass die richtige Antwort aus Abbildung 5.27 225 $ hätte lauten müssen. Das Problem verschlimmert sich bei einem Q1-Gesamtumsatz von 9424 $, wobei die korrekte Antwort 1192 $ gewesen wäre. Die Probleme werden noch schlimmer. In der Abbildung ist nicht zu sehen, dass die PivotTable auf der Ebene der Gesamtergebnisse 137.372 $ anzeigt, der korrekte Wert ist 4257 $.

Anhand des Beispiels in Abbildung 5.28 könnte man meinen, dass die Regel lautet, dass PivotTables zuerst die Summe bilden und dann das berechnete Feld die Summenzahlen multipliziert. Dies ist jedoch nicht immer der Fall.

| I | J | K | L | M |
|---|---|---|---|---|
| Qtr | Produkt | Summe von Anzahl | Summe von Preis | Summe von AnzahlMalPreis |
| | ⊟1 Apfel | 10 | 45 | 450 |
| | 1 Banane | 5 | 61 | 305 |
| | 1 Dill | 11 | 109 | 1199 |
| | 1 Kirsche | 5 | 89 | 445 |
| **1 Ergebnis** | | **31** | **304** | **9424** |
| | ⊟2 Apfel | 7 | 39 | 273 |
| | 2 Banane | 12 | 51 | 612 |

**Abbildung 5.28** Diese PivotTable war falsch, bevor sie zum berechneten Feld in Spalte M kam.

Ausgehend von Abbildung 5.28 scheint die Regel zu sein, dass die PivotTable zuerst die Aggregation durchführt und dann die Formeln im berechneten Feld verwendet. Betrachten Sie jedoch ein anderes Beispiel aus demselben Dataset. Ihr Manager möchte den niedrigsten Preis für Äpfel, den höchsten Preis für Äpfel und die Differenz zwischen beiden wissen.

Ziehen Sie *Preis* zwei weitere Male in den Bereich *Werte*. Doppelklicken Sie auf die Überschrift in N1, und ändern Sie die Berechnung in *Min*. Doppelklicken Sie auf die Überschrift in O1, und ändern Sie die Berechnung in *Max*. Die Zahlen in den Spalten N und O sind korrekt.

Fügen Sie dann aber ein berechnetes Feld mit `MAX(Preis) - MIN(Preis)` hinzu, wie in Abbildung 5.29 gezeigt. Wenn Excel die Aggregation zuerst durchführt, sollte das Ergebnis dieser Formel `25-20` oder 5 lauten. Die Antwort ist jedoch `0`. Das bedeutet, dass Excel folgende Berechnung durchführt: `=SUMME(MAX(D2)-MIN(D2);MAX(D3)-MIN(D3))`.

Warum ändert das Berechnungsmodul die Methoden? Wenn Sie im Excel-Team in Redmond arbeiten würden, könnten Sie archäologische Forschungen im Quellcode durchführen, um dahinterzukommen. Die einfachere Methode besteht jedoch darin, von berechneten Feldern zu Measures zu wechseln, wie in der folgenden Fallstudie beschrieben.

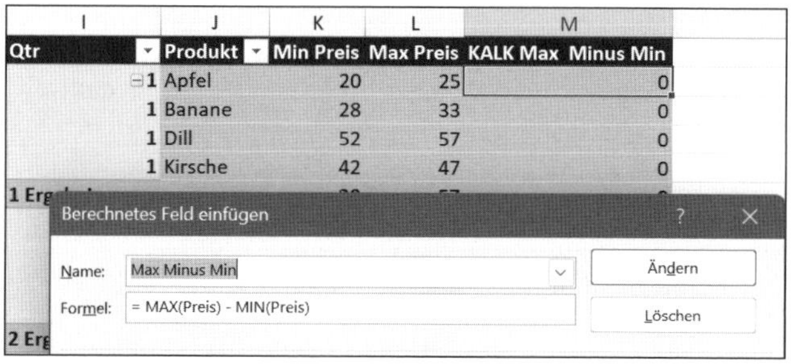


**Abbildung 5.29** Min und Max funktionieren gut, aber Max minus Min schlägt als berechnetes Feld fehl.

## Fallstudie: DAX-Measures anstelle von berechneten Feldern verwenden

Sie können dieses Problem mit einer Kombination aus Power Query, dem Datenmodell und einem DAX-Measure korrekt lösen:

1. Wählen Sie eine Zelle in Ihren Daten aus und wählen Sie *Start | Als Tabelle formatieren.*
2. Ändern Sie auf der Registerkarte *Tabellenentwurf* den Namen Ihrer Tabelle von *Tabelle1* in **OriginalDaten** ab.
3. Wählen Sie auf der Registerkarte *Daten* in der Gruppe *Daten abrufen und transformieren* die Option *Aus Tabelle/Bereich.*
4. Wählen Sie im Power Query-Editor den Befehl *Spalte hinzufügen | Benutzerdefinierte Spalte.* Definieren Sie *Umsatz* als `=[Anzahl]*[Preis]` (siehe Abbildung 5.30).

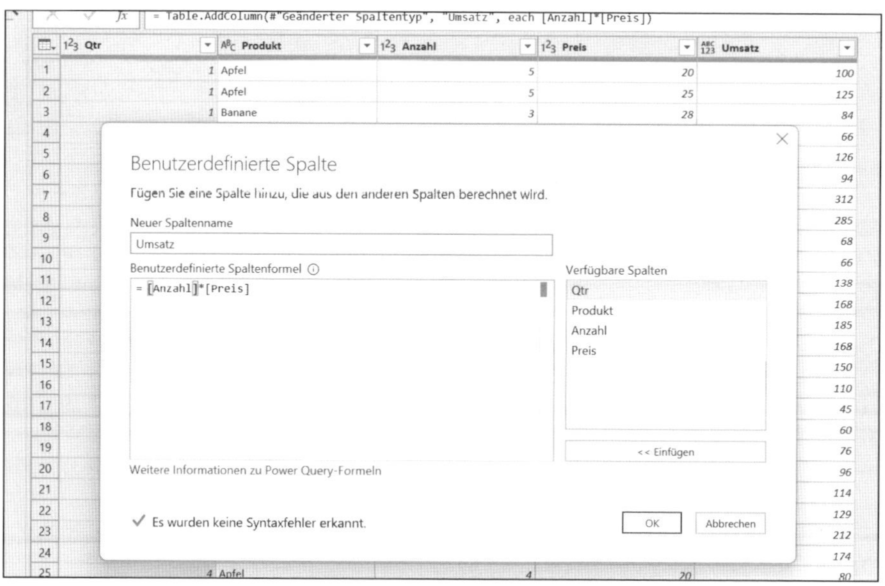


**Abbildung 5.30** Fügen Sie im Power Query-Editor eine virtuelle Berechnung auf Zeilenebene hinzu.

→

5. Wählen Sie im in Power Query-Editor Ihre neue Spalte *Umsatz* aus. Öffnen Sie auf der Registerkarte Transformieren das Dropdownmenü *Datentyp* und wählen Sie *Währung*.
6. Ändern Sie oben rechts im Power Query-Editor den Namen von *OriginalDaten* in **DatenMitUmsatz**.
7. Öffnen Sie im Power Query-Editor auf der Registerkarte *Start* das Dropdownmenü *Schließen & Laden*. Wählen Sie *Schließen & laden in.*
8. Wählen Sie im Dialogfeld *Daten importieren* die Option *Nur Verbindung erstellen.* Aktivieren Sie das Kontrollkästchen *Dem Datenmodell diese Daten hinzufügen* und klicken Sie auf *OK* (siehe Abbildung 5.31).

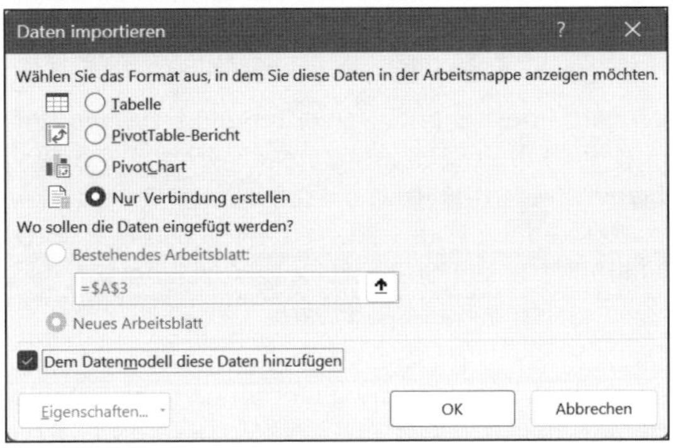


**Abbildung 5.31** Laden Sie die Abfrage als Verbindung in das Datenmodell.

9. Fügen Sie in die Arbeitsmappe ein neues leeres Arbeitsblatt ein.
10. Wählen Sie auf dem leeren Arbeitsblatt den Befehl *Einfügen | PivotTable | Aus dem Datenmodell* (siehe Abbildung 5.32).

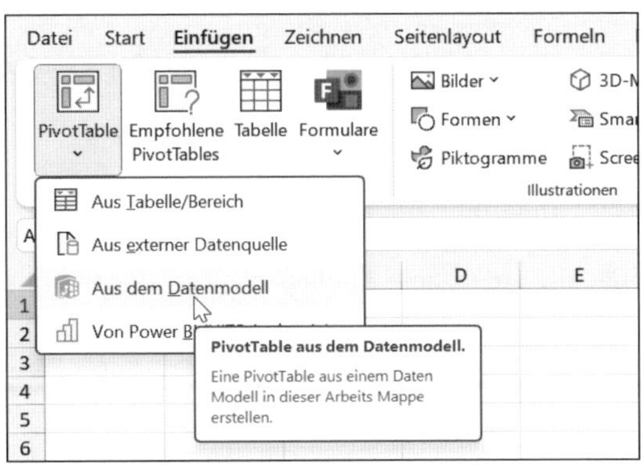


**Abbildung 5.32** Lassen Sie die PivotTable aus dem Datenmodell erstellen.

11. Klicken Sie im Dialogfeld *PivotTable aus dem Datenmodell erstellen* auf *OK* (siehe Abbildung 5.33).

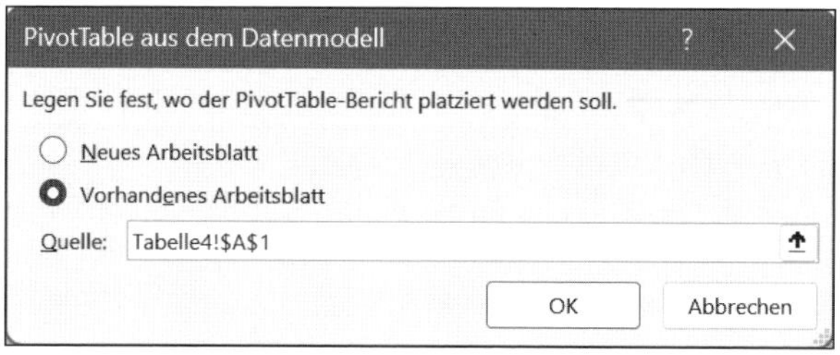


**Abbildung 5.33** Wenn Sie angeben, dass die PivotTable aus dem Datenmodell erstellt werden soll, bleibt nur noch die Frage: »Wo soll die PivotTable stehen?«

12. In der Liste *PivotTable-Felder* sehen Sie zwei Tabellen: *OriginalDaten* und *DatenMitUmsatz*. Erweitern Sie die Tabelle *DatenMitUmsatz*. Ziehen Sie *Qtr* und *Produkt* in den Bereich *Zeilen*. Ziehen Sie *Anzahl* und *Umsatz* in den Bereich *Werte*. Zu diesem Zeitpunkt ist der *Umsatz* in Spalte D korrekt. In den nächsten Schritten wird versucht, die Min-, Max- und Delta-Werte der Stückpreise anzuzeigen.
13. Ziehen Sie *Preis* zweimal in den Bereich *Werte*.
14. Doppelklicken Sie auf die Überschrift für den ersten Preis und ändern Sie den Berechnungstyp in *Min*. Ändern Sie den Feldnamen in **Min Preis**.
15. Doppelklicken Sie auf die Überschrift für den zweiten Preis. Ändern Sie den Berechnungstyp in *Max*. Ändern Sie Sie den Feldnamen in **Max Preis**.

---

Wenn Sie einem Power Pivot-Profi zuhören, wie beispielsweise meinem guten Freund Rob Collie von P3Adaptive.com, wird er Ihnen sagen, dass die Schritte 14 und 15 ein Paar böser »impliziter Measures« geschaffen haben. Rob wird Sie eindringlich warnen, niemals implizite Measures zu verwenden. Ich glaube generell, dass Rob in seiner Jugend im Power Pivot-Team wirklich schlechte Erfahrungen mit impliziten Kennzahlen gemacht haben muss. Ich bin mir sicher, dass Rob einen Grund hat, der weit über meinen Horizont hinausgeht, warum er sie als böse bezeichnet. Aber hier ist mein Geständnis: Ich höre Rob das jetzt seit 15 Jahren sagen, und seit 15 Jahren habe ich Rob ignoriert und implizite Measures ständig verwendet. In diesen 15 Jahren ist mir nichts Böses widerfahren. Nichts. Mein Haar ist etwas grauer geworden, aber das liegt nicht an diesen impliziten Measures.

Nun weiß ich, dass Rob sehr beschäftigt ist, weil er im ganzen Land Power Pivot-Seminare hält, und ich weiß, dass er nie Zeit haben wird, dieses Buch zu lesen, insbesondere diese Seite.

Aber tun Sie mir einen Gefallen: Wenn Sie Rob Collie jemals in einer dunklen Gasse begegnen, sagen Sie ihm bitte nicht, dass ich Sie dazu ermutige, implizite Measures zu verwenden. Das sollte unter uns bleiben.

---

→

16. Klicken Sie in der Liste *PivotTable-Felder* mit der rechten Maustaste auf die Überschrift *DatenMitUmsatz* und wählen Sie *Measure hinzufügen.*
17. Geben Sie im Dialogfeld *Measure* als *Measurenamen* **Max Minus Min** ein.
18. Wechseln Sie zum Feld *Formel*. Wenn dort noch kein Gleichheitszeichen steht, geben Sie eins ein, gefolgt von einer öffnenden eckigen Klammer: **=[**. Daraufhin wird eine Liste mit allen Feldern angezeigt. Wählen Sie in der Liste `[Max von Preis]` aus. Geben Sie ein Minuszeichen und eine weitere öffnende eckige Klammer ein: **-[**. Wählen Sie `[Min von Preis]` (siehe Abbildung 5.34). Verwenden Sie optional das Listenfeld *Kategorie*, um die Berechnung als Währung mit 0 Dezimalstellen zu klassifizieren.

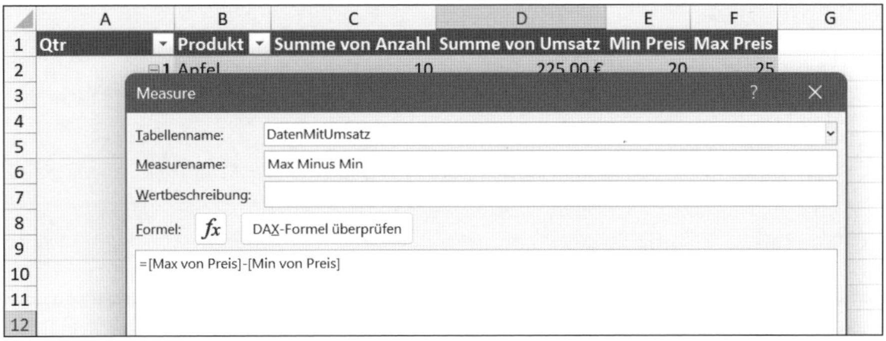


**Abbildung 5.34** Erstellen Sie ein Measure mit DAX.

Klicken Sie auf *OK*, um das Hinzufügen des Measure zu beenden. Warten Sie. Warten Sie noch etwas länger. Mit Ihrer PivotTable passiert nichts. Ich werde jedes Mal von diesem Problem eingeholt. Man sollte meinen, dass Excel das neue Measure automatisch zur PivotTable hinzufügt, aber das tut es nicht. Stattdessen wird die neue Max-Minus-Minus-Kennzahl mit einem *fx*-Logo in der Liste *PivotTable-Felder* angezeigt (siehe Abbildung 5.35). Da frage ich mich: »Warum habe ich mir die Mühe gemacht, diese Kennzahl hinzuzufügen, wenn ich sie nicht in die PivotTable aufnehmen wollte?« Aber sehen Sie, ich schätze das Excel- und das PivotTable-Team und würde daher solche Gedanken niemals laut äußern.

→

**Abbildung 5.35** Sie haben das Measure definiert, aber Excel fügt es nicht automatisch in die PivotTable ein.

19. Wählen Sie das Feld *fx Max Minus Min* in der Liste *PivotTable-Felder*. Das Feld wird automatisch in den Bereich *Werte* eingefügt.

Das Ergebnis ist in Abbildung 5.36 dargestellt. Die Berechnung für *Max Minus Min* ist auf allen Ebenen korrekt. Betrachten Sie Zeile 6 mit dem Gesamtergebnis für das 1. Quartal. Der Min-Preis für dieses Quartal für Äpfel war 20 €. Der Maximalpreis für Dill betrug 57 €. Der Max-Minus-Minus-Wert in G6 beträgt 37 €.

| | A | B | C | D | E | F | G |
|---|---|---|---|---|---|---|---|
| 1 | Qtr | Produkt | Summe von Anzahl | Summe von Umsatz | Min Preis | Max Preis | Max Minus Min |
| 2 | ⊟1 | Apfel | 10 | 225,00 € | 20 | 25 | 5,00 € |
| 3 | | Banane | 5 | 150,00 € | 28 | 33 | 5,00 € |
| 4 | | Dill | 11 | 597,00 € | 52 | 57 | 5,00 € |
| 5 | | Kirsche | 5 | 220,00 € | 42 | 47 | 5,00 € |
| 6 | **1 Ergebnis** | | **31** | **1.192,00 €** | **20** | **57** | **37,00 €** |
| 7 | ⊟2 | Apfel | 7 | 134,00 € | 17 | 22 | 5,00 € |
| 8 | | Banane | 12 | 306,00 € | 23 | 28 | 5,00 € |
| 9 | | Dill | 5 | 260,00 € | 50 | 55 | 5,00 € |
| 10 | | Kirsche | 9 | 353,00 € | 37 | 42 | 5,00 € |
| 11 | **2 Ergebnis** | | **33** | **1.053,00 €** | **17** | **55** | **38,00 €** |
| 12 | ⊟3 | Apfel | 6 | 105,00 € | 15 | 20 | 5,00 € |
| 13 | | Banane | 8 | 172,00 € | 19 | 24 | 5,00 € |
| 14 | | Dill | 7 | 386,00 € | 53 | 58 | 5,00 € |
| 15 | | Kirsche | 6 | 243,00 € | 38 | 43 | 5,00 € |
| 16 | **3 Ergebnis** | | **27** | **906,00 €** | **15** | **58** | **43,00 €** |
| 17 | ⊟4 | Apfel | 8 | 180,00 € | 20 | 25 | 5,00 € |
| 18 | | Banane | 7 | 218,00 € | 29 | 34 | 5,00 € |
| 19 | | Dill | 10 | 495,00 € | 47 | 52 | 5,00 € |
| 20 | | Kirsche | 6 | 213,00 € | 33 | 38 | 5,00 € |
| 21 | **4 Ergebnis** | | **31** | **1.106,00 €** | **20** | **52** | **32,00 €** |
| 22 | **Gesamtergebnis** | | **122** | **4.257,00 €** | **15** | **58** | **43,00 €** |

**Abbildung 5.36** Bei der Verwendung eines DAX-Measure funktioniert die Max-Minus-Min-Berechnung.

Ich möchte die regulären berechneten Felder der PivotTable nicht schlecht machen, aber jedes Mal, wenn ich auf etwas stoße, was eine PivotTable nicht kann, stelle ich fest, dass ein paar DAX-Measures das Problem lösen können.

Der wahre Grund, warum Excel Ihr neues Measure nicht zur PivotTable hinzufügt, ist einfach: Viele Leute erstellen komplexe Berechnungen in mehreren Schritten. In der PivotTable wird jedoch nur das endgültige Measure verwendet.

Weitere Informationen zu DAX finden Sie in Rob Collies Buch »Power Pivot and Power BI« (ISBN 978-1-61547-062-4) oder Matt Allingtons »Supercharge Power BI 3rd Edition« (ISBN 978-1-61547-069-3).

Wenn Sie an deutschsprachiger Literatur zu DAX interessiert sind, sollten Sie sich »Das ultimative DAX-Handbuch« (ISBN 978-3-86490-726-5) von Marco Russo und Alberto Ferrari sowie »Microsoft Power BI« (ISBN 978-3-86490-969-6) von Jeremey Arnold ansehen. Die beiden deutschsprachigen Bücher sind ebenfalls im dpunkt.verlag erschienen.

## Spezielle Regeln für berechnete Elemente

Um berechnete Elemente effektiv nutzen zu können, müssen Sie einige Grundregeln kennen:

- Sie können keine berechneten Elemente in einer PivotTable verwenden, die Mittelwerte, Standardabweichungen oder Varianzen verwendet. Umgekehrt können Sie keine Mittelwerte, Standardabweichungen oder Varianzen in einer PivotTable verwenden, die ein berechnetes Element enthält.
- Sie können weder ein Filterfeld verwenden, um ein berechnetes Element zu erstellen, noch können Sie ein berechnetes Element in den Berichtsfilterbereich verschieben.
- Sie können kein berechnetes Element zu einem Bericht hinzufügen, der ein gruppiertes Feld enthält, und Sie können auch kein Feld in einer PivotTable gruppieren, das ein berechnetes Element enthält.
- Wenn Sie Ihre Formel für berechnete Elemente erstellen, können Sie nicht auf Elemente aus einem anderen Feld als dem verweisen, mit dem Sie arbeiten.

Wenn Sie über die soeben gelesenen Seiten nachdenken, lassen Sie sich von diesen Unzulänglichkeiten von PivotTables nicht abschrecken. Trotz der genannten Einschränkungen ist die Möglichkeit, benutzerdefinierte Berechnungen direkt in der PivotTable zu erstellen, eine leistungsstarke und praktische Funktion, die Ihre Datenanalyse verbessern kann.

Nachdem Sie nun das Innenleben von PivotTable-Berechnungen kennen und die Grenzen von berechneten Feldern und Elementen verstehen, können Sie die Fallstricke vermeiden und diese Funktionen sicher nutzen.

# PivotTable-Berechnungen verwalten und pflegen

Wenn Sie mit PivotTables arbeiten, werden Sie feststellen, dass Sie eine PivotTable manchmal nicht länger behalten als die Zeit, die Sie brauchen, um »Werte kopieren, einfügen« zu sagen. In anderen Fällen ist es jedoch kosteneffizienter, eine PivotTable mit all ihrer Funktionalität intakt zu halten.

Wenn Sie PivotTables aufgrund veränderter Anforderungen und wachsender Datenmengen pflegen und verwalten müssen, gilt dies möglicherweise auch für Ihre berechneten Felder und berechneten Elemente.

## PivotTable-Formeln bearbeiten und löschen

Wenn sich die Parameter einer Berechnung ändern oder Sie ein berechnetes Feld oder ein berechnetes Element nicht mehr benötigen, können Sie das entsprechende Dialogfeld aktivieren, um die Berechnung zu bearbeiten oder zu entfernen.

Aktivieren Sie einfach das Dialogfeld *Berechnetes Feld einfügen* oder *Berechnetes Element einfügen* und öffnen Sie das Dropdownmenü *Name*, wie in Abbildung 5.37 gezeigt.

Abbildung 5.38 zeigt, dass Sie nach der Auswahl eines berechneten Felds oder Elements die Möglichkeit haben, die Berechnung zu löschen oder die Formel zu ändern.

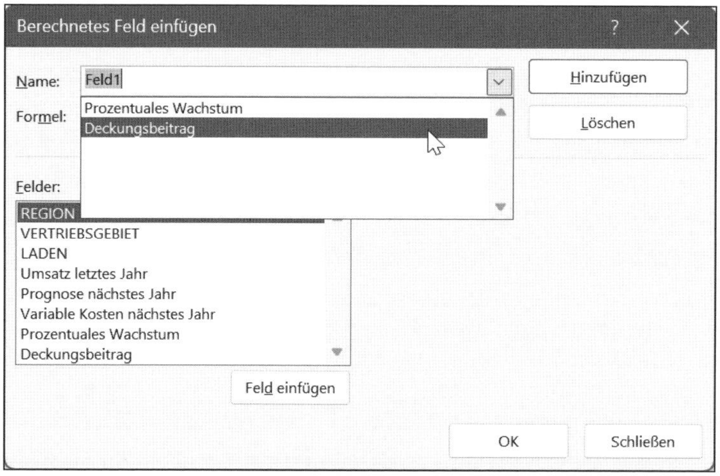


**Abbildung 5.37** Wenn Sie das Dropdownmenü *Name* öffnen, werden alle berechneten Felder oder Elemente in der PivotTable angezeigt.

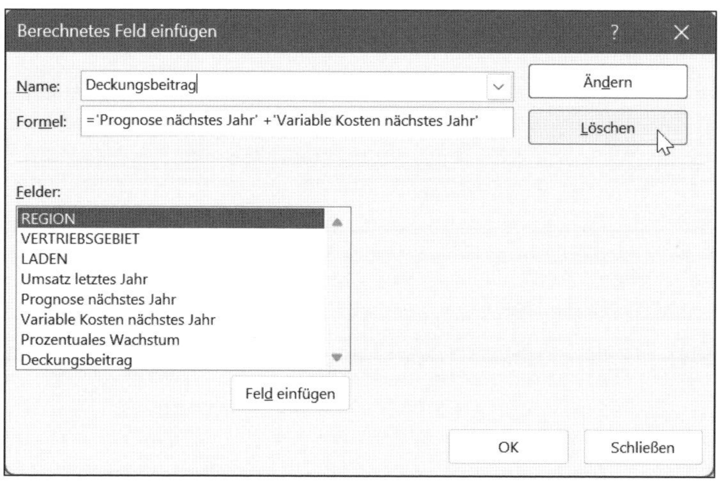


**Abbildung 5.38** Nachdem Sie das entsprechende berechnete Feld oder Element ausgewählt haben, können Sie die Berechnung entweder löschen oder ändern.

## Die Lösungsreihenfolge von berechneten Elementen ändern

Wenn der Wert einer Zelle in Ihrer PivotTable von den Ergebnissen von zwei oder mehr berechneten Elementen abhängt, haben Sie die Möglichkeit, die Lösungsreihenfolge der berechneten Elemente zu ändern. Das heißt, Sie können die Reihenfolge angeben, in der die einzelnen Berechnungen durchgeführt werden.

Um die Reihenfolge der Berechnungen festzulegen, benötigen Sie das Dialogfeld *Lösungsreihenfolge*. Um dorthin zu gelangen, setzen Sie den Cursor an eine beliebige Stelle in die PivotTable, wählen in der Gruppe *Berechnungen* den Befehl *Felder, Elemente und Gruppen* und wählen dann *Lösungsreihenfolge*.

Im Dialogfeld *Lösungsreihenfolge für berechnete Elemente* (siehe Abbildung 5.39) werden alle berechneten Elemente aufgelistet, die derzeit in der PivotTable vorhanden sind. Die Reihenfolge, in der die Formeln hier aufgeführt sind, ist die Reihenfolge, in der die PivotTable die Operationen ausführt. Um diese Reihenfolge zu ändern, wählen Sie eines der angezeigten berechneten Elemente aus und klicken dann je nach Bedarf auf *Nach Oben, Nach Unten* oder *Löschen*.

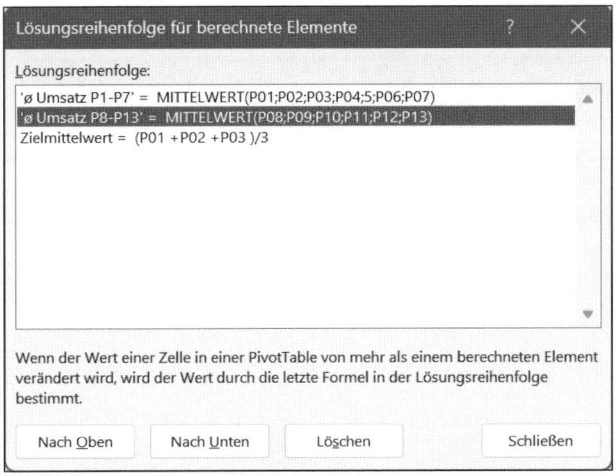


**Abbildung 5.39** Nachdem Sie das berechnete Element, mit dem Sie arbeiten, identifiziert haben, verschieben Sie das Element einfach nach oben oder unten, um die Lösungsreihenfolge zu ändern. Sie haben auch die Möglichkeit, in diesem Dialogfeld berechnete Elemente zu löschen.

## Formeln dokumentieren

Excel bietet eine nette kleine Funktion, die die berechneten Felder und berechneten Elemente auflistet, die in einer PivotTable verwendet werden, zusammen mit Details zur Lösungsreihenfolge und den Formeln. Diese Funktion ist besonders praktisch, wenn Sie schnell überprüfen müssen, welche Berechnungen in einer PivotTable angewendet werden und auf welche Felder oder Elemente sich diese Berechnungen auswirken.

Um Ihre PivotTable-Berechnungen aufzulisten, setzen Sie den Cursor einfach an eine beliebige Stelle in der PivotTable, wählen Sie *Felder, Elemente und Gruppen* und dann *Formeln auflisten*. Excel erstellt in Ihrer Arbeitsmappe eine neue Registerkarte, auf der die berechneten Felder und berechneten Elemente in der aktuellen PivotTable aufgeführt sind. Abbildung 5.40 zeigt ein Beispiel für eine mit dem Befehl *Formeln auflisten* erstellte Registerkarte.

| | A | B | C | D |
|---|---|---|---|---|
| 1 | *Berechnetes Feld* | | | |
| 2 | **Lösungsreihenfolge** | **Feld** | **Formel** | |
| 3 | 1 | ø Kosten je Stunde | =Umsatz_Betrag/'Vertraglich vereinbarte Stunden' | |
| 4 | | | | |
| 5 | ***Berechnetes Element*** | | | |
| 6 | **Lösungsreihenfolge** | **Element** | **Formel** | |
| 7 | 1 | 'ø Umsatz P1-P7' | = MITTELWERT(P01;P02;P03;P04;5;P06;P07) | |
| 8 | 2 | 'ø Umsatz P8-P13' | = MITTELWERT(P08;P09;P10;P11;P12;P13) | |
| 9 | 3 | Zielmittelwert | = (P01 +P02 +P03 )/3 | |
| 10 | | | | |
| 11 | | | | |
| 12 | ***Hinweis:*** | Wenn eine Zelle von mehr als einer Funktion aktualisiert wird, | | |
| 13 | | wird der Wert von der letzten Funktion in der Lösungsreihenfolge bestimmt. | | |

**Abbildung 5.40** Der Befehl *Formeln auflisten* dokumentiert schnell und einfach die Details Ihrer PivotTable-Berechnungen.

# Nächste Schritte

In Kapitel 6, »PivotCharts und andere Visualisierungen verwenden«, werden Sie die Grundlagen von PivotCharts und die Grundlagen der grafischen Darstellung Ihrer Pivot-Daten kennenlernen. Außerdem lernen Sie die Grenzen von PivotCharts und Alternativen zur Verwendung von PivotCharts detailliert kennen.

KAPITEL 6

# PivotCharts und andere Visualisierungen verwenden

## Was ist eigentlich ein PivotChart?

Wenn Sie Ihre Analysen mit anderen teilen, werden Sie schnell feststellen, dass die Leute unbedingt Diagramme haben wollen. Pivot-Tabellen sind zwar nett, jedoch zeigen sie eine Menge lästiger Zahlen, die man erst einmal verdauen muss. Diagramme hingegen ermöglichen es, in Sekundenbruchteilen zu entscheiden, was die Daten tatsächlich aussagen. Diagramme bieten unmittelbare Befriedigung, denn sie ermöglichen es, sofort Beziehungen zu erkennen, Unterschiede hervorzuheben und Trends zu beobachten. Die Quintessenz ist, dass Manager heutzutage Daten so schnell wie möglich aufnehmen wollen, und dies lässt sich mit nichts schneller erreichen als mit einem Diagramm. Hier kommen die PivotCharts ins Spiel. Während PivotTables eher analytisch sind, liefern PivotCharts eine visuelle Darstellung.

Eine gängige Definition eines PivotCharts ist eine grafische Darstellung der Daten einer PivotTable. Obwohl diese Definition technisch korrekt ist, geht sie irgendwie an der eigentlichen Aufgabe eines PivotCharts vorbei.

Wenn Sie ein Standarddiagramm aus Daten erstellen, die sich nicht in einer Pivot-Tabelle befinden, füttern Sie das Diagramm mit einem Bereich, der aus einzelnen Zellen mit einzelnen Daten besteht. Jede Zelle ist ein individuelles Objekt mit eigenen Daten, sodass Ihr Diagramm jede Zelle als einen einzelnen Datenpunkt behandelt und somit jeden Datenpunkt separat darstellt.

Die Daten in einer PivotTable sind jedoch Teil eines größeren Objekts. Die Daten, die Sie in einer PivotTable sehen, sind keine einzelnen Daten, die einzelne Zellen belegen. Vielmehr handelt es sich um Elemente innerhalb eines größeren PivotTable-Objekts, das Platz auf dem Arbeitsblatt einnimmt.

Wenn Sie aus einer PivotTable ein Diagramm erstellen, füttern Sie es nicht mit einzelnen Daten in einzelnen Zellen, sondern mit dem gesamten Layout der PivotTable. Ein *PivotChart* ist in der Tat ein Diagramm, das ein PivotLayout-Objekt verwendet, um die Daten in einer PivotTable anzuzeigen und zu steuern.

Mit dem PivotLayout-Objekt können Sie in einem PivotChart, genau wie in einer PivotTable, interaktiv Datenfelder hinzufügen, entfernen, filtern und aktualisieren. Das Ergebnis all dieser Aktionen ist eine grafische Darstellung der Daten, die Sie in einer PivotTable sehen.

# Ein PivotChart erstellen

Es gibt (mindestens) fünf verschiedene Möglichkeiten, ein PivotChart zu erstellen:

- Auf der Registerkarte *Einfügen*, rechts neben den normalen Diagrammen, bietet ein Dropdownmenü *PivotChart* die ersten beiden Methoden an: *PivotChart* sowie *PivotChart und PivotTable,* wie in Abbildung 6.1 gezeigt. Das Merkwürdige daran ist, dass diese beiden Befehle genau dasselbe bewirken: Sie fügen eine leere PivotTable und ein leeres PivotChart ein. Wenn sich die Markierung im PivotChart befindet, heißt der Aufgabenbereich *PivotTable-Felder* jetzt *PivotChart-Felder.* Der Bereich *Spalten* wird in *Legende (Reihe)* umbenannt, und der Bereich *Zeilen* heißt *Achse (Rubriken).* Wenn Sie beginnen, der PivotTable Felder hinzuzufügen, erstellt Excel automatisch ein Diagramm mit gruppierten Säulen. Wenn Sie einen anderen Diagrammtyp verwenden möchten, müssen Sie im Menüband die Registerkarte *Entwurf* öffnen und *Diagrammtyp ändern* wählen. (Für diejenigen, die mitzählen: Ich habe diese beiden Befehle als zwei verschiedene Methoden zur Erstellung eines PivotCharts verwendet, auch wenn beide Symbole scheinbar dasselbe bewirken).
- Sie können auf der Registerkarte *Start* das Werkzeug *Datenanalyse* verwenden. Die meisten Diagramme, die im Aufgabenbereich *Datenanalyse* vorgeschlagen werden, enthalten eine Schaltfläche *PivotChart einfügen.* Bei diesen Diagrammen handelt es sich zwar häufig um Kreis-, Balken- oder Säulendiagramme, aber Sie sind dennoch auf die Diagrammtypen beschränkt, die der Algorithmus gerade anbietet.
- Die vierte Methode besteht darin, eine beliebige PivotTable zu erstellen. Wählen Sie in der Pivot-Tabelle eine Zelle aus, öffnen Sie im Menüband die Registerkarte *Einfügen* und wählen Sie in der Gruppe *Diagramme* einen gültigen Diagrammtyp aus. Das resultierende Diagramm ist ein PivotChart.
- Die fünfte Methode ist die einzige Möglichkeit, ein PivotChart ohne zugehörige PivotTable zu erstellen. Wenn Sie Ihre Daten dem Datenmodell hinzufügen, wie in Kapitel 10, »Mit dem Datenmodell und Power Pivot auf weitere Features zugreifen«, beschrieben, können Sie das Fenster *Datenmodell* verwenden und ein PivotChart hinzufügen. Dadurch wird ein PivotChart ohne eine zugrunde liegende PivotTable erstellt.

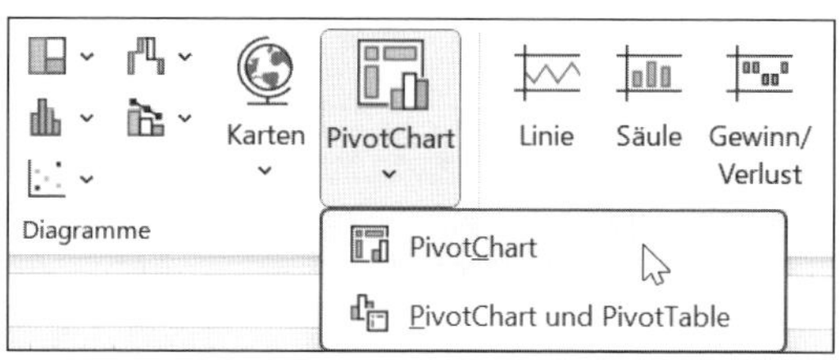


**Abbildung 6.1** Die Verwendung des *PivotChart*-Befehls führt immer zu einem gestapelten Säulendiagramm. Es scheint einfacher zu sein, eine PivotTable zu erstellen und sie dann in ein PivotChart zu konvertieren.

In Kapitel 9, »Cube-Funktionen mit dem Datenmodell oder OLAP-Daten verwenden«, erfahren Sie, wie Sie PivotCharts erstellen, die vollständig von jeder PivotTable entkoppelt sind.

Für das erste Pivot-Diagramm in diesem Kapitel werden Sie mit einer PivotTable beginnen und dann ein PivotChart hinzufügen.

Die PivotTable in Abbildung 6.2 bietet eine einfache Ansicht des Umsatzes nach Vertriebsgebiet. Mit dem Feld *Geschäftsbereich* im Berichtsfilterbereich können Sie die Umsätze nach Geschäftsbereichen aufschlüsseln.

---

Die PivotTable in Abbildung 6.2 verwendet das Berichtslayout Tabellenformat. Die Überschrift *Summe von Umsatz_Betrag* in B3 wurde durch die Eingabe von Umsatzbetrag in B3 ersetzt.

---

| | A | B |
|---|---|---|
| 1 | Geschäftsbereich | (Alle) |
| 2 | | |
| 3 | **Vertriebsgebiet** | **Umsatzbetrag** |
| 4 | BUFFALO | $450.478 |
| 5 | CALIFORNIA | $2.254.735 |
| 6 | CANADA | $776.245 |
| 7 | CHARLOTTE | $890.522 |
| 8 | DALLAS | $467.089 |
| 9 | DENVER | $645.583 |
| 10 | FLORIDA | $1.450.392 |
| 11 | KANSASCITY | $574.899 |
| 12 | MICHIGAN | $678.705 |
| 13 | NEWORLEANS | $333.454 |
| 14 | NEWYORK | $873.581 |
| 15 | PHOENIX | $570.255 |
| 16 | SEATTLE | $179.827 |
| 17 | TULSA | $628.405 |
| 18 | **Gesamtergebnis** | **$10.774.172** |

**Abbildung 6.2** Diese einfache PivotTable zeigt die Einnahmen nach Vertriebsgebiet und ermöglicht eine Filterung nach Geschäftsbereichen.

Die Erstellung eines PivotCharts aus diesen Daten würde nicht nur einen sofortigen Überblick über die Performance der einzelnen Vertriebsgebiete erlauben, sondern auch die Möglichkeit bieten, nach Geschäftsbereichen zu filtern.

Um den Vorgang zu starten, setzen Sie die Zellmarkierung an eine beliebige Stelle in der PivotTable und klicken im Menüband auf die Registerkarte *Einfügen*. Auf der Registerkarte *Einfügen* sehen Sie die Gruppe *Diagramme*, in der die verschiedenen Diagrammtypen angezeigt werden, die Sie erstellen können. Hier können Sie den Diagrammtyp auswählen, den Sie für Ihr PivotChart verwenden möchten. Für dieses Beispiel klicken Sie auf das Symbol *Säulendiagramm* und wählen das erste 2D-Säulendiagramm aus.

Abbildung 6.3 zeigt das Diagramm, das Excel erstellt, nachdem Sie einen Diagrammtyp ausgewählt haben.

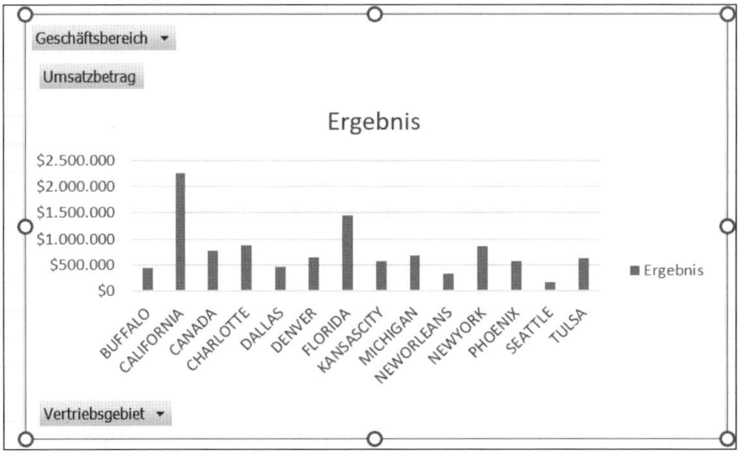


**Abbildung 6.3** Excel erstellt Ihr PivotChart auf demselben Blatt, auf dem sich Ihre PivotTable befindet.

---

Beachten Sie, dass Pivot-Diagramme nun standardmäßig auf demselben Blatt wie die Quell-Pivot-Tabelle platziert werden. Wenn Sie sich nach den Zeiten zurücksehnen, als PivotCharts noch auf eigenen Diagrammblättern platziert wurden, haben Sie Glück. Sie müssen lediglich den Cursor in eine PivotTable setzen und dann die Taste F11 drücken, um ein PivotChart auf einem eigenen Blatt zu erstellen.

Sie können die Position eines PivotCharts ganz einfach ändern, indem Sie mit der rechten Maustaste auf das Diagramm (außerhalb des Zeichenbereichs) klicken und *Diagramm verschieben* wählen. Dadurch wird das Dialogfeld *Diagramm verschieben* geöffnet, in dem Sie die neue Position festlegen können.

---

Sie haben nun ein Diagramm, das eine visuelle Darstellung Ihrer PivotTable ist. Da das PivotChart mit der zugrunde liegenden PivotTable verknüpft ist, ändert sich bei einer Änderung der PivotTable auch das Diagramm. Wie in Abbildung 6.4 gezeigt, wird beispielsweise durch das Hinzufügen des Feldes *Region* zur PivotTable dem Diagramm die Dimension *Region* hinzugefügt.

Darüber hinaus wird durch das Filtern eines Geschäftsbereichs nicht nur die PivotTable, sondern auch das PivotChart gefiltert.

Dieses Verhalten ergibt sich aus der Tatsache, dass PivotCharts denselben Pivot-Cache und dasselbe Pivot-Layout wie die entsprechenden PivotTables verwenden. Das heißt, wenn Sie Daten aus der Datenquelle hinzufügen oder entfernen und die Pivot-Tabelle aktualisieren, wird das Pivot-Diagramm entsprechend den Änderungen aktualisiert.

Nehmen Sie sich einen Moment Zeit, um über die Möglichkeiten nachzudenken. Sie können im Grunde ein ziemlich robustes interaktives Berichtstool aus PivotTable und PivotChart erstellen – und das ganz ohne Programmierung.

---

Das PivotChart in Abbildung 6.4 zeigt nicht die in der PivotTable angezeigten Teilergebnisse an. Beim Erstellen eines PivotCharts ignoriert Excel die Teil- und Gesamtergebnisse.

---

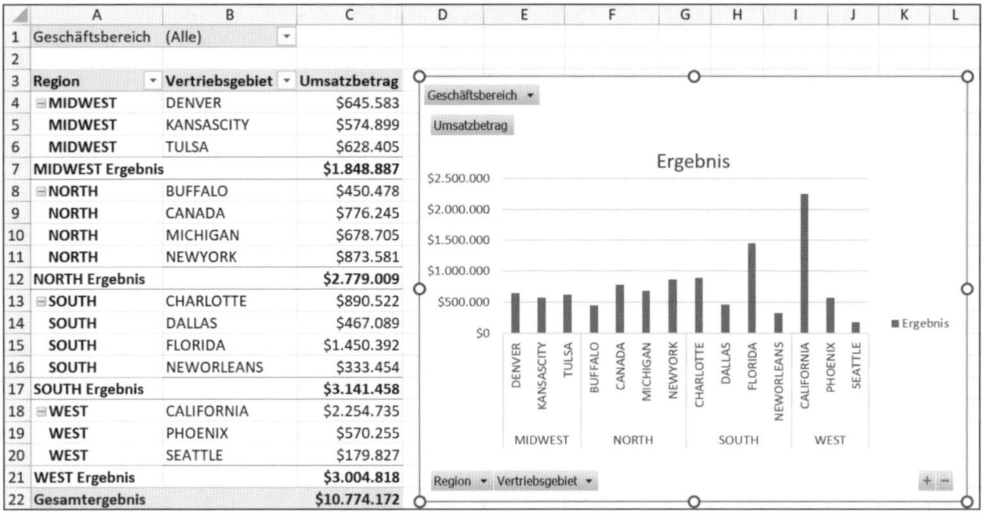


**Abbildung 6.4** Das PivotChart zeigt die gleichen Felder an wie die zugrunde liegende PivotTable.

# Feldschaltflächen verstehen

In Abbildung 6.4 sehen Sie auf dem PivotChart graue Schaltflächen und Dropdownmenüs. Dies sind die sogenannten *Feldschaltflächen*. Mithilfe dieser Schaltflächen können Sie das Diagramm dynamisch neu anordnen und Filter auf die zugrunde liegende PivotTable anwenden.

Die Schaltflächen *Gesamtes Feld erweitern* (+) und *Gesamtes Feld reduzieren* (-) werden automatisch zu jedem PivotChart hinzugefügt, das verschachtelte Felder enthält. Abbildung 6.4 zeigt diese Schaltflächen in der unteren rechten Ecke des Diagramms.

Wenn Sie im Diagramm auf *Gesamtes Feld reduzieren* (-) klicken, wird die Datenreihe reduziert, und die Datenpunkte werden aggregiert. Abbildung 6.5 zeigt zum Beispiel dasselbe Diagramm, das auf die Ebene *Region* reduziert wurde.

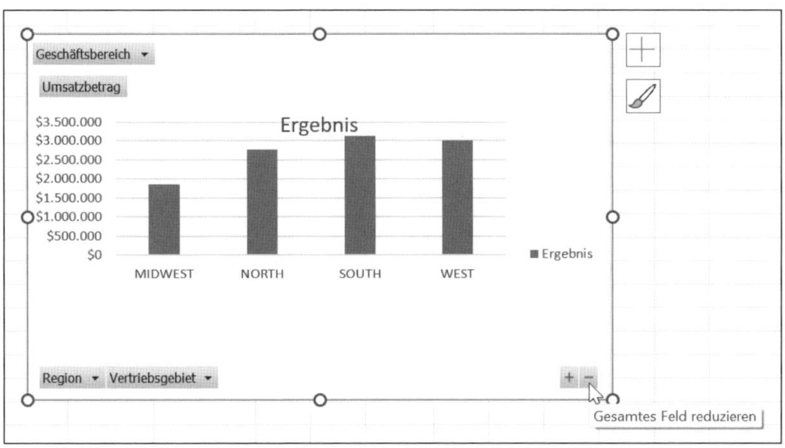


**Abbildung 6.5** Die neuen Schaltflächen *Gesamtes Feld erweitern (+)* und *Gesamtes Feld reduzieren (-)* ermöglichen ein dynamisches Drilldown und eine Gruppierung von Diagrammreihen.

Sie können auf *Gesamtes Feld erweitern (+)* klicken, um die Details aller Elemente wieder anzuzeigen. Mit diesen neuen Schaltflächen können Anwender die in PivotCharts angezeigten Details eines Feldes interaktiv ausblenden und wieder anzeigen lassen.

---

Beachten Sie, dass die Feldschaltflächen beim Drucken eines PivotCharts sichtbar sind. Wenn Sie Feldschaltflächen nicht direkt auf Ihren Pivot-Diagrammen anzeigen lassen möchten, können Sie sie entfernen, indem Sie auf Ihr Diagramm klicken und dann die Registerkarte *PivotChart-Analyse* öffnen. Dort können Sie über das Dropdownmenü *Feldschaltflächen* einige oder alle Schaltflächen ausblenden.

---

Wussten Sie, dass Sie Datenschnitte auch mit PivotCharts verwenden können? Klicken Sie einfach auf ein Pivot-Diagramm, öffnen Sie die Registerkarte *PivotChart-Analyse* und klicken Sie dann auf *Datenschnitt einfügen* oder *Zeitachse einfügen*, um alle Vorteile der Datenschnitte mit Ihrem Pivot-Diagramm zu nutzen!

---

Lesen Sie den Abschnitt »Datenschnitte zum Filtern Ihres Berichts verwenden« in Kapitel 2, wenn Sie Ihre Kenntnisse über Datenschnitte auffrischen möchten.

---

# Regeln für PivotCharts im Auge behalten

Wie bei anderen Aspekten der PivotTable-Technologie gelten auch für Pivot-Diagramme eigene Regeln und Einschränkungen. Die folgenden Abschnitte vermitteln Ihnen ein besseres Verständnis der Grenzen und Einschränkungen von PivotCharts.

## Änderungen in der zugrunde liegenden PivotTable wirken sich auf ein PivotChart aus

Die wichtigste Regel, die Sie immer beachten sollten, ist, dass ein PivotChart, das auf einer PivotTable basiert, lediglich eine Erweiterung der PivotTable ist. Wenn Sie ein Feld aktualisieren, verschieben, hinzufügen oder entfernen, ein Datenelement ausblenden, ein Datenelement einblenden oder einen Filter anwenden, spiegelt das PivotChart Ihre Änderungen wider.

## Die Platzierung von Datenfeldern in einer PivotTable ist möglicherweise für ein PivotChart nicht optimal

Ein häufiger Fehler bei der Verwendung von PivotCharts ist die Annahme, dass Excel die Werte im Spaltenbereich der PivotTable auf der x-Achse des PivotCharts anordnet.

Die Pivot-Tabelle in Abbildung 6.6 hat beispielsweise ein Format, das leicht zu lesen und zu verstehen ist. Die gewählte Struktur zeigt *Umsatzbetrag* im Spaltenbereich und *Region* im Zeilenbereich. Diese Struktur funktioniert gut in der Ansicht als PivotTable.

| | A | B | C | D | E | F |
|---|---|---|---|---|---|---|
| 2 | Geschäftsbereich | (Alle) | | | | |
| 3 | | | | | | |
| 4 | **Umsatzbetrag** | **Verkaufszeitraum** | | | | |
| 5 | **Region** | **P01** | **P02** | **P03** | **P04** | **P05** |
| 6 | MIDWEST | $109K | $207K | $119K | $170K | $166K |
| 7 | NORTH | $181K | $261K | $207K | $242K | $234K |
| 8 | SOUTH | $198K | $334K | $215K | $274K | $302K |
| 9 | WEST | $193K | $315K | $209K | $266K | $261K |
| 10 | **Gesamtergebnis** | **$682K** | **$1.117K** | **$750K** | **$953K** | **$962K** |
| 11 | | | | | | |

**Abbildung 6.6** Die Anordnung der Datenfelder funktioniert bei der Ansicht als PivotTable.

Angenommen, Sie möchten aus dieser PivotTable ein PivotChart erstellen. Sie würden instinktiv erwarten, dass die Verkaufszeiträume auf der x-Achse und die Regionen auf der y-Achse angezeigt werden. Wie Sie jedoch in Abbildung 6.7 sehen können, zeigt das PivotChart die Region auf der x-Achse und den Verkaufszeitraum auf der y-Achse an.

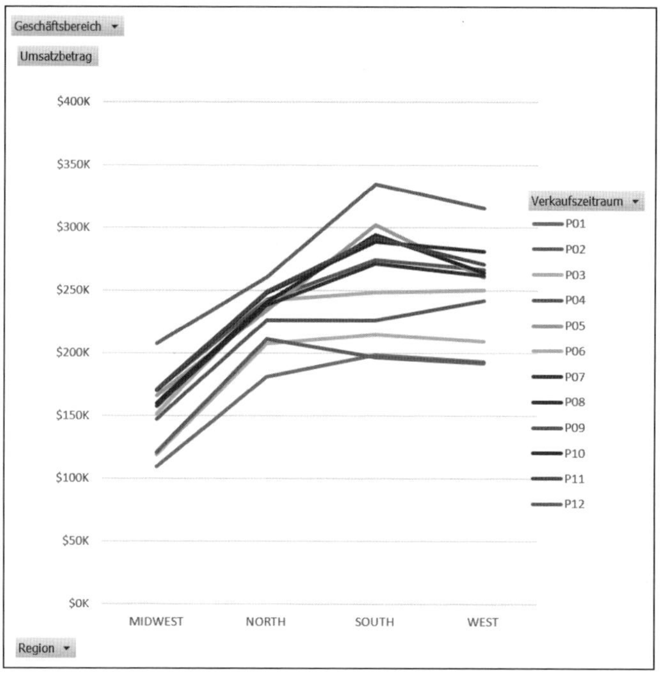


**Abbildung 6.7** Die Erstellung eines PivotCharts aus Ihrer gut strukturierten Pivot-Tabelle liefert nicht die erwarteten Ergebnisse.

Warum also lässt sich die Struktur der PivotTable nicht in ein sauberes PivotChart übertragen? Die Antwort hat mit der Art und Weise zu tun, wie PivotCharts die verschiedenen Bereiche einer PivotTable behandeln.

In einem PivotChart entsprechen sowohl die x-Achse als auch die y-Achse bestimmten Bereichen in der PivotTable:

- **Achse (Rubriken)** Entspricht dem Zeilenbereich in einer PivotTable und wird zur x-Achse in einem Säulendiagramm.
- **Legende (Reihen)** Entspricht dem Spaltenbereich in einer PivotTable. Jedes Element hier ist eine andere Reihe im PivotChart.

Betrachten Sie angesichts dieser Informationen erneut die Pivot-Tabelle in Abbildung 6.6. Diese Struktur besagt, dass das Feld *Verkaufszeitraum* als Legende behandelt wird, da es sich im Spaltenbereich befindet. Gleichzeitig wird das Feld *Region* als x-Achse behandelt, da es sich im Zeilenbereich befindet.

Angenommen, Sie ordnen die Pivot-Tabelle so an, dass sich die Verkaufszeiträume im Zeilenbereich und die Regionen im Spaltenbereich befinden, wie in Abbildung 6.8 dargestellt.

| | A | B | C | D | E | F |
|---|---|---|---|---|---|---|
| 2 | Geschäftsbereich | (Alle) | | | | |
| 3 | | | | | | |
| 4 | **Umsatzbetrag** | **Region** | | | | |
| 5 | **Verkaufszeitraum** | **MIDWEST** | **NORTH** | **SOUTH** | **WEST** | **Gesamtergebnis** |
| 6 | P01 | $109K | $181K | $198K | $193K | $682K |
| 7 | P02 | $207K | $261K | $334K | $315K | $1.117K |
| 8 | P03 | $119K | $207K | $215K | $209K | $750K |
| 9 | P04 | $170K | $242K | $274K | $266K | $953K |
| 10 | P05 | $166K | $234K | $302K | $261K | $962K |
| 11 | P06 | $152K | $241K | $248K | $250K | $891K |
| 12 | P07 | $158K | $238K | $271K | $262K | $929K |
| 13 | P08 | $170K | $248K | $289K | $281K | $988K |
| 14 | P09 | $147K | $226K | $226K | $242K | $841K |
| 15 | P10 | $160K | $241K | $294K | $264K | $959K |
| 16 | P11 | $171K | $249K | $292K | $271K | $982K |
| 17 | P12 | $121K | $211K | $197K | $192K | $720K |
| 18 | **Gesamtergebnis** | **$1.849K** | **$2.779K** | **$3.141K** | **$3.005K** | **$10.774K** |

**Abbildung 6.8** Dieses Format ist in einer PivotTable etwas schwieriger zu lesen, aber mit einem PivotChart können Sie den Effekt erzielen, den Sie erreichen wollen.

Diese Anordnung erzeugt das in Abbildung 6.9 gezeigte Pivot-Diagramm.

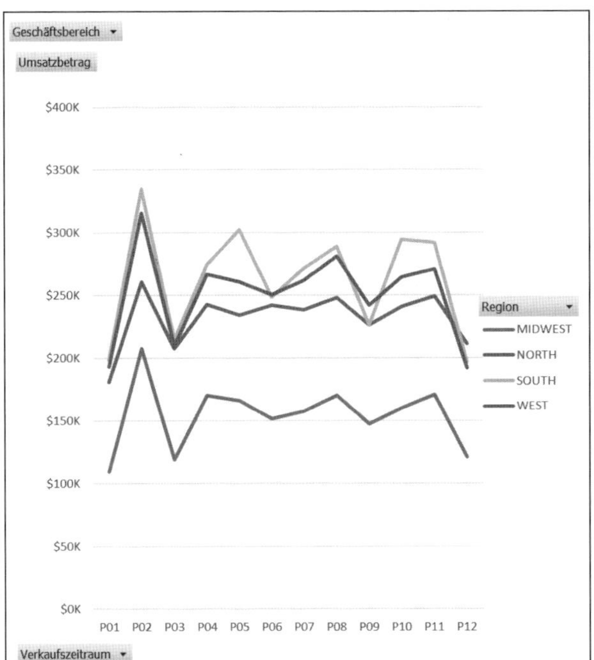


**Abbildung 6.9** Mit der neuen Anordnung Ihrer PivotTable erhalten Sie ein sinnvolles PivotChart.

## Einige Formatierungseinschränkungen, die noch in Excel existieren

In den Versionen vor Excel 2007 haben viele Benutzer die Verwendung von Pivot-Diagrammen aufgrund von zahlreichen Formatierungseinschränkungen vermieden. Zu diesen Einschränkungen gehörten die Unmöglichkeit, die Größe von PivotCharts zu ändern oder wichtige Komponenten zu verschieben, der Verlust der Formatierung, wenn die zugrunde liegenden PivotTables geändert wurden, und die Unmöglichkeit, bestimmte Diagrammtypen zu verwenden. Aufgrund dieser Einschränkungen wurden PivotCharts von den meisten Anwendern als zu klobig und unpraktisch angesehen.

Im Laufe der letzten Excel-Versionen hat Microsoft die Funktionalität der Pivot-Diagramme erheblich verbessert. Heute sehen die PivotCharts in Excel sehr ähnlich aus wie Standarddiagramme und verhalten sich auch so. Allerdings gibt es in Excel nach wie vor einige Einschränkungen, die Sie beachten sollten:

- Folgende Diagrammtypen können Sie beim Erstellen eines Pivot-Diagramms nicht verwenden: Punkt (XY)-Diagramm, Flächenkartogramm, Kurs-, Wasserfall-, Treemap-, Sunburst-Diagramm, Histogramm, Kastengrafik und Trichterdiagramm.
- Zugewiesene Trendlinien können verloren gehen, wenn Sie Felder in der zugrunde liegenden PivotTable hinzufügen oder entfernen.
- Im PivotChart kann die Größe der Diagrammtitel nicht geändert werden.

---

Obwohl Sie die Größe der Diagrammtitel in einem PivotChart nicht ändern können, können Sie die Schrift vergrößern oder verkleinern, um die Größe eines Diagrammtitels indirekt zu ändern. Alternativ können Sie auch einen eigenen Diagrammtitel erstellen, indem Sie einfach ein Textfeld hinzufügen, das als Titel für Ihr Diagramm dient. Um ein Textfeld hinzuzufügen, wählen Sie auf der Registerkarte *Einfügen* den Befehl *Textfeld* und klicken dann auf Ihr PivotChart. Das sich ergebende Textfeld lässt sich vollständig an Ihre Bedürfnisse anpassen.

---

### Fallstudie: Erstellen eines interaktiven Berichts, der den Umsatz nach Produkten und Zeiträumen anzeigt

Angenommen, Sie wurden gebeten, den Managern der Regionen und Vertriebsgebiete ein interaktives Berichtstool zur Verfügung zu stellen, mit dem sie auf einfache Weise die Umsätze nach Produkten für eine Vielzahl von Zeiträumen anzeigen können. Ihre Lösung muss den Managern die Flexibilität bieten, bei Bedarf eine Region oder ein Vertriebsgebiet herauszufiltern, und ihnen die Möglichkeit geben, das Diagramm für bestimmte Zeiträume dynamisch zu filtern.

Angesichts der Datenmenge in Ihrer Quelltabelle und der Möglichkeit, dass dies eine wiederkehrende Aufgabe sein wird, entscheiden Sie sich für ein PivotChart. Gehen Sie folgendermaßen vor:

→

1. Erstellen Sie zunächst die in Abbildung 6.10 gezeigte PivotTable.

| | A | B |
|---|---|---|
| 1 | Region | (Alle) |
| 2 | Vertriebsgebiet | (Alle) |
| 3 | | |
| 4 | **Produkt_Beschreibung** | **Umsatzbetrag** |
| 5 | Cleaning & Housekeeping Services | $1.139K |
| 6 | Facility Maintenance and Repair | $2.361K |
| 7 | Fleet Maintenance | $2.628K |
| 8 | Green Plants and Foliage Care | $1.277K |
| 9 | Landscaping/Grounds Care | $1.191K |
| 10 | Predictive Maintenance/Preventative Maintenance | $2.179K |
| 11 | **Gesamtergebnis** | **$10.774K** |

**Abbildung 6.10** Die ursprüngliche PivotTable erfüllt alle Datenanforderungen.

2. Setzen Sie dann den Cursor an eine beliebige Stelle in der PivotTable und öffnen Sie die Registerkarte *Einfügen*. Dort sehen Sie die Gruppe *Diagramme*, in der die verschiedenen Arten von Diagrammen angezeigt werden, die Sie erstellen können. Wählen Sie das Symbol *Säulendiagramm* und wählen Sie das erste 2-D-Säulendiagramm. Sie sehen sofort ein Diagramm wie das in Abbildung 6.11.

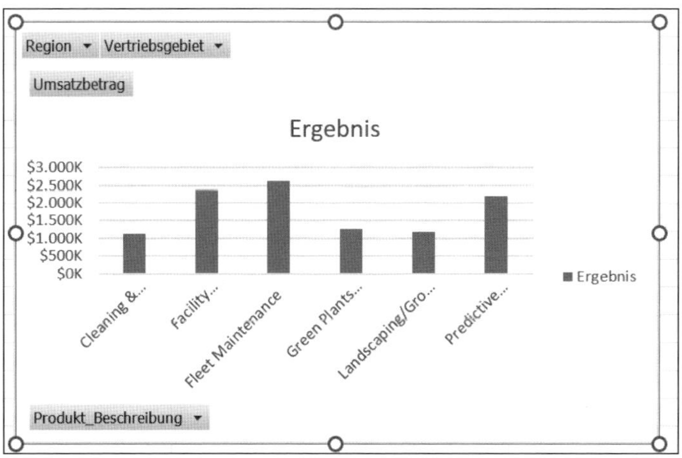


**Abbildung 6.11** Ihr rohes Pivot-Diagramm muss noch formatiert werden, um den Anforderungen zu entsprechen.

3. Beachten Sie, dass die Legende auf der rechten Seite des Diagramms mit dem Wort *Ergebnis* in diesem Diagramm sinnlos ist. Normale Excel-Diagramme fügen seit Excel 2013 keine Legenden mit einem Eintrag mehr hinzu, aber in PivotCharts bleiben sie erhalten. Klicken Sie auf die Legende, um sie auszuwählen, und drücken Sie die `Entf`-Taste.
4. Klicken Sie anschließend auf das neu erstellte Diagramm und wählen Sie auf der Registerkarte *PivotChart-Analyse* den Befehl *Zeitachse einfügen* (Abbildung 6.12).

→

**Abbildung 6.12** Eine Zeitachse einfügen

Excel öffnet das Dialogfeld *Zeitachsen einfügen* (siehe Abbildung 6.13), in dem die in der PivotTable verfügbaren Datumsfelder aufgelistet sind.

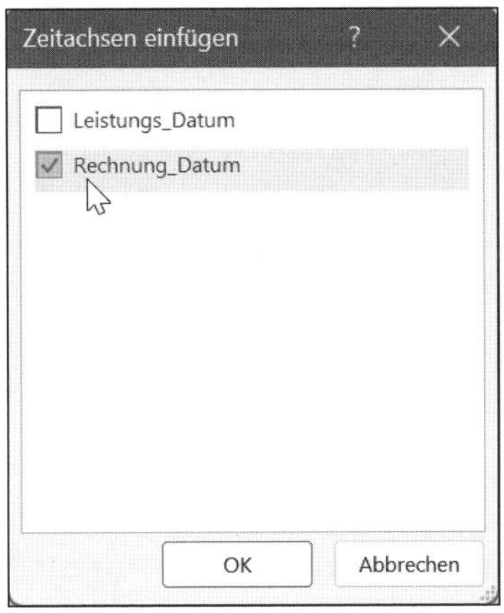


**Abbildung 6.13** Für das Feld *Rechnung_Datum* eine Zeitachse einfügen

5. Wählen Sie in der Liste *Rechnung_Datum* aus. Sie haben eine Zeitachse erstellt, die das PivotChart nach zeitabhängigen Perioden aggregiert und filtert (siehe Abbildung 6.14).

Lesen Sie den Abschnitt »Datenschnitte zum Filtern Ihres Berichts verwenden« in Kapitel 2, um Ihre Kenntnisse über Datenschnitte aufzufrischen.

An dieser Stelle können Sie alle überflüssigen Pivot-Feldschaltflächen aus dem Diagramm entfernen. In diesem Fall sind die einzigen Schaltflächen, die Sie benötigen, die Dropdownlisten *Region* und *Vertriebsgebiet*, die Ihren Kollegen eine interaktive Möglichkeit zum Filtern des PivotCharts bieten. Die anderen grauen Schaltflächen, die Sie im Diagramm sehen, sind nicht erforderlich.

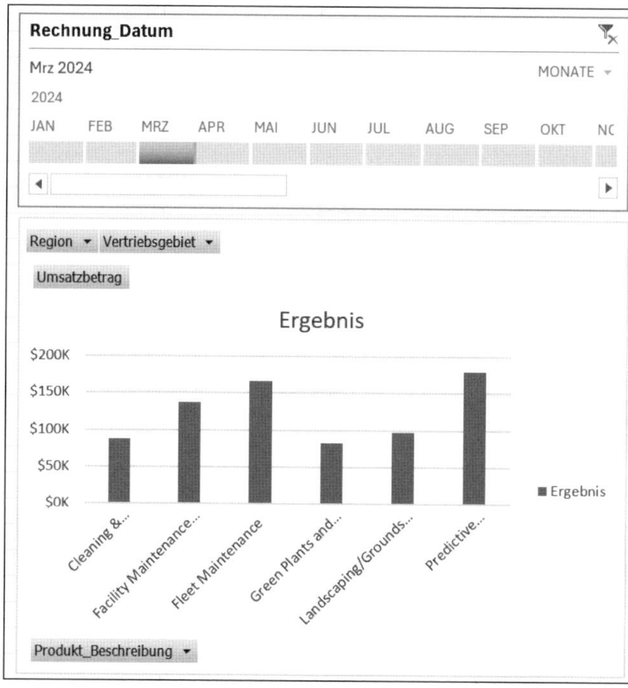


**Abbildung 6.14** Ein PivotChart stellt in Kombination mit einer Zeitachse einen leistungsfähigen Berichtsmechanismus zur Verfügung.

Sie können überflüssige Pivot-Feldschaltflächen entfernen, indem Sie auf das Diagramm klicken und im Menüband die Registerkarte *PivotChart-Analyse* öffnen. Sie können dann das Dropdownmenü *Feldschaltflächen* verwenden, um die Feldschaltflächen auszuwählen, die im Diagramm sichtbar sein sollen. In diesem Fall sollen nur die Feldschaltflächen des Berichtsfilters sichtbar sein. Aktivieren Sie daher nur diese eine Option (siehe Abbildung 6.15).

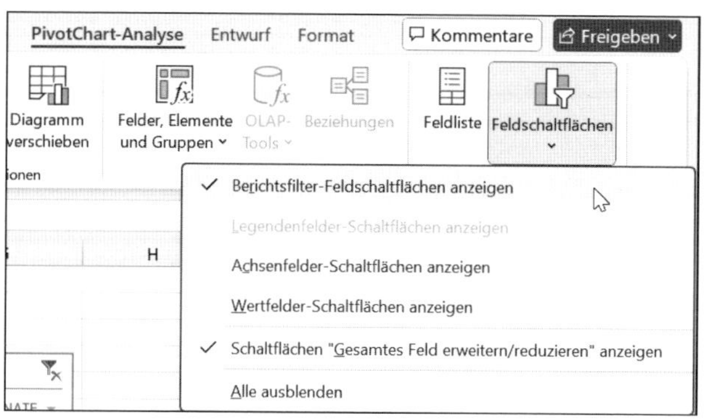


**Abbildung 6.15** Verwenden Sie das Dropdownmenü *Feldschaltflächen*, um alle unerwünschten Pivot-Feldschaltflächen im Diagramm auszublenden.

→

Ihr endgültiges PivotChart sollte wie in Abbildung 6.16 aussehen.

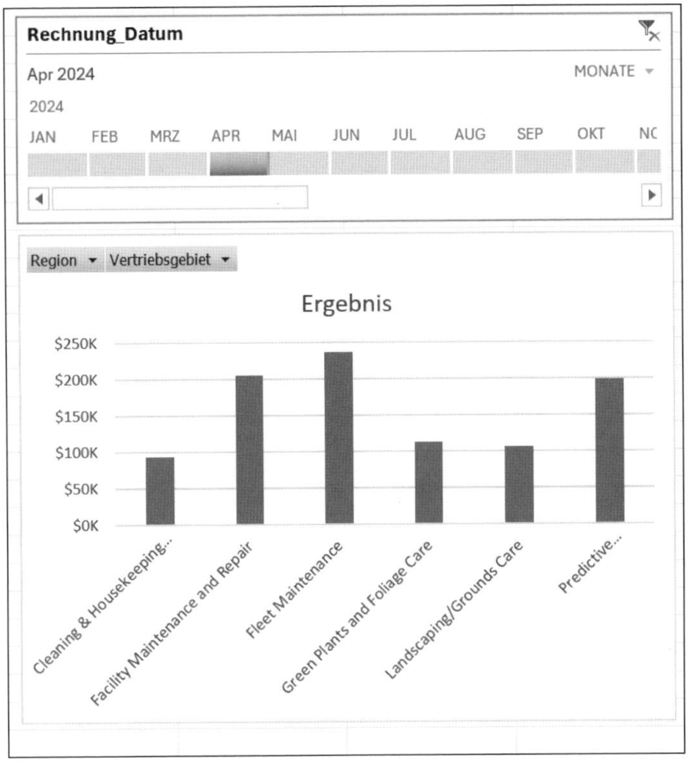


**Abbildung 6.16** Ihr endgültiger Bericht erfüllt alle Anforderungen an Inhalt und Interaktivität.

Sie verfügen nun über ein Pivot-Diagramm, mit dem ein Manager interaktiv die Einnahmen nach Produkten und Zeiträumen überprüfen kann. Mit diesem PivotChart kann jeder, der diesen Bericht verwendet, die Daten auch nach Region und Vertriebsgebiet filtern.

## Alternativen zur Verwendung von PivotCharts untersuchen

Im Allgemeinen gibt es zwei Gründe, warum Sie eine Alternative zur Verwendung von PivotCharts benötigen:

- Sie möchten den mit einem PivotChart verbundenen Overhead vermeiden.
- Sie möchten einige der Formatierungseinschränkungen von PivotCharts vermeiden.

Manchmal erstellen Sie eine PivotTable auch nur, um Daten zusammenzufassen und für die Erstellung von Diagrammen aufzubereiten. In diesen Fällen haben Sie nicht vor, die Quelldaten zu behalten, und Sie möchten auf keinen Fall, dass ein Pivot-Cache Speicher- und Dateiressourcen beansprucht.

Das Beispiel in Abbildung 6.17 zeigt eine Pivot-Tabelle, die den Umsatz nach Quartal für jedes Produkt zusammenfasst.

| | A | B | C | D | E | F |
|---|---|---|---|---|---|---|
| 1 | | | | | | |
| 2 | **Summe von Umsatz_Betrag** | **Rechnung_Datum** | | | | |
| 3 | **Produkt_Beschreibung** | **Qrtl1** | **Qrtl2** | **Qrtl3** | **Qrtl4** | **Gesamtergebnis** |
| 4 | Cleaning & Housekeeping Services | $257.218 | $290.074 | $297.251 | $294.049 | $1.138.593 |
| 5 | Facility Maintenance and Repair | $563.799 | $621.715 | $600.810 | $574.834 | $2.361.158 |
| 6 | Fleet Maintenance | $612.496 | $691.440 | $674.592 | $649.269 | $2.627.798 |
| 7 | Green Plants and Foliage Care | $293.194 | $325.276 | $329.787 | $328.527 | $1.276.783 |
| 8 | Landscaping/Grounds Care | $288.797 | $310.670 | $303.086 | $288.363 | $1.190.915 |
| 9 | Predictive Maintenance/Preventative Maintenance | $533.127 | $567.391 | $552.380 | $526.027 | $2.178.925 |
| 10 | **Gesamtergebnis** | **$2.548.631** | **$2.806.566** | **$2.757.906** | **$2.661.069** | **$10.774.172** |

**Abbildung 6.17** Diese PivotTable wurde erstellt, um die Umsätze nach Quartal für jedes Produkt zusammenzufassen und darzustellen.

Denken Sie daran, dass Sie diese PivotTable nur benötigen, um Daten für die Erstellung von Diagrammen zusammenzufassen und zu gestalten. Sie möchten weder die Quelldaten noch die PivotTable mit all ihrem Overhead behalten.

Wenn Sie versuchen, anhand der Daten in einer PivotTable ein Diagramm zu erstellen, erstellen Sie zwangsläufig ein PivotChart. Das bedeutet, dass der gesamte Overhead der PivotTable im Hintergrund vorhanden ist. Das kann natürlich problematisch sein, wenn Sie Ihre Quelldaten nicht mit Endbenutzern teilen oder diese nicht mit unnötig großen Dateien überhäufen möchten.

Die gute Nachricht ist, dass Sie mit ein paar einfachen Techniken aus einer PivotTable ein Diagramm erstellen können, ohne dass Sie dabei ein Pivot-Diagramm erhalten. Jede der folgenden vier Methoden erfüllt diesen Zweck:

- Konvertieren Sie die PivotTable in feste, statische Werte.
- Löschen Sie die zugrunde liegende PivotTable.
- Verteilen Sie eine Grafik der PivotTable.
- Verwenden Sie Zellen, die mit der PivotTable verknüpft sind, als Quelldaten für das Diagramm.

Einzelheiten zur Verwendung dieser Methoden werden in den nächsten Abschnitten erörtert.

## Methode 1: PivotTable in statische Werte umwandeln

Nachdem Sie eine PivotTable erstellt und entsprechend strukturiert haben, wählen Sie die gesamte PivotTable aus und kopieren sie. Wählen Sie dann auf der Registerkarte *Start* den Befehl *Werte einfügen*, wie in Abbildung 6.18 gezeigt. Mit dieser Aktion wird die PivotTable im Wesentlichen gelöscht, und es bleiben die zuletzt in der PivotTable angezeigten Werte übrig. Sie können diese Werte anschließend zum Erstellen eines Standarddiagramms verwenden.

Diese Technik deaktiviert effektiv die dynamische Funktionalität Ihres PivotCharts – das heißt, das PivotChart wird zu einem Standarddiagramm, das nicht interaktiv gefiltert oder aktualisiert werden kann. Dies gilt auch für die Methoden 2 und 3, die in den folgenden Abschnitten beschrieben werden.

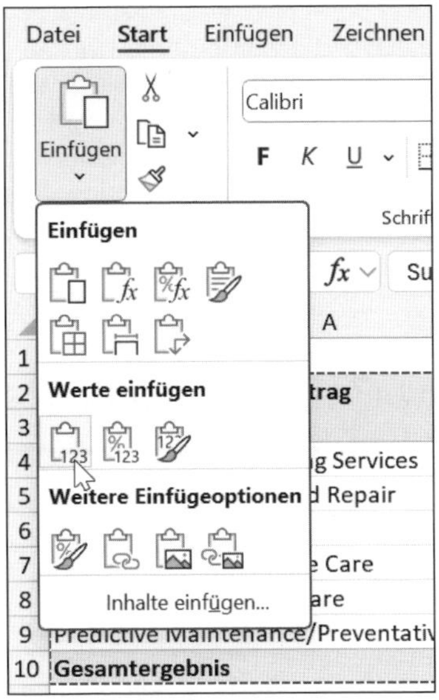


**Abbildung 6.18** Die Funktion *Werte einfügen* ist nützlich, wenn Sie aus Pivot-Tabellen hart verdrahtete, statische Werte erstellen möchten.

## Methode 2: Die zugrunde liegende PivotTable löschen

Wenn Sie bereits ein PivotChart erstellt haben, können Sie es in ein Standarddiagramm umwandeln, indem Sie einfach die zugrunde liegende PivotTable löschen. Wählen Sie dazu die gesamte Pivot-Tabelle aus und drücken Sie die `Entf`-Taste. Beachten Sie, dass Sie bei dieser Methode, anders als bei Methode 1, keine Werte mehr haben, aus denen die Quelldaten für das Diagramm bestehen. Mit anderen Worten: Wenn jemand nach den Daten fragt, die das Diagramm speisen, haben Sie sie nicht.

Hier ist ein praktischer Tipp, den Sie sich merken sollten: Wenn Sie sich jemals in einer Situation befinden, in der Sie ein Diagramm haben, aber die Datenquelle nicht verfügbar ist, aktivieren Sie die Datentabelle des Diagramms. Eine schnelle Möglichkeit besteht darin, das Diagramm auszuwählen, auf das Plus-Symbol in der oberen rechten Ecke des Diagramms zu klicken und *Datentabelle* auszuwählen. In der Datentabelle können Sie die Datenwerte sehen, die jeder Reihe im Diagramm zugeordnet sind.

## Methode 3: Eine Grafik des PivotCharts verteilen

Nun mag es seltsam erscheinen, Grafiken eines PivotCharts zu verteilen, aber dies ist eine durchaus praktikable Methode, um Ihre Analysen ohne großen Aufwand zu verbreiten. Neben der sehr geringen Dateigröße haben Sie den zusätzlichen Vorteil, dass Sie kontrollieren können, was Ihre Kunden sehen können.

Um diese Methode zu verwenden, klicken Sie mit der rechten Maustaste auf das Diagramm selbst (außerhalb des Diagrammbereichs) und wählen Sie *Als Grafik speichern.* Wählen Sie den von Ihnen bevorzugten Dateityp aus (.png, .jpg, .gif, .tif oder .svg). Auf Ihrem Computer wird eine Grafik Ihres PivotCharts gespeichert.

Wenn Ihr Diagramm Feldschaltflächen enthält, werden diese ebenfalls in der kopierten Grafik angezeigt. Dies sieht nicht nur unansehnlich aus, sondern kann Ihre Zielgruppe auch verwirren, da die Schaltflächen nicht funktionieren. Blenden Sie daher alle Feldschaltflächen aus, bevor Sie ein PivotChart als Grafik speichern. Sie können sie entfernen, indem Sie auf Ihr Diagramm klicken und dann die Registerkarte *PivotChart-Analyse* öffnen. Verwenden Sie dann auf der Registerkarte *PivotChart-Analyse* das Dropdownmenü *Feldschaltflächen* und wählen Sie *Alle ausblenden.*

## Methode 4: Mit der PivotTable verknüpfte Zellen als Quelldaten für das Diagramm verwenden

Viele Excel-Anwender schrecken vor der Verwendung von Pivot-Diagrammen zurück, weil sie bei deren Einsatz auf Formatierungseinschränkungen und Probleme stoßen. Oft verzichten diese Leute auf die Funktionalität einer PivotTable, um die Einschränkungen von PivotCharts zu vermeiden.

Wenn Sie jedoch wichtige Funktionen in Ihrer Pivot-Tabelle beibehalten möchten, wie z.B. Berichtsfilter und Top-10-Filter, können Sie ein Standarddiagramm mit Ihrer PivotTable verknüpfen, ohne ein PivotChart zu erstellen.

In dem Beispiel in Abbildung 6.19 zeigt eine PivotTable die 10 wichtigsten Vertriebsgebiete nach vertraglich vereinbaren Stunden zusammen mit ihrem Gesamtumsatz. Beachten Sie, dass Sie im Berichtsfilterbereich nach Geschäftsbereich filtern können, sodass Sie die 10 wichtigsten Marktsegmente sehen können.

Nehmen wir an, Sie möchten diese Ansicht in ein XY-Punktdiagramm umwandeln, um die Beziehung zwischen den vertraglich vereinbarten Stunden und dem Umsatz aufzuzeigen.

| | A | B | C |
|---|---|---|---|
| 1 | Geschäftsbereich | (Alle) | |
| 2 | | | |
| 3 | **Vertriebsgebiet** | **Vertraglich vereinbarte Stunden** | **Umsatzbetrag** |
| 4 | CALIFORNIA | 33014 | $2.254.735 |
| 5 | FLORIDA | 22640 | $1.450.392 |
| 6 | CHARLOTTE | 14525 | $890.522 |
| 7 | NEWYORK | 14213 | $873.581 |
| 8 | CANADA | 12103 | $776.245 |
| 9 | MICHIGAN | 10744 | $678.705 |
| 10 | PHOENIX | 10167 | $570.255 |
| 11 | TULSA | 9583 | $628.405 |
| 12 | DENVER | 8641 | $645.583 |
| 13 | KANSASCITY | 8547 | $574.899 |
| 14 | **Gesamtergebnis** | **144177** | **$9.343.323** |

**Abbildung 6.19** Mit dieser PivotTable können Sie nach Geschäftsbereichen filtern, um die 10 wichtigsten Märkte aufgrund der vertraglich vereinbarten Stunden und des Umsatzes zu sehen.

Nun, ein PivotChart ist definitiv nicht möglich, da Sie keine PivotCharts erstellen können, die den Diagrammtyp XY-Punktdiagramm verwenden. Die in den Methoden 1, 2 und 3 beschriebenen Techniken scheiden ebenfalls aus, da diese Methoden die von Ihnen benötigte Interaktivität deaktivieren.

Was ist also die Lösung? Verwenden Sie die Zellen um die PivotTable herum, um eine Verknüpfung zu den benötigten Daten herzustellen, und erstellen Sie dann ein Diagramm für diese Zellen. Mit anderen Worten: Sie können ein Mini-Dataset erstellen, das Ihr Standarddiagramm speist. Dieses Dataset ist mit den Datenelementen in der PivotTable verknüpft. Wenn sich also die PivotTable ändert, ändert sich auch der Datensatz.

Klicken Sie mit dem Cursor in eine Zelle neben Ihrer Pivot-Tabelle, wie in Abbildung 6.20 gezeigt, und verweisen Sie auf das ersten Datenelement, das Sie benötigen, um den Bereich zu erstellen, den Sie in Ihr Standarddiagramm einspeisen werden.

Wenn Sie die Formel in E4 erstellen, achten Sie darauf, dass Sie **=B4** eingeben, ohne die Maus oder die Pfeiltasten zu benutzen, um auf B4 zu zeigen. Wenn Sie die Maus oder die Pfeiltasten verwenden, fügt Excel anstelle Ihrer Formel die Funktion `PIVOTDATENZUORDNEN` ein.

Kopieren Sie nun die soeben eingegebene Formel und fügen Sie diese Formel nach unten und nach rechts ein, um Ihr vollständiges Dataset zu erstellen. Zu diesem Zeitpunkt sollten Sie ein Dataset haben, das wie in Abbildung 6.21 gezeigt aussieht.

| | A | B | C | D | E |
|---|---|---|---|---|---|
| 1 | Geschäftsbereich | (Alle) | | | |
| 2 | | | | | |
| 3 | **Vertriebsgebiet** | **Vertraglich vereinbarte Stunden** | **Umsatzbetrag** | | |
| 4 | CALIFORNIA | 33014 | $2.254.735 | | =B4 |
| 5 | FLORIDA | 22640 | $1.450.392 | | |
| 6 | CHARLOTTE | 14525 | $890.522 | | |
| 7 | NEWYORK | 14213 | $873.581 | | |
| 8 | CANADA | 12103 | $776.245 | | |
| 9 | MICHIGAN | 10744 | $678.705 | | |
| 10 | PHOENIX | 10167 | $570.255 | | |
| 11 | TULSA | 9583 | $628.405 | | |
| 12 | DENVER | 8641 | $645.583 | | |
| 13 | KANSASCITY | 8547 | $574.899 | | |
| 14 | **Gesamtergebnis** | **144177** | **$9.343.323** | | |

**Abbildung 6.20** Beginnen Sie Ihr verknüpftes Dataset, indem Sie auf das erste Datenelement verweisen, das Sie erfassen müssen.

| | A | B | C | D | E | F |
|---|---|---|---|---|---|---|
| 1 | Geschäftsbereich | (Alle) | | | | |
| 2 | | | | | | |
| 3 | **Vertriebsgebiet** | **Vertraglich vereinbarte Stunden** | **Umsatzbetrag** | | Vertraglich vereinbarte Stunden | Umsatzbetrag |
| 4 | CALIFORNIA | 33014 | $2.254.735 | | 33014 | $2.254.735 |
| 5 | FLORIDA | 22640 | $1.450.392 | | 22640 | $1.450.392 |
| 6 | CHARLOTTE | 14525 | $890.522 | | 14525 | $890.522 |
| 7 | NEWYORK | 14213 | $873.581 | | 14213 | $873.581 |
| 8 | CANADA | 12103 | $776.245 | | 12103 | $776.245 |
| 9 | MICHIGAN | 10744 | $678.705 | | 10744 | $678.705 |
| 10 | PHOENIX | 10167 | $570.255 | | 10167 | $570.255 |
| 11 | TULSA | 9583 | $628.405 | | 9583 | $628.405 |
| 12 | DENVER | 8641 | $645.583 | | 8641 | $645.583 |
| 13 | KANSASCITY | 8547 | $574.899 | | 8547 | $574.899 |

**Abbildung 6.21** Kopieren Sie die Formel und fügen Sie sie nach unten und in die zweite Spalte ein, um Ihr vollständiges Dataset zu erstellen.

Wenn Ihr verknüpftes Dataset vollständig ist, können Sie es verwenden, um ein Standarddiagramm zu erstellen. In diesem Beispiel erstellen Sie mit diesen Daten ein XY-Punktdiagramm. Bei einem PivotChart könnten Sie diesen Diagrammtyp nicht verwenden.

Abbildung 6.22 zeigt, wie diese Lösung das Beste aus beiden Welten bietet. Sie können mithilfe des Berichtsfilters ein bestimmtes Geschäftssegment herausfiltern und haben außerdem alle Formatierungsmöglichkeiten eines Standarddiagramms ohne die mit einem Pivot-Diagramm verbundenen Probleme.

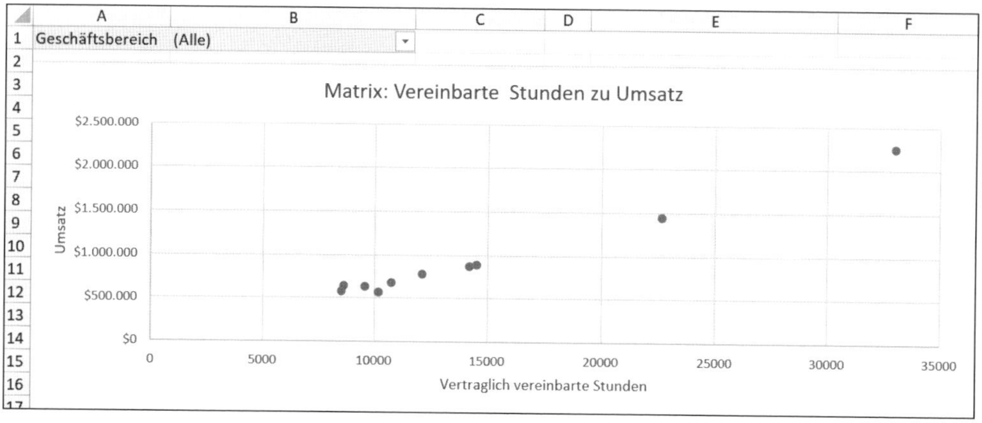


**Abbildung 6.22** Mit dieser Lösung können Sie die Funktionalität Ihrer PivotTable weiterhin nutzen und umgehen die Formatierungseinschränkungen, die Sie bei einem PivotChart hätten.

# Die bedingte Formatierung mit PivotTables verwenden

In den nächsten Abschnitten erfahren Sie, wie Sie die magische Kombination aus PivotTables und bedingter Formatierung nutzen können, um interaktive Visualisierungen zu erstellen, die eine Alternative zu PivotCharts darstellen.

## Ein Beispiel für die Verwendung bedingter Formatierung

Um mit dem ersten Beispiel loszulegen, erstellen Sie die in Abbildung 6.23 gezeigte PivotTable.

| | A | B | C |
|---|---|---|---|
| 1 | | | |
| 2 | **Vertriebsgebiet** | **Summe von Umsatz_Betrag** | **Summe von Umsatz_Betrag2** |
| 3 | CALIFORNIA | $2.254.735 | $2.254.735,38 |
| 4 | CANADA | $776.245 | $776.245,27 |
| 5 | FLORIDA | $1.450.392 | $1.450.392,00 |
| 6 | BUFFALO | $450.478 | $450.478,27 |
| 7 | DENVER | $645.583 | $645.583,29 |
| 8 | KANSASCITY | $574.899 | $574.898,97 |
| 9 | NEWORLEANS | $333.454 | $333.453,65 |
| 10 | MICHIGAN | $678.705 | $678.704,95 |
| 11 | PHOENIX | $570.255 | $570.255,09 |
| 12 | CHARLOTTE | $890.522 | $890.522,49 |
| 13 | DALLAS | $467.089 | $467.089,47 |
| 14 | NEWYORK | $873.581 | $873.580,91 |
| 15 | TULSA | $628.405 | $628.404,83 |
| 16 | SEATTLE | $179.827 | $179.827,21 |
| 17 | **Gesamtergebnis** | **$10.774.172** | **$10.774.171,78** |

**Abbildung 6.23** Erstellen Sie diese PivotTable.

Angenommen, Sie möchten einen Bericht erstellen, der es Ihren Managern ermöglicht, die Leistung der einzelnen Vertriebsgebiete grafisch darzustellen. Sie könnten ein PivotChart erstellen, aber Sie entscheiden sich für die bedingte Formatierung. In diesem Beispiel gehen Sie den einfachen Weg und wenden schnell einige Datenbalken an.

Markieren Sie im Wertebereich alle Werte von *Summe von Umsatz_Betrag2*, nicht aber das Gesamtergebnis. Nachdem Sie den Umsatz für alle Vertriebsgebiete markiert haben, öffnen Sie die Registerkarte *Start* und wählen in der Gruppe *Formatvorlagen* die Option *Bedingte Formatierung*. Wählen Sie dann *Datenbalken* und eine der Optionen für *Einfarbige Füllung* aus, wie in Abbildung 6.24 gezeigt.

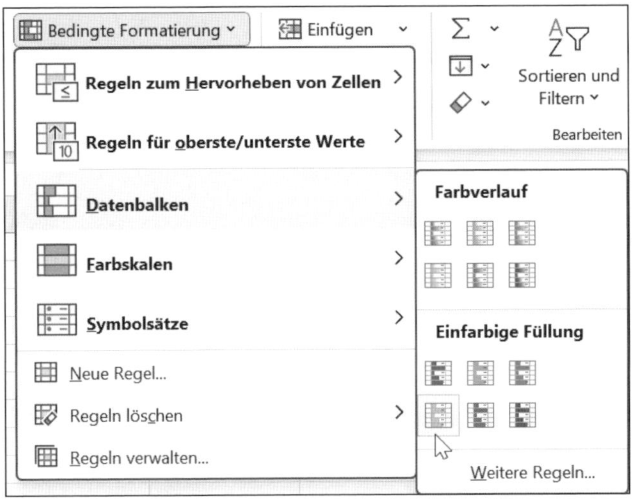


**Abbildung 6.24** Wenden Sie Datenbalken auf die Werte in Ihrer PivotTable an.

In Ihrer Pivot-Tabelle sehen Sie sofort Datenbalken, zusammen mit den Werten im Feld *Summe von Umsatz_Betrag2*. Sie möchten den tatsächlichen Wert ausblenden und nur den Datenbalken anzeigen. Führen Sie dazu die folgenden Schritte aus:

1. Klicken Sie auf der Registerkarte *Start* auf das Dropdownmenü *Bedingte Formatierung* und wählen Sie *Regeln verwalten.*
2. Wählen Sie im Dialogfeld *Manager für Regeln zur bedingten Formatierung* die soeben erstellte Regel für Datenbalken aus und wählen Sie *Regel bearbeiten.*
3. Aktivieren Sie das Kontrollkästchen *Nur Balken anzeigen* (siehe Abbildung 6.25).

Wie Sie in Abbildung 6.26 sehen können, haben Sie jetzt eine Reihe von Balken, die den Werten in Ihrer PivotTable entsprechen. Diese Visualisierung sieht wie ein seitliches Diagramm aus, nicht wahr? Noch beeindruckender ist, dass die Datenbalken dynamisch aktualisiert werden, wenn Sie die Vertriebsgebiete im Berichtsfilterbereich filtern, damit sie den Daten für das ausgewählte Vertriebsgebiet entsprechen.

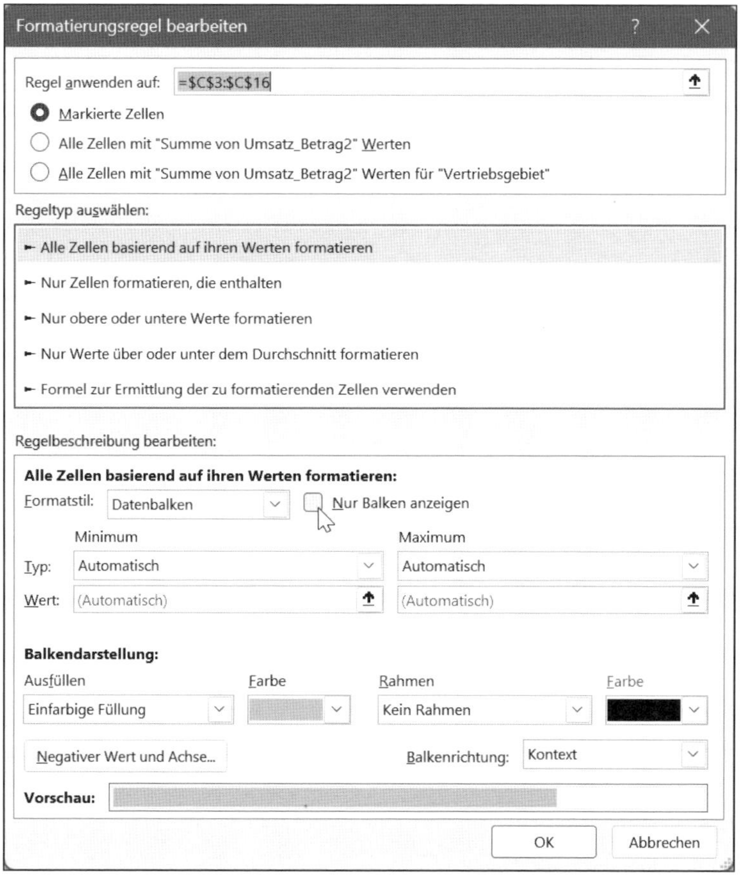


**Abbildung 6.25** Aktivieren Sie das Kontrollkästchen *Nur Balken anzeigen*, um nur die Datenbalken zu sehen.

| | A | B | C |
|---|---|---|---|
| 1 | | | |
| 2 | **Vertriebsgebiet** | **Summe von Umsatz_Betrag** | **Summe von Umsatz_Betrag2** |
| 3 | CALIFORNIA | $2.254.735 | |
| 4 | CANADA | $776.245 | |
| 5 | FLORIDA | $1.450.392 | |
| 6 | BUFFALO | $450.478 | |
| 7 | DENVER | $645.583 | |
| 8 | KANSASCITY | $574.899 | |
| 9 | NEWORLEANS | $333.454 | |
| 10 | MICHIGAN | $678.705 | |
| 11 | PHOENIX | $570.255 | |
| 12 | CHARLOTTE | $890.522 | |
| 13 | DALLAS | $467.089 | |
| 14 | NEWYORK | $873.581 | |
| 15 | TULSA | $628.405 | |
| 16 | SEATTLE | $179.827 | |
| 17 | **Gesamtergebnis** | **$10.774.172** | **$10.774.171,78** |

**Abbildung 6.26** Sie haben mit nur drei einfachen Klicks bedingte Datenbalken zugewiesen!

## Vorprogrammierte Szenarien für Bedingungsebenen

Im vorherigen Beispiel mussten Sie sich nicht durch ein Dialogfeld quälen, um die Bedingungsebenen zu definieren. Wie kann das sein? Excel verfügt über eine Handvoll vorprogrammierter Szenarien, die Sie nutzen können, wenn Sie weniger Zeit mit der Konfiguration Ihrer bedingten Formatierung und mehr Zeit mit der Analyse Ihrer Daten verbringen möchten.

Um beispielsweise die Datenbalken zu erstellen, die Sie gerade verwendet haben, verwendet Excel einen vordefinierten Algorithmus, der die größten und kleinsten Werte im ausgewählten Bereich nimmt und so die Breite für jeden Balken berechnet.

Weitere Beispiele für vorprogrammierte Szenarien sind die folgenden:

- Obere *N* Elemente
- Obere *N* %
- Untere *N* Elemente
- Untere *N* %
- Über dem Durchschnitt
- Unter dem Durchschnitt

Wie Sie sehen können, bemüht sich Excel, die Bedingungen anzubieten, die bei der Datenanalyse am häufigsten verwendet werden.

---

Um die angewendete bedingte Formatierung zu entfernen, setzen Sie den Cursor innerhalb der PivotTable, öffnen die Registerkarte *Start* und wählen in der Gruppe *Formatvorlagen* die Option *Bedingte Formatierung* aus. Wählen Sie dort *Regeln löschen* | *Regeln in dieser Pivot-Tabelle löschen* aus.

---

# Benutzerdefinierte Regeln für die bedingte Formatierung erstellen

Es ist wichtig zu beachten, dass Sie keineswegs auf die im vorherigen Abschnitt erwähnten vorprogrammierten Szenarien beschränkt sind. Sie können auch Ihre eigenen Bedingungen erstellen.

Um zu sehen, wie das funktioniert, müssen Sie zunächst die in Abbildung 6.27 gezeigte PivotTable erstellen.

In diesem Szenario möchten Sie die Beziehung zwischen Gesamtumsatz und Dollar je Stunde auswerten. Die Idee ist, dass eine strategisch angewandte bedingte Formatierung dabei hilft, Verbesserungsmöglichkeiten zu identifizieren.

Setzen Sie den Cursor in die Spalte *Umsatzbetrag*. Klicken Sie auf die Registerkarte *Start* und wählen Sie *Bedingte Formatierung* | *Neue Regel*. Dadurch wird das Dialogfeld *Neue Formatierungsregel* geöffnet, das in Abbildung 6.28 dargestellt ist. In diesem Dialogfeld müssen Sie die Zellen identifizieren, auf die die bedingte Formatierung angewendet werden soll, den zu verwendenden Regeltyp angeben und die Details der bedingten Formatierung festlegen.

| | A | B | C | D |
|---|---|---|---|---|
| 1 | Produkt_Beschreibung | (Alle) | | |
| 2 | | | | |
| 3 | **Vertriebsgebiet** | **Umsatzbetrag** | **Vertraglich vereinbarte Stunden** | **Dollar je Stunde** |
| 4 | BUFFALO | $450.478 | 6.864 | $65,63 |
| 5 | CALIFORNIA | $2.254.735 | 33.014 | $68,30 |
| 6 | CANADA | $776.245 | 12.103 | $64,14 |
| 7 | CHARLOTTE | $890.522 | 14.525 | $61,31 |
| 8 | DALLAS | $467.089 | 6.393 | $73,06 |
| 9 | DENVER | $645.583 | 8.641 | $74,71 |
| 10 | FLORIDA | $1.450.392 | 22.640 | $64,06 |
| 11 | KANSASCITY | $574.899 | 8.547 | $67,26 |
| 12 | MICHIGAN | $678.705 | 10.744 | $63,17 |
| 13 | NEWORLEANS | $333.454 | 5.057 | $65,94 |
| 14 | NEWYORK | $873.581 | 14.213 | $61,46 |
| 15 | PHOENIX | $570.255 | 10.167 | $56,09 |
| 16 | SEATTLE | $179.827 | 2.889 | $62,25 |
| 17 | TULSA | $628.405 | 9.583 | $65,57 |
| 18 | **Gesamtergebnis** | **$10.774.172** | **165.380** | **$65,15** |

**Abbildung 6.27** Diese PivotTable zeigt Umsatzbetrag, vertraglich vereinbarte Stunden und ein berechnetes Feld zur Berechnung der Erträge je Stunde.

Zunächst müssen Sie die Zellen identifizieren, auf die Ihre bedingte Formatierung angewendet werden soll. Sie haben drei Auswahlmöglichkeiten:

- **Markierte Zellen** Bei dieser Auswahl wird die bedingte Formatierung nur auf die ausgewählten Zellen angewendet. Für Abbildung 6.27 würde dies bedeuten, dass die Formatierung nur für Zelle B4 gelten würde, was wenig sinnvoll ist.
- **Alle Zellen mit »Umsatzbetrag« Werten** Diese Auswahl wendet die bedingte Formatierung auf alle Werte in der Spalte *Umsatzbetrag* an, einschließlich der Teil- und Gesamtergebnisse. Diese Auswahl ist gut für Analysen geeignet, die Mittelwerte, Prozentwerte und andere Berechnungen verwenden, bei denen eine einzige Regel zur bedingten Formatierung für alle Ebenen der Analyse sinnvoll ist.
- **Alle Zellen mit »Umsatzbetrag« Werten für »Vertriebsgebiet«** Diese Auswahl wendet die bedingte Formatierung auf alle Werte in der Spalte *Umsatzbetrag* nur auf der Ebene *Vertriebsgebiet* an. (Teil- und Gesamtergebnisse werden nicht berücksichtigt.) Diese Auswahl eignet sich ideal für Analysen mit Berechnungen, die nur im Kontext der gemessenen Ebene sinnvoll sind.

---

Die Wörter *»Umsatzbetrag«* und *»Vertriebsgebiet«* sind keine festen Bestandteile des Dialogfelds *Neue Formatierungsregel*. Diese Wörter ändern sich entsprechend den Feldern in Ihrer PivotTable. *Umsatzbetrag* wird hier verwendet, weil sich der Cursor in dieser Spalte befindet. *Vertriebsgebiet* wird verwendet, weil sich die aktiven Datenelemente in der PivotTable im Feld *Vertriebsgebiet* befinden.

---

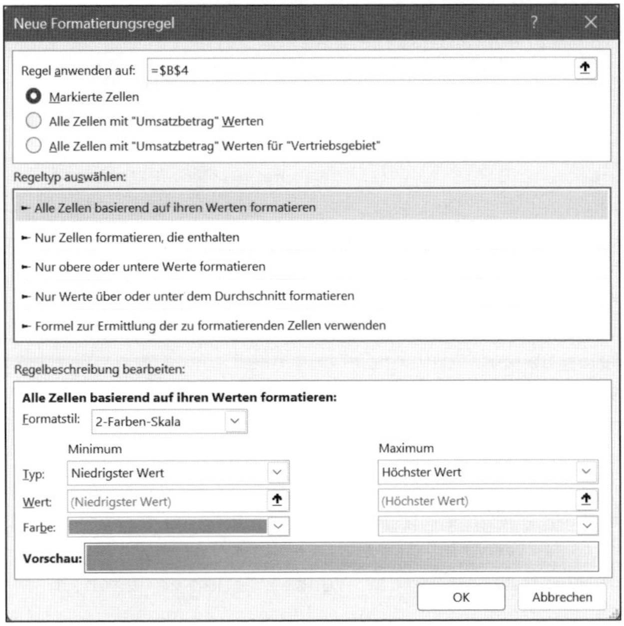


**Abbildung 6.28** Das Dialogfeld *Neue Formatierungsregel*

In diesem Beispiel ist die dritte Option *(Alle Zellen mit »Umsatzbetrag« Werten für »Vertriebsgebiet«)* am sinnvollsten. Klicken Sie daher dieses Optionsfeld an, wie in Abbildung 6.29 gezeigt.

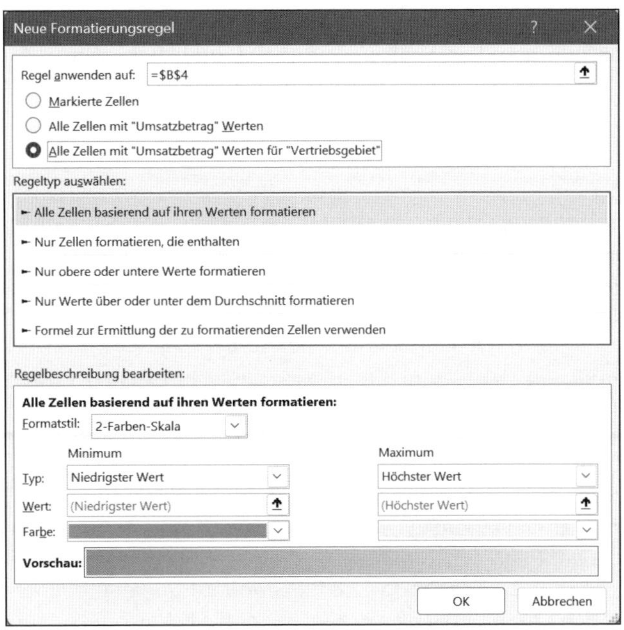


**Abbildung 6.29** Klicken Sie auf das Optionsfeld neben *Alle Zellen mit »Umsatzbetrag« Werten für »Vertriebsgebiet«.*

Als Nächstes müssen Sie im Abschnitt *Regeltyp auswählen* den Regeltyp angeben, den Sie für die bedingte Formatierung verwenden möchten. Sie können einen von fünf Regeltypen auswählen:

- **Alle Zellen basierend auf ihren Werten formatieren** Mit diesem Typ können Sie eine bedingte Formatierung auf der Grundlage eines Vergleichs der tatsächlichen Werte des ausgewählten Bereichs anwenden, d.h., die Werte im ausgewählten Bereich werden miteinander verglichen. Diese Auswahl ist ideal, wenn Sie allgemeine Anomalien in Ihrem Datensatz identifizieren möchten.
- **Nur Zellen formatieren, die enthalten** Mit diesem Typ können Sie eine bedingte Formatierung auf Zellen anwenden, die bestimmte von Ihnen definierte Kriterien erfüllen. Beachten Sie, dass die Werte in Ihrem Bereich nicht gegeneinander verglichen werden, wenn Sie diesen Regeltyp verwenden. Diese Auswahl ist nützlich, wenn Sie Ihre Werte mit einer vordefinierten Benchmark vergleichen wollen.
- **Nur obere oder untere Werte formatieren** Mit diesem Typ können Sie die bedingte Formatierung auf Zellen anwenden, die die *N* obersten oder *N* untersten Werte oder Prozentsätze aller Werte im Bereich enthalten.
- **Nur Werte über oder unter dem Durchschnitt formatieren** Mit diesem Typ können Sie die bedingte Formatierung auf Werte anwenden, die mathematisch über oder unter dem Durchschnitt aller Werte im ausgewählten Bereich liegen.
- **Formel zur Ermittlung der zu formatierenden Zellen verwenden** Mit diesem Typ können Sie eine eigene Formel angeben und jeden Wert im ausgewählten Bereich anhand dieser Formel bewerten. Wenn die Auswertung der Formel *Wahr* ergibt, wird die bedingte Formatierung angewendet. Dieser Regeltyp ist praktisch, wenn Sie Bedingungen auf der Grundlage der Ergebnisse einer erweiterten Formel oder einer mathematischen Operation anwenden möchten.

---

Sie können nur dann Datenbalken, Farbskalen und Symbolsätze verwenden, wenn die ausgewählten Zellen basierend auf ihren Werten formatiert sind. Das bedeutet, dass Sie, wenn Sie Datenbalken, Farbskalen und Symbolsätze verwenden möchten, den Regeltyp *Alle Zellen basierend auf ihren Werten formatieren* auswählen müssen.

---

In diesem Szenario möchten Sie Problembereiche mithilfe von Symbolsätzen identifizieren; daher möchten Sie die Zellen auf der Grundlage ihrer Werte formatieren, also wählen Sie *Alle Zellen basierend auf ihren Werten formatieren.*

Schließlich müssen Sie die Details der bedingten Formatierung im Abschnitt *Regelbeschreibung bearbeiten* festlegen. Auch hier möchten Sie Problembereiche mithilfe der schicken Symbolsätze identifizieren, die Excel bietet. Wählen Sie daher aus dem Dropdownmenü *Formatstil* die Option *Symbolsätze.*

Wählen Sie nach der Auswahl der Symbolsätze einen für Ihre Analyse geeigneten Stil aus. Der in Abbildung 6.30 gewählte Stil ist für Situationen ideal, in denen die PivotTables nicht immer in Farbe angezeigt werden können.

Bei dieser Konfiguration wendet Excel die Symbole auf der Grundlage der Perzentilbänder >=67, >=33 und <33 an. Beachten Sie, dass Sie die tatsächlichen Perzentilbänder je nach Bedarf ändern können. In diesem Szenario sind die Standard-Perzentilbänder ausreichend. Wissenswertes: Drei gleich große Bereiche werden als Terzile bezeichnet.

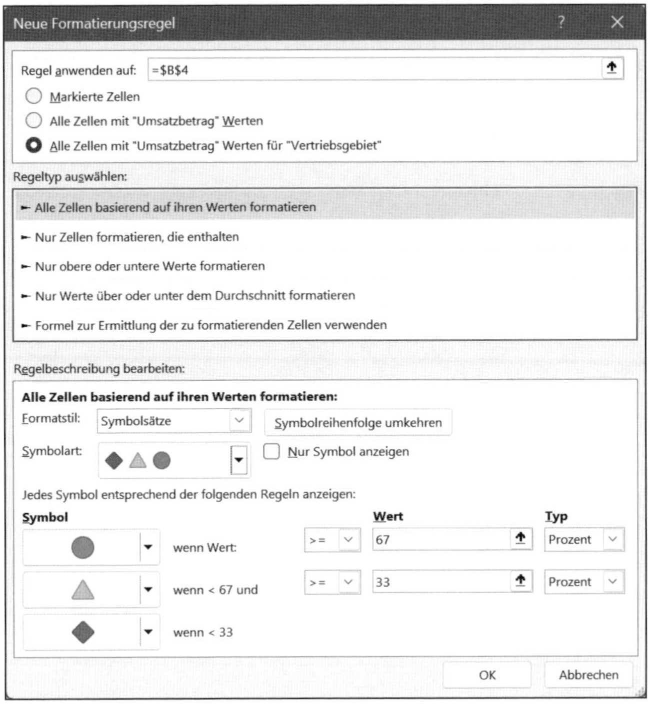


**Abbildung 6.30** Wählen Sie im Dropdownmenü *Formatstil* die Option *Symbolsätze*.

Klicken Sie auf die Schaltfläche *OK*, um die bedingte Formatierung anzuwenden. Wie Sie in Abbildung 6.31 sehen können, verfügen Sie nun über Symbole, mit denen Sie schnell feststellen können, wo jedes Vertriebsgebiet im Verhältnis zu anderen Vertriebsgebieten in Bezug auf den Umsatz liegt.

| | A | B | C | D |
|---|---|---|---|---|
| 1 | Produkt_Beschreibung | (Alle) | | |
| 2 | | | | |
| 3 | **Vertriebsgebiet** | **Umsatzbetrag** | **Vertraglich vereinbarte Stunden** | **Dollar je Stunde** |
| 4 | BUFFALO | ◆ $450.478 | 6.864 | $65,63 |
| 5 | CALIFORNIA | ● $2.254.735 | 33.014 | $68,30 |
| 6 | CANADA | ◆ $776.245 | 12.103 | $64,14 |
| 7 | CHARLOTTE | ▲ $890.522 | 14.525 | $61,31 |
| 8 | DALLAS | ◆ $467.089 | 6.393 | $73,06 |
| 9 | DENVER | ◆ $645.583 | 8.641 | $74,71 |
| 10 | FLORIDA | ▲ $1.450.392 | 22.640 | $64,06 |
| 11 | KANSASCITY | ◆ $574.899 | 8.547 | $67,26 |
| 12 | MICHIGAN | ◆ $678.705 | 10.744 | $63,17 |
| 13 | NEWORLEANS | ◆ $333.454 | 5.057 | $65,94 |
| 14 | NEWYORK | ▲ $873.581 | 14.213 | $61,46 |
| 15 | PHOENIX | ◆ $570.255 | 10.167 | $56,09 |
| 16 | SEATTLE | ◆ $179.827 | 2.889 | $62,25 |
| 17 | TULSA | ◆ $628.405 | 9.583 | $65,57 |
| 18 | **Gesamtergebnis** | **$10.774.172** | **165.380** | **$65,15** |

**Abbildung 6.31** Sie haben Ihre erste benutzerdefinierte bedingte Formatierung angewendet!

Wenden Sie nun die gleiche bedingte Formatierung auf das Feld *Dollar je Stunde* an. Wenn Sie fertig sind, sollte Ihre PivotTable so aussehen, wie es Abbildung 6.32 zeigt.

| | A | B | C | D |
|---|---|---|---|---|
| 1 | Produkt_Beschreibung | (Alle) | | |
| 2 | | | | |
| 3 | **Vertriebsgebiet** | **Umsatzbetrag** | **Vertraglich vereinbarte Stunden** | **Dollar je Stunde** |
| 4 | BUFFALO | ◆ $450.478 | 6.864 | △ $65,63 |
| 5 | CALIFORNIA | ● $2.254.735 | 33.014 | △ $68,30 |
| 6 | CANADA | ◆ $776.245 | 12.103 | △ $64,14 |
| 7 | CHARLOTTE | △ $890.522 | 14.525 | ◆ $61,31 |
| 8 | DALLAS | ◆ $467.089 | 6.393 | ● $73,06 |
| 9 | DENVER | ◆ $645.583 | 8.641 | ● $74,71 |
| 10 | FLORIDA | △ $1.450.392 | 22.640 | △ $64,06 |
| 11 | KANSASCITY | ◆ $574.899 | 8.547 | △ $67,26 |
| 12 | MICHIGAN | ◆ $678.705 | 10.744 | △ $63,17 |
| 13 | NEWORLEANS | ◆ $333.454 | 5.057 | △ $65,94 |
| 14 | NEWYORK | △ $873.581 | 14.213 | ◆ $61,46 |
| 15 | PHOENIX | ◆ $570.255 | 10.167 | ◆ $56,09 |
| 16 | SEATTLE | ◆ $179.827 | 2.889 | △ $62,25 |
| 17 | TULSA | ◆ $628.405 | 9.583 | △ $65,57 |
| 18 | **Gesamtergebnis** | **$10.774.172** | **165.380** | **$65,15** |

**Abbildung 6.32** Sie haben erfolgreich eine interaktive Visualisierung erstellt.

Nehmen Sie sich einen Moment Zeit, um zu analysieren, was Sie hier haben. Mit dieser Ansicht kann ein Manager das Verhältnis zwischen Gesamtumsatz und Dollar je Stunde analysieren. Der Manager des Vertriebsgebiets Dallas kann zum Beispiel sehen, dass er bei den Einnahmen im untersten Terzil, bei den Dollar je Stunde aber im obersten Terzil liegt. Anhand dieser Informationen erkennt der Manager sofort, dass die Dollar-je-Stunde-Sätze für sein Vertriebsgebiet zu hoch sein könnten. Umgekehrt kann die Managerin des New Yorker Vertriebsgebiets erkennen, dass sie beim Umsatz im mittleren Terzil, bei den Dollar je Stunde aber im unteren Terzil liegen. Dies zeigt der Managerin, dass ihre Stundensätze für ihr Vertriebsgebiet zu niedrig sein könnten.

Denken Sie daran, dass dies ein interaktiver Bericht ist. Alle Manager können dieselbe Analyse nach Produkt anzeigen, indem der Filterbereich des Berichts verwendet wird!

### Fallstudie: Ein PivotChart ohne PivotTable erstellen

Die meisten PivotCharts besitzen eine zugehörige PivotTable. Es gibt eine Möglichkeit, ein PivotChart zu erstellen, das nicht mit einer PivotTable verbunden ist.

1. Beginnen Sie mit einem beliebigen Dataset. Wählen Sie *Start | Als Tabelle formatieren,* um das Dataset in eine Tabelle zu konvertieren.
2. Wenn Sie im Menüband keine Registerkarte *Power Pivot* sehen, öffnen Sie die Registerkarte *Daten*. Öffnen Sie in der Gruppe *Datentools* das Dropdownmenü *Datenmodell* und wählen Sie *Datenmodell verwalten*. Dadurch gelangen Sie zum Power Pivot-Fenster. Wenn Sie das Power Pivot-Fenster schließen und die Arbeitsmappe speichern, sollte die Registerkarte *Power Pivot* im Menüband erscheinen.

→

3. Markieren Sie eine Zelle in Ihrem Dataset, gehen Sie zur Registerkarte *Power Pivot* und wählen Sie *Zu Datenmodell hinzufügen*. Das Fenster *Power Pivot für Excel* wird geöffnet und zeigt eine Kopie Ihrer Daten an.
4. Öffnen Sie im Power Pivot-Fenster auf der Registerkarte *Start* das Dropdownmenü *PivotTable* und wählen Sie *PivotChart*, wie in Abbildung 6.33 gezeigt. Dadurch wird in Excel ein neues PivotChart ohne zugehörige PivotTable eingefügt.

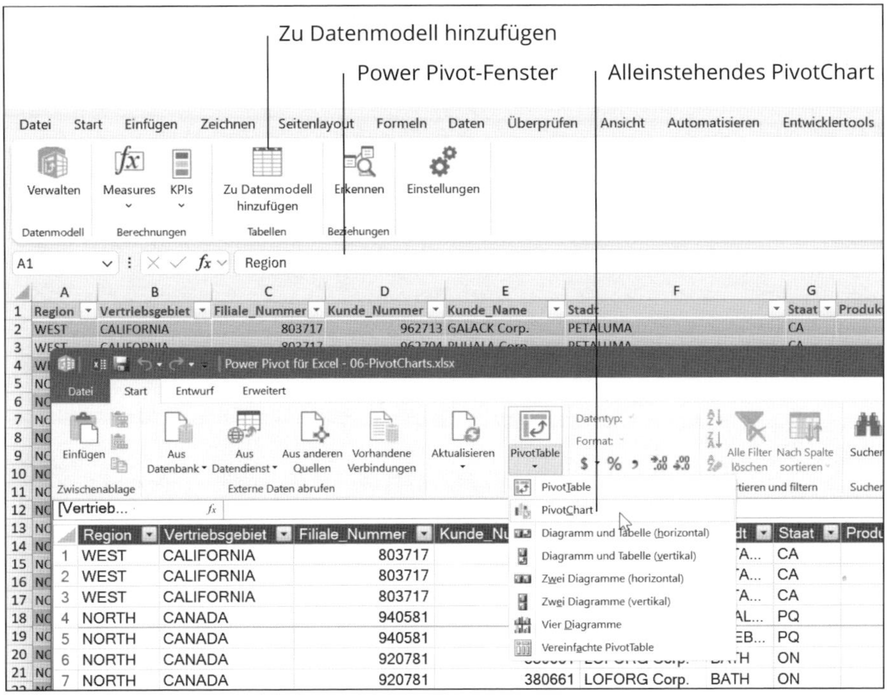


**Abbildung 6.33** Das Power Pivot-Fenster bietet eine Möglichkeit, ein oder mehrere PivotCharts ohne zugehörige PivotTable zu erstellen.

# Nächste Schritte

In Kapitel 7, »Unterschiedliche Datenquellen mit PivotTables analysieren«, erfahren Sie, wie Sie unterschiedliche Datenquellen in einer PivotTable zusammenführen können. Sie werden eine PivotTable aus mehreren Datasets erstellen und die Grundlagen der Erstellung von PivotTables aus anderen Pivot-Tabellen kennenlernen.

KAPITEL 7

# Unterschiedliche Datenquellen mit PivotTables analysieren

Bis zu diesem Punkt haben Sie mit einer lokalen Tabelle gearbeitet, die sich in dem Tabellenblatt befindet, in dem Sie gerade arbeiten. Es wäre in der Tat wunderbar, wenn jeder Datensatz, auf den Sie stoßen, ordentlich in einer einfach zu verwendenden Excel-Tabelle verpackt wäre. Leider funktioniert das Geschäft der Datenanalyse nicht immer so.

Die Realität sieht so aus, dass einige der Daten, auf die Sie stoßen, aus unterschiedlichen Datenquellen stammen – Datensätze, die aus verschiedenen Systemen stammen, an unterschiedlichen Orten gespeichert sind oder in verschiedenen Formaten vorliegen. In einer Excel-Umgebung fallen disparate Datenquellen im Allgemeinen in eine von zwei Kategorien:

- **Externe Daten** Externe Daten sind genau das, wonach es klingt: Daten, die sich nicht in der Excel-Arbeitsmappe befinden, in der Sie arbeiten. Einige Beispiele für externe Datenquellen sind Textdateien, Access-Tabellen, SQL Server-Tabellen und andere Excel-Arbeitsmappen.
- **Mehrere Bereiche** Mehrere Bereiche sind separate Datensätze, die in derselben Arbeitsmappe enthalten sind, aber entweder durch leere Zellen getrennt sind oder sich auf verschiedenen Tabellenblättern befinden. Wenn Ihre Arbeitsmappe beispielsweise drei Tabellen auf drei verschiedenen Tabellenblättern enthält, deckt jeder Ihrer Datasets einen Bereich von Zellen ab. Sie arbeiten also mit mehreren Bereichen.

Eine PivotTable kann ein effektives Werkzeug sein, wenn Sie Daten zusammenfassen müssen, die nicht ordentlich in einer Tabelle verpackt sind. Mit einer PivotTable können Sie schnell Daten aus einer externen Quelle oder Daten aus mehreren Tabellen in Ihrer Arbeitsmappe zusammenführen (oder beides). In diesem Kapitel lernen Sie verschiedene Techniken für die Arbeit mit externen Datenquellen und Datasets kennen, die sich in mehreren Bereichen innerhalb einer Arbeitsmappe befinden.

## Das Datenmodell verwenden

Mit Excel 2013 wurde eine neue In-Memory-Analyse-Engine namens *Datenmodell* eingeführt, die auf der Power Pivot-Engine basiert. Jede Arbeitsmappe hat ein Datenmodell, mit dem Sie wie nie zuvor mit unterschiedlichen Datenquellen arbeiten und diese analysieren können.

Die Idee hinter dem Datenmodell ist einfach. Nehmen wir an, Sie haben zwei Tabellen: eine Tabelle *Kunden* und eine Tabelle *Aufträge*. Die Tabelle *Aufträge* enthält grundlegende Informationen über Rechnungen (Kundennummer, Rechnungsdatum und Umsatz). Die Tabelle *Kunden* enthält Informationen wie Kundennummer, Kundenname und Bundesland. Wenn Sie den Umsatz nach Bundesland analysieren möchten, müssen Sie die beiden Tabellen verbinden und das Feld *Umsatz* in der Tabelle *Aufträge* nach dem Feld *Bundesland* in der Tabelle *Kunden* aggregieren.

In der Vergangenheit mussten Sie dazu eine Reihe von Umwegen gehen und Funktionen wie `SVERWEIS`, `SUMMEWENN` oder andere verwenden. Mit dem neuen Datenmodell können Sie Excel jedoch einfach mitteilen, wie die beiden Tabellen zusammenhängen (beide enthalten Kundennummern), und sie dann in das Datenmodell ziehen. Das Excel-Datenmodell erstellt dann einen analytischen Würfel auf der Grundlage dieser Kundennummernbeziehung und stellt die Daten in einer PivotTable dar. Mit der PivotTable können Sie die Aggregation nach Bundesland mit wenigen Mausklicks erstellen.

---

Das Datenmodell verwendet die Power Pivot-Daten-Engine. Ab Excel 2019 bietet jede Windows-Version von Excel vollen Zugriff auf die Power Pivot-Tools. Weitere Informationen zu Power Pivot finden Sie in Kapitel 10, »Mit dem Datenmodell und Power Pivot auf weitere Features zugreifen«.

---

## Ihr erstes Datenmodell erstellen

Stellen Sie sich vor, Sie haben die in Abbildung 7.1 dargestellte Tabelle »Transaktionen«. Auf einem anderen Arbeitsblatt befindet sich die Tabelle »Mitarbeiter«, die in Abbildung 7.2 dargestellt ist. Beide Tabellen wurden als Tabelle formatiert, indem Sie *Start | Als Tabelle formatieren* gewählt haben.

Mit *Als Tabelle formatieren* werden Namen wie *Tabelle1* und *Tabelle2* erstellt. Rufen Sie nach der Formatierung als Tabelle die Registerkarte *Tabellenentwurf* auf und vergeben Sie neue Namen, wie beispielsweise **Transaktionen** und **Mitarbeiter**.

| | A | B | C | D |
|---|---|---|---|---|
| 1 | Vertreter | Rechnungsdatum | Umsatzbetrag | Stunden lt. Vertrag |
| 2 | 4416 | 05.01.2029 | 111,79 | 2 |
| 3 | 4416 | 05.01.2029 | 111,79 | 2 |
| 4 | 160006 | 05.01.2029 | 112,13 | 2 |
| 5 | 6444 | 05.01.2029 | 112,13 | 2 |
| 6 | 160006 | 05.01.2029 | 145,02 | 3 |
| 7 | 52661 | 05.01.2029 | 196,58 | 4 |
| 8 | 6444 | 05.01.2029 | 204,20 | 4 |
| 9 | 51552 | 05.01.2029 | 225,24 | 3 |
| 10 | 55662 | 06.01.2029 | 86,31 | 2 |

**Abbildung 7.1** Diese Tabelle zeigt Transaktionen nach der Nummer der Vertreter.

| | A | B | C | D |
|---|---|---|---|---|
| 1 | Personalnummer | Nachname | Vorname | Stellenbezeichnung |
| 2 | 21 | SIOCAT | ROBERT | KUNDENBETREUER 3 |
| 3 | 42 | BREWN | DONNA | KUNDENBETREUER 3 |
| 4 | 45 | VAN HUILE | KENNETH | KUNDENBETREUER 2 |
| 5 | 104 | WIBB | MAURICE | KUNDENBETREUER 2 |
| 6 | 106 | CESTENGIAY | LUC | KUNDENBETREUER 2 |
| 7 | 113 | TRIDIL | ROCH | KUNDENBETREUER 2 |
| 8 | 142 | CETE | GUY | KUNDENBETREUER 3 |
| 9 | 145 | ERSINEILT | MIKE | KUNDENBETREUER 2 |
| 10 | 162 | GEBLE | MICHAEL | KUNDENBETREUER 2 |
| 11 | 165 | CERDANAL | ALAIN | KUNDENBETREUER 3 |
| 12 | 201 | GEIDRIOU | DOMINIC | TEAMLEITER 1 |

**Abbildung 7.2** Diese Tabelle enthält Informationen über Mitarbeiter: Vorname, Nachname und Stellenbezeichnung.

Ihre Aufgabe besteht darin, eine Analyse zu erstellen, die den Umsatz nach Stellenbezeichnung aufschlüsselt. Normalerweise wäre dies schwierig, da sich Verkäufe und Stellenbezeichnung in zwei separaten Tabellen befinden. Mit dem neuen Datenmodell können Sie jedoch die folgenden einfachen Schritte durchführen:

1. Wechseln Sie im Menüband auf die Registerkarte *Daten*. Öffnen Sie in der Gruppe *Datentools* das Dropdownmenü *Datenmodell*, und wählen Sie *Beziehungen*.
2. Klicken Sie im Dialogfeld *Beziehungen verwalten* auf *Neu*.
3. Im Dialogfeld *Beziehungen erstellen* ist die primäre Tabelle die Tabelle *Transaktionen*. Die *Spalte (fremd)* ist das Feld *Vertreter*. In der nächsten Zeile des Dialogfelds wählen Sie *Mitarbeiter* als *Verwandte Tabelle* und *Personalnummer* als *Verwandte Spalte (primär)* aus (siehe Abbildung 7.3).

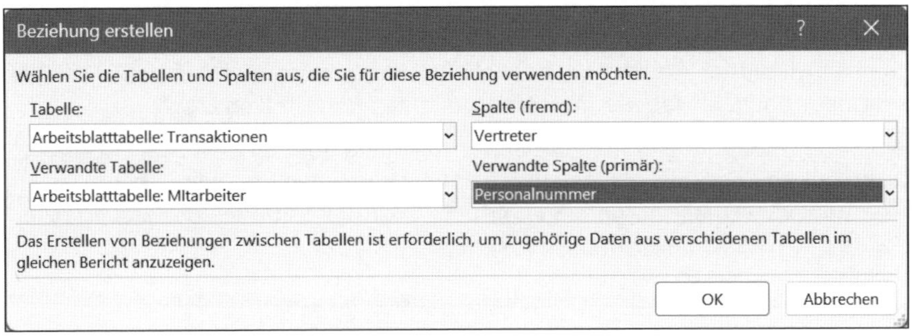


**Abbildung 7.3** Definieren Sie eine Beziehung zwischen den beiden Tabellen.

### Die Bedeutung von Primärschlüsseln

In Abbildung 7.3 erscheint unten rechts das Dropdownmenü *Verwandte Spalte (primär)*. In diesem Fall bedeutet der Begriff *primär*, dass das Datenmodell dieses Feld aus der zugehörigen Tabelle als Primärschlüssel verwendet.

Ein Primärschlüssel ist ein Feld, das nur eindeutige Nicht-Null-Werte enthält (keine Duplikate oder Leerzeichen). Primärschlüsselfelder sind im Datenmodell erforderlich, um Aggregationsfehler und Duplikate zu vermeiden. Jede Beziehung, die Sie erstellen, muss ein Feld haben, das als Primärschlüssel bezeichnet wird.

In dem Szenario in Abbildung 7.2 muss die Tabelle *Mitarbeiter* alle eindeutigen Werte im Feld *Personalnummer* enthalten, ohne Leerzeichen oder Nullwerte. Nur so kann Excel bei der Verknüpfung mehrerer Tabellen die Datenintegrität gewährleisten.

4. Klicken Sie auf *OK*, um die Beziehung zu erstellen. Dieser Vorgang kann einige Zeit in Anspruch nehmen, da an dieser Stelle die beiden Tabellen dem Datenmodell hinzugefügt werden.
5. Klicken Sie auf *OK*, um das Dialogfeld *Beziehung erstellen* zu schließen.
6. Fügen Sie in die Arbeitsmappe ein neues leeres Tabellenblatt ein.
7. Wählen Sie auf dem leeren Tabellenblatt den Befehl *Einfügen | PivotTable | Aus Datenmodell*. Beachten Sie die Liste der PivotTable-Felder in Abbildung 7.4. Dies ist die Datenmodellversion des Aufgabenbereichs. Am oberen Rand befinden sich zwei Registerkarten: *Aktiv* und *Alle*. Jede Tabelle erscheint im Bereich mit den Feldern, und anfänglich sind beide eingeklappt, sodass Sie die darin enthaltenen Felder nicht sehen können.

**Abbildung 7.4** Alle Tabellen werden im Aufgabenbereich *PivotTable-Felder* angezeigt.

8. Verwenden Sie das Größer-als-Symbol neben jeder Tabelle, um die Tabelle zu erweitern. Ziehen Sie *Stellenbezeichnung* aus der Tabelle *Mitarbeiter* in den Bereich *Zeilen*. Ziehen Sie *Umsatzbetrag* aus der Tabelle *Transaktionen* in den Bereich *Werte.*

Nachdem Sie die Beziehung erstellt haben, verfügen Sie über eine einzige PivotTable, die effektiv Daten aus beiden Tabellen verwendet, um die von Ihnen benötigte Analyse zu erstellen. Abbildung 7.5 veranschaulicht, dass Sie mit dem Excel-Datenmodell das Ziel erreicht haben, die Verkäufe nach Stellenbezeichnung anzuzeigen.

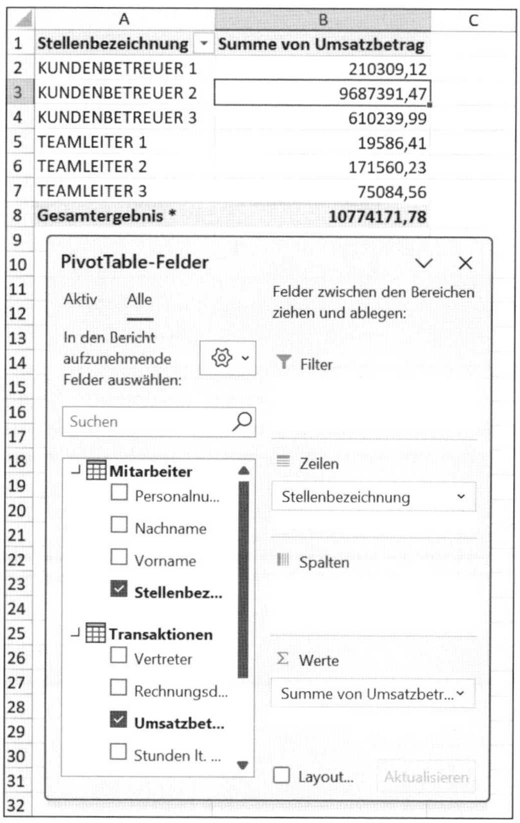


**Abbildung 7.5** Sie haben Ihr Ziel erreicht, die Verkäufe nach Stellenbezeichnung anzuzeigen.

## Beziehungen im Datenmodell verwalten

Nachdem Sie dem Datenmodell Tabellen zugewiesen haben, müssen Sie möglicherweise die Beziehungen zwischen den Tabellen anpassen. Um Änderungen an den Beziehungen in einem Datenmodell vorzunehmen, öffnen Sie das Dialogfeld *Beziehungen verwalten.*

Klicken Sie im Menüband auf die Registerkarte *Daten,* öffnen Sie das Dropdownmenü *Datenmodell* und wählen Sie den Befehl *Beziehungen*. Das in Abbildung 7.6 dargestellte Dialogfeld wird angezeigt.

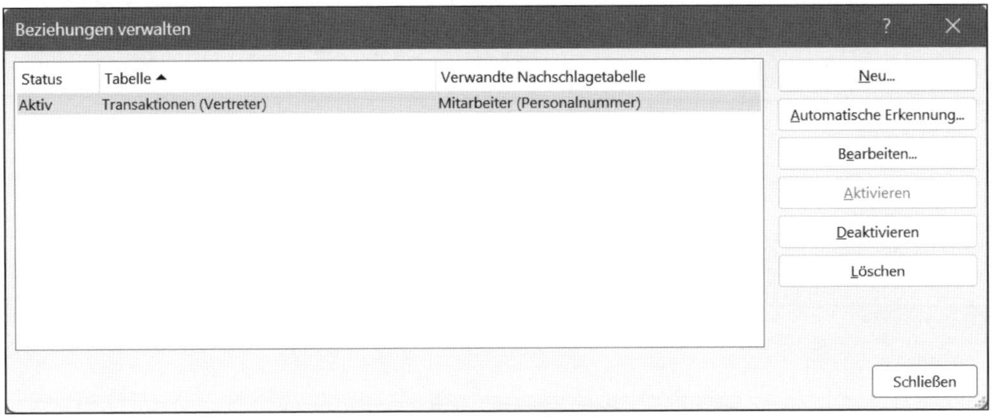


**Abbildung 7.6** Das Dialogfeld *Beziehungen verwalten* ermöglicht es Ihnen, Änderungen an den Beziehungen im Datenmodell vorzunehmen.

Das Dialogfeld *Beziehungen verwalten* enthält die folgenden Schaltflächen:

- **Neu** Erstellen Sie eine neue Beziehung zwischen zwei Tabellen im Datenmodell.
- **Automatische Erkennung** Starten Sie die automatische Erkennung, die versucht, die Beziehungen zwischen den Daten zu erkennen.
- **Bearbeiten** Ändern Sie die ausgewählte Beziehung.
- **Aktivieren** Aktiviert die ausgewählte Beziehung, d.h., Excel wird angewiesen, die ausgewählte Beziehung zu berücksichtigen, wenn Daten im Datenmodell zusammengefasst und analysiert werden.
- **Deaktivieren** Deaktiviert die ausgewählte Beziehung, d.h., Excel wird angewiesen, die ausgewählte Beziehung beim Aggregieren und Analysieren der Daten im Datenmodell zu ignorieren.
- **Löschen** Entfernt die ausgewählte Beziehung.

## Eine neue Tabelle zum Datenmodell hinzufügen

Sie können dem Datenmodell eine neue Tabelle hinzufügen, indem Sie *Start | Als Tabelle formatieren* verwenden. Solange Sie keine Beziehung zur Tabelle definieren, wird sie möglicherweise im Aufgabenbereich *PivotTable-Felder* auf der Registerkarte *Alle* statt auf der Registerkarte *Aktiv* angezeigt.

Obwohl Sie die neue Tabelle auf der Registerkarte *Alle* finden können, ist es am besten, eine neue Beziehung mit *Daten | Datenmodell | Beziehungen* zu definieren, bevor Sie das Feld zur PivotTable hinzufügen. Wenn Sie eine Beziehung definieren, wird die Tabelle auf die Registerkarte *Aktiv* verschoben.

## Beschränkungen des Datenmodells

Wie bei den meisten Dingen in Excel gibt es auch beim Datenmodell Beschränkungen. Tabelle 7.1 zeigt die maximalen und konfigurierbaren Beschränkungen für das Excel-Datenmodell.

| Objekt | Obergrenze |
|---|---|
| Größe des Datenmodells | In 32-Bit-Umgebungen gilt für Excel-Arbeitsmappen ein Limit von 2 GB. Dies schließt den von Excel, dem Datenmodell und den Add-Ins, die im selben Prozess ausgeführt werden, gemeinsam genutzten Speicherplatz ein.<br>In 64-Bit-Umgebungen gibt es keine festen Grenzen für die Dateigröße. Die Größe der Arbeitsmappe wird nur durch den verfügbaren Arbeitsspeicher und die Systemressourcen begrenzt. |
| Zeichen in einem Tabellen- oder Spaltennamen | 100 Zeichen |
| Anzahl der Tabellen im Datenmodell | 2.147.483.647 |
| Anzahl der Zeilen in jeder Tabelle des Datenmodells | Die Obergrenze liegt bei 1.999.999.997 Zeilen. |
| Anzahl der Spalten und berechneten Spalten in jeder Tabelle des Datenmodells | 2.147.483.647 |
| Anzahl der eindeutigen Werte in einer Spalte | Die Obergrenze liegt bei 1.999.999.997 Werten. |
| Länge der Zeichenfolge in jedem Feld | Die Obergrenze ist 536.870.912 Bytes (512 MB), was 268.435.456 Unicode-Zeichen (256 Megazeichen) entspricht. |

**Tabelle 7.1** Beschränkungen des Datenmodells

# Eine PivotTable mit externen Datenquellen erstellen

Für die Verarbeitung und Analyse von Daten ist Excel sicherlich ein gutes Werkzeug. Tatsächlich sind Pivot-Tabellen selbst ein Beweis für die analytischen Fähigkeiten von Excel. Trotz all seiner Stärken ist Excel jedoch eine schlechte Plattform für die Verwaltung von relationalen Daten. Dies liegt vor allem an diesen drei Gründen:

- Die Größe eines Datasets wirkt sich erheblich auf die Leistung aus und führt zu einer weniger effizienten Datenauswertung. Der Grund dafür ist die grundlegende Art und Weise, wie Excel mit dem Arbeitsspeicher umgeht. Wenn Sie eine Excel-Datei öffnen, wird die gesamte Datei in den Arbeitsspeicher geladen, um eine schnelle Datenverarbeitung und einen schnellen Zugriff zu gewährleisten. Der Nachteil dieses Verhaltens ist, dass Excel sehr viel Arbeitsspeicher benötigt, um auch nur die kleinste Änderung in einem Tabellenblatt zu verarbeiten (und in der Regel in der Statusleiste den Hinweis »Berechnen« anzeigt). Obwohl Excel mehr als 1 Million Zeilen und mehr als 16.000 Spalten zur Verfügung stellt, führt das Erstellen und Verwalten großer Datensätze zu einer erheblichen Verlangsamung von Excel, was die Datenanalyse zu einem mühsamen Unterfangen macht.

- Das Fehlen einer relationalen Datenstruktur zwingt zur Verwendung von flachen Tabellen, die redundante Daten fördern. Dadurch erhöht sich auch die Wahrscheinlichkeit von Fehlern.
- Es gibt keine Möglichkeit, Datenfelder in Excel zu indizieren, um die Leistung zu optimieren, wenn Sie versuchen, große Datenmengen abzurufen.

In smarten Unternehmen wird die Aufgabe der Datenverwaltung nicht von Excel übernommen, sondern hauptsächlich von relationalen Datenbanksystemen wie Microsoft Access und SQL Server. In diesen Datenbanken werden Millionen von Datensätzen gespeichert, die schnell durchsucht und abgerufen werden können. Diese Aufgabentrennung hat zur Folge, dass Sie eine Datenverwaltungsebene (Ihre Datenbank) und eine Präsentationsebene (Excel) haben. Der Trick besteht darin, den besten Weg zu finden, um Informationen von der Datenverwaltungsebene zur Präsentationsebene zu bringen, damit sie von der PivotTable verwendet werden können.

Die Verwaltung Ihrer Daten ist der Grundgedanke bei der Erstellung einer PivotTable unter Verwendung einer externen Datenquelle. Die Erstellung von PivotTables anhand von Daten aus externen Systemen ermöglicht es Ihnen, Umgebungen zu nutzen, die für die Datenverwaltung besser geeignet sind. Das bedeutet, dass Sie Excel das tun lassen können, was es am besten kann: Analysieren und Erstellen einer Präsentationsebene für Ihre Daten. In den folgenden Abschnitten werden verschiedene Techniken zur Erstellung von PivotTables mit externen Daten erläutert.

## Eine PivotTable mit Daten aus Microsoft Access erstellen

Häufig wird Access zur Verwaltung einer Reihe von Tabellen verwendet, die miteinander interagieren, z.B. eine Tabelle »Kunden«, eine Tabelle »Aufträge« und eine Tabelle »Rechnungen«. Die Verwaltung von Daten in Access bietet den Vorteil einer relationalen Datenbank, in der Sie die Datenintegrität sicherstellen, Redundanz vermeiden und einfach mithilfe von Abfragen Datasets erstellen können.

Die meisten Excel-Anwender verwenden eine Access-Abfrage, um eine Teilmenge von Daten zu erstellen und diese Daten dann in Excel zu importieren. Von dort aus können die Daten mit PivotTables analysiert werden. Das Problem bei dieser Methode besteht darin, dass die Excel-Arbeitsmappe gezwungen ist, zwei Kopien der importierten Datasets zu speichern: eine auf dem Tabellenblatt und eine im Pivot-Cache. Dadurch wird die Arbeitsmappe doppelt so groß, wie sie sein müsste, und es können Leistungsprobleme auftreten.

In Excel 2024 und Microsoft 365 ermutigt Microsoft jeden, anstelle der alten Tools zum Abrufen externer Daten Power Query zu verwenden. In diesem Kapitel werden Sie die alten Tools verwenden. Bevor Sie dies tun können, müssen Sie die betreffenden Befehle in das Menüband zurückbringen.

Wählen Sie *Datei | Optionen | Daten.* Aktivieren Sie unten im Dialogfeld *Excel-Optionen* das Kontrollkästchen *Aus Access (Legacy)* und klicken Sie auf *OK.* Schließen Sie Ihre Arbeitsmappe und öffnen Sie sie erneut. Wenn Sie nun *Daten | Daten abrufen | Legacy-Assistenten* wählen, wird der Befehl *Aus Access (Legacy)* angezeigt (siehe Abbildung 7.7).

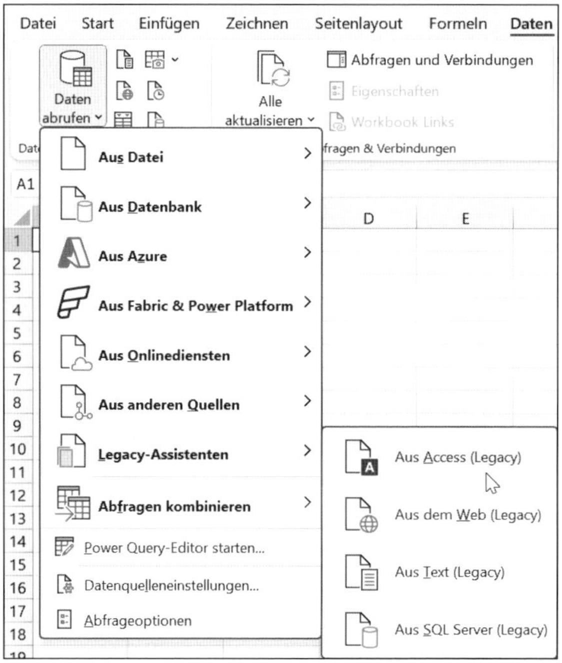


**Abbildung 7.7** Sie müssen die Excel-Optionen verwenden, um die Legacy-Assistenten wieder zu aktivieren.

Um diese Funktionalität auszuprobieren, erstellen Sie eine leere Arbeitsmappe in Excel.

1. Wählen Sie *Daten | Daten abrufen | Legacy-Assistenten | Aus Access (Legacy).*
2. Wenn Sie den Befehl *Aus Access (Legacy)* wählen, wird ein Dialogfeld geöffnet, in dem Sie aufgefordert werden, die Datenbank auszuwählen, mit der Sie arbeiten möchten. Wählen Sie Ihre Datenbank aus.
3. Nachdem Sie Ihre Datenbank ausgewählt haben, wird das Dialogfeld *Tabelle auswählen* angezeigt (siehe Abbildung 7.8). In diesem Dialogfeld werden alle verfügbaren Tabellen und Abfragen aufgelistet. In diesem Beispiel wählen Sie die Abfrage *Sales_By_Employee* aus und klicken dann auf *OK.*

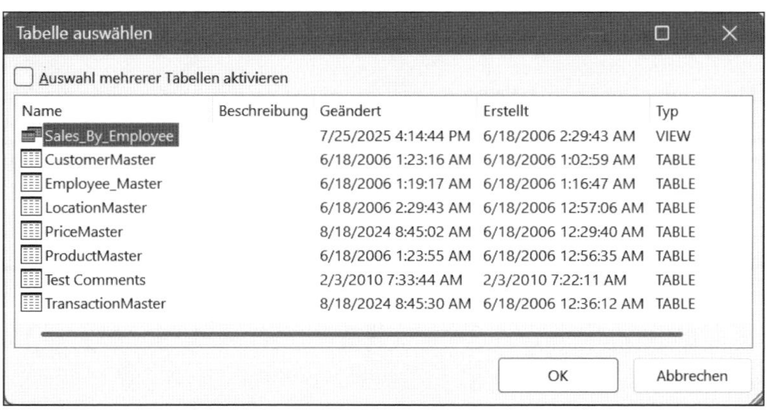


**Abbildung 7.8** Wählen Sie die Tabelle oder Abfrage aus, die Sie analysieren möchten.

Beachten Sie in Abbildung 7.8, dass das Dialogfeld *Tabelle auswählen* eine Spalte namens *Typ* enthält. Es gibt zwei Arten von Access-Objekten, mit denen Sie arbeiten können: Abfragen (Views) und Tabellen. *View* gibt an, dass es sich bei dem Dataset um eine Access-Abfrage handelt, und *Table* gibt an, dass es sich bei dem Datensatz um eine Access-Tabelle handelt.

Beachten Sie in diesem Beispiel, dass *Sales_By_Employee* eine Access-Abfrage ist. Das bedeutet, dass Sie die Ergebnisse der Abfrage importieren. Das ist echte Interaktion in der Praxis: Access übernimmt die gesamte Backend-Datenverwaltung und -Aggregation, während Excel die Analyse und Präsentation übernimmt!

4. Als Nächstes wird das Dialogfeld *Daten importieren* angezeigt, in dem Sie das Format auswählen, in dem Sie die Daten importieren möchten. Wie in Abbildung 7.9 gezeigt, haben Sie die Möglichkeit, die Daten als Tabelle, als PivotTable oder als PivotTable mit einem dazugehörigen PivotChart zu importieren. Sie haben auch die Möglichkeit, Excel mitzuteilen, wo die Daten platziert werden sollen.
5. Aktivieren Sie das Optionsfeld neben *PivotTable-Bericht,* und klicken Sie auf die Schaltfläche *OK.*

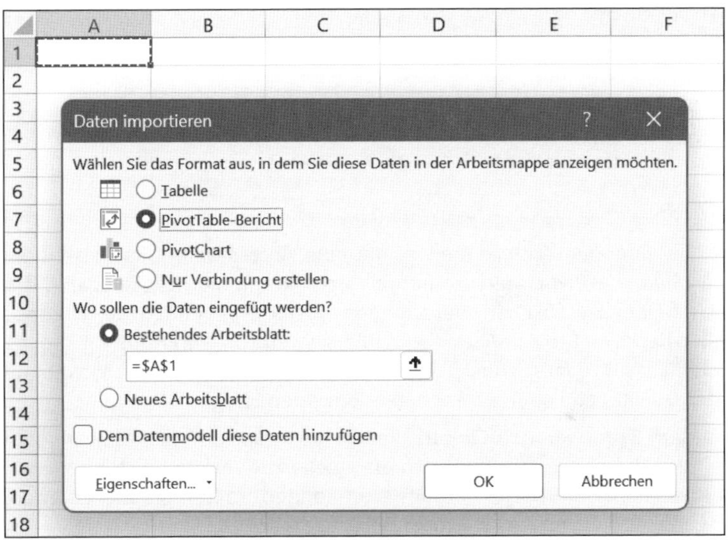


**Abbildung 7.9** Wählen Sie das Optionsfeld neben *PivotTable-Bericht*.

Jetzt sollte der in Abbildung 7.10 gezeigte Aufgabenbereich *PivotTable-Felder* angezeigt werden. Von hier aus können Sie diese PivotTable wie gewohnt verwenden.

Das Tolle an dieser Technik ist, dass Sie die Daten einfach durch Aktualisieren der PivotTable aktualisieren können. Beim Aktualisieren erstellt Excel einen neuen Snapshot und aktualisiert den Pivot-Cache.

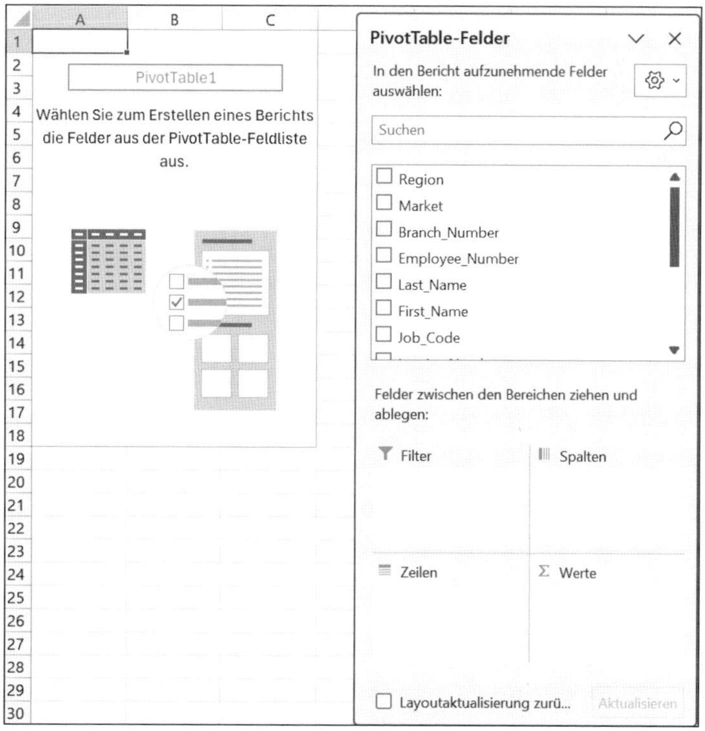


**Abbildung 7.10** Die PivotTable kann jetzt erstellt werden.

---

Wenn Sie eine PivotTable erstellen, die eine Access-Datenbank als Quelle verwendet, können Sie diese PivotTable nur aktualisieren, wenn die Tabelle oder Abfrage verfügbar ist. Das heißt, das Löschen, Verschieben oder Umbenennen der Datenbank, die zum Erstellen der PivotTable verwendet wurde, zerstört die Verknüpfung zum externen Dataset und damit Ihre Möglichkeit, die Daten zu aktualisieren. Das Löschen oder Umbenennen der Quelltabelle oder -abfrage hat denselben Effekt.

Aus diesem Grund können Clients, die Ihre verknüpfte PivotTable verwenden, die PivotTable nur aktualisieren, wenn ihnen die Quelle zur Verfügung steht. Wenn Sie möchten, dass Ihre Clients die Daten aktualisieren können, sollten Sie die Datenquelle über ein freigegebenes Netzwerkverzeichnis verfügbar machen.

---

## Eine PivotTable mit Daten aus SQL Server erstellen

Im Geiste der Zusammenarbeit verbessert Excel Ihre Möglichkeiten zur Verbindung mit Transaktionsdatenbanken wie SQL Server erheblich. Mit der Verbindungsfunktion in Excel ist das Erstellen einer Pivot-Tabelle aus SQL Server-Daten so einfach wie nie zuvor.

Bevor Sie die SQL Server-Legacy-Tools verwenden können, gehen Sie zu *Datei | Optionen | Daten.* Aktiveren Sie im unteren Teil des Fensters die Option Aus SQL Server (Legacy). Erstellen Sie eine neue Excel-Arbeitsmappe, und Sie werden feststellen, dass der Befehl auf der Registerkarte *Daten* hinzugefügt wurde, wie im Folgenden beschrieben.

Starten Sie auf der Registerkarte *Daten* und wählen Sie *Daten abrufen | Legacy-Assistenten | Aus SQL Server (Legacy),* wie in Abbildung 7.11 gezeigt.

Durch Auswahl dieser Option wird der Datenverbindungsassistent aktiviert, wie in Abbildung 7.12 dargestellt. Hier geht es darum, die Verbindungseinstellungen so zu konfigurieren, dass Excel eine Verbindung zum Server herstellen kann.

---

Für dieses Beispiel gibt es keine Beispieldatei. Der Kern dieses Beispiels besteht darin, die Interaktion zwischen Excel und einer SQL Server-Datenquelle zu demonstrieren. Die Schritte, die Sie ausführen müssen, um eine Verbindung zu Ihrer Datenbank herzustellen, entsprechen denen, die hier gezeigt werden.

---

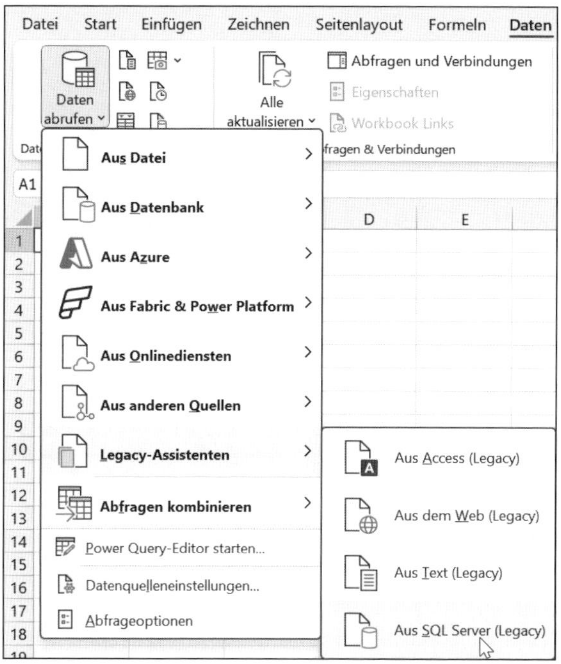


**Abbildung 7.11** Wählen Sie in der Dropdownliste den Befehl *Aus SQL Server (Legacy).*

Sie müssen Excel einige Authentifizierungsinformationen zur Verfügung stellen. Wie Sie in Abbildung 7.12 sehen können, geben Sie den Namen Ihres Servers sowie Ihren Benutzernamen und Ihr Kennwort ein.

---

Wenn Sie in der Regel über die Windows-Authentifizierung authentifiziert werden, wählen Sie einfach die Option *Windows-Authentifizierung verwenden* aus.

---

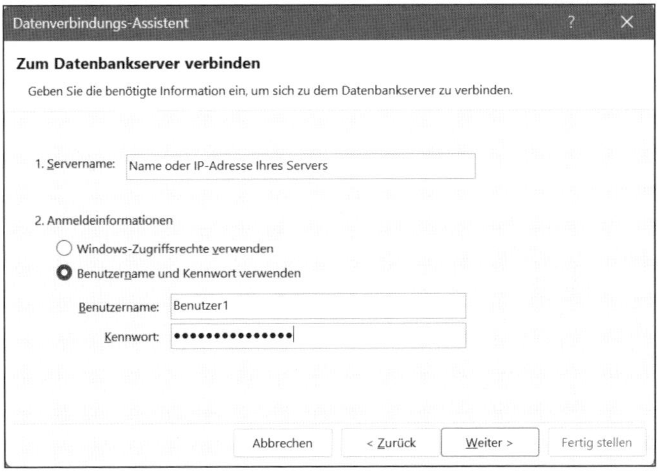


**Abbildung 7.12** Geben Sie Ihre Authentifizierungsinformationen ein und klicken Sie auf die Schaltfläche *Weiter.*

Als Nächstes wählen Sie aus einer Dropdownliste die Datenbank aus, mit der Sie arbeiten. Die Liste enthält alle auf dem angegebenen Server verfügbaren Datenbanken. Wie in Abbildung 7.13 gezeigt wurde in der Dropdownliste eine Datenbank namens *AdventureWorks2014* ausgewählt. Durch die Auswahl dieser Datenbank werden alle darin enthaltenen Tabellen und Sichten in der Liste der Objekte unterhalb der Auswahlliste angezeigt. In diesem Dialogfeld müssen Sie nur noch die Tabelle oder Sicht auswählen, die Sie analysieren möchten, und dann auf die Schaltfläche *Weiter* klicken.

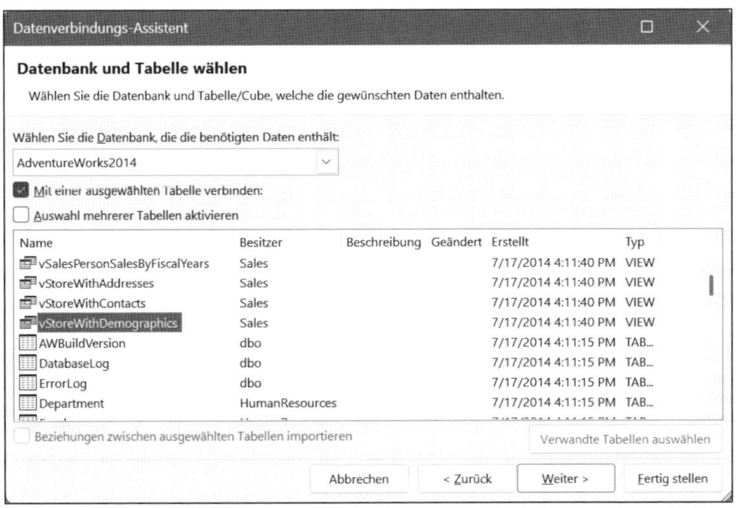


**Abbildung 7.13** Geben Sie Ihre SQL Server-Datenbank an und wählen Sie dann die Tabelle oder Sicht, die Sie analysieren möchten.

Der nächste Bildschirm des Assistenten (siehe Abbildung 7.14) ermöglicht Ihnen die Eingabe einiger beschreibender Informationen über die gerade erstellte Datenbankverbindung.

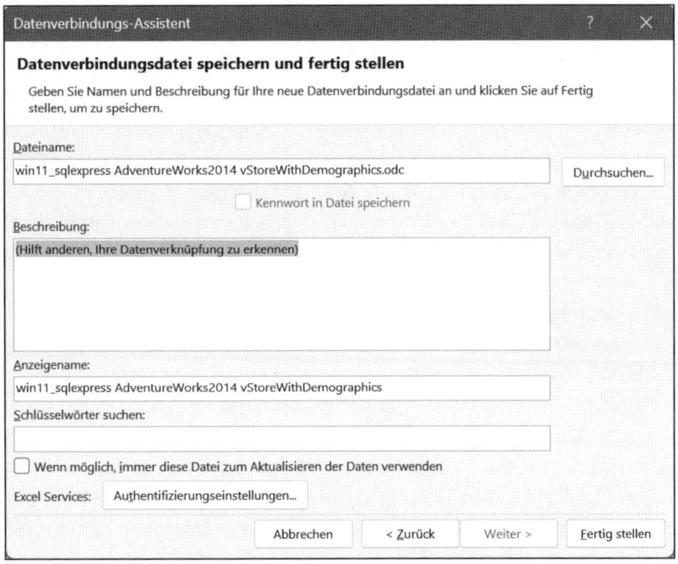


**Abbildung 7.14** Geben Sie beschreibende Informationen für Ihre Verbindung ein.

Alle Felder im Dialogfeld in Abbildung 7.14 sind optional. Das heißt, auch wenn Sie dieses Dialogfeld ohne Änderungen verlassen, funktioniert Ihre Verbindung einwandfrei.

Hier sind die Felder, die Sie am häufigsten verwenden werden:

- **Dateiname** Im Eingabefeld *Dateiname* können Sie den Dateinamen der .odc-Datei (Office Data Connection) ändern, die zum Speichern der Konfigurationsinformationen für die soeben erstellte Verknüpfung erstellt wurde.
- **Kennwort in Datei speichern** Unter dem Eingabefeld *Dateiname* haben Sie die Möglichkeit, das Kennwort für Ihre externen Daten in der Datei selbst zu speichern (über das Kontrollkästchen *Kennwort in Datei speichern).* Wenn Sie dieses Kontrollkästchen aktivieren, wird Ihr Kennwort tatsächlich in der Datei gespeichert. Denken Sie daran, dass dieses Kennwort nicht verschlüsselt ist, sodass jeder, der sich dafür interessiert, das Kennwort für Ihre Datenquelle herausfinden kann, indem er Ihre Datei mit einem Texteditor betrachtet.
- **Beschreibung** In das Feld *Beschreibung* können Sie eine einfache Beschreibung eingeben, die den Zweck dieser Datenverbindung erläutert.
- **Anzeigename** Im Feld *Anzeigename* können Sie einen eigenen Namen für die externe Quelle angeben. In der Regel geben Sie einen Namen ein, der beschreibend und leicht zu lesen ist.

Wenn Sie mit der Beschreibung zufrieden sind, klicken Sie auf die Schaltfläche *Fertig stellen,* um die Verbindungseinstellungen zu übernehmen. Es wird sofort das Dialogfeld *Daten importieren* angezeigt, das zuvor in Abbildung 7.9 dargestellt wurde. Wählen Sie darin *PivotTable-Bericht* aus und klicken Sie dann auf die Schaltfläche *OK,* um mit der Erstellung der Pivot-Tabelle zu beginnen.

# Mit Power Query Daten extrahieren und transformieren

Jeden Tag rufen Millionen von Menschen manuell Daten aus einer bestimmten Quelle ab, bearbeiten diese Daten und integrieren sie in ihre PivotTable-Berichte.

Dieser Prozess des Extrahierens, Verarbeitens und Integrierens von Daten wird als ETL bezeichnet. Er bezieht sich auf die drei separaten Funktionen, die in der Regel zur Integration unterschiedlicher Datenquellen erforderlich sind: Extraktion, Transformation und Laden. Die Extraktionsfunktion umfasst das Lesen von Daten aus einer bestimmten Quelle und das Extrahieren einer gewünschten Teilmenge von Daten. Bei der Transformation werden die Daten bereinigt, geformt und aggregiert, um sie in die gewünschte Struktur umzuwandeln. Die Ladefunktion beinhaltet das eigentliche Importieren oder Verwenden der resultierenden Daten.

Um Excel-Analysten in die Lage zu versetzen, robuste und wiederverwendbare ETL-Prozesse zu entwickeln, hat Microsoft Power Query entwickelt. Power Query verbessert die ETL-Erfahrung, indem es einen intuitiven Mechanismus zum Extrahieren von Daten aus einer Vielzahl von Quellen, zum Durchführen komplexer Transformationen an diesen Daten und zum anschließenden Laden der Daten in eine Arbeitsmappe oder das Datenmodell bietet.

In den folgenden Abschnitten erfahren Sie, wie Power Query funktioniert, und lernen einige der innovativen Möglichkeiten kennen, mit denen Sie Zeit sparen und die Schritte zum Importieren sauberer Daten in Ihre Pivot-Tabellen-Berichtsmodelle automatisieren können.

### Power Query befindet sich bereits in Ihrem Excel

Vor Excel 2016 war Power Query ein Add-In, das separat installiert werden musste. Seit Excel 2016 befinden sich die Power Query-Tools in Ihrem Excel in der Gruppe *Daten abrufen und transformieren* auf der linken Seite der Registerkarte *Daten*. Seit 2023 ist eine eingeschränkte Version von Power Query auch in Excel für den Mac enthalten.

## Power Query-Grundlagen

Obwohl Power Query relativ intuitiv ist, sollten Sie sich die Zeit nehmen, ein grundlegendes Szenario durchzugehen, um die wichtigsten Funktionen zu verstehen. Um diesen grundlegenden Einblick in Power Query zu beginnen, müssen Sie Daten aus einer Website importieren. Für dieses Beispiel habe ich eine einfache Tabelle von meiner MrExcel.com-Website gewählt. Wie im folgenden Beispiel gezeigt, enthält die Gruppe *Daten abrufen und transformieren* auf der Registerkarte *Daten* alle Befehle, die Sie zum Starten dieser Abfrage benötigen.

Gehen Sie folgendermaßen vor, um Ihre Abfrage zu starten:

1. Wählen Sie auf der Registerkarte *Daten* in der Gruppe *Daten abrufen und transformieren* den Befehl *Aus dem Web* (siehe Abbildung 7.15).

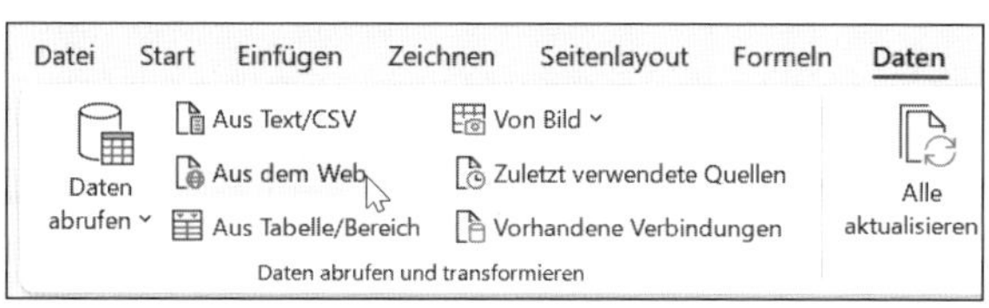


**Abbildung 7.15** Starten einer Power Query-Webabfrage

2. Geben Sie in dem daraufhin angezeigten Dialogfeld (siehe Abbildung 7.16) die URL für die benötigten Daten ein – in diesem Fall *https://www.mrexcel.com/misc/product-list.html*.

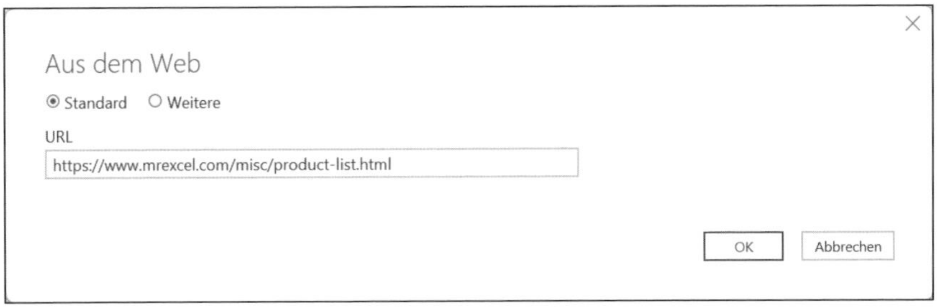


**Abbildung 7.16** Geben Sie die Ziel-URL ein, an der sich die benötigten Daten befinden.

3. Power Query fragt manchmal, ob Sie ein Passwort benötigen, um sich auf der Website anzumelden. Sie können *Anonymen Zugriff* wählen oder Ihre Authentifizierungsinformationen eingeben.
4. Nach ein paar Momenten erscheint der in Abbildung 7.17 dargestellte Navigator. Hier wählen Sie die Datenquelle aus, die Sie extrahieren möchten. Sie können auf jede Tabelle klicken, um eine Vorschau der Daten zu sehen. In diesem Fall enthält Tabelle 1 die Daten, die Sie benötigen. Klicken Sie also auf *Tabelle 1* und dann auf die Schaltfläche *Daten transformieren.*

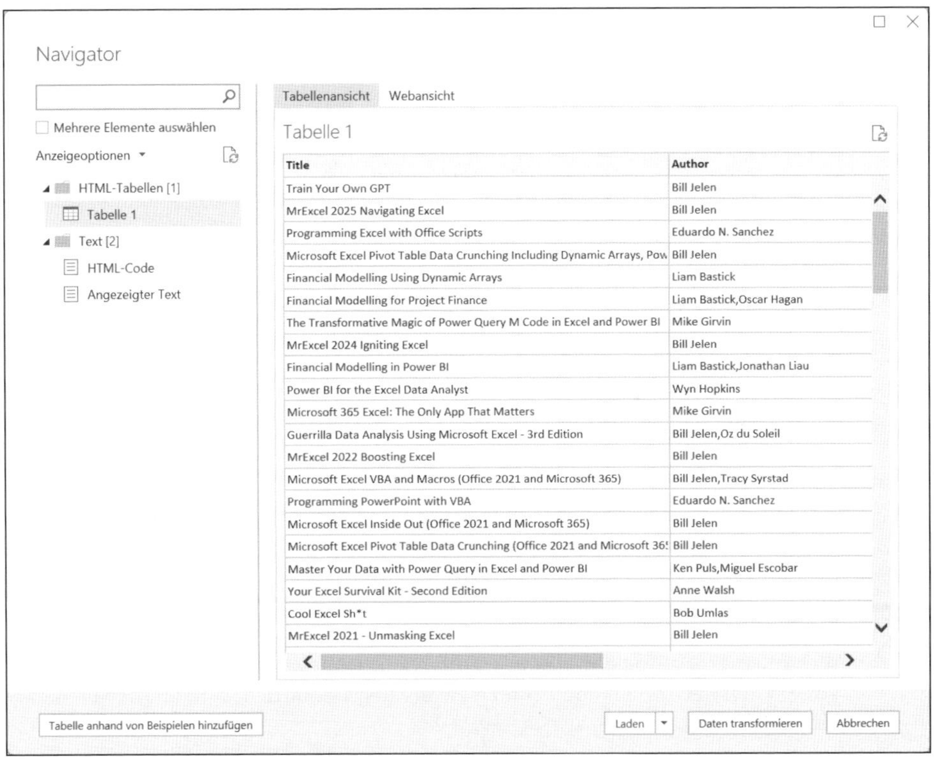


**Abbildung 7.17** Wählen Sie die richtige Datenquelle aus und klicken Sie dann auf die Schaltfläche *Daten transformieren.*

Vielleicht ist Ihnen aufgefallen, dass das in Abbildung 7.17 gezeigte Fenster *Navigator* eine Schaltfläche *Laden* enthält (links neben der Schaltfläche *Daten transformieren*). Mit der Schaltfläche *Laden* können Sie alle Bearbeitungen überspringen und Ihre Zieldaten unverändert importieren. Wenn Sie sicher sind, dass Sie Ihre Daten in keiner Weise transformieren oder formen müssen, können Sie auf die Schaltfläche *Laden* klicken, um die Daten direkt in das Datenmodell oder eine Tabelle in Ihrer Arbeitsmappe zu importieren.

Excel stellte früher ein Web-Scraping-Tool namens *Aus dem Web* zur Verfügung. Dieses wurde aus dem Menüband entfernt. Sie können es wieder hinzufügen, indem Sie *Datei | Optionen | Daten* auswählen und dann das Kontrollkästchen *Aus dem Web (Legacy)* aktivieren. Nach dem erneuten Öffnen Ihrer Arbeitsmappe finden Sie den Befehl unter *Daten | Daten abrufen | Legacy-Assistenten.*

Wenn Sie auf die Schaltfläche *Daten transformieren* klicken, öffnet Power Query ein neues Power Query-Editor-Fenster, das ein eigenes Menüband und ein Vorschaufenster enthält, das eine Vorschau der Daten anzeigt (siehe Abbildung 7.18). Hier können Sie bestimmte Aktionen anwenden, um die Daten vor dem Importieren zu formen, zu bereinigen und zu transformieren.

**Abbildung 7.18** Im Power Query-Editor können Sie Ihre Daten formen, bereinigen und transformieren.

Die Bearbeitungsleiste wird standardmäßig nicht angezeigt, sie sollte aber sichtbar sein. Wenn Sie die Bearbeitungsleiste nicht sehen, vergewissern Sie sich, dass Sie sich im Power Query-Editor befinden, öffnen Sie die Registerkarte *Ansicht* und schalten Sie dann das Kontrollkästchen *Bearbeitungsleiste* ein.

Die Idee ist, mit jeder im Power Query-Editor angezeigten Spalte zu arbeiten und die notwendigen Aktionen durchzuführen, die Ihnen die benötigten Daten und Strukturen liefern.

In Abbildung 7.18 gibt es einige Datensätze, die mehrere Autoren enthalten. Angenommen, Sie möchten, dass jeder Autor in einer eigenen Zeile steht, damit Sie später eine Zusammenfassung nach Autor erstellen können. Klicken Sie auf die Überschrift *Author*. Wählen Sie auf der Registerkarte *Start* des Power Query-Editors den Befehl *Spalte teilen | Nach Trennzeichen*, wie in Abbildung 7.19 gezeigt.

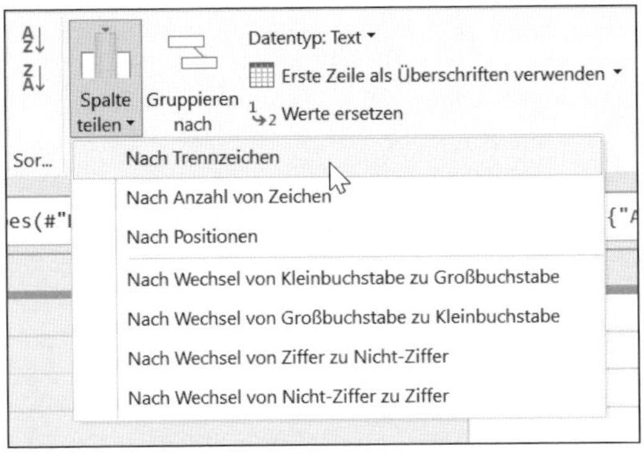


**Abbildung 7.19** Das Ziel ist es, die Spalten mit den Autorennamen so aufzuteilen, dass jeder Autor in einer neuen Zeile erscheint.

Es ist hilfreich zu wissen, dass das Power Query-Tool nicht vom Excel-Team entwickelt wurde. Es wurde vom SQL Server Analysis Services-Team bei Microsoft entwickelt. Es kommt häufig vor, dass Befehle in Power Query ähnlich wie in Excel aussehen, aber andere Namen haben. So ist beispielsweise *Spalte löschen* in Excel ähnlich wie *Spalte entfernen* in Power Query. In diesem Beispiel scheint *Spalte teilen* in Power Query dem Excel-Befehl *Text in Spalten* sehr ähnlich zu sein. Aber wie Sie sehen werden, führen beide Befehle zwar ähnliche Aktionen aus, aber die Power Query-Version ist oft leistungsfähiger.

1. Für das Trennzeichen ändern Sie *Leerzeichen* in *Komma*. Ein Vorteil von Power Query ist, dass der Power Query-Editor eine intelligente Annahme über das Trennzeichen vornimmt. Es gibt nicht genügend Datensätze mit Kommata, dass Power Query dieses Mal richtig raten kann, aber in der Regel stimmt die Voreinstellung. Beachten Sie auch, dass Sie wählen können, ob die Trennung am ersten Trennzeichen, am letzten Trennzeichen oder an jedem Trennzeichen erfolgen soll. In diesem Fall sollten Sie die Einstellung *Bei jedem Vorkommen des Trennzeichens* belassen. In vielen Fällen werden Sie jedoch sicherstellen wollen, dass eine Spalte nur einmal geteilt wird.
2. Öffnen Sie *Erweiterte Optionen* und suchen Sie die Option *Aufteilen in*. Ändern Sie diese Option von *Spalten* in *Zeilen*. Diese erstaunliche Einstellung fügt neue Zeilen für jeden Mitautor ein und kopiert die restlichen Spalten in die neue Zeile (siehe Abbildung 7.20).
3. Am Ende jeder Zeile befindet sich ein Datumsfeld. Sie können das Datum einfach in eine Jahreszahl umwandeln. Da die Daten auf der Website das US-amerikanische Datumsformat verwenden, ist es wichtig, vorher den Datentyp der Spalte richtig anzugeben. Klicken Sie auf die *Typ*-Schaltfläche links von *Published On* und wählen Sie im Kontextmenü *Mit Gebietsschema*. Lassen Sie einen Schritt einfügen. Das Dialogfeld *Typ mit Gebietsschema ändern* wird angezeigt. Wählen Sie im Listenfeld *Typ* die Option *Datum*, im Listenfeld *Gebietsschema* die *Option Englisch (USA)* und klicken Sie dann auf *OK*.

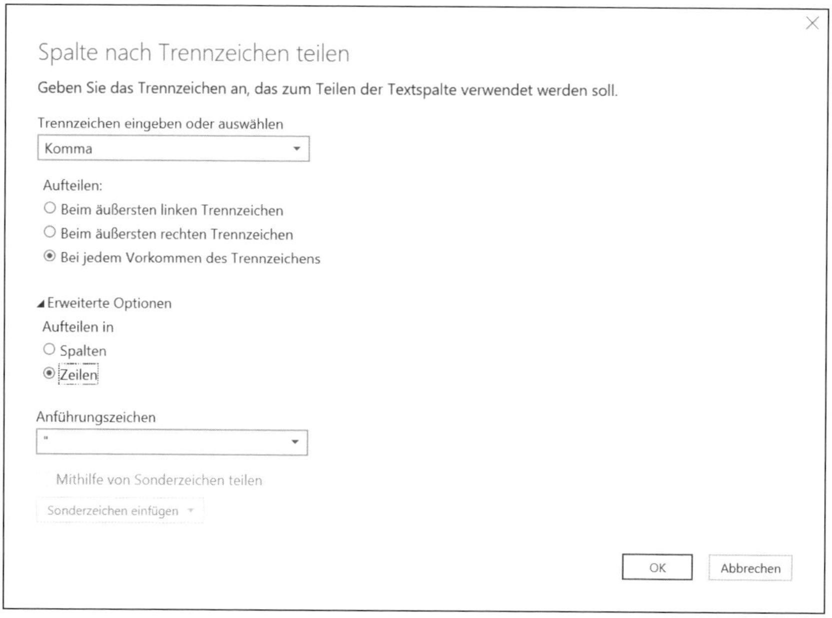


**Abbildung 7.20** Der Befehl *Spalte teilen nach Trennzeichen* bietet mehr Möglichkeiten als die Excel-Funktion *Text in Spalten.*

4. Klicken Sie auf die Überschrift *Published On.* Wählen Sie auf der Registerkarte *Transformieren* den Befehl *Datum | Jahr | Jahr.* Die Datumsangaben in dieser Spalte werden in eine vierstellige Jahreszahl umgewandelt (siehe Abbildung 7.21).

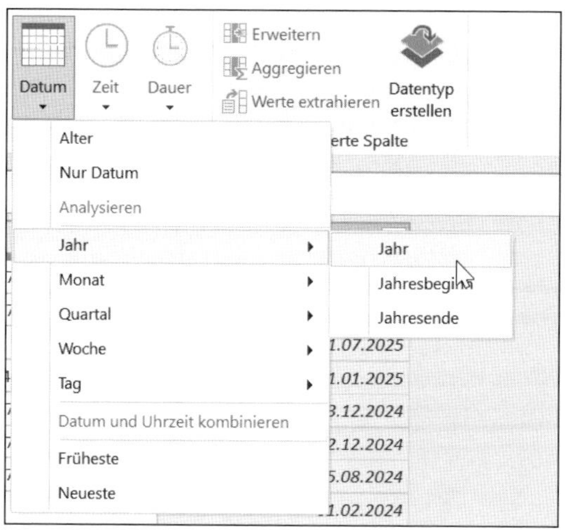


**Abbildung 7.21** Verwenden Sie die Dropdownliste *Datum*, um ein Datum in Jahresanfang, Monatsende, Woche, Jahreszahl oder mehr zu konvertieren.

5. Wie bei vielen Datasets, die man im Internet findet, gibt es auch in dieser Tabelle Datenmüll. Bei den meisten Produkten handelt es sich um Bücher, aber es gibt auch ein paar DVD-ROM-Videos und eine Excel-Funktionsuhr. Wenn Sie die Daten durchsehen, können Sie feststellen, dass durch das Entfernen aller Produkte mit einer Seitenzahl von weniger

als 10 die Nicht-Bücher eliminiert werden. Wählen Sie die Spaltenüberschrift für *Pages*. Verwenden Sie das Dropdownmenü *Filter*. Wählen Sie *Zahlenfilter | Größer als*. Geben Sie **10** ein und klicken Sie auf *OK*. Power Query wird alle Einträge entfernen, bei denen es sich nicht um ein Buch handelt. An diesem Punkt ist es verlockend, die verbleibenden Daten in Excel zu übertragen und mit einer Pivot-Tabelle zu summieren. Es ist jedoch möglich, in Power Query weitere Zusammenfassungen vorzunehmen. Nehmen wir an, Sie möchten die durchschnittliche Seitenlänge nach Autor und Jahr sehen.

6. Wählen Sie die Überschrift *Author*. Halten Sie die `Strg`-Taste gedrückt und wählen Sie die Spalte *Published On* aus, um die Spalte mit dem Jahr zur Auswahl hinzuzufügen. Wählen Sie auf der linken Seite der Registerkarte *Transformieren* den Befehl *Gruppieren nach*. Power Query entscheidet sich für die Gruppierung nach Autor und Jahr. Füllen Sie die Aggregationsspalte wie in Abbildung 7.22 gezeigt aus.

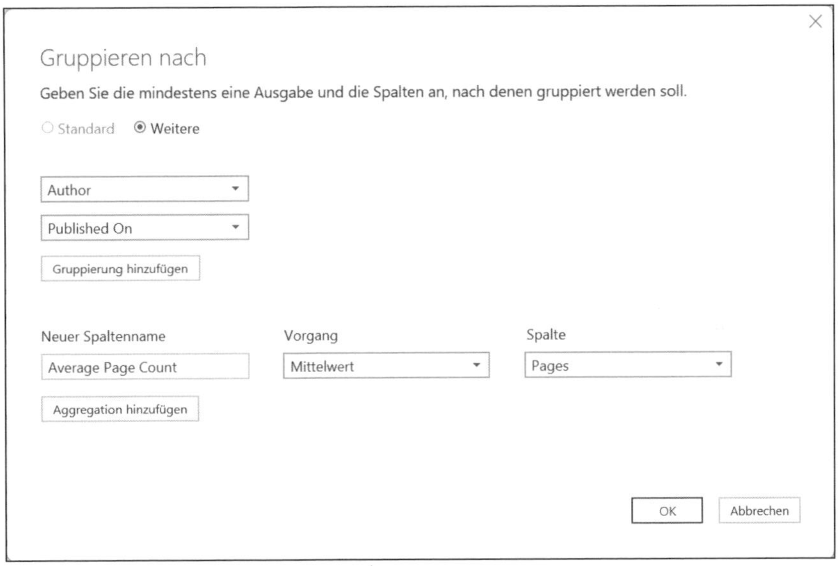


**Abbildung 7.22** Fassen Sie die Daten nach Autor und Jahr zusammen.

7. Nachdem Sie das Bereinigen und Zusammenfassen der Daten mit dem Power Query-Editor abgeschlossen haben, klicken Sie auf *Start | Schließen & laden*.

---

Alternativ können Sie das Dropdownmenü *Schließen & laden* öffnen und den Befehl *Laden in* auswählen. Sie können die Ergebnisse in das Datenmodell übertragen. Oder Sie können die Abfrage nur als Abfrageverbindung speichern, was bedeutet, dass Sie die Abfrage in verschiedenen In-Memory-Prozessen verwenden können, ohne die Ergebnisse tatsächlich irgendwo ausgeben zu müssen.

---

An diesem Punkt haben Sie eine Tabelle erstellt, die der in Abbildung 7.23 gezeigten ähnelt.

| | A | B | C |
|---|---|---|---|
| 1 | Author | Published On | Average Page Count |
| 2 | Bill Jelen | 2025 | 303,25 |
| 3 | Eduardo N. Sanchez | 2025 | 56 |
| 4 | Liam Bastick | 2024 | 510 |
| 5 | Oscar Hagan | 2024 | 440 |
| 6 | Mike Girvin | 2024 | 209 |
| 7 | Bill Jelen | 2024 | 326 |
| 8 | Liam Bastick | 2022 | 334 |
| 9 | Jonathan Liau | 2022 | 334 |
| 10 | Wyn Hopkins | 2022 | 191 |

**Abbildung 7.23** Ihre aus dem Internet heruntergeladene »Web-Tabelle« wurde in eine Excel-Tabelle umgewandelt, und ist nun bereit zur Verwendung in einer Pivot-Tabelle.

Nehmen Sie sich einen Moment Zeit, um sich zu vergegenwärtigen, was Sie mit Power Query soeben getan haben. Mit ein paar Klicks haben Sie das Internet durchsucht, einige Daten gefunden, die Daten so geformt, dass nur die benötigten Spalten erhalten bleiben, und diese Daten sogar manipuliert, um die Basisdaten aufzuteilen und zusammenzufassen. Genau darum geht es bei Power Query: Sie können Daten ganz einfach extrahieren, filtern und umgestalten, ohne dass Sie über Programmierkenntnisse verfügen müssen.

## Den Bereich »Angewendete Schritte« verstehen

Power Query verwendet eine eigene Formelsprache (die sogenannte »M«-Sprache), um Ihre Abfragen zu kodieren. Wie bei der Makroaufzeichnung führt jede Aktion, die Sie bei der Arbeit mit Power Query ausführen, dazu, dass in das Listenfeld *Angewendete Schritte* eine neue Zeile eingefügt wird. Abfrageschritte sind eingebetteter M-Code, der es ermöglicht, Ihre Aktionen jedes Mal zu wiederholen, wenn Sie Ihre Power Query-Daten aktualisieren.

Um von Excel aus zu Ihrer Abfrage zurückzukehren, klicken Sie im Aufgabenbereich *Abfragen und Verbindungen* mit der rechten Maustaste auf den Namen der Abfrage und wählen *Bearbeiten.*

---

Wenn der Aufgabenbereich *Abfragen und Verbindungen* nicht angezeigt wird, wählen Sie *Daten | Abfragen und Verbindungen*. Wenn Sie den Aufgabenbereich zum ersten Mal anzeigen, ist er nicht breit genug. Wenn Sie rechts neben dem Namen der Abfrage das Symbol *Aktualisieren* nicht sehen, ziehen Sie die linke Seite des Aufgabenbereichs nach links, um ihn zu verbreitern.

---

Die angewendeten Schritte werden auf der rechten Seite des Bildschirms im Aufgabenbereich *Abfrageeinstellungen* angezeigt (siehe Abbildung 7.24). Klicken Sie auf einen der angewendeten Schritte, um zu sehen, wie die Daten an diesem Punkt des Prozesses aussehen. Die Bearbeitungsleiste zeigt an, welche Aktion bei diesem Schritt stattgefunden hat.

Jeder Abfrageschritt stellt eine Aktion dar, die Sie durchgeführt haben, um zu einer Datentabelle zu gelangen. Sie können auf einen beliebigen Schritt klicken, um den zugrunde liegenden M-Code in der Power Query-Bearbeitungsleiste anzuzeigen. Wenn Sie beispielsweise auf den Schritt *Jahr extrahieren* klicken, wird der Code für diesen Schritt in der Bearbeitungsleiste angezeigt.

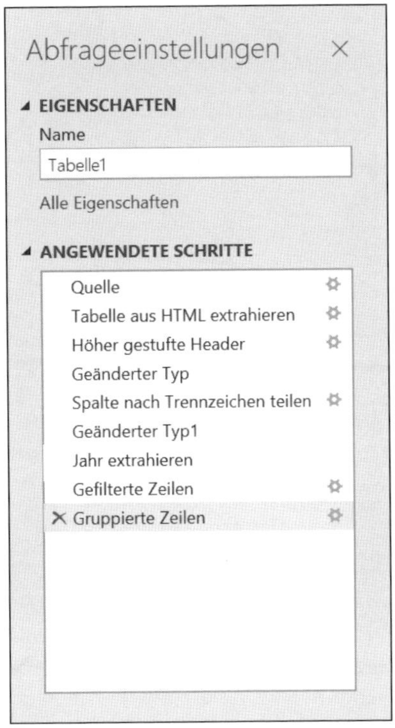


**Abbildung 7.24** Abfrageschritte können im Abschnitt *Angewendete Schritte* des Aufgabenbereichs *Abfrageeinstellungen* angezeigt und verwaltet werden.

Sie können mit der rechten Maustaste auf einen beliebigen Schritt klicken, um ein Menü mit Befehlen zur Verwaltung Ihrer Abfrageschritte anzuzeigen. Abbildung 7.25 zeigt das Kontextmenü mit den folgenden Befehlen:

- **Einstellungen bearbeiten** Bearbeiten Sie die Argumente oder Parameter, die den ausgewählten Schritt definieren.
- **Umbenennen** Geben Sie dem ausgewählten Schritt einen aussagekräftigen Namen.
- **Löschen** Entfernt den ausgewählten Schritt. Beachten Sie, dass das Entfernen eines Schritts zu Fehlern führen kann, wenn nachfolgende Schritte von dem gelöschten Schritt abhängen.
- **Bis zum Ende löschen** Entfernt den ausgewählten Schritt und alle folgenden Schritte.
- **Schritt einfügen nach** Fügt einen neuen Schritt nach diesem Schritt ein.
- **Verschieben vor** Verschiebt den ausgewählten Schritt in der Reihenfolge der Schritte nach oben.
- **Verschieben nach** Verschiebt den ausgewählten Schritt in der Reihenfolge der Schritte nach unten.
- **Vorherige extrahieren** Extrahiert die Schritte vor dem ausgewählten Schritt in eine neue Abfrage. Sie werden Sie werden aufgefordert, der neuen Abfrage einen Namen zu geben.
- **Systemeigene Abfrage anzeigen** Zeigt die zugrunde liegende SQL hinter einem Quellschritt an.
- **Eigenschaften** Fügen Sie eine Beschreibung zu einem beliebigen Schritt hinzu. Die Beschreibung wird als Kommentar in Ihren M-Code eingefügt. Zeigen Sie den vollständigen M-Code mit dem Befehl *Ansicht* | *Erweiterter Editor* an.

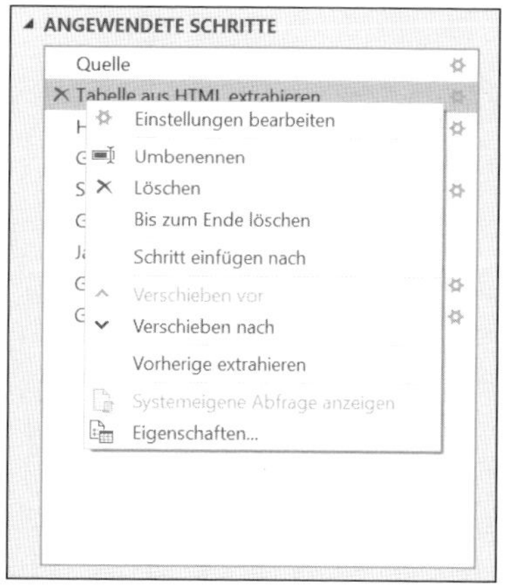


**Abbildung 7.25** Klicken Sie mit der rechten Maustaste auf einen beliebigen Abfrageschritt, um ihn zu bearbeiten, umzubenennen, zu löschen oder zu verschieben.

## Den erweiterten Abfrage-Editor anzeigen

Power Query bietet Ihnen die Möglichkeit, den eingebetteten M-Code einer Abfrage direkt anzuzeigen und zu bearbeiten. Klicken Sie im Fenster *Power Query-Editor* auf die Registerkarte *Ansicht* und wählen Sie *Erweiterter Editor.* Sie werden den M-Code sehen, der bei der Ausführung verschiedener Schritte erstellt wurde (siehe Abbildung 7.26).

Wenn Sie das Buch von Ken Puls über Power Query, *Master Your Data* (ISBN 978-1-61547-058-7), gelesen haben, werden Sie vielleicht gelegentlich aufgefordert, Code direkt in den erweiterten Editor einzugeben.

Da Power Query immer ausgereifter wird, beginnen immer mehr Benutzer mit dem erweiterten Editor und geben den Code von Grund auf ein. Ein Buch, das diesen Ansatz behandelt, ist von Mike Girvin verfasst und trägt den Titel *The Transformative Magic of Power Query M Code in Excel and Power BI* (ISBN 978-1-61547-083-9).

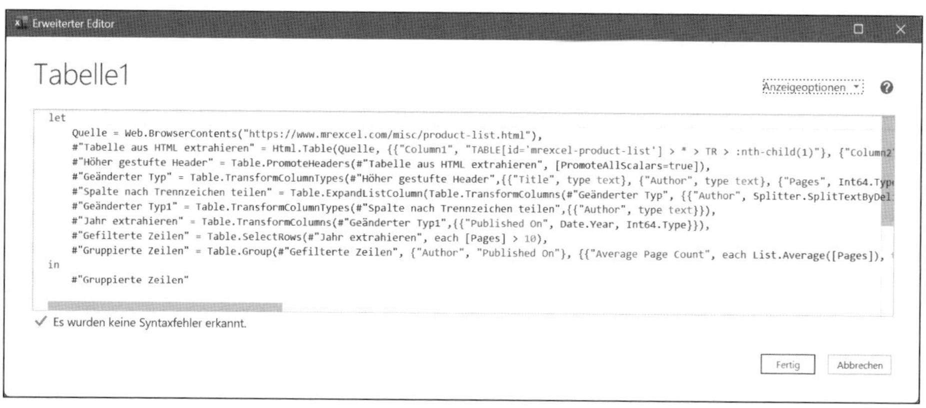


**Abbildung 7.26** Zeigen Sie den M-Code an, der durch Ihre Schritte zur Datenbereinigung erstellt wurde.

## Power Query-Daten aktualisieren

Der beste Teil von Power Query kommt am zweiten Tag, an dem Sie Ihren Bericht ausführen müssen. Nachdem Sie Ihre Daten am ersten Tag mit dem Power Query-Editor bereinigt haben, öffnen Sie beim nächsten Mal, wenn Sie den Bericht ausführen müssen, einfach Ihre Arbeitsmappe und aktualisieren die Daten. Power Query kehrt dann zur ursprünglichen Quelle zurück und führt alle Schritte erneut aus.

Wenn Sie Ihre Power Query-Ergebnisse in eine Excel-Tabelle in der vorhandenen Arbeitsmappe laden möchten, können Sie die Daten manuell aktualisieren, indem Sie mit der rechten Maustaste auf die Tabelle klicken und die Option *Aktualisieren* auswählen.

Für Abfragen, die direkt in das Datenmodell geladen werden, öffnen Sie den Aufgabenbereich *Abfragen und Verbindungen* über den Befehl *Daten | Abfragen und Verbindungen.* Klicken Sie mit der rechten Maustaste auf eine beliebige Abfrage und wählen Sie *Aktualisieren.*

## Power Query-Verbindungstypen

Microsoft hat viel Zeit und Ressourcen investiert, um sicherzustellen, dass Power Query mit einer breiten Palette von Datenquellen verbunden werden kann. Unabhängig davon, ob Sie Daten von einer externen Website, einer Textdatei, einem Datenbanksystem oder einem Webdienst abrufen müssen, kann Power Query die meisten, wenn nicht sogar alle Ihre Anforderungen an Quelldaten erfüllen.

Sie können alle verfügbaren Verbindungstypen sehen, indem Sie in Excel auf der Registerkarte *Daten* das Dropdownmenü *Daten abrufen* öffnen. Power Query bietet die Möglichkeit, Daten aus einer breiten Palette von Datenquellen zu beziehen:

- **Aus Datei** Abrufen von Daten aus einer angegebenen Excel-Datei, Textdatei, CSV-Datei, XML-Datei, JSON-Ordner, PDF-Datei oder aus einem SharePoint-Ordner.
- **Aus Datenbank** Abrufen von Daten aus SQL Server, Microsoft Access, Analysis Services, Oracle, IBM DB2, MySQL, PostgreSQL, Sybase, Teradata oder SAP HANA.
- **Aus Azure** Abrufen von Daten aus Azure SQL-Datenbank, Synapse Analytics, HDInsight, Blog-Speicher, Tabellenspeicher, Data Lake-Speicher oder Azure Data Explorer.
- **Aus Onlinediensten** Abrufen von Daten aus SharePoint Online-Listen, Microsoft Exchange Online, Dynamics 365 Online, Salesforce Objects oder Salesforce Reports.
- **Aus anderen Quellen** Abrufen von Daten aus einer Vielzahl von Quellen, z.B. Tabelle/Bereich, Web, Microsoft Query, SharePoint-Liste, OData Feed, Hadoop-Datei, Active Directory, Microsoft Exchange, ODBC und OLEDB.
- **Aus Tabelle/Bereich** Abfrage von Daten aus einer definierten Excel-Tabelle oder einem benannten Bereich innerhalb des aktuellen Arbeitsblatts.
- **Abfragen kombinieren** Ermöglicht das Anhängen zweier Abfragen mit ähnlichen Daten (beispielsweise die des Vorjahres und des aktuellen Jahrs) oder das Zusammenführen von zwei Abfragen, indem Sie im Wesentlichen ein XVERWEIS zwischen zwei Abfragen durchführen.

## Fallstudie: Ein Dataset mit Power Query transponieren

In Kapitel 2, »Eine einfache PivotTable erstellen«, haben Sie gelernt, dass das Tabellenlayout das perfekte Layout für die Quelldaten in einer Pivot-Tabelle ist. Das Tabellenlayout ist eine bestimmte Tabellenstruktur, bei der es keine leeren Zeilen oder Spalten gibt, jede Spalte eine Überschrift hat, jedes Feld in jeder Zeile einen Wert besitzt und die Spalten keine sich wiederholenden Datengruppen enthalten.

Leider stößt man häufig auf Datensätze wie den, den Sie in Abbildung 7.27 sehen. Das Problem ist hier, dass die Monatsüberschriften über den gesamten oberen Teil der Tabelle verteilt sind und somit sowohl als Spaltenbeschriftung als auch als tatsächliche Datenwerte dienen. In einer Pivot-Tabelle würde dieses Format Sie dazu zwingen, 12 Felder zu verwalten und zu pflegen, von denen jedes einen anderen Monat darstellt.

| | A | B | C | D | E | F |
|---|---|---|---|---|---|---|
| 1 | Vertriebsgebiet | Produktgruppe | Jan | Feb | Mrz | Apr |
| 2 | BUFFALO | Barutensilien | 2.980 | 96.394 | 99.402 | 44.263 |
| 3 | BUFFALO | Herde und Öfen | 94.536 | 41.197 | 64.593 | 8.914 |
| 4 | BUFFALO | Kühlschränke und Kühlboxen | 77.196 | 97.312 | 61.143 | 70.003 |
| 5 | BUFFALO | Fritteusen | 44.218 | 51.761 | 2.744 | 91.564 |
| 6 | BUFFALO | Speisenwärmer | 43.985 | 3.374 | 77.611 | 6.683 |
| 7 | BUFFALO | Verkaufsstände | 89.654 | 63.331 | 97.917 | 74.535 |

**Abbildung 7.27** Sie müssen diese Matrixtabelle in einen Tabellendatensatz konvertieren, damit sie in einer Pivot-Tabelle verwendet werden kann.

Mithilfe von Power Query können Sie diesen Matrix-Datensatz leicht in einen Datensatz umwandeln, der für die Verwendung in einer Pivot-Tabelle geeignet ist. Gehen Sie wie folgt vor:

1. Markieren Sie eine Zelle innerhalb Ihrer Daten. Wählen Sie *Daten | Aus Tabelle/Bereich*. Excel fordert Sie auf, zu bestätigen, dass Ihre Daten Überschriften enthalten. Klicken Sie auf *OK*. Der Power Query-Editor wird geöffnet.
2. Halten Sie im Power Query-Editor die `Strg`-Taste gedrückt, während Sie die Spalten *Vertriebsgebiet* und *Produktgruppe* anklicken (das sind die Felder, die Sie nicht transponieren wollen).
3. Wechseln Sie im Menüband des Power Query-Editors zur Registerkarte *Transformieren*, öffnen Sie die Dropdownliste *Spalten entpivotieren* und wählen Sie dann *Andere Spalten entpivotieren* (siehe Abbildung 7.28). Alle Monatsnamen befinden sich nun in einer Spalte namens *Attribut*.

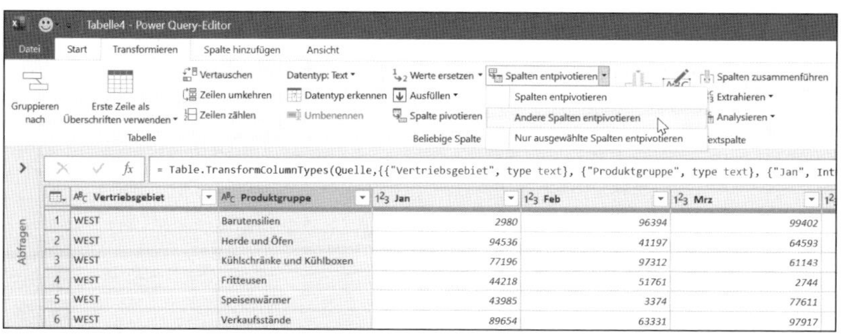


**Abbildung 7.28** Mit der Power Query-Transformation »Entpivotieren« lassen sich schwierige Transponierungsoperationen schnell erledigen.

→

4. Benennen Sie die Spalte *Attribut* in **Monat** um. Benennen Sie die Spalte *Wert* in **Umsatz** um.
5. Klicken Sie im Menüband des Power Query-Editors auf die Registerkarte *Start* und wählen Sie den Befehl *Schließen & laden,* um die Ergebnisse an ein neues Arbeitsblatt in der aktuellen Arbeitsmappe zu senden.

Erstaunlich, das war's! Wenn alles gut gegangen ist, sollten Sie jetzt eine Tabelle ähnlich der in Abbildung 7.29 sehen.

| | A | B | C | D |
|---|---|---|---|---|
| 1 | Vertriebsgebiet | Produktgruppe | Monat | Umsatz |
| 2 | WEST | Barutensilien | Jan | 2980 |
| 3 | WEST | Barutensilien | Feb | 96394 |
| 4 | WEST | Barutensilien | Mrz | 99402 |
| 5 | WEST | Barutensilien | Apr | 44263 |
| 6 | WEST | Barutensilien | Mai | 82827 |
| 7 | WEST | Barutensilien | Jun | 88388 |
| 8 | WEST | Barutensilien | Jul | 34895 |
| 9 | WEST | Barutensilien | Aug | 84279 |
| 10 | WEST | Barutensilien | Sep | 25489 |
| 11 | WEST | Barutensilien | Okt | 89977 |
| 12 | WEST | Barutensilien | Nov | 7444 |
| 13 | WEST | Barutensilien | Dez | 18577 |
| 14 | WEST | Herde und Öfen | Jan | 94536 |
| 15 | WEST | Herde und Öfen | Feb | 41197 |
| 16 | WEST | Herde und Öfen | Mrz | 64593 |

**Abbildung 7.29** Ihre Daten sind nun bereit für die Verwendung in einer Pivot-Tabelle.

Mit nur wenigen Klicks konnten Sie Ihr Dataset zur Vorbereitung auf die Verwendung in einer Pivot-Tabelle transponieren. Noch besser: Diese Abfrage kann aktualisiert werden! Wenn der Quelltabelle neue Monatsspalten oder -zeilen hinzugefügt werden, führt Power Query Ihre Schritte erneut aus und nimmt automatisch alle neuen Daten in die resultierende Tabelle auf.

Die neue Power Query-Funktionalität ist eine interessante Ergänzung zu Excel. In der Vergangenheit war es mühsam, externe Daten zu importieren und zu bereinigen, um sie für PivotTable-Berichte vorzubereiten. Mit Power Query können Sie nun automatisierte Extraktions- und Umwandlungsverfahren erstellen, für die traditionell Mitarbeiter und Fähigkeiten erforderlich waren, die nur in der IT-Abteilung zu finden sind.

## Ein weiteres Power Query-Beispiel

Siebzehn Jahre lang habe ich 35 Live-Seminare pro Jahr gehalten, bin durch das ganze Land gereist und habe Excel-Tipps und -Tricks vorgestellt. Ich bin vorher immer durch den Raum gelaufen, um nach Excel-Fragen zu suchen. Kürzlich lernte ich einen angeschlagenen Buchhalter kennen, dessen Manager ihm immer wieder Arbeitsmappen schickte, die wie Abbildung 7.30 aussahen. Jedes Projekt befand sich in jeweils einer Zeile. Die Kosten wurden in eine einzige Zelle eingegeben, wobei jede Zeile mit `Alt`+`↵` getrennt wurde.

| | A | B |
|---|---|---|
| 1 | Schlechtes Datenformat | |
| 2 | | |
| 3 | Projekt | Kosten |
| 4 | A87 | Apple - $218<br>Banana - $857<br>Cherry - $693 |
| 5 | B35 | Date - $428<br>Elderberry - $696<br>Fig - $265<br>Guava - $213<br>Honeydew - $832 |
| 6 | C43 | Iceberg - $926<br>Jackfruit - $412<br>Kiwi - $937 |
| 7 | D57 | Lime - $215<br>Mango - $844<br>Nectarine - $339 |
| | E16 | Orange - $239 |

**Abbildung 7.30** Jede Zelle in B4:B8 ist ungefähr so nützlich wie das Einfügen der Daten in Microsoft Word.

Es ist offensichtlich, dass Sie die Daten in Excel so nicht organisieren sollten. Aber der Manager wird sich nicht ändern. Er macht das schon seit 28 Jahren so und hat nur noch zwei Jahre bis zur Pensionierung und möchte, dass die Gesamtsumme in Spalte C erscheint. Unmöglich, oder?

Power Query wird jeden Monat besser. Glücklicherweise hat Microsoft nur einen Monat, bevor ich auf dieses Dataset gestoßen bin, das Feature hinzugefügt, Text an jedem beliebigen Trennzeichen aufzuteilen und für alles nach jedem Trennzeichen neue Zeilen zu erzeugen.

Übernehmen Sie die Daten in Power Query. Wählen Sie die Spalte *Kosten* aus. Wählen Sie auf der Registerkarte *Start* den Befehl *Spalte teilen | Nach Trennzeichen*. Wählen Sie im Dialogfeld *Spalte nach Trennzeichen teilen* die Option *Erweiterte Optionen*. Ändern Sie *Aufteilen in* von *Spalten* in *Zeilen* ab. Löschen Sie den Bindestrich, der in das Feld *Benutzerdefiniertes Trennzeichen* eingegeben wurde. Aktivieren Sie das Kontrollkästchen *Mithilfe von Sonderzeichen teilen*, klicken Sie auf *Sonderzeichen einfügen* und wählen Sie *Zeilenvorschub*. Abbildung 7.31 zeigt das Dialogfeld.

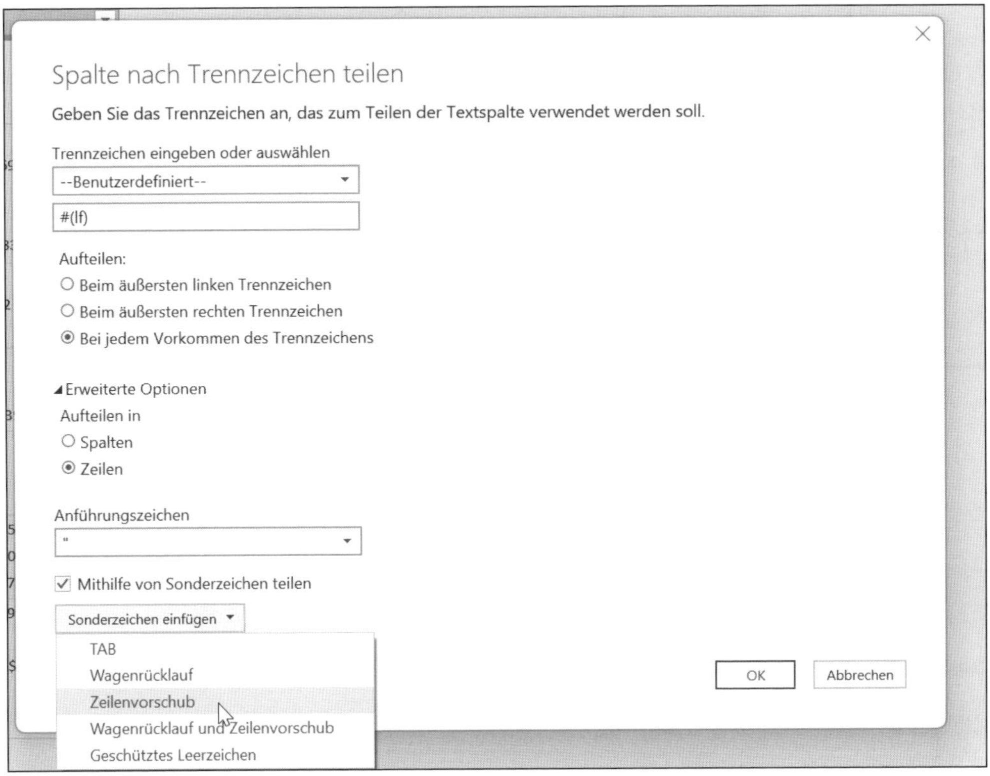


**Abbildung 7.31** Teilen Sie jeden Zeilenvorschub in eine neue Zeile auf.

Sehen Sie sich Abbildung 7.32 an. Der Eintrag *Apple, Banana, Cherry* wurde in drei Zeilen aufgeteilt. Für die beiden neuen Zeilen wurde das Projekt in die neuen Zeilen kopiert. Wenn Sie weitere Daten in den Spalten C bis J haben, werden alle diese Daten in die neuen Zeilen kopiert.

Ursprünglich befanden sich die Daten »Apple – 218« in Abbildung 7.32 in einer Spalte. Sie können die Daten einfach am Bindestrich aufteilen, indem Sie *Spalte teilen | Nach Trennzeichen* wählen und auf *OK* klicken.

In diesem Moment würden Sie diese Daten wahrscheinlich gerne wieder in Excel übernehmen. Aber lassen Sie uns noch ein paar weitere Dinge korrigieren.

| | Projekt | Kosten.1 | Kosten.2 |
|---|---|---|---|
| 1 | A87 | Apple | 218,00 |
| 2 | A87 | Banana | 857,00 |
| 3 | A87 | Cherry | 693,00 |
| 4 | B35 | Date | 428,00 |
| 5 | B35 | Elderberry | 696,00 |
| 6 | B35 | Fig | 265,00 |
| 7 | B35 | Guava | 213,00 |

**Abbildung 7.32** Durch die zweifache Verwendung von Spalte teilen wird das Problem der schlecht formatierten Daten gelöst.

Löschen Sie die Produkte in der Spalte *Kosten.1*. Markieren Sie die Spalte *Projekt* und wählen Sie *Gruppieren nach.* Wählen Sie im Dialogfeld *Gruppieren nach* die Option *Gruppieren nach Projekt* und erstellen Sie eine neue Spalte mit der Bezeichnung *Gesamtkosten*, die die Summe aus *Kosten.2* enthält. Dadurch wird eine Tabelle mit einer Zeile pro Projekt erstellt. In jeder Zeile sind die Gesamtkosten für dieses Projekt aufgeführt.

Wenn Sie *Schließen und laden* wählen, fügt Excel ein neues Arbeitsblatt mit einer neuen Tabelle ein. Jedes Projekt wird einmal mit den Gesamtkosten aufgeführt. Ein einfaches SVERWEIS aus der Originaltabelle bringt die Summen wieder neben die schrecklichen Daten (siehe Abbildung 7.33).

Die einzige Schwierigkeit bestand darin, dem Manager beizubringen, dass er nach jeder Änderung auf *Daten | Alles aktualisieren* klicken muss.

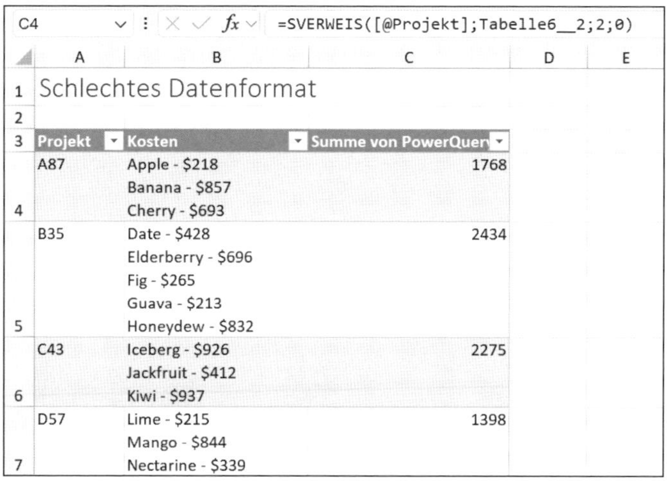
C4 =SVERWEIS([@Projekt];Tabelle6__2;2;0)

| | A | B | C | D | E |
|---|---|---|---|---|---|
| 1 | Schlechtes Datenformat | | | | |
| 2 | | | | | |
| 3 | Projekt | Kosten | Summe von PowerQuery | | |
| 4 | A87 | Apple - $218<br>Banana - $857<br>Cherry - $693 | 1768 | | |
| 5 | B35 | Date - $428<br>Elderberry - $696<br>Fig - $265<br>Guava - $213<br>Honeydew - $832 | 2434 | | |
| 6 | C43 | Iceberg - $926<br>Jackfruit - $412<br>Kiwi - $937 | 2275 | | |
| 7 | D57 | Lime - $215<br>Mango - $844<br>Nectarine - $339 | 1398 | | |

**Abbildung 7.33** Ein SVERWEIS fügt die Power Query-Antwort in den ursprünglichen Datensatz ein.

Jedes Mal, wenn ich denke, dass ich zu VBA greifen muss, um eine Aufgabe zu lösen, bin ich darüber erstaunt, wie einfach sie mit Power Query erledigt werden kann.

# Nächste Schritte

Kapitel 8, »Dashboards mit Power BI freigeben«, beschreibt, wie Sie Ihre PivotTables mit der Welt teilen können. In diesem Kapitel erfahren Sie, wie Sie Ihre Pivot-Tabellen über das Internet verbreiten können.

KAPITEL 8

# Dashboards mit Power BI freigeben

Power BI Desktop ist eine Anwendung, mit der Sie interaktive Dashboards auf Basis Ihrer Excel-Daten freigeben können. Das Erstellen von Dashboards geht schnell – im Grunde erstellen Sie PivotCharts, indem Sie Felder in die Feldliste einer PivotTable ziehen.

Die Diagramme sind automatisch interaktiv – wenn Sie etwas in einem Diagramm auswählen, werden alle anderen Diagramme nach dem ausgewählten Element gefiltert. Sie können Hierarchien erstellen, damit Benutzer einen Drilldown in die Daten durchführen können.

Mit einem monatlichen Abonnement können Sie Ihre Dashboards auf den Power BI-Servern veröffentlichen. Sie können andere Mitarbeiter Ihres Unternehmens einladen, Ihre Berichte auf ihren Computern oder Mobilgeräten zu nutzen.

## Erste Schritte mit Power BI Desktop

Der Einstieg in Power BI Desktop ist kostenlos. Sie benötigen ein Geschäfts-E-Mail-Konto – Hotmail oder Gmail sind nicht zulässig. Beginnen Sie unter *PowerBI.Microsoft.com*. Registrieren Sie sich und laden Sie Power BI Desktop kostenlos herunter.

Wenn Sie Power BI zum ersten Mal öffnen, melden Sie sich mit den von Ihnen erstellten Anmeldedaten an. Anschließend sehen Sie einen Startbildschirm (siehe Abbildung 8.1), von dem aus Sie Daten importieren, zuletzt verwendete Dateien öffnen oder sich eine Einführung ansehen können.

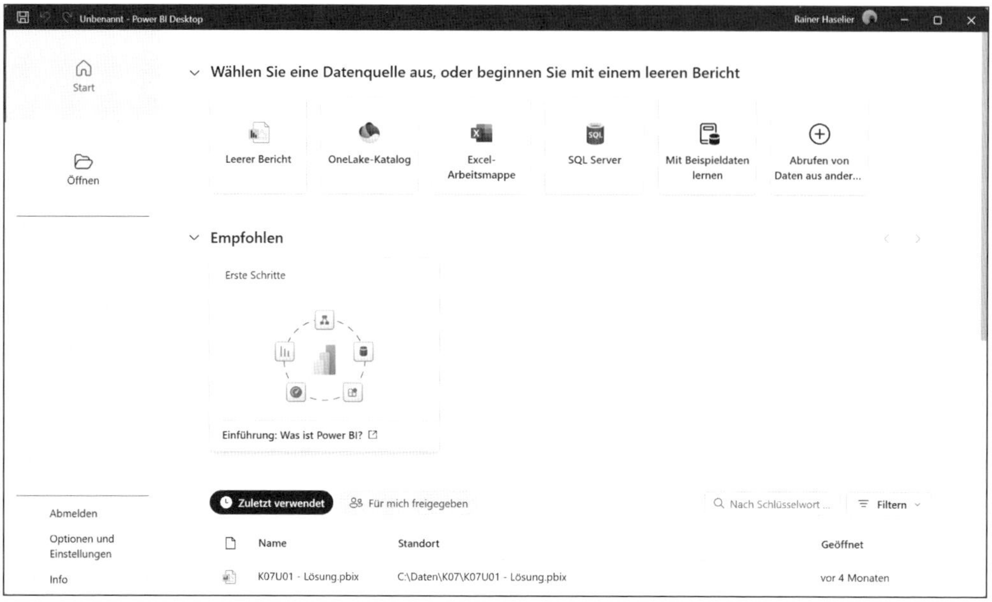


**Abbildung 8.1** Power BI Desktop ist das Autorentool für Power BI.

## Daten in Excel vorbereiten

Bevor Sie Power BI verwenden können, müssen Sie die Daten vorbereiten, die Sie darin verwenden möchten. Erstellen Sie dazu eine Excel-Arbeitsmappe, in der alle Ihre Datensätze als Tabelle formatiert sind. Anhand der Beispieldateien für dieses Buch würden Sie die folgenden Schritte ausführen, um ein Datenmodell in *PowerBIBeispielDaten.xlsx* zu erstellen:

1. Wählen Sie alle drei Datasets aus und formatieren Sie sie mit `Strg`+`T` als Tabellen.
2. Benennen Sie die Tabellen **Verkäufe**, **Geografie** und **Kalender**.
3. Definieren Sie mit *Daten* | *Beziehung* | *Erstellen* eine Beziehung zwischen *Verkäufe/Kunde* und *Geografie/Kunde*.
4. Definieren Sie eine zweite Beziehung zwischen *Verkäufe/Datum* und *Kalender/Datum*.

---

Wenn Sie in Ihrer Excel-Datei bereits Abfragen und Beziehungen definiert haben, sollten Sie *Datei* | *Importieren* | *Power Query, Power Pivot, Power View* wie im Folgenden beschrieben verwenden, anstatt den Befehl *Start* | *Daten abrufen* | *Excel-Arbeitsmappe*.

---

## Daten in Power BI importieren

Der naheliegendste Weg, Excel-Daten in Power BI zu importieren, ist nicht der beste. Wenn Sie *Start* | *Daten abrufen* | *Aus Excel* wählen, können Sie die Daten zwar importieren, aber alle Abfragen, Beziehungen, KPIs und Synonyme gehen verloren.

Klicken Sie auf *Datei* | *Importieren* | *Power Query, Power Pivot, Power View*. Navigieren Sie zu Ihrer Excel-Arbeitsmappe und wählen Sie sie aus.

Es erscheint eine seltsam altmodische Meldung, die besagt: »Wir arbeiten nicht direkt mit Excel-Arbeitsmappen, wissen aber, wie man nützliche Inhalte daraus extrahiert. Klicken Sie auf *Starten.*«

Am Ende wird eine Meldung angezeigt, die Ihnen mitteilt, dass die Migration abgeschlossen ist, und Ihnen berichtet, was importiert wurde (siehe Abbildung 8.2).

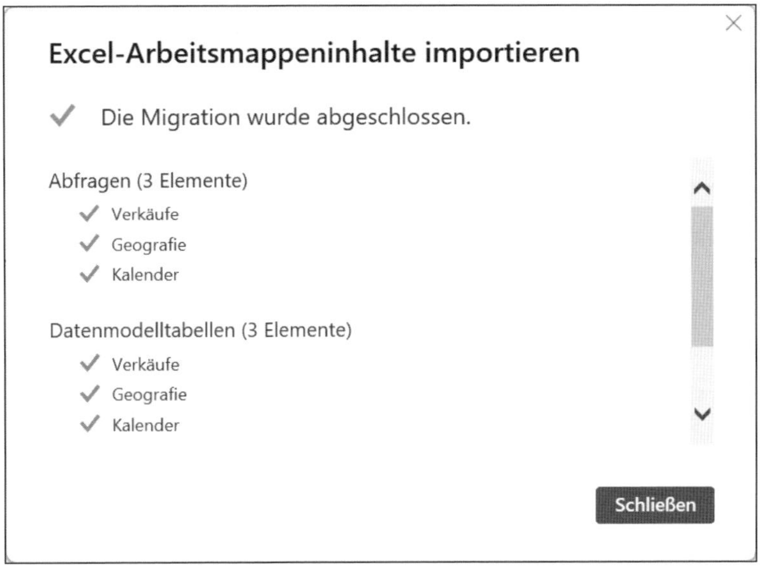


**Abbildung 8.2** Power BI kann Abfragen und Datenmodelltabellen aus Excel importieren.

---

Power BI Desktop enthält eine Vollversion von Power Query. Verwenden Sie *Start | Daten transformieren,* um den Power Query-Editor zu starten.

---

## Einführung in Power BI

Power BI führt Sie durch die Erstellung von Visualisierungen Ihrer Daten. Es fordert Sie auf, Felder aus dem Feldbereich auszuwählen oder auf die Berichtsfläche zu ziehen. Werfen wir einen Blick auf die verschiedenen Elemente im Power BI-Bildschirm. Oben rechts befinden sich die Bereiche *Visualisierungen* und *Daten* (siehe Abbildung 8.3).

Der Bereich *Daten* entspricht im Wesentlichen dem oberen Teil der PivotTable-Feldliste. Zu Beginn werden die Tabellennamen *Kalender*, *Geografie* und *Verkäufe* angezeigt. Mit dem Größer-als-Symbol können Sie jede Tabelle erweitern und die Felder in dieser Tabelle anzeigen.

Der Bereich *Visualisierungen* enthält zunächst etwa 39 integrierte Datenvisualisierungen. Über das Symbol mit den drei Punkten können Sie weitere Visualisierungen hinzufügen. Unterhalb des Bereichs *Visualisierungen* befindet sich der Bereich *Werte*. Dieser entspricht der unteren Hälfte der PivotTable-Feldliste. Hier ziehen Sie Felder hinein, um eine Visualisierung zu erstellen. Über das Pinselsymbol gelangen Sie zu verschiedenen Formatierungsoptionen, die für eine Visualisierung verfügbar sind.

**Abbildung 8.3** Erstellen Sie mit diesen Tools oben rechts im Power BI Desktop-Fenster neue Visualisierungen.

Unten links auf dem Bildschirm von Power BI Desktop befindet sich eine Registerkarte mit der Beschriftung *Seite 1* und einem Pluszeichen, um weitere Seiten hinzuzufügen (siehe Abbildung 8.4). Diese entsprechen den Tabellenblattregisterkarten in Excel. Sie können einen Bericht mit mehreren Dashboard-Seiten erstellen.

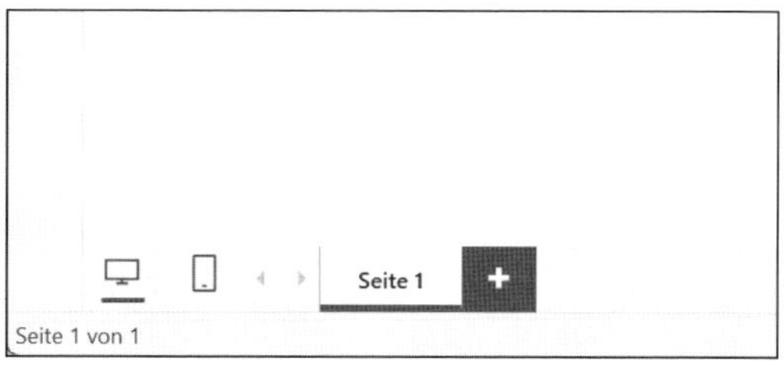


**Abbildung 8.4** Fügen Sie unten links im Power BI Desktop-Fenster weitere Seiten hinzu.

An der linken Seite des Power BI Desktop-Fensters befinden sich die drei Symbole *Berichtsansicht, Datenansicht* und *Modellansicht* (siehe Abbildung 8.5). In der Berichtsansicht erstellen Sie Ihr Dashboard. Die Datenansicht zeigt Ihnen die in Power BI geladenen Daten und ähnelt stark dem Bildschirm *Datenmodell verwalten* in Power Pivot. Die Modellansicht ähnelt der Diagrammansicht in Power Pivot.

**Abbildung 8.5** Wo befinden sich Ihre Daten? Klicken Sie auf das zweite Symbol links am Power BI Desktop-Fenster.

## Daten in Power BI vorbereiten

Um effektive Berichte in Power BI zu erstellen, sollten Sie einige Beziehungen erstellen und Ihre Daten weiter anpassen.

Klicken Sie auf das Symbol *Modellansicht* (siehe mittleres Symbol links in Abbildung 8.6). In der Modellansicht sehen Sie, dass Power BI Desktop automatisch eine Beziehung zwischen der Tabelle *Verkäufe* und der Tabelle *Geografie* erkannt hat. Wenn Sie mit der Maus über die Linie zwischen den Tabellen fahren, zeigt Power BI Desktop an, dass das Feld *Kunde* verwendet wird, um die Beziehung in beiden Tabellen herzustellen.

Wenn Sie die Größe der Tabellen ändern, wird neben *Anzahl, Umsatz, Selbstkosten* und *Gewinn* das Sigma-Symbol angezeigt. Dies ist korrekt und bedeutet, dass Power BI diese Felder zusammenfasst.

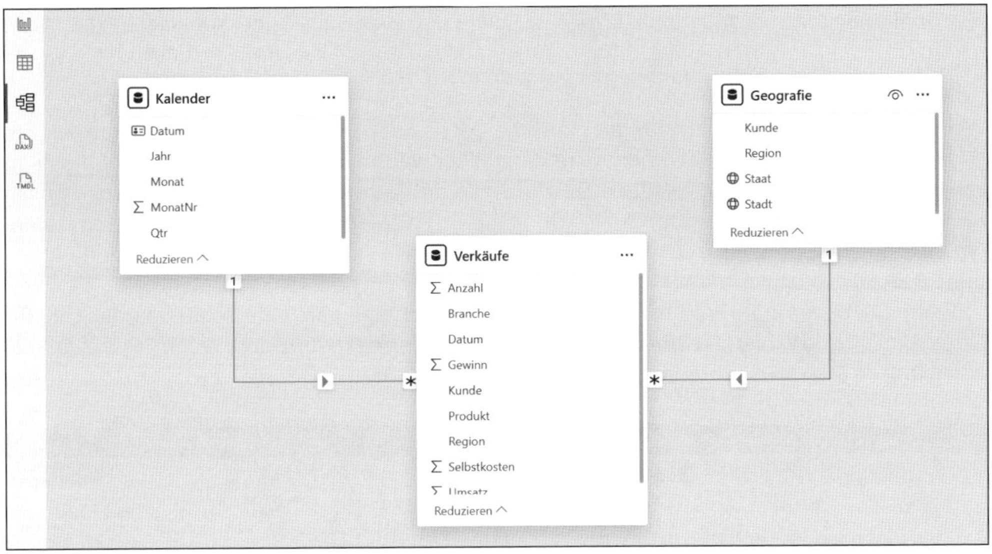


**Abbildung 8.6** Power BI Desktop hat die Beziehung zwischen *Verkäufe* und *Geografie* erkannt.

Wenn Sie eine Beziehung zwischen zwei Tabellen definieren müssen, ziehen Sie einfach das Schlüsselfeld aus einer Tabelle auf das entsprechende Feld in einer anderen Tabelle. Befolgen Sie diese Schritte, wenn Power BI ein Sigma-Symbol neben Feldern anzeigt, die nicht zusammengefasst werden sollten (beispielsweise eine Kundennummer):

1. Klicken Sie auf das Symbol *Datenansicht* (das zweite der Symbole auf der linken Seite des Bildschirms). In der Datenansicht sehen Sie die Werte aus einer Ihrer Tabellen. Um zu einer anderen Tabelle zu wechseln, wählen Sie die Tabelle im Feldbereich auf der rechten Seite des Bildschirms aus. Als Excel-Profi erscheint Ihnen die rechte Seite des Bildschirms ungewohnt. Sie würden denken, dass sich am unteren Rand des Bildschirms Registerkarten für die drei Datentabellen befinden sollten.
2. Klicken Sie auf die Überschrift des Feldes, das nicht zusammengefasst werden soll, um diese Spalte auszuwählen.
3. Wechseln Sie in Power BI zur Registerkarte *Spaltentools*. Ändern Sie die Zusammenfassung von *Summe* zu *Nicht zusammenfassen* (siehe Abbildung 8.7).
4. Wiederholen Sie die Schritte 2 und 3 für alle anderen numerischen Spalten, die nicht zusammengefasst werden sollen.

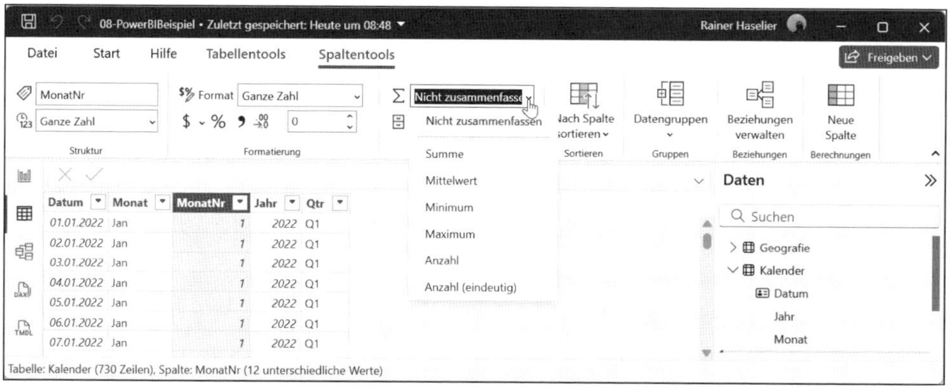

**Abbildung 8.7** Standardmäßig möchte Power BI Desktop alle Felder summieren, die vollständig numerisch sind. Überschreiben Sie dieses Verhalten für Artikelnummern, Kontonummern usw.

Weisen Sie beliebigen Feldern für geografische Daten oder Bild-URLs Kategorien zu. Power BI Desktop kann Ihre Daten auf einer Karte darstellen, wenn Sie über Felder wie Stadt, Postleitzahl oder Bundesland usw. verfügen. Zeigen Sie in der Datenansicht die Tabelle *Geografie* an. Klicken Sie auf die Überschriften für Stadt, Staat und wählen Sie den entsprechenden Datentyp über die Dropdownliste *Datenkategorie* auf der Registerkarte *Spaltentools* aus (siehe Abbildung 8.8).

Wenn Sie Bilder in Ihrem Bericht anzeigen möchten, fügen Sie eine Spalte mit der URL für jedes Bild hinzu. Wählen Sie für diese Spalte die Kategorie *Bild-URL* aus. Wenn Sie das Feld in einer Tabelle anzeigen, wird das Bild, das an dieser URL liegt, angezeigt.

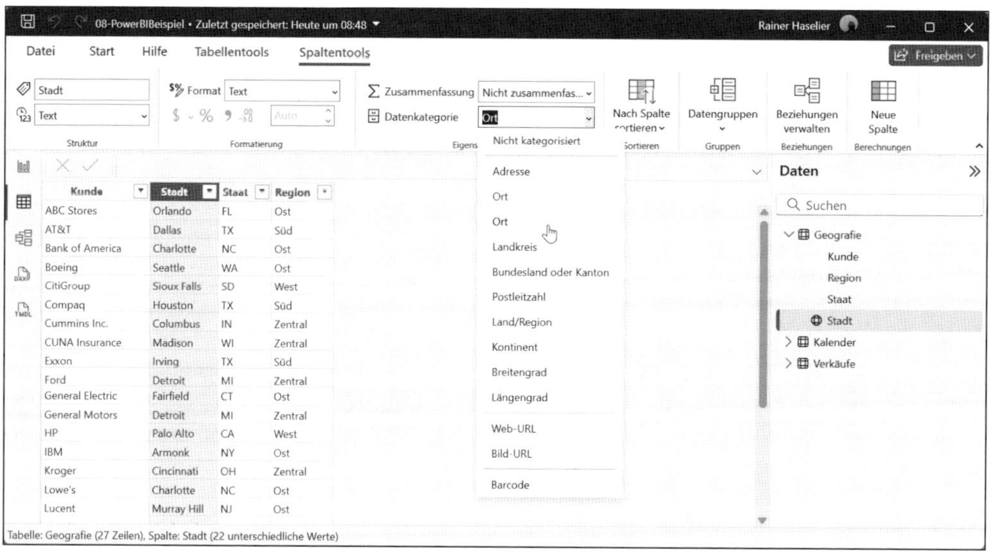

**Abbildung 8.8** Kategorisieren Sie alle geografischen Felder.

## In Power BI Desktop Synonyme definieren

In Ihrem Unternehmen werden möglicherweise bestimmte Begriffe verwendet. Ich habe beispielsweise in der Buchhaltung eines Unternehmens gearbeitet, das Handheld-Computer herstellte. Obwohl ich in der Datenbank ein Feld namens COGS (für »Cost Of Goods Sold«, also Kosten der verkauften Waren) hatte, nannten alle in diesem Unternehmen dieses Feld »MLO« (was für »Material, Labor and Overhead«, also Material, Arbeit und Gemeinkosten, stand).

Eine der coolen Funktionen von Power BI ist die Möglichkeit, Abfragen in natürlicher Sprache einzugeben. Wenn Sie Synonyme definieren, erkennt Power BI, dass sich COGS auf das Feld *Selbstkosten* in den Daten bezieht.

Wählen Sie das Symbol *Modellansicht* (das dritte Symbol auf der linken Seite des Bildschirms). Wählen Sie auf der Registerkarte *Start* den Befehl *Q&A-Setup*. Klicken Sie auf *Synonyme*. Erweitern Sie die entsprechende Tabelle. Verwenden Sie die Schaltfläche *Hinzufügen+*, um neue Synonyme hinzuzufügen. Abbildung 8.9 zeigt, dass Selbstkosten auch als Herstellungskosten, Produktionskosten und auch als COGS bezeichnet werden könnten.

**Abbildung 8.9** Definieren Sie Synonyme, um Abfragen in natürlicher Sprache zu verbessern.

# Mit Power BI Desktop einen interaktiven Bericht erstellen

Nachdem Sie Ihre Daten in Power BI Desktop eingerichtet haben, können Sie mit der Erstellung von Diagrammen und Tabellen beginnen, die im Dashboard angezeigt werden sollen.

## Ihre erste Visualisierung erstellen

Klicken Sie auf das Symbol *Berichtsansicht* (das oberste der Symbole auf der linken Seite von Power BI Desktop). In der Mitte Ihres Bildschirms wird eine große, leere weiße Fläche angezeigt.

Sehen Sie sich den Bereich *Visualisierungen* an. Dort stehen Ihnen viele integrierte Tools zur Verfügung. Um erste Erfahrungen zu sammeln, wählen Sie den ersten Eintrag – ein gestapeltes Balkendiagramm (siehe Abbildung 8.10).

Beachten Sie, dass sich die Feldbereiche von *Werte* zu *Y-Achse, X-Achse, Legende, Small Multiples* und *QuickInfo* ändern. Jedes Mal, wenn Sie einen Visualisierungstyp auswählen, ändert sich die Liste der Feldtypen.

**Abbildung 8.10** Wählen Sie zunächst eine beliebige Visualisierung aus dem Bereich *Visualisierungen* aus.

Wenn Sie im Bereich *Visualisierungen* ein Balkendiagramm auswählen, wird auf der Arbeitsfläche ein Platzhalter für eine Kachel angezeigt, wie in Abbildung 8.11 dargestellt. Sie können die Größe dieser Kachel mithilfe eines der acht Größenänderungsgriffe ändern. Oder ziehen Sie ihre Titelleiste, um sie an eine andere Position zu verschieben.

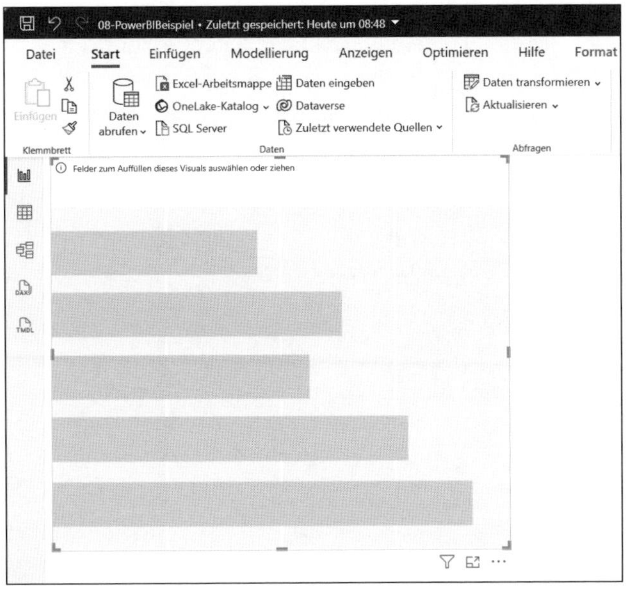


**Abbildung 8.11** Bevor Sie Felder hinzufügen, beginnt eine Visualisierung als leere Kachel.

Um Felder zur Visualisierung hinzuzufügen, wählen Sie *Umsatz* aus der Tabelle *Verkäufe* aus. Wählen Sie *Region* aus der Tabelle *Geografie* aus. *Region* wird in die Ablagezone *Y-Achse* verschoben, und *Umsatz* wird in die Ablagezone *X-Achse* verschoben (siehe Abbildung 8.12).

**Abbildung 8.12** Wählen Sie Datenfelder für das Diagramm aus.

Oberhalb der Schaltflächen mit den Visualisierungen befindet sich ein Symbol mit einem Diagramm und einem Pinsel. Klicken Sie darauf, um Formatierungsoptionen für das Diagramm anzuzeigen. Diese Optionen unterscheiden sich je nach Art der Visualisierung.

In Abbildung 8.13 wurden die Datenbeschriftungen aktiviert. Mit den übrigen Optionen in der Abbildung können Sie das Erscheinungsbild der Datenbeschriftungen anpassen.

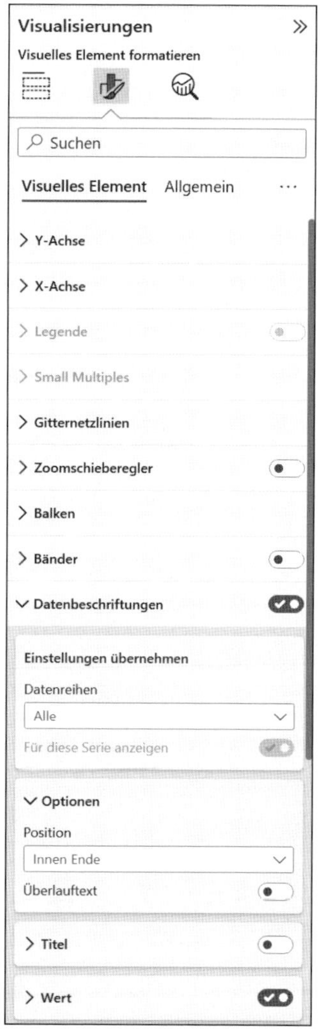


**Abbildung 8.13** Verwenden Sie den Abschnitt *Visuelles Element formatieren*, um Ihr Diagramm zu formatieren.

Sie können mit den Optionen unter *Hintergrund anzeigen* experimentieren. Sie können die Kachel mit einer beliebigen Designfarbe einfärben und die Transparenz der Farbe festlegen.

Das dritte Symbol ist das Symbol *Analyse*. Es sieht aus wie ein Suchfeld mit einer Trendlinie in der Lupe. Für die Balkendiagramm-Visualisierung besteht die einzige Möglichkeit darin, eine konstante Linie hinzuzufügen. Einige Unternehmen müssen möglicherweise eine Linie an einer beliebigen Position anzeigen. In Abbildung 8.14 werden die Einstellungen zum Zeichnen einer gestrichelten Linie bei 1,5 Millionen Dollar festgelegt.

**Abbildung 8.14** Einrichten einer Bezugslinie

Mit den Einstellungen in Abbildung 8.12 bis Abbildung 8.14 erhalten Sie das in Abbildung 8.15 gezeigte Diagramm.

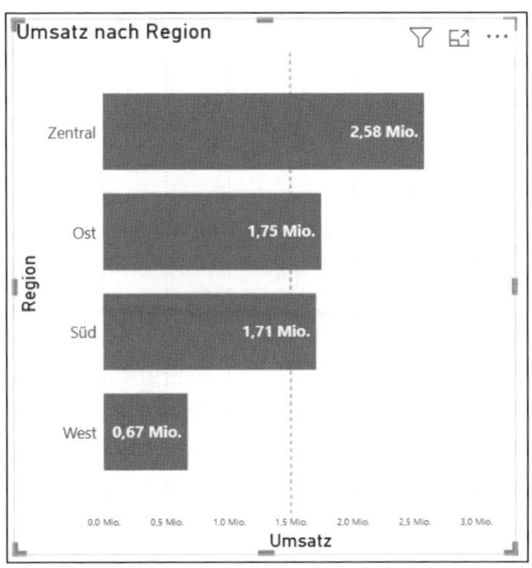


**Abbildung 8.15** Ein Balkendiagramm mit Datenbeschriftungen und einer Bezugslinie bei 1,5 Millionen Dollar

Es gibt vier verschiedene Möglichkeiten, dieses Diagramm zu sortieren. Verwenden Sie das Symbol mit den drei Punkten oben rechts am Diagramm, um auszuwählen, ob die Regionen alphabetisch oder nach Umsatz und aufsteigend oder absteigend sortiert werden sollen (siehe Abbildung 8.16).

Links neben dem Symbol mit den drei Punkten befindet sich das Symbol *Fokusmodus*. Stattdessen können Sie den Befehl *Hervorheben* im Menü verwenden, wodurch alle anderen Diagramme in den Hintergrund treten und der Fokus auf dem aktuellen Diagramm bleibt.

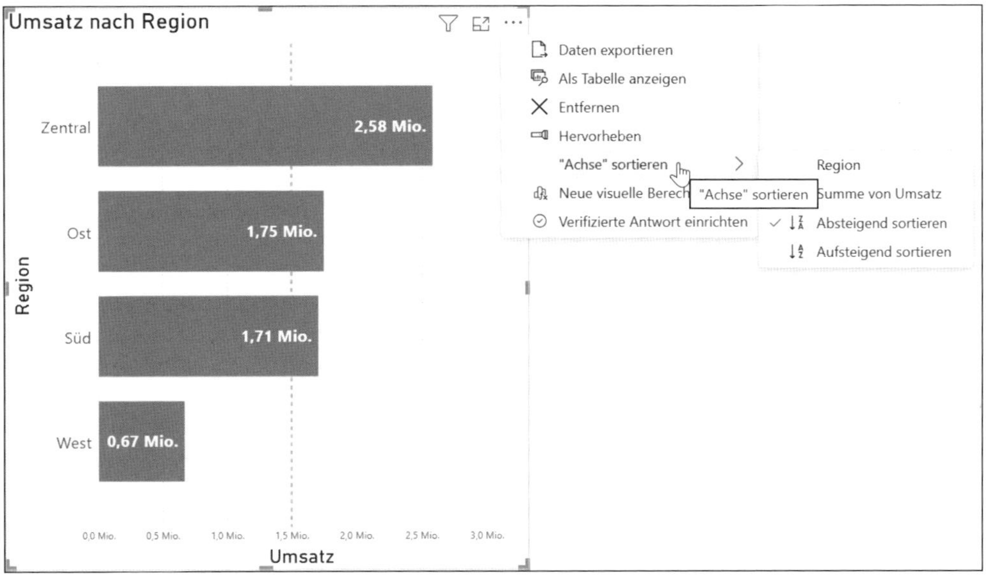


**Abbildung 8.16** Die Einstellungen für das Diagramm befinden sich in einem Menü, das über das Symbol mit den drei Punkten aufgerufen wird.

## Ihre zweite Visualisierung erstellen

Das klingt sehr einfach, aber ich stolpere jedes Mal darüber. Um eine zweite Kachel in Ihrem Bericht zu erstellen, müssen Sie außerhalb der ersten Kachel klicken. Das ist ganz einfach: Klicken Sie einfach irgendwo in den weißen Bereich der Berichtsfläche.

Wenn Sie jedoch vergessen, wegzuklicken, und stattdessen auf die Säulendiagramm-Visualisierung klicken, ändern Sie das aktuelle Diagramm von einem Balkendiagramm in ein Säulendiagramm. Ich weiß nicht, warum – aber ich vergesse diesen Schritt ständig.

Klicken Sie in den weißen Bereich des Berichts. Wählen Sie im Bereich *Visualisierungen* ein Säulendiagramm aus. Ziehen Sie *Umsatz* in das Feld *X-Achse* und Kunde in das Feld *Y-Achse*. Ziehen Sie *Produkt* in den Bereich *Legende*.

Das in Abbildung 8.17 gezeigte Ergebnis ist ein Säulendiagramm mit Kunden am unteren Rand. Die drei Produktlinien sind für jede Säule gestapelt. In diesem speziellen Datensatz gibt es zehn Großkunden und eine ganze Reihe von Kleinkunden. Sie könnten das Säulendiagramm sehr breit gestalten und so die lange Liste der Kleinkunden anzeigen. Sie können aber auch den rechten Rand des Diagramms nach innen ziehen, um nur die zehn größten Kunden anzuzeigen. Mit einer Bildlaufleiste könnte man dann über das Diagramm scrollen, um die kleinen Kunden anzuzeigen.

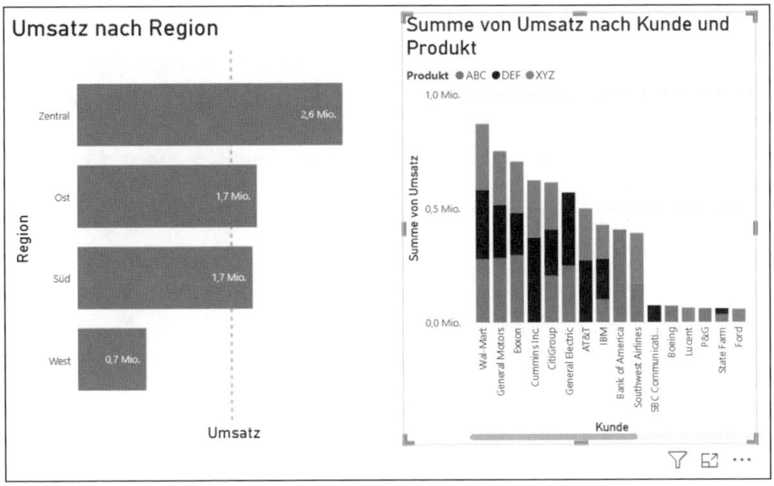


**Abbildung 8.17** Die zweite Visualisierung ist ein gestapeltes Säulendiagramm, das Kunden und Produkte anzeigt.

## Kreuzfilterung von Diagrammen

Hier kommt die Magie von Power BI ins Spiel. Seien wir ehrlich: Sie hätten die beiden vorherigen Diagramme auch in Excel erstellen können. Für die konstante Linie wären einige Diagramm-Tricks à la Andy Pope erforderlich gewesen, aber es wäre möglich gewesen. Das Besondere daran ist, dass jedes Diagramm in Power BI die anderen Diagramme filtern kann.

Klicken Sie im ersten Diagramm auf den Balken *Zentral*. Das zweite Diagramm wird aktualisiert. Die Farbe der Kunden aus der Zentralregion bleibt leuchtend, während die Farben der anderen Kunden heller dargestellt werden (siehe Abbildung 8.18).

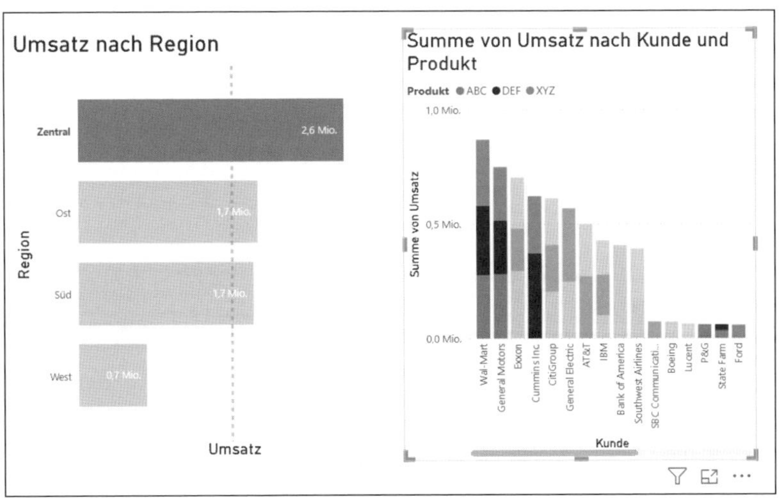


**Abbildung 8.18** Nach der Auswahl der Region *Zentral* im Balkendiagramm reagiert das Kundendiagramm.

# Eine Drilldown-Hierarchie erstellen

Interaktive Hierarchien lassen sich in Power BI Desktop sehr einfach einrichten. Klicken Sie auf das erste Balkendiagramm, um es auszuwählen. Zeigen Sie im Bereich *Visualisierungen* den Abschnitt *Visuelles Element erstellen* an. Die Y-Achse enthält das Feld *Region*. Ziehen Sie drei weitere Felder aus der Tabelle *Geografie* und legen Sie sie unterhalb *Region* ab: *Staat, Stadt* und *Kunde* (siehe Abbildung 8.19).

Im Diagramm scheint sich nichts zu ändern, aber Sie haben eine coole Drilldown-Funktion eingerichtet.

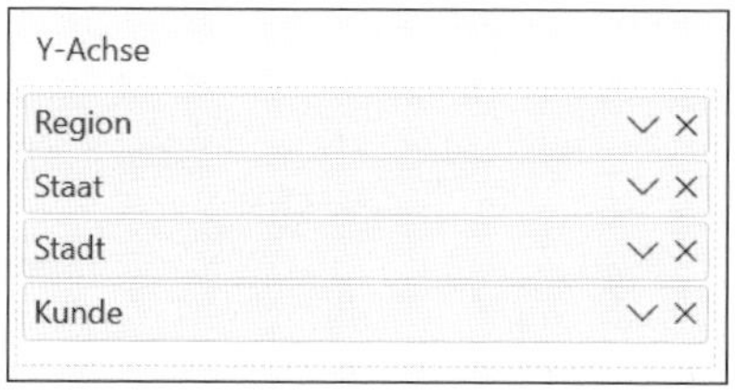


**Abbildung 8.19** Stapeln Sie vier Felder im Bereich *Y-Achse,* um einen Drilldown zu erstellen.

Sobald die Hierarchie erstellt wurde, wird unterhalb des Diagramms ein neues Symbol für die Detailansicht angezeigt. Klicken Sie auf das in Abbildung 8.20 gezeigte Symbol, um den Drilldown-Modus zu aktivieren.

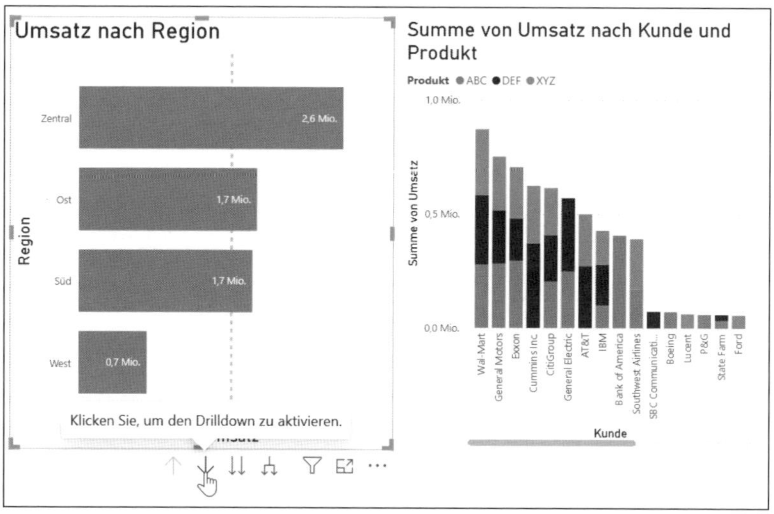


**Abbildung 8.20** Klicken Sie auf das Symbol mit dem Abwärtspfeil, um den Drilldown-Modus zu aktivieren.

Sobald der Drilldown-Modus aktiv ist, klicken Sie im Balkendiagramm auf *Zentral*, um ein neues Diagramm aller US-Bundesstaaten in der Region Zentral anzuzeigen.

Beachten Sie, dass das Säulendiagramm aktualisiert wird und nur noch Kunden in der Region Zentral anzeigt (siehe Abbildung 8.21).

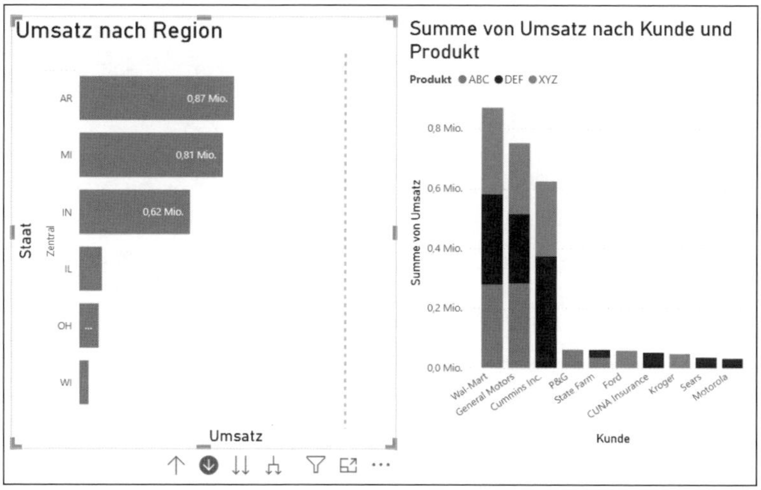


**Abbildung 8.21** Klicken Sie auf den Balken *Zentral* im Balkendiagramm, um eine Detailansicht der Bundesstaaten in der Region Zentral anzuzeigen.

In Abbildung 8.21 können Sie nun auf *AR (Arkansas)* klicken und einen Drilldown bis nach Bentonville durchführen. Klicken Sie auf *Bentonville* und führen Sie einen Drilldown bis zu Wal-Mart durch. Da dies jedoch nicht besonders interessant ist, klicken Sie auf das Symbol *Drillup ausführen* unten links im Diagramm, um zu allen Regionen zurückzukehren.

Klicken Sie auf *Süd* und anschließend auf *TX (Texas)*. Die Ergebnisse in Abbildung 8.22 zeigen die Städte Dallas, Irving und Houston.

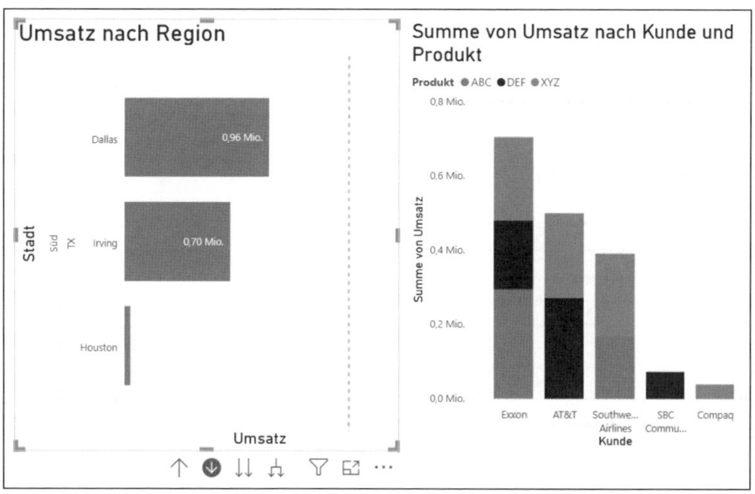


**Abbildung 8.22** Drilldown auf Stadtebene

Die Auswahlmöglichkeiten, die Ihnen ausgehend von Abbildung 8.22 zur Verfügung stehen, sind sehr subtil. Sie können auf eine der drei Städte klicken, um die Kunden in dieser Stadt anzuzeigen. Oder Sie können sich dafür entscheiden, alle Kunden in einer der drei Städte anzuzeigen. Das zweite Symbol unterhalb des Diagramms besteht aus zwei Abwärtspfeilen. Klicken Sie auf dieses Symbol, um ohne weitere Filterung eine Ebene in der Hierarchie nach unten zu gelangen, ohne weitere Filter anzuwenden. Sie sehen dann Exxon, AT&T, Southwest, SBC und Compaq.

Um zur Regionsebene zurückzukehren, klicken Sie mehrmals auf das Symbol *Drillup ausführen.*

## Benutzerdefinierte Visualisierung importieren

Sie können Power BI Desktop neue Visualisierungen hinzufügen. Das letzte Symbol im Bereich *Visualisierungen* besteht aus drei Punkten. Klicken Sie auf diese Punkte und wählen Sie *Weitere Visuals abrufen.*

Sie können eine Vielzahl kostenloser Visualisierungen durchsuchen. Klicken Sie in Abbildung 8.23 auf die Schaltfläche *Hinzufügen* neben *Enlighten Aquarium.*

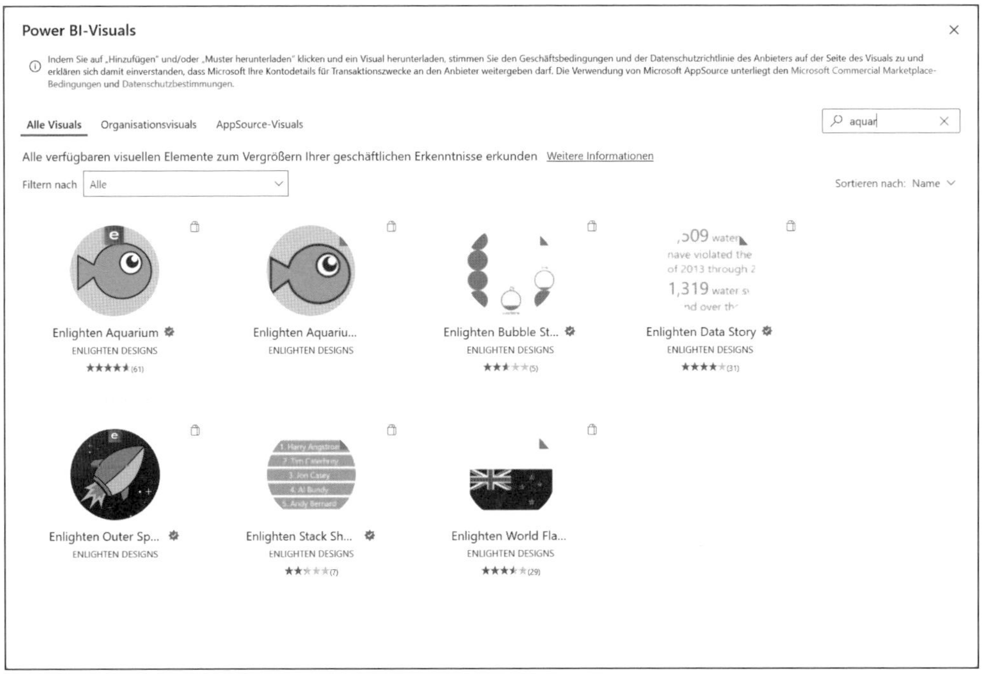


**Abbildung 8.23** Power BI-Visualisierungen sind Open Source, sodass Sie hier eine Vielzahl nützlicher und weniger nützlicher Visualisierungen finden können.

Nachdem Sie die Visualisierung *Enlighten Aquarium* hinzugefügt haben, wird im Bereich *Visualisierungen* ein neues Fischsymbol angezeigt (siehe Abbildung 8.24).

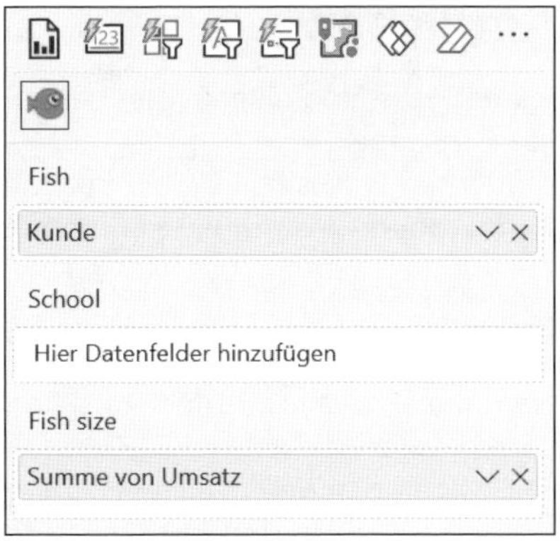


**Abbildung 8.24** Die Installation neuer Visualisierungen aus dem Marketplace ist völlig unkompliziert.

Klicken Sie auf einen leeren Bereich Ihrer Berichtsarbeitsfläche. Fügen Sie eine neue Visualisierung hinzu, indem Sie auf das Fischsymbol im Bereich *Visualisierungen* klicken.

Die Dropzonen auf dem Feld sind jetzt mit *Fish* und *Fish Size* beschriftet. Ziehen Sie *Kunde* in den Bereich *Fisch* und *Umsatz* auf *Fish Size*.

In Ihrem Bericht erscheint ein Aquarium mit Fischen unterschiedlicher Größe, die hin und her schwimmen (siehe Abbildung 8.25). Klicken Sie auf den größten Fisch – er hört auf zu schwimmen und es erscheint ein Informationsfeld mit Wal-Mart und 869.45K.

Das Aquarium reagiert auf Kreuzfilterung. Wenn Sie das Balkendiagramm auf *Süd* filtern, schwimmen nur noch die fünf Fische aus der Region Süd.

**Abbildung 8.25** Ein Fischdiagramm in Power BI

# In Power BI veröffentlichen

Nachdem Sie Ihre Daten in Power BI Desktop eingerichtet haben, können Sie sie durch Veröffentlichen in Power BI für andere freigeben.

Power BI läuft in jedem modernen Browser. Es gibt spezielle Apps für iPad, iPhone und Android-Smartphones. Der Standardbericht ist für einen Computerbildschirm ausgelegt.

## Für Mobiltelefone entwerfen

Wenn Ihr Bericht auf Mobiltelefonen angezeigt werden soll, können Sie festlegen, wie die Kacheln auf dem Telefon angeordnet werden sollen.

Verwenden Sie in Power BI Desktop den Befehl *Anzeigen | Layout für Mobilgeräte*. Sie können die Visualisierungskacheln neu anordnen und ihre Größe ändern, wie in Abbildung 8.26 dargestellt.

**Abbildung 8.26** Optional können Sie das Layout für ein Smartphone festlegen.

## In einem Arbeitsbereich veröffentlichen

Wählen Sie in Power BI Desktop den Befehl *Start | Veröffentlichen* aus. Im Dialogfeld *In Power BI veröffentlichen* werden Sie gefragt, welchen Arbeitsbereich Sie verwenden möchten (siehe Abbildung 8.27).

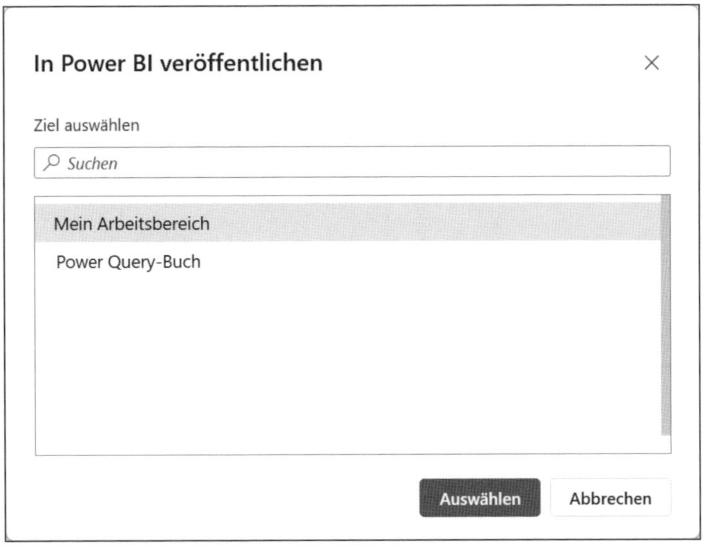


**Abbildung 8.27** Ein Bericht muss in einem Arbeitsbereich veröffentlicht werden.

Nach der Veröffentlichung können Sie wählen, ob Sie ihn in Power BI anzeigen oder Insights anzeigen möchten. Abbildung 8.28 zeigt Ihren Bericht, der im Edge-Browser ausgeführt wird.

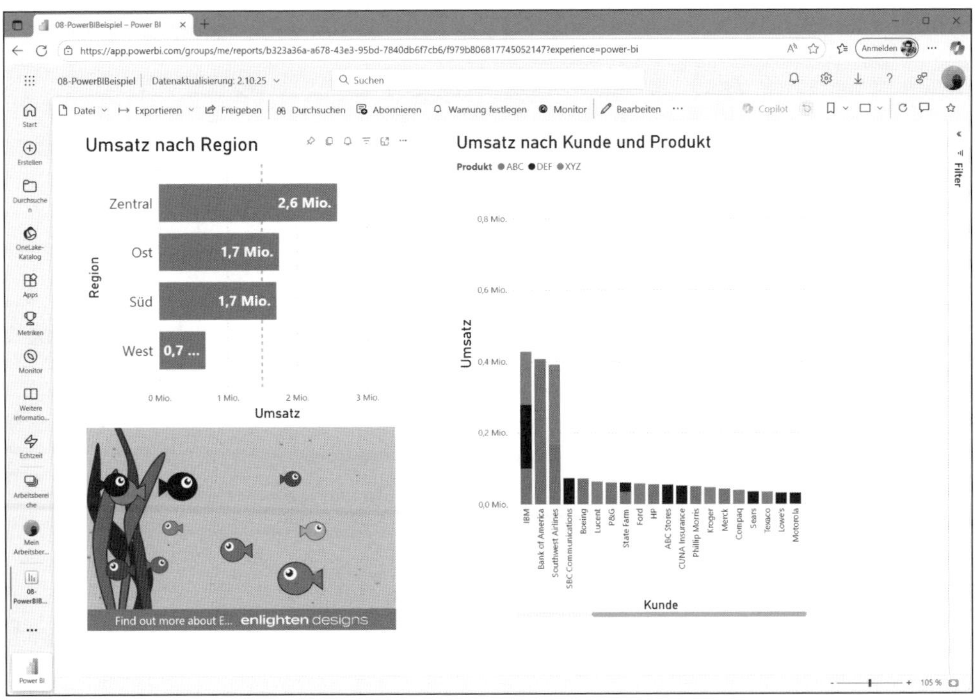


**Abbildung 8.28** Den Bericht in einem Browser anzeigen

## Nächste Schritte

Kapitel 9, »Cube-Funktionen mit dem Datenmodell oder OLAP-Daten verwenden«, kehrt zu Excel zurück und zeigt Ihnen, wie Sie externe Daten in Excel-Pivot-Tabellen analysieren können. Lesen Sie den Abschnitt am Ende von Kapitel 9 über die Verwendung von Cube-Funktionen, um aus dem traditionellen Format von PivotTables auszubrechen.

KAPITEL 9

# Cube-Funktionen mit dem Datenmodell oder OLAP-Daten verwenden

## Ausgangssituation

Es gibt eine großartige Technik für Pivot-Tabellen, bei der Sie die PivotTable in eine Reihe von Cube-Funktionen umwandeln. Ursprünglich war diese Technik nur für Personen relevant, die SQL Server Analysis Services (SSAS) installiert hatten. Heute jedoch können Sie mit einem Klick auf die Option *Dem Datenmodell diese Daten hinzufügen* Ihren Datensatz in die Power Pivot-Engine verschieben, und Power Pivot speichert die Daten in einer OLAP-Engine. So können Sie Cube-Funktionen verwenden, indem Sie Ihre Daten einfach in das Datenmodell verschieben.

Ich habe dafür eine nicht wissenschaftlich fundierte Begründung: Wenn ich eines meiner Power Excel-Seminare halte und 100 Personen im Raum sind, die Pivot-Tabellen verwenden, haben nur drei bis fünf dieser Personen jemals von SQL Server Analysis Services gehört. Ich bin seit 18 Jahren Mitautor dieses Buches und habe sieben der englischsprachigen Ausgaben mitverfasst. Als dieses Kapitel noch von OLAP-Tools handelte, habe ich es jedes Mal übersprungen, weil ich wusste, dass ich SQL Server Analysis Services nicht installiert hatte.

Deshalb ändere ich den Schwerpunkt des Kapitels und beginne mit den Cube-Funktionen, die jeder verwenden kann, wenn er einfach das Kontrollkästchen *Dem Datenmodell diese Daten hinzufügen* aktiviert.

Wenn Sie Excel 2013 oder neuer auf einem Windows-Computer haben, können Sie die Beispiele im ersten Abschnitt dieses Kapitels verwenden. Nachdem Sie gesehen haben, wie cool Cube-Funktionen sind, können Sie zu Kapitel 10 springen, sobald Sie an den Abschnitt mit dem Material zu OLAP gelangen.

## Ihre PivotTable in Cube-Formeln konvertieren

Möglicherweise sind Sie bereits auf die Funktion `PIVOTDATENZUORDNEN()` gestoßen, mit der Sie Zellen aus einer Pivot-Tabelle basierend auf einem Pivot-Cache extrahieren können. Cube-Funktionen sind ein leistungsfähigeres Feature, das nur funktioniert, wenn die Pivot-Tabelle auf einem OLAP-Cube basiert. Wenn Sie das Kontrollkästchen *Dem Datenmodell diese Daten hinzufügen* aktivieren, konvertiert Excel Ihre Daten in einen Cube. Dadurch funktionieren die Cube-Funktionen.

Warum sind Cube-Funktionen leistungsfähiger? Die Funktion `PIVOTDATENZUORDNEN()` bezieht sich auf eine vorhandene Pivot-Tabelle und extrahiert Zellen, die bereits in der Pivot-Tabelle vorhanden sind, an einen anderen Speicherort. Im Gegensatz dazu können Cube-Funktionen eine Pivot-Tabelle vollständig ersetzen. Cube-Funktionen greifen auf den Datenspeicher zu und ziehen Zusammenfassungsdaten in Excel, auch wenn Sie diese Daten noch nicht in einer Pivot-Tabelle haben.

Der einfachste Weg, mit Cube-Funktionen zu beginnen, besteht darin, Excel eine vorhandene Pivot-Tabelle in Cube-Funktionen konvertieren zu lassen.

Bevor Sie mit Ihrer Pivot-Tabelle beginnen, formatieren Sie die zugrunde liegenden Daten mit `Strg`+`T` als Tabelle. Excel verwendet einen Namen wie Tabelle1. Es ist wichtig, diesen Namen zu bearbeiten, bevor Sie beginnen. Sie werden diesen Namen häufig eingeben, daher sollte er aussagekräftig, aber kurz sein. In diesem Beispiel verwende ich den Namen **KundenDaten**.

Wählen Sie eine Zelle in Ihren Daten aus. Wählen Sie *Einfügen | PivotTable | Aus Tabelle oder Bereich.* Schalten Sie das Kontrollkästchen *Dem Datenmodell diese Daten hinzufügen* ein und klicken Sie auf *OK.* Erstellen Sie eine Pivot-Tabelle mit Kunden in den Zeilen, Umsatz in den Werten und Branche als Datenschnitt (siehe Abbildung 9.1).

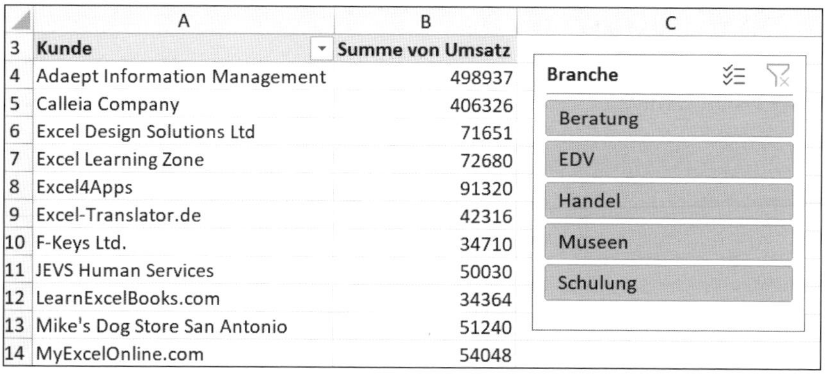

| | A | B |
|---|---|---|
| 3 | Kunde | Summe von Umsatz |
| 4 | Adaept Information Management | 498937 |
| 5 | Calleia Company | 406326 |
| 6 | Excel Design Solutions Ltd | 71651 |
| 7 | Excel Learning Zone | 72680 |
| 8 | Excel4Apps | 91320 |
| 9 | Excel-Translator.de | 42316 |
| 10 | F-Keys Ltd. | 34710 |
| 11 | JEVS Human Services | 50030 |
| 12 | LearnExcelBooks.com | 34364 |
| 13 | Mike's Dog Store San Antonio | 51240 |
| 14 | MyExcelOnline.com | 54048 |



**Abbildung 9.1** Beginnen Sie mit einer Pivot-Tabelle, die auf dem Datenmodell basiert.

Wählen Sie eine Zelle in der Pivot-Tabelle aus und wechseln Sie im Menüband zur Registerkarte *PivotTable-Analyse*. Wählen Sie *OLAP-Tools | In Formeln konvertieren*, wie in Abbildung 9.2 dargestellt.

Ihre gesamte Pivot-Tabelle wird durch eine Reihe von eigenständigen Formeln ersetzt. Die PivotTable existiert nicht mehr. Die Funktionen `CUBEWERT()` und `CUBEELEMENT()` greifen auf das Datenmodell zu, um zusammenfassende Ergebnisse abzurufen (siehe Abbildung 9.3).

Diese Formeln sind eigenständige Formeln. Sie können sie neu anordnen. Wenn Sie jemals leere Zeilen in Ihre Pivot-Tabelle einfügen wollten, können Sie dies jetzt tun. Dieser Bericht unterliegt nicht mehr den Einschränkungen für Pivot-Tabellen, da es sich nicht mehr um eine Pivot-Tabelle handelt.

Wenn Sie nur die Excel4Apps-Umsätze abrufen und in ein Dashboard einfügen möchten, können Sie dazu eine einzige `CUBEWERT()`-Funktion verwenden.

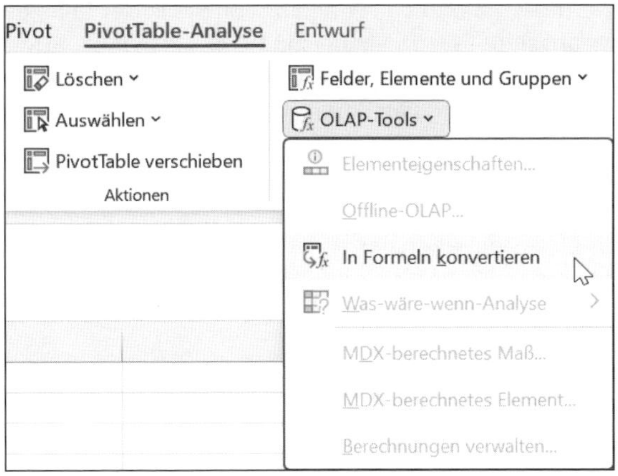


**Abbildung 9.2** Excel ermöglicht es, Ihre Pivot-Tabelle in Cube-Formeln umzuwandeln.

| | A | B | C | D |
|---|---|---|---|---|
| 3 | Kunde | Sum of Umsatz | | B4 |
| 4 | Adaept Information Management | 498937 | | =CUBEWERT("ThisWorkbookDataModel";$A4;B$3;Datenschnitt_Branche) |
| 5 | Calleia Company | 406326 | | B3 |
| 6 | Excel Design Solutions Ltd | 71651 | | =CUBEELEMENT("ThisWorkbookDataModel";"[Measures].[Sum of Umsatz]") |
| 7 | Excel Learning Zone | 72680 | | A10 |
| 8 | Excel4Apps | 91320 | | =CUBEELEMENT("ThisWorkbookDataModel";"[KundenDaten].[Kunde].&[F-Keys Ltd.]") |
| 9 | Excel-Translator.de | 42316 | | |
| 10 | F-Keys Ltd. | 34710 | | |
| 11 | JEVS Human Services | 50030 | | |

**Abbildung 9.3** Die ehemalige Pivot-Tabelle wird in eine Reihe von Formeln umgewandelt.

Die primäre Cube-Funktionen ist `CUBEWERT()`. Die Syntax erfordert den Namen der Verbindung und anschließend eine Reihe von Element-Ausdrücken. Bei Pivot-Tabellen, die auf dem Datenmodell basieren, lautet der Verbindungsname immer `"ThisWorkbookDataModel"`.

Bei den Element-Ausdrücken verweist die Formel in B4 auf *Adaept Information Management* in A4, die Wörter *Sum Of Umsatz* in B3 und den Namen des Datenschnitts: Datenschnitt_Branche. Wären weitere Slicer mit der Pivot-Tabelle verknüpft gewesen, hätte es zusätzliche Element-Ausdrücke für jeden Datenschnitt gegeben. Die Formel in B4 lautet wie folgt:

```
=CUBEWERT ("ThisWorkbookDataModel";$A4;B$3;Datenschnitt_Branche)
```

Bei diesem Punkt müssen Sie besonders vorsichtig sein: Die Formel verweist auf A4, die offenbar den Text *Adaept Information Management* enthält. Sie verwendet jedoch nicht den Text, den wir in Zelle A4 sehen können. Wenn Sie die Formel wie folgt ändern würden, würde sie nicht mehr funktionieren:

```
=CUBEWERT("ThisWorkbookDataModel";"Adaept Information
Management";B$3;Datenschnitt_Branche)
```

Die `CUBEWERT`-Formel verwendet den tatsächlichen Formeltext in A4 und B3. Diese Zellen enthalten `CUBEELEMENT`-Funktionen.

Die Syntax lautet:

```
CUBEELEMENT(Verbindung;Element-Ausdruck;[Beschriftung])
```

Die Formel, um den Text »Sum Of Umsatz« in Zelle B3 zurückzugeben, lautet wie folgt:

```
= CUBEELEMENT("ThisWorkbookDataModel","[Measures].[Sum of Umsatz]")
```

Mit dem optionalen Argument `Beschriftung` können Sie in der Zelle etwas anderes als den Text »Sum Of Umsatz« anzeigen. Wenn Sie beispielsweise das Wort »Umsatz« in die Zelle einfügen möchten, können Sie die Beschriftung `Umsatz` verwenden. In normalen Pivot-Tabellen könnten Sie das Wort »Umsatz« nicht wiederverwenden, aber hier ist das kein Problem.

```
=CUBEELEMENT("ThisWorkbookDataModel";"[Measures].[Sum of Umsatz]";
"Umsatz")
```

Bis hierher ist alles in Ordnung, aber der nächste Teil der Ergebnisse der Konvertierung in Cube-Funktionen wird später zu Problemen führen. Für die Zellen mit den Kundennamen in A4 bis A29 hat Excel folgende Formeln erstellt:

```
=CUBEELEMENT("ThisWorkbookDataModel";"[KundenDaten].[Kunde].&[Adaept Information
Management]")
```

Die feste Codierung des Kundennamens in der Formel ist nicht effizient. Kunden kommen und gehen. Nächstes Jahr ist *Adaept Information Management* vielleicht gar kein Kunde mehr, und andere Kunden werden hinzukommen.

Sie müssen nicht warten, bis sich die zugrunde liegenden Daten ändern, um enttäuscht zu werden. Wenn Sie im Datenschnitt *Beratung* auswählen, werden die `CUBEWERT`-Formeln in Spalte B aktualisiert, sodass nur die Ergebnisse der Beratungsbranche angezeigt werden. Die Liste der Kunden in Spalte A ändert sich jedoch nicht, sodass viele Zellen in Spalte B leer bleiben (siehe Abbildung 9.4).

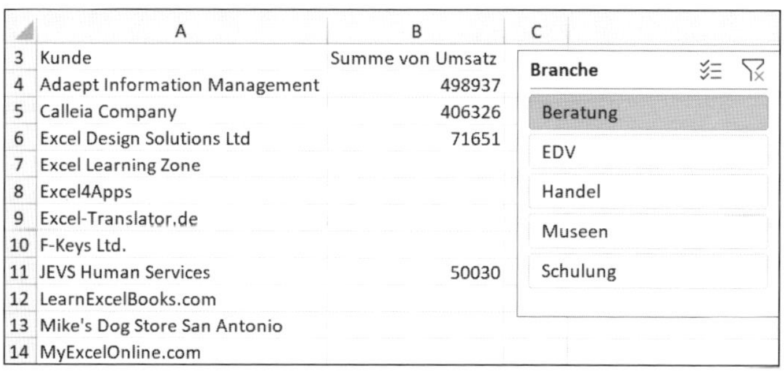

| | A | B |
|---|---|---|
| 3 | Kunde | Summe von Umsatz |
| 4 | Adaept Information Management | 498937 |
| 5 | Calleia Company | 406326 |
| 6 | Excel Design Solutions Ltd | 71651 |
| 7 | Excel Learning Zone | |
| 8 | Excel4Apps | |
| 9 | Excel-Translator.de | |
| 10 | F-Keys Ltd. | |
| 11 | JEVS Human Services | 50030 |
| 12 | LearnExcelBooks.com | |
| 13 | Mike's Dog Store San Antonio | |
| 14 | MyExcelOnline.com | |



**Abbildung 9.4** Wählen Sie im Datenschnitt einen Eintrag aus. Die Formeln in B4:B29 werden korrekt aktualisiert, jedoch wird die Liste der Kunden in A4:A29 nicht aktualisiert.

Wir werden einige Tricks anwenden, um diese Cube-Formeln robuster zu machen. Der erste stammt von Rob Collie von *PowerPivotPro.com*. Collie sagt, dass die Funktion `CUBEMENGE` für sich alleine nutzlos ist. Sie kann eine Liste aller Kunden im zugrunde liegenden Datensatz zurückgeben. Zwar zeigt sie Ihnen diese Kunden nicht an, bildet aber die Grundlage, auf der spätere Formeln diese Kunden auflisten können. Hier ist die Syntax:

```
CUBEMENGE(Verbindung; Menge-Ausdruck; [Beschriftung];
          [Sortierreihenfolge]; [Sortierkriterium])
```

- **Verbindung** Bei Pivot-Tabellen, die auf dem Datenmodell basieren, lautet diese immer `"ThisWorkbookDataModel"`.
- **Menge-Ausdruck** Anstatt wie `CUBEELEMENT` ein einzelnes Element zurückzugeben, gibt `CUBEMENGE` einen ganzen Satz von Werten zurück. Es gibt viele verschiedene Möglichkeiten, einen Satz darzustellen, aber die gängigste ist `<SpaltenName>.children`, wodurch alle eindeutigen Werte dieser Spalte zurückgegeben werden. In unserem aktuellen Beispiel

lautet der Tabellenname [KundenDaten]. Der Feldname ist [Kunde]. Als zweites Argument würden Sie "[KundenDaten].[Kunde].children" wie hier gezeigt in Anführungszeichen verwenden.

- **Beschriftung** Dieses Argument ist optional. Excel zeigt die Elemente des Cube-Sets in dieser Zelle nicht an. Durch die Angabe einer Beschriftung können Sie jedoch visuell erkennen, dass sich etwas in der Zelle befindet. Power Pivot-Profis setzen hier gerne " " ein, aber ich finde das nicht gut, da ich dann die Zelle mit der Formel nie finden kann. Sie könnten die Beschriftung »Hey Bill, hier ist die Funktion CUBEMENGE« eingeben, aber »Alle Kunden« ist vielleicht weniger geeky und hilft Ihnen tatsächlich dabei, sich daran zu erinnern, was hier vor sich geht, wenn Sie diese Arbeitsmappe in einigen Monaten oder Jahren wieder aufrufen.
- **Sortierreihenfolge (optional)** Eine ganze Zahl von 0 bis 6, die Folgendes darstellt:
  - keine Sortierung
  - aufsteigend sortieren
  - absteigend sortieren
  - alphabetisch aufsteigend
  - alphabetisch absteigend
  - DB-Reihenfolge aufsteigend
  - DB-Reihenfolge absteigend
- **Sortierkriterium (optional)** Die Kennzahl, nach der sortiert werden soll. Verwenden Sie [Measures].[Kunde] anstelle von [Range].[Kunde]. Dieses Argument wird ignoriert, sofern Sie nicht 1 oder 2 für die Sortierreihenfolge angeben (1 für aufsteigend oder 2 für absteigend).

Abbildung 9.5 zeigt die Formel, die die Überschrift »Alle Kunden« zurückgibt. Das vierte und fünfte Argument geben an, dass die Kunden in absteigender Reihenfolge nach der Summe des Umsatzes sortiert werden sollen. Um die Kunden alphabetisch zu sortieren, ändern Sie die 2 in eine 3 und lassen das fünfte Argument weg. Die Formel lautet wie folgt:

```
=CUBEMENGE("ThisWorkbookDataModel";
           "[KundenDaten].[Kunde].children";
           "Kunden";
           2;
           "[Measures].[Sum of Umsatz]")
```

Zu diesem Zeitpunkt enthält Zelle E3 eine Liste aller Kunden, die jedoch nicht angezeigt wird. Mit CUBERANGELEMENT können Sie diese Kunden in Zellen im Arbeitsblatt extrahieren.

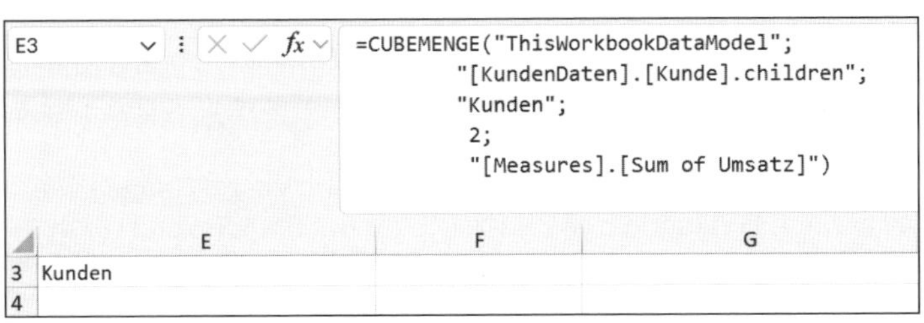


**Abbildung 9.5** Die Zelle zeigt den Text »Kunden« an, tatsächlich enthält sie jedoch einen Verweis auf den vollständigen Satz der Kundendaten.

Um den ersten Kunden zu erhalten, würden Sie diese Formel verwenden:

```
=CUBERANGELEMENT ("ThisWorkbookDataModel"; $E$3; 1)
```

Die 1 als drittes Argument gibt an, dass Sie aus dem in E3 gespeicherten Satz den ersten Kunden erhalten möchten.

Es wäre besser, die vollständige Kundenliste zurückzugeben. In den Beispieldaten gibt es 26 Kunden, sodass Sie erfolgreich Folgendes verwenden könnten:

```
=CUBERANGELEMENT("ThisWorkbookDataModel"; $E$3; SEQUENZ(26))
```

Dies schlägt jedoch fehl, wenn Sie einen neuen Kunden hinzufügen oder einen Kunden verlieren. Es gibt eine Funktion, mit der Sie die Anzahl der Elemente in einem Cube-Satz zurückgeben können. Verwenden Sie `=CUBEMENGENANZAHL(E3)`, um die Anzahl der Elemente im Cube-Satz zu erhalten. Auf diese Weise erhalten Sie eine vollständige Liste der Kunden im Cube-Satz:

```
=CUBERANGELEMENT("ThisWorkbookDataModel";$E$3; SEQUENZ(CUBEMENGENANZAHL(E3)))
```

Abbildung 9.6 zeigt eine `CUBEMENGE`-Funktion in E3, um eine Verbindung zur Kundenliste herzustellen und die Bezeichnung Kunden zu verwenden. Ein `CUBEELEMENT` in F3 gibt einen Zeiger auf die Summe der Einnahmen zurück und nennt ihn Umsatz. Eine einzelne dynamische Array-Formel in E4 gibt alle Kundennamen zurück. Um die Einnahmen in F4 zu erhalten, verwenden Sie eine `CUBEWERT`-Funktion, die auf den Kunden in E4 und den Umsatz in F3 sowie auf den Datenschnitt verweist.

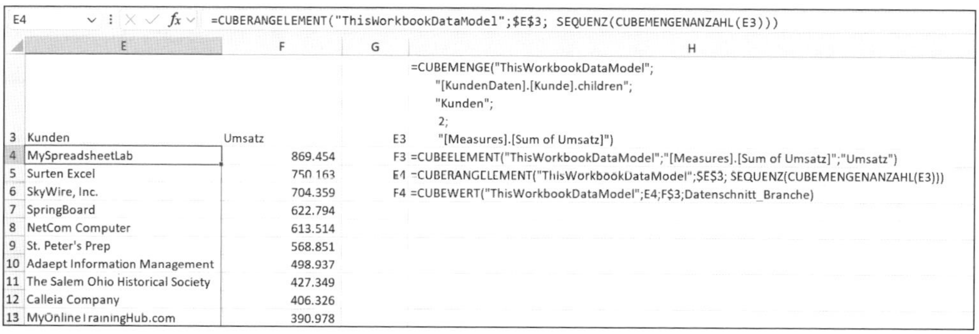


**Abbildung 9.6** Die Funktion `CUBERANGELEMENT` ruft die Kunden aus dem Satz in E3 ab.

Diese Konstruktion kommt Ihrem Ziel näher, aber es gibt noch Probleme. Wenn sich die Anzahl der Kunden ändert, muss die Formel in Spalte F mehr oder weniger oft in die Zeilen kopiert werden.

Ihre erste Reaktion könnte sein, in der Formel in F4 auf E4# zu verweisen. Dies scheint jedoch gegen die Einschränkung »Excel kann keine Array-Arrays berechnen« und funktioniert nicht.

Es gibt eine elegante Lösung, die zuerst von Chris Webb vorgeschlagen wurde. Sie verwendet mehrere brandneue Funktionen, wie `MATRIXERSTELLEN`, `LET`, `ERSTERWERT` und `LAMBDA`. Hier eine kurze Einführung zu `MATRIXERSTELLEN`:

Die Funktion `MATRIXERSTELLEN` erstellt ein zweidimensionales Array. Sie geben in Excel die Anzahl der Zeilen und Spalten an und stellen dann die Logik zur Erstellung des Arrays mithilfe einer `LAMBDA`-Funktion bereit.

Angenommen, Sie erstellen ein Array mit 5 Zeilen und 3 Spalten. Die Funktion `MATRIXERSTELLEN` ruft die Funktion `LAMBDA` 15 Mal auf. Beim ersten Mal ruft sie sie für Zeile 1, Spalte 1 auf. Als Nächstes ruft sie LAMBDA für Zeile 1, Spalte 2 auf. Dann ruft sie Zeile 1, Spalte 3 auf und so weiter. Die ersten beiden Argumente für LAMBDA sind die Variablennamen für Zeile und Spalte. In diesem Beispiel verwenden Sie z für Zeile und s für Spalte. Das dritte Argument von LAMBDA ist die Logik zum Ausfüllen jeder Zelle unter Berücksichtigung der Werte z und s.

In Abbildung 9.7 gibt eine einzelne Formel in A2 5 Zeilen und 3 Spalten zurück. Die Berechnung für jede Position im Array ist der Text `Zei` (Zeile), gefolgt von der Zeile des Arrays, einem Pipe-Zeichen (|) und dann dem Text Spa (Spalte), gefolgt von der Spaltennummer des Arrays. Die Formel lautet:

```
=MATRIXERSTELLEN(5; 3; LAMBDA(z;s;"Zei "&z&" | Spa "&s))
```

Dies ist ein einfaches Beispiel für MATRIXERSTELLEN, da jede Zelle des Arrays dieselbe Logik verwendet. Das zweite Beispiel unten in der Abbildung ist etwas komplexer und wird im Folgenden erläutert.

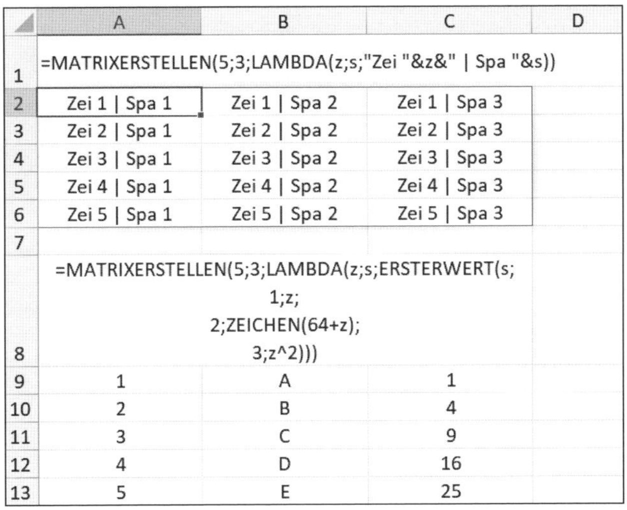

| | A | B | C | D |
|---|---|---|---|---|
| 1 | =MATRIXERSTELLEN(5;3;LAMBDA(z;s;"Zei "&z&" \| Spa "&s)) | | | |
| 2 | Zei 1 \| Spa 1 | Zei 1 \| Spa 2 | Zei 1 \| Spa 3 | |
| 3 | Zei 2 \| Spa 1 | Zei 2 \| Spa 2 | Zei 2 \| Spa 3 | |
| 4 | Zei 3 \| Spa 1 | Zei 3 \| Spa 2 | Zei 3 \| Spa 3 | |
| 5 | Zei 4 \| Spa 1 | Zei 4 \| Spa 2 | Zei 4 \| Spa 3 | |
| 6 | Zei 5 \| Spa 1 | Zei 5 \| Spa 2 | Zei 5 \| Spa 3 | |
| 7 | | | | |
| 8 | =MATRIXERSTELLEN(5;3;LAMBDA(z;s;ERSTERWERT(s;<br>1;z;<br>2;ZEICHEN(64+z);<br>3;z^2))) | | | |
| 9 | 1 | A | 1 | |
| 10 | 2 | B | 4 | |
| 11 | 3 | C | 9 | |
| 12 | 4 | D | 16 | |
| 13 | 5 | E | 25 | |

**Abbildung 9.7** Mit der neuen Funktion MATRIXERSTELLEN können Sie eine Logik für jede Schnittstelle von Zeile und Spalte in einem neuen Array erstellen.

Das zweite Beispiel in Abbildung 9.7 ändert die Logik in jeder der drei Spalten des Arrays mithilfe der Funktion ERSTERWERT. Diese Funktion ähnelt der switch-Anweisung, wie sie in vielen Programmiersprachen vorkommt, bei der der Wert einer Variablen untersucht und abhängig von dem Wert eine bestimmte Aktion ausgeführt wird. In der englischen Version von Excel heißt diese Funktion daher auch SWITCH, was etwas deutlicher ist als der Funktionsname in der deutschen Excel-Version.

Im Klartext lautet die Logik von ERSTERWERT wie folgt:

- Sie treffen eine Entscheidung basierend auf dem in s gespeicherten Wert.
- Wenn s gleich 1 ist, verwenden Sie einfach die in z gespeicherte Zeilennummer.
- Wenn s gleich 2 ist, geben Sie die Großbuchstaben A, B, C mit `=ZEICHEN(64+z)` zurück.
- Wenn s gleich 3 ist, geben Sie das Quadrat von z zurück. Die Formel in Zelle A9 lautet:

```
=MATRIXERSTELLEN(5;3;LAMBDA(z;s;
ERSTERWERT(s;1;z;2;ZEICHEN(64+z);3;z^2)))
```

Beachten Sie, dass die Funktion MATRIXERSTELLEN als drittes Argument ein LAMBDA haben muss. An diesem einfachen Beispiel können Sie sehen, wie Sie mit MATRIXERSTELLEN sowie LAMBDA und ERSTERWERT ein einzelnes Array mit unterschiedlicher Logik für jede Spalte erstellen können.

Wenden wir die Funktion MATRIXERSTELLEN auf das Problem der Rückgabe der gesamten Tabelle mithilfe von Cube-Funktionen an. In Abbildung 9.8 gibt eine einzige Formel in A3 alle Kunden und Umsätze zurück. Hier ist die Formel:

```
=MATRIXERSTELLEN(CUBEMENGENANZAHL(A2);2;
LAMBDA(z;s;ERSTERWERT(s;
1;CUBERANGELEMENT("ThisWorkbookDataModel";A2;z);
2;CUBEWERT("ThisWorkbookDataModel";
CUBERANGELEMENT("ThisWorkbookDataModel";A2;z);B2;Datenschnitt_Branche))))
```

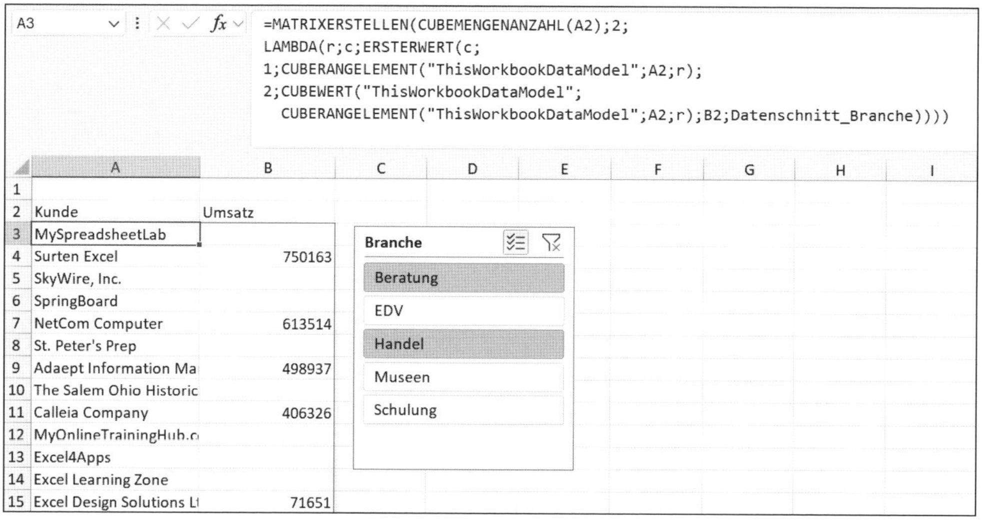


**Abbildung 9.8** Es gibt immer noch ein Problem damit, dass Kunden, die durch den Datenschnitt entfernt wurden, weiterhin angezeigt werden.

So funktioniert diese Formel:

- MATRIXERSTELLEN erstellt ein Array mit zwei Spalten und genügend Zeilen, um die Anzahl der Elemente im Cubeset *Kunden* aufzunehmen.
- Die Funktion ERSTERWERT implementiert unterschiedliche Logiken für die beiden Spalten.
- Verwende für Spalte 1 die Funktion CUBERANGELEMENT für Zeile z. Dies ähnelt den Formeln in A4 in Abbildung 9.4.
- Verwende für Spalte 2 die Funktion CUBEWERT, um den Umsatz für den Kunden in dieser Zeile des Arrays zu erhalten.

Die Formel in Abbildung 9.8 ist nicht sehr effizient, da sie den Kundennamen für jede Zeile zweimal berechnet. Mit der neuen LET-Funktion können Sie dies einmal für jede Zeile berechnen.

In der Formel in Abbildung 9.9 erstellt die Funktion LET eine Variable namens `ThisCust` und speichert die Ergebnisse von `CUBERANGELEMENT` für diese Zeile. Die späteren Berechnungen können dann `ThisCust` referenzieren.

```
=MATRIXERSTELLEN(CUBEMENGENANZAHL(A2);2;
LAMBDA(z;s;
LET(ThisCust;CUBERANGELEMENT("ThisWorkbookDataModel";A2;z);
ERSTERWERT(s;
1;ThisCust;
2;CUBEWERT("ThisWorkbookDataModel";ThisCust;B2;Datenschnitt_Branche)))))
```

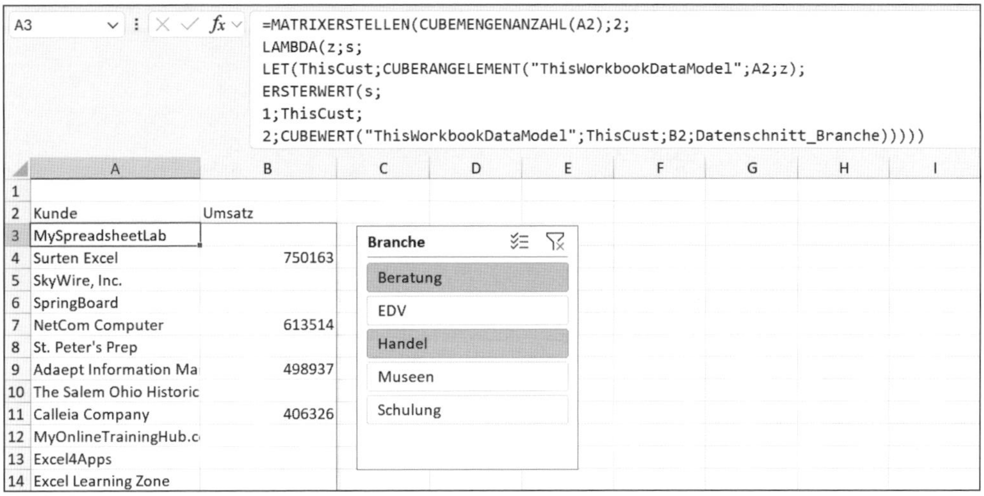


**Abbildung 9.9** Die Formeln werden entsprechend den Daten aktualisiert, aber die Kunden, die nicht zu den Branchen Beratung und Handel gehören, werden weiterhin angezeigt.

Bevor Sie denken, dass alles perfekt ist, kehren Sie zu Ihrem Datenschnitt zurück und wählen eine beliebige Branche aus. Die Zahlen werden aktualisiert, aber es werden weiterhin alle Kunden angezeigt, unabhängig davon, ob sie in der Auswahl im Datenschnitt enthalten sind.

Die `FILTER`-Funktion kann dies beheben, vorausgesetzt, Sie geben die Ergebnisse in einen neuen Bereich ein. Sie können die aktuelle Funktion nicht in `FILTER` einbinden, da dies ein Array eines Arrays erzeugt und nicht berechnet wird.

In Abbildung 9.10 lautet die Formel in D4: `=FILTER(A3#;INDEX(A3#;;2)<>"")`. Sie gibt erfolgreich die Kunden zurück, die zu den im Datenschnitt ausgewählten Branchen gehören.

Die Cube-Funktionen eröffnen in Verbindung mit einer PivotTable des Datenmodells interessante Möglichkeiten für die Wiederverwendung von Pivot-Tabellendaten in Dashboards und anderen Berichten. Der Rest dieses Kapitels befasst sich eingehend mit OLAP und SQL Server Analysis Services.

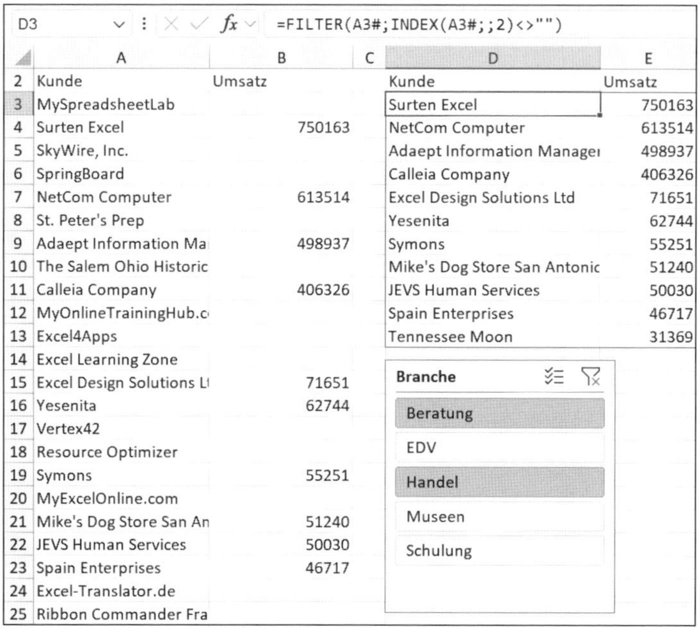


**Abbildung 9.10** Dank der neuen FILTER-Funktion müssen Sie sich nicht mehr mit MDX auseinandersetzen.

# Einführung in OLAP

Online Analytical Processing (OLAP) ist eine Kategorie des Data Warehousing, mit der Sie große Datenmengen einfach und effizient auswerten und analysieren können. Im Gegensatz zu anderen Arten von Datenbanken sind OLAP-Datenbanken speziell für die Berichterstellung und das Data Mining konzipiert. Tatsächlich gibt es mehrere wesentliche Unterschiede zwischen Standard-Transaktionsdatenbanken wie Access und SQL Server und OLAP-Datenbanken.

Datensätze in einer Transaktionsdatenbank werden regelmäßig hinzugefügt, gelöscht und aktualisiert. OLAP-Datenbanken hingegen enthalten nur Momentaufnahmen von Daten. Die Daten in einer OLAP-Datenbank sind in der Regel archivierte Daten, die ausschließlich zu Berichtszwecken gespeichert werden. Obwohl regelmäßig neue Daten hinzugefügt werden können, werden vorhandene Daten selten bearbeitet oder gelöscht.

Ein weiterer Unterschied zwischen Transaktionsdatenbanken und OLAP-Datenbanken ist die Struktur. Transaktionsdatenbanken enthalten in der Regel viele Tabellen, wobei jede Tabelle meist mehrere Beziehungen zu anderen Tabellen aufweist. Tatsächlich enthalten einige Transaktionsdatenbanken so viele Tabellen, dass es schwierig sein kann, die Beziehungen zwischen den einzelnen Tabellen zu bestimmen.

In einer OLAP-Datenbank sind jedoch alle Beziehungen zwischen den verschiedenen Datenpunkten vordefiniert und in einem OLAP-Cube gespeichert, der bereits die Beziehungen und Hierarchien enthält, die Sie für eine einfache Navigation innerhalb der Daten benötigen. Folglich können Sie Berichte erstellen, ohne wissen zu müssen, welche Beziehungen zwischen den Datentabellen bestehen.

Der größte Unterschied zwischen OLAP- und Transaktionsdatenbanken besteht in der Art und Weise, wie die Daten gespeichert werden. Die Daten in einem OLAP-Cube werden selten in Rohform gespeichert. In der Regel speichern OLAP-Cubes Daten in bereits organisierten und aggregierten Ansichten, d.h., Gruppierungen, Sortierungen und Aggregationen sind vordefiniert und einsatzbereit. Dadurch ist das Abfragen und Durchsuchen von Daten wesentlich effizienter als bei einer Transaktionsdatenbank, in der Sie Datensätze spontan gruppieren, aggregieren und sortieren müssen.

Eine OLAP-Datenbank wird in der Regel vom Datenbankadministrator Ihrer IT-Abteilung eingerichtet und verwaltet. Wenn Ihr Unternehmen keine OLAP-Datenbanken verwendet, sollten Sie mit Ihrem Datenbankadministrator über die Möglichkeit der Verwendung einiger OLAP-Berichtslösungen sprechen.

## Verbindung zu einem OLAP-Cube herstellen

Bevor Sie OLAP-Daten durchsuchen können, müssen Sie eine Verbindung zu einem OLAP-Cube herstellen. Beginnen Sie auf der Registerkarte *Daten* und wählen Sie *Daten abrufen | Aus Datenbank | Aus Analysis Services* (siehe Abbildung 9.11).

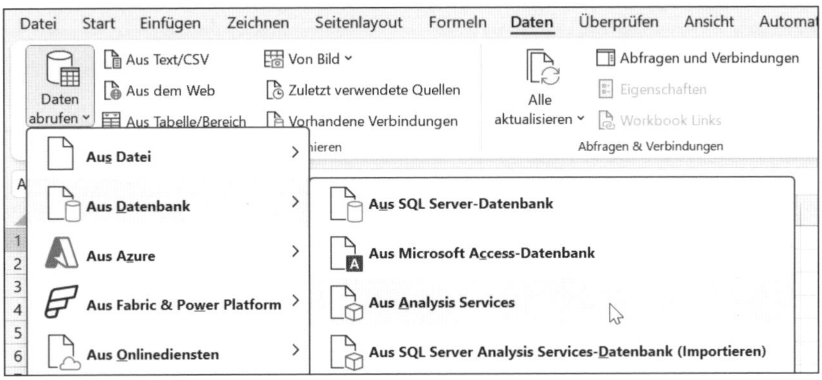


**Abbildung 9.11** Wählen Sie den Datenverbindungs-Assistenten aus.

Durch Auswahl dieses Befehls wird der Datenverbindungs-Assistent gestartet, der in Abbildung 9.12 dargestellt ist. Der Grund dafür ist, dass Sie Ihre Verbindungseinstellungen so konfigurieren, dass Excel eine Verbindung zum Server herstellen kann.

Die Beispiele in diesem Kapitel wurden mit dem Analysis Services-Tutorial-Cube erstellt, der mit SQL Server Analysis Services 2017 geliefert wird. Die Schritte zum Herstellen einer Verbindung mit Ihrer OLAP-Datenbank und zum Arbeiten mit dieser entsprechen den hier gezeigten, da die Konzepte für jeden von Ihnen verwendeten OLAP-Cube gelten.

Hier sind die Schritte, die Sie ausführen müssen:

1. Geben Sie Excel die Authentifizierungsinformationen. Geben Sie den Namen Ihres Servers sowie Ihren Benutzernamen und Ihr Kennwort ein, wie in Abbildung 9.12 gezeigt. Klicken Sie auf *Weiter*.

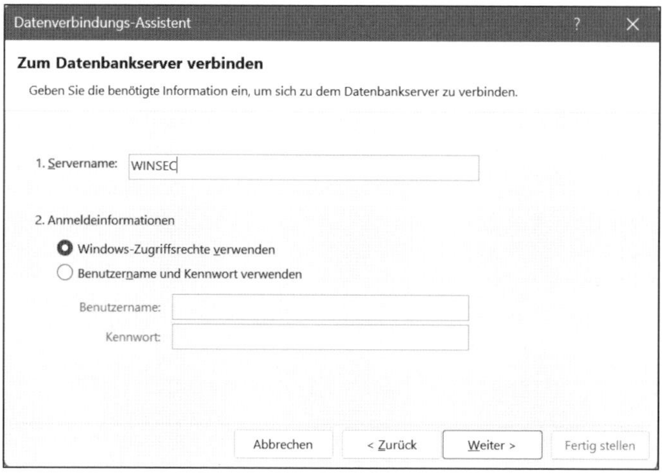


**Abbildung 9.12** Geben Sie Ihre Authentifizierungsinformationen ein und klicken Sie auf *Weiter*.

---

Wenn Sie in der Regel mit Windows-Anmeldeinformationen authentifiziert werden, wählen Sie einfach die Option *Windows-Zugriffsrechte verwenden.*

---

2. Wählen Sie aus der Dropdownliste die Datenbank aus, mit der Sie arbeiten. Wie in Abbildung 9.13 dargestellt, ist für dieses Szenario die Datenbank *Analysis Services Tutorial* ausgewählt. Durch Auswahl dieser Datenbank werden alle verfügbaren OLAP-Cubes in der Liste der Objekte unterhalb der Dropdownliste angezeigt. Wählen Sie den Cube aus, den Sie analysieren möchten, und klicken Sie dann auf *Weiter*.

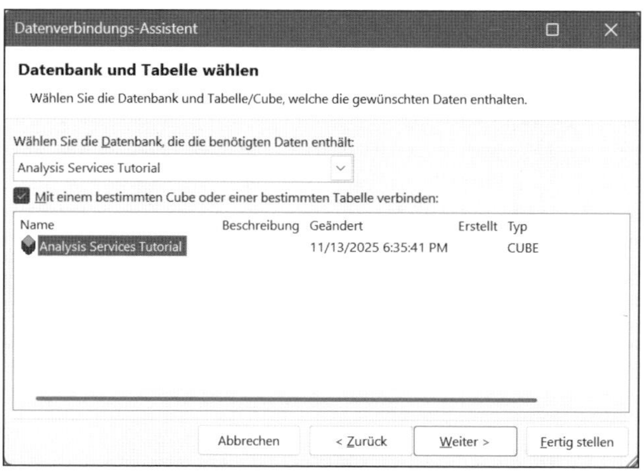


**Abbildung 9.13** Geben Sie Ihre Datenbank an und wählen Sie dann den OLAP-Cube aus, den Sie analysieren möchten.

3. Geben Sie auf dem nächsten Bildschirm, der in Abbildung 9.14 dargestellt ist, einige beschreibende Informationen zu der soeben erstellten Verbindung ein.

Alle Felder im Dialogfeld in Abbildung 9.14 sind optional. Das heißt, Sie können diese Einstellungen überspringen, ohne etwas zu bearbeiten, und Ihre Verbindung wird trotzdem einwandfrei funktionieren.

4. Klicken Sie auf die Schaltfläche *Fertig stellen,* um die Konfiguration Ihrer Verbindung abzuschließen. Sie sehen sofort das Dialogfeld *Daten importieren*, wie in Abbildung 9.15 dargestellt.
5. Wählen Sie im Dialogfeld *Daten importieren* die Option *PivotTable-Bericht* aus und klicken Sie dann auf die Schaltfläche *OK*, um mit der Erstellung Ihrer PivotTable zu beginnen.

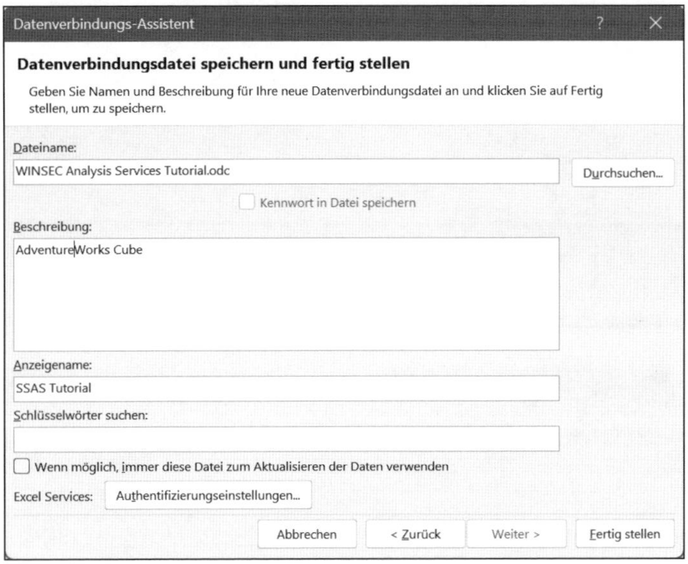


**Abbildung 9.14** Bearbeiten Sie die beschreibenden Informationen für Ihre Verbindung.

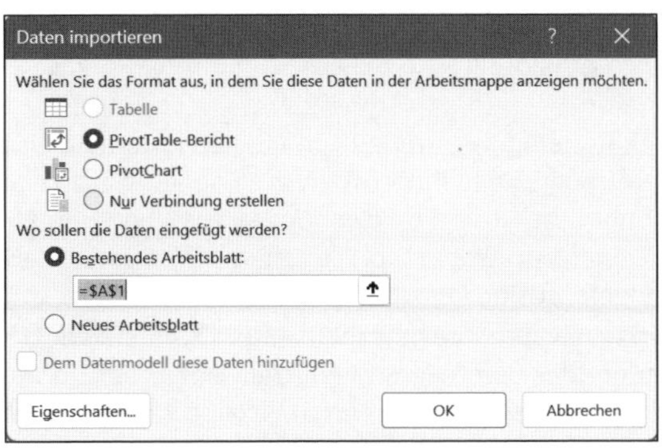


**Abbildung 9.15** Wenn Ihre Verbindung fertiggestellt ist, können Sie mit der Erstellung Ihres PivotTable-Berichts beginnen.

## Die Struktur eines OLAP-Cubes verstehen

Wenn Sie eine Pivot-Tabelle erstellen, werden Sie möglicherweise feststellen, dass sich der Aufgabenbereich *PivotTable-Felder* etwas von dem einer Standard-Pivot-Tabelle unterscheidet. Der Grund dafür ist, dass der Aufgabenbereich *PivotTable-Felder* für eine OLAP-Pivot-Tabelle so angeordnet ist, dass er die Struktur des OLAP-Cubes darstellt, mit dem Sie verbunden sind.

Um einen OLAP-Cube effektiv zu durchsuchen, müssen Sie die Komponenten von OLAP-Cubes und deren Zusammenspiel verstehen. Abbildung 9.16 veranschaulicht die Grundstruktur eines typischen OLAP-Cubes.

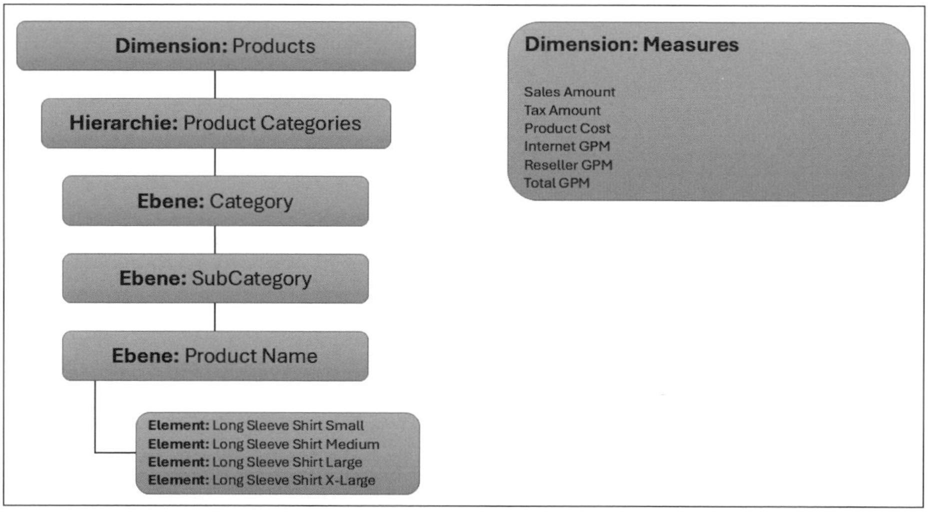


**Abbildung 9.16** Die grundlegende Struktur eines OLAP-Cubes

Wie Sie sehen können, sind die Hauptkomponenten eines OLAP-Cubes Dimensionen, Hierarchien, Ebenen, Elemente und Measures:

- **Dimensionen** Hauptklassifizierungen von Daten, die die zu analysierenden Datenelemente enthalten. Einige gängige Beispiele für Dimensionen sind die Dimensionen *Produkte*, *Kunden* und *Mitarbeiter*. Abbildung 9.16 zeigt die Dimension *Products* aus der Tutorial-Datenbank.
- **Hierarchien** Vordefinierte Aggregationen von Ebenen innerhalb einer bestimmten Dimension. Eine Hierarchie ermöglicht es Ihnen, mehrere Ebenen gleichzeitig zu pivotieren und zu analysieren, ohne Kenntnisse über die Beziehungen zwischen den Ebenen zu haben. In Abbildung 9.16 hat die Dimension *Products* drei Ebenen, die zu einer Hierarchie namens *Product Categories* zusammengefasst sind.
- **Ebenen** Kategorien von Daten, die innerhalb einer Hierarchie aggregiert sind. Sie können sich Ebenen als Datenfelder vorstellen, die einzeln abgefragt und analysiert werden können. In Abbildung 9.16 werden drei Ebenen angezeigt: *Category*, *SubCategory* und *Product Name*.
- **Elemente** Die einzelnen Datenelemente innerhalb einer Dimension. Auf Elemente wird in der Regel über die OLAP-Struktur aus Dimension, Hierarchie, Ebene und Element zugegriffen. In dem in Abbildung 9.16 gezeigten Beispiel gehören die angezeigten Mitglieder zur Ebene *Product Name*. Die anderen Ebenen haben ihre eigenen Mitglieder und werden hier nicht angezeigt.

- **Measures** Die Datenwerte innerhalb des OLAP-Cubes. Measures werden in ihrer eigenen Dimension gespeichert, die entsprechend als *Measures-Dimension* bezeichnet wird. Die Idee dabei ist, dass Sie jede beliebige Kombination aus Dimension, Hierarchie, Ebene und Element verwenden können, um die Measures abzufragen. Dies wird als *Slicing* der Measures bezeichnet.

Nachdem Sie nun verstanden haben, wie die Daten in einem OLAP-Cube strukturiert sind, werfen Sie einen Blick auf den Aufgabenbereich *PivotTable-Felder* in Abbildung 9.17, und die Anordnung der verfügbaren Felder sollte Ihnen nun einleuchten.

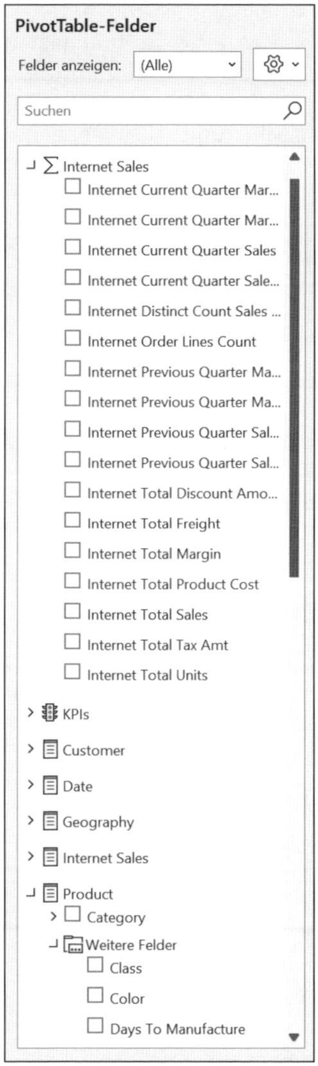


**Abbildung 9.17** Der Aufgabenbereich *PivotTable-Felder* für eine OLAP-PivotTable.

Wie Sie sehen können, werden die Measures zuerst unter dem Sigma-Symbol aufgelistet. Dies sind die einzigen Elemente, die Sie in den Wertebereich der Pivot-Tabelle ziehen können. Als Nächstes sehen Sie die Dimensionen neben dem Tabellensymbol. In diesem Beispiel sehen

Sie die Dimension *Product*. Unter der Dimension *Product* sehen Sie die Hierarchie *Category*, in die Sie hineinzoomen können. Durch das Hineinzoomen in die Hierarchie *Category* können Sie die einzelnen Ebenen sehen.

Das Coole daran ist, dass Sie die gesamte Cube-Struktur durchsuchen können, indem Sie einfach durch den Aufgabenbereich *PivotTable-Felder* navigieren! Von hier aus können Sie Ihren OLAP-PivotTable-Bericht genauso erstellen wie eine Standard-PivotTable.

## Die Einschränkungen von OLAP-PivotTables verstehen

Wenn Sie mit OLAP-PivotTables arbeiten, müssen Sie bedenken, dass die Quelldaten in der OLAP-Umgebung von Analysis Services verwaltet und gesteuert werden. Das bedeutet, dass jeder Aspekt des Verhaltens des Cubes – von den im Cube enthaltenen Dimensionen und Measures bis hin zur Möglichkeit, in die Details einer Dimension zu navigieren – über Analysis Services gesteuert wird. Diese Tatsache führt zu einigen Einschränkungen hinsichtlich der Aktionen, die Sie mit Ihren OLAP-PivotTables durchführen können.

Wenn Ihr PivotTable-Bericht auf einer OLAP-Datenquelle basiert, beachten Sie Folgendes:

- Sie können außer den Measures keine anderen Felder in den Wertebereich der Pivot-Tabelle einfügen.
- Sie können die Funktion zum Zusammenfassen eines Wertfeldes nicht ändern.
- Der Befehl *Berichtsfilterseiten anzeigen* ist deaktiviert.
- Die Option *Elemente ohne Daten anzeigen* ist deaktiviert.
- Die Einstellung *Nach Teilergebnissen gefilterte Seitenelemente* ist deaktiviert.
- Die Option *Aktualisierung im Hintergrund zulassen* ist nicht verfügbar.
- Mit *Details anzeigen* werden nur die ersten 1000 Datensätze des Pivot-Caches zurückgegeben.
- Das Kontrollkästchen *Quelldaten mit Datei speichern* im Dialogfeld *PivotTable-Optionen* ist deaktiviert.

## Einen Offline-Cube erstellen

Bei einer Standard-PivotTable werden die Quelldaten in der Regel auf Ihrem lokalen Laufwerk gespeichert. Auf diese Weise können Sie Ihre Daten bearbeiten und analysieren, während Sie nicht mit dem Netzwerk verbunden sind. Bei OLAP-Pivot-Tabellen ist dies jedoch nicht der Fall. Bei einer OLAP-Pivot-Tabelle wird der Pivot-Cache niemals auf Ihr lokales Laufwerk übertragen. Das bedeutet, dass Ihre Pivot-Tabelle nicht verfügbar ist, solange Sie nicht mit dem Netzwerk verbunden sind. Sie können während der Trennung nicht einmal ein Feld verschieben.

Wenn Sie Ihre OLAP-Daten analysieren müssen, während Sie nicht mit dem Netzwerk verbunden sind, müssen Sie einen Offline-Cube erstellen. Ein Offline-Cube ist im Wesentlichen eine Datei, die als Pivot-Cache fungiert und OLAP-Daten lokal speichert, sodass Sie diese Daten auch dann durchsuchen können, wenn Sie nicht mit dem Netzwerk verbunden sind.

Um einen Offline-Cube zu erstellen, beginnen Sie mit einer OLAP-basierten PivotTable. Setzen Sie den Cursor an eine beliebige Stelle innerhalb der Pivot-Tabelle, klicken Sie auf der Registerkarte *PivotTable-Analyse* auf die Dropdownschaltfläche *OLAP-Tools* und wählen Sie *Offline-OLAP*, wie in Abbildung 9.18 dargestellt.

Durch Auswahl dieses Befehls wird das Dialogfeld *Offline-OLAP-Einstellungen geöffnet* (siehe Abbildung 9.19). Klicken Sie dort auf die Schaltfläche *Offlinedatei erstellen*. Die erste Seite des in Abbildung 9.20 gezeigten Assistenten zum Erstellen einer Cubedatei wird angezeigt. Klicken Sie auf *Weiter*, um den Vorgang zu starten.

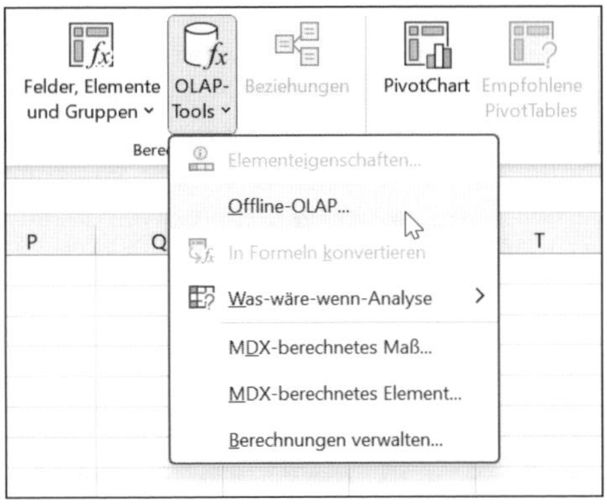


**Abbildung 9.18** Wählen Sie den Befehl *Offline-OLAP*, um mit der Erstellung eines Offline-Cubes zu beginnen.

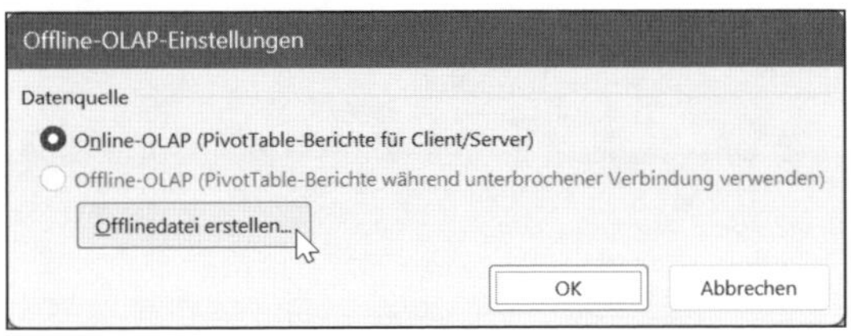


**Abbildung 9.19** Starten Sie den Assistenten zum Erstellen einer Cubedatei.

Wie Sie in Abbildung 9.20 sehen können, wählen Sie zunächst die Dimensionen und Ebenen aus, die in Ihren Offline-Cube aufgenommen werden sollen. Ihre Auswahl teilt Excel mit, welche Daten Sie aus der OLAP-Datenbank importieren möchten. Die Idee dabei ist, nur die Dimensionen auszuwählen, die Sie benötigen, während Sie vom Server getrennt sind. Je mehr Dimensionen Sie auswählen, desto mehr Speicherplatz benötigt Ihre Offline-Cubedatei.

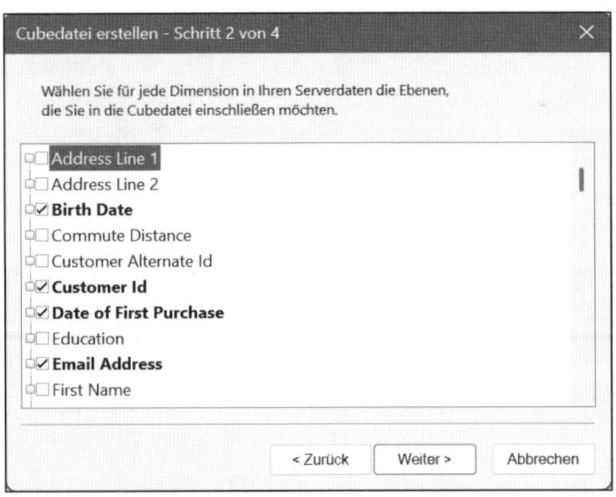


**Abbildung 9.20** Wählen Sie die Dimensionen und Ebenen aus, die in Ihren Offline-Cube aufgenommen werden sollen.

Wenn Sie auf *Weiter* klicken, gelangen Sie zum nächsten Dialogfeld, das in Abbildung 9.21 dargestellt ist. Hier haben Sie die Möglichkeit, alle Elemente oder Datenelemente herauszufiltern, die Sie nicht einbeziehen möchten. Beispielsweise wird das Measure *Days Current Quarter to Date* nicht benötigt, daher wurde das entsprechende Kontrollkästchen deaktiviert. Durch Deaktivieren dieses Kontrollkästchens wird sichergestellt, dass dieses Measure nicht importiert wird und somit nicht unnötig Speicherplatz belegt.

Der letzte Schritt besteht darin, einen Namen und einen Speicherort für Ihre Cubedatei anzugeben. In Abbildung 9.22 heißt die Cubedatei beispielsweise *Analysis Services Tutorial.cub.*

Die Dateinamenerweiterung für alle Offline-Cubes lautet **.cub**.

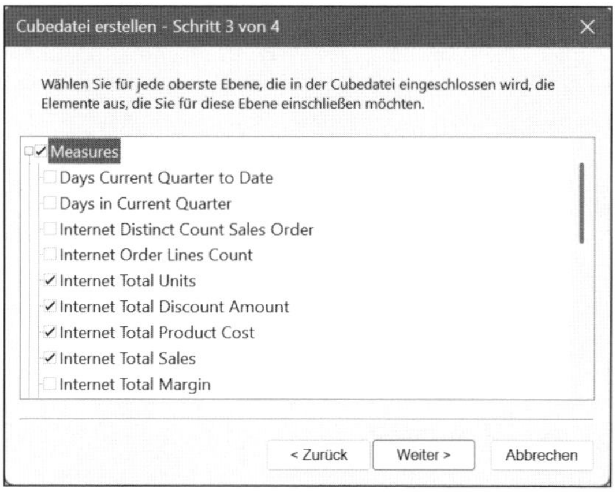


**Abbildung 9.21** Deaktivieren Sie die Kontrollkästchen für alle Elemente, die Sie offline nicht anzeigen möchten.

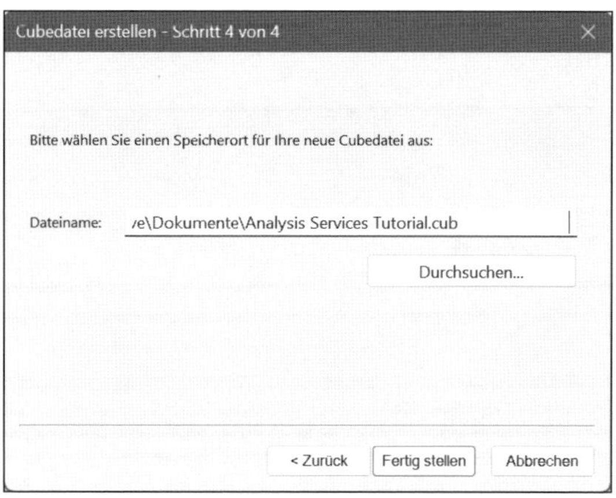


**Abbildung 9.22** Geben Sie einen Namen und einen Speicherort für Ihre Cubedatei an.

Nach einer kurzen Verarbeitungszeit speichert Excel Ihre Offline-Cubedatei in dem von Ihnen ausgewählten Verzeichnis. Um sie zu testen, doppelklicken Sie einfach auf die Datei, um automatisch eine Excel-Arbeitsmappe zu erstellen, die über eine Pivot-Tabelle mit dem Offline-Cube verknüpft ist.

Nachdem Sie Ihre Offline-Cubedatei erstellt haben, können Sie sie an andere verteilen und verwenden, während Sie nicht mit dem Netzwerk verbunden sind.

Sie können Ihre Offline-Cubedatei öffnen und die darin enthaltenen PivotTables aktualisieren, wenn Sie mit dem Netzwerk verbunden sind. Dadurch werden die Daten in der Cubedatei automatisch aktualisiert. Die Idee dahinter ist, dass Sie die Daten in der Cubedatei verwenden können, während Sie vom Netzwerk getrennt sind, und die Cubedatei aktualisieren können, wenn eine Datenverbindung verfügbar ist. Jeder Versuch, einen Offline-Cube zu aktualisieren, während die Verbindung unterbrochen ist, führt zu einem Fehler.

# Mit Cube-Funktionen aus der Pivot-Tabelle ausbrechen

Cube-Funktionen sind Excel-Funktionen, mit denen Sie auf OLAP-Daten außerhalb eines PivotTable-Objekts zugreifen können. In Excel-Versionen vor 2010 waren Cube-Funktionen nur verfügbar, wenn das Add-In *Analysis Services* installiert war. In Excel 2010 wurden Cube-Funktionen in die native Excel-Umgebung integriert. Um den Vorteil von Cube-Funktionen vollständig zu verstehen, sehen Sie sich bitte das folgende Beispiel an.

## Cube-Funktionen erkunden

Eine der einfachsten Möglichkeiten, sich mit Cube-Funktionen vertraut zu machen, besteht darin, Excel Ihre OLAP-basierte Pivot-Tabelle in Cube-Formeln umwandeln zu lassen. Die Umwandlung einer Pivot-Tabelle in Cube-Formeln ist eine wunderbar einfache Möglichkeit, einige Cube-Formeln zu erstellen, ohne selbst etwas dafür tun zu müssen. Die Idee besteht darin, Excel anzuweisen, alle Zellen in der Pivot-Tabelle durch eine Formel zu ersetzen, die eine Verbindung zur OLAP-Datenbank herstellt. Abbildung 9.23 zeigt eine Pivot-Tabelle, die mit einer OLAP-Datenbank verbunden ist.

| | A | B | C | D | E | F | G |
|---|---|---|---|---|---|---|---|
| 1 | Gender | F | | | | | |
| 2 | | | | | | | |
| 3 | **Internet Total Sales** | **Year** | | | | | |
| 4 | **Model Name** | **2010** | **2011** | **2012** | **2013** | **2014** | **Gesamtergebnis** |
| 5 | All-Purpose Bike Stand | | | | $21.306,00 | $954,00 | $22.260,00 |
| 6 | Bike Wash | | | | $3.307,20 | $174,90 | $3.482,10 |
| 7 | Classic Vest | | | | $16.383,00 | $1.079,50 | $17.462,50 |
| 8 | Cycling Cap | | | $35,96 | $9.457,48 | $323,64 | $9.817,08 |
| 9 | Fender Set - Mountain | | | $43,96 | $21.848,12 | $1.055,04 | $22.947,12 |
| 10 | Half-Finger Gloves | | | $48,98 | $16.065,44 | $832,66 | $16.947,08 |
| 11 | Hitch Rack - 4-Bike | | | | $17.400,00 | $1.080,00 | $18.480,00 |
| 12 | HL Mountain Tire | | | $105,00 | $23.240,00 | $945,00 | $24.290,00 |
| 13 | HL Road Tire | | | $65,20 | $13.529,00 | $782,40 | $14.376,60 |
| 14 | Hydration Pack | | | $54,99 | $19.301,49 | $824,85 | $20.181,33 |
| 15 | LL Mountain Tire | | | | $9.346,26 | $774,69 | $10.120,95 |
| 16 | LL Road Tire | | | $85,96 | $10.530,10 | $687,68 | $11.303,74 |
| 17 | Long-Sleeve Logo Jersey | | | $199,96 | $41.441,71 | $2.249,55 | $43.891,22 |
| 18 | ML Mountain Tire | | | $29,99 | $15.504,83 | $1.079,64 | $16.614,46 |
| 19 | ML Road Tire | | | | $11.170,53 | $349,86 | $11.520,39 |

**Abbildung 9.23** Eine normale OLAP-PivotTable.

Sie können jede OLAP-Pivot-Tabelle mit nur wenigen Klicks in eine Reihe von Cube-Formeln umwandeln. Setzen Sie den Cursor an eine beliebige Stelle innerhalb der Pivot-Tabelle und wählen Sie auf der Registerkarte *PivotTable-Analyse* den Befehl *OLAP-Tools | In Formeln konvertieren*, wie in Abbildung 9.24 gezeigt.

Wenn Ihre Pivot-Tabelle ein Berichtsfilterfeld enthält, wird das in Abbildung 9.25 gezeigte Dialogfeld angezeigt. In diesem Dialogfeld haben Sie die Möglichkeit, Ihre Filterdropdown-Felder in Cube-Formeln zu konvertieren. Wenn Sie diese Option auswählen, werden die Dropdownfelder entfernt, und es bleibt eine statische Formel übrig. Wenn Sie die Filter-Dropdownfelder beibehalten möchten, damit Sie die Auswahl im Filterfeld weiterhin interaktiv ändern können, lassen Sie das Kontrollkästchen *Berichtsfilter konvertieren* deaktiviert.

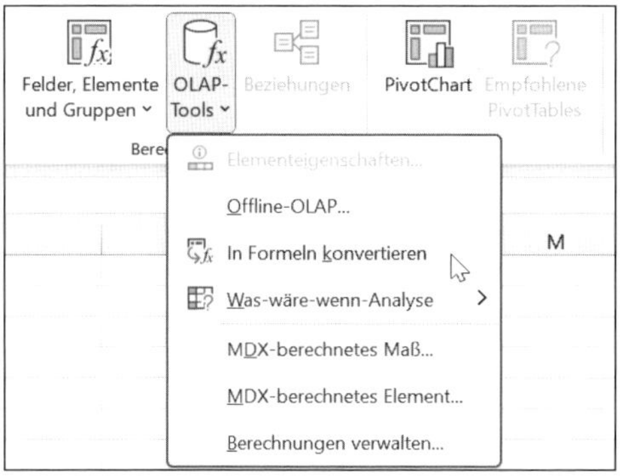


**Abbildung 9.24** Wählen Sie den Befehl *In Formeln konvertieren*, um Ihre Pivot-Tabelle in Cube-Formeln zu konvertieren.

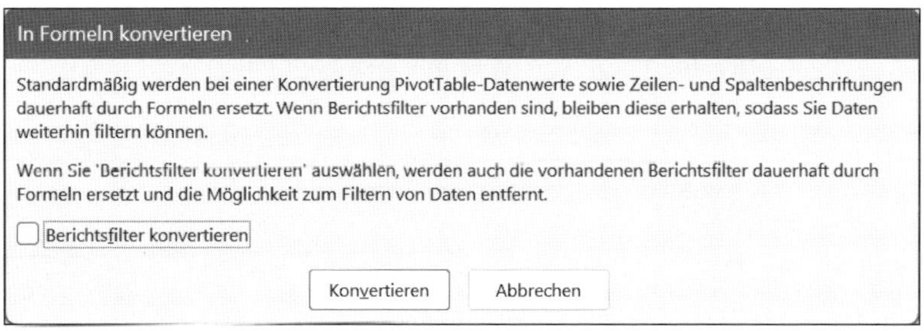


**Abbildung 9.25** Excel bietet Ihnen die Möglichkeit, Ihre Berichtsfilter zu konvertieren.

---

Wenn Sie mit einer Pivot-Tabelle im Kompatibilitätsmodus arbeiten, konvertiert Excel die Filterfelder automatisch in Formeln.

---

Nach ein oder zwei Sekunden enthalten die Zellen, in denen sich zuvor eine Pivot-Tabelle befand, nun Cube-Formeln (siehe Abbildung 9.26).

Warum ist diese Funktion nützlich? Da die angezeigten Werte nun kein Teil mehr eines PivotTable-Objekts sind, können Sie

- Zeilen und Spalten einfügen,
- eigene Berechnungen hinzufügen,
- die Daten mit anderen externen Daten kombinieren,
- den Bericht auf vielfältige Weise ändern, indem Sie einfach die Formeln verschieben.

E5 =CUBEWERT("SSAS Tutorial";$B$1;$A$3;$A5;E$4)

| | A | B | C | D | E | F | G |
|---|---|---|---|---|---|---|---|
| 1 | Gender | F | | | | | |
| 2 | | | | | | | |
| 3 | Internet Total Sales | Year | | | | | |
| 4 | Model Name | 2010 | 2011 | 2012 | 2013 | 2014 | Gesamtergebnis |
| 5 | All-Purpose Bike Stand | | | | $21.306,00 | $954,00 | $22.260,00 |
| 6 | Bike Wash | | | | $3.307,20 | $174,90 | $3.482,10 |
| 7 | Classic Vest | | | | $16.383,00 | $1.079,50 | $17.462,50 |
| 8 | Cycling Cap | | | $35,96 | $9.457,48 | $323,64 | $9.817,08 |
| 9 | Fender Set - Mountain | | | $43,96 | $21.848,12 | $1.055,04 | $22.947,12 |
| 10 | Half-Finger Gloves | | | $48,98 | $16.065,44 | $832,66 | $16.947,08 |
| 11 | Hitch Rack - 4-Bike | | | | $17.400,00 | $1.080,00 | $18.480,00 |
| 12 | HL Mountain Tire | | | $105,00 | $23.240,00 | $945,00 | $24.290,00 |
| 13 | HL Road Tire | | | $65,20 | $13.529,00 | $782,40 | $14.376,60 |
| 14 | Hydration Pack | | | $54,99 | $19.301,49 | $824,85 | $20.181,33 |
| 15 | LL Mountain Tire | | | | $9.346,26 | $774,69 | $10.120,95 |
| 16 | LL Road Tire | | | $85,96 | $10.530,10 | $687,68 | $11.303,74 |
| 17 | Long-Sleeve Logo Jersey | | | $199,96 | $41.441,71 | $2.249,55 | $43.891,22 |
| 18 | ML Mountain Tire | | | $29,99 | $15.504,83 | $1.079,64 | $16.614,46 |
| 19 | ML Road Tire | | | | $11.170,53 | $349,86 | $11.520,39 |
| 20 | Mountain Bottle Cage | | | $49,95 | $9.650,34 | $329,67 | $10.029,96 |
| 21 | Mountain Tire Tube | | | $9,98 | $7.155,66 | $454,09 | $7.619,73 |
| 22 | Mountain-100 | $10.199,97 | $690.797,96 | | | | $700.997,93 |
| 23 | Mountain-200 | | $6.169,62 | $1.167.314,75 | $2.865.652,58 | | $4.039.136,94 |
| 24 | Mountain-400-W | | | $769,49 | $219.304,65 | | $220.074,14 |
| 25 | Mountain-500 | | | $539,99 | $129.772,65 | | $130.312,64 |

**Abbildung 9.26** Beachten Sie in der Bearbeitungsleiste, dass diese Zellen nun eine Reihe von Cube-Formeln enthalten!

# Berechnungen zu OLAP-PivotTables hinzufügen

In Excel 2010 und früheren Versionen waren OLAP-PivotTables insofern eingeschränkt, als Sie keine eigenen Berechnungen innerhalb von OLAP-PivotTables erstellen konnten. Das bedeutet, dass Sie die zusätzliche Analyseebene, die durch die berechneten Felder und berechneten Elemente in Standard-PivotTables bereitgestellt wird, nicht hinzufügen konnten.

---

Berechnete Felder und berechnete Elemente werden in Kapitel 5, »Berechnungen in PivotTables durchführen«, behandelt. Wenn Sie dieses Kapitel noch nicht gelesen haben, ist es möglicherweise hilfreich, dies zuerst nachzuholen, um die Grundlagen für diesen Abschnitt zu schaffen.

---

Excel 2013 hat dies mit der Einführung der neuen OLAP-Tools – berechnete Measures und berechnete Elemente – geändert. Mit diesen beiden Tools sind Sie nicht mehr darauf beschränkt, nur die Measures und Elemente zu verwenden, die vom Datenbankadministrator über den OLAP-Cube bereitgestellt werden. Sie können Ihre eigene Analyse hinzufügen, indem Sie Ihre eigenen Berechnungen erstellen.

In diesem Abschnitt erfahren Sie, wie Sie Ihre eigenen berechneten Measures und berechneten Elemente erstellen.

## Ein Wort zu MDX

Wenn Sie eine PivotTable mit einem OLAP-Cube verwenden, senden Sie MDX-Abfragen (Multidimensional Expressions) an die OLAP-Datenbank. MDX ist eine Abfragesprache, die zum Zurückgeben von Daten aus mehrdimensionalen Datenquellen (d.h. OLAP-Cubes) verwendet wird.

Wenn Ihre OLAP-PivotTable aktualisiert oder geändert wird, werden nachfolgende MDX-Abfragen an die OLAP-Datenbank weitergeleitet. Die Ergebnisse der Abfrage werden an Excel zurückgesendet und in der PivotTable angezeigt. Auf diese Weise können Sie mit OLAP-Daten arbeiten, ohne eine lokale Kopie eines Pivot-Caches zu verwenden.

Beim Erstellen von berechneten Measures und berechneten Elementen müssen Sie die MDX-Syntax verwenden. Nur so kann die PivotTable Ihre Berechnung an die Backend-OLAP-Datenbank übermitteln.

Die Beispiele in diesem Buch verwenden grundlegende MDX-Konstrukte, um die Funktionalität der berechneten Measures und berechneten Elemente zu veranschaulichen. Wenn Sie komplexe berechnete Measures und berechnete Elemente erstellen müssen, sollten Sie sich etwas Zeit nehmen, um mehr über MDX zu lernen.

Allerdings ist das Thema MDX sehr umfangreich und würde den Rahmen dieses Buches sprengen. Wenn Sie nach der Lektüre dieses Abschnitts mehr über MDX erfahren möchten, empfehlen wir Ihnen das Buch »MDX Solutions« (von George Spofford et al.), einen ausgezeichneten Leitfaden zu MDX, der sowohl leicht verständlich als auch umfassend ist.

# MDX-berechnete Measures erstellen

Ein *MDX-berechnetes Measure* ist im Wesentlichen die OLAP-Version eines berechneten Feldes. Wenn Sie ein berechnetes Measure erstellen, erstellen Sie im Grunde genommen ein neues Datenfeld, das auf einer mathematischen Operation basiert, die die vorhandenen OLAP-Felder verwendet.

Im Beispiel in Abbildung 9.27 enthält eine OLAP-PivotTable Produkte zusammen mit den entsprechenden Mengen und Umsätzen. Angenommen, Sie möchten ein neues Measure hinzufügen, das den durchschnittlichen Verkaufspreis pro Einheit berechnet.

| | A | B | C |
|---|---|---|---|
| 1 | Model Name | Internet Total Units | Internet Total Sales |
| 2 | All-Purpose Bike Stand | 249 | $39.591,00 |
| 3 | Bike Wash | 908 | $7.218,60 |
| 4 | Classic Vest | 562 | $35.687,00 |
| 5 | Cycling Cap | 2190 | $19.688,10 |
| 6 | Fender Set - Mountain | 2121 | $46.619,58 |
| 7 | Half-Finger Gloves | 1430 | $35.020,70 |
| 8 | Hitch Rack - 4-Bike | 328 | $39.360,00 |
| 9 | HL Mountain Tire | 1396 | $48.860,00 |
| 10 | HL Road Tire | 858 | $27.970,80 |
| 11 | Hydration Pack | 733 | $40.307,67 |
| 12 | LL Mountain Tire | 862 | $21.541,38 |
| 13 | LL Road Tire | 1044 | $22.435,56 |
| 14 | Long-Sleeve Logo Jersey | 1736 | $86.782,64 |
| 15 | ML Mountain Tire | 1161 | $34.818,39 |

**Abbildung 9.27** Sie möchten dieser OLAP-PivotTable eine Berechnung hinzufügen, um den durchschnittlichen Verkaufspreis pro Einheit anzuzeigen.

Setzen Sie den Cursor an eine beliebige Stelle in der PivotTable und öffnen Sie die Registerkarte *PivotTable-Analyse*. Wählen Sie dann *OLAP-Tools | MDX berechnetes Maß* (wobei Maß die unglückliche Übersetzung von Measure ist), wie in Abbildung 9.28 dargestellt. Dadurch wird das Dialogfeld *Neues berechnetes Measure* geöffnet, das Sie in Abbildung 9.29 sehen.

**Abbildung 9.28** Wählen Sie den Befehl *MDX-berechnetes Maß* (=Measure).

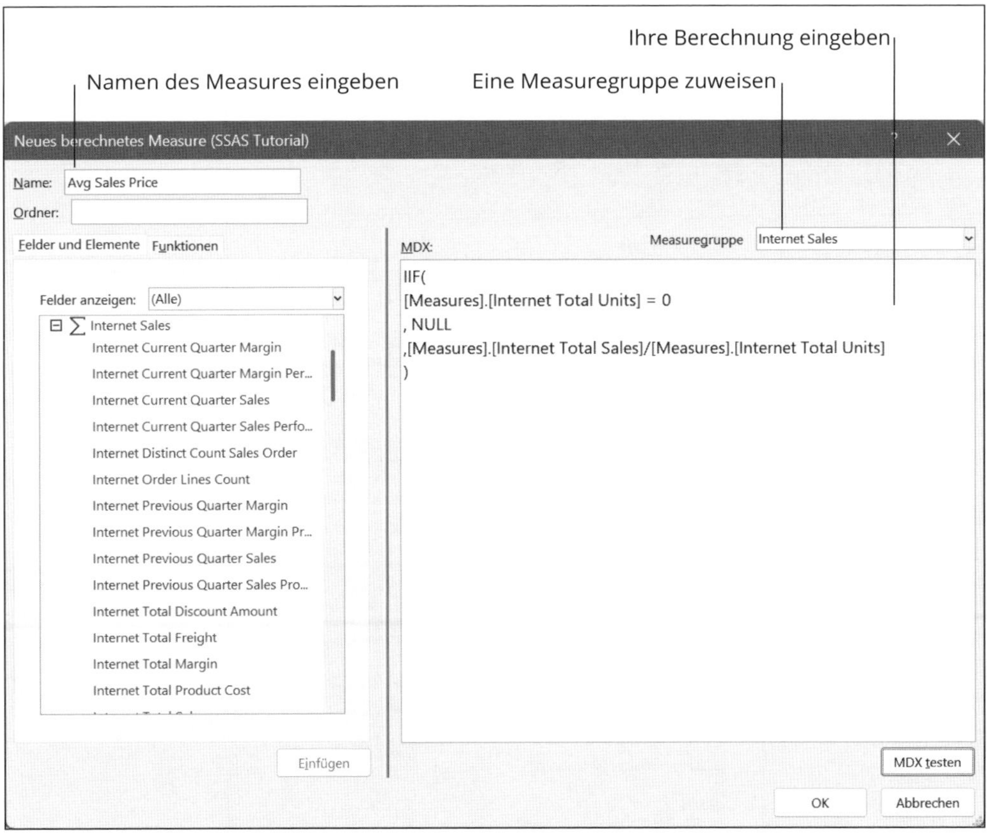


**Abbildung 9.29** Verwenden Sie das Dialogfeld *Neues berechnetes Measure*, um Ihr berechnetes Measure zu erstellen.

Führen Sie im Dialogfeld *Neues berechnetes Measure* die folgenden Aktionen aus:

1. Geben Sie Ihrem berechneten Measure einen Namen, indem Sie ihn in das Feld *Name* eingeben.
2. Wählen Sie eine Measuregruppe aus, in der Excel Ihr berechnetes Measure platzieren soll. Wenn Sie keine auswählen, platziert Excel Ihr Measure automatisch in der ersten verfügbaren Measuregruppe.
3. Geben Sie die MDX-Syntax für Ihre Berechnung in das Eingabefeld *MDX* ein. Um etwas Zeit zu sparen, können Sie die Liste auf der linken Seite verwenden, um die vorhandenen Measures auszuwählen, die Sie für Ihre Berechnung benötigen. Doppelklicken Sie einfach auf die benötigten Measures, und Excel fügt sie in das Feld *MDX* ein. In diesem Beispiel lautet die Berechnung für den durchschnittlichen Verkaufspreis:

```
IIF(
[Measures].[Internet Total Units] = 0
, NULL
,[Measures].[Internet Total Sales]/[Measures].[Internet Total Units]
)
```

4. Klicken Sie auf *OK*.

Nachdem Sie Ihr berechnetes Measure erstellt haben, können Sie Ihr neu erstelltes Measure im Aufgabenbereich *PivotTable-Felder* auswählen (siehe Abbildung 9.30).

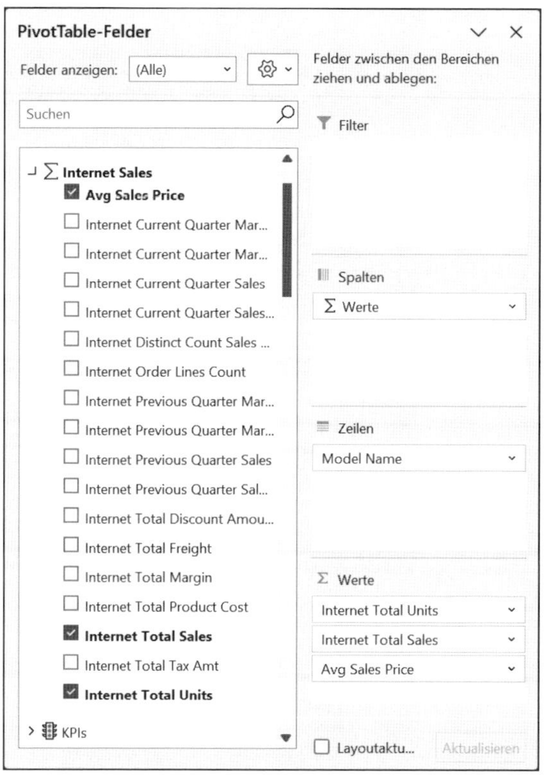


**Abbildung 9.30** Fügen Sie das neu erstellte Measure über den Aufgabenbereich *PivotTable-Felder* zu Ihrer PivotTable hinzu.

Beachten Sie die Schaltfläche *MDX testen* im Dialogfeld *Neues berechnetes Measure* in Abbildung 9.29. Sie können die Schaltfläche anklicken, um sicherzustellen, dass die von Ihnen eingegebene MDX-Syntax korrekt ist. Excel informiert Sie in einem Meldungsfeld, wenn Ihre Formel Syntaxfehler enthält.

Wie Sie in Abbildung 9.31 sehen können, fügt Ihr berechnetes Measure der PivotTable eine aussagekräftige Analyseebene hinzu.

| | A | B | C | D |
|---|---|---|---|---|
| 1 | **Model Name** | **Internet Total Units** | **Internet Total Sales** | **Avg Sales Price** |
| 2 | All-Purpose Bike Stand | 249 | $39.591,00 | $159,00 |
| 3 | Bike Wash | 908 | $7.218,60 | $7,95 |
| 4 | Classic Vest | 562 | $35.687,00 | $63,50 |
| 5 | Cycling Cap | 2190 | $19.688,10 | $8,99 |
| 6 | Fender Set - Mountain | 2121 | $46.619,58 | $21,98 |
| 7 | Half-Finger Gloves | 1430 | $35.020,70 | $24,49 |
| 8 | Hitch Rack - 4-Bike | 328 | $39.360,00 | $120,00 |
| 9 | HL Mountain Tire | 1396 | $48.860,00 | $35,00 |
| 10 | HL Road Tire | 858 | $27.970,80 | $32,60 |
| 11 | Hydration Pack | 733 | $40.307,67 | $54,99 |
| 12 | LL Mountain Tire | 862 | $21.541,38 | $24,99 |
| 13 | LL Road Tire | 1044 | $22.435,56 | $21,49 |
| 14 | Long-Sleeve Logo Jersey | 1736 | $86.782,64 | $49,99 |
| 15 | ML Mountain Tire | 1161 | $34.818,39 | $29,99 |

**Abbildung 9.31** Die Pivot-Tabelle enthält nun Ihr berechnetes Measure.

Es ist wichtig zu beachten, dass das berechnete Measure nur in Ihrer Arbeitsmappe vorhanden ist. Mit anderen Worten: Sie erstellen Ihre Berechnung nicht direkt im OLAP-Cube auf dem Server. Das bedeutet, dass niemand, der mit dem OLAP-Cube verbunden ist, Ihre Berechnungen sehen kann, es sei denn, Sie geben Ihre Arbeitsmappe frei oder verteilen sie.

## MDX-berechnete Elemente erstellen

Ein *MDX-berechnetes Element* ist im Wesentlichen die OLAP-Version eines berechneten Elements, das Sie von Standard-PivotTables kennen. Wenn Sie ein berechnetes Element erstellen, erstellen Sie im Grunde genommen ein neues Datenelement auf der Grundlage einer mathematischen Operation, die die vorhandenen OLAP-Elemente verwendet.

Im Beispiel in Abbildung 9.32 enthält eine OLAP-PivotTable Umsatzinformationen für jedes Quartal des Jahres. Angenommen, Sie möchten die Quartale 1 und 2 zu einem neuen Datenelement namens First Half of Year zusammenfassen. Außerdem möchten Sie die Quartale 3 und 4 zu einem neuen Datenelement namens Second Half of Year zusammenfassen.

| | A | B | C | D |
|---|---|---|---|---|
| 1 | **Calendar Quarter** | **Internet Total Units** | **Internet Total Sales** | **Avg Sales Price** |
| 2 | 1 | 12.334 | $5.521.839,56 | $447,69 |
| 3 | 2 | 14.708 | $7.089.762,27 | $482,03 |
| 4 | 3 | 15.527 | $7.639.278,11 | $492,00 |
| 5 | 4 | 17.829 | $9.107.797,28 | $510,84 |
| 6 | **Gesamtergebnis** | **60.398** | **$29.358.677,22** | **$486,09** |

**Abbildung 9.32** Sie möchten neue berechnete Elemente hinzufügen, um die vier Quartale zur ersten und zur zweiten Jahreshälfte zusammenzufassen.

Setzen Sie den Cursor an eine beliebige Stelle in der PivotTable, öffnen Sie die Registerkarte *PivotTable-Analyse* und wählen Sie dann *OLAP-Tools | MDX-berechnetes Element*, wie in Abbildung 9.33 dargestellt. Das Dialogfeld *Neues berechnetes Element* wird geöffnet (siehe Abbildung 9.34).

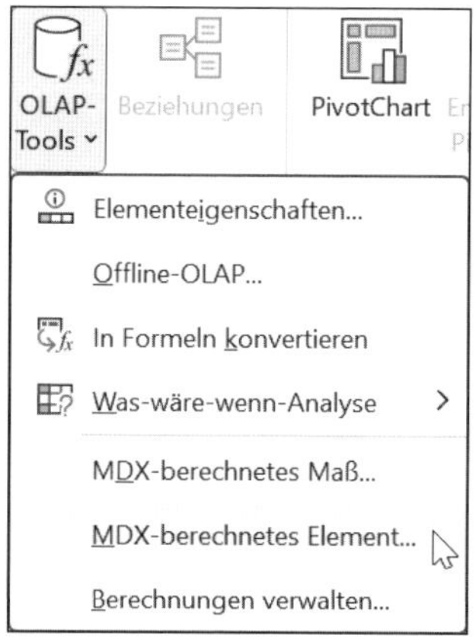


**Abbildung 9.33** Wählen Sie den Befehl *MDX-berechnetes Element*.

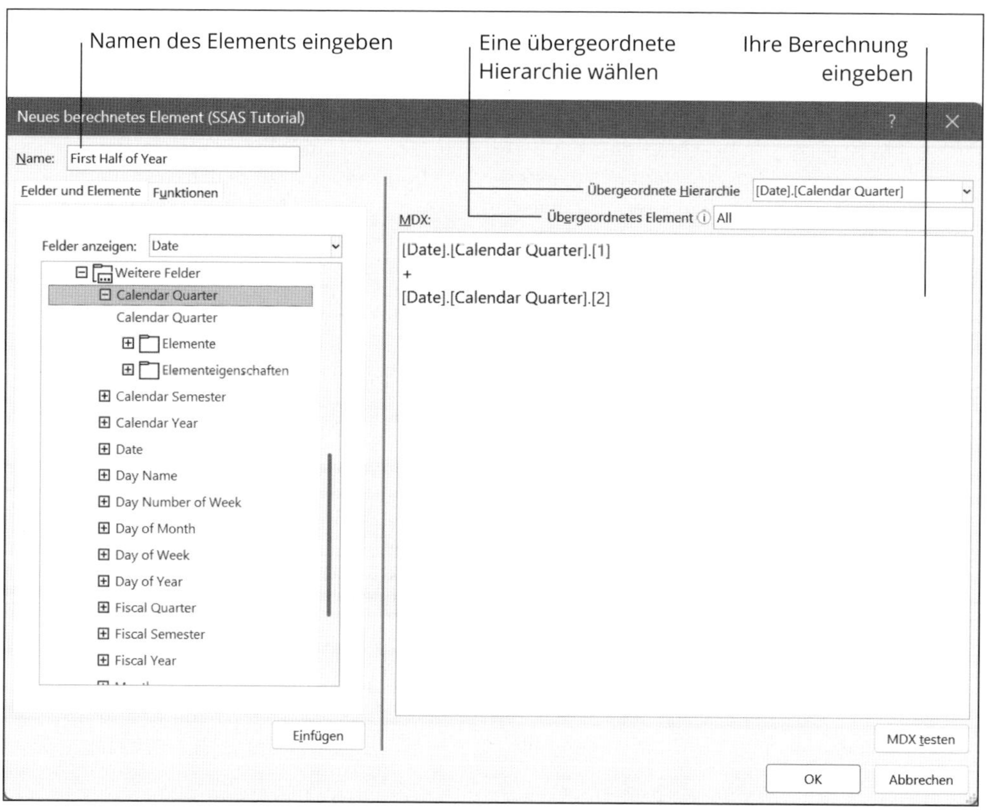


**Abbildung 9.34** Verwenden Sie das Dialogfeld *Neues berechnetes Element*, um Ihr berechnetes Element zu erstellen.

Führen Sie im Dialogfeld *Neues berechnetes Element* die folgenden Aktionen aus:

1. Geben Sie Ihrem berechneten Element einen Namen, indem Sie ihn in das Feld *Name* eingeben.
2. Wählen Sie die übergeordnete Hierarchie aus, für die Sie neue Elemente erstellen möchten. Achten Sie darauf, dass *Übergeordnetes Element* auf *All* eingestellt bleibt. Dadurch wird sichergestellt, dass Excel bei der Auswertung Ihrer Berechnung alle Elemente in der übergeordneten Hierarchie berücksichtigt.
3. Geben Sie die MDX-Syntax für Ihre Berechnung in das Eingabefeld *MDX* ein. Um etwas Zeit zu sparen, können Sie die Liste auf der linken Seite verwenden, um die vorhandenen Elemente auszuwählen, die Sie für Ihre Berechnung benötigen. Doppelklicken Sie einfach auf das gewünschte Element, und Excel fügt es in das Eingabefeld *MDX* ein. Im Beispiel in Abbildung 9.34 addieren Sie das erste und das zweite Quartal:

   ```
   [Date].[Calendar Quarter].[1] + [Date].[Calendar Quarter].[2]
   ```

4. Klicken Sie auf *OK*.

Sobald Sie auf *OK* klicken, zeigt Excel Ihr neu erstelltes berechnetes Element in der PivotTable an. Wie Sie in Abbildung 9.35 sehen können, wird Ihr berechnetes Element zusammen mit den anderen ursprünglichen Elementen des Pivot-Feldes angezeigt, die Gesamtergebnisse ändern sich hierdurch jedoch nicht.

| | A | B | C | D |
|---|---|---|---|---|
| 1 | **Calendar Quarter** | **Internet Total Units** | **Internet Total Sales** | **Avg Sales Price** |
| 2 | 1 | 12.334 | $5.521.839,56 | $447,69 |
| 3 | 2 | 14.708 | $7.089.762,27 | $482,03 |
| 4 | 3 | 15.527 | $7.639.278,11 | $492,00 |
| 5 | 4 | 17.829 | $9.107.797,28 | $510,84 |
| 6 | First Half of Year | 27.042 | $12.611.601,83 | $466,37 |
| 7 | **Gesamtergebnis** | **60.398** | **$29.358.677,22** | **$486,09** |

**Abbildung 9.35** Excel fügt Ihr berechnetes Element sofort zu Ihrer PivotTable hinzu.

Abbildung 9.36 zeigt, wie Sie den Vorgang wiederholen, um das Element Second Half of Year zu berechnen.

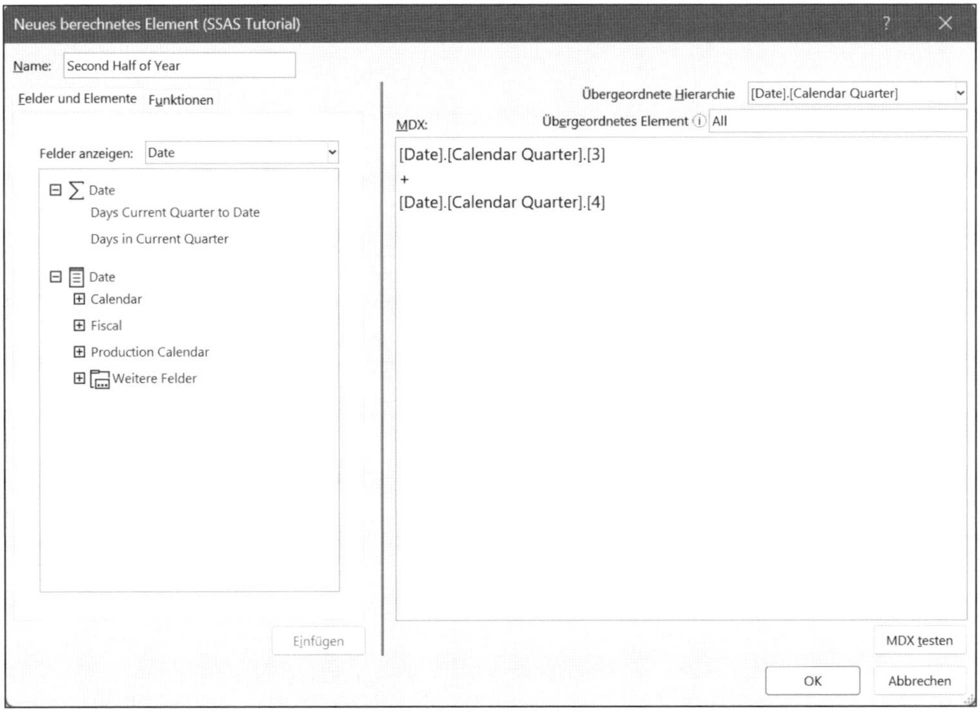


**Abbildung 9.36** Wiederholen Sie den Vorgang für alle weiteren berechneten Elemente.

Beachten Sie in Abbildung 9.37, dass Excel nicht versucht, eines der ursprünglichen Elemente zu entfernen. In diesem Fall sehen Sie, dass die Quartale 1 bis 4 weiterhin in der PivotTable enthalten sind. Dies mag für Ihre Situation in Ordnung sein, aber in den meisten Fällen werden Sie diese Elemente wahrscheinlich ausblenden, um Verwirrung zu vermeiden.

| | A | B | C | D |
|---|---|---|---|---|
| 1 | **Calendar Quarter** | **Internet Total Units** | **Internet Total Sales** | **Avg Sales Price** |
| 2 | 1 | 12.334 | $5.521.839,56 | $447,69 |
| 3 | 2 | 14.708 | $7.089.762,27 | $482,03 |
| 4 | 3 | 15.527 | $7.639.278,11 | $492,00 |
| 5 | 4 | 17.829 | $9.107.797,28 | $510,84 |
| 6 | First Half of Year | 27.042 | $12.611.601,83 | $466,37 |
| 7 | Second Half of Year | 33.356 | $16.747.075,39 | $502,07 |
| 8 | **Gesamtergebnis** | **60.398** | **$29.358.677,22** | **$486,09** |

**Abbildung 9.37** Excel zeigt Ihre endgültigen berechneten Elemente zusammen mit den ursprünglichen Elementen an. Es empfiehlt sich, die ursprünglichen Elemente zu entfernen, um Verwirrung zu vermeiden.

Denken Sie daran, dass Ihr berechnetes Element nur in Ihrer Arbeitsmappe vorhanden ist. Niemand sonst, der mit dem OLAP-Cube verbunden ist, kann Ihre Berechnungen sehen, es sei denn, Sie geben Ihre Arbeitsmappe frei oder verteilen sie.

Wenn die übergeordnete Hierarchie oder das übergeordnete Element im OLAP-Cube geändert wird, funktioniert Ihr berechnetes Element nicht mehr. Sie müssen das berechnete Element dann neu erstellen.

## OLAP-Berechnungen verwalten

Excel stellt eine Oberfläche zum Verwalten der berechneten Measures und berechneten Elemente in einer OLAP-PivotTable zur Verfügung. Setzen Sie den Cursor einfach an eine beliebige Stelle in der PivotTable, öffnen Sie die Registerkarte *PivotTable-Analyse* und wählen Sie dann *OLAP-Tools | Berechnungen verwalten*, wie in Abbildung 9.38 dargestellt.

**Abbildung 9.38** Öffnen Sie das Dialogfeld *Berechnungen verwalten*.

Das Dialogfeld *Berechnungen verwalten* (siehe Abbildung 9.39) wird angezeigt und bietet drei Befehle:

- **Neu** Erstellen Sie ein neues berechnete Measure oder ein neues berechnetes Element.
- **Bearbeiten** Bearbeiten Sie die ausgewählte Berechnung.
- **Löschen** Löschen Sie die ausgewählte Berechnung dauerhaft.

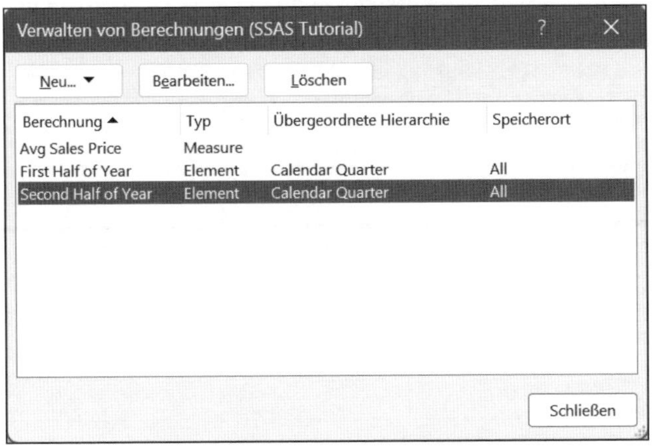


**Abbildung 9.39** Im Dialogfeld *Berechnungen verwalten* können Sie eine neue Berechnung erstellen sowie vorhandene Berechnungen bearbeiten oder löschen.

# Mit OLAP-Daten eine Was-wäre-wenn-Analyse durchführen

Ein weiteres Feature, das Microsoft in Excel 2013 eingeführt hat, ist die Möglichkeit, Was-wäre-wenn-Analysen mit den Daten in OLAP-PivotTables durchzuführen. Mit diesem Feature können Sie die Werte in einer PivotTable bearbeiten und Ihre Measures und Elemente auf der Grundlage Ihrer Änderungen neu berechnen. Sie können Ihre Änderungen sogar wieder im OLAP-Cube veröffentlichen.

Um das Feature *Was-wäre-wenn-Analyse* zu nutzen, erstellen Sie eine OLAP-PivotTable und wechseln dann zur Registerkarte *PivotTable-Analyse*. Wählen Sie dort *OLAP-Tools | Was-wäre-wenn-Analyse | Was-wäre-wenn-Analyse aktivieren*, wie in Abbildung 9.40 dargestellt.

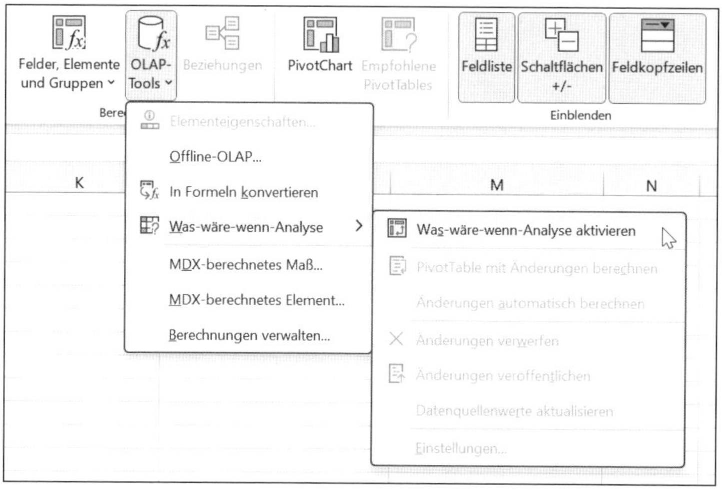


**Abbildung 9.40** Durch Aktivieren der Was-wäre-wenn-Analyse können Sie die Werte in einer PivotTable ändern.

An dieser Stelle können Sie die Werte in Ihrer Pivot-Tabelle bearbeiten. Nachdem Sie Änderungen vorgenommen haben, können Sie mit der rechten Maustaste auf einen der geänderten Werte klicken und *PivotTable bei Änderung berechnen* auswählen (siehe Abbildung 9.41). Dadurch wird Excel gezwungen, alle Berechnungen in der PivotTable auf der Grundlage Ihrer Änderungen neu zu bewerten – einschließlich Ihrer berechneten Elemente und Measures.

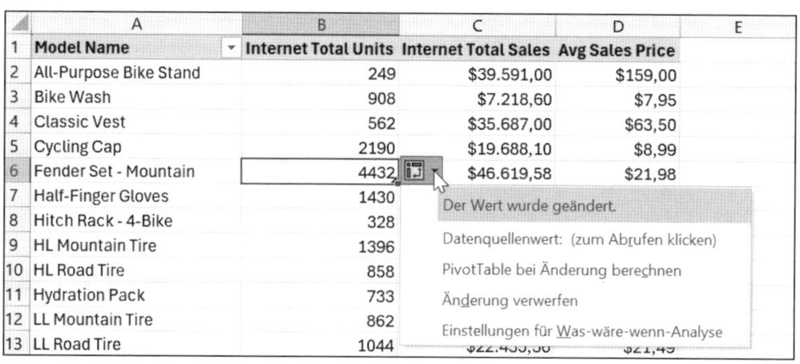


**Abbildung 9.41** Wählen Sie *PivotTable bei Änderung berechnen*, um alle Ihre Berechnungen neu zu bewerten.

Die Änderungen, die Sie während der Was-wäre-wenn-Analyse an Ihrer PivotTable vornehmen, sind standardmäßig nur lokale Änderungen. Wenn Sie Ihre Änderungen übernehmen und tatsächlich auf dem OLAP-Server vornehmen möchten, können Sie Excel anweisen, Ihre Änderungen zu veröffentlichen. Wechseln Sie dazu zur Registerkarte *PivotTable*-Analyse und wählen Sie den Befehl *OLAP-Tools | Was-wäre-wenn-Analyse | Änderungen veröffentlichen* (siehe Abbildung 9.42). Dadurch wird ein »Zurückschreiben« auf den OLAP-Server ausgelöst, d.h., die bearbeiteten Werte werden an den Quell-OLAP-Cube gesendet.

---

Sie benötigen ausreichende Zugriffsrechte auf dem Datenbankserver, um Änderungen auf dem OLAP-Server zu veröffentlichen. Ihr Datenbankadministrator kann Ihnen dabei helfen, Schreibzugriff auf Ihre OLAP-Datenbank zu erhalten.

---

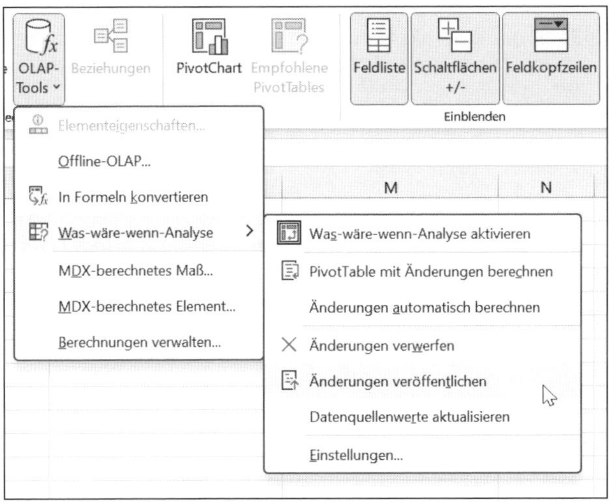


**Abbildung 9.42** Mit Excel können Sie Ihre Änderungen im Quell-OLAP-Cube veröffentlichen!

## Fallstudie: Gruppen verwenden und MDX bearbeiten, um die Summe für jedes Produkt und den Durchschnitt nur auf Gesamtebene anzuzeigen

Das Ziel besteht darin, eine Pivot-Tabelle mit der Summe der Umsätze für jedes Produkt, der Summe aller Umsätze und anschließend den Durchschnitt der Gesamtumsätze anzuzeigen, ohne die Durchschnittswerte für jedes Produkt anzuzeigen. Bezogen auf Abbildung 9.43 besteht das Ziel darin, in der PivotTable auf der rechten Seite die Zeilen 9 bis 13 automatisch auszublenden.

Um zu der oben gezeigten Ausgangs-PivotTable zu gelangen, führen Sie die folgenden Schritte aus:

1. Wandeln Sie Ihre Originaldaten in den Spalten A und B mit *Start | Als Tabelle formatieren* in eine Tabelle um.
2. Wählen Sie im Menüband auf der Registerkarte *Power Pivot* den Befehl *Zu Datenmodell hinzufügen*. Schließen Sie das Power Pivot-Fenster und kehren Sie zu Excel zurück.

→

| | A | B | C | D | E | F |
|---|---|---|---|---|---|---|
| 1 | Produkt | Umsatz | | | | |
| 2 | Holunder | 867 | | | | |
| 3 | Banane | 864 | | Werte | Produkt | |
| 4 | Apfel | 5541 | | Summe von Umsatz | Apfel | 47.323 |
| 5 | Banane | 825 | | | Banane | 4.440 |
| 6 | Dill | 162 | | | Dill | 1.162 |
| 7 | Holunder | 2961 | | | Holunder | 9.077 |
| 8 | Holunder | 1546 | | | Kirsche | 2.878 |
| 9 | Apfel | 5298 | | Mittelwert von Umsatz | Apfel | 3.640 |
| 10 | Apfel | 341 | | | Banane | 740 |
| 11 | Holunder | 642 | | | Dill | 291 |
| 12 | Apfel | 625 | | | Holunder | 1.135 |
| 13 | Banane | 970 | | | Kirsche | 480 |
| 14 | Banane | 518 | | Gesamt: Summe von Umsatz | | 64.880 |
| 15 | Apfel | 8288 | | Gesamt: Mittelwert von Umsatz | | 1.754 |
| 16 | Kirsche | 785 | | | | |

**Abbildung 9.43** Produktdetails für den Abschnitt *Summe von Umsatz* anzeigen, jedoch die Produktdetails für den *Mittelwert von Umsatz* ausblenden.

3. Wählen Sie in Zelle D3 den Befehl *Einfügen | PivotTable | Aus dem Datenmodell*.
4. Ziehen Sie *Produkt* in den Bereich *Zeilen*. Ziehen Sie *Umsatz* zweimal in den Bereich *Werte*.
5. Doppelklicken Sie auf die Überschrift *Summe von Umsatz2*. Ändern Sie die Berechnung in *Mittelwert*. Ändern Sie die Überschrift in *Mittelwert von Umsatz*.
6. Ziehen Sie das Feld *Σ Werte* aus dem Bereich *Spalten* und legen Sie es als erstes Feld im Bereich *Zeilen* ab.
7. Wenn eine Pivot-Tabelle auf dem Datenmodell basiert, gibt es eine integrierte Möglichkeit, Zeilen oder Spalten in der Pivot-Tabelle auszublenden. Wählen Sie eine der Produktzellen aus. Wählen Sie auf der Registerkarte *PivotTable-Analyse* den Befehl *Felder, Elemente und Gruppen | Gruppe basierend auf Zeilenelementen erstellen*, wie in Abbildung 9.44 dargestellt.

**Abbildung 9.44** Wählen Sie den Befehl *Gruppe basierend auf Zeilenelementen erstellen*.

→

8. Das Dialogfeld *Neues Set* wird angezeigt. Klicken Sie neben das erste Element *Mittelwert von Umsatz* und entfernen Sie es dann mit der Schaltfläche *Zeile löschen* aus dem Set. Wiederholen Sie dies für alle Elemente *Mittelwert von Umsatz*. In Abbildung 9.45 wird das letzte Produkt mit dem durchschnittlichen Umsatz entfernt.

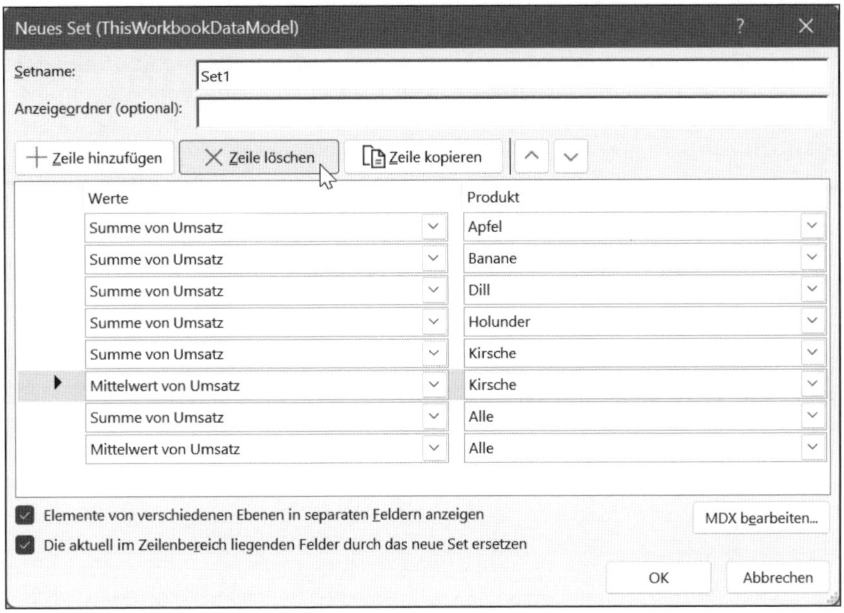


**Abbildung 9.45** Klicken Sie für jedes Produkt im Abschnitt *Mittelwert von Umsatz* auf die Zeile und wählen Sie dann *Zeile löschen*.

Auf den ersten Blick scheint das Ergebnis in Abbildung 9.46 erfolgreich zu sein. Überlegen Sie jedoch, was passiert, wenn neue Produkte zum Datensatz hinzugefügt werden. Jemand muss daran denken, dass es eine Gruppe gibt, und die Definition bearbeiten, um die neuen Produkte zur Summe der Umsätze hinzuzufügen oder Produkte aus dem Mittelwert der Umsätze zu entfernen.

| Werte | Produkt | |
|---|---|---|
| **Summe von Umsatz** | Apfel | 47.323 |
| | Banane | 4.440 |
| | Dill | 1.162 |
| | Holunder | 9.077 |
| | Kirsche | 2.878 |
| **Gesamt: Summe von Umsatz** | | **64.880** |
| **Gesamt: Mittelwert von Umsatz** | | **1.754** |

**Abbildung 9.46** Erfolgreich? Diese PivotTable sieht korrekt aus.

Sie können diese Pivot-Tabelle mit MDX verbessern:

1. Gehen Sie auf der Registerkarte *PivotTable-Analyse* zur Dropdownliste *Felder, Elemente und Gruppen* und wählen Sie *Gruppen verwalten*.
2. Wählen Sie im Dialogfeld *Set-Manager* die Option *Set1* aus und klicken Sie dann auf *Bearbeiten*.
3. Klicken Sie im Dialogfeld *Set ändern* unten rechts auf *MDX bearbeiten*. Wie in Abbildung 9.47 zu sehen, zeigt Excel eine Warnung an. Sie werden darauf hingewiesen, dass nach dem Ändern der MDX-Definition alle zukünftigen Änderungen ebenfalls mithilfe von MDX vorgenommen werden müssen. Dies ist in Ordnung, da Sie nach dieser Änderung keine weiteren Änderungen mehr vornehmen müssen.

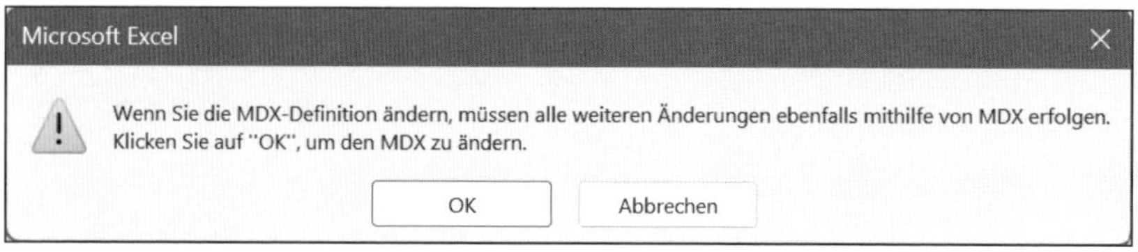


**Abbildung 9.47** Lesen Sie die Warnung und klicken Sie dann auf *OK*.

Auch ohne Kenntnisse über MDX können Sie sehen, dass die Setdefinition für jedes Produkt (Apfel, Banane, Dill, Holunder und Kirsche) Zeilen enthält, wie in Abbildung 9.48 dargestellt. Eine bessere Methode zum Erstellen dieser Definition wird weiter unten erläutert.

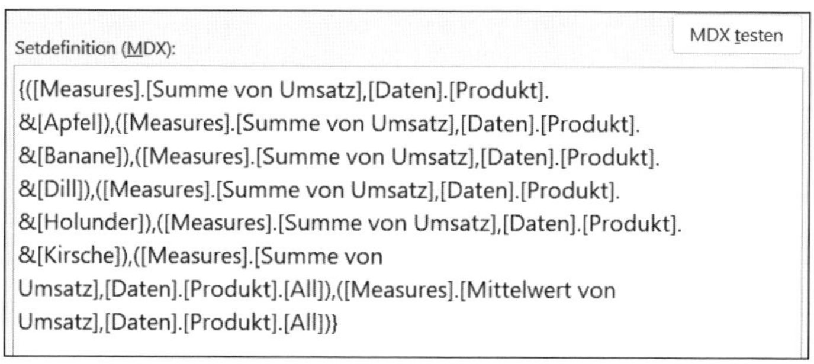


**Abbildung 9.48** Die für das Set erstellte MDX-Definition enthält eine Codezeile für jede Zeile in der endgültigen Pivot-Tabelle.

Die Lösung besteht darin, die meisten Definitionen durch eine einzige Zeile zu ersetzen, die nach den untergeordneten Elementen des Felds *Produkt* fragt. Fügen Sie den folgenden MDX-Code in die Set-Definition ein, wie in Abbildung 9.49 dargestellt:

```
{
([Measures].[Summe von Umsatz],[Daten].[Produkt].Children),
([Measures].[Summe von Umsatz],[Daten].[Produkt].[All]),
([Measures].[Mittelwert von Umsatz],[Daten].[Produkt].[All])
}
```

→

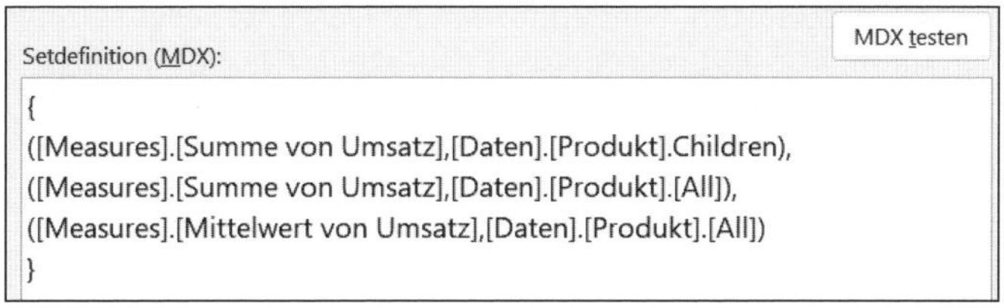


**Abbildung 9.49** Der gesamte Code in den vorherigen Abbildungen wird durch drei Zeilen MDX-Code ersetzt.

Wenn Sie zum ersten Mal MDX schreiben, kann die Reihenfolge der geschweiften Klammern und runden Klammern etwas mühsam sein. Es kann leicht zu Fehlern kommen. Klicken Sie oben rechts auf die Schaltfläche *MDX testen*. Es sollte die Meldung in Abbildung 9.50 angezeigt werden, die angibt, dass der MDX-Test erfolgreich ist.

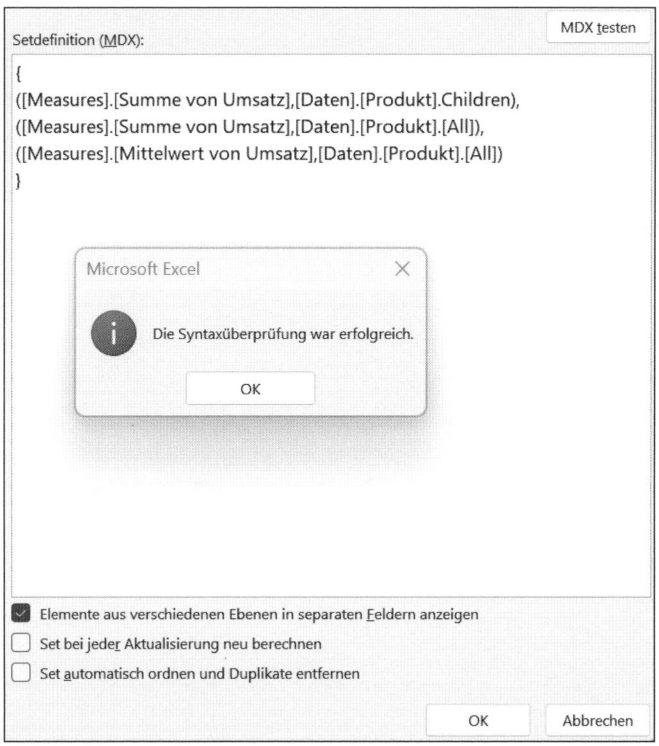


**Abbildung 9.50** Die Syntaxprüfung war erfolgreich.

Nachdem Sie auf die Schaltfläche *MDX testen* geklickt haben, wird die Meldung »Die Syntaxprüfung war erfolgreich.« angezeigt.

Um den MDX-Code zu testen, können Sie einige Elemente im ursprünglichen Datensatz ersetzen. In Abbildung 9.51 wurden die Produkte in A7 und A8 durch das neue Produkt Erdbeere ersetzt. Klicken Sie in die PivotTable und aktualisieren Sie sie. Das neue Produkt Erdbeere wird in der richtigen alphabetischen Reihenfolge eingefügt.

| | A | B | C | D | E | F |
|---|---|---|---|---|---|---|
| 1 | **Produkt** | **Umsatz** | | | | |
| 2 | Holunder | 867 | | | | |
| 3 | Banane | 864 | | **Werte** | **Produkt** | |
| 4 | Apfel | 5541 | | **Summe von Umsatz** | Apfel | 47.323 |
| 5 | Banane | 825 | | | Banane | 4.440 |
| 6 | Dill | 162 | | | Dill | 1.162 |
| 7 | Erdbeere | 2961 | | | Erdbeere | 4.507 |
| 8 | Erdbeere | 1546 | | | Holunder | 4.570 |
| 9 | Apfel | 5298 | | | Kirsche | 2.878 |
| 10 | Apfel | 341 | | **Gesamt: Summe von Umsatz** | | **64.880** |
| 11 | Holunder | 642 | | **Gesamt: Mittelwert von Umsatz** | | **1.754** |
| 12 | Apfel | 625 | | | | |

**Abbildung 9.51** Erdbeere wird zum ursprünglichen Datensatz hinzugefügt. Nach einer Aktualisierung fügt die Pivot-Tabelle das neue Produkt an der richtigen Stelle in alphabetischer Reihenfolge ein.

Diese Fallstudie stellt zwei relativ unbekannte Konzepte vor: Gruppen (Sets) und das Bearbeiten von MDX. Durch die Kombination von Sets und MDX entsteht jedoch eine robuste PivotTable, die automatisch auf das Hinzufügen neuer Produkte reagiert.

## Nächste Schritte

In Kapitel 10, »Mit dem Datenmodell und Power Pivot auf weitere Features zugreifen«, erfahren Sie, wie Sie mit Power Pivot leistungsstarke Berichtsmodelle erstellen können, die Millionen von Datenzeilen in einer einzigen Pivot-Tabelle verarbeiten und analysieren können.

KAPITEL 10

# Mit dem Datenmodell und Power Pivot auf weitere Features zugreifen

Als ich 2008 zum ersten Mal das Power Pivot-Add-In sah, dachte ich, die große Neuigkeit sei die Möglichkeit, 100 Millionen Zeilen in Excel zu verarbeiten. Mit der Zeit wurde mir klar, dass ich selten auch nur annähernd eine Million Datenzeilen haben werde, und ich begann, die anderen leistungsstarken Features zu schätzen, die verfügbar werden, wenn man das Kontrollkästchen *Dem Datenmodell diese Daten hinzufügen* aktiviert.

Der Ausdruck »Dem Datenmodell diese Daten hinzufügen« ist sehr langweilig. In der Ära von Excel 2013 und Excel 2016 integrierte Microsoft nach und nach weitere Power Pivot-Tools in den Excel-Kern.

Gleichzeitig versuchte Microsoft, Kunden davon zu überzeugen, jeden Monat 2 US-Dollar zusätzlich für Power Pivot zu bezahlen. Man sieht, dass es das Ziel von Excel 2013 war, den Ausdruck »Dem Datenmodell diese Daten hinzufügen« ziemlich langweilig klingen zu lassen. Wenn niemand das Kontrollkästchen aktiviert hätte, hätten die Leute vielleicht gedacht, dass sie die zusätzlichen 2 US-Dollar pro Monat bezahlen müssten.

Da Excel jedoch den vollständigen Funktionsumfang von Power Pivot enthält, gibt es für Microsoft keinen Grund, so zurückhaltend zu sein. Wenn Sie »Datenmodell« sehen, sollten Sie an »Power Pivot« denken.

---

Während ich dies im Jahr 2024 schreibe, scheint Microsoft das Interesse am Datenmodell verloren zu haben. Aufgrund des Wettbewerbsdrucks durch Google Sheets ist Microsoft bestrebt, Excel für das Web zur führenden Version von Excel zu machen. Dies steht völlig im Widerspruch zum Rest der Welt außerhalb von Redmond, wo Excel für das Web als Flop angesehen wird. Da das Datenmodell niemals in Excel für das Web laufen wird, ist das Excel-Team gezwungen, die bedauerliche Entscheidung zu treffen, keine weiteren technischen Ressourcen in das Datenmodell oder Power Pivot zu investieren. Microsoft wird weiterhin die Anwender der Windows-Versionen von Excel unterstützen, sodass all die erstaunlichen Vorteile des Datenmodells unter Windows weiterhin sicher genutzt werden können.

---

# XVERWEIS durch das Datenmodell ersetzen

Manche beschreiben Power Pivot als eine Möglichkeit, Access in Excel zu nutzen. Das stimmt bis zu einem gewissen Grad: Mit Power Pivot und dem Datenmodell können Sie eine Beziehung zwischen zwei Tabellen herstellen.

Schauen Sie sich die beiden Tabellen in Abbildung 10.1 und Abbildung 10.2 an. Das erste Dataset ist ein Transaktionsdatensatz. Er enthält Spalten für Datum, Rechnungsnummer, Produkt, Menge, Umsatz und Gewinn.

Beachten Sie die Formatierung in Abbildung 10.1. Verwenden Sie entweder *Start | Als Tabelle formatieren* oder drücken Sie Strg+T, um die Daten als Tabelle zu formatieren. Die Formatierung ist nicht das Wichtigste. Die Umwandlung der Daten in eine Tabelle ist wichtig, wenn Sie in Excel zwei Datensätze verknüpfen möchten.

Wenn Sie Strg+T drücken, benennt Excel den Datensatz *Tabelle1*. Drücken Sie Strg+T bei einem anderen Datensatz, wird diese Tabelle *Tabelle2* genannt. Das sind furchtbare Namen, nehmen Sie sich also die Zeit, im Menüband die Registerkarte *Tabellenentwurf* zu öffnen und in das Feld *Tabellenname* einen neuen Namen einzugeben. In Abbildung 10.1 heißt die Tabelle *Daten*. Ein SQL Server-Experte würde diese Tabelle *Fakten* nennen. Ich bevorzuge *Daten,* um mich von den SQL Server-Leuten abzugrenzen.

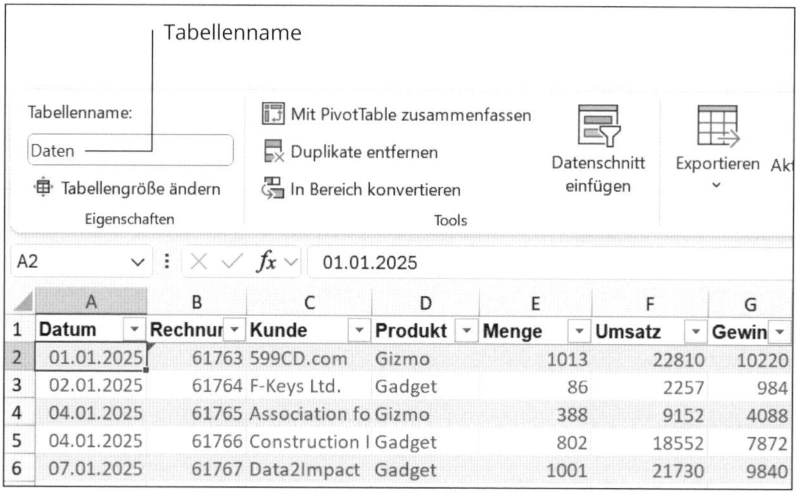


**Abbildung 10.1** Drücken Sie Strg+T, um Ihre Daten als Tabelle zu formatieren. Geben Sie der Tabelle einen aussagekräftigen Namen.

Während die Tabelle *Daten* Hunderte oder Tausende von Rechnungen enthält, ist die zweite Tabelle viel kleiner. Sie enthält eine Zeile für jeden Kunden und ordnet den Kundennamen eine Branche und eine Region zu.

In den meisten Legacy-Situationen würden Sie, wenn Sie einen Bericht erstellen müssten, der die Einnahmen aus der Datentabelle und die Region aus der Nachschlagetabelle anzeigt, ein oder zwei Spalten mit XVERWEIS-Funktionen abrufen und die Regionsdaten in die erste Tabelle übertragen.

Mit dem Datenmodell müssen Sie die Funktion XVERWEIS nicht mehr verwenden. Lassen Sie einfach die beiden Datensätze auf ihren Tabellenblättern stehen. Sie sollten jedoch den zusätzlichen Schritt ausführen und auch die Lookup-Tabelle mit Strg+T als Tabelle definieren. Wie in Abbildung 10.2 gezeigt, können Sie die Tabelle in *Lookup*, *Nachschlagen*, *KundeLookup* oder einen anderen für Sie aussagekräftigen Namen umbenennen.

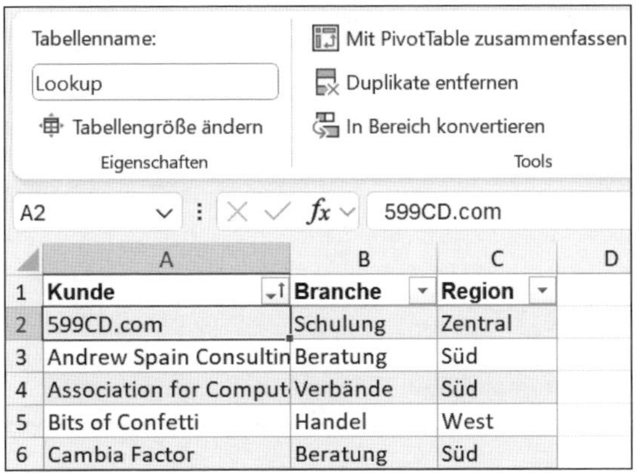


**Abbildung 10.2** Definieren Sie die Lookup-Daten mit `Strg`+`T` als Tabelle. Benennen Sie die Tabelle um.

Es gibt viele Möglichkeiten, Ihre beiden Tabellen in das Datenmodell zu übertragen.

- Wenn Sie die Daten in der Tabelle transformieren müssen, können Sie Power Query verwenden. Wählen Sie im letzten Schritt *Schließen und laden in | Dem Datenmodell diese Daten hinzufügen.*
- Wenn im Menüband die Registerkarte *Power Pivot* in der Multifunktionsleiste angezeigt wird, können Sie für jede der Tabellen auf das Symbol *Zu Datenmodell hinzufügen* klicken, um sie zum Datenmodell hinzuzufügen. Diese Registerkarte wird nicht immer angezeigt. Excel-MVP Wyn Hopkins gibt diesen kurzen Tipp zum Hinzufügen der Registerkarte *Power Pivot*: Wechseln Sie im Menüband zur Registerkarte *Daten* und klicken Sie auf *Datenmodell verwalten*. Klicken Sie im Fenster *Datenmodell* auf *Datei | Schließen*. Durch diesen Schritt wird die Registerkarte *Power Pivot* sofort und auch in Zukunft angezeigt.
- Sie können aus der Datentabelle eine Pivot-Tabelle erstellen und das Kontrollkästchen *Dem Datenmodell diese Daten hinzufügen* einschalten.
- Sie können zwischen den Tabellen eine Beziehung definieren, wodurch diese automatisch zum Datenmodell hinzugefügt werden.
- Wenn Sie im Fenster *Datenmodell verwalten* die Diagrammansicht verwenden, können Sie Beziehungen erstellen, indem Sie zwischen zwei Feldern in zwei Tabellen eine Linie ziehen.

Da wir eine Beziehung zwischen den beiden Tabellen benötigen, können Sie die Daten ganz einfach in das Datenmodell laden, indem Sie eine neue Beziehung erstellen. Befolgen Sie dazu die folgenden Schritte:

1. Suchen Sie auf der Registerkarte *Daten* in der Gruppe *Datentools* das Dropdownmenü *Datenmodell* und wählen Sie *Beziehungen*.
2. Klicken Sie im Dialogfeld *Beziehungen verwalten* auf *Neu*. Das Dialogfeld *Beziehung erstellen* wird angezeigt; es enthält vier Dropdownlisten.
3. Wählen Sie in der Dropdownliste *Tabelle* die Tabelle *Daten* aus.
4. Wählen Sie in der Dropdownliste *Spalte (fremd)* die Option *Kunde* aus.
5. Wählen Sie in der Dropdownliste *Verwandte Tabelle* die Option *Lookup* aus.
6. Wählen Sie in der Dropdownliste *Verwandte Spalte (primär)* die Option *Kunde* aus, wie in Abbildung 10.3 dargestellt.
7. Klicken Sie auf *OK*, um die Beziehung zu erstellen.

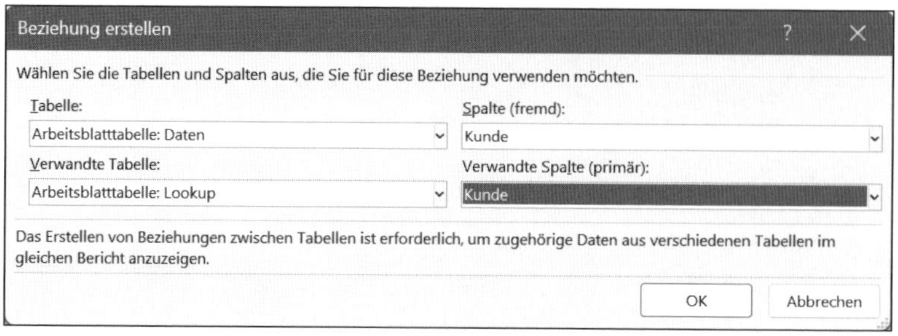


**Abbildung 10.3** Durch das Erstellen einer Beziehung zwischen zwei Tabellen werden beide Tabellen automatisch zum Datenmodell hinzugefügt.

---

Bei einigen Nachschlagetabellen müssen Sie möglicherweise anhand von zwei Feldern, z.B. Kostenstelle und Konto, einen Abgleich vornehmen. Am Ende dieses Kapitels finden Sie eine Fallstudie, die zeigt, wie Sie Power Query für diese Art von Beziehung verwenden können.

---

Um die Pivot-Tabelle zu erstellen, wählen Sie einen beliebigen leeren Bereich Ihres Tabellenblatts aus. Wählen Sie *Einfügen | PivotTable | Aus dem Datenmodell*. Excel fragt Sie, ob Sie die Pivot-Tabelle in einem neuen oder einem vorhandenen Arbeitsblatt erstellen möchten. Klicken Sie auf *OK*.

Sie werden feststellen, dass im Aufgabenbereich *PivotTable-Felder* die beiden Tabellen reduziert angezeigt werden. Wie in Abbildung 10.4 dargestellt, sehen Sie nur *Daten* und *Lookup*. Klicken Sie auf das Größer-als-Zeichen (>) links neben einer der Tabellen, um die Liste der Felder in der Tabelle anzuzeigen.

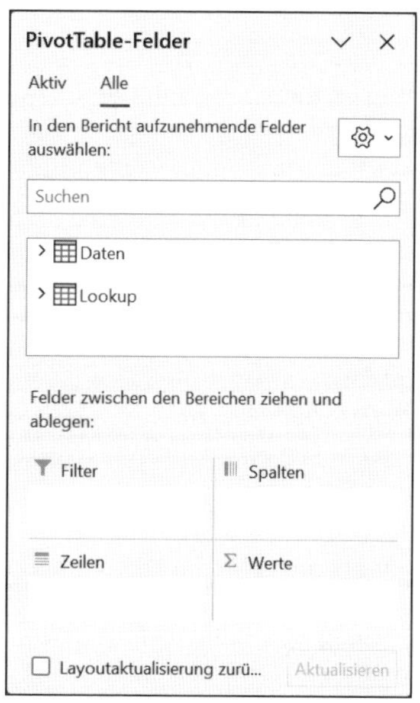


**Abbildung 10.4** Eine auf dem Datenmodell basierende PivotTable stellt mehrere Tabellen zur Verfügung.

Klicken Sie auf die Tabelle *Lookup*, um die Felder *Kunde, Branche* und *Region* anzuzeigen. Ziehen Sie das Feld *Sektor* in den Bereich *Spalten*. Ziehen Sie das Feld *Region* in den Bereich *Zeilen*. Erweitern Sie die Tabelle *Daten* und ziehen Sie das Feld *Umsatz* in den Bereich *Werte*. Wie in Abbildung 10.5 gezeigt, erhalten Sie eine Pivot-Tabelle, die ohne eine einzige `XVERWEIS`-Funktion Daten aus zwei verschiedenen Tabellen bezieht.

Die Ergebnisse in Abbildung 10.5 sind ziemlich bahnbrechend. Sie haben gerade Excel eine Datenbankverknüpfung zwischen Daten auf zwei Arbeitsblättern durchführen lassen, ohne wissen zu müssen, wie man die Funktion `SVERWEIS` oder `XVERWEIS` ausführt.

Selbst wenn Sie `XVERWEIS` kennen und lieben, möchten Sie bei einem Datensatz mit 100.000 Datensätzen und einer Lookup-Tabelle mit 12 Spalten nicht 1.200.000 `XVERWEIS`-Formeln erstellen, um diese Datensätze miteinander zu verknüpfen. Power Pivot und das Datenmodell lassen sich perfekt skalieren.

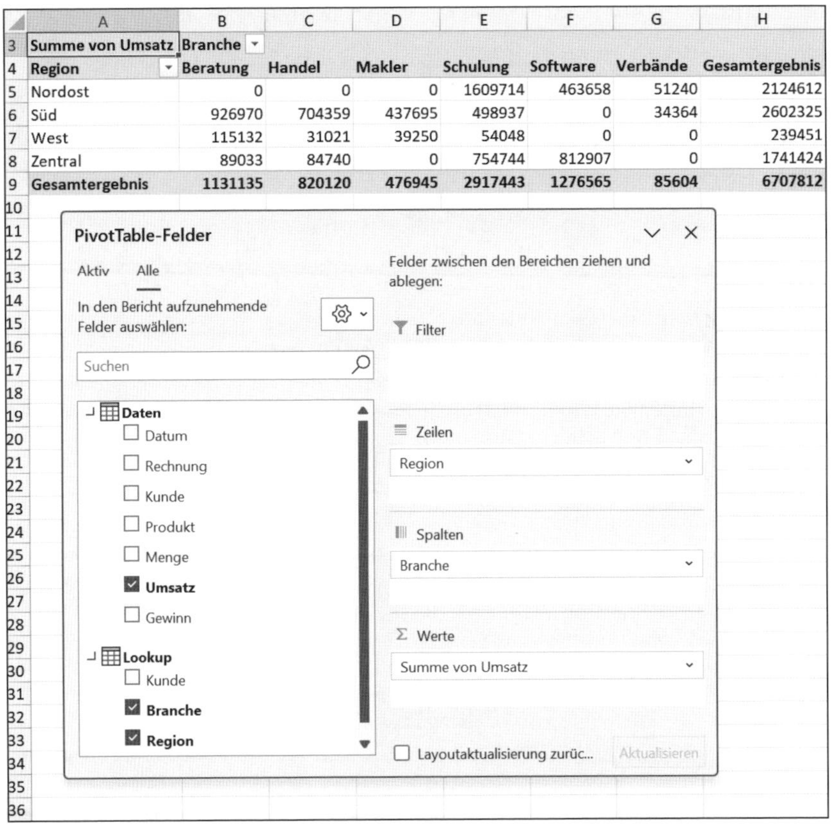


**Abbildung 10.5** Excel hat die Daten- und Nachschlagetabelle im Speicher verknüpft und die Ergebnisse unter Verwendung beider Tabellen ausgegeben.

Für mich ist das Verknüpfen von zwei Tabellen in einer einzigen Pivot-Tabelle der größte Vorteil von Power Pivot und dem Datenmodell. Es gibt jedoch noch viele weitere leistungsstarke Features, die freigeschaltet werden, wenn Sie beim Erstellen einer Pivot-Tabelle das Kontrollkästchen *Dem Datenmodell diese Daten hinzufügen* aktivieren.

# Versteckte Features mit dem Datenmodell nutzen

Ich halte seit vielen Jahren Live-Seminare zu Excel ab. In diesen Seminaren höre ich eine Vielzahl von Fragen zu Excel. Einige Fragen kommen so häufig vor, dass sie mehrmals im Jahr gestellt werden. Wenn meine Antwort mit »Haben Sie schon einmal das Kontrollkästchen *Dem Datenmodell diese Daten hinzufügen* bemerkt?« beginnt, können die Leute kaum glauben, dass die Antwort direkt vor ihren Augen in Excel versteckt war. Eine typische Reaktion aus dem Publikum lautet: »Woher sollte ich denn wissen, dass *Dem Datenmodell diese Daten hinzufügen* bedeutet, dass ich in einer Pivot-Tabelle einen Median erstellen kann?«

Die folgenden Beispiele verwenden ein einzelnes Dataset ohne Beziehungen. Der schnellste Weg, ein einzelnes Dataset in das Datenmodell zu übertragen, besteht darin, eine Zelle in den Daten auszuwählen und *Einfügen | PivotTable | Aus Tabelle/Bereich* zu wählen, wie in Abbildung 10.6 dargestellt. Beachten Sie, dass Sie den Bereich nicht mit Strg+T als Tabelle formatieren müssen. Excel ruft Ihre Daten mit dem Namen *Bereich* ab.

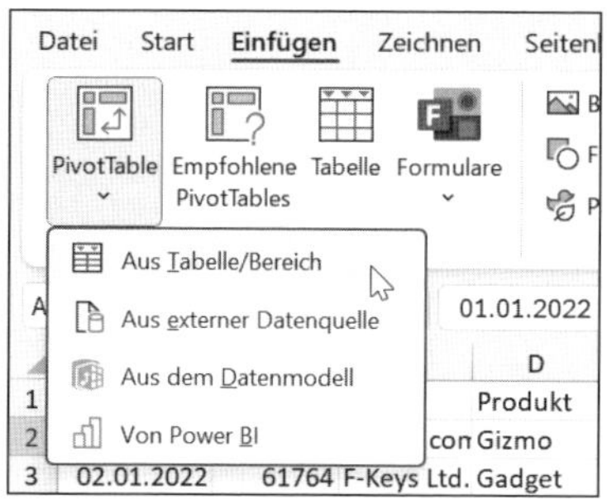


**Abbildung 10.6** Bei nur einer einzigen Tabelle müssen keine Beziehungen erstellt werden. Beginnen Sie mit der Erstellung einer Pivot-Tabelle, führen Sie dann jedoch einen zusätzlichen Schritt in Abbildung 10.7 aus.

Am unteren Rand des Dialogfelds *PivotTable aus Tabelle oder Bereich* befindet sich das Kontrollkästchen *Dem Datenmodell diese Daten hinzufügen*. Die Überschrift über diesem Kontrollkästchen weist darauf hin, dass Sie es aktivieren sollten, wenn Sie mehrere Tabellen analysieren möchten. Für alle Techniken in diesem Abschnitt wählen Sie jedoch das Datenmodell, um die PivotTable-Funktionalität freizuschalten, die für eine einzelne Tabelle nützlich ist (siehe Abbildung 10.7).

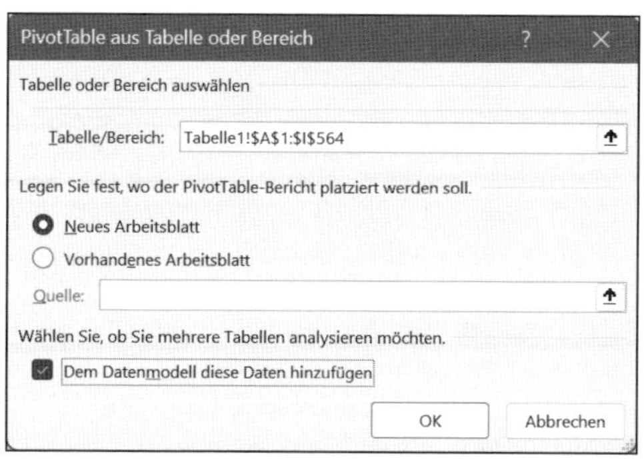


**Abbildung 10.7** Das Kontrollkästchen *Dem Datenmodell diese Daten hinzufügen* erklärt nicht alle nützlichen Features, die dadurch freigeschaltet werden.

## Eindeutige Anzahl in einer Pivot-Tabelle

Betrachten Sie die drei Pivot-Tabellen in Abbildung 10.8. Die Frage lautet: »Wie viele eindeutige Kunden gibt es in jeder Branche?« Mit der Pivot-Tabelle in den Spalten A und B können Sie die Antwort herausfinden. Sie können von Hand zählen, dass es in der Branche Beratung sechs Kunden gibt (B4 bis B9). In der Branche Handel sind vier Kunden aufgeführt.

Aber wie würden Sie Ihrem Vorgesetzten die Pivot-Tabelle oben links präsentieren? Sie müssten sich ein Blatt Papier nehmen und »Beratung: 6, Handel: 4, Makler: 3« usw. notieren.

Wenn Sie versuchen, eine Pivot-Tabelle zu erstellen, um die Frage zu beantworten, erhalten Sie möglicherweise die falschen Ergebnisse, die in D3:E10 angezeigt werden. Diese Pivot-Tabelle gibt an, dass sie *Anzahl von Kunde* berechnet, aber tatsächlich handelt es sich um die Anzahl der Rechnungen in jeder Branche. Der Trick zur Lösung des Problems besteht darin, Ihre Daten zum Datenmodell hinzuzufügen.

Die Pivot-Tabelle in D13:E20 in Abbildung 10.8 gibt irgendwie die richtige Anzahl der eindeutigen Kunden in jedem Sektor an.

Eine normale Pivot-Tabelle bietet 11 Berechnungen, die sich seit 33 Jahren nicht geändert haben: *Summe, Anzahl, Mittelwert, Max, Min, Produkt, Anzahl Zahlen, STABW, Standardabweichung (Grundgesamtheit), Var* und *Varianz (Grundgesamtheit).*

Wenn Sie jedoch Ihre Pivot-Tabelle erstellen und das Kontrollkästchen *Dem Datenmodell diese Daten hinzufügen* aktivieren, wird am Ende des Dialogfelds *Wertfeldeinstellungen* eine neue Berechnungsoption angezeigt: *Diskrete Anzahl.*

Eine unschöne Lösung in A:B hat eine Pivot-Tabelle mit *Branche* und *Kunde* im Zeilenbereich. Sie müssen zählen, wie viele Zeilen in jeder Branche vorhanden sind. Wenn Sie *Kunde* in den Wertebereich ziehen, lautet die Überschrift *Anzahl von Kunde*, aber die Zahlen sind viel höher, als sie sein sollten. Es handelt sich tatsächlich um eine Zählung der Datensätze. In den folgenden Absätzen wird erläutert, wie die Pivot-Tabelle in D13:E20 das richtige Ergebnis ausgibt.

| | A | B | C | D | E |
|---|---|---|---|---|---|
| 1 | | | | | |
| 2 | | | | **Normale PivotTable** | |
| 3 | Branche | Kunde | | Branche | Anzahl von Kunde |
| 4 | ⊟Beratung | Andrew Spain Consulting | | Beratung | 85 |
| 5 | | Cambia Factor | | Handel | 78 |
| 6 | | Construction Intelligence & Analytics, Inc. | | Makler | 36 |
| 7 | | Data2Impact | | Schulung | 252 |
| 8 | | Excelerator BI | | Software | 104 |
| 9 | | Fintega Financial Modelling | | Verbände | 8 |
| 10 | Beratung Ergebnis | | | Gesamtergebnis | 563 |
| 11 | ⊟Handel | Bits of Confetti | | | |
| 12 | | Hartville MarketPlace and Flea Market | | **Datenmodell** | |
| 13 | | LaFrenier Sons Septic | | Branche | Eindeutige Kunden |
| 14 | | New Hope Laundry | | Beratung | 6 |
| 15 | Handel Ergebnis | | | Handel | 4 |
| 16 | ⊟Makler | Juliet Babcock-Hyde CPA, PLLC | | Makler | 3 |
| 17 | | Serving Brevard Realty | | Schulung | 8 |
| 18 | | WM Squared Inc. | | Software | 4 |
| 19 | Makler Ergebnis | | | Verbände | 2 |
| 20 | ⊟Schulung | 599CD.com | | Gesamtergebnis | 27 |
| 21 | | CPASelfStudy.com | | | |
| 22 | | ExcelTricks.de | | | |

**Abbildung 10.8** Durch Verwendung der Datenmodell-PivotTable erhalten Sie das richtige Ergebnis von sechs eindeutigen Kunden in der Branche *Beratung*.

Ziehen Sie *Kunde* in den Wertebereich und doppelklicken Sie auf die Überschrift *Anzahl von Kunde*. Wählen Sie *Diskrete Anzahl,* ändern Sie den Titel, und Sie erhalten die in Abbildung 10.8 gezeigte Lösung. Abbildung 10.9 zeigt das Dialogfeld *Wertfeldeinstellungen*.

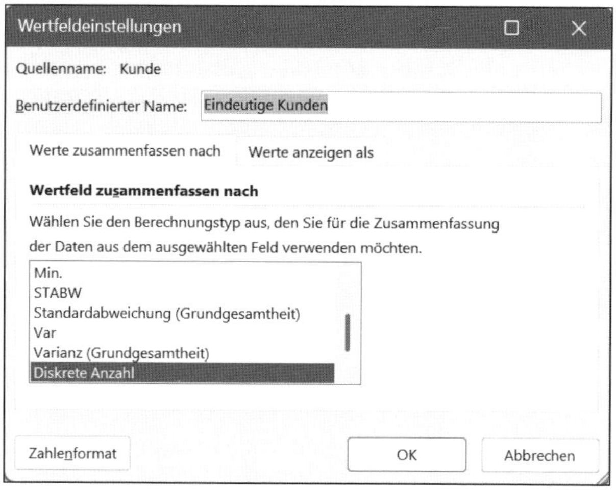


**Abbildung 10.9** *Diskrete Anzahl* wird in Datenmodell-PivotTables angezeigt.

Eine Besonderheit: Die Berechnung »Produkt« fehlt in den Wertfeldeinstellungen für das Datenmodell. Ich habe noch nie jemanden getroffen, der die Berechnung »Produkt« tatsächlich verwendet hat. Wenn Sie jedoch ein Fan von Produkt sind, wird es Ihnen nicht gefallen, dass Excel »Produkt« durch »Diskrete Anzahl« ersetzt hat, um Platz zu schaffen. Sie können ein neues Measure mit =PRODUCT([Umsatz]) hinzufügen, um die Berechnung mit Produkt zu replizieren. Sehen Sie sich das Beispiel zum Erstellen eines Medians weiter hinten in diesem Kapitel an.

## Gefilterte Elemente in Ergebnissen einbeziehen

Excel-Pivot-Tabellen bieten eine hervorragende Filterfunktion namens Top-10. Diese Funktion ist sehr flexibel: Sie kann die obersten 10 Elemente, die untersten 5 Elemente, die Top 80% oder die obersten Datensätze mit einem Umsatz von 4 Millionen Dollar filtern.

Das Kürzen eines langen Berichts, um nur die obersten 5 Elemente anzuzeigen, eignet sich hervorragend für ein Dashboard oder einen zusammenfassenden Bericht, jedoch gibt es ein Problem, wenn Sie einen der Filter verwenden.

In Abbildung 10.10 nimmt die oberste Pivot-Tabelle die Zeilen 3 bis 31 ein. Der Umsatz wird sowohl als Umsatz als auch als Prozentsatz des Gesamtergebnisses angezeigt. Der größte Kunde ist Andrew Spain Consulting mit 869.000 $. In der obersten Pivot-Tabelle beträgt das Gesamtergebnis 6,7 Millionen Dollar, und Andrew Spain macht 12,96% dieses Gesamtergebnisses aus.

In derselben Abbildung zeigen die Zeilen 34 bis 40 dieselbe Pivot-Tabelle, wobei im Top-10-Filter die obersten 5 Elemente ausgewählt sind. Das Gesamtergebnis beträgt nun nur noch 3,56 Millionen Dollar. Andrew Spain macht 24,42% des geringeren Gesamtergebnisses aus, was falsch ist. Andrew Spain Consulting sollte weiterhin 12,96% des Gesamtergebnisses ausmachen – nicht 24,42%.

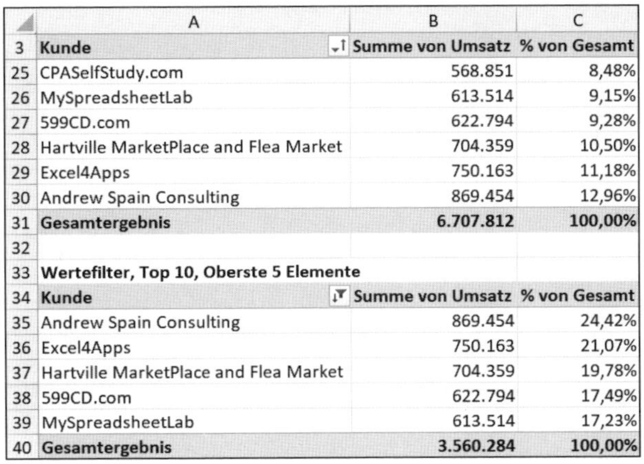

| | A | | B | C |
|---|---|---|---|---|
| 3 | Kunde | | Summe von Umsatz | % von Gesamt |
| 25 | CPASelfStudy.com | | 568.851 | 8,48% |
| 26 | MySpreadsheetLab | | 613.514 | 9,15% |
| 27 | 599CD.com | | 622.794 | 9,28% |
| 28 | Hartville MarketPlace and Flea Market | | 704.359 | 10,50% |
| 29 | Excel4Apps | | 750.163 | 11,18% |
| 30 | Andrew Spain Consulting | | 869.454 | 12,96% |
| 31 | **Gesamtergebnis** | | **6.707.812** | **100,00%** |
| 32 | | | | |
| 33 | **Wertefilter, Top 10, Oberste 5 Elemente** | | | |
| 34 | Kunde | | Summe von Umsatz | % von Gesamt |
| 35 | Andrew Spain Consulting | | 869.454 | 24,42% |
| 36 | Excel4Apps | | 750.163 | 21,07% |
| 37 | Hartville MarketPlace and Flea Market | | 704.359 | 19,78% |
| 38 | 599CD.com | | 622.794 | 17,49% |
| 39 | MySpreadsheetLab | | 613.514 | 17,23% |
| 40 | **Gesamtergebnis** | | **3.560.284** | **100,00%** |

**Abbildung 10.10** Die Verwendung des Top-10-Filters kann die Berechnung des Prozentsatzes des Gesamtergebnisses verändern.

Am 30. Januar 2007 veröffentlichte Microsoft Excel 2007. Excel wurde um ein neues Feature namens *Gefilterte Elemente in Summen einschließen* erweitert, die das in Abbildung 10.10 dargestellte Problem lösen würde. Wie Sie jedoch in Abbildung 10.11 sehen können, ist dieses Feature nicht verfügbar, und zwar seit dem 30. Januar 2007. Ich kann das bestätigen, da ich jeden Tag überprüfe, ob es aktiviert ist.

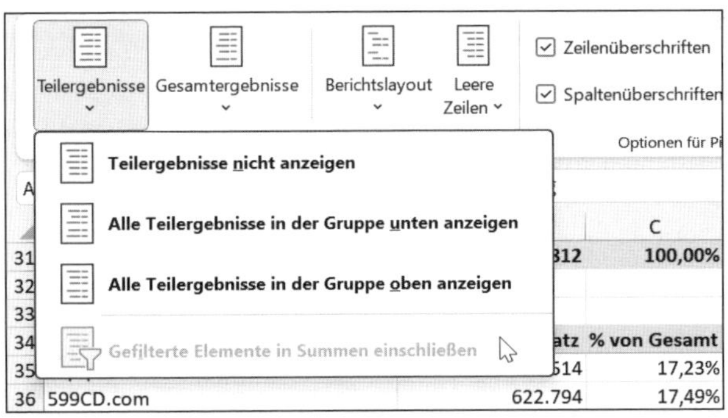


**Abbildung 10.11** Der Befehl *Gefilterte Elemente in Summen einschließen* ist ausgegraut.

Sie können dieses Problem lösen, indem Sie beim Erstellen der PivotTable die Option *Dem Datenmodell diese Daten hinzufügen* auswählen. Dadurch wird die Auswahl aktiviert. Das Sternchen neben der Gesamtsumme in Zelle A49 bedeutet, dass die in der Pivot-Tabelle ausgeblendeten Zeilen in den Summen enthalten sind.

Noch wichtiger ist, dass die Berechnung *% des Gesamtergebnisses* weiterhin den korrekten Wert von 12,96% für Andrew Spain Consulting angibt (siehe Abbildung 10.12).

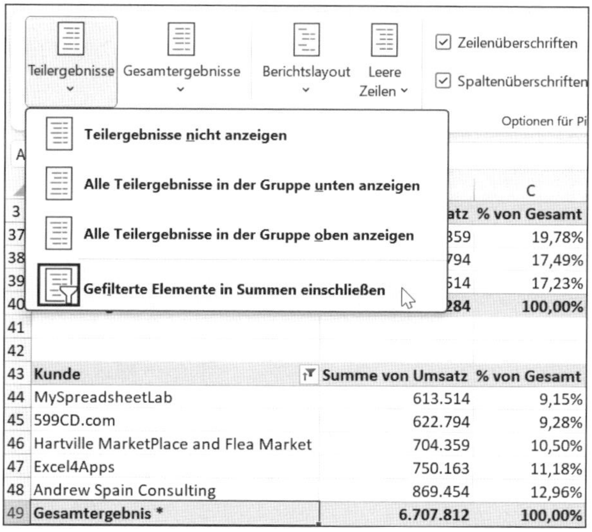

**Abbildung 10.12** Durch Auswahl des Datenmodells ist die Berechnung korrekt.

## Median in einer Pivot-Tabelle mit DAX-Measures erstellen

PivotTables unterstützen nach wie vor keine Medianberechnung. Wenn Sie die Daten jedoch zum Datenmodell hinzufügen, können Sie jede Berechnung erstellen, die von der DAX-Formelsprache unterstützt wird. Zwischen Excel 2016 und Excel 2019 wurde die DAX-Formelsprache um die Berechnung des Medians erweitert.

Mit DAX durchgeführte Berechnungen werden als Measures bezeichnet. Abbildung 10.13 zeigt verschiedene Möglichkeiten, eine DAX-Berechnung zu starten. Sie können im Bereich *PivotTable-Felder* mit der rechten Maustaste auf den Tabellennamen klicken und *Measure hinzufügen* auswählen oder in Excel auf der Registerkarte *Power Pivot* das Dropdownmenü *Measures* verwenden. Die Verwendung des Dropdownmenüs ist etwas besser, da alle neuen Measures automatisch zum Bereich *Werte* einer Pivot-Tabelle hinzugefügt werden.

Abbildung 10.14 zeigt das Dialogfeld *Measure*. Es gibt mehrere Felder:

- Der *Tabellenname* wird automatisch ausgefüllt.
- Geben Sie in das Feld *Measurename* einen aussagekräftigen Namen für die neue Berechnung ein.
- Das Feld *Beschreibung* können Sie leer lassen.
- Über die Schaltfläche *fx* können Sie eine Funktion aus einer Liste auswählen.
- Die Schaltfläche *DAX-Formel überprüfen* sucht nach Syntaxfehlern.
- Geben Sie als Formel **=Median(Bereich[Umsatz])** ein.
- Wählen Sie unten links ein Zahlenformat aus.

Während Sie die Formel eingeben, werden Ihnen ähnlich wie bei der AutoVervollständigung QuickInfos zur Erstellung der Formel angezeigt. Wenn Sie die Eingabe der Formel abgeschlossen haben, klicken Sie auf die Schaltfläche *DAX-Formel überprüfen*. Sie sollten dann die Meldung »Diese Formel weist keine Fehler auf.« sehen, wie in Abbildung 10.14 dargestellt.

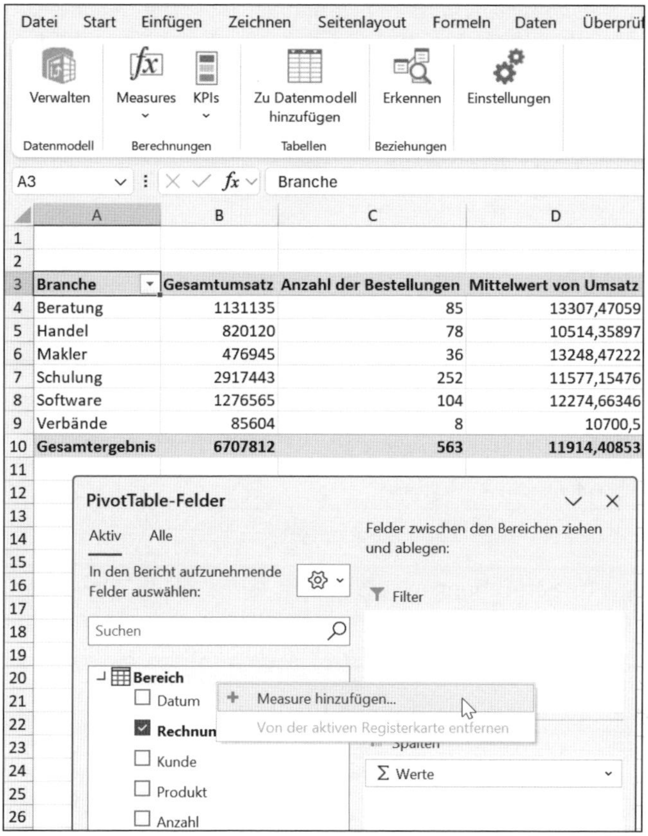


**Abbildung 10.13** Erstellen Sie eine PivotTable aus dem Datenmodell und fügen Sie dann ein Measure hinzu.

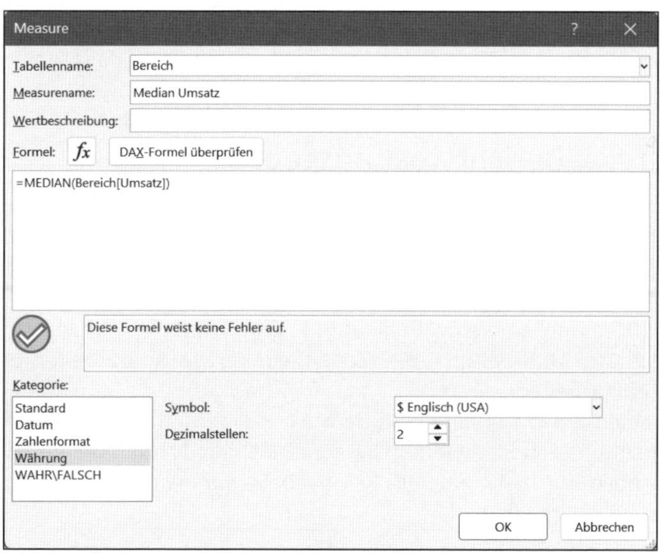


**Abbildung 10.14** Erstellen Sie ein Measure zur Berechnung des Medians.

Klicken Sie auf *OK. Median Umsatz* wird im Feldbereich angezeigt. Wählen Sie das Feld im Feldbereich aus, um es zu Ihrer Pivot-Tabelle hinzuzufügen. Spalte E in Abbildung 10.15 zeigt den Median für jede Branche.

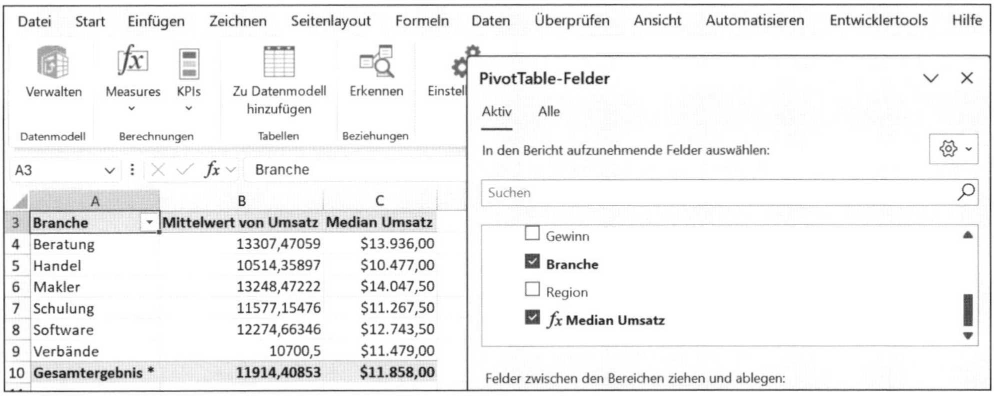


**Abbildung 10.15** Eine Pivot-Tabelle mit Medianwerten.

Mit Measures erstellte Berechnungen lassen sich leicht wiederverwenden. Ändern Sie die Pivot-Tabelle aus Abbildung 10.15 so ab, dass in Spalte A statt der Branche die Regionen angezeigt werden. Das Measure wird wiederverwendet und berechnet nun den Zentralwert nach Region (siehe Abbildung 10.16).

| | A | B | C | D |
|---|---|---|---|---|
| 3 | **Region** | **Mittelwert von Umsatz** | **Median Umsatz** | |
| 4 | Nordost | 11301,12766 | $10.623,50 | |
| 5 | Süd | 12333,29384 | $12.360,00 | |
| 6 | West | 11972,55 | $10.307,00 | |
| 7 | Zentral | 12093,22222 | $12.642,00 | |
| 8 | **Gesamtergebnis *** | **11914,40853** | **$11.858,00** | |
| 9 | | | | |

**Abbildung 10.16** Ein Measure funktioniert weiterhin, auch wenn Sie das Layout der PivotTable ändern.

## Im Wertebereich Berichtstext ausgeben

Pivot-Tabellen eignen sich hervorragend für die Darstellung von Zahlen. Bislang war es jedoch nicht möglich, im Wertebereich einer Pivot-Tabelle Textantworten anzuzeigen.

Die neue DAX-Berechnung für `CONCATENATEX` gibt für jeden Wert in der Pivot-Tabelle einen Textwert zurück.

In Abbildung 10.17 werden die Originaldaten in den Spalten A:C angezeigt. Jedem Kunden wird ein Team aus drei Mitarbeitern zugewiesen: ein Vertriebsmitarbeiter, ein Manager und ein Kundendienstmitarbeiter.

Sie möchten einen Bericht erstellen, in dem die Kunden an der Seite und die Funktionen oben aufgeführt sind. Listen Sie in jedem Wertebereich die Namen der zugewiesenen Personen auf. Die in Abbildung 10.17 gezeigte Pivot-Tabelle verwendet die Funktion `CONCATENATEX`, um den Bericht zu erstellen.

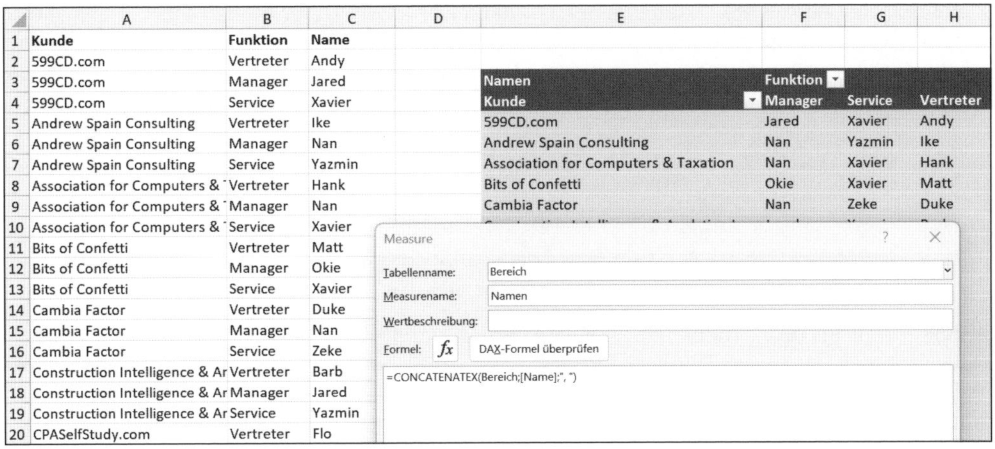


**Abbildung 10.17** Dieser schmale Datensatz wird pivotiert, um den Text nebeneinander anzuzeigen.

Die Formel in Abbildung 10.17 kann doppelte Werte mehrfach in einer Pivot-Tabellenzelle anzeigen. Um diese Duplikate zu vermeiden, ändern Sie die Formel wie folgt ab: `=CONCATENATEX(VALUES(Bereich[Name]);Bereich[Name];", ")`

# Big Data mit Power Query verarbeiten

Vielleicht waren Sie begeistert, als Excel von 65.536 Zeilen in Excel 2003 auf 1.048.576 Zeilen in Excel 2007 erweitert wurde. Was aber, wenn Sie mehr als 1,1 Millionen Zeilen mit Daten haben?

Die Datei *10-BigData.txt*, die in den Beispieldateien enthalten ist, umfasst 1,8 Millionen Datenzeilen. Wie können Sie diese Daten in Excel analysieren?

Sie können die Power Query-Tools auf der Registerkarte *Daten* in der Gruppe *Daten abrufen und Transformieren* verwenden.

Es gibt verschiedene Strategien:

- **Bearbeiten Sie die Datei mit Power Query** Versuchen Sie, unnötige Datensätze zu entfernen. Möglicherweise benötigen Sie keine Verkaufszahlen aus dem Outlet-Store oder Daten vor 2005. Wenn Sie die 1,8 Millionen Zeilen auf weniger als 1.048.576 Datensätze reduzieren können, können Sie diese direkt in die Excel-Tabelle laden.
- **Gruppieren Sie die Datei mit Power Query** Vielleicht wissen Sie, dass Sie sich nie für die täglichen Daten interessieren werden. Sie können in Power Query eine Formel hinzufügen, um aus den Tagesdaten Monatsdaten zu berechnen. Gruppieren Sie die Daten nach Filiale, Kategorie und Monat und summieren Sie die Menge und den Umsatz. Wenn diese Daten weniger als 1.048.576 Zeilen umfassen, können Sie sie in die Excel-Tabelle laden.
- **Überspringen Sie die Excel-Tabelle und laden Sie die Daten mit Power Pivot direkt in das Datenmodell** Sie können weiterhin berechnete Spalten in die Power Pivot-Tabelle einfügen.
- **Verwenden Sie einen hybriden Ansatz** Entfernen Sie mit Power Query die Verkäufe über den Outlet-Store, laden Sie die Daten dann aber in das Datenmodell.

Wenn Sie die Daten direkt in das Datenmodell laden, können Sie außer dem Erstellen einer Pivot-Tabelle keine weiteren Analysen durchführen. Jedoch erhalten Sie so eine wesentlich kleinere Datei. Aus 65 MB Daten in einer Textdatei werden im Datenmodell oft zu 4 MB Daten. In den folgenden Abschnitten wird der hybride Ansatz beschrieben.

Um eine Textdatei mit Power Query zu laden, wählen Sie auf der Registerkarte *Daten* in der Gruppe *Daten abrufen und transformieren* die Option *Aus Text/CSV* (siehe Abbildung 10.18).

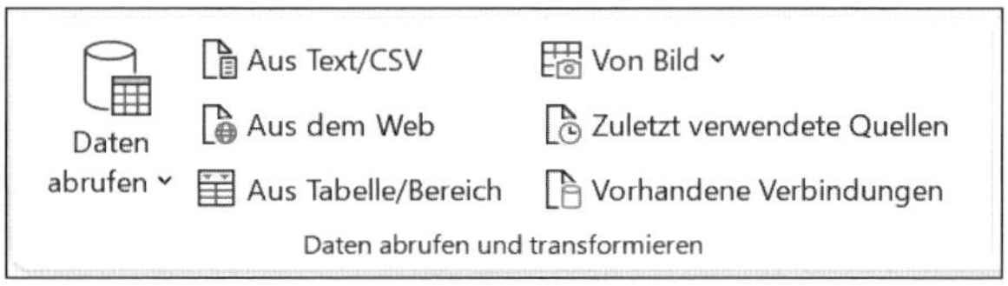


**Abbildung 10.18** Die Gruppe *Daten abrufen und transformieren* enthält die Power Query-Tools.

Suchen Sie im nächsten Dialogfeld Ihre Textdatei. Dieses Dialogfeld ist hier nicht abgedruckt. Nachdem Sie auf *OK* geklickt haben, wird die Vorschau in Abbildung 10.19 angezeigt. Wenn die Datei weniger als 1.048.575 Zeilen umfasst und Sie die Abfrage überhaupt nicht bearbeiten müssen, können Sie auf *Laden* klicken. Ich verwende jedoch nie *Laden*. Ich wähle immer *Daten transformieren*.

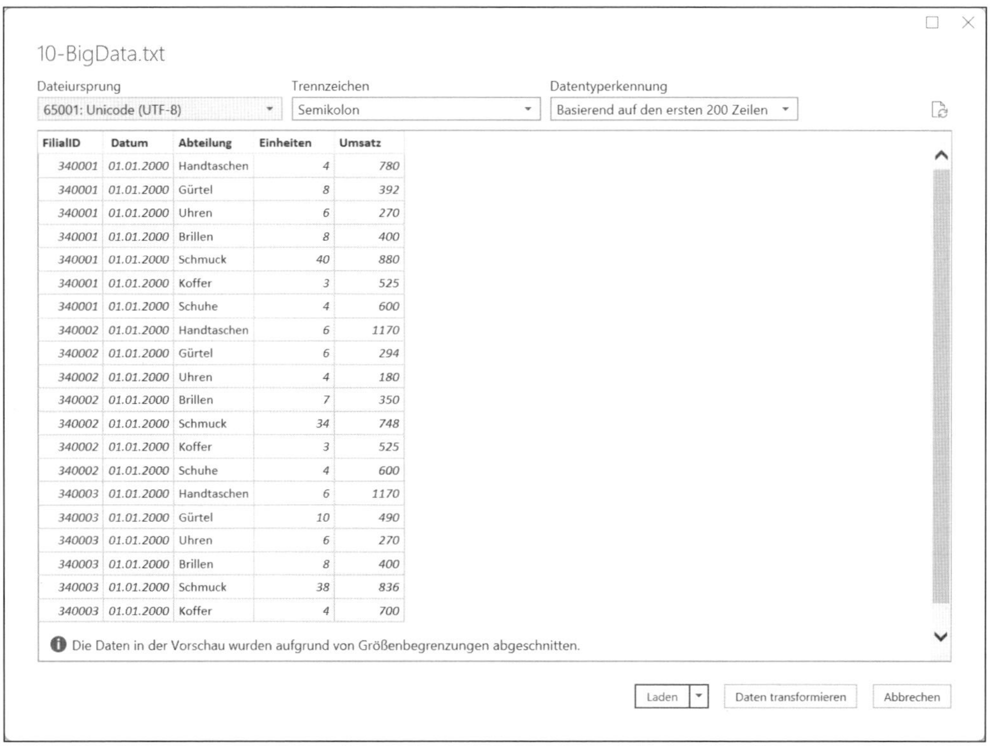


| FilialID | Datum | Abteilung | Einheiten | Umsatz |
|---|---|---|---|---|
| 340001 | 01.01.2000 | Handtaschen | 4 | 780 |
| 340001 | 01.01.2000 | Gürtel | 8 | 392 |
| 340001 | 01.01.2000 | Uhren | 6 | 270 |
| 340001 | 01.01.2000 | Brillen | 8 | 400 |
| 340001 | 01.01.2000 | Schmuck | 40 | 880 |
| 340001 | 01.01.2000 | Koffer | 3 | 525 |
| 340001 | 01.01.2000 | Schuhe | 4 | 600 |
| 340002 | 01.01.2000 | Handtaschen | 6 | 1170 |
| 340002 | 01.01.2000 | Gürtel | 6 | 294 |
| 340002 | 01.01.2000 | Uhren | 4 | 180 |
| 340002 | 01.01.2000 | Brillen | 7 | 350 |
| 340002 | 01.01.2000 | Schmuck | 34 | 748 |
| 340002 | 01.01.2000 | Koffer | 3 | 525 |
| 340002 | 01.01.2000 | Schuhe | 4 | 600 |
| 340003 | 01.01.2000 | Handtaschen | 6 | 1170 |
| 340003 | 01.01.2000 | Gürtel | 10 | 490 |
| 340003 | 01.01.2000 | Uhren | 6 | 270 |
| 340003 | 01.01.2000 | Brillen | 8 | 400 |
| 340003 | 01.01.2000 | Schmuck | 38 | 836 |
| 340003 | 01.01.2000 | Koffer | 4 | 700 |

**Abbildung 10.19** Vergewissern Sie sich, dass die Vorschau auf die richtige Datei verweist, und klicken Sie dann auf *Daten transformieren*.

Nachdem Sie *Daten transformieren* ausgewählt haben, werden die ersten 1000 Zeilen der Datei im Power Query-Editor angezeigt. Die Tools sind über die Registerkarten *Start, Transformieren* und *Spalte hinzufügen* verteilt.

Im aktuellen Beispiel möchten Sie vier Filial-IDs entfernen, und zwar die Outlet-Filialen (diese besitzen die Filial-IDs 340093, 340136, 340137 und 340145). Wenn Sie das Dropdownmenü *Filter* für *FilialID* öffnen, basieren die Auswahlmöglichkeiten auf den ersten 1000 Zeilen. Die Outlet-Filialen, die Sie entfernen müssen, befinden sich weiter hinten in der Datei und sind daher nicht im *Filter*-Dropdownmenü sichtbar. Wählen Sie stattdessen *Zahlenfilter | Nicht gleich.*

Das in Abbildung 10.20 gezeigte Dialogfeld wird angezeigt. Geben Sie die erste zu entfernende Filialnummer ein. Klicken Sie auf *OK*. Wiederholen Sie dies für die anderen drei Geschäfte.

In Abbildung 10.20 können Sie mit dem Optionsfeld *Weitere* eine erweiterte Version des Filters anzeigen. Außerdem können Sie eine zweite Filiale angeben, indem Sie *Und* oder *Oder* auswählen. Jeder Durchlauf dieses Dialogfelds wird als separate Zeile im Bereich *Angewendete Schritte* aufgezeichnet. Möglicherweise möchten Sie, dass die Filter in vier separaten Zeilen angezeigt werden, damit Sie später, wenn eine neue Outlet-Filiale hinzugefügt wird, einen Filter einfach duplizieren können.

Wenn Sie vier Filialen entfernen möchten, wiederholen Sie die Schritte in Abbildung 10.20 noch drei Mal.

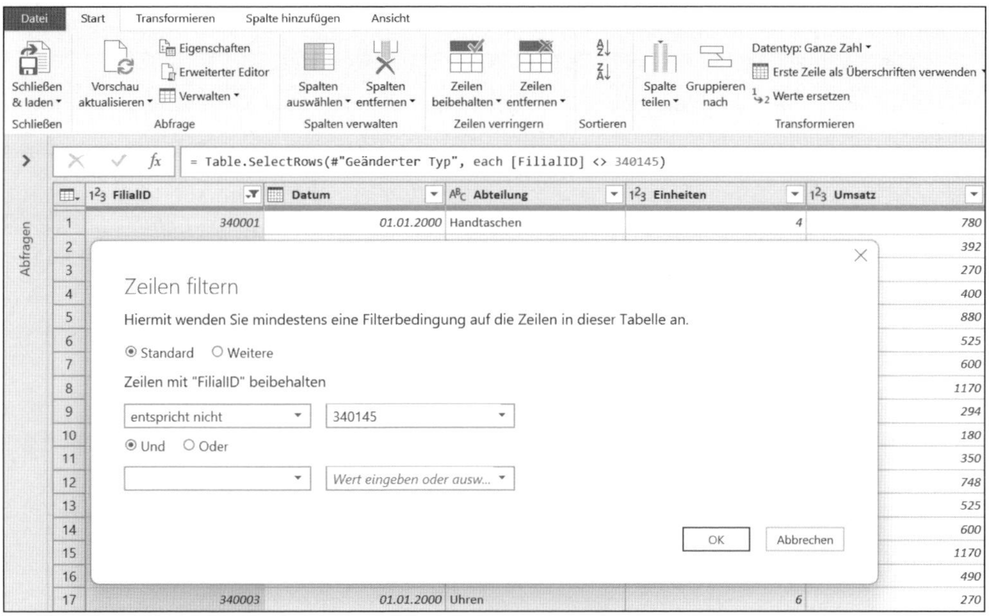


**Abbildung 10.20** Wählen Sie eine Filiale aus, die beim Import entfernt werden soll. Bei dieser Filiale handelt es sich um ein Outlet-Center, das normalerweise nicht im Bericht enthalten ist.

## Mit Power Query eine neue Spalte hinzufügen

Die Textdatei enthält ein Datumsfeld. Sie möchten neue Spalten für Jahr, Monatsname und Monatsnummer hinzufügen. Die Funktionssprache in Power Query unterscheidet sich leider von den Funktionen in Excel. Außerdem wird in der in Power Query verwendeten Sprache zwischen Groß- und Kleinschreibung unterschieden. In Excel könnten Sie `=JAHR(A2)`, `=jahr(a2)`, `=Jahr(A2)` oder `=jAhR(A2)` verwenden. In Power Query müssten Sie jedoch `=Date.Year([Datum])` eingeben, um dieselbe Berechnung durchzuführen. Die Eingabe muss genau so erfolgen. `=date.year([datum])` würde einen Fehler zurückgeben.

Im Sommer 2018 führte Microsoft das Feature *Spalte aus Beispielen* ein. Dieses Feature ähnelt der Blitzvorschau in Excel, weist jedoch eine wesentliche Verbesserung auf: *Spalte aus Beispielen* fügt die richtige Formel in die Abfrage ein, sodass der Schritt in einer neueren Version der Textdatei wiederverwendet werden kann.

Ich bin ein großer Fan von *Spalte aus Beispielen*, da ich jedes Mal, wenn ich eine Formel in Power Query erstellt habe, wusste, dass der Prozess folgende Schritte umfassen würde:

1. die Online-Referenz zur Power Query-Funktion suchen
2. versuchen, die Syntax zu finden
3. die Syntax kopieren, ohne wirklich etwas zu lernen
4. sich vornehmen, diese neuen Funktionen eines Tages genauso gut zu kennen wie Excel
5. Schritt 4 nie umsetzen

Heute weiß ich dank *Spalte aus Beispielen*, dass ich die Power Query-Funktionen nie erlernen muss.

Hier sind die Schritte, um ein berechnetes Jahresfeld zu Ihrer Textdatei hinzuzufügen, während diese importiert wird.

1. Klicken Sie im Power Query-Editor auf die Überschrift *Datum*, um diese Spalte auszuwählen.
2. Öffnen Sie auf der Registerkarte *Spalte hinzufügen* das Dropdownmenü *Spalte aus Beispielen* und wählen Sie *Aus Auswahl*, wie in Abbildung 10.21 gezeigt.

Am rechten Rand des Abfragefensters wird eine neue Zelle angezeigt. Geben Sie den richtigen Wert für dieses Jahr ein. In diesem Fall würden Sie **2000** eingeben.

Als Reaktion auf die Eingabe von 2000 wird ein Menü mit den in Abbildung 10.22 gezeigten Optionen angezeigt. Sehen Sie sich diese Liste an. Ich wollte nur ein Jahr, aber es werden alle möglichen erstaunlichen Dinge angeboten, wie z.B. *Ende des Quartals aus »Datum«* oder *Ende des Jahres aus »Datum«*. Diese könnten eines Tages nützlich sein, aber heute möchten Sie nur das Jahr, also wählen Sie *2000 (Jahr aus »Datum«)*.

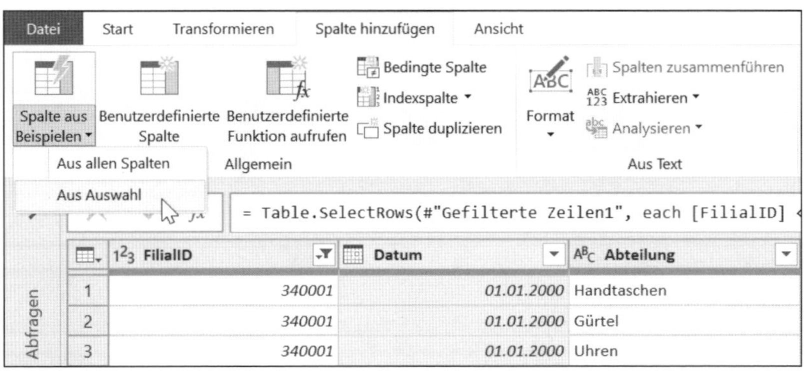


**Abbildung 10.21** Wählen Sie die Spalte aus, die die Quelldaten enthält.

Wenn Sie auf diese Option klicken, fügt Power Query eine neue Spalte mit der Überschrift *Jahr* mit der richtigen Formel hinzu. In der Formelleiste sehen Sie `Date.Year([Datum])`, sodass Sie die Formelsprache lernen können.

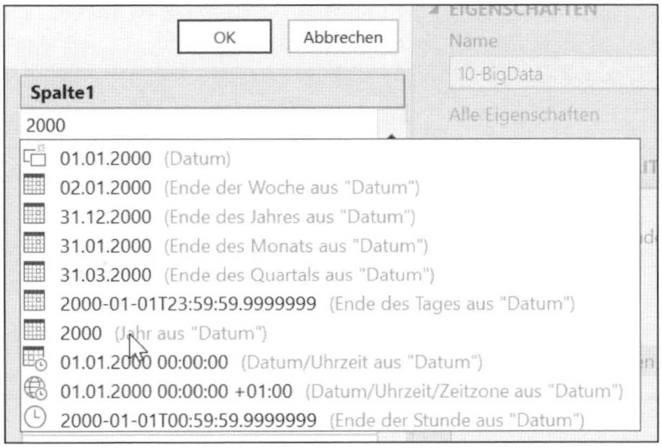


**Abbildung 10.22** Geben Sie 2000 ein, und Power Query bietet Ihnen alle möglichen Formeln an.

Sie können weiterhin benutzerdefinierte Spalten aus Beispielen hinzufügen. Sehen Sie sich die Beispieldateien an, um Monat, Monatsname oder Tag zu sehen.

## Power Query ist wie der Makrorekorder, nur besser

Während Sie Schritte in Power Query ausführen, wird im Bereich *Angewendete Schritte* auf der rechten Seite eine Liste der Schritte angezeigt. Stellen Sie sich diese Liste als den weltweit größten sichtbaren Rückgängig-Stapel vor:

- Sie können auf jedes Element in der Liste klicken und sehen, wie die Daten zu diesem Zeitpunkt aussahen.
- Sie können auf das Zahnradsymbol neben einem beliebigen Schritt klicken und so das Dialogfeld öffnen, das in diesem Schritt verwendet wurde.
- Mit dem X-Symbol können Sie den letzten Schritt entfernen. Sie können auch andere Schritte entfernen, aber wahrscheinlich ruinieren Sie damit die Abfrage, bis Sie den Power Query-Code bearbeiten.
- Um den Power Query-Code anzuzeigen, den Sie durch die Schritte in Power Query erstellt haben (die Sprache wird als M-Sprache bezeichnet), gehen Sie zu *Ansicht | Erweiterter Editor.*

Wie unterscheidet sich dies vom VBA-Makrorekorder? Der von Power Query aufgezeichnete Code funktioniert beim nächsten Mal. Wenn Sie eine neue Textdatei mit 50.000 neuen Datensätzen erhalten, kann der Power Query-Code problemlos an mehr oder weniger Datensätze angepasst werden. Im VBA-Makrorekorder würde eine größere Anzahl von Datensätzen fast immer dazu führen, dass ein aufgezeichnetes Makro nicht mehr funktioniert.

Sehen Sie sich die angewendeten Schritte aus diesem Beispiel in Abbildung 10.23 an.

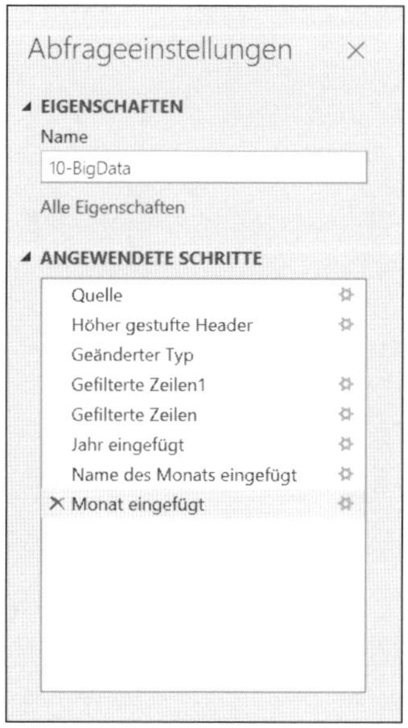


**Abbildung 10.23** Power Query dokumentiert die für eine Datei erforderlichen Transformationen.

## Das Excel-Tabellenraster durch Laden in das Datenmodell umgehen

Im aktuellen Beispiel haben Sie eine Datei mit 1,8 Millionen Zeilen, die nach dem Löschen der Outlet-Stores nun 1,7 Millionen Zeilen umfasst. Diese Datei ist zu groß für das Excel-Tabellenraster. Aber selbst wenn Sie die Datei auf 600.000 Zeilen gekürzt haben, sollten Sie dennoch in Betracht ziehen, die Datei direkt in das Datenmodell zu laden.

Das Datenmodell verwendet einen Komprimierungsalgorithmus, der eine 56-MB-Datei häufig auf 4 MB im Speicher verkleinert.

Dies entspricht einem Komprimierungsverhältnis von 14:1. Wenn Sie aus den Daten Pivot-Tabellen erstellen möchten, können Sie Speicherplatz sparen, indem Sie die Daten direkt in das Datenmodell laden.

Um das Laden in die Excel-Tabelle zu überspringen, öffnen Sie in Power Query die Registerkarte *Start*. Verwenden Sie das Dropdownmenü unten unter *Schließen & laden* und wählen Sie *Schließen & laden in,* wie in Abbildung 10.24 gezeigt.

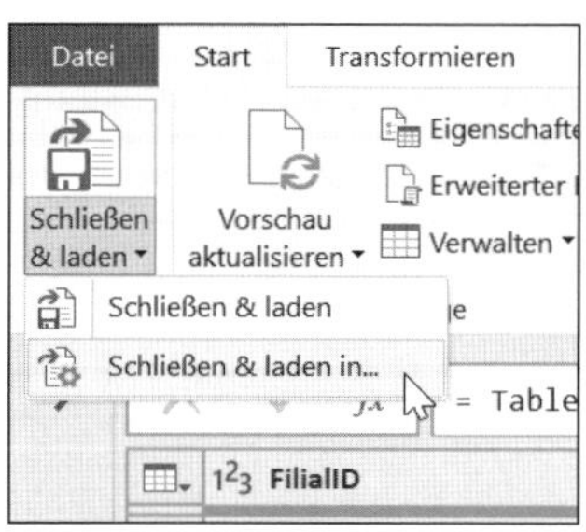


**Abbildung 10.24** Vermeiden Sie das Laden in die Excel-Tabelle, indem Sie *Schließen & laden in* auswählen.

Wählen Sie im Dialogfeld *Daten importieren* die Option *Nur Verbindung erstellen* und anschließend *Dem Datenmodell diese Daten hinzufügen* (siehe Abbildung 10.25).

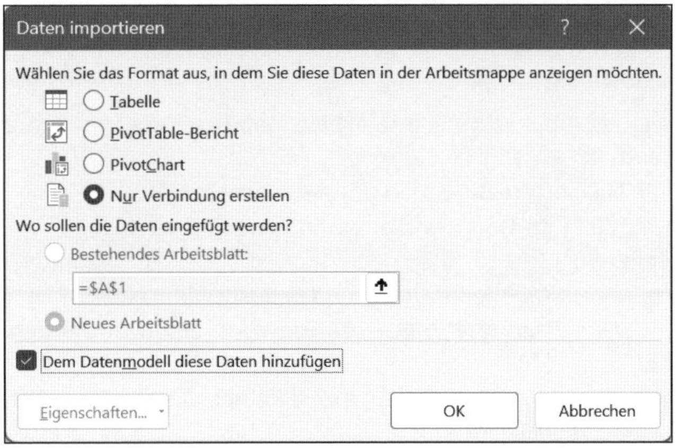


**Abbildung 10.25** Legen Sie fest, dass die Ergebnisse von Power Query in das Datenmodell geladen werden.

Wenn Sie auf *OK* klicken, lädt Excel die 1,7 Millionen Zeilen tatsächlich in Ihre Arbeitsmappe. Sie sehen, wie der Zeilenzähler im Bereich *Abfragen und Verbindungen* hochzählt. Dies dauert so lange, wie es dauert. Excel verfügt nicht über eine magische Methode, um die Daten von der Festplatte zu laden. Während Microsoft diese Daten lädt, werden sie jedoch organisiert und vertikal komprimiert. Von nun an werden die Pivot-Tabellen sehr schnell sein.

Nach Abschluss des Importvorgangs wird im Bereich *Abfragen und Verbindungen* angezeigt, wie viele Zeilen geladen wurden (siehe Abbildung 10.26).

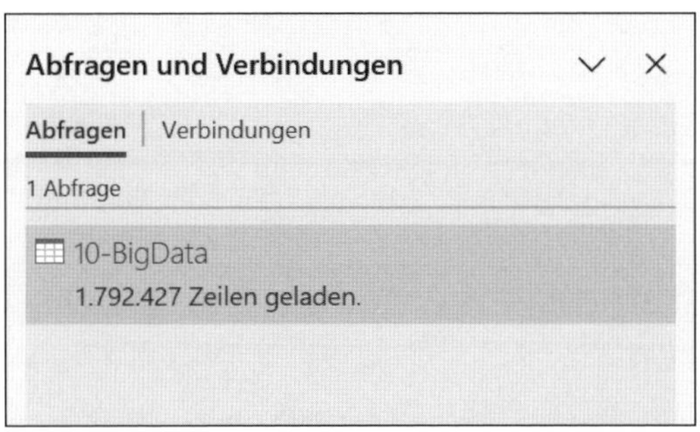


**Abbildung 10.26** Knapp 1,8 Millionen Zeilen wurden in das Datenmodell einer Excel-Arbeitsmappe geladen und stehen für die PivotTable bereit.

## Eine verknüpfte Tabelle hinzufügen

Die Datenbankprofis, die Ihre Textdatei erstellt haben, sind clever. Sie wussten, dass es viel Platz beanspruchen würde, einen 20-stelligen Filialnamen in 1,8 Millionen Textzeilen aufzunehmen. Stattdessen haben sie eine Filial-ID verwendet.

Wahrscheinlich haben Sie ein kleines Arbeitsblatt, das die Filialnummer dem Filialnamen und anderen Informationen zuordnet. Diese Arbeitsmappe existiert wahrscheinlich bereits irgendwo in Ihrem Unternehmen.

Das in Abbildung 10.27 gezeigte Arbeitsblatt ist ein Ausschnitt aus einer Arbeitsmappe mit Infos zu Filialen, wie sie vermutlich in vielen Firmen verwendet wird. In der Praxis gibt es wahrscheinlich noch weitere Spalten für den Namen des Managers, die Telefonnummer usw.

Im Vergleich zu der Textdatei mit 1,8 Millionen Zeilen ist dieses kleine Arbeitsblatt mit 175 Zeilen wirklich winzig. Um dieses Arbeitsblatt zum Datenmodell hinzuzufügen, führen Sie die folgenden Schritte aus:

1. Fügen Sie ein neues Arbeitsblatt in Ihre Arbeitsmappe ein, die den Import mit den 1,8 Millionen Zeilen enthält.
2. Kopieren Sie die Filialinformationen in das neue Arbeitsblatt.
3. Wählen Sie eine Zelle im Datensatz aus und drücken Sie Strg+T, um die Daten als Tabelle zu definieren.
4. Stellen Sie sicher, dass *Tabelle hat Überschriften* ausgewählt ist. Klicken Sie auf *OK*.
5. Wechseln Sie zur Registerkarte *Tabellenentwurf* und ersetzen Sie den Namen *Tabelle1* durch **FilialInfo**.
6. Wählen Sie in der Tabelle eine Zelle aus und öffnen Sie die Registerkarte *Power Pivot*. Wählen Sie *Zu Datenmodell hinzufügen*.

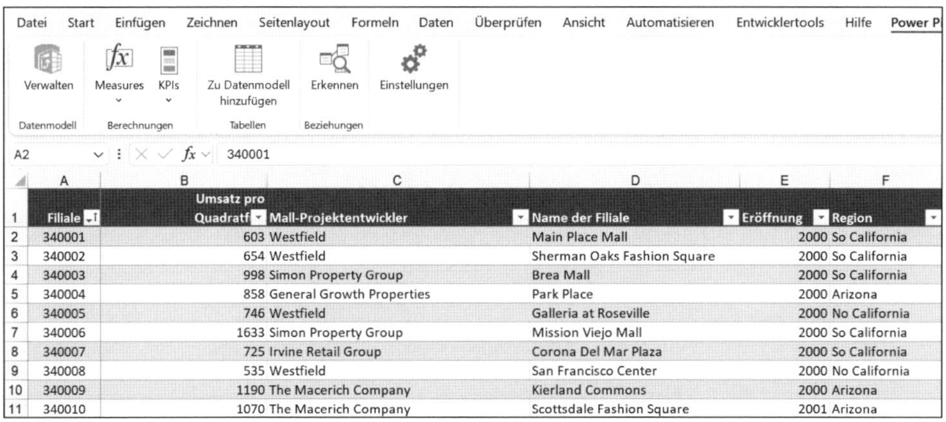


| | A | B | C | D | E | F |
|---|---|---|---|---|---|---|
| 1 | Filiale | Umsatz pro Quadratf | Mall-Projektentwickler | Name der Filiale | Eröffnung | Region |
| 2 | 340001 | 603 | Westfield | Main Place Mall | 2000 | So California |
| 3 | 340002 | 654 | Westfield | Sherman Oaks Fashion Square | 2000 | So California |
| 4 | 340003 | 998 | Simon Property Group | Brea Mall | 2000 | So California |
| 5 | 340004 | 858 | General Growth Properties | Park Place | 2000 | Arizona |
| 6 | 340005 | 746 | Westfield | Galleria at Roseville | 2000 | No California |
| 7 | 340006 | 1633 | Simon Property Group | Mission Viejo Mall | 2000 | So California |
| 8 | 340007 | 725 | Irvine Retail Group | Corona Del Mar Plaza | 2000 | So California |
| 9 | 340008 | 535 | Westfield | San Francisco Center | 2000 | No California |
| 10 | 340009 | 1190 | The Macerich Company | Kierland Commons | 2000 | Arizona |
| 11 | 340010 | 1070 | The Macerich Company | Scottsdale Fashion Square | 2001 | Arizona |

**Abbildung 10.27** Fügen Sie diese Nachschlagetabelle zum Datenmodell hinzu.

## Mithilfe der Diagrammsicht eine Beziehung zwischen zwei Tabellen definieren

Eine alternative Möglichkeit zum Erstellen der Beziehung ist die Diagrammsicht im Power Pivot-Fenster. Ziehen Sie einen Pfeil von *FilialID* zu *Filiale* (siehe Abbildung 10.28).

## Im Power Pivot-Tabellenraster berechnete Spalten hinzufügen

Zusätzlich zum Hinzufügen von Berechnungen mit Power Query können Sie im Power Pivot-Tabellenraster berechnete Spalten hinzufügen. Anstelle der in Abbildung 10.28 gezeigten Diagrammsicht wechseln Sie zurück zur in Abbildung 10.29 gezeigten Datenansicht. Klicken Sie auf eine leere Spalte und geben Sie in die Bearbeitungsleiste die richtige Formel ein.

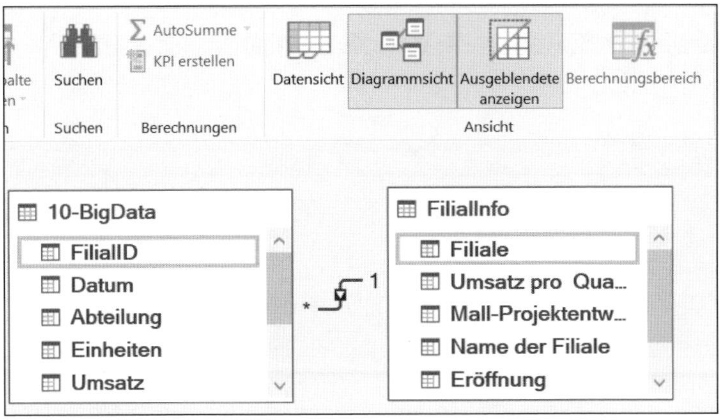


**Abbildung 10.28** Definieren Sie im Power Pivot-Fenster eine Beziehung.

Die Funktionen im Power Pivot-Fenster sind den Funktionen, die Sie bereits aus Excel kennen und schätzen, sehr ähnlich, jedoch müssen Sie in Power Pivot die englischen Funktionsnamen verwenden. Die Excel-Funktion `=JAHR()` lautet beispielsweise `=YEAR()`. Die Funktion `=MONAT()` in Excel lautet `=MONTH()`. So weit, so gut, oder? Es gibt jedoch zwei störende Unterschiede:

- Die Funktion `=TEXT()` in Excel entspricht `=FORMAT()` in Power Pivot. Wenn Sie die Spalte *Monatsname* in Power Pivot erstellen möchten, verwenden Sie `=FORMAT([Datum],"MMMM")` anstelle von `=TEXT(B2,"MMMM")`. Warum wurde diese Funktion geändert? Denken Sie daran, dass Power Pivot nicht vom Excel-Team geschrieben wurde, sondern vom SQL Server Analysis Services-Team. Excel verwendet TEXT. SQL Server verwendet `FORMAT`. Das zweite Argument in `FORMAT` bietet mehr Auswahlmöglichkeiten als TEXT, daher entschied sich das Team für `FORMAT`. Das war eine gute Wahl.
- Die Funktion `SVERWEIS()` (in der englischen Excel-Version `VLOOKUP()`) entspricht `=RELATED()` in Power Pivot. Zum jetzigen Zeitpunkt haben Sie eine Beziehung zwischen der Tabelle mit 1,8 Millionen Zeilen und der Lookup-Tabelle *FilialInfo* definiert. Wenn Sie in einer Berechnung in der Datentabelle auf *Verkaufsfläche* verweisen müssen, würden Sie etwa Folgendes verwenden: `=[Umsatz]/RELATED(FilialInfo[Verkaufsfläche])`

  `RELATED` ist `SVERWEIS` in jeder Hinsicht überlegen. Warum sollte es Sie interessieren, ob *Verkaufsfläche* die zweite Spalte in der Lookup-Tabelle ist? Warum müssen Sie das geheimnisvolle `=SVERWEIS(A2;Tabelle2!A1:F175;2;FALSCH)` verstehen? Wenn ich `RELATED` eingebe, sage ich damit: »Hey Excel, finde das einfach heraus. Ich habe dir alle Informationen gegeben, die du brauchst, um zu verstehen, wovon ich rede.«

In Abbildung 10.29 wird die Formel nach dem Drücken der [↵]-Taste in alle 1,8 Millionen Zeilen kopiert. Das ist großartig. Ärgerlich ist jedoch, dass die neue Spalte *Calculated Column 1* heißt. Sie müssen mit der rechten Maustaste auf die Überschrift klicken, *Spalte umbenennen* auswählen und dann einen aussagekräftigen Namen eingeben. Alternativ können Sie auch auf die Überschrift doppelklicken und den neuen Namen direkt eintippen.

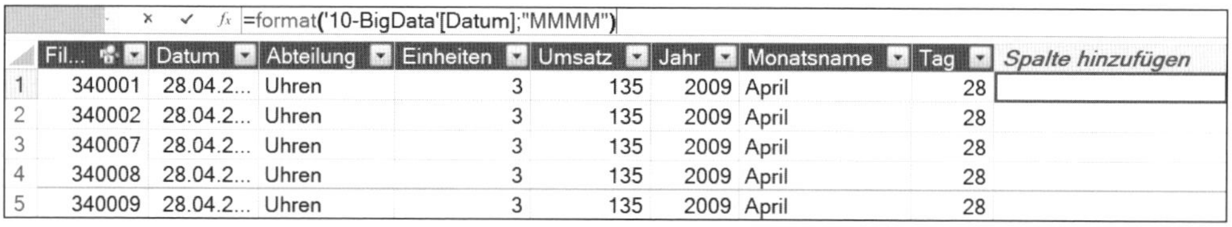


| | Fil... | Datum | Abteilung | Einheiten | Umsatz | Jahr | Monatsname | Tag | Spalte hinzufügen |
|---|---|---|---|---|---|---|---|---|---|
| 1 | 340001 | 28.04.2... | Uhren | 3 | 135 | 2009 | April | 28 | |
| 2 | 340002 | 28.04.2... | Uhren | 3 | 135 | 2009 | April | 28 | |
| 3 | 340007 | 28.04.2... | Uhren | 3 | 135 | 2009 | April | 28 | |
| 4 | 340008 | 28.04.2... | Uhren | 3 | 135 | 2009 | April | 28 | |
| 5 | 340009 | 28.04.2... | Uhren | 3 | 135 | 2009 | April | 28 | |

**Abbildung 10.29** Erstellen Sie in der Power Pivot-Datensicht eine Formel in der Bearbeitungsleiste.

# Eine Spalte anhand einer anderen Spalte sortieren

Das Datenmodell ist in fast jeder Hinsicht besser als Excel-Pivot-Tabellen. Es gibt jedoch eine ärgerliche Ausnahme.

Angenommen, Ihre Daten enthalten eine Monatsspalte mit den Monaten Jan, Feb, Mrz, Apr, Mai und Jun. Wenn Sie diese zu einer Pivot-Tabelle in Excel hinzufügen, werden die Daten nach Jan, Feb, Mrz usw. sortiert.

In Power Pivot werden die Monate in der resultierenden Pivot-Tabelle jedoch als Apr, Aug, Dez, Feb angezeigt. Warum? Das ist die alphabetische Reihenfolge der Monate.

Als ich 2010 das Buch »Power Pivot for the Data Analyst« schrieb, habe ich mich über diesen Fehler beschwert. Ich schlug vor, dass Power Pivot automatisch nach den benutzerdefinierten Listen sortieren sollte, genau wie Excel.

In späteren Versionen von Power Pivot hat das Team dieses Problem anders gelöst. Wenn Sie im Power Pivot-Fenster die Spalte *Monatsname* auswählen und auf *Start | Nach Spalte sortieren* klicken, können Sie festlegen, dass die Spalte *Monatsname* nach den Daten in der Spalte *Monatsnummer* sortiert werden soll (siehe Abbildung 10.30).

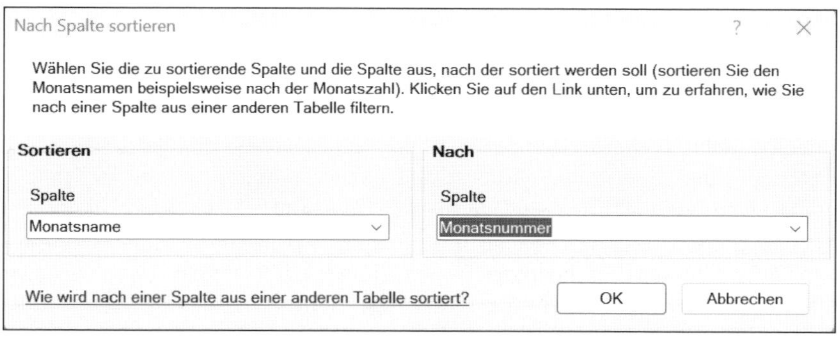


**Abbildung 10.30** Legen Sie fest, dass der Wert von *Monatsnummer* die Spalten *Monatsnamen* sortieren soll.

---

Durch Ändern der Sortierreihenfolge mithilfe des Dialogfelds in Abbildung 10.30 wird auch sichergestellt, dass alle Slicer in der richtigen Reihenfolge angeordnet sind. Dadurch ist die Methode *Nach Spalte sortieren* besser als die Verwendung von *Weitere Sortieroptionen* in der Pivot-Tabelle.

---

## Eine PivotTable aus dem Datenmodell erstellen

Nachdem Sie nun zwei Tabellen mit einer Beziehung in Power Pivot geladen haben, können Sie Ihre Pivot-Tabelle erstellen. Beginnen Sie mit einer beliebigen leeren Zelle in einem leeren Arbeitsblatt. Wählen Sie *Einfügen | PivotTable | Aus Datenmodell*.

Excel zeigt den Aufgabenbereich *PivotTable-Felder* an. Oben haben Sie die Auswahl zwischen *Aktiv* und *Alle*. Die Pivot-Tabelle in Abbildung 10.31 zeigt den Umsatz aus der Datentabelle und die Region aus der Nachschlagetabelle an.

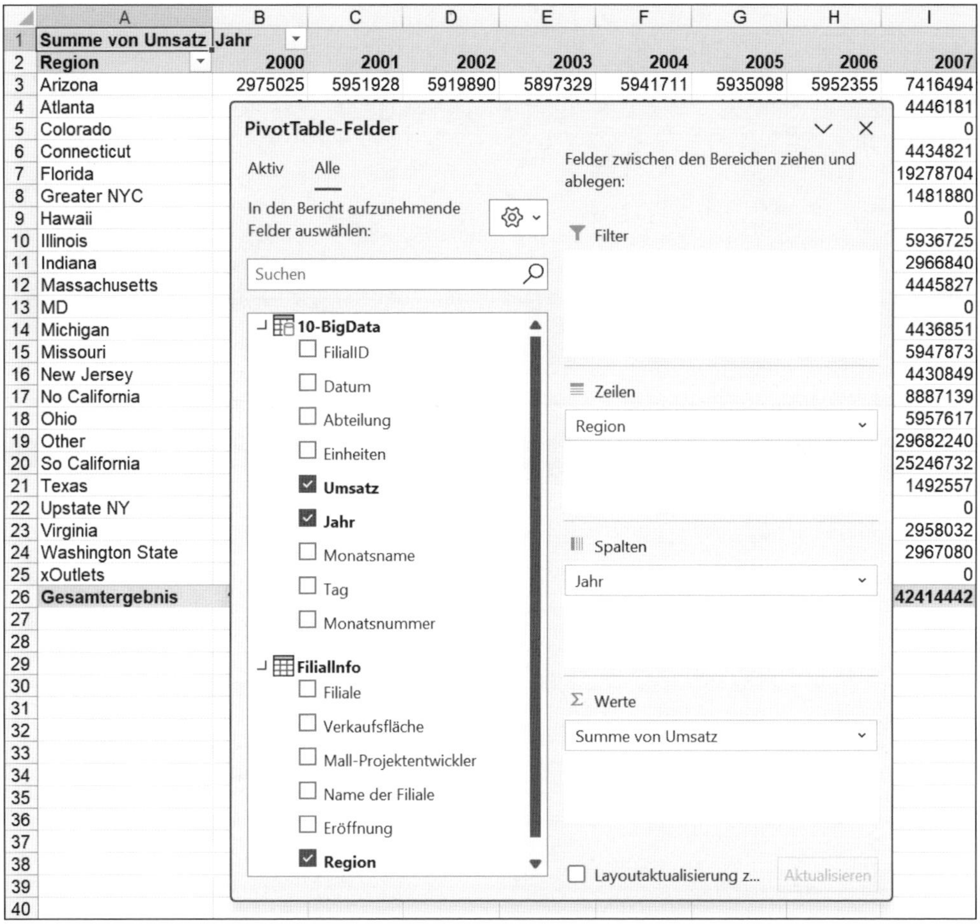


**Abbildung 10.31** Die resultierende Pivot-Tabelle kombiniert 1,8 Millionen Zeilen aus einer Textdatei mit einer Excel-Nachschlagetabelle.

# Fortgeschrittene Power Pivot-Techniken verwenden

Bisher haben Sie eine einfache Beziehung zwischen einer Datentabelle und einer Nachschlagetabelle kennengelernt. In der Praxis müssen Sie möglicherweise zwei Datentabellen verknüpfen. Daher behandelt dieser Abschnitt komplexe Beziehungen und Zeitintelligenzfunktionen.

## Umgang mit komplexen Beziehungen

Bei Beziehungen im Datenmodell muss es sich um Eins-zu-viele-Beziehungen (1:N) handeln. In Power Pivot sind keine Viele-zu-viele-Beziehungen (N:M) möglich.

Abbildung 10.32 und Abbildung 10.33 zeigen eine 54-zeilige Budgettabelle und eine 2000-zeilige Ist-Tabelle. Beide Tabellen besitzen die gemeinsamen Felder *Region, Datum* und *Produkt.* Angenommen, Sie möchten das Gesamtbudget und die Ist-Werte für jedes Produkt oder jede Region auswerten. Abbildung 10.32 zeigt die beiden Datentabellen und die drei kleinen Verknüpfungstabellen.

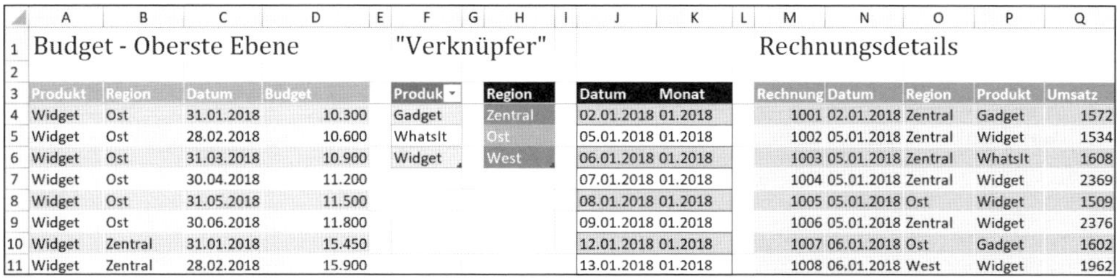

| | A | B | C | D | E | F | G | H | I | J | K | L | M | N | O | P | Q |
|---|---|---|---|---|---|---|---|---|---|---|---|---|---|---|---|---|---|
| 1 | Budget - Oberste Ebene | | | | | "Verknüpfer" | | | | | | | | Rechnungsdetails | | | |
| 2 | | | | | | | | | | | | | | | | | |
| 3 | Produkt | Region | Datum | Budget | | Produk | | Region | | Datum | Monat | | Rechnung | Datum | Region | Produkt | Umsatz |
| 4 | Widget | Ost | 31.01.2018 | 10.300 | | Gadget | | Zentral | | 02.01.2018 | 01.2018 | | 1001 | 02.01.2018 | Zentral | Gadget | 1572 |
| 5 | Widget | Ost | 28.02.2018 | 10.600 | | WhatsIt | | Ost | | 05.01.2018 | 01.2018 | | 1002 | 05.01.2018 | Zentral | Widget | 1534 |
| 6 | Widget | Ost | 31.03.2018 | 10.900 | | Widget | | West | | 06.01.2018 | 01.2018 | | 1003 | 05.01.2018 | Zentral | WhatsIt | 1608 |
| 7 | Widget | Ost | 30.04.2018 | 11.200 | | | | | | 07.01.2018 | 01.2018 | | 1004 | 05.01.2018 | Zentral | Widget | 2369 |
| 8 | Widget | Ost | 31.05.2018 | 11.500 | | | | | | 08.01.2018 | 01.2018 | | 1005 | 05.01.2018 | Ost | Widget | 1509 |
| 9 | Widget | Ost | 30.06.2018 | 11.800 | | | | | | 09.01.2018 | 01.2018 | | 1006 | 05.01.2018 | Zentral | Widget | 2376 |
| 10 | Widget | Zentral | 31.01.2018 | 15.450 | | | | | | 12.01.2018 | 01.2018 | | 1007 | 06.01.2018 | Ost | Gadget | 1602 |
| 11 | Widget | Zentral | 28.02.2018 | 15.900 | | | | | | 13.01.2018 | 01.2018 | | 1008 | 06.01.2018 | West | Widget | 1962 |

**Abbildung 10.32** Verwenden Sie kleine Verknüpfungstabellen zwischen Tabellen, um die Viele-zu-Viele-Beschränkung zu umgehen.

Sie können zwar keine direkte Beziehung zwischen Budget- und Ist-Werten herstellen, aber Sie können drei sehr kleine Tabellen zwischen den beiden Tabellen einfügen. Die ProduktTabelle enthält beispielsweise eine Zeile für jedes Produkt. Sie definieren eine Beziehung von der BudgetTabelle zur ProduktTabelle. Dies ist eine gültige Eins-zu-viele-Beziehung. Definieren Sie dann eine Beziehung von der IstTabelle zur ProduktTabelle. Auch dies ist eine gültige Eins-zu-viele-Beziehung. Abbildung 10.33 zeigt die in der Diagrammsicht erstellten Beziehungen zwischen den fünf Tabellen.

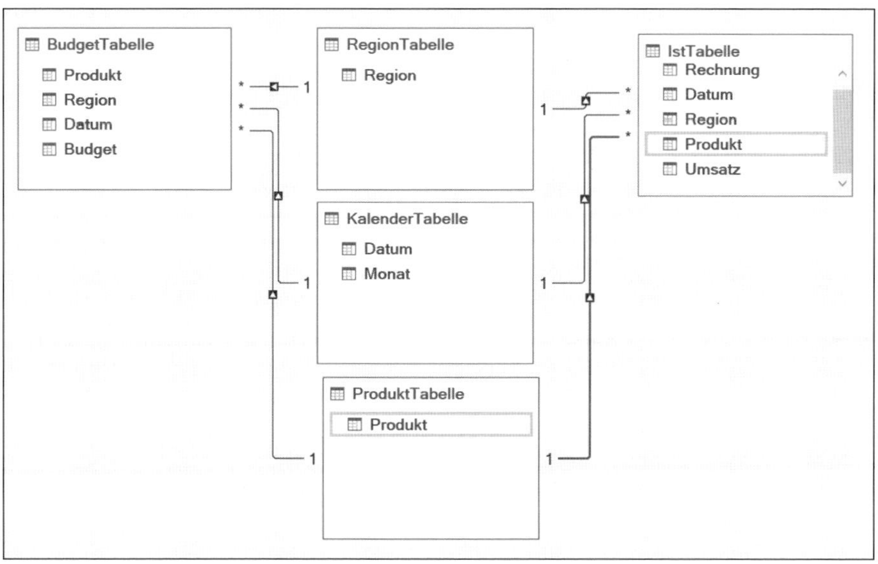


**Abbildung 10.33** Erstellen Sie diese sechs Beziehungen zwischen den beiden Datentabellen und den drei »Verknüpfungstabellen«.

In Ihrer Pivot-Tabelle enthält der Wertebereich Zahlen aus der Budget- und der Ist-Tabelle. Wenn Sie jedoch in Ihrer Pivot-Tabelle Angaben zu Produkt, Region oder Datum machen müssen, verwenden Sie das Feld aus der kleinen Verknüpfungstabelle (siehe Abbildung 10.34).

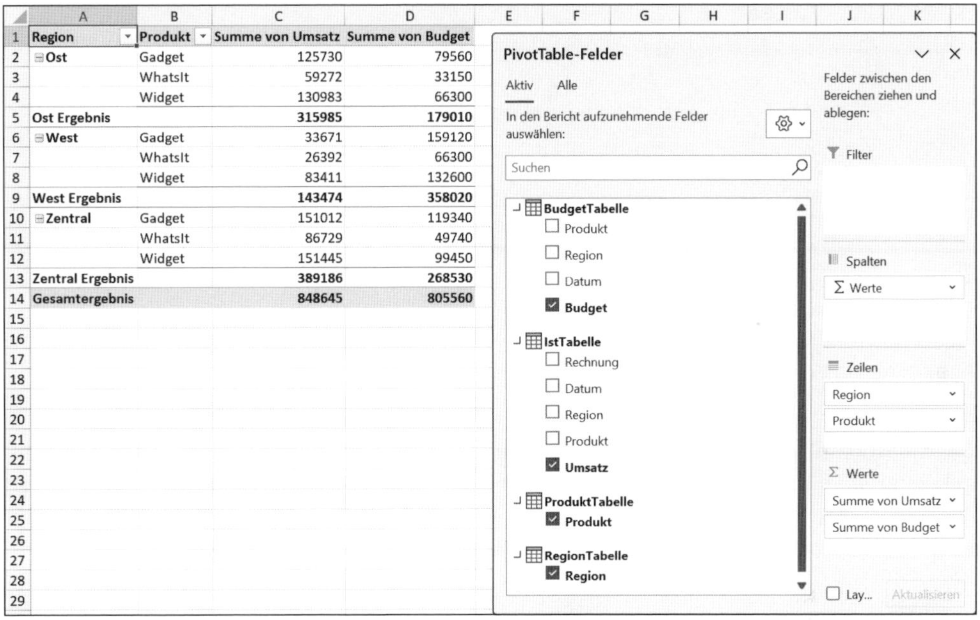

| Region | Produkt | Summe von Umsatz | Summe von Budget |
|---|---|---|---|
| Ost | Gadget | 125730 | 79560 |
| | WhatsIt | 59272 | 33150 |
| | Widget | 130983 | 66300 |
| **Ost Ergebnis** | | **315985** | **179010** |
| West | Gadget | 33671 | 159120 |
| | WhatsIt | 26392 | 66300 |
| | Widget | 83411 | 132600 |
| **West Ergebnis** | | **143474** | **358020** |
| Zentral | Gadget | 151012 | 119340 |
| | WhatsIt | 86729 | 49740 |
| | Widget | 151445 | 99450 |
| **Zentral Ergebnis** | | **389186** | **268530** |
| **Gesamtergebnis** | | **848645** | **805560** |



**Abbildung 10.34** Verwenden Sie die Felder der Verknüpfungstabelle in den Zeilen und Spalten Ihrer Pivot-Tabelle.

## Zeitintelligenz verwenden

In der Regel speichert Excel Datumsangaben als serielle Zahlen. Wenn Sie in eine Zelle 17.02.2029 eingeben, weiß Excel nur, dass dieses Datum 47.166 Tage nach dem 31. Dezember 1899 liegt. Power Pivot fügt Zeitintelligenz hinzu. Wenn Sie in Power Pivot ein Datum wie 17.02.2029 haben, gibt es Zeitintelligenzfunktionen, die wissen, dass »seit Jahresbeginn« dem Zeitraum vom 01.01.2029 bis zum 17.02.2029 entspricht. Die Zeitintelligenzfunktionen wissen, dass der Zeitraum »seit Monatsbeginn des Vorjahres« vom 01.02.2028 bis zum 17.02.2028 reicht.

Jede Wertzelle in einer Pivot-Tabelle ist das Ergebnis von Filtern, die durch die Datenschnitte und durch die Zeilen- und Spaltenfelder auferlegt werden. Die Zelle D28 in Abbildung 10.35 wird durch den Datenschnitt auf das Jahr 2001 und durch das Zeilenfeld in B28 weiter auf den 25. Januar 2001 gefiltert. Diese Zelle muss jedoch aus dem Filter herausgenommen werden, um alle Umsätze vom 1. Januar 2001 bis zum 25. Januar 2001 hinzuzufügen. Die Funktion `CALCULATE` hilft Ihnen bei der Lösung dieses Problems.

In vielerlei Hinsicht ähnelt die DAX-Funktion `CALCULATE` einer leistungsstarken Version der Excel-Funktion `SUMMEWENNS`. Die Syntax lautet `=CALCULATE(Feld;Filter;Filter;Filter;Filter)`. Allerdings kann jedes Filterargument einen Filter aufheben, der durch einen Datenschnitt oder ein Zeilenfeld auferlegt wurde.

`DATESMTD([Datum])` gibt alle Daten zurück, die zur Berechnung der Monatssumme für die Zelle verwendet wurden. Für den 25. Januar 2001 gibt die Funktion `DATESMTD` den Zeitraum vom 1. bis 25. Januar 2001 zurück. Wenn Sie `DATESMTD` als Filter in der `CALCULATE`-Funktion verwenden, wird die Kette des Filters 25.01.2001 unterbrochen und ein neuer Filter für den Zeitraum vom 1. bis 25. Januar 2001 angewendet. Die DAX-Formel für *Umsatz aktueller Monat* lautet wie folgt:

```
=CALCULATE([Summe von Umsatz]; DATESMTD('10-BigData'[Datum]))
```

| | B | C | D | E |
|---|---|---|---|---|
| 3 | Datum | Summe von Umsatz | Umsatz aktueller Monat | Umsatz Vorjahr |
| 22 | 19.01.2001 | $133.915 | $1.741.562 | $21.021 |
| 23 | 20.01.2001 | $119.718 | $1.861.280 | $25.600 |
| 24 | 21.01.2001 | $107.216 | $1.968.496 | $39.502 |
| 25 | 22.01.2001 | $70.332 | $2.038.828 | $36.266 |
| 26 | 23.01.2001 | $71.239 | $2.110.067 | $30.938 |
| 27 | 24.01.2001 | $71.003 | $2.181.070 | $21.255 |
| 28 | 25.01.2001 | $84.855 | $2.265.925 | $20.574 |
| 29 | 26.01.2001 | $134.513 | $2.400.438 | $21.057 |
| 30 | 27.01.2001 | $120.091 | $2.520.529 | $24.342 |
| 31 | 28.01.2001 | $105.613 | $2.626.142 | $39.923 |
| 32 | 29.01.2001 | $70.722 | $2.696.864 | $34.319 |
| 33 | 30.01.2001 | $69.773 | $2.766.637 | $31.409 |

**Abbildung 10.35** Mit Zeitintelligenz können Sie den Umsatz des aktuellen Monats oder des Vorjahres berechnen.

Das Measure in Spalte E erfordert zwei Filterargumente. Zunächst müssen Sie DAX anweisen, den Filter *Jahre* zu ignorieren. Verwenden Sie dazu `ALL([Jahr])`. Anschließend müssen Sie auf das vorangegangene Jahr verweisen. Verwenden Sie `DATEADD([Datum],-1,YEAR)`, um vom 25. Januar 2002 zum 25. Januar 2001 zurückzukehren. Daher lautet die Formel für *Umsatz Vorjahr*:

```
=CALCULATE([Summe von Umsatz];
 ALL('10-BigData'[Datum (Jahr)]);
 DATEADD('10-BigData'[Datum];-1;YEAR))
```

Weitere Zeitintelligenzfunktionen sind `DATESQTD` und `DATESYTD`.

# Eine vereinfachte PivotTable erstellen

Sobald sich Ihre Daten im Datenmodell befinden, können Sie mit dem Befehl *Datenmodell | Verwalten* das Fenster *Power Pivot für Excel* öffnen. Das Dropdownmenü *PivotTable* im Power Pivot-Fenster bietet acht verschiedene Optionen zum Erstellen verschiedener Kombinationen von Pivot-Tabellen und Pivot-Diagrammen. Der letzte Eintrag in der Liste ist eine vereinfachte PivotTable. Dabei handelt es sich um eine Pivot-Tabelle mit allen Einstellungen, die zum Erstellen eines zusammenfassenden Datensatzes erforderlich sind, der leicht als neuer Datensatz wiederverwendet werden kann.

Abbildung 10.36 zeigt, wo Sie den Befehl *Vereinfachte PivotTable* finden.

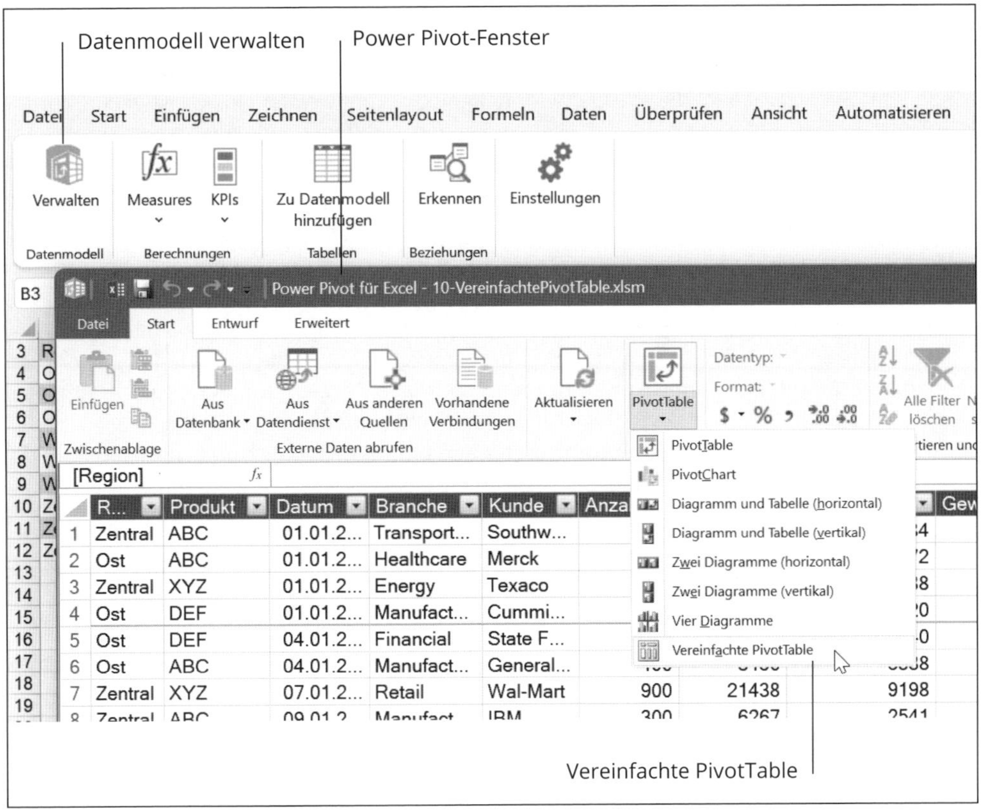


**Abbildung 10.36** Im Power Pivot-Fenster können Sie eine vereinfachte Pivot-Tabelle erstellen lassen.

Die resultierende PivotTable wird in einem tabellarischen Layout angezeigt. Die Option *Alle Elementnamen wiederholen* ist aktiviert. Die Teilergebnisse sind deaktiviert. Die Pivot-Tabelle in Abbildung 10.37 eignet sich perfekt zur Wiederverwendung als neuer Datensatz.

| | B | C | D | E | F |
|---|---|---|---|---|---|
| 3 | Region | Produkt | Summe von Umsatz | Summe von Selbstkosten | Summe von Gewinn |
| 4 | Ost | ABC | 879321 | 389631 | 489690 |
| 5 | Ost | DEF | 1078118 | 476832 | 601286 |
| 6 | Ost | XYZ | 839771 | 377669 | 462102 |
| 7 | West | ABC | 644219 | 285628 | 358591 |
| 8 | West | DEF | 519482 | 232293 | 287189 |
| 9 | West | XYZ | 455069 | 198393 | 256676 |
| 10 | Zentral | ABC | 766448 | 339719 | 426729 |
| 11 | Zentral | DEF | 773927 | 344815 | 429112 |
| 12 | Zentral | XYZ | 751457 | 333414 | 418043 |

**Abbildung 10.37** Eine vereinfachte Pivot-Tabelle eignet sich perfekt für die Wiederverwendung als neues Dataset.

# Einschränkungen des Datenmodells überwinden

Wenn Sie das Datenmodell verwenden, wandeln Sie Ihre regulären Excel-Daten in ein OLAP-Modell um. Pivot-Tabellen, die auf OLAP-Modellen basieren, weisen einige lästige Einschränkungen, aber auch einige Vorteile auf. Hier sind einige der Einschränkungen und deren Workarounds:

- **Weniger Gruppierungen** Sie können die Gruppierungsfunktion von Pivot-Tabellen nicht verwenden, um Gebiete zu erstellen oder numerische Werte in Klassen zu gruppieren. Stattdessen müssen Sie Ihren Daten berechnete Felder mit den Gruppierungsinformationen hinzufügen.
- **Produkt ist keine integrierte Berechnung** Ich habe noch nie eine Pivot-Tabelle erstellt, in der ich alle Zeilen miteinander multiplizieren musste. Das ist die Berechnung, die erfolgt, wenn Sie `Summe` in `Produkt` ändern. Wenn Sie diese Berechnung durchführen müssen, können Sie mit der Funktion `PRODUCT` in DAX ein neues Measure hinzufügen.
- **Pivot-Tabellen werden nicht automatisch nach benutzerdefinierten Listen sortiert** Es sind acht lästige Klicks erforderlich, um ein Feld nach einer benutzerdefinierten Liste zu sortieren:

  1. Öffnen Sie das Dropdownmenü des Feldes.
  2. Wählen Sie *Weitere Sortieroptionen*.
  3. Klicken Sie im Dialogfeld *Sortieroptionen* auf *Weitere Optionen*.
  4. Deaktivieren Sie im Dialogfeld *Weitere Sortieroptionen* die Option *Automatisch sortieren*.
  5. Öffnen Sie das Listenfeld *Benutzerdefinierte Sortierreihenfolge*.
  6. Wählen Sie Ihre benutzerdefinierte Liste aus.
  7. Klicken Sie auf *OK*, um das Dialogfeld *Weitere Sortieroptionen* zu schließen.
  8. Klicken Sie auf *OK*, um das Dialogfeld *Sortieren* zu schließen.

- **Seltsamer Drilldown** Normalerweise können Sie auf eine Zelle in einer Pivot-Tabelle doppelklicken und die Zeilen anzeigen, aus denen diese Zelle gebildet wird. Dies funktioniert zwar mit dem Datenmodell, jedoch nur für die ersten 1000 Zeilen.
- **Keine berechneten Felder oder berechneten Elemente** Dies ist kein großes Problem, da DAX-Measures den berechneten Elementen weit überlegen sind.
- **Keine Unterstützung für Pfeiltasten bei der Formelerstellung** In der Excel-Oberfläche können Sie eine Formel mit =←*←←↵ erstellen. Dies wird in Power Pivot nicht unterstützt. Sie müssen die Maus verwenden, um auf die Spalten zu klicken, auf die Sie verweisen möchten.
- **Die Aktualisierung ist langsam** Die Schaltfläche *Aktualisieren* auf der Registerkarte *PivotTable-Analyse* zwingt Excel, die Daten in der Pivot-Tabelle zu aktualisieren. Überlegen Sie gut, bevor Sie dies in Excel tun. Im aktuellen Beispiel zwingt die Aktualisierung Excel dazu, den Datensatz mit 1,8 Millionen Zeilen erneut zu importieren.
- **Der 29. Februar 1900 existiert in Power Pivot nicht** Es gab keinen 29. Februar im Jahr 1900. Lotus 1-2-3 hatte einen Fehler: Die Datumsalgorithmen gingen davon aus, dass 1900 ein Schaltjahr war. Da Excel um Marktanteile kämpfte, musste es die gleichen Ergebnisse wie Lotus liefern, sodass das Excel-Team den Fehler vom 29. Februar 1900 ebenfalls implementierte. Das SQL Server Analysis Team weigerte sich, diesen Fehler fortzuführen, und erkannte den 29. Februar 1900 nicht an. In Excel ist Tag 1 der 1. Januar 1900. In Power Pivot ist Tag 1 der 31. Dezember 1899. All dies spielt keine Rolle, es sei denn, Sie haben Verkäufe, die zwischen dem 1. Januar 1900 und dem 28. Februar 1900 getätigt wurden. In diesem Fall weichen die beiden Pivot-Tabellen um einen Tag voneinander ab. Niemand hat

Daten, die so weit zurückreichen, oder? Das wird also nie ein Problem sein, oder? Nun, 2018 traf ich jemanden, der eine Spalte mit Mengenangaben hatte. Er hatte Werte wie 30, 42 und 56, aber diese Spalte wurde versehentlich als Datum importiert. Alle Mengenangaben waren um eins verschoben.

- **Die 32-Bit-Version von Excel reicht nicht aus** Ich treffe Leute, die sich darüber beschweren, dass Excel langsam ist, obwohl sie ihren Rechner mit mehr Speicher ausgestattet haben. Leider kann die 32-Bit-Version von Excel nur auf 3 GB Arbeitsspeicher Ihres Rechners zugreifen. Um Power Pivot und das Datenmodell mit Millionen von Datenzeilen wirklich nutzen zu können, müssen Sie die 64-Bit-Version von Excel installieren. Das kostet nichts extra. Wahrscheinlich müssen Sie dafür bei der IT-Abteilung etwas Überzeugungsarbeit leisten. Außerdem laufen einige ältere Add-Ins nicht unter 64-Bit-Excel. Wenn Sie ein solches Add-In verwenden, müssen Sie sich entscheiden, ob Sie eine bessere Leistung oder das alte Add-In bevorzugen.

---

Excel MVP Charles Williams hat eine Methode dokumentiert, mit der Datenmodelle in 32-Bit-Excel zusätzlichen Speicherplatz von 1 GB nutzen können. Weitere Informationen finden Sie unter *https://fastexcel.wordpress.com/2016/11/27/excel-memory-checking-tool-using-laa-to-increase-useable-excel-memory*.

---

## Weitere Vorteile von Power Pivot nutzen

Keiner der oben genannten Punkte ist ein Ausschlusskriterium. Der Fairness halber seien hier noch einige weitere Vorteile genannt, die sich aus der Verwendung von Power Pivot und dem Datenmodell ergeben:

- Sie können Spalten ausblenden oder umbenennen. Wenn Ihr Datenbankadministrator *TextVkfMitArbNr* für einen benutzerfreundlichen Namen hält, können Sie ihn in *Vertreter-ID* ändern. Oder wenn Ihre Datentabellen mit nutzlosen Feldern übersät sind, können Sie diese im Aufgabenbereich *PivotTable-Felder* ausblenden. Klicken Sie im Power Pivot-Fenster mit der rechten Maustaste auf eine beliebige Spaltenüberschrift und wählen Sie *Aus Clienttools ausblenden.*
- Sie können Feldern Kategorien wie Adresse, Stadt, Bild-URL und Web-URL zuweisen. Wählen Sie die Spalte im Power Pivot-Fenster aus. Legen Sie dann auf der Registerkarte *Erweitert* eine *Datenkategorie* an.
- Sie können Leistungskennzahlen (KPIs, Key Performance Indicators) oder Hierarchien definieren. Siehe den Abschnitt »Hierarchien erstellen« in Kapitel 4.

## Alle zukünftigen Pivot-Tabellen mit dem Datenmodell erstellen

Wenn Sie möchten, dass alle zukünftig erstellten Pivot-Tabellen das Datenmodell verwenden, gibt es dafür jetzt eine entsprechende Einstellung.

Gehen Sie zu *Datei | Optionen | Daten* und aktivieren Sie das Kontrollkästchen *Excel-Datenmodell beim Erstellen von PivotTables, Abfragetabellen und Datenverbindungen bevorzugen* (siehe Abbildung 10.38).

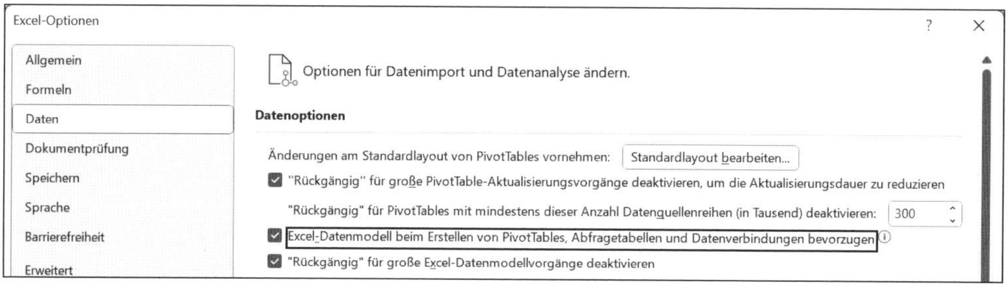


**Abbildung 10.38** Ändern Sie diese Option, damit alle zukünftigen PivotTables standardmäßig das Datenmodell verwenden.

## Weitere Informationen

Power Pivot und Power Query sind leistungsstarke Tools, die für die meisten Excel-Anwender völlig neu sind. Dies sind meine Lieblingsbücher, um mehr darüber zu erfahren:

- Für Power Query lesen Sie »Master Your Data Is For Data Monkey« von Ken Puls und Miguel Escobar (ISBN 978-1-61547-034-1).
- Für DAX-Formeln in Power Pivot lesen Sie »Supercharge Power BI 3rd Edition« von Matt Allington (ISBN 978-1-61547-069-3).
- Für fortgeschrittene Power Pivot-Anwendungen lesen Sie » Power Pivot and Power BI« von Rob Collie (ISBN 978-1-61547-039-6).

Ein deutschsprachiges Buch zu Power Query mit dem Titel »Power Query – In Excel und Power BI Daten sammeln, kombinieren und transformieren« von Daniil Maslyuk und Gil Raviv ist im dpunkt.verlag erschienen (ISBN 978-3-98889-045-0).

### Fallstudie: Tabellen anhand mehrerer Felder mit Power Query verknüpfen

Angenommen, Sie müssen Tabellen anhand mehrerer Felder verknüpfen. Dazu können Sie in Power Query Abfragen zusammenführen und die Ergebnisse anschließend in das Datenmodell laden. Dazu müssen Sie zunächst jede Tabelle in Power Query definieren und dann die Verknüpfung vornehmen.

Stellen Sie sicher, dass beide Tabellen als Tabelle formatiert sind. Ändern Sie die Tabellennamen auf der Registerkarte *Tabellentools* in aussagekräftige Namen, zum Beispiel **Verkäufe** und **Provision** (siehe Abbildung 10.39).

1. Wählen Sie eine Zelle in der Tabelle *Verkäufe* aus. Wählen Sie auf der Registerkarte *Daten* den Befehl *Aus Tabelle/Bereich*. Der Power Query-Editor wird geöffnet. Öffnen Sie ohne Änderungen das Dropdownmenü *Schließen & laden* und wählen Sie *Schließen & laden in*. Wählen Sie *Nur Verbindung erstellen* und klicken Sie auf *OK*. Durch diesen vorbereitenden Schritt wird Power Query mitgeteilt, dass *Verkäufe* sich auf diese Tabelle bezieht.

→

| | A | B | C | D | E | F | G | H | I |
|---|---|---|---|---|---|---|---|---|---|
| 1 | Liste der Verkäufe - Tabellenname ist Verkäufe | | | | | | Tabelle mit Provisionssatz - Provision | | |
| 2 | | | | | | | | | |
| 3 | Rechnur | Produkt | Vertreter | Menge | Umsatz | | Name | Produkt | Prozentsatz |
| 4 | 1001 | Apfel | Morgan | 125 | 625 | | Andy | Apfel | 5,0% |
| 5 | 1002 | Apfel | Eddy | 145 | 725 | | Andy | Banane | 6,0% |
| 6 | 1003 | Banane | Zeke | 145 | 725 | | Barb | Apfel | 6,0% |
| 7 | 1004 | Apfel | Xavier | 100 | 500 | | Barb | Banane | 3,0% |
| 8 | 1005 | Banane | Morgan | 115 | 575 | | Chris | Apfel | 6,0% |
| 9 | 1006 | Banane | Yazmin | 85 | 425 | | Chris | Banane | 7,0% |
| 10 | 1007 | Banane | Raul | 105 | 525 | | Diane | Apfel | 4,0% |
| 11 | 1008 | Banane | Kim | 50 | 250 | | Diane | Banane | 5,0% |
| 12 | 1009 | Apfel | Eddy | 125 | 625 | | Eddy | Apfel | 7,0% |

**Abbildung 10.39** Verknüpfen Sie diese beiden Tabellen anhand des Vertreternamens und des Produkts.

2. Wiederholen Sie Schritt 1 für die Tabelle *Provision*. Im Aufgabenbereich *Abfragen und Verbindungen* der Arbeitsmappe sollten nun zwei Abfragen des Typs *Nur Verbindung* angezeigt werden (siehe Abbildung 10.40).

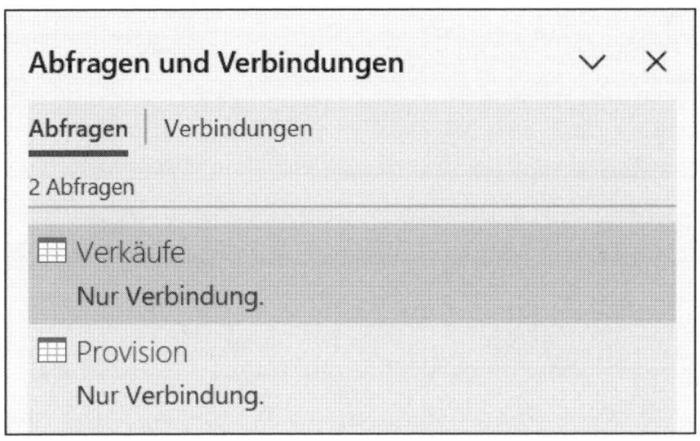


**Abbildung 10.40** Vor dem Verknüpfen müssen die Verbindungen zu den Tabellen eingerichtet werden.

3. Wählen Sie *Daten | Daten abrufen | Abfragen kombinieren | Zusammenführen.* Excel zeigt das Dialogfeld *Zusammenführen* an.
4. Wählen Sie im Dialogfeld *Zusammenführen* im oberen Dropdownmenü *Verkäufe* aus.
5. Wählen Sie aus dem zweiten Dropdownmenü *Provision* aus.
6. Führen Sie diesen Schritt sehr sorgfältig und in genau dieser Reihenfolge aus. Klicken Sie in der Vorschau für die Tabelle *Verkäufe* auf die Überschrift *Produkt*, bewegen Sie den Mauszeiger über die Überschrift *Vertreter* und drücken Sie Strg+Mausklick. Nachdem Sie das zweite Feld hinzugefügt haben, sollten Sie eine kleine 1 rechts neben der Überschrift *Produkt* und eine kleine 2 rechts neben der Überschrift *Vertreter* sehen.
7. Klicken Sie in der Vorschau für die Tabelle *Provision* zunächst vorsichtig auf die Überschrift *Produkt*. Bewegen Sie dann den Mauszeiger über die Überschrift *Name* und drücken Sie Strg+Mausklick. Die kleine 2 sollte in der ersten Spalte erscheinen, und die kleine 1 sollte in der zweiten Spalte erscheinen (siehe Abbildung 10.41).

→

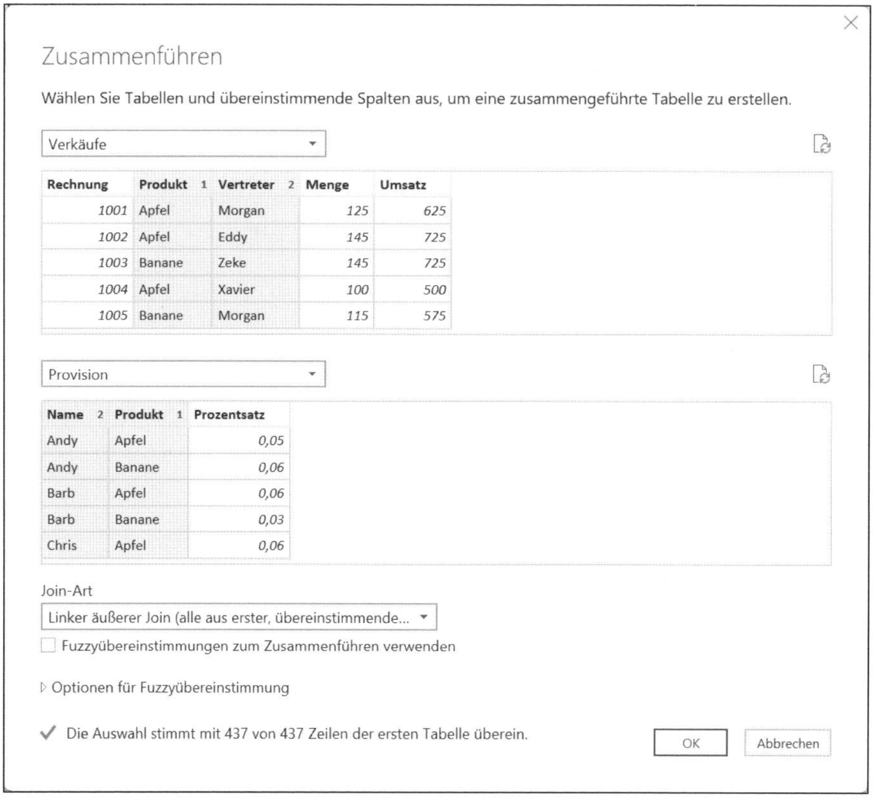


**Abbildung 10.41** Vergewissern Sie sich, dass die 1 und 2 rechts neben den korrekten Schlüsselfeldern stehen.

8. Klicken Sie auf *OK*, um die Zusammenführungsabfrage zu erstellen. Der Power Query-Editor zeigt alle Felder aus der Tabelle *Verkäufe* und eine einzelne Spalte für die Tabelle *Provision* mit dem Wort Table in jeder Zelle an. Die Überschrift für *Provision* verfügt über ein Erweiterungssymbol – zwei gebogene Pfeile, die voneinander weg zeigen.
9. Klicken Sie auf das Symbol *Erweitern* in der Überschrift der Spalte *Provision*. Deaktivieren Sie *Name* und *Produkt*, da diese Felder bereits in der Tabelle *Verkäufe* enthalten sind. Damit bleibt nur noch *Prozentsatz* als hinzuzufügendes Feld übrig. Um eine lange Überschrift *Provision.Prozentsatz* zu vermeiden, deaktivieren Sie das Kontrollkästchen *Ursprünglichen Spaltennamen als Präfix verwenden* (siehe Abbildung 10.42).
10. Dieser Schritt ist optional. Verwenden Sie den Befehl *Spalte hinzufügen | Benutzerdefinierte Spalte,* um eine neue Spalte zur Berechnung der Provisionszahlung hinzuzufügen. Die Formel lautet `=[Umsatz]*[Prozentsatz]`. Nennen Sie die neue Spalte **Kommission.** Nachdem Sie das Feld hinzugefügt haben, wählen Sie die Spalte *Kommission* aus. Wählen Sie auf der Registerkarte *Transformieren* den Datentyp *Dezimalzahl* aus.

→

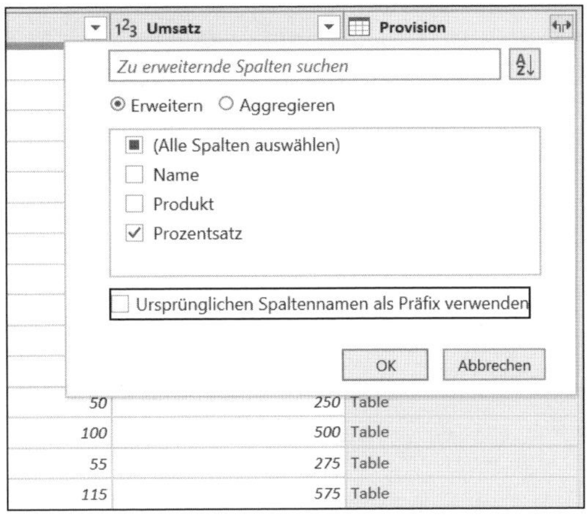


**Abbildung 10.42** Wählen Sie aus, welche Felder aus der Tabelle *Provision* aufgenommen werden sollen.

11. Öffnen Sie auf der Registerkarte *Start* des Power Query-Editors das Dropdownmenü *Schließen & laden* und wählen Sie *Schließen & laden in*.
12. Wählen Sie im Dialogfeld *Daten importieren* die Optionen *Nur Verbindung erstellen* und *Dem Datenmodell diese Daten hinzufügen.*
13. Wählen Sie in einem beliebigen leeren Bereich der Arbeitsmappe *Einfügen | PivotTable | Aus Datenmodell.* Im Aufgabenbereich *PivotTable-Felder* werden drei Tabellen angezeigt: *Verkäufe, Provision* und *Zusammenführen1*. Erstellen Sie Ihre PivotTable mit den Feldern aus der Tabelle *Zusammenführen1*. Abbildung 10.43 zeigt eine Beispiel-PivotTable mit den Feldern *Vertreter, Umsatz* und *Kommission*.

| Vertreter | Summe von Umsatz | Summe von Kommission |
|---|---|---|
| Andy | 7500 | 390,75 |
| Barb | 5400 | 254,25 |
| Chris | 6550 | 430 |
| Diane | 11050 | 487 |
| Eddy | 12600 | 751,5 |
| Flo | 5650 | 300,75 |
| Gary | 6750 | 438 |
| Hank | 12950 | 831,25 |
| Ike | 7475 | 403,25 |
| Jared | 5850 | 292,5 |
| Kim | 9175 | 289,25 |
| Lou | 12150 | 364,5 |
| Morgan | 11875 | 554 |
| Nan | 9600 | 318 |
| Otto | 7400 | 285,5 |
| Paul | 5525 | 352,75 |
| Quenten | 7550 | 482 |
| Raul | 8050 | 563,5 |
| Stacie | 6750 | 251,25 |
| Tracy | 11200 | 725,5 |
| Uma | 6325 | 373,25 |
| Vera | 5175 | 207 |
| Wendy | 8200 | 310 |
| Xavier | 7150 | 445,5 |
| Yazmin | 12300 | 455,5 |
| Zeke | 11050 | 409,5 |
| **Gesamtergebnis *** | **221250** | **10966,25** |

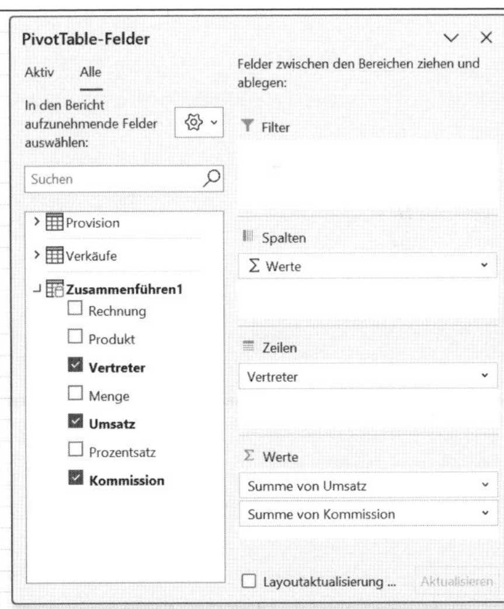


**Abbildung 10.43** Eine PivotTable, die aus zwei Tabellen berechnet wurde, die mit mehreren Feldern verknüpft sind.

## Nächste Schritte

Mit dem Feature *3D-Karte* können Sie Ihre Geodaten auf einem Globus animieren. Kapitel 11, »Geodaten mit »3D-Karte« analysieren«, stellt die 3D-Karte vor.

KAPITEL 11

# Geodaten mit »3D-Karte« analysieren

## Analyse geografischer Daten mit »3D-Karte«

Mit *3D-Karte* können Sie eine Pivot-Tabelle auf einem dreidimensionalen Globus erstellen. Sofern Ihre Daten über ein geografisches Feld wie Straße, Stadt, Bundesland oder Postleitzahl verfügen, können Sie die Daten auf einer Karte darstellen.

Sobald die Daten auf der Karte angezeigt werden, können Sie durch die Daten fliegen, heranzoomen, um eine Stadt zu untersuchen, oder wieder herauszoomen, um eine Ansicht aus 10.000 Meter Höhe zu erhalten. Sie können das Feature *3D-Karte* verwenden, um die Daten interaktiv zu untersuchen, oder eine Tour aus verschiedenen Szenen erstellen und diese Tour als Video rendern, um sie an Personen zu verteilen, die nicht über *3D-Karte* verfügen.

---

Die 3D-Kartenfunktion war in Excel 2013 als Add-In namens Power Map bekannt und wurde früher auch als GeoFlow bezeichnet. Wenn Sie Power Map oder GeoFlow bereits verwendet haben, finden Sie diese Funktionalität in Excel nun als *3D-Karte*.

*3D-Karte* ist ein Feature, das nur in den Windows-Versionen von Excel verfügbar ist. Sie wird niemals auf dem Mac, in Excel für das Web oder in Excel für Mobile verfügbar sein, da sie das Datenmodell verwendet. Ende 2024 traf Microsoft die ungewöhnliche Entscheidung, das Symbol für die *3D-Karte* aus der Gruppe *Touren* auf der Registerkarte *Einfügen* in das Dropdownmenü *Datenmodell* auf der Registerkarte *Daten* zu verschieben. Dies ist ein ungewöhnlicher Ort für dieses Feature, da die meisten Benutzer keine Ahnung haben, dass die 3D-Kartenfunktion das Datenmodell verwendet. Microsoft erklärte, dass auf der Registerkarte *Einfügen* Platz für das Feature *Kontrollkästchen* geschaffen werden musste und dass die 3D-Karte das am wenigsten verwendete Symbol war, sodass es verschoben werden musste. Zyniker könnten vermuten, dass die Verschiebung in das Dropdownmenü *Datenmodell* dazu dient, sicherzustellen, dass niemand dieses Feature neu entdeckt.

---

## Daten für »3D-Karte« vorbereiten

Obwohl *3D-Karte* das Power Pivot-Datenmodell verwendet, müssen Sie Ihre Daten nicht in Power Pivot laden. Sie können einfach eine Zelle aus einem Datensatz mit einem geografischen Feld wie Land, Bundesland, Landkreis, Stadt, Straße oder Postleitzahl auswählen.

In Microsoft 365 wählen Sie auf der rechten Seite der Registerkarte *Daten* den Befehl *Datentools | Datenmodell | 3D-Karte* aus, wie in Abbildung 11.1 dargestellt. In früheren Versionen von Excel finden Sie die Option in der Gruppe *Touren* rechts neben den Diagrammoptionen auf der Registerkarte *Einfügen*.

*3D-Karte* konvertiert den aktuellen Datensatz in eine Tabelle und lädt ihn in das Power Pivot-Datenmodell, bevor *3D-Karte* gestartet wird. Dieser Schritt kann 10 bis 20 Sekunden dauern, da Power Pivot im Hintergrund geladen wird.

*3D-Karte* konvertiert die Daten mithilfe von Bing Maps in Längen- und Breitengrade. Wenn sich Ihre Daten außerhalb der Vereinigten Staaten befinden, sollten Sie ein Feld für den Ländercode hinzufügen. Andernfalls wird Paris in Kentucky und Melbourne an der Ostküste Floridas angezeigt.

Es gibt drei spezielle Arten von geografischen Daten, die *3D-Karte* verarbeiten kann:

- *3D-Karte* kann Breiten- und Längengrade als zwei separate Felder verarbeiten. Beachten Sie, dass die Werte für West und Süd negativ sein sollten.
- Es ist möglich, die Daten nicht auf einem Globus, sondern auf einer benutzerdefinierten Karte, z.B. dem Grundriss eines Flughafens oder eines Einkaufszentrums, darzustellen. In diesem Fall müssen Sie x- und y-Daten angeben. Denken Sie daran, dass x quer über die Karte verläuft und bei 0 am linken Rand beginnt, während y die Karte nach oben durchläuft und bei 0 am unteren Rand beginnt.
- *3D-Karte* ermöglicht nun benutzerdefinierte Formen. Sie benötigen eine KML- oder SHP-Datei, die die Formen beschreibt. Die Namen in Ihrem Datensatz sollten mit den Werten in der KML-Datei übereinstimmen.

Obwohl Sie die Daten nicht vorab in das Power Pivot-Datenmodell laden müssen, können Sie diesen zusätzlichen Schritt durchführen, wenn Sie Beziehungen zwischen Tabellen definieren müssen.

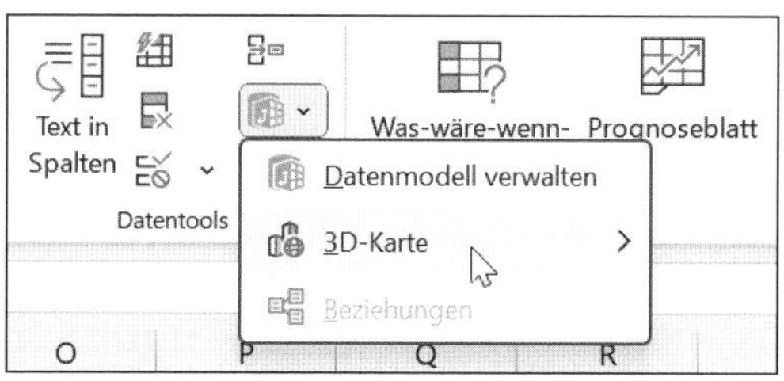


**Abbildung 11.1** *3D-Karte* wird auf der Registerkarte *Daten* angezeigt und ist im Dropdownmenü *Datenmodell* versteckt.

## Geokodierung von Daten

Der Vorgang der Lokalisierung von Punkten auf einer Karte wird als Geokodierung bezeichnet. Wenn Sie *3D-Karte* zum ersten Mal starten, versucht Excel, die geografischen Felder in Ihrem Dataset zu erkennen. Wenn Sie aussagekräftige Überschriften wie *Stadt* oder *Bundesstaat* verwendet haben, erkennt *3D-Karte* diese Felder selbstständig und trägt sie automatisch im Abschnitt *Ort* des Fensters *3D-Karten* ein. Wenn Excel ein geografisches Feld nicht erkennen kann, verwenden Sie die Option *Feld hinzufügen* am unteren Rand des Bereichs *Ort*.

Excel weist jedem Feld einen geografischen Typ zu. Über das Dropdownmenü können Sie den geografischen Typ ändern (siehe Abbildung 11.2).

Feldern wie »123 Main Street« sollten der Typ *Straße* zugewiesen werden. Felder wie »123 Main Street, Akron, OH« sollten den Typ *Vollständige Adresse* erhalten. Wenn Sie »123 Main Street« als Adresse markieren, werden die meisten Ihrer Datenpunkte im falschen Bundesstaat platziert.

Wählen Sie eines Ihrer geografischen Felder als Kartenebene aus. Wenn Sie *Bundesstaat* auswählen, erhalten Sie einen Punkt pro Bundesstaat. Wenn Sie *Adresse* auswählen, erhalten Sie einen Punkt für jede eindeutige Adresse.

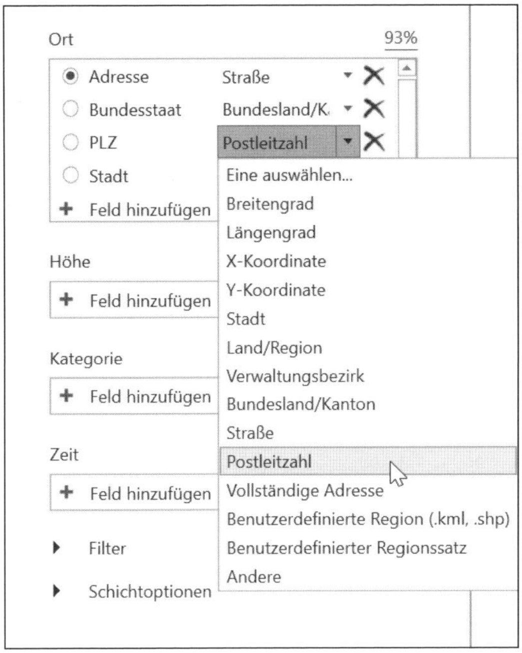


**Abbildung 11.2** Wählen Sie geografische Felder aus.

Es dauert einen Moment, bis *3D-Karte* den Geokodierungsprozess abgeschlossen hat. Nach Abschluss des Vorgangs wird neben *Ort* ein Prozentsatz angezeigt. Klicken Sie auf diesen Prozentsatz, um eine Liste der Datenpunkte anzuzeigen, die nicht zugeordnet werden konnten (siehe Abbildung 11.3). Elemente mit einem roten X werden nicht auf der Karte angezeigt. Elemente mit einem gelben Ausrufezeichen werden an der in der Spalte *Ergebnis* angezeigten Adresse angezeigt.

Wenn eine Adresse nicht gefunden wird, gibt es derzeit kein Tool, um diesen Datenpunkt auf der Karte zu platzieren. Andere Kartentools wie MapPoint bieten Ihnen Optionen wie die Verwendung einer ähnlichen Adresse oder sogar das Hinzufügen des Punkts zur Mitte der Postleitzahl. *3D-Karte* empfiehlt Ihnen derzeit jedoch lediglich, weitere geografische Felder zum ursprünglichen Datensatz hinzuzufügen.

Vertrauenswürdigkeit der Zuordnung

Wir haben 93% Orte auf Schicht 1 mit hoher Vertrauenswürdigkeit gezeichnet.
Unten folgt die Liste der Orte, bei denen wir nicht sicher waren.

Ausgewählte Elemente kopieren

| Bundesland/Kanton | Stadt | Postleitzahl | Straße | Ergebnis |
|---|---|---|---|---|
| KY | Louisville | | 200 North Juneau Dr | Keine Auflösung für diese Adresse. |
| OK | Harrah | | 1971 N Church Ave | Keine Auflösung für diese Adresse. |
| WA | South Bend | 98586 | 1st Pacific | Keine Auflösung für diese Adresse. |
| MD | Lansdowne | 21227 | 500 Third Avenue | 500 3rd Ave, Halethorpe, MD 21227 |
| DC | Washington | 20001 | 4901 V Street, Nw | 4901 V St NW, Washington, DC 20007 |
| PA | Pottstown | 19464 | 500 High Street | 500 E High St, Pottstown, PA 19464 |

**Abbildung 11.3** *3D-Karte* zeigt an, welche Adressen nicht gefunden werden konnten.

# In »3D-Karte« ein Säulendiagramm erstellen

*3D-Karte* stellt fünf verschiedene Arten von Schichten zur Verfügung: *Gestapelte Säule*, *Gruppierte Säule*, *Blasendiagramm*, *Wärmebild* und *Region*. Die Vorgehensweise zum Erstellen von gestapelten und gruppierten Säulenebenen ist ähnlich:

1. Wählen Sie oben im Schichtbereich entweder das Symbol für *Gruppierte Säule* oder *Gestapelte Säule*. Die Bereiche *Höhe*, *Kategorie* und *Zeit* werden angezeigt.
2. Ziehen Sie ein numerisches Feld in den Bereich *Höhe*. Verwenden Sie den Dropdownpfeil am rechten Rand des Feldes, um *Summe, Durchschnitt, Anzahl (nicht leere), Anzahl (verschiedene), Max, Min* oder *Keine Aggregation* auszuwählen.
3. Wenn Sie möchten, dass die Spalten unterschiedliche Farben haben, ziehen Sie ein Feld in den Bereich *Kategorie*. Eine große Legende verdeckt die Karte. Klicken Sie auf die Legende, woraufhin Größenänderungsgriffe angezeigt werden. Klicken Sie mit der rechten Maustaste auf die Legende und wählen Sie *Bearbeiten*, um Schriftart, Größe und Farbe anzupassen.
4. Um die Karte im Zeitverlauf zu animieren, ziehen Sie ein Datums- oder Zeitfeld in den Bereich *Zeit*. Klicken Sie mit der rechten Maustaste auf die große Zeitlegende und passen Sie die Darstellung der Datums- und Zeitangaben an.

Abbildung 11.4 zeigt eine erste Karte mit einem gruppierten Säulendiagramm.

# Navigieren durch die Karte

Anfangs ist die Zoomstufe so eingestellt, dass all Ihre Datenpunkte angezeigt werden. Möglicherweise stellen Sie fest, dass einige Ausreißer dazu führen, dass die Karte zu weit herausgezoomt wird. Wenn Sie beispielsweise Kundendaten für eine Autowerkstatt analysieren, finden Sie möglicherweise einige Kunden, die während ihrer Urlaubsreise für eine Reparatur vorbeigekommen sind. Angenommen, 98 Prozent Ihrer Kunden befinden sich in der Nähe von Charlotte, North Carolina, aber drei oder vier Kunden aus New York und Kalifornien sind im Datensatz enthalten. In diesem Fall zeigt die Karte alles von New York bis Kalifornien an.

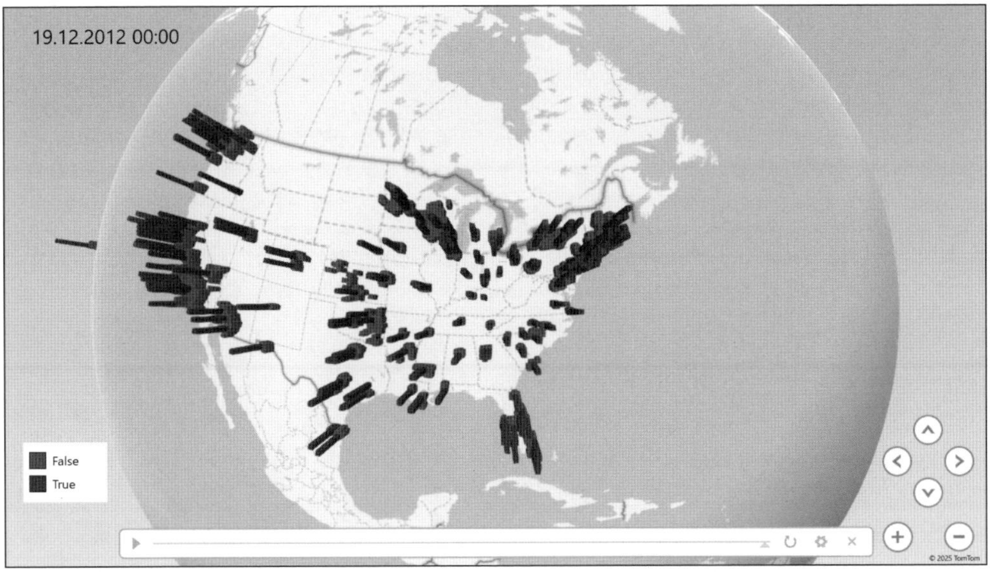


**Abbildung 11.4** Für jede Adresse in den Daten wird eine Säule angezeigt.

Mit den Symbolen + und – unten rechts auf der Karte können Sie die Ansicht vergrößern oder verkleinern. Alternativ können Sie das Mausrad verwenden, um schneller hinein- oder hinauszuzoomen.

Wenn Sie mit dem Hineinzoomen beginnen, stellen Sie möglicherweise fest, dass Sie den falschen Ausschnitt der Karte vergrößern. Klicken Sie auf die Karte und ziehen Sie sie, um sie neu zu zentrieren. Oder doppelklicken Sie auf einen beliebigen weißen Bereich der Karte, um sie während des Vergrößerns an dieser Stelle zu zentrieren. Abbildung 11.5 zeigt einen Kartenausschnitt, in den hineingezoomt wurde, um Florida anzuzeigen.

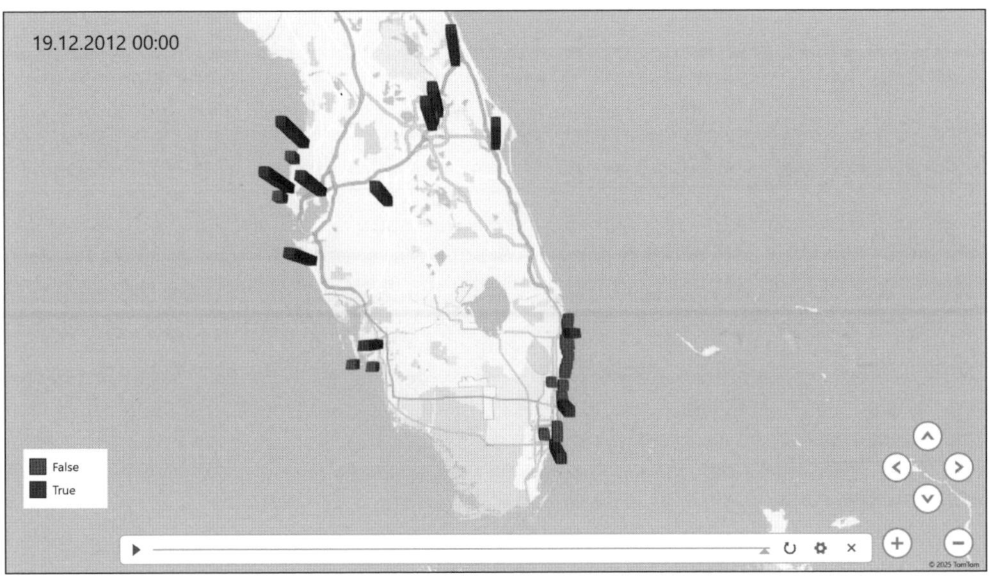


**Abbildung 11.5** Hineinzoomen, um Florida anzuzeigen

Standardmäßig blicken Sie normalerweise direkt auf die Karte, aber es ist einfacher, die Höhe jeder Säule zu erkennen, wenn Sie die Karte neigen. Verwenden Sie die Aufwärts- und Abwärtspfeile auf der Karte, um die Karte nach oben oder unten zu neigen. Oder verwenden Sie die `Alt`-Taste und die Maus: Halten Sie die `Alt`-Taste gedrückt und ziehen Sie die Maus gerade nach oben, um die Karte so zu neigen, dass Sie sie von einem Punkt aus betrachten, der näher am Boden liegt.

Halten Sie die `Alt`-Taste gedrückt und ziehen Sie die Maus gerade nach unten, um den Blickwinkel nach oben zu verschieben. Wenn Sie die `Alt`-Taste gedrückt halten und die Maus nach links oder rechts ziehen, drehen Sie die Ansicht nach links oder rechts. Abbildung 11.6 zeigt Miami aus einem niedrigeren Blickwinkel, so wie Sie die Punkte vom Atlantik aus sehen würden.

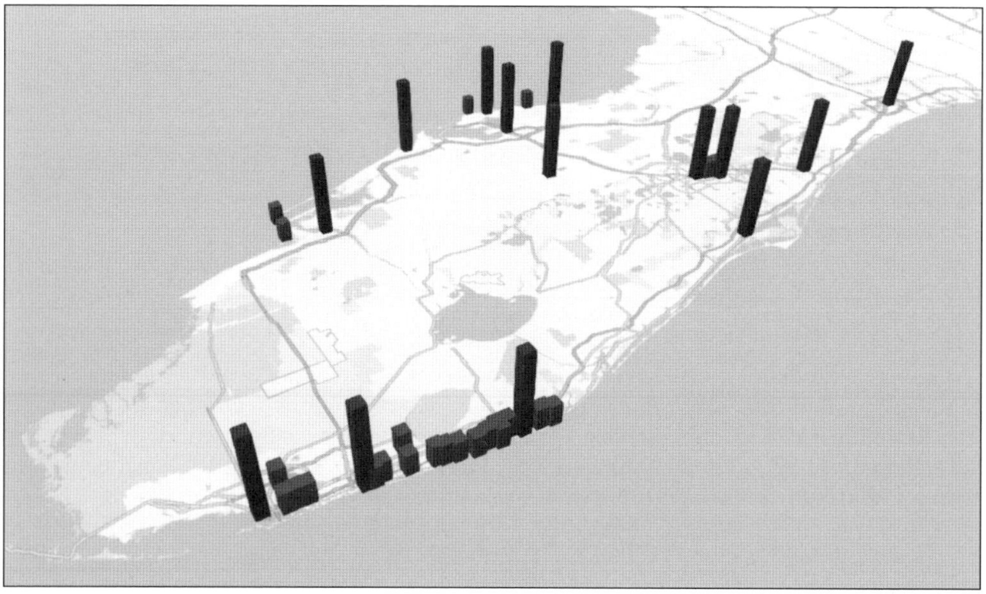

**Abbildung 11.6** Verwenden Sie die `Alt`-Taste und die Maus, um die Ansicht zu neigen oder zu drehen.

## Einzelne Punkte beschriften

In vielen Datensätzen sehen Sie ungewöhnliche Datenpunkte. Um die Details zu einem bestimmten Datenpunkt anzuzeigen, bewegen Sie den Mauszeiger über die Säule des Punktes. Daraufhin wird eine QuickInfo mit Informationen für den Datenpunkt angezeigt. Wenn Sie den Mauszeiger von der Säule wegbewegen, wird die QuickInfo ausgeblendet.

Wenn Sie eine Tour erstellen, möchten Sie möglicherweise eine Anmerkung oder ein Textfeld an einem bestimmten Punkt anzeigen. Eine Anmerkung enthält einen benutzerdefinierten Titel und den Wert beliebiger Felder Ihrer Wahl – oder sie kann ein Bild enthalten. Ein Textfeld enthält nur Text.

Klicken Sie mit der rechten Maustaste auf einen beliebigen Punkt und wählen Sie *Anmerkung hinzufügen* oder *Textfeld hinzufügen*, um die Beschriftung zu erstellen.

## Kreis- oder Blasendiagramme auf einer Karte erstellen

Ein Blasendiagramm zeichnet für jeden Datenpunkt einen einzelnen Kreis. Die Größe des Kreises gibt Auskunft über den Datenpunkt. Wenn Sie ein Kategoriefeld hinzufügen, ändert sich das Blasendiagramm zu einem Kreisdiagramm, wobei jede Kategorie als Segment im Kreisdiagramm angezeigt wird.

Im Gegensatz zu Säulendiagrammen möchten Sie wahrscheinlich, dass Ihre Blasen eine Zusammenfassung aller Datenpunkte in einem Bundesstaat oder einer Stadt darstellen. Um die Ebene für eine Karte zu ändern, klicken Sie im Bereich *Ort* des Schichtbereichs auf das Optionsfeld *Bundesstaat*. Ziehen Sie ein numerisches Feld in den Bereich *Größe*. Ziehen Sie ein Textfeld in den Bereich *Kategorie*.

Möglicherweise müssen Sie die Größe der Blasen oder der Kreisdiagramme anpassen. Im Schichtbereich befindet sich der Abschnitt *Schichtoptionen,* der standardmäßig reduziert dargestellt wird. Klicken Sie auf *Schichtoptionen*, um den Abschnitt zu erweitern. Es werden Schieberegler und andere Steuerelemente angezeigt, mit denen Sie die Größe, Linienstärke, Deckkraft sowie die verwendeten Farben ändern können (siehe Abbildung 11.7).

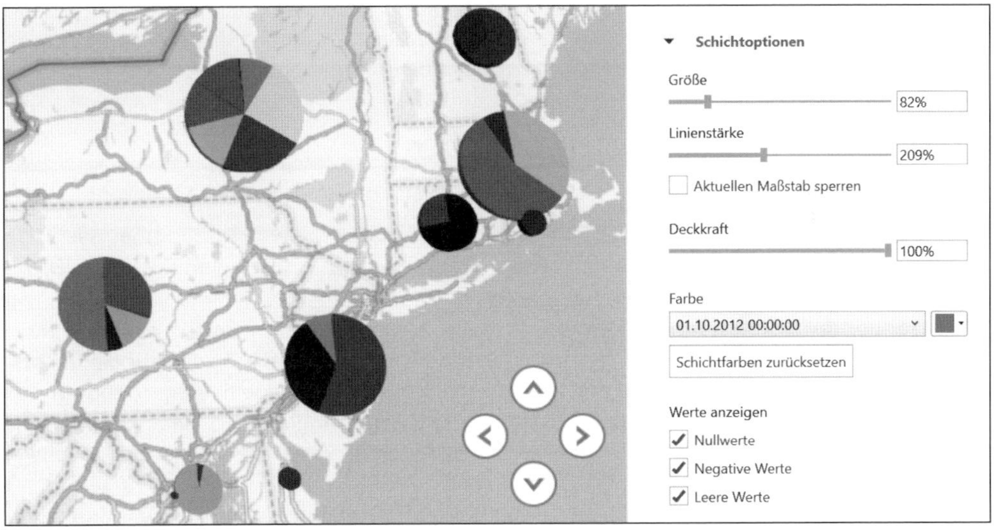


**Abbildung 11.7** Verwenden Sie den Abschnitt *Schichtoptionen* im Schichtbereich, um die Größe der Blasen bzw. der Kreisdiagramme zu ändern.

## Wärmebild und Region verwenden

*3D-Karte* stellt außerdem Wärmebildvisualisierungen (Heatmap) und schattierte Regionskarten zur Verfügung. Ein Wärmebild ist auf einen einzelnen Punkt zentriert und zeigt unterschiedliche Schattierungen von Grün, Gelb und Rot, um die Intensität darzustellen. Eine Regionskarte füllt einen Umriss mit derselben Farbe und ist nützlich, um Daten nach Land, Bundesstaat oder Landkreis anzuzeigen.

Abbildung 11.8 zeigt eine Karte mit zwei Schichten: Eine Schicht ist eine Regionskarte nach US-Bundesstaaten, die andere Schicht ist eine Heatmap nach Städten.

**Abbildung 11.8** Die Visualisierungen *Region* und *Wärmebild* sind in einer einzigen Karte kombiniert.

Möglicherweise möchten Sie Regionalkarten für andere Formen als Bundesstaaten oder Länder erstellen. Im Internet stehen viele kostenlose SHP- oder KML-Dateien zur Verfügung. Sie können diese benutzerdefinierten Regionen in *3D-Karte* importieren und diese Bereiche dann auf der Karte schattieren. Um eine benutzerdefinierte Region zu importieren, verwenden Sie in *3D-Karte* den Befehl *Start | Benutzerdefinierte Regionen | Neuen Satz importieren*.

## Einstellungen für »3D-Karte« erkunden

*3D-Karte* bietet eine Reihe nützlicher Einstellungen. Hier sind einige meiner Favoriten:

- **Luftbildkarte** Wenn Sie auf Stadtebene zoomen, können Sie ein Luftbild über der Karte anzeigen. Verwenden Sie den Befehl *Start | Szene | Designs* und wählen Sie in der Dropdownliste das zweite Thema aus.
- **Kartenbeschriftungen hinzufügen** Klicken Sie im Menüband auf *Start | Landkarte | Kartenbeschriftungen*, um Beschriftungen zur Karte hinzuzufügen. Wenn Sie vollständig herauszoomen, werden die Beschriftungen zu Ländernamen. Wenn Sie hineinzoomen, ändern sich die Beschriftungen zu Bundesstaaten, Städten und sogar Straßennamen. Beachten Sie, dass Beschriftungen eine Alles-oder-Nichts-Angelegenheit sind. Sie können nicht einfach einige Beschriftungen anzeigen lassen und andere nicht.
- **Flache Karte** Wenn Sie die gesamte Erde auf einmal sehen möchten, verwenden Sie in *3D-Karte* den Befehl *Start | Landkarte | Plane Karte.*

Abbildung 11.9 zeigt eine flache Karte mit hinzugefügten Beschriftungen.

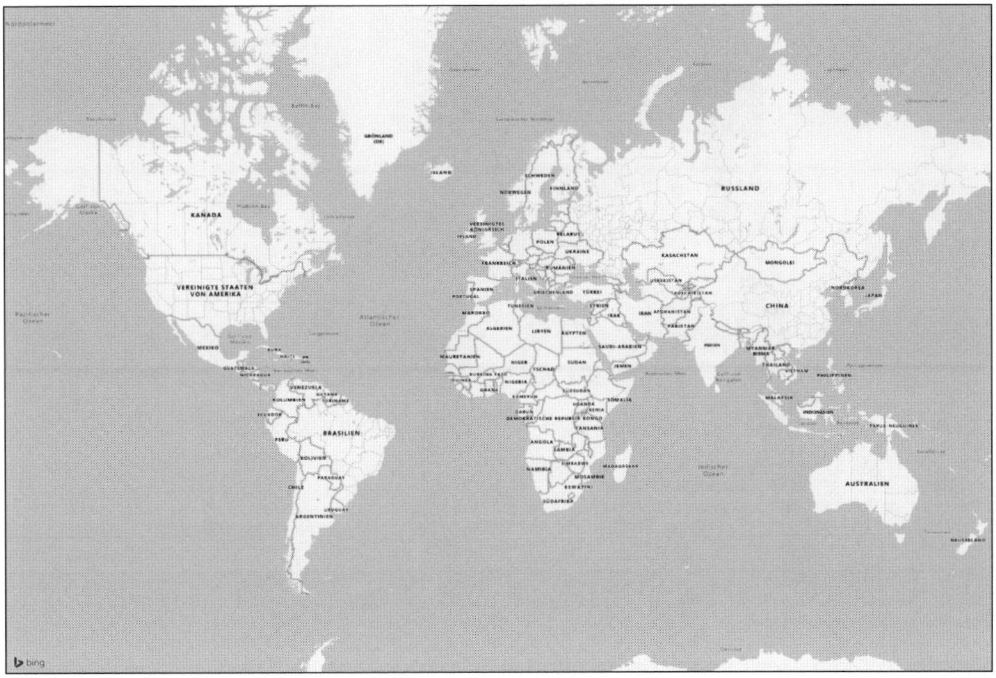


**Abbildung 11.9** Sehen Sie die gesamte Erde als flache Karte.

## Feinabstimmungen in »3D-Karte«

Es gibt Situationen, in denen die Standardeinstellungen von *3D-Karte* nicht optimal sind. Hier finden Sie Methoden zur Fehlerbehebung für verschiedene Situationen.

Standardmäßig nimmt jede Säule in einem Säulendiagramm relativ viel Platz auf der Karte ein. Wenn Sie beispielsweise alle Häuser in Ihrer Straße darstellen, nimmt jede Spalte etwa einen Stadtblock ein. Die Details der einzelnen Häuser sind dann nicht mehr zu erkennen. Öffnen Sie im *Schichtbereich* den Abschnitt *Schichtoptionen*. Ändern Sie die Einstellung *Linienstärke* auf 5% oder 10%. *3D-Karte* macht jede Säule dann sehr schmal (siehe Abbildung 11.10).

**Abbildung 11.10** Ändern Sie die Dicke der einzelnen Säulen, um mehr Details zu sehen.

Die 3D-Karte sieht auf einem großen Full-HD-Monitor großartig aus. Wenn Sie jedoch nur einen kleinen Laptop zur Verfügung haben, sollten Sie die Aufgabenbereiche *Tour-Editor* und *Schnittbereich* mithilfe der Befehle in der Gruppe *Start* | *Ansicht* ausblenden.

Die meisten Legenden sind anfangs viel zu groß. Sie können entweder ihre Größe ändern oder sie mit der rechten Maustaste anklicken und *Entfernen* wählen, um sie ganz auszublenden.

Mit dem Abschnitt *Filter* im *Schichtbereich* können Sie zu jedem Feld Filter hinzufügen. *3D-Karte* kann keine 5000 Kontrollkästchen rendern, daher müssen Sie möglicherweise die Suchfunktion innerhalb der Filter verwenden, um Elemente zum Ein- oder Ausblenden zu finden.

Wenn Sie mit der Maus über einen Datenpunkt fahren, wird die angezeigte QuickInfo als Datenkarte bezeichnet. Sie können die Anzeige der Karte anpassen, indem Sie auf der Datenkarte das Zahnradsymbol anklicken und dann im Dialogfeld *Datenkarte anpassen* Ihre Änderungen vornehmen.

## Zwei Datasets kombinieren

Wenn Sie zwei Datasets kombinieren möchten, müssen Sie einige Vorbereitungen treffen. Konvertieren Sie zunächst in Excel jedes Dataset mit *Start* | *Als Tabelle formatieren* in eine Tabelle. Verwenden Sie dann für jedes Dataset *Power Pivot* | *Zu Datenmodell hinzufügen*.

Wenn Sie mit Excel 2013 oder 2016 ohne die Registerkarte *Power Pivot* arbeiten, können Sie aus jedem Dataset eine gefakte Pivot-Tabelle erstellen und das Kontrollkästchen *Dem Datenmodell diese Daten hinzufügen* aktivieren, um die Daten in das Datenmodell zu laden. Alternativ können Sie die Power Query-Tools zum Bearbeiten einer Tabelle verwenden. Nachdem Sie die Daten im Power Query-Editor angezeigt haben, verwenden Sie *Start* | *Schließen & laden in* | *Dem Datenmodell diese Daten hinzufügen*.

Um verschiedene Kartentypen zu kombinieren, fügen Sie mit dem Symbol *Schicht hinzufügen* eine Schicht hinzu. Jede Schicht kann einen anderen geografischen Typ anzeigen. Sie könnten beispielsweise ein Säulendiagramm nach Stadt auf Schicht 1 und ein Regionsdiagramm nach Bundesstaat auf Schicht 2 verwenden. Mit dem Schichtbereich können Sie verschiedene Schichten ein- und ausblenden.

## Daten im Zeitverlauf animieren

Sie können jeder Kartenschicht ein Datums- oder Zeitfeld hinzufügen. Am unteren Rand der Karte wird eine Zeitachse angezeigt. Ziehen Sie den Regler nach links oder rechts, um die Daten zu einem beliebigen Zeitpunkt anzuzeigen. Verwenden Sie die Wiedergabetaste auf der linken Seite des Reglers, um den gesamten Zeitraum in der 3D-Karte zu animieren.

Wenn Sie das Datums- oder Zeitfeld zum Abschnitt *Zeit* hinzufügen, wird in diesem Abschnitt ein kleines Uhrensymbol angezeigt. In diesem Dropdownmenü stehen drei Optionen zur Auswahl:

- **Die Daten werden für einen Augenblick angezeigt** Die Daten werden angezeigt, wenn der Zeitregler dieses Datum erreicht, verschwinden jedoch wieder, sobald der Regler das Datum passiert hat.
- **Daten sammeln sich im Laufe der Zeit an** Diese Option eignet sich, um zu zeigen, wie sich der Ticketverkauf entwickelt hat. Wenn Sie am Montag 10 Tickets und am Dienstag weitere 5 Tickets verkauft haben, möchten Sie, dass die Karte am Dienstag 15 Tickets anzeigt.
- **Die Daten bleiben erhalten, bis sie ersetzt werden** Angenommen, Sie haben eine Liste der Immobilienverkäufe der letzten 30 Jahre. Wenn ein Haus 2001 für 200.000 Dollar und 2005 für 225.000 Dollar verkauft wurde, möchten Sie 200.000 $ für alle Punkte von 2001 bis Ende 2004 anzeigen.

Um die Geschwindigkeit der Animation zu steuern, klicken Sie im Menüband auf *Szenenoptionen*. Der Schieberegler *Geschwindigkeit* im Abschnitt *Zeit* steuert, wie schnell sich die Zeit ändert. Beachten Sie die Einstellung *Szenendauer* oben in diesem Dialogfeld, um zu sehen, wie lange es dauert, bis die gesamte Zeitspanne, die der Datensatz abdeckt, animiert ist.

Mit den Dropdownmenüs *Anfangsdatum* und *Enddatum* können Sie die Animation auf einen Teil des Zeitraums einschränken.

## Eine Tour erstellen

Mit einer Tour in *3D-Karte* können Sie eine Geschichte erzählen. Jede Szene der Tour kann sich auf einen Ausschnitt der Karte konzentrieren, und *3D-Karte* fliegt automatisch von einer Szene zur nächsten.

Während Sie mit *3D-Karte* experimentiert haben, haben Sie im Tour-Editor an Szene 1 gearbeitet. Wenn Sie auf das Zahnradsymbol und dann auf *Szenenoptionen* klicken, sehen Sie, dass die Standarddauer der Szene sechs Sekunden beträgt, mit einer Standardübergangsdauer von drei Sekunden. Wenn Sie also eine Tour abspielen, dauert diese erste Szene sechs Sekunden. Der Flug zur nächsten Szene dauert drei Sekunden.

Sobald Sie die Zeit für die erste Szene richtig eingestellt haben, können Sie eine zweite Szene hinzufügen, indem Sie *Start | Neue Szene | Szene 1 kopieren* auswählen. Passen Sie die zweite Szene an, um einen anderen Teil des Landes zu vergrößern oder eine andere Ansicht der Karte anzuzeigen.

Angenommen, Sie möchten, dass die erste Szene die im Laufe der Zeit gesammelten Daten anzeigt und die nächsten drei Szenen dann drei interessante Teile des Landes heranzoomen. Sie müssen das Feld *Zeit* zu Beginn von Szene 2 aus dem Schichtbereich entfernen, da sonst die gesamte Zeitachse erneut animiert wird.

Alternativ möchten Sie vielleicht einen Bereich an einer bestimmten Stelle der Zeitachse vergrößern. In diesem Beispiel könnten Sie folgende Szenen einsetzen:

- Sie beginnen mit einer Eröffnungsszene, die das gesamte Land zu Beginn des Zeitraums zeigt. Verwenden Sie die Szenenoptionen und legen Sie sowohl das Start- als auch das Enddatum auf das früheste Datum im Datensatz fest. Durch die Verwendung desselben Datums für Start und Ende wird die Eröffnungsszene nicht im Laufe der Zeit animiert.
- Anschließend zeigen Sie eine Szene, die über einen Teil der Zeitleiste animiert wird, beispielsweise von 1971 bis 1995.
- Als Nächstes folgt eine Szene, die auf Florida im Jahr 1995 zoomt. Verwenden Sie die Szenenoptionen, um das Start- und Enddatum auf den 31. Dezember 1995 festzulegen, damit die Daten nicht erneut animiert werden.
- Schließlich haben Sie eine Szene, die eine Kopie von Szene 2 ist, bei der jedoch der Datumsbereich von 1996 bis 2018 geändert wurde.

---

Beachten Sie, dass Anmerkungen und Textfelder während einer Szene und während des Übergangs zur nächsten Szene angezeigt werden. Wenn Sie eine 6-Sekunden-Szene und einen 20-Sekunden-Übergang haben, wird das Textfeld während der gesamten 26 Sekunden angezeigt. Möglicherweise möchten Sie sich die zusätzliche Mühe machen, dies in eine 6-Sekunden-Szene mit dem Textfeld und einen 0-Sekunden-Übergang aufzuteilen, gefolgt von einer 1-Sekunden-Szene ohne Textfeld und einem 20-Sekunden-Übergang.

---

Damit sich die Karte ständig bewegt, ändern Sie die Dropdownliste *Effekt* auf eine andere Option als *Kein Effekt*. Bei *Kreis* oder *8-Form* fliegt die Kamera beispielsweise in einem Bogen über die Szene. Je nachdem, wie lange die Szene dauert, erhalten Sie möglicherweise keinen vollständigen Kreis. Passen Sie die Effektgeschwindigkeit an, um die Wahrscheinlichkeit zu erhöhen, dass der Kreis vollständig gezeichnet wird.

Klicken Sie auf *Start | Tour | Tour wiedergeben*, um alle Fenster auszublenden und die Tour im Vollbildmodus abzuspielen. Ziehen Sie die Maus über die Tour, um am unteren Bildschirmrand die Schaltflächen *Wiedergabe* und *Pause* anzuzeigen. Drücken Sie die Esc-Taste, um zu *3D-Karte* zurückzukehren.

## Aus »3D-Karte« ein Video erstellen

Um eine Tour mit anderen zu teilen, können Sie *3D-Karte* zum Rendern eines Videos verwenden. Erstellen Sie zunächst eine Tour und klicken Sie dann auf *Video erstellen*. Sie können zwischen drei Videoauflösungen wählen und einen Soundtrack hinzufügen.

---

Das Rendern einer mehrminütigen Tour in Full-HD-Auflösung kann auch auf einem schnellen PC mehr als eine Stunde dauern.

---

### Fallstudie: Verwendung eines Grundrisses anstelle eines Globus

Angenommen, Sie haben eine Datenbank mit Verkaufszahlen eines Einkaufszentrums. Für jeden Tag liegen Ihnen die Verkaufszahlen für mehrere Geschäfte im Einkaufszentrum vor. Sie möchten animieren, wie sich die Verkäufe während des Geschäftstages im Einkaufszentrum entwickeln. Beispielsweise verkaufen sich Artikel in der Nähe der Kaffeebar möglicherweise morgens am besten, während hochpreisige Artikel möglicherweise abends am besten verkauft werden:

1. Suchen Sie eine Zeichnung oder ein Bild mit dem Grundriss des Einkaufszentrums und seiner Läden. Ermitteln Sie die Höhe und Breite des Bildes. Nehmen wir an, das Bild ist 800 Pixel breit und 366 Pixel hoch.
2. Erstellen Sie in Excel eine Tabelle mit einer eindeutigen Liste der Geschäftsnamen. (Sie können auch eine eindeutige Liste von Abteilungen oder Kategorien verwenden.)
3. Ermitteln Sie die x- und y-Position für jeden eindeutigen Ladennamen. Denken Sie daran, dass x die Anzahl der Pixel im Bild misst, beginnend am linken Rand. In Abbildung 11.11 ist das Bild in Excel eingefügt. Es füllt die Spalten E:U aus. Da die Gesamtbreite 800 beträgt, entspricht jede Spalte etwa 47 Pixeln. Sears befindet sich etwa 620 Pixel vom linken Rand entfernt. Denken Sie daran, für den y-Wert unten zu beginnen. Da das Bild 366 Pixel hoch ist und 29 Zeilen ausfüllt, ist jede Zeile etwa 12,62 Pixel hoch. Zelle C15 zeigt, dass das Wort *Sears* etwa 176 Pixel vom unteren Rand entfernt liegt.

---

Als ich zum ersten Mal versuchte, die x- und y-Positionen zu ermitteln, verwendete ich die Cursorposition in Photoshop. Das ging schnell und einfach. Aber dann stellte ich fest, dass Photoshop die y-Position vom oberen Rand aus misst und nicht vom unteren Rand. Das schien zunächst ein schwerwiegender Fehler zu sein, aber da die Daten in Excel eingegeben wurden, konnte ich die y-Werte mit einer Hilfsspalte und der Formel =366-F2 korrigieren.

---

4. Erstellen Sie mit Strg+T eine Tabelle aus Ihren Verkaufsdaten. Fügen Sie die Daten zum Datenmodell hinzu.
5. Erstellen Sie mit Strg+T eine Tabelle aus Ihren Daten mit den Koordinaten der Geschäfte. Fügen Sie die Daten zum Datenmodell hinzu.
6. Erstellen Sie in Power Pivot eine Beziehung zwischen den beiden Tabellen.
7. Wählen Sie in einer leeren Zelle in Excel *Daten | Datenmodell | 3D-Karte. 3D-Karte* zeigt Ihnen die Felder aus dem Datenmodell an.
8. Ziehen Sie die Felder *X* und Y aus der Feldliste in den Abschnitt *Ort* des Schichtbereichs.

→

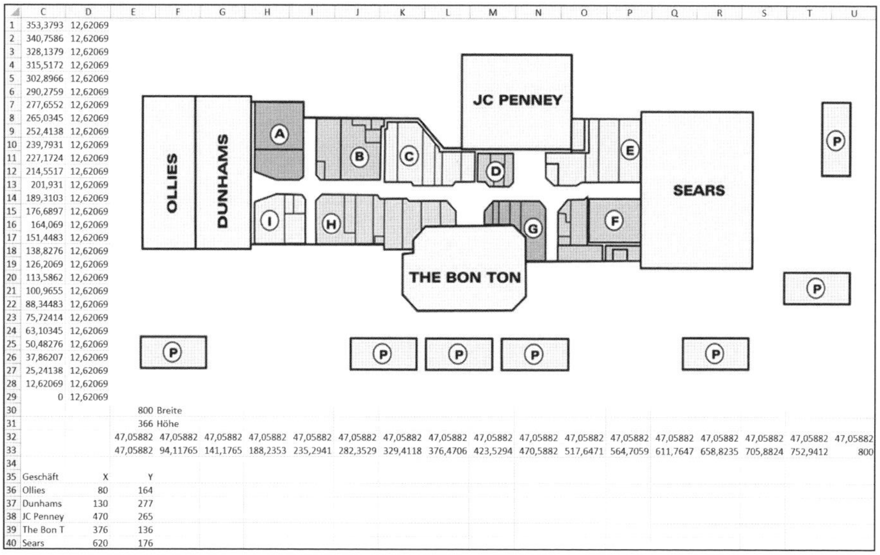


**Abbildung 11.11** Suchen Sie im Grundriss des Einkaufszentrums die X- und Y-Koordinaten für jedes Geschäft.

9. Weisen Sie im Abschnitt *Ort* des Schichtbereichs dem Feld *X* den geografischen Typ X-Koordinate zu. Weisen Sie dem Feld *Y* den Typ *Y-Koordinate* zu. *3D-Karte* stellt Ihnen nun die Frage: »In eine benutzerdefinierte Karte ändern?« (siehe Abbildung 11.12).

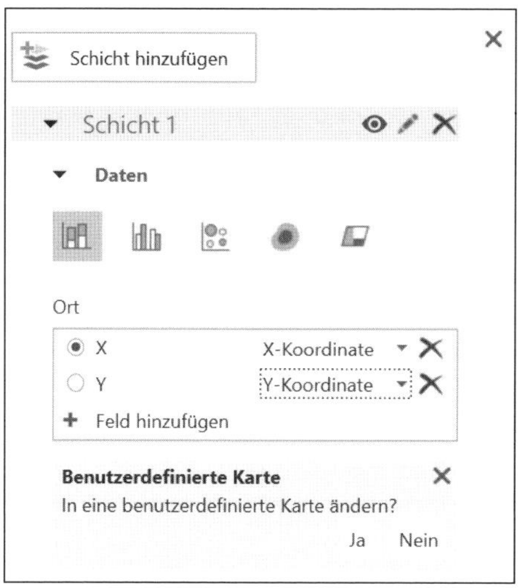


**Abbildung 11.12** Wenn Sie *X-* und *Y-Koordinate* auswählen, fragt *3D-Karte*, ob Sie eine benutzerdefinierte Karte verwenden möchten.

10. Klicken Sie auf *Ja*, um eine benutzerdefinierte Karte auszuwählen. Wählen Sie im Dialogfeld *Kartentyp ändern* die Option *Neue benutzerdefinierte Karte*.
11. Klicken Sie im Dialogfeld *Optionen für benutzerdefinierte Karte* auf das Bildsymbol neben *Nach Hintergrundbild suchen*. Wählen Sie dasselbe Bild aus wie in Schritt 3. Wie in Abbildung 11.13 gezeigt, beginnt das Dialogfeld mit den Min- und Max-Werten für X und Y, die die Daten in Ihrem Datensatz darstellen. Da keine Datenpunkte auf die Koordinate 0,0 oder 800,366 fallen, sind diese Schätzungen immer falsch.
12. Ändern Sie den Minimalwert für X und den Minimalwert für Y auf 0. Ändern Sie den Maximalwert für X auf die Bildbreite. Ändern Sie den Maximalwert für Y auf die Bildhöhe. Klicken Sie auf *Übernehmen*, um Ihre Daten auf dem Bild anzuzeigen. Klicken Sie auf *Fertig*, wenn alles korrekt aussieht.

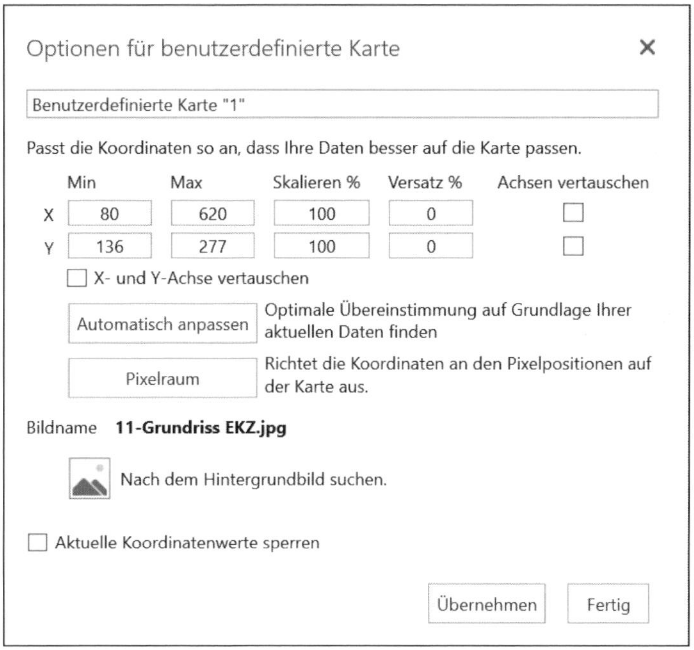


**Abbildung 11.13** Die Werte für *Min. für X* und *Min. für Y* sind in der Realität immer falsch.

13. Ziehen Sie, falls erforderlich, das Feld *Umsatz* in den Bereich *Höhe* und das Feld *Datum* in den Bereich *Zeit*.

Ihre Daten werden nun auf einer benutzerdefinierten Karte des Einkaufszentrums dargestellt, wie in Abbildung 11.14 gezeigt. Mit der 3D-Kartennavigation können Sie die Karte neigen, drehen und zoomen.

→

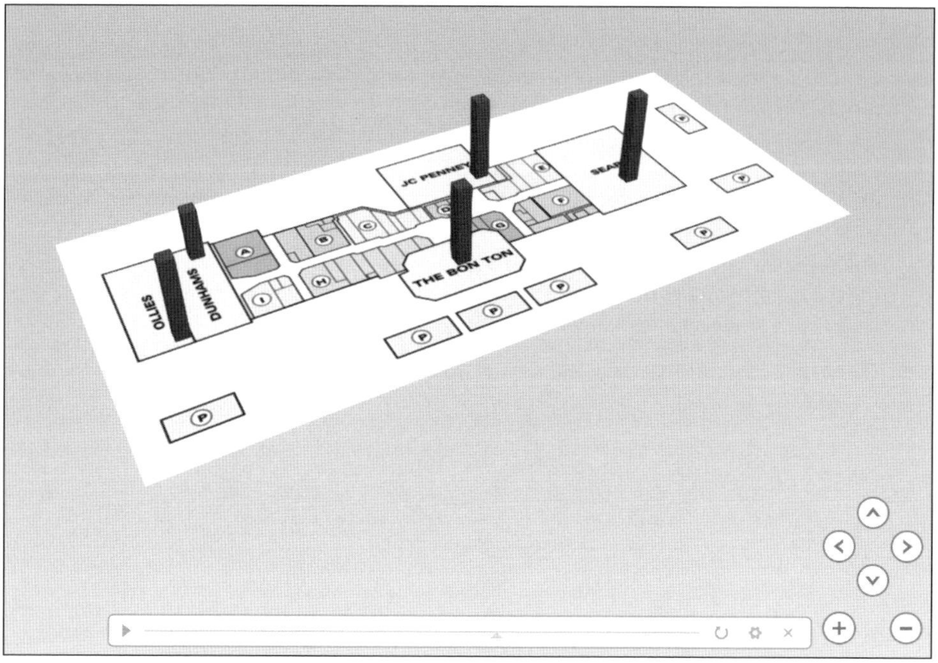


**Abbildung 11.14** Die Umsätze werden auf einer benutzerdefinierten Karte dargestellt.

## Nächste Schritte

In Kapitel 12, »PivotTable-Berichte mit Makros verbessern«, werden einfache Makros vorgestellt, mit denen Sie Ihre PivotTable-Berichte verbessern können.

KAPITEL 12

# PivotTable-Berichte mit Makros verbessern

## Makros mit PivotTable-Berichten verwenden

Stellen Sie sich vor, Sie könnten an mehreren Orten gleichzeitig sein, mehrere Kunden gleichzeitig unterstützen und ihnen bei ihren PivotTable-Berichten helfen. Sie könnten mehreren Kunden gleichzeitig dabei helfen, ihre Daten zu aktualisieren, die 20 wichtigsten Datensätze zu extrahieren, nach Monaten zu gruppieren oder nach Umsatz zu sortieren. Tatsächlich können Sie genau das mit Excel-Makros tun.

Im weitesten Sinne ist ein Makro eine Folge von Anweisungen, die einen Aspekt von Excel automatisiert, sodass Sie effizienter und mit weniger Fehlern arbeiten können. Makros können durch Aufzeichnen und Speichern einer Reihe von Tastenanschlägen erstellt werden. Einmal gespeichert, kann ein Makro bei Bedarf wiedergegeben werden. Mit anderen Worten: Sie können Ihre Aktionen in einem Makro aufzeichnen, das Makro speichern und dann Ihren Kunden ermöglichen, Ihre Aktionen mit einem Klick auf eine Schaltfläche oder durch Drücken einer Tastenkombination wiederzugeben. Es ist dann so, als wären Sie direkt bei ihnen! Dieses Feature ist besonders nützlich, wenn Sie PivotTable-Berichte verteilen.

Angenommen, Sie möchten Ihren Kunden die Möglichkeit geben, ihren PivotTable-Bericht nach Monat, Quartal oder Jahr zu gruppieren. Obwohl jeder den Gruppierungsvorgang durchführen kann, wissen einige Ihrer Kunden möglicherweise nicht, wie das geht. In diesem Fall könnten Sie ein Makro zum Gruppieren nach Monaten, ein Makro zum Gruppieren nach Quartalen und ein Makro zum Gruppieren nach Jahren aufzeichnen. Anschließend könnten Sie drei Schaltflächen erstellen, eine für jedes Makro. Am Ende müssen Ihre Kunden, die wenig Erfahrung mit Pivot-Tabellen haben, nur noch auf eine Schaltfläche klicken, um ihre PivotTable-Berichte zu gruppieren.

Ein großer Vorteil der Verwendung von Makros mit Ihren PivotTable-Berichten besteht darin, dass Sie Ihren Kunden die Möglichkeit geben, einfach PivotTable-Aktionen auszuführen, die sie normalerweise nicht selbst durchführen könnten, und sie so in die Lage versetzen, die von Ihnen bereitgestellten Daten effektiver zu analysieren.

Während Makros traditionell in VBA mit dem Excel-Makrorekorder geschrieben wurden, können die neuen Power Query-Tools auch ein Makro mit der Programmiersprache M erstellen. Wenn jemand die Power Query-Ergebnisse aktualisiert, führt Excel das Makro für die neuen Daten aus. Da Power Query Ihnen die Möglichkeit bietet, Ihre Daten zu pivotieren, enthält dieses Kapitel ein Power Query-Beispiel zum Laden aller Excel-Dateien aus einem einzigen Ordner.

# Ein Makro aufzeichnen

Sehen Sie sich die PivotTable in Abbildung 12.1 an. Sie wissen, dass Sie diese Pivot-Tabelle aktualisieren können, indem Sie mit der rechten Maustaste in die Pivot-Tabelle klicken und *Aktualisieren* auswählen. Wenn Sie nun Ihre Aktionen mit einem Makro aufzeichnen würden, während Sie diese Pivot-Tabelle aktualisieren, könnten Sie oder andere Personen Ihre Aktionen replizieren und diese Pivot-Tabelle durch Ausführen des Makros aktualisieren.

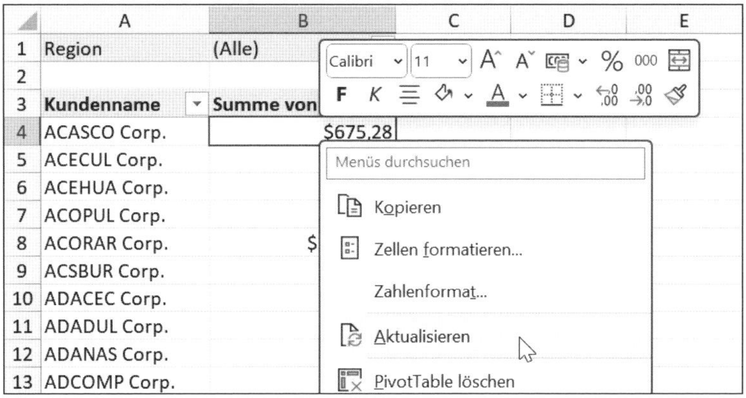


**Abbildung 12.1** Sie können diese einfache Pivot-Tabelle ganz einfach aktualisieren, indem Sie sie mit der rechten Maustaste anklicken und *Aktualisieren* auswählen. Wenn Sie Ihre Aktionen jedoch mit einem Makro aufgezeichnet haben, können Sie diese Pivot-Tabelle auch einfach durch Ausführen des Makros aktualisieren.

Der erste Schritt beim Aufzeichnen eines Makros besteht darin, das Dialogfeld *Makro aufzeichnen* zu öffnen. Wechseln Sie zur Registerkarte *Entwicklertools* und wählen Sie dann *Makro aufzeichnen*.

---

Können Sie die Registerkarte *Entwicklertools* nicht im Menüband finden? Klicken Sie mit der rechten Maustaste auf das Menüband und wählen Sie *Menüband anpassen*. Aktivieren Sie in der Liste ganz rechts das Kontrollkästchen neben *Entwicklertools*. Durch Aktivieren dieses Kontrollkästchens wird die Registerkarte *Entwicklertools* aktiviert.

---

Wenn das Dialogfeld *Makro aufzeichnen* aktiviert ist, können Sie einige wichtige Informationen zum Makro eingeben:

- **Makroname** Geben Sie einen Namen für Ihr Makro ein. Im Allgemeinen sollten Sie einen Namen eingeben, der die ausgeführte Aktion beschreibt.
- **Tastenkombination** Sie können einen beliebigen Buchstaben in dieses Eingabefeld eingeben. Dieser Buchstabe wird Teil einer Tastenkombination auf Ihrer Tastatur, mit der Sie das Makro wiedergeben können. Dies ist optional. Wenn Sie einen Buchstaben auswählen, vermeiden Sie Tastenkombinationen wie z.B. Strg+X, Strg+C, Strg+V und andere, die Sie regelmäßig verwenden. Wenn Sie der Tastenkombination Strg+C ein Makro zuweisen, können Sie Strg+C nach der Änderung der Makro-Tastenkombination nicht mehr zum Kopieren verwenden.

- **Makro speichern in** Geben Sie an, wo das Makro gespeichert werden soll. Wenn Sie Ihren PivotTable-Bericht verteilen, sollten Sie *Diese Arbeitsmappe* auswählen, damit das Makro für Ihre Kunden verfügbar ist.
- **Beschreibung** In dieses Feld können Sie ein wenig Text eingeben, der weitere Details zum Makro enthält.

Da dieses Makro Ihre Pivot-Tabelle aktualisiert, wenn es ausgeführt wird, benennen Sie Ihr Makro **DatenAktualisieren**, wie in Abbildung 12.2 gezeigt. Weisen Sie außerdem die Tastenkombination **R** zu. Beachten Sie, dass Ihnen das Dialogfeld auf dieser Grundlage die Tastenkombination [Strg]+[⇧]+[R] vorschlägt. Denken Sie daran, dass Sie die Tastenkombination verwenden, um Ihr Makro nach der Erstellung auszuführen. Speichern Sie das Makro unbedingt in *Diese Arbeitsmappe*. Klicken Sie auf *OK*, um fortzufahren.

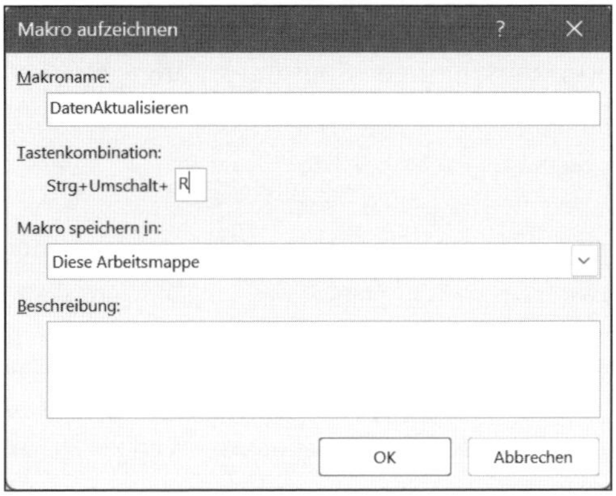


**Abbildung 12.2** Füllen Sie das Dialogfeld *Makro aufzeichnen* wie hier gezeigt aus und klicken Sie dann auf *OK*, um fortzufahren.

Wenn Sie im Dialogfeld *Makro aufzeichnen* auf *OK* klicken, starten Sie den Aufzeichnungsvorgang. Ab diesem Zeitpunkt wird jede von Ihnen ausgeführte Aktion von Excel aufgezeichnet. In diesem Fall möchten Sie den Vorgang zum Aktualisieren Ihrer Pivot-Tabelle aufzeichnen.

Klicken Sie mit der rechten Maustaste auf eine beliebige Stelle innerhalb der Pivot-Tabelle und wählen Sie *Aktualisieren*. Nachdem Sie Ihre Pivot-Tabelle aktualisiert haben, können Sie die Aufzeichnung beenden, indem Sie die Registerkarte *Entwicklertools* öffnen und die Schaltfläche *Aufzeichnung beenden* auswählen.

Herzlichen Glückwunsch! Sie haben soeben ein Makro aufgezeichnet. Sie können Ihr Makro nun abspielen, indem Sie auf Ihrer Tastatur [Strg]+[⇧]+[R] drücken.

## Ein Wort zur Makrosicherheit

Sie sollten sich bewusst sein, dass ein selbst aufgezeichnetes Makro ohne Sicherheitsbeschränkungen auf Ihrem PC ausgeführt wird. Wenn Sie jedoch Arbeitsmappen mit Makros verteilen, müssen Ihre Kunden Excel mitteilen, dass Ihre Arbeitsmappe kein Sicherheitsrisiko darstellt, damit Ihre Makros ausgeführt werden können.

Sie werden feststellen, dass die mit diesem Kapitel mitgelieferte Beispieldatei nur ausgeführt werden kann, wenn Sie Excel anweisen, die darin enthaltenen Makros zu aktivieren.

Am besten verwenden Sie die Arbeitsmappe an einem vertrauenswürdigen Speicherort, einem Verzeichnis, das als sichere Zone gilt und in dem nur vertrauenswürdige Arbeitsmappen abgelegt werden. An einem vertrauenswürdigen Speicherort können Sie und Ihre Kunden eine makrofähige Arbeitsmappe ohne Sicherheitsbeschränkungen ausführen, solange sich die Arbeitsmappe an diesem Speicherort befindet.

Um einen vertrauenswürdigen Speicherort einzurichten, gehen Sie wie folgt vor:

1. Wählen Sie auf der Registerkarte *Entwicklertools* die Schaltfläche *Makrosicherheit*. Dadurch wird das Dialogfeld *Trust Center* geöffnet.
2. Wählen Sie in der linken Navigationsleiste *Vertrauenswürdige Speicherorte*.
3. Wählen Sie *Neuen Speicherort hinzufügen*.
4. Klicken Sie auf *Durchsuchen* und geben Sie dann das Verzeichnis an, das als vertrauenswürdiger Speicherort gelten soll.

Nachdem Sie einen vertrauenswürdigen Speicherort angegeben haben, werden alle aus diesem Speicherort geöffneten Arbeitsmappen standardmäßig mit aktivierten Makros geöffnet.

---

In Excel 2013 hat Microsoft das Sicherheitsmodell verbessert. Excel speichert, welche Dateien Sie als vertrauenswürdig eingestuft haben. Das heißt, wenn Sie eine Excel-Arbeitsmappe öffnen und auf die Schaltfläche *Aktivieren* klicken, merkt sich Excel, dass Sie dieser Datei vertraut haben. Jedes Mal, wenn Sie die Arbeitsmappe danach öffnen, vertraut Excel ihr automatisch.

---

Ab 2023 hat Microsoft Excel-Arbeitsmappen, die per E-Mail eingehen oder aus dem Internet heruntergeladen werden, mit einer zusätzlichen Sicherheitsebene versehen. Standardmäßig wird die Ausführung von Makros blockiert. Nachdem Sie die Arbeitsmappe auf Ihren Computer heruntergeladen haben, führen Sie die folgenden Schritte aus, um die Makroblockierung aufzuheben.

1. Suchen Sie die Arbeitsmappe im Windows Explorer.
2. Klicken Sie mit der rechten Maustaste auf die Arbeitsmappe und wählen Sie *Eigenschaften*.
3. Suchen Sie im Dialogfeld *Eigenschaften* unten auf der Registerkarte *Allgemein* nach der Meldung »Die Datei stammt von einem anderen Computer. Der Zugriff wurde aus Sicherheitsgründen eventuell blockiert.« Schalten Sie rechts neben dieser Meldung das Kontrollkästchen *Zulassen* ein.
4. Klicken Sie auf *OK*, um das Dialogfeld *Eigenschaften* zu schließen.
5. Öffnen Sie die Excel-Arbeitsmappe. Sie müssen weiterhin die Makros aktivieren.

---

# Eine Benutzeroberfläche mit Formularsteuerelementen erstellen

Wenn Sie Ihren Kunden die Ausführung Ihres Makros mit Tastenkombinationen wie etwa Strg+⇧+R ermöglichen, kann dies eine zufriedenstellende Lösung sein, falls sich in Ihrem PivotTable-Bericht nur ein Makro befindet. Angenommen, Sie möchten Ihren Kunden jedoch die Ausführung mehrerer Makroaktionen ermöglichen. In diesem Fall sollten Sie eine klare und einfache Möglichkeit anbieten, jedes Makro auszuführen, ohne sich eine Vielzahl von Tastenkombinationen merken zu müssen.

Eine einfache Benutzeroberfläche bietet hier die perfekte Lösung. Eine Benutzeroberfläche besteht aus einer Reihe von Steuerelementen wie Schaltflächen, Bildlaufleisten und anderen Elementen, mit denen Benutzer Makros mit einem einfachen Mausklick ausführen können. Tatsächlich bietet Excel eine Reihe von Steuerelementen, die speziell für die Erstellung von Benutzeroberflächen direkt in einem Tabellenblatt entwickelt wurden. Diese Steuerelemente werden *Formularsteuerelemente* genannt. Die allgemeine Idee hinter Formularsteuerelementen ist, dass Sie eines in einer Tabelle platzieren und ihm dann ein Makro zuweisen – also ein Makro, das Sie bereits aufgezeichnet haben. Nachdem dem Steuerelement ein Makro zugewiesen wurde, wird dieses ausgeführt (abgespielt), wenn das Steuerelement angeklickt wird.

Sie finden die Formularsteuerelemente in der Gruppe *Steuerelemente* auf der Registerkarte *Entwicklertools*. Um zu den Formularsteuerelementen zu gelangen, klicken Sie in der Gruppe *Steuerelemente* auf *Einfügen*, wie in Abbildung 12.3 dargestellt.

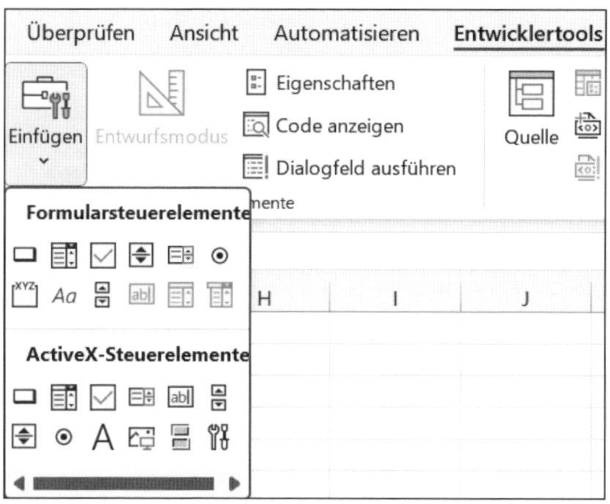


**Abbildung 12.3** Um die verfügbaren Formularsteuerelemente anzuzeigen, klicken Sie auf der Registerkarte *Entwicklertools* in der Gruppe *Steuerelemente* auf *Einfügen*.

---

Beachten Sie, dass es Formularsteuerelemente und ActiveX-Steuerelemente gibt. Obwohl sie ähnlich aussehen, unterscheiden sie sich erheblich voneinander. Formularsteuerelemente mit ihrem geringen Overhead und ihren einfachen Konfigurationseinstellungen wurden speziell für die Verwendung in Tabellenkalkulationen entwickelt. ActiveX-Steuerelemente werden meist in Excel-Benutzerformularen verwendet. In der Regel sollten Sie bei der Arbeit mit einem Tabellenblatt Formularsteuerelemente verwenden.

---

Hier können Sie das Steuerelement auswählen, das Ihren Anforderungen am besten entspricht. In diesem Beispiel möchten Sie, dass Ihre Kunden ihre PivotTable mit einem Klick auf eine Schaltfläche aktualisieren können. Klicken Sie auf das Steuerelement *Schaltfläche*, um es auszuwählen, und klicken Sie dann auf dem Tabellenblatt auf die Stelle, an der Sie die Schaltfläche platzieren möchten.

Nachdem Sie das Schaltflächensteuerelement in Ihr Tabellenblatt gezogen haben, wird das in Abbildung 12.4 gezeigte Dialogfeld *Makro zuweisen* geöffnet. Hier werden Sie aufgefordert, dieser Schaltfläche ein Makro zuzuweisen. Wählen Sie das Makro aus, das Sie der Schaltfläche zuweisen möchten – in diesem Fall *DatenAktualisieren* – und klicken Sie dann auf *OK*.

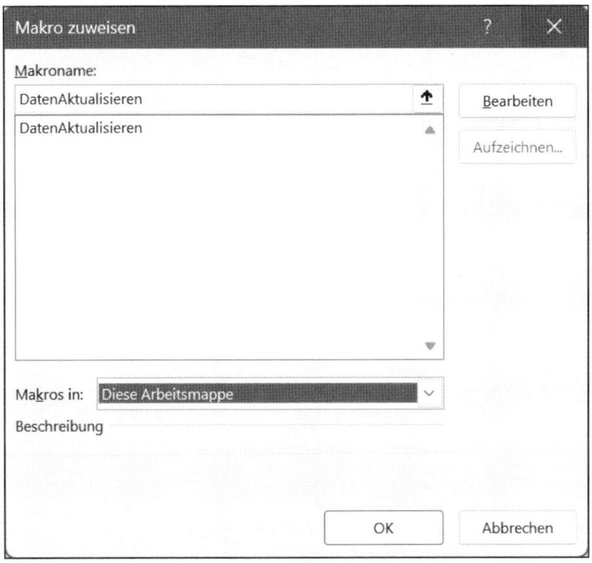


**Abbildung 12.4** Wählen Sie das Makro aus, das Sie der Schaltfläche zuweisen möchten, und klicken Sie dann auf *OK*. In diesem Fall wählen Sie *DatenAktualisieren* aus.

Beachten Sie, dass alle Formularsteuerelemente genauso funktionieren wie die Befehlsschaltfläche: Sie weisen ein Makro zu, das ausgeführt wird, wenn das Steuerelement ausgewählt bzw. angeklickt wird.

Wie Sie in Abbildung 12.5 sehen können, können Sie jedes Makro in Ihrer Arbeitsmappe einem anderen Formularsteuerelement zuweisen und die Steuerelemente dann benennen, um sie voneinander zu unterscheiden. Um den Text auf einer Schaltfläche zu bearbeiten, klicken Sie mit der rechten Maustaste auf die Schaltfläche und wählen Sie *Text bearbeiten*. Verwenden Sie einen der acht Größenänderungsgriffe auf der Schaltfläche, um die Größe der Schaltfläche zu ändern.

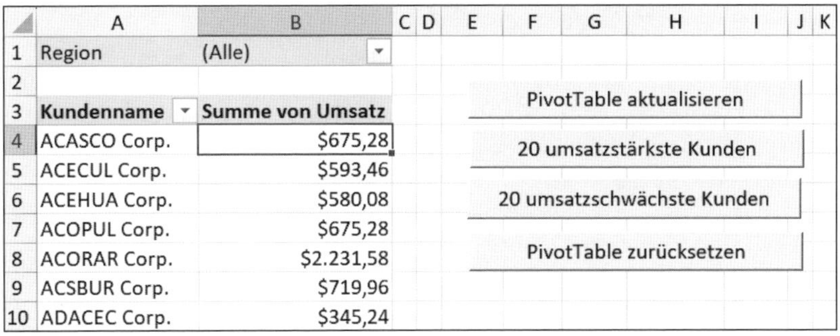


**Abbildung 12.5** Sie können für jedes Ihrer Makros eine eigene Schaltfläche erstellen.

Wie Abbildung 12.6 zeigt, können Sie, wenn Sie alle für Ihren PivotTable-Berichte erforderlichen Steuerelemente haben, die Steuerelemente und die umgebende Tabelle formatieren, um eine einfache Benutzeroberfläche zu erstellen.

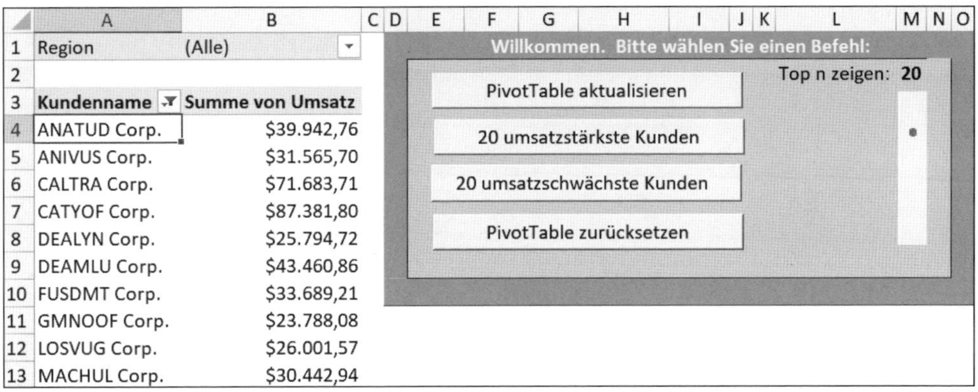


**Abbildung 12.6** Durch Hinzufügen einiger Makros, weniger Formularsteuerelemente und ein wenig Formatierung können Sie ganz einfach den Eindruck einer Benutzeroberfläche erwecken.

# Ein aufgezeichnetes Makro ändern, um weitere Funktionalität hinzuzufügen

Wenn Sie ein Makro aufzeichnen, erstellt Excel ein Modul, in dem die aufgezeichneten Schritte Ihrer Aktionen gespeichert werden. Diese aufgezeichneten Schritte sind eigentlich Zeilen mit VBA-Code, aus denen Ihr Makro besteht. Sie können PivotTable-Berichten einige interessante Funktionen hinzufügen, indem Sie den VBA-Code eines Makros anpassen, um verschiedene Effekte zu erzielen.

Um besser zu verstehen, wie dieser Prozess funktioniert, erstellen Sie zunächst ein neues Makro, das die fünf umsatzstärksten Kunden extrahiert. Gehen Sie zur Registerkarte *Entwicklertools* und wählen Sie *Makro aufzeichnen*. Richten Sie das Dialogfeld *Makro aufzeichnen* so ein, wie in Abbildung 12.7 gezeigt. Nennen Sie Ihr neues Makro **TopNKunden** und geben Sie *Diese Arbeitsmappe* als Speicherort für das Makro an. Klicken Sie auf *OK*, um die Aufzeichnung zu starten.

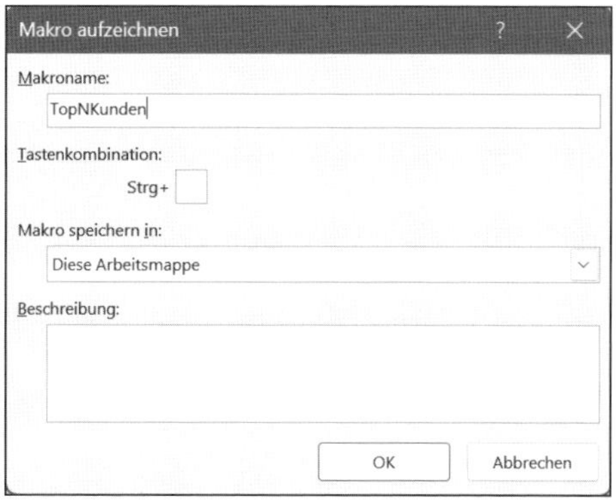


**Abbildung 12.7** Benennen Sie Ihr neues Makro und geben Sie an, wo Sie es speichern möchten.

Nachdem Sie die Aufzeichnung gestartet haben, klicken Sie mit der rechten Maustaste auf das Feld *Kunde* und wählen Sie *Filter | Wertefilter | Top 10*. Durch Auswahl dieser Option wird das Dialogfeld *Top-10-Filter (Kundenname)* geöffnet, in dem Sie angeben können, dass Sie die fünf Kunden mit den größten Umsätzen anzeigen möchten. Geben Sie die in Abbildung 12.8 gezeigten Einstellungen ein und klicken Sie dann auf *OK*.

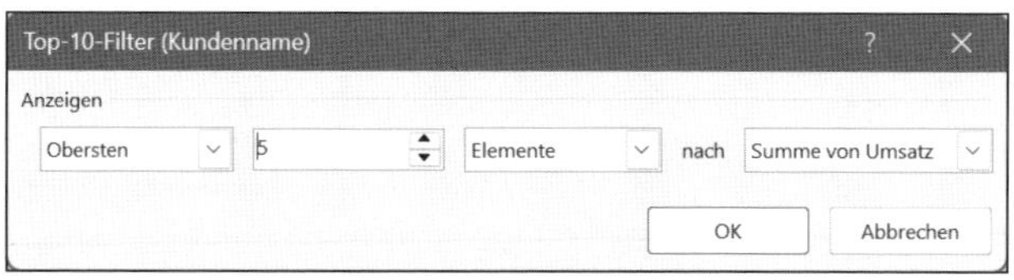


**Abbildung 12.8** Geben Sie die hier gezeigten Einstellungen ein, um die fünf umsatzstärksten Kunden anzuzeigen.

Nachdem Sie die Schritte zum Extrahieren der fünf umsatzstärksten Kunden aufgezeichnet haben, wählen Sie auf der Registerkarte *Entwicklertools* die Option *Aufzeichnung beenden.*

Sie haben nun ein Makro, das beim Abspielen Ihre Pivot-Tabelle nach den fünf umsatzstärksten Kunden filtert. Der Plan ist, dieses Makro so anzupassen, dass es auf eine Bildlaufleiste reagiert, d.h., Sie zwingen das Makro, die *n* umsatzstärksten Kunden anzuzeigen, die durch eine Bildlaufleiste in Ihrer Benutzeroberfläche dargestellt werden. Mit anderen Worten: Ein Benutzer kann die Top 5, Top 8 oder Top 32 einfach durch Bewegen einer Bildlaufleiste nach oben oder unten abrufen.

## Ein Bildlaufleisten-Formularsteuerelement einfügen

Um eine Bildlaufleiste in Ihr Tabellenblatt einzufügen, wählen Sie das Symbol *Einfügen* auf der Registerkarte *Entwicklertools*. Wählen Sie anschließend das Steuerelement *Scrollleiste* aus den Formularsteuerelementen aus und platzieren Sie es in Ihrer Tabelle. Sie können die Abmessungen der Bildlaufleiste auf eine geeignete Länge und Breite ändern, indem Sie auf die Ecken klicken und sie ziehen.

Klicken Sie mit der rechten Maustaste auf die Bildlaufleiste und wählen Sie *Steuerelement formatieren*. Dadurch wird das Dialogfeld *Steuerelement formatieren* geöffnet. Nehmen Sie dort die folgenden Einstellungen vor: Setzen Sie den Minimalwert auf 1, damit die Bildlaufleiste nicht unter 1 gehen kann; setzen Sie den Maximalwert auf 200, damit die Bildlaufleiste nicht über 200 gehen kann; und setzen Sie die Zellverknüpfung auf $M$2, damit die durch die Bildlaufleiste dargestellte Zahl in Zelle M2 ausgegeben wird. Nachdem Sie diese Schritte ausgeführt haben, sollte Ihr Dialogfeld so aussehen, wie es Abbildung 12.9 zeigt.

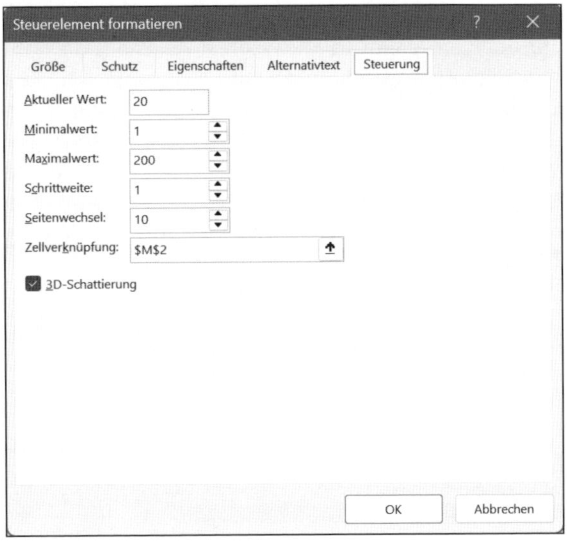


**Abbildung 12.9** Nachdem Sie eine Bildlaufleiste in Ihrer Tabelle platziert haben, konfigurieren Sie die Bildlaufleiste wie hier gezeigt.

Als Nächstes müssen Sie der Bildlaufleiste das soeben aufgezeichnete Makro *TopNKunden* zuweisen. Klicken Sie dazu mit der rechten Maustaste auf die Bildlaufleiste und wählen Sie *Makro zuweisen*. Wählen Sie das Makro *TopNKunden* aus der in Abbildung 12.10 gezeigten Liste aus und klicken Sie dann auf *OK*. Durch das Zuweisen dieses Makros wird sichergestellt, dass es jedes Mal ausgeführt wird, wenn auf die Bildlaufleiste geklickt wird.

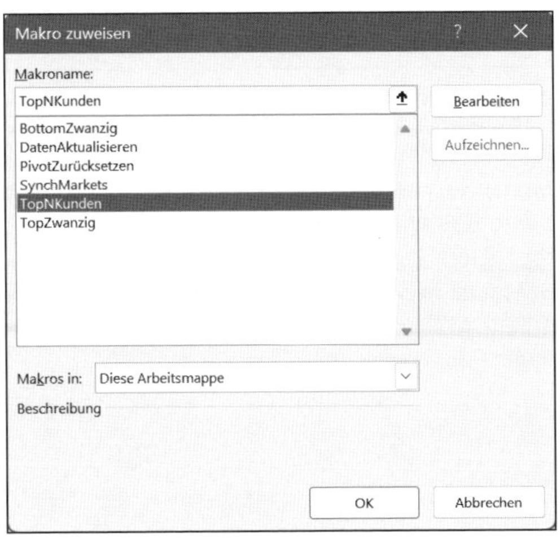


**Abbildung 12.10** Wählen Sie das Makro aus der Liste aus.

Testen Sie nun Ihre Bildlaufleiste, indem Sie sie anklicken. Wenn Sie auf Ihre Bildlaufleiste klicken, sollten zwei Dinge passieren: Das Makro TopNKunden sollte ausgeführt werden und die Zahl in Zelle M2 sollte sich ändern, um die Position Ihrer Bildlaufleiste widerzuspiegeln. Die Zahl in Zelle M2 ist wichtig, da es sich um die Zahl handelt, auf die Sie in Ihrem Makro TopN-Kunden verweisen werden.

Jetzt müssen Sie nur noch Ihr Makro so anpassen, dass es auf die Zahl in Zelle M2 reagiert und es effektiv mit Ihrer Bildlaufleiste verknüpft wird. Dazu müssen Sie den VBA-Code aufrufen, aus dem das Makro besteht. Es gibt mehrere Möglichkeiten, dorthin zu gelangen, aber für dieses Beispiel gehen Sie zur Registerkarte *Entwicklertools* und wählen *Makros*. Wenn Sie diese Option auswählen, wird das Dialogfeld *Makro* mit mehreren Optionen geöffnet. Von hier aus können Sie ein ausgewähltes Makro ausführen, löschen, schrittweise ausführen oder bearbeiten. Um zum VBA-Code zu gelangen, aus dem Ihr Makro besteht, wählen Sie das Makro aus und klicken dann auf *Bearbeiten*, wie in Abbildung 12.11 gezeigt.

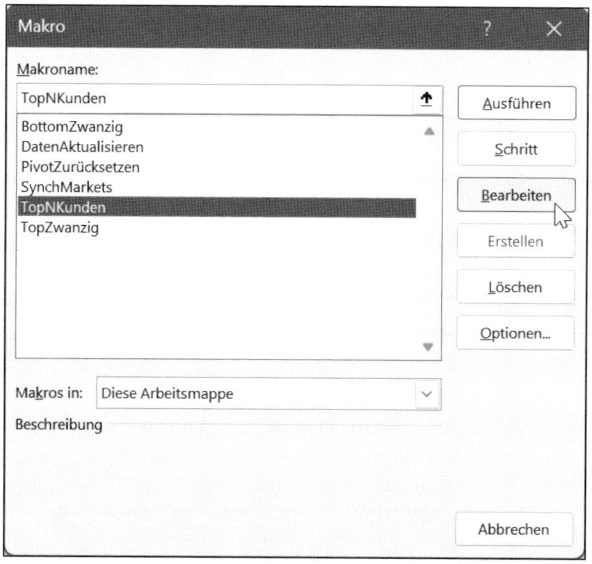


**Abbildung 12.11** Um zum VBA-Code zu gelangen, aus dem das Makro TopNKunden besteht, wählen Sie das Makro aus und klicken dann auf *Bearbeiten*.

Der Visual Basic-Editor wird mit einer detaillierten Ansicht des gesamten VBA-Codes geöffnet, aus dem dieses Makro besteht (siehe Abbildung 12.12). Beachten Sie, dass die Zahl 5 als Teil Ihres Makros fest codiert ist. Der Grund dafür ist, dass Sie Ihr Makro ursprünglich aufgezeichnet haben, um die fünf umsatzstärksten Kunden zu filtern. Ihr Ziel ist es nun, die fest codierte Zahl 5 durch den Wert in Zelle M2 zu ersetzen, der mit Ihrer Bildlaufleiste verknüpft ist.

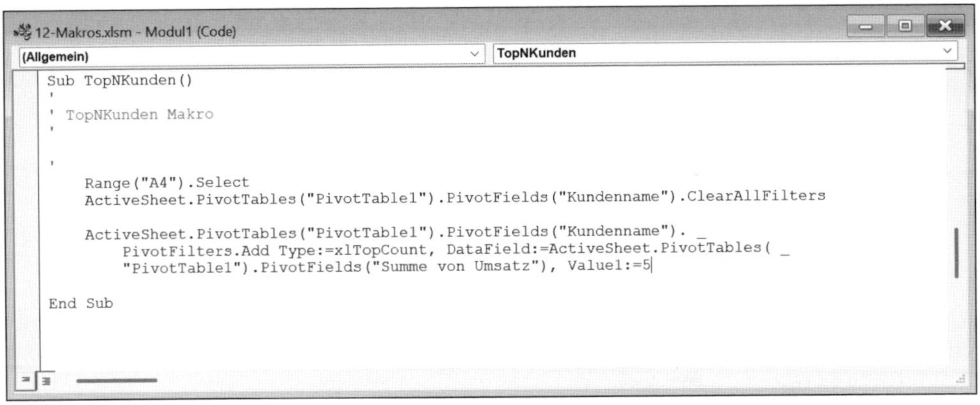


**Abbildung 12.12** Ihr Ziel ist es, die fest codierte Zahl 5, die Sie bei der ursprünglichen Aufzeichnung Ihres Makros angegeben haben, durch den Wert in Zelle M2 zu ersetzen.

Dazu müssen Sie die Zahl 5 löschen und durch Folgendes ersetzen:

```
ActiveSheet.Range("M2").Value
```

Der Code Ihres Makros sollte nun wie in Abbildung 12.13 dargestellt aussehen.

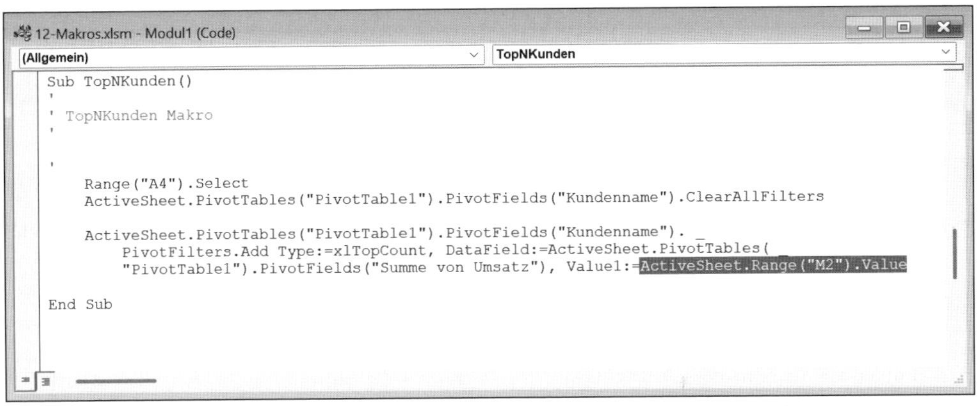


**Abbildung 12.13** Löschen Sie einfach die fest codierte Zahl 5 und ersetzen Sie sie durch einen Verweis auf Zelle M2.

Schließen Sie den Visual Basic-Editor, um zu Ihrem PivotTable-Bericht zurückzukehren. Testen Sie Ihre Bildlaufleiste, indem Sie sie auf 11 setzen. Ihr Makro sollte nun ausgeführt werden und die 11 umsatzstärksten Kunden herausfiltern, wie in Abbildung 12.14 dargestellt.

Sie können die in Abbildung 12.14 gezeigten Schaltflächen verbessern, indem Sie eine Formel erstellen, die den Text der Schaltflächen *20 umsatzstärkste Kunden* und *20 umsatzschwächste Kunden* so ändert, dass sie den in der Bildlaufleiste ausgewählten Wert widerspiegeln.

Die Formel muss in eine Zelle irgendwo auf dem Arbeitsblatt eingegeben werden. Geben Sie diese Formel beispielsweise in Z1 ein: **=""&M2&" umsatzstärkste Kunden"**. Klicken Sie mit der rechten Maustaste auf die Schaltfläche, um sie auszuwählen. Klicken Sie in die Bearbeitungsleiste, geben Sie **=Z1** ein und drücken Sie die [↵]-Taste. Wiederholen Sie dies in Z2, um die Beschriftung für die Schaltfläche mit den umsatzschwächsten Kunden anzupassen.

Vergessen Sie nicht, die beiden Makros mit der fest codierten Anzahl von 20 Kunden so anzupassen, dass sie den Wert in Zelle M2 verwenden.

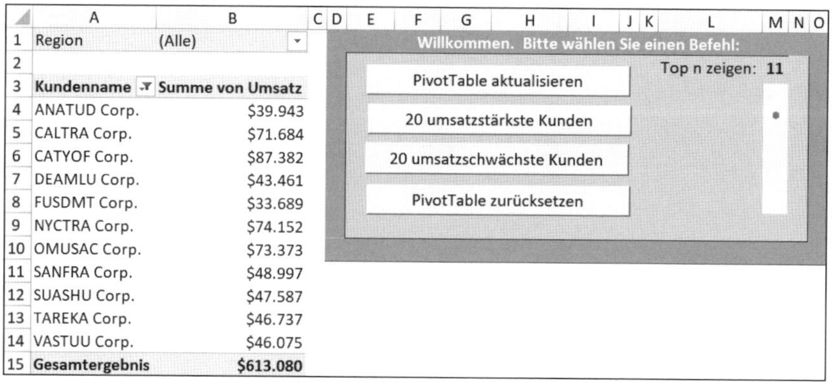


**Abbildung 12.14** Nach ein wenig Formatierung haben Sie eine übersichtliche und einfache Möglichkeit geschaffen, die umsatzstärksten Kunden anzuzeigen.

# Ein Makro mit Power Query erstellen

In den vorherigen Beispielen haben Sie mit dem Makrorekorder ein Makro aufgezeichnet und dann den VBA-Code so angepasst, dass er funktioniert. Das ist normal beim VBA- Makrorekorder; es ist schwierig, ein Makro aufzuzeichnen, das mit einem größeren Datensatz funktioniert.

Ich habe zahlreiche Bücher über VBA geschrieben, aber ich verrate Ihnen ein Geheimnis: Mittlerweile erledige ich die meisten meiner automatisierten Aufgaben mit Power Query statt mit VBA. Power Query ist einfacher und zuverlässiger, und man muss selten Code anpassen.

Für das Beispiel in diesem Kapitel haben Sie eine Reihe ähnlicher Arbeitsmappen, die jeweils ein einzelnes Arbeitsblatt mit Rechnungsinformationen für einen Monat enthalten. Natürlich enthält die Arbeitsmappe jedes Monats eine unterschiedliche Anzahl von Zeilen, aber da die Datei irgendwo von irgendeinem Unternehmenssystem irgendwo hin generiert wird, bleiben die Spalten von Monat zu Monat konstant.

Ihr Vorgesetzter möchte einen Bericht sehen, der die Einnahmen nach Produkt und Monat aufschlüsselt. Er möchte die Produkte an der Seite und die Monate oben sehen.

Sie haben einen Ordner namens `C:\Rechnungslisten\` eingerichtet, in dem sich sechs Arbeitsmappen mit den Daten für jeweils einen Monat befinden (siehe Abbildung 12.15).

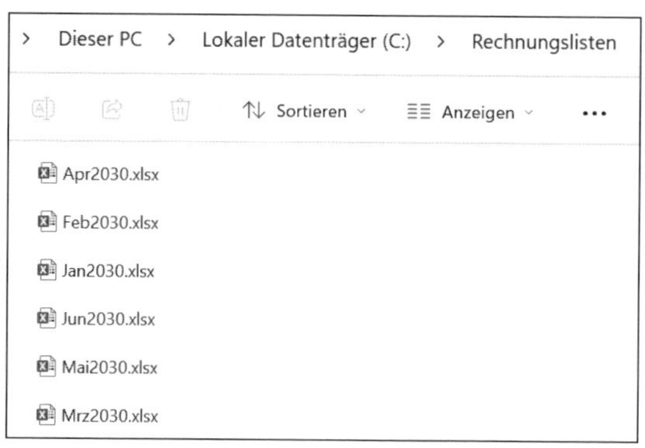


**Abbildung 12.15** Jeden Monat wird diesem Ordner eine neue Arbeitsmappe hinzugefügt.

Alle Arbeitsmappen sehen ähnlich aus wie die in Abbildung 12.16.

| | A | B | C | D | E | F | G | H | I |
|---|---|---|---|---|---|---|---|---|---|
| 1 | Branche | Region | Produkt | Datum | Kunde | Anzahl | Umsatz | Gewinn | Kosten |
| 2 | Schulung | Süd | Gizmo | 01.04.2030 | MyOnlineSchulungHub.com | 600 | 14448 | 6132 | 8316 |
| 3 | Schulung | Süd | Widget | 02.04.2030 | MyOnlineSchulungHub.com | 300 | 5370 | 2541 | 2829 |
| 4 | Schulung | Mittlerer W | Gizmo | 04.04.2030 | Profology.com | 800 | 20408 | 8176 | 12232 |
| 5 | Handel | Süd | Gadget | 04.04.2030 | Hartville MarketPlace and Flea Market | 400 | 8632 | 3936 | 4696 |
| 6 | Handel | Süd | Gadget | 04.04.2030 | Hartville MarketPlace and Flea Market | 300 | 6588 | 2952 | 3636 |
| 7 | Software | Nordost | Gizmo | 05.04.2030 | F-Keys Ltd. | 100 | 2466 | 1022 | 1444 |

**Abbildung 12.16** Jede Arbeitsmappe hat dieselben Spalten, aber eine unterschiedliche Anzahl von Zeilen.

Beginnen Sie mit einer leeren Arbeitsmappe mit einem Tabellenblatt. Wählen Sie *Daten | Daten abrufen | Aus Datei | Aus Ordner*, wie in Abbildung 12.17 dargestellt.

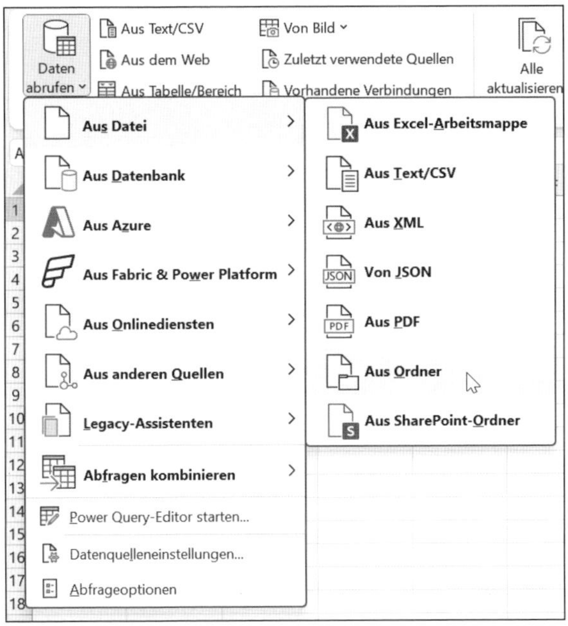


**Abbildung 12.17** Geben Sie an, dass Sie Daten aus einem Ordner verwenden möchten.

Power Query fordert Sie auf, nach Ihrem Ordner zu suchen. Gehen Sie zu `C:\Rechnungslisten\` und klicken Sie auf *OK*. Power Query zeigt Ihnen eine Liste von Dateien an. Öffnen Sie das Dropdownmenü *Kombinieren* und wählen Sie *Daten kombinieren und transformieren* (siehe Abbildung 12.18).

Das Dialogfeld *Dateien kombinieren* wird angezeigt. Zunächst sehen Sie auf der rechten Seite des Dialogfeldes die Meldung »Kein Element für die Vorschau ausgewählt«. Sie müssen eine Datei und ein Tabellenblatt auswählen, bevor Sie eine Vorschau Ihrer Daten sehen können.

Standardmäßig ist *Beispieldatei* auf *Erste Datei* eingestellt. Wenn die erste Datei nicht repräsentativ für die meisten Datendateien ist, können Sie eine andere Arbeitsmappe als Beispielauswahl auswählen. In Abbildung 12.19 ist nur ein Tabellenblatt in der Beispieldatei verfügbar. Klicken Sie auf *Tabelle1*, um auf der rechten Seite eine Vorschau anzuzeigen. Klicken Sie auf *OK*.

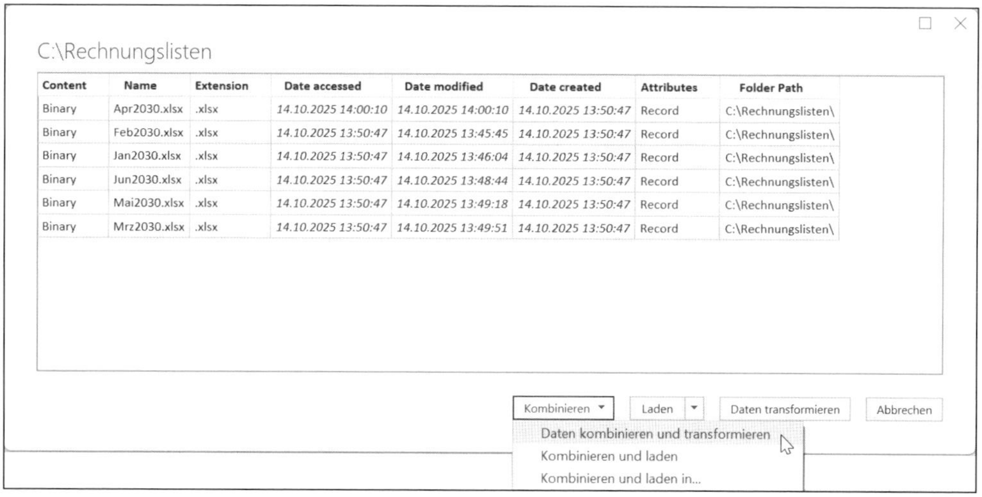


**Abbildung 12.18** Wählen Sie die Dateien zum Kombinieren aus.

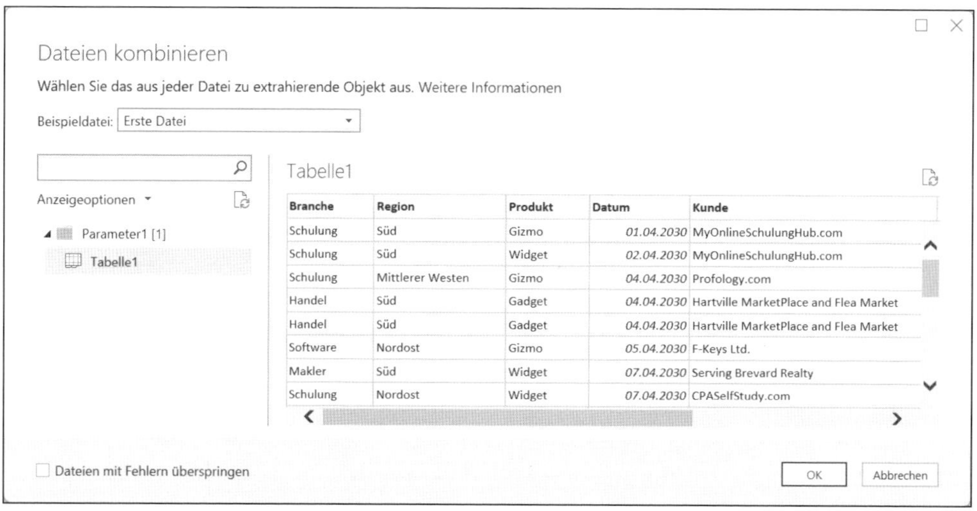


**Abbildung 12.19** Power Query zeigt Ihnen eine Vorschau einer der Arbeitsmappen.

Der Power Query-Editor wird geöffnet. Links neben Ihren Daten wurde eine neue Spalte mit der Überschrift *Source.Name* hinzugefügt (siehe Abbildung 12.20), die Ihnen anzeigt, aus welcher Spalte die Zeile stammt. Das könnte eines Tages nützlich sein, ist für dieses Projekt jedoch nicht erforderlich.

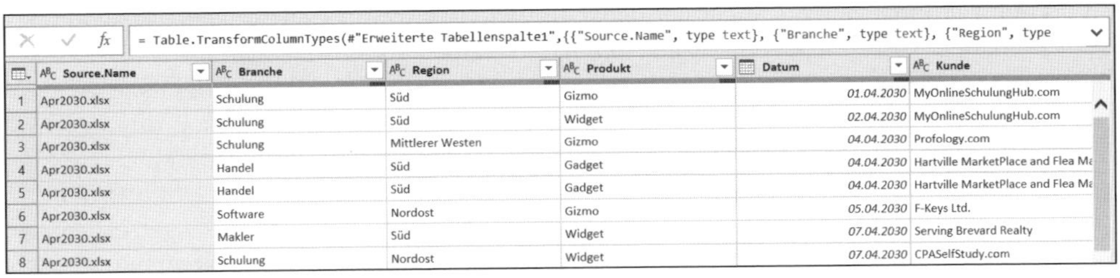

**Abbildung 12.20** Eine Vorschau zeigt die ersten 1000 Datensätze.

Das Ziel ist es, einen Bericht mit den Spalten *Produkt, Monat* und *Umsatz* zu erstellen. Klicken Sie auf die Überschrift *Produkt* und dann bei gedrückter `Strg`-Taste auf die Spaltenüberschriften *Datum* und *Umsatz*, sodass diese drei Spalten ausgewählt sind. Klicken Sie mit der rechten Maustaste und wählen Sie *Andere Spalten entfernen* (siehe Abbildung 12.21).

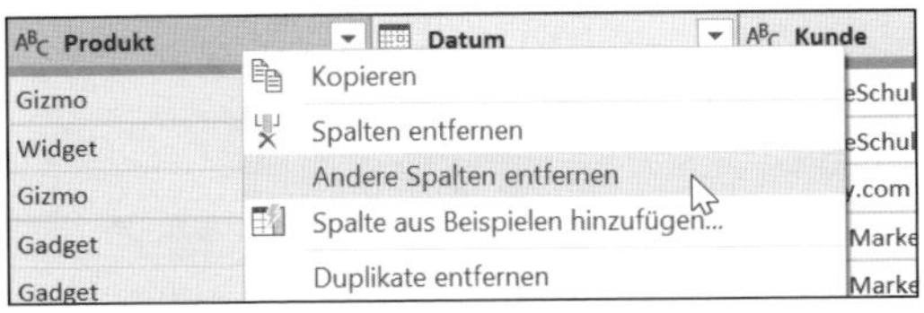


**Abbildung 12.21** Wählen Sie die Spalten aus, die Sie behalten möchten, und entfernen Sie dann die anderen Spalten.

Der Befehl *Andere Spalten entfernen* ist besser geeignet als das Entfernen jeder einzelnen Spalte, da Ihre IT-Abteilung vielleicht eines Tages – vielleicht in fünf Jahren – eine zusätzliche Spalte hinzufügen wird. Durch die Auswahl von *Andere Spalten entfernen* stellen Sie sicher, dass dann auch die neu hinzugefügte Spalte gelöscht wird.

In diesem Beispiel enthielten die Rechnungsdateien Tagesdaten, daher müssen Sie sie in das Datum mit dem Monatsende umwandeln. Wählen Sie die Spalte *Datum* aus, klicken Sie mit der rechten Maustaste auf die Überschrift und wählen Sie *Spalte hinzufügen | Datum | Monat | Monatsende*, wie in Abbildung 12.22 gezeigt.

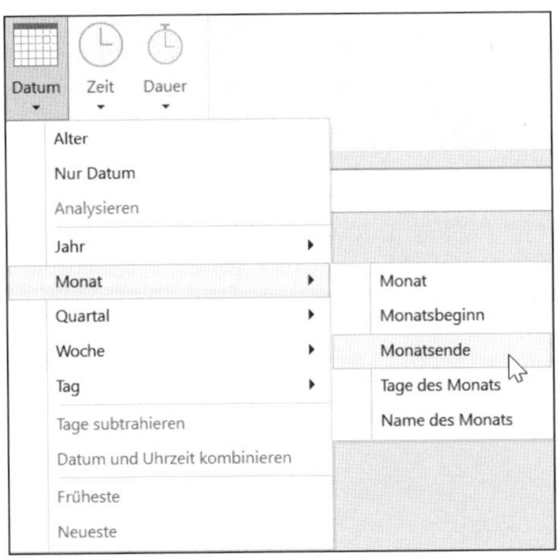


**Abbildung 12.22** Anstelle von *Spalte aus Beispielen* ist auch die Transformation *Monatsende* verfügbar.

Zu diesem Zeitpunkt sind die Spalten *Produkt, Datum, Umsatz* und *Monatsende* ausgewählt. Klicken Sie mit der rechten Maustaste auf *Datum* und wählen Sie *Spalte entfernen.*

Sortieren Sie *Monatsende* in aufsteigender Reihenfolge, indem Sie auf der Registerkarte *Start* die Schaltfläche *AZ* verwenden. Sie werden feststellen, dass einige Zeilen durchgehend Null-Werte enthalten. Diese werden als *null* angezeigt, da jede Rechnungsdatei leere Zeilen enthält. Öffnen Sie das Filtersymbol für *Monatsende* und deaktivieren Sie die Option *(Null).*

Halten Sie inne und überlegen Sie, was bisher geschehen ist. Sie haben Datensätze aus allen sechs Arbeitsmappen kombiniert. Sie haben unnötige Spalten gelöscht. Sie haben eine Berechnung durchgeführt, um ein Tagesdatum in das Datum des Monatsendes umzuwandeln.

An dieser Stelle könnten Sie *Schließen & laden* wählen und die endgültige Pivot-Tabelle in Excel erstellen. Sie können die Pivot-Aktion aber auch direkt hier in Power Query durchführen. Wählen Sie die Spalte *Produkt* aus. Wählen Sie auf der Registerkarte *Transformieren* den Befehl *Spalte pivotieren* (siehe Abbildung 12.23).

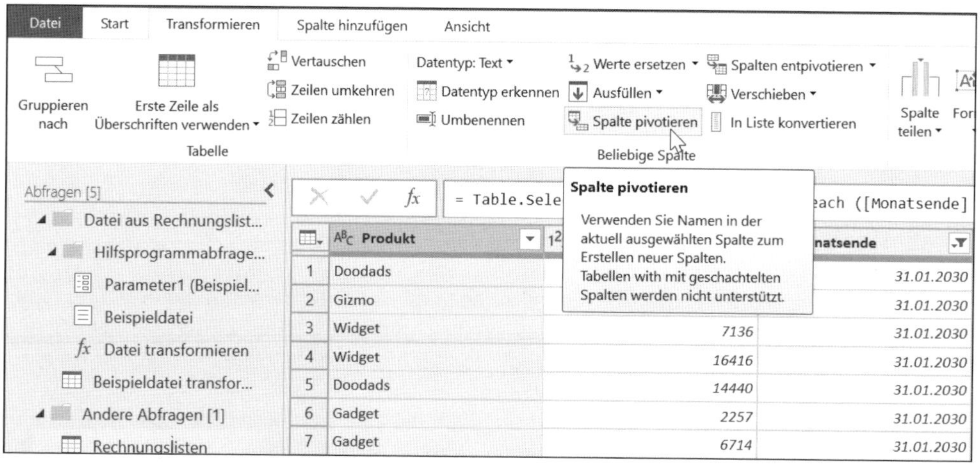


**Abbildung 12.23** Wählen Sie die Spalte *Produkt* aus, bevor Sie den Befehl *Spalte pivotieren* auswählen.

Das Pivotieren in Power Query unterscheidet sich etwas vom Pivotieren in Excel. Legen Sie *Umsatz* als *Wertespalte* fest. Alle anderen Spalten im Datensatz werden zu Zeilenfeldern. Wenn Sie die erweiterten Optionen öffnen, können Sie im Dropdownmenü *Aggregatwertfunktion* festlegen, wie der Umsatz aggregiert werden soll. In diesem Fall ist die Standardeinstellung *Summe* geeignet (siehe Abbildung 12.24).

In diesem speziellen Dataset gibt es ein Produkt namens Doodads. Dieses wird nicht jeden Monat verkauft, und in einigen Monaten wird der Gesamtumsatz von Doodads als null angegeben.

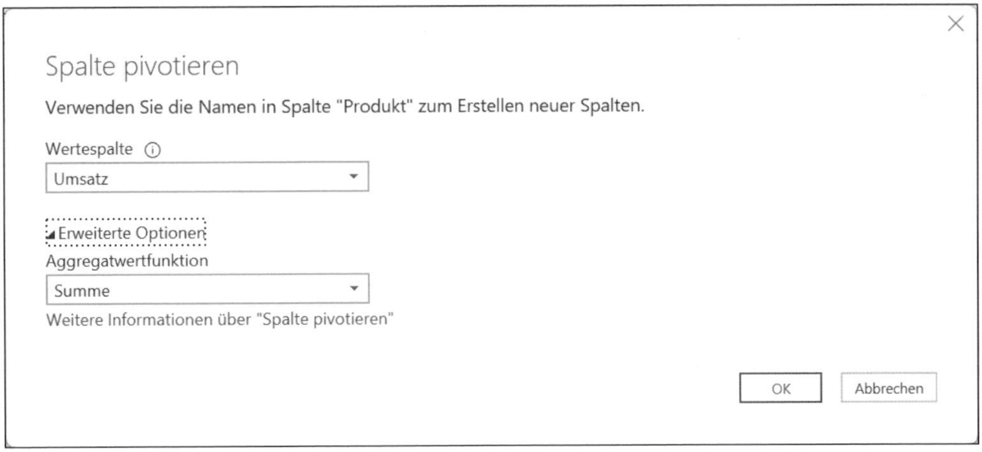


**Abbildung 12.24** Legen Sie fest, wie der Pivot-Bericht erstellt werden soll.

Wählen Sie die Spalte *Doodads* aus. Wählen Sie auf der Registerkarte *Start* den Befehl *Werte ersetzen*. Geben Sie im Feld *Zu suchender Wert* das Wort **null** ein. Geben Sie im Feld *Ersetzen durch* die Zahl **0** (Null) ein, wie in Abbildung 12.25 dargestellt.

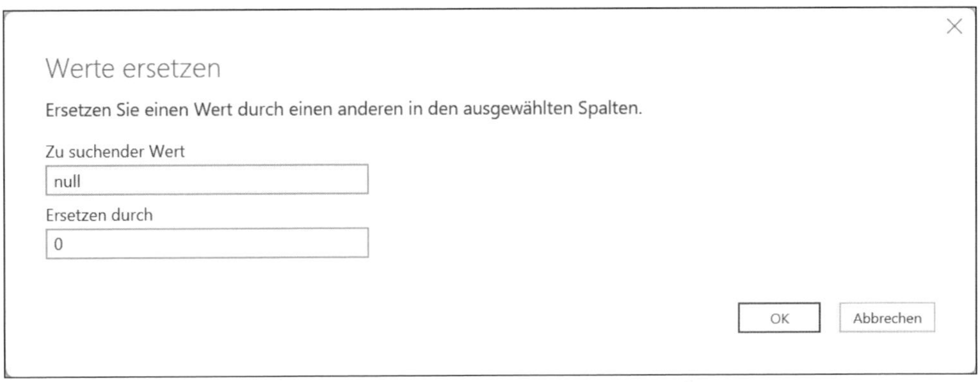


**Abbildung 12.25** Ersetzen Sie die Nullwerte in der Spalte *Doodads* durch die Zahl Null.

An dieser Stelle funktioniert der Bericht einwandfrei. Jedoch besteht der letzte Schritt darin, nur in der Spalte *Doodads* Nullwerte durch Nullen zu ersetzen. Was passiert, wenn Ihr Unternehmen in vielen Jahren ein neues Produkt auf den Markt bringt – vielleicht Doodads Plus? Sie können nicht vorhersagen, wie die zukünftigen Spalten heißen werden. Können Sie die Abfrage flexibel gestalten?

Wenn Sie sich die Bearbeitungsleiste von Power Query anschauen, sehen Sie diese Codezeilen:

```
= Table.ReplaceValue(#"Pivotierte Spalte",null,0,Replacer.ReplaceValue,{"Doodads"})
```

Das letzte Argument wendet `ReplaceValue` auf die Spalte *Doodads* an. Es wäre sinnvoller, die Änderung auf alle Spalten anzuwenden. Mit der Power Query-Oberfläche ist dies (zum aktuellen Zeitpunkt) nicht möglich. Sie können jedoch die in der Bearbeitungsleiste angezeigte Formel bearbeiten, um `ReplaceValue` in Zukunft auf jedes Produkt anzuwenden. Ersetzen Sie `{"Doodads"}` in der Bearbeitungsleiste durch **Table.ColumnNames(#"Pivotierte Spalte")**.

Diese Änderung an der Formel in Power Query verwendet die Funktion `Table.ColumnNames` aus der Power Query M-Sprache, um dynamisch eine Liste von Spalten in die Funktion `Table.ReplaceValue` einzufügen.

Die Ergebnisse sehen großartig aus, und Sie werden sie gleich sehen. Aber es ist nicht wichtig, nur den Bericht aus diesem ersten Tag der Daten zu erhalten. Sehen Sie sich die angewendeten Schritte auf der rechten Seite des Bildschirms an (siehe Abbildung 12.26). Dies ist eine Liste aller Schritte, die Sie zur Erstellung des Berichts durchgeführt haben. Klicken Sie auf ein beliebiges Element, um die Daten anzuzeigen, die in diesem Schritt angezeigt werden. Klicken Sie auf ein beliebiges Zahnradsymbol, um die Auswahlmöglichkeiten anzuzeigen, die Sie in diesem Schritt getroffen haben.

Sind diese Schritte das Makro? Nein. Wechseln Sie in Power Query zur Registerkarte *Ansicht* und wählen Sie *Erweiterter Editor*. Dies ist das Makro, das in einer Sprache namens M geschrieben ist (siehe Abbildung 12.27).

**Abbildung 12.26** Power Query verfolgt die angewendeten Schritte in einem Fenster.

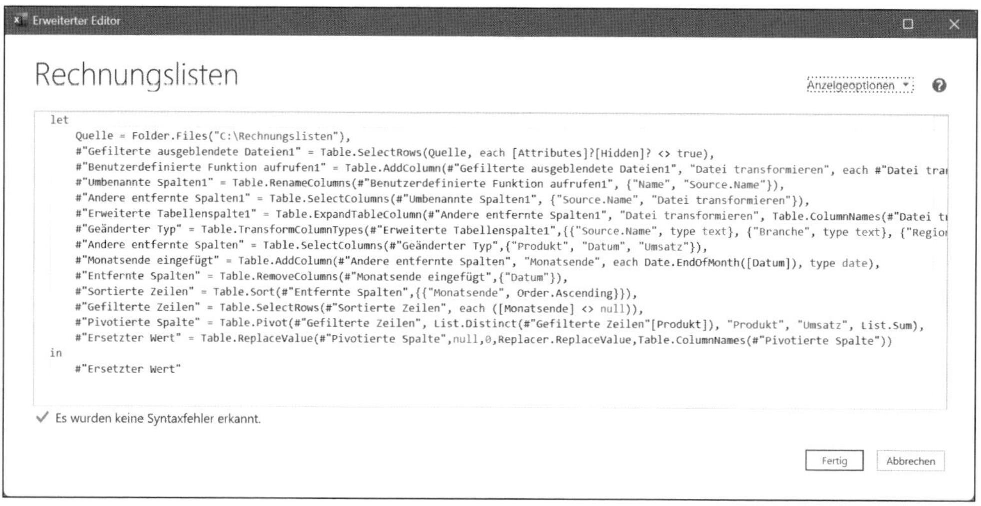


**Abbildung 12.27** Während Sie die Daten bereinigt haben, hat Power Query diesen Code in der Sprache M erstellt.

Abbildung 12.28 zeigt das Ergebnis nach dem Pivotieren der Daten.

| | A | B | C | D | E |
|---|---|---|---|---|---|
| 1 | Monatsende | Gadget | Widget | Gizmo | Doodads |
| 2 | 31.01.2030 | 68445 | 130984 | 55801 | 17992 |
| 3 | 28.02.2030 | 95259 | 107494 | 98867 | 0 |
| 4 | 31.03.2030 | 91438 | 70861 | 103494 | 0 |
| 5 | 30.04.2030 | 41207 | 57058 | 164553 | 4948 |
| 6 | 31.05.2030 | 127128 | 130611 | 83673 | 0 |
| 7 | 30.06.2030 | 76250 | 76256 | 27049 | 0 |

**Abbildung 12.28** Dieser Bericht fasst einen gesamten Ordner mit Excel-Arbeitsmappen zusammen.

Klicken Sie auf der Registerkarte *Start* auf *Schließen & laden*, um die resultierenden Daten in ein neues Tabellenblatt in Ihrer Arbeitsmappe zu laden.

Sie haben verschiedene Möglichkeiten, das Makro in Zukunft auszuführen. Sie können beispielsweise im Aufgabenbereich *Abfragen und Verbindungen* die Abfrage mit der rechten Maustaste anklicken und dann *Aktualisieren* wählen, wie in Abbildung 12.29 dargestellt.

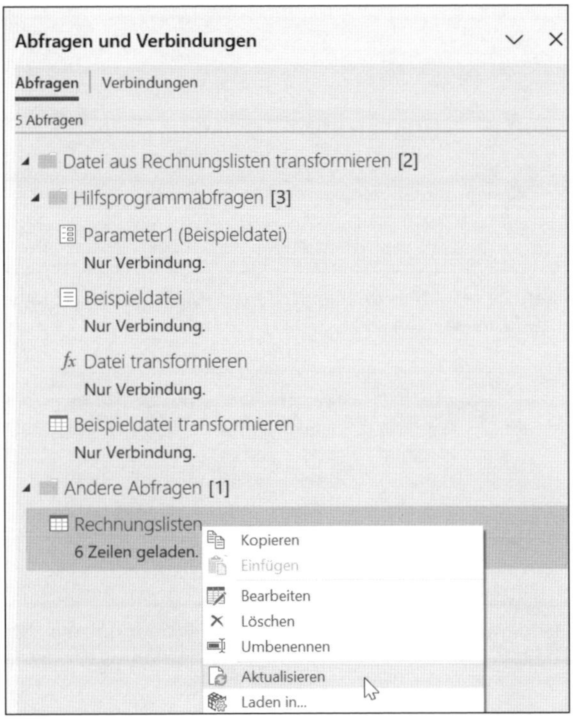


**Abbildung 12.29** Eine Möglichkeit, das Makro erneut auszuführen, besteht darin, im Kontextmenü der Abfrage auf *Aktualisieren* zu klicken.

Aber hier ist das Problem: Wenn Sie diesen Bericht für Ihren Vorgesetzten erstellen, können Sie sich nicht darauf verlassen, dass er den Befehl *Aktualisieren* ausführt. Hier ist eine bessere Möglichkeit: Klicken Sie mit der rechten Maustaste auf die Abfrage *Rechnungslisten* und wählen Sie *Eigenschaften*. Schalten Sie im Dialogfeld *Abfrageeigenschaften* das Kontrollkästchen *Aktualisieren beim Öffnen der Datei* ein (siehe Abbildung 12.30).

Zwei Monate später enthält Ihr Ordner `Rechnungslisten` nun acht Arbeitsmappen. Wenn Sie die Arbeitsmappe öffnen, werden die Power Query-Schritte ausgeführt, und Ihr Bericht wird um die Monate Juli und August aktualisiert (siehe Abbildung 12.31). Das ist ziemlich beeindruckend.

**Abbildung 12.30** Legen Sie fest, dass das Power Query-Makro beim Öffnen der Arbeitsmappe ausgeführt werden soll.

| | A | B | C | D | E |
|---|---|---|---|---|---|
| 1 | Monatsende | Gadget | Widget | Doodads | Gizmo |
| 2 | 31.01.2030 | 68445 | 130984 | 17992 | 55801 |
| 3 | 28.02.2030 | 95259 | 107494 | 0 | 98867 |
| 4 | 31.03.2030 | 91438 | 70861 | 0 | 103494 |
| 5 | 30.04.2030 | 41207 | 57058 | 4948 | 164553 |
| 6 | 31.05.2030 | 127128 | 130611 | 0 | 83673 |
| 7 | 30.06.2030 | 76250 | 76256 | 0 | 27049 |
| 8 | 31.07.2030 | 117410 | 78753 | 0 | 189604 |
| 9 | 31.08.2030 | 67859 | 73760 | 17856 | 132186 |

**Abbildung 12.31** Nachdem Sie Juli und August zu Ihrem Ordner hinzugefügt haben, spiegelt die Arbeitsmappe die ersten acht Monate des Jahres wider.

# Nächste Schritte

Im nächsten Kapitel gehen Sie über das Aufzeichnen von Makros hinaus. Kapitel 13, »PivotTable-Berichte mit VBA oder TypeScript erstellen«, zeigt, wie Sie mithilfe von Pivot-Tabellen und mit Visual Basic for Applications leistungsstarke Prozesse und Berechnungen erstellen können, die hinter den Kulissen ablaufen.

KAPITEL 13

# PivotTable-Berichte mit VBA oder TypeScript erstellen

Mit der Version 5 von Excel wurde eine leistungsstarke neue *Makrosprache namens Visual Basic for Applications (VBA)* eingeführt. Jede seit 1993 ausgelieferte Kopie von Excel enthält die Sprache VBA, die sich hinter den Tabellenblättern verbirgt. Mit VBA können Sie Aktionen, die Sie normalerweise manuell in Excel durchführen, automatisiert, schnell und fehlerfrei ausführen. Ich habe gesehen, wie ein VBA-Programm einen Prozess, der jeden Monat Tage in Anspruch genommen hätte, in eine Ein-Klick-Operation verwandelt hat, die nun nur noch eine Minute Bearbeitungszeit benötigt.

Lassen Sie sich von VBA nicht einschüchtern. Mit dem VBA-Makrorekorder haben Sie bereits 90 Prozent eines nützlichen Makros erstellt, und ich helfe Ihnen mit den Beispielen in diesem Kapitel, den Rest zu erledigen.

## VBA in Ihrer Excel-Version aktivieren

Standardmäßig ist VBA in Excel deaktiviert. Bevor Sie VBA verwenden können, müssen Sie die Makroausführung im Trust Center aktivieren. Führen Sie dazu die folgenden Schritte durch:

1. Klicken Sie im Menüband auf *Datei*, um die Backstage-Ansicht anzuzeigen.
2. Wählen Sie links im Navigationsbereich *Optionen* aus. Das Dialogfeld *Excel-Optionen* wird angezeigt.
3. Wählen Sie im linken Navigationsbereich von *Excel-Optionen* die Option *Menüband anpassen* aus.
4. Schalten Sie in der Liste auf der rechten Seite in der Liste der in Excel verfügbaren Hauptregisterkarten das Kontrollkästchen der Registerkarte *Entwicklertools* ein. Klicken Sie auf *OK*, um das Dialogfeld *Excel-Optionen* zu schließen und die Registerkarte *Entwicklertools* in das Menüband aufzunehmen.
5. Klicken Sie im Menüband auf die Registerkarte *Entwicklertools*. Wie in Abbildung 13.1 dargestellt, enthält die Gruppe *Code* auf der linken Seite des Menübands die Symbole *Visual Basic, Makros, Makro aufzeichnen* und *Makrosicherheit*.

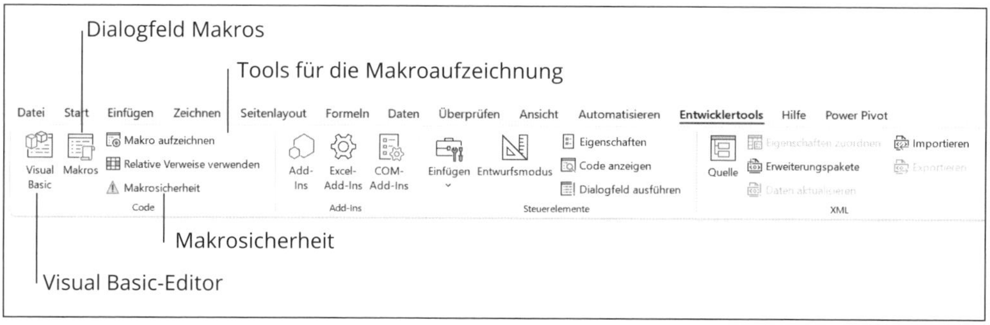


**Abbildung 13.1** Aktivieren Sie die Registerkarte *Entwicklertools*, um auf die VBA-Tools zuzugreifen.

6. Klicken Sie auf *Makrosicherheit*. Excel öffnet das Trust Center.
7. Wählen Sie im Trust Center bei den *Makroeinstellungen* eine der vier Optionen aus:
   - **Deaktivieren von VBA-Makros mit Benachrichtigung** Wenn Sie eine Arbeitsmappe öffnen, die Makros enthält, wird eine Meldung angezeigt, die Sie darauf hinweist, dass die Arbeitsmappe Makros enthält. Wenn Sie erwarten, dass diese Arbeitsmappe Makros enthält, können Sie die Makros aktivieren. Dies ist die sicherste Einstellung, da Sie in jeder Arbeitsmappe Makros explizit aktivieren müssen.
   - **Aktivieren von VBA-Makros** Diese Einstellung wird nicht empfohlen, da potenziell gefährlicher Code ausgeführt werden kann. Da dadurch die Ausführung von schädlichen Makros in Dateien ermöglicht wird, die Ihnen von anderen gesendet werden, empfiehlt Microsoft, diese Einstellung nicht zu verwenden.
   - **Deaktivieren von VBA-Makros ohne Benachrichtigung** Ihre Makros können nicht ausgeführt werden, und wie die Option schon sagt, werden Sie nicht darüber benachrichtigt, dass sie nicht ausgeführt werden. Diese Option sollten Sie nicht wählen.
   - **Alle VBA-Makros deaktivieren, außer digital signierten Makros** Sie müssten bei einem Drittanbieter ein digitales Zertifikat zur Signierung von Code kaufen, um diese Option nutzen zu können. Dies ist Geldverschwendung, wenn Sie Makros lediglich für sich und Ihre Kollegen erstellen.

# Ein Dateiformat verwenden, das Makros ermöglicht

Das Standard-Excel-Dateiformat ist zunächst die Excel-Arbeitsmappe (.xlsx). Diese Arbeitsmappe ist so definiert, dass Makros nicht zulässig sind. Sie können ein Makro in einer .xlsx-Arbeitsmappe erstellen, es wird jedoch nicht mit der Arbeitsmappe gespeichert.

Sie haben mehrere Möglichkeiten, Arbeitsmappen zu speichern, die Makros zulassen:

- **Excel-Arbeitsmappe mit Makro (.xlsm)** Diese verwendet die XML-basierte Methode zum Speichern von Arbeitsmappen und aktiviert Makros. Ich bevorzuge diesen Dateityp, da er kompakt und weniger anfällig für Beschädigungen ist.
- **Excel-Binärarbeitsmappe (.xlsb)** Dies ist ein binäres Format, das Makros immer aktiviert.
- **Excel 97-2003-Arbeitsmappe (.xls)** Dieser ältere Dateityp unterstützt zwar Makros, viele praktische neue Features jedoch nicht. Sie verlieren den Zugriff auf Datenschnitte, neue Filter, die Zeilen 65537 bis 1048576, die Spalten IW bis XFD und andere Verbesserungen bei Pivot-Tabellen.

Wenn Sie eine neue Arbeitsmappe erstellen, können Sie über *Datei | Speichern unter* den gewünschten Dateityp auswählen.

## Arbeitsmappen aus dem Internet entsperren

Jede Arbeitsmappe, die per E-Mail eingeht oder aus dem Internet heruntergeladen wird, wird automatisch für die Ausführung von Makros gesperrt. Um die Ausführung von Makros zuzulassen, gehen Sie wie folgt vor:

1. Suchen Sie im Windows Explorer die Arbeitsmappe.
2. Klicken Sie mit der rechten Maustaste auf die Datei und wählen Sie *Eigenschaften*.
3. Schalten Sie unten rechts im Dialogfeld *Eigenschaften* das Kontrollkästchen *Zulassen* ein.
4. Klicken Sie auf *OK*, um das Dialogfeld *Eigenschaften* zu schließen.

## Visual Basic-Editor

Drücken Sie in Excel die Tastenkombination `Alt`+`F11` oder wählen Sie *Entwicklertools | Visual Basic*, um den Visual Basic-Editor zu öffnen, der in Abbildung 13.2 dargestellt ist.

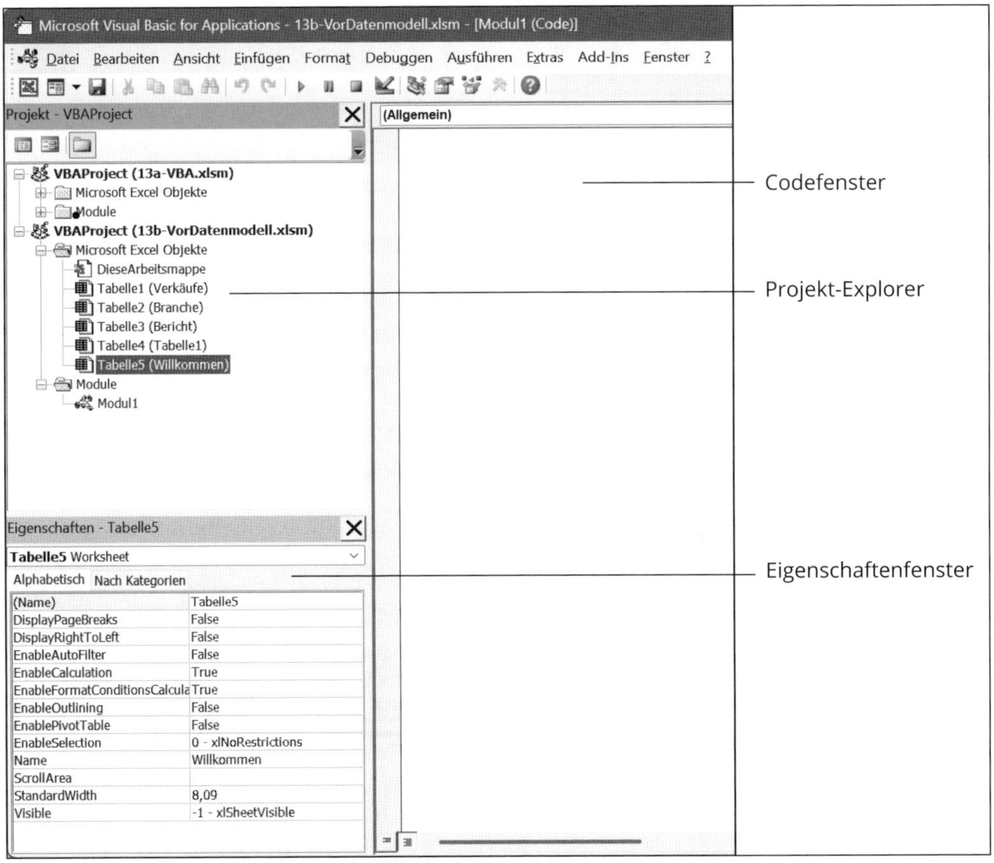


**Abbildung 13.2** Der Visual Basic-Editor ist in jeder seit 1993 ausgelieferten Excel-Version enthalten.

Die drei Hauptbereiche des VBA-Editors werden hier beschrieben. Wenn Sie VBA zum ersten Mal verwenden, sind einige dieser diese Elemente möglicherweise deaktiviert. Befolgen Sie die Anweisungen in der folgenden Liste, um sicherzustellen, dass alle Elemente aktiviert sind:

- **Projekt-Explorer** In diesem Bereich wird eine hierarchische Baumstruktur aller geöffneten Arbeitsmappen angezeigt. Erweitern Sie die Baumstruktur, um die Tabellenblätter, Codemodule, Benutzerformulare und Klassenmodule in der Arbeitsmappe anzuzeigen. Wenn der Projekt-Explorer nicht sichtbar ist, aktivieren Sie ihn durch Drücken von [Strg]+[R].
- **Eigenschaftenfenster** Das Eigenschaftenfenster ist wichtig, wenn Sie mit der Programmierung von Benutzerformularen beginnen. Es ist auch beim Schreiben von normalem Code nützlich. Aktivieren Sie es daher mit der Taste [F4].
- **Codefenster** In diesem Bereich schreiben Sie Ihren Code. Der Code wird in einem oder mehreren Codemodulen gespeichert, die Ihrer Arbeitsmappe hinzugefügt werden. Um ein Codemodul zu einer Arbeitsmappe hinzuzufügen, wählen Sie im VBA-Menü *Einfügen | Modul.*

## Visual Basic-Tools

Visual Basic ist eine leistungsstarke Entwicklungsumgebung. Dieses Kapitel kann zwar keinen vollständigen Kurs zu VBA bieten, aber wenn Sie noch keine Erfahrung mit VBA haben, sollten Sie diese wichtigen Tools nutzen:

- **AutoVervollständigen** Wenn Sie mit der Eingabe von Code beginnen, zeigt Excel möglicherweise eine Dropdownliste mit gültigen Optionen an. Mit diesem als *AutoVervollständigen* bezeichneten Feature können Sie Code schneller eingeben und Tippfehler vermeiden.
- **Excel-Hilfe** Wenn Sie Hilfe zu einem Schlüsselwort benötigen, setzen Sie den Cursor auf das Schlüsselwort und drücken [F1]. Die Excel-Hilfe zeigt ein Hilfethema zum Schlüsselwort an.
- **Kommentare** Excel überprüft jede Codezeile, sobald Sie sie fertiggestellt haben. Fehlerhafte Zeilen werden rot angezeigt. Kommentare werden grün angezeigt. Sie können einen Kommentar hinzufügen, indem Sie vor dem Kommentar ein einzelnes Hochkomma eingeben. Verwenden Sie viele Kommentare, damit Sie sich merken können, was die einzelnen Codeabschnitte bewirken.
- **Debugging** Trotz der oben genannten Fehlerprüfung kann es vorkommen, dass Excel während der Ausführung einen Fehler feststellt. Klicken Sie in diesem Fall auf die Schaltfläche *Debuggen.* Die Zeile, die den Fehler verursacht hat, wird gelb hervorgehoben. Bewegen Sie den Mauszeiger über eine Variable, um deren aktuellen Wert anzuzeigen. Im Debug-Modus können Sie über das Menü *Debuggen* den Code Zeile für Zeile durchgehen. Wenn Sie einen breiten Monitor haben, empfiehlt es sich, das Excel-Fenster und das VBA-Fenster nebeneinander anzuordnen. Auf diese Weise können Sie die Auswirkungen der Ausführung einer Codezeile auf dem Tabellenblatt sehen.

Weitere nützliche Debugging-Tools sind Haltepunkte, das Überwachungsfenster, der Objektbrowser und das Direktfenster. Informationen zu diesen Tools finden Sie im Excel-Hilfemenü.

## Der Makrorekorder

Excel stellt einen Makrorekorder zur Verfügung, der zu etwa 90 Prozent perfekt ist. Leider sind die anderen 10 Prozent frustrierend. Der Code, den Sie für die Arbeit mit einem Dataset aufzeichnen, ist fest codiert und funktioniert nur mit diesem Dataset. Dieses Verhalten funktioniert möglicherweise gut, wenn Ihre Transaktionsdatenbank jeden Tag die Zellen A1:L87601 belegt, aber wenn Sie jeden Tag eine neue Tabelle mit Rechnungsdaten einlesen, ist es unwahrscheinlich, dass Sie jeden Tag die gleiche Anzahl von Zeilen haben. Da Sie möglicherweise mit anderen Daten arbeiten müssen, wäre es viel besser, wenn Excel die Auswahl von Zellen mit der Ende-Taste aufzeichnen könnte. Dies ist einer der Nachteile des Makrorekorders.

In der Praxis verwenden Excel-Profis den Makrorekorder, um Code aufzuzeichnen, müssen diesen dann aber in der Regel bereinigen und anpassen.

## Objektorientierten Code verstehen

VBA ist eine objektorientierte Sprache. Die meisten Zeilen des VBA-Codes folgen der Syntax `Substantiv.Verb`. In VBA heißt dies jedoch `Objekt.Methode`. Beispiele für Objekte sind Arbeitsmappen, Tabellenblätter, Zellen und Zellbereiche. Methoden können typische Excel-Aktionen wie `.Copy`, `.Paste` und `.PasteSpecial` sein.

Viele Methoden erlauben Adverbien – Parameter, mit denen Sie festlegen, wie die Methode ausgeführt werden soll. Wenn Sie eine Konstruktion mit einem Doppelpunkt und einem Gleichheitszeichen (`:=`) sehen, wissen Sie, dass der Makrorekorder beschreibt, wie die Methode funktionieren soll.

Möglicherweise sehen Sie auch Code, in dem Sie den Adjektiven eines Objekts einen Wert zuweisen. In VBA werden Adjektive als *Eigenschaften* bezeichnet. Wenn Sie den VBA-Code `ActiveCell.Value = 3` verwenden, setzen Sie den Wert der aktiven Zelle auf 3. Beachten Sie, dass bei Eigenschaften nur ein = (Gleichheitszeichen) und kein `:=` (Doppelpunkt und Gleichheitszeichen) verwendet wird. Beispiele für Eigenschaften sind `ThisWorkbook.Path`, `Tabelle1.Name` und `UserForm1.Caption`.

## Tricks und Kniffe kennenlernen

In diesem Abschnitt werden einige einfache Techniken erläutert, die Sie beherrschen müssen, um effizienten VBA-Code zu schreiben. Diese Techniken helfen Ihnen dabei, den Sprung zum Schreiben effektiver Codes zu schaffen.

### Code schreiben, um Datenbereiche beliebiger Größe zu verarbeiten

Der Makrorekorder legt fest, dass sich Ihre Daten in einem Bereich wie A1:L87601 befinden. Diese Festlegung funktioniert zwar für das aktuelle Dataset, aber möglicherweise nicht für neue Datasets. Sie müssen Code schreiben, der mit Datasets unterschiedlicher Größe umgehen kann.

Der Makrorekorder verwendet eine Syntax wie `Range("H12")`, um auf eine Zelle zu verweisen. Es ist jedoch flexibler, `Cells(12, 8)` zu verwenden, um auf die Zelle in Zeile 12, Spalte 8 zu verweisen. In ähnlicher Weise verweist der Makrorekorder auf einen rechteckigen Bereich als `Range("A1:L87601")`. Flexibler ist es jedoch, die `Cells`-Syntax zu verwenden, um auf die obere linke Ecke des Bereichs zu verweisen, und dann `Resize()`, um auf die Anzahl der Zeilen und Spalten im Bereich zu verweisen. Die äquivalente Methode, um den vorstehenden Bereich zu beschreiben, lautet `Cells(1,1).Resize(87601,12)`. Dieser Ansatz ist flexibler, da Sie jede der Zahlen durch eine Variable ersetzen können.

In der Excel-Benutzeroberfläche können Sie mit Strg+beliebiger Pfeiltaste auf der Tastatur zum Rand eines Datenbereichs springen. Wenn Sie den Zellzeiger auf die letzte Zeile des Tabellenblatts bewegen und die Tastenkombination Strg+↑ drücken, springt der Zellzeiger zur letzten Zeile mit Daten. In VBA entspricht dies der Verwendung des folgenden Codes:

```
Range("A1048576").End(xlUp).Select
```

---

Die möglichen Argumente für die Eigenschaft `End` sind `XLUP`, `XLDOWN`, `XLTOLEFT` und `XLTORIGHT`. Die Verwendung dieser Eigenschaften entspricht dem Drücken der Strg-Taste zusammen mit den Pfeiltasten nach oben, unten, links oder rechts. Da der VBA-Editor `XLUP` als `xlUp` anzeigt, denken viele Leute, dass das Argument die Zahl Eins anstelle des Buchstabens L enthält. Denken Sie daran, dass `XL` wie Excel klingt. Warum hat Microsoft das Wort `To` in `XLToLeft` und `XLToRight` verwendet? Weil `XLLeft` und `XLRight` bereits als Konstanten für die Ausrichtung von Text in Zellen definiert waren.

---

Sie müssen diese Zelle nicht auswählen, sondern nur die Zeilennummer finden, die die letzte Zeile enthält. Der folgende Code sucht diese Zeile und speichert die Zeilennummer in einer Variablen namens `FinalRow`:

```
FinalRow = Range("A1048576").End(xlUp).Row
```

Der Variablenname `FinalRow` hat nichts Magisches an sich. Sie könnten diese Variable auch x, y oder sogar nach Ihrem Hund benennen. Da VBA jedoch die Verwendung aussagekräftiger Variablennamen ermöglicht, sollten Sie einen Namen wie `FinalRow` verwenden, um die letzte Zeile zu beschreiben:

```
FinalRow = Cells(Rows.Count, 1).End(xlUp).Row
```

---

Excel stellt einer normalen Arbeitsmappe 1.048.576 Zeilen und 16.384 Spalten zur Verfügung. Wenn die Arbeitsmappe im Kompatibilitätsmodus geöffnet wird, stehen Ihnen nur 65.536 Zeilen und 256 Spalten zur Verfügung. Um Ihren Code flexibel genug zu gestalten, damit er beide Situationen bewältigen kann, können Sie mit `Rows.Count` die Gesamtzahl der Zeilen in der aktuellen Arbeitsmappe ermitteln. Der vorstehende Code kann dann wie folgt verallgemeinert werden:

```
FinalRow = Cells(Rows.Count, 1).End(xlUp).Row
```

---

Sie können auch die letzte Spalte in einem Datensatz finden. Wenn Sie relativ sicher sind, dass der Datensatz in Zeile 1 beginnt, können Sie die Ende-Taste in Kombination mit der Pfeiltaste nach links verwenden, um von Zelle XFD1 zur letzten Spalte mit Daten zu springen. Wenn jedoch die Möglichkeit besteht, dass der Code jemals in einer XLS-Arbeitsmappe ausgeführt wird, gibt es keine XFD-Spalte, da XLS-Arbeitsmappen bei Spalte IV enden. Um sicherzustellen, dass der Code in älteren Versionen von Excel ausgeführt werden kann, können Sie den folgenden Code verwenden:

```
FinalCol = Cells(1, Columns.Count).End(xlToLeft).Column
```

**Ende+↓ versus Ende+↑**

Sie könnten versucht sein, die letzte Zeile zu finden, indem Sie in Zelle A1 beginnen und die Ende-Taste in Verbindung mit der Taste ↓ verwenden. Vermeiden Sie diesen Ansatz. Daten aus einem anderen System sind unvollkommen. Wenn Ihr Programm in den nächsten fünf Jahren täglich 500.000 Zeilen aus einem Legacy-Computersystem importiert, wird es irgendwann vorkommen, dass jemand einen Nullwert in den Datensatz eingibt. Dieser Wert führt dazu, dass in der Mitte des Datasets eine leere Zelle oder sogar eine leere Zeile erscheint. Die Verwendung von `Range("A1").End(xlDown)` stoppt vorzeitig knapp über der leeren Zelle, anstatt alle Daten einzubeziehen. Diese leere Zelle führt dazu, dass im Bericht dieses Tages Tausende von Datenzeilen fehlen, was eine potenzielle Katastrophe ist, die die Glaubwürdigkeit Ihres Berichts infrage stellt. Machen Sie den zusätzlichen Schritt, bei der letzten Zeile im Arbeitsblatt zu beginnen. Sie können so das Risiko von Problemen erheblich verringern.

## Supervariablen verwenden: Objektvariablen

In typischen Programmiersprachen enthält eine Variable einen einzelnen Wert. Mit x = 4 weisen Sie der Variablen x den Wert 4 zu.

Stellen Sie sich eine einzelne Zelle in Excel vor. Eine Zelle wird durch viele Eigenschaften beschrieben. Eine Zelle kann einen Wert wie beispielsweise 4 enthalten, aber die Zelle hat auch eine Schriftgröße, eine Schriftfarbe, eine Zeile, eine Spalte, möglicherweise eine Formel oder einen Kommentar, eine Liste von Vorgängern und mehr. In VBA ist es möglich, eine Supervariable zu erstellen, die alle Informationen über eine Zelle oder ein beliebiges Objekt enthält. Eine Anweisung zum Erstellen einer typischen Variablen wie x = `Range("A1")` weist der Variablen x den aktuellen Wert von A1 zu.

Sie können jedoch das Schlüsselwort `Set` verwenden, um eine Objektvariable zu erstellen:

```
Set x = Range("A1")
```

Sie haben nun eine Supervariable erstellt, die alle Eigenschaften der Zelle enthält. Anstelle einer Variablen mit nur einem Wert haben Sie nun eine Variable, in der Sie auf die Werte vieler Eigenschaften zugreifen können, die mit dieser Variablen verbunden sind. Sie können `x.Formula` referenzieren, um die Formel in A1 zu erfahren, oder `x.Font.ColorIndex`, um die in der Zelle verwendete Schriftfarbe zu erfahren.

In den Codebeispielen in diesem Kapitel wird häufig eine Objektvariable namens PT eingerichtet, um auf die gesamte PivotTable zu verweisen. Auf diese Weise können Sie PT angeben, wenn der Code normalerweise auf `ActiveSheet.PivotTables("PivotTable1")` verweisen würde, und so die Eingabe des längeren Textes vermeiden.

## Mit With und End With den Code kürzer machen

Sie werden häufig feststellen, dass Sie bestimmte Änderungen an einer PivotTable wiederholt vornehmen. Obwohl der folgende Code später in diesem Kapitel erläutert wird, dienen alle diese Codezeilen dazu, Einstellungen einer PivotTable zu ändern:

```
PT.NullString = 0
PT.RepeatAllLabels xlRepeatLabels
PT.ColumnGrand = False
PT.RowGrand = False
PT.RowAxisLayout xlTabularRow
PT.TableStyle2 = "PivotStyleMedium10"
PT.TableStyleRowStripes = True
```

Bei all diesen Codezeilen muss die VBA-Engine herausfinden, was Sie mit PT meinen. Ihr Code wird schneller ausgeführt, wenn Sie nur einmal auf PT verweisen. Fügen Sie am Anfang die Zeile `With PT` hinzu. Dann müssen alle übrigen Zeilen nicht mit PT beginnen. Jede Zeile, die mit einem Punkt beginnt, wird als Verweis auf das in der `With`-Anweisung angegebene Objekt interpretiert. Beenden Sie den Codeblock mit der `End With`-Anweisung:

```
With PT
  .NullString = 0
  .RepeatAllLabels xlRepeatLabels
  .ColumnGrand = False
  .RowGrand = False
  .RowAxisLayout xlTabularRow
  .TableStyle2 = "PivotStyleMedium10"
  .Tabellenstil-Zeilenstreifen = True
End With
```

# Versionsabhängigkeiten verstehen

Pivot-Tabellen haben sich weiterentwickelt. Sie wurden in Excel 5 eingeführt und in Excel 97 perfektioniert. In Excel 2000 wurde die Erstellung von Pivot-Tabellen in VBA grundlegend geändert. In Excel 2002 wurden einige neue Parameter hinzugefügt. In Excel 2007 wurden einige neue Eigenschaften wie `PivotFilters` und `TableStyle2` hinzugefügt. Datenschnitte und neue Optionen für *Werte anzeigen als* wurden in Excel 2010 hinzugefügt. Zeitachsen und das Power Pivot-Datenmodell wurden in Excel 2013 hinzugefügt. Die `AutoGroup`-Methode wurde in Excel 2016 hinzugefügt. Aufgrund all dieser im Laufe der Jahre vorgenommenen Änderungen müssen Sie heute beim Schreiben von Code in Excel, der möglicherweise in älteren Versionen von Excel ausgeführt wird, äußerst vorsichtig sein. Wenn Sie Code für ein neues Feature verwenden, funktioniert der Code in der aktuellen Version, stürzt jedoch in früheren Excel-Versionen ab:

- Mit Microsoft 365 können Sie Standardeinstellungen für alle zukünftigen PivotTables festlegen. Diese Einstellungen werden in verschiedenen Eigenschaften unter `Application.DefaultPivotTableLayoutOptions` gespeichert. Zeichnen Sie ein Makro auf, das eine beliebige Einstellung ändert, und das aufgezeichnete Makro listet alle verfügbaren Einstellungen auf.
- Excel 2016 führte die automatische Gruppierung für Datumsangaben in Pivot-Tabellen ein. Um die entsprechende Aktion in VBA auszuführen, verwenden Sie die `AutoGroup`-Methode.
- Excel 2013 führte das Power Pivot-Datenmodell ein. Sie können Tabellen zum Datenmodell hinzufügen, eine Beziehung erstellen und eine Pivot-Tabelle erstellen. Dieser Code läuft nicht in Excel 2010 oder früheren Versionen. Die Funktion `xlDistinctCount` war neu in Excel 2013, ebenso wie Zeitachsen.

- Excel 2010 führte Datenschnitte, *Alle Elementnamen wiederholen*, benannte Gruppen und mehrere neue Berechnungsoptionen ein: `xlPercentOfParentColumn`, `xlPercentOfParentRow`, `xlPercentRunningTotal`, `xlRankAscending` und `xlRankDescending`. Diese funktionieren nicht in Excel 2007 oder früheren Versionen.
- Excel 2007 führte `ConvertToFormulas`, das Layout `xlCompactRow`, `xlAtTop` für die Position der Teilergebnisse, `TableStyles` und `SortUsingCustomLists` ein. Makros, die diesen Code enthalten, funktionieren nicht in früheren Versionen.

# In Excel VBA eine PivotTable erstellen

Dieses Kapitel bedeutet nicht, dass Sie VBA zum Erstellen von Pivot-Tabellen verwenden müssen, um diese Ihren Kunden zur Verfügung zu stellen. Stattdessen soll Sie dieses Kapitel daran erinnern, dass Sie Pivot-Tabellen als Mittel zum Zweck verwenden können. Sie können eine Pivot-Tabelle verwenden, um eine Zusammenfassung von Daten zu extrahieren und diese Zusammenfassung dann an anderer Stelle zu verwenden.

---

Die Code-Beispiele dieses Kapitels können Sie zusammen mit den anderen Beispieldateien unter *https://dpunkt.de/produkt/microsoft-excel-pivot-tabellen-fuer-power-user* herunterladen.

---

Ab Excel 2007 wurden in der Benutzeroberfläche neue Bezeichnungen für die verschiedenen Bereiche der PivotTable verwendet. Der VBA-Code bezieht sich jedoch weiterhin auf die alten Bezeichnungen. Obwohl die vier Bereiche einer PivotTable in der Excel-Benutzeroberfläche jetzt *Filter, Spalten, Zeilen* und *Werte* heißen, verwendet VBA weiterhin die alten englischsprachigen Namen für die Bereiche, und zwar `PageFields` (dies ist der Filterbereich), `ColumnFields`, `RowFields` und `DataFields` (dies ist der Wertebereich). Hätte Microsoft diese Entscheidung nicht getroffen, hätten Millionen von Codezeilen in Excel 2007 nicht mehr funktioniert, wenn sie statt auf `PageFields` beispielsweise auf (das in VBA nicht existierende) `FilterFields` verwiesen hätten.

---

In Excel 2000 und neueren Versionen erstellen Sie zunächst ein Pivot-Cache-Objekt, um den Eingabebereich der Daten zu beschreiben:

```
Dim WSD As Worksheet
Dim PTCache As PivotCache Dim PT As PivotTable
Dim PRange As Range
Dim FinalRow As Long
Dim FinalCol As Long
Set WSD = Worksheets("Daten")

' Alle vorherigen PivotTables löschen
For Each PT In WSD.PivotTables
   PT.TableRange2.Clear
Next PT
```

```
' Eingabebereich definieren und Pivot-Cache einrichten
FinalRow = WSD.Cells(Rows.Count, 1).End(xlUp).Row
FinalCol = WSD.Cells(1, Columns.Count).End(xlToLeft).Column
PRange = WSD.Cells(1, 1).Resize(FinalRow, FinalCol) festlegen
Set PTCache = ActiveWorkbook.PivotCaches.Create(SourceType:=xlDatabase,_
  SourceData:=PRange)
```

Nachdem Sie den Pivot-Cache definiert haben, erstellen Sie mit der Methode `CreatePivotTable` eine leere Pivot-Tabelle basierend auf dem definierten Pivot-Cache:

```
Set PT = PTCache.CreatePivotTable(TableDestination:=WSD.Cells(2, _
  FinalCol + 2), TableName:="PivotTable1")
```

In der Methode `CreatePivotTable` geben Sie den Ausgabeort an und vergeben optional einen Namen für die PivotTable. Nach Ausführung dieser Codezeile erhalten Sie eine seltsam aussehende leere Pivot-Tabelle, wie in Abbildung 13.3 dargestellt. Sie müssen nun mithilfe von Code Felder in die Tabelle einfügen.

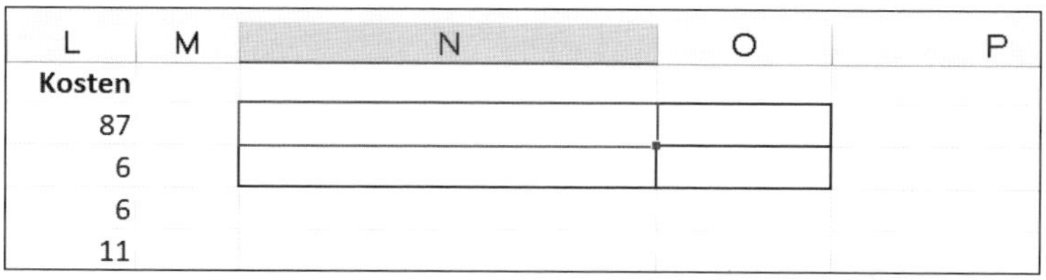


**Abbildung 13.3** Unmittelbar nach der Verwendung der Methode `CreatePivotTable` zeigt Excel eine leere Pivot-Tabelle mit vier Zellen an, die nicht weiterhilft.

Nun können Sie die erforderlichen Schritte zum Layouten der Pivot-Tabelle ausführen. In der Methode `AddFields` können Sie ein oder mehrere Felder angeben, die im Zeilen-, Spalten- oder Filterbereich der Pivot-Tabelle enthalten sein sollen.

Mit dem Parameter `RowFields` können Sie Felder definieren, die im Bereich *Zeilen* des Aufgabenbereichs *PivotTable-Felder* angezeigt werden. Der Parameter `ColumnFields` entspricht dem Layoutbereich *Spalten*. Der Parameter `PageFields` entspricht dem Layoutbereich *Filter*.

Die folgende Codezeile füllt eine Pivot-Tabelle mit zwei Feldern im Bereich *Zeilen* und einem Feld im Bereich *Spalten*:

```
' Zeilen- und Spaltenfelder einrichten
PT.AddFields RowFields:=Array("Kategorie", "Produkt"), _
   ColumnFields:="Region"
```

Wenn Sie ein einzelnes Feld, z.B. das Feld *Region*, zum Bereich *Spalten* hinzufügen, müssen Sie nur den Namen des Feldes in Anführungszeichen angeben. Wenn Sie zwei oder mehr Felder hinzufügen, müssen Sie diese Liste in die `Array`-Funktion einfügen.

Obwohl die Zeilen-, Spalten- und Filterfelder der Pivot-Tabelle mit der `AddFields`-Methode bearbeitet werden können, ist es am besten, Felder mit dem im nächsten Abschnitt beschriebenen Code zum Datenbereich hinzuzufügen.

## Felder zum Wertebereich hinzufügen

Wenn Sie Felder zum Wertebereich einer PivotTable hinzufügen, ist es besser, wenn Sie die Kontrolle behalten, anstatt IntelliSense von Excel über viele Einstellungen entscheiden zu lassen.

Angenommen, Sie erstellen einen Bericht mit Umsatzzahlen. Wahrscheinlich möchten Sie die Summe der Umsätze berechnen. Wenn Sie die Berechnung nicht explizit angeben, durchsucht Excel die Werte in den zugrunde liegenden Daten. Wenn 100 Prozent der Umsatzzellen numerisch sind, addiert Excel die Werte. Wenn eine Zelle leer ist oder Text enthält, entscheidet Excel, die Anzahl der Werte von *Umsatz* zu zählen. Dies führt zu verwirrenden Ergebnissen.

Aufgrund dieser möglichen Variabilität sollten Sie in der Methode `AddFields` niemals das Argument `DataFields` verwenden. Ändern Sie stattdessen die Eigenschaft des Feldes in `xlDataField`. Anschließend können Sie die Funktion als `xlSum` festlegen.

Während Sie das Datenfeld einrichten, können Sie mehrere andere Eigenschaften innerhalb desselben `With...End With`-Blocks ändern.

Die Eigenschaft `Position` ist nützlich, wenn Sie mehrere Felder zum Wertebereich hinzufügen. Geben Sie 1 für das erste Feld, 2 für das zweite Feld usw. an.

Standardmäßig benennt Excel ein Umsatzfeld in etwas Seltsames wie »Summe von Umsatz« um. Mit der Eigenschaft `Name` können Sie diese Überschrift wieder in etwas Normales ändern. Beachten Sie, dass Sie das Wort »Umsatz« nicht als Namen wiederverwenden können, aber Sie können »Umsatz « (mit einem nachgestellten Leerzeichen) verwenden.

Sie müssen kein Zahlenformat angeben, aber mit einem Zahlenformat wird die resultierende Pivot-Tabelle verständlicher und es ist nur eine zusätzliche Codezeile erforderlich:

```
' Die Datenfelder (Werte) einrichten
With PT.PivotFields("Umsatz")
    .Orientation = xlDataField
    .Function = xlSum
    .Position = 1
    .NumberFormat = "#,##0"
    .Name = "Umsatz "
End With
```

Der vorstehende Codeblock fügt das Feld *Umsatz* mit einem neuen Namen und einem neuen Zahlenformat zum Wertebereich der Pivot-Tabelle hinzu.

## Die Pivot-Tabelle formatieren

Microsoft hat in Excel 2007 das kompakte Layout für Pivot-Tabellen eingeführt. Damit stehen in Excel drei Layouts zur Verfügung (Kurzformat, Tabellenformat und Gliederungsformat). Wenn eine Pivot-Tabelle mit VBA erstellt wird, verwendet Excel standardmäßig das Tabellenformat, was sinnvoll ist, da die tabellarische Ansicht am besten geeignet ist. Es schadet jedoch nicht, eine Zeile Code hinzuzufügen, um sicherzustellen, dass Sie das gewünschte Layout erhalten:

```
PT.RowAxisLayout xlTabularRow
```

Im Tabellenformat befindet sich jedes Feld im Zeilenbereich in einer anderen Spalte. Teilergebnisse werden immer am Ende jeder Gruppe angezeigt. Dieses Layout gibt es schon am längsten, und es eignet sich am besten für die Wiederverwendung eines PivotTable-Berichts für weitere Analysen.

Die Excel-Benutzeroberfläche verwendet standardmäßig häufig das Kurzformat. In diesem Layout werden mehrere Spaltenfelder in einer einzigen Spalte auf der linken Seite der Pivot-Tabelle gestapelt. Um dieses Layout zu erstellen, verwenden Sie den folgenden Code:

```
PT.RowAxisLayout xlCompactRow
```

---

Die einzige Einschränkung des Tabellenformats besteht darin, dass Sie die Summen nicht oben in jeder Gruppe anzeigen können. Wenn Sie dies tun möchten, sollten Sie zum Gliederungsformat wechseln und dann die Teilergebnisse oben in der Gruppe anzeigen:

```
PT.RowAxisLayout xlOutlineRow
PT.SubtotalLocation xlAtTop
```

---

Ihre Pivot-Tabelle übernimmt die PivotTable-Formatvorlage, die auf dem Computer, auf dem der Code ausgeführt wird, als Standard ausgewählt sind. Wenn Sie die endgültige Formatierung selbst bestimmen möchten, können Sie explizit eine PivotTable-Formatvorlage auswählen. Der folgende Code wendet gebänderte Zeilen und einen mittleren Tabellenstil an:

```
' Pivot-Tabelle formatieren
PT.ShowTableStyleRowStripes = True
PT.TableStyle2 = "PivotStyleMedium10"
```

An dieser Stelle haben Sie mit VBA alle erforderlichen Einstellungen vorgenommen, um die Pivot-Tabelle korrekt zu generieren. Sie erhalten eine vollständige Pivot-Tabelle, wie in Abbildung 13.4 dargestellt.

| Umsatz<br>Kategorie | Produkt | Region<br>Mittlerer Westen | Nord |
|---|---|---|---|
| ⊟ Barausstattung | Bar Cover | 1.328 | |
| | Cocktail Shaker 28 Oz | 4.607 | 1.681 |
| | Commercial Bar Blender | 1.704 | |
| | Garnish Center | 455 | 51 |
| | Glass Rimmers Triple Brushes | 8.760 | 3.360 |
| | Glass Rimmers Twin Brushes | 1.278 | 846 |
| | High Power Blender Easy-To-Clean Electronic Membrane | 1.500 | |
| | High Power Blender With Paddle Switches | 1.125 | |
| | One Gallon Blender | 16.540 | 5.440 |
| | Speed Rail 10 Quart/Liter Bottle Capacity | 753 | 369 |
| | Speed Rail 5 Quart/Liter Bottle Capacity | 989 | 184 |
| | Speed Rail 8 Quart/Liter Bottle Capacity | | |
| | Spindle Drink Mixer Single Spindle $ 275.00 | 1.650 | |
| | Spindle Drink Mixers 32 Oz. S/S Containe | 1.428 | 83 |
| | Spindle Drink Mixers 48 Oz. Poly. Container | 21.505 | 8.131 |
| **Barausstattung Ergebnis** | | **63.621** | **20.145** |
| ⊟ Fritteusen | Filter Sheets 12½" X 17¾" | | |
| | Filter Sheets 13½" X 24" | 1.701 | 1.006 |

**Abbildung 13.4** Mit weniger als 50 Zeilen Code wird diese PivotTable in unter einer Sekunde erstellt.

Listing 13.1 zeigt den vollständigen Code, der zum Erstellen dieser Pivot-Tabelle verwendet wurde.

```
Sub CreatePivot()
   '
   Dim WBO As Workbook
   Dim WSD As Worksheet
   Dim PT As PivotTable
   Dim FinalRow As Long
   Dim FinalCol As Long
   Dim PRange As Range
   Dim PTCache As PivotCache

   Set WBO = ActiveWorkbook
   Set WSD = WBO.Worksheets("Daten")
   WSD.Select

   ' Alle vorherigen PivotTables löschen
   For Each PT In WSD.PivotTables
      PT.TableRange2.Clear
   Next PT

   ' Alle vorher erstellte Inhalte löschen
   WSD.Range("N1:AZ1").EntireColumn.Clear

   ' Eingabebereich definieren und PivotCache einrichten
   FinalRow = WSD.Cells(Application.Rows.Count, 1).End(xlUp).Row
   FinalCol = WSD.Cells(1, Application.Columns.Count). _
      End(xlToLeft).Column
   Set PRange = WSD.Cells(1, 1).Resize(FinalRow, FinalCol)
   Set PTCache = WBO.PivotCaches.Add(SourceType:= _
      xlDatabase, SourceData:=PRange.Address)

   ' Die PivotTable aus dem Pivot-Cache erstellen
   Set PT = PTCache.CreatePivotTable(TableDestination:=WSD. _
      Cells(2, FinalCol + 2), TableName:="PivotTable1")

   ' Zeilen- und Spaltenfelder einrichten
   PT.AddFields RowFields:=Array("Kategorie", "Produkt"), _
      ColumnFields:="Region"

   ' Die Datenfelder (Werte) einrichten
   With PT.PivotFields("Umsatz")
      .Orientation = xlDataField
      .Function = xlSum
      .Position = 1
      .NumberFormat = "#,##0"
      .Name = "Umsatz "
```

```
    End With

    ' PivotTable formatieren
    With PT
        .RowAxisLayout RowLayout:=xlTabularRow
        .ShowTableStyleRowStripes = True
        .TableStyle2 = "PivotStyleMedium10"
    End With

    WSD.Cells(2, FinalCol + 2).Select
End Sub
```

**Listing 13.1** Code zum Erstellen der in Abbildung 13.4 gezeigten PivotTable

# Mit den Einschränkungen von Pivot-Tabellen umgehen

Wie bei Pivot-Tabellen in der Benutzeroberfläche übt Microsoft auch bei Pivot-Tabellen, die per Code erstellt wurden, strenge Kontrolle aus. Sie müssen sich dieser Probleme bewusst sein, wenn Ihr Code auf einem Blatt mit einer Live-Pivot-Tabelle ausgeführt wird.

## Leere Zellen im Datenbereich ausfüllen

Es ist etwas ärgerlich, dass Excel leere Zellen in den Datenbereich einer PivotTable einfügt. Nehmen Sie zum Beispiel Abbildung 13.4: In der Region Mittlerer Westen wurden keine Speed Rail 8 Quart/Liter verkauft, sodass diese Zelle (P15) leer bleibt und keine Null enthält.

Sie können dies in der Excel-Oberfläche überschreiben, indem Sie im Dialogfeld *PivotTable-Optionen* die Einstellung *Für leere Zellen anzeigen* verwenden. Der entsprechende Code wird hier angezeigt:

```
PT.NullString = "0"
```

Der Excel-Makrorekorder fasst diese Null immer in Anführungszeichen ein. Unabhängig davon, ob Sie `"0"` oder nur `0` angeben, enthalten die leeren Zellen im Datenbereich der Pivot-Tabelle numerische Nullen.

## Leere Zellen im Zeilenbereich ausfüllen

In Excel 2010 wurde eine dringend benötigte Einstellung hinzugefügt, um die leeren Zellen entlang der linken Spalten einer Pivot-Tabelle auszufüllen. Dieses Problem tritt immer dann auf, wenn sich im Zeilenbereich einer Pivot-Tabelle zwei oder mehr Felder befinden. Anstatt eine Bezeichnung wie »Barausstattung« in den Zellen N5:N18 in der zuvor in Abbildung 13.4 gezeigten Pivot-Tabelle zu wiederholen, hat Microsoft diese Zellen traditionell leer gelassen. Um dieses Problem in Excel zu lösen, verwenden Sie die folgende Codezeile:

```
PT.RepeatAllLabels xlRepeatLabels
```

## Fehler beim Einfügen oder Löschen von Zellen verhindern

In einer PivotTable können Sie viele Excel-Befehle nicht verwenden. Das Einfügen und Löschen von Zeilen sowie das Ausschneiden und Einfügen von Teilen einer Pivot-Tabelle verstoßen gegen die Regeln.

Angenommen, Sie versuchen, die Spalte *Gesamtergebnisse* aus Spalte W einer Pivot-Tabelle zu löschen. Wenn Sie versuchen, Spalte W zu löschen oder zu leeren, bricht das Makro mit einem Laufzeitfehler 1004 ab, wie in Abbildung 13.5 dargestellt.

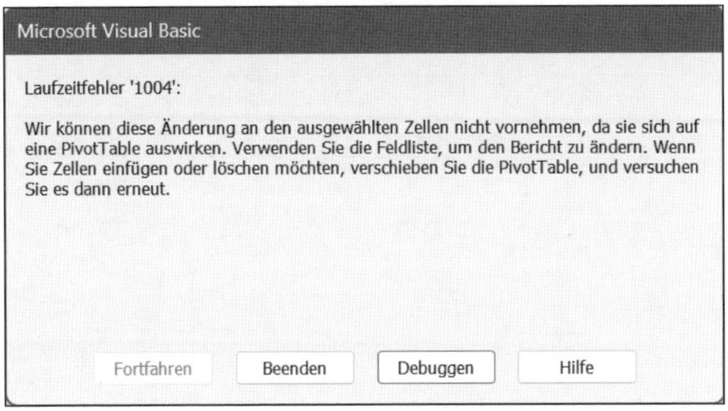


**Abbildung 13.5** Sie können keinen Teil einer Pivot-Tabelle löschen.

Es gibt zwei Strategien, um diese Einschränkung zu umgehen. Die erste besteht darin, zu prüfen, ob es bereits einen entsprechenden Befehl in der PivotTable-Oberfläche gibt. Sie möchten beispielsweise feststellen, ob es einen Code gibt, mit dem eine der folgenden Aktionen ausgeführt werden kann:

- die Spalte mit dem Gesamtergebnis entfernen
- die Zeile mit dem Gesamtergebnis entfernen
- leere Zeilen zwischen den einzelnen Abschnitten einfügen
- Teilergebnisse für äußere Zeilenfelder unterdrücken

Die zweite Strategie besteht darin, die Pivot-Tabelle in Werte umzuwandeln. Anschließend können Sie nach Bedarf einfügen, ausschneiden und löschen. Beide Strategien werden in den folgenden Abschnitten erläutert.

## Anzeige von Gesamt- und Teilergebnissen steuern

Die Standard-Pivot-Tabelle enthält eine Zeile mit dem Gesamtergebnis und eine Spalte mit dem Gesamtergebnis. Sie können eines oder beide dieser Elemente ausblenden.

Um die Spalte mit dem Gesamtergebnis auf der rechten Seite der PivotTable zu entfernen, verwenden Sie folgenden VBA-Code:

```
PT.RowGrand = False
```

Um die Zeile mit dem Gesamtergebnis am unteren Rand der Pivot-Tabelle zu entfernen, verwenden Sie folgenden VBA-Code:

```
PT.ColumnGrand = False
```

Das Deaktivieren der Zeilen mit den Teilergebnissen ist überraschend komplex. Dieses Problem tritt auf, wenn sich im Zeilenbereich mehrere Felder befinden. Excel aktiviert automatisch Teilergebnisse für die Felder in der äußersten Zeile.

---

Wussten Sie, dass Sie eine Pivot-Tabelle mit mehreren Teilergebniszeilen erstellen können? Ich habe noch nie gesehen, dass jemand dies tatsächlich tut, aber Sie können im Dialogfeld *Feldeinstellungen* festlegen, dass Sie *Summe, Anzahl, Mittelwert, Maximum, Minimum* usw. anzeigen möchten. Abbildung 13.6 zeigt die benutzerdefinierte Einstellung, in der Sie dies festlegen können.

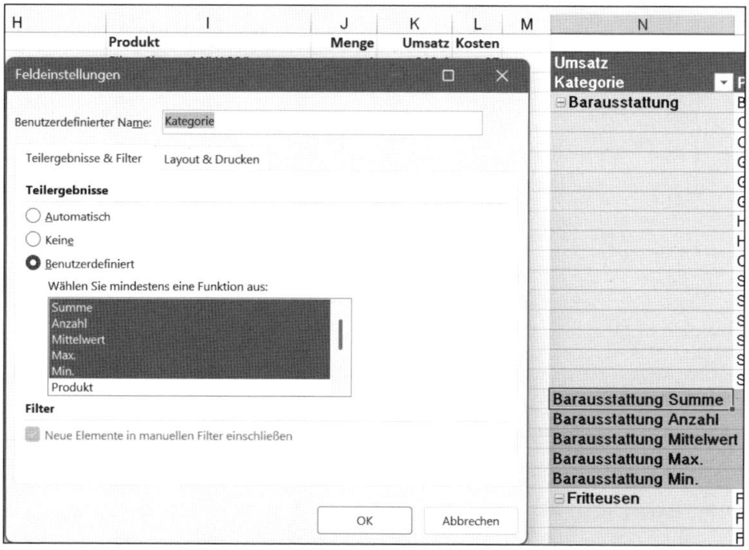


**Abbildung 13.6** Die Einstellung *Benutzerdefiniert* wird selten verwendet, aber die Tatsache, dass Sie für ein einzelnes Feld mehrere Arten von Teilergebnissen festlegen können, verkompliziert den VBA-Code zum Unterdrücken von Teilergebnissen.

---

Um die Teilergebnisse für ein Feld zu unterdrücken, müssen Sie die Eigenschaft `Subtotals` auf ein Array mit 12 `False`-Werten setzen. Der erste `False`-Wert deaktiviert die automatischen Teilergebnisse, der zweite `False`-Wert deaktiviert das Teilergebnis *Summe*, der dritte `False`-Wert deaktiviert das Teilergebnis *Anzahl* usw. Diese Codezeile unterdrückt die Teilergebnisse für das Feld *Kategorie*:

```
PT.PivotFields("Kategorie").Subtotals = Array(False, False, False, _
  False, False, False, False, False, False, False, False, False)
```

Eine andere Technik besteht darin, das erste Teilergebnis zu aktivieren. Diese Methode deaktiviert automatisch die anderen 11 Teilergebnisse. Sie können dann das erste Teilergebnis deaktivieren, um sicherzustellen, dass alle Teilergebnisse unterdrückt werden:

```
PT.PivotFields("Kategorie").Subtotals(1) = True
PT.PivotFields("Kategorie").Subtotals(1) = False
```

Vielleicht fragen Sie sich, was es mit der in Excel 2013 eingeführten Option *Diskrete Anzahl* auf sich hat. Erzwingt sie eine zwölfte Position im Array? Nein. Die Option *Benutzerdefinierte Teilergebnisse* ist für Pivot-Tabellen, die das Datenmodell verwenden, nicht verfügbar, sodass Sie niemals *Summe* und *Diskrete Anzahl* gleichzeitig auswählen können.

Ein Beispiel für die Verwendung von *Diskrete Anzahl* finden Sie weiter hinten in diesem Kapitel im Abschnitt »Das Datenmodell in Excel verwenden«.

## Eine PivotTable in Werte umwandeln

Wenn Sie eine Live-Pivot-Tabelle in Werte konvertieren möchten, müssen Sie die gesamte Pivot-Tabelle kopieren. Wie viel Speicherplatz dafür benötigt wird, lässt sich nur schwer vorhersagen. Wenn Sie beispielsweise täglich Transaktionsdaten zusammenfassen, kann es vorkommen, dass Sie für einen bestimmten Tag keine Umsätze aus einer Region haben. Dies kann dazu führen, dass Ihre Tabelle an manchen Tagen sieben Spalten breit ist und an anderen Tagen nur sechs Spalten.

Excel bietet zwei Bereichseigenschaften, die Sie zum Verweisen auf eine Pivot-Tabelle verwenden können. Die Eigenschaft `TableRange2` umfasst alle Zeilen der Pivot-Tabelle, einschließlich aller Filter-Dropdownmenüs am oberen Rand der PivotTable. Die Eigenschaft `TableRange1` beginnt direkt unterhalb der Filterfelder. Sie umfasst häufig die unnötige Zeile »Summe von Umsatz« am oberen Rand der Pivot-Tabelle.

Wenn Sie eine Pivot-Tabelle in Werte konvertieren möchten, ohne sie an einen neuen Ort zu verschieben, können Sie diesen Code verwenden:

```
PT.TableRange2.Copy
PT.TableRange2.PasteSpecial xlPasteValuesAndNumberFormats
```

Wenn Sie nur den Datenbereich der Pivot-Tabelle an einen neuen Speicherort kopieren möchten, verwenden Sie häufig die `Offset`-Eigenschaft, um eine Zeile unterhalb des oberen Randes von `TableRange2` zu beginnen, wie folgt:

```
PT.TableRange2.Offset(1,0).Copy
```

Diese Referenz überspringt die erste Zeile mit den Überschriften, da diese Zeile in der Regel nur die Wertfeld- und Spaltenfeldnamen enthält. Sie kopiert die restlichen Überschriften, die Daten und eine leere Zeile.

Beachten Sie in Abbildung 13.7, dass bei Verwendung von `Offset` ohne `.Resize` eine zusätzliche Zeile kopiert wird. Da diese Zeile jedoch immer leer ist, muss `.Resize` nicht verwendet werden, um die zusätzliche leere Zeile nicht zu kopieren.

Der Code kopiert `PT.TableRange2` und verwendet `PasteSpecial` in einer Zelle sechs Zeilen unterhalb der aktuellen Pivot-Tabelle.

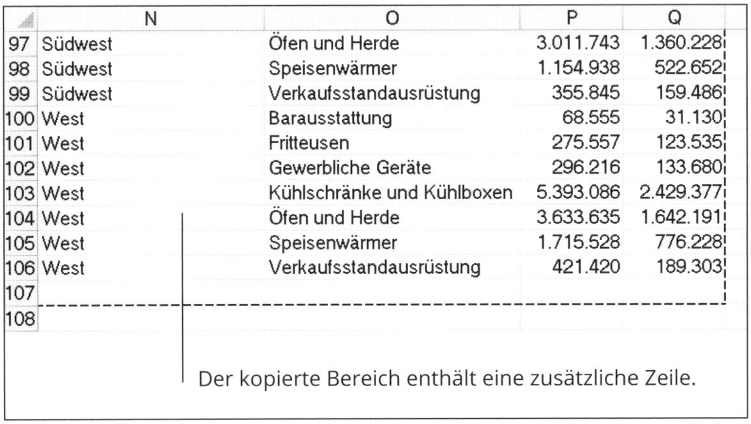

| | N | O | P | Q |
|---|---|---|---|---|
| 97 | Südwest | Öfen und Herde | 3.011.743 | 1.360.228 |
| 98 | Südwest | Speisenwärmer | 1.154.938 | 522.652 |
| 99 | Südwest | Verkaufsstandausrüstung | 355.845 | 159.486 |
| 100 | West | Barausstattung | 68.555 | 31.130 |
| 101 | West | Fritteusen | 275.557 | 123.535 |
| 102 | West | Gewerbliche Geräte | 296.216 | 133.680 |
| 103 | West | Kühlschränke und Kühlboxen | 5.393.086 | 2.429.377 |
| 104 | West | Öfen und Herde | 3.633.635 | 1.642.191 |
| 105 | West | Speisenwärmer | 1.715.528 | 776.228 |
| 106 | West | Verkaufsstandausrüstung | 421.420 | 189.303 |
| 107 | | | | |
| 108 | | | | |



**Abbildung 13.7** Ein Zwischenstand des Makros. Es wurden die Pivot-Tabelle plus eine leere Zeile kopiert.

Sie können dann die Pivot-Tabelle entfernen, indem Sie die `Clear`-Methode auf die gesamte Tabelle anwenden. Wenn Ihr Code zusätzliche Formatierungen vornimmt, sollten Sie den Pivot-Cache aus dem Speicher entfernen, indem Sie `PTCache` auf `Nothing` setzen.

Der Code in Listing 13.2 verwendet eine Pivot-Tabelle, um die zugrunde liegenden Daten zusammenzufassen. Mehr als 80.000 Zeilen werden auf eine kompakte Zusammenfassung von 50 Zeilen reduziert. Die resultierenden Daten sind für zusätzliche Filterungen, Sortierungen usw. korrekt formatiert. Die Pivot-Tabelle wird am Ende des Codes in statische Werte kopiert und gelöscht.

```
Sub UsePivotToCreateValues()
   Dim WBO As Workbook
   Dim WSD As Worksheet
   Dim PT As PivotTable
   Dim FinalRow As Long
   Dim FinalCol As Long
   Dim PRange As Range
   Dim PTCache As PivotCache
   Dim StartRow As Long

   Set WBO = ActiveWorkbook
   Set WSD = WBO.Worksheets("Daten")
   WSD.Select

   ' Alle vorherigen PivotTables löschen
   For Each PT In WSD.PivotTables
      PT.TableRange2.Clear
   Next PT
   WSD.Range("N1:AZ1").EntireColumn.Clear

   ' Eingabebereich definieren und PivotCache einrichten
   FinalRow = WSD.Cells(Application.Rows.Count, 1).End(xlUp).Row
```

```
FinalCol = WSD.Cells(1, Application.Columns.Count). _
   End(xlToLeft).Column
Set PRange = WSD.Cells(1, 1).Resize(FinalRow, FinalCol)
Set PTCache = WBO.PivotCaches.Add(SourceType:= _
   xlDatabase, SourceData:=PRange.Address)

' PivotTable aus dem Pivot-Cache erstellen
Set PT = PTCache.CreatePivotTable(TableDestination:=WSD. _
   Cells(2, FinalCol + 2), TableName:="PivotTable1")

'  Zeilen- und Spaltenfelder einrichten
PT.AddFields RowFields:=Array("Region", "Kategorie"), _
    ColumnFields:="Daten"

' Datenfelder einrichten
With PT.PivotFields("Umsatz")
   .Orientation = xlDataField
   .Function = xlSum
   .Position = 1
   .NumberFormat = "#,##0"
   .Name = "Umsatz "
End With

With PT.PivotFields("Kosten")
   .Orientation = xlDataField
   .Function = xlSum
   .Position = 2
   .NumberFormat = "#,##0"
   .Name = "COGS"
End With

' Einstellungen, um einen zusammenhängenden Block
' mit Daten zu erzeugen
With PT
   .NullString = 0
   .RepeatAllLabels Repeat:=xlRepeatLabels
   .ColumnGrand = False
   .RowGrand = 0
   .PivotFields("Region").Subtotals(1) = True
   .PivotFields("Region").Subtotals(1) = False
End With

' Die PivotTable als Werte unter die PivotTable kopieren
PT.TableRange2.Offset(1, 0).Copy
PT.TableRange1.Cells(1, 1).Offset(PT.TableRange1.Rows.Count + 4, _
```

```
      0).PasteSpecial xlPasteValuesAndNumberFormats
   StartRow = PT.TableRange1.Cells(1, 1) _
      .Offset(PT.TableRange1.Rows.Count + 5, 0).Row

   PT.TableRange1.Clear
   Set PTCache = Nothing

   WSD.Cells(StartRow, FinalCol + 2).Select
End Sub
```

**Listing 13.2** Code zum Erstellen einer statischen Zusammenfassung aus einer Pivot-Tabelle

Der Code in Listing 13.2 erstellt die Pivot-Tabelle. Anschließend kopiert er die Ergebnisse als Werte und fügt sie unterhalb der ursprünglichen Pivot-Tabelle ein. In der Praxis möchten Sie diesen Bericht wahrscheinlich in ein anderes Arbeitsblatt oder eine andere Arbeitsmappe kopieren. Beispiele weiter hinten in diesem Kapitel zeigen den dafür erforderlichen Code.

Bisher haben wir Ihnen in diesem Kapitel gezeigt, wie Sie die einfachsten PivotTable-Berichte erstellen. Pivot-Tabellen bieten jedoch weitaus mehr Flexibilität. Lesen Sie weiter, um komplexere Berichtsbeispiele zu sehen.

# Bericht erstellen, der den Umsatz nach Kategorien anzeigt

Ein typischer Bericht könnte eine Liste der Vertriebsgebiete nach Kategorien mit den Einnahmen pro Jahr enthalten. Dieser Bericht könnte den Managern der verschiedenen Produktlinien vorgelegt werden, um zu zeigen, in welchen Vertriebsgebieten gute Umsätze erzielt werden. Der Bericht in Abbildung 13.8 ist keine Pivot-Tabelle, aber das Makro zum Erstellen des Berichts verwendete eine Pivot-Tabelle, um die Daten zusammenzufassen. Mit den üblichen Excel-Befehlen wie *Teilergebnisse* wird der Bericht fertiggestellt.

| | A | B | C | D | E | F |
|---|---|---|---|---|---|---|
| 1 | Umsatz nach Kategorie & Region | | | | | |
| 2 | | | | | | |
| 3 | **Kategorie** | **Region** | **2029** | **2030** | **2031** | **Gesamtergebnis** |
| 4 | Öfen und Herde | Süd | 15.672K | 13.796K | 8.284K | 37.752K |
| 5 | Öfen und Herde | Südost | 2.639K | 2.745K | 1.418K | 6.802K |
| 6 | Öfen und Herde | West | 519K | 1.520K | 1.594K | 3.634K |
| 7 | Öfen und Herde | Südwest | 572K | 1.335K | 1.104K | 3.012K |
| 8 | Öfen und Herde | Nordost | 662K | 1.146K | 801K | 2.609K |
| 9 | Öfen und Herde | Mittlerer Westen | 290K | 1.379K | 760K | 2.429K |
| 10 | Öfen und Herde | Nord | 247K | 421K | 263K | 931K |
| 11 | **Öfen und Herde Ergebnis** | | 20.602K | 22.342K | 14.225K | 57.169K |
| 12 | Kühlschränke und Kühlboxen | Süd | 4.855K | 4.659K | 12.093K | 21.606K |
| 13 | Kühlschränke und Kühlboxen | West | 1.957K | 348K | 3.088K | 5.393K |
| 14 | Kühlschränke und Kühlboxen | Südost | 929K | 1.311K | 2.062K | 4.302K |

**Abbildung 13.8** Dieser Bericht begann als Pivot-Tabelle, wurde aber als reguläres Dataset fertiggestellt.

In diesem Beispiel möchten Sie die Märkte in absteigender Reihenfolge nach Umsatz anzeigen, wobei die Jahre in den Spalten aufgeführt werden. Ein Beispiel für einen PivotTable-Bericht ist in Abbildung 13.9 dargestellt.

| Summe von Umsatz | | Jahre (Datum) | | | |
|---|---|---|---|---|---|
| Kategorie | Region | 2029 | 2030 | 2031 | Gesamtergebnis |
| ⊟ Öfen und Herde | Süd | 15.672K | 13.796K | 8.284K | 37.752K |
| Öfen und Herde | Südost | 2.639K | 2.745K | 1.418K | 6.802K |
| Öfen und Herde | West | 519K | 1.520K | 1.594K | 3.634K |
| Öfen und Herde | Südwest | 572K | 1.335K | 1.104K | 3.012K |
| Öfen und Herde | Nordost | 662K | 1.146K | 801K | 2.609K |
| Öfen und Herde | Mittlerer Westen | 290K | 1.379K | 760K | 2.429K |
| Öfen und Herde | Nord | 247K | 421K | 263K | 931K |
| ⊟ Kühlschränke und Kühlb | Süd | 4.855K | 4.659K | 12.093K | 21.606K |
| Kühlschränke und Kühlb | West | 1.957K | 348K | 3.088K | 5.393K |

**Abbildung 13.9** Während der Makroausführung zur Erstellung von Abbildung 13.8 erhalten Sie dieses Zwischenergebnis als Pivot-Tabelle.

Die Erstellung dieser Pivot-Tabelle ist mit einigen kniffligen Problemen verbunden:

- Sie müssen die Tagesdaten im ursprünglichen Dataset auf Jahre umrechnen.
- Sie möchten die Sortierreihenfolge der Zeilenfelder steuern.
- Sie möchten die Lücken in der PivotTable ausfüllen, ein besseres Zahlenformat verwenden und die Teilergebnisse für das Feld *Kategorie* unterdrücken.

Der Schlüssel zur schnellen Erstellung dieser Daten ist die Verwendung einer Pivot-Tabelle. Die Standard-Pivot-Tabelle weist einige eigenartige Probleme auf, die Sie im Makro korrigieren können. Verwenden Sie zunächst VBA, um eine PivotTable mit *Kategorie* und *Region* als Zeilenfelder zu erstellen. Fügen Sie *Datum* als Spaltenfeld hinzu; fügen Sie *Umsatz* als Datenfeld hinzu.

```
' Die Zeilen- und Spaltenfelder einrichten
PT.AddFields RowFields:=Array("Kategorie", _
     "Region"), ColumnFields:="Datum"

' Die Datenfelder (Wertefelder) einrichten
With PT.PivotFields("Umsatz")
   .Orientation = xlDataField
   .Function = xlSum
   .Position = 1
   .NumberFormat = "#,##0"
End With
```

Abbildung 13.10 zeigt die mit diesen Einstellungen erstellte Standard-PivotTable.

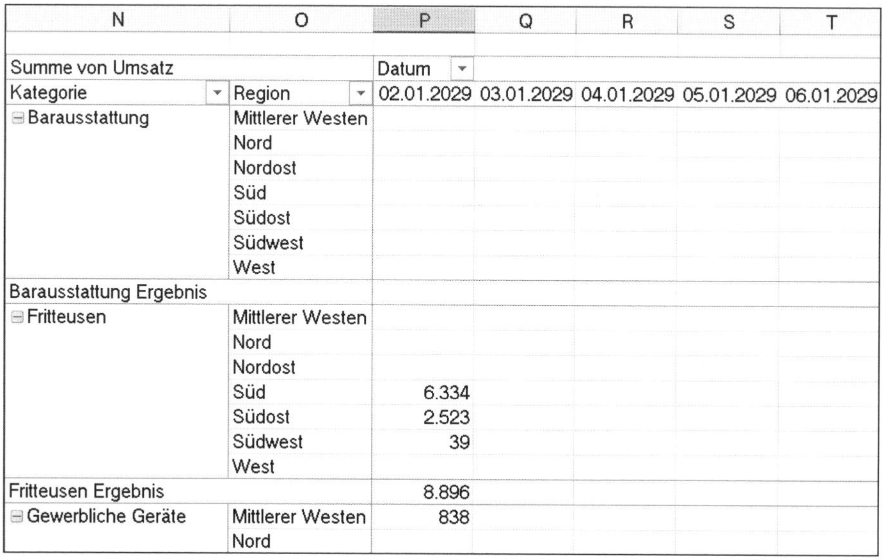

| N | O | P | Q | R | S | T |
|---|---|---|---|---|---|---|
| | | | | | | |
| Summe von Umsatz | | Datum | | | | |
| Kategorie | Region | 02.01.2029 | 03.01.2029 | 04.01.2029 | 05.01.2029 | 06.01.2029 |
| ⊟ Barausstattung | Mittlerer Westen | | | | | |
| | Nord | | | | | |
| | Nordost | | | | | |
| | Süd | | | | | |
| | Südost | | | | | |
| | Südwest | | | | | |
| | West | | | | | |
| Barausstattung Ergebnis | | | | | | |
| ⊟ Fritteusen | Mittlerer Westen | | | | | |
| | Nord | | | | | |
| | Nordost | | | | | |
| | Süd | 6.334 | | | | |
| | Südost | 2.523 | | | | |
| | Südwest | 39 | | | | |
| | West | | | | | |
| Fritteusen Ergebnis | | 8.896 | | | | |
| ⊟ Gewerbliche Geräte | Mittlerer Westen | 838 | | | | |
| | Nord | | | | | |

**Abbildung 13.10** Standardmäßig weist der ursprüngliche Bericht viele Probleme auf.

Hier sind nur einige der Probleme, die bei den meisten Pivot-Tabellen in ihrem Standardzustand auftreten:

- Die Gliederungsansicht ist furchtbar. In Abbildung 13.10 erscheint der Wert *Barausstattung* nur einmal in der Produktspalte, gefolgt von sechs leeren Zellen. Glücklicherweise bietet Excel die Methode `RepeatAllLabels`, um dieses Problem zu beheben. Wenn Sie die Daten wiederverwenden möchten, müssen die Zeilenbeschriftungen in jeder Zeile wiederholt werden.
- Da das ursprüngliche Dataset Tagesdaten enthält, hat die Standard-PivotTable mehr als 1000 Spalten mit täglichen Daten. Niemand kann diesen Bericht lesen und deuten. Sie müssen diese täglichen Daten zu Jahreswerten zusammenfassen. Mit Pivot-Tabellen ist das ganz einfach.
- Der Bericht enthält leere Zellen anstelle von Nullen. In Abbildung 13.10 ist der gesamte sichtbare Bereich von *Barausstattung* leer. Diese Zellen sollten Nullen anstelle von Leerzeichen enthalten.
- Der Titel ist langweilig. Die meisten Menschen würden zustimmen, dass »Summe von Umsatz« ein nerviger Titel ist.
- Einige Beschriftungen sind überflüssig. Das Wort »Datum« in Zelle P2 von Abbildung 13.10 gehört nicht in einen Bericht.
- Die standardmäßige alphabetische Sortierreihenfolge ist selten sinnvoll. Manager einer Produktlinie möchten die wichtigsten Märkte ganz oben in der Liste sehen. Es wäre hilfreich, wenn der Bericht nach Umsatz in absteigender Reihenfolge sortiert wäre.
- Die Rahmen sind hässlich. Excel zeichnet unzählige Rahmen, die den Bericht unansehnlich machen.
- Pivot-Tabellen bieten keine intelligente Seitenumbruchlogik. Wenn Sie für jeden Produktlinienmanager einen eigenen Bericht erstellen möchten, gibt es keine schnelle Methode, um anzugeben, dass jedes Produkt auf einer neuen Seite erscheinen soll.
- Aufgrund des Seitenumbruchproblems ist es möglicherweise einfacher, die Zeilen mit den Teilergebnissen aus der Pivot-Tabelle zu entfernen und dann mit der Methode `Subtotal`

Zeilen mit Zwischenergebnissen und Seitenumbrüchen hinzufügen zu lassen. Sie müssen die Zeilen mit Zwischenergebnissen der Pivot-Tabelle für *Kategorie* in Abbildung 13.10 deaktivieren. Diese Zeilen werden automatisch angezeigt, wenn Sie zwei oder mehr Zeilenfelder haben. Wenn Sie vier Zeilenfelder hätten, würden Sie die automatischen Zwischensummen für die drei äußeren Zeilenfelder deaktivieren wollen.

Trotz all dieser Probleme sind Standard-Pivot-Tabellen nach wie vor die beste Wahl. Sie können jedes dieser Probleme beheben, indem Sie spezielle Einstellungen innerhalb der Pivot-Tabelle verwenden oder nach der Erstellung der Pivot-Tabelle einige Zeilen Code eingeben und diese dann in ein reguläres Dataset kopieren.

## Sicherstellen, dass das Tabellenformat verwendet wird

In älteren Versionen von Excel wurden Felder mit mehreren Zeilen in mehreren Spalten angezeigt. Jetzt stehen drei Berichtslayouts zur Verfügung. Das Kurzformat fasst alle Zeilenfelder in einer einzigen Spalte zusammen. Das Kurzformat ist die Standardeinstellung, wenn eine Pivot-Tabelle in der Excel-Oberfläche erstellt wird. Wenn Sie derzeit eine Pivot-Tabelle in VBA erstellen, ist das Tabellenformat die Standardeinstellung. Microsoft wird diese Diskrepanz jedoch in einer zukünftigen Version korrigieren. Gewöhnen Sie sich daher an, mit diesem Code das Layout explizit in ein tabellarisches Layout zu ändern:

```
PT.RowAxisLayout xlTabularRow
```

## Tagesdaten zu Jahren zusammenfassen

Bei Transaktionsdaten enthalten datumsbasierte Zusammenfassungen oft eine Zeile pro Tag. Obwohl Tagesdaten für einen Werksleiter nützlich sein können, möchten viele Mitarbeiter im Unternehmen die Summen pro Monat, Quartal oder Jahr sehen.

Die gute Nachricht ist, dass Excel die Zusammenfassung von Datumsangaben in einer Pivot-Tabelle mühelos bewältigt. Wenn Sie jemals die obskure Formel `=A2+1-Tag(A2)` verwenden mussten, um Tagesdaten in Monatsdaten umzuwandeln, werden Sie die Einfachheit zu schätzen wissen, mit der Sie Transaktionsdaten nach Monaten oder Quartalen gruppieren können.

Das Erstellen einer Datumsgruppe mit VBA ist etwas eigenwillig. Die `Group`-Methode kann nur auf eine einzelne Zelle in der Pivot-Tabelle angewendet werden, und diese Zelle muss ein Datum oder die Feldbezeichnung *Datum* enthalten.

In Abbildung 13.10 müssten Sie entweder die Überschrift *Datum* in Zelle P2 oder einen der Datumswerte in den Zellen P3:AOZ3 auswählen. Die Auswahl einer dieser spezifischen Zellen ist riskant, insbesondere wenn die Pivot-Tabelle später in einer neuen Spalte erstellt wird. Zwei andere Optionen sind zuverlässiger.

Erstens: Wenn Sie niemals eine andere Anzahl von Zeilenfeldern verwenden, können Sie davon ausgehen, dass sich die Überschrift *Datum* in Zeile 1, Spalte 3 des Bereichs `TableRange2` befindet. Die folgende Codezeile wählt diese Zelle aus:

```
PT.TableRange2.Cells(1, 3).Select
```

Sie sollten wahrscheinlich einen Kommentar hinzufügen, dass Sie die 3 in dieser Zeile durch eine andere Zahl ersetzen müssen, sobald sich die Anzahl der Zeilenfelder ändert.

Eine andere Lösung besteht darin, die `LabelRange`-Eigenschaft für das Datumsfeld zu verwenden. Der folgende Code wählt immer die Zelle mit der Überschrift *Datum* aus:

```
PT.PivotFields("Datum").LabelRange.Select
```

Um die täglichen Daten zu jährlichen Daten zu gruppieren, sollten Sie eine Pivot-Tabelle mit *Datum* im Zeilenbereich definieren. Deaktivieren Sie `ManualUpdate`, damit die Pivot-Tabelle gezeichnet werden kann. Anschließend können Sie die Eigenschaft `LabelRange` verwenden, um die Beschriftung »Datum« zu finden.

Sie verwenden die Methode `Group` für die Zelle mit der Beschriftung »Datum«. Sie geben ein Array mit sieben booleschen Werten für das Argument `Periods` an. Die sieben Werte entsprechen Sekunden, Minuten, Stunden, Tagen, Monaten, Quartalen und Jahren. Folgendermaßen würden Sie beispielsweise nach Jahren gruppieren:

```
PT.PivotFields("Datum"),LabelRange.Cells(2,1).Group _
  Periods:=(False, False, False, False, False, False, True)
```

Nachdem Sie nach Jahren gruppiert haben, heißt das Feld weiterhin *Datum*. Dies unterscheidet sich von den Ergebnissen, wenn Sie nach mehreren Feldern gruppieren. Folgendermaßen würden Sie nach Monaten, Quartalen und Jahren gruppieren:

```
PT.PivotFields("Datum"),LabelRange.Cells(2,1).Group _
  Periods:=(False, False, False, False, True, True, True)
```

Nachdem Sie nach Monaten, Quartalen und Jahren gruppiert haben, bezieht sich das Feld *Datum* nun auf Monate.

In der Pivot-Tabelle stehen zwei neue virtuelle Felder zur Verfügung: *Quartale (Datum)* und *Jahre (Datum).*

Um nach Wochen zu gruppieren, wählen Sie nur den Zeitraum *Tag* aus und verwenden dann das Argument By, um in Sieben-Tage-Zeiträumen zu gruppieren:

```
PT.PivotFields("Datum"),LabelRange.Cells(2,1).Group By:=7 _
  Periods:=(False, False, False, True, False, False, False)
```

In Abbildung 13.10 besteht das Ziel darin, die täglichen Daten nach Jahren zu gruppieren, sodass der folgende Code verwendet wird:

```
PT.PivotFields("Datum"),LabelRange.Cells(2,1).Group _
  Periods:=(False, False, False, False, False, False, True)
```

Abbildung 13.11 zeigt die Pivot-Tabelle, nachdem die Tagesdaten nach Jahren gruppiert wurden.

| | N | O | P | Q | R | S |
|---|---|---|---|---|---|---|
| 1 | | | | | | |
| 2 | Summe von Umsatz | | Jahre (Datum) | | | |
| 3 | Kategorie | Region | 2029 | 2030 | 2031 | Gesamtergebnis |
| 4 | ⊟ Barausstattung | Mittlerer Westen | | 22.113 | 41.508 | 63.621 |
| 5 | | Nord | | 5.950 | 14.195 | 20.145 |
| 6 | | Nordost | | 30.683 | 37.622 | 68.305 |
| 7 | | Süd | | 667.438 | 523.901 | 1.191.339 |
| 8 | | Südost | | 165.241 | 118.655 | 283.896 |
| 9 | | Südwest | | 18.652 | 54.819 | 73.471 |
| 10 | | West | | 1.337 | 67.218 | 68.555 |
| 11 | Barausstattung Ergebnis | | | 911.415 | 857.917 | 1.769.332 |
| 12 | ⊟ Fritteusen | Mittlerer Westen | 2.996 | 14.509 | 146.625 | 164.129 |
| 13 | | Nord | 3.602 | 6.014 | 59.314 | 68.929 |
| 14 | | Nordost | 13.207 | 27.059 | 149.635 | 189.900 |
| 15 | | Süd | 157.044 | 730.706 | 1.530.021 | 2.417.771 |

**Abbildung 13.11** Die Tagesdaten wurden mithilfe der Methode `Group` zu Jahren zusammengefasst.

## Leere Zellen entfernen

Die leeren Zellen in einer Pivot-Tabelle sind störend. Es gibt zwei Arten von leeren Zellen, die Sie beheben sollten. Leere Zellen treten im Wertebereich auf, wenn für eine bestimmte Kombination keine Datensätze vorhanden sind. In Abbildung 13.11 hat das Unternehmen beispielsweise im Jahr 2029 keine Barausstattung verkauft, sodass die Zellen P4:P11 leer sind. Die meisten Benutzer würden anstelle dieser leeren Zellen lieber Nullen sehen.

Leere Zellen treten auch im Bereich der Zeilenbeschriftungen auf, wenn Sie mehrere Zeilenfelder haben. Das Wort »Barausstattung« erscheint in Zelle N4, aber die Zellen N5:N10 sind leer.

Um Leerzeichen im Wertebereich durch Nullen zu ersetzen, verwenden Sie Folgendes:

```
PT.NullString = "0"
```

---

Obwohl der vorstehende Code eine Null in Anführungszeichen verwendet, fügt Excel in die leeren Zellen eine numerische Null ein.

---

Um die leeren Zellen im Beschriftungsbereich in Excel auszufüllen, verwenden Sie Folgendes:

```
PT.RepeatAllLabels xlRepeatLabels
```

Der Code `RepeatAllLabels` funktioniert in Excel 2007 und früheren Versionen nicht. Die einzige Lösung in älteren Excel-Versionen besteht darin, die Pivot-Tabelle in Werte umzuwandeln und dann die leeren Zellen auf eine Formel zu setzen, die den Wert aus der Zeile darüber übernimmt, wie folgt:

```
Dim FillRange As Range
Set PT = ActiveSheet.PivotTables("PivotTable1")

' Äußere Zeilenspalte suchen
Set FillRange = PT.TableRange1.Resize(1, 1)

' Konvertieren der gesamten Tabelle in Werte
PT.TableRange2.Copy PT.TableRange2.PasteSpecial xlPasteValues

' Spezielle Zellen mit dem Wert aus der Zeile darüber füllen
FillRange.SpecialCells(xlCellTypeBlanks).FormulaR1C1 = "=R[-1]C"

' Diese Formeln in Werte umwandeln
FillRange.Value = FillRange.Value
```

## Die Sortierreihenfolge mit AutoSort steuern

Die Excel-Benutzeroberfläche bietet eine AutoSort-Option, um ein Feld basierend auf dem Umsatz in absteigender Reihenfolge zu sortieren. Der entsprechende Code in VBA zum Sortieren der Felder *Region* und *Kategorie* nach absteigendem Umsatz verwendet die `AutoSort`-Methode:

```
PT.PivotFields("Region").AutoSort Order:=xlDescending, _
  Field:="Summe von Umsatz"
PT.PivotFields("Kategorie").AutoSort Order:=xlDescending, _
  Field:="Summe von Umsatz"
```

## Das Standardzahlenformat ändern

Zahlen im Wertebereich einer Pivot-Tabelle müssen ein geeignetes Zahlenformat besitzen. Sie können nicht davon ausgehen, dass das Zahlenformat des zugrunde liegenden Feldes in die PivotTable übernommen wird.

Um die Umsatzwerte mit null Dezimalstellen und einem Punkt als Tausendertrennzeichen anzuzeigen, verwenden Sie Folgendes:

```
PT.PivotFields("Summe von Umsatz").NumberFormat = "#.##0"
```

Einige Unternehmen haben Kunden, üblicherweise Waren im Wert von Tausenden oder Millionen von Dollar kaufen.

Sie können Zahlen in Tausend anzeigen, indem Sie ein einzelnes Komma nach dem Zahlenformat verwenden. Dazu fügen Sie die Abkürzung K ein, um anzuzeigen, dass es sich um Tausenderbeträge handelt:

```
PT.PivotFields("Summe von Umsatz").NumberFormat = "#.##0,K"
```

Die lokale Gepflogenheit schreiben vor, wie Tausender abgekürzt werden. Angenommen, Sie arbeiten für ein relativ junges Computerunternehmen, in dem alle K als Tausendertrennzeichen verwenden. In diesem Fall haben Sie Glück, denn Microsoft macht es einfach, diese Abkürzung zu verwenden. Wenn Sie jedoch bei einem über 100 Jahre alten Seifenhersteller arbeiten, bei dem M für Tausende und MM für Millionen steht, müssen Sie einige zusätzliche Hürden nehmen. Sie müssen dem Buchstaben M einen Backslash voranstellen, damit es funktioniert:

```
PT.PivotFields("Summe von Umsatz").NumberFormat = "#.##0,\M"
```

Alternativ können Sie das Zeichen M in doppelte Anführungszeichen setzen. Um doppelte Anführungszeichen in eine bereits in Anführungszeichen stehende Zeichenfolge in VBA einzufügen, müssen Sie zwei aufeinanderfolgende Anführungszeichen verwenden. Um ein Format in Zehntelmillionen mit dem Format `#.##0.0,,"MM"` einzurichten, würden Sie diese Codezeile verwenden:

```
PT.PivotFields("Summe von Umsatz ").NumberFormat = "#.##0.0,,""M"""
```

Hier lautet das Format: Anführungszeichen, Doppelkreuz, Punkt, Doppelkreuz, Doppelkreuz, null, Punkt, null, Komma, Komma, Anführungszeichen, Anführungszeichen, M, Anführungszeichen, Anführungszeichen, Anführungszeichen.

Die drei Anführungszeichen am Ende sind korrekt. Sie verwenden zwei Anführungszeichen für die Eingabe eines Anführungszeichens im Feld für benutzerdefinierte Zahlenformate und ein abschließendes Anführungszeichen, um die Zeichenfolge in VBA zu schließen.

Abbildung 13.12 zeigt die ausgefüllten Felder der Pivot-Tabelle, wobei die Zahlen in Tausend angegeben und die Kategorien und Regionen in absteigender Reihenfolge sortiert sind.

| | N | O | P | Q | R | S |
|---|---|---|---|---|---|---|
| 1 | | | | | | |
| 2 | Summe von Umsatz | | Jahre (Datum) | | | |
| 3 | Kategorie | Region | 2029 | 2030 | 2031 | Gesamtergebnis |
| 4 | ⊟ Öfen und Herde | Mittlerer Westen | 290K | 1.379K | 760K | 2.429K |
| 5 | Öfen und Herde | Nord | 247K | 421K | 263K | 931K |
| 6 | Öfen und Herde | Nordost | 662K | 1.146K | 801K | 2.609K |
| 7 | Öfen und Herde | Süd | 15.672K | 13.796K | 8.284K | 37.752K |
| 8 | Öfen und Herde | Südost | 2.639K | 2.745K | 1.418K | 6.802K |
| 9 | Öfen und Herde | Südwest | 572K | 1.335K | 1.104K | 3.012K |
| 10 | Öfen und Herde | West | 519K | 1.520K | 1.594K | 3.634K |
| 11 | Öfen und Herde Ergebnis | | 20.602K | 22.342K | 14.225K | 57.169K |
| 12 | ⊟ Kühlschränke und Kühlb | Mittlerer Westen | 882K | 544K | 1.810K | 3.236K |
| 13 | Kühlschränke und Kühlb | Nord | 369K | 100K | 492K | 961K |
| 14 | Kühlschränke und Kühlb | Nordost | 1.043K | 427K | 1.591K | 3.061K |

**Abbildung 13.12** Nach dem Ausfüllen der Felder und dem Sortieren müssen Sie nur noch einige überflüssige Summen und Beschriftungen entfernen.

## Teilergebnisse für Felder mit mehreren Zeilen unterdrücken

Sobald Sie mehr als ein Zeilenfeld haben, fügt Excel automatisch Teilergebnisse für alle Felder außer dem innersten Zeilenfeld hinzu. Dieses zusätzliche Zeilenfeld kann störend sein, wenn Sie die Ergebnisse der PivotTable für einen anderen Zweck als neues Dataset wiederverwenden möchten.

Im aktuellen Beispiel haben Sie 80.000 Datenzeilen eingelesen und eine kompakte 50-zeilige Zusammenfassung der Jahresumsätze nach Kategorie und Region erstellt. Dieses neue Dataset wäre für Sortier-, Filter- und Diagrammzwecke interessant, wenn Sie die Zeile mit dem Gesamtergebnis und die Teilergebnisse für die Kategorien entfernen könnten.

Um die Teilergebnisse zu entfernen, setzen Sie zunächst die Eigenschaft `Subtotals(1)` auf `True`, um die anderen 10 möglichen Zwischensummen zu deaktivieren. Anschließend können Sie das erste Teilergebnis deaktivieren, um sicherzustellen, dass alle Teilergebnisse unterdrückt werden:

```
PT.PivotFields("Kategorie").Subtotals(1) = True
PT.PivotFields("Kategorie ").Subtotals(1) = False
```

Um die Zeile mit dem Gesamtergebnis zu entfernen, verwenden Sie folgende Codezeile:

```
PT.ColumnGrand = False
```

Abbildung 13.13 zeigt den ersten Abschnitt der Pivot-Tabelle, aus dem die Teilergebnisse entfernt wurden.

| | N | O | P | Q | R | S |
|---|---|---|---|---|---|---|
| 2 | Summe von Umsatz | | Jahre (Datum) | | | |
| 3 | Kategorie | Region | 2029 | 2030 | 2031 | Gesamtergebnis |
| 4 | ⊟ Öfen und Herde | Süd | 15.672K | 13.796K | 8.284K | 37.752K |
| 5 | Öfen und Herde | Südost | 2.639K | 2.745K | 1.418K | 6.802K |
| 6 | Öfen und Herde | West | 519K | 1.520K | 1.594K | 3.634K |
| 7 | Öfen und Herde | Südwest | 572K | 1.335K | 1.104K | 3.012K |
| 8 | Öfen und Herde | Nordost | 662K | 1.146K | 801K | 2.609K |
| 9 | Öfen und Herde | Mittlerer Westen | 290K | 1.379K | 760K | 2.429K |
| 10 | Öfen und Herde | Nord | 247K | 421K | 263K | 931K |
| 11 | ⊟ Kühlschränke und Kühlb | Süd | 4.855K | 4.659K | 12.093K | 21.606K |
| 12 | Kühlschränke und Kühlb | West | 1.957K | 348K | 3.088K | 5.393K |

**Abbildung 13.13** Die Zeilen mit den Teilergebnissen wurden aus Spalte N entfernt.

## Eine fertige Pivot-Tabelle als Werte in eine neue Arbeitsmappe kopieren

Wenn Sie die Ergebnisse einer Pivot-Tabelle wiederverwenden möchten, müssen Sie die Tabelle in Werte konvertieren. In diesem Abschnitt erfahren Sie, wie Sie eine Pivot-Tabelle in eine brandneue Arbeitsmappe kopieren.

Um den Code portabler zu machen, weisen Sie der ursprünglichen Arbeitsmappe, der neuen Arbeitsmappe und dem ersten Tabellenblatt in der neuen Arbeitsmappe Objektvariablen zu. Fügen Sie am Anfang der Prozedur folgende Anweisungen ein:

```
Dim WSR As Worksheet
Dim WSD As Worksheet
Dim WBO As Workbook
Dim WBN As Workbook
Set WBO = ActiveWorkbook
Set WSD = Worksheets("Daten")
```

Nachdem die Pivot-Tabelle erfolgreich erstellt wurde, erstellen Sie mit diesem Code für den Bericht eine leere Arbeitsmappe:

```
' Neue leere Arbeitsmappe mit einem Tabellenblatt erstellen
Set WBN = Workbooks.Add(xlWorksheet)
Set WSR = WBN.Worksheets(1)
' Name des Tabellenblatts festlegen
WSR.Name = "Bericht"
' Titel für den Bericht einrichten
With WSR.[A1]
    .Value = "Umsatz nach Kategorie & Region"
    .Style = "Überschrift"
End With
```

Es gibt noch einige wenige Störfaktoren in der Pivot-Tabelle. Die Rahmen sind störend, und in der ersten Zeile der Pivot-Tabelle befinden sich überflüssige Beschriftungen wie »Summe von Umsatz« und »Datum«. Sie können diese Probleme beheben, indem Sie die erste(n) Zeile(n) von `PT.TableRange2` aus der Methode `Copy` ausschließen und dann die Daten mit `PasteSpecial(xlPasteValuesAndNumberFormats)` in das Tabellenblatt »Bericht« kopieren.

Im aktuellen Beispiel enthält die Eigenschaft `TableRange2` nur eine zu entfernende Zeile, nämlich Zeile 2, wie in Abbildung 13.13 dargestellt. Bei einer komplexeren Pivot-Tabelle mit mehreren Spaltenfeldern und/oder einem oder mehreren Filterfeldern müssten Sie mehr als nur die erste Zeile des Berichts entfernen. Es ist hilfreich, das Makro bis zu diesem Punkt auszuführen, sich das Ergebnis anzusehen und herauszufinden, wie viele Zeilen Sie löschen müssen. Mit der `Offset`-Eigenschaft können Sie diese Zeilen effektiv nicht in den Bericht kopieren. Kopieren Sie dann die `TableRange2`-Eigenschaft mit einem Offset von einer Zeile.

Puristen werden bemerken, dass dieser Code eine zusätzliche Leerzeile unterhalb der Pivot-Tabelle kopiert, aber das spielt keine Rolle, da die Zeile leer ist. Nach dem Kopieren können Sie die ursprüngliche Pivot-Tabelle löschen und den Pivot-Cache wie folgt zerstören:

```
' Die PivotTable in Zeile 3 des Tabellenblatts Bericht kopieren
' Offset verwenden, um die Titelzeile der PivotTable zu eliminieren
PT.TableRange2.Offset(1, 0).Copy
```

```
WSR.[A3].PasteSpecial Paste:=xlPasteValuesAndNumberFormats
PT.TableRange2.Clear
Set PTCache = Nothing
```

---

Beachten Sie, dass Sie den Befehl *Inhalte einfügen* (entspricht der Methode `PasteSpecial`) verwenden, um nur Werte und Zahlenformate einzufügen. Dadurch werden sowohl die Rahmen als auch die Pivot-Eigenschaft der Tabelle entfernt. Sie könnten versucht sein, die Option *Keine Rahmenlinien* im Dropdownmenü der Schaltfläche *Einfügen* zu verwenden, aber dadurch bleiben die Daten in einer Pivot-Tabelle, und Sie können keine neuen Zeilen in die Mitte der Daten einfügen.

---

## Abschließende Formatierung vornehmen

Die letzten Schritte für den Bericht umfassen einige grundlegende Formatierungsaufgaben und das Hinzufügen der Teilergebnisse. Sie können die Überschriften in Zeile 3 fett und rechtsbündig formatieren. Richten Sie die Zeilen 1–3 so ein, dass die oberen drei Zeilen auf jeder Seite ausgegeben werden:

```
' Ein paar einfache Formatierungen vornehmen
' Spaltenbreite automatisch, Überschriften hervorheben, rechtsbündig
WSR.Range("A3").EntireRow.Style = "Überschrift 4"
WSR.Range("A3").CurrentRegion.Columns.AutoFit
WSR.Range("A3").EntireRow.HorizontalAlignment = xlRight
WSR.Range("A3:B3").HorizontalAlignment = xlLeft

' Die Zeilen 1 bis 3 am Anfang jeder Seite wiederholen
WSR.PageSetup.PrintTitleRows = "$1:$3"
```

## Teilergebnisse hinzufügen, um Seitenumbrüche zu erhalten

Die Registerkarte *Daten* enthält in der Gruppe *Gliederung* ein leistungsstarkes Feature: *Teilergebnis*. Abbildung 13.14 zeigt das Dialogfeld *Teilergebnisse*. Beachten Sie die Option *Seitenumbruch zwischen Gruppen*. Sie können diese mit einem einzigen Befehl über die Methode `Subtotal` anwenden, anstatt die Datensätze zu durchlaufen, um nach jeder Kategorie manuell einen Seitenumbruch einzufügen.

Wenn Sie sicher sind, dass Sie immer drei Jahre und ein Gesamtergebnis haben, können Sie den folgenden Code verwenden, um Teilergebnisse für jede Kategorie hinzuzufügen:

```
' Teilergebnisse für Kategorie hinzufügen. Achten Sie darauf,
' bei jeder Änderung der Kategorie einen Seitenumbruch einzufügen
Selection.Subtotal GroupBy:=1, Function:=xlSum, _
   TotalList:=Array(3, 4, 5, 6), PageBreaks:=True
```

Dieser Code funktioniert jedoch nicht, wenn Sie mehr oder weniger als drei Jahre haben. Die Lösung besteht darin, den folgenden komplizierten Code zu verwenden, um dynamisch eine Liste der zu summierenden Spalten basierend auf der Anzahl der Spalten im Bericht zu erstellen:

```
Dim TotColumns()
Dim I as Integer

FinalCol = Cells(3, Columns.Count).End(xlToLeft).Column
ReDim Preserve TotColumns(1 To FinalCol - 2)

For I = 3 To FinalCol
   TotColumns(i-2) = i
Next i
Selection.Subtotal GroupBy:=1, Function:=xlSum, TotalList:=TotColumns, _
   Replace:=True, PageBreaks:=True, SummaryBelowData:=True
```

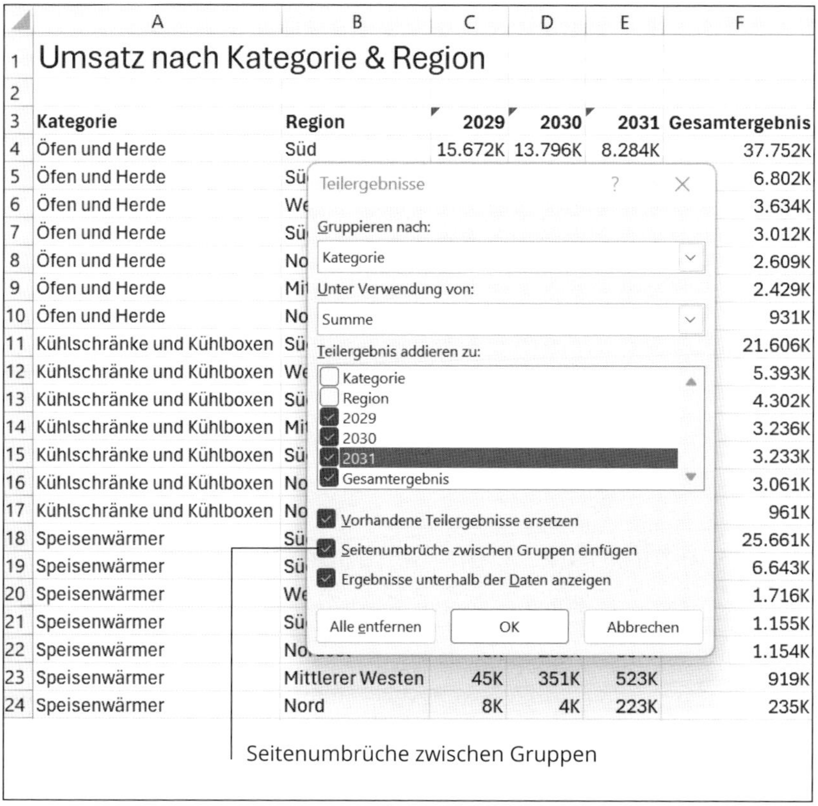


**Abbildung 13.14** Durch die Verwendung automatischer Teilergebnisse können Sie nach jeder Kategorie einen Seitenumbruch einfügen. Mit diesem Feature wird sichergestellt, dass jeder Manager einer bestimmten Produktlinie einen übersichtlichen Bericht erhält, der nur seine Daten enthält.

Nachdem Sie die neuen Summen zum Bericht hinzugefügt haben, müssen Sie `AutoFit` verwenden, um die numerischen Spalten erneut anzupassen. Das geschieht mit diesem Code:

```
Dim GrandRow as Long
' Stellen Sie sicher, dass die Spalten breit genug für die Summen sind
GrandRow = Cells(Rows.Count, 1).End(xlUp).Row
```

```
Cells(3, 3).Resize(GrandRow- 2, FinalCol- 2).Columns.AutoFit Cells(GrandRow,
3).Resize(1, FinalCol- 2).NumberFormat = "#.##0,K"
' Fügen Sie einen Seitenumbruch vor der Zeile Gesamtergebnis ein, da
' sonst der Manager für die letzte Kategorie zwei Summen erhält
WSR.hPageBreaks.Add Before:=Cells(GrandRow, 1)
```

## Alles zusammenfügen

Listing 13.3 erstellt in wenigen Sekunden die Berichte für die Manager der verschiedenen Produktlinien. Abbildung 13.15 zeigt den mit diesem Code erstellten Bericht.

```
Sub CategoryRegionReport()
   ' Kategorie und Region als Zeile
   ' Jahr als Spalte
   Dim WBO As Workbook
   Dim WSD As Worksheet
   Dim PT As PivotTable
   Dim FinalRow As Long
   Dim FinalCol As Long
   Dim PRange As Range
   Dim PTCache As PivotCache
   Dim TotColumns()
   Dim WSR As Worksheet
   Dim WBN As Workbook
   Dim i As Long
   Dim GrandRow As Long

   Set WBO = ActiveWorkbook
   Set WSD = WBO.Worksheets("Daten")
   WSD.Select

   ' Alle vorherigen PivotTables löschen
   For Each PT In WSD.PivotTables
      PT.TableRange2.Clear
   Next PT
   WSD.Range("N1:XFD1").EntireColumn.Clear

   ' Eingabebereich definieren und PivotCache einrichten
   FinalRow = WSD.Cells(Application.Rows.Count, 1).End(xlUp).Row
   FinalCol = WSD.Cells(1, Application.Columns.Count). _
      End(xlToLeft).Column
   Set PRange = WSD.Cells(1, 1).Resize(FinalRow, FinalCol)
   Set PTCache = WBO.PivotCaches.Add(SourceType:= _
      xlDatabase, SourceData:=PRange.Address)

   ' Die PivotTable aus dem Pivot-Cache erstellen
   Set PT = PTCache.CreatePivotTable(TableDestination:=WSD. _
       Cells(2, FinalCol + 2), TableName:="PivotTable1")
```

```
' Die Zeilen- und Spaltenfelder einrichten
PT.AddFields RowFields:=Array("Kategorie", _
    "Region"), ColumnFields:="Datum"

' Die Datenfelder einrichten
With PT.PivotFields("Umsatz")
   .Orientation = xlDataField
   .Function = xlSum
   .Position = 1
   .NumberFormat = "#,##0"
End With

' Sicherstellen, dass das Tabellenformat verwendet wird
PT.RowAxisLayout xlTabularRow

PT.PivotFields("Datum").LabelRange.Group _
    Periods:=Array(False, False, False, False, False, False, True)

' Zahlenformat des Umsatzes festlegen
PT.PivotFields("Summe von Umsatz").NumberFormat = "#,##0,K"

' Leere Zellen ausfüllen
PT.NullString = "0"
PT.RepeatAllLabels xlRepeatLabels

' Beide Zeilenfelder absteigend nach Umsatz sortieren
PT.PivotFields("Kategorie").AutoSort Order:=xlDescending, _
   Field:="Summe von Umsatz"
PT.PivotFields("Region").AutoSort Order:=xlDescending, _
   Field:="Summe von Umsatz"

' Teilergebnisse für Kategorie unterdrücken
PT.PivotFields("Kategorie").Subtotals(1) = True
PT.PivotFields("Kategorie").Subtotals(1) = False
PT.ColumnGrand = False

' Neue leere Arbeitsmappe mit einem Tabellenblatt erstellen
Set WBN = Workbooks.Add(xlWorksheet)
Set WSR = WBN.Worksheets(1)
WSR.Name = "Bericht"
' Titel für den Bericht einrichten
With WSR.[A1]
   Value = "Umsatz nach Kategorie & Region"
   .Style = "Überschrift"
End With
```

```
    ' Die PivotTable in Zeile 3 des Tabellenblatts Bericht kopieren
    ' Offset verwenden, um die Titelzeile der PivotTable zu eliminieren
    PT.TableRange2.Offset(1, 0).Copy
    WSR.[A3].PasteSpecial Paste:=xlPasteValuesAndNumberFormats
    PT.TableRange2.Clear
    Set PTCache = Nothing

    ' Ein paar einfache Formatierungen vornehmen
    ' Spaltenbreite automatisch, Überschriften hervorheben, rechtsbündig
    WSR.Range("A3").EntireRow.Style = "Überschrift 4"
    WSR.Range("A3").CurrentRegion.Columns.AutoFit
    WSR.Range("A3").EntireRow.HorizontalAlignment = xlRight
    WSR.Range("A3:B3").HorizontalAlignment = xlLeft

    ' Die Zeilen 1 bis 3 am Anfang jeder Seite wiederholen
    WSR.PageSetup.PrintTitleRows = "$1:$3"

    ' Teilergebnisse hinzufügen
    FinalCol = WSR.Cells(3, 255).End(xlToLeft).Column
    ReDim Preserve TotColumns(1 To FinalCol - 2)
    For i = 3 To FinalCol
       TotColumns(i - 2) = i
    Next i
    WSR.Range("A3").CurrentRegion.Subtotal GroupBy:=1, Function:=xlSum, _
       TotalList:=TotColumns, Replace:=True, _
       PageBreaks:=True, SummaryBelowData:=True

    ' Sicherstellen, dass die Spalten breit genug sind
    ' für die Gesamtergebnisse
    GrandRow = WSR.Cells(Rows.Count, 1).End(xlUp).Row
    WSR.Cells(3, 3).Resize(GrandRow - 2, FinalCol - 2).Columns.AutoFit
    WSR.Cells(GrandRow, 3).Resize(1, FinalCol - 2).NumberFormat = _
       "#,##0,K"
    ' Vor der Zeile mit dem Gesamtergebnis Seitenwechsel einfügen, da
    ' der Produktmanager für die letzte Produktlinie ansonsten zwei
    ' Gesamtergebnisse erhält
    WSR.HPageBreaks.Add Before:=Cells(GrandRow, 1)

End Sub
```

**Listing 13.3** Code, der den Umsatzbericht nach Kategorien in Abbildung 13.15 erstellt

Umsatz nach Kategorie & Region

| Kategorie | Region | 2029 | 2030 | 2031 | Gesamtergebnis |
|---|---|---|---|---|---|
| Öfen und Herde | Süd | 15.672K | 13.796K | 8.284K | 37.752K |
| Öfen und Herde | Südost | 2.639K | 2.745K | 1.418K | 6.802K |
| Öfen und Herde | West | 519K | 1.520K | 1.594K | 3.634K |
| Öfen und Herde | Südwest | 572K | 1.335K | 1.104K | 3.012K |
| Öfen und Herde | Nordost | 662K | 1.146K | 801K | 2.609K |
| Öfen und Herde | Mittlerer Westen | 290K | 1.379K | 760K | 2.429K |
| Öfen und Herde | Nord | 247K | 421K | 263K | 931K |
| **Öfen und Herde Ergebnis** | | 20.602K | 22.342K | 14.225K | 57.169K |
| Kühlschränke und Kühlboxen | Süd | 4.855K | 4.659K | 12.093K | 21.606K |
| Kühlschränke und Kühlboxen | West | 1.957K | 348K | 3.088K | 5.393K |
| Kühlschränke und Kühlboxen | Südost | 929K | 1.311K | 2.062K | 4.302K |
| Kühlschränke und Kühlboxen | Mittlerer Westen | 882K | 544K | 1.810K | 3.236K |
| Kühlschränke und Kühlboxen | Südwest | 1.071K | 443K | 1.720K | 3.233K |
| Kühlschränke und Kühlboxen | Nordost | 1.043K | 427K | 1.591K | 3.061K |
| Kühlschränke und Kühlboxen | Nord | 369K | 100K | 492K | 961K |
| **Kühlschränke und Kühlboxen Ergebnis** | | 11.105K | 7.833K | 22.856K | 41.794K |
| Speisenwärmer | Süd | 456K | 5.161K | 20.044K | 25.661K |
| Speisenwärmer | Südost | 149K | 1.556K | 4.938K | 6.643K |
| Speisenwärmer | West | 14K | 82K | 1.619K | 1.716K |

**Abbildung 13.15** Die Konvertierung von 80.000 Zeilen Transaktionsdaten in diesen nützlichen Bericht dauert weniger als 2 Sekunden, wenn Sie den Code verwenden, mit dem dieses Beispiel erstellt wurde. Ohne Pivot-Tabellen wäre der Code weitaus komplexer.

Sie haben nun den VBA-Code gesehen, mit dem Sie aus Transaktionsdaten nützliche zusammenfassende Berichte erstellen können. Im nächsten Abschnitt werden weitere Features von PivotTables behandelt.

# Rechnen mit einer PivotTable

Bisher wurde in diesem Kapitel in den Pivot-Tabellen im Wertebereich nur ein einziges Feld angezeigt, und dieses Feld wurde immer als Berechnung der Summe dargestellt. Sie können dem Wertebereich weitere Felder hinzufügen. Sie können von *Summe* zu einer von 11 Funktionen wechseln oder die Summenberechnung so ändern, dass laufende Summen, Prozentsätze des Gesamtergebnisses und mehr angezeigt werden. Sie können der Pivot-Tabelle auch neue berechnete Felder oder berechnete Elemente hinzufügen.

## Probleme mit zwei oder mehr Datenfeldern beheben

Es ist möglich, dass sich im Wertebereich eines PivotTable-Berichts mehrere Felder befinden. Beispielsweise könnten Sie in derselben Pivot-Tabelle die folgenden Felder in den Wertebereich aufnehmen: *Menge*, *Umsatz* und *Kosten*.

Die Wertefelder erstrecken sich über die Spalten, wenn Sie zwei oder mehr Datenfelder in einer Excel-Pivot-Tabelle haben, die Sie in der Excel-Oberfläche erstellt haben. VBA erstellt die Pivot-Tabelle jedoch so, dass die Wertefelder in der innersten Zeile stehen. Dadurch entsteht eine seltsam aussehende Tabelle, wie in Abbildung 13.16 dargestellt.

| N | O | P |
|---|---|---|
| Bundesstaat | Daten | Ergebnis |
| AL | Summe von Umsatz | 752.789,55 |
| | Summe von Kosten | 337.502,00 |
| | Summe von Menge | 1.890 |
| AR | Summe von Umsatz | 134.244,75 |
| | Summe von Kosten | 59.499,00 |
| | Summe von Menge | 130 |
| AZ | Summe von Umsatz | 3.687.831,25 |
| | Summe von Kosten | 1.665.417,00 |
| | Summe von Menge | 6.950 |
| CA | Summe von Umsatz | 11.322.124,25 |
| | Summe von Kosten | 5.108.375,00 |

**Abbildung 13.16** Diese unschöne Ansicht wurde in der Excel-Oberfläche nach Excel 2003 abgeschafft, aber VBA erzeugt sie weiterhin standardmäßig.

Um dieses Problem zu beheben, sollten Sie angeben, dass ein virtuelles Feld namens »Daten« eines der Spaltenfelder ist.

Beachten Sie in diesem Fall, dass »Daten« keine Spalte in Ihren Originaldaten ist, sondern ein spezieller Name, der verwendet wird, um die Ausrichtung mehrerer Wertefelder anzugeben.

Um mehrere Wertefelder über den Bericht zu verteilen, verwenden Sie diesen Code:

```
PT.AddFields RowFields:="Bundesstaat", ColumnFields:="Daten"
```

Nachdem Sie ein Spaltenfeld namens Daten hinzugefügt haben, definieren Sie mehrere Datenfelder:

```
' Die Datenfelder einrichten
With PT.PivotFields("Umsatz")
   .Orientation = xlDataField
   .Function = xlSum
   .Position = 1
   .NumberFormat = "#,##0.00"
End With

With PT.PivotFields("Kosten")
   .Orientation = xlDataField
   .Function = xlSum
   .Position = 2
   .NumberFormat = "#,##0.00"
End With

With PT.PivotFields("Menge")
    .Orientation = xlDataField
    .Function = xlSum
    .Position = 3
    .NumberFormat = "#,##0"
End With
```

Dieser Code erzeugt die in Abbildung 13.17 gezeigte Pivot-Tabelle.

| N | O | P | Q |
|---|---|---|---|
| | | | |
| | Daten | | |
| Bundesstaat | Summe von Umsatz | Summe von Kosten | Summe von Menge |
| AL | 752.789,55 | 337.502,00 | 1.890 |
| AR | 134.244,75 | 59.499,00 | 130 |
| AZ | 3.687.831,25 | 1.665.417,00 | 6.950 |
| CA | 11.322.124,25 | 5.108.375,00 | 14.585 |
| CO | 1.280.417,15 | 580.449,00 | 1.730 |
| FL | 65.272.493,30 | 29.399.753,00 | 103.763 |
| GA | 27.955.642,10 | 12.582.085,00 | 48.897 |
| IA | 816.462,00 | 368.449,00 | 950 |
| ID | 229.274,00 | 104.321,00 | 276 |

**Abbildung 13.17** Wenn Sie das virtuelle Feld *Daten* als Spaltenfeld angeben, werden oben im Bericht mehrere Werte angezeigt.

## Andere Berechnungen als Summe verwenden

Bisher wurden alle Pivot-Tabellen in diesem Kapitel mit der Funktion `Summe` berechnet. Es stehen 11 Funktionen zur Verfügung, darunter `Summe`. Um eine andere Berechnung festzulegen, geben Sie einen dieser Werte als Eigenschaft `Function` an:

- **xlAverage** Mittelwert
- **xlCount** Anzahl
- **xlCountNums** Nur numerische Werte zählen
- **xlMax** Maximum
- **xlMin** Minimum
- **xlProduct** Multiplizieren
- **xlStDev** Standardabweichung, basierend auf einer Stichprobe
- **xlStDevP** Standardabweichung, basierend auf der gesamten Grundgesamtheit
- **xlSum** Summe
- **xlVar** Varianz, basierend auf einer Stichprobe
- **xlVarP** Varianz, basierend auf der gesamten Grundgesamtheit

Obwohl *Diskrete Anzahl* in Excel 2013 hinzugefügt wurde, können Sie diese nicht in einer regulären Pivot-Tabelle verwenden, die aus dem Pivot-Cache- erstellt wird. Siehe den Abschnitt »Das Datenmodell in Excel verwenden« am Ende dieses Kapitels.

---

Beachten Sie, dass Excel beim Hinzufügen eines Felds zum Wertebereich der Pivot-Tabelle den Feldnamen mit dem Funktionsnamen und dem Wort »von« ändert. Beispielsweise wird »Umsatz« zu »Summe von Umsatz« und »Kosten« zu »STABW von Kosten«. Wenn Sie später in Ihrem Code auf diese Felder verweisen müssen, müssen Sie den neuen Namen verwenden, z. B. »Mittelwert von Menge«.

---

Sie können das Aussehen Ihrer Pivot-Tabelle verbessern, indem Sie die Eigenschaft `Name` des Feldes ändern. Wenn Sie nicht möchten, dass in der Pivot-Tabelle »Summe von Umsatz« angezeigt wird, ändern Sie die Eigenschaft `Name` in etwas wie »Gesamtumsatz«. Das klingt weniger seltsam als »Summe von Umsatz«. Beachten Sie, dass Sie keinen Namen verwenden können, der genau mit einem vorhandenen Feldnamen in der Pivot-Tabelle übereinstimmt, sodass »Umsatz« als Name nicht geeignet ist. »Summe « (mit einem Leerzeichen am Ende) kann jedoch problemlos als Name verwendet werden.

Bei Textfeldern ist die einzige sinnvolle Funktion die Zählung. Häufig werden Sie die Anzahl der Datensätze zählen, indem Sie ein Textfeld zur Pivot-Tabelle hinzufügen und die Funktion ANZAHL verwenden.

Das folgende Codefragment (siehe Listing 13.4) berechnet den Gesamtumsatz, die Anzahl der Datensätze durch Zählen eines Textfelds und den durchschnittlichen Umsatz:

```
With PT.PivotFields("Umsatz")
   .Orientation = xlDataField
   .Function = xlSum
   .Position = 1
   .NumberFormat = "#,##0.00"
   .Name = " Umsatz"
End With

With PT.PivotFields("Kunde")
   .Orientation = xlDataField
   .Function = xlCount
   .Position = 2
   .NumberFormat = "#,##0"
   .Name = "# der Datensätze"
End With

With PT.PivotFields("Umsatz")
   .Orientation = xlDataField
   .Function = xlAverage
   .Position = 3
   .NumberFormat = "#,##0.00"
   .Name = "Umsatz Durchschnitt"
End With

' Sicherstellen, dass wir im Datenbereich Nullen anstelle
' von leeren Zellen erhalten
PT.NullString = "0"
PT.TableStyle2 = "PivotStyleMedium3"
```

**Listing 13.4** Abbildung 13.18 zeigt die Pivot-Tabelle, die dieser Code erstellt.

| | N | O | P | Q |
|---|---|---|---|---|
| 1 | | | | |
| 2 | | Daten | | |
| 3 | Vertreter | Umsatz | # der Datensätze | Umsatz Durchschnitt |
| 4 | Anne Troy | 5.582.119,50 | 2.910 | 1.918,25 |
| 5 | Jade Miller | 2.225.243,65 | 799 | 2.785,04 |
| 6 | James Tallman | 3.045.305,70 | 1.192 | 2.554,79 |
| 7 | Jeffrey P. Coulson | 1.308.211,80 | 1.059 | 1.235,33 |
| 8 | John Cockerill | 173.244,80 | 182 | 951,89 |
| 9 | John Durran | 331.932,10 | 396 | 838,21 |
| 10 | Larry Vance | 575.547,85 | 385 | 1.494,93 |
| 11 | Michael Karpfen | 848.890,40 | 466 | 1.821,65 |
| 12 | Mike Mann | 282.421,50 | 159 | 1.776,24 |
| 13 | Pauline Mccollum | 292.027,75 | 262 | 1.114,61 |
| 14 | Richard Oldcorn | 48.013,20 | 61 | 787,10 |

**Abbildung 13.18** Sie können die Funktion zum Zusammenfassen von Spalten im VBA-Code und im Bereich *Werte* der Pivot-Tabelle ändern.

## Berechnete Datenfelder verwenden

Pivot-Tabellen bieten zwei Arten von Formeln. Der nützlichste Typ definiert eine Formel für ein berechnetes Feld. Dadurch wird der Pivot-Tabelle ein neues Feld hinzugefügt. Berechnungen für berechnete Felder werden immer auf der Zusammenfassungsebene durchgeführt.

Um ein berechnetes Feld einzurichten, verwenden Sie die Methode Add mit dem Objekt `CalculatedFields`. Sie müssen einen Feldnamen und eine Formel wie folgt angeben:

```
PT.CalculatedFields.Add Name:="Bruttogewinn", Formula:="=Umsatz-Kosten"
```

Nachdem Sie das Feld definiert haben, fügen Sie es als Datenfeld hinzu:

```
With PT.PivotFields("Bruttogewinn")
    .Orientation = xlDataField
    .Function = xlSum
    .Position = 3
    ' Folgende Zeile erzwingt das Dollarzeichen als Währungssymbol
    ' unabhängig von den Regionaleinstellungen
    .NumberFormat = "[$$]#,##0"
    ' Folgende Zeile formatiert die Zahl als Währung (dies ist die
    ' Aufgabe des $-Zeichens in der Formatzeichenfolge) und verwendet
    ' dafür das in den Regionaleinstellungen festgelegte Währungssymbol
    ' .NumberFormat = "$#,##0"
    .Caption = "Bruttogewinn "
End With
```

Um eine Zahl als Währung zu formatieren, stellen Sie der Eigenschaft `.NumberFormat` das $-Zeichen voran:

```
.NumberFormat = "$#,##0"
```

Excel VBA verwendet dann zur Formatierung das Währungssymbol, das in den regionalen Einstellungen von Windows festgelegt ist. Wenn die Regionaleinstellungen etwa auf Deutschland stehen, würde Excel das Euro-Zeichen für die Ausgabe verwenden.

Da die Daten von einer US-amerikanischen (fiktiven) Firma stammen, sollen die Beträge als Währung ausgegeben und das Dollarzeichen als Währungssymbol verwendet werden. Um dies zu erreichen, verwenden Sie folgende Syntax:

```
.NumberFormat = "[$$]#,##0"
```

Das erste Dollarzeichen in den eckigen Klammern legt fest, dass die Zahl als Währung formatiert werden soll, und das zweite Dollarzeichen legt *$* als Währungssymbol fest. Um stattdessen das Pfundsymbol zu verwenden, ändern Sie die Formatzeichenfolge wie folgt ab:

```
.NumberFormat = "[$£]#,##0"
```

---

Abbildung 13.19 zeigt das berechnete Feld *Bruttogewinn*.

| | Daten | | |
|---|---|---|---|
| Kategorie | Summe von Umsatz | Summe von Kosten | Bruttogewinn |
| Barausstattung | $1.769.332 | $799.967 | $969.365 |
| Fritteusen | $3.835.963 | $1.723.930 | $2.112.033 |
| Gewerbliche Geräte | $8.562.837 | $3.848.608 | $4.714.229 |
| Kühlschränke und Kühlboxen | $41.793.565 | $18.828.219 | $22.965.346 |
| Öfen und Herde | $57.168.593 | $25.787.407 | $31.381.186 |
| Speisenwärmer | $37.482.133 | $16.876.630 | $20.605.503 |
| Verkaufsstandausrüstung | $9.876.342 | $4.436.685 | $5.439.657 |
| Gesamtergebnis | $160.488.764 | $72.301.446 | $88.187.318 |

**Abbildung 13.19** Ein berechnetes Feld fügt den Bruttogewinn zur Pivot-Tabelle hinzu.

Ein berechnetes Feld kann in nachfolgenden berechneten Feldern referenziert werden. Der folgende Code verwendet das Feld *Bruttogewinn*, um die Bruttomarge zu berechnen. Obwohl die Eigenschaft `Caption` das Feld in `"Bruttogewinn "` (mit nachgestelltem Leerzeichen) umbenannt hat, lautet der Feldname im vorangehenden Code `Bruttogewinn` (ohne Leerzeichen). Verwenden Sie den Feldnamen in der folgenden Berechnung:

```
PT.CalculatedFields.Add "Bruttomarge", "=Bruttogewinn/Umsatz", True
With PT.PivotFields("Bruttomarge")
    .Orientation = xlDataField
    .Function = xlSum
    .Position = 4
    .NumberFormat = "0.0%"
    .Caption = "Marge%"
End With
```

Abbildung 13.20 zeigt einen Bericht mit der Bruttomarge in Prozent.

| | Daten | | | |
|---|---|---|---|---|
| Kategorie | Summe von Umsatz | Summe von Kosten | Bruttogewinn | Marge% |
| Barausstattung | $1.769.332 | $799.967 | $969.365 | 54,8% |
| Fritteusen | $3.835.963 | $1.723.930 | $2.112.033 | 55,1% |
| Gewerbliche Geräte | $8.562.837 | $3.848.608 | $4.714.229 | 55,1% |
| Kühlschränke und Kühlboxen | $41.793.565 | $18.828.219 | $22.965.346 | 54,9% |
| Öfen und Herde | $57.168.593 | $25.787.407 | $31.381.186 | 54,9% |
| Speisenwärmer | $37.482.133 | $16.876.630 | $20.605.503 | 55,0% |
| Verkaufsstandausrüstung | $9.876.342 | $4.436.685 | $5.439.657 | 55,1% |
| Gesamtergebnis | $160.488.764 | $72.301.446 | $88.187.318 | 54,9% |

**Abbildung 13.20** Die Bruttomarge wird mit einem Feld aus dem Dataset und einem weiteren berechneten Feld berechnet.

# Berechnete Elemente verwenden

Berechnete Elemente können in einer Pivot-Tabelle zu falschen Ergebnissen führen. Angenommen, Sie haben einen Bericht über die Umsätze in neun Bundesstaaten. Sie möchten ein Teilergebnis von vier der Bundesstaaten anzeigen. Ein berechnetes Element würde ein zehntes Element zur Spalte *Bundesstaat* hinzufügen. Die Pivot-Tabelle berechnet dieses neue Element zwar gerne, aber dadurch erscheint die Gesamtsumme zu hoch.

Abbildung 13.21 zeigt eine Pivot-Tabelle mit diesen neun Bundesstaaten. Der Gesamtumsatz beträgt ca. 10 Millionen Dollar. Wenn ein berechnetes Element eine Zwischensumme von vier Bundesstaaten liefert (siehe Abbildung 13.22), erhöht sich das Gesamtergebnis auf mehr als 15 Millionen Dollar. Das bedeutet, dass die Posten, aus denen sich der berechnete Posten zusammensetzt, doppelt im Gesamtergebnis enthalten sind.

| Umsatz | |
|---|---|
| Bundesstaat | Ergebnis |
| Arizona | €550.550 |
| California | €3.165.104 |
| Colorado | €616.097 |
| Louisiana | €814.431 |
| Nevada | €1.170.320 |
| New Mexico | €322.168 |
| Oklahoma | €186.715 |
| Texas | €2.559.021 |
| Utah | €632.897 |
| **Gesamtergebnis** | **€10.017.303** |

**Abbildung 13.21** Diese Pivot-Tabelle liefert ein Gesamtergebnis von rund 10 Millionen Dollar.

| Umsatz | |
|---|---|
| Bundesstaat | Ergebnis |
| California | $3.165.104 |
| Nevada | $1.170.320 |
| Arizona | $550.550 |
| New Mexico | $322.168 |
| Wüstenstaaten | $5.208.142 |
| Colorado | $616.097 |
| Louisiana | $814.431 |
| Oklahoma | $186.715 |
| Texas | $2.559.021 |
| Utah | $632.897 |
| **Gesamtergebnis** | **$15.225.445** |

Berechnetes Element
Um 5,2 Millionen Dollar zu hoch angegeben

**Abbildung 13.22** Wenn Sie ein berechnetes Element als Zwischensumme hinzufügen, wird das Gesamtergebnis zu hoch angegeben.

Der Code zum Erstellen des berechneten Elements wird hier angezeigt. Berechnete Elemente werden als letzte Position entlang des Feldes hinzugefügt, aus diesem Grund ändert dieser Code die Eigenschaft `Position`, um das Element `Wüstenstaaten` an die richtige Position zu verschieben:

```
PT.PivotFields("Bundesstaat").CalculatedItems.Add _
   Name:="Wüstenstaaten", _
   Formula:="=California +Nevada +Arizona +'New Mexico'"

With PT.PivotFields("Bundesstaat")
   .PivotItems("California").Position = 1
   .PivotItems("Nevada").Position = 2
   .PivotItems("Arizona").Position = 3
   .PivotItems("New Mexico").Position = 4
   .PivotItems("Wüstenstaaten").Position = 5
End With
```

Wenn Sie ein berechnetes Element verwenden möchten, sollten Sie entweder die Zeile mit dem Gesamtergebnis oder die vier Bundesstaaten entfernen, die in das berechnete Element einfließen. Dieser Code blendet die vier Bundesstaaten aus, und die resultierende Pivot-Tabelle zeigt, wie in Abbildung 13.23 dargestellt, wieder die korrekte Summe an:

```
PT.PivotFields("Bundesstaat").CalculatedItems.Add _
   Name:="Wüstenstaaten", _
   Formula:="=California +Nevada +Arizona +'New Mexico'"

' Die Elemente ausblenden, die im neuen Teilergebnis enthalten sind
With PT.PivotFields("Bundesstaat")
   .PivotItems("California").Visible = False
   .PivotItems("Nevada").Visible = False
   .PivotItems("Arizona").Visible = False
   .PivotItems("New Mexico").Visible = False
   .PivotItems("Wüstenstaaten").Position = 1
End With
```

| Umsatz | |
|---|---|
| Bundesstaat | Ergebnis |
| Wüstenstaaten | $5.208.142 |
| Colorado | $616.097 |
| Louisiana | $814.431 |
| Oklahoma | $186.715 |
| Texas | $2.559.021 |
| Utah | $632.897 |
| **Gesamtergebnis** | **$10.017.303** |

**Abbildung 13.23** Eine Möglichkeit, ein berechnetes Element zu verwenden, besteht darin, alle Elemente zu entfernen, die darin enthalten waren.

Eine bessere Lösung, die im nächsten Abschnitt erläutert wird, besteht darin, berechnete Elemente zu ignorieren und stattdessen Textgruppierungen zu verwenden.

## Gruppen berechnen

Wenn Sie Zwischensummen für bestimmte Regionen berechnen müssen, ist es besser, die Gruppen mithilfe von Textgruppierungen zu definieren. Wenn Sie die vier Bundesstaaten gruppieren, fügt Excel dem Zeilenbereich der Pivot-Tabelle ein neues Feld hinzu.

Obwohl dieser Vorgang eine gewisse Sonderbehandlung erfordert, lohnt er sich und führt zu einem ansprechenden Bericht.

Um vier Bundesstaaten in der Excel-Oberfläche zu gruppieren, wählen Sie die Zellen aus, die diese vier Bundesstaaten enthalten, und wählen dann auf der Registerkarte *PivotTable-Analyse* den Befehl *Gruppieren | Auswahl gruppieren*. Dadurch werden sofort mehrere Aktionen ausgeführt:

- Die Elemente in der Gruppe werden im Zeilenbereich zusammen verschoben.
- Links neben dem Feld *Bundesstaat* wird ein neues Feld hinzugefügt. Wenn das ursprüngliche Feld *Bundesstaat* hieß, heißt das neue Feld *Bundesstaat2*.
- Ärgerlicherweise steht die Eigenschaft `Subtotals` für das neue Feld *Bundesstaat2* auf `None` statt auf `Automatic`.
- Eine Zwischensumme für die ausgewählten Elemente wird mit dem Namen `Gruppe1` hinzugefügt.
- Alle Elemente, die nicht zu einer Gruppe gehören, erhalten eine neue Zwischensumme, die zu `Bundesstaat2` hinzugefügt wird, wobei der Name des Bundesstaates wiederholt wird.

In VBA ist es etwas schwierig, die Zellen auszuwählen, die die richtigen Staaten enthalten. Der folgende Code verwendet die Eigenschaft `LabelRange`, um auf die Zellen zu verweisen, und dann die Methode `Union`, um auf die vier nicht zusammenhängenden Zellen zu verweisen und die Gruppe zu erstellen:

```
Set R1 = PT.PivotFields("Bundesstaat").PivotItems( _
        "California").LabelRange
Set R2 = PT.PivotFields("Bundesstaat").PivotItems("Arizona").LabelRange
Set R3 = PT.PivotFields("Bundesstaat").PivotItems( _
        "New Mexico").LabelRange
Set R4 = PT.PivotFields("Bundesstaat").PivotItems("Nevada").LabelRange
Union(R1, R2, R3, R4).Group
```

Nachdem Sie die erste Gruppe eingerichtet haben, benennen Sie das neu erstellte Feld `Bundesstaat2` um, damit es einen passenden Namen hat:

```
PT.PivotFields("Bundesstaat2").Caption = "Staatengruppe"
```

Ändern Sie dann den Namen dieser Region von `Gruppe1` in den gewünschten Gruppennamen:

```
PT.PivotFields("Staatengruppe").PivotItems("Gruppe1").Caption = _
   "Wüstenstaaten"
```

Ändern Sie die Eigenschaft `Subtotals` von `None` in `Automatic`:

```
PT.PivotFields("Staatengruppe").Subtotals(1) = True
```

Nachdem Sie die erste Gruppe eingerichtet haben, können Sie die übrigen Gruppen mit diesem Code definieren:

```
Set R1 = PT.PivotFields("Bundesstaat").PivotItems("Utah").LabelRange
Set R2 = PT.PivotFields("Bundesstaat").PivotItems("Colorado").LabelRange
Union(R1, R2).Group
```

```
PT.PivotFields("Staatengruppe").PivotItems("Gruppe2").Caption = _
   "Rockies"

Set R1 = PT.PivotFields("Bundesstaat").PivotItems("Texas").LabelRange
Set R2 = PT.PivotFields("Bundesstaat").PivotItems _
   ("Louisiana").LabelRange
Set R3 = PT.PivotFields("Bundesstaat").PivotItems _
   ("Oklahoma").LabelRange
Union(R1, R2, R3).Group
PT.PivotFields("Staatengruppe").PivotItems("Gruppe3").Caption = _
   "Ölstaaten"
```

Das Ergebnis ist eine Pivot-Tabelle mit neuen virtuellen Gruppen, wie in Abbildung 13.24 dargestellt.

| Umsatz | | |
|---|---|---|
| Staatengruppe | Bundesstaat | Ergebnis |
| Wüstenstaaten | Arizona | $550.550 |
| | California | $3.165.104 |
| | Nevada | $1.170.320 |
| | New Mexico | $322.168 |
| Wüstenstaaten Ergebnis | | $5.208.142 |
| Rockies | Colorado | $616.097 |
| | Utah | $632.897 |
| Rockies Ergebnis | | $1.248.994 |
| Ölstaaten | Louisiana | $814.431 |
| | Oklahoma | $186.715 |
| | Texas | $2.559.021 |
| Ölstaaten Ergebnis | | $3.560.167 |
| Gesamtergebnis | | $10.017.303 |

**Abbildung 13.24** Durch das Gruppieren von Textfeldern können Berichte nach Gebieten erstellt werden, die in den Originaldaten nicht enthalten sind.

## »Werte anzeigen als« verwenden, um andere Berechnungen durchzuführen

Die Registerkarte *Werte anzeigen als* im Dialogfeld *Wertfeldeinstellungen* stellt 15 Berechnungen zur Verfügung, mit denen Sie von Zahlen zu Prozentsätzen des Gesamtergebnisses, laufenden Summen, Ranglisten und mehr wechseln können.

Sie ändern die Berechnung mithilfe der Eigenschaft `Calculation` für das Pivotfeld.

Die Eigenschaft `Calculation` verwendet die Eigenschaften `BaseField` und `BaseItem`. Je nach ausgewählter Berechnung müssen Sie möglicherweise ein Basisfeld und ein Basiselement oder manchmal nur ein Basisfeld oder manchmal keines von beiden angeben.

Einige Berechnungen, wie z. B. *% des Spaltengesamtergebnisses* und *% des Zeilengesamtergebnisses*, bedürfen keiner weiteren Definition; Sie müssen kein Basisfeld angeben. Hier ist der Code, der den Umsatz als Prozentsatz des Gesamtumsatzes anzeigt:

```
With PT.PivotFields("Umsatz")
   .Orientation = xlDataField
   .Function = xlSum
```

```
    .Calculation = xlPercentOfTotal
    .Position = 2
    .NumberFormat = "0.0%"
    .Name = "% von Gesamt"
End With
```

Andere Berechnungen erfordern ein Basisfeld. Wenn Sie den Umsatz anzeigen und nach dem absteigenden Rang fragen, können Sie festlegen, dass das Basisfeld das Feld *Bundesstaat* ist. In diesem Fall fragen Sie nach dem Rang dieses Bundesstaates basierend auf dem Umsatz:

```
With PT.PivotFields("Umsatz")
    .Orientation = xlDataField
    .Calculation = xlRankDecending
    .BaseField = "Bundesstaat"
    .Position = 3
    .NumberFormat = "0%"
    .Name = "RangAbstg"
End With
```

Einige Berechnungen erfordern sowohl ein Basisfeld als auch ein Basiselement. Wenn Sie die Einnahmen jedes Bundesstaates als Prozentsatz der Einnahmen Kaliforniens anzeigen möchten, müssen Sie *% von* als Berechnung, *Bundesstaat* als Basisfeld und *California* als Basiselement angeben:

```
With PT.PivotFields("Umsatz")
    .Orientation = xlDataField
    .Calculation = xlPercentOf
    .BaseField = "Bundesstaat"
    .BaseItem = "California"
    .Position = 4
    .NumberFormat = "0%"
    .Name = "% von CA"
End With
```

Einige der Berechnungsfelder wurden in Excel 2010 eingeführt. In Abbildung 13.25 verwendet Spalte I die damals neue Berechnung *% von übergeordnetem Element* und Spalte H die alte Berechnung *% des Gesamtergebnisses*. In beiden Spalten macht *Wüstenstaaten* 52% des Gesamtergebnisses aus (Zellen H8 und I8). Zelle I5 zeigt jedoch, dass Kalifornien 60,8% der Wüstenstaaten ausmacht, während Zelle H5 zeigt, dass Kalifornien 31,6% des Gesamtwerts ausmacht.

Beachten Sie, dass für das Feld *Rang* das Feld *Bundesstaat* als Basisfeld angegeben ist. Die Bundesstaaten werden innerhalb jeder Bundesstaatsgruppe bewertet. Es scheint keine Möglichkeit zu geben, die Bundesstaaten insgesamt zu bewerten, es sei denn, Sie entfernen die Spalte *Staatengruppe* aus der Pivot-Tabelle.

Tabelle 13.1 enthält eine vollständige Liste der Berechnungsoptionen. In der zweiten Spalte ist angegeben, ob die Berechnungen mit früheren Versionen von Excel kompatibel sind. In der dritten Spalte ist angegeben, ob Sie ein Basisfeld und ein Basiselement angeben müssen.

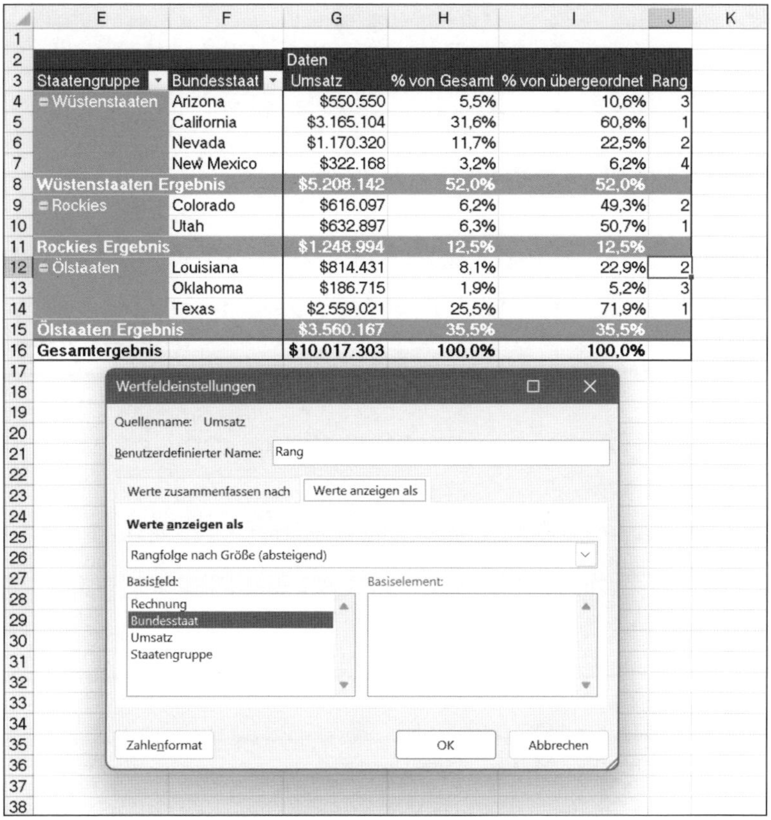


**Abbildung 13.25** Der Prozentsatz des übergeordneten Elements in Spalte I war neu in Excel 2010.

| Konstante für Calculation | Verfügbar in Excel-Version | Basisfeld/Basiselement erforderlich |
|---|---|---|
| `XlDifferenceFrom` | alle | beide |
| `xlIndex` | alle | keins |
| `xlNoAdditionalCalculation` | alle | keins |
| `xlPercentDifferenceFrom` | alle | beide |
| `xlPercentOf` | alle | beide |
| `xlPercentOfColumn` | alle | keins |
| `xlPercentOfParent` | 2010 und neuer | nur Basisfeld |
| `xlPercentOfParentColumn` | 2010 und neuer | beide |
| `xlPercentOfParentRow` | 2010 und neuer | beide |
| `xlPercentOfRow` | alle | keins |
| `xlPercentOfTotal` | alle | keins |
| `xlPercentRunningTotal` | 2010 und neuer | nur Basisfeld |
| `xlRankAscending` | 2010 und neuer | nur Basisfeld |

→

| Konstante für Calculation | Verfügbar in Excel-Version | Basisfeld/Basiselement erforderlich |
|---|---|---|
| `xlRankDescending` | 2010 und neuer | nur Basisfeld |
| `xlRunningTotal` | alle | nur Basisfeld |

**Tabelle 13.1** In Excel VBA verfügbare Berechnungsoptionen

# Fortgeschrittene PivotTable-Techniken verwenden

Selbst wenn Sie ein Profi im Umgang mit Pivot-Tabellen sind, sind Ihnen möglicherweise einige der wirklich fortgeschrittenen Techniken, die mit PivotTables verfügbar sind, noch nie begegnet. In den folgenden Abschnitten werden solche Techniken erläutert.

## Verwendung von AutoShow zur Erstellung von Übersichten für Führungskräfte

Wenn Sie ein Dashboard-Tool für Führungskräfte entwerfen, möchten Sie möglicherweise die fünf wichtigsten Märkte hervorheben. Mit dieser Einstellung können Sie entweder die obersten oder untersten *n* Datensätze basierend auf einem beliebigen Datenfeld im Bericht auswählen.

Der VBA-Code zur Verwendung des Top-10-Filters verwendet die `AutoShow`-Methode:

```
' Nur die fünf wichtigsten Märkte anzeigen
PT.PivotFields("Vertriebsgebiet").AutoShow Top:=xlAutomatic, _
   Range:=xlTop, Count:=5, Field:= "Summe von Umsatz"
```

Wenn Sie einen Bericht mit der `AutoShow`-Methode erstellen, ist es oft hilfreich, die Daten zu kopieren und dann zum ursprünglichen Pivot-Bericht zurückzukehren, um die Gesamtwerte für alle Märkte zu erhalten. In Listing 13.5 wird dies erreicht, indem das Feld *Vertriebsgebiet* aus der Pivot-Tabelle entfernt und die Gesamtsumme in den Bericht kopiert wird. Der Code in Listing 13.5 erzeugt den in Abbildung 13.26 gezeigten Bericht.

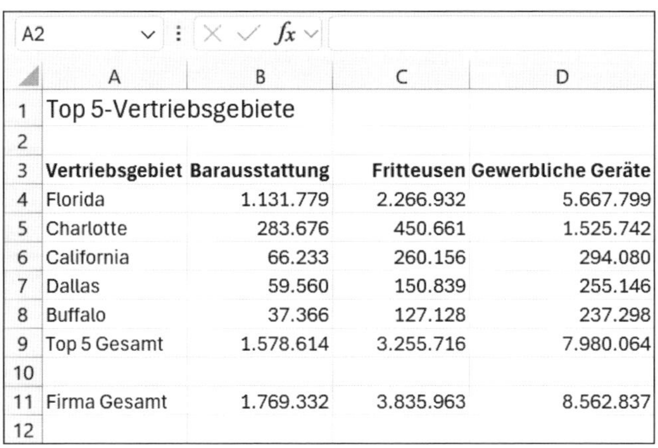
A2

| | A | B | C | D |
|---|---|---|---|---|
| 1 | Top 5-Vertriebsgebiete | | | |
| 2 | | | | |
| 3 | Vertriebsgebiet | Barausstattung | Fritteusen | Gewerbliche Geräte |
| 4 | Florida | 1.131.779 | 2.266.932 | 5.667.799 |
| 5 | Charlotte | 283.676 | 450.661 | 1.525.742 |
| 6 | California | 66.233 | 260.156 | 294.080 |
| 7 | Dallas | 59.560 | 150.839 | 255.146 |
| 8 | Buffalo | 37.366 | 127.128 | 237.298 |
| 9 | Top 5 Gesamt | 1.578.614 | 3.255.716 | 7.980.064 |
| 10 | | | | |
| 11 | Firma Gesamt | 1.769.332 | 3.835.963 | 8.562.837 |
| 12 | | | | |

**Abbildung 13.26** Der Bericht *Top 5-Vertriebsgebiete* enthält zwei Pivot-Tabellen.

```
Sub Top5Markets()
   Dim WBO As Workbook
   Dim WSD As Worksheet
   Dim PT As PivotTable
   Dim FinalRow As Long
   Dim FinalCol As Long
   Dim PRange As Range
   Dim PTCache As PivotCache
   Dim WSR As Worksheet
   Dim WBN As Workbook
   Dim LastRow As Long

   Set WBO = ActiveWorkbook
   Set WSD = WBO.Worksheets("Daten")
   WSD.Select

   ' Alle evtl. vorhandenen PivotTables löschen
   For Each PT In WSD.PivotTables
       PT.TableRange2.Clear
   Next PT
   WSD.Range("M1:Z1").EntireColumn.Clear

   ' Eingabebereich definieren und einen Pivot-Cache einrichten
   FinalRow = WSD.Cells(Application.Rows.Count, 1).End(xlUp).Row
   FinalCol = WSD.Cells(1, Application.Columns.Count). _
       End(xlToLeft).Column
   Set PRange = WSD.Cells(1, 1).Resize(FinalRow, FinalCol)
   Set PTCache = WBO.PivotCaches.Add(SourceType:= _
       xlDatabase, SourceData:=PRange.Address)

   ' PivotTable aus dem Pivot-Cache erstellen
   Set PT = PTCache.CreatePivotTable(TableDestination:=WSD. _
      Cells(2, FinalCol + 2), TableName:="PivotTable1")

   ' Zeilen- und Spaltenfelder einrichten
   PT.AddFields RowFields:="Vertriebsgebiet", ColumnFields:="Kategorie"

   ' Datenfelder (Werte) einrichten
   With PT.PivotFields("Umsatz")
      .Orientation = xlDataField
      .Function = xlSum
      .Position = 1
      .NumberFormat = "#,##0"
      .Name = "Gesamtumsatz"
   End With
```

```
' Sicherstellen, dass wir im Datenbereich Nullen anstelle
' leerer Zellen erhalten
PT.NullString = "0"

' Vertriebsgebiete absteigend nach dem Gesamtumsatz sortieren
PT.PivotFields("Vertriebsgebiet").AutoSort Order:=xlDescending, _
   Field:="Gesamtumsatz"

' Nur die Top-5-Vertriebsgebiete anzeigen
PT.PivotFields("Vertriebsgebiet").AutoShow Type:=xlAutomatic, _
   Range:=xlTop, Count:=5, Field:="Gesamtumsatz"

' Leere Arbeitsmappe mit einem Tabellenblatt erstellen
Set WBN = Workbooks.Add(xlWorksheet)
Set WSR = WBN.Worksheets(1)
WSR.Name = "Bericht"
' Titel für den Bericht erstellen
With WSR.[A1]
    .Value = "Top 5-Vertriebsgebiete"
    .Font.Size = 14
End With

' Daten der PivotTable in Zeile 3 des Blatts mit dem Bericht kopieren
' Offset verwenden, um die Titelzeile der PivotTable zu eliminieren
PT.TableRange2.Offset(1, 0).Copy
WSR.[A3].PasteSpecial Paste:=xlPasteValuesAndNumberFormats
LastRow = WSR.Cells(Rows.Count, 1).End(xlUp).Row
WSR.Cells(LastRow, 1).Value = "Top 5 Gesamt"

' Zurück zur PivotTable, um die Gesamtergebnisse der Firma zu holen
PT.PivotFields("Vertriebsgebiet").Orientation = xlHidden
PT.TableRange2.Offset(2, 0).Copy
WSR.Cells(LastRow + 2, 1).PasteSpecial
   Paste:=xlPasteValuesAndNumberFormats
WSR.Cells(LastRow + 2, 1).Value = "Firma Gesamt"

' PivotTable löschen
PT.TableRange2.Clear
Set PTCache = Nothing

' Ein paar grundlegende Formatierungen vornehmen
' Spaltenbreite automatisch anpassen, Überschriften fett,
' rechtsbündig
WSR.Range(WSR.Range("A3"), WSR.Cells(LastRow + 2, 9)).Columns.AutoFit
Range("A3").EntireRow.Font.Bold = True
```

```
    Range("A3").EntireRow.HorizontalAlignment = xlRight
    Range("A3").HorizontalAlignment = xlLeft

    WSR.Range("A2").Select
    MsgBox "Bericht für den CEO wurde erstellt."

End Sub
```

**Listing 13.5** Der Code zum Erstellen des Berichts *Top-5-Vertriebsgebiete*

Der Bericht *Top 5-Vertriebsgebiete* enthält eigentlich zwei Momentaufnahmen einer Pivot-Tabelle. Nachdem das Feature AutoShow verwendet wurde, um die fünf wichtigsten Vertriebsgebiete mit ihren Gesamtergebnissen zu erfassen, kehrt das Makro zur Pivot-Tabelle zurück, entfernt die Option AutoShow und ermittelt die Gesamtergebnisse aller Vertriebsgebiete, um die Zeile »Firma Gesamt« zu erstellen.

## Mit ShowDetail ein Dataset filtern

Öffnen Sie eine beliebige Pivot-Tabelle in der Excel-Benutzeroberfläche und doppelklicken Sie auf eine beliebige Zahl in der Pivot-Tabelle. Excel fügt in die Arbeitsmappe ein neues Blatt ein und kopiert alle Quelldatensätze, die zu dieser Zahl führen. Dies ist eine hervorragende Möglichkeit, um in der Excel-Benutzeroberfläche in einem Dataset eine Drilldown-Abfrage durchzuführen.

Die entsprechende VBA-Eigenschaft ist ShowDetail. Indem Sie diese Eigenschaft für eine beliebige Zelle in einer Pivot-Tabelle auf True setzen, erstellen Sie ein neues Arbeitsblatt mit allen Datensätzen, aus denen sich der Wert dieser Zelle zusammensetzt:

```
PT.TableRange1.Offset(2, 1).Resize(1, 1).ShowDetail = True
```

Listing 13.6 erzeugt eine Pivot-Tabelle mit dem Gesamtergebnis der drei umsatzstärksten Kunden und wendet dann für jeden dieser Kunden ShowDetail an. Dies ist eine Alternative zur Verwendung des Berichts *Erweiterter Filter*. Das Ergebnis dieses Makros sind drei neue Tabellenblätter. Abbildung 13.27 zeigt das erste erstellte Tabellenblatt.

| | A | B | C | D | E | F | G |
|---|---|---|---|---|---|---|---|
| 1 | Details für SUASHU Corp. (Rang: 1) | | | | | | |
| 2 | | | | | | | |
| 3 | **Details für Gesamtumsatz - Kunde: SUASHU Corp.** | | | | | | |
| 4 | | | | | | | |
| 5 | Region | Vertriebsgebiet | Bundesstaat | Kunde | Vertreter | Datum | Internet-Order |
| 6 | Süd | Florida | GA | SUASHU Corp. | Tory Hanlon | 30.12.2031 | Ja |
| 7 | Süd | Florida | GA | SUASHU Corp. | Tory Hanlon | 30.12.2031 | Ja |
| 8 | Süd | Florida | GA | SUASHU Corp. | Tory Hanlon | 30.12.2031 | Ja |
| 9 | Süd | Florida | GA | SUASHU Corp. | Tory Hanlon | 30.12.2031 | Ja |
| 10 | Süd | Florida | GA | SUASHU Corp. | Tory Hanlon | 30.12.2031 | Ja |
| 11 | Süd | Florida | GA | SUASHU Corp. | Tory Hanlon | 30.12.2031 | Ja |
| 12 | Süd | Florida | GA | SUASHU Corp. | Tory Hanlon | 30.12.2031 | Ja |

**Abbildung 13.27** Die Anwendungsmöglichkeiten von Pivot-Tabellen sind unglaublich vielfältig. Dieses Makro hat eine Pivot-Tabelle der drei umsatzstärksten Geschäfte erstellt und dann mithilfe der Eigenschaft ShowDetail die Datensätze für jedes dieser Geschäfte abgerufen.

```
Sub RetrieveTop3CustomerDetail()
   ' Details der 3 umsatzstärksten Kunden abrufen
   Dim WBO As Workbook
   Dim WSD As Worksheet
   Dim PT As PivotTable
   Dim FinalRow As Long
   Dim FinalCol As Long
   Dim PRange As Range
   Dim PTCache As PivotCache
   Dim i As Long

   Set WBO = ActiveWorkbook
   Set WSD = WBO.Worksheets("Daten")
   WSD.Select

   ' Alle evtl. vorhandenen PivotTables löschen
   For Each PT In WSD.PivotTables
      PT.TableRange2.Clear
   Next PT
   WSD.Range("M1:Z1").EntireColumn.Clear

   ' Eingabebereich definieren und einen Pivot-Cache einrichten
   FinalRow = WSD.Cells(Application.Rows.Count, 1).End(xlUp).Row
   FinalCol = WSD.Cells(1, Application.Columns.Count). _
      End(xlToLeft).Column
   Set PRange = WSD.Cells(1, 1).Resize(FinalRow, FinalCol)
   Set PTCache = WBO.PivotCaches.Add(SourceType:= _
      xlDatabase, SourceData:=PRange.Address)

   ' PivotTable aus dem Pivot-Cache erstellen
   Set PT = PTCache.CreatePivotTable(TableDestination:=WSD. _
      Cells(2, FinalCol + 2), TableName:="PivotTable1")

    ' Zeilen- und Spaltenfelder einrichten
   PT.AddFields RowFields:="Kunde", ColumnFields:="Data"

   ' Datenfelder (Werte) einrichten
   With PT.PivotFields("Umsatz")
      .Orientation = xlDataField
      .Function = xlSum
      .Position = 1
      .NumberFormat = "#,##0"
      .Name = "Gesamtumsatz"
   End With
```

```
    ' Kunden nach der Summe des Umsatzes absteigend sortieren
    PT.PivotFields("Kunde").AutoSort Order:=xlDescending, _
       Field:="Gesamtumsatz"

    ' Nur die Top-3-Kunden anzeigen
    PT.PivotFields("Kunde").AutoShow Type:=xlAutomatic, Range:=xlTop, _
       Count:=3, Field:="Gesamtumsatz"

    ' Sicherstellen, dass wir im Datenbereich Nullen anstelle
    ' leerer Zellen erhalten
    PT.NullString = "0"

    ' Für jeden der Kunden einen Bericht erstellen
    For i = 1 To 3
       PT.TableRange2.Offset(i + 1, 1).Resize(1, 1).ShowDetail = True
       ' Der neue Detailbericht ist jetzt das aktive Tabellenblatt
       ' Titel hinzufügen
       ActiveSheet.Range("A1:A4").EntireRow.Insert
       ActiveSheet.Range("A1").Value = "Details für " & _
          PT.TableRange2.Offset(i + 1, 0).Resize(1, 1).Value & _
             " (Rang: " & i & ")"
       With ActiveSheet.Range("A3")
          .Value = "Details für Gesamtumsatz - Kunde: " & _
              PT.TableRange2.Offset(i + 1, 0).Resize(1, 1).Value
          .Font.Bold = True
       End With
    Next i

    MsgBox "Detailberichte für die Top-3-Kunden wurden erstellt."

End Sub
```

**Listing 13.6** Code zum Erstellen eines Berichts für jeden der drei umsatzstärksten Kunden

## Berichte für jede Region oder jedes Produkt erstellen

Eine Pivot-Tabelle kann ein oder mehrere Filterfelder enthalten. Ein Filterfeld befindet sich in einem separaten Zeilensatz über dem Pivot-Bericht. Es kann dazu dienen, den Bericht nach einer bestimmten Region, einem bestimmten Produkt oder einer Kombination aus Region und Produkt zu filtern. In VBA werden Filterfelder als *PageFields* bezeichnet.

Sie können eine Pivot-Tabelle mit mehreren Filterfeldern erstellen, damit jemand Ad-hoc-Analysen durchführen kann. Es ist jedoch wahrscheinlicher, dass Sie die Filterfelder verwenden, um Berichte für jede Region zu erstellen.

Um einen Filter in VBA einzurichten, fügen Sie zur Methode `AddFields` den Parameter `PageFields` hinzu. Die folgende Codezeile erstellt eine PivotTable mit dem Feld *Region* im Bereich *Filter*:

```
PT.AddFields RowFields:="Produkt", ColumnFields:="Daten", _
        PageFields:="Region"
```

Die vorstehende Codezeile richtet den Filter *Region* mit dem Wert *(Alle)* ein, wodurch alle Regionen zurückgegeben werden.

Um den Bericht auf die Region Nord zu beschränken, verwenden Sie die Eigenschaft `CurrentPage`:

```
PT.PivotFields("Region").CurrentPage = "Nord"
```

Eine Einsatzmöglichkeit eines Filters besteht darin, ein Benutzerformular zu erstellen, in dem jemand eine bestimmte Region oder ein bestimmtes Produkt auswählen kann. Diese Informationen verwenden Sie dann, um die Eigenschaft `CurrentPage` festzulegen und die Ergebnisse des Benutzerformulars anzuzeigen.

Ein erstaunlicher Trick besteht darin, das Feature ShowPages zu verwenden, um eine Pivot-Tabelle für jedes Element im Dropdownmenü eines Filterfeldes zu replizieren. Nachdem Sie eine Pivot-Tabelle erstellt und formatiert haben, können Sie diese einzelne Codezeile ausführen. Wenn Sie acht Regionen im Datensatz haben, werden acht neue Tabellenblätter in die Arbeitsmappe eingefügt, und zwar jeweils eines für jede Region. Die Pivot-Tabelle wird auf jedem Tabellenblatt angezeigt, wobei die entsprechende Region aus dem Dropdown-Menü ausgewählt wird:

```
PT.ShowPages PageField:=Region
```

---

Seien Sie vorsichtig beim Einsatz von `ShowPages`. Wenn Sie ShowPages im Feld Kunde verwenden und 1000 Kunden haben, versucht Excel, in die Arbeitsmappe 1000 Tabellenblätter einzufügen, jedes mit einer Pivot-Tabelle. Alle diese Pivot-Tabellen teilen sich denselben Pivot-Cache, um den Speicherverbrauch zu minimieren. Allerdings wird Ihnen irgendwann der Speicher ausgehen, und das Programm wird mit einem Debugging-Fehler beendet, wenn keine weiteren Tabellenblätter mehr in den verfügbaren Speicher passen.

Das andere Problem mit ShowPages besteht darin, dass die einzelnen Berichte als Tabellenblätter in einer einzigen Arbeitsmappe erstellt werden. In der Praxis möchten Sie wahrscheinlich separate Arbeitsmappen für jede Region, damit Sie die Berichte per E-Mail an die entsprechende Niederlassung senden können. Sie können alle `PivotItems` durchlaufen und nacheinander im Seitenfeld (Filterfeld) anzeigen. Mit dieser Methode können Sie schnell Top-10-Berichte für jede Region erstellen.

---

Um festzustellen, wie viele Regionen in den Daten verfügbar sind, verwenden Sie `PT.PivotFields("Region").PivotItems.Count`. Die beiden folgenden Schleifen würden funktionieren:

```
For i = 1 To PT.PivotFields("Region").PivotItems.Count
   PT.PivotFields("Region").CurrentPage = _
      PT.PivotFields("Region").PivotItems(i).Name
   PT.Update
Next i

For Each PivItem In PT.PivotFields("Region").PivotItems
   PT.PivotFields("Region").CurrentPage = PivItem.Name
   PT.Update
Next PivItem
```

Natürlich fliegen in beiden Schleifen die drei Regionsberichte zu schnell vorbei, um sie zu sehen. In der Praxis möchten Sie jeden Bericht speichern, während er angezeigt wird.

Bisher haben Sie in diesem Kapitel beim Kopieren der Daten aus der Pivot-Tabelle `PT.TableRange2` verwendet. Die Eigenschaft `TableRange2` umfasst alle Zeilen der Pivot-Tabelle, einschließlich der Seitenfelder (also der Filter).

Es gibt auch eine `TableRange1`-Eigenschaft, die die Seitenfelder ausschließt. Sie können eine dieser Anweisungen verwenden, um die Detailzeilen abzurufen:

```
PT.TableRange2.Offset(3, 0)
PT.TableRange1.Offset(1, 0)
```

---

**Welche Anweisung Sie verwenden, bleibt Ihnen überlassen, aber wenn Sie `TableRange2` verwenden, treten keine Probleme auf, wenn Sie versuchen, die Pivot-Tabelle mit `PT.TableRange2.Clear` zu löschen. Wenn Sie versehentlich versuchen würden, `TableRange1` zu löschen, obwohl Seitenfelder vorhanden sind, würde dies zu dem gefürchteten Fehler »Teil einer Pivot-Tabelle kann nicht verschoben oder geändert werden« führen.**

---

Listing 13.7 erstellt für jede Region ein neues Tabellenblatt, wie in Abbildung 13.28 dargestellt.

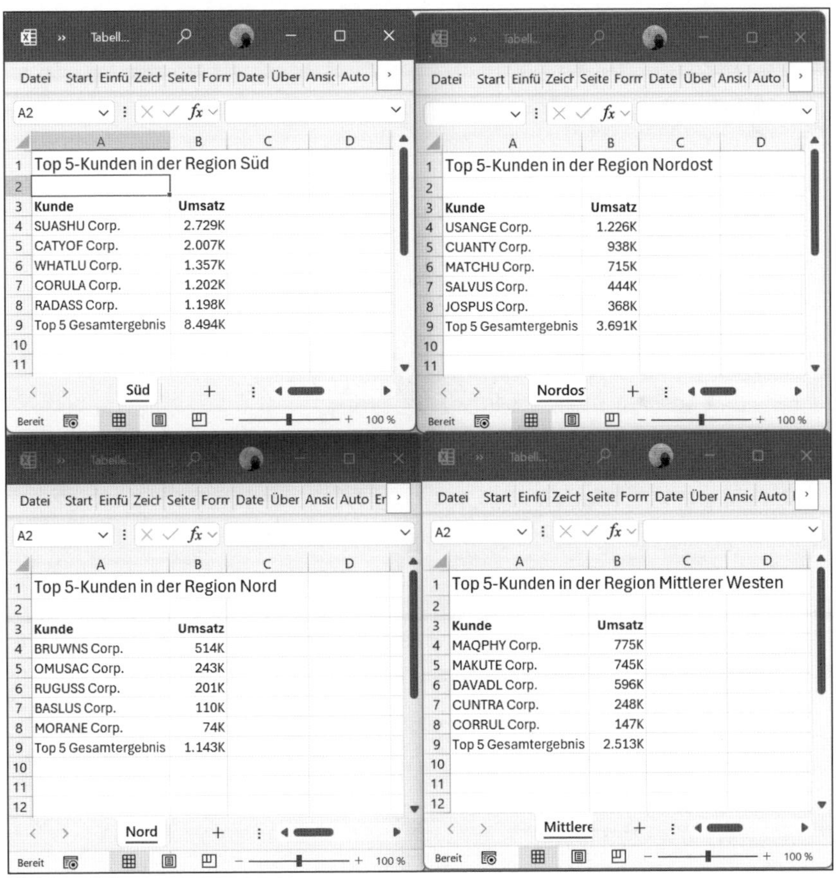


**Abbildung 13.28** Durch Durchlaufen aller Elemente im Filterfeld *Region* erstellte das Makro ein Arbeitsblatt für jeden Regionalleiter.

```
Sub Top5ByRegionReport()
    ' Einen Bericht der Top-5-Kunden für jede Region erstellen
    Dim WBO As Workbook
    Dim WSD As Worksheet
    Dim PT As PivotTable
    Dim FinalRow As Long
    Dim FinalCol As Long
    Dim PRange As Range
    Dim PTCache As PivotCache
    Dim PivItem As PivotItem
    Dim WSR As Worksheet
    Dim WBN As Workbook
    Dim Ctr As Integer
    Dim LastRow As Long

    Set WBO = ActiveWorkbook
    Set WSD = WBO.Worksheets("Daten")
    WSD.Select

    ' Alle evtl. vorhandenen PivotTables löschen
    For Each PT In WSD.PivotTables
        PT.TableRange2.Clear
    Next PT
    WSD.Range("M1:Z1").EntireColumn.Clear

    ' Eingabebereich definieren und Pivot-Cache einrichten
    FinalRow = WSD.Cells(Application.Rows.Count, 1).End(xlUp).Row
    FinalCol = WSD.Cells(1, Application.Columns.Count). _
        End(xlToLeft).Column
    Set PRange = WSD.Cells(1, 1).Resize(FinalRow, FinalCol)
    Set PTCache = WBO.PivotCaches.Add(SourceType:= _
        xlDatabase, SourceData:=PRange.Address)

    ' PivotTable aus dem Pivot-Cache erstellen
    Set PT = PTCache.CreatePivotTable(TableDestination:=WSD. _
        Cells(2, FinalCol + 2), TableName:="PivotTable1")

    ' Zeilen, Spalten und Filterfelder einrichten
    PT.AddFields RowFields:="Kunde", ColumnFields:="Daten", _
        PageFields:="Region"

    ' Datenfelder (Werte) einrichten
    With PT.PivotFields("Umsatz")
        .Orientation = xlDataField
        .Function = xlSum
```

```
    .Position = 1
    .NumberFormat = "#,##0,K"
    .Name = "Gesamtumsatz"
End With

' Kunden absteigend nach dem Umsatz sortieren
PT.PivotFields("Kunde").AutoSort Order:=xlDescending, _
    Field:="Gesamtumsatz"

' Nur die Top-5-Kunden zeigen
PT.PivotFields("Kunde").AutoShow Type:=xlAutomatic, Range:=xlTop, _
    Count:=5, Field:="Gesamtumsatz"

' Sicherstellen, dass wir im Datenbereich Nullen
' anstelle leerer Zellen erhalten
PT.NullString = "0"

Ctr = 0

' Alle Regionen in Schleife durchlaufen
For Each PivItem In PT.PivotFields("Region").PivotItems
    Ctr = Ctr + 1
    PT.PivotFields("Region").CurrentPage = PivItem.Name

    ' Neue Arbeitsmappe mit einem Tabellenblatt erstellen
    Set WBN = Workbooks.Add(xlWorksheet)
    Set WSR = WBN.Worksheets(1)
    WSR.Name = PivItem.Name
    ' Titel für den Bericht festlegen
    With WSR.[A1]
        .Value = "Top-5-Kunden in der Region " & PivItem.Name
        .Font.Size = 14
    End With

    ' Die PivotTable-Daten in Zeile 3 des Tabellenblatts mit dem
    ' Bericht kopieren. Offset verwenden, um die Seiten- und
    ' Titelzeilen der PivotTable zu eliminieren
    PT.TableRange2.Offset(3, 0).Copy
    WSR.[A3].PasteSpecial Paste:=xlPasteValuesAndNumberFormats
    LastRow = WSR.Cells(65536, 1).End(xlUp).Row
    WSR.Cells(LastRow, 1).Value = "Top 5 Gesamtergebnis"

    ' Grundlegende Formatierung vornehmen
    ' Spaltenbreite automatisch, Überschriften fett, rechtsbündig
    WSR.Range(WSR.Range("A2"), WSR.Cells(LastRow, 3)).Columns.AutoFit
```

```
        WSR.Range("A3").EntireRow.Font.Bold = True
        WSR.Range("A3").EntireRow.HorizontalAlignment = xlRight
        WSR.Range("A3").HorizontalAlignment = xlLeft
        WSR.Range("B3").Value = "Umsatz"

        WSR.Range("A2").Select

    Next PivItem

    ' PivotTable wieder entfernen
    PT.TableRange2.Clear
    Set PTCache = Nothing

    MsgBox Ctr & " Berichte für die Regionen wurden erstellt."

End Sub
```

**Listing 13.7** Code, der für jede Region ein neues Arbeitsblatt erstellt

## Manuell zwei oder mehr Elemente in einem Pivotfeld filtern

Zusätzlich zum Einrichten eines berechneten Pivot-Elements zur Anzeige der Summe mehrerer Produkte, die eine Dimension bilden, können Sie ein bestimmtes Pivotfeld manuell filtern.

Angenommen, Sie haben einen Kunden, der Schuhe verkauft. In dem Bericht, der die Verkäufe von Sandalen zeigt, möchte er nur die Geschäfte sehen, die sich in Staaten mit warmem Klima befinden. Dies ist der Code, um ein bestimmtes Geschäft auszublenden:

```
PT.PivotFields("Filialie").PivotItems("Minneapolis").Visible = False
```

---

Sie müssen sehr vorsichtig sein und dürfen niemals alle Elemente auf `False` setzen, da dies dazu führt, dass das Makro mit einem Fehler beendet wird. Dies passiert häufiger, als Sie vielleicht erwarten würden. Eine Anwendung zeigt möglicherweise zuerst die Produkte A und B an, aber in der nächsten Schleife werden möglicherweise die Produkte C und D angezeigt. Wenn Sie versuchen, A und B unsichtbar zu machen, bevor Sie C und D sichtbar machen, werden keine Produkte entlang des Pivotfelds angezeigt, was zu einem Fehler führt. Um dies zu korrigieren, durchlaufen Sie immer alle Pivot-Elemente und stellen sicher, dass Sie sie vor dem zweiten Durchlauf der Schleife wieder sichtbar machen.

---

Dieser Vorgang ist in VBA ganz einfach. Nachdem Sie die Tabelle mit `Produkt` im Seitenfeld erstellt haben, durchlaufen Sie die Schleife und ändern die Eigenschaft `Visible`, um nur die Summe bestimmter Produkte anzuzeigen:

```
' Stellen Sie sicher, dass alle PivotItems sichtbar sind
For Each PivItem In _
    PT.PivotFields("Produkt").PivotItems
    PivItem.Visible = True
Next PivItem
```

```
' Jetzt durchlaufen Sie die Schleife und lassen nur
' bestimmte Elemente sichtbar
For Each PivItem In _
   PT.PivotFields("Produkt").PivotItems
   Select Case PivItem.Name
      Case "Gartengestaltung/Grundpflege", _
         "Pflanzenpflege"
         PivItem.Visible = True
      Case Else
         PivItem.Visible = False
   End Select
Next PivItem
```

## Erweiterte Filter verwenden

Seit Excel 2007 stehen für Datumsfelder, numerische Felder und Textfelder die sogenannten erweiterten Filter zur Verfügung. Bewegen Sie den Mauszeiger in der Liste *PivotTable-Felder* über ein beliebiges aktives Feld im Feldlistenbereich des Fensters. In der angezeigten Dropdownliste können Sie zwischen *Beschriftungsfilter*, *Datumsfilter* und *Wertefilter* wählen.

Um in VBA einen Beschriftungsfilter anzuwenden, verwenden Sie die Methode `PivotFilters.Add`. Der folgende Code filtert nach den Kunden, deren Namen mit 1 beginnen:

```
PT.PivotFields("Kunde").PivotFilters.Add _
   Type:=xlCaptionBeginsWith, Value1:="1"
```

Um den Filter aus dem Feld Kunde zu löschen, verwenden Sie die Methode `ClearAllFilters`:

```
PT.PivotFields("Kunde").ClearAllFilters
```

Um einen Datumsfilter auf das Datumsfeld anzuwenden und Datensätze aus der aktuellen Woche zu finden, verwenden Sie diesen Code:

```
PT.PivotFields("Datum").PivotFilters.Add Type:=xlThisWeek
```

Mit einem Wertefilter können Sie ein Feld basierend auf dem Wert eines anderen Feldes filtern. Um etwa alle Vertriebsgebiete zu finden, deren Gesamtumsatz mehr als 100.000 € beträgt, würden Sie diesen Code verwenden:

```
PT.PivotFields("Vertriebsgebiet").PivotFilters.Add _
   Type:=xlValueIsGreaterThan, _
      DataField:=PT.PivotFields("Summe von Umsatz"), _
      Value1:=100000
```

Mit anderen Wertefiltern können Sie möglicherweise angeben, dass Sie Niederlassungen suchen möchten, deren Umsatz zwischen 50.000 € und 100.000 € liegt. In diesem Fall würden Sie einen Grenzwert als `Value1` und den zweiten Grenzwert als `Value2` festlegen:

```
PT.PivotFields("Vertriebsgebiet ").PivotFilters.Add _
   Type:=xlValueIsBetween, _
      DataField:=PT.PivotFields("Summe von Umsatz"), _
      Value1:=50000, Value2:=100000
```

Tabelle 13.2 listet alle möglichen Filtertypen auf.

| Filtertyp | Beschreibung |
|---|---|
| `xlBefore` | filtert alle Datumsangaben vor einem bestimmten Datum |
| `xlBeforeOrEqualTo` | filtert alle Datumsangaben, die an oder vor einem bestimmten Datum liegen |
| `xlAfter` | filtert alle Datumsangaben nach einem bestimmten Datum |
| `xlAfterOrEqualTo` | filtert alle Datumsangaben ab einem bestimmten Datum |
| `xlAllDatesInPeriodJanuary` | filtert alle Datumsangaben im Januar |
| `xlAllDatesInPeriodFebruary` | filtert alle Datumsangaben im Februar |
| `xlAllDatesInPeriodMarch` | filtert alle Datumsangaben im März |
| `xlAllDatesInPeriodApril` | filtert alle Datumsangaben im April |
| `xlAllDatesInPeriodMay` | filtert alle Datumsangaben im Mai |
| `xlAllDatesInPeriodJune` | filtert alle Datumsangaben im Juni |
| `xlAllDatesInPeriodJuly` | filtert alle Datumsangaben im Juli |
| `xlAllDatesInPeriodAugust` | filtert alle Datumsangaben im August |
| `xlAllDatesInPeriodSeptember` | filtert alle Datumsangaben im September |
| `xlAllDatesInPeriodOctober` | filtert alle Datumsangaben im Oktober |
| `xlAllDatesInPeriodNovember` | filtert alle Datumsangaben im November |
| `xlAllDatesInPeriodDecember` | filtert alle Datumsangaben im Dezember |
| `xlAllDatesInPeriodQuarter1` | filtert alle Datumsangaben im 1. Quartal |
| `xlAllDatesInPeriodQuarter2` | filtert alle Datumsangaben im 2. Quartal |
| `xlAllDatesInPeriodQuarter3` | filtert alle Datumsangaben im 3. Quartal |
| `xlAllDatesInPeriodQuarter4` | filtert alle Datumsangaben im 4. Quartal |
| `xlBottomCount` | filtert die angegebene Anzahl von Werten am Ende einer Liste |
| `xlBottomPercent` | filtert den angegebenen Prozentsatz der Werte am Ende einer Liste |
| `xlBottomSum` | addiert die Werte vom Ende der Liste |
| `xlCaptionBeginsWith` | filtert alle Beschriftungen, die mit der angegebenen Zeichenfolge beginnen |
| `xlCaptionContains` | filtert alle Beschriftungen, die die angegebene Zeichenfolge enthalten |
| `xlCaptionDoesNotBeginWith` | filtert alle Beschriftungen, die nicht mit der angegebenen Zeichenfolge beginnen |
| `xlCaptionDoesNotContain` | filtert alle Beschriftungen, die die angegebene Zeichenfolge nicht enthalten |
| `xlCaptionDoesNotEndWith` | filtert alle Beschriftungen, die nicht mit der angegebenen Zeichenfolge enden |

→

| Filtertyp | Beschreibung |
|---|---|
| `xlCaptionDoesNotEqual` | filtert alle Beschriftungen, die nicht mit der angegebenen Zeichenfolge übereinstimmen |
| `xlCaptionEndsWith` | filtert alle Beschriftungen, die mit der angegebenen Zeichenfolge enden |
| `xlCaptionEquals` | filtert alle Beschriftungen, die mit der angegebenen Zeichenfolge übereinstimmen |
| `xlCaptionIsBetween` | filtert alle Beschriftungen, die innerhalb eines bestimmten Wertebereichs liegen |
| `xlCaptionIsGreaterThan` | filtert alle Beschriftungen, die größer als der angegebene Wert sind |
| `xlCaptionIsGreaterThanOrEqualTo` | filtert alle Beschriftungen, die größer als der angegebene Wert sind oder diesem entsprechen |
| `xlCaptionIsLessThan` | filtert alle Beschriftungen, die kleiner als der angegebene Wert sind |
| `xlCaptionIsLessThanOrEqualTo` | filtert alle Beschriftungen, die kleiner als oder gleich dem angegebenen Wert sind |
| `xlCaptionIsNotBetween` | filtert alle Beschriftungen, die nicht innerhalb eines bestimmten Wertebereichs liegen |
| `xlDateBetween` | filtert alle Datumsangaben, die innerhalb eines bestimmten Datumsbereichs liegen |
| `xlDateLastMonth` | filtert alle Datumsangaben, die sich auf den Vormonat beziehen |
| `xlDateLastQuarter` | filtert alle Datumsangaben, die sich auf das vorherige Quartal beziehen |
| `xlDateLastWeek` | filtert alle Datumsangaben, die sich auf die vorherige Woche beziehen |
| `xlDateLastYear` | filtert alle Datumsangaben, die für das vorangegangene Jahr gelten |
| `xlDateNextMonth` | filtert alle Datumsangaben, die für den nächsten Monat gelten |
| `xlDateNextQuarter` | filtert alle Datumsangaben, die für die für das nächste Quartal gelten |
| `xlDateNextWeek` | filtert alle Datumsangaben, die für die nächste Woche gelten |
| `xlDateNextYear` | filtert alle Datumsangaben, die für das nächste Jahr gelten |
| `xlDateThisMonth` | filtert alle Datumsangaben, die für den aktuellen Monat gelten |
| `xlDateThisQuarter` | filtert alle Datumsangaben, die für das aktuelle Quartal gelten |
| `xlDateThisWeek` | filtert alle Datumsangaben, die für die aktuelle Woche gelten |

→

| Filtertyp | Beschreibung |
|---|---|
| `xlDateThisYear` | filtert alle Datumsangaben, die für das aktuelle Jahr gelten |
| `xlDateToday` | filtert alle Datumsangaben, die für das aktuelle Datum gelten |
| `xlDateTomorrow` | filtert alle Datumsangaben, die für den nächsten Tag gelten |
| `xlDateYesterday` | filtert alle Datumsangaben, die für den gestrigen Tag gelten |
| `xlNotSpecificDate` | filtert alle Datumsangaben, die nicht mit einem bestimmten Datum übereinstimmen |
| `xlSpecificDate` | filtert alle Datumsangaben, die mit einem bestimmten Datum übereinstimmen |
| `xlTopCount` | filtert die angegebene Anzahl von Werten aus dem oberen Bereich einer Liste |
| `xlTopPercent` | filtert den angegebenen Prozentsatz der Werte am Ende einer Liste |
| `xlTopSum` | addiert die Werte aus dem oberen Teil der Liste |
| `xlValueDoesNotEqual` | filtert alle Werte heraus, die nicht mit dem angegebenen Wert übereinstimmen |
| `xlValueEquals` | filtert alle Werte, die mit dem angegebenen Wert übereinstimmen |
| `xlValueIsBetween` | filtert alle Werte, die innerhalb eines bestimmten Wertebereichs liegen |
| `xlValueIsGreaterThan` | filtert alle Werte, die größer als der angegebene Wert sind |
| `xlValueIsGreaterThanOrEqualTo` | filtert alle Werte, die größer als oder gleich dem angegebenen Wert sind |
| `xlValueIsLessThan` | filtert alle Werte, die kleiner als der angegebene Wert sind |
| `xlValueIsLessThanOrEqualTo` | filtert alle Werte, die kleiner als oder gleich dem angegebenen Wert sind |
| `xlValueIsNotBetween` | filtert alle Werte, die nicht innerhalb eines bestimmten Wertebereichs liegen |
| `xlYearToDate` | filtert alle Werte, die innerhalb eines Jahres nach einem angegebenen Datum liegen |

**Tabelle 13.2** Filtertypen in VBA

## Den Suchfilter verwenden

In Excel 2010 wurde das Filter-Dropdownmenü um ein Suchfeld erweitert. Obwohl dies eine raffinierte Funktion in der Excel-Oberfläche ist, gibt es in VBA keine entsprechende Funktion. Abbildung 13.29 zeigt das Kontrollkästchen *Alle Suchergebnisse auswählen*, das nach der Suche nach be aktiviert wurde. Die Verwendung des Makrorekorders während dieses Vorgangs erstellt ein Makro mit 5876 Zeilen, das alle Kunden ohne be durchläuft und unsichtbar macht:

```
With ActiveSheet.PivotTables("PivotTable3").PivotFields("Kunde")
    .PivotItems("ACASCO Corp.").Visible = False
    .PivotItems("ACECUL Corp.").Visible = False
    .PivotItems("ACEHUA Corp.").Visible = False
' 5870 ähnliche Zeilen entfernt
    .PivotItems("ZUQHYR Corp.").Visible = False
    .PivotItems("ZUSOEA Corp.").Visible = False
    .PivotItems("ZYLSTR Corp.").Visible = False
End With
```

In Excel VBA gibt es nichts Neues, um das Suchfeld zu emulieren. Um in VBA die gleichen Ergebnisse zu erzielen, verwenden Sie den in Tabelle 13.2 beschriebenen Filter `xlCaptionContains`.

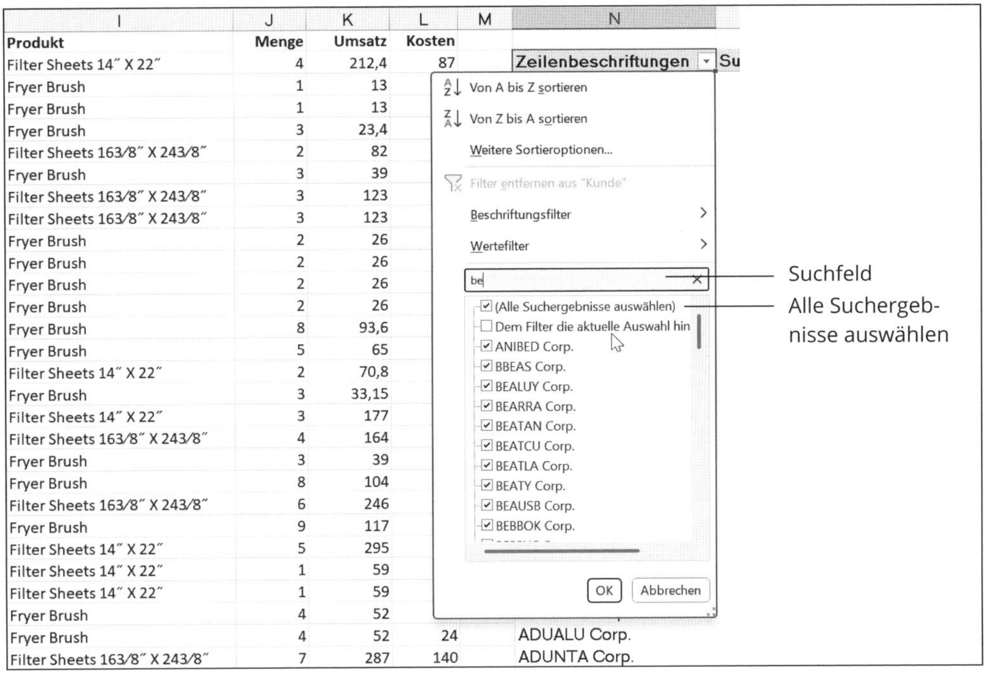


**Abbildung 13.29** Die Excel-Oberfläche bietet ein Suchfeld. In VBA können Sie dies mit dem alten `xlCaptionContains`-Filter emulieren.

## Datenschnitte als Filter für eine Pivot-Tabelle einrichten

In Excel 2010 wurde das Konzept der Datenschnitte (Slicer) zum Filtern von Pivot-Tabellen eingeführt. Ein Slicer ist ein visueller Filter. Sie können Slicer in ihrer Größe und Position ändern, ihre Farbe anpassen und die Anzahl der Spalten in einem Slicer steuern. Außerdem können Sie mithilfe von VBA Elemente aus einem Slicer auswählen oder löschen.

Abbildung 13.30 zeigt eine Pivot-Tabelle mit zwei Datenschnitten. Der Slicer *Bundesstaat* wurde so geändert, dass er nun fünf Spalten umfasst. Der Slicer mit der Beschriftung *Gebiet* basiert eigentlich auf dem Feld *Region*. Sie können Datenschnitten benutzerfreundlichere Beschriftungen geben, was hilfreich sein kann, wenn das zugrunde liegende Feld *IDKTxtReg* oder einen anderen seltsamen Namen hat, den sich die IT-Abteilung ausgedacht hat.

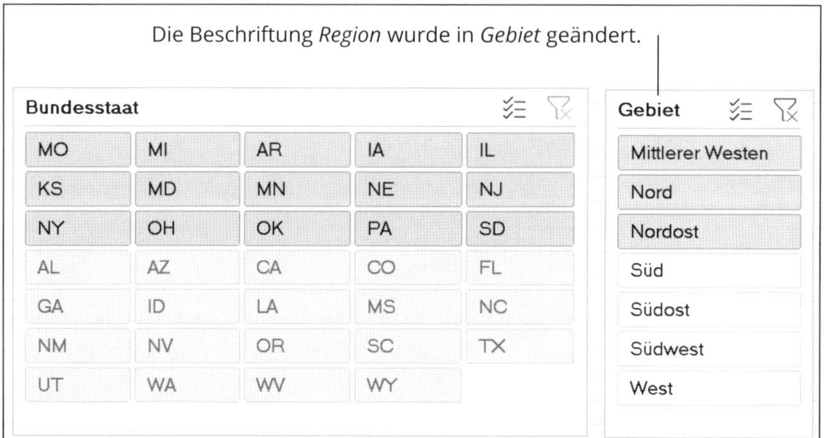


| Kategorie | Werte<br>Umsatz | Summe von Menge |
|---|---|---|
| Barausstattung | 152.071 | 3990 |
| Fritteusen | 422.959 | 10524 |
| Gewerbliche Geräte | 528.256 | 1401 |
| Kühlschränke und Kühlboxen | 7.259.135 | 2650 |
| Öfen und Herde | 5.969.073 | 3060 |
| Speisenwärmer | 2.307.542 | 1555 |
| Verkaufsstandausrüstung | 557.225 | 852 |
| **Gesamtergebnis** | **17.196.261** | **24032** |

**Abbildung 13.30** Diese Datenschnitte bieten einen visuellen Filter für *Bundesstaat* und *Region*.

Ein Datenschnitt besteht aus den Objekten `SlicerCache` und `Slicer`. Um einen Datenschnitt-Cache zu definieren, müssen Sie eine Pivot-Tabelle als Quelle und einen Feldnamen als `SourceField` angeben. Der `SlicerCache` wird auf der Ebene der Arbeitsmappe definiert. Dies ermöglicht es, den Datenschnitt auf einem anderen Tabellenblatt als die eigentliche Pivot-Tabelle zu platzieren. Hier ist der Code, um all dies zu tun:

```
Dim SCS as SlicerCache
Dim SCR as SlicerCache
Set SCS = ActiveWorkbook.SlicerCaches.Add2(Source:=PT, _
    SourceField:="Bundesstaat")
Set SCR = ActiveWorkbook.SlicerCaches.Add2(Source:=PT, _
    SourceField:="Region")
```

Nachdem Sie `SlicerCache` definiert haben, können Sie `Slicer` hinzufügen, das als Objekt des Datenschnitt-Caches definiert ist. Geben Sie ein Tabellenblatt als Ziel an. Das Argument `Name` steuert den internen Namen für den Slicer. Das Argument `Caption` ist die Überschrift, die im Slicer angezeigt wird. Geben Sie die Größe des Slicers anhand der Höhe und Breite in Punkten an. Geben Sie die Position anhand der oberen und linken Position in Punkten an. Im folgenden Code werden die Werte für `Top`, `Left`, `Height` und `Width` so zugewiesen, dass sie der Position oder Größe bestimmter Zellbereiche entsprechen:

```
Dim SLS as Slicer
Set SLS = SCS.Slicers.Add(SlicerDestination:=WSD, Name:="Bundesstaat", _
   Caption:=" Bundesstaat ", _
```

```
    Top:=WSD.Range("O2").Top, _
    Left:=WSD.Range("O2").Left, _
    Width:=WSR.Range("O2:U2").Width, _
    Height:=WSD.Range("O2:O17").Height)
```

Jeder Datenschnitt ist anfänglich eine Spalte breit. Mit diesem Code können Sie den Stil und die Anzahl der Spalten ändern:

```
' Farbe und Anzahl der Spalten formatieren
With SLS
    .Style = "SlicerStyleLight6"
    .NumberOfColumns = 5
End With
```

---

Ich habe festgestellt, dass ich beim Erstellen von Slicern in der Excel-Oberfläche viele Mausklicks für Anpassungen benötige. Nach dem Hinzufügen von zwei oder drei Datenschnitten positioniert Excel diese in einer überlappenden Kachelanordnung. Ich passe immer die Position, Größe, Anzahl der Spalten usw. an. Viele Jahre lang habe ich in meinen Seminaren damit geprahlt, dass ich eine Pivot-Tabelle mit sechs Mausklicks erstellen kann. Das war, bevor Datenschnitte eingeführt wurden. Slicer sind zugegebenermaßen leistungsstark, aber es scheinen 20 Mausklicks erforderlich zu sein, bis sie gut aussehen. Mit einem Makro lassen sich all diese Anpassungen auf einmal vornehmen, was Zeit spart.

---

Nachdem ein Datenschnitt definiert wurde, können Sie mit VBA auswählen, welche Elemente im Datenschnitt aktiviert werden sollen. Es scheint zwar kontraintuitiv, aber um Elemente im Slicer auszuwählen, müssen Sie `SlicerItem` ändern, das ein Mitglied von `SlicerCache` und kein Mitglied von `Slicer` ist:

```
With WBO.SlicerCaches("Datenschnitt_Region")
    .SlicerItems("Mittlerer Westen").Selected = True
    .SlicerItems("Nord").Selected = False
    .SlicerItems("Nordost").Selected = True
    .SlicerItems("Süd").Selected = False
    .SlicerItems("Südost").Selected = True
    .SlicerItems("Südwest").Selected = True
    .SlicerItems("West").Selected = False
End With
```

Möglicherweise müssen Sie mit bereits vorhandenen Datenschnitten arbeiten. Wenn ein Datenschnitt für das Feld `Bundesstaat` erstellt wird, erhält der Slicer-Cache den Namen `Datenschnitt_Bundesstaat`. Der folgende Code wird zum Formatieren der in Abbildung 13.30 gezeigten Slicer verwendet:

```
Sub MoveAndFormatSlicer()
    Dim WBO As Workbook
    Dim SCS As SlicerCache
    Dim SLS As Slicer
    Dim SCR As SlicerCache
    Dim SLR As Slicer
```

```
    Dim WSD As Worksheet
    Set WSD = ActiveSheet

    Set WBO = ActiveWorkbook
    Set SCS = WBO.SlicerCaches("Datenschnitt_Bundesstaat")
    Set SLS = SCS.Slicers("Bundesstaat")
    With SLS
       .Style = "SlicerStyleLight6"
       .NumberOfColumns = 5
       .Top = WSD.Range("N1").Top + 5
       .Left = WSD.Range("N1").Left + 5
       .Width = WSD.Range("N1:M14").Width - 20
       .Height = WSD.Range("N1:M14").Height
    End With

    Set SCR = WBO.SlicerCaches("Datenschnitt_Region")
    Set SLR = SCR.Slicers("Region")
    With SLR
       .Style = "SlicerStyleLight3"
       .NumberOfColumns = 1
       .Top = WSD.Range("O1").Top + 5
       .Left = WSD.Range("O1").Left + 25
       .Width = WSD.Range("O1").Width + 50
        .Height = WSD.Range("O1:O14").Height
        .Caption = "Gebiet"
    End With

    ' Die gewünschten Regionen auswählen
    With WBO.SlicerCaches("Datenschnitt_Region")
       .SlicerItems("Mittlerer Westen").Selected = True
       .SlicerItems("Nord").Selected = True
       .SlicerItems("Nordost").Selected = True
       .SlicerItems("Süd").Selected = False
       .SlicerItems("Südost").Selected = False
       .SlicerItems("Südwest").Selected = False
       .SlicerItems("West").Selected = False
    End With

 End Sub
```

## Das Datenmodell in Excel verwenden

Excel integriert Power Pivot in das Excel-Kernprodukt. Das bedeutet, dass Sie zwei Tabellen zum Datenmodell hinzufügen, eine Beziehung erstellen, ein Measure hinzufügen und dann eine PivotTable aus dem Datenmodell erstellen können.

Um dem Beispiel in diesem Abschnitt zu folgen, öffnen Sie die Datei `13b-VorDatenmodell.xlsm`, die Sie in den Beispieldateien zum Buch finden. Diese Arbeitsmappe enthält zwei Tabellen: *Verkäufe* und *Branche*. *Branche* ist eine Nachschlagetabelle, die über ein Kundenfeld mit der Tabelle *Verkäufe* verknüpft ist. Um die Pivot-Tabelle zu erstellen, führen Sie im Makro die folgenden allgemeinen Schritte aus:

1. Fügen Sie die Haupttabelle zum Datenmodell hinzu.
2. Fügen Sie die Nachschlagetabelle zum Datenmodell hinzu.
3. Verknüpfen Sie die beiden Tabellen durch eine Beziehung.
4. Erstellen Sie einen Pivot-Cache aus `ThisWorkbookDataModel`.
5. Erstellen Sie eine Pivot-Tabelle aus dem Cache.
6. Fügen Sie Zeilenfelder hinzu.
7. Definieren Sie ein Measure.
8. Fügen Sie das Measure zur Pivot-Tabelle hinzu.

## Beide Tabellen zum Datenmodell hinzufügen

Sie sollten bereits über ein Dataset in der Arbeitsmappe verfügen, das mit der Tastenkombination Strg+T in eine Tabelle konvertiert wurde. Ändern Sie auf der Registerkarte *Tabellenentwurf* den Tabellennamen in **Verkäufe**. Um diese Tabelle mit dem Datenmodell zu verknüpfen, verwenden Sie den folgenden Code:

```
' Verbindung zur Datentabelle Verkäufe erstellen
TableName = "Verkäufe"
WBT.Connections.Add2 Name:="LinkedTable_" & TableName, _
    Description:="", _
    ConnectionString:="WORKSHEET;" & WBT.FullName, _
    CommandText:=WBT.Name & "!" & TableName, _
    lCmdType:=7, _
    CreateModelConnection:=True, _
    ImportRelationships:=False
```

Mehrere Variablen in diesem Code verwenden den Tabellennamen, den Pfad und/oder den Namen der Arbeitsmappe. Indem Sie den Tabellennamen am Anfang des Codes in einer Variablen speichern, können Sie den Verbindungsnamen, die Verbindungszeichenfolge und den Befehlstext mithilfe der Variablen erstellen.

Um den vorstehenden Code für die Verknüpfung mit der Nachschlagetabelle anzupassen, müssen Sie lediglich die Variable `TableName` zu ändern:

```
' Verbindung zur Nachschlagetabelle Branche erstellen
TableName = "Branche"
WBT.Connections.Add2 Name:="LinkedTable_" & TableName, _
    Description:="", _
    ConnectionString:="WORKSHEET;" & WBT.FullName, _
    CommandText:=WBT.Name & "!" & TableName, _
    lCmdType:=7, _
    CreateModelConnection:=True, _
    ImportRelationships:=False
```

## Beziehung zwischen den beiden Tabellen erstellen

Wenn Sie eine Beziehung in der Excel-Oberfläche erstellen, geben Sie im Dialogfeld *Beziehung erstellen* die folgenden vier Elemente an (siehe Abbildung 13.31):

- *Tabelle* ist *Verkäufe*.
- *Spalte (fremd)* ist *Kunde*.
- *Verwandte Tabelle* ist *Branche*.
- *Verwandte Spalte* ist *Kunde*.

Der VBA-Code zum Erstellen der Beziehung ist recht einfach. Pro Arbeitsmappe kann es nur ein Datenmodell geben. Legen Sie eine Objektvariable namens `MO` fest, die auf das Modell in dieser Arbeitsmappe verweist. Verwenden Sie die Methode `ModelRelationships.Add` und geben Sie die beiden verknüpften Felder an.

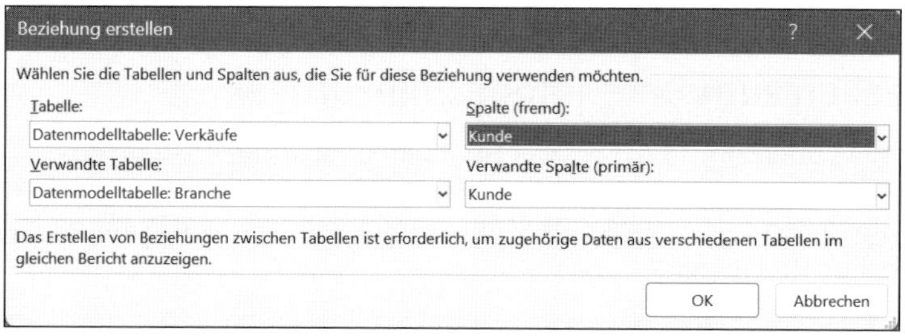


**Abbildung 13.31** Um eine Beziehung zu erstellen, geben Sie ein Feld in beiden Tabellen an.

```
' Beziehung zwischen den beiden Tabellen erstellen
Set MO = ActiveWorkbook.Model
MO.ModelRelationships.Add _
   ForeignKeyColumn:=MO.ModelTables("Verkäufe")._
      ModelTableColumns("Kunde"), _
   PrimaryKeyColumn:=MO.ModelTables("Branche")._
      ModelTableColumns("Kunde")
```

## Pivot-Cache definieren und PivotTable erstellen

Der Code zum Definieren des Pivot-Caches gibt an, dass die Daten extern vorliegen. Auch wenn sich die verknüpften Tabellen in Ihrer Arbeitsmappe befinden und das Datenmodell als großes Binär-Objekt in der Arbeitsmappe gespeichert ist, wird dies dennoch als externe Datenverbindung betrachtet. Die Verbindung wird immer als `ThisWorkbookDataModel` bezeichnet. Hier ist der Code zum Definieren des Pivot-Caches und zum Erstellen der PivotTable:

```
' Pivot-Cache definieren
Set PTCache = WBT.PivotCaches.Create(SourceType:=xlExternal, _
    SourceData:=WBT.Connections("ThisWorkbookDataModel"), _
    Version:=xlPivotTableVersion15)

' Die PivotTable aus dem Pivot-Cache erstellen
Set PT = PTCache.CreatePivotTable( _
    TableDestination:=WSD.Cells(1, 1), TableName:="PivotTable1")
```

## Felder aus Datenmodell zur PivotTable hinzufügen

Sie müssen zwei Arten von Feldern zur Pivot-Tabelle hinzufügen. Textfelder wie Kunde, `Branche` und `Produkt` sind einfache Felder, die zum Zeilen- oder Spaltenbereich der Pivot-Tabelle hinzugefügt werden können. Es ist für diese Felder keine Berechnung erforderlich. Der Code zum Hinzufügen von Textfeldern wird in diesem Abschnitt gezeigt. Wenn Sie ein numerisches Feld zum Bereich *Werte* in der Excel-Oberfläche hinzufügen, definieren Sie damit implizit ein neues berechnetes Feld. Um dies in VBA zu tun, müssen Sie das Feld explizit definieren und dann hinzufügen.

Betrachten wir das einfachere Beispiel des Hinzufügens eines Textfelds zum Zeilenbereich. Der VBA-Code sieht allgemein wie folgt aus:

```
With PT.CubeFields("[Tabellenname].[Feldname]")
    .Orientation = xlRowField
    .Position = 1
End With
```

Fügen Sie im aktuellen Beispiel das Feld *Branche* aus der Tabelle *Branche* mit diesem Code hinzu:

```
With PT.CubeFields("[Branche].[Branche]")
    .Orientation = xlRowField
    .Position = 1
End With
```

## Numerische Felder zum Wertebereich hinzufügen

In Excel 2010 wurden berechnete Felder in Power Pivot als Measure bezeichnet. Auch der zugrunde liegende VBA-Code bezeichnet sie als Measure.

Wenn Sie eine Datenmodell-Pivot-Tabelle haben und das Feld *Umsatz* aktivieren, wird das Feld *Umsatz* in den Wertebereich verschoben. Im Hintergrund definiert Excel jedoch implizit ein neues Measure namens *Summe von Umsatz*. (Die impliziten Measures können Sie im Power Pivot-Fenster sehen.) In VBA besteht der erste Schritt darin, ein neues Measure für die Summe des Umsatzes zu definieren. Um später leichter auf diese Kennzahl verweisen zu können, weisen Sie das neue Measure einer Objektvariablen zu:

```
' Bevor Sie den Umsatz zur PivotTable hinzufügen können, müssen Sie
' das Measure definieren
' Dies geschieht mit der Methode GetMeasure
' Das Cube-Feld dem Objekt CFRevenue zuordnen
Set CFRevenue = PT.CubeFields.GetMeasure( _
    AttributeHierarchy:="[Verkäufe].[Umsatz]", _
    Function:=xlSum, _
    Caption:="Summe von Umsatz")
' Das neu erstellte Cube-Feld in die PivotTable einfügen
PT.AddDataField Field:=CFRevenue, _
    Caption:="Gesamtumsatz"
PT.PivotFields("[Measures].[Summe von Umsatz]").NumberFormat = _
    "[$$]#,##0,K"
```

Sie können den Beispielcode verwenden, um ein neues Measure zu erstellen. Das folgende Measure verwendet die Funktion *Diskrete Anzahl* (`xlDistinctCount`), um die Anzahl der eindeutigen Kunden in jedem Sektor zu zählen:

```
' Diskrete Anzahl von Kunden als Cube-Feld hinzufügen
Set CFCustCount = PT.CubeFields.GetMeasure( _
   AttributeHierarchy:="[Verkäufe].[Kunde]", _
   Function:=xlDistinctCount, _
   Caption:="Kundenanzahl")
' Das neu erstellte Cube-Feld in die PivotTable einfügen
PT.AddDataField Field:=CFCustCount, _
   Caption:="Kundenanzahl"
```

Da Power Pivot nun mit jeder Excel-Version ausgeliefert wird, können Sie DAX-Formeln verwenden, um neue Measures erstellen. Der folgende Code fügt ein Feld für den Umsatzdurchschnitt hinzu:

```
' Umsatzdurchschnitt als DAX hinzufügen
ActiveWorkbook.Model.ModelMeasures.Add _
   MeasureName:="Umsatzdurchschnitt", _
   AssociatedTable:=ActiveWorkbook.Model.ModelTables("Verkäufe"), _
   Formula:="Median([Umsatz])", _
   FormatInformation:=ActiveWorkbook.Model.ModelFormatCurrency( _
      "Default", 2)
PT.AddDataField PT.CubeFields("[Measures].[Umsatzdurchschnitt]")
```

## Alles zusammenfügen

Abbildung 13.32 zeigt die Pivot-Tabelle des Datenmodells, die mit dem Code in Listing 13.8 erstellt wurde.

| | A | B | C | D |
|---|---|---|---|---|
| 1 | **Branche** | **Gesamtumsatz** | **Kundenanzahl** | **Umsatzdurchschnitt** |
| 2 | Apparel | $758K | 2 | 10.752,50 € |
| 3 | Chemie | $569K | 1 | 10.137,50 € |
| 4 | Elektronik | $222K | 4 | 14.554,00 € |
| 5 | Endverbrauche | $2.195K | 7 | 12.756,00 € |
| 6 | Hardware | $2.179K | 11 | 11.547,50 € |
| 7 | Nahrung | $750K | 1 | 12.743,50 € |
| 8 | Textil | $35K | 1 | 8.908,00 € |
| 9 | **Gesamtergebnis** | **$6.708K** | **27** | **11.858,00 €** |

**Abbildung 13.32** Zwei verknüpfte Tabellen, eine Pivot-Tabelle und zwei Measures: alles mit einem Makro generiert.

```
Sub BuildModelPivotTable()
   Dim WBT As Workbook
   Dim WC As WorkbookConnection
   Dim MO As Model
   Dim PTCache As PivotCache
   Dim PT As PivotTable
   Dim WSD As Worksheet
```

```
Dim CFRevenue As CubeField
Dim CFCustCount As CubeField

Set WBT = ActiveWorkbook
Set WSD = WBT.Worksheets("Bericht")

' Verbindung zur Datentabelle Verkäufe erstellen
TableName = "Verkäufe"
WBT.Connections.Add2 Name:="LinkedTable_" & TableName, _
   Description:="MainTable", _
   ConnectionString:="WORKSHEET;" & WBT.FullName, _
   CommandText:=WBT.Name & "!" & TableName, _
   lCmdType:=7, _
   CreateModelConnection:=True, _
   ImportRelationships:=False

' Verbindung zur Nachschlagetabelle Branche erstellen
TableName = "Branche"
WBT.Connections.Add2 Name:="LinkedTable_" & TableName, _
   Description:="LookupTable", _
   ConnectionString:="WORKSHEET;" & WBT.FullName, _
   CommandText:=WBT.Name & "!" & TableName, _
   lCmdType:=7, _
   CreateModelConnection:=True, _
   ImportRelationships:=False

' Beziehung zwischen den beiden Tabellen erstellen
Set MO = ActiveWorkbook.Model
MO.ModelRelationships.Add _
   ForeignKeyColumn:=MO.ModelTables("Verkäufe"). _
      ModelTableColumns("Kunde"), _
   PrimaryKeyColumn:=MO.ModelTables("Branche"). _
      ModelTableColumns("Kunde")

' Eventuell vorhandene Pivot-Tables entfernen
For Each PT In WSD.PivotTables
   PT.TableRange2.Clear
Next PT

' Pivot-Cache definieren
Set PTCache = WBT.PivotCaches.Create(SourceType:=xlExternal, _
   SourceData:=WBT.Connections("ThisWorkbookDataModel"), _
   Version:=xlPivotTableVersion15)

' Die PivotTable aus dem Pivot-Cache erstellen
Set PT = PTCache.CreatePivotTable( _
   TableDestination:=WSD.Cells(1, 1), TableName:="PivotTable1")
```

```
    ' Das Feld Branche aus der Tabelle Branche zum
    ' Zeilenbereich hinzufügen
    With PT.CubeFields("[Branche].[Branche]")
       .Orientation = xlRowField
       .Position = 1
    End With

    ' Bevor Sie den Umsatz zur PivotTable hinzufügen können, müssen Sie
    ' das Measure definieren
    ' Dies geschieht mit der Methode GetMeasure
    ' Das Cube-Feld dem Objekt CFRevenue zuordnen
    Set CFRevenue =
    PT.CubeFields.GetMeasure( _
       AttributeHierarchy:="[Verkäufe].[Umsatz]", _
       Function:=xlSum, _
       Caption:="Summe von Umsatz")
    ' Das neu erstellte Cube-Feld in die PivotTable einfügen
    PT.AddDataField Field:=CFRevenue, _
       Caption:="Gesamtumsatz"
    PT.PivotFields("[Measures].[Summe von Umsatz]").NumberFormat = _
       "[$$]#,##0,K"

    ' Diskrete Anzahl von Kunden als Cube-Feld hinzufügen
    Set CFCustCount = PT.CubeFields.GetMeasure(AttributeHierarchy:="[Verkäufe].[Kunde]",
_
       Function:=xlDistinctCount, _
       Caption:="Kundenanzahl")
    ' Das neu erstellte Cube-Feld in die PivotTable einfügen
    PT.AddDataField Field:=CFCustCount, _
       Caption:="Kundenanzahl"

    ' Umsatzdurchschnitt als DAX hinzufügen
    ActiveWorkbook.Model.ModelMeasures.Add _
       MeasureName:="Umsatzdurchschnitt", _
       AssociatedTable:=ActiveWorkbook.Model.ModelTables("Verkäufe"), _
       Formula:="Median([Umsatz])", _
       FormatInformation:=ActiveWorkbook.Model.ModelFormatCurrency _
      ("Default", 2)
    PT.AddDataField PT.CubeFields("[Measures].[Umsatzdurchschnitt]")

End Sub
```

**Listing 13.8** Code zum Erstellen der auf dem Datenmodell basierenden Pivot-Tabelle in Abbildung 13.32

# In Excel für das Web mit TypeScript Pivot-Tabellen erstellen

Microsoft investiert viel in Excel für das Web, um die Excel Online-Erfahrung der Windows Excel-Erfahrung gleichwertig zu machen. Das Unternehmen unterstützt nun die Erstellung von Pivot-Tabellen in Excel für das Web. Und obwohl Excel für das Web niemals VBA unterstützen wird, gibt es für Excel für das Web eine Skriptsprache namens TypeScript.

Derzeit ist TypeScript auf Microsoft 365-Kunden mit einer kommerziellen oder Bildungslizenz beschränkt. Das schließt alle Personen mit einer Home-Lizenz aus. Außerdem müssen Sie sich an Ihren lokalen Krispy-Kreme-Donut-Laden wenden, da Ihr Administrator die Lizenzen für das Unternehmen aktivieren muss. Die aktuellen Regeln finden Sie in Ihrem Browser, wenn Sie dort nach »Einführung in Office-Skripts in Excel« suchen.

Die TypeScript-Makros befinden sich noch in der Beta-Phase. Sie werden erfreut sein, dass TypeScript und der Skript-Recorder diese Aktionen erfolgreich aufzeichnen können:

- rechts neben Ihrem Dataset eine neue Pivot-Tabelle hinzufügen
- *Kategorie* zum Bereich *Zeilen* hinzufügen
- *Umsatz* zum Bereich *Werte* hinzufügen
- *Region* zum Bereich *Spalten* hinzufügen

Das aufgezeichnete Skript ist kurz, relativ leicht verständlich und wird erfolgreich ausgeführt. Nachteilig ist, dass der Skript-Recorder Folgendes (noch) nicht unterstützt:

- Ändern des Zahlenformats eines numerischen Feldes
- Ersetzen von leeren Zellen im Bereich *Werte* durch null
- Verwendung der mit dem Feature *Ideen* vorgeschlagenen Pivot-Tabellen

Abbildung 13.33 zeigt den aufgezeichneten TypeScript-Code.

**Abbildung 13.33** Ein 17-zeiliges Skript fügt *Kategorie* zu den Zeilen, *Umsatz* zu den Werten und *Region* zu den Spalten in einer neuen Pivot-Tabelle in Excel Online hinzu.

Hier finden Sie eine Analyse des aufgezeichneten Codes mit vorgeschlagenen Änderungen.

- Das Skript heißt `Skript 1`. Klicken Sie in den Skriptdetails auf den Namen und geben Sie einen besseren Namen ein, z.B. **PTNachRegionUndKategorieErstellen**.
- Kommentarzeilen beginnen mit // und nicht wie in VBA mit einem Hochkomma.
- Es scheint so, als ob `selectSheet` eine Objektvariable ist, bei der VBA Folgendes tun würde:

  ```
  Set selectedSheet = ActiveSheet
  ```

  TypeScript macht Folgendes:

  ```
  let selectedSheet = workbook.getActiveWorksheet()
  ```

- Der Code unterscheidet zwischen Groß- und Kleinschreibung. Sie müssen `getActiveWorksheet` verwenden und nicht `getactiveworksheet` oder `GetActiveWorksheet`. Wenn Sie die Groß-/Kleinschreibung nicht korrekt verwenden, markiert der Editor dies als Fehler, schlägt Ihnen dann aber schüchtern vor, die Schreibweise in `getActiveWorksheet` zu ändern. Als VBA-Fan werden Sie wahrscheinlich zustimmen, dass es etwas nervig ist, dass der Editor die Schreibweise kennt und sie nicht automatisch korrigiert.
- Wenn der Skript-Recorder die Pivot-Tabelle mit .`addPivotTable` erstellt, gibt er einen Namen, Quelldaten und Zieldaten an. Die feste Codierung von A1:L564 ist keine gute Vorgehensweise. Das Äquivalent von `.CurrentRegion` in TypeScript ist `.getSurroundingRegion()`, das wie folgt verwendet wird:

  ```
  selectedSheet.getRange("A1").getSurroundingRegion()
  ```

- Der geänderte Code zum Erstellen einer Pivot-Tabelle namens PTOne, basierend auf A:L und beginnend in Zelle N2, ist unten aufgeführt. Beachten Sie, dass die Ergebnisse in einer Objektvariablen namens `newPivotTable` gespeichert werden, damit sie später im Skript leicht referenziert werden können:

  ```
  let newPivotTable = workbook.addPivotTable("PTOne",
     selectedSheet.getRange("A1").getSurroundingRegion(),
     selectedSheet.getRange("N2"));
  ```

- Sobald die Pivot-Tabelle erstellt ist, können Sie Felder zum Bereich *Zeilen* hinzufügen mit:

  ```
  newPivotTable.addRowHierarchy(newPivot-
  Table.getHierarchy("Branche"));
  ```

- Für ein Spaltenfeld ändern Sie `.addRowHierachy` in `.addColumnHierarchy`. Für ein Wertefeld verwenden Sie `.AddDataHierarchy`.
- Außerdem hat der Skript-Rekorder eine zusätzliche Zeile hinzugefügt:

  ```
  newPivotTable.getColumnHierarchy("Region").setPosition(0);
  ```

  Diese wäre erforderlich gewesen, wenn Sie mehrere Felder im Spaltenbereich gehabt hätten, aber da nur ein Feld im Spaltenbereich vorhanden ist, kann diese Zeile gelöscht werden.
- Die Dokumentation für alles wird angezeigt, wenn Sie mit der Maus über ein beliebiges Wort im Skript fahren. Das ist besser als bei VBA, wo Sie F1 drücken und dann warten müssen, bis eine Webseite geladen ist.

Nachdem Sie den aufgezeichneten Code gesehen haben, sollte es relativ einfach sein, ihn zu bearbeiten. Der folgende Code in Listing 13.9 erstellt eine Pivot-Tabelle mit *Kategorie* in den *Zeilen*, *Region* in den *Spalten* und *Umsatz* in den *Werten*.

```
function main(workbook: ExcelScript.Workbook) {
  let selectedSheet = workbook.getActiveWorksheet();
  // Neue Pivot-Tabelle auf ausgewähltem Blatt hinzufügen
  let newPivotTable = workbook.addPivotTable("PTOne",
    selectedSheet.getRange("A1"). getSurroundingRegion(),
```

```
        selectedSheet.getRange("N2"));
    // Sektor zu Zeilen hinzufügen
    newPivotTable.addRowHierarchy(newPivotTable.getHierarchy
      ("Kategorie"));
    // Umsatz zu Daten hinzufügen
    newPivotTable.addDataHierarchy(newPivotTable.getHierarchy
      ("Umsatz"));
    // Region zu Spalten hinzufügen
     newPivotTable.addColumnHierarchy(newPivotTable.getHierarchy
      ("Region"));
}
```

**Listing 13.9** TypeScript-Code zum Erstellen einer Pivot-Tabelle in Excel für das Web

Die resultierende Pivot-Tabelle zeigt Abbildung 13.34.

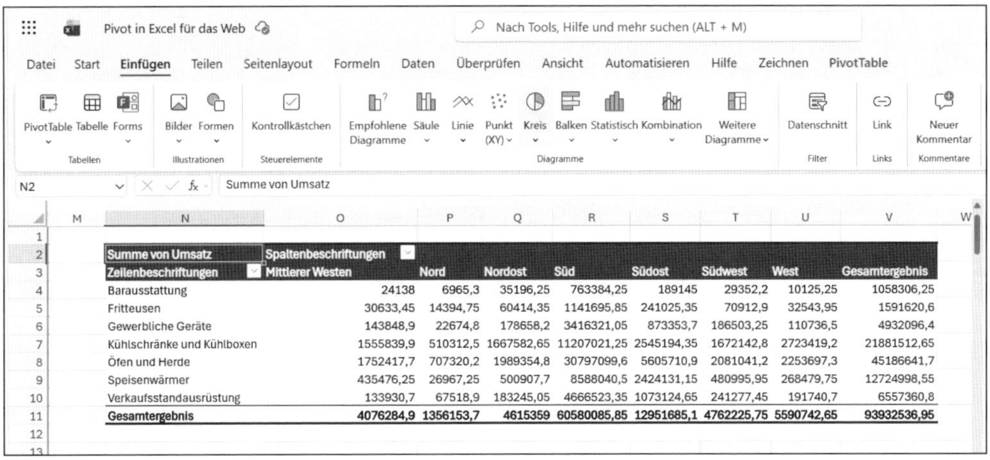


| Summe von Umsatz | Spaltenbeschriftungen | | | | | | | |
|---|---|---|---|---|---|---|---|---|
| Zeilenbeschriftungen | Mittlerer Westen | Nord | Nordost | Süd | Südost | Südwest | West | Gesamtergebnis |
| Barausstattung | 24138 | 6965,3 | 35196,25 | 763384,25 | 189145 | 29352,2 | 10125,25 | 1058306,25 |
| Fritteusen | 30633,45 | 14394,75 | 60414,35 | 1141695,85 | 241025,35 | 70912,9 | 32543,95 | 1591620,6 |
| Gewerbliche Geräte | 143848,9 | 22674,8 | 178658,2 | 3416321,05 | 873353,7 | 186503,25 | 110736,5 | 4932096,4 |
| Kühlschränke und Kühlboxen | 1555839,9 | 510312,5 | 1667582,65 | 11207021,25 | 2545194,35 | 1672142,8 | 2723419,2 | 21881512,65 |
| Öfen und Herde | 1752417,7 | 707320,2 | 1989354,8 | 30797099,6 | 5605710,9 | 2081041,2 | 2253697,3 | 45186641,7 |
| Speisenwärmer | 435476,25 | 26967,25 | 500907,7 | 8588040,5 | 2424131,15 | 480995,95 | 268479,75 | 12724998,55 |
| Verkaufsstandausrüstung | 133930,7 | 67518,9 | 183245,05 | 4666523,35 | 1073124,65 | 241277,45 | 191740,7 | 6557360,8 |
| **Gesamtergebnis** | **4076284,9** | **1356153,7** | **4615359** | **60580085,85** | **12951685,1** | **4762225,75** | **5590742,65** | **93932536,95** |

**Abbildung 13.34** Eine in Excel für das Web aus einem TypeScript-Makro erstellte Pivot-Tabelle

Im Jahr 2018 schrieb ich in der sechsten Auflage dieses Buches: »Excel Online wird niemals die Erstellung von Pivot-Tabellen unterstützen.« Es ist also erstaunlich, dass Sie nur sieben Jahre später Pivot-Tabellen in Excel für das Web erstellen können, und zwar mit einem Skript.

Der Skript-Recorder ist nicht perfekt, aber das ist der VBA-Makrorekorder auch nicht.

Personen, denen Geschwindigkeit sehr wichtig ist, bemerken, dass die TypeScript-Makros langsamer sind als VBA, aber für dieses einfache Beispiel spielt das keine Rolle.

Es gibt noch Lücken. Wenn Sie sich Abbildung 13.33 ansehen, möchten Sie die Formatierung von numerischen Werten anpassen. Das ist mit TypeScript nicht möglich. Bei anderen PivotTables haben Sie eventuell leere Zellen und möchten diese in die Zahl 0 ändern. In Excel Online gibt es dafür eine Einstellung, aber wenn Sie versuchen, ein Skript für diese Änderung aufzuzeichnen, teilt Ihnen der Skript-Recorder mit, dass dies in TypeScript noch nicht unterstützt wird:

```
// This action currently can't be recorded.
```

Ich schreibe dies im Jahr 2025. Innerhalb weniger Jahre werden diese Lücken schließlich geschlossen sein.

## Nächste Schritte

In Kapitel 14, »Fortgeschrittene Tipps und Tricks für PivotTables«, lernen Sie viele Techniken zum Umgang mit häufig auftretenden Fragen und Problemen im Zusammenhang mit PivotTables kennen.

KAPITEL 14

# Fortgeschrittene Tipps und Tricks für PivotTables

In diesem Kapitel lernen Sie einige Techniken kennen, die einzigartige Lösungen für manche der häufigsten Probleme mit Pivot-Tabellen bieten. Nehmen Sie sich etwas Zeit, um einen Blick auf die hier behandelten Themen zu werfen. Wer weiß? Vielleicht finden Sie ein paar einzigartige Tipps, die Ihnen bei der Lösung einiger Ihrer Pivot-Tabellen-Probleme helfen können!

## Tipp 1: Pivot-Tabellen zur automatischen Aktualisierung zwingen

In manchen Situationen kann es erforderlich sein, dass sich Pivot-Tabellen automatisch aktualisieren. Angenommen, Sie erstellen einen PivotTable-Bericht für Ihren Vorgesetzten. Sie können sich jedoch nicht darauf verlassen, dass er die PivotTable bei Bedarf aktualisiert.

Sie können jede Pivot-Tabelle so konfigurieren, dass sie beim Öffnen der Arbeitsmappe automatisch aktualisiert wird, indem Sie die folgenden Schritte ausführen:

1. Klicken Sie mit der rechten Maustaste auf die Pivot-Tabelle und wählen Sie *PivotTable-Optionen*.
2. Öffnen Sie im angezeigten Dialogfeld *PivotTable-Optionen* die Registerkarte *Daten*.
3. Aktivieren Sie das Kontrollkästchen *Aktualisieren beim Öffnen der Datei*.

Wenn diese Eigenschaft aktiviert ist, wird die Pivot-Tabelle jedes Mal aktualisiert, wenn die Arbeitsmappe, in der sie sich befindet, geöffnet wird.

> Die Eigenschaft *Aktualisieren beim Öffnen der Datei* muss für jede PivotTable einzeln festgelegt werden.

## Tipp 2: Alle Pivot-Tabellen in einer Arbeitsmappe gleichzeitig aktualisieren

Wenn Sie mehrere Pivot-Tabellen in einer Arbeitsmappe haben, kann es mühsam sein, alle manuell zu aktualisieren. Excel bietet eine hervorragende Möglichkeit, alle Pivot-Tabellen auf einmal zu aktualisieren. Klicken Sie auf der Registerkarte *Daten* auf die Schaltfläche *Alle aktualisieren* (siehe Abbildung 14.1). Der Nachteil dieser Methode ist, dass dabei auch externe Datenverbindungen aktualisiert werden, was sehr zeitaufwendig sein kann. Wenn Sie jedoch keine externen Datenverbindungen verwenden, ist dies eine einfache Möglichkeit, alle Tabellen zu aktualisieren.

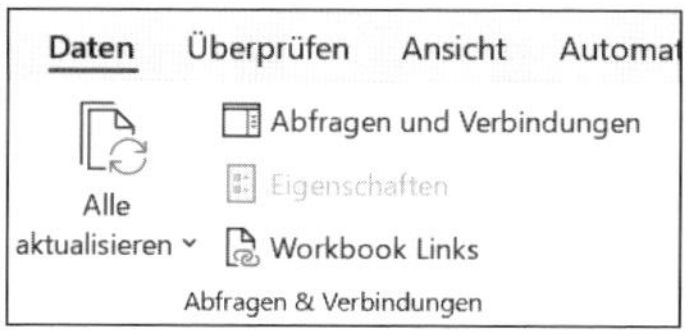


**Abbildung 14.1** Mit der Schaltfläche *Alle aktualisieren* auf der Registerkarte *Daten* werden alle Pivot-Tabellen und externen Datenverbindungen aktualisiert.

# Tipp 3: Datenelemente nicht aufsteigend oder absteigend, sondern in einer eindeutigen Reihenfolge sortieren

Die Überschriften mit den Regionen oben in Abbildung 14.2 zeigen die Standardreihenfolge der Regionen in einem Pivot-Tabellenbericht. Alphabetisch sind die Regionen in der Reihenfolge Mittlerer Westen, Nord, Süd und West aufgeführt. Wenn Ihr Unternehmen seinen Sitz in Kalifornien hat, könnte es aufgrund der Unternehmenstradition erforderlich sein, dass die Region West zuerst angezeigt wird, gefolgt von Mittlerer Westen, Nord und Süd. Leider kann Ihnen weder eine aufsteigende noch eine absteigende Sortierreihenfolge dabei helfen.

| | A | B | C | D | E | F |
|---|---|---|---|---|---|---|
| 3 | Summe von Umsatz | Region | | | | |
| 4 | ProduktBeschreibung | MITTLERER WESTEN | NORD | SÜD | WEST | Gesamtergebnis |
| 5 | Fuhrparkwartung | $448.800 | $610.791 | $1.046.231 | $521.976 | $2.627.798 |
| 6 | Grünpflanzen- und Baumpflege | $93.562 | $155.021 | $157.821 | $870.379 | $1.276.783 |
| 7 | Landschaftsbau/Grundstückspflege | $190.003 | $299.309 | $335.676 | $365.928 | $1.190.915 |
| 8 | Prädiktive Wartung/Vorbeugende Wartung | $478.928 | $572.860 | $472.045 | $655.092 | $2.178.925 |
| 9 | Reiningung und Haushaltsführung | $174.518 | $534.282 | $283.170 | $146.623 | $1.138.593 |
| 10 | Wartung und Reparatur von Anlagen | $463.077 | $606.747 | $846.515 | $444.820 | $2.361.158 |
| 11 | Gesamtergebnis | $1.848.887 | $2.779.009 | $3.141.458 | $3.004.818 | $10.774.172 |

**Abbildung 14.2** Die Tradition Ihres Unternehmens schreibt vor, dass das Feld »Region« in der Reihenfolge West, Mittlerer Westen, Nord, Süd angezeigt werden sollte.

Sie können die Datenelemente in Ihrer Pivot-Tabelle manuell neu anordnen, indem Sie einfach den genauen Namen des Datenelements eingeben, dessen Daten Sie sehen möchten. Sie können das Datenelement auch an die gewünschte Stelle ziehen.

Um das Problem in diesem Beispiel zu lösen, geben Sie einfach in Zelle B4 **WEST** ein und drücken die [↵]-Taste. Die Pivot-Tabelle reagiert darauf mit einer Neuanordnung der Regionen. Der Umsatz der Region West in Höhe von 3 Millionen Dollar wird automatisch von Spalte E in Spalte B verschoben, wie in Abbildung 14.3 zu sehen ist. Die übrigen Regionen werden in die nächsten drei Spalten verschoben.

| | A | B | C | D | E | F |
|---|---|---|---|---|---|---|
| 3 | Summe von Umsatz | Region | | | | |
| 4 | ProduktBeschreibung | WEST | MITTLERER WESTEN | NORD | SÜD | Gesamtergebnis |
| 5 | Fuhrparkwartung | $521.976 | $448.800 | $610.791 | $1.046.231 | $2.627.798 |
| 6 | Grünpflanzen- und Baumpflege | $870.379 | $93.562 | $155.021 | $157.821 | $1.276.783 |
| 7 | Landschaftsbau/Grundstückspflege | $365.928 | $190.003 | $299.309 | $335.676 | $1.190.915 |
| 8 | Prädiktive Wartung/Vorbeugende Wartung | $655.092 | $478.928 | $572.860 | $472.045 | $2.178.925 |
| 9 | Reiningung und Haushaltsführung | $146.623 | $174.518 | $534.282 | $283.170 | $1.138.593 |
| 10 | Wartung und Reparatur von Anlagen | $444.820 | $463.077 | $606.747 | $846.515 | $2.361.158 |
| 11 | Gesamtergebnis | $3.004.818 | $1.848.887 | $2.779.009 | $3.141.458 | $10.774.172 |

**Abbildung 14.3** Nach der Eingabe von **WEST** in B4 werden die Zahlen für West von Spalte E in Spalte B verschoben.

## Tipp 4: Benutzerdefinierte Listen zum Sortieren Ihrer Pivot-Tabelle verwenden (oder deren Nutzung verhindern)

Die Technik, in Zelle B4 **WEST** einzugeben, wie im vorherigen Tipp beschrieben, ist eine großartige Möglichkeit, Ihre Freunde in einer Bar zu beeindrucken, aber es wäre mühsam, dies immer wieder zu tun. Wenn Ihre Quelldaten in einem Tabellenblatt und nicht im Datenmodell oder in externen Daten gespeichert sind, können Sie alle zukünftigen Pivot-Tabellen dauerhaft in der Reihenfolge West, Mittlerer Westen, Nord und Süd anzeigen lassen, indem Sie eine benutzerdefinierte Liste erstellen.

Geben Sie die Regionen in aufeinanderfolgenden vertikalen Zellen in der richtigen Reihenfolge ein. Markieren Sie die Zellen und wählen Sie *Datei | Optionen | Erweitert*. Scrollen Sie im Dialogfeld ganz nach unten und klicken Sie auf *Benutzerdefinierte Listen bearbeiten*.

Excel öffnet das Dialogfeld *Benutzerdefinierte Listen*, in dem Excel Listen wie Januar, Februar, März und Montag, Dienstag, Mittwoch speichert.

Wenn Sie daran gedacht haben, Ihre Liste vor dem Öffnen des Dialogfelds auszuwählen, klicken Sie einfach auf die Schaltfläche *Importieren*, um eine neue Liste hinzuzufügen (siehe Abbildung 14.4).

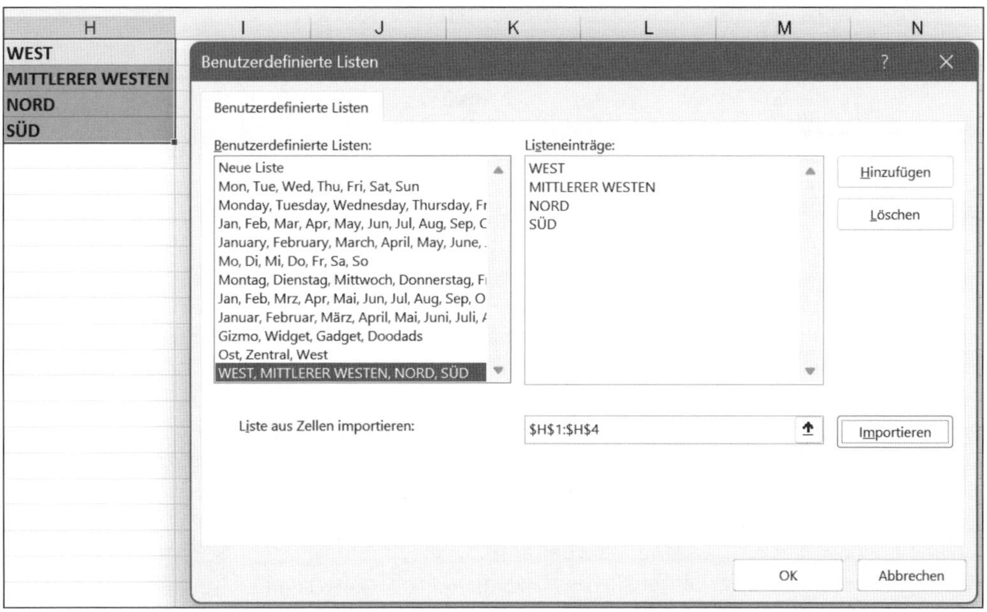


**Abbildung 14.4** Fügen Sie eine neue benutzerdefinierte Liste mit den Regionen in der richtigen Reihenfolge hinzu.

Benutzerdefinierte Listen sind spezifisch für einen Computer und eine Version von Excel. Wenn Sie eine benutzerdefinierte Liste in Excel 2016 erstellen, ist diese in Excel 2019 nicht verfügbar. Wenn Sie jedoch nur eine Excel-Version verwenden, werden alle zukünftigen Pivot-Tabellen anhand der benutzerdefinierten Liste sortiert.

Was passiert, wenn Sie später Regionen für Kanada und Mexiko hinzufügen? Elemente, die in der benutzerdefinierten Liste enthalten sind, werden zuerst angezeigt, gefolgt von Elementen, die in der benutzerdefinierten Liste fehlen, in alphabetischer Reihenfolge. Ihr Bericht zeigt West, Mittlerer Westen, Nord, Süd, Kanada und Mexico an. Die Lösung besteht in diesem Fall darin, das Dialogfeld *Benutzerdefinierte Listen* zu öffnen, die Liste zu bearbeiten und auf *Hinzufügen* zu klicken, um die neue Liste zu speichern.

Beachten Sie in Abbildung 14.4, dass zwei Listen »West« enthalten. Bei Gleichstand gewinnt die Liste, die näher am Ende der benutzerdefinierten Listen steht.

Manchmal kann auch das gegenteilige Problem auftreten. Angenommen, in Ihrem Unternehmen herrscht eine sehr vertraute Atmosphäre, und alle Teammitglieder werden mit ihrem Vornamen angesprochen. Aus irgendeinem Grund werden Jan, May oder Friday immer vor Andy, Barb und Chris angezeigt (siehe Abbildung 14.5).

| | A | B | C | D | E |
|---|---|---|---|---|---|
| 1 | Teamitglied | Umsatz | | | |
| 2 | Andy | 87,04 | | | |
| 3 | Barb | 50,85 | | **Teamitglied** | **Summe von Umsatz** |
| 4 | Chris | 29,99 | | Jan | 67,53 |
| 5 | Friday | 54,88 | | Friday | 171,06 |
| 6 | Jan | 67,53 | | May | 225,31 |
| 7 | May | 80,03 | | Andy | 121,49 |
| 8 | Diane | 69,81 | | Barb | 50,85 |
| 9 | Ed | 14,28 | | Chris | 51,73 |
| 10 | Gary | 86,35 | | Diane | 147,44 |
| 11 | Hank | 32,51 | | Ed | 106,9 |

**Abbildung 14.5** Jan erscheint immer ganz oben in Ihren Pivot-Table-Berichten.

Beachten Sie in Abbildung 14.4, dass die dritte Liste bereits Jan und May enthält. Sie können es nicht sehen, aber die zweite Liste enthält Friday. Da diese Personen in einer benutzerdefinierten Liste aufgeführt sind, werden sie vor allen Personen sortiert, die in der benutzerdefinierten Liste »fehlen«.

Ich habe das Pivot Table-Team bei Microsoft gefragt, warum sie Januar und Mai mit Freitag getrennt haben. Es ist nicht alphabetisch. Es ist nicht nach einer Liste vom unteren Ende des Dialogfelds bis zum oberen Ende angeordnet. Die offensichtliche Antwort lautet, dass niemand mehr weiß oder dass sie keine Zeit haben, eine Frage zu recherchieren, die nur für wenige Menschen von Interesse ist.

Eine Lösung: Stellen Sie keine Mitarbeiter mehr ein, die May, Jan oder Friday heißen. Eine weniger stressige Lösung: Öffnen Sie das Dialogfeld *PivotTable-Optionen* für eine Pivot-Tabelle. Deaktivieren Sie auf der Registerkarte *Summen & Filter* das Kontrollkästchen *Beim Sortieren benutzerdefinierte Listen verwenden* (siehe Abbildung 14.6).

Wenn Jan oder May ein dauerhaftes Problem darstellen, können Sie diese Einstellung für alle zukünftigen Pivot-Tabellen deaktivieren (siehe Tipp 5).

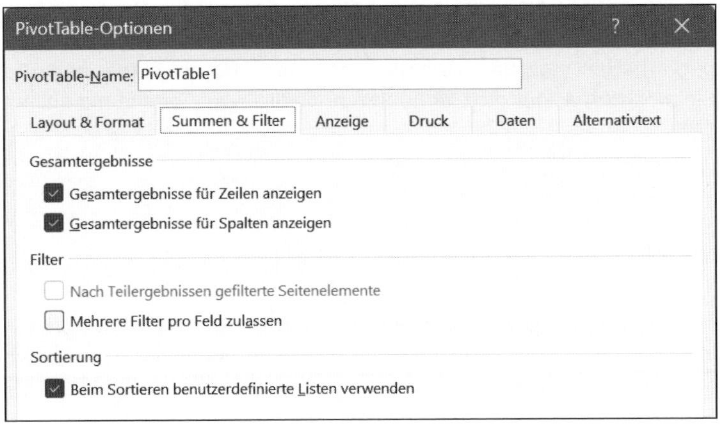


**Abbildung 14.6** Mit dieser Einstellung können Sie die Sortierung nach benutzerdefinierten Listen deaktivieren.

# Tipp 5: Die Standardeinstellungen verwenden, um das Verhalten aller zukünftigen Pivot-Tabellen zu ändern

Gibt es bestimmte Standardfunktionen von Pivot-Tabellen, die Sie immer deaktivieren? Ich möchte beispielsweise immer, dass leere Zellen den Wert 0 anzeigen und dass das Berichtslayout *Tabellenformat* mit aktivierter Option *Alle Elementnamen wiederholen* verwendet wird. Möglicherweise müssen Sie die Option *Beim Sortieren benutzerdefinierte Listen verwenden* deaktivieren.

Im Sommer 2017 hat Excel die Schaltfläche *Standardlayout bearbeiten* für Pivot-Tabellen hinzugefügt. Gehen Sie zu *Datei | Optionen | Daten*, um die Schaltfläche *Standardlayout bearbeiten* zu finden.

Zunächst bietet das Dialogfeld *Standardlayout bearbeiten* nur wenige Einstellungen, aber wenn Sie auf die Schaltfläche *PivotTable-Optionen* klicken, wie in Abbildung 14.7 gezeigt, können Sie alle Einstellungen in den *PivotTable-Optionen* dauerhaft ändern.

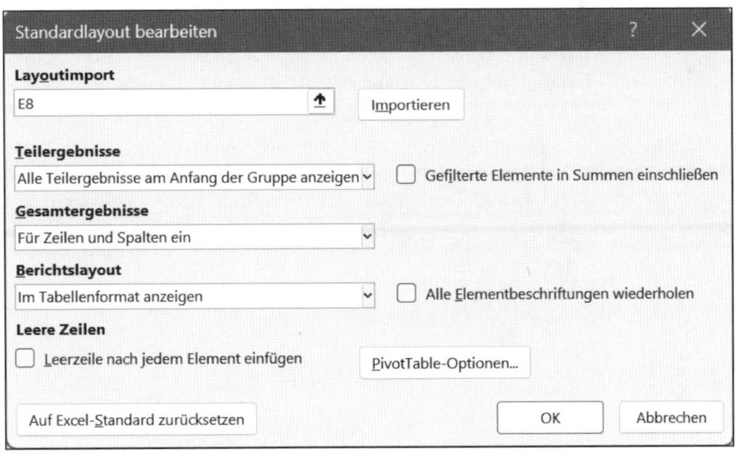


**Abbildung 14.7** Ändern Sie die Standardeinstellungen für zukünftige Pivot-Tabellen.

## Tipp 6: Pivot-Tabellen in statische Daten umwandeln

Angenommen, Sie haben eine Pivot-Tabelle erstellt, um Daten zusammenzufassen und zu formatieren. Sie möchten weder die Quelldaten noch die Pivot-Tabelle mit all ihrem Overhead behalten.

Durch die Umwandlung einer Pivot-Tabelle in statische Daten können Sie die Ergebnisse der Pivot-Tabelle verwenden, ohne sich mit den Quelldaten oder einem Pivot-Cache befassen zu müssen. Wie Sie die Pivot-Tabelle in statische Daten umwandeln, hängt davon ab, wie viel von der Pivot-Tabelle Sie kopieren möchten.

Wenn Sie nur einen Teil einer Pivot-Tabelle kopieren, gehen Sie wie folgt vor:

1. Markieren Sie die Daten, die Sie aus der Pivot-Tabelle kopieren möchten, klicken Sie mit der rechten Maustaste auf den ausgewählten Bereich und wählen Sie *Kopieren*.
2. Klicken Sie mit der rechten Maustaste auf eine beliebige Stelle in der Tabelle und wählen Sie *Einfügen*.

Wenn Sie eine gesamte Pivot-Tabelle kopieren möchten, gehen Sie wie folgt vor:

1. Wählen Sie die gesamte Pivot-Tabelle mit der Maus aus oder wählen Sie *PivotTable-Analyse | Aktionen | Auswählen | Gesamte PivotTable*. Kopieren Sie mit Strg+C.
2. Klicken Sie mit der rechten Maustaste auf eine beliebige Stelle im Tabellenblatt und drücken Sie Strg+⇧+V, um die Werte einzufügen.

---

Bevor Sie eine PivotTable in statische Daten umwandeln, sollten Sie möglicherweise alle Teilergebnisse entfernen. Teilergebnisse sind in der Regel nicht sehr nützlich, wenn Sie ein eigenständiges Dataset erstellen.

Um die Teilergebnisse aus einer Pivot-Tabelle zu entfernen, wählen Sie auf der Registerkarte *Entwurf* den Befehl *Teilergebnisse | Teilergebnisse nicht anzeigen*.

---

## Tipp 7: Die leeren Zellen füllen, die durch Zeilenfelder hinterlassen wurden

Wenn Sie eine Pivot-Tabelle in statische Daten umwandeln, bleiben Ihnen die von der Pivot-Tabelle erstellten Werte sowie die Datenstruktur der Pivot-Tabelle erhalten. Die Daten in Abbildung 14.8 stammen beispielsweise aus einer Pivot-Tabelle im Tabellenformat.

Beachten Sie, dass das Feld *Vertriebsgebiet* dieselbe Zeilenstruktur beibehalten hat, die es hatte, als sich diese Daten im Zeilenbereich der Pivot-Tabelle befanden. Es wäre unklug, diese Tabelle an anderer Stelle zu verwenden, ohne die leeren Zellen zu füllen, die durch das Zeilenfeld entstanden sind. Aber wie können Sie diese leeren Zellen auf einfache Weise füllen?

In den nächsten Abschnitten werden zwei Excel-Features vorgestellt, mit denen dieses Problem effektiv behoben werden kann.

| | A | B | C | D |
|---|---|---|---|---|
| 3 | Region | Vertriebsgebiet | ProduktBeschreibung | Summe von Umsatz |
| 4 | ⊟WEST | ⊟CALIFORNIA | Fuhrparkwartung | $337.225 |
| 5 | | | Grünpflanzen- und Baumpflege | $830.413 |
| 6 | | | Landschaftsbau/Grundstückspflege | $248.343 |
| 7 | | | Prädiktive Wartung/Vorbeugende Wartung | $520.156 |
| 8 | | | Reiningung und Haushaltsführung | $37.401 |
| 9 | | | Wartung und Reparatur von Anlagen | $281.198 |
| 10 | | **CALIFORNIA Ergebnis** | | **$2.254.735** |
| 11 | | ⊟PHOENIX | Fuhrparkwartung | $150.788 |
| 12 | | | Grünpflanzen- und Baumpflege | $28.987 |
| 13 | | | Landschaftsbau/Grundstückspflege | $77.672 |
| 14 | | | Prädiktive Wartung/Vorbeugende Wartung | $90.599 |
| 15 | | | Reiningung und Haushaltsführung | $96.686 |
| 16 | | | Wartung und Reparatur von Anlagen | $125.523 |
| 17 | | **PHOENIX Ergebnis** | | **$570.255** |
| 18 | | ⊟SEATTLE | Fuhrparkwartung | $33.963 |
| 19 | | | Grünpflanzen- und Baumpflege | $10.980 |
| 20 | | | Landschaftsbau/Grundstückspflege | $39.913 |
| 21 | | | Prädiktive Wartung/Vorbeugende Wartung | $44.336 |
| 22 | | | Reiningung und Haushaltsführung | $12.536 |
| 23 | | | Wartung und Reparatur von Anlagen | $38.099 |
| 24 | | **SEATTLE Ergebnis** | | **$179.827** |
| 25 | **WEST Ergebnis** | | | **$3.004.818** |
| 26 | ⊟NORD | ⊟BUFFALO | Fuhrparkwartung | $86.460 |
| 27 | | | Grünpflanzen- und Baumpflege | $34.831 |

**Abbildung 14.8** Es wäre unpraktisch, diese Daten an anderer Stelle zu verwenden, ohne die leeren Zellen zu füllen, die durch das Zeilenfeld entstanden sind.

## Option 1: Das Feature »Alle Elementnamen wiederholen« nutzen

Die erste Option zum einfachen Ausfüllen der leeren Zellen, die durch Zeilenfelder frei geblieben sind, ist der Einsatz des Features *Alle Elementnamen wiederholen*. Diese Funktion sorgt dafür, dass alle Elementnamen wiederholt werden, um einen zusammenhängenden Block aus aufeinanderfolgenden Zellen zu erstellen. Um dieses Feature zu verwenden, setzen Sie den Cursor an eine beliebige Stelle in Ihrer Pivot-Tabelle. Verwenden Sie dann im Menüband den Befehl *Entwurf | Berichtslayout | Alle Elementnamen wiederholen* (siehe Abbildung 14.9).

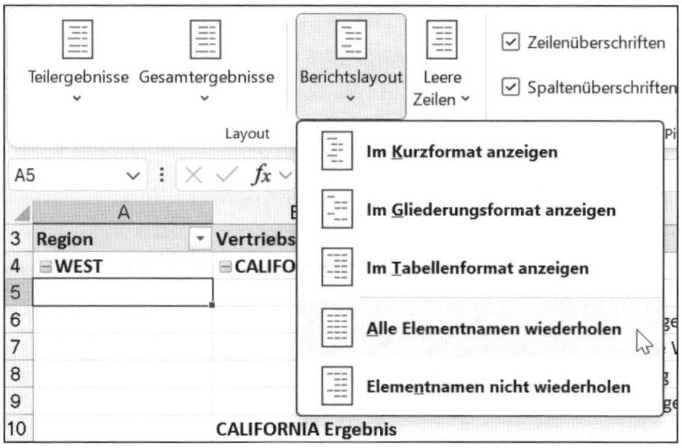


**Abbildung 14.9** Mit der Option *Alle Elementnamen wiederholen* können Sie Ihre Pivot-Daten in einem zusammenhängenden Datenblock anzeigen.

Abbildung 14.10 zeigt eine Pivot-Tabelle, bei der dieses Feature eingeschaltet ist.

Jetzt können Sie diese Pivot-Tabelle in statische Werte umwandeln und erhalten eine zusammenhängende Tabelle mit Daten ohne Lücken.

| | A | B | C | D |
|---|---|---|---|---|
| 3 | **Region** | **Vertriebsgebiet** | **ProduktBeschreibung** | **Summe von Umsatz** |
| 4 | ⊟**WEST** | ⊟**CALIFORNIA** | Fuhrparkwartung | $337.225 |
| 5 | **WEST** | **CALIFORNIA** | Grünpflanzen- und Baumpflege | $830.413 |
| 6 | **WEST** | **CALIFORNIA** | Landschaftsbau/Grundstückspflege | $248.343 |
| 7 | **WEST** | **CALIFORNIA** | Prädiktive Wartung/Vorbeugende Wartung | $520.156 |
| 8 | **WEST** | **CALIFORNIA** | Reiningung und Haushaltsführung | $37.401 |
| 9 | **WEST** | **CALIFORNIA** | Wartung und Reparatur von Anlagen | $281.198 |
| 10 | **WEST** | **CALIFORNIA Ergebnis** | | **$2.254.735** |
| 11 | **WEST** | ⊟**PHOENIX** | Fuhrparkwartung | $150.788 |
| 12 | **WEST** | **PHOENIX** | Grünpflanzen- und Baumpflege | $28.987 |
| 13 | **WEST** | **PHOENIX** | Landschaftsbau/Grundstückspflege | $77.672 |
| 14 | **WEST** | **PHOENIX** | Prädiktive Wartung/Vorbeugende Wartung | $90.599 |
| 15 | **WEST** | **PHOENIX** | Reiningung und Haushaltsführung | $96.686 |
| 16 | **WEST** | **PHOENIX** | Wartung und Reparatur von Anlagen | $125.523 |
| 17 | **WEST** | **PHOENIX Ergebnis** | | **$570.255** |
| 18 | **WEST** | ⊟**SEATTLE** | Fuhrparkwartung | $33.963 |
| 19 | **WEST** | **SEATTLE** | Grünpflanzen- und Baumpflege | $10.980 |
| 20 | **WEST** | **SEATTLE** | Landschaftsbau/Grundstückspflege | $39.913 |
| 21 | **WEST** | **SEATTLE** | Prädiktive Wartung/Vorbeugende Wartung | $44.336 |
| 22 | **WEST** | **SEATTLE** | Reiningung und Haushaltsführung | $12.536 |
| 23 | **WEST** | **SEATTLE** | Wartung und Reparatur von Anlagen | $38.099 |
| 24 | **WEST** | **SEATTLE Ergebnis** | | **$179.827** |
| 25 | **WEST Ergebnis** | | | **$3.004.818** |
| 26 | ⊟**NORD** | ⊟**BUFFALO** | Fuhrparkwartung | $86.460 |
| 27 | **NORD** | **BUFFALO** | Grünpflanzen- und Baumpflege | $34.831 |

**Abbildung 14.10** Der Befehl *Alle Elementnamen wiederholen* füllt alle Zellen mit Datenelementen.

## Option 2: Das Excel-Feature »Inhalte auswählen« verwenden

Eine weitere Möglichkeit, die durch Zeilenfelder entstandenen leeren Zellen einfach zu füllen, ist die Verwendung des Excel-Features *Inhalte auswählen*.

Zunächst wandeln Sie Ihre Pivot-Tabelle in statische Daten um, wie in Tipp 6 erläutert. Wählen Sie anschließend den Bereich in den Spalten A und B aus, der sich von der ersten Zeile mit Leerzeichen bis zur Zeile direkt oberhalb der Gesamtergebnisse erstreckt. Im vorliegenden Beispiel ist dies A4:B104. Wählen Sie *Start | Suchen & Auswählen | Gehe zu: Inhalte.* (Alternativ können Sie auch [Strg]+[G] oder [F5] drücken, um das Dialogfeld *Gehe zu* zu öffnen, und dann auf die Schaltfläche *Inhalte* klicken.) Dadurch wird das Dialogfeld *Inhalte auswählen* aktiviert, ein leistungsstarkes Feature, mit dem Sie Ihre Auswahl anhand verschiedener Kriterien festlegen können (siehe Abbildung 14.11). Wählen Sie in diesem Dialogfeld die Option *Leerzellen* und klicken Sie auf *OK*. Nun sind nur noch die leeren Zellen in der Auswahl markiert.

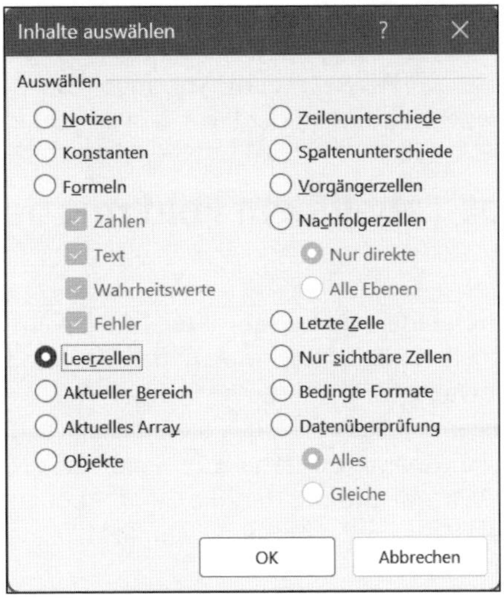


**Abbildung 14.11** Mit dem Dialogfeld *Inhalte auswählen* können Sie alle leeren Zellen auswählen, die ausgefüllt werden sollen.

Geben Sie eine Formel ein, um die Werte der Pivot-Elemente aus der Zelle darüber in die leeren Zellen zu kopieren. Mit vier Tastenanschlägen können Sie dies tun: Geben Sie ein Gleichheitszeichen **(=)** ein, drücken Sie [↑] und halten Sie die [Strg]-Taste gedrückt, während Sie die [↵]-Taste drücken. Das Gleichheitszeichen teilt Excel mit, dass Sie in die aktive Zelle eine Formel eingeben. Durch Drücken der Taste [↑] wird die Zelle über der aktiven Zelle ausgewählt. Durch Drücken von [Strg]+[↵] wird Excel angewiesen, eine ähnliche Formel in alle ausgewählten Zellen einzugeben, anstatt nur in die aktive Zelle. Wie Abbildung 14.12 zeigt, geben Sie mit diesen wenigen Tastenanschlägen eine Formel ein, um alle leeren Zellen auf einmal auszufüllen.

| | A | B | C | D |
|---|---|---|---|---|
| 3 | Region | Vertriebsgebiet | ProduktBeschreibung | Summe von Umsatz |
| 4 | WEST | CALIFORNIA | Fuhrparkwartung | $337.225 |
| 5 | WEST | CALIFORNIA | Grünpflanzen- und Baumpflege | $830.413 |
| 6 | WEST | CALIFORNIA | Landschaftsbau/Grundstückspflege | $248.343 |
| 7 | WEST | CALIFORNIA | Prädiktive Wartung/Vorbeugende Wartung | $520.156 |
| 8 | WEST | CALIFORNIA | Reiningung und Haushaltsführung | $37.401 |
| 9 | WEST | CALIFORNIA | Wartung und Reparatur von Anlagen | $281.198 |
| 10 | WEST | CALIFORNIA Ergebnis | | $2.254.735 |
| 11 | WEST | PHOENIX | Fuhrparkwartung | $150.788 |
| 12 | WEST | PHOENIX | Grünpflanzen- und Baumpflege | $28.987 |
| 13 | WEST | PHOENIX | Landschaftsbau/Grundstückspflege | $77.672 |
| 14 | WEST | PHOENIX | Prädiktive Wartung/Vorbeugende Wartung | $90.599 |
| 15 | WEST | PHOENIX | Reiningung und Haushaltsführung | $96.686 |
| 16 | WEST | PHOENIX | Wartung und Reparatur von Anlagen | $125.523 |
| 17 | WEST | PHOENIX Ergebnis | | $570.255 |
| 18 | WEST | SEATTLE | Fuhrparkwartung | $33.963 |
| 19 | WEST | SEATTLE | Grünpflanzen- und Baumpflege | $10.980 |
| 20 | WEST | SEATTLE | Landschaftsbau/Grundstückspflege | $39.913 |
| 21 | WEST | SEATTLE | Prädiktive Wartung/Vorbeugende Wartung | $44.336 |
| 22 | WEST | SEATTLE | Reiningung und Haushaltsführung | $12.536 |
| 23 | WEST | SEATTLE | Wartung und Reparatur von Anlagen | $38.099 |
| 24 | WEST | SEATTLE Ergebnis | | $179.827 |
| 25 | WEST Ergebn | SEATTLE Ergebnis | | $3.004.818 |

**Abbildung 14.12** Durch Drücken von [Strg]+[↵] wird die Formel in alle ausgewählten Zellen eingegeben.

An dieser Stelle werden die Formeln nicht mehr benötigt. Sie sollten diese Formeln in Werte umwandeln. Wählen Sie erneut den ursprünglichen Bereich A4:B104 aus. Drücken Sie dann [Strg]+[C] zum Kopieren und [Strg]+[⇧]+[V] zum Umwandeln der Formeln in Werte. Mit dieser Methode können Sie die Gliederungsansicht der Pivot-Tabelle schnell und einfach ausfüllen.

## Tipp 8: Einer Pivot-Tabelle ein Feld mit dem Rang hinzufügen

Wenn Sie ein Feld mit vielen Datenelementen sortieren und bewerten, kann es schwierig sein, die Rangnummer des Datenelements zu bestimmen, das Sie gerade analysieren. Darüber hinaus möchten Sie Ihre PivotTable möglicherweise in feste Werte umwandeln, um sie weiter analysieren zu können. Ein ganzzahliges Feld, das die tatsächliche Rangnummer jedes Datenelements enthält, kann bei der Analyse außerhalb der Pivot-Tabelle hilfreich sein.

Beginnen Sie mit einer Pivot-Tabelle wie der, die Sie in Abbildung 14.13 sehen. Beachten Sie, dass derselbe Datenwert, *Summe von Umsatz*, zweimal angezeigt wird.

| | A | B | C |
|---|---|---|---|
| 3 | **Vertriebsgebiet** | **Summe von Umsatz** | **Summe von Umsatz2** |
| 4 | BUFFALO | 450478,27 | 450478,27 |
| 5 | CALIFORNIA | 2254735,38 | 2254735,38 |
| 6 | CANADA | 776245,27 | 776245,27 |
| 7 | CHARLOTTE | 890522,49 | 890522,49 |
| 8 | DALLAS | 467089,47 | 467089,47 |
| 9 | DENVER | 645583,29 | 645583,29 |
| 10 | FLORIDA | 1450392 | 1450392 |
| 11 | KANSASCITY | 574898,97 | 574898,97 |
| 12 | MICHIGAN | 678704,95 | 678704,95 |
| 13 | NEWORLEANS | 333453,65 | 333453,65 |
| 14 | NEWYORK | 873580,91 | 873580,91 |
| 15 | PHOENIX | 570255,09 | 570255,09 |
| 16 | SEATTLE | 179827,21 | 179827,21 |
| 17 | TULSA | 628404,83 | 628404,83 |
| 18 | **Gesamtergebnis** | **10774171,78** | **10774171,78** |

**Abbildung 14.13** Beginnen Sie mit einer Pivot-Tabelle, in der der Datenwert zweimal aufgeführt ist.

Klicken Sie mit der rechten Maustaste auf die zweite Instanz der Kennzahl und wählen Sie *Werte anzeigen als | Rangfolge nach Größe (absteigend)* (siehe Abbildung 14.14).

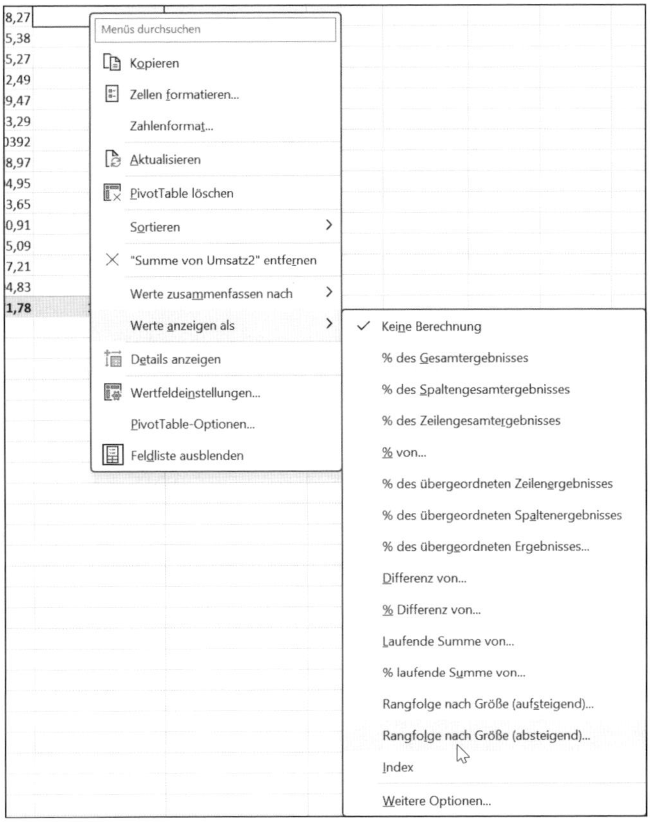


**Abbildung 14.14** Das Hinzufügen eines Rangfelds ist mit dem Befehl *Werte anzeigen als* ganz einfach.

Wenn Ihre Rangfolge angewendet ist, können Sie die Beschriftungen und die Formatierung anpassen, sodass sie wie in Abbildung 14.15 dargestellt aussehen. So erhalten Sie einen übersichtlichen Ranglistenbericht.

| | A | B | C |
|---|---|---|---|
| 3 | **Vertriebsgebiet** | **Umsatz** | **Rang** |
| 4 | BUFFALO | 450478,27 | 12 |
| 5 | CALIFORNIA | 2254735,38 | 1 |
| 6 | CANADA | 776245,27 | 5 |
| 7 | CHARLOTTE | 890522,49 | 3 |
| 8 | DALLAS | 467089,47 | 11 |
| 9 | DENVER | 645583,29 | 7 |
| 10 | FLORIDA | 1450392 | 2 |
| 11 | KANSASCITY | 574898,97 | 9 |
| 12 | MICHIGAN | 678704,95 | 6 |
| 13 | NEWORLEANS | 333453,65 | 13 |
| 14 | NEWYORK | 873580,91 | 4 |
| 15 | PHOENIX | 570255,09 | 10 |
| 16 | SEATTLE | 179827,21 | 14 |
| 17 | TULSA | 628404,83 | 8 |
| 18 | **Gesamtergebnis** | **10774171,78** | |

**Abbildung 14.15** Ihre endgültige Pivot-Tabelle mit angewendeter Rangfolge.

# Tipp 9: Die Größe von PivotTable-Berichten verringern

Wenn Sie die Erstellung eines PivotTable-Berichts starten, erstellt Excel eine Momentaufnahme Ihres Datasets und speichert diese in einem Pivot-Cache, einem speziellen Speichersubsystem, in dem Ihre Datenquelle für schnellen Zugriff dupliziert wird. Das heißt, Excel erstellt buchstäblich eine Kopie Ihrer Daten und speichert diese dann in einem Cache, der an Ihre Arbeitsmappe angehängt ist.

Der Vorteil des Pivot-Caches liegt natürlich in der Optimierung. Alle Änderungen, die Sie am PivotTable-Bericht vornehmen, wie z.B. das Neuanordnen von Feldern, das Hinzufügen neuer Felder und das Ausblenden von Elementen, werden schnell und mit minimalem Aufwand durchgeführt.

Der Nachteil des Pivot-Caches ist, dass er die Größe einer Arbeitsmappe im Grunde verdoppelt. Jedes Mal, wenn Sie eine neue Pivot-Tabelle von Grund auf neu erstellen, vergrößern Sie die Dateigröße Ihrer Arbeitsmappe.

## Das Tabellenblatt mit den Quelldaten löschen

Wenn Ihre Arbeitsmappen sowohl Ihre Pivot-Tabelle als auch Ihr Quelldaten-Tabellenblatt enthalten, verschwenden Sie Speicherplatz. Das heißt, Sie verteilen im Wesentlichen zwei Kopien derselben Daten.

Sie können Ihre Quelldaten löschen, Ihre Pivot-Tabelle funktioniert weiterhin einwandfrei. Nachdem Sie die Quelldaten gelöscht haben, wird die Datei beim Speichern der Pivot-Tabelle kleiner. Ihre Kunden können die Pivot-Tabelle wie gewohnt verwenden, und Ihre Arbeitsmappe ist nur noch halb so groß. Die einzige Funktion, die Sie verlieren, ist die Möglichkeit, die Pivot-Daten zu aktualisieren, da die Quelldaten nicht mehr vorhanden sind.

Was passiert, wenn Ihre Kunden die Quelldaten sehen möchten? Nun, sie können einfach auf den Schnittpunkt der Zeilen- und Spalten-Gesamtsummen doppelklicken. Dadurch wird Excel angewiesen, den Inhalt des Caches der Pivot-Tabelle in ein neues Arbeitsblatt auszugeben. Mit einem Doppelklick können Ihre Kunden also die Quelldaten, aus denen die Pivot-Tabelle besteht, neu erstellen!

# Tipp 10: Einen sich automatisch erweiternden Datenbereich erstellen

Sie werden zweifellos auf Situationen stoßen, in denen Sie PivotTable-Berichte haben, die täglich aktualisiert werden (d.h., den Quelldaten werden ständig Datensätze hinzugefügt). Wenn Datensätze zum Quelldatensatz einer Pivot-Tabelle hinzugefügt werden, müssen Sie den erfassten Bereich neu definieren, bevor die neuen Datensätze in die Pivot-Tabelle übernommen werden. Das gelegentliche Neudefinieren des Quellbereichs für eine Pivot-Tabelle ist kein Problem, aber wenn die Quelldaten täglich oder wöchentlich geändert werden, kann dies lästig werden.

Die Lösung besteht darin, Ihre Quelldaten mit Strg+T in eine Excel-Tabelle umzuwandeln. Dies funktioniert auch, wenn Sie die Tabelle nach der Erstellung der Pivot-Tabelle konvertieren. Auch hier können Sie mit Excel-Tabellen einen definierten Bereich erstellen, der sich automatisch mit den Daten verkleinert oder vergrößert. Das bedeutet, dass alle Komponenten, Diagramme, Pivot-Tabellen oder Formeln, die mit diesem Bereich verknüpft sind, mit den Änderungen in Ihren Daten Schritt halten können.

Um diesen Trick anzuwenden, markieren Sie einfach eine Zelle in Ihren Quelldaten und klicken Sie dann auf der Registerkarte *Einfügen* auf das Symbol *Tabelle* (siehe Abbildung 14.16). Bestätigen Sie den in Ihre Tabelle aufzunehmenden Bereich und klicken Sie dann auf *OK*.

Nachdem Ihre Quelldaten in eine Excel-Tabelle konvertiert wurden, enthält jede darauf basierende Pivot-Tabelle automatisch alle Datensätze, wenn Ihre Quelldaten erweitert oder reduziert werden.

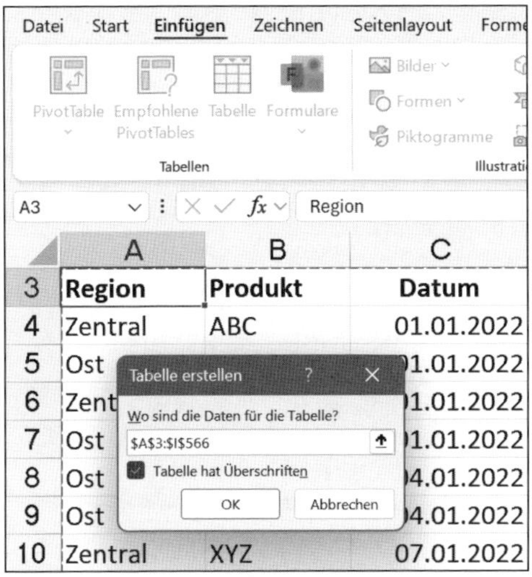


**Abbildung 14.16** Konvertieren Sie Ihre Quelldaten in eine Excel-Tabelle.

Was ist, wenn die Daten für Ihre Pivot-Tabelle das Ergebnis eines komplexen dynamischen Arrays sind? Auch im Jahre 2024 ist es weiterhin unzulässig, ein dynamisches Array innerhalb einer mit `Strg`+`T` erstellten Tabelle zu verwenden.

Angenommen, Zelle M1 enthält eine Formel wie `=VSTAPELN(A1:I1,FILTER(A2:I566, D2:D566=K1))`. Diese Formel in M1 gibt derzeit möglicherweise Daten an die Zellen M1:U82 zurück, würde jedoch eine andere Anzahl von Zeilen zurückgeben, wenn sich die in K1 eingegebene Branche ändert. Im Idealfall möchten Sie, dass die Pivot-Tabelle die neue Größe der Daten anzeigt.

Wenn Sie diese Daten auswählen und *Einfügen | PivotTable* verwenden, werden im Dialogfeld die Quelldaten als `Daten!$M$1:$U$82` angezeigt. Wenn Sie möchten, dass diese PivotTable mit dem dynamischen Array in der Größe angepasst wird, ändern Sie die Quelldaten im Dialogfeld in **`Daten!$M$1#`** ab.

---

Beachten Sie, dass Sie den Quellbereich zwar nicht mehr neu definieren müssen, Sie aber dennoch eine Aktualisierung auslösen müssen, damit Ihre Pivot-Tabelle die aktuellen Daten anzeigt.

---

# Tipp 11: Tabellen mittels einer PivotTable vergleichen

Wenn Sie länger als eine Woche als Datenanalyst tätig sind, wurden Sie bestimmt schon einmal gebeten, zwei separate Tabellen zu vergleichen, um eine brillante Analyse der Unterschiede zwischen ihnen zu erstellen. Dies ist ein häufiges Szenario, in dem Sie durch die Verwendung einer Pivot-Tabelle Zeit sparen können.

Angenommen, Sie haben zwei Tabellen, die Kunden und deren Umsätze im Jahr 2029 und im Jahr 2030 zeigen. Abbildung 14.17 zeigt, dass es sich um zwei separate Tabellen handelt. In diesem Beispiel wurden die Tabellen zu Schulungszwecken klein gehalten, aber stellen Sie sich vor, Sie würden hier mit etwas Größerem arbeiten.

| | A | B | C | D | E |
|---|---|---|---|---|---|
| 1 | **Kunden 2029** | | | **Kunden 2030** | |
| 2 | Kunde | Umsatz | | Kunde | Umsatz |
| 3 | PHALCO Corp. | $456,27 | | PHALSM Corp. | $1.902,25 |
| 4 | PHALLA Corp. | $3.974,07 | | PHALTA Corp. | $2.095,01 |
| 5 | PHALSE Corp. | $565,34 | | PHALWH Corp. | $1.740,27 |
| 6 | PHALSM Corp. | $1.902,25 | | PHMAN Corp. | $3.228,33 |
| 7 | POMTRA Corp. | $2.201,90 | | POPPIT Corp. | $604,18 |
| 8 | POPAUS Corp. | $1.891,73 | | POPUSL Corp. | $870,28 |
| 9 | POPCOA Corp. | $1.284,61 | | POPUSP Corp. | $2.421,01 |
| 10 | PORADA Corp. | $10.131,22 | | PORADA Corp. | $10.131,22 |
| 11 | PORCFA Corp. | $1.187,71 | | PORADY Corp. | $1.012,94 |
| 12 | | | | PORCFA Corp. | $1.187,71 |

**Abbildung 14.17** Sie müssen diese beiden Tabellen vergleichen.

Die Idee besteht darin, eine Tabelle zu erstellen, die beide Tabellen kombiniert. Fügen Sie eine Spalte *Jahr* hinzu, um zu kennzeichnen, welche Daten aus welcher Tabelle stammen, wie in Abbildung 14.18 dargestellt.

| Kunde | Umsatz | Jahr |
|---|---|---|
| PHALCO Corp. | $456,27 | 2029 |
| PHALLA Corp. | $3.974,07 | 2029 |
| PHALSE Corp. | $565,34 | 2029 |
| PHALSM Corp. | $1.902,25 | 2029 |
| POMTRA Corp. | $2.201,90 | 2029 |
| POPAUS Corp. | $1.891,73 | 2029 |
| POPCOA Corp. | $1.284,61 | 2029 |
| PORADA Corp. | $10.131,22 | 2029 |
| PORCFA Corp. | $1.187,71 | 2029 |
| PHALSM Corp. | $1.902,25 | 2030 |
| PHALTA Corp. | $2.095,01 | 2030 |
| PHALWH Corp. | $1.740,27 | 2030 |
| PHMAN Corp. | $3.228,33 | 2030 |
| POPPIT Corp. | $604,18 | 2030 |
| POPUSL Corp. | $870,28 | 2030 |
| POPUSP Corp. | $2.421,01 | 2030 |
| PORADA Corp. | $10.131,22 | 2030 |
| PORADY Corp. | $1.012,94 | 2030 |
| PORCFA Corp. | $1.187,71 | 2030 |

**Abbildung 14.18** Kombinieren Sie Ihre Tabellen zu einer Tabelle.

Nachdem Sie die Tabellen kombiniert haben, erstellen Sie anhand des kombinierten Datensatzes eine neue PivotTable. Formatieren Sie die Pivot-Tabelle so, dass sich das Tabellen-Tag (die Kennung, die angibt, aus welcher Tabelle die Daten stammen) im Spaltenbereich der Pivot-Tabelle befindet. In Abbildung 14.19 befinden sich die Jahre im Spaltenbereich und die Kunden im Zeilenbereich. Der Datenbereich enthält den Umsatz für jeden Kundennamen.

Wie Sie in Abbildung 14.19 sehen können, erhalten Sie sofort eine visuelle Anzeige, welche Kunden nur in der Tabelle des Vorjahres, welche in der Tabelle des laufenden Jahres und welche in beiden Tabellen enthalten sind.

| Summe von Umsatz | Jahr | | |
|---|---|---|---|
| **Kunde** | **2029** | **2030** | **Gesamtergebnis** |
| PHALCO Corp. | $456,27 | $0,00 | $456,27 |
| PHALLA Corp. | $3.974,07 | $0,00 | $3.974,07 |
| PHALSE Corp. | $565,34 | $0,00 | $565,34 |
| PHALSM Corp. | $1.902,25 | $1.902,25 | $3.804,50 |
| PHALTA Corp. | $0,00 | $2.095,01 | $2.095,01 |
| PHALWH Corp. | $0,00 | $1.740,27 | $1.740,27 |
| PHMAN Corp. | $0,00 | $3.228,33 | $3.228,33 |
| POMTRA Corp. | $2.201,90 | $0,00 | $2.201,90 |
| POPAUS Corp. | $1.891,73 | $0,00 | $1.891,73 |
| POPCOA Corp. | $1.284,61 | $0,00 | $1.284,61 |
| POPPIT Corp. | $0,00 | $604,18 | $604,18 |
| POPUSL Corp. | $0,00 | $870,28 | $870,28 |
| POPUSP Corp. | $0,00 | $2.421,01 | $2.421,01 |
| PORADA Corp. | $10.131,22 | $10.131,22 | $20.262,44 |
| PORADY Corp. | $0,00 | $1.012,94 | $1.012,94 |
| PORCFA Corp. | $1.187,71 | $1.187,71 | $2.375,42 |
| **Gesamtergebnis** | **$23.595,10** | **$25.193,20** | **$48.788,30** |

**Abbildung 14.19** Erstellen Sie eine Pivot-Tabelle, um einen übersichtlichen visuellen Vergleich der beiden Datensätze zu erhalten.

Anstelle von *Anzahl von Kunde* könnten Sie *Umsatz* zum Wertebereich hinzufügen und einen Vergleich der Umsätze dieses und des letzten Jahres anzeigen.

# Tipp 12: Pivot-Tabelle mit AutoFilter filtern

Die gängige Meinung ist, dass man den Filter auf der Registerkarte *Daten* nicht auf eine Pivot-Tabelle anwenden kann. Technisch gesehen ist das richtig. Es gibt jedoch eine Möglichkeit, Excel dazu zu bringen, dies dennoch zu tun.

Der Trick besteht darin, den Cursor direkt neben die letzte Überschrift in der PivotTable zu setzen, wie in Abbildung 14.20 gezeigt. (Sie können eigentlich jede leere Zelle unmittelbar rechts neben Ihrer Pivot-Tabelle verwenden.) Sobald Sie den Cursor dort platziert haben, können Sie die Registerkarte *Daten* öffnen und die Schaltfläche *Filtern* auswählen.

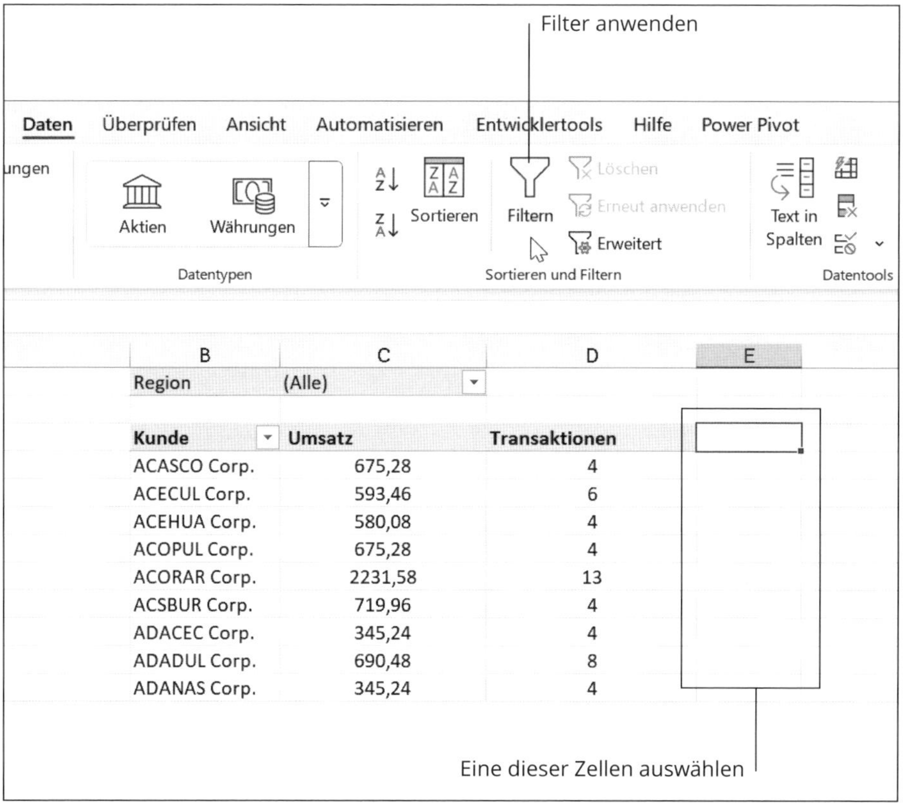


**Abbildung 14.20** Platzieren Sie den Cursor direkt außerhalb Ihrer Pivot-Tabelle.

Jetzt haben Sie zu C3 und D3 Filter-Dropdownpfeile hinzugefügt! Sie können nun coole Sachen machen, wie einen benutzerdefinierten Filter anwenden, um alle Kunden mit überdurchschnittlichen Transaktionszahlen zu finden (siehe Abbildung 14.21).

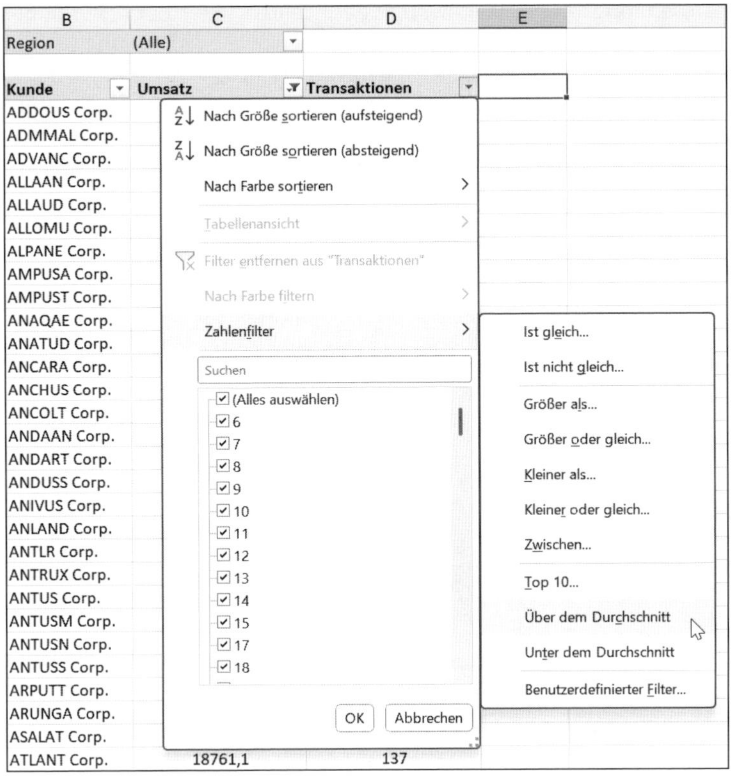


**Abbildung 14.21** Mit einem Datenfilter können Sie benutzerdefinierte Filterfunktionen nutzen, die normalerweise für Pivot-Tabellen nicht verfügbar sind.

Wenn sich Ihre Geschäftszweige bzw. Produktlinien über den oberen Rand Ihres Berichts erstrecken, können Sie filtern, um die zehn besten Kunden für ein bestimmtes Produkt anzuzeigen (siehe Abbildung 14.22).

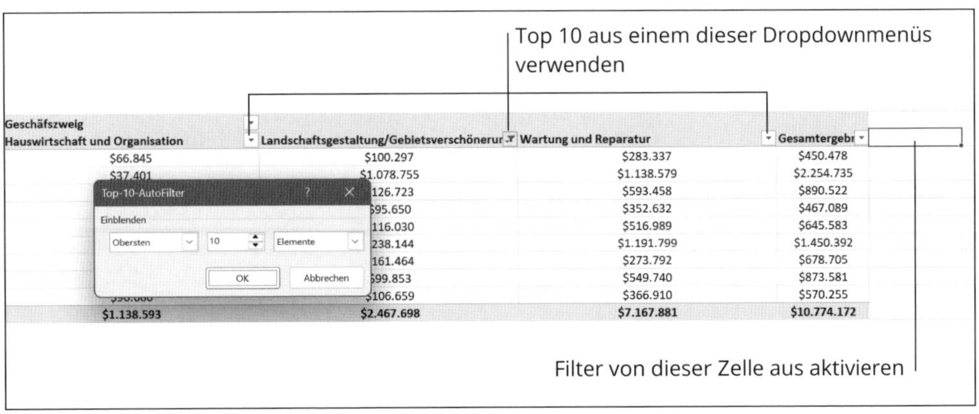


**Abbildung 14.22** Wählen Sie einen Top-10-Filter aus einer Spalte aus, indem Sie den Filtertrick anwenden.

Eine weitere Anwendungsmöglichkeit besteht darin, einen Top-10-Bericht mit dem Top-10-Filter zu erstellen, aber die obersten 11 Werte abzufragen, wie es Abbildung 14.23 zeigt. Für den Datenfilter ist der größte Kunde die Zeile *Gesamtergebnis*. Wenn Sie nach den Kunden 2 bis 11 fragen, werden die Kunden mit den Plätzen 1 bis 10 angezeigt. Der Vorteil dieser Methode besteht darin, dass die Spalte *% des Gesamtergebnisses* den Prozentsatz des Gesamtergebnisses anzeigt und nicht nur den Prozentsatz von 10 Kunden. Beachten Sie, dass das Gesamtergebnis die Summe aller Datensätze und nicht nur der zehn besten ist.

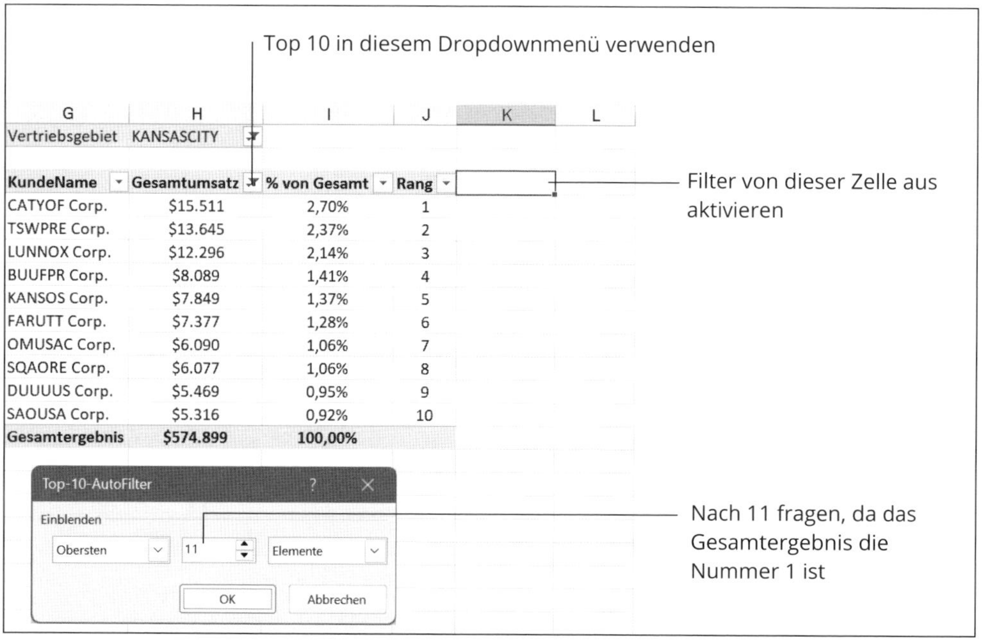


| KundeName | Gesamtumsatz | % von Gesamt | Rang |
|---|---|---|---|
| CATYOF Corp. | $15.511 | 2,70% | 1 |
| TSWPRE Corp. | $13.645 | 2,37% | 2 |
| LUNNOX Corp. | $12.296 | 2,14% | 3 |
| BUUFPR Corp. | $8.089 | 1,41% | 4 |
| KANSOS Corp. | $7.849 | 1,37% | 5 |
| FARUTT Corp. | $7.377 | 1,28% | 6 |
| OMUSAC Corp. | $6.090 | 1,06% | 7 |
| SQAORE Corp. | $6.077 | 1,06% | 8 |
| DUUUUS Corp. | $5.469 | 0,95% | 9 |
| SAOUSA Corp. | $5.316 | 0,92% | 10 |
| **Gesamtergebnis** | **$574.899** | **100,00%** | |

**Abbildung 14.23** Wenn Sie die Filteroption verwenden und nach den Top-11-Kunden fragen, erhalten Sie das Gesamtergebnis und 10 Kunden.

---

Die Verwendung des Filters auf der Registerkarte *Daten* wird von Microsoft nicht unterstützt. Wenn Sie Ihre PivotTable aktualisieren oder deren Form ändern, müssen Sie alle mit dieser Methode erstellten Filter erneut anwenden.

Um die Filter zu deaktivieren, müssen Sie außerdem eine Zelle unmittelbar rechts neben Ihrer PivotTable auswählen.

---

Dies ist eine fantastische Möglichkeit, um PivotTable-Berichte um eine zusätzliche Ebene an Analysefunktionen zu erweitern.

# Tipp 13: Zwei Zahlenformate in einer Pivot-Tabelle erzwingen

Von Zeit zu Zeit kommt es vor, dass ein normalisiertes Dataset die Erstellung einer geeigneten PivotTable erschwert. Das in Abbildung 14.24 gezeigte Dataset enthält beispielsweise Kennzahlen für die verschiedenen Vertriebsgebiete. Beachten Sie, dass es eine Spalte gibt, die die Kennzahl identifiziert, und eine weitere, die den entsprechenden Wert enthält.

| M | N | O | P | Q |
|---|---|---|---|---|
| Region | Vertriebsgebiet | Geschäftszweig | Measure | Wert |
| MITTLERER WESTEN | DENVER | Fuhrparkwartung | Konversionsrate | 0,21 |
| MITTLERER WESTEN | DENVER | Fuhrparkwartung | Umsatz | 170190,3 |
| MITTLERER WESTEN | DENVER | Grünpflanzen- und Baumpflege | Konversionsrate | 0,89 |
| MITTLERER WESTEN | DENVER | Grünpflanzen- und Baumpflege | Umsatz | 42408,61 |
| MITTLERER WESTEN | DENVER | Landschaftsbau/Grundstückspflege | Konversionsrate | 0,93 |
| MITTLERER WESTEN | DENVER | Landschaftsbau/Grundstückspflege | Umsatz | 73621,62 |
| MITTLERER WESTEN | DENVER | Prädiktive Wartung/Vorbeugende Wartun | Konversionsrate | 0,94 |
| MITTLERER WESTEN | DENVER | Prädiktive Wartung/Vorbeugende Wartun | Umsatz | 186474,7 |
| MITTLERER WESTEN | DENVER | Reiningungs- und Haushaltsdienste | Konversionsrate | 0,63 |
| MITTLERER WESTEN | DENVER | Reiningungs- und Haushaltsdienste | Umsatz | 12563,91 |
| MITTLERER WESTEN | DENVER | Wartung und Reparatur von Anlagen | Konversionsrate | 0,65 |
| MITTLERER WESTEN | DENVER | Wartung und Reparatur von Anlagen | Umsatz | 160324,2 |
| MITTLERER WESTEN | KANSASCITY | Fuhrparkwartung | Konversionsrate | 0,12 |
| MITTLERER WESTEN | KANSASCITY | Fuhrparkwartung | Umsatz | 133170,4 |

**Abbildung 14.24** Diese Tabelle mit Kennzahlen enthält viele verschiedene Datentypen in einem Wertefeld.

Obwohl es sich im Allgemeinen um eine gut formatierte Tabelle handelt, ist zu beachten, dass einige der Kennzahlen als Zahlenformat, andere hingegen als Prozentsatz gedacht sind. In der Datenbank, aus der dieser Datensatz stammt, ist das Wertfeld ein doppelter Datentyp, sodass dies funktioniert.

Das Problem besteht darin, dass Sie beim Erstellen einer PivotTable aus diesem Datensatz dem Wertfeld nicht zwei verschiedene Zahlenformate zuweisen können. Schließlich gilt die Regel: ein Feld, ein Zahlenformat.

Wie Sie in Abbildung 14.25 sehen können, ändert sich durch den Versuch, das Zahlenformat für die Konversionsrate festzulegen, auch das Format für die Angaben, die eigentlich reine Zahlen sein sollten.

| | A | B | C |
|---|---|---|---|
| 1 | Vertriebsgebiet | CANADA | |
| 2 | | | |
| 3 | **Summe von Wert** | **Measure** | |
| 4 | **Geschäftszweig** | **Konversionsrate** | **Umsatz** |
| 5 | Fuhrparkwartung | 96,00% | 27317468,00% |
| 6 | Grünpflanzen- und Baumpflege | 6,00% | 1596550,00% |
| 7 | Landschaftsbau/Grundstückspflege | 48,00% | 7675108,00% |
| 8 | Prädiktive Wartung/Vorbeugende Wartung | 32,00% | 11609668,00% |
| 9 | Wartung und Reparatur von Anlagen | 72,00% | 29425733,00% |

**Abbildung 14.25** Sie können den Kennzahlen nur ein Zahlenformat zuweisen.

Die Lösung besteht darin, ein benutzerdefiniertes Zahlenformat zu verwenden, das alle Werte über 1,5 als Zahlen und alle Werte unter 1,5 als Prozentsätze formatiert. Klicken Sie im Dialogfeld *Zellen formatieren* auf *Benutzerdefiniert* und geben Sie dann die folgende Syntax in das Eingabefeld *Typ* ein (siehe Abbildung 14.26):

```
[>=1,5][$$]#.##0;[<1,5]0,0%
```

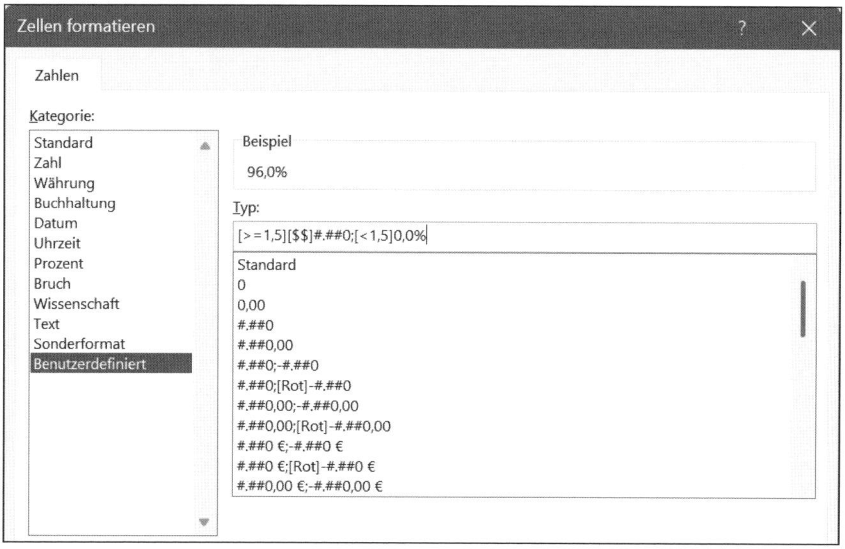


**Abbildung 14.26** Wenden Sie ein benutzerdefiniertes Zahlenformat an, das Excel anweist, alle Zahlen unter 1,5 als Prozentsatz zu formatieren.

Das Ergebnis in Abbildung 14.27 zeigt, dass jede Kennzahl nun entsprechend formatiert ist. Natürlich muss man ein wenig Glück mit den Parametern der Situation haben, in der man arbeitet. Diese Technik funktioniert zwar nicht in allen Szenarien, eröffnet jedoch einige interessante Möglichkeiten.

| | A | B | C |
|---|---|---|---|
| 1 | Vertriebsgebiet | CANADA | |
| 2 | | | |
| 3 | **Summe von Wert** | **Measure** | |
| 4 | **Geschäftszweig** | **Konversionsrate** | **Umsatz** |
| 5 | Fuhrparkwartung | 96,0% | $273.175 |
| 6 | Grünpflanzen- und Baumpflege | 6,0% | $15.966 |
| 7 | Landschaftsbau/Grundstückspflege | 48,0% | $76.751 |
| 8 | Prädiktive Wartung/Vorbeugende Wartung | 32,0% | $116.097 |
| 9 | Wartung und Reparatur von Anlagen | 72,0% | $294.257 |

**Abbildung 14.27** Zwei Zahlenformate in einem Datenfeld. Erstaunlich!

# Tipp 14: Einzelne Werte in einer Pivot-Tabelle formatieren

Wenn Sie Microsoft 365 oder Office 2021 oder höher verwenden, können Sie mit einem bestimmten Feature bestimmte Werte in einer Pivot-Tabelle formatieren. Diese Formatierung bleibt auch nach dem Pivotieren oder Aktualisieren der Pivot-Tabelle erhalten.

Klicken Sie beispielsweise in Abbildung 14.28 mit der rechten Maustaste auf die Zelle, die die Verkäufe von Clementinen in der Region West enthält, und wählen Sie *Zellen formatieren*. Wenden Sie auf diese Zelle eine rote Füllung an.

Wenn Sie die Daten pivotieren, bleibt die rote Formatierung in dieser Zelle erhalten (siehe Abbildung 14.29). Verschieben Sie *Produkt* vom Spalten- in den Zeilenbereich. Verschieben Sie *Region* vom Zeilen- in den Spaltenbereich. Nach jeder Verschiebung verschiebt sich die rote Zelle mit dem Wert 12.480 €.

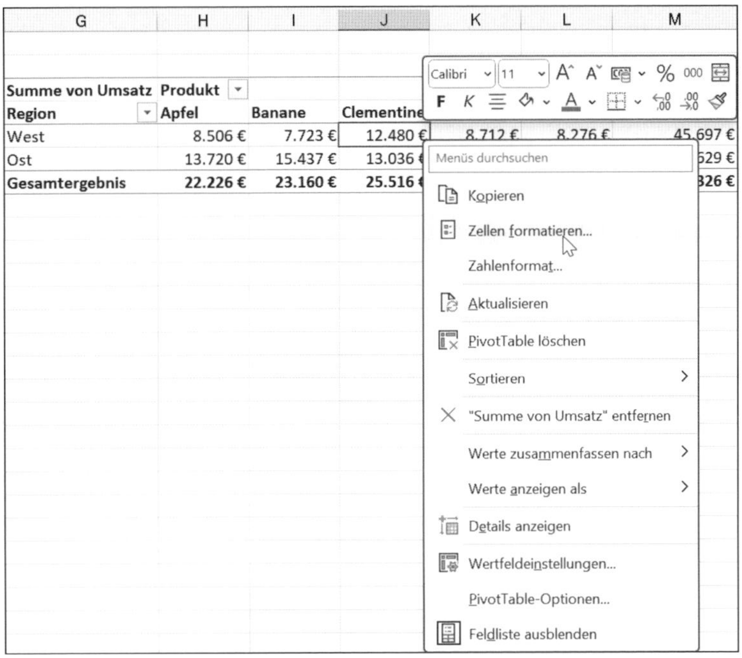


**Abbildung 14.28** Verwenden Sie *Zellen formatieren* im Kontextmenü, um eine oder mehrere Zellen im Wertebereich einer Pivot-Tabelle zu formatieren.

| Summe von Umsatz | Region | | |
|---|---|---|---|
| **Produkt** | **West** | **Ost** | **Gesamtergebnis** |
| Apfel | 8.506 € | 13.720 € | 22.226 € |
| Banane | 7.723 € | 15.437 € | 23.160 € |
| Clementine | 12.480 € | 13.036 € | 25.516 € |
| Dattel | 8.712 € | 13.470 € | 22.182 € |
| Erdbeere | 8.276 € | 8.966 € | 17.242 € |
| **Gesamtergebnis** | **45.697 €** | **64.629 €** | **110.326 €** |

**Abbildung 14.29** Nach dem Pivotieren bleibt die Formatierung bei diesem Wert erhalten.

Noch erstaunlicher: Fügen Sie ein neues Zeilenfeld hinzu, damit die Werte für *West/Clementine* mehr Zellen einnehmen. Die rote Füllung, die zuvor nur in einer Zelle vorhanden war, wird auf alle drei Zellen erweitert, die den Umsatz von Clementinen in der Region West anzeigen. Andererseits bin ich mir nicht sicher, warum das Gesamtergebnis für *West/Clementine* nicht ebenfalls rot gefüllt ist (siehe Abbildung 14.30).

| **Summe von Umsatz** | | **Produkt** | | | | | |
|---|---|---|---|---|---|---|---|
| **Region** | **Vertreter** | **Apfel** | **Banane** | **Clementine** | **Dattel** | **Erdbeere** | **Gesamtergebnis** |
| **West** | Ash | 3.917 € | 1.812 € | 3.894 € | 2.611 € | 1.414 € | 13.648 € |
| **West** | Dave | 2.373 € | 3.811 € | 4.919 € | 2.483 € | 3.571 € | 17.157 € |
| **West** | Prash | 2.216 € | 2.100 € | 3.667 € | 3.618 € | 3.291 € | 14.892 € |
| **West Ergebnis** | | **8.506 €** | **7.723 €** | **12.480 €** | **8.712 €** | **8.276 €** | **45.697 €** |
| **Ost** | Andy | 4.188 € | 2.054 € | 2.944 € | 3.452 € | 2.504 € | 15.142 € |
| **Ost** | Bob | 4.288 € | 5.148 € | 3.675 € | 2.724 € | 2.466 € | 18.301 € |

**Abbildung 14.30** Auch wenn die PivotTable erweitert wird, bleibt die rote Formatierung bei *West/Clementine* erhalten.

Die rote Formatierung bleibt erhalten, wenn *West* aufgrund eines Filters oder Datenschnitts entfernt wird, jedoch geht die Formatierung verloren, wenn Sie *Produkt* oder *Region* vollständig aus der Pivot-Tabelle entfernen.

Dieser neue Formatierungstrick in Office 365 würde die Lösung aus Tipp 13 vereinfachen. Anstatt ein benutzerdefiniertes Zahlenformat von `[>=1,5][$$]#.##0;[<1,5]0,0%` zu verwenden, können Sie einfach alle Zellen in der Spalte *Umsatz* auswählen. Klicken Sie mit der rechten Maustaste. Es ist verlockend, *Zahlenformat* zu wählen, aber das funktioniert nicht. Wählen Sie stattdessen *Zellen formatieren* (siehe Abbildung 14.31) und weisen Sie ein Währungsformat zu.

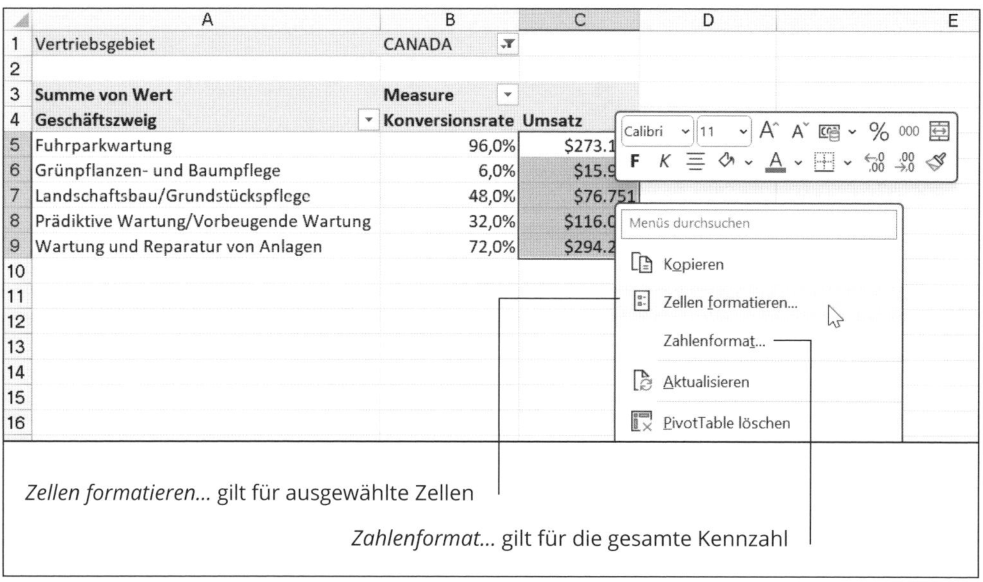


**Abbildung 14.31** Um alle Zahlenformate für Umsatzwerte zu ändern, wählen Sie diese Zellen aus, klicken mit der rechten Maustaste und wählen *Zellen formatieren*.

# Tipp 15: Abschnitte einer Pivot-Tabelle formatieren

Der neue Formatierungstrick in Tipp 14 eignet sich zwar hervorragend für Office 365, aber es gibt noch eine andere, ältere Methode zum Formatieren von Bereichen einer Pivot-Tabelle, die in allen Office-Versionen verfügbar ist.

Um diese Methode zu aktivieren, wählen Sie auf der Registerkarte *PivotTable-Analyse* den Befehl *Auswählen | Auswahl aktivieren* (siehe Abbildung 14.32).

Nachdem Sie die Auswahl aktiviert haben, bewegen Sie den Mauszeiger über den linken Teil einer beliebigen Zelle in einer Pivot-Tabelle. Achten Sie darauf, dass sich der Mauszeiger in einen nach rechts zeigenden schwarzen Pfeil verwandelt. In Abbildung 14.33 werden durch Bewegen des Mauszeigers über das linke Viertel der Zelle H5 alle Gesamtergebniszeilen der Vertreter ausgewählt.

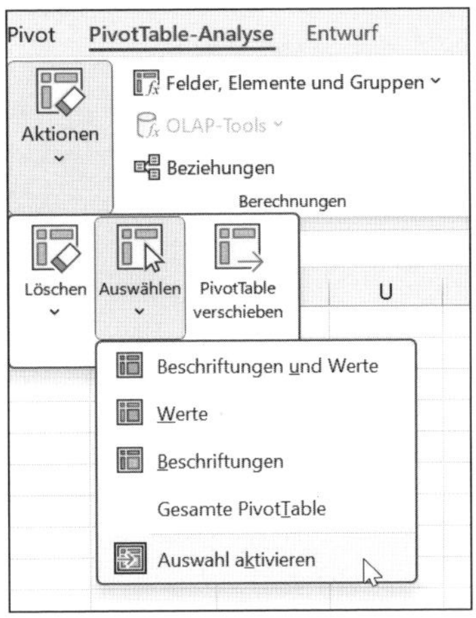


**Abbildung 14.32** Die alte Auswahlfunktion ist standardmäßig deaktiviert.

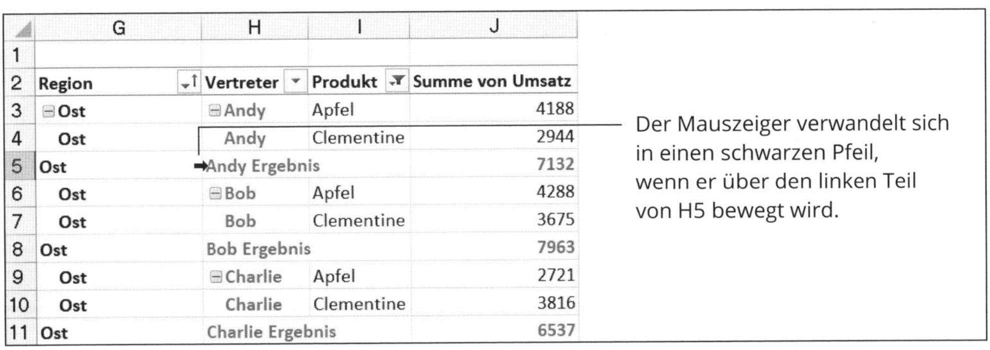

| | G | H | I | J |
|---|---|---|---|---|
| 1 | | | | |
| 2 | Region | Vertreter | Produkt | Summe von Umsatz |
| 3 | ⊟Ost | ⊟Andy | Apfel | 4188 |
| 4 | Ost | Andy | Clementine | 2944 |
| 5 | Ost | Andy Ergebnis | | 7132 |
| 6 | Ost | ⊟Bob | Apfel | 4288 |
| 7 | Ost | Bob | Clementine | 3675 |
| 8 | Ost | Bob Ergebnis | | 7963 |
| 9 | Ost | ⊟Charlie | Apfel | 2721 |
| 10 | Ost | Charlie | Clementine | 3816 |
| 11 | Ost | Charlie Ergebnis | | 6537 |



**Abbildung 14.33** Bewegen Sie den Mauszeiger über den linken Rand einer Zelle, bis der schwarze Pfeil angezeigt wird.

Klicken Sie auf die linke Seite von *Andy Ergebnis*, und alle Zeilen auf ähnlicher Ebene in der Pivot-Tabelle werden ausgewählt. Wenden Sie eine Füllfarbe an, und Sie haben alle Zeilen mit den Teilergebnissen der Vertriebsmitarbeiter formatiert, wie in Abbildung 14.34 dargestellt.

| | G | H | I | J |
|---|---|---|---|---|
| 2 | Region | Vertreter | Produkt | Summe von Umsatz |
| 3 | ⊟Ost | ⊟Andy | Apfel | 4188 |
| 4 | Ost | Andy | Clementine | 2944 |
| 5 | Ost | Andy Ergebnis | | 7132 |
| 6 | Ost | ⊟Bob | Apfel | 4288 |
| 7 | Ost | Bob | Clementine | 3675 |
| 8 | Ost | Bob Ergebnis | | 7963 |
| 9 | Ost | ⊟Charlie | Apfel | 2721 |
| 10 | Ost | Charlie | Clementine | 3816 |
| 11 | Ost | Charlie Ergebnis | | 6537 |
| 12 | Ost | ⊟Flo | Apfel | 2523 |
| 13 | Ost | Flo | Clementine | 2601 |

**Abbildung 14.34** Wenn Sie auf die linke Seite von *Andy Ergebnis* klicken, werden alle Zellen auf einer ähnlichen Ebene ausgewählt.

Es gibt viele Möglichkeiten, passende Zellen auszuwählen. Wenn Sie mit der Maus über eine Clementine-Zelle in Spalte I von Abbildung 14.35 fahren, werden alle Clementine-Zellen ausgewählt.

| | G | H | I | J |
|---|---|---|---|---|
| 2 | Region | Vertreter | Produkt | Summe von Umsatz |
| 3 | ⊟Ost | ⊟Andy | Apfel | 4188 |
| 4 | Ost | Andy | Clementine | 2944 |
| 5 | Ost | Andy Ergebnis | | 7132 |
| 6 | Ost | ⊟Bob | Apfel | 4288 |
| 7 | Ost | Bob | Clementine | 3675 |
| 8 | Ost | Bob Ergebnis | | 7963 |
| 9 | Ost | ⊟Charlie | Apfel | 2721 |
| 10 | Ost | Charlie | Clementine | 3816 |
| 11 | Ost | Charlie Ergebnis | | 6537 |

**Abbildung 14.35** Klicken Sie auf den linken Rand einer Clementine-Zelle, um alle Clementine-Zellen und die dazugehörigen Umsätze auszuwählen.

## Tipp 16: Mit einer Pivot-Tabelle eine Häufigkeitsverteilung erstellen

Wenn Sie mit der Funktion `HÄUFIGKEIT()` eine Häufigkeitsverteilung erstellt haben, wissen Sie, dass dies schnell zu einem verwirrenden Durcheinander führen kann. Hinzu kommt das *Histogramm*-Feature im Analysis ToolPak, das die Sache nicht gerade einfacher macht. Jedes Mal, wenn Sie Ihre Klassenbereiche (Bins) ändern müssen, müssen Sie den gesamten Prozess von vorne durchlaufen.

In diesem Tipp erfahren Sie, wie Sie mit einer PivotTable schnell eine einfache Häufigkeitsverteilung erstellen können.

1. Zunächst müssen Sie eine PivotTable erstellen, in der die Datenwerte im Bereich *Zeilen* (nicht im Wertebereich) dargestellt werden. Beachten Sie, dass in Abbildung 14.36 das Feld *Umsatz* im Zeilenbereich platziert ist.

**Abbildung 14.36** Legen Sie den Datenwert im *Bereich* Zeilen ab.

2. Klicken Sie anschließend mit der rechten Maustaste auf einen beliebigen Wert im Bereich mit den Datenwerten und wählen Sie *Gruppieren*. Legen Sie im Dialogfeld *Gruppierung* (siehe Abbildung 14.37) die Werte für *Starten* und *Beenden* fest und legen Sie dann das Intervall fest. Im Wesentlichen wird dadurch die Häufigkeitsverteilung erstellt.

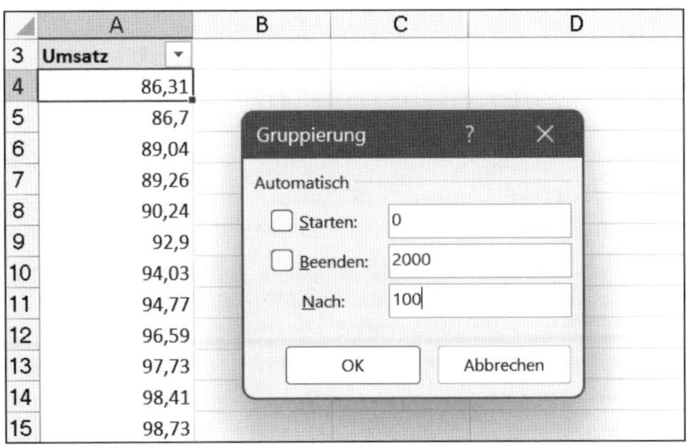


**Abbildung 14.37** Verwenden Sie das Dialogfeld *Gruppierung*, um Ihre Häufigkeitsintervalle zu erstellen.

3. Nachdem Sie auf *OK* geklickt haben, können Sie das Ergebnis nutzen, um eine Verteilungsansicht Ihrer Daten zu erstellen.

In Abbildung 14.38 sehen Sie, dass *KundeName* hinzugefügt wurde, um eine Häufigkeitsverteilung der Anzahl der Kundentransaktionen nach dem Umsatz zu erhalten. Beachten Sie, dass ein Verkaufsbetrag von beispielsweise genau 400 Dollar in den Bereich 400–500 fallen würde.

Der offensichtliche Vorteil dieser Technik besteht darin, dass Sie den Berichtsfilter der Pivot-Tabelle verwenden können, um die Daten interaktiv nach anderen Dimensionen wie Region und Vertriebsgebiet zu filtern. Im Gegensatz zum Histogramm-Tool des Analysis ToolPak können Sie außerdem Ihre Häufigkeitsintervalle schnell anpassen, indem Sie einfach mit der rechten Maustaste auf eine beliebige Zahl im Bereich *Zeilen* klicken und *Gruppieren* auswählen.

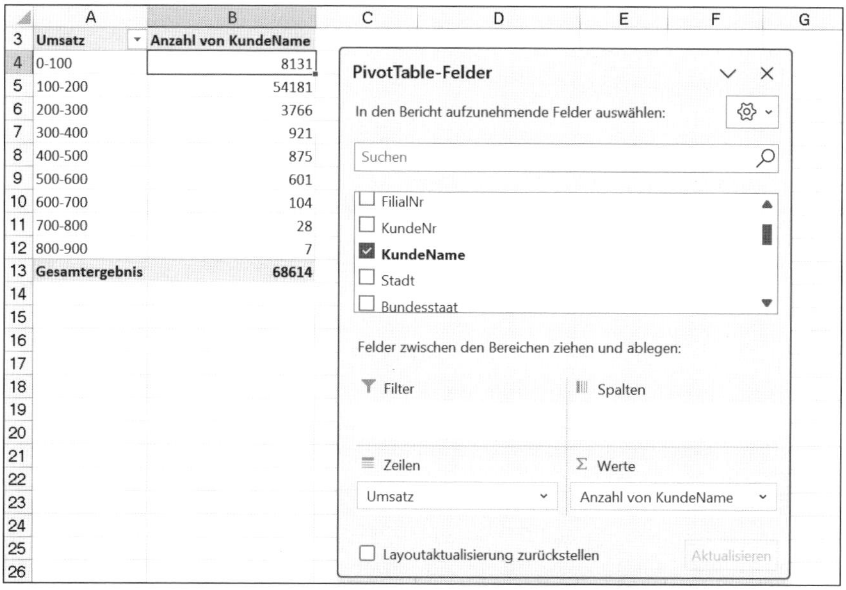


**Abbildung 14.38** Häufigkeitsverteilung der Kundentransaktionen nach Umsatz

# Tipp 17: Mit einer PivotTable ein Dataset auf verschiedene Tabellenblätter aufteilen

Eine der häufigsten Anforderungen an einen Analysten ist die Erstellung separater PivotTable-Berichte für jede Region, jedes Vertriebsgebiet, jeden Manager, jedes Produkt oder Ähnliches. Diese Art von Anforderungen führt in der Regel zu einem mühsamen manuellen Prozess, bei dem Sie eine Pivot-Tabelle in ein neues Arbeitsblatt kopieren und dann das Filterfeld auf die entsprechende Region oder den entsprechenden Manager ändern. Diesen Vorgang wiederholen Sie dann so oft, bis Sie alle Auswahlmöglichkeiten durchlaufen haben.

Das Erstellen separater PivotTable-Berichte ist ein Bereich, in dem Excel wirklich Abhilfe schafft. Excel verfügt über ein Feature namens *Berichtsfilterseiten anzeigen*, die automatisch eine separate Pivot-Tabelle für jedes Element in den Filterfeldern erstellt. Um diese Funktion zu verwenden, erstellen Sie einfach eine PivotTable mit einem Filterfeld, wie in Abbildung 14.39 gezeigt.

Setzen Sie den Cursor an eine beliebige Stelle in der Pivot-Tabelle und öffnen Sie dann die Registerkarte *PivotTable-Analyse*. Klicken Sie in der Gruppe *PivotTable* auf die Dropdownliste *Optionen* und wählen Sie *Berichtsfilterseiten anzeigen*, wie in Abbildung 14.40 gezeigt.

| | A | B | C | D |
|---|---|---|---|---|
| 1 | Region | (Alle) | | |
| 2 | | | | |
| 3 | **Summe von Umsatz** | **Verkaufsperiode** | | |
| 4 | **ProduktBeschreibung** | **P01** | **P02** | **P03** |
| 5 | Fuhrparkwartung | $148.565 | $297.315 | $145.821 |
| 6 | Grünpflanzen- und Baumpflege | $75.716 | $135.529 | $72.293 |
| 7 | Landschaftsbau/Grundstückspflege | $92.353 | $99.173 | $87.138 |
| 8 | Prädiktive Wartung/Vorbeugende Wartung | $163.844 | $189.317 | $158.946 |
| 9 | Reinigung und Haushaltsführung | $80.083 | $89.750 | $78.182 |
| 10 | Wartung und Reparatur von Anlagen | $121.304 | $305.832 | $115.232 |
| 11 | **Gesamtergebnis** | **$681.865** | **$1.116.916** | **$657.611** |

**Abbildung 14.39** Beginnen Sie mit einer PivotTable, die ein Filterfeld enthält.

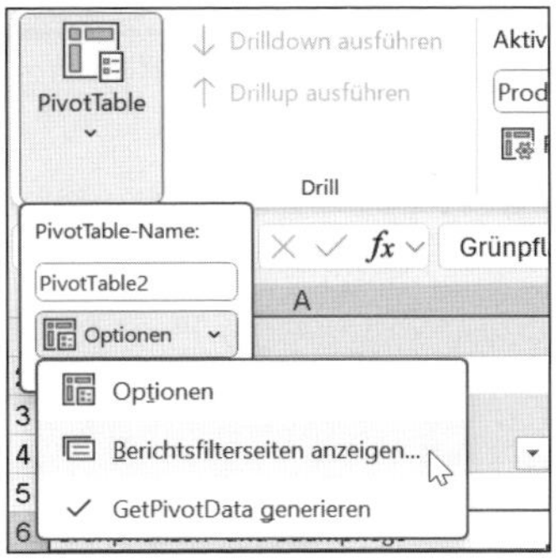


**Abbildung 14.40** Wählen Sie den Befehl *Berichtsfilterseiten anzeigen.*

Es öffnet sich ein Dialogfeld, in dem Sie das Filterfeld auswählen können, für das Sie separate Pivot-Tabellen erstellen möchten. Wählen Sie das entsprechende Filterfeld aus und klicken Sie auf *OK*.

Als Ergebnis erhalten Sie für jeden Eintrag im Filterfeld ein Tabellenblatt, das jeweils eine eigene Pivot-Tabelle enthält. Abbildung 14.41 zeigt das Ergebnis. Beachten Sie, dass die neu erstellten Registerkarten entsprechend dem in der Pivot-Tabelle angezeigten Filtereintrag benannt sind.

| | A | B | C | D | E |
|---|---|---|---|---|---|
| 1 | Vertriebsgebiet | CALIFORNIA | | | |
| 2 | | | | | |
| 3 | **Summe von Umsatz** | **Verkaufsperiode** | | | |
| 4 | **ProduktBeschreibung** | **P01** | **P02** | **P03** | **P04** |
| 5 | Fuhrparkwartung | $22.575 | $36.895 | $20.113 | $23.870 |
| 6 | Grünpflanzen- und Baumpflege | $48.251 | $90.013 | $45.019 | $67.196 |
| 7 | Landschaftsbau/Grundstückspflege | $19.401 | $21.191 | $18.404 | $19.562 |
| 8 | Prädiktive Wartung/Vorbeugende Wartung | $38.712 | $46.073 | $38.352 | $43.283 |
| 9 | Reiningung und Haushaltsführung | $2.841 | $2.997 | $2.097 | $4.102 |
| 10 | Wartung und Reparatur von Anlagen | $16.251 | $35.879 | $16.373 | $18.518 |
| 11 | **Gesamtergebnis** | **$148.031** | **$233.048** | **$140.358** | **$176.531** |
| 12 | | | | | |
| 13 | | | | | |
| 14 | | | | | |

CALIFORNIA | CANADA | CHARLOTTE | DALLAS | DENVER | FLORIDA | KANSASCITY

**Abbildung 14.41** Mit nur wenigen Klicks erhalten Sie für jedes Vertriebsgebiet eine separate Pivot-Tabelle!

Bitte beachten Sie, dass Sie die Option *Berichtfilterseiten anzeigen* jeweils nur für ein Filterfeld verwenden können. Mit diesem Feature werden PivotCharts nicht automatisch repliziert.

# Tipp 18: Einschränkungen auf Pivot-Tabellen und Pivot-Felder anwenden

Ich sende häufig Pivot-Tabellen an Kunden, Kollegen, Vorgesetzte und andere Personengruppen. In manchen Fällen möchte ich die Aktionen einschränken, die Benutzer mit den von mir gesendeten PivotTable-Berichten durchführen können. Die in diesem Abschnitt beschriebenen Makros veranschaulichen einige der über VBA verfügbaren Schutzeinstellungen.

## PivotTable-Einschränkungen

Das `PivotTable`-Objekt verfügt über mehrere Eigenschaften, mit denen Sie als Entwickler verschiedene Funktionen und Komponenten einer Pivot-Tabelle einschränken können:

- **`EnableWizard`** Wenn Sie diese Eigenschaft auf `False` setzen, werden die PivotTable-Registerkarten im Menüband deaktiviert.
- **`EnableDrilldown`** Wenn Sie diese Eigenschaft auf `False` setzen, können Benutzer keine detaillierten Daten mehr anzeigen, indem sie auf ein Datenfeld doppelklicken.
- **`EnableFieldList`** Wenn Sie diese Eigenschaft auf `False` setzen, können Benutzer die Feldliste nicht aktivieren oder Pivot-Felder verschieben.
- **`EnableFieldDialog`** Wenn Sie diese Eigenschaft auf `False` setzen, können Benutzer das Pivotfeld über das Dialogfeld *Wertfeldeinstellungen* zu ändern.
- **`PivotCache.EnableRefresh`** Wenn Sie diese Eigenschaft auf `False` setzen, wird die Möglichkeit zum Aktualisieren der Pivot-Tabelle deaktiviert.

Sie können jede dieser Eigenschaften unabhängig voneinander auf `True` oder `False` setzen. Das folgende Makro wendet alle Einschränkungen auf die Ziel-PivotTable an:

```
Sub ApplyPivotTableRestrictions()
'Schritt 1: Deklarieren Sie Ihre Variablen
   Dim pt As PivotTable

'Schritt 2: Zeigen Sie auf die PivotTable in der aktiven Zelle
   On Error Resume Next
   Set pt = ActiveSheet.PivotTables(ActiveCell.PivotTable.Name)

'Schritt 3: Beenden, wenn aktive Zelle nicht in einer PivotTable ist
   If pt Is Nothing Then
      MsgBox "Sie müssen den Cursor in eine PivotTable setzen."
      Exit Sub
   End If
```

```
'Schritt 4: Einschränkungen für PivotTable festlegen
   With pt
      .EnableWizard = False
      .EnableDrilldown = False
      .EnableFieldList = False
      .EnableFieldDialog = False
      .PivotCache.EnableRefresh = False
   End With
End Sub
```

Das Makro ist wie folgt strukturiert:

- In Schritt 1 wird die Objektvariable `pt` des Typs `PivotTable` deklariert, die als Speichercontainer für die Pivot-Tabelle dient.
- Schritt 2 setzt die Variable `pt` auf den Namen der Pivot-Tabelle, in der sich die aktive Zelle befindet. Hierzu wird die Eigenschaft `ActiveCell.PivotTable.Name` verwendet, um den Namen der Ziel-PivotTable abzurufen.
- In Schritt 3 wird überprüft, ob die Variable `pt` ein PivotTable-Objekt enthält. Wenn die Variable `pt` den Wert `Nothing` enthält, befand sich die aktive Zelle nicht in einer Pivot-Tabelle, sodass der Variablen keine Pivot-Tabelle zugewiesen werden konnte. In diesem Fall informiert das Makro den Benutzer in einem Meldungsfeld hierüber und beendet dann die Prozedur.
- Schritt 4 weist der PivotTable die Einschränkungen zu.

Sobald Sie die gewünschten Funktionen eingeschränkt haben, deaktiviert Excel die Menübefehle für die Funktionen, die Sie ausgeschaltet haben. In Abbildung 14.42 sehen Sie, dass die Befehle *Aktualisieren*, *PivotTable-Optionen* und *Feldliste anzeigen* nicht verfügbar sind.

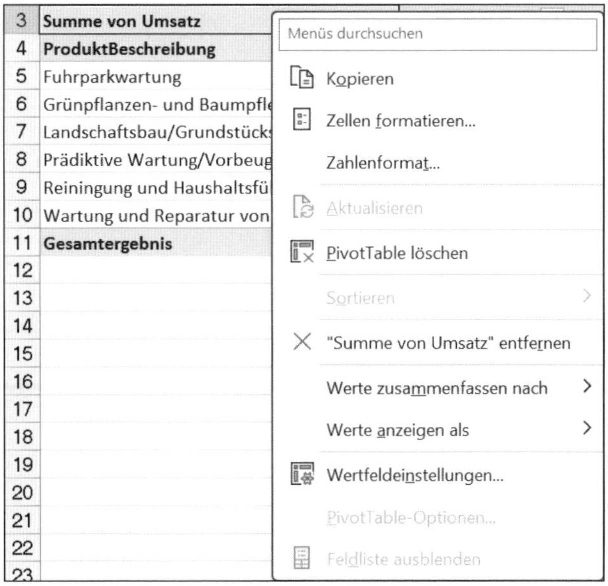


**Abbildung 14.42** Die Befehle für die deaktivierten Features sind in allen Menüs nicht verfügbar.

## PivotField-Einschränkungen

Ähnlich wie bei den Einschränkungen für Pivot-Tabellen können Sie mit Einschränkungen für Pivot-Felder die Arten von Aktionen einschränken, die Benutzer für die Pivot-Felder in einer Pivot-Tabelle ausführen können. Das in diesem Abschnitt gezeigte Makro veranschaulicht einige der über VBA verfügbaren Schutzeinstellungen.

Das `PivotField`-Objekt verfügt über mehrere Eigenschaften, mit denen Sie als Entwickler verschiedene Funktionen und Komponenten einer Pivot-Tabelle einschränken können:

- **`DragToPage`** Wenn Sie diese Eigenschaft auf `False` setzen, können Benutzer keine Pivot-Felder in den Filterbereich der Pivot-Tabelle ziehen.
- **`DragToRow`** Wenn Sie diese Eigenschaft auf `False` setzen, können Benutzer keine Pivot-Felder in den Zeilenbereich der Pivot-Tabelle ziehen.
- **`DragToColumn`** Wenn Sie diese Eigenschaft auf `False` setzen, können Benutzer keine Pivot-Felder in den in den Spaltenbereich der Pivot-Tabelle ziehen.
- **`DragToData`** Wenn Sie diese Eigenschaft auf `False` setzen, können Benutzer keine Pivot-Felder in den Wertebereich der Pivot-Tabelle ziehen.
- **`DragToHide`** Wenn Sie diese Eigenschaft auf `False` setzen, können Benutzer keine Pivot-Felder aus der Pivot-Tabelle herausziehen. Außerdem kann das Pivot-Feld nicht über das Kontextmenü ausgeblendet oder entfernt werden.
- **`EnableItemSelection`** Wenn Sie diese Eigenschaft auf `False` setzen, werden die Drop-downmenüs in jedem Pivot-Feld deaktiviert.

Sie können jede dieser Eigenschaften unabhängig voneinander auf `True` oder `False` setzen. Das folgende Makro aktiviert in der Ziel-Pivot-Tabelle alle Einschränkungen:

```
Sub ApplyFieldRestrictions()
'Schritt 1: Deklarieren Sie Ihre Variablen
   Dim pt As PivotTable
   Dim pf As PivotField

'Schritt 2: Zeigen Sie auf die PivotTable in der aktiven Zelle
   On Error Resume Next
   Set pt = ActiveSheet.PivotTables(ActiveCell.PivotTable.Name)

'Schritt 3: Beenden, wenn aktive Zelle nicht in einer PivotTable ist
   If pt Is Nothing Then
      MsgBox "Sie müssen den Cursor in eine PivotTable setzen."
      Exit Sub
   End If

'Schritt 4: Einschränkungen für Pivot-Felder festlegen
   For Each pf In pt.PivotFields
      pf.EnableItemSelection = False
      pf.DragToPage = False
      pf.DragToRow = False
      pf.DragToColumn = False
      pf.DragToData = False
      pf.DragToHide = False
   Next pf
End Sub
```

Dieses Makro ist wie folgt aufgebaut:

- In Schritt 1 werden zwei Objektvariablen deklariert, wobei `pt` als Speichercontainer für die Pivot-Tabelle und `pf` als Speichercontainer für die Pivot-Felder verwendet wird. Auf diese Weise können alle Pivot-Felder in der Pivot-Tabelle durchlaufen werden.
- In Schritt 2 wird die Variable `pt` auf den Namen der Pivot-Tabelle gesetzt, in der sich die aktive Zelle befindet. Hier wird die Eigenschaft `ActiveCell.PivotTable.Name` verwendet, um den Namen der Ziel-Pivot-Tabelle abzurufen.
- In Schritt 3 wird überprüft, ob die Variable `pt` ein `PivotTable`-Objekt enthält. Wenn die Variable `pt` auf `Nothing` gesetzt ist, befand sich die aktive Zelle nicht in einer Pivot-Tabelle, sodass der Variablen keine Pivot-Tabelle zugewiesen werden konnte. In diesem Fall benachrichtigt das Makro den Benutzer hierüber in einem Meldungsfeld. Anschließend wird die Prozedur beendet.
- Schritt 4 des Makros verwendet eine `For Each`-Schleife, um jedes Pivot-Feld zu durchlaufen und alle angegebenen Pivot-Feld-Beschränkungen anzuwenden.

Sobald die von Ihnen ausgewählten Features eingeschränkt wurden, deaktiviert Excel die Menübefehle für die Features, die Sie auf `False` gesetzt haben.

## Tipp 19: Ein Dataset mittels einer PivotTable auf verschiedene Arbeitsmappen aufteilen

Stellen Sie sich vor, Sie haben ein Dataset mit mehr als 50.000 Zeilen. Sie wurden gebeten, für jedes Vertriebsgebiet in diesem Dataset eine separate Arbeitsmappe zu erstellen. In diesem Tipp erfahren Sie, wie Sie diese Aufgabe mithilfe einer Pivot-Tabelle und ein wenig VBA-Code lösen können.

Platzieren Sie das Feld, das Sie als Gruppendimension verwenden möchten (in diesem Fall *Vertriebsgebiet*), im Filterfeld. Platzieren Sie die Anzahl der Vertriebsgebiete im Datenfeld. Ihre Pivot-Tabelle sollte wie in Abbildung 14.43 aussehen.

| | A | B |
|---|---|---|
| 1 | Vertriebsgebiet | (Alle) |
| 2 | | |
| 3 | **Values** | |
| 4 | **Summe von Umsatz** | **Anzahl von Vertriebsgebiet** |
| 5 | $10.774.172 | 68614 |

**Abbildung 14.43** Erstellen Sie eine einfache Pivot-Tabelle mit zwei Wertefeldern und einem Filter.

Wie Sie wissen, können Sie einen Markt manuell im Seiten-/Filterfeld auswählen und dann auf *Summe von Umsatz* doppelklicken. Dadurch erhalten Sie eine neue Registerkarte mit allen Datensätzen, aus denen sich die Zahl zusammensetzt, auf die Sie doppelt geklickt haben. Stellen Sie sich vor, dass Sie dies für jedes Vertriebsgebiet im Feld *Vertriebsgebiet* tun und die resultierenden Registerkarten in einer eigenen Arbeitsmappe speichern könnten.

Mit dem gleichen Konzept können Sie die folgende VBA-Funktion implementieren, die jedes Element im ausgewählten Seitenfeld durchläuft und im Wesentlichen für Sie die Methode `ShowDetail` aufruft, wodurch eine Registerkarte mit Rohdaten erstellt wird. Die Prozedur speichert diese Registerkarte mit Rohdaten dann in einer neuen Arbeitsmappe:

```
Sub ExplodeTable()
Dim PvtItem As PivotItem
Dim PvtTable As PivotTable
Dim strfield As PivotField
Dim FName As Variant

'Passen Sie diese Variablen so an, dass sie zu Ihrem
'Szenario passen
   Const strFieldName = "Vertriebsgebiet"  '<--Feldnamen ändern
   Const strTriggerRange = "A5"            '<-- Trigger-Bereich ändern

'Ändern Sie den Namen der PivotTable, falls erforderlich
    Set PvtTable = ActiveSheet.PivotTables("PivotTable1")

'Durchlaufen Sie in einer Schleife jedes Element im ausgewählten Feld
   For Each PvtItem In PvtTable.PivotFields(strFieldName).PivotItems
      PvtTable.PivotFields(strFieldName).CurrentPage = PvtItem.Name
      Range(strTriggerRange).ShowDetail = True

      'Geben Sie dem temporären Tabellenblatt einen Namen, das
      'vereinfacht später die Aufräumarbeiten
      ActiveSheet.Name = "TempBlatt"

      'Daten in neue Arbeitsmappe kopieren, diese speichern
      'und das temporäre Tabellenblatt löschen
      ActiveSheet.Cells.Copy
      Workbooks.Add
      ActiveSheet.Paste
      Cells.EntireColumn.AutoFit

      Application.DisplayAlerts = False
      FName = ThisWorkbook.Path & "\" & PvtItem.Name & ".xlsx"
      ActiveWorkbook.SaveAs Filename:=FName, _
         FileFormat:=xlOpenXMLWorkbook
      ActiveWorkbook.Close
      Sheets("TempBlatt").Delete
      Application.DisplayAlerts = True

   Next PvtItem

End Sub
```

Um diese Technik zu implementieren, geben Sie diesen Code in ein neues VBA-Modul ein. Achten Sie darauf, die folgenden Konstanten entsprechend Ihrem Szenario anzupassen:

- **`Const strFieldName`** Dies ist der Name des Feldes, nach dem Sie die Daten trennen möchten (d.h. das Feld, das Sie in den Seiten-/Filterbereich der Pivot-Tabelle eingegeben haben).
- **`Const strTriggerRange`** Dies ist im Wesentlichen der Bereich, der eine einzelne Zahl im Datenbereich der Pivot-Tabelle enthält.

| | |
|---|---|
| BUFFALO.xlsx | 21.10.2025 18:13 |
| CALIFORNIA.xlsx | 21.10.2025 18:14 |
| CANADA.xlsx | 21.10.2025 18:14 |
| CHARLOTTE.xlsx | 21.10.2025 18:14 |
| DALLAS.xlsx | 21.10.2025 18:14 |
| DENVER.xlsx | 21.10.2025 18:14 |
| FLORIDA.xlsx | 21.10.2025 18:14 |
| KANSASCITY.xlsx | 21.10.2025 18:14 |
| MICHIGAN.xlsx | 21.10.2025 18:14 |
| NEWORLEANS.xlsx | 21.10.2025 18:14 |
| NEWYORK.xlsx | 21.10.2025 18:14 |
| PHOENIX.xlsx | 21.10.2025 18:14 |
| SEATTLE.xlsx | 21.10.2025 18:14 |
| TULSA.xlsx | 21.10.2025 18:14 |

**Abbildung 14.44** Nach dem Ausführen des Makros verfügen Sie über eine separate Arbeitsmappe für jede gefilterte Dimension.

Wie Sie in Abbildung 14.44 sehen können, werden durch Ausführen dieser Makroprozedur die Daten für jedes Vertriebsgebiet in einer eigenen Arbeitsmappe ausgegeben.

## Tipp 20: Die prozentuale Veränderung gegenüber dem Vorjahr für den Jahresvergleich verwenden

Wenn Sie Tagesdaten zu Jahren gruppiert haben, können Sie keine berechneten Felder oder berechneten Elemente hinzufügen. In der Pivot-Tabelle in Abbildung 14.45 finden Sie die Einnahmen aus dem Vorjahr und aus dem aktuellen Jahr in den Spalten B und C. Sie möchten die prozentuale Veränderung in Spalte D anzeigen.

Ein Trick besteht darin, das Gesamtergebnis, das normalerweise in Spalte D angezeigt wird, zu entfernen und Formeln außerhalb der Pivot-Tabelle zu erstellen, z.B. **`=C6/B6-1`**. Dies ist jedoch nicht die beste Methode, da Sie die Formel erneut kopieren müssen, wenn sich die Größe Ihrer PivotTable ändert.

Verwenden Sie stattdessen diese Methode:

1. Ziehen Sie *Umsatz* ein zweites Mal in den Wertebereich.
2. Verschieben Sie im Bereich *Spalten* die neue Kachel *Σ-Werte* über die Kachel *Jahre (Datum)*. Dadurch wird der in Abbildung 14.45 gezeigte Bericht erstellt.

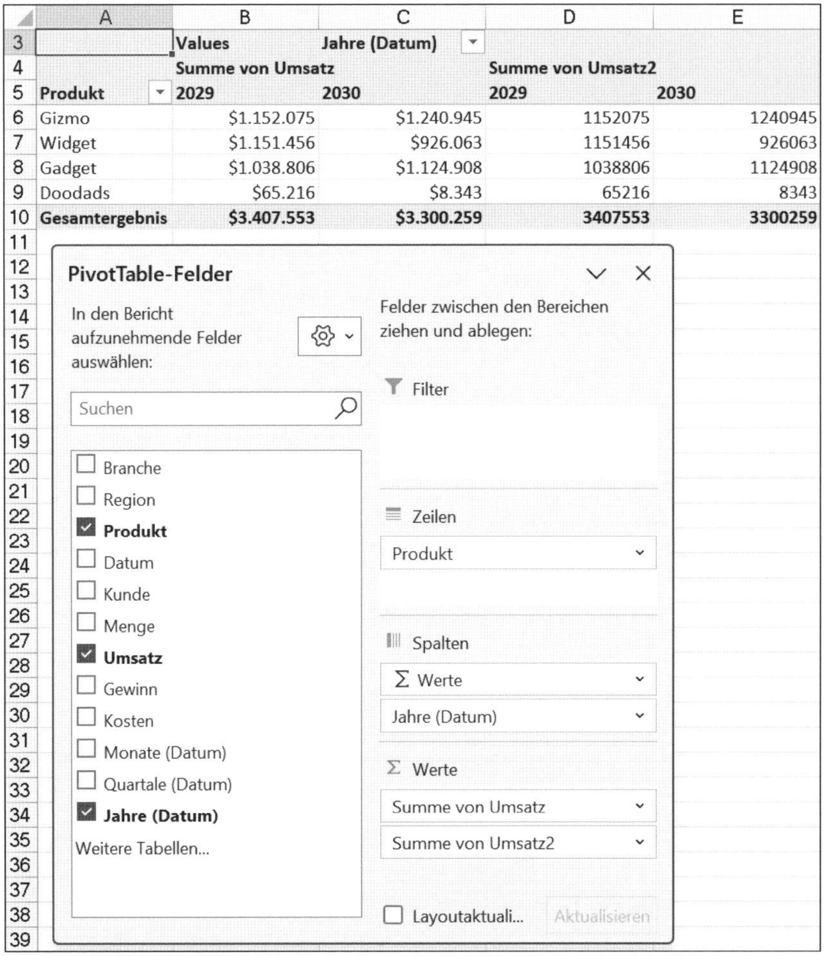


**Abbildung 14.45** Erstellen Sie einen Bericht, in dem *Umsatz* zweimal im Bereich *Werte* aufgeführt ist.

3. Ändern Sie die Berechnung für das zweite *Umsatz*-Feld. Doppelklicken Sie in Abbildung 14.45 auf Zelle D4, um die Einstellungen für das Wertefeld zu öffnen.
4. Geben Sie im Dialogfeld *Wertfeldeinstellungen* einen neuen Namen ein, z. B. **% Änderung**.
5. Wählen Sie die Registerkarte *Werte anzeigen als.*
6. Öffnen Sie das Dropdownmenü *Werte anzeigen als* und wählen Sie *% Differenz von*.
7. Wählen Sie für das Basisfeld *Jahre (Datum)* aus.
8. Wählen Sie für das Basiselement *(Vorheriger).* Die Einstellungen aus den Schritten 4 bis 8 sind in Abbildung 14.46 dargestellt.

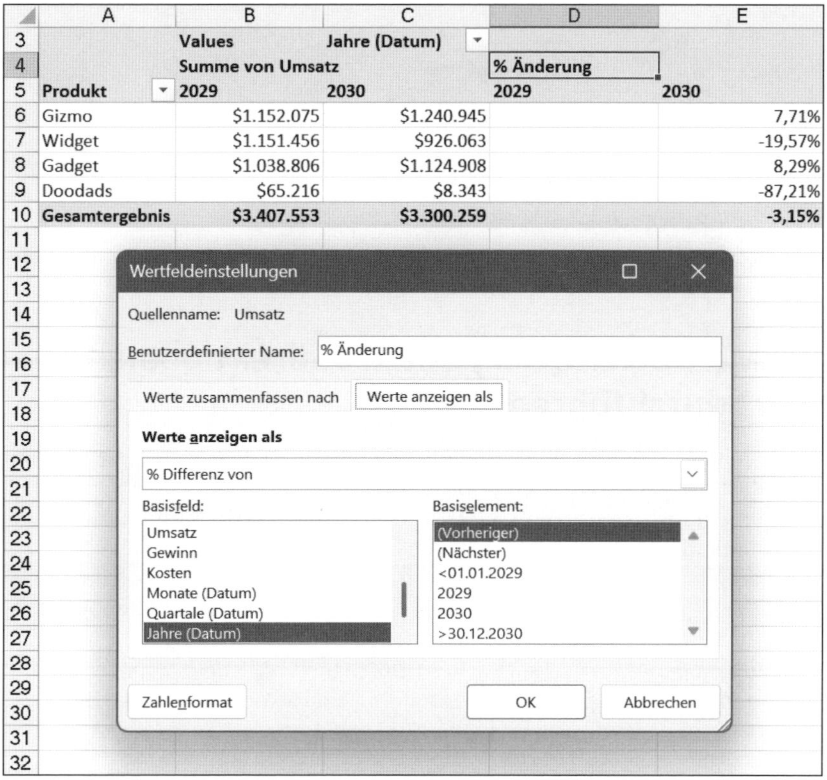


**Abbildung 14.46** Ändern Sie die Berechnung für den zweiten Umsatz in *% Differenz von*.

9. Die Ergebnisse sind korrekt, aber Spalte D bleibt leer. Wählen Sie eine Zelle in Spalte D aus und ändern Sie die Spaltenbreite auf 0,1. Hierdurch bleibt die Überschrift *% Änderung* aus D4 in der Pivot-Tabelle angezeigt und gleichzeitig rutschen die Prozentwerte nach links (siehe Abbildung 14.47).

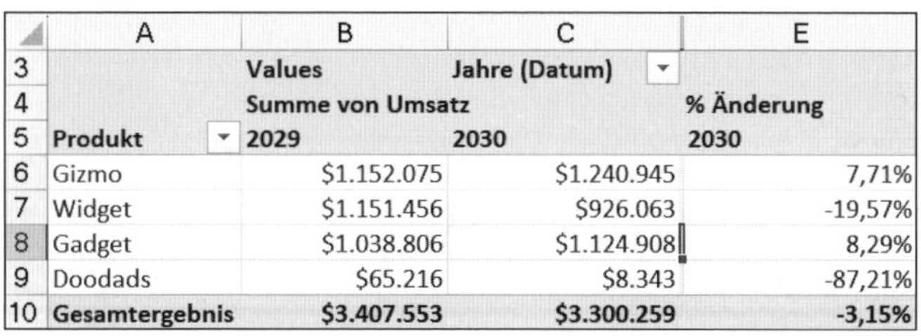


**Abbildung 14.47** Die Spalte mit der prozentualen Veränderung ist jetzt auch optisch Teil der PivotTable.

10. Bevor Sie Felder im Zeilenbereich austauschen, klicken Sie mit der rechten Maustaste auf die PivotTable und wählen Sie *PivotTable-Optionen*. Deaktivieren Sie auf der Registerkarte *Layout & Format* das Kontrollkästchen *Spaltenbreiten bei Aktualisierung automatisch anpassen.*
11. Jetzt können Sie den Bericht schnell ändern. Deaktivieren Sie *Produkt*. Wählen Sie *Branche*. Sie können diesen Vorgang wiederholen, um die Jahresdaten für *Region* oder *Kunde* anzuzeigen (siehe Abbildung 14.48).

| | A | B | C | E |
|---|---|---|---|---|
| 3 | | Values | Jahre (Datum) | |
| 4 | | Summe von Umsatz | | % Änderung |
| 5 | Region | 2029 | 2030 | 2030 |
| 6 | West | $127.340 | $112.111 | -11,96% |
| 7 | Mittlerer Westen | $763.873 | $977.551 | 27,97% |
| 8 | Nordost | $1.130.172 | $994.440 | -12,01% |
| 9 | Süd | $1.386.168 | $1.216.157 | -12,26% |
| 10 | **Gesamtergebnis** | **$3.407.553** | **$3.300.259** | **-3,15%** |

**Abbildung 14.48** Ändern Sie das Zeilenfeld, um einen anderen Vergleichsbericht für die beiden Jahre zu erstellen.

# Tipp 21: Mit Power Query einen bidirektionalen SVERWEIS durchführen

In Kapitel 10, »Mit dem Datenmodell und Power Pivot auf weitere Features zugreifen«, haben wir erwähnt, dass Sie beim Importieren von Daten mit Power Query eine SVERWEIS-Funktion verwenden können. In diesem Beispiel wird gezeigt, wie Sie beim Importieren mit Power Query eine bidirektionale SVERWEIS-Funktion einsetzen.

Die Quelldaten in Abbildung 14.49 bestehen aus einer großen Verkaufsdatenbank in den Spalten F bis H. Für jeden Verkauf gibt es eine Region und ein Produkt. Ihre Aufgabe besteht darin, die Verkäufe nach Produktmanagern auszuweisen.

Die Produktmanager-Matrix sehen Sie in A1:D6. Manchmal ist ein Manager für ein Produkt in allen Regionen zuständig (z.B. Johnny für Äpfel), andere Zuordnungen sind jedoch nicht so eindeutig.

| | A | B | C | D | E | F | G | H |
|---|---|---|---|---|---|---|---|---|
| 1 | Produkt | Ost | Zentral | West | | Region | Produkt | Umsatz |
| 2 | Apfel | Johnny | Johnny | Johnny | | Ost | Banane | 9633 |
| 3 | Banane | Mikey | Mikey | Mae | | Zentral | Banane | 6297 |
| 4 | Clementine | Mikey | Mikey | Mae | | West | Clementine | 4574 |
| 5 | Dattel | Drew | Drew | Drew | | Ost | Clementine | 5146 |
| 6 | Erdbeere | Eve | Mikey | Mae | | Zentral | Banane | 5150 |
| 7 | | | | | | West | Erdbeere | 4369 |
| 8 | | | | | | Ost | Apfel | 8408 |
| 9 | | | | | | Zentral | Erdbeere | 4426 |
| 10 | | | | | | West | Erdbeere | 1867 |
| 11 | | | | | | Ost | Apfel | 6790 |

**Abbildung 14.49** Die Tabelle zur Zuweisung der Produktmanager befindet sich in A1:D6.

Die Strategie besteht darin, die Nachschlagetabelle zunächst mit Power Query zu verarbeiten und sie als reine Verbindungsabfrage zu belassen. Anschließend verschieben Sie die Verkaufsdaten schnell zu Power Query, um eine zweite Verbindung herzustellen. Zuletzt verwenden Sie eine Zusammenführen-Abfrage, um beide miteinander zu verbinden:

1. Setzen Sie den Cursor in Zelle A1 und klicken Sie auf *Daten | Aus Tabelle/Bereich*. Der Power Query-Editor wird geöffnet. Die Spalte *Produkt* ist standardmäßig ausgewählt.
2. Wählen Sie in Power Query *Transformieren | Spalten entpivotieren | Andere Spalten entpivotieren.*
3. Doppelklicken Sie auf die Spalte *Attribut* und benennen Sie sie in **Region** um.

4. Ändern Sie, falls nötig, im Aufgabenbereich *Abfrageeinstellungen* auf der rechten Seite den Namen der Abfrage von *Tabelle1* in **Produktmanager** ab.
5. Wechseln Sie in Power Query zur Registerkarte *Start*. Achten Sie darauf, nicht auf *Schließen & laden* zu klicken. Öffnen Sie stattdessen das Dropdownmenü unten in *Schließen & laden* und wählen Sie *Schließen & laden in* (siehe Abbildung 14.50).

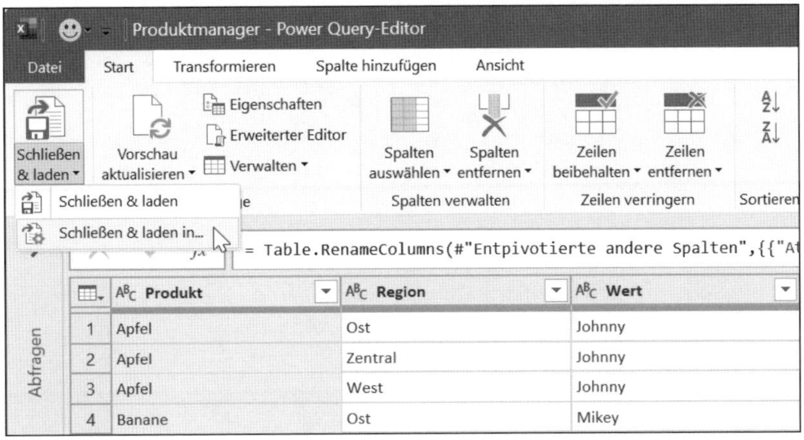


**Abbildung 14.50** Entpivotieren Sie die Daten. Wählen Sie *Schließen & laden in*.

6. Das Dialogfeld *Daten importieren* wird angezeigt. Wählen Sie *Nur Verbindung erstellen* und klicken Sie auf *OK* (siehe Abbildung 14.51). Wenn Sie zu Excel zurückkehren, wird der Aufgabenbereich *Abfragen und Verbindungen* angezeigt. Im Fenster wird eine einzelne Abfrage mit dem Namen *Produktmanager* aufgeführt.

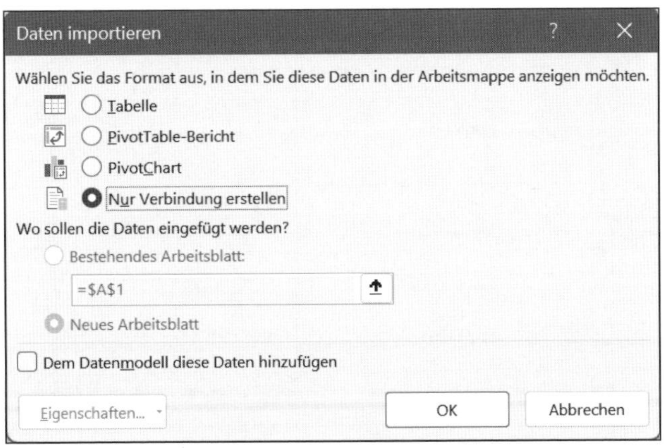


**Abbildung 14.51** Erstellen Sie nur eine Verbindung.

7. Wählen Sie eine Zelle in der Tabelle *Verkäufe* aus. Wählen Sie *Daten | Aus Tabelle/Bereich*.
8. Wenn Power Query geöffnet wird, sind keine Änderungen erforderlich. Wählen Sie *Start | Schließen & laden in*.

9. Wählen Sie im Dialogfeld *Daten importieren* die Option *Nur Verbindung erstellen*. Klicken Sie auf *OK*. Im Bereich *Abfragen und Verbindungen* sollten nun zwei Abfragen angezeigt werden (siehe Abbildung 14.52).

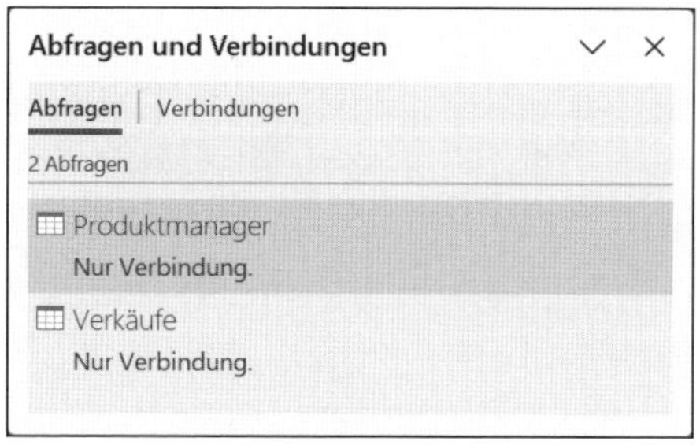


**Abbildung 14.52** Sie haben Verbindungen zu den Daten und zur Nachschlagetabelle erstellt.

10. Wählen Sie *Daten* | *Daten abrufen* | *Abfragen kombinieren* | *Zusammenführen*, wie in Abbildung 14.53 dargestellt.

---

Das Zusammenführen von Abfragen wird verwendet, um zwei Datensätze mit unterschiedlichen Feldern zu verbinden. Das Anfügen von Abfragen wird verwendet, um zwei Datensätze zu verbinden, die dieselben Felder enthalten.

---

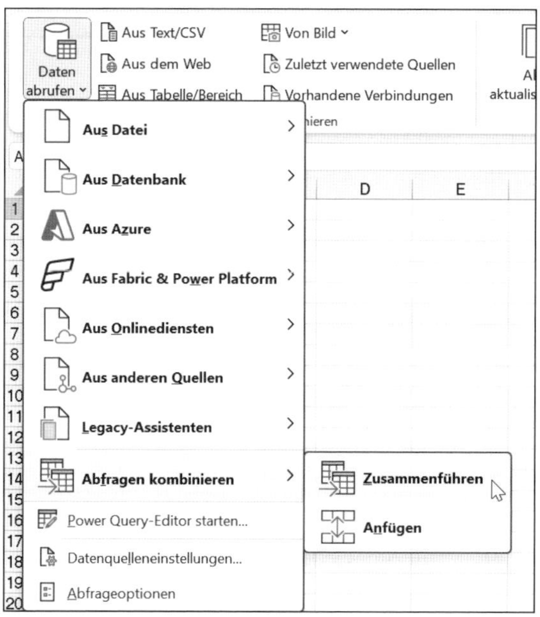


**Abbildung 14.53** Wählen Sie den Befehl zum Zusammenführen der beiden Abfragen.

11. Das Dialogfeld *Zusammenführen* ist verwirrend. Befolgen Sie unbedingt die Schritte 12 bis 18 und vergleichen Sie dann mit Abbildung 14.54, bevor Sie auf *OK* klicken. Wählen Sie im oberen Dropdownmenü die Tabelle *Verkäufe* aus.

12. Wählen Sie im unteren Dropdownmenü die Tabelle *Produktmanager* aus. Die nächsten Schritte sind nicht offensichtlich, und es gibt keine Anweisungen im Dialogfeld.
13. Klicken Sie in der Datenvorschau für *Verkäufe* auf die Überschrift *Region*.
14. Klicken Sie bei gedrückter Strg-Taste in der Datenvorschau für *Verkäufe* auf die Überschrift *Produkt*.
15. Klicken Sie in der Datenvorschau für *Produktmanager* auf die Überschrift *Region* (auch wenn diese an zweiter Stelle aufgeführt ist).
16. Klicken Sie in der Datenvorschau für Produktmanager bei gedrückter Strg-Taste auf die Überschrift *Produkt*.
17. Beachten Sie die kleinen Zahlen 1 und 2 in den Überschriften, die Sie angeklickt haben.
18. Wählen Sie für die Verknüpfungsart *Linker äußerer Join*. Das Dialogfeld meldet, dass alle 1535 Zeilen abgeglichen wurden (siehe Abbildung 14.54).

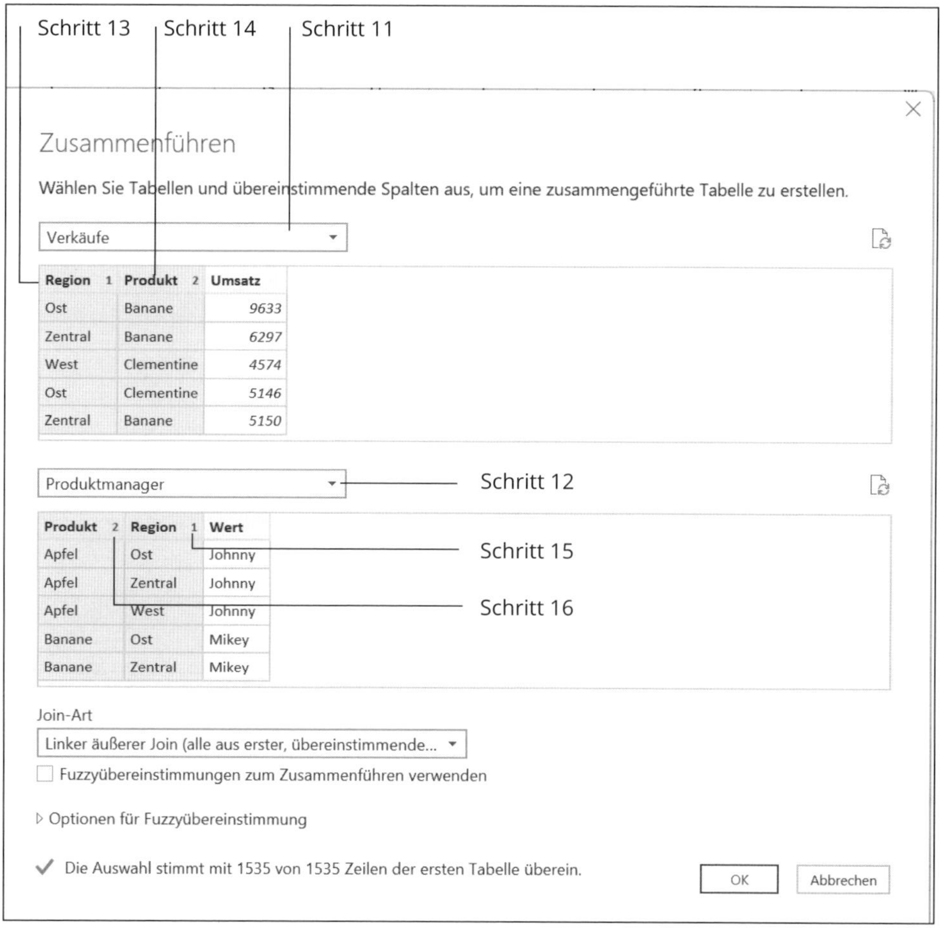


**Abbildung 14.54** Wählen Sie die beiden Tabellen und die gemeinsamen Schlüsselfelder aus.

19. Klicken Sie auf *OK*. Der Power Query Editor wird geöffnet. Anstelle einer Spalte mit den Namen der Produktmanager wird eine Spalte angezeigt, in der sich nur Einträge mit der Beschriftung »Table« befinden (siehe Abbildung 14.55).

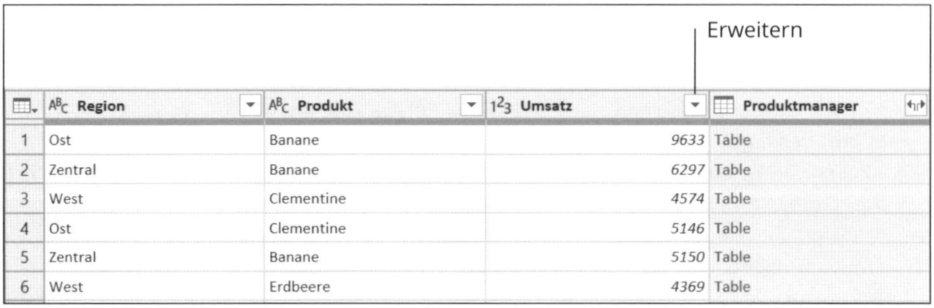


| | Region | Produkt | Umsatz | Produktmanager |
|---|---|---|---|---|
| 1 | Ost | Banane | 9633 | Table |
| 2 | Zentral | Banane | 6297 | Table |
| 3 | West | Clementine | 4574 | Table |
| 4 | Ost | Clementine | 5146 | Table |
| 5 | Zentral | Banane | 5150 | Table |
| 6 | West | Erdbeere | 4369 | Table |

**Abbildung 14.55** Die angehängte Abfrage wird als Tabelle geladen.

20. Klicken Sie auf das Symbol *Erweitern* rechts neben der Überschrift *Produktmanager*. Schalten Sie die Kontrollkästchen vor den doppelten Feldern *Produkt* und *Region* aus. Deaktivieren Sie das Kontrollkästchen *Ursprünglichen Spaltennamen als Präfix verwenden* (siehe Abbildung 14.56).

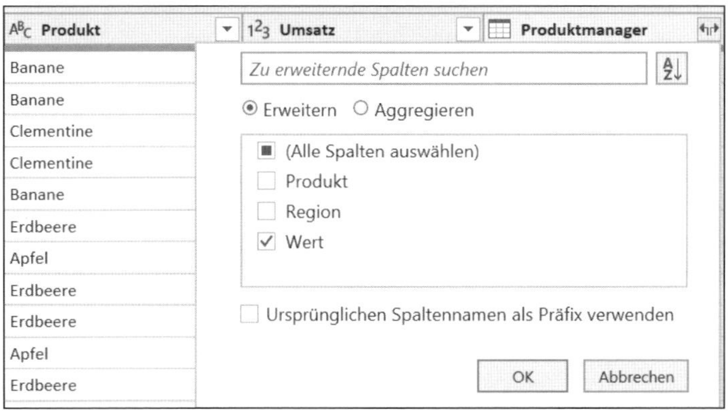


**Abbildung 14.56** Wählen Sie aus, welche Felder aus der Nachschlagetabelle angezeigt werden sollen.

21. Benennen Sie die Spalte *Wert* in **Produktmanager** um. Ziehen Sie diese Spalte links neben *Umsatz* (siehe Abbildung 14.57).
22. Wählen Sie *Start | Schließen & laden.* Ihre Daten werden an ein neues Tabellenblatt zurückgegeben.

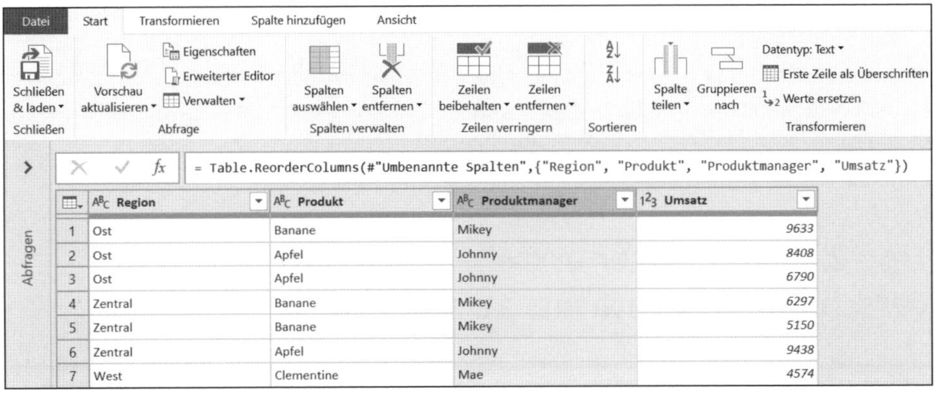


| | Region | Produkt | Produktmanager | Umsatz |
|---|---|---|---|---|
| 1 | Ost | Banane | Mikey | 9633 |
| 2 | Ost | Apfel | Johnny | 8408 |
| 3 | Ost | Apfel | Johnny | 6790 |
| 4 | Zentral | Banane | Mikey | 6297 |
| 5 | Zentral | Banane | Mikey | 5150 |
| 6 | Zentral | Apfel | Johnny | 9438 |
| 7 | West | Clementine | Mae | 4574 |

**Abbildung 14.57** Die beiden Tabellen wurden miteinander verknüpft und zusammengeführt.

23. Erstellen Sie eine PivotTable, um die Umsätze nach Produktmanager aufzuschlüsseln (siehe Abbildung 14.58).

| | A | B | C | D | E | F | G | H |
|---|---|---|---|---|---|---|---|---|
| 1 | Region | Produkt | Produktmanager | Umsatz | | | | |
| 2 | Ost | Banane | Mikey | 9633 | | | | |
| 3 | Ost | Apfel | Johnny | 8408 | | | | |
| 4 | Ost | Apfel | Johnny | 6790 | | **Produktmanager** | **Summe von Umsatz** | |
| 5 | Zentral | Banane | Mikey | 6297 | | Drew | $1.612.795 | |
| 6 | Zentral | Banane | Mikey | 5150 | | Eve | $544.846 | |
| 7 | Zentral | Apfel | Johnny | 9438 | | Johnny | $1.758.253 | |
| 8 | West | Clementine | Mae | 4574 | | Mae | $1.660.524 | |
| 9 | West | Clementine | Mae | 3489 | | Mikey | $2.944.322 | |
| 10 | Ost | Clementine | Mikey | 5146 | | **Gesamtergebnis** | **$8.520.740** | |
| 11 | West | Erdbeere | Mae | 4369 | | | | |
| 12 | West | Erdbeere | Mae | 1867 | | | | |

**Abbildung 14.58** Die endgültige PivotTable zeigt die Umsätze nach Produktmanager. Denken Sie daran, dass sich die Daten ursprünglich in verschiedenen Tabellen befanden.

In diesem Beispiel wäre es sehr einfach gewesen, die Tabelle *Verkäufe* zu ersetzen, indem man *Daten | Daten abrufen | Aus Datei | Aus Arbeitsmappe* ausgewählt hätte. Bei jeder Änderung der zugrunde liegenden Daten würden durch Auswahl von *Daten | Alle aktualisieren* alle drei Abfragen aktualisiert werden. Nach dem Befehl *Alle aktualisieren* muss die Pivot-Tabelle aktualisiert werden, aber die Aktualisierung erfolgt in zwei statt in vielen Schritten.

Außerdem wäre es in Power Query möglich gewesen, nach Produktmanager zu gruppieren und die Summe der Verkäufe zu berechnen, um eine fertige Abfrage zu erstellen, die dieselben Daten wie F4:G9 in Abbildung 14.58 enthält.

Power Query ist die echte Revolution in Excel. Dieses Buch über PivotTables hat an mehreren Stellen von Power Query Gebrauch gemacht:

- Power Query wurde in Kapitel 2 beim Bereinigen der Daten vor dem Pivotieren verwendet.
- In Kapitel 5 wurde Power Query zum Erstellen einer berechneten Spalte verwendet.
- Power Query wurde in Kapitel 7 ausgiebig verwendet.
- Power Query wurde in Kapitel 10 für die Verarbeitung von mehr als 1.048.576 Datenzeilen verwendet.

- Power Query wurde in Kapitel 11 als Möglichkeit erwähnt, zwei Datensätze in eine 3D-Karte zu übertragen.
- In Kapitel 12 wurde Power Query als Alternative zum VBA-Makrorekorder vorgeschlagen.
- In diesem Kapitel wurde Power Query als 21. Tipp verwendet, um vor dem Pivotieren eine bidirektionale SVERWEIS-Funktion durchzuführen.

Fazit: Sie sollten sich Power Query unbedingt einmal ansehen.

# Tipp 22: Einen Slicer erstellen, um Daten aus zwei verschiedenen Datasets zu steuern

In Kapitel 4 haben Sie gelernt, wie Sie mehrere Pivot-Tabellen aus einem Satz von Datenschnitten steuern können. In dem Beispiel in Kapitel 4 mussten alle Pivot-Tabellen aus derselben Datenquelle stammen.

Was ist, wenn Sie zwei verschiedene Tabellen haben, die ein gemeinsames Feld aufweisen? Abbildung 14.59 zeigt links eine Tabelle *Verkäufe* und rechts eine Tabelle *Interessenten*. In beiden Tabellen befindet sich das Feld *Branche*. Wenn Sie aus jedem Dataset eine Pivot-Tabelle erstellen, könnte dann ein Datenschnitt für *Branche* beide Pivot-Tabellen steuern?

| | A | B | C | D | E | F | G | H | I | J | K | L | M | N |
|---|---|---|---|---|---|---|---|---|---|---|---|---|---|---|
| 1 | Region | Vertrieb | Datum | Kunde | Branche | Anz | Ums | | Branche | | Interessent | Datum | Branche | Umsatzprognose |
| 2 | West | NoCal | 01.01.2018 | www.ExcelTri | Tools | 1000 | 22810 | | Anwendungen | | Frontline Systems | 14.12.2017 | Anwendungen | 6100 |
| 3 | Süd | Houston | 02.01.2018 | Wilde XL Solu | Anwendungen | 100 | 2257 | | Beratung | | Hartville Marketplace 8 | 23.07.2017 | Handel | 17195 |
| 4 | Nordost | New York | 04.01.2018 | Harlem Globe | Beratung | 400 | 9152 | | Dienstleistung | | Areef Ali & Associates | 28.12.2017 | Beratung | 19184 |
| 5 | Mittler We | Cleveland | 04.01.2018 | Tennessee M | Dienstleistung | 800 | 18552 | | Handel | | F-Keys Ltd | 05.01.2017 | Beratung | 21823 |
| 6 | Nordost | New York | 07.01.2018 | Reports Wanc | Beratung | 400 | 8456 | | Schulung | | Spain Enterprise | 24.03.2017 | Beratung | 18458 |
| 7 | Nordost | New York | 07.01.2018 | Reports Wanc | Beratung | 1000 | 21730 | | Tools | | Cambia Factor | 23.04.2018 | Beratung | 12885 |
| 8 | Mittler We | Cincinnati | 09.01.2018 | Serving Breva | Handel | 800 | 16416 | | Verbände | | Vertex42 | 30.04.2017 | Tools | 14775 |
| 9 | Süd | Arkla | 10.01.2018 | JEVS Human S | Beratung | 900 | 21438 | | | | The Lab with Leo Crew | 06.01.2017 | Schulung | 20939 |
| 10 | Süd | Houston | 12.01.2018 | University of I | Beratung | 300 | 6267 | | | | CPASelfStudy.com | 24.04.2018 | Schulung | 13147 |

**Abbildung 14.59** Wenn Sie aus jedem der Datasets eine Pivot-Tabelle erstellen, kann dann ein einzelner Datenschnitt beide Pivot-Tabellen steuern?

Um das Problem zu lösen, erstellen Sie eine dritte Tabelle mit der Obermenge der Branche. Gehen Sie dazu wie folgt vor:

1. Kopieren Sie die Spalte *Branche* von Spalte E in Spalte I.
2. Kopieren Sie die Branchen aus L2:L82 an das Ende der Daten in Spalte I.
3. Wählen Sie alle Daten in Spalte I aus.
4. Wählen Sie *Daten | Duplikate entfernen | OK.*
5. Sortieren Sie die kurze Liste in Spalte I.
6. Drücken Sie [Strg]+[T], um aus den Daten in Spalte I eine Tabelle zu erstellen.
7. Benennen Sie die Tabelle auf der Registerkarte *Tabellenentwurf* über das Feld *Tabellenname* von *Tabelle3* in **Branchen** um. Sie sollten nun eine dritte Tabelle haben, wie in Abbildung 14.60 gezeigt.

| I |
|---|
| Branche |
| Anwendungen |
| Beratung |
| Dienstleistung |
| Handel |
| Schulung |
| Tools |
| Verbände |

**Abbildung 14.60** Diese dritte Tabelle wird zum Steuern des Datenschnitts verwendet.

Erstellen Sie ein Datenmodell mit allen drei Tabellen und zwei Beziehungen. Führen Sie dazu die folgenden Schritte aus:

1. Wenn die Registerkarte *Power Pivot* im Menüband nicht angezeigt wird, wechseln Sie zur Registerkarte *Daten* und wählen Sie *Datenmodell verwalten* aus. Wechseln Sie zurück zu Excel, und die Registerkarte *Power Pivot* wird angezeigt.
2. Wählen Sie eine Zelle in der Tabelle *Verkäufe* aus. Wählen Sie auf der Registerkarte *Power Pivot* die Option *Zu Datenmodell hinzufügen*. Kehren Sie zurück zu Excel.
3. Wählen Sie eine Zelle in der Tabelle *Branchen* aus und wählen Sie *dann Power Pivot | Zu Datenmodell hinzufügen*. Kehren Sie zurück zu Excel.
4. Wählen Sie eine Zelle in der Tabelle *Interessenten* aus und wählen Sie *dann Power Pivot | Zu Datenmodell hinzufügen*. Bleiben Sie diesmal im Power Pivot-Fenster.
5. Wählen Sie in Power Pivot auf der rechten Seite der Registerkarte *Start* die Option *Diagrammsicht* aus.
6. Klicken Sie auf das Feld *Branche* in der Tabelle *Verkäufe*. Ziehen Sie dieses Feld auf das Feld *Branche* in der Tabelle *Branchen*, um die erste Beziehung zu erstellen.
7. Klicken Sie auf das Feld *Branche* in der Tabelle *Interessenten* und ziehen Sie es auf das Feld *Branche* in der Tabelle *Branchen*, um die zweite Beziehung zu erstellen. An dieser Stelle sollte das Datenmodell wie in Abbildung 14.61 dargestellt angezeigt werden.

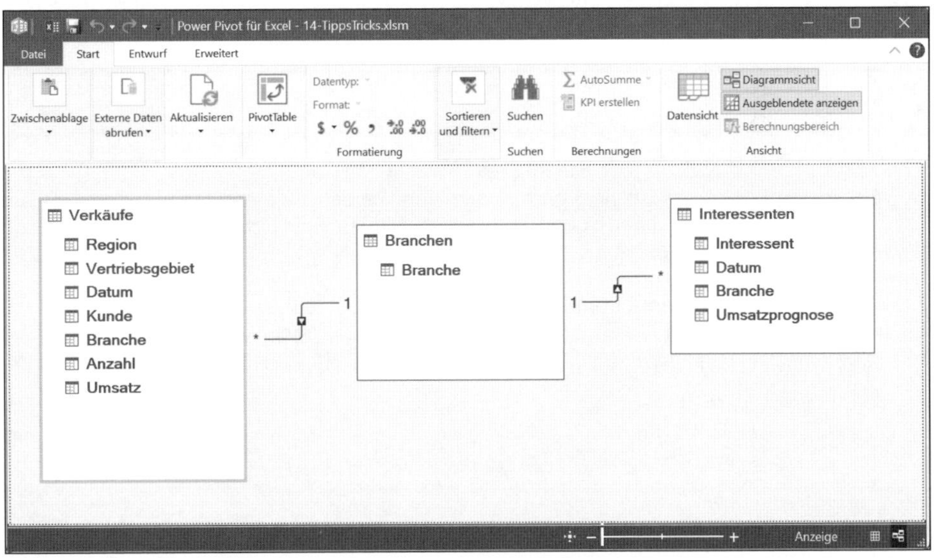


**Abbildung 14.61** Das Datenmodell verbindet beide Tabellen mit der neu erstellten Tabelle *Branchen*.

8. Sobald das Datenmodell eingerichtet ist, können Sie Ihre Pivot-Tabellen erstellen. Wählen Sie in einer leeren Zelle *Einfügen | PivotTable | Aus Datenmodell*. Erstellen Sie so viele Pivot-Tabellen, wie Sie benötigen, idealerweise einige aus der Tabelle *Verkäufe* und einige aus der Tabelle *Interessenten*. Wenn Sie in einer Pivot-Tabelle das Feld *Branche* verwenden, sollte dieser Wert aus der Tabelle *Branchen* stammen.
9. Wählen Sie in einer leeren Zelle Ihrer Arbeitsmappe *Einfügen | Datenschnitt* aus. Excel zeigt das Dialogfeld *Vorhandene Verbindungen* an. Öffnen Sie dort die Registerkarte *Datenmodell*. Klicken Sie auf *Tabellen im Datenmodell der Arbeitsmappe* und dann auf *Öffnen*.

10. Das Dialogfeld *Datenschnitt auswählen* enthält eine Liste mit Feldern. Obwohl *Branche* sowohl in der Tabelle *Interessenten* als auch in der Tabelle *Verkäufe* vorkommt, müssen Sie das Feld *Branche* aus der Tabelle *Branchen* auswählen (siehe Abbildung 14.62).

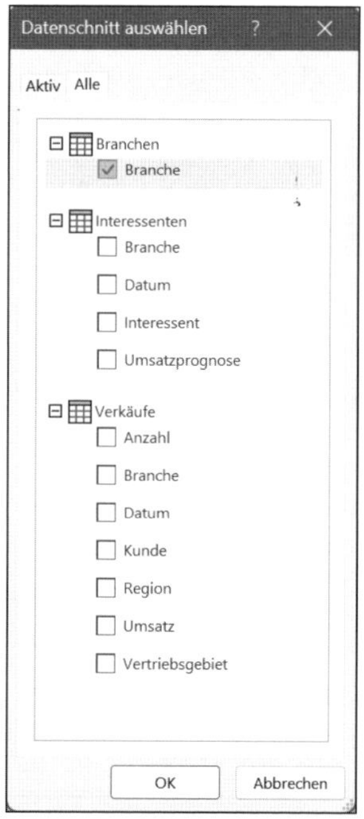


**Abbildung 14.62** Die Tabelle *Branchen* ist mit den beiden anderen Tabellen verknüpft. Achten Sie darauf, den Datenschnitt aus dem Feld *Branche* in dieser Tabelle zu erstellen.

11. Wählen Sie den neu erstellten Datenschnitt aus, wechseln Sie im Menüband zur Registerkarte *Datenschnitt* und wählen Sie *Berichtsverbindungen*. Wählen Sie im Dialogfeld *Berichtsverbindungen* alle Pivot-Tabellen aus, die Sie mit dem Datenschnitt verbinden wollen (siehe Abbildung 14.63).

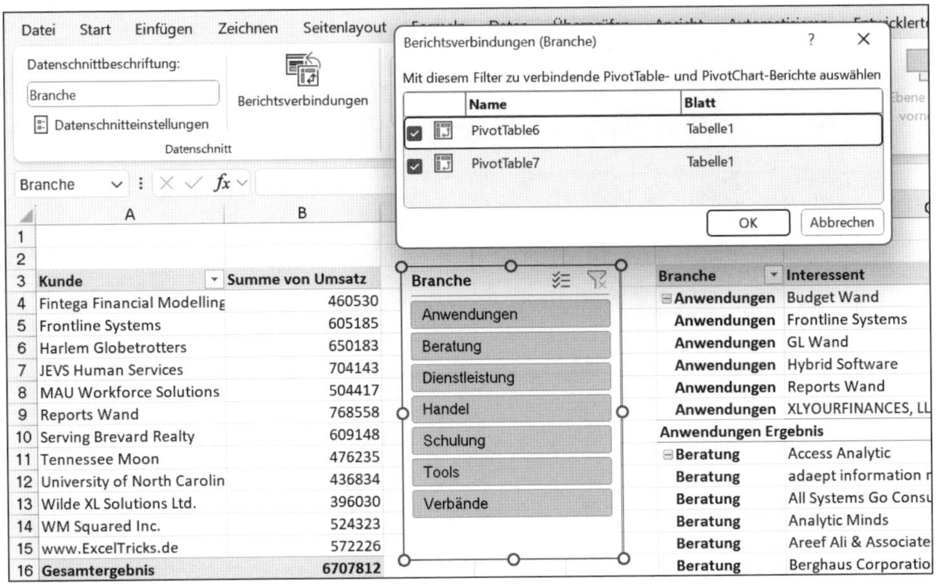


**Abbildung 14.63** Verbinden Sie den Datenschnitt *Branche* mit jeder Pivot-Tabelle.

# Tipp 23: Ihre Datenschnitte formatieren

Mike Alexander hat entdeckt, dass Datenschnitte nicht wie Datenschnitte aussehen müssen. Er hat einmal einen großartigen Blogbeitrag veröffentlicht, in dem er eine ganze Reihe von Slicern zeigte, die nicht wie Slicer aussahen. In diesem Abschnitt werden einige seiner Tricks vorgestellt.

Wenn ein Datenschnitt ausgewählt ist, gehen Sie im Menüband zur Registerkarte *Datenschnitt* und wählen Sie *Datenschnitteinstellungen*. Sie können die Beschriftung ändern, die oben im Datenschnitt angezeigt wird. In Abbildung 14.64 hat der Slicer *Branche* oben die Beschriftung Branche. Der Slicer *Produkt,* der sich darunter befindet, besitzt keine Beschriftung, da die Einstellung *Kopfzeile anzeigen* im Dialogfeld *Datenschnitteinstellungen* deaktiviert wurde.

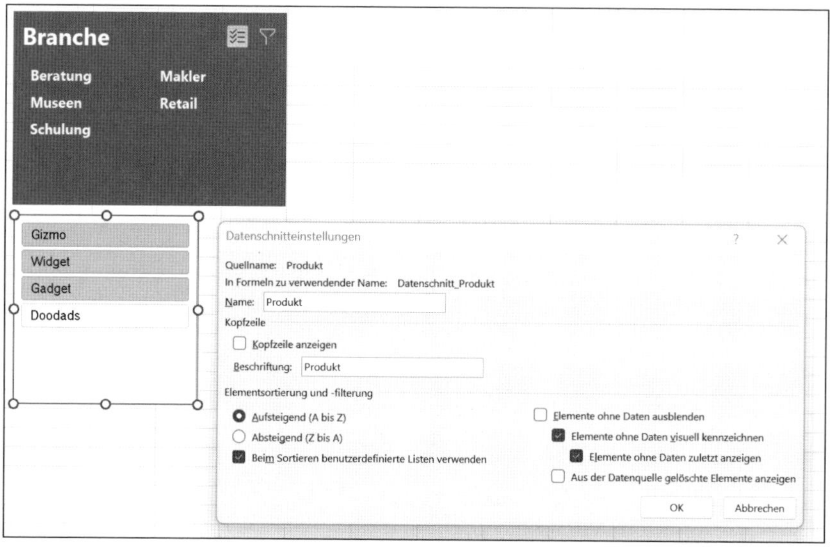


**Abbildung 14.64** Ändern oder entfernen Sie die Beschriftung in der Kopfzeile.

Das Besondere an Mikes Slicern war vor allem die Möglichkeit, das Format des Datenschnitts anzupassen. Wählen Sie bei ausgewähltem Slicer eine Farbe aus dem Katalog *Datenschnitt-Formatvorlagen* aus. Klicken Sie mit der rechten Maustaste auf diese Vorlage und wählen Sie *Duplizieren*, wie in Abbildung 14.65 dargestellt.

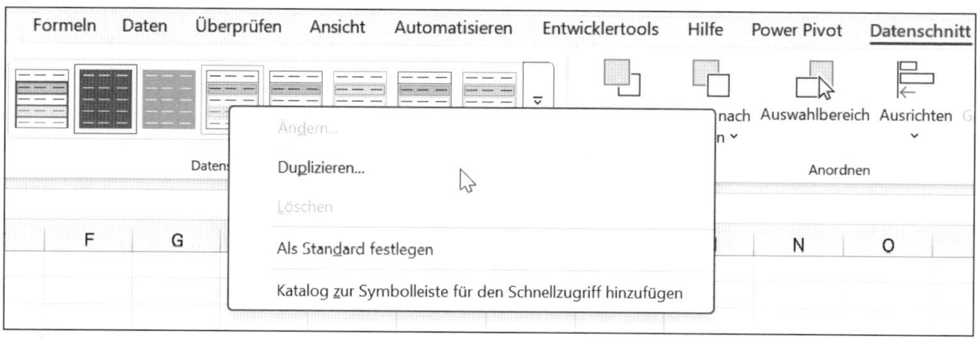


**Abbildung 14.65** Duplizieren Sie eine vorhandene Formatvorlage.

Excel dupliziert den Datenschnitt und öffnet das Dialogfeld *Datenschnittformat ändern*. Es gibt zwar 11 Elemente, die Sie formatieren können, diese folgen jedoch einer Vererbungsstruktur. Wenn Sie beispielsweise *Gesamter Datenschnitt* auswählen und die Schriftart in Segoe UI ändern, wird alles im Slicer in Segoe UI angezeigt, es sei denn, Sie wählen ein untergeordnetes Element aus und überschreiben die Schriftart.

In Abbildung 14.66 ist der gesamte Datenschnitt mit einer orangefarbenen Füllung ohne Rahmen formatiert. Die Schriftart ist auf Weiß, Segoe UI fett, 11 Punkt eingestellt. Wählen Sie die restlichen 10 Elemente aus und klicken Sie auf die Schaltfläche *Löschen*. Dadurch werden alle Rahmen im gesamten Datenschnitt entfernt.

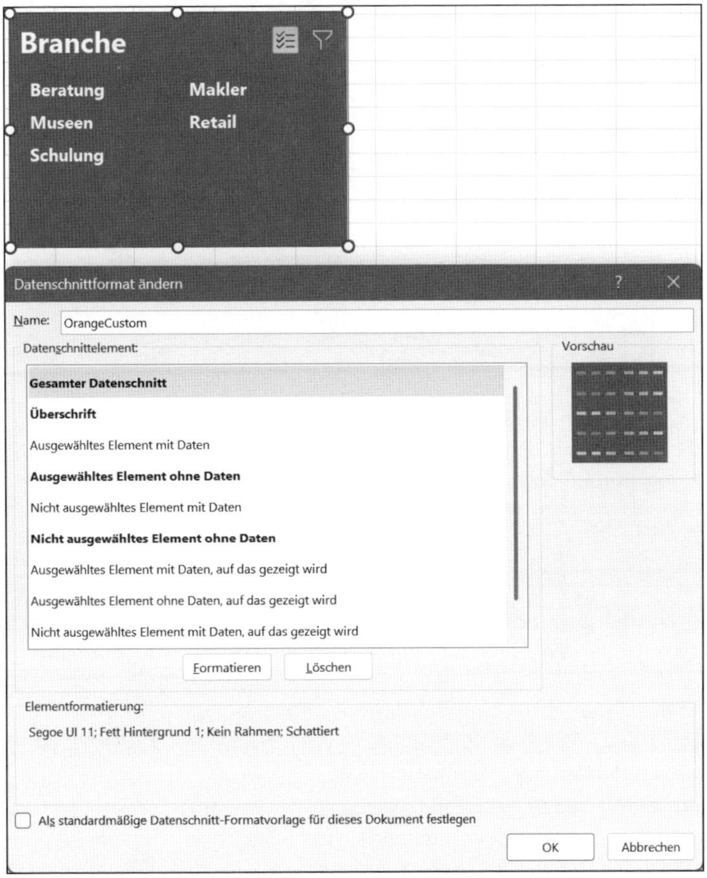


**Abbildung 14.66** Ein Datenschnitt, der nicht wie ein typischer Datenschnitt aussieht

Um die Beschriftung »Branche« zu vergrößern, wählen Sie das Element *Überschrift* aus und klicken Sie auf *Formatieren*. Sie müssen lediglich die Schriftgröße auf 18 Punkt einstellen.

Wählen Sie für die Option *Ausgewähltes Element ohne Daten* die Option *Formatieren*. Wählen Sie im Dialogfeld *Datenschnittelement formatieren* die Option *Durchgestrichen* und ändern Sie *Standard* in *Fett*. Wiederholen Sie diesen Vorgang für das Element *Nicht ausgewähltes Element ohne Daten*. Das Ergebnis: ein Datenschnitt, der nicht wie ein typischer Datenschnitt aussieht (siehe Abbildung 14.66).

---

Nachdem Sie die Datenschnitt-Formatvorlage geändert und auf *OK* geklickt haben, ändert sich im ausgewählten Slicer nichts, da dieser weiterhin die ursprüngliche Formatvorlage verwendet. Sie müssen den Datenschnitt ausgewählt lassen und zum Katalog *Datenschnitt-Formatvorlagen* zurückkehren, um die neu erstellte benutzerdefinierte Datenschnitt-Formatvorlage auszuwählen, wie in Abbildung 14.67 gezeigt.

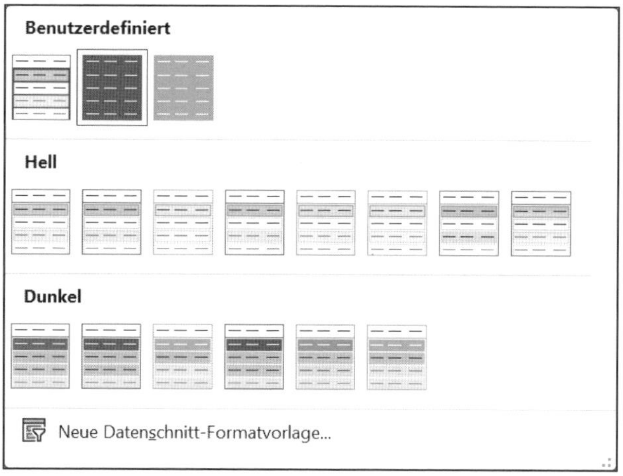


**Abbildung 14.67** Wählen Sie die neu erstellte Formatvorlage aus, um sie dem Datenschnitt zuzuweisen.

Leider sind benutzerdefinierte Datenschnitt-Formatvorlagen nur in der Arbeitsmappe verfügbar, in der Sie sie erstellt haben. Um die Formatvorlage in einer neuen Arbeitsmappe verfügbar zu machen, gehen Sie wie folgt vor:

1. Öffnen Sie sowohl die Quell- als auch die Zielarbeitsmappe.
2. Klicken Sie in der Quellarbeitsmappe auf den Datenschnitt und drücken Sie `Strg`+`C`, um ihn zu kopieren.
3. Wechseln Sie zur Zielarbeitsmappe.
4. Wählen Sie eine leere Zelle aus und drücken Sie `Strg`+`V`, um den Datenschnitt einzufügen. Die Datenschnitt-Formatvorlage wird in den Katalog *Datenschnitt-Formatvorlagen* der Zielarbeitsmappe eingefügt.
5. Löschen Sie den eingefügten Datenschnitt. Die Formatvorlage bleibt erhalten und kann auf Slicer in der neuen Arbeitsmappe angewendet werden.

# Nächste Schritte

In Kapitel 15, »Dr. Jekyll und Mr. PivotDatenZuordnen«, lernen Sie eines der unbeliebtesten Features von Pivot-Tabellen kennen: die Funktion `PivotDatenZuordnen`. Sie erfahren jedoch auch, wie Sie mit dieser Funktion Monat für Monat aktualisierbare Berichte erstellen können.

KAPITEL 15

# Dr. Jekyll und Mr. PivotDatenZuordnen

In diesem Kapitel wird eine Technik vorgestellt, mit der sich viele lästige Probleme mit Pivot-Tabellen lösen lassen. Wenn Sie Pivot-Tabellen bereits länger verwenden, sind Ihnen möglicherweise folgende Probleme aufgefallen:

- Die Formatierung wird beim Aktualisieren einer PivotTable häufig zerstört. Numerische Formate gehen verloren. Die Spaltenbreiten verschwinden.
- Es gibt keine einfache Möglichkeit, eine asymmetrische Pivot-Tabelle zu erstellen. Die Verwendung benannter Sätze ist eine Möglichkeit, diese sind jedoch nur in einer PivotTable, die das Datenmodell verwendet, verfügbar, nicht in einer regulären PivotTable, die aus einem Pivot-Cache erstellt wird.
- Excel kann sich keine Vorlage merken. Wenn Sie häufig eine Pivot-Tabelle neu erstellen müssen, müssen Sie die Gruppierungen, berechneten Felder, berechneten Elemente usw. erneut erstellen.

Die in diesem Kapitel vorgestellte Technik löst all diese Probleme. Sie ist nicht neu. Tatsächlich gibt es sie schon seit Excel 2002. Ich habe Power-Excel-Seminare für Tausende von Buchhaltern gehalten, die Excel 40 bis 60 Stunden pro Woche verwenden. Von diesen Tausenden von Menschen haben mir nur drei gesagt, dass sie diese Technik verwenden.

Ironischerweise kennen weit mehr als 0,3 Prozent der Menschen dieses Feature. Eine häufig gestellte Frage, die mir in Seminaren gestellt wird, lautet: »Warum wurde dieses Feature in Excel 2002 eingeführt und wie kann man es deaktivieren?« Diese Funktion, die von den meisten Excel-Anwendern verabscheut wird, ist der Schlüssel zur Erstellung wiederverwendbarer PivotTable-Vorlagen.

Der Verdienst für dieses Kapitel gebührt Rob Collie, der jahrelang im Excel-Projektmanagement-Team tätig war. Während des Entwicklungszyklus von Excel 2010 arbeitete er am Produkt Power Pivot. Rob zog zufällig nach Cleveland, Ohio. Da Cleveland kein Zentrum für Microsoft-Entwickler ist, informierte mich Dave Gainer darüber, dass Rob in meine Gegend ziehen würde, und wir begannen, gemeinsam zu Mittag zu essen.

Rob und ich unterhielten uns über Excel und hatten einige interessante Gespräche. Während unseres zweiten Mittagessens sagte Rob etwas, das mich völlig überraschte. Er sagte: »Wir haben festgestellt, dass unsere internen Kunden ständig `PivotDatenZuordnen` (`GetPivotData` in der englischen Excel-Version) verwenden, um ihre Berichte zu erstellen, und wir sind uns nicht sicher, ob ihnen die Art und Weise gefallen wird, wie Power Pivot mit `PivotDatenZuordnen` interagiert.«

Ich unterbrach Rob und fragte ihn, ob er verrückt sei. Ich erzählte ihm, dass meiner Erfahrung nach von etwa 15.000 Buchhaltern nur sehr wenige jemals erwähnt hatten, `PivotDatenZuordnen` zu mögen. Was meinte er damit, dass er Kunden findet, die tatsächlich `PivotDatenZuordnen` verwenden?

Rob erklärte das Schlüsselwort in seiner Aussage: Er sprach von *internen* Kunden, also den Mitarbeitern von Microsoft, die Excel für ihre Arbeit nutzen. Diese Mitarbeiter waren unglaublich abhängig von `PivotDatenZuordnen` geworden. Er stimmte zu, dass außerhalb von Microsoft kaum jemand `PivotDatenZuordnen` nutzt. Tatsächlich ist die einzige Frage, die ihm außerhalb von Microsoft gestellt wird, wie man diese dumme Funktion ausschalten kann.

Ich wollte mehr darüber erfahren und bat Rob, mir zu erklären, wie das nervige `PivotDatenZuordnen` jemals für gute Zwecke eingesetzt werden könnte. Rob erklärte es mir, und ich habe dieses Kapitel genutzt, um es Ihnen zu erklären. Ich weiß jedoch, dass 99 Prozent von Ihnen dieses Kapitel aus den folgenden Gründen lesen:

- Sie sind unerwartet auf `PivotDatenZuordnen` gestoßen.
- Sie haben im Index dieses Buches nach Informationen zu `PivotDatenZuordnen` gesucht.
- Sie erwarten von mir, dass ich Ihnen erkläre, wie Sie `PivotDatenZuordnen` deaktivieren können.

Lassen Sie uns daher damit beginnen.

## Das böse »PivotDatenZuordnen«-Problem vermeiden

`PivotDatenZuordnen` hat seit etwa Excel 2002, als sich das Verhalten von PivotTables plötzlich und ohne Vorwarnung leicht änderte, für viel Kopfzerbrechen gesorgt. Immer wenn Sie außerhalb einer Pivot-Tabelle Formeln erstellen, die auf die Pivot-Tabelle zurückweisen, stoßen Sie auf das `PivotDatenZuordnen`-Problem.

Angenommen, Sie erstellen die in Abbildung 15.1 gezeigte PivotTable. Die Jahre oben werden durch Gruppierung der Tagesdaten nach Jahren erstellt. Sie möchten das aktuelle Jahr mit dem vorherigen Jahr vergleichen. Leider dürfen Sie einem gruppierten Feld keine berechneten Elemente hinzufügen. Wenn Sie dies doch probieren, wird die in Abbildung 15.1 gezeigte Fehlermeldung angezeigt. Führen Sie daher die folgenden Schritte aus:

1. Geben Sie in Zelle D4 die Überschrift **% Wachstum** ein.
2. Kopieren Sie die Formatierung aus C4 nach D4.
3. Drücken Sie in Zelle D5 die Tastenkombination [Strg]+[1], um das Dialogfeld *Zellen formatieren* zu öffnen.
4. Wählen Sie im Dialogfeld *Zellen formatieren* die Registerkarte *Zahlen.* Klicken Sie auf *Benutzerdefiniert* und geben Sie **+0,0 %;-0,0 %;0,0 %** ein. Klicken Sie auf *OK*.
5. Geben Sie in Zelle D5 **=** (ein Gleichheitszeichen) ein.
6. Klicken Sie auf Zelle C5.
7. Geben Sie **/** (Schrägstrich) für die Division ein.
8. Klicken Sie auf B5.

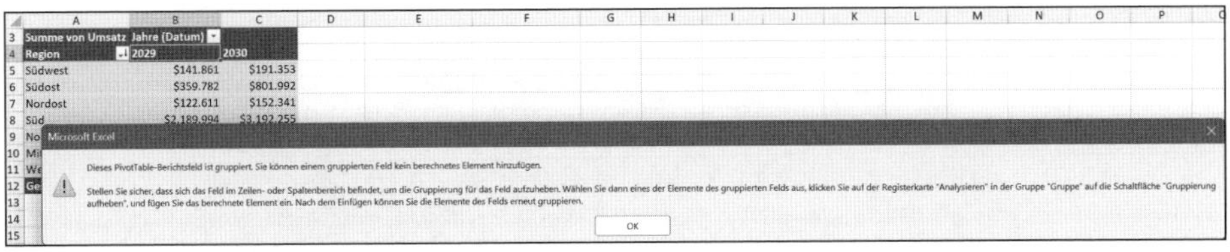


**Abbildung 15.1** Sie möchten eine Formel hinzufügen, um den prozentualen Anstieg von Jahr zu Jahr anzuzeigen.

9. Geben Sie **-1** ein und drücken Sie [Strg]+Eingabe, um in derselben Zelle zu bleiben. Sie sehen, dass der Umsatz in der Region West um 43,8 Prozent zurückgegangen ist (siehe Abbildung 15.2).

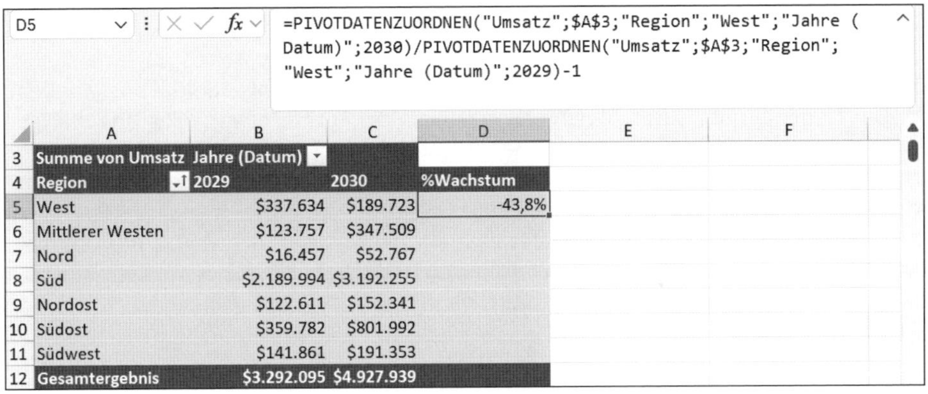


**Abbildung 15.2** Erstellen Sie die Formel in D5 mit der Maus oder den Pfeiltasten.

---

Wenn Sie bereits seit den Tagen von Lotus 1-2-3 mit Tabellenkalkulationsprogrammen arbeiten, möchten Sie vielleicht diese alternative Methode zum Erstellen der Formel in D5 verwenden: Geben Sie = (Gleichheitszeichen) ein und drücken Sie einmal [←]. Geben Sie / (für Division) ein. Drücken Sie zweimal [←]. Geben Sie -1 ein. Drücken Sie die [↵]-Taste. Wie Sie sehen, tritt das Problem mit **`PivotDatenZuordnen`** unabhängig davon auf, welche Methode Sie verwenden.

---

10. Nachdem Sie Ihre erste Formel eingegeben haben, wählen Sie Zelle D5 aus.
11. Doppelklicken Sie auf den kleinen quadratischen Punkt in der unteren rechten Ecke der Zelle. Dies ist der Ausfüllkäschen: Es kopiert die Formel bis zum Ende des Berichts.

Sofort fällt Ihnen auf, dass etwas nicht stimmt, da der Umsatz in allen Regionen seit dem letzten Jahr um 43,8 Prozent zurückgegangen ist (siehe Abbildung 15.3). Das kann in der Realität nicht sein. Da ist was faul.

| | A | B | C | D |
|---|---|---|---|---|
| 3 | Summe von Umsatz | Jahre (Datum) | | |
| 4 | Region | 2029 | 2030 | %Wachstum |
| 5 | West | $337.634 | $189.723 | -43,8% |
| 6 | Mittlerer Westen | $123.757 | $347.509 | -43,8% |
| 7 | Nord | $16.457 | $52.767 | -43,8% |
| 8 | Süd | $2.189.994 | $3.192.255 | -43,8% |
| 9 | Nordost | $122.611 | $152.341 | -43,8% |
| 10 | Südost | $359.782 | $801.992 | -43,8% |
| 11 | Südwest | $141.861 | $191.353 | -43,8% |
| 12 | Gesamtergebnis | $3.292.095 | $4.927.939 | -43,8% |

**Abbildung 15.3** Wenn die Formel kopiert wird, beträgt das prozentuale Wachstum aus irgendeinem Grund für jede Region –43,8%.

Denken Sie an die von Ihnen erstellte Formel: Daten aus 2030 geteilt durch Daten aus 2029 minus 1. Sie könnten diese Formel wahrscheinlich mit geschlossenen Augen erstellen (das heißt, wenn Sie zum Erstellen von Formeln die Pfeiltasten anstelle der Maus verwenden).

Das ist der Grund, warum Ihnen beim Erstellen der Formel etwas völlig Unauffälliges entgeht. Wenn Sie die Schritte zum Erstellen der Formel durchlaufen haben, würden Sie als rational denkender Mensch erwarten, dass Excel eine Formel wie `=C5/B5-1` erstellt. Kehren Sie jedoch zu Zelle D5 zurück und drücken Sie die F2-Taste, um die Formel anzuzeigen (siehe Abbildung 15.4). Es ist etwas Unerwartetes passiert. Die einfache Formel `=C5/B5-1` ist nicht vorhanden. Stattdessen hat Excel einen unsinnigen `PivotDatenZuordnen`-Befehl generiert. Die Formel funktioniert zwar in D5, aber nicht, wenn Sie sie nach unten kopieren.

| | A | B | C | D | E | F | G | H |
|---|---|---|---|---|---|---|---|---|
| 3 | Summe von Umsatz | Jahre (Datum) | | | | | | |
| 4 | Region | 2029 | 2030 | %Wachstum | | | | |
| 5 | West | $337.634 | $189.723 | =PIVOTDATENZUORDNEN("Umsatz";$A$3;"Region";"West";"Jahre (Datum)";2030)/ | | | | |
| 6 | Mittlerer Westen | $123.757 | $347.509 | PIVOTDATENZUORDNEN("Umsatz";$A$3;"Region";"West";"Jahre (Datum)";2029)-1 | | | | |
| 7 | Nord | $16.457 | $52.767 | -43,8% | | | | |
| 8 | Süd | $2.189.994 | $3.192.255 | -43,8% | | | | |
| 9 | Nordost | $122.611 | $152.341 | -43,8% | | | | |
| 10 | Südost | $359.782 | $801.992 | -43,8% | | | | |
| 11 | Südwest | $141.861 | $191.353 | -43,8% | | | | |
| 12 | Gesamtergebnis | $3.292.095 | $4.927.939 | -43,8% | | | | |

**Abbildung 15.4** Woher kommt `PivotDatenZuordnen`?

Wenn dies geschieht, lautet Ihre Reaktion in etwa: »Was ist `PivotDatenZuordnen` und warum bringt es meinen Bericht durcheinander?« Ihre nächste Reaktion ist: »Wie kann ich es deaktivieren?« Vielleicht fragen Sie sich sogar: »Warum hat Microsoft dieses Ding dort eingebaut?«

Microsoft begann mit der Einführung der Funktion `PivotDatenZuordnen` in Excel 2002. Nachdem ich wiederholt mit `PivotDatenZuordnen` zu kämpfen hatte, begann ich, es zu hassen. In einem der Power Analyst Boot Camps war ich völlig überrascht, als mich jemand fragte, wie man es überhaupt verwenden könne. Diese Frage hatte ich mir noch nie gestellt. Meiner Meinung nach und nach Meinung der meisten anderen Leute war `PivotDatenZuordnen` nicht gut.

Wenn Sie zu den Benutzern gehören, die `PivotDatenZuordnen` einfach vermeiden möchten, habe ich gute Nachrichten für Sie: Es gibt zwei Möglichkeiten, die in den folgenden beiden Abschnitten vorgestellt werden.

## »PivotDatenZuordnen« durch Eingabe der Formel verhindern

Die einfachste Methode, `PivotDatenZuordnen` zu vermeiden, besteht darin, Ihre Formel ohne Verwendung der Maus oder der Pfeiltasten zu erstellen. Gehen Sie dazu wie folgt vor:

1. Gehen Sie zu Zelle D5 und geben Sie **=** ein.
2. Geben Sie **C5** ein.
3. Geben Sie **/** ein.
4. Geben Sie **B5** ein.
5. Geben Sie **-1** ein.
6. Drücken Sie die [↵]-Taste.

Sie haben nun eine reguläre Excel-Formel erstellt, die Sie kopieren können, um echte Ergebnisse zu erzielen, wie in Abbildung 15.5 dargestellt. Beachten Sie, dass Spalte D mit den Formatierungswerkzeugen auf der Registerkarte *Start* als Prozentsatz mit einer Dezimalstelle formatiert ist.

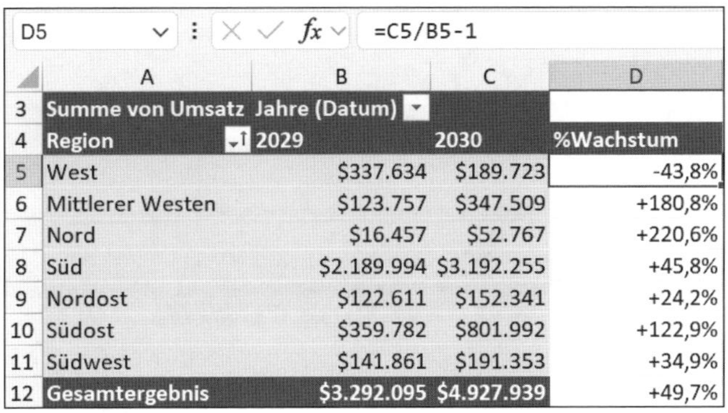
D5 =C5/B5-1

| | A | B | C | D |
|---|---|---|---|---|
| 3 | Summe von Umsatz | Jahre (Datum) | | |
| 4 | Region | 2029 | 2030 | %Wachstum |
| 5 | West | $337.634 | $189.723 | -43,8% |
| 6 | Mittlerer Westen | $123.757 | $347.509 | +180,8% |
| 7 | Nord | $16.457 | $52.767 | +220,6% |
| 8 | Süd | $2.189.994 | $3.192.255 | +45,8% |
| 9 | Nordost | $122.611 | $152.341 | +24,2% |
| 10 | Südost | $359.782 | $801.992 | +122,9% |
| 11 | Südwest | $141.861 | $191.353 | +34,9% |
| 12 | Gesamtergebnis | $3.292.095 | $4.927.939 | +49,7% |

**Abbildung 15.5** Geben Sie **=C5/B5-1** ein, und die Formel funktioniert wie erwartet.

Es ist beruhigend zu sehen, dass Sie auch außerhalb von Pivot-Tabellen Formeln erstellen können, die auf eine PivotTable verweisen. Ich habe Leute getroffen, die einfach dachten, dass dies nicht möglich sei.

Vielleicht ärgert es Sie ein wenig, dass Sie Ihre gewohnte Vorgehensweise beim Eingeben von Formeln aufgeben müssen. In diesem Fall bietet der nächste Abschnitt eine Alternative.

# Einfach »PivotDatenZuordnen« deaktivieren

Wenn Sie nicht vorhaben, die zweite Hälfte dieses Kapitels zu lesen, können Sie `PivotDatenZuordnen` einfach für immer deaktivieren. Wer braucht das schon? Es ist lästig, also schalten Sie es einfach aus.

Führen Sie in Excel die folgenden Schritte aus:

1. Bewegen Sie den Zellzeiger zurück in eine Pivot-Tabelle, sodass die PivotTable-Registerkarten angezeigt werden.
2. Klicken Sie auf die Registerkarte *PivotTable-Analyse*.
3. Beachten Sie das Symbol *Optionen* auf der linken Seite der Multifunktionsleiste (siehe Abbildung 15.6). Klicken Sie nicht auf das Symbol selbst, sondern auf den Dropdownpfeil neben dem Symbol *Optionen*.

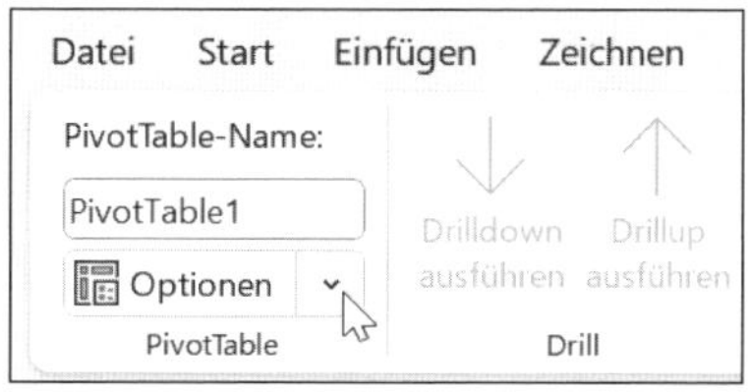


**Abbildung 15.6** Klicken Sie nicht auf das große Symbol *Optionen*. Klicken Sie stattdessen auf den kleinen Dropdownpfeil neben dem Symbol.

Im Dropdownmenü *Optionen* befindet sich der Befehl *GetPivotData generieren* (siehe Abbildung 15.7). (Microsoft hat den Namen der Funktion an dieser Stelle nicht übersetzt, sondern den englischen Namen im Menü belassen.) Diese Option ist standardmäßig ausgewählt. Klicken Sie auf dieses Element, um das Häkchen zu deaktivieren und die Option auszuschalten.

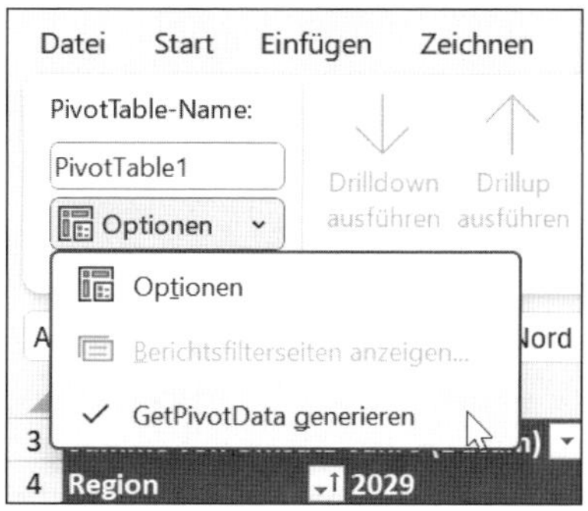


**Abbildung 15.7** Wählen Sie *GetPivotData generieren*, um das Feature zu deaktivieren.

Die vorherigen Schritte setzen voraus, dass sich in der Arbeitsmappe eine Pivot-Tabelle befindet, die Sie auswählen können, um auf die Registerkarte *PivotTable-Analyse* zuzugreifen. Falls sich in der aktuellen Arbeitsmappe keine PivotTable befindet, können Sie *Datei | Optionen* verwenden. Deaktivieren Sie in der Kategorie *Formeln* das Kontrollkästchen *GetPivotData-Funktionen für PivotTable-Bezüge verwenden*.

## Spekulieren, warum Microsoft uns »PivotDatenZuordnen« aufgezwungen hat

Wenn `PivotDatenZuordnen` so allgemein verhasst ist, warum haben die netten Leute bei Microsoft diese Funktion dann standardmäßig aktiviert? Alle wollen sie einfach nur deaktivieren. Warum sollten sie sie aktiviert lassen? Wollen sie sicherstellen, dass es einen Markt für meine Power-Excel-Videos gibt?

Ich habe dazu eine Theorie, die mir während der Einführung von Excel 2007 gekommen ist. Ich hatte viele Bücher über Excel 2007 geschrieben – insgesamt etwa 1800 Seiten. Als die Office 2007-Einführungsveranstaltungen im ganzen Land stattfanden, bekam ich die Gelegenheit, bei der Veranstaltung mitzuarbeiten. Ich verfolgte mit Interesse, wie der Moderator die neuen Features in Excel 2007 beschrieb.

Excel 2007 bot 15 erstaunliche Features. Der Moderator nahm sich drei Minuten Zeit und ging vielleicht auf drei dieser Features ein.

Ich war perplex. Wie konnte das Marketing von Microsoft so schlecht darin sein, die Neuerungen in Excel zu präsentieren? Dann wurde mir klar, dass dies wohl immer so sein muss. Das Marketing fragt das Entwicklungsteam, was es Neues gibt. Der Projektmanager gibt ihnen eine Liste mit 15 Punkten. Der Marketingmitarbeiter sagt dann etwas wie: »In der Präsentation ist kein Platz für 15 Punkte. Können Sie 80 Prozent dieser Punkte aus der Liste streichen und mir nur die Punkte geben, die wirklich glanzvoll und spektakulär sind?«

Die Leute, die an `PivotDatenZuordnen` gearbeitet haben, wussten sicherlich, dass `PivotDatenZuordnen` niemals genug Aufsehen erregen würde, um es in die Marketing-Nachrichten über Excel 2002 zu schaffen. Indem sie es zur Standardeinstellung machten, hofften sie, dass jemand `PivotDatenZuordnen` bemerken und versuchen würde, herauszufinden, wie es verwendet werden kann. Stattdessen haben die meisten Leute, mich eingeschlossen, es einfach deaktiviert und gedacht, es sei ein weiterer Schritt in Microsofts Plan, uns das Leben schwer zu machen, indem sie die Arbeit in Excel erschweren.

## »PivotDatenZuordnen« zur Lösung von Problemen mit Pivot-Tabellen nutzen

Sie würden dieses Buch nicht lesen, wenn Sie nicht erkannt hätten, dass Pivot-Tabellen die beste Erfindung aller Zeiten sind. Mit sechs Klicks können Sie eine Pivot-Tabelle erstellen, die den komplizierten Prozess der Verwendung des erweiterten Filters, von `=DBSUMME()` und Datentabellen überflüssig macht. Mit Pivot-Tabellen können Sie einseitige Zusammenfassungen umfangreicher Datensätze erstellen. Was macht es schon, wenn die Formatierung unansehnlich ist? Und was macht es schon, wenn Sie die meisten Pivot-Tabellen letztendlich in Werte umwandeln, damit Sie die Spalten löschen können, die Sie nicht benötigen, aber nicht deaktivieren können?

Abbildung 15.8 veranschaulicht eine typische Erfahrung mit einer Pivot-Tabelle: Sie beginnen mit Rohdaten. Anschließend erstellen Sie eine Pivot-Tabelle und verwenden alle möglichen fortgeschrittenen Pivot-Tabellen-Tricks, um das gewünschte Ergebnis zu erzielen. Abschließend konvertieren Sie die Pivot-Tabelle in Werte und führen die endgültige Formatierung in Excel durch.

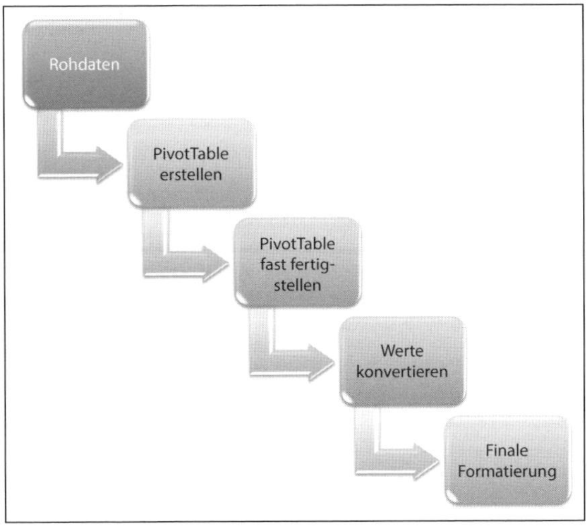


**Abbildung 15.8** Ein typischer PivotTable-Prozess

Ich aktualisiere eine Pivot-Tabelle nur selten, da ich Pivot-Tabellen nie lange genug bestehen lasse, um neue Daten zu erhalten. Wenn ich das nächste Mal Daten erhalte, beginne ich mit der Erstellung der PivotTable von vorne. Wenn dies ein langwieriger Prozess ist, schreibe ich ein Makro, mit dem ich die fünf Schritte in Abbildung 15.8 mit wenigen Tastenanschlägen durchlaufen kann.

Die neue Methode, die von Rob Collie eingeführt und im weiteren Verlauf dieses Kapitels beschrieben wird, verändert die Arbeit mit PivotTables grundlegend. Bei dieser neuen Methode, die vor allem von Microsoft-Mitarbeitern verwendet wird, erstellen Sie zunächst eine unansehnliche Pivot-Tabelle. Die Formatierung dieser Pivot-Tabelle spielt dabei keine Rolle. Anschließend durchlaufen Sie einen einmaligen, relativ mühsamen Prozess, um ein ansprechend formatiertes Gerüst für Ihren endgültigen Bericht zu erstellen. Schließlich verwenden Sie `PivotDatenZuordnen`, um das Gerüst des Berichts schnell zu füllen.

Wenn Sie von nun an neue Daten erhalten, tragen Sie diese einfach in das Datenblatt ein, aktualisieren die unansehnliche Pivot-Tabelle und drucken den Bericht aus. Abbildung 15.9 veranschaulicht diesen Vorgang.

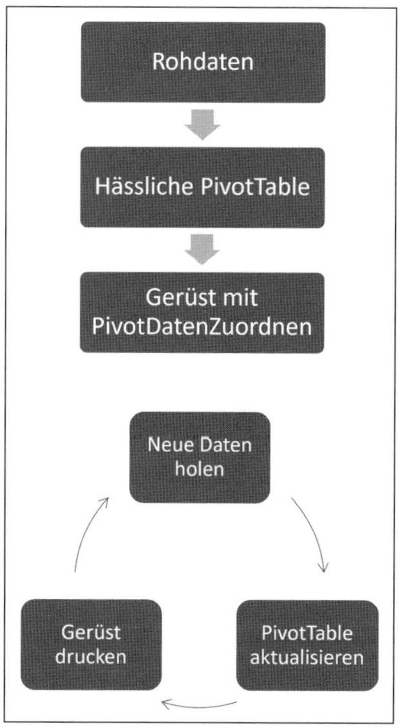


**Abbildung 15.9** Wie Mitarbeiter der Buchhaltungsabteilung bei Microsoft Pivot-Tabellen verwenden

Diese Methode hat enorme Vorteile. Beispielsweise müssen Sie sich nur beim ersten Mal Gedanken über die Formatierung des Berichts machen. Dies kommt einem automatisierten Prozess viel näher.

Im weiteren Verlauf dieses Kapitels werden Sie durch die Schritte zum Erstellen eines dynamischen Berichts geführt, der die Ist-Werte für bereits abgeschlossene Monate und eine Prognose für zukünftige Monate anzeigt.

## Eine hässliche PivotTable erstellen

Angenommen, Sie haben Transaktionsdaten, die das Budget und die Ist-Werte für jede Region eines Unternehmens zeigen. Die Budgetdaten liegen auf Monatsbasis vor. Die Ist-Daten liegen auf Tagesbasis vor. Budgetdaten sind für das gesamte Jahr vorhanden. Ist-Daten liegen nur für die bereits abgeschlossenen Monate vor. Abbildung 15.10 zeigt das ursprüngliche Dataset.

Da Sie diesen Bericht jeden Monat aktualisieren werden, vereinfacht es den Prozess, wenn Sie eine Pivot-Tabellen-Datenquelle haben, die wächst, wenn Sie unten neue Daten hinzufügen. Während ältere Versionen von Excel dies durch einen benannten dynamischen Bereich mit der Funktion `BEREICH.VERSCHIEBEN()` erreichen würden, können Sie dies in Excel tun, indem Sie eine Zelle in Ihren Daten auswählen und [Strg]+[T] drücken, um aus dem Bereich eine Tabelle zu machen. Klicken Sie auf *OK*, um zu bestätigen, dass Ihre Daten Überschriften haben.

Sie haben nun einen formatierten Datensatz, wie in Abbildung 15.10 dargestellt.

| | A | B | C | D |
|---|---|---|---|---|
| 1 | Region | Datum | Measure | Umsatz |
| 2 | Mittlerer Westen | 01.01.2030 | Budget | 248000 |
| 3 | Nord | 01.01.2030 | Budget | 90000 |
| 4 | Nordost | 01.01.2030 | Budget | 266000 |
| 5 | Süd | 01.01.2030 | Budget | 360000 |
| 6 | Südost | 01.01.2030 | Budget | 675000 |
| 7 | Südwest | 01.01.2030 | Budget | 293000 |
| 8 | West | 01.01.2030 | Budget | 563000 |
| 9 | Mittlerer Westen | 01.02.2030 | Budget | 248000 |
| 10 | Nord | 01.02.2030 | Budget | 90000 |
| 11 | Nordost | 01.02.2030 | Budget | 266000 |

**Abbildung 15.10** Die Originaldaten umfassen Budget- und Ist-Werte.

Im nächsten Schritt erstellen Sie eine PivotTable, die alle möglichen Werte enthält, die Sie für Ihren Bericht benötigen.

`PivotDatenZuordnen` ist leistungsstark, kann jedoch nur Werte zurückgeben, die in der eigentlichen Pivot-Tabelle sichtbar sind. Es kann nicht auf den Pivot-Cache zugreifen, um Elemente zu berechnen, die nicht in der Pivot-Tabelle enthalten sind.

Erstellen Sie die Pivot-Tabelle, indem Sie die folgenden Schritte ausführen:

1. Wählen Sie *Einfügen | PivotTable | OK*.
2. Wählen Sie in der Liste *PivotTable-Felder* das Feld *Datum* aus. In der ersten Spalte werden die Tagesdaten angezeigt (siehe Abbildung 15.11).

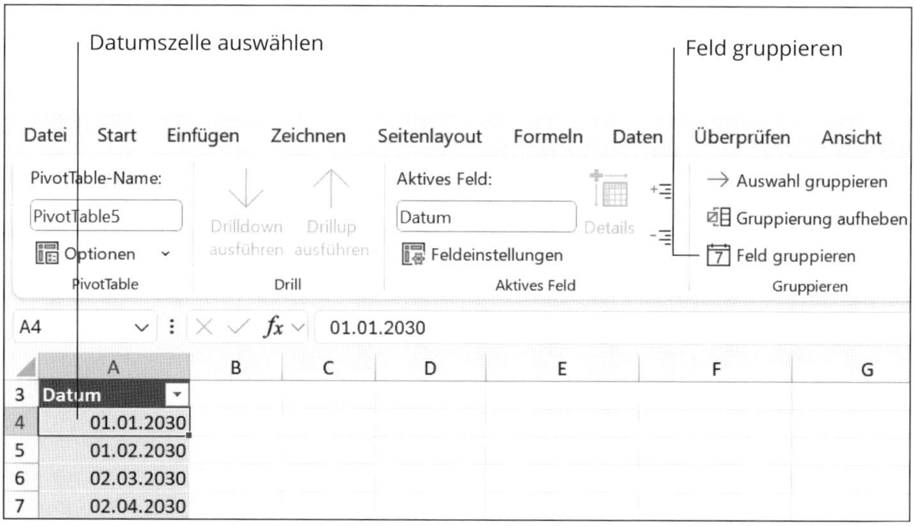


**Abbildung 15.11** Beginnen Sie mit den Tagesdaten auf der linken Seite.

3. Wählen Sie die erste Datumszelle in A4 aus. Wählen Sie auf der Registerkarte *PivotTable-Analyse* den Befehl *Feld gruppieren.* Wählen Sie *Monate* und *Jahre* aus, wie in Abbildung 15.12 dargestellt. Klicken Sie auf *OK*. Nun werden im Bereich *Zeilen* die tatsächlichen Monatsnamen angezeigt, wie in Abbildung 15.13 dargestellt.

**Abbildung 15.12** Gruppieren Sie die täglichen Datumsangaben nach Monaten und Jahren.

| | A | B |
|---|---|---|
| 3 | Jahre (Datum) | Monate (Datum) |
| 4 | ⊟2030 | Jan |
| 5 | 2030 | Feb |
| 6 | 2030 | Mrz |
| 7 | 2030 | Apr |
| 8 | 2030 | Mai |
| 9 | 2030 | Jun |
| 10 | 2030 | Jul |
| 11 | 2030 | Aug |
| 12 | 2030 | Sep |
| 13 | 2030 | Okt |
| 14 | 2030 | Nov |
| 15 | 2030 | Dez |
| 16 | 2030 Ergebnis | |
| 17 | Gesamtergebnis | |

**Abbildung 15.13** Sie haben nun Jahre und Monatsnamen anstelle von Datumsangaben.

4. Ziehen Sie die Felder *Jahre (Datum)* und *Monate (Datum)* in den Bereich *Spalten des* Aufgabenbereichs *PivotTable-Felder.*
5. Ziehen Sie *Measure* in den Bereich *Spalten*.
6. Wählen Sie *Region* aus, damit es in der linken Spalte der Pivot-Tabelle angezeigt wird.
7. Wählen Sie *Umsatz*, damit dieser im Wertebereich der Pivot-Tabelle angezeigt wird.

Wie in Abbildung 15.14 gezeigt, haben Sie nun eine hässliche Pivot-Tabelle. Die Summe aus den Ist-Werten für Januar und dem Budget für Januar in Spalte D ist völlig sinnlos. Das sieht zwar hässlich aus, aber in diesem Fall ist es Ihnen egal, da niemand außer Ihnen diese Pivot-Tabelle jemals sehen wird.

| | A | B | C | D | E | F | G |
|---|---|---|---|---|---|---|---|
| 3 | Summe von Umsatz | Jahre (Datum) | Monate (Datum) | Measure | | | |
| 4 | | ⊟2030 | 2030 | 2030 | 2030 | 2030 | 2030 |
| 5 | | ⊟Jan | Jan | Jan Ergebnis | ⊟Feb | Feb | Feb Ergebnis |
| 6 | Region | Budget | Ist | | Budget | Ist | |
| 7 | West | 563000 | 578379 | 1141379 | 563000 | 596267 | 1159267 |
| 8 | Mittlerer Westen | 248000 | 312387 | 560387 | 248000 | 266949 | 514949 |
| 9 | Nord | 90000 | 100742 | 190742 | 90000 | 95197 | 185197 |
| 10 | Nordost | 266000 | 277435 | 543435 | 266000 | 336005 | 602005 |
| 11 | Süd | 360000 | 4182773 | 4542773 | 360000 | 4182773 | 4542773 |
| 12 | Südost | 675000 | 926977 | 1601977 | 675000 | 789647 | 1464647 |
| 13 | Südwest | 293000 | 361686 | 654686 | 293000 | 329772 | 622772 |
| 14 | Gesamtergebnis | 2495000 | 6740379 | 9235379 | 2495000 | 6596610 | 9091610 |

**Abbildung 15.14** Die hässlichste Pivot-Tabelle der Welt. Die Summe der Ist-Werte und des Budgets in Spalte D ist völlig bedeutungslos.

An dieser Stelle besteht das Ziel darin, eine Pivot-Tabelle mit allen möglichen Datenpunkten zu erstellen, die Sie jemals in Ihrem Abschlussbericht benötigen könnten. Es ist in Ordnung, wenn die Pivot-Tabelle zusätzliche Daten enthält, die Sie im Bericht nie benötigen werden.

## Das Gerüst für den Bericht erstellen

Jetzt ist es an der Zeit, Ihre Pivot-Tabelle beiseitezulegen und sich mit Excel zu beschäftigen. Sie werden grundlegende Excel-Formeln und -Formatierungen verwenden, um einen ansprechend formatierten Bericht zu erstellen, den Sie Ihrem Vorgesetzten vorlegen können.

Fügen Sie ein leeres Arbeitsblatt in Ihre Arbeitsmappe ein und führen Sie dann die folgenden Schritte aus:

1. Geben Sie in Zelle A1 einen Berichtstitel ein.
2. Verwenden Sie den Katalog *Zellenformatvorlagen* auf der Registerkarte *Start*, um Zelle A1 als Titel zu formatieren.
3. Geben Sie ein Datum in Zelle B1 ein, indem Sie die Formel **=MONATSENDE (HEUTE();-1)** verwenden. Dadurch wird die Seriennummer des letzten Tages des Vormonats in Zelle B1 eingegeben. Wenn Sie sehen möchten, wie die Formel funktioniert, können Sie die Zelle als Datum formatieren. Wenn Sie dies am 14. Juli 2030 lesen, wird in Zelle B1 das Datum 30. Juni 2030 angezeigt.
4. Wählen Sie Zelle B1 aus. Drücken Sie Strg+1, um das Dialogfeld *Zellen formatieren* zu öffnen. Klicken Sie auf der Registerkarte *Zahlen* auf *Benutzerdefiniert*. Geben Sie das benutzerdefinierte Zahlenformat **"Ist-Werte bis" MMMM JJJJ** ein. Dadurch wird das berechnete Datum als Text angezeigt.
5. Da die Möglichkeit besteht, dass der Text in Zelle A2 breiter ist als die gewünschte Spaltenbreite von Spalte A, wählen Sie sowohl Zelle A2 als auch Zelle B2 aus. Drücken Sie Strg+1, um die Zellen zu formatieren. Schalten Sie auf der Registerkarte *Ausrichtung* das Kontrollkästchen *Zellen verbinden* aus. Dadurch kann die Formel in Zelle A2 bei Bedarf in Zelle B2 überlaufen. Wählen Sie im Menüband auf der Registerkarte *Start* die Option *Links ausrichten* aus.
6. Geben Sie in Zelle A5 eine Überschrift für die Regionen ein.
7. Geben Sie in den restlichen Zellen der Spalte A die Namen Ihrer Regionen ein. Diese Namen sollten mit den Namen in der Pivot-Tabelle übereinstimmen.
8. Fügen Sie gegebenenfalls in Spalte A Beschriftungen für die Teilergebnisse der Abteilungen hinzu, die für die verschiedenen Regionen verantwortlich sind.
9. Fügen Sie am Ende des Berichts eine Zeile für das Gesamtergebnis des Unternehmens hinzu.
10. Die Monatsnamen erstrecken sich von Zelle B4 bis M4. Geben Sie diese Formel in Zelle B4 ein: **=DATUM(JAHR($A2);@SPALTE(A:A);1)**.
11. Wählen Sie die Zelle B4 aus. Drücken Sie Strg+1, um die Zellen zu formatieren. Wählen Sie auf der Registerkarte *Zahlen* die Option *Benutzerdefiniert* und geben Sie das folgende benutzerdefinierte Zahlenformat ein: **MMM**.
12. Richten Sie Zelle B4 rechtsbündig aus. Wählen Sie in der Dropdownliste *Zellenformatvorlagen* die Option *Überschrift 4* aus.
13. Kopieren Sie Zelle B4 in die Zellen C4:M4. Sie haben nun echte Datumsangaben oben, die als Monatsbezeichnungen angezeigt werden.
14. Geben Sie diese Formel in Zelle B5 ein: **=WENN(MONAT(B4)<=MONAT($A$2);"Ist";"Budget")**. Richten Sie Zelle B5 rechtsbündig aus. Kopieren Sie die Formel in die Zellen C5:M5. Dadurch sollte für vergangene Monate das Wort *Ist* und für zukünftige Monate das Wort *Budget* angezeigt werden.
15. Fügen Sie in Zelle N5 die Spaltenüberschrift **Ergebnis** hinzu. Fügen Sie in Zelle O5 die Spalte **Gesamtbudget** hinzu. Geben Sie in Zelle P5 **% Änderung** ein.

16. Füllen Sie die regulären Excel-Formeln aus, die für die Berechnung der Abteilungssummen, der Gesamtzeile für das Unternehmen, der Gesamtsummen-Spalte und der Abweichungsprozent-Spalte erforderlich sind. Beispiel:
    - Geben Sie **=SUMME(B6:B7)** in Zelle B8 ein und kopieren Sie die Formel nach rechts.
    - Geben Sie =**SUMME(B6:M6)** in Zelle N6 ein und kopieren Sie die Formel nach unten.
    - Geben Sie **=WENNFEHLER((N6/O6)-1;0)** in Zelle P6 ein und kopieren Sie die Formel nach unten.
    - Geben Sie **=SUMME(B10:B12)** in Zelle B13 ein und kopieren Sie die Formel nach rechts.
    - Geben Sie **=SUMME(B15:B16)** in Zelle B17 ein und kopieren Sie die Formel nach rechts.
    - Geben Sie **=SUMME(B6:B18)/2** in Zelle B19 ein und kopieren Sie die Formel nach rechts.
17. Wenden Sie die Zellenformatvorlage *Überschrift 4* auf die Beschriftungen in Spalte A und die Überschriften in den Zeilen 4:5 an.
18. Weisen Sie den Zellen B6:O19 das Zahlenformat **#.##0** zu.
19. Weisen Sie der Spalte P das Zahlenformat **0,0%** zu.
20. Löschen Sie die Formeln in den Zeilen 9, 14 und 18 für die Spalten N und P.

---

Wenn es sich bei den Namen in der Pivot-Tabelle um Regionscodes handelt, können Sie die Codes in einer neuen ausgeblendeten Spalte A ausblenden und in Spalte B benutzerfreundliche Regionsnamen eingeben.

---

Sie haben nun das Gerüst des Berichts erstellt, wie in Abbildung 15.15 dargestellt. Dieser Bericht enthält alle erforderlichen Formatierungen, die Ihr Vorgesetzter möglicherweise wünscht. Er enthält Summen, die die Zahlen aus der Pivot-Tabelle addieren.

Im nächsten Abschnitt verwenden Sie `PivotDatenZuordnen`, um den Bericht zu vervollständigen.

| | A | B | C | D | E | F | G | H | I | J | K | L | M | N | O | P |
|---|---|---|---|---|---|---|---|---|---|---|---|---|---|---|---|---|
| 1 | Ist- & Budgetwerte nach Region | | | | | | | | | | | | | | | |
| 2 | Ist-Werte bis Juli 2030 | | | | | | | | | | | | | | | |
| 3 | | 2030 | 2030 | | | | | | | | | | | | | |
| 4 | | Jan | Feb | Mrz | Apr | Mai | Jun | Jul | Aug | Sep | Okt | Nov | Dez | | Ergebnis | |
| 5 | Region | Ist | Ist | Ist | Ist | Ist | Ist | Ist | Budget | Budget | Budget | Budget | Budget | Ergebnis | Gesamtbudget | Änderung |
| 6 | Nordost | | | | | | | | | | | | | | | 0,0% |
| 7 | Südost | | | | | | | | | | | | | | | 0,0% |
| 8 | Ost - Abteilungsergebnis | 0 | 0 | 0 | 0 | 0 | 0 | 0 | 0 | 0 | 0 | 0 | 0 | 0 | 0 | 0,0% |
| 9 | | | | | | | | | | | | | | | | |
| 10 | Mittlerer Westen | | | | | | | | | | | | | | | 0,0% |
| 11 | Nord | | | | | | | | | | | | | | | 0,0% |
| 12 | Süd | | | | | | | | | | | | | | | 0,0% |
| 13 | Zentral - Abteilungsergebnis | 0 | 0 | 0 | 0 | 0 | 0 | 0 | 0 | 0 | 0 | 0 | 0 | 0 | 0 | 0,0% |
| 14 | | | | | | | | | | | | | | | | |
| 15 | West | | | | | | | | | | | | | | | 0,0% |
| 16 | Südwest | | | | | | | | | | | | | | | 0,0% |
| 17 | West - Abteilungsergebnis | 0 | 0 | 0 | 0 | 0 | 0 | 0 | 0 | 0 | 0 | 0 | 0 | 0 | 0 | 0,0% |
| 18 | | | | | | | | | | | | | | | | |
| 19 | Gesamtergebnis Firma | 0 | 0 | 0 | 0 | 0 | 0 | 0 | 0 | 0 | 0 | 0 | 0 | 0 | 0 | 0,0% |

**Abbildung 15.15** Das Gerüst des Berichts vor dem Hinzufügen der Formeln, die `PivotDatenZuordnen` verwenden

## »PivotDatenZuordnen« zum Ausfüllen des Berichtgerüsts verwenden

Jetzt können Sie endlich das Feature nutzen, das Sie seit Jahren verrückt gemacht hat – die Einstellung *GetPivotData generieren*. Wenn Sie die Einstellung in Abbildung 15.7 deaktiviert haben, wählen Sie sie erneut aus. Wenn sie ausgewählt ist, wird neben *GetPivotData generieren* ein Häkchen angezeigt.

Gehen Sie zu Zelle B6 im Gerüst des Berichts (dies ist die Zelle für die Region Nordost, Januar, Ist-Werte) und führen Sie dann die folgenden Schritte aus:

1. Geben Sie **=** ein, um eine Formel zu starten (siehe Abbildung 15.16).

| | A | B | C | D |
|---|---|---|---|---|
| 1 | Ist- & Budgetwerte nach Region | | | |
| 2 | **Ist-Werte bis Juli 2030** | | | |
| 3 | | 2030 | 2030 | 2030 |
| 4 | | **Jan** | **Feb** | **Mrz** |
| 5 | **Region** | **Ist** | **Ist** | **Ist** |
| 6 | **Nordost** | = | | |
| 7 | **Südost** | | | |
| 8 | **Ost - Abteilungsergebnis** | 0 | 0 | 0 |

**Abbildung 15.16** Starten Sie die Eingabe einer Formel im Gerüst des Berichts.

2. Wechseln Sie zum Tabellenblatt mit der PivotTable und klicken Sie auf die Zelle für Nordost, Januar, Ist-Werte. In Abbildung 15.17 ist dies Zelle C10.

| | A | B | C | D | E | F |
|---|---|---|---|---|---|---|
| 1 | | | | | | |
| 2 | | | | | | |
| 3 | Summe von Umsatz | Jahre (Datum) | Monate (Datum) | Measure | | |
| 4 | | ⊟2030 | 2030 | 2030 | 2030 | 2030 |
| 5 | | ⊟Jan | Jan | Jan Ergebnis | ⊟Feb | Feb |
| 6 | Region | Budget | Ist | | Budget | Ist |
| 7 | West | 563000 | 578379 | 1141379 | 563000 | 596267 |
| 8 | Mittlerer Westen | 248000 | 312387 | 560387 | 248000 | 266949 |
| 9 | Nord | 90000 | 100742 | 190742 | 90000 | 95197 |
| 10 | Nordost | 266000 | 277435 | 543435 | 266000 | 336005 |
| 11 | Süd | 360000 | 4182773 | 4542773 | 360000 | 4182773 |
| 12 | Südost | 675000 | 926977 | 1601977 | 675000 | 789647 |
| 13 | Südwest | 293000 | 361686 | 654686 | 293000 | 329772 |
| 14 | Gesamtergebnis | 2495000 | 6740379 | 9235379 | 2495000 | 6596610 |

**Abbildung 15.17** Klicken Sie mit der Maus auf die richtige Zelle in der Pivot-Tabelle.

3. Drücken Sie die [↵]-Taste, um zum Gerüst des Berichts zurückzukehren und die Formel zu vervollständigen. Excel fügt die Funktion `PivotDatenZuordnen` in Zelle B6 ein.

Die Formel ergibt, dass der Ist-Wert für die Region Nordost 277.435 $ beträgt.

---

Notieren Sie sich diese Zahl, da Sie sie später mit dem Ergebnis der Formel vergleichen möchten, die Sie bearbeiten werden.

---

Die ursprüngliche Formel lautet wie folgt:

```
=PIVOTDATENZUORDNEN("Umsatz";HässlichePivotTable!$A$3;"Region";
"Nordost";"Measure";"Ist";"Monate (Datum)";1;"Jahre (Datum)";2030)
```

Nachdem Sie die Funktion `PivotDatenZuordnen` jahrelang ignoriert haben, müssen Sie sich diese Monsterformel nun genau ansehen, um zu verstehen, was sie bewirkt. Abbildung 15.18 zeigt die Formel in der Bearbeitungsleiste.

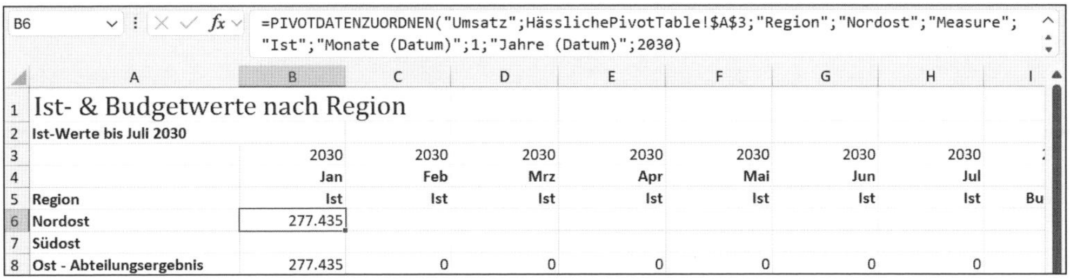


**Abbildung 15.18** Die von Microsoft generierte `PivotDatenZuordnen`-Formel.

Die Syntax für die Funktion lautet:

```
=PIVOTDATENZUORDNEN(Datenfeld;PivotTable;[Feld1;Element1];...)
```

In unserem Beispiel gibt es vier Feld*n*-Element*n*-Argumentpaaren. Hier sind die Argumente in der Formel:

- **Datenfeld** Dies ist das Feld im Wertebereich der Pivot-Tabelle. Beachten Sie, dass Sie `Umsatz` und nicht `Summe von Umsatz` verwenden.
- **PivotTable** Hiermit fragt Microsoft: »Welche Pivot-Tabelle meinen Sie?« Sie müssen hier lediglich auf eine einzelne Zelle innerhalb der Pivot-Tabelle zeigen. Der Eintrag `HässlichePivotTable!$A$3` ist die erste ausgefüllte Zelle in der Pivot-Tabelle. Sie können eine beliebige Zelle in der Pivot-Tabelle auswählen. Da es jedoch keine Rolle spielt, welche Zelle Sie auswählen, brauchen Sie sich hier keine Gedanken zu machen. Lassen Sie die Formel auf $A$3 verweisen, dann ist alles in Ordnung.
- **Feld1, Element1** Die von Microsoft generierte Formel zeigt `Region` als Feldnamen und `Nordost` als Elementwert an. Aha! Das ist also der Grund, warum die von Microsoft generierten `PivotDatenZuordnen`-Formeln nicht kopiert werden können. Sie sind im Wesentlichen fest codiert, um auf einen bestimmten Wert zu verweisen. Sie möchten, dass sich Ihre Formel ändert, wenn Sie sie in Ihren Bericht kopieren. Bearbeiten Sie die Formel und ändern Sie `Nordost` in $A6 ab. Indem Sie nur ein einziges Dollarzeichen ($) vor A verwenden, ermöglichen Sie, dass sich der Zeilenteil des Zellbezugs ändert, wenn Sie die Formel nach unten kopieren.
- **Feld2, Element2** Der Feldname lautet `Measure` (Kennzahl) und das Element `Ist` (für die Ist-Werte). Dies ist für Januar korrekt, aber für Monate, die in der Zukunft liegen, soll statt `Measure` hier `Budget` erscheinen. Ändern Sie das fest codierte `Ist` so, dass hier auf B$5 verwiesen wird.
- **Feld3, Element3** Das nächste Argumentpaar legt fest, dass das Feld `Monate (Datum)` den Wert 1 haben soll. Der Wert für den Monat ist 1, was Januar bedeutet. Sie haben wahrscheinlich gedacht, ich sei verrückt, diese absurde Formel und das benutzerdefinierte Zahlenformat in Zelle B4 zu erstellen. Diese Formel wird jedoch nun nützlich. Anstatt eine 1 fest zu codieren, verwenden Sie `MONAT(B$4)`. Das einzelne Dollarzeichen vor Zeile 4 zeigt an, dass die Formel Daten aus anderen Monaten abrufen kann, wenn sie kopiert wird, aber sie sollte immer auf Zeile 4 zurückgreifen, wenn sie nach unten kopiert wird.

- **Feld4, Element4** Dies sind `Jahre (Datum)` und `2030`. Ich hätte dieses Element fast unverändert gelassen, da es noch Monate dauern würde, bis wir ein neues Jahr haben. Aber warum nicht 2030 in **JAHR($A$2)** ändern?

Die neue Formel ist in Abbildung 15.19 dargestellt. Anstelle einer Formel, die fest auf einen einzigen Wert festgelegt ist, haben Sie eine Formel erstellt, die auf den gesamten Datensatz kopiert werden kann. Die Formel lautet:

```
=PIVOTDATENZUORDNEN("Umsatz";HässlichePivotTable!$A$3;"Region";$A6;
"Measure";B$5;"Monate (Datum)";MONAT(B$4);"Jahre (Datum)";JAHR($A$2))
```

| | A | B | C | D | E | F | G | H | I | J | K | L | M | N | O | P |
|---|---|---|---|---|---|---|---|---|---|---|---|---|---|---|---|---|
| 1 | Ist- & Budgetwerte nach Region | | | | | | | | | | | | | | | |
| 2 | Ist-Werte bis Juli 2030 | | | | | | | | | | | | | | | |
| 3 | | 2030 | 2030 | | | | | | | | | | | | | |
| 4 | | Jan | Feb | Mrz | Apr | Mai | Jun | Jul | Aug | Sep | Okt | Nov | Dez | | Ergebnis | |
| 5 | Region | Ist | Ist | Ist | Ist | Ist | Ist | Ist | Budget | Budget | Budget | Budget | Budget | Ergebnis | Gesamtbudget | Änderung |
| 6 | Nordost | =PIVOTDATENZUORDNEN("Umsatz";HässlichePivotTable!$A$3;"Region";$A6;"Measure";B$5;"Monate (Datum)";MONAT(B$4);"Jahre (Datum)";JAHR($A$2)) | | | | | | | | | | | | | | |
| 7 | Südost | | | | | | | | | | | | | | | 0,0% |
| 8 | Ost - Abteilungsergebnis | 277.435 | 0 | 0 | 0 | 0 | 0 | 0 | 0 | 0 | 0 | 0 | 0 | 0 | 0 | 0,0% |

**Abbildung 15.19** Nach der Bearbeitung kann die Formel mit `PivotDatenZuordnen` kopiert werden.

Wenn Sie nach der Bearbeitung die [↵]-Taste drücken, erhalten Sie genau das gleiche Ergebnis wie vor der Bearbeitung der Formel. Vergleichen Sie diese mit der zuvor notierten Zahl, um sicherzugehen.

Kopieren Sie diese Formel in alle leeren Berechnungszellen in den Spalten B:M. Kopieren Sie die Formel noch nicht in Spalte O. Da Sie nun reale Zahlen im Bericht haben, müssen Sie möglicherweise einige Spaltenbreiten anpassen.

Sie können die `PivotDatenZuordnen`-Formel für die Monate anpassen, um das Gesamtbudget zu erhalten. Wenn Sie eine Formel in Zelle O6 kopieren, erhalten Sie die Fehlermeldung `#BEZUG!`, da das Wort Ergebnis in Zelle O4 nicht als Monat ausgewertet wird. Bearbeiten Sie die Formel und ändern Sie die Argumentpaare für Monate und Jahre. Es wird weiterhin eine Fehlermeldung angezeigt.

---

(!) Damit **`PivotDatenZuordnen`** funktioniert, muss die gesuchte Zahl irgendwo in der PivotTable sichtbar sein.

---

Da die ursprüngliche Pivot-Tabelle *Measure* als drittes Spaltenfeld enthielt, gibt es keine tatsächliche Spalte für *Ergebnis Budget*. Verschieben Sie das Feld *Measure* so, dass es das erste Spaltenfeld ist, wie in Abbildung 15.20 gezeigt.

Wenn Sie zum Berichtgerüst zurückkehren, stellen Sie fest, dass die Formel für *Budget Ergebnis* in Zelle O6 nun einwandfrei funktioniert. Kopieren Sie diese Formel in die anderen leeren Datenzellen in Spalte O (siehe Abbildung 15.21). Sie werden erstaunt feststellen, dass alle anderen Formeln funktionieren, obwohl sich alles in der zugrunde liegenden PivotTable verschoben hat.

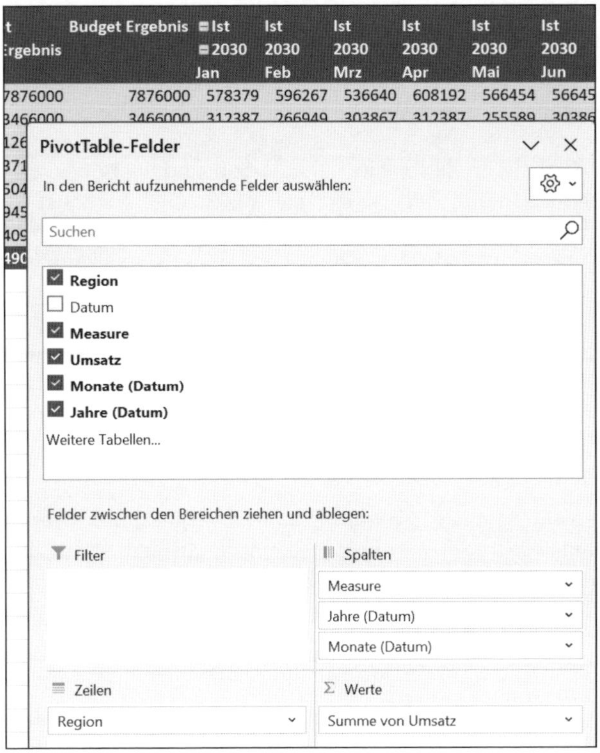


**Abbildung 15.20** Passen Sie das Layout der Spaltenbeschriftungsfelder so an, dass Sie eine Spalte *Budget Ergebnis* erhalten.

| 2030 | | | |
|---|---|---|---|
| Dez | | Ergebnis | |
| Budget | ist | Budget | % Änderung |
| 424.000 | 2.151.665 | 3.717.000 | -42,1% |
| 1.080.000 | 5.991.017 | 9.450.000 | -36,6% |
| 1.504.000 | 8.142.682 | 13.167.000 | -38,2% |

**Abbildung 15.21** Nach der Neuanordnung der Pivot-Tabelle haben Sie eine funktionierende Formel für *Ergebnis Budget.*

Die Formel in O6 lautet wie folgt:

```
=PIVOTDATENZUORDNEN("Umsatz";HässlichePivotTable!$A$3;"Region";$A6;
"Measure";O$5)
```

Sie haben nun einen übersichtlichen Bericht, der Werte aus einer Live-Pivot-Tabelle bezieht. Die Einrichtung dieses Berichts für den ersten Monat, in dem Sie ihn erstellen müssen, nimmt sicherlich mehr Zeit in Anspruch, aber in den folgenden Monaten wird die Aktualisierung des Berichts ein Kinderspiel sein.

## Bericht in den folgenden Monaten aktualisieren

In den folgenden Monaten können Sie Ihren Bericht wie folgt aktualisieren:

1. Fügen Sie die Ist-Werte für den neuen Monat direkt unter dem ursprünglichen Dataset ein. Da es sich bei dem ursprünglichen Datensatz um eine Tabelle handelt, wird die Tabel-

lenformatierung automatisch auf die neuen Zeilen übertragen. Die Definition der Datenquelle für die Pivot-Tabelle wird ebenfalls erweitert.

2. Gehen Sie zur Pivot-Tabelle. Klicken Sie auf der Registerkarte *PivotTable-Analyse* auf die Schaltfläche *Aktualisieren* Die Form der Pivot-Tabelle ändert sich, aber das ist nicht weiter wichtig.
3. Gehen Sie zum Berichtgerüst. Im wirklichen Leben sind Sie nun fertig, aber um es zu testen, geben Sie ein Datum in Zelle B2 ein, z.B. 30.08.2030. Zunächst wird ein #BEZUG-Fehler angezeigt, der jedoch verschwindet, nachdem Sie die tatsächlichen Daten für August zu den realen Daten hinzugefügt und die Pivot-Tabelle aktualisiert haben.

Jeden Monat sind diese drei einfachen Schritte der Lohn für die Mühen in diesem Kapitel. Bei der ersten Aktualisierung ändern sich die Daten für Juli von *Budget* zu *Ist*. Alle Formeln werden neu berechnet. Sie müssen sich keine Gedanken über die Neuerstellung von Formaten, Formeln usw. machen.

Dieser Vorgang ist so einfach, dass Sie wahrscheinlich vergessen werden, wie mühsam die Erstellung dieser Monatsberichte früher war. Das einzige Risiko besteht darin, dass durch eine Umstrukturierung des Unternehmens neue Regionen zur Pivot-Tabelle hinzugefügt werden.

Um sicherzustellen, dass Ihre Formeln weiterhin funktionieren, fügen Sie außerhalb des Druckbereichs des Berichts einen kleinen Prüfabschnitt hinzu. Diese Formel in Zelle A22 überprüft, ob die in Zelle O19 berechnete Budgetsumme mit der Budgetsumme in der Pivot-Tabelle übereinstimmt. Hier ist die Formel:

```
=WENN(PIVOTDATENZUORDNEN("Umsatz";HässlichePivotTable!$A$3;
"Measure"; "Budget")=$O$19; "";
"Achtung!!! Es scheint, dass der Pivot-Tabelle neue Regionen " & "
hinzugefügt wurden. Möglicherweise müssen Sie diesem Bericht " & "
neue Zeilen für diese Regionen hinzufügen.")
```

Falls die neue Region auf einen Rechtschreibfehler in den Ist-Werten zurückzuführen ist, vergleicht diese Formel die Ist-Werte seit Jahresbeginn mit der Pivot-Tabelle. Geben Sie die folgende Formel in Zelle A23 ein:

```
=WENN(SUMMEWENN(B5:M5; "Ist"; B19:M19)=
PIVOTDATENZUORDNEN("Umsatz";HässlichePivotTable!$A$3; "Measure"; "Ist"); ""; "Achtung!!!
Es scheint, dass neue Regionen zur Pivot-Tabelle " & "
hinzugefügt wurden. Möglicherweise müssen Sie diesem Bericht neue " & "
Zeilen für diese Regionen hinzufügen. ")
```

Ändern Sie die Schriftfarbe dieser beiden Zellen in Rot. Man bemerkt sie dort unten gar nicht, bis etwas schiefgeht.

Früher hätte ich nie gedacht, dass ich einmal diese Worte schreiben würde: `PivotDatenZuordnen` ist das Beste, was es je gab. Wie konnten wir jemals ohne diese Funktion leben?

# Nächste Schritte

Kapitel 16 zeigt, wie Sie eine PivotTable in Excel für das Web erstellen.

KAPITEL 16

# PivotTables in Excel für das Web erstellen

Die Mitarbeiter von Microsoft – angefangen beim CEO Satya Nadella bis hinunter durch alle Hierarchieebenen – glauben, dass Excel für das Web, auch als Excel Online bekannt, die Zukunft ist. Sie gehen davon aus, dass, wenn alle Nutzer von Google Sheets in einer Onlineumgebung arbeiten können, die Excel-Kunden diesem Beispiel folgen werden.

Hier ist der Unterschied: Kunden, die Google Sheets verwenden, können nicht wählen, ob sie in einer Desktopversion der Tabellenkalkulation arbeiten möchten! Stattdessen sind sie gezwungen, ein Onlineprodukt zu verwenden.

Excel-Kunden, die die Wahl haben, verwenden nach wie vor fast ausschließlich die Windows- und Mac-Versionen von Excel. Microsoft zitiert gerne den Prozentsatz der Excel-Kunden, die im letzten Jahr Excel für das Web geöffnet haben. Excel-MVP Wyn Hopkins hat dazu eine interessante Theorie: Er trifft immer wieder auf Leute, die in Outlook auf einen Link klicken und versehentlich zu Excel für das Web weitergeleitet werden. Diese Leute klicken dann sofort auf *In der Desktopversion öffnen*. Eine Theorie lautet also, dass viele der Personen, die Microsoft als »Nutzer« von Excel für das Web angibt, möglicherweise versehentlich dort gelandet sind.

Wenn der CEO ein Verfechter von Excel für das Web ist, hat das einen großen Einfluss auf das Verhalten bei Microsoft. Das Excel-Team arbeitet fieberhaft daran, Excel für das Web so nah wie möglich an die Windows-Versionen von Excel heranzuführen. Auch wenn ich selten jemanden getroffen habe, der Excel für das Web bewusst nutzt, liegt es nahe, dass dieses Buch auch diese Funktionalität behandelt, da Excel für das Web nun die Erstellung von Pivot-Tabellen unterstützt.

In meinen Seminaren erwähne ich normalerweise, dass Excel für das Web ein Lebensretter sein kann, wenn Sie Ihre Großmutter besuchen und Ihr Chef anruft, um Ihnen mitzuteilen, dass er sofort eine Pivot-Tabelle benötigt. Es ist möglich, dass der Computer Ihrer Großmutter keine Windows-Version von Excel hat, und Sie können die Situation mit Excel für das Web retten. Dieses Kapitel könnte also auch in »PivotTables bei Ihrer Großmutter zu Hause erstellen« umbenannt werden.

## So melden Sie sich bei Excel für das Web an

Ich habe mit einer ganzen Reihe von Leuten gesprochen, die sich noch nie an Excel für das Web gewagt haben, daher hier eine Kurzanleitung. Als Erstes sollten Sie Excel auf Ihrem Desktop öffnen und zu *Datei* und *Konto* gehen. Sie sollten sehen, dass Sie mit einer E-Mail-Adresse bei Excel angemeldet sind, und ich nehme an, Sie kennen das Passwort.

Überlegen Sie, wo Sie Ihre Excel-Arbeitsmappen normalerweise speichern. Speichern Sie sie auf einer lokalen Festplatte? Auf dem Netzlaufwerk Ihres Unternehmens? Oder speichern Sie sie in OneDrive, SharePoint Online oder OneDrive for Business? Wenn Sie noch keine Arbeitsmappen in OneDrive oder SharePoint Online haben, können Sie eine Ihrer lokal gespeicherten Arbeitsmappen in Excel Online hochladen.

Halten Sie Ihre Benutzer-ID und Ihr Kennwort bereit und öffnen Sie Ihren bevorzugten modernen Webbrowser (z.B. Microsoft Edge oder Google Chrome). Geben Sie in die Adressleiste **excel.new** ein und drücken Sie die [↵]-Taste (siehe Abbildung 16.1).

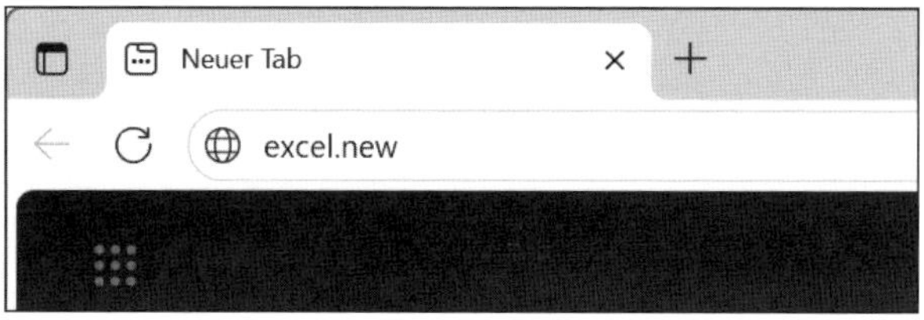


**Abbildung 16.1** *excel.new* ist eine Verknüpfung, um zu Excel für das Web zu gelangen.

Der nächste Schritt kann variieren. Möglicherweise werden Sie aufgefordert, sich anzumelden, oder Ihr Browser erkennt, dass Sie bereits bei Microsoft angemeldet sind, und leitet Sie direkt zu einer Webseite weiter, die ähnlich aussieht wie Excel auf dem Desktop.

Ich habe festgestellt, dass ich zu viele Microsoft-Anmeldungen habe. Ich habe mehrere verschiedene Anmeldungen für die Teams-Anwendung. Ich habe ein sehr altes Login, das für MSDN-Abonnements verwendet wurde. Ich habe 2019 an der Microsoft Ignite teilgenommen, und mein Login für diese Veranstaltung entspricht dem Gmail-Konto, das ich damals verwendet habe. Als schließlich Microsoft 365 eingeführt wurde, wurde mir ein Login von meinem Unternehmen zugewiesen. Das bedeutet, dass ich mich auf fünf verschiedene Arten bei Microsoft anmelden kann. Vielleicht befinden Sie sich in einer ähnlichen Situation.

Sie sollten sicherstellen, dass Ihre Anmeldedaten für Excel für das Web mit denen im Bildschirm *Datei* | *Konto* in der Desktopversion von Excel übereinstimmen. Klicken Sie auf Ihr Bild in der oberen rechten Ecke, um sicherzustellen, dass Sie mit denselben Anmeldedaten angemeldet sind. Ist dies nicht der Fall, können Sie sich über dasselbe Profilfenster abmelden und dann erneut anmelden.

Nun können Sie Excel für das Web verwenden. Mit den Befehlen im Menü *Datei* können Sie neue Arbeitsmappen erstellen oder vorhandene Arbeitsmappen öffnen. Um eine Arbeitsmappe, die sich auf Ihrem Computer befindet, nach Excel für das Web hochzuladen, klicken Sie auf *Öffnen* und dann auf *Dateien von diesem Gerät öffnen* aus, wie in Abbildung 16.2 dargestellt.

Das Dialogfeld *Öffnen* wird angezeigt. Navigieren Sie zu der Arbeitsmappe auf Ihrem Computer, die Sie öffnen möchten. Microsoft lädt die Arbeitsmappe in Ihr OneDrive hoch und öffnet sie in Excel für das Web.

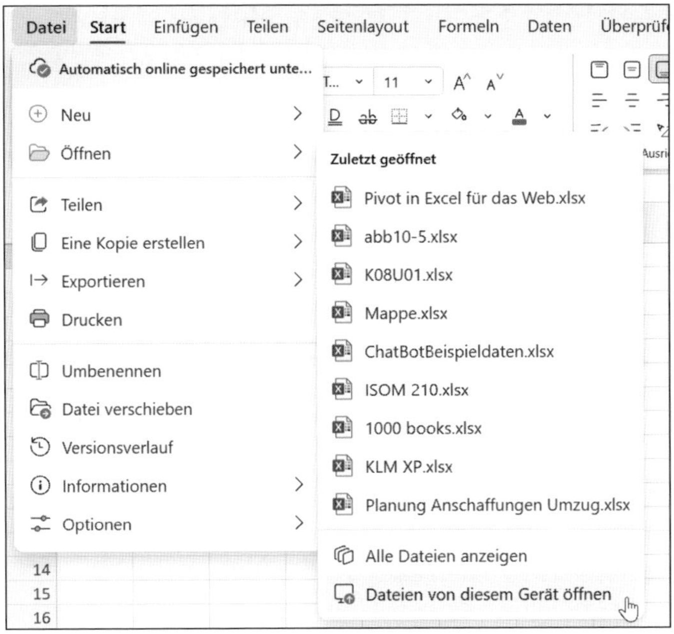


**Abbildung 16.2** Wählen Sie *Dateien von diesem Gerät öffnen.*

---

Sie können von nun an mit dem Befehl *Datei | Speichern unter* in der Desktopversion von Excel Ihre Arbeitsmappen in Ihrem OneDrive-Konto speichern. Sofern die Anmeldedaten für Desktop-Excel und Excel für das Web übereinstimmen, sollte die neu gespeicherte Arbeitsmappe im Abschnitt *Zuletzt geöffnet* von Excel für das Web angezeigt werden.

---

In Excel für das Web sehen Sie oben ein Menüband mit den Registerkarten *Start, Einfügen, Teilen, Seitenlayout, Formeln, Daten, Überprüfen, Ansicht, Automatisieren, Hilfe* und *Zeichnen* (siehe Abbildung 16.3). Sie können nun Ihre Arbeitsmappe in Excel für das Web bearbeiten.

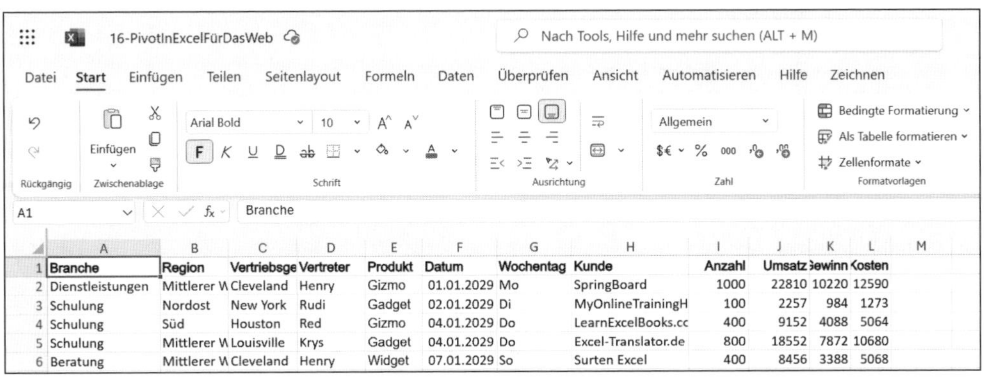


**Abbildung 16.3** Sie können diese Arbeitsmappe nun in Excel für das Web bearbeiten.

# Eine PivotTable in Excel für das Web erstellen

Die Regeln für die Vorbereitung Ihrer Daten für eine Pivot-Tabelle sind in Excel für das Web dieselben wie auf dem Desktop: eine Zeile mit Überschriften über jeder Spalte und ein zusammenhängender Datenblock ohne leere Zeilen oder Spalten. Wählen Sie eine Zelle in Ihren Daten aus, wie in Abbildung 16.3 gezeigt. Wählen Sie auf der Registerkarte *Einfügen* den Befehl *PivotTable* (siehe Abbildung 16.4).

**Abbildung 16.4** Wählen Sie eine Zelle in Ihren Daten aus und wählen Sie dann *Einfügen | PivotTable*.

Wie in Abbildung 16.5 gezeigt, öffnet Excel für das Web auf der rechten Seite einen neuen Aufgabenbereich. Der vermutete Bereich für die Datenquelle wird oben angezeigt und kann bei Bedarf bearbeitet werden.

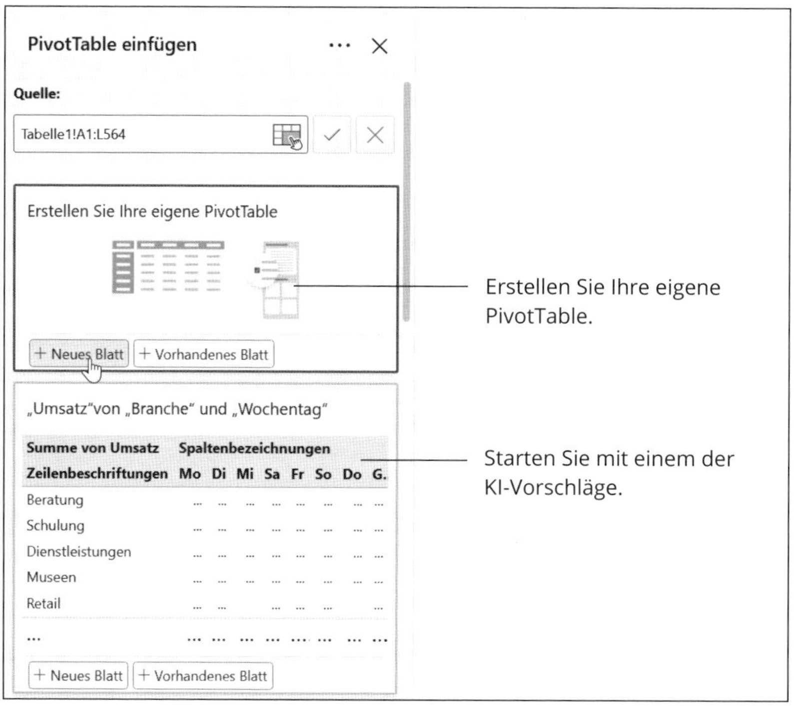


**Abbildung 16.5** Dieser neue Aufgabenbereich deckt die meisten Optionen im Dialogfeld *PivotTable einfügen* in Excel für den Desktop ab.

Mit der Kachel *Erstellen Sie Ihre eigene PivotTable* können Sie Ihre eigene PivotTable erstellen, indem Sie Felder per Drag-and-drop in den verschiedenen Feldbereichen ablegen. Auf diese Option konzentriert sich dieses Kapitel.

---

Der Rest des Aufgabenbereichs enthält Vorschläge für mögliche Pivot-Tabellen, die von der künstlichen Intelligenz hinter dem Feature *Datenanalyse* in Excel für Desktop-PCs vorgeschlagen werden. Die KI-Vorschläge sind ziemlich gut, und vielleicht haben Sie Glück. Es ist sinnvoll, durch die Vorschläge zu scrollen und zu prüfen, ob eine der vorgeschlagenen PivotTables für Sie geeignet ist.

---

Über die Links *Neues Blatt* oder *Vorhandenes Blatt* unten auf den Kacheln können Sie auswählen, ob Sie die PivotTable in einem neuen oder einem vorhandenen Tabellenblatt erstellen möchten. Wenn Sie die Option *Vorhandenes Blatt* auswählen, werden Sie in einem kleinen Dialogfeld aufgefordert, den Speicherort für die PivotTable anzugeben.

Nachdem Sie den Speicherort für die PivotTable angegeben haben, wird der Aufgabenbereich *PivotTable-Felder* angezeigt, den Sie in Abbildung 16.6 sehen. Dabei sind mehrere Dinge zu beachten:

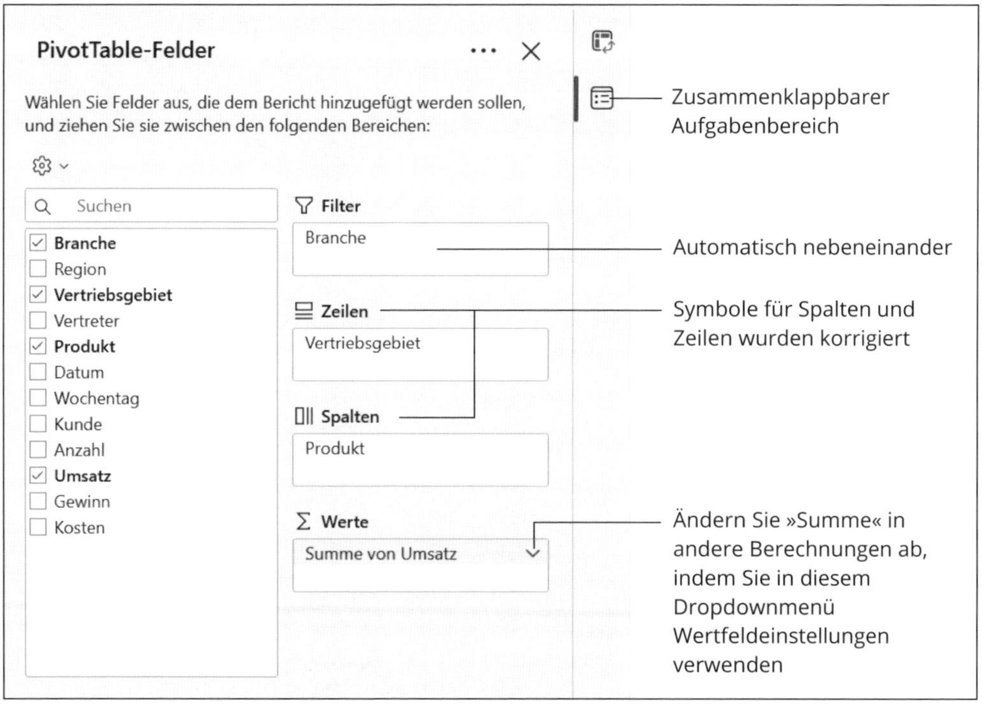


**Abbildung 16.6** Der Aufgabenbereich *PivotTable-Felder* ähnelt dem in der Desktopversion von Excel.

- Der Aufgabenbereich zeigt links die Felder und rechts die Bereiche, in denen Sie diese Felder ablegen können. Dies war Howie Dickermans bevorzugte Anordnung und die einzige Anordnung, die heute in Excel für das Web verfügbar ist. Nachdem Howie mir dies vorgeschlagen hatte, bin ich zu dieser Anordnung gewechselt, die ich jetzt ausschließlich verwende. Es gibt kein kleines Dropdownmenü, über das man zu einer der anderen Anordnungen des Aufgabenbereichs wechseln könnte.

- Die Symbole für Spalten und Zeilen wurden neu gestaltet. Sie zeigen an, dass beim Ablegen eines Feldes im Bereich *Spalten* die Elemente dieses Feldes oben im Bericht angezeigt werden. Beim Ablegen eines Feldes im Bereich *Zeilen* werden die Elemente dieses Feldes auf der linken Seite des Berichts angezeigt.
- Genau wie in Excel für den Desktop wird ein numerisches Feld in den Bereich *Werte* verschoben, wenn Sie es auswählen. Wenn Sie ein Feld auswählen, das Text oder Datumsangaben enthält, wird es in den Bereich *Zeilen* verschoben. Wenn Sie etwas in den Bereich *Spalten* einfügen möchten, sollten Sie dieses Feld aus dem Feldbereich in den Bereich *Spalten* ziehen. Sie können Felder auch von einem Bereich in einen anderen ziehen.
- Wenn Sie mit der Maus auf ein Feld zeigen, werden rechts vom Feld kleine Dropdownpfeile angezeigt. Mit den anderen Optionen können Sie die Reihenfolge der Felder ändern, indem Sie sie per Drag-and-drop verschieben. Sie werden auch feststellen, dass die Filteroptionen, die hier in Excel für Desktop-PCs angezeigt werden, durch den Befehl *Zu Filtern hinzufügen* ersetzt werden, was eine nette Art ist, zu sagen, dass Sie dieses Feld an seiner aktuellen Position nicht filtern können.

Abbildung 16.6 zeigt die PivotTable-Felder für eine Pivot-Tabelle mit *Branche* im *Filter*, *Vertriebsgebiet* in den *Zeilen*, *Produkt* in den *Spalten* und *Umsatz* in den *Werten*.

Abbildung 16.7 zeigt die aus den PivotTable-Feldern in Abbildung 16.6 erstellte Pivot-Tabelle. Excel für das Web zeigt die Pivot-Tabelle standardmäßig im Gliederungsformat an. In Abbildung 16.10 sehen Sie, wie Sie zum Kurzformat wechseln können, falls Sie das möchten: Klicken Sie dazu im Abschnitt *Layout* auf *Eine Spalte.*

| | A | B | C | D | E | F | G |
|---|---|---|---|---|---|---|---|
| 1 | Branche | (Alle) | | | | | |
| 2 | | | | | | | |
| 3 | **Summe von Umsatz** | **Produkt** | | | | | |
| 4 | **Vertriebsgebiet** | **Doodads** | **Gadget** | **Gizmo** | **Widget** | **Gesamtergebnis** | |
| 5 | Arkla | | 304198 | 288409 | 276847 | 869454 | |
| 6 | Atlanta | | 196004 | 187732 | 146570 | 530306 | |
| 7 | Charlotte | | 133009 | 159354 | 113963 | 406326 | |
| 8 | Chicago | | 65551 | 76737 | 42137 | 184425 | |
| 9 | Cincinnati | | 17757 | 30068 | 12474 | 60299 | |
| 10 | Cleveland | | 597364 | 630803 | 572139 | 1800306 | |
| 11 | Houston | | 206340 | 283093 | 306806 | 796239 | |
| 12 | Hunstville | | 19520 | 25378 | 1819 | 46717 | |
| 13 | Louisville | 6036 | 18552 | 17728 | | 42316 | |
| 14 | Minneapolis | | 4282 | 21488 | 8940 | 34710 | |
| 15 | New York | 38860 | 713137 | 602173 | 343093 | 1697263 | |
| 16 | NoCal | 28663 | 61002 | 52437 | 58099 | 200201 | |
| 17 | SoCal | | 4380 | 17620 | 17250 | 39250 | |
| 18 | **Gesamtergebnis** | **73559** | **2341096** | **2393020** | **1900137** | **6707812** | |
| 19 | | | | | | | |

**Abbildung 16.7** Diese Pivot-Tabelle wurde in Excel für das Web erstellt.

Beachten Sie außerdem, dass leere Zellen als solche anstatt als null angezeigt werden. Es ist klar, dass alle PivotTable-Standardeinstellungen, die Sie in Excel für den Desktop erstellt haben, hier in Excel für das Web nicht vorhanden sind. Wie Sie die leeren Zellen durch null ersetzen können, erfahren Sie später in Abbildung 16.13.

## PivotTable-Optionen in Excel für das Web ändern

Die beiden PivotTable-Registerkarten in der Desktop-Version von Excel (*PivotTable-Analyse* und *Entwurf*) werden in Excel für das Web durch eine einzige Registerkarte mit dem Namen *PivotTable* ersetzt, wie in Abbildung 16.8 dargestellt. Von links nach rechts sind dies die Symbole:

- **PivotTable-Name** Geben Sie hier einen neuen Namen für Ihre PivotTable ein.
- **Alle aktualisieren** Wenn sich Änderungen an den Quelldaten ergeben, klicken Sie auf dieses Symbol, um die Tabellendaten erneut in den Pivot-Cache zu laden.
- **Datenquelle ändern** Wenn Sie weitere Zeilen zu den Quelldaten hinzufügen müssen, können Sie den Quelldatenbereich über dieses Symbol neu festlegen.
- **Datenschnitt einfügen/Zeitleiste einfügen** Fügen Sie einen Datenschnitt oder eine Zeitleiste hinzu, um die aktuelle Pivot-Tabelle zu filtern.
- **Pivot-Tabelle verschieben** Verschieben Sie die Pivot-Tabelle an eine neue Stelle oder auf ein neues Tabellenblatt.
- **Details anzeigen** Wählen Sie eine beliebige Zahl im Bereich *Werte* einer Pivot-Tabelle aus und klicken Sie auf *Details anzeigen*, um ein neues Arbeitsblatt mit allen Zeilen einzufügen, aus denen sich die Zahl zusammensetzt.
- **PivotTable-Formatvorlagenoptionen/Formatvorlagen** Die nächsten beiden Gruppen entsprechen den Gruppen für PivotTable-Formatvorlagen aus Excel für Desktop und beginnen mit den vier Kontrollkästchen für *Zeilenüberschriften*, *Spaltenüberschriften*, *gebänderte Zeilen* und *gebänderte Spalten*. Als Nächstes folgt der Katalog mit 85 PivotTable-Formatvorlagen aus Excel für Desktop.
- **Feldliste** Mit dieser Schaltfläche können Sie den Bereich *PivotTable-Felder* ein- oder ausblenden. Da der Bereich nun auf der rechten Seite des Bildschirms ausgeblendet werden kann, scheint diese Option weniger wichtig zu sein.
- **Einstellungen** Mit dieser Schaltfläche machen Sie den Aufgabenbereich mit den Optionen zur Steuerung Ihrer Pivot-Tabelle sichtbar bzw. blenden ihn aus. Standardmäßig ist dieser Aufgabenbereich ausgeblendet.
- **+/- Schaltflächen** Wenn Ihre Pivot-Tabelle im Kurzformat angezeigt wird und Sie mehrere Zeilenfelder haben, steht eine Reihe von Schaltflächen zum Ein- und Ausblenden zur Verfügung. Wenn Sie nicht vorhaben, Spalten ein- und auszublenden, deaktivieren Sie diese Option.

**Abbildung 16.8** Excel stellt ein vereinfachtes Menüband zur Verfügung.

Klicken Sie im Menüband auf der Registerkarte *PivotTable* auf *Einstellungen*, um den Aufgabenbereich *PivotTable-Einstellungen* zu öffnen. Die verschiedenen Einstellungen in diesem Aufgabenbereich werden im weiteren Verlauf dieses Kapitels beschrieben. Oben im Aufgabenbereich können Sie einen neuen Namen für Ihre Pivot-Tabelle festlegen.

Im nächsten Abschnitt können Sie die Gesamtergebnisse für Zeilen und/oder Spalten umschalten. Teilergebnisse lassen sich ausblenden oder in jedem Abschnitt oben oder unten anzeigen. Abbildung 16.9 zeigt diese ersten Einstellungen im Aufgabenbereich.

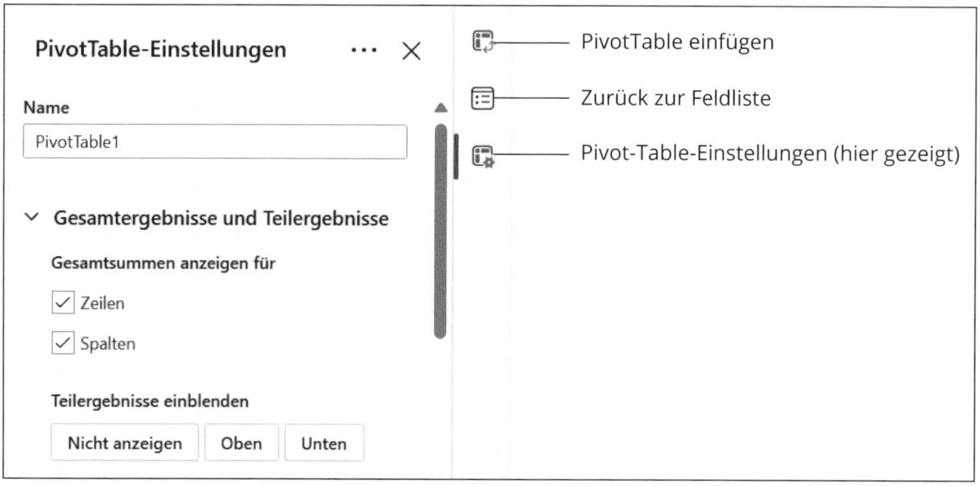


**Abbildung 16.9** Der obere Abschnitt des Aufgabenbereichs *PivotTable-Einstellungen*

Scrollen Sie im Aufgabenbereich *PivotTable-Einstellungen* nach unten, wie in Abbildung 16.10 gezeigt. Sie gelangen zu einer Einstellung, die ich in jeder Pivot-Tabelle, die ich in Excel für das Web erstelle, ändern werde. In Excel für Desktop lauten die Namen *Kurzformat*, *Gliederungsformat* und *Tabellenformat* mit zusätzlichen Einstellungen zum Wiederholen aller Elementnamen.

Mit gefällt in Excel für das Web, dass die Frage umformuliert wurde in: »Möchten Sie, dass die Felder aus dem Zeilenbereich in separaten Spalten oder in einer einzigen Spalte platziert werden?« Wenn Sie *Eine Spalte* auswählen, können Sie festlegen, um wie viele Zeichen die inneren Zeilenfelder eingerückt werden sollen.

Die Auswahl von *Eine Spalte* entspricht der Auswahl von *Kurzformat* in Excel für Desktop-PCs. Die Umstellung auf *Getrennte Spalten* entspricht der Auswahl von *Gliederungsformat* in Excel für Desktop-PCs. Beispiele für das Kurzformat und das Gliederungsformat sehen Sie in Abbildung 16.11 und Abbildung 16.12.

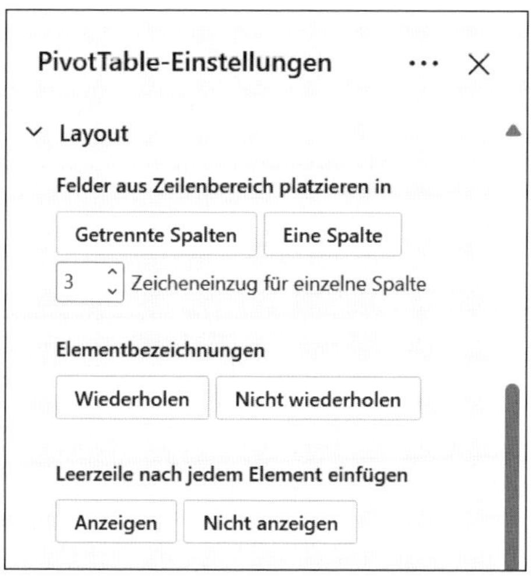


**Abbildung 16.10** Die Einstellungen für *Kurzformat*, *Gliederungsformat* und *Tabellenformat* aus Excel für Desktop werden in Excel für das Web intuitiver dargestellt.

Abbildung 16.11 zeigt die Pivot-Tabelle im Kurzformat mit einer Einrückung von 3 Zeichen für das innere Zeilenfeld.

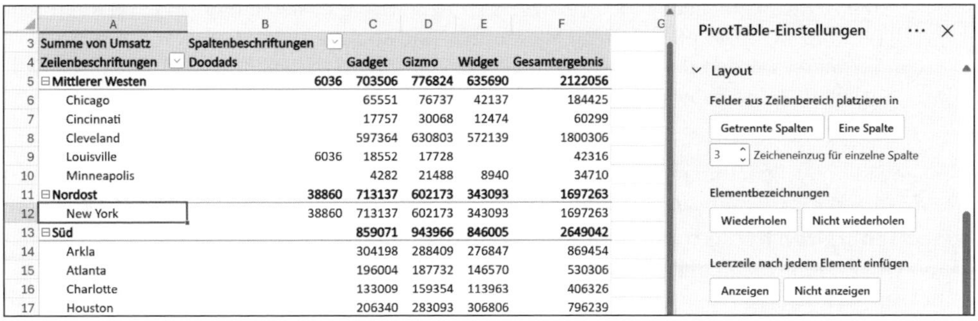


**Abbildung 16.11** Eine Pivot-Tabelle im Kurzformat

Abbildung 16.12 zeigt die Pivot-Tabelle, nachdem für die Felder aus dem Zeilenbereich *Getrennte Spalten* ausgewählt wurde. Beachten Sie, dass die Überschriften *Zeilenbeschriftungen* und *Spaltenbeschriftungen* durch die folgenden nützlichen Überschriften ersetzt wurden: *Region* und *Vertriebsgebiet*. Die *Elementbezeichnungen* sind auf *Wiederholen* eingestellt, wodurch der Name der Region in jeder Zeile und nicht nur in der ersten Zeile angezeigt wird.

Ein Hinweis darauf, dass es sich tatsächlich um ein Gliederungsformat und nicht um ein Tabellenformat handelt, ist, wenn in der Zeile oben in jedem Bereich nur das Wort *Mittlerer Westen, Nordost* oder *Süd* steht. Leider gibt es in Excel für das Web keine gute Möglichkeit, diese Zeilen zu entfernen.

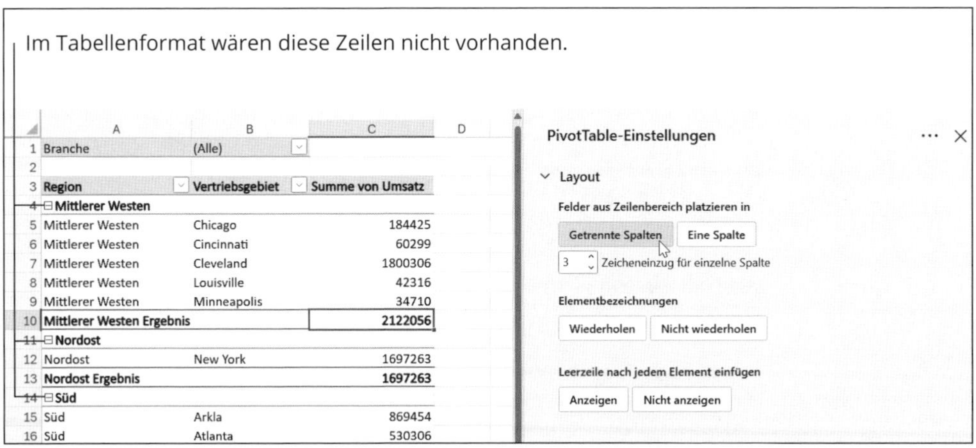


**Abbildung 16.12** Wechseln Sie zum Gliederungsformat und wiederholen Sie die Elementbezeichnungen.

Wenn Sie sich nicht *gerade zufällig* bei Ihrer Großmutter befinden und Excel für das Web nur ausprobieren möchten, gibt es eine Möglichkeit, die Pivot-Tabelle in Abbildung 16.12 in das Tabellenformat zu konvertieren: Öffnen Sie die Arbeitsmappe in Excel auf Ihrem Desktop. Wechseln Sie zum Tabellenformat und speichern Sie die Datei. Nach ein paar Sekunden werden die Änderungen mit Excel für das Web synchronisiert und Ihre Pivot-Tabelle wird im Tabellenformat angezeigt.

Scrollen Sie im Aufgabenbereich *PivotTable-Einstellungen* weiter nach unten. Unter der irreführenden Überschrift *Sortieren und Anzeigen* finden Sie die in Abbildung 16.13 gezeigten Optionen:

- **Spaltenbreiten bei Aktualisierung automatisch anpassen** Dies ist eine der beliebtesten Optionen im Dialogfeld *PivotTable-Optionen* in Excel für Desktop-PCs. Die meisten Benutzer deaktivieren diese Option.
- **Schaltflächen zum Erweitern/Reduzieren anzeigen** Dies ist ein Duplikat der Option auf der Registerkarte *PivotTable* im Menüband.
- **Fehlerwerte anzeigen als** Ersetzen Sie Fehlerzellen durch NV oder einen beliebigen Text Ihrer Wahl.
- **Leere Zellen anzeigen als** Ersetzen Sie leere Zellen durch 0 oder einen Text Ihrer Wahl (siehe Abbildung 16.13).

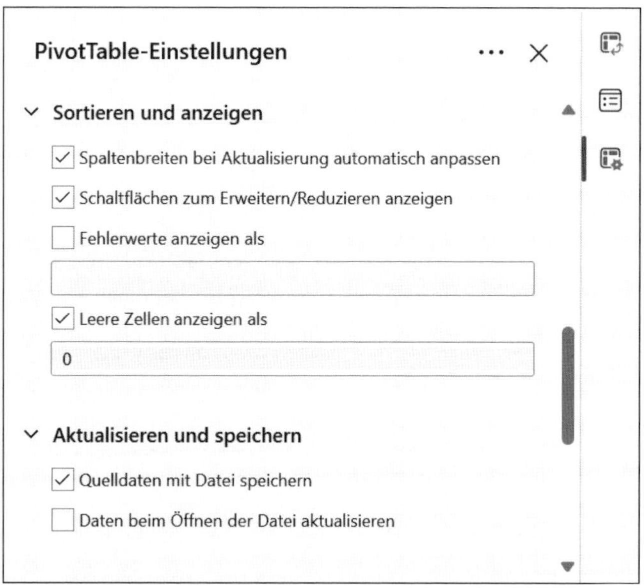


**Abbildung 16.13** Legen Sie fest, dass leere Zellen stattdessen den Wert Null anzeigen sollen.

Unter der Überschrift *Aktualisieren und speichern* stehen Ihnen folgende Optionen zur Verfügung:

- **Quelldaten mit Datei speichern** Dies scheint darauf hinzudeuten, dass zukünftige Versionen von Excel für das Web in der Lage sein werden, Pivot-Tabellen aus externen Daten zu erstellen.
- **Daten beim Öffnen der Datei aktualisieren** Dies deutet ebenfalls darauf hin, dass Microsoft davon ausgeht, dass Power Query in Excel für das Web verfügbar sein wird.

Die letzten Einstellungen dienen dazu, den Alternativtext für die Pivot-Tabelle festzulegen, wie in Abbildung 16.14 dargestellt. Diese Beschreibung richtet sich an Personen mit Sehbehinderungen. Theoretisch werden diese Informationen im neuen Navigationsbereich angezeigt, der Personen mit Bildschirmleseprogrammen die Navigation in der Arbeitsmappe erleichtern soll (siehe Abbildung 16.14).

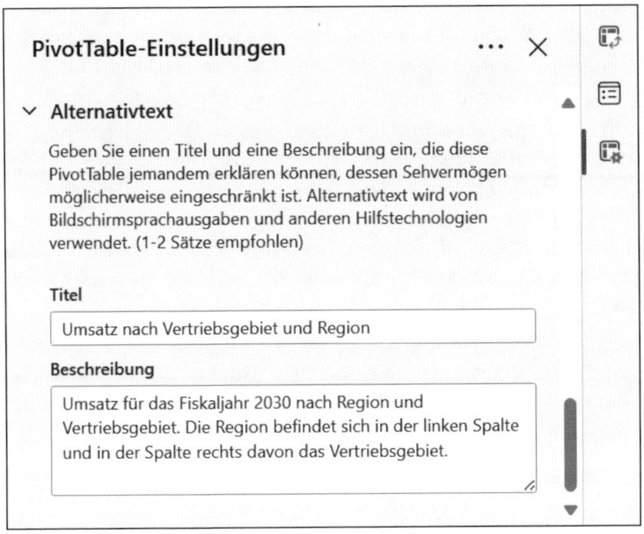


**Abbildung 16.14** Geben Sie einen Alternativtext an, um Personen zu unterstützen, die einen Bildschirmleser verwenden, um in der Arbeitsmappe zu navigieren.

# Wo sind die restlichen Features?

Die Möglichkeit, in Excel für das Web PivotTables erstellen zu können, ist ein großer Fortschritt. Der Prozess wurde optimiert, und einige der in Excel für das Web eingeführten Ideen könnten eines Tages auch in die Desktop-Version von Excel Einzug halten.

Personen, die ein Buch mit dem Titel »Microsoft Excel Pivot-Tabellen für Power User« kaufen, sind wahrscheinlich diejenigen, die sich an dieser Stelle fragen: »Was ist mit all den anderen Features?«

Einige dieser Features sind einfach nicht verfügbar. Excel für das Web unterstützt das Datenmodell nicht, sodass es nicht möglich ist, die Pivot-Tabelle in Cube-Formeln zu konvertieren oder ein DAX-Measure hinzuzufügen.

Andere Features, wie das Gruppieren von Tagesdaten nach Monaten, Quartalen und Jahren, sind zum Zeitpunkt der Erstellung dieses Kapitels im August 2024 noch nicht verfügbar. Bis Sie dieses Kapitel lesen, werden jedoch weitere Funktionen zu Excel für das Web hinzugefügt worden sein.

Ganz im Ernst, ein großes Lob geht an den pensionierten Excel-Projektmanager Howie Dickerman. Howie hatte immer ein offenes Ohr und stimmte oft mit den MVPs überein. Howie scheute sich nicht zu sagen, dass Pivot-Tabellen verwirrend sind, da unzählige Optionen in vielen verschiedenen Menüs versteckt sind. Howie war der Meinung, dass das Feldfenster der Pivot-Tabelle mit dem Feldbereich und dem Bereichsbereich nebeneinander beginnen sollte. Howie räumte ein, dass das Kurzformat nicht das ist, was die meisten Menschen wollen. Er stimmte sogar zu, dass die winzigen Symbole neben den Spalten und Zeilen im Aufgabenbereich verwirrend und möglicherweise vertauscht waren.

Wenn ich mir die Pivot-Tabellen in Excel für das Web ansehe, erkenne ich überall Howies Handschrift im neuen Design. Der Aufgabenbereich beginnt mit Howies bevorzugter Anordnung. Die Option zum Wechseln vom Kurzformat zum Gliederungsformat (das dem Tabellenformat sehr ähnlich ist), befindet sich oben in den Einstellungen und trägt die Bezeichnung *Felder aus Zeilenbereich platzieren in: Getrennte Spalten | Eine Spalte*. Er hat die Excel-Optionen auf einen Aufgabenbereich und eine Registerkarte optimiert. Außerdem hat er die Symbole für Spalten und Zeilen neugestaltet, damit sie weniger verwirrend sind.

Howie war einer der Entwickler von Power Pivot und DAX. In den letzten Jahren war er im Excel-Team als Projektmanager für die Pivot-Tabellen zuständig. Ich schätze seine Weitsicht bei der Entwicklung von Pivot-Tabellen für Excel für das Web sehr.

Genieße deinen Ruhestand, Howie!

## Nächste Schritte

In Kapitel 17 werden neue Möglichkeiten zum Erstellen eines PivotTable-Berichts ohne Verwendung von Pivot-Tabellen vorgestellt. Von dynamischen Array-Formeln über Python bis hin zu Power Query gibt es andere Optionen zum Erstellen eines Berichts, für den normalerweise eine PivotTable erforderlich ist.

KAPITEL 17

# Pivotieren ohne PivotTable mithilfe von Formeln, Python oder Power Query

Bevor Microsoft sie als Pivot-Tabellen bezeichnete, wurden Berichte mit Überschriften an der Seite und oben als *Kreuztabellenberichte* (Cross-Tab Report) bezeichnet.

Kreuztabellenberichte gab es schon vor Pivot-Tabellen. Ich habe sie regelmäßig im Rahmen meiner Tätigkeit im Finanz- und Rechnungswesen erstellt. Nach ein paar erweiterten Filtern, einer Transponierung, einer `DBSUMME`-Funktion und einer Datentabelle war man fertig. Pivot-Tabellen haben das alles vereinfacht.

Heute, 35 Jahre nach der Erfindung der Pivot-Tabelle, gibt es jedoch neue Möglichkeiten, Kreuztabellenberichte zu erstellen. Mit den neuen Excel-Funktionen `PIVOTMIT` und `GRUPPIERENNACH` können Sie die meisten Pivot-Tabellen mit einer Formel erstellen. Python in Excel stellt die Funktion `pivot_table` zur Verfügung. Auch mit Power Query können Sie mit wenigen Klicks Kreuztabellenberichte erstellen.

In diesem Kapitel werden die Möglichkeiten zum Erstellen von Kreuztabellenberichten ohne Verwendung von Pivot-Tabellen vorgestellt.

## Kreuztabelle mit den Funktionen GRUPPIERENNACH oder PIVOTMIT erstellen

Im Jahr 2023 fügte das Excel-Team die Funktionen `PIVOTMIT` und `GRUPPIERENNACH` hinzu. Während `PIVOTMIT` die naheliegende Möglichkeit ist, eine PivotTable zu ersetzen, ist es einfacher, sich mit den verschiedenen Optionen der Funktion vertraut zu machen, indem man `GRUPPIERENNACH` verwendet. Sobald Sie mit `GRUPPIERENNACH` vertraut sind, ist es einfach, zu `PIVOTMIT` zu wechseln.

Warum sollten Sie eine PivotTable durch eine Formel ersetzen wollen? Ein Grund dafür ist die automatische Aktualisierung. Wenn sich die zugrunde liegenden Daten ändern, wird eine normale PivotTable erst dann aktualisiert, wenn jemand auf *Aktualisieren* klickt. Wenn dieser »Jemand« der Vorgesetzte Ihres Vorgesetzten ist, kann man sich leicht vorstellen, dass diese Person möglicherweise nicht weiß, dass sie zur Registerkarte *Daten* navigieren und dort auf *Aktualisieren* klicken muss. Mit einer Formel kann die PivotTable bei jeder Berechnung der Arbeitsmappe aktualisiert werden.

Die für die `GRUPPIERENNACH`-Beispiele verwendeten Daten sehen Sie in Abbildung 17.1.

|  | A | B | C | D | E |
|---|---|---|---|---|---|
| 1 | **Branche** | **Region** | **Vertriebsgebiet** | **Kunde** | **Umsatz** |
| 2 | Handel | Süd | Atlanta | Mike's Dog Store, San Antonio | 4158 |
| 3 | Beratung | Mittlerer Westen | Cleveland | Surten Excel | 8456 |
| 4 | Schulung | Nordost | New York | IMSU Home of the Bulls | 21708 |
| 5 | Dienstleistungen | Mittlerer Westen | Cleveland | SpringBoard | 22810 |
| 6 | Beratung | Süd | Hunstville | Spain Enterprises | 19520 |
| 7 | Dienstleistungen | West | SoCal | Ribbon Commander Framework | 17250 |
| 8 | Dienstleistungen | Süd | Houston | Resource Optimizer | 18264 |
| 9 | Beratung | Süd | Charlotte | Calleia Company | 14580 |
| 10 | Dienstleistungen | Süd | Houston | SkyWire, Inc. | 11124 |
| 11 | Schulung | Süd | Arkla | MySpreadsheetLab | 6714 |
| 12 | Beratung | Süd | Charlotte | Calleia Company | 19288 |
| 13 | Dienstleistungen | Mittlerer Westen | Cleveland | SpringBoard | 12755 |

**Abbildung 17.1** Sie möchten aus diesem Dataset Zusammenfassungen erstellen.

## Die Syntax von GRUPPIERENNACH

Die Funktionsargumente für `GRUPPIERENNACH()` lauten:

```
=GRUPPIERENNACH(Zeilenfelder; Werte; Funktion; [Feldüberschriften];
[Gesamttiefe]; [Sortierreihenfolge]; [Filterarray]; [Feldbeziehung])
```

Sie können eine nützliche Zusammenfassung erstellen, indem Sie ein Zeilenfeld, ein Wertefeld und eine Funktion angeben. Mit den anderen Argumenten können Sie das Ergebnis anpassen.

## Mit GRUPPIERENNACH eine einfache Zusammenfassung erstellen

Angenommen, Sie möchten den Gesamtumsatz nach Branchen anzeigen:

- Das Argument `Zeilenfelder` wäre `A1:A564`.
- Das Argument `Werte` lautet `E1:E564`.
- Das Argument `Funktion` ist das Wort `SUMME`.

Der Bericht, den Sie in Abbildung 17.2 sehen, wird anhand dieser Formel erstellt: `=GRUPPIERENNACH(A1:A564;E1:E564;SUMME)`.

|  | G | H | I |
|---|---|---|---|
| 3 | =GRUPPIERENNACH(A1:A564;E1:E564;SUMME) | | |
| 4 | Beratung | 2.555.333 | |
| 5 | Dienstleistungen | 1.609.830 | |
| 6 | Handel | 82.609 | |
| 7 | Museen | 427.349 | |
| 8 | Schulung | 2.032.691 | |
| 9 | Gesamt | 6.707.812 | |
| 10 | | | |
| 11 | Feldüberschriften: Standard | | |
| 12 | Gesamttiefe: Standard | | |
| 13 | Sortierreihenfolge: Standard | | |
| 14 | Filterarray: keins | | |

**Abbildung 17.2** Eine kurze `GRUPPIERENNACH`-Formel erzeugt eine Zusammenfassung, die alle Branchen in den Daten und den Umsatz pro Branche anzeigt.

Hier ein paar Anmerkungen zu dem oben gezeigten Standardbericht.

- Die Branchen in Spalte A sind alphabetisch sortiert. Sie können dies mit dem Argument `Sortierreihenfolge` überschreiben.
- Über den Daten werden keine Überschriften angezeigt. Sie können dies mit dem Argument `Feldüberschriften` ändern.
- Am unteren Rand wird eine Zeile mit dem Gesamtergebnis angezeigt. Verwenden Sie das Argument `Gesamttiefe`, um die Summen zu unterdrücken, um sie nach oben zu verschieben oder zusätzliche Teilergebnisse hinzufügen, wenn Sie mehrere Zeilenfelder haben.
- Das Wort `SUMME` im Argument `Funktion` ist eine raffinierte Sache, die als eta-reduziertes Lambda bezeichnet wird. Stellen Sie sich das als eine sehr benutzerfreundliche Kurzform für die Schreibweise `=LAMBDA(x;SUMME(x))` vor. Sie werden zustimmen, dass das Wort `SUMME` viel einfacher ist als die Alternative.
- Weitere verfügbare Eta-Lambdas sind `SUMME`, `PROZENTVON`, `MITTELWERT`, `MEDIAN`, `ANZAHL`, `ANZAHL2`, `MAX`, `MIN`, `PRODUKT`, `MATRIXZUTEXT`, `TEXTKETTE`, `STABW.S`, `STABW.N`, `VAR.S`, `VAR.P`, `MODUS.EINF` oder jede andere Funktion, die Sie mit einer `LAMBDA`-Funktion schreiben können. Das Konzept des Medians ist in einer PivotTable schwer umzusetzen (siehe »Median in einer Pivot-Tabelle mit DAX-Measures erstellen« in Kapitel 10), aber `GRUPPIERENNACH` und `PIVOTMIT` umfassen nicht nur `MEDIAN`, sondern auch die Möglichkeit, beliebige Funktionslogiken innerhalb der `LAMBDA`-Funktion zu schreiben.
- Das obige Beispiel enthält für `Zeilenfelder` ein einzelnes Feld. Sie können mehrere Zeilenfelder angeben, wie Sie in einem späteren Beispiel sehen werden. Sie können auch mehrere Wertefelder angeben, beispielsweise `Menge`, `Umsatz` und `Gewinn`.
- Mit `Filterarray` können Sie Zeilen aus dem ursprünglichen Dataset entfernen. Vielleicht möchten Sie alle Daten sehen, bei denen das Vertriebsgebiet nicht *Intern* lautet. In diesem Fall würden Sie `C1:C564<>"Intern"` als `Filterarray` angeben.
- Das Feld `Feldbeziehung` wird verwendet, wenn mehrere Zeilenfelder vorhanden sind. Wenn diese Felder eine Hierarchie bilden, sind Teilergebnisse verfügbar. Wenn Sie angeben, dass die Daten keine Hierarchie bilden, erhalten Sie keine Teilergebnisse.

## Die Ergebnisse von GRUPPIERENNACH und PIVOTMIT sortieren

Die `GRUPPIERENNACH`-Formel in diesem Beispiel gibt zwei Spalten zurück: *Branche* und *Umsatz*. Standardmäßig werden die Daten alphabetisch nach der ersten Spalte sortiert. Sie können diese Standardeinstellung überschreiben. Geben Sie als Sortierreihenfolge eine 1 an, um nach der ersten Spalte aufsteigend zu sortieren, oder als Sortierreihenfolge eine `-2`, um nach der zweiten Spalte absteigend zu sortieren. Sowohl 1 als auch 2 würden aufsteigend sortieren. Wie geben Sie eine absteigende Sortierung an? Ganz einfach: Machen Sie das Argument negativ.

In Abbildung 17.3 sorgt der Wert `-2` für `Sortierreihenfolge` dafür, dass das Ergebnis absteigend nach der zweiten Spalte sortiert wird, in diesem Fall nach der Spalte *Umsatz*.

| | G | H | I | J |
|---|---|---|---|---|
| 3 | =GRUPPIERENNACH(A1:A564;E1:E564;SUMME;3;1;-2) | | | |
| 4 | Branche | Umsatz | | |
| 5 | Beratung | 2.555.333 | | |
| 6 | Schulung | 2.032.691 | | |
| 7 | Dienstleistungen | 1.609.830 | | |
| 8 | Museen | 427.349 | | |
| 9 | Handel | 82.609 | | |
| 10 | Gesamt | 6.707.812 | | |
| 11 | | | | |
| 12 | Feldüberschriften: 3 - Ja und Anzeigen | | | |
| 13 | Gesamttiefe: 1 - Gesamtergebnis unten | | | |
| 14 | Sortierreihenfolge: -2 - zweite Spalte absteigend | | | |
| 15 | Filterarray: keins | | | |

**Abbildung 17.3** Sortieren Sie einen Bericht anhand einer Spaltennummer im Argument `Sortierreihenfolge`.

Beachten Sie, dass dem obigen Bericht mithilfe des Arguments `Feldüberschriften` mit dem Wert 3 Überschriften hinzugefügt wurden. Beachten Sie außerdem, dass Überschriften und Summen vom Argument `Sortierreihenfolge` nicht beeinflusst werden.

## Ergebnisse an den Anfang des Berichts verschieben

Das Argument `Gesamttiefe` steuert, ob der Bericht Ergebnisse enthält:

- Verwenden Sie `0` (null) für keine Ergebnisse.
- Verwenden Sie 1 für eine einzelne Ergebniszeile.
- Verwenden Sie 2 für eine Ergebniszeile und Teilergebnisse, wenn mehrere Zeilenfelder vorhanden sind.

Viele Jahre lang argumentierte Excel-MVP Roger Govier, dass es eine Option geben sollte, um die Summen der PivotTable an den Anfang des Berichts zu verschieben. Mit `GRUPPIERENNACH` und `PIVOTMIT` hat Roger endlich dieses Feature bekommen. Geben Sie `-1` für ein Gesamtergebnis am Anfang und `-2` für ein Gesamtergebnis und Teilergebnisse über jedem Abschnitt an.

Abbildung 17.4 zeigt einen Bericht mit einer `PROZENTVON`-Funktion und Ergebnissen am oberen Rand. Beachten Sie, dass die Sortierreihenfolge auf der zweiten Spalte basiert; da die 2 eine positive Zahl ist, werden die Daten aufsteigend sortiert.

| | G | H | I | J |
|---|---|---|---|---|
| 3 | =GRUPPIERENNACH(A1:A564;E1:E564;PROZENTVON;3;-1;2) | | | |
| 4 | Branche | Umsatz | | |
| 5 | Gesamt | 100,00% | | |
| 6 | Handel | 1,23% | | |
| 7 | Museen | 6,37% | | |
| 8 | Dienstleistungen | 24,00% | | |
| 9 | Schulung | 30,30% | | |
| 10 | Beratung | 38,09% | | |
| 11 | | | | |
| 12 | Feldüberschriften: 3 - Ja und Anzeigen | | | |
| 13 | Gesamttiefe: -1 - Gesamtergebnis oben | | | |
| 14 | Sortierreihenfolge: 2 - zweite Spalte aufsteigend | | | |
| 15 | Filterarray: keins | | | |

**Abbildung 17.4** Dieser Bericht zeigt den Prozentsatz der Ergebnisse anstelle der Summe. Die Summenzeile wird dank der negativen 1 im Argument `Gesamttiefe` nach oben verschoben.

## Mithilfe von GRUPPIERENNACH Teilergebnisse für mehrere Zeilenfelder anzeigen

Eine der spannenderen Varianten für `GRUPPIERENNACH` und `PIVOTMIT` ist die Angabe mehrerer Zeilenfelder. Im folgenden Beispiel liegen die beiden Spalten, die Sie in den Zeilenfeldern haben möchten, nebeneinander. In diesem einfacheren Fall können Sie das Zeilenfeld als `B1:C564` angeben. Wenn Ihre `Zeilenfelder`-Spalten nicht nebeneinanderliegen, können Sie zur Angabe der Zeilenfelder `HSTAPELN(A1:A564;C1:C564)` verwenden.

Abbildung 17.5 zeigt einen Bericht mit Region und Vertriebsgebiet in den Zeilenfeldern. Einige Dinge sind zu beachten:

- *Region* und *Vertriebsgebiet* belegen die Spalten 1 und 2 des Berichts, wodurch *Umsatz* von Spalte 2 in Spalte 3 verschoben wird. Wenn Sie nach *Umsatz* sortieren möchten, müssen Sie die Sortierreihenfolge von `-2` in `-3` ändern.
- Der Bericht ist absteigend nach Spalte 3 sortiert, also nach der Spalte *Umsatz*. Das bedeutet, dass die Region Süd aufgrund des niedrigsten Umsatzes an erster Stelle steht, gefolgt von den Regionen Mittlerer Westen, Nordost und West. Innerhalb jeder Region werden die Vertriebsgebiete nach absteigendem Umsatz angezeigt.
- Die fett gedruckte Formatierung in der Abbildung ergibt sich aus einer Regel für die bedingte Formatierung. Um die Spalten G, H und I fett zu formatieren, verwenden Sie diese bedingte Formatierungsformel: `=LÄNGE($H5)=0`.

| | G | H | I |
|---|---|---|---|
| 3 | =GRUPPIERENNACH(B1:C564;E1:E564;SUMME;3;2;-3) | | |
| 4 | Region | Vertriebsgebiet | Umsatz |
| 5 | Süd | Arkla | 869.454 |
| 6 | Süd | Houston | 796.239 |
| 7 | Süd | Atlanta | 530.306 |
| 8 | Süd | Charlotte | 406.326 |
| 9 | Süd | Hunstville | 46.717 |
| 10 | **Süd** | | **2.649.042** |
| 11 | Mittlerer Westen | Cleveland | 1.800.306 |
| 12 | Mittlerer Westen | Chicago | 184.425 |
| 13 | Mittlerer Westen | Cincinnati | 60.299 |
| 14 | Mittlerer Westen | Louisville | 42.316 |
| 15 | Mittlerer Westen | Minneapolis | 34.710 |
| 16 | **Mittlerer Westen** | | **2.122.056** |
| 17 | Nordost | New York | 1.697.263 |
| 18 | **Nordost** | | **1.697.263** |
| 19 | West | NoCal | 200.201 |
| 20 | West | SoCal | 39.250 |
| 21 | **West** | | **239.451** |
| 22 | **Gesamtergebnis** | | **6.707.812** |
| 23 | | | |
| 24 | Feldüberschriften: 3 - Ja und Anzeigen | | |
| 25 | Gesamttiefe: 2 - Gesamtergebnisse und Teilergebnisse | | |
| 26 | Sortierreihenfolge: -3 - dritte Spalte absteigend | | |
| 27 | Filterarray: keins | | |

**Abbildung 17.5** Geben Sie mehrere Zeilenfelder an, um einen Bericht mit Zwischenergebnissen für jede Region und einem Gesamtergebnis zu erhalten.

Ich war begeistert, als die neue PIVOTMIT-Funktion eingeführt wurde, aber in Wirklichkeit benutze ich GRUPPIERENNACH viel häufiger. Die Ermittlung der Anzahl von Datensätzen nach einem Feld, eines Prozentsatzes der Gesamtwerte oder von Summen ist für Ad-hoc-Berichte sehr nützlich. Die Spaltenfelder des Kreuztabellenberichts benötige ich offenbar viel seltener.

## Von GRUPPIERENNACH zu PIVOTMIT wechseln

Wenn Sie die obige Erläuterung zu GRUPPIERENNACH verfolgt haben, werden Sie die Funktion PIVOTMIT schnell verstehen. Hier ist die Syntax dieser Funktion:

```
=PIVOTBY(Zeilenfelder; Spaltenfelder; Werte; Funktion; Feldüberschriften;
Zeilenergebnis_Tiefe; Zeilensortierreihenfolge; Spaltenergebnis_Tiefe;
Spaltensortierreihenfolge; Filterarray; relativ_zu)
```

PIVOTMIT und GRUPPIERENNACH funktionieren ähnlich. GRUPPIERENNACH und PIVOTMIT bieten dieselben Argumente für die Angabe von Zeilenfeldern, die Berechnung von Zwischensummen und die Sortierung der Zeilen. PIVOTMIT fügt dann Argumente für Spaltenfelder, Argumente für die Spaltenergebnistiefe und die Spaltensortierreihenfolge hinzu.

In Abbildung 17.6 ist *Branche* das Zeilenfeld und *Region* das Spaltenfeld. Das Wertefeld ist *Umsatz* und als Funktion wird SUMME verwendet.

| | G | H | I | J | K | L |
|---|---|---|---|---|---|---|
| 4 | =PIVOTMIT(A1:A564;B1:B564;E1:E564;SUMME) | | | | | |
| 5 | | Mittlerer Westen | Nordost | Süd | West | Gesamt |
| 6 | Beratung | 934.588 | 613.514 | 951.980 | 55.251 | 2.555.333 |
| 7 | Dienstleistungen | 717.803 | | 761.875 | 130.152 | 1.609.830 |
| 8 | Handel | | 51.240 | 31.369 | | 82.609 |
| 9 | Museen | 427.349 | | | | 427.349 |
| 10 | Schulung | 42.316 | 1.032.509 | 903.818 | 54.048 | 2.032.691 |
| 11 | Gesamt | 2.122.056 | 1.697.263 | 2.649.042 | 239.451 | 6.707.812 |

**Abbildung 17.6** Dieser Kreuztabellenbericht wurde mit der Funktion PIVOTMIT erstellt.

Der in Abbildung 17.6 erstellte Bericht ist zwar großartig, aber nicht so flexibel wie eine PivotTable. Es gibt keine Optionen, um die leeren Zellen im Wertebereich durch Nullen zu ersetzen. Es stehen keine ausgefallenen PivotTable-Formatvorlagen zur Verfügung. Es gibt jedoch Situationen, in denen die Ergebnisse von PIVOTMIT und GRUPPIERENNACH für die Aufgabe ausreichen.

## Die Vor- und Nachteile von GRUPPIERENNACH und PIVOTMIT

**Vorteile:**

- Änderungen an den zugrunde liegenden Daten werden sofort in Ihren Zusammenfassungsberichten angezeigt.
- Dies ist die einzige gute Möglichkeit, Ergebnisse am Anfang des Berichts anzuzeigen.
- Mit dieser Syntax können Sie die Sortierreihenfolge und Teilergebnisse steuern.
- Wenn Sie in Ihrer PivotTable Mediane erstellen müssen, ist dies eine einfache Möglichkeit, dies zu tun, ohne auf DAX-Measures zurückgreifen zu müssen.
- Die LAMBDA-Funktion steht für weitere Berechnungen im Wertebereich zur Verfügung.

**Nachteile:**

- In Pivot-Tabellen stehen verschiedene Anpassungsmöglichkeiten zur Verfügung, die in diesen Funktionen nicht verfügbar sind.

- Ein generelles Problem bei Array-Funktionen ist die Unmöglichkeit, die Ergebnisse korrekt zu formatieren. Sie müssen selbst die Werte rechtsbündig ausrichten und die Überschriften fett formatieren.

# Kreuztabelle mit Power Query erstellen

Pivot-Tabellen eignen sich hervorragend, wenn Sie weniger als 1.048.575 Datenzeilen haben. Bei mehr Zeilen müssen Sie Power Pivot oder den Power Query-Editor verwenden, um die Daten zu laden und zusammenzufassen, bevor sie in das Tabellenblatt gelangen.

Power Query bietet viele Transformationen, die in diesem Buch behandelt wurden. In diesem Abschnitt werden zwei neue Transformationen verwendet: Gruppieren und Pivotieren.

## Ihre Daten in Power Query importieren

Power Query möchte Daten laden, die einen benannten Bereich oder eine Tabelle darstellen. Wählen Sie eine Zelle in Ihren Daten aus und drücken Sie Strg+T, um die Daten in eine Tabelle zu konvertieren.

Standardmäßig wird diese Tabelle *Tabelle1* genannt. Wenn Sie viele Tabellen haben, würden Sie normalerweise die Tabelle umbenennen. Für dieses Beispiel ist *Tabelle1* jedoch ausreichend.

Wählen Sie auf der Registerkarte *Daten* in der Gruppe *Daten abrufen und transformieren* die Option *Aus Tabelle/Bereich* aus, wie in Abbildung 17.7 dargestellt.

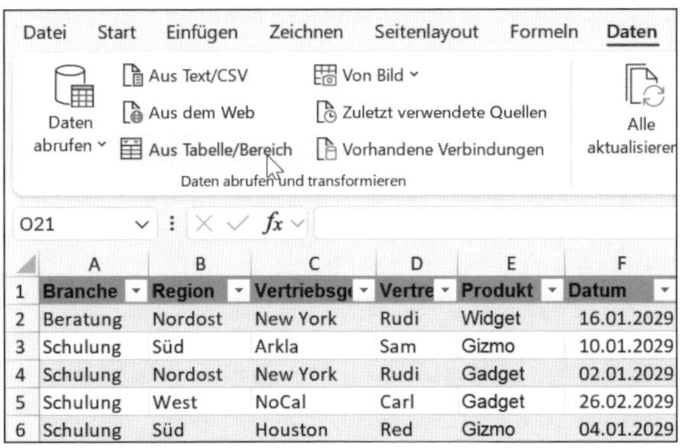


**Abbildung 17.7** Starten Sie den Power Query-Editor, indem Sie auf der Registerkarte *Daten* auf *Aus Tabelle/Bereich* klicken.

## Den Umsatz nach Branche und Region in Power Query zusammenfassen

Ihre Aufgabe besteht darin, die Einnahmen für jede Kombination aus Region und Branche zusammenfassen. Dies ist mit dem Befehl *Gruppieren nach* in Power Query ganz einfach:

1. Klicken Sie im Power Query-Editor auf die Überschrift *Branche*. Klicken Sie bei gedrückter Strg-Taste auf die Überschrift *Region*, damit sowohl *Branche* als auch *Region* ausgewählt sind.
2. Wählen Sie auf der Registerkarte *Transformieren* den Befehl *Gruppieren nach*, wie in Abbildung 17.8 dargestellt.

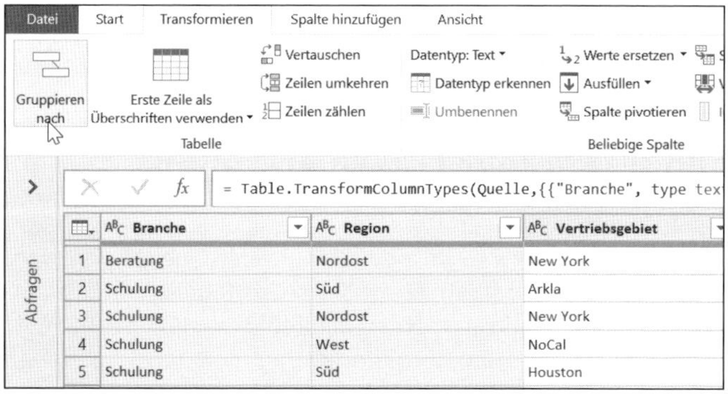


**Abbildung 17.8** Wählen Sie vor dem Starten der Gruppierungsoperation die Spalten *Branche* und *Region* aus.

3. Da Sie in Abbildung 17.8 Region und Branche vorab ausgewählt haben, werden im Dialogfeld *Gruppieren nach* sowohl Region als auch Branche als Felder angezeigt. Sie müssen die drei Felder am unteren Rand des Dialogfelds ändern.
4. Geben Sie unter *Neuer Spaltenname* den Namen **Gesamtumsatz** ein.
5. Ändern Sie unter *Vorgang* die Option *Anzahl* in *Summe*.
6. Wählen Sie für *Spalte* den Eintrag *Umsatz* aus. Das ausgefüllte Dialogfeld *Gruppieren nach* sehen Sie in Abbildung 17.9.

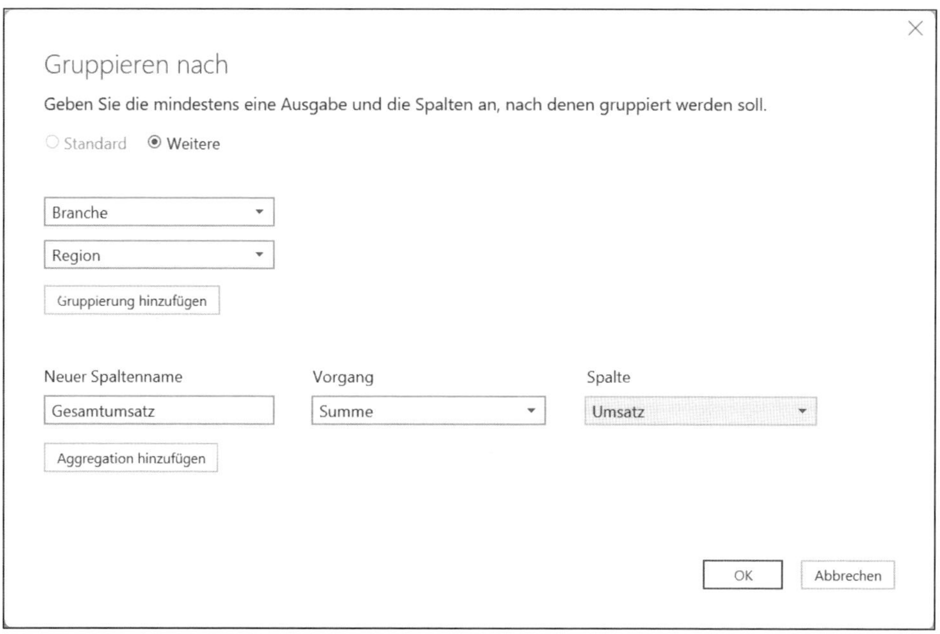


**Abbildung 17.9** Durch die Gruppierung werden die 563 Zeilen auf eine Zeile für jede Kombination aus Sektor und Region reduziert.

## Sortieren und pivotieren in Power Query

Wenn Sie die Regionen, die sich oben in Ihrem Bericht befinden, sortieren möchten, ist jetzt der richtige Zeitpunkt dafür. Wählen Sie die Spalte *Region* aus, indem Sie in Power Query auf die Überschrift *Region* klicken. Verwenden Sie die Schaltfläche *AZ (Aufsteigend sortieren)* auf der Registerkarte *Start*, wie in Abbildung 17.10 dargestellt.

Jetzt können Sie das Feld *Region* pivotieren, damit es horizontal verläuft. Klicken Sie im Power Query-Editor auf die Überschrift *Region*, um das Feld *Region* auszuwählen. Klicken Sie auf der Registerkarte *Transformieren* auf *Spalte pivotieren* (siehe Abbildung 17.11).

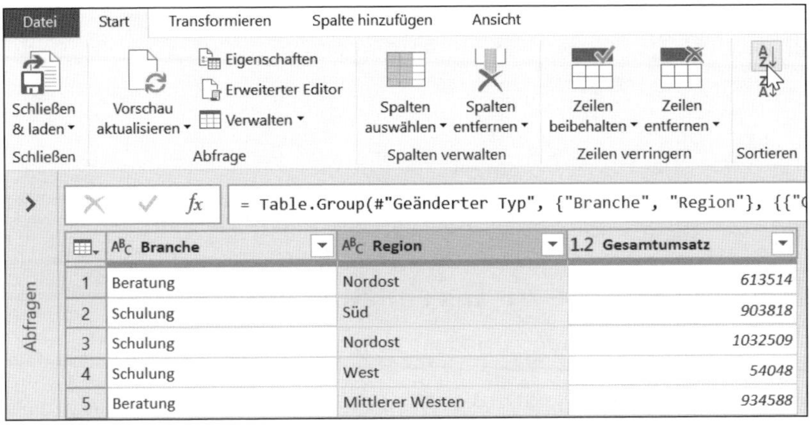


**Abbildung 17.10** Das Sortieren der Regionen ist einfacher, während sie sich vertikal in einer Spalte befinden, als das Verschieben ihrer Positionen, sobald sie als Spalten angeordnet sind.

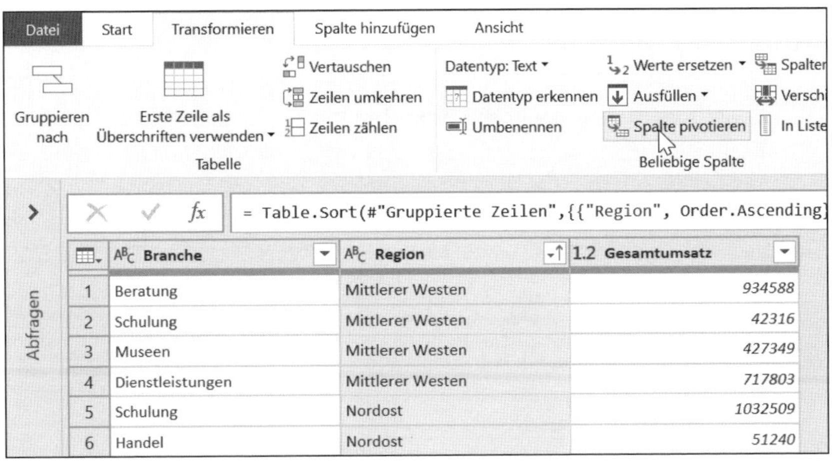


**Abbildung 17.11** Wählen Sie die Spalte *Region* aus und klicken Sie dann auf *Spalte pivotieren*.

Das Dialogfeld *Spalte pivotieren* ist recht einfach. Geben Sie an, welches numerische Feld als Wertespalte verwendet werden soll. Wählen Sie *Gesamtumsatz*, wie es Abbildung 17.12 zeigt.

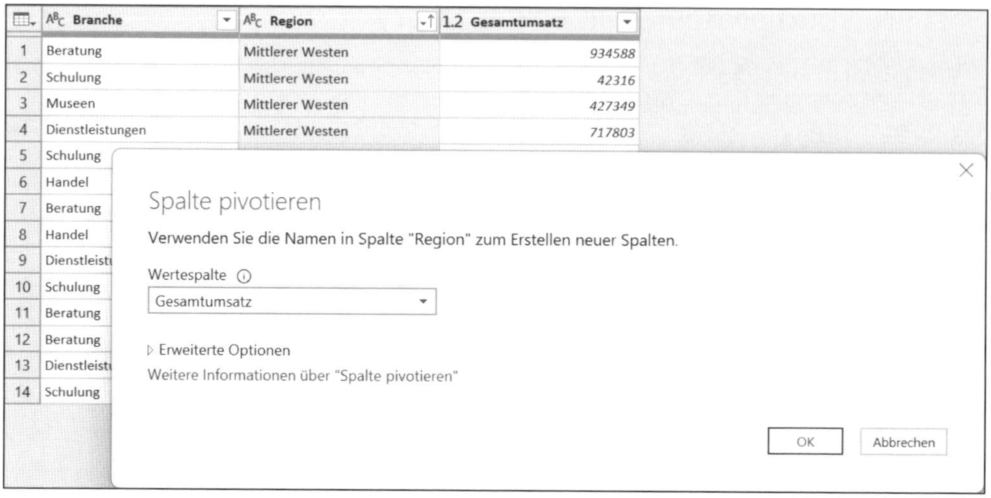

**Abbildung 17.12** Geben Sie an, welche Spalte im Wertebereich verwendet werden soll.

# Abschließende Schritte zur Bereinigung der Daten

Sortieren Sie die Daten nach Branche, indem Sie die Spalte *Branche* auswählen und auf der Registerkarte *Start* auf *AZ* klicken.

Das letzte Problem besteht darin, dass leere Zellen das Wort *null* anstelle von Nullen enthalten. Wählen Sie alle Spalten mit den Regionen in Ihrem Ergebnis aus. Wählen Sie auf der Registerkarte *Start* den Befehl *Werte ersetzen*.

Geben Sie im Dialogfeld *Werte ersetzen* unter *Zu suchender Wert* **null** in Kleinbuchstaben ein. Geben Sie unter *Ersetzen durch* die Zahl **0** ein und klicken Sie auf *OK* (siehe Abbildung 17.13).

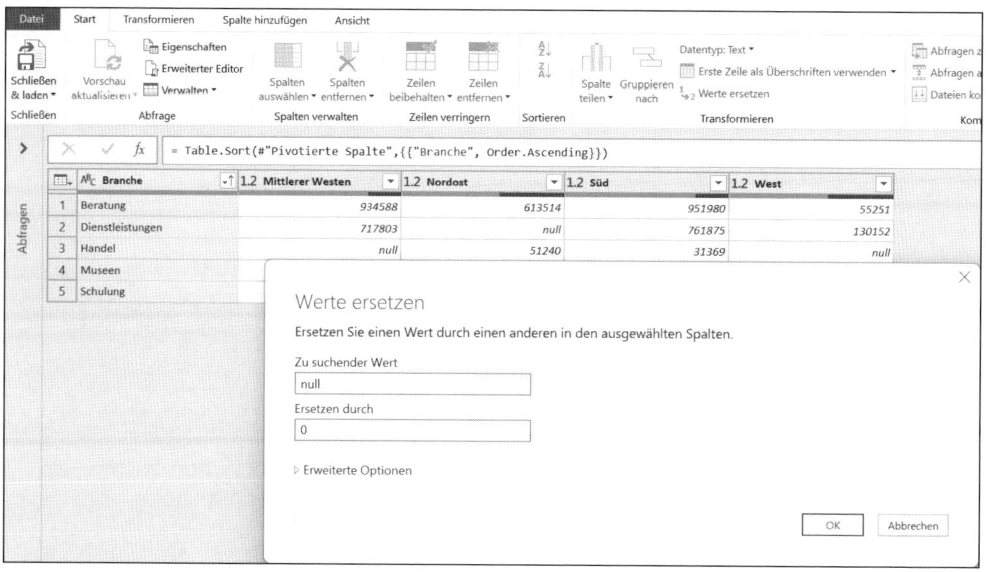

**Abbildung 17.13** Ersetzen Sie null durch die Zahl Null.

Sobald die Abfrage erstellt ist, müssen Sie die Ergebnisse an Excel zurückgeben. Auf der Power Query-Registerkarte *Start* werden die Ergebnisse über das Symbol *Schließen & laden* in ein neues Tabellenblatt zurückgegeben. Anstatt auf das Symbol *Schließen & laden* zu klicken, öffnen Sie das Dropdownmenü von *Schließen & laden* und wählen *Schließen & laden in.* Daraufhin wird das Dialogfeld *Daten importieren* geöffnet, das Sie in Abbildung 17.14 sehen.

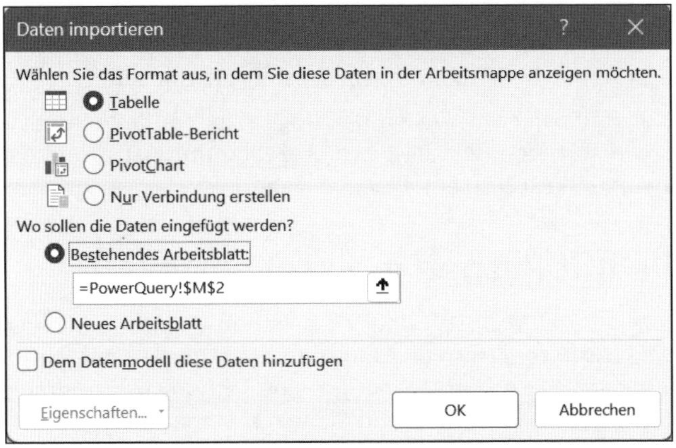


**Abbildung 17.14** Anstatt die Ergebnisse an ein neues Tabellenblatt zu senden, verwenden Sie *Schließen & laden in* und wählen eine Zelle in einem vorhandenen Tabellenblatt aus.

Abbildung 17.15 zeigt die Ergebnisse in Zelle M2.

| | J | K | L | M | N | O | P | Q | R |
|---|---|---|---|---|---|---|---|---|---|
| 1 | Gewi | Kost | | | | | | | |
| 2 | 5082 | 6546 | | Branche | Mittlerer Westen | Nordost | Süd | West | |
| 3 | 9198 | 12240 | | Beratung | 934.588 | 613.514 | 951.980 | 55.251 | |
| 4 | 984 | 1273 | | Dienstleistungen | 717.803 | 0 | 761.875 | 130.152 | |
| 5 | 8856 | 11754 | | Handel | 0 | 51.240 | 31.369 | 0 | |
| 6 | 4088 | 5064 | | Museen | 427.349 | 0 | 0 | 0 | |
| 7 | 7872 | 11472 | | Schulung | 42.316 | 1.032.509 | 903.818 | 54.048 | |
| 8 | 1968 | 2314 | | | | | | | |

**Abbildung 17.15** Das Ergebnis der Power Query-Lösung ist eine Kreuztabelle, die in das Excel-Raster zurückgegeben wird.

## Die Vor- und Nachteile von Power Query?

**Vorteile:**

- Das Hinzufügen oder Entfernen einer Branche oder einer Region wird automatisch in den Ergebnissen berücksichtigt, nachdem Sie die Abfrage aktualisieren.
- Wenn Sie Daten aus einer externen Datenbank oder Datei laden und diese nicht in die 1.048.576 Zeilen von Excel passen, kann Power Query die zusätzlichen Zeilen im Speicher verarbeiten und das Ergebnis zurückgeben.

**Nachteile:**

- Der Bericht wird nicht automatisch aktualisiert, wenn sich die zugrunde liegenden Daten ändern. Sie müssen entweder auf *Daten | Alle aktualisieren* klicken oder die Ergebnisse der Abfrage auswählen, den Aufgabenbereich *Abfragen und Verbindungen* anzeigen und auf das Symbol *Aktualisieren* klicken.
- Die Zahlen sind nicht formatiert. Für Abbildung 17.15 musste ich die Zahlen formatieren.
- Es gibt keine Gesamt- oder Teilergebnisse.
- Diese Methode ist wahrscheinlich am komplexesten einzurichten.

Die großen Vorteile von Power Query sind die Möglichkeit, auf eine externe Datenquelle zu verweisen – selbst wenn diese mehr als 1 Million Zeilen umfasst –, und die Möglichkeit, ein Pivot-ähnliches Ergebnis in Excel zu erstellen.

# Kreuztabelle mit Python in Excel erstellen

Seit September 2024 verfügt Microsoft über eine Python-Version, die in den Beta-Versionen von Excel läuft. Microsoft erwartet von Unternehmenskunden, die Python häufig nutzen möchten, dass sie zusätzlich 24 $ pro Monat für eine Python-Lizenz bezahlen. Beachten Sie, dass die Python-Tools angezeigt werden und Sie jeden Monat einige Python-Aufrufe kostenlos nutzen können, wenn Ihre Excel-Edition für ein Python-Abonnement berechtigt ist. Nachdem das kostenlose Kontingent aufgebraucht ist, wird die Geschwindigkeit von Python reduziert, und Microsoft wird Sie dazu auffordern, ein Abonnement abzuschließen, um die volle Geschwindigkeit von Python wiederherzustellen.

Um mit dem Schreiben von Python-Code in einer Zelle zu beginnen, verwenden Sie die Schaltfläche *Python einfügen* auf der Registerkarte *Formeln*. Links neben der Bearbeitungsleiste wird ein grünes PY-Symbol angezeigt, damit Sie wissen, dass Sie Python-Code schreiben.

Standardmäßig gibt Python-Code ein Dataframe-Python-Objekt an die Zelle zurück. Dies ist selten das gewünschte Ergebnis.

Links neben der Bearbeitungsleiste befindet sich ein neues Dropdownmenü. Öffnen Sie dieses Dropdownmenü und wählen Sie das Symbol *123*, um Excel-Werte zurückzugeben.

Wenn Sie Ihren Python-Code in die Bearbeitungsleiste eingeben, gelangen Sie durch Drücken der [↵]-Taste zu einer neuen Zeile in der Bearbeitungsleiste. Wenn Sie mit dem Code fertig sind, drücken Sie [Strg]+[↵], um den Code zu übernehmen und auszuführen (siehe Abbildung 17.16).

---

Sie können den Code auch im Python-Editor bearbeiten, den Sie mit dem Befehl *Formeln | Python | Editor* öffnen.

---

Wenn Sie Python-Code in mehreren Zellen haben, wird der Code zeilenweise ausgewertet:

1. Der Code in Zelle A1 wird zuerst ausgeführt, dann der in Zelle B1, C1 usw. bis hin zu Zelle XFD1.
2. Die Berechnung wird dann in Zeile 2 fortgesetzt.
3. Alle in einer früheren Zelle definierten Variablen stehen den späteren Zellen zur Verfügung.

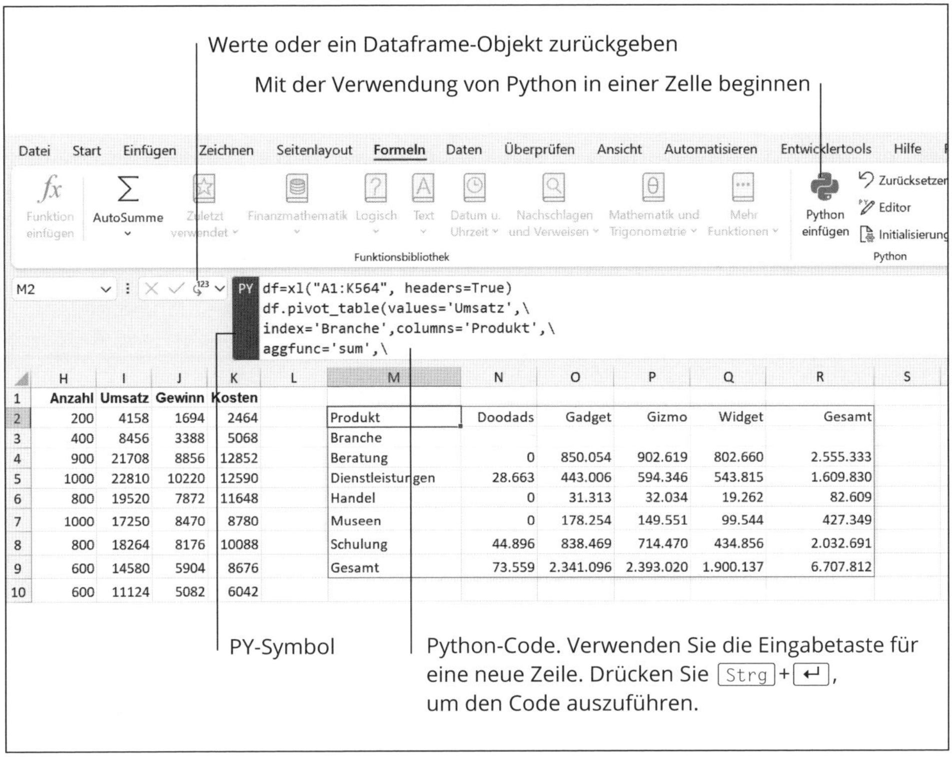


**Abbildung 17.16** Python-Code wird in die Excel-Bearbeitungsleiste geschrieben, und die Ergebnisse werden in das Excel-Raster übertragen.

## Ihre Daten in einen Python-Dataframe importieren

In Excel beziehen Sie sich häufig auf einen Datenbereich. Die Überschriften in Zeile 1 und die Daten ab Zeile 2 mit 11 Spalten werden als Bereich A1:K564 bezeichnet. In Python wird dieselbe Tabelle als Dataframe bezeichnet. Der typische Python-Code verwendet den Variablennamen `df`, um einen Dataframe zu speichern.

Das Excel-Team hat eine neue Python-Funktion namens `xl` geschrieben, mit der ein Excel-Bereich in einen Python-Dataframe geladen werden kann. Hier sind die einfachen Schritte zum Laden eines Bereichs in einen Dataframe.

1. Starten Sie Python in einer leeren Zelle, indem Sie auf Python *einfügen* klicken oder die Tastenkombination Strg+Alt+⇧+P verwenden.
2. Geben Sie **df=** ein.
3. Markieren Sie mit der Maus die Daten im Excel-Raster.
4. Drücken Sie die ↵-Taste. Excel schreibt diese Codezeile für Sie:

```
df=xl("A1:K564", headers=True)
```

Die Variable `df` ist ein Python-Dataframe; Sie können Python-Funktionen verwenden, um mit dem Dataframe zu arbeiten.

## Die Python-Funktion »pivot_table« verwenden

Um aus Ihrem Dataframe eine Pivot-Tabelle zu erstellen, verwenden Sie die Funktion pivot_table. Einige der Argumentnamen sind für Excel-Anwender verständlich. Das Argument values wird beispielsweise verwendet, um Felder im Wertebereich anzugeben. Dasselbe gilt für columns. Was Excel jedoch als Zeilenfelder bezeichnet, wird in Python über das Argument index angegeben.

In Excel ist die Standardaggregation eine Summe. In Python ist die Standardaggregation der Mittelwert.

Excel zeigt standardmäßig Gesamtergebnisse an. In Python sind diese standardmäßig deaktiviert. Aktivieren Sie sie mit margins='True'. Die neu hinzugefügte Summenzeile und Summenspalte werden standardmäßig mit der Überschrift *All* angezeigt, es sei denn, Sie geben mit margins_name eine andere Überschrift an.

Excel-Pivot-Tabellen sortieren standardmäßig nach beliebigen benutzerdefinierten Listen. In Python gibt es keine Möglichkeit, dies zu erreichen. Die Sortierfunktionen in Python scheinen recht begrenzt zu sein – Sie haben nur die Wahl, die Daten in der ursprünglichen Reihenfolge oder alphabetisch aufsteigend nach den Zeilenfeldern anzuzeigen. (Ich meine damit die Indexfelder.)

Python bietet eine erstaunliche Vielfalt an Möglichkeiten, Tagesdaten zu gruppieren. Wenn Sie jedoch eine dieser Möglichkeiten nutzen, können Sie die Gesamtergebnisse nicht anzeigen.

In Excel werden leere Zellen als leer angezeigt, und viele Benutzer verwenden die Excel-Optionen, um die leere Zelle mit einer Null zu überschreiben. In Python werden leere Zellen als #ZAHL!-Fehler angezeigt, und Sie würden das Argument fill_value verwenden, um null oder einen anderen Wert anzugeben, der dort angezeigt werden soll.

Python stapelt die Überschriften auf eine Weise, die für Personen, die an Excel gewöhnt sind, ungewöhnlich erscheint.

In Python müssen alle booleschen Einstellungen auf True oder False gesetzt werden. Der Versuch, TRUE, FALSE, "TRUE", 'false', "True" oder "False" true oder false zu verwenden, führt zu einem Fehler.

Für die Index- und Spaltenwerte können Sie Spaltennamen in einfachen oder doppelten Anführungszeichen angeben. "Umsatz" oder 'Umsatz' funktionieren. Wenn Sie zwei Felder im Zeilenbereich wünschen, verwenden Sie eckige Klammern wie folgt: index=['Region', 'Vertriebsgebiet'].

Wenn Sie mehrere Aggregationsfunktionen nutzen, verwenden Sie geschweifte Klammern. Sie können für jedes Wertefeld eine andere Aggregationsfunktion angeben:

```
aggfunc={'Umsatz': 'sum', 'Gewinn': 'mean'}
```

Dies sind die verfügbaren Argumente:

- **values** Felder im Wertebereich. Sie können 'Umsatz' oder "Umsatz" angeben.
- **index** Felder im Zeilenbereich.
- **columns** Felder im Spaltenbereich.
- **aggfunc** Wertfeld zusammenfassen nach (Standardwert ist 'mean'). Gültige Auswahlmöglichkeiten sind sum, mean, median, min, max, count, std, var oder eine benutzerdefinierte Funktion, die in Python mit einer LAMBDA-Funktion definiert wurde.
- **fill_value** Bei leeren/fehlerhaften Zellen wird dieser fill_value anstelle des Fehlers #ZAHL! angezeigt.
- **margins** Zeigt Gesamtergebnisse an (Standardwert ist False).
- **dropna** Ignoriere alle Datenzeilen, die Nicht-Zahlen in einer numerischen Spalte enthalten (Standardwert ist True).
- **margins_name** Überschrift für Gesamtergebnisse (Standardwert: All).

- **observed** Auf `False` setzen, um Elemente ohne Daten anzuzeigen (Standardwert ist `False`).
- **sort** Soll das Ergebnis sortiert werden? (Standardmäßig auf `True` gesetzt.)

Der zuvor in Abbildung 17.16 gezeigte Python-Code erzeugt eine PivotTable mit Branchen an der Seite, Produkten in den Spalten und der Summe der Einnahmen im Wertebereich:

```
df=xl("A1:K564", headers=True)
df.pivot_table(values='Umsatz',index='Branche', \
  columns='Produkt',aggfunc='sum')
```

Sehen Sie sich Abbildung 17.17 an, um die Python-PivotTable und eine Excel-PivotTable zu vergleichen. Die Python-Pivot-Tabelle wird in M2:Q8 angezeigt. Die Excel-PivotTable befindet sich in M11:R18.

Beachten Sie, dass das Backslash-Zeichen in Python das Zeichen für die Zeilenfortsetzung ist. Der Code in Abbildung 17.17 verwendet Backslash-Zeichen, um den Screenshot schmal zu halten.

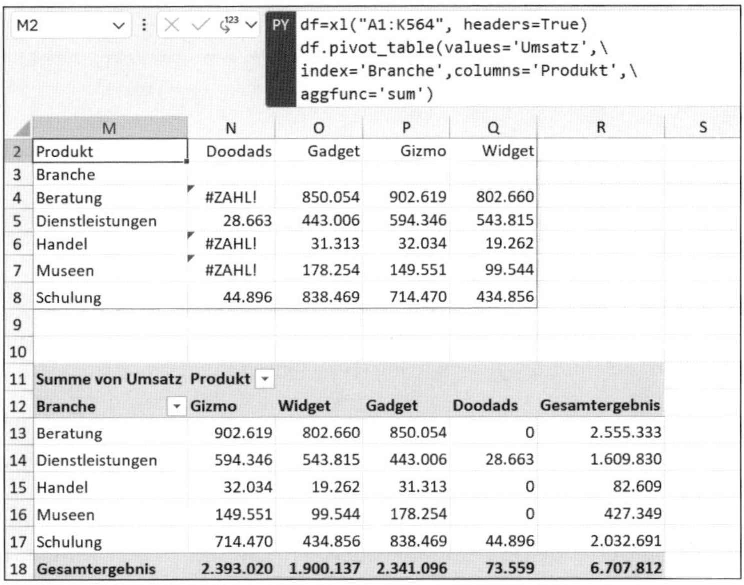

```
df=xl("A1:K564", headers=True)
df.pivot_table(values='Umsatz',\
index='Branche',columns='Produkt',\
aggfunc='sum')
```

| | M | N | O | P | Q | R | S |
|---|---|---|---|---|---|---|---|
| 2 | Produkt | Doodads | Gadget | Gizmo | Widget | | |
| 3 | Branche | | | | | | |
| 4 | Beratung | #ZAHL! | 850.054 | 902.619 | 802.660 | | |
| 5 | Dienstleistungen | 28.663 | 443.006 | 594.346 | 543.815 | | |
| 6 | Handel | #ZAHL! | 31.313 | 32.034 | 19.262 | | |
| 7 | Museen | #ZAHL! | 178.254 | 149.551 | 99.544 | | |
| 8 | Schulung | 44.896 | 838.469 | 714.470 | 434.856 | | |
| 9 | | | | | | | |
| 10 | | | | | | | |
| 11 | **Summe von Umsatz** | **Produkt** | | | | | |
| 12 | **Branche** | **Gizmo** | **Widget** | **Gadget** | **Doodads** | **Gesamtergebnis** | |
| 13 | Beratung | 902.619 | 802.660 | 850.054 | 0 | 2.555.333 | |
| 14 | Dienstleistungen | 594.346 | 543.815 | 443.006 | 28.663 | 1.609.830 | |
| 15 | Handel | 32.034 | 19.262 | 31.313 | 0 | 82.609 | |
| 16 | Museen | 149.551 | 99.544 | 178.254 | 0 | 427.349 | |
| 17 | Schulung | 714.470 | 434.856 | 838.469 | 44.896 | 2.032.691 | |
| 18 | **Gesamtergebnis** | **2.393.020** | **1.900.137** | **2.341.096** | **73.559** | **6.707.812** | |

**Abbildung 17.17** Die oben gezeigte Python-Pivot-Tabelle hat ein anderes Layout als die Pivot-Tabellen, die Excel-Anwender gewohnt sind.

Standardmäßig fehlen in der Python-PivotTable die Gesamtergebnisse. Fügen Sie diese Argumente hinzu, um die Gesamtergebnisse anzuzeigen:

```
margins='True',margins_name='Gesamt'
```

Leere Zellen werden in Python mit #ZAHL!-Fehlern angezeigt. Verwenden Sie das Argument `fill_value`, um #ZAHL! durch etwas anderes, beispielsweise eine Null, zu ersetzen:

```
fill_value=0
```

Die Zahlenformatierung und Spaltenausrichtung müssen manuell mit den Werkzeugen auf der Registerkarte *Start* im Menüband vorgenommen werden.

Wenn Sie all dies zusammenfügen, erhalten Sie die in Abbildung 17.18 gezeigte Python-PivotTable, die der entsprechenden Excel-PivotTable ziemlich nahekommt.

M2 PY
```
df=xl("A1:K564", headers=True)
df.pivot_table(values='Umsatz',\
index='Branche',columns='Produkt',\
aggfunc='sum',\
margins='True', margins_name='Gesamt',\
fill_value=0)
```

| | M | N | O | P | Q | R | S |
|---|---|---|---|---|---|---|---|
| 1 | | | | | | | |
| 2 | Produkt | Doodads | Gadget | Gizmo | Widget | Gesamt | |
| 3 | Branche | | | | | | |
| 4 | Beratung | 0 | 850.054 | 902.619 | 802.660 | 2.555.333 | |
| 5 | Dienstleistungen | 28.663 | 443.006 | 594.346 | 543.815 | 1.609.830 | |
| 6 | Handel | 0 | 31.313 | 32.034 | 19.262 | 82.609 | |
| 7 | Museen | 0 | 178.254 | 149.551 | 99.544 | 427.349 | |
| 8 | Schulung | 44.896 | 838.469 | 714.470 | 434.856 | 2.032.691 | |
| 9 | Gesamt | 73.559 | 2.341.096 | 2.393.020 | 1.900.137 | 6.707.812 | |
| 10 | | | | | | | |
| 11 | **Summe von Umsatz** | **Produkt** | | | | | |
| 12 | **Branche** | **Gizmo** | **Widget** | **Gadget** | **Doodads** | **Gesamtergebnis** | |
| 13 | Beratung | 902.619 | 802.660 | 850.054 | 0 | 2.555.333 | |
| 14 | Dienstleistungen | 594.346 | 543.815 | 443.006 | 28.663 | 1.609.830 | |
| 15 | Handel | 32.034 | 19.262 | 31.313 | 0 | 82.609 | |
| 16 | Museen | 149.551 | 99.544 | 178.254 | 0 | 427.349 | |
| 17 | Schulung | 714.470 | 434.856 | 838.469 | 44.896 | 2.032.691 | |
| 18 | **Gesamtergebnis** | **2.393.020** | **1.900.137** | **2.341.096** | **73.559** | **6.707.812** | |

**Abbildung 17.18** Die Python-Pivot-Tabelle in M2:R9 entspricht fast der Excel-Pivot-Tabelle in M11:R18.

Das letzte verbleibende Problem ist die Anordnung der Überschriften in der PivotTable. Excel platziert den Text *Summe von Umsatz* und den Feldnamen *Produkt* in Zeile 1 und die tatsächlichen Produktnamen in Zeile 2. Python platziert den Feldnamen *Produkt* in der Zelle oben links und die Produktnamen in den restlichen Zellen der Zeile 1. Dadurch entsteht eine seltsame Zeile 2 mit dem Feldnamen *Branche* und drei leeren Zellen.

Hierfür gibt es keine gute Lösung. Auf die von Python in Zelle M2 zurückgegebene Pivot-Tabelle kann mit `M2#` verwiesen werden. Sie könnten `ÜBERNEHMEN`, `WEGLASSEN`, `ZEILENWAHL`, `HSTAPELN` und `VSTAPELN` verwenden, um die Python-PivotTable auseinanderzunehmen und in der richtigen Anordnung wieder zusammenzusetzen. Die Formel, mit der die Tabelle in Abbildung 17.19 erstellt wird, lautet:

```
=VSTAPELN(HSTAPELN(ÜBERNEHMEN(ZEILENWAHL(M2#;2);;1);
WEGLASSEN(ÜBERNEHMEN(M2#;1);;1));WEGLASSEN(M2#;2))
```

| | M | N | O | P | Q | R | S |
|---|---|---|---|---|---|---|---|
| 20 | Branche | Doodads | Gadget | Gizmo | Widget | Gesamt | |
| 21 | Beratung | 0 | 850054 | 902.619 | 802.660 | 2.555.333 | |
| 22 | Dienstleistungen | 28663 | 443006 | 594.346 | 543.815 | 1.609.830 | |
| 23 | Handel | 0 | 31313 | 32.034 | 19.262 | 82.609 | |
| 24 | Museen | 0 | 178254 | 149.551 | 99.544 | 427.349 | |
| 25 | Schulung | 44896 | 838469 | 714.470 | 434.856 | 2.032.691 | |
| 26 | Gesamt | 73559 | 2341096 | 2.393.020 | 1.900.137 | 6.707.812 | |
| 27 | | | | | | | |

**Abbildung 17.19** Diese Neuanordnung der Python-PivotTable ähnelt eher den Ergebnissen in Excel. Aber lohnt sich der Aufwand für die komplexe Formel?

Es wäre großartig, wenn Sie den Python-Code aus Zelle M2 mit der Formel in Zelle M20 kombinieren könnten. Sie könnten dann eine **LET**-Funktion nutzen, bei der Sie **OrigPT** dem Python-Code in M2 zuweisen und dann für die Formel in Abbildung 17.19 auf **OrigPT** statt auf **M2#** verweisen. Dieser Ansatz funktioniert jedoch nicht. Eine Zelle kann Python-Code oder Excel-Formeln enthalten, aber nicht beides gleichzeitig. Das bedeutet, dass Sie die Python-PivotTable im Tabellenblattgitternetz anzeigen und dann die Formel in Abbildung 17.19 an einer anderen Stelle auf dem Tabellenblatt verwenden müssten. Das bedeutet, dass jede PivotTable zweimal angezeigt würde, nur um die Anordnung der Überschriften zu korrigieren. Es könnte einfacher sein, sich an die Anordnung der Python-Überschriften zu gewöhnen.

## Datumsangaben in Python-PivotTables gruppieren

Das Hauptproblem bei der Gruppierung von Datumsangaben besteht darin, dass Sie die Zeile oder Spalte mit der Gesamtsumme in Ihrer Python-PivotTable nicht mehr anzeigen können. Das ist eine große Einschränkung. Wenn Sie diese Einschränkung überwinden können, ist die Vielfalt der in Python verfügbaren Datumsgruppierungen beeindruckend.

Beginnen Sie mit einer Python-PivotTable mit Tagesdaten auf der linken Seite, wie in Abbildung 17.20 dargestellt.

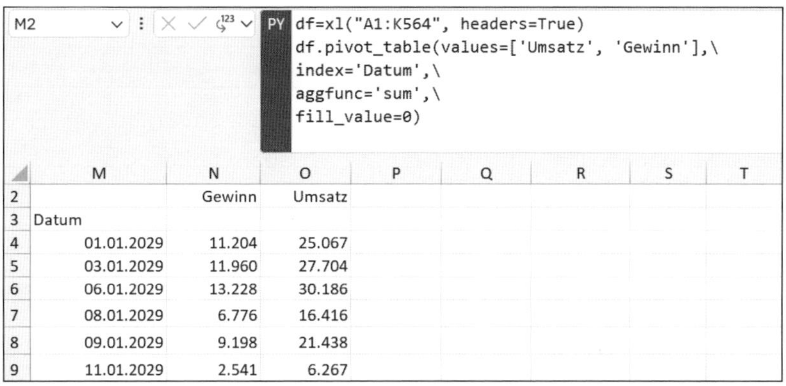


**Abbildung 17.20** Eine PivotTable mit Tagesdaten im Zeilenfeld

Um die Tagesdaten in Monate umzuwandeln, verwenden Sie den folgenden Code:

```
index=pd.Grouper(key = 'Datum', freq='M')
```

Abbildung 17.21 zeigt das Ergebnis.

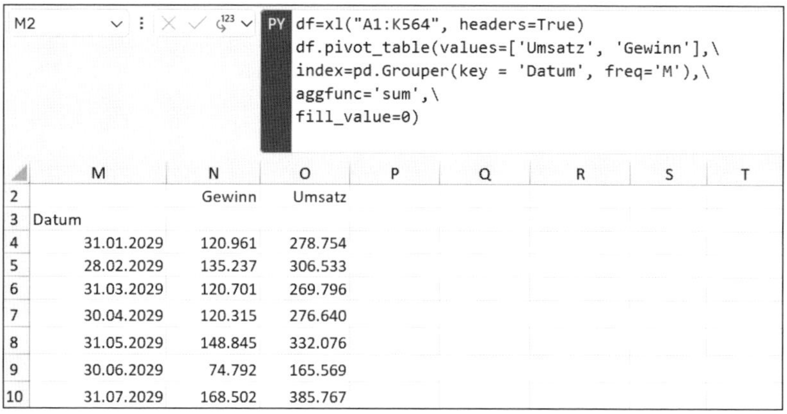


**Abbildung 17.21** Python fasst die Tagesdaten zu Monaten zusammen.

Es gibt eine erstaunliche Vielfalt an Codes, die Sie für das Argument `freq` in der Funktion `pd.Grouper` verwenden können. In Tabelle 17.1 sind alle Codes aufgeführt. Sie können auch jeden dieser Codes ändern, indem Sie dem Code eine Ziffer voranstellen. Während also eine Frequenz von `D` für täglich steht, können Sie `3D` für Dreitageszeiträume oder `2W` für Zweiwochenzeiträume angeben.

| **Alias** | **Beschreibung** |
|---|---|
| B | Werktage |
| C | benutzerdefinierte Werktage |
| D | Kalendertag |
| W | wöchentlich |
| M | monatlich |
| ME | Monatsende |
| SME | halbmonatlich (15. und Monatsende) |
| BME | Ende des Geschäftsmonats |
| CBME | benutzerdefiniertes Ende des Geschäftsmonats |
| MS | Monatsanfang |
| BMS | Anfang des Geschäftsmonats |
| CBMS | benutzerdefinierter Anfang des Geschäftsmonats |
| QE | Quartalsende |
| BQE | Ende des Geschäftsquartals |
| QS | Quartalsbeginn |
| BQS | Beginn des Geschäftsquartals |
| YE | Jahresende |
| BYE | Ende des Geschäftsjahres |
| YS | Jahresanfang |

| Alias | Beschreibung |
|---|---|
| BYS | Anfang des Geschäftsjahres |
| h | Stunden |
| bh | Geschäftszeiten |
| cbh | benutzerdefinierte Geschäftszeiten |
| min | Minuten |
| s | Sekunden |
| ms | Millisekunden |
| us | Mikrosekunden |
| ns | Nanosekunden |

**Tabelle 17.1** Codes für die Angabe des Intervalls in `pd.grouper`

## Die Vor- und Nachteile von Python

**Vorteile:**

- Die Gruppierung nach Datumswerten ist wesentlich flexibler als in Excel.
- Python-Code wird automatisch neu berechnet, wenn sich die zugrunde liegenden Daten ändern.

**Nachteile:**

- Microsoft hat noch nicht bekannt gegeben, ob Python in allen Excel-Versionen verfügbar sein wird und ob dafür zusätzliche Kosten anfallen.
- Die Überschriften unterscheiden sich geringfügig von den üblichen Pivot-Tabellen in Excel.
- Es gibt nicht viele Sortieroptionen.
- Wenn Sie mehrere Zeilenfelder haben, gibt es keine Zwischensummen bei jeder Änderung im äußeren Zeilenfeld.

Der große Vorteil von Python ist, dass Sie geekiger sein können als Ihre Kollegen. Da Copilot jeden zu einem PivotTable-Guru macht, brauchen Sie eine Möglichkeit, sich in Ihren technischen Fähigkeiten weiterhin überlegen zu fühlen. Python erhöht Ihre Glaubwürdigkeit bei den Datenprofis da draußen.

# Nächste Schritte

In Kapitel 18 wird die Verwendung von künstlicher Intelligenz und Copilot bei der Erstellung von Excel-PivotTables vorgestellt.

KAPITEL 18

# Künstliche Intelligenz und Copilot zum Erstellen von Pivot-Tabellen

In den Jahren 2023 und 2024 begann sich die künstliche Intelligenz mit Lichtgeschwindigkeit zu entwickeln. Derzeit kommen viele große Sprachmodelle (Large Language Models, LLMs) auf den Markt. OpenAI bietet ChatGPT an. Microsoft integriert einige dieser Funktionen in sein Produkt Copilot.

Normalerweise wäre ein zehn Jahre altes Video genauso aktuell wie ein Video von letzter Woche, wenn Sie auf YouTube nach einer Lösung für ein Excel-Problem suchen. Aber die Videos über Copilot haben eine sehr kurze Haltbarkeit. Anfragen, die vor zwei Monaten fehlgeschlagen sind, scheitern heute wahrscheinlich nicht mehr.

Dieses Kapitel befasst sich mit der Verwendung von Copilot in Excel zum Erstellen von Pivot-Tabellen, aber es geht noch um mehr. Sie erfahren auch, wie Sie Excel-Formeln schreiben, die ihre Antwort aus einem großen Sprachmodell beziehen. Außerdem lernen Sie eine Funktion kennen, die seit mehr als drei Jahren kostenlos in Excel verfügbar ist und die für die Erstellung von Pivot-Tabellen zuverlässiger ist als Copilot.

Im September 2024, als Satya Nadella von Microsoft bekannt gab, dass Copilot nun allgemein verfügbar sei, stellte das Excel-Team eine noch bessere Version von Copilot vor, die Python-Code als Teil der Aufgabe generiert.

---

Dieses ist das am wenigsten zeitlose Kapitel in diesem Buch. Dinge, die im Herbst 2024, während ich dies schreibe, noch topaktuell sind, werden in sechs Monaten oder einem Jahr durch noch fortschrittlichere Funktionen ersetzt sein. (Anmerkung des Übersetzers: Die Übersetzung des Buches wurde im Herbst 2025 fertiggestellt. Einige Dinge haben sich in dem Jahr geändert, seitdem Bill Jelen das englischsprachige Manuskript erstellte. Wir haben versucht, den Text zu aktualisieren. Dennoch kann es sein, dass die KI-Funktionalität in Excel mittlerweile anders aussieht, wenn Sie dieses Kapitel lesen.)

---

## KI verwenden, um Ihren Daten vor dem Pivotieren eine Spalte hinzuzufügen

Angenommen, Sie haben eine Liste mit 2500 Songs, die in Excel gespeichert sind. Die Daten umfassen eine Kategorie, den Interpreten, der den Song aufgenommen hat, und einen Songtitel. Die Kategorien wurden von jemandem erstellt, der sich etwas Besonderes einfallen lassen wollte. So gibt es beispielsweise drei Kategorien, die alle ähnlich erscheinen: »Hip Hop You Don't Stop«, »Rapattack« und »Rap-ture«.

Sie kommen zu dem Schluss, dass eine PivotTable, in der jede Kategorie nach Jahr oder Jahrzehnt geordnet ist, dabei helfen würde, die Art der Musik in jeder Kategorie zu definieren. Das ist gut und schön, nur dass in den Daten keine Jahresangaben enthalten sind. Was tun Sie nun? 2500-mal Google aufrufen? (Siehe Abbildung 18.1.)

| | B | C | D | F |
|---|---|---|---|---|
| 1 | Kategorie | Künstler | Song | Jahr?? |
| 2 | Rapattack | Ice Spice | Bikini Bottom | |
| 3 | Break Stuff | Rob Zombie | Burn | |
| 4 | Rock Boom Baby | The Coasters | Charlie Brown | |
| 5 | Got Soul | The Supremes | Come See About Me | |
| 6 | Time Warp | Foreigner | Feels like the First Time | |
| 7 | Rap-ture | Busta Rhymes & T-Pain | Hustler's Anthem 09 | |
| 8 | Rapattack | City Girls & Quavo & Lil W | Kitty Talk | |
| 9 | Rap-ture | Tinie Tempah | Pass Out | |

**Abbildung 18.1** Der erste Schritt beim Erstellen der Pivot-Tabelle besteht darin, zu 2500 Datenzeilen ein nicht vorhandenes Feld *Jahr* hinzuzufügen.

Diese Aufgabe ist perfekt für ChatGPT geeignet. Erstens kann ChatGPT das Problem in relativ kurzer Zeit lösen. Zweitens ist es kein lebensbedrohliches Szenario, wenn es hin und wieder eine falsche Antwort gibt.

Niemand muss Zahlen gegenüber der US-Börsenaufsichtsbehörde (SEC) korrigieren, wenn die Daten falsch sind.

## Das Excel Labs-Add-In installieren und konfigurieren

Ein kostenloses Add-In, das von Microsoft Labs in Cambridge, England, entwickelt wurde, ermöglicht es Ihnen, ChatGPT über eine Excel-Formel abzufragen. Das Add-In fügt eine neue Funktion namens `LABS.GENERATIVEAI` hinzu. Befolgen Sie diese Schritte, um das Excel Labs-Add-In zu installieren und zu konfigurieren.

---

Microsoft hat im August 2025 angekündigt, dass die neue Funktion `COPILOT()` nach und nach in den Microsoft 365-Abonnements ausgerollt wird, die berichtigt sind, die Funktion `COPILOT()` zu nutzen (siehe *https://techcommunity.microsoft.com/blog/microsoft365insiderblog/bring-ai-to-your-formulas-with-the-copilot-function-in-excel/4443487*). In den Abonnements Microsoft 365 Single und Microsoft 365 Family steht `COPILOT()` nicht zur Verfügung. `COPILOT()` ersetzt die Funktion `LABS.GENERATIVEAI()`, die in diesem Kapitel beschrieben wird. Falls in Ihrer Excel-Version die Funktion `COPILOT()` nicht vorhanden ist, installieren Sie wie nachfolgend beschrieben das Add-In Excel Labs und verwenden die Funktion `LABS.GENERATIVEAI()`. – *der Übersetzer*

---

1. Suchen Sie im Menüband nach dem Symbol *Add-Ins*. Das Symbol *Add-Ins* befand sich ursprünglich von 2007 bis 2023 auf der Registerkarte *Einfügen*. Ende 2024 wurde das Symbol auf die Registerkarte *Start* verschoben, direkt links neben das Symbol *Datenanalyse*.
2. Klicken Sie auf *Add-Ins* und suchen Sie nach *Excel Labs*.
3. Wählen Sie das Add-In *Excel Labs* aus und installieren Sie es. Nach der Installation wird auf der rechten Seite der Registerkarte *Start* die Schaltfläche *Excel Labs* angezeigt.

4. Klicken Sie im Excel-Menüband auf das *Excel Labs*-Symbol. Auf der rechten Seite wird ein neuer Aufgabenbereich angezeigt. Zum Zeitpunkt der Erstellung der deutschsprachigen Ausgabe dieses Buches stehen im Add-In vier Tools zur Verfügung: *Agent Mode (Frontier), Erweiterte Formelumgebung, LABS.GENERATIVEAI*-Funktion sowie *Python-Editor*. Klicken Sie auf die grüne Schaltfläche *Open*, um den Abschnitt *LABS.GENERATIVEAI* des Aufgabenbereichs zu erweitern.
5. Es gibt vier Abschnitte: *Keep in mind, Configure API key, Beginners Guide* und *Settings*. Sie müssen mit *Configure API key* beginnen. Erweitern Sie den Abschnitt über den API-Schlüssel und folgen Sie dem Link *Get your API key here.*

---

Falls der Link ins Leere läuft, öffnen Sie die Website *https://openai.com*, klicken Sie auf *Anmelden | API-Plattform* und erstellen Sie ein Konto. Nach der Anmeldung klicken Sie auf *Settings* und erstellen dann über den Befehl *API Key* einen neuen API-Schlüssel.

---

6. Sie erstellen eine Benutzer-ID und melden sich unter *https://platform.openai.com/api-keys* an. Jeder Aufruf der API kostet einen Bruchteil eines Cents, wobei die Aufrufe während der Testphase kostenlos sind. Geben Sie Ihre Kreditkartendaten ein, generieren Sie einen API-Schlüssel und kopieren Sie ihn in die Zwischenablage.
7. Kehren Sie zu Excel zurück und fügen Sie den API-Schlüssel in den Aufgabenbereich ein.
8. Der nächste Abschnitt im Aufgabenbereich ist *Beginners Guide*. Lesen Sie sich die Beispiele durch.
9. Ich empfehle Ihnen, auch den Abschnitt *Settings* zu besuchen, da Sie die Features dort nutzen können, indem Sie einfach eine Frage als Argument an die Funktion übergeben. Zum Beispiel:

   ```
   =LABS.GENERATIVEAI("Schreibe einen Song über Excel im Reggae-Stil")
   ```

   Es gibt optionale Argumente, mit denen Sie die Ergebnisse anpassen können:

   ```
   LABS.GENERATIVEAI(prompt, [temperature], [max_tokens], [model])
   ```

10. Anstatt diese optionalen Argumente in jeder Formel zu wiederholen, können Sie die Einstellungen im Abschnitt *Settings* des Aufgabenbereichs ändern.
    - Senken Sie im Abschnitt *Settings* den Wert von *Temperature* auf 0. Dadurch wird die Zufälligkeit der Antworten begrenzt. Angesichts der aktuellen Aufgabe, herauszufinden, in welchem Jahr ein Lied aufgenommen wurde, möchten Sie jedes Mal die gleiche Antwort erhalten.
    - Ändern Sie die *Maximum output length* (maximale Ausgabelänge) auf 4, da Sie nur das Jahr benötigen. Standardmäßig ist ChatGPT sehr ausführlich und erklärt: »Der Song XYZ des Künstlers ABC wurde im Jahr 1995 aufgenommen.« Das brauchen Sie nicht. Sie möchten nur das Jahr wissen.

Nachdem Sie diese Einstellungen geändert haben, klicken Sie auf *Save settings* (Einstellungen speichern), wie Abbildung 18.2 zeigt.

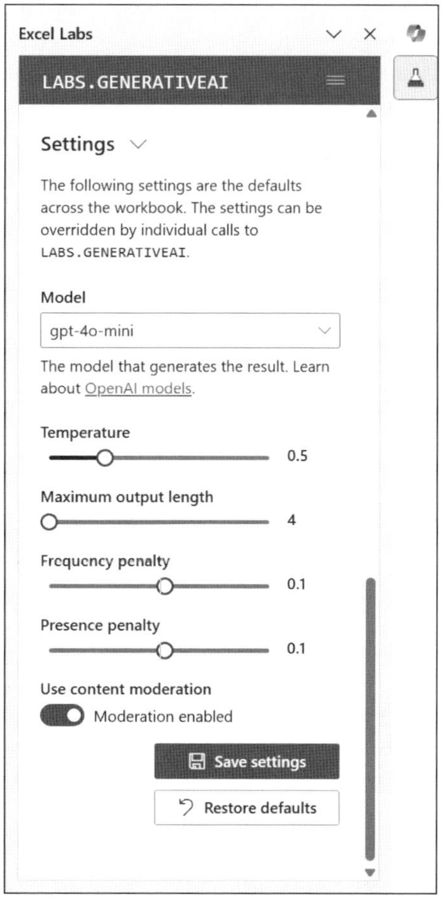


**Abbildung 18.2** Hier legen Sie Einstellungen für die Funktion `LABS.GENERATIVEAI` fest.

Sie können nun damit beginnen, ChatGPT über eine Excel-Formel abzufragen.

## Eine Eingabeaufforderung mithilfe einer Formel erstellen

Ihre Daten enthalten den Künstler in C2 und den Titel des Songs in D2. Ihr Ziel ist es, eine Frage zu erstellen, die an ChatGPT gesendet werden kann. Diese Formel würde eine einfache Eingabeaufforderung schreiben:

```
=In welchem Jahr hat "&C2&" den Song "&D2&" aufgenommen?
```

Ich bevorzuge es, die Eingabeaufforderungen in einer eigenen Spalte zu erstellen. Geben Sie die obige Formel in E2 ein, damit Sie Ihre Frage sehen können, bevor Sie sie an ChatGPT senden. Für Zeile 2 sieht die Frage wie folgt aus:

*In welchem Jahr hat Ice Spice den Song Bikini Bottom aufgenommen?*

Als ich dieses Beispiel zum ersten Mal ausprobierte, waren die Ergebnisse von ChatGPT sehr ausführlich. Die Formel lieferte eine Antwort wie diese:

*Die Künstlerin Ice Spice nahm den Song Bikini Bottom im Jahr 1995 auf.*

Allerdings muss man dann 2500 Antworten durchgehen, um das Jahr herauszufiltern. Es ist einfacher, die Eingabeaufforderung für ChatGPT präziser zu formulieren. Diese Formel generiert eine Eingabeaufforderung, die nur nach einer vierstelligen Jahreszahl fragt:

```
="In welchem Jahr hat "&C2&" den Song " &D2&" aufgenommen? Gib die Antwort als
vierstellige Jahreszahl ohne zusätzliche Wörter zurück. "
```

Dadurch wird eine Eingabeaufforderung erstellt, die nur nach dem Jahr fragt. Doppelklicken Sie auf den Ausfüllgriff in E2, um die Frage in alle Zeilen Ihrer Daten zu kopieren.

## Mehrfache Berechnungen jeder Formel verhindern

Sobald die Testphase abgelaufen ist, müssen Sie für jeden Aufruf von ChatGPT Geld bezahlen. Dieses Projekt mit 2500 Fragen kostet etwa 0,50 $. Aber Sie möchten nicht jedes Mal 50 Cent bezahlen, wenn die Tabelle neu berechnet wird.

Gehen Sie im Menüband zur Registerkarte *Formeln*, öffnen Sie das Dropdownmenü *Berechnungsoptionen* und ändern Sie die Einstellung auf *Manuell*.

## Mit der Funktion LABS.GENERATIVEAI Antworten abrufen

Geben Sie in Zelle F2 die Formel **=LABS.GENERATIVEAI(E2)** ein. Wenn Sie die [↵]-Taste drücken, werden in der Zelle für einige Sekunden ein grüner Kreis und der Fehler #BELEGT! angezeigt. Bald darauf erscheint eine Antwort. Dies ist ein guter Zeitpunkt, um die Arbeitsmappe zu speichern. Die nächsten Schritte können 30 Minuten oder länger dauern.

Doppelklicken Sie auf den Füllgriff in Zelle F2, um die Formel auf alle Zeilen zu kopieren. Da die Neuberechnung auf *Manuell* eingestellt ist, wird die Antwort wiederholt, aber alle Antworten werden durchgestrichen angezeigt, um darauf hinzuweisen, dass Sie auf *Blatt berechnen* klicken müssen.

Klicken Sie auf der Registerkarte *Formeln* auf *Blatt berechnen*. Es werden grüne Kreise angezeigt, gefolgt von neuen Ergebnissen. Wenn Sie tatsächlich 2500 Datenzeilen haben, ist dies vielleicht ein guter Zeitpunkt, in die Mittagspause zu gehen, während die Formeln neu berechnet werden.

Wenn Sie vom Mittagessen zurückkommen, sollten die Berechnungen der Formeln abgeschlossen sein. Die Ergebnisse sind größtenteils ausgefüllt. In einigen Fällen kennt die Formel die Antwort nicht, beispielsweise wenn ein Song zu neu ist. Abbildung 18.3 zeigt einen kleinen Ausschnitt der Ergebnisse.

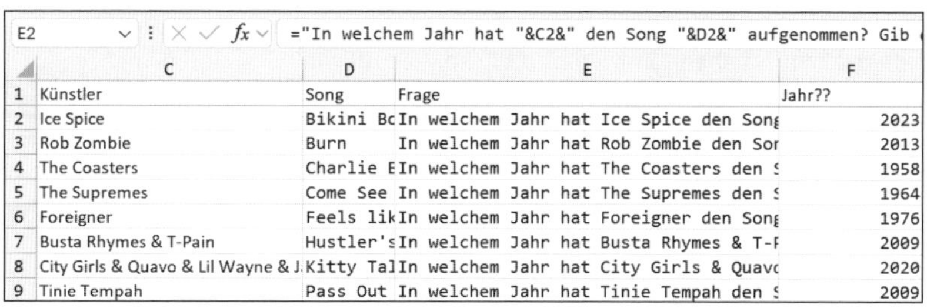

E2 ="In welchem Jahr hat "&C2&" den Song "&D2&" aufgenommen? Gib

| | C | D | E | F |
|---|---|---|---|---|
| 1 | Künstler | Song | Frage | Jahr?? |
| 2 | Ice Spice | Bikini Bc | In welchem Jahr hat Ice Spice den Song | 2023 |
| 3 | Rob Zombie | Burn | In welchem Jahr hat Rob Zombie den Sor | 2013 |
| 4 | The Coasters | Charlie E | In welchem Jahr hat The Coasters den S | 1958 |
| 5 | The Supremes | Come See | In welchem Jahr hat The Supremes den S | 1964 |
| 6 | Foreigner | Feels lik | In welchem Jahr hat Foreigner den Song | 1976 |
| 7 | Busta Rhymes & T-Pain | Hustler's | In welchem Jahr hat Busta Rhymes & T-F | 2009 |
| 8 | City Girls & Quavo & Lil Wayne & J. | Kitty Tal | In welchem Jahr hat City Girls & Quavc | 2020 |
| 9 | Tinie Tempah | Pass Out | In welchem Jahr hat Tinie Tempah den S | 2009 |

**Abbildung 18.3** Die Funktion LABS.GENERATIVEAI hat die Spalte *Jahr* für die meisten Datensätze ausgefüllt.

Sobald Sie die Lösung haben, möchten Sie die Formeln in Spalte F in Werte ändern. Kopieren Sie Spalte F und wählen Sie *Als Werte einfügen*, um für dieses Projekt zukünftige OpenAI-Gebühren vermeiden.

Nachdem Sie nun die neue Spalte mit den Jahresangaben ausgefüllt haben, können Sie mit Ihren üblichen Excel-Kenntnissen fortfahren.

Konvertieren Sie Jahre mit der Formel **=LINKS(F2,3)*10** in Jahrzehnte. Erstellen Sie eine Pivot-Tabelle mit *Jahrzehnt* in den Spalten, *Kategorie* in den Zeilen und *Anzahl Songs* in den Werten. Fügen Sie einige bedingte Formatierungen und einen Datenschnitt hinzu. Abbildung 18.4 zeigt einen Ausschnitt aus dem Bericht, aus dem hervorgeht, dass die Kategorie »Hip Hop You Don't Stop« überwiegend aus den 1990er-Jahren stammt, während »Rapattack« aus den Jahren 2000–2010 und »Rap-ture« eindeutig aus den 2010er-Jahren stammt.

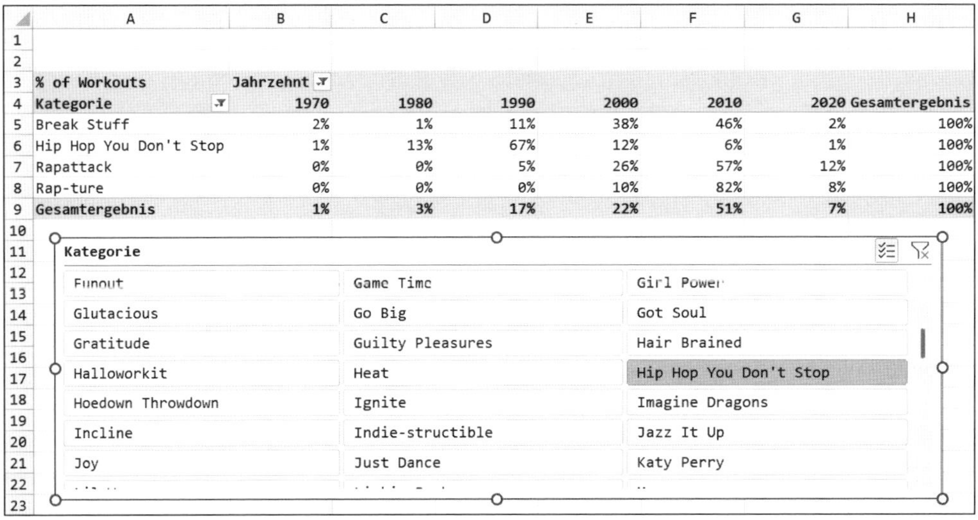

| % of Workouts | Jahrzehnt | | | | | | |
|---|---|---|---|---|---|---|---|
| Kategorie | 1970 | 1980 | 1990 | 2000 | 2010 | 2020 | Gesamtergebnis |
| Break Stuff | 2% | 1% | 11% | 38% | 46% | 2% | 100% |
| Hip Hop You Don't Stop | 1% | 13% | 67% | 12% | 6% | 1% | 100% |
| Rapattack | 0% | 0% | 5% | 26% | 57% | 12% | 100% |
| Rap-ture | 0% | 0% | 0% | 10% | 82% | 8% | 100% |
| **Gesamtergebnis** | **1%** | **3%** | **17%** | **22%** | **51%** | **7%** | **100%** |



**Abbildung 18.4** Nach der Verwendung von `LABS.GENERATIVEAI` zum Ausfüllen der fehlenden Daten zu den Jahren kann eine weitere Zusammenfassung erstellt werden.

Für mich ist dies ein perfektes Beispiel für den Einsatz von ChatGPT:

- Ist es mir wichtig, wenn es einige zufällige falsche Antworten gibt? Nein.
- Verändert das das Ergebnis wesentlich? Nein.
- Melde ich diese Zahlen an die Börsenaufsicht? Nein.

---

Seit 10 Monaten setze ich jeden Morgen ein Meta VR-Headset auf und schließe mich einer virtuellen Trainingsgruppe an, die das Spiel Supernatural Fitness spielt. Ich habe bisher 40 Pfund abgenommen und bin so gesund wie schon lange nicht mehr. Einige von Ihnen, die Fans von Supernatural Fitness sind, erkennen diese Kategorien vielleicht wieder. Wenn ja, suchen Sie mich in Ihrer Rangliste und sprechen Sie mich an. Die Morgengruppe führt während des Trainings einige großartige Excel-Diskussionen!

---

# Mit der Datenanalyse Trends finden

Im Jahr 2024 ist Copilot der letzte Schrei. Wie Sie im nächsten Abschnitt lesen werden, gibt es eine Reihe von Hindernissen für die Verwendung von Copilot in Excel. Eine der besten Funktionen von Copilot ist die Möglichkeit, einen Datensatz zu analysieren, um Trends zu erkennen und PivotTables und PivotCharts zu erstellen. All diese Funktionen von Copilot in Excel sind bereits seit mehreren Jahren in Excel enthalten. Bevor Sie ca. 400,00 € pro Benutzer und Jahr bezahlen, sollten Sie die in Microsoft 365 kostenlos enthaltene Version ausprobieren (siehe auch *https://www.microsoft.com/microsoft-365-copilot/pricing*).

Ein Grund dafür, dass sich das vorhandene Feature *Datenanalyse* nie durchgesetzt hat, ist, dass Microsoft die Schaltfläche immer wieder verschoben und die Funktion umbenannt hat. Zu verschiedenen Zeiten hieß sie *Ideen* oder *Insights*. Das Symbol änderte sich von einer Lupe zu einem blauen Blitz und dann wieder zurück zu einer Lupe über einem Raster, die auf ein Säulendiagramm blickt. Mittlerweile verwendet Microsoft seit mehr als zwei Jahren dasselbe Symbol und denselben Namen, sodass der Name des Features offenbar feststeht.

Die Schaltfläche *Datenanalyse* befindet sich auf der Registerkarte *Start*. Der Befehl liest bis zu 250.000 Zellen und sucht nach 11 Arten von Mustern in den Daten:

- **Rang** Ordnet die Elemente nach ihrer Größe und hebt diejenigen hervor, die deutlich größer sind als die anderen.
- **Trend** Hebt hervor, wenn es ein stetiges Trendmuster über eine Zeitreihe von Daten gibt.
- **Ausreißer** Hebt Ausreißer in einer Zeitreihe hervor.
- **Mehrheit** Findet Fälle, in denen ein Großteil des Gesamtwerts auf einen einzigen Faktor zurückgeführt werden kann.
- **Gleichmäßigkeit** Ein Maß dafür, wie gleichmäßig etwas verteilt ist.
- **Zusammengesetztes Signal** Kann sich auf eine einzelne Zeitreihe beziehen, die eine Kombination mehrerer zugrunde liegender Zeitreihen darstellt.
- **Attribution** Der Prozess der Ermittlung der Ursachen oder Faktoren, die zu einem beobachteten Effekt beitragen.
- **Herausragende Top Zwei** Bezieht sich in der Regel auf die beiden besten Elemente in einer Rangliste, die sich deutlich von den übrigen Elementen abheben.
- **Monotonie** Die Eigenschaft einer Funktion oder Folge, entweder vollständig nicht steigend oder nicht fallend zu sein. Eine monotone Funktion bewegt sich konsistent in eine Richtung, ohne sich umzukehren.
- **Unimodalität** Eine Verteilung, die einen einzigen Peak oder Modus aufweist.

Hier sind einige wichtige Unterschiede zwischen *Datenanalyse* und *Copilot*, die beide eine aktive Internetverbindung erfordern:

- *Datenanalyse* kann mit Daten arbeiten, die auf Ihrem lokalen Computer gespeichert sind. Es ist nicht erforderlich, die Daten in OneDrive zu speichern oder das Feature *Automatisches Speichern* zu aktivieren. Bei Copilot müssen beide Bedingungen erfüllt sein.
- Für *Datenanalyse* und *Microsoft 365 Copilot Chat* benötigen Sie ein aktives bzw. qualifizierendes Microsoft 365-Abonnement. Für *Microsoft 365 Copilot* müssen Sie pro Benutzer und Jahr ca. 400,00€ an Lizenzkosten bezahlen.
- Die Ergebnisse von *Datenanalyse* sind jedes Mal identisch, wenn Sie den Befehl mit demselben Datensatz ausführen. Die Ergebnisse sind zu 100 Prozent genau, ohne Halluzinationen. Derzeit haben die meisten KI-Bots wie ChatGPT und Copilot die lästige Eigenschaft, dass sie auf der Grundlage anderer Fakten zu einer Schlussfolgerung gelangen, die jedoch nie eingetreten ist. Diese Schlussfolgerungen werden als »Halluzinationen« bezeichnet. Copilot halluziniert, *Datenanalyse* hingegen nicht.

Um *Datenanalyse* auszuprobieren, wählen Sie eine beliebige Zelle in einem Datensatz aus, wie in Abbildung 18.5 dargestellt.

| | A | B | C | D | E | F | G | H | I | J | K |
|---|---|---|---|---|---|---|---|---|---|---|---|
| 1 | Branche | Region | Produkt | Farbe | Datum | Vertreter | Kunde | Anzahl | Umsatz | Gewinn | Kosten |
| 2 | Schulung | Mittlerer W | Gizmo | Blau | 01.01.2029 | Kim | 599CD.com | 1000 | 22810 | 10220 | 12590 |
| 3 | Software | Nordost | Gadget | Rot | 02.01.2029 | Angela | F-Keys Ltd. | 100 | 2257 | 984 | 1273 |
| 4 | Verbände | Süd | Gizmo | Blau | 04.01.2029 | Kelly | Association for Computers | 400 | 9152 | 4088 | 5064 |
| 5 | Beratung | Mittlerer W | Gadget | Rot | 04.01.2029 | Wendy | Construction Intelligence & | 800 | 18552 | 7872 | 10680 |
| 6 | Beratung | West | Gadget | Grün | 07.01.2029 | Nellie | Data2Impact | 1000 | 21730 | 9840 | 11890 |
| 7 | Software | Mittlerer W | Widget | Grün | 07.01.2029 | Kim | More4Apps | 400 | 8456 | 3388 | 5068 |
| 8 | Software | Mittlerer W | Widget | Grün | 09.01.2029 | Kim | More4Apps | 800 | 16416 | 6776 | 9640 |
| 9 | Beratung | Süd | Gizmo | Orange | 10.01.2029 | Stacie | Andrew Spain Consulting | 900 | 21438 | 9198 | 12240 |

**Abbildung 18.5** Wählen Sie eine Zelle in Ihrem Datensatz aus.

Klicken Sie auf das Symbol *Datenanalyse*, das sich auf der rechten Seite der Registerkarte *Start* befindet. Nach wenigen Sekunden zeigt Excel den Aufgabenbereich *Datenanalyse* an, wie in Abbildung 18.6 dargestellt. Hier sind einige Dinge, die Sie im Aufgabenbereich *Datenanalyse* beachten sollten:

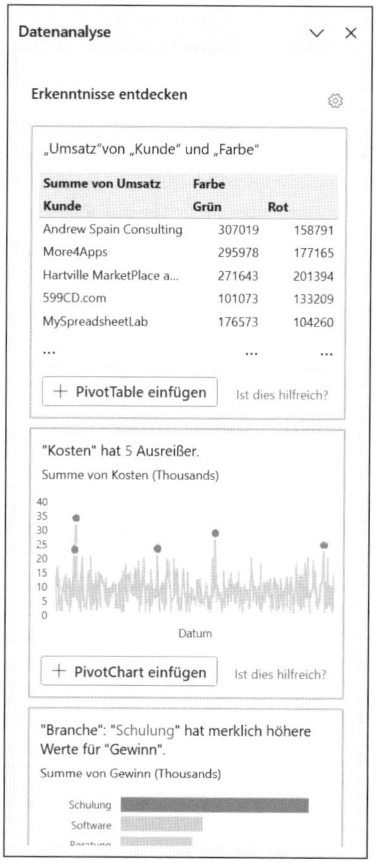


**Abbildung 18.6** Die erste Kachel mit Erkenntnissen ist eine PivotTable mit Kunden im Zeilenbereich und Farben im Spaltenbereich.

- Der Abschnitt *Erkenntnisse entdecken* zeigt eine kleine Anzahl möglicher Analysen, die Excel durchführen kann. Jede Kachel gibt Ihnen eine Vorstellung davon, wie die Analyse aussehen könnte: einen Titel, eine Schaltfläche zum Einfügen der Analyse als PivotTable, als

PivotChart oder als Tabelle. Es gibt auch einen Feedback-Link, um eine Miniaturansicht als hilfreich oder nicht hilfreich zu markieren.

- Über das Symbol *Einstellungen* oben im Abschnitt *Erkenntnisse entdecken* gelangen Sie zu einer Liste aller Felder und dazu, wie Excel diese Felder Ihrer Meinung nach auswerten sollte. Im Allgemeinen möchte Excel alle Felder in die potenziellen Analysen einbeziehen. Textfelder werden mit *Kein Wert* kategorisiert. Numerische Felder werden als *Summe* kategorisiert. Wenn Sie ein numerisches Feld wie VertreterID haben, möchten Sie möglicherweise *Summe* in *Kein Wert* ändern. Sie können numerische Felder als Durchschnittswerte statt als Summen auswerten lassen oder Felder deaktivieren, die Sie für nicht relevant halten. Beispielsweise könnten Sie ein Freitextfeld für Kommentare, das selten wiederholt wird, aus den Ergebnissen entfernen (siehe Abbildung 18.7).
- Wenn Sie zum unteren Rand der Kacheln scrollen, wird häufig ein Link angezeigt, über den Sie weitere 20 bis 30 Kacheln anzeigen können. Excel versucht, eine kleine Anzahl von Kacheln schnell anzuzeigen. Wenn Sie 30 Sekunden lang durch die ersten Ergebnisse scrollen, erstellt Excel im Hintergrund weitere Kacheln mit Vorschlägen.

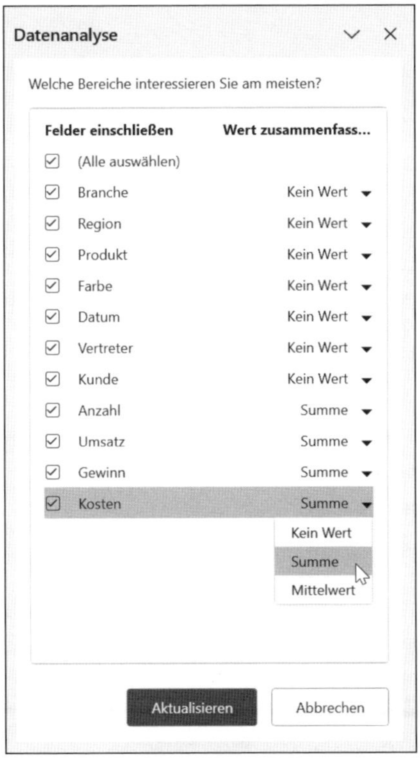


**Abbildung 18.7** Wenn Excel versucht, ein Feld wie *VertreterID* zusammenzufassen, können Sie dieses Fenster verwenden, um zu verhindern, dass Excel die IDs addiert.

---

Neu in 2024: Wenn Sie aus dem ursprünglichen Datensatz heraus auf einen neuen Datensatz klicken, aktualisiert Excel den Aufgabenbereich *Datenanalyse*. Bisher geschah dies nur, wenn Sie erneut auf die Schaltfläche *Datenanalyse* geklickt haben.

---

Wie entscheidet das Feature *Datenanalyse*, welche Kacheln angezeigt werden? In der ersten PivotTable in Abbildung 18.6 befinden sich die Kunden an der Seite und die Farben oben; als Wert wird das Feld *Umsatz* verwendet.

Warum wurde hier »Umsatz nach Kunde und Farbe« ausgewählt? Die Statistik in Abbildung 18.8 zeigt die Anzahl der eindeutigen Bezeichnungen in jedem Textfeld und die Summe jedes numerischen Feldes. Der *Umsatz* ist die höchste Summe der numerischen Felder, daher geht Excel davon aus, dass dies das wichtigste Feld für die erste PivotTable ist. Excel erkennt, dass die 457 Datumswerte als Datum formatiert sind. Von den 6 anderen Textfeldern hat *Kunde* mit 27 die meisten eindeutigen Werte, daher schlägt Excel dieses Feld als Zeilenfeld in der Pivot-Tabelle vor. Für die Spaltenfelder haben Sie die Wahl zwischen *Region* mit 4 eindeutigen Werten, *Produkt* mit 4 eindeutigen Werten, *Farbe* mit 5 eindeutigen Werten, *Sektor* mit 6 eindeutigen Werten und *Vertreter* mit 8 eindeutigen Werten. Excel wählt ein Feld mit einem Wert aus der Mitte für das Spaltenfeld aus.

| Feldname | Eindeutige Textwerte | Summe numerischer Werte |
|---|---|---|
| **Branche** | 6 | |
| **Region** | 4 | |
| **Produkt** | 4 | |
| **Farbe** | 5 | |
| **Datum** | 457 | |
| **Vertreter** | 8 | |
| **Kunde** | 27 | |
| **Anzahl** | | 313.900 |
| **Umsatz** | | 6.707.812 |
| **Gewinn** | | 2.978.394 |
| **Kosten** | | 3.729.418 |

**Abbildung 18.8** Wenn Sie herausfinden möchten, warum Excel eine bestimmte Kombination von Feldern ausgewählt hat, sind Statistiken wie diese wahrscheinlich Teil des Algorithmus.

Hier ist eine Liste der 23 Kacheln mit Vorschlägen für den Datensatz in den Beispieldaten, die Variationen zu sechs Hauptthemen darstellen.

- Umsatz von Kunde und Farbe
- Kosten hat fünf Ausreißer
- Umsatz hat vier Ausreißer
- Anzahl hat vier Ausreißer
- Gewinn hat sechs Ausreißer
- Branche Schulung hat merklich höheren Gewinn
- Branche Schulung hat merklich höhere Kosten
- Branche Schulung hat merklich höheren Umsatz
- Branche Schulung hat merklich höhere Anzahl
- Vertreter Kim und Stacie haben merklich höheren Umsatz
- Vertreter Kim und Stacie haben merklich höhere Anzahl
- Vertreter Kim und Stacie haben merklich höheren Gewinn
- Vertreter Kim und Stacie haben merklich höhere Kosten
- Häufigkeit von Kosten
- Häufigkeit von Umsatz
- Häufigkeit von Gewinn

- Häufigkeit von Anzahl
- Feld Anzahl und Feld Kosten anscheinend hoch korreliert
- Feld Gewinn und Feld Kosten anscheinend hoch korreliert
- Feld Anzahl und Feld Umsatz anscheinend hoch korreliert
- Feld Anzahl und Feld Gewinn anscheinend hoch korreliert
- Feld Umsatz und Feld Kosten anscheinend hoch korreliert
- Feld Umsatz und Feld Gewinn anscheinend hoch korreliert

Abbildung 18.9 zeigt 6 der 23 vorgeschlagenen Kacheln. Hier sind einige Beobachtungen zu einigen der in Abbildung 18.9 gezeigten Kacheln. Die Kachel oben rechts zeigt, dass es in zwei Jahren fünf Ausreißer-Daten gab. Wenn Sie dieses Pivot-Diagramm einfügen, werden die fünf Daten mit einem orangefarbenen Datenpunkt dargestellt. Es gibt keine gute Möglichkeit, dieses Diagramm mit den Ausreißern in einer anderen Punktfarbe zu erstellen. Ich schätze es, dass Datenanalyse diese Formatierung bietet, aber wenn sich die zugrunde liegenden Daten ändern und einige andere Daten Ausreißer sind, formatiert der Befehl *Aktualisieren* auf der Registerkarte *PivotTable-Analyse* die neuen Ausreißer-Daten nicht.

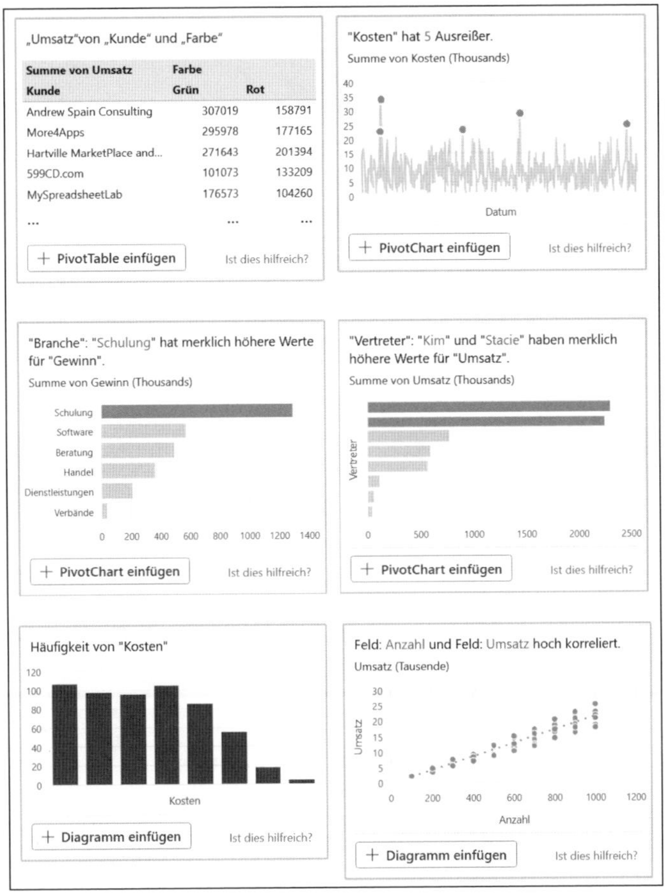


**Abbildung 18.9** Sechs der typischen Analysen, die vom Feature *Datenanalyse* vorgeschlagen werden.

Das Diagramm unten rechts zeigt, dass es einen Zusammenhang zwischen Menge und Umsatz gibt. Das beeindruckt mich überhaupt nicht. Es zeigt, dass der Umsatz tendenziell steigt, wenn man mehr verkauft. So funktioniert das Geschäft. Verkauft man mehr, steigt der Umsatz. Als das Feature *Datenanalyse* im Jahr 2018 auf den Markt kam, habe ich dieses Diagramm jedes Mal, wenn ich es gesehen habe, als »nicht hilfreich« markiert. Der ursprüngliche Plan war, dass der Algorithmus für maschinelles Lernen aus dem Kundenfeedback lernen und nützlichere Diagramme anbieten würde. Allerdings befinden sich Google und Microsoft in einem Kampf um die Vorherrschaft. Google nutzt Ihre Daten, um Ihnen bessere Anzeigen zu zeigen. Microsoft hat sich dafür entschieden, Ihre Daten nicht für Marketingzwecke zu verwenden. Alles, was von der Datenanalyse generiert wird, wird gelöscht und nicht mit Ihrer Identität in Verbindung gebracht. Angesichts dieser neuen Unternehmensausrichtung auf Datenschutz gibt es keine Möglichkeit für den Algorithmus für maschinelles Lernen, aus dem Signal »Ist dies hilfreich?« zu lernen. Daher habe ich aufgehört, diese Frage zu beantworten.

Jede der Kacheln ist ein kleiner Ausschnitt aus dem vollständigen Bericht. Wenn Sie eine Kachel sehen, die interessant aussieht, klicken Sie auf die *Einfügen*-Schaltfläche, deren Text mit einem Pluszeichen beginnt. Excel fügt am Ende der Arbeitsmappe ein neues Tabellenblatt ein und erstellt die vollständige PivotTable oder das PivotChart oder eine Tabelle mit Formeln.

Während die erste Kachel in Abbildung 18.6 vier Kunden und zwei Farben zeigt, umfasst die vollständige Pivot-Tabelle 27 Kunden und 5 Farben (siehe Abbildung 18.10).

| | A | B | C | D | E | F | G |
|---|---|---|---|---|---|---|---|
| 2 | **Summe von Umsatz** | **Farbe** | | | | | |
| 3 | **Kunde** | **Grün** | **Rot** | **Blau** | **Orange** | **Gelb** | **Gesamtergebnis** |
| 4 | Andrew Spain Consulting | 307019 | 158791 | 222968 | 122138 | 58538 | 869454 |
| 5 | More4Apps | 295978 | 177165 | 197443 | 65198 | 14379 | 750163 |
| 6 | Hartville MarketPlace and Flea Market | 271643 | 201394 | 144862 | 52400 | 34060 | 704359 |
| 7 | 599CD.com | 101073 | 133209 | 153251 | 102964 | 132297 | 622794 |
| 8 | MySpreadsheetLab | 176573 | 104260 | 107336 | 77026 | 148319 | 613514 |
| 28 | Association for Computers & Taxation | 18076 | 0 | 16288 | 0 | 0 | 34364 |
| 29 | Juliet Babcock-Hyde CPA, PLLC | 15991 | 4158 | 11220 | 0 | 0 | 31369 |
| 30 | Bits of Confetti | 7306 | 0 | 23715 | 0 | 0 | 31021 |
| 31 | **Gesamtergebnis** | **1977239** | **1918406** | **1476302** | **704736** | **631129** | **6707812** |

**Abbildung 18.10** Excel fügt den vollständigen Bericht als PivotTable in ein neues Tabellenblatt ein.

Als dieses Feature 2018 eingeführt wurde, habe ich es oft in meinen Live-Seminaren zu Power-Excel vorgeführt. Die Reaktionen waren gemischt. Diejenigen, die ihre Daten gut kannten, waren von den Ergebnissen nicht überrascht. Eine häufige Meinung war, dass es nützlich sein könnte, Daten anderer Unternehmen zu analysieren. Wenn ein Anbieter Ihnen eine neue Preisliste schickt, könnten Sie in diesen Daten nach Trends suchen. Nachdem man dieses Feature jedoch ein paar Mal ausprobiert hatte, wurde es im Allgemeinen als seltsamer Partytrick ignoriert anstatt als Vorbote dessen, was fünf Jahre später mit ChatGPT kommen würde.

Das oben beschriebene Feature wurde Anfang 2018 veröffentlicht, ist nun mehr als sechs Jahre alt und sehr stabil.

Ich bin ein großer Fan des Excel-Features *Datenanalyse*. Es ist ausgereift, stabil und zuverlässig und kostenlos in Ihrem Microsoft 365-Abonnement enthalten. Es liefert jedes Mal die gleichen Ergebnisse.

Ende 2024 dreht sich jedoch alles um das neue Copilot-Angebot von Microsoft, das in jedem Produkt der Microsoft 365-Suite enthalten ist. Copilot-Funktionen finden sich in Word, PowerPoint, Excel und OneDrive. Seit September 2024 umfasst Copilot für Excel ein Feature, das der Datenanalyse sehr ähnlich ist, sowie die Möglichkeit, Formeln zu erstellen, zu sortieren, zu filtern und bedingte Formatierungen hinzuzufügen.

In den folgenden Abschnitten finden Sie einige Beispielfragen und deren Antworten.

## Copilot in Excel zum Erstellen von PivotTables oder PivotCharts verwenden

Die in diesem Abschnitt beschriebenen Features erfordern entweder ein Microsoft 365-Abonnement, das Sie für die Verwendung von *Microsoft 365 Copilot Chat berechtigt* (in diesem Fall sind die Kosten für Copilot in Ihrem Abonnement enthalten), oder *Microsoft 365 Copilot*, bei dem es sich um ein Zusatzprodukt zu Microsoft 365 handelt, für das jährlich pro Benutzer ca. 400,00 € an Abonnementgebühren anfallen. Informationen zu den Copilot-Varianten und -Preisen finden Sie unter *https://www.microsoft.com/microsoft-365-copilot*.

*Microsoft 365 Copilot* richtet sich an Unternehmenskunden, die bereits über eine Lizenz für Microsoft 365 der Stufen E3 oder E5 verfügen.

---

Im Rahmen der Übersetzung haben wir *Microsoft 365 Copilot Chat* verwendet. Auch wenn Sie *Microsoft 365 Copilot* verwenden, sollten Ihre Ergebnisse in Excel mit den hier gezeigten Ergebnissen übereinstimmen.

---

In einer Unternehmensumgebung verwaltet wahrscheinlich jemand aus der IT-Abteilung das Admin-Panel für Ihr Microsoft 365-Abonnement. Diese Person verfügt über eine Kategorie für Copilot und kann auswählen, welche Personen *Microsoft 365 Copilot* verwenden dürfen.

Da eine Lizenz für *Microsoft 365 Copilot* die Kosten für Microsoft 365 verdoppelt, vermute ich, dass die IT-Abteilung mit der Vergabe von Lizenzen zurückhaltend sein wird. Oder wenn die Lizenzen ausgehen, wird sie prüfen, ob jemand Copilot nicht häufig nutzt, und diese Lizenz dann einer anderen Person zuweisen.

Wenn Sie der erste Nutzer von Copilot in Ihrem Unternehmen sind, wenden Sie sich an die Person, die für die Verwaltung des Microsoft 365-Admin-Centers zuständig ist, und bitten Sie sie, die Website *admin.microsoft.com* aufzurufen und in der linken Navigationsleiste nach *Copilot* zu suchen. Wenn Copilot dort noch nicht angezeigt wird, klicken Sie unten im Bereich auf den Link *Alle anzeigen*. Dadurch erhalten Sie die Möglichkeit, weitere Lizenzen zu erwerben oder vorhandene Lizenzen zu verwalten. Der Administrator kann Ihrer E-Mail-Adresse eine Lizenz zuweisen.

Klicken Sie auf *Lizenzen verwalten*. Klicken Sie auf dem nächsten Bildschirm auf *Copilot für Microsoft 365*. Ihr Administrator gelangt dann zu einer Seite, auf der er *Lizenz zuweisen* auswählen kann, um Ihnen eine Lizenz zuzuweisen.

Ich finde es immer seltsam, dass Änderungen am Microsoft 365-Admin-Panel einige Zeit brauchen, bis sie übernommen werden. Ich bin sofort zu meinem Computer zurückgelaufen und war enttäuscht, dass Copilot noch nicht da war.

Diese Schritte scheinen ziemlich nebulös zu sein, aber bei mir hat es so funktioniert.

---

Sie brauchen diese Schritte nicht durchzuführen, wenn Sie Microsoft 365 Copilot Chat verwenden.

---

1. Suchen Sie nach einem Dataset, das Sie mit Copilot analysieren möchten.
2. Speichern Sie das Dataset mit *Datei | Speichern unter* in Ihrem OneDrive-Konto. Achten Sie darauf, die Datei unter derselben OneDrive-E-Mail-Adresse zu speichern, der eine *Microsoft 365 Copilot*-Lizenz zugewiesen wurde.

3. Aktivieren Sie in der Symbolleiste für den Schnellzugriff die automatische Speicherung für die Arbeitsmappe. Ab September 2024 funktioniert Copilot nur, wenn die Arbeitsmappe im automatischen Speichermodus ist.
4. Klicken Sie auf das Symbol in der oberen rechten Ecke, das Ihr Gesicht oder Ihre Initialen zeigt. Stellen Sie sicher, dass Sie mit demselben Konto angemeldet sind, dem eine *Microsoft 365 Copilot*-Lizenz zugewiesen wurde.
5. Wählen Sie *Datei | Konto*. Klicken Sie in der Mitte rechts auf *Lizenz aktualisieren*. Sie müssen sich erneut anmelden.
6. Schließen Sie Excel und öffnen Sie es erneut.
7. Öffnen Sie erneut die Arbeitsmappe, für die die automatische Speicherung aktiviert ist.

Irgendwann erscheint ein großes Popup-Fenster, in dem Sie gefragt werden, ob Sie Copilot ausprobieren möchten. Sie werden gewarnt, dass die Ergebnisse eventuell falsch sind. Es wird möglicherweise erwähnt, dass Ihre Daten an den Copilot-Server weitergegeben werden. Wenn Sie sich dafür entscheiden, Copilot auszuprobieren, wird auf der Excel-Registerkarte *Start* die Schaltfläche *Copilot* angezeigt.

Copilot ist auch für Word, PowerPoint und Outlook verfügbar. Selbst wenn Copilot in Excel ausgeführt wird, müssen Sie möglicherweise ähnliche Schritte ausführen, damit Copilot in den anderen Apps angezeigt wird.

Suchen Sie in Excel auf der rechten Seite der Registerkarte *Start* neben *Datenanalyse* nach dem *Copilot*-Symbol. Wenn Sie auf das *Copilot*-Symbol klicken, wird auf der rechten Seite des Excel-Fensters der Aufgabenbereich *Copilot* geöffnet.

Copilot teilt Ihnen mit, dass Ihre Daten in OneDrive gespeichert sein müssen und dass die automatische Speicherung aktiviert sein muss. Sobald Sie diese beiden Anforderungen erfüllt haben, sollten verschiedene Auswahlmöglichkeiten sowie ein Textfeld angezeigt werden, in das Sie eine Frage eingeben können (siehe Abbildung 18.11).

Geben Sie eine Eingabeaufforderung ein, z.B.:

*Zeige den Gesamtumsatz nach Vertreter.*

Klicken Sie auf das Symbol *Senden*. Die Antwort wird nicht sofort angezeigt. Während Sie warten, werden in einem animierten Fortschrittsbalken verschiedene Meldungen angezeigt:

- Bearbeitung läuft.
- Ihre Daten werden analysiert.
- Fast geschafft!
- Ergebnisse werden bearbeitet.

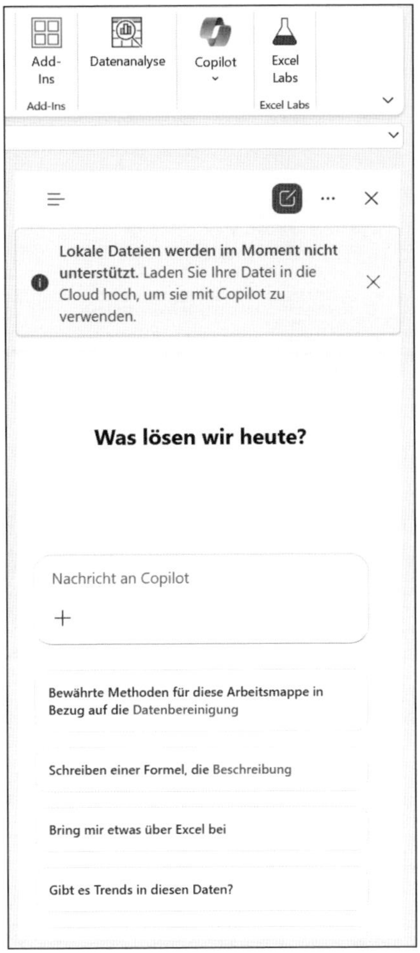


**Abbildung 18.11** Sie können nun Copilot Ihre erste Frage über die Daten stellen.

Schließlich zeigt Excel eine Vorschau der Ergebnisse an. Die Ergebnisvorschau gibt an, dass die Daten in A1:K564 analysiert wurden, und bietet dann ein Pivot-Balkendiagramm mit den Einnahmen nach Vertretern an. Die Diagrammvorschau enthält keine Namen, zeigt jedoch, dass die beiden Vertreter mit den größten Umsätzen weit vor den nächsten drei liegen, die wiederum vor den vier schlechtesten liegen (siehe Abbildung 18.12). Das Diagramm zeigt außerdem Folgendes:

- Am unteren Rand der Vorschau befindet sich die Schaltfläche + *Zu einem neuen Blatt hinzufügen*.
- Eine Warnung, dass KI-generierte Inhalte fehlerhaft sein können
- Sie können über die Symbole *Daumen hoch* und *Daumen runter* Feedback geben.

**Abbildung 18.12** Copilot bietet an, in ein neues Tabellenblatt ein Balkendiagramm einzufügen.

In der nächsten Ergebnisblase erscheinen Wörter, die Sie möglicherweise per E-Mail an jemanden senden möchten. »Der Gesamtumsatz pro Vertreter beträgt zum Beispiel für Kim 2.227.917 $ und für Stacie 2.252.446 $. Weitere Details findest du in der Übersicht oben.« Verwenden Sie die Schaltfläche *Kopieren* in diesem Ergebnis, um diesen Text in die Zwischenablage zu kopieren. Eine zweite Warnung erinnert Sie daran, dass KI-generierte Inhalte möglicherweise falsch sind.

Copilot schlägt dann einige zusätzliche Eingabeaufforderungen vor (siehe Abbildung 18.13):

- Welche Vertreter haben den höchsten Umsatz?
- Wie hoch ist der durchschnittliche Umsatz pro Vertreter?

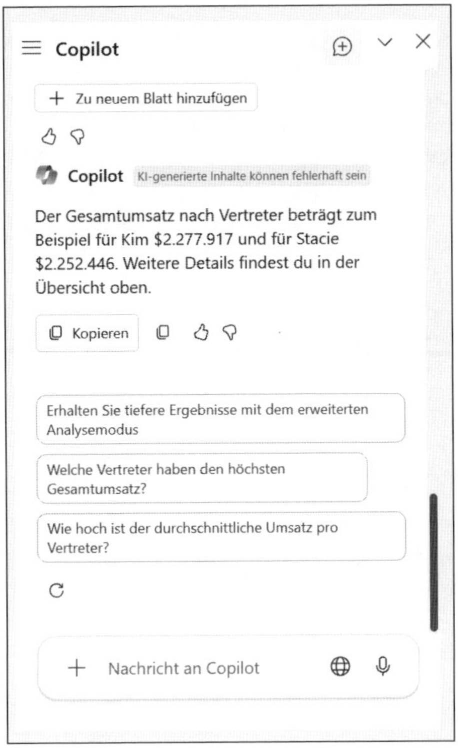


**Abbildung 18.13** Copilot schlägt weitere Analysen vor.

Was wäre, wenn Sie stattdessen eine PivotTable wünschen? Copilot wartet auf eine Folgefrage. Sie könnten folgende Eingabe machen:

> *Das kommt der Sache schon ziemlich nahe. Kannst du mir das Ergebnis stattdessen als Tabelle anzeigen?*

Copilot wandelt das Ergebnis in eine PivotTable um, aber die Daten sind nicht von hoch nach niedrig sortiert. Bei der dritten Nachfrage ist Copilot verwirrt. Ihre Eingabeaufforderung ist:

> *Kannst du die Ergebnisse vom höchsten Umsatz bis zum kleinsten sortieren?*

An dieser Stelle scheint es, als wolle Copilot die Originaldaten ändern. Seine Antwort:

> *Sicher! Wenn Sie sich A1:K564 auf 'Tabelle1' ansehen, finden Sie hier 2 Änderungen, die Sie überprüfen und anwenden möchten:*
>
> - *Eine benutzerdefinierte Sortierung auf die Spalte bei Index 8 in Tabelle A1:K564 anwenden*
> - *Eine benutzerdefinierte Sortierung auf die Spalte bei Index 8 in Tabelle A1:K564 anwenden*

An dieser Stelle ist es möglicherweise schneller, von vorne zu beginnen. Formulieren Sie diesmal Ihre Eingabeaufforderung eindeutiger, beispielsweise so:

> *Fasse den Gesamtumsatz nach Vertretern zusammen. Gib die Ergebnisse als Pivot-Tabelle zurück, wobei die Daten absteigend nach Umsatz sortiert sind.*

Abbildung 18.14 zeigt die Ergebnisse. Im Vorschaubereich zeigt Copilot die richtige PivotTable an, in der die Personen korrekt nach absteigendem Umsatz sortiert sind. Wenn Sie *Zu einem neuen Blatt hinzufügen* wählen, wird die PivotTable korrekt sortiert erstellt.

Es kann vorkommen, dass Copilot im Textergebnis angibt, dass es die Daten nicht wie gewünscht sortieren und anordnen kann. Das ist eine seltsame Antwort, da die PivotTable in der Vorschau genau Ihren Anforderungen entspricht. Ich habe dies schon häufig beobachtet – die Vorschau ist korrekt, aber im Erklärungstext steht, dass dies nicht möglich ist.

Im Moment schreibe ich das noch unter »Es ist ein neues Feature, an dem Microsoft noch arbeitet« ab. Aber der Kaufmann in mir möchte wissen, warum wir 400,00 € pro Jahr und Benutzer für etwas bezahlen, das noch nicht richtig funktioniert.

Interessanterweise hat Microsoft strenge Stornierungsbedingungen. Wenn Sie innerhalb der ersten sieben Tage stornieren, erhalten Sie eine anteilige Rückerstattung, aber wenn Sie bis zum achten Tag nicht storniert haben, gibt es keine Rückerstattung.

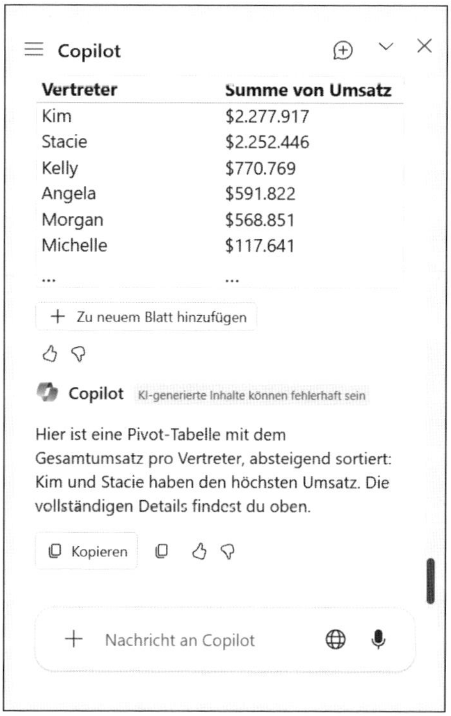


**Abbildung 18.14** Copilot hat die Pivot-Tabelle richtig erstellt.

Sie können Copilot auch Diagramme erstellen lassen. Senden Sie diese Nachricht:

*Berechne den Gesamtumsatz nach Region als Kreisdiagramm.*

Die erste Antwort ist eine Vorschau eines Kreisdiagramms, und darunter befinden sich Anmerkungen zu Regionen mit den größten Umsätzen (siehe Abbildung 18.15).

**Abbildung 18.15** Copilot erstellt ein Kreisdiagramm und liefert im Text weitere Analysen.

---

Es gibt noch einen einfacheren Weg, um Copilot schnell eine PivotTable erstellen zu lassen. Klicken Sie mit der rechten Maustaste auf eine beliebige Zelle Ihres Datasets und wählen Sie im Kontextmenü den Befehl *Copilot-Empfehlungen | Fasse mithilfe von PivotTable oder Diagramm zusammen.*

---

Beachten Sie noch folgende Hinweise zu Copilot und den Unterschieden zwischen Datenanalyse und Copilot:

- Copilot funktioniert mit einer Folgefrage, scheint jedoch bei mehreren Folgefragen verwirrt zu sein. Es ist oft am einfachsten, mit einer neuen Frage von vorne zu beginnen.
- Copilot erfordert, dass das automatische Speichern aktiviert ist. Für das Feature *Datenanalyse* spielt dies keine Rolle.
- Copilot erfordert, dass die Daten in OneDrive gespeichert werden. Für das Feature *Datenanalyse* spielt dies keine Rolle.
- Copilot warnt ständig davor, dass KI-generierte Inhalte falsch sein könnten. Das Feature *Datenanalyse* stammt aus einer Zeit, in der nichts in Excel hinzugefügt wurde, wenn die Möglichkeit eines falschen Ergebnisses bestand. Das war zu einer Zeit, als das Excel-Team stolz eine Flagge mit der obersten Direktive »Recalc or Die« (Neu berechnen oder sterben) hisste.

An diesem Punkt – insbesondere, wenn Sie Copilot erst seit weniger als sieben Tagen nutzen – denken Sie vielleicht, dass die Datenanalyse dem Copilot-Feature in mancher Hinsicht weit überlegen ist, und damit haben Sie recht.

Copilot bietet jedoch in Excel weit mehr als nur diese eine Feature. Die anderen Features zum Erstellen berechneter Spalten sind ebenfalls beeindruckend. Mehr dazu erfahren Sie im nächsten Abschnitt. Noch beeindruckender ist die Fähigkeit von Copilot, Excel-Arbeitsmappen in OneDrive zu analysieren. Mehr dazu erfahren Sie weiter hinten in diesem Kapitel.

## Mit Copilot in Excel Formelspalten generieren

Copilot kann neue Formelspalten für Sie generieren. Hier ein sehr einfaches Beispiel:

> *Füge eine Spalte mit dem Rohertrag in % hinzu.*

Copilot versteht, dass der Rohertrag als Gewinn geteilt durch den Umsatz berechnet wird.

Normalerweise hätte ich diese Formel als `=J2/I2` geschrieben und dann die Ergebniszelle als Prozentwert formatiert. Heute hat Copilot eine zusätzliche Überprüfung zur Formel hinzugefügt, um einen Fehler durch Division durch null zu vermeiden. Abbildung 18.16 zeigt die von Copilot generierte Formel: `=WENN($I2=0;0;$J2/$I2)`. Im Copilot-Aufgabenbereich findet sich folgende Erklärung:

> *Berechnet für jede Transaktion den Rohertrag als Prozentsatz, indem der Gewinn durch den Umsatz geteilt wird, wobei sichergestellt wird, dass das Ergebnis 0 ist, wenn der Umsatz 0 ist.*

L2 fx =WENN($I2=0;0;$J2/$I2)

| | H | I | J | K | L | M |
|---|---|---|---|---|---|---|
| 1 | Anzahl | Umsatz | Gewinn | Kosten | Rohertrag | |
| 2 | 800 | $18.264 | $8.176 | $10.088 | 44,8% | |
| 3 | 800 | $16.784 | $7.872 | $8.912 | 46,9% | |
| 4 | 800 | $16.936 | $8.176 | $8.760 | 48,3% | |
| 5 | 300 | $5.532 | $2.541 | $2.991 | 45,9% | |
| 6 | 100 | $2.257 | $984 | $1.273 | 43,6% | |
| 7 | 500 | $9.345 | $4.235 | $5.110 | 45,3% | |
| 8 | 100 | $2.042 | $984 | $1.058 | 48,2% | |

**Abbildung 18.16** Copilot versteht, dass für die Berechnung des Bruttogewinns der Gewinn durch den Umsatz geteilt werden muss.

Hier ist ein komplizierteres Beispiel. Ich habe Copilot folgende Eingabe gegeben:

> *Berechne einen Bonus, der 2% des Umsatzes beträgt, wenn der Rohertrag in % unter den besten 20% liegt.*

Die Antwort von Copilot lautete:

> *$0,00*

Copilot bot dann diese Formel an, die korrekt ist:

```
=WENN($L$2>=QUANTIL.INKL($L$2:$L$167;0,8);$I2*0,02;0)
```

Hier kommt zugegeben eine unfaire Frage. Verwenden Sie ein neues Dataset und bitten Sie Copilot zu erkennen, ob es sich bei dem Wert in der Spalte *Menge* um eine Primzahl handelt. Das ist in Excel ziemlich schwer zu berechnen. Copilot hat mehrere verschiedene Ansätze. In Abbildung 18.17 schlägt es diese Formel vor:

```
=WENN(UND($B2>1;ISTNV(VERGLEICH(WAHR;$B2/ZEILE
(INDIREKT("2:"&GANZZAHL(WURZEL($B2))))=GANZZAHL
($B2/ZEILE(INDIREKT("2:"&GANZZAHL(WURZEL($B2)))));0)));"Ja";"Nein")
```

Diese Formel sieht kompliziert aus, und wenn man sie testet, stellt man fest, dass Copilot in der Spalte *Ist Primzahl* bei 2, 3, 4 und 6 falsch liegt.

Also antworten Sie wie folgt:

*Diese Formel funktioniert nicht für die Werte 2, 3, 4 oder 6.*

Copilot ändert dann die Strategie und verwendet eine in der Formel eingebettete Nachschlagetabelle:

```
=WENN(UND($B2>1;ISTZAHL(VERGLEICH($B2;{2.3.5.7.11.13.17.19.23.29.31.37.
41.43.47.53.59.61.67.71.73.79.83.89.97.101.103.107.109.113.127.131.137.
139.149.151.157.163.167.173.179.181.191.193.197.199};0)));"Ja";"Nein")
```

Dies funktioniert für Primzahlen bis 199, aber wie Copilot zuvor berichtet hat, beträgt im Dataset der größte Wert für Menge 1610. Diese Formel funktioniert für geringe Mengen korrekt, lässt jedoch alle Primzahlen ab 211 außer Acht.

| | A | B | C | D | E | F | G | H | I | J | K | L |
|---|---|---|---|---|---|---|---|---|---|---|---|---|
| 497 | 1496 | 1572 | 3,99 | Nein | Nein | 1 | 0 | Nein | 1 | 0 | | |
| 498 | 1497 | 1579 | 5,99 | Ja | Ja | 1 | 0 | Nein | 0 | 1 | | |
| 499 | 1498 | 1581 | 3,99 | Nein | Nein | 1 | 0 | Nein | 1 | 0 | | |
| 500 | 1499 | 1583 | 5,99 | Ja | Ja | 1 | 0 | Nein | 0 | 1 | | |
| 501 | 1500 | 1584 | 8,99 | Nein | Nein | 1 | 0 | Nein | 1 | 0 | | |
| 502 | 1501 | 1597 | 4,99 | Ja | Ja | 1 | 0 | Nein | 0 | 1 | | |
| 503 | 1502 | 1599 | 8,99 | Nein | Nein | 1 | 0 | Nein | 1 | 0 | | |
| 504 | 1503 | 1600 | 3,99 | Nein | Nein | 1 | 0 | Nein | 1 | 0 | | |
| 505 | 1504 | 1601 | 4,99 | Ja | Ja | 1 | 0 | Nein | 0 | 1 | | |
| 506 | 1505 | 1607 | 3,99 | Ja | Ja | 1 | 0 | Nein | 0 | 1 | | |
| 507 | 1506 | 1609 | 4,99 | Ja | Ja | 1 | 0 | Nein | 0 | 1 | | |
| 508 | 1507 | 1609 | 3,99 | Ja | Ja | 1 | 0 | Nein | 0 | 1 | | |
| 509 | 1508 | 1610 | 3,99 | Nein | Nein | 1 | 0 | Nein | 1 | 0 | | |
| 510 | E2:=WENNNV(WENN(VORZEICHEN(VERGLEICH(B2;$L$2:$L$255;0))=1;"Ja";"Nein");"Nein") | | | | | | | | | | | |
| 511 | H2:=WENN(UND($B2>1;ISTZAHL(VERGLEICH($B2;{2.3.5.7.11.13.17.19.23.29.31.37.41.43.47.53.59.61.67.71.73.79.83.89.97.101.103.107.109.113.12 | | | | | | | | | | | |
| 512 | | | | | | Richtig | Falsch | | Richtig | Falsch | | |
| 513 | | | | | | 503 | 5 | | 286 | 222 | | |
| 514 | | | | | | | | | | | | |

**Abbildung 18.17** Spalte E enthält die vom Autor manuell eingegebene Prüfung. Die Spalten D und H wurden von Copilot generiert. Die Copilot-Formeln sind in Spalte D fünfmal und in Spalte H 222-mal falsch.

In Abbildung 18.18 sind sechs Zeilen mit Reisen dargestellt. Die Daten in den Spalten B und C sind geografische Datentypen, die die Breiten- und Längengrade für jede Stadt enthalten. Ich muss häufig die Entfernung zwischen zwei Städten berechnen und jedes Mal die Berechnung nachschlagen. Es wäre tatsächlich hilfreich, wenn Copilot bei dieser Berechnung helfen könnte.

| | A | B | C |
|---|---|---|---|
| 1 | Name | Von | Bis |
| 2 | Bill | Cleveland | Merritt Island, Florida |
| 3 | Route 66 | Chicago | Santa Monica, California |
| 4 | Thelma & Louise | Little Rock, Arkansas | Grand Canyon |
| 5 | Jack Kerouak | New York City | San Francisco |
| 6 | Easy Rider | Los Angeles | New Orleans |
| 7 | Lewis & Clark | East St. Louis, Illinc | Astoria, Oregon |

**Abbildung 18.18** Versteht Copilot, dass jede Zelle des Datentyps *Geografie* Längen- und Breitengrade enthält?

Um Copilot ein wenig auf die Sprünge zu helfen, erstelle ich diese Eingabeaufforderung, die ziemlich genau beschreibt, was ich erhalten möchten:

*Füge eine neue Formel zu den Daten in A2:C7 hinzu. Berechne die Entfernung in Meilen zwischen der Spalte Von und der Spalte Bis. Die Daten in der Spalte Von besitzen den Datentyp Geografie. Verwende B2.Latitude und B2.Longitude als Startpunkte für die Berech-*

*nung. Die Daten in der Spalte Bis besitzen den Datentyp Geografie. Verwende C2.Latitude und C2.Longitude als Endpunkte für die Berechnung. Verwende die Orthodrome-Methode zur Berechnung der Entfernung.*

Copilot denkt eine Zeit lang nach und zeigt dann eine Formel an; außerdem gibt Copilot ein paar Erklärungen zu der Formel aus. Copilot berechnet die Entfernung zwischen den beiden Punkten zuerst in Kilometern (vermutlich weil eine deutsche Excel-Version verwendet wird) und rechnet dann die Kilometerangabe in Meilen um (siehe Abbildung 18.19).

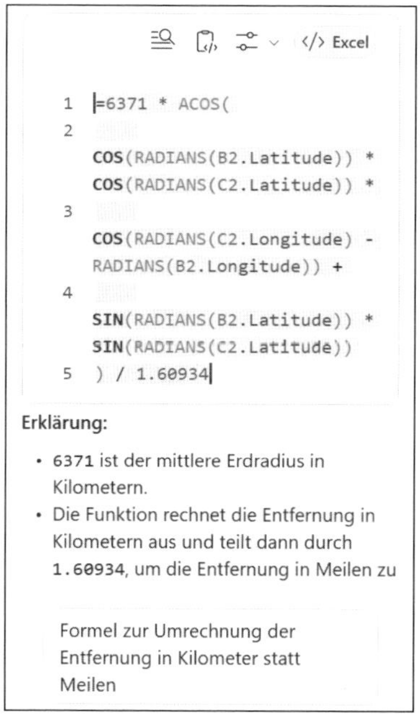


**Abbildung 18.19** Copilot hat die richtige Formel erstellt.

Die Formel ist korrekt, jedoch gibt es zwei Probleme:

- Die Antwort von Copilot verwendet die englischen Funktionsnamen.
- Die Konstante am Ende der Formel verwendet den Punkt als Dezimaltrennzeichen von Excel.

Wenn Sie die Formel so in das Tabellenblatt einfügen, erhalten Sie eine Fehlermeldung.

Ich gebe Copilot folgenden Auftrag:

*Verwende die deutschen Excel-Funktionsnamen in der Formel.*

Copilot versucht sein Bestes. Bei der Konstante am Ende der Formel wird jetzt korrekterweise das Komma als Dezimaltrennzeichen verwendet. Bei den deutschen Funktionsnamen in der Formel selbst und in den Erklärungen sehen wir mehr Halluzinationen als Fakten, wie in Abbildung 18.20 gezeigt.

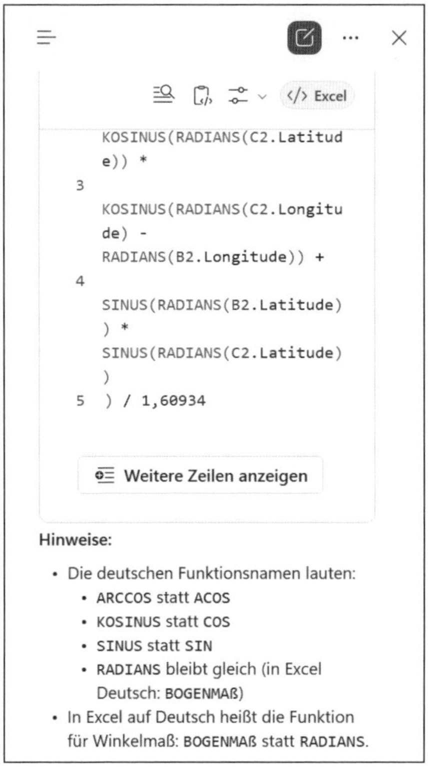


**Abbildung 18.20** Copilot halluziniert bei den deutschen Funktionsnamen.

Dennoch lässt sich diese Formel verwenden, nachdem Sie ein paar Korrekturen an den Funktionsnamen vorgenommen haben.

- Verwenden Sie ARCCOS statt ACOS (hier ist der deutsche Funktionsname korrekt).
- Die Funktionsnamen COS und SIN sind in der englischen und deutschen Excel-Version identisch. (Hier ist die Korrektur in Abbildung 18.20 falsch).
- Verwenden Sie BOGENMASS statt RADIANS. (Copilot gibt in den Hinweisen den richtigen deutschen Funktionsnamen an, wenn auch in der falschen Schreibweise. In der Formel selbst gibt Copilot weiterhin RADIANS aus.)
  Hier ist die endgültige Formel:

```
= 6371 * ARCCOS(COS(BOGENMASS(B2.Latitude)) *
         COS(BOGENMASS(C2.Latitude)) *
         COS(BOGENMASS(C2.Longitude) - BOGENMASS(B2.Longitude)) +
         SIN(BOGENMASS(B2.Latitude)) * SIN(BOGENMASS(C2.Latitude))
) / 1,60934
```

Abbildung 18.21 zeigt die von Excel berechneten Formeln.

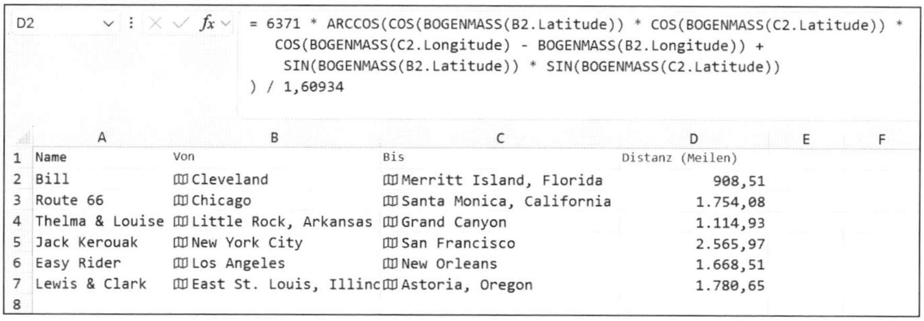


**Abbildung 18.21** Nachdem Sie ein paar Korrekturen an der von Copilot vorgeschlagenen Formel vorgenommen haben, kann Excel die Distanz berechnen.

---

Zu Ihrem Copilot-Abonnement gehört auch eine Suchmaschine auf *Copilot.microsoft.com*. Copilot hat Informationen zu den Roadtrips im vorherigen Beispiel geliefert (siehe Abbildung 18.22).

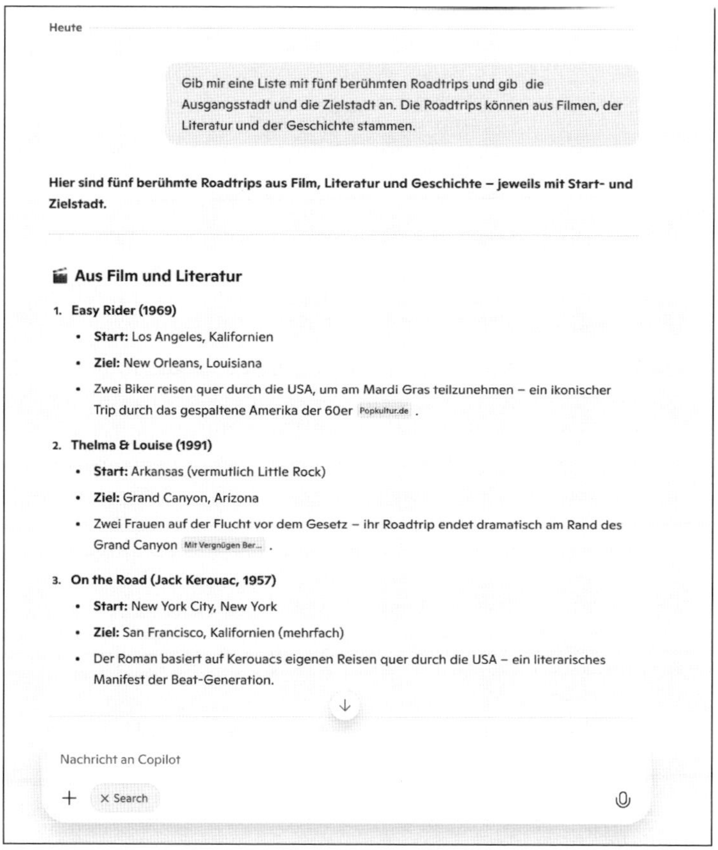


**Abbildung 18.22** Copilot Search hat geholfen, Roadtrips für das vorherige Beispiel zu finden.

## Copilot in Excel zum Hervorheben, Sortieren oder Filtern verwenden

Copilot kann in Excel zum Anwenden von bedingter Formatierung, Sortieren oder Filtern verwendet werden. In Abbildung 18.23 wendet Copilot eine knifflige bedingte Formatierung an, die die gesamte Zeile hervorhebt, wenn der Bonus größer als null ist. Copilot schlägt eine Lösung vor. Klicken Sie auf *Anwenden*, damit die bedingte Formatierung zum Tabellenblatt hinzugefügt wird.

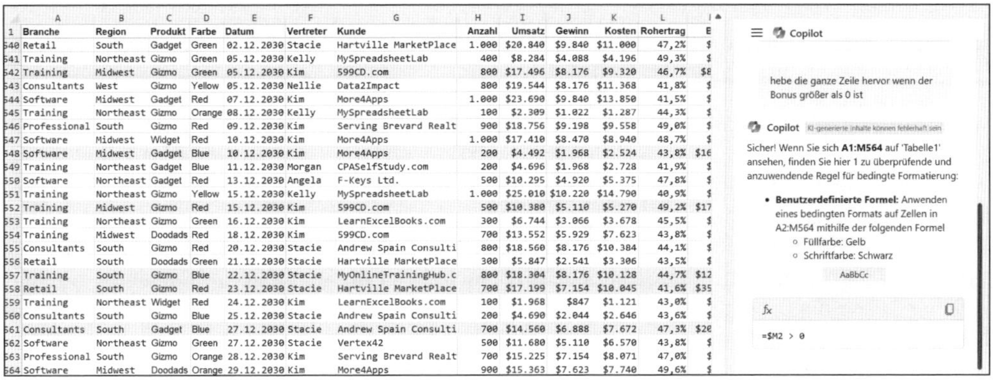


**Abbildung 18.23** Die Verwendung der bedingten Formatierung zum Hervorheben der gesamten Zeile erfordert eine knifflige formelbasierte Bedingung mit einem einzigen Dollarzeichen.

Copilot kann auch Daten sortieren. Copilot versteht die Aufforderung, wenn Sie folgende Nachricht senden:

> *Sortiere die Daten nach Kunde innerhalb der Vertreter.*

Die Antwort ist schlecht formuliert:

> *OK! Wenn Sie sich »A1:L564« auf dem Blatt »Tabelle1« ansehen, gibt es 2 Änderungen, die Sie überprüfen und anwenden sollten:*
>
> - *eine benutzerdefinierte Sortierung auf die Spalte bei Index 5 in Tabelle A1:L564 anwenden*
> - *eine benutzerdefinierte Sortierung auf die Spalte bei Index 6 in Tabelle A1:L564 anwenden*

Ich bin mir nicht sicher, warum Copilot dies als »benutzerdefinierte Sortierung« bezeichnet. Nachdem Sie jedoch auf *Anwenden* geklickt haben, werden die Daten korrekt sortiert, wie es Abbildung 18.24 zeigt.

| | C | D | E | F | G | H | I | J | K |
|---|---|---|---|---|---|---|---|---|---|
| 1 | **Produkt** | **Farbe** | **Datum** | **Vertreter** | **Kunde** | **Anzahl** | **Umsatz** | **Gewinn** | **Kosten** |
| 53 | Gizmo | Blue | 25.11.2030 | Angela | WM Squared Inc. | 400 | $8.556 | $4.088 | $4.468 |
| 54 | Gizmo | Blue | 28.05.2029 | Katie | LearnExcelBooks.com | 700 | $14.469 | $7.154 | $7.315 |
| 55 | Widget | Orange | 24.05.2029 | Katie | More4Apps | 600 | $11.700 | $5.082 | $6.618 |
| 56 | Gizmo | Blue | 04.01.2029 | Kelly | Association for Compu | 400 | $9.152 | $4.088 | $5.064 |
| 57 | Widget | Blue | 29.01.2029 | Kelly | Association for Compu | 400 | $7.136 | $3.388 | $3.748 |
| 58 | Gizmo | Green | 07.01.2030 | Kelly | Association for Compu | 600 | $13.806 | $6.132 | $7.674 |
| 59 | Gadget | Green | 16.08.2030 | Kelly | Association for Compu | 200 | $4.270 | $1.968 | $2.302 |
| 60 | Gizmo | Blue | 16.02.2029 | Kelly | ExcelTricks.de | 800 | $16.936 | $8.176 | $8.760 |
| 61 | Widget | Blue | 14.05.2029 | Kelly | ExcelTricks.de | 500 | $9.635 | $4.235 | $5.400 |

**Abbildung 18.24** Das Eingeben eines kurzen Satzes ist möglicherweise schneller als das Öffnen des Dialogfelds *Sortieren*.

Wenn Sie nach einer einzelnen Spalte sortieren müssten, wäre es einfacher, eine Zelle in der Spalte auszuwählen und dann auf der Registerkarte *Daten* die Schaltflächen *AZ* oder *ZA* zu verwenden. Bei einer mehrstufigen Sortierung wie der oben genannten sind jedoch mit Copilot möglicherweise weniger Schritte erforderlich.

In Abbildung 18.25 haben Sie Copilot gebeten, Kims Umsätze herauszufiltern, die größer sind als 15.000 $. Sie haben weder angegeben, in welcher Spalte das Wort *Kim* steht, noch in welcher Spalte die Umsätze aufgeführt sind. Copilot hat jedoch erkannt, dass der Filter »Kim« für F1:F564 gilt und der Filter nach »Umsätze« für Spalte I.

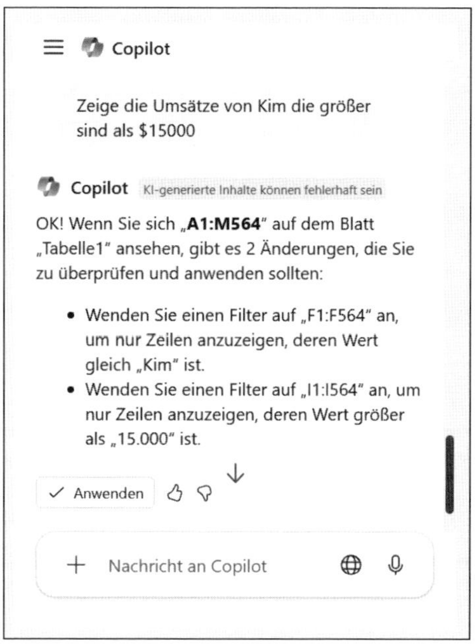


**Abbildung 18.25** Copilot versteht, wie man anhand eines einfachen Satzes filtert.

Die Ergebnisse des Filters sind hervorragend. Für die Spalte *Vertreter* hat Copilot Kim mithilfe eines Kontrollkästchens ausgewählt. Für die Spalte *Umsatz* hat Copilot jedoch auf einen Zahlenfilter oder *Größer als* umgestellt. Auf diese Weise funktioniert der Filter auch dann weiter, wenn sich die Zahlen ändern, wie in Abbildung 18.26 dargestellt.

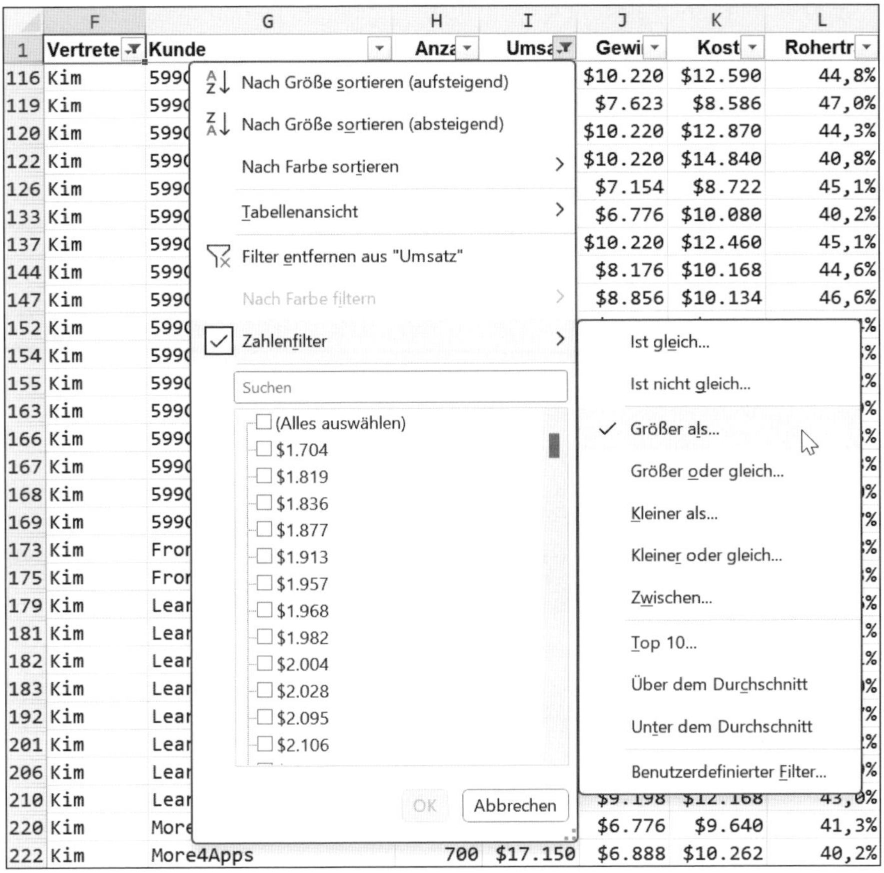


**Abbildung 18.26** Copilot hat den Filter mithilfe eines Zahlenfilters *Größer als* korrekt angewendet.

## Fortgeschrittene Excel-Copilot-Features mit Python

Als Copilot noch in der Vorschauphase war, wurden die meisten Copilot-Aufgaben mithilfe der Kernfeatures von Excel ausgeführt. Wenn Sie beispielsweise nach den drei wichtigsten Kunden pro Branche gefragt haben, hat Copilot eine normale PivotTable mit selten verwendeten Einstellungen verwendet, um die Antwort zu liefern.

Nachdem Microsoft jedoch Python zu Excel hinzugefügt hatte, eröffnete sich eine völlig neue Möglichkeit zur Lösung von Problemen. Im September 2024 veröffentlichte das Excel-Team eine Beta-Vorschau einer Option namens »*Erweiterte Analyse mit Python*« für Copilot. Diese Lösungen verwenden Python in Excel, um die Antworten zu generieren.

Einerseits vereinfacht dies die Verwendung von Copilot zum Erstellen von Python-Code, was weiter hinten in diesem Kapitel behandelt wird. Andererseits bringt es eine ganze Reihe neuer Visualisierungen und Lösungen für Excel mit sich, die alle durch das Schreiben von ein oder zwei einfachen Eingabeaufforderungen erstellt werden können.

Wie ich bereits erwähnt habe, entwickelt sich Copilot schnell weiter. Aber nach einem Jahr Testphase von Copilot in Excel und einigen Wochen Testphase von Copilot mit Python in Excel hat sich Letzteres als weitaus zuverlässiger und weniger anfällig für dumme Fehler erwiesen.

In diesem Abschnitt sehen Sie fünf Aufgaben, die Copilot mit Python vereinfacht:

- Daten aus zwei Tabellen zusammenführen und eine PivotTable erstellen
- Wortwolken-Diagramm aus Text erstellen
- Basketball-Wurfdiagramm in Excel erstellen
- Stimmungsanalyse für Texte durchführen
- ermitteln, welche Kombinationen von Rechnungsbeträgen zusammen den von einem Lieferanten erhaltenen Scheck ergeben (auch bekannt als Rucksackproblem – im Englischen »Knapsack Problem« genannt).

## Daten aus zwei Tabellen verknüpfen und eine PivotTable erstellen

Im Abschnitt »XVERWEIS durch das Datenmodell ersetzen« in Kapitel 10 haben Sie zwei Tabellen verknüpft und mithilfe des Datenmodells eine PivotTable erstellt. Dies ist auch mit Python möglich.

Abbildung 18.27 zeigt einen Datensatz und eine Nachschlagetabelle.

| | A | B | C | D | E | F |
|---|---|---|---|---|---|---|
| 1 | Produkt | Datum | Kunde | Menge | Umsatz | Gewinn |
| 2 | Gizmo | 01.01.2029 | Vertex42 | 1000 | 22810 | 10220 |
| 3 | Gadget | 02.01.2029 | Hybrid Software | 100 | 2257 | 984 |
| 4 | Gizmo | 04.01.2029 | WM Squared Inc. | 400 | 9152 | 4088 |
| 5 | Gadget | 04.01.2029 | WSLCB | 800 | 18552 | 7872 |
| 6 | Widget | 07.01.2029 | Excelerator BI | 400 | 8456 | 3388 |
| 7 | Gadget | 07.01.2029 | Excelerator BI | 1000 | 21730 | 9840 |
| 8 | Widget | 09.01.2029 | California Blazing | 800 | 16416 | 6776 |
| 9 | Gizmo | 10.01.2029 | Berghaus Corporati | 900 | 21438 | 9198 |
| 10 | Widget | 12.01.2029 | Fintega Financial | 300 | 6267 | 2541 |
| 11 | Gizmo | 14.01.2029 | Fintega Financial | 100 | 2401 | 1022 |
| 12 | Widget | 15.01.2029 | Excel Learning Zon | 500 | 9345 | 4235 |
| 13 | Widget | 16.01.2029 | Excel4apps | 600 | 11628 | 5082 |
| 14 | Gadget | 19.01.2029 | GL Wand | 100 | 2042 | 984 |

| Kunde | Branche |
|---|---|
| Access Analytic | Beratung |
| adaept information management | Beratung |
| All Systems Go Consulting | Beratung |
| Analytic Minds | Beratung |
| Areef Ali & Associates | Beratung |
| Association for Computers & 1 | Verbände |
| Berghaus Corporation | Beratung |
| Bits of Confetti | Handel |
| Blockhead Data Consultants | Beratung |
| bradedgar.com | Beratung |
| Budget Wand | Anwendungen |

**Abbildung 18.27** Sie möchten den Gesamtumsatz nach Branchen erstellen.

Wählen Sie eine Zelle in der linken Tabelle aus, starten Sie Copilot und verwenden Sie diese Eingabeaufforderung:

> *Erstelle einen DataFrame aus der Tabelle Daten. Erstelle einen weiteren DataFrame aus der Tabelle Branche. Führe einen Outer Join durch, um einen dritten DataFrame zu erstellen, wobei die Branche aus der Tabelle Branchen zum DataFrame aus der Tabelle Daten hinzugefügt wird.*

Copilot erklärt Ihnen, wie es dieses Problem lösen wird, wie in Abbildung 18.28 dargestellt.

**Abbildung 18.28** Copilot teilt Ihnen mit, dass es ein neues Tabellenblatt mit Python-Formeln einfügen wird.

Nach einigen Sekunden haben Sie ein neues Tabellenblatt mit einem DataFrame für die ursprünglichen Daten und einem zweiten DataFrame nach dem Outer Join mit der Lookup-Tabelle.

Nachdem Sie nun einen DataFrame mit den Spalten *Branchen* und *Umsatz* haben, senden Sie eine zweite Eingabeaufforderung:

*Analysiere den Umsatz nach Branchen.*

Copilot gibt einen Bericht mit dem Gesamtumsatz nach Branche zurück, wie in Abbildung 18.29 dargestellt.

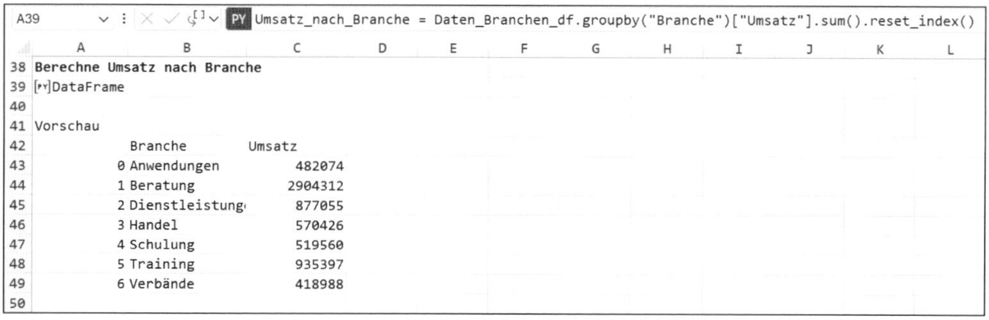


**Abbildung 18.29** Copilot verwendet Python, um die Tabellen zu verknüpfen, und fasst den Umsatz nach Branchen zusammen.

An dieser Stelle fragen Sie sich vielleicht, ob dieses Beispiel überhaupt einen Nutzen hat. Sie hätten ganz einfach ein neues Arbeitsblatt mit ähnlichen Daten erstellen können, indem Sie SVERWEIS neben der Datentabelle verwendet und dann mit den in Excel integrierten Datentools eine besser aussehende Pivot-Tabelle erstellt hätten.

Ein Teil des Mehrwerts besteht darin, dass man lernt, wie man Python-Code schreibt. Copilot hat die Antwort anhand von vier Python-Formeln erstellt, die den hier gezeigten Code enthalten. Viele Excel-Anwender sind noch nicht mit Python vertraut – wenn Copilot den folgenden Code generiert, erspart dies ihnen das Anschauen zahlreicher YouTube-Tutorials oder die Suche nach Python-Beispielen:

```
Daten_df=xl("Daten[#All]", headers=True)
Branchen_df = xl("Sectors[#All]", headers=True)
merged_df = pd.merge(Daten_df, Branchen_df, on=Kunde, how='outer')
Umsatz_Nach_Branchen =
   merged_df.groupby('Branche')['Umsatz'].sum().reset_index()
```

In den nächsten beiden Beispielen wird Python verwendet, um eine Visualisierung zu erstellen, die nicht bereits in Excel integriert ist.

## Eine Wortwolke erstellen

In diesem Beispiel habe ich Copilot in OneDrive verwendet, um alle Überschriften aus den Word-Dokumenten der englischen Ausgabe dieses Buches zu extrahieren. Nachdem ich die Ergebnisse in Excel eingefügt habe, habe ich nun ein Dataset mit mehr als 300 Überschriften in einer Spalte. Ich habe Spalten für ID und Kapitelnummer hinzugefügt. Ich habe festgestellt, dass Python Daten mit einem ID-Feld bevorzugt und dieses hinzufügt, wenn die Daten kein ID-Feld haben.

Eine wichtige Technik bei Wortwolken ist es, die Datenbank der Stoppwörter auszuschließen. Dabei handelt es sich um unbedeutende Wörter wie beispielsweise die Artikel »der«, »die«, »das« und Hunderte andere. Die Größe jedes Wortes in der Wolke richtet sich nach der Häufigkeit, mit der es im Text vorkommt. Wenn Sie die Stoppwörter in der Analyse belassen würden, hätten die meisten Wortwolken ein sehr großes »der«, »die«, »ein«, »und« sowie andere kurze Wörter, die Ihnen keine Informationen über die Daten liefern.

Datenbanken mit Stoppwörtern sind online verfügbar, aber Sie können Copilot einfach bitten, Stoppwörter auszuschließen. Öffnen Sie das Copilot-Fenster. Starten Sie die erweiterte Analyse und verwenden Sie diese Eingabeaufforderung:

*Erstelle eine Wortwolke aus der Spalte Text. Schließe Stoppwörter aus.*

Copilot verwendet Python, um das in Abbildung 18.30 gezeigte Bild zu generieren.

**Abbildung 18.30** Python bietet die Möglichkeit, viele Diagramme zu erstellen, die in normalem Excel nicht verfügbar sind.

Das oben gezeigte Diagramm wird mit der folgenden Python-Formel generiert:

```
from wordcloud import WordCloud, STOPWORDS

# Alle Texteinträge zu einer Zeichenfolge zusammenfügen
text_combined = ' '.join(Tabelle1_A1_C259_df['Text'])

# Stoppwörter definieren
stopwords = set(STOPWORDS)

# Die Wortwolke erzeugen
wordcloud = WordCloud(stopwords=stopwords,
background_color='white').generate(text_combined)'

# Die Wortwolke anzeigen
plt.figure(figsize=(10, 6))
plt.imshow(wordcloud, interpolation='bilinear')
plt.axis('off')
plt.show()
```

Das Erstellen einer Wortwolke direkt in Excel hat etwas Faszinierendes. Ich habe das schon einmal gemacht, aber es ist kompliziert. Man muss die Datenbank mit Stoppwörtern finden und alle Stoppwörter aus dem Text entfernen. Außerdem muss man einige Satzzeichen entfernen. Dann muss man den Text mit TEXTTEILEN() in Wörter aufteilen. Anschließend erhält man eine eindeutige Liste mit Wörtern und deren Häufigkeit. Jedes Mal, wenn ich das in der Vergangenheit gemacht habe, hat das Ergebnis nicht den Aufwand gerechtfertigt.

Mit Copilot ist es nun jedoch einfacher, eine Wortwolke zu erstellen. Es könnte verlockend sein, eine Reihe von Wortwolken zu erstellen – eine für jede Produktkategorie. In diesem Fall habe ich mit dem von Copilot generierten Python-Code begonnen, konnte dann aber zusätzlichen Code hinzufügen, um ein Parameterfeld zu erstellen, mit dem sich die Wortwolke leichter ändern lässt.

## Fallstudie: Den generierten Python-Code verbessern

Mein Ziel ist es, mit einer Datenbank mit Beschreibungen für 3000 Produkte zu beginnen, die in 40 Kategorien fallen. Diese Tabelle enthält Felder für ID, Kategorie und Beschreibung. Ich möchte in der Lage sein, eine Kategorie aus der Liste auszuwählen, die Daten so zu filtern, dass nur die Beschreibungen für die Produkte in dieser Kategorie angezeigt werden, und die Wortwolke zu aktualisieren.

Als Bonus können Sie der Wortwolke einen Titel hinzufügen, um die Kategorie zu identifizieren.

In Abbildung 18.31 hat die Tabelle in den Spalten A:C den Namen *WordCloudData*. Die Tabelle in E1:E2 heißt *Chosen*. Zelle E2 ist die Kategorie, die in der Wortwolke verwendet werden soll.

| | A | B | C | D | E |
|---|---|---|---|---|---|
| 1 | ID | Kategorie | Beschreibun | | Kategori |
| 2 | 1001 | A Call To Arms | Get ready to sculpt an | | Jazz It Up |
| 3 | 1002 | A Call To Arms | Put the FUN in funky as you focus | | |
| 4 | 1003 | A Call To Arms | Coach Dwana leads a Quick Hit mad | | |
| 5 | 1004 | A Call To Arms | Get your arms burning with Coach | | |
| 6 | 1005 | A Call To Arms | Get dancing—and bobbing and weavi | | |

**Abbildung 18.31** Richten Sie eine Möglichkeit ein, um für die Wortwolke eine Kategorie auszuwählen.

Im Folgenden finden Sie den Python-Code, mit dem die Wortwolken-Daten auf die ausgewählte Kategorie gefiltert und anschließend eine Wortwolke mit der ausgewählten Kategorie als Titel generiert wird. Erstellen Sie zunächst einen DataFrame für die Wortwolkendaten:

```
WordCloudData_df=xl("WordCloudData[#All]", headers=True)
```

Verwenden Sie Copilot, um einen DataFrame für *Chosen* zu erstellen:

```
Chosen_df=xl("Chosen[#All]", headers=True)
```

Filtern Sie die Wortwolken-Daten so, dass nur Datensätze angezeigt werden, bei denen die Kategorie die ausgewählte Kategorie ist:

```
chosen_categories = Chosen_df['Kategorie'].tolist()
filtered_df = WordCloudData_df[WordCloudData_df['Kategorie'].isin(chosen_
categories)]
```

→

Schließlich generiert dieser längere Abschnitt in Python die Wortwolke und fügt einen Titel hinzu:

```
from wordcloud import STOPWORDS, WordCloud
import matplotlib.pyplot as plt
title = Chosen_df['Kategorie'].iloc[0]

# Kombiniere alle Beschreibungen in eine Zeichenkette
text = ' '.join(filtered_df['Beschreibung'].tolist())

# Stoppwörter definieren
stopwords = set(STOPWORDS)

# Die Wortwolke erzeugen
wordcloud = WordCloud(width=800, height=400, background_color='white',
stopwords=stopwords).generate(text)

# Die Wortwolke anzeigen
plt.figure(figsize=(10, 5))
plt.imshow(wordcloud, interpolation='bilinear')
plt.axis('off')
plt.title(title, fontsize=16)
plt.show()
```

Jedes Mal, wenn Sie eine neue Kategorie in Zelle E2 einfügen, aktualisiert Python die Wortwolke. Abbildung 18.32 zeigt die Wortwolke mit einem Titel.

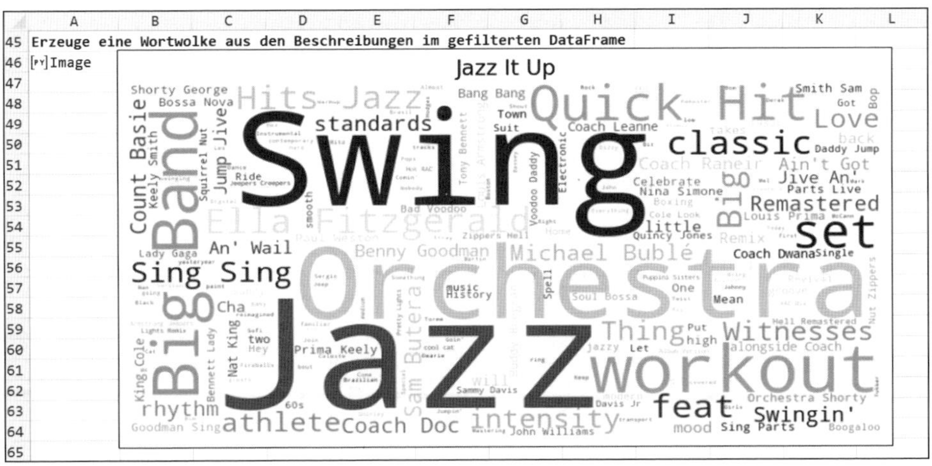


**Abbildung 18.32** Nach dem Ändern der Kategorie wird die Wortwolke aktualisiert.

## Ein Basketball-Wurfdiagramm in Excel erzeugen

Python ist nicht so beliebt wie Excel. Aktuellen Schätzungen zufolge nutzen 800 Millionen Menschen Excel und 8,2 Millionen Menschen Python. Aber die Nutzer von Python haben bereits viele interessante Datenprobleme gelöst, und diese Lösungen sind in Copilot verfügbar. Dieses Beispiel zeigt die Bandbreite der verfügbaren Python-Analysen.

Seit 2013 hat die National Basketball Association (NBA) in allen ihren Arenen Sensoren installiert, die die X- und Y-Position des Basketballs in jedem Moment jedes NBA-Spiels verfolgen. Die NBA verfügt über umfangreiche Daten zu jedem Basketballwurf seit der Saison 2013. Abbildung 18.33 zeigt einen kleinen Ausschnitt der NBA-Daten. Die größere Arbeitsmappe enthält jeden Wurf, den LeBron James während der Playoffs 2016 der Cleveland Cavaliers ausgeführt hat.

| | E | H | L | R | S | T | U | V | W | X |
|---|---|---|---|---|---|---|---|---|---|---|
| 1 | PLAYER_NAM | PERI | ACTION_TYPE | LOC_X | LOC_Y | SHOT_ATTEMPTED_FLAG | SHOT_MADE_FLAG | GAME_DAT | HTM | VTM |
| 9690 | LeBron James | 1 | Running Layup Shot | -4 | -6 | 1 | 1 | 20160417 | CLE | DET |
| 9691 | LeBron James | 1 | Running Finger Roll Layup Shot | 1 | -5 | 1 | 1 | 20160417 | CLE | DET |
| 9692 | LeBron James | 1 | Driving Layup Shot | -2 | -6 | 1 | 1 | 20160417 | CLE | DET |
| 9693 | LeBron James | 1 | Fadeaway Jump Shot | 1 | 77 | 1 | 0 | 20160417 | CLE | DET |
| 9694 | LeBron James | 1 | Driving Reverse Layup Shot | -1 | -1 | 1 | 1 | 20160417 | CLE | DET |
| 9695 | LeBron James | 1 | Floating Jump shot | -38 | 67 | 1 | 0 | 20160417 | CLE | DET |
| 9696 | LeBron James | 1 | Cutting Layup Shot | -6 | 2 | 1 | 1 | 20160417 | CLE | DET |

**Abbildung 18.33** Ein kleiner Ausschnitt der verfügbaren NBA-Daten

Öffnen Sie Copilot und verwenden Sie diese Eingabeaufforderung:

*Erstelle ein Basketballwurfdiagramm.*

Copilot wird aktiv und liefert das in Abbildung 18.34 gezeigte Diagramm.

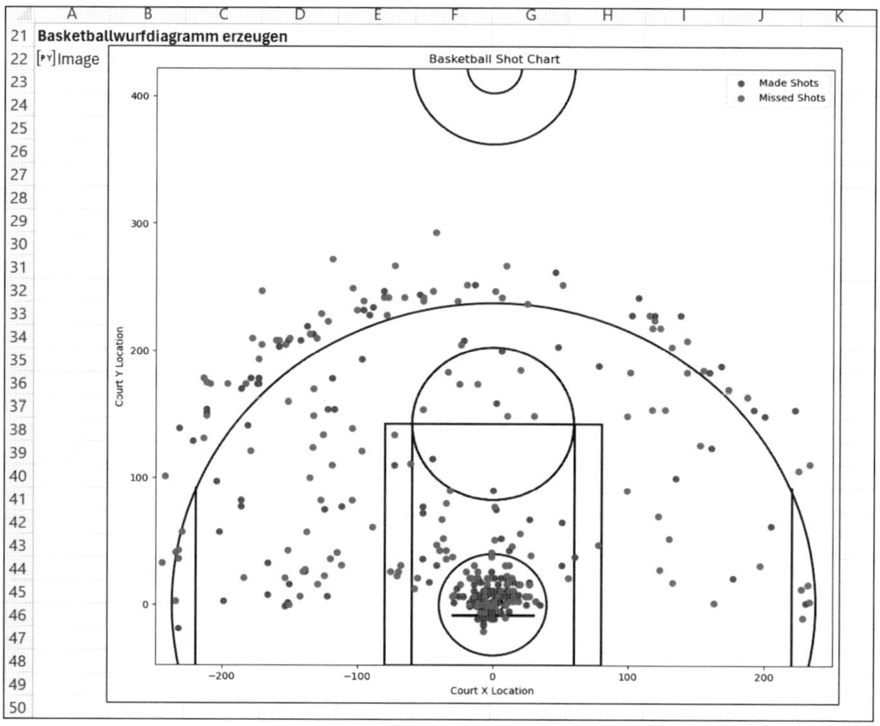


**Abbildung 18.34** Python weiß, wie man ein Basketballwurfdiagramm erstellt.

Anstatt den gesamten Python-Code hier abzudrucken, können Sie den Code in der Beispieldatei überprüfen. Ich möchte jedoch zeigen, dass der Code alle Linien, Rechtecke und Bögen enthält, die zum Rendern eines Bildes eines Basketballfeldes erforderlich sind, wie in Abbildung 18.35 dargestellt.

```
def draw_court(ax=None, color='black', lw=2, outer_lines=False):
    if ax is None:
        ax = plt.gca()

    # Create the various parts of an NBA basketball court
    hoop = plt.Circle((0, 0), radius=7.5, linewidth=lw, color=color, fill=False)
    backboard = plt.Rectangle((-30, -7.5), 60, -1, linewidth=lw, color=color)
    outer_box = plt.Rectangle((-80, -47.5), 160, 190, linewidth=lw, color=color, fill=False)
    inner_box = plt.Rectangle((-60, -47.5), 120, 190, linewidth=lw, color=color, fill=False)
    top_free_throw = plt.Circle((0, 142.5), radius=60, linewidth=lw, color=color, fill=False)
    bottom_free_throw = plt.Circle((0, 142.5), radius=60, linewidth=lw, color=color, fill=False, linestyle='dashed')
    restricted = plt.Circle((0, 0), radius=40, linewidth=lw, color=color, fill=False)
    corner_three_a = plt.Rectangle((-220, -47.5), 0, 140, linewidth=lw, color=color)
    corner_three_b = plt.Rectangle((220, -47.5), 0, 140, linewidth=lw, color=color)
    three_arc = plt.Circle((0, 0), radius=237.5, linewidth=lw, color=color, fill=False)
    center_outer_arc = plt.Circle((0, 422.5), radius=60, linewidth=lw, color=color, fill=False)
    center_inner_arc = plt.Circle((0, 422.5), radius=20, linewidth=lw, color=color, fill=False)

    court_elements = [hoop, backboard, outer_box, inner_box, top_free_throw, bottom_free_throw,
                      restricted, corner_three_a, corner_three_b, three_arc, center_outer_arc, center_inner_arc]

    if outer_lines:
        outer_lines = plt.Rectangle((-250, -47.5), 500, 470, linewidth=lw, color=color, fill=False)
        court_elements.append(outer_lines)
```

**Abbildung 18.35** Jemand hat sich die Zeit genommen, die Elemente für einen Basketballplatz zu ermitteln, und jetzt ist diese Grafik in Excel verfügbar.

Der Punkt hier ist, dass das Excel-Team niemals über die technischen Ressourcen verfügen würde, um eine native Basketballtabelle in Excel zu erstellen. Dank der 8,2 Millionen Menschen, die Python verwenden, steht Ihnen jedoch in Excel eine Vielzahl von Visualisierungen zur Verfügung.

## Sentimentanalyse für Text durchführen

Copilot mit Python ist in der Lage, Textkommentare auszuwerten und zu entscheiden, ob der Kommentar positiv oder negativ ist. Sie können sich die Ergebnisse als »positiv« oder »negativ« anzeigen lassen. Oder Sie können eine numerische Skala anfordern, bei der eine Bewertung von 100% sehr positiv und eine Bewertung von –100% sehr negativ ist.

Die Ausgangsdaten enthalten eine Kategorie und eine Beschreibung. Öffnen Sie Copilot, wählen Sie *Erweiterte Analyse*, um aus den Daten einen DataFrame zu erstellen, und verwenden Sie dann diese Eingabeaufforderung:

> *Führe eine Sentimentanalyse für die Beschreibung durch. Weise einen numerischen Wert für die Positivität zu.*

Es ist seltsam, dass Copilot zunächst erklärt, dass es die Textanalyse lieber mit der TextBlob-Bibliothek durchführen würde, Python in Excel diese Bibliothek jedoch noch nicht unterstützt. Aber es kommt mit der Idee zurück, stattdessen die Vader-Bibliothek zu verwenden. Ich bin mir nicht sicher, warum Excel mir sagt, dass es möglicherweise eine bessere Bibliothek gibt, wenn ich Excel verlassen und stattdessen Python installieren würde.

Abbildung 18.36 zeigt die ersten Ergebnisse. Jeder Datensatz hat nun eine Sentiment-Bewertung.

A22

```
from nltk.sentiment.vader import SentimentIntensityAnalyzer
import pandas as pd
```

| | A | B | C | D | E | F | G | H | I | J |
|---|---|---|---|---|---|---|---|---|---|---|
| 22 | [PY]DataFrame | | | | | | | | | |
| 23 | | | | | | | | | | |
| 24 | Vorschau | | | | | | | | | |
| 25 | | ID | Kategori | Beschrei | Sentimentwert | | | | | |
| 26 | 0 | 0 | A | Hello, I | 0,508 | | | | | |
| 27 | 1 | 1 | B | OK, so i | 0,9008 | | | | | |
| 28 | 2 | 2 | C | Hi all, | 0,8271 | | | | | |
| 29 | 3 | 3 | A | hi, woul | 0,8834 | | | | | |
| 30 | 4 | 4 | B | Hi, I | -0,3818 | | | | | |
| 31 | ... | ... | ... | ... | ... | | | | | |
| 32 | 94 | 94 | B | I get th | -0,6249 | | | | | |
| 33 | 95 | 95 | C | I am on | 0,9771 | | | | | |
| 34 | 96 | 96 | A | Hi, I'm | 0,7717 | | | | | |
| 35 | 97 | 97 | B | Hi, I h | 0,9175 | | | | | |
| 36 | 98 | 98 | C | Hi, I h | 0,9175 | | | | | |

**Abbildung 18.36** Die Bibliothek Sentiment Intensity Analyzer weist jeder Beschreibung eine numerische Bewertung zu.

Beachten Sie, dass die in Abbildung 18.36 gezeigte Vorschau nur die ersten fünf und letzten fünf Datensätze umfasst. Dies ist typisch für eine Python-Vorschau. Um die Daten zu visualisieren, geben Sie die folgende Eingabeaufforderung ein:

*Visualisiere die Verteilung der Sentimentwerte über verschiedene Kategorien hinweg.*

Copilot generiert eine Kastengrafik, die die Verteilung der Beschreibungen für jede Kategorie zeigt, wie in Abbildung 18.37 dargestellt.

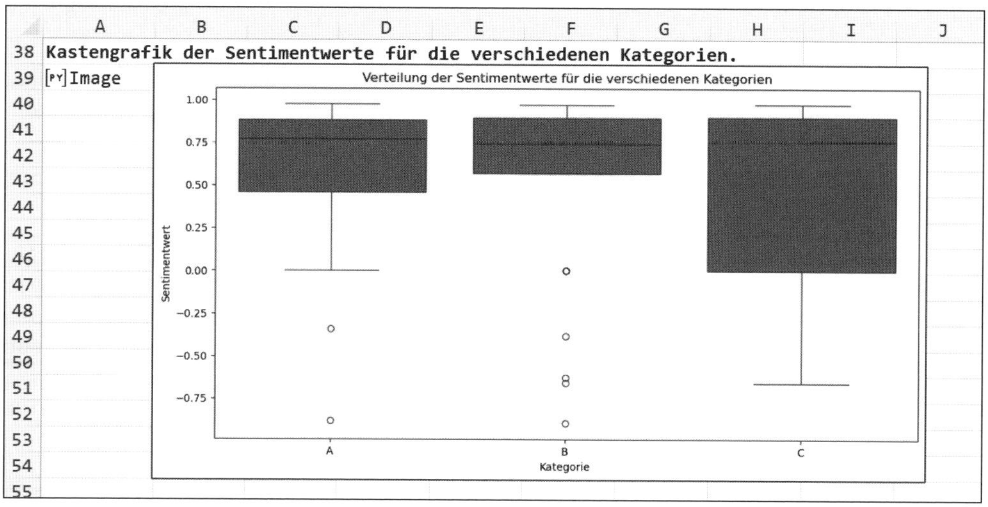


**Abbildung 18.37** Python erstellt ein Diagramm, das die Verteilung der Kommentare von hoher bis niedriger Stimmung zeigt.

Die Sentimentanalyse ist hilfreich bei der Kategorisierung der Kommentarfelder in einer Umfrage.

## Das Rucksackproblem lösen

Angenommen, Sie arbeiten in der Debitorenbuchhaltung eines Unternehmens. Sie erhalten von einem Kunden einen Scheck über 74.366,37 $. Einerseits sind Sie froh, endlich eine Zahlung von diesem Kunden zu erhalten. Andererseits gibt es keinen Beleg, aus dem hervorgeht, welche Rechnungen mit diesem Scheck bezahlt werden.

| | A | B | C | D | E | F | G | H |
|---|---|---|---|---|---|---|---|---|
| 1 | Welche Rechnungen werden mit diesem Scheck bezahlt? | | | | | | | |
| 2 | | | | | | | | |
| 3 | Kunde | Rechnung | Betrag | | | | Rechnungen für diesen | |
| 4 | A | 1001 | 7292,85 | | Scheck von Kunde | | Kunden filtern | |
| 5 | B | 1002 | 5192,51 | | C | | | |
| 6 | C | 1003 | 6920,73 | | | | Rechung | Betrag |
| 7 | A | 1004 | 3345,33 | | Scheckbetrag | | 1003 | 6920,73 |
| 8 | B | 1005 | 8368,25 | | 74366,37 | | 1006 | 8586,86 |
| 9 | C | 1006 | 8586,86 | | | | 1009 | 5483,67 |
| 10 | A | 1007 | 1254,25 | | | | 1012 | 8741,45 |
| 11 | B | 1008 | 1033,16 | | | | 1015 | 6435,26 |
| 12 | C | 1009 | 5483,67 | | | | 1018 | 7497,84 |
| 13 | A | 1010 | 6233,41 | | | | 1021 | 6937,26 |
| 14 | B | 1011 | 4352,03 | | | | 1024 | 4616,79 |
| 15 | C | 1012 | 8741,45 | | | | 1027 | 4274,05 |
| 16 | A | 1013 | 9327,45 | | | | 1030 | 5590,45 |
| 17 | B | 1014 | 5867,29 | | | | 1033 | 2592,48 |
| 18 | C | 1015 | 6435,26 | | | | 1036 | 8400,46 |
| 19 | A | 1016 | 6501,93 | | | | 1039 | 3318,24 |
| 20 | B | 1017 | 4320,3 | | | | 1042 | 6369,08 |
| 21 | C | 1018 | 7497,84 | | | | 1045 | 9913,52 |
| 22 | A | 1019 | 8118,7 | | | | | |

**Abbildung 18.38** Welche der Rechnungen in H7:H22 werden mit diesem Scheck bezahlt?

Abbildung 18.38 zeigt die offenen Rechnungen des Kunden. Ihre Aufgabe ist es, herauszufinden, welche der in H7:H21 angegebenen Beträge genau 74.366,37 $ ergeben.

In der Vergangenheit hätten Sie vielleicht versucht, dies mit dem Solver herauszufinden. Der kostenlose Solver, der mit Excel geliefert wird, hat diese Aufgabe jedoch nicht bewältigt. Es gibt andere komplizierte Methoden unter Verwendung von Was-wäre-wenn-Datentabellen, mit denen Sie dieses Beispiel mit 15 offenen Rechnungen erfolgreich lösen können. Diese Methoden versagen jedoch, wenn Sie 20 offene Rechnungen haben, da die Anzahl der Kombinationen exponentiell zunimmt.

Öffnen Sie Copilot und starten Sie die erweiterte Analyse. Verwenden Sie diese Eingabeaufforderung:

*Finde Kombinationen von Beträgen, deren Summe 74366,37 ergibt.*

In weniger als 60 Sekunden zeigt das Ergebnis die einzige Kombination von Rechnungen, die zu diesem Ergebnis führen kann (siehe Abbildung 18.39).

Beachten Sie, dass die in Zeile 22 der obigen Abbildung gezeigte Kombination mit der Reihenfolge der Rechnungen im ursprünglichen Arbeitsblatt übereinstimmt. Um die Ergebnisse zu überprüfen, geben Sie neben den ausgewählten Rechnungen eine 1 ein. Multiplizieren Sie die Einsen mit den Beträgen und addieren Sie sie. Abbildung 18.40 zeigt, dass das Ergebnis übereinstimmt.

A22

```
from itertools import combinations

# Die Spalte Betrag extrahieren
amounts = Python_A4_C49_df['Betrag'].values

target_sum = 74366.37

# Funktion, um alle Kombinationen zu finden, deren
# Summe dem Zielwert entspricht
def find_combinations(amounts, target_sum):
    result = []
    for r in range(1, len(amounts) + 1):
        for combo in combinations(amounts, r):
            if sum(combo) == target_sum:
                result.append(combo)
    return result

# Finde die Kombinationen
combinations_result = find_combinations(amounts, target_sum)
combinations_result
```

| | A | B | C | D | E | F | G | H | I | J | K |
|---|---|---|---|---|---|---|---|---|---|---|---|
| 21 | **Finde die Kombinatinen der Beträge deren Summe 74366,37 ergibt** | | | | | | | | | | |
| 22 | 6920,73 | 8586,86 | 8741,45 | 6435,26 | 7497,84 | 5590,45 | 2592,48 | 8400,46 | 3318,24 | 6369,08 | 9913,52 |

**Abbildung 18.39** Python findet schnell die Rechnungen, deren Summe dem Scheckbetrag entspricht.

| | E | F | G | H | I | J | K |
|---|---|---|---|---|---|---|---|
| 5 | C | | | | | | |
| 6 | | | Rechung | Betrag | Verwenden? | H*I | |
| 7 | Scheckbetrag | | 1003 | 6920,73 | 1 | 6920,73 | |
| 8 | 74366,37 | | 1006 | 8586,86 | 1 | 8586,86 | |
| 9 | | | 1009 | 5483,67 | | 0 | |
| 10 | | | 1012 | 8741,45 | 1 | 8741,45 | |
| 11 | | | 1015 | 6435,26 | 1 | 6435,26 | |
| 12 | | | 1018 | 7497,84 | 1 | 7497,84 | |
| 13 | | | 1021 | 6937,26 | | 0 | |
| 14 | | | 1024 | 4616,79 | | 0 | |
| 15 | | | 1027 | 4274,05 | | 0 | |
| 16 | | | 1030 | 5590,45 | 1 | 5590,45 | |
| 17 | | | 1033 | 2592,48 | 1 | 2592,48 | |
| 18 | | | 1036 | 8400,46 | 1 | 8400,46 | |
| 19 | | | 1039 | 3318,24 | 1 | 3318,24 | |
| 20 | | | 1042 | 6369,08 | 1 | 6369,08 | |
| 21 | | | 1045 | 9913,52 | 1 | 9913,52 | |
| 22 | | | | | Gesamt | 74366,37 | ☑ |

**Abbildung 18.40** Eine schnelle Überprüfung zeigt, dass die ausgewählten Rechnungen tatsächlich den Scheckbetrag von 74.366,37 $ ergeben.

Probleme wie dieses werden im Allgemeinen als Rucksackproblem bezeichnet. Ihre Lösung war schon immer sehr schwierig. Die Copilot-Lösung mit Python macht dies erheblich einfacher.

## Gesamteindruck von Copilot in Excel

Die Datenanalysefunktionen von Copilot in Excel ähneln stark dem Feature *Datenanalyse*, das vor sechs Jahren zu Excel hinzugefügt wurde. Copilot ist der Datenanalyse in der deutschen Excel-Version voraus, da Sie in Copilot Aufträge und Fragen in natürlicher Sprache eingeben können. Außerdem funktioniert Copilot etwas besser, da er versteht, dass Umsatz und Einnahmen dasselbe bedeuten.

Das Feature *Formeln erstellen* ist beeindruckend, auch wenn die Formeln manchmal falsch sind. Das bedeutet, dass man wissen muss, wie man beurteilen kann, ob die Formel korrekt ist.

Das Hervorheben von Daten mithilfe der bedingten Formatierung ist gut. Das Sortieren und Filtern sind möglicherweise etwas schneller als die entsprechenden Befehle.

Die erweiterte Analyse mit Python ist die vielversprechendste Funktion, da sie Funktionen bietet, die für Excel tatsächlich neu sind.

Meiner Meinung nach versucht Excel Copilot sein Bestes, aber ich würde für *Microsoft 365 Copilot* keine jährlichen Lizenzkosten in Höhe von ca. 400,00 € bezahlen. Allerdings ist Copilot in Excel nur ein winziger Teil der Copilot-Umgebung – man bekommen mehr als nur Copilot in Excel.

Der nächste Abschnitt zeigt ein atemberaubendes Beispiel für die Verwendung von Copilot zur Analyse einer Excel-Arbeitsmappe.

# Copilot in OneDrive zur Analyse von Finanzberichten in Excel verwenden

Das folgende Beispiel ist eine der beeindruckendsten Anwendungen von Copilot. Ich habe diese Demo ursprünglich bei Excel MVP Dr. Nitin Paranjape gesehen. Jeder, der sich für Excel und Copilot interessiert, sollte seinen YouTube-Kanal abonnieren. Suchen Sie auf YouTube nach »Efficiency 365 by Dr. Nitin«.

Die Excel-Arbeitsmappe mit dem Namen *18-CocaColaFinancialStatements.xlsx* ist ein Arbeitsblatt aus dem 10K-Bericht von Coca-Cola für das Jahr 2023, das ich von der SEC-Edgar-Website kopiert habe. (Die SEC ist die US-Börsenaufsichtsbehörde.) Der Transparenz halber sei erwähnt, dass es aufgrund von zusammengeführten Zellen mehrere zusätzliche Spalten gab. Ich habe alle zusammengeführten Zellen entfernt und einige manuelle Bereinigungen vorgenommen, um die Datei in den Beispieldateien zu erstellen, die Sie von der Website zum Buch herunterladen können.

Die Arbeitsmappe enthält eine Gewinn- und Verlustrechnung in A1:D37 mit dem aktuellen Jahr und zwei Vorjahren. Als Nächstes folgt eine Bilanz in A38:C81, die das aktuelle und das Vorjahr enthält. Schließlich befindet sich in A83:D125 eine konsolidierte Kapitalflussrechnung, die das aktuelle Jahr und zwei Vorjahre umfasst. Abbildung 18.41 zeigt einen Ausschnitt aus der Gewinn- und Verlustrechnung.

Ich habe die Arbeitsmappe in meinem OneDrive for Business-Ordner gespeichert. Öffnen Sie Ihren OneDrive-Ordner mit Chrome oder Edge, indem Sie zu *https://www.microsoft365.com/onedrive/?auth=2&home=1* navigieren und laden Sie die Beispieldatei dorthin hoch.

Wenn Sie mit der Maus über die Arbeitsmappe *Financial Statements* fahren, wird ein Copilot-Symbol angezeigt. Klicken Sie darauf, um den Copilot-Bereich in Ihrem Browser zu öffnen (siehe Abbildung 18.42).

| | A | B | C | D |
|---|---|---|---|---|
| 1 | **THE COCA-COLA COMPANY AND SUBSIDIARIES** | | | |
| 2 | **CONSOLIDATED STATEMENTS OF INCOME** | | | |
| 3 | (In millions except per share data) | | | |
| 4 | | | | |
| 5 | Year Ended December 31, | **2023** | 2022 | 2021 |
| 6 | **Net Operating Revenues** | **45754** | 43004 | 38655 |
| 7 | Cost of goods sold | **18520** | 18000 | 15357 |
| 8 | **Gross Profit** | **27234** | 25004 | 23298 |
| 9 | Selling, general and administrative expenses | **13972** | 12880 | 12144 |
| 10 | Other operating charges | **1951** | 1215 | 846 |
| 11 | **Operating Income** | **11311** | 10909 | 10308 |
| 12 | Interest income | **907** | 449 | 276 |
| 13 | Interest expense | **1527** | 882 | 1597 |
| 14 | Equity income (loss) — net | **1691** | 1472 | 1438 |
| 15 | Other income (loss) — net | **570** | -262 | 2000 |
| 16 | **Income Before Income Taxes** | **12952** | 11686 | 12425 |
| 17 | Income taxes | **2249** | 2115 | 2621 |
| 18 | **Consolidated Net Income** | **10703** | 9571 | 9804 |
| 19 | Less: Net income (loss) attributable to noncontrolling interests | **-11** | 29 | 33 |
| 20 | **Net Income Attributable to Shareowners of The Coca-Cola Company** | **10714** | 9542 | 9771 |
| 21 | **Basic Net Income Per Share[1]** | **2,48** | 2,2 | 2,26 |
| 22 | **Diluted Net Income Per Share[1]** | **2,47** | 2,19 | 2,25 |

**Abbildung 18.41** Finanzberichte, die von der SEC-Edgar-Website kopiert wurden.

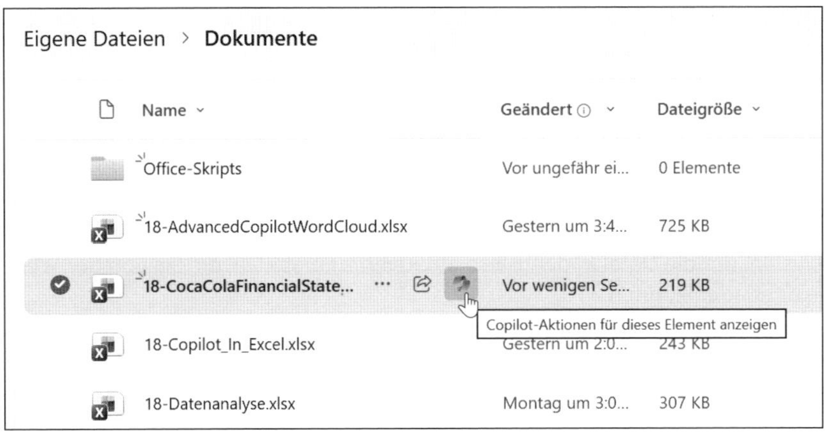


**Abbildung 18.42** Bewegen Sie den Mauszeiger über eine Excel-Arbeitsmappe in OneDrive, um das Copilot-Symbol anzuzeigen.

Wenn Sie das Copilot-Symbol anklicken, stehen Ihnen drei Optionen zur Auswahl:

- *Zusammenfassen*
- *Häufig gestellte Fragen erstellen*
- *Eine Frage stellen*

Wählen Sie *Eine Frage stellen*. Ein Copilot-Aufgabenbereich mit denselben Optionen wird geöffnet. Klicken Sie in das Textfeld unten und stellen Sie Ihre Frage.

> *Wie ist die finanzielle Stabilität dieses Unternehmens auf der Grundlage dieser Finanzberichte?*

In wenigen Sekunden gibt Copilot die folgende Antwort:

*Die finanzielle Stabilität der Coca-Cola Company kann anhand der vorliegenden Finanzberichte als solide bewertet werden. Hier sind einige wichtige Kennzahlen und Trends:*

1. *Umsatz und Gewinn: Der Nettoumsatz stieg von 38.655 Millionen USD im Jahr 2021 auf 45.754 Millionen USD im Jahr 2023. Der Nettogewinn stieg ebenfalls von 9804 Millionen USD im Jahr 2021 auf 10.703 Millionen USD im Jahr 2023.*
2. *Bilanz: Die Gesamtaktiva beliefen sich Ende 2023 auf 97.703 Millionen USD, verglichen mit 92.763 Millionen USD im Jahr 2022. Die Eigenkapitalquote ist stabil, wobei das Eigenkapital der Anteilseigner von 24.105 Millionen USD im Jahr 2022 auf 25.941 Millionen USD im Jahr 2023 stieg.*
3. *Cashflow: Der operative Cashflow blieb stark und betrug 11.599 Millionen USD im Jahr 2023, verglichen mit 11.018 Millionen USD im Jahr 2022. Dies zeigt eine kontinuierliche Fähigkeit, aus dem operativen Geschäft positive Cashflows zu generieren.*
4. *Verschuldung: Die langfristigen Verbindlichkeiten sanken leicht von 36.377 Millionen USD im Jahr 2022 auf 35.547 Millionen USD im Jahr 2023, was auf eine gewisse Schuldenreduzierung hinweist.*

*Insgesamt zeigt die Coca-Cola Company eine stabile finanzielle Leistung mit wachsendem Umsatz und Gewinn, einer soliden Bilanz und einem starken operativen Cashflow. Dies deutet auf eine gute finanzielle Stabilität hin.*

Stellen Sie nun eine weitere Frage:

*Berechne auf der Grundlage der Finanzberichte die wichtigsten finanziellen Kennzahlen.*

Copilot gibt folgende Antwort:

*Gerne! Hier sind einige der wichtigsten Finanzkennzahlen aus den Jahresberichten der Coca-Cola Company für die Jahre 2021 bis 2023:*

1. *Gewinn- und Verlustrechnung*

   *Netto-Umsatzerlöse:*
   *2023: 45.754 Millionen USD*
   *2022: 43.004 Millionen USD*
   *2021: 38.655 Millionen USD*
   *Bruttogewinn:*
   *2023: 27.234 Millionen USD*
   *2022: 25.004 Millionen USD*
   *2021: 23.298 Millionen USD*

   *Operatives Ergebnis:*
   *2023: 11.311 Millionen USD*
   *2022: 10.909 Millionen USD*
   *2021: 10.308 Millionen USD*

   *Nettoergebnis:*
   *2023: 10.703 Millionen USD*
   *2022: 9571 Millionen USD*
   *2021: 9804 Millionen USD*

2. *Bilanz*

*Gesamtvermögen:*
*2023: 97.703 Millionen USD*
*2022: 92.763 Millionen USD*

*Eigenkapital:*
*2023: 27.480 Millionen USD*
*2022: 25.826 Millionen USD*

3. *Cashflow*

*Operativer Cashflow:*
*2023: 11.599 Millionen USD*
*2022: 11.018 Millionen USD*
*2021: 12.625 Millionen USD*

*Investitions-Cashflow:*
*2023: -3349 Millionen USD*
*2022: -763 Millionen USD*
*2021: -2765 Millionen USD*

*Finanzierungs-Cashflow:*
*2023: -8310 Millionen USD*
*2022: -10.250 Millionen USD*
*2021: -6786 Millionen USD*

*Diese Kennzahlen geben einen guten Überblick über die finanzielle Gesundheit und Leistung der Coca-Cola Company in den letzten drei Jahren. Wenn du weitere Details benötigst oder spezifische Kennzahlen analysieren möchtest, lass es mich wissen!*

Wow! Diese Copilot-Analyse einer Excel-Datei ist beeindruckend. Sie scheint weitaus nützlicher zu sein als die meisten Analysen, die in Excel verfügbar sind. Probieren Sie es mit weiteren Fragen aus.

## Mit KI Excel-YouTube-Videos suchen und zusammenfassen

Eines der coolen Features von Copilot 365 ist Copilot Studio, mit dem Sie Ihren eigenen Bot trainieren können. Diese Bots werden jedoch nicht öffentlich zugänglich sein. Im Jahr 2023 habe ich mich mit Twinbox.AI zusammengetan, um einen öffentlich zugänglichen Bot zu entwickeln, der mit jedem Wort trainiert wurde, das ich in über 2600 YouTube-Videos gesagt habe.

Um diese Excel-Wissensdatenbank zu durchsuchen, navigieren Sie zu *https://mrx.cl/gpt*. Geben Sie eine beliebige Frage auf Englisch ein, und der Bot liefert Ihnen Links zu Videos, die sich mit diesem Thema befassen (siehe Abbildung 18.43).

---

Im Jahr 2015 führte Microsoft Press eine Richtlinie ein, wonach alle Bilder in allen Büchern mit Alternativtext versehen werden müssen. Diese Initiative veranlasste mich, die Barrierefreiheit auf *MrExcel.com* zu überprüfen, und schließlich beauftragte ich ein Team mit der Transkription von 2000 Videos, damit diese mit korrekten Untertiteln versehen werden konnten.

---

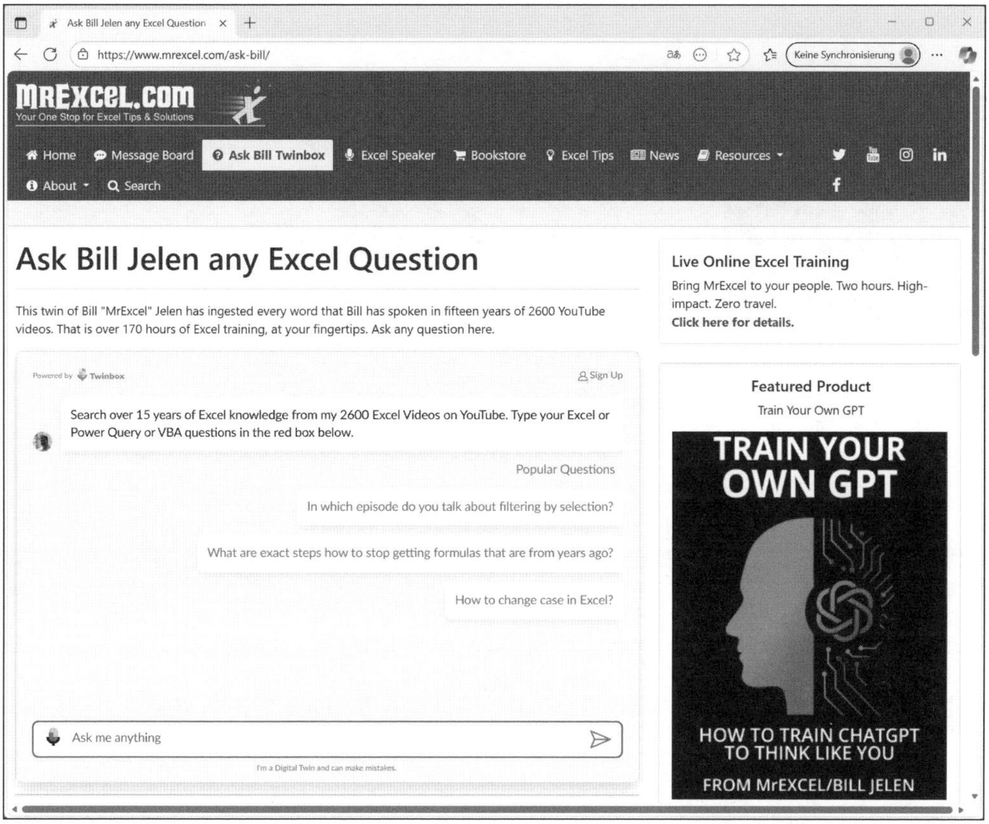


**Abbildung 18.43** Twinbox.AI hat einen Bot mit jedem Wort aus 2600 meiner Excel-Videos trainiert.

Es tut mir weh, das zuzugeben, aber obwohl ich Hunderte von Stunden Excel-Videos auf YouTube aufgenommen habe, scheint das Auffinden eines Videos in den Suchergebnissen nie ein schneller Weg zu sein, um eine Antwort zu erhalten. Oft verschwendet man ein paar Minuten damit, dass der YouTube-Ersteller über seine Kinder spricht oder darüber, warum er letzte Woche kein Video gedreht hat, bevor man überhaupt zur Antwort kommt.

Die folgende Technik funktioniert nur bei Videos, bei denen der Ersteller sich die Zeit genommen hat, ein Transkript für sein Video zu erstellen. Dies ist ein erstaunlicher Vorteil der Verwendung von Copilot in Kombination mit Microsoft Edge.

1. Öffnen Sie den Microsoft Edge-Browser.
2. Stellen Sie sicher, dass Sie mit derselben E-Mail-Adresse wie Ihrem Copilot-Konto angemeldet sind.
3. Suchen Sie ein beliebiges YouTube-Video mit Untertiteln. (In den YouTube-Suchergebnissen wird unter dem Video das Symbol CC angezeigt.)
4. Klicken Sie oben rechts im Browser auf das Copilot-Symbol (siehe Abbildung 18.44).
5. Geben Sie den Befehl **Erstelle Videohighlights mit Zeitstempel von @** ein, wählen Sie nach der Eingabe von @ die Registerkarte mit dem Video aus und drücken Sie die ↵-Taste. Edge sendet das gesamte Videotranskript an Copilot, das eine Zusammenfassung des Videos einschließlich Zeitstempeln zurückgibt.

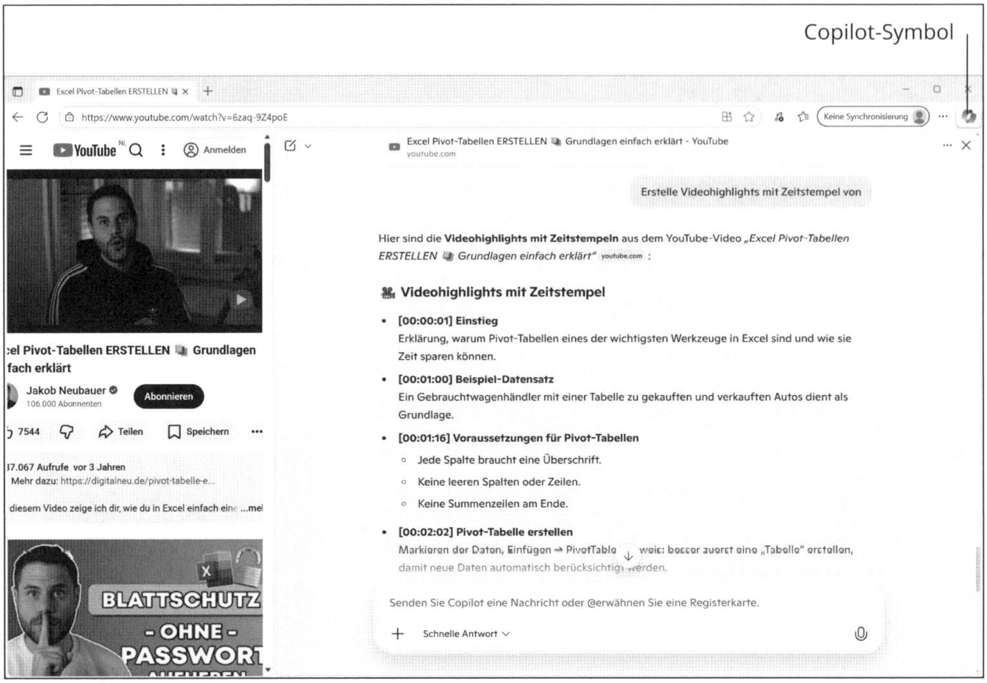


**Abbildung 18.44** Mit einem Copilot 365-Abonnement in Verbindung mit dem Edge-Browser müssen Sie nicht mehr das gesamte YouTube-Video ansehen.

Damit Copilot auf das Videotranskript zugreifen kann, müssen Sie eventuell eine der Datenschutzeinstellungen anpassen. Wählen Sie in Copilot die drei Auslassungspunkte und wählen Sie dann *Einstellungen*. Klicken Sie auf *Datenschutz* und aktivieren Sie die Option *Videotranskript* (siehe Abbildung 18.45).

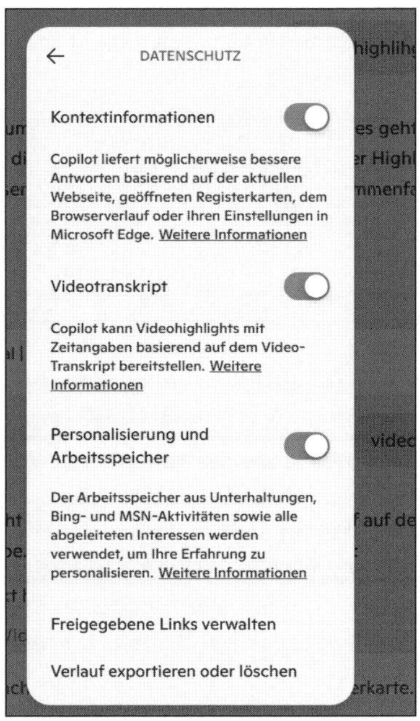


**Abbildung 18.45** Legen Sie fest, dass Copilot auf Videotranskripte zugreifen darf.

Hier ist beispielsweise ein Auszug aus der von Copilot für dieses Video bereitgestellten Zusammenfassung:

**Videohighlights mit Zeitstempel**

> ***[00:00:01] Einstieg***
> *Erklärung, warum Pivot-Tabellen eines der wichtigsten Werkzeuge in Excel sind und wie sie Zeit sparen können.*
>
> ***[00:01:00] Beispiel-Datensatz***
> *Ein Gebrauchtwagenhändler mit einer Tabelle zu gekauften und verkauften Autos dient als Grundlage.*
>
> ***[00:01:16] Voraussetzungen für Pivot-Tabellen***
> *Jede Spalte braucht eine Überschrift.*
> *Keine leeren Spalten oder Zeilen.*
> *Keine Summenzeilen am Ende.*
>
> ***[00:02:02] Pivot-Tabelle erstellen***
> *Markieren der Daten, Einfügen → PivotTable. Hinweis: besser zuerst eine »Tabelle« erstellen, damit neue Daten automatisch berücksichtigt werden.*
>
> ***[00:03:28] Erste Pivot-Tabelle***
> *Neues Arbeitsblatt mit Pivot-Feldern. Erklärung der vier Bereiche: Zeilen, Spalten, Werte, Filter.*
>
> ***[00:04:21] Einfaches Beispiel***
> *Marken als Zeilen, Modelle als Werte → Anzahl pro Marke. Erweiterung mit Kilometerständen als Werten.*
>
> ***[00:05:40] Werteinstellungen ändern***
> *Beispiel: Durchschnitt statt Summe für Kilometer. Formatierung mit Dezimalstellen und Tausendertrennzeichen.*
>
> ...

Nachdem Sie diese Zusammenfassung überflogen haben, finden Sie die eigentliche Technik zum Ändern der Werteinstellungen ab 5:40.

Dank Copilot 365 und dem Edge-Browser muss ich nie wieder ein YouTube-Video komplett ansehen.

# Mit Copilot VBA-, Python-, RegEx- oder Power Query M-Code schreiben

Ich habe 69 Bücher über Microsoft Excel geschrieben. Viele dieser Bücher gehen sehr detailliert auf das Schreiben von VBA-Code, Python oder Power Query M-Code ein. Mit Copilot oder ChatGPT können Sie einen Großteil dieses Codes generieren, indem Sie den KI-Bot fragen.

Derzeit, Ende 2024, sind die Ergebnisse gemischt. Der Code ist zu 90 Prozent korrekt, aber Sie müssen dennoch meist einen menschlichen Experten suchen, um die Fehler zu beheben.

## Mit VBA-Code von Copilot eine PivotTable erstellen

Hier ist eine Eingabeaufforderung, die Sie an *Copilot.Microsoft.com* senden können:

> *Schreibe VBA-Code für Excel, der aus dem aktuellen Bereich eine Pivot-Tabelle erstellt. Das Feld Kunde befindet sich im Zeilenbereich. Das Feld Produkt befindet sich im Spaltenbereich. Summe von Umsatz befindet sich im Wertebereich. Füge einen Datenschnitt für Region hinzu.*

Copilot gibt den folgenden Code zurück, der Sie ziemlich nah an das Ergebnis heranbringt.

```
Sub CreatePivotTable() Dim ws As Worksheet
  Dim pvtCache As PivotCache
  Dim pvtTable As PivotTable
  Dim pvtField As PivotField
  Dim rng As Range

  ' Arbeitsblatt mit den Quelldaten
  Set ws = ActiveSheet
  Set rng = ws.UsedRange
  ' Pivot-Cache erstellen
  Set pvtCache = ActiveWorkbook.PivotCaches.Create( _
    SourceType:=xlDatabase, _
    SourceData:=rng)

  ' Pivot-Tabelle erstellen
  Set pvtTable = pvtCache.CreatePivotTable( _
    TableDestination:=ws.Cells(1, rng.Columns.Count + 2), _
    TableName:="PivotTable1")

  ' Felder zur Pivot-Tabelle hinzufügen
  With pvtTable
    .PivotFields("Kunde").Orientation = xlRowField
    .PivotFields("Produkt").Orientierung = xlColumnField
    .PivotFields("Umsatz").Orientation = xlDataField
    .PivotFields("Umsatz").Function = xlSum
  End With

  ' Slicer für Region hinzufügen
  ActiveWorkbook.SlicerCaches.Add(pvtTable, "Region").Slicers.Add _
    ws, , "Region", "Region", ws.Cells(2, rng. Columns.Count + 5)
End Sub
```

Der Copilot-Code bezieht sich auf die Eigenschaft `.UsedRange`. Es kann leicht passieren, dass zusätzliche leere Spalten und Zeilen aktiviert werden, die dann in `.UsedRange` enthalten sind. Sie müssen daher sicherstellen, dass Sie alle leeren Zeilen und Spalten löschen, bevor Sie den Code ausführen. Es wäre besser gewesen, wenn der Bereich im Code so festgelegt würde: `Set rng = Range("A1").CurrentRegion`.

Wenn Copilot versucht, für das Feld *Umsatz* die Funktion `xlSum` festzulegen, schlägt dieser Code fehl. Die Zeile ist nicht erforderlich, da die Pivot-Tabelle standardmäßig bereits auf Summe eingestellt ist. Sie können diese Codezeile auskommentieren.

Schließlich funktioniert die Position des Slicers nicht, sodass der Slicer nie erstellt wird. Das Problem wird gelöst, indem Sie den Excel-Makrorekorder verwenden, um die richtigen Argumente für die Position des Datenschnitts zu ermitteln.

Ich habe bei ChatGPT dieselbe Eingabeaufforderung verwendet und erhielt diesen Code:

```
Sub CreatePivotTableWithSlicerChatGPT()
  Dim ws As Worksheet
  Dim wsPivot As Worksheet
  Dim dataRange As Range
  Dim PivotTable As PivotTable
  Dim pivotCache As pivotCache
  Dim PivotTableRange As Range
  Dim slicerCache As slicerCache

  ' Bereich mit Quelldaten festlegen
  Set ws = ActiveSheet
  Set dataRange = ws.Cells.CurrentRegion

  ' Neues Arbeitsblatt für die PivotTable hinzufügen
  Set wsPivot = Worksheets.Add
  wsPivot.Name = "PivotTableSheet"

  ' PivotCache erstellen
  Set pivotCache = ThisWorkbook.PivotCaches.Create( _
    SourceType:=xlDatabase, SourceData:=dataRange)

  ' Zieladresse für die PivotTable
  Set PivotTableRange = wsPivot.Range("A3")

  ' PivotTable erstellen
  Set PivotTable = pivotCache.CreatePivotTable( _
    TableDestination:=PivotTableRange, TableName:="MyPivotTable")

  ' Felder hinzufügen
  With PivotTable
    .PivotFields("Kunde").Orientation = xlRowField
    .PivotFields("Produkt").Orientation = xlColumnField
    .PivotFields("Umsatz").Orientation = xlDataField
    .PivotFields("Umsatz").Function = xlSum
  End With

  ' Datenschnitt für Region hinzufügen
  Set slicerCache = wsPivot.Slicers.Add(PivotTable:=PivotTable, _
    slicerCache:=PivotTable.pivotCache.SlicerCaches.Add( _
    SourceField:="Region", Name:="RegionSlicer"), _
    Top:=wsPivot.Cells(2, 6).Top, _
    Left:=wsPivot.Cells(2, 6).Left, _
    Width:=100)

End Sub
```

Dieser Code kommt dem gewünschten Ziel ebenfalls nahe. Er versucht, den Slicer zu einem Arbeitsblatt-Objekt hinzuzufügen, aber er muss stattdessen zum `ActiveWorkbook` hinzugefügt werden. Genau wie der Copilot-Code erzeugt dieser Code Fehler, wenn die Funktion für das Feld Umsatz auf `xlSum` gesetzt wird und wenn der Slicer generiert wird.

## Mit von Copilot generiertem Python-Code eine PivotTable erstellen

Da ich dies im Jahr 2024 schreibe, befindet sich Python in Excel noch in der Vorschau, daher erwarte ich nicht, dass die KI die xl-Funktion in Python kennt. Ich habe vor, den Python-Code wie folgt zu starten:

```
df = xl("A1:K564", headers=True)
```

Dann gebe ich auf *Copilot.Microsoft.com* diese Eingabeaufforderung ein:

> *Erstelle Python-Code, um aus dem DataFrame namens df eine Pivot-Tabelle zu generieren. Kunden sollten im Zeilenbereich stehen. Produkte im Spaltenbereich. Summe der Einnahmen im Wertebereich.*

Der Python-Code ist perfekt und verwendet die Funktion `pivot_table`. Am Ende des Codes gibt Copilot jedoch die PivotTable in der Python-Konsole aus. Ich habe die letzte Zeile dieses Codes von `print(pivot_table)` in eine einfache Zeile mit dem Text `pivot_table` geändert und dann über das Dropdownmenü links neben der Formelleiste die Ergebnisse als Excel-Werte angefordert.

Der folgende Code funktionierte mit minimalen Anpassungen sehr gut:

```
df = xl("A1:K564", headers=True)
pivot_table = pd.pivot_table(
  df,
  values='Umsatz',
  index='Kunden',
  columns='Produkte',
  aggfunc='sum',
  fill_value=0 # Optional: Ersetze NaN durch 0
)
pivot_table
```

## Mit Copilot Power Query M-Code generieren

In diesem Beispiel haben Sie den Datensatz in eine Tabelle konvertiert, indem Sie *Start | Als Tabelle formatieren* ausgewählt haben. Ändern Sie dann auf der Registerkarte *Tabellenentwurf* den Namen der Tabelle in **MeineDaten**.

Verwenden Sie die folgende Eingabeaufforderung unter *Copilot.Microsoft.com*:

> *Schreibe Power Query M-Code, um aus der Excel-Tabelle MeineDaten zu lesen. Power Query-Code sollte nach Kunde gruppieren. Das Feld Produkt sollte mit der Summe des Feldes Umsatz pivotiert werden.*

Copilot gab bei mir den folgenden M-Code zurück:

```
let
  // Die Excel-Tabelle mit dem Namen "MeineDaten" laden
```

```
Quelle = Excel.CurrentWorkbook(){[Name="MeineDaten"]}[Content],
// Nach "Kunde" gruppieren
GroupedData = Table.Group(
  Quelle,
  {"Kunde"},
  {{"AlleDaten", each _, type table [Customer=nullable text,
    Produkt=nullable text, Umsatz=nullable number]}}
  ),

// Das Feld "Produkt" pivotieren und mit der Summe von
// "Umsatz" aggregieren
PivotedData = Table.TransformColumns(
  GroupedData,
  {"AlleDaten", each Table.Pivot(
    Table.TransformColumnTypes(_, {{"Produkt", type text},
     {"Umsatz", type number}}),
    List.Distinct(Table.Column(_, "Produkt")),
    "Produkt",
    "Umsatz",
    List.Sum
  )}
),

// Die pivotierten Spalten wieder in die Haupttabellle expandieren
ExpandedPivot = Table.ExpandTableColumn(
  PivotedData,
  "AlleDaten",
  {"Kunde"} & List.Distinct(Table.Column(Quelle, "Produkt"))
)

in
  ExpandedPivot
```

Dieser Code weist einige Probleme auf:

- Er gruppiert die Daten nicht nach Kunden.
- Im Abschnitt `ExpandedPivot` wird versucht, ein zweites Feld namens Kunde hinzuzufügen, was zu einem Fehler führt.

Die gute Nachricht ist, dass Ihre Lieblingsautoren für Power Query, wie Mike Girvin, Ken Puls, Miguel Escobar oder Chandeep Chhabra, vorerst nicht durch Copilot ersetzt werden.

## RegEx mit Copilot generieren

Im Jahr 2024 veröffentlichte Microsoft neue Funktionen für die Arbeit mit regulären Ausdrücken oder RegEx. Die Syntax für RegEx-Muster ist kompliziert zu erlernen.

In diesem Beispiel habe ich eine Spalte mit potenziellen Kunden. Die Daten sind durch Kommas getrennt. Felder können fehlen. Nach einem Namen folgt ein Komma, und nach einem Firmennamen kann ebenfalls ein Komma folgen. Zeile 1 der Straßenadresse ist fast immer vorhanden, gefolgt von einem Komma. Zeile 2 der Straßenadresse kann in einigen Fällen vorhanden sein, gefolgt von einem Komma. Die letzte Zeile der Adresse besteht fast immer aus der Stadt, einem Komma, dem Bundesstaat, einem Komma und dann der Postleitzahl. Wenn Sie den Namen der Stadt ermitteln möchten, besteht eine Strategie darin, alles vom vorletzten Komma bis zum drittletzten Komma zu isolieren.

Die Abfrage des RegEx-Codes bei Copilot und ChatGPT ergab drei verschiedene Muster, von denen keines in Excel funktioniert:

```
(?:[^,]*,){2}([^,]*)(?=,[^,]*$)
(?:[^,]*,){2}([^,]*),[^,]*$
(?:[^,]*,){2}([^,]*),[^,]*,[^,]*$
```

Abbildung 18.46 zeigt einen Auszug der falschen Ergebnisse.

Eine Lösung besteht darin, RegEx aufzugeben und einfach zwei neue Excel-Funktionen zu verwenden:

```
=TEXTVOR(TEXTNACH(A2,", ",-3),", ")
```

B6 | fx =REGEXEXTRAHIEREN($A6;"(?:[^,]*,){2}([^,]*)(?=,[^,]*$)")

| | A | B |
|---|---|---|
| 5 | Kontakt | Mit RegEx Stadt extrahieren |
| 6 | Lamar Brenin, Flowserve, 291 Receipt Boulevard NW, Floor 18, Anchorage, AK, 90210 | Floor 18, Anchorage, AK |
| 7 | Myles Beckett, Monsanto, 6693 Dime Ln NE, Glendale, AZ, 64928 | 6693 Dime Ln NE, Glendale, AZ |
| 8 | Phoebe Lindsey, 3M Company, 3627 Tramp Blvd, Glendale, AZ, 81954 | 3627 Tramp Blvd, Glendale, AZ |
| 9 | Angélique Ludlow, 4435 Hat Blvd S, Daly City, CA, 60710 | 4435 Hat Blvd S, Daly City, CA |
| 10 | Willow Sellick, Ingersoll-Rand PLC, 950 Payment Boulevard NE, Room 101, Corona, CA, 3 | Room 101, Corona, CA |
| 11 | Asia Reynolds, Lowe's Cos., 827 Stop Avenue E, Rialto, CA, 36534 | 827 Stop Avenue E, Rialto, CA |
| 12 | Wilson Marchi, 3M Company, 3120 Pancake Blvd W, Chula Vista, CA, 83695 | 3120 Pancake Blvd W, Chula Vista, CA |

**Abbildung 18.46** Selbst nach drei Versuchen, den richtigen RegEx zu generieren, funktioniert es nicht.

Oder Sie könnten jemanden finden, der sich mit RegEx auskennt und ein funktionierendes Muster bereitstellen kann, was ich getan haben. (Vielen Dank an Suat Ozgur für die Beratung um 4 Uhr morgens!)

```
(?:\s([^,]*),){1}[^,]*(?=,[^,]*$)
```

Für diejenigen, die befürchten, dass KI uns alle unsere Arbeitsplätze wegnehmen wird: Es besteht nach wie vor Bedarf an Menschen im Workflow!

## Spaß: Mit Copilot Gedichte oder Liedtexte über Excel schreiben

Eine der frühen Stärken von ChatGPT oder Copilot ist die Fähigkeit, Lieder oder Gedichte zu schreiben. Wenn Sie Spaß haben möchten, können Sie Copilot einige Songtexte oder Gedichte für Sie schreiben lassen.

**Nachricht an Copilot:**

*Schreibe ein Haiku über die Freude an Pivot-Tabellen.*

**Ergebnis:**

*Daten tanzen still –*
*Struktur wird zur Klarheit,*
*Pivot zeigt den Weg.*

**Nachricht an Copilot:**

*Schreibe ein Limerick über die Verwendung des Excel-Datenmodells zum Erstellen einer Pivot-Tabelle aus Millionen von Datenzeilen.*

**Ergebnis:**

*Ein Datenmodell, ziemlich fein,*
*schluckt Millionen – ganz ohne Schrein.*
*»Pivot? Ein Klacks!«*
*ruft Rainer mit Fax,*
*und lächelt: »Excel macht das schon allein!«*

**Nachricht an Copilot:**

*Schreibe ein deutschsprachiges Sonett im Stil von Shakespeare über die Verwendung einer Excel-Pivot-Tabelle, um erstaunliche Trends in Daten zu entdecken.*

**Ergebnis:**

***Die Offenbarung in der Pivot-Tabelle***

*Was träge war in Zeilen, dumpf und schwer,*
*Erhebt sich nun in klarer, lichter Form.*
*Die Zahlen flüstern, deuten immer mehr,*
*Ein Muster wächst – verborgen, doch enorm.*
*Die Spalte spricht, die Zeile folgt im Chor,*
*Ein Trend erscheint, wie aus dem Nichts geboren.*
*Was einst verwirrte, steht nun klar hervor,*
*Die Wahrheit kehrt zurück, nicht mehr verloren.*
*O Pivot, edles Werkzeug kluger Hand,*
*Du wandelst Datenflut in reinen Sinn.*
*Du baust aus Zahlen eine feste Wand,*
*Und führst den Blick zum wahren Ziel dahin.*
*So sei gepriesen, stiller Held der Welt –*
*Der Weisheit Form, in Excel sanft gestellt.*

**Nachricht an Copilot:**

*Schreibe ein Country-Liebeslied über Pivot-Tabellen in Microsoft Excel im Stil von Garth Brooks.*

**Ergebnis:**

***»Pivot My Heart« – Ein Country-Liebeslied***

*(Strophe 1)*
*Ich saß allein mit meinem Datenmeer,*
*Verloren, ratlos – kein Muster mehr.*
*Doch dann kamst du, mein Excel-Glück,*
*Mit Pivot-Tabelle – und ich sah zurück.*
*(Refrain)*
*Oh Pivot, mein Herz dreht sich mit dir,*
*Du zeigst mir Trends, ganz ohne Gier.*
*Mit einem Klick wird alles klar,*
*Du bist mein Chart in dunkler Gefahr.*
*(Strophe 2)*
*Du filterst Sorgen, gruppierst mein Leid,*
*Sortierst mein Chaos, gibst mir Geleit.*
*Du kennst mein Umsatz, mein tiefstes Ziel,*
*Mit dir wird Analyse zum Liebesspiel.*

*(Refrain)*
*Oh Pivot, mein Herz dreht sich mit dir,*
*Du zeigst mir Trends, ganz ohne Gier.*
*Mit einem Klick wird alles klar,*
*Du bist mein Chart in dunkler Gefahr.*
*(Bridge)*
*Und wenn die Welt in Zahlen versinkt,*
*Du bist das Licht, das Klarheit bringt.*
*Ich brauch kein SQL, kein großes Tool –*
*Nur dich, mein Pivot, du machst mich cool.*
*(Finaler Refrain)*
*Oh Pivot, mein Herz dreht sich mit dir,*
*Du zeigst mir Trends, ganz ohne Gier.*
*Du bist mein Cowboy in Excel-Land,*
*Mit Maus und Liebe in meiner Hand.*

Im Jahr 2023, zum Spreadsheet Day, habe ich mich auf Cameo auf die Suche nach berühmten Sängern gemacht, die bereit waren, in Cameo zu singen, und habe Roy Stride gefunden, den Frontmann der britischen Band Scouting for Girls. Zu diesem Zeitpunkt war Copilot noch nicht auf dem Markt. Ich habe ChatGPT verwendet und um einen Song über Excel im Stil von Scouting for Girls gebeten.

Sehen Sie sich unter *https://www.youtube.com/watch?v=2POYY7pM1ko* an, wie Stride auf Cameo über Excel singt. Nachfolgend finden Sie den von der Excel-Funktion `LABS.GENERATIVEAI` erstellten Liedtext:

*Oh, Excel you're my number one!*
*My data has never been so fun.*
*With your formulas and your charts,*
*You make spreadsheets a work of art.*

Ich war nicht wirklich mit jamaikanischer Dancehall-Musik vertraut, aber die Künstlerin D'Angel ist offenbar in Jamaika sehr bekannt. Sie brauchte einen zweiten Anlauf, um den Text flüssig zu singen, aber den weltweit führenden Dancehall-Song über Excel finden Sie hier: *https://www.youtube.com/watch?v=M9yyvrKXoU0*. Nachfolgend finden Sie den Text:

*Microsoft Excel Oh What a Tool*
*It keeps me organized, it keeps me cool.*
*Columns and rows, formulas galore*
*Makes my data dance like never before!*

Wenn Sie das nächste Mal bei der Arbeit sind und Ihrem Finanzvorstand für seine 30-jährige Excel-Kompetenz zujubeln möchten, denken Sie daran, Copilot oder ChatGPT zu nutzen, um ein Gedicht oder Lied für ihn zu schreiben. Sie können auch *Suno.com* verwenden, um die Texte in einem bestimmten Stil singen zu lassen.

## Nächste Schritte

In Kapitel 19 wird ein Blick darauf geworfen, wie man das gesamte Buch rückgängig machen kann (z.B. wie man bereits pivotierte Daten wieder rückgängig macht).

KAPITEL 19

# Entpivotieren in Power Query

In den bisherigen 18 Kapiteln haben Sie gelernt, wie Sie Ihre Daten pivotieren, um zusammenfassende Berichte zu erstellen. Was passiert, wenn Ihre Quelldaten bereits pivotiert sind? Es entstehen Pivot-Tabellen, mit denen nur schwer gearbeitet werden kann. In diesem Kapitel erfahren Sie, wie Sie mit den Power Query-Tools in Excel Daten entpivotieren können.

## Daten in Überschriften führen zu schlechten Pivot-Tabellen

Die Daten in Abbildung 19.1 sind in einem gängigen Format dargestellt. Es gibt drei Spalten mit Beschriftungen auf der linken Seite und 12 Spalten mit Monatsdaten, die sich über die gesamte Breite erstrecken.

| | A | B | C | D | E | F | G | H | I | J | K | L | M | N | O |
|---|---|---|---|---|---|---|---|---|---|---|---|---|---|---|---|
| 1 | Produkt | Vertreter | Region | Jan | Feb | Mrz | Apr | Mai | Jun | Jul | Aug | Sep | Okt | Nov | Dez |
| 2 | Apfel | Andy | Ost | 81 | 22 | 59 | 94 | 74 | 23 | 54 | 33 | 63 | 57 | 27 | 38 |
| 3 | Apfel | Barb | Zentral | 37 | 95 | 71 | 52 | 18 | 14 | 68 | 64 | 21 | 40 | 49 | 38 |
| 4 | Apfel | Chris | West | 52 | 43 | 33 | 91 | 44 | 52 | 98 | 30 | 17 | 83 | 11 | 48 |
| 5 | Apfel | Diane | Ost | 92 | 38 | 60 | 91 | 33 | 27 | 57 | 70 | 60 | 70 | 49 | 69 |
| 6 | Apfel | Ed | Zentral | 39 | 57 | 78 | 64 | 59 | 76 | 65 | 83 | 54 | 24 | 54 | 44 |
| 7 | Apfel | Flo | West | 67 | 37 | 46 | 95 | 13 | 84 | 40 | 39 | 25 | 14 | 29 | 44 |
| 8 | Apfel | Gary | Ost | 54 | 94 | 79 | 48 | 33 | 31 | 85 | 47 | 51 | 91 | 48 | 72 |
| 9 | Apfel | Hank | Zentral | 70 | 76 | 57 | 83 | 14 | 86 | 30 | 56 | 27 | 24 | 29 | 65 |
| 10 | Apfel | Ike | West | 36 | 11 | 99 | 16 | 84 | 28 | 66 | 59 | 36 | 44 | 21 | 40 |

**Abbildung 19.1** Die Monate in der Spaltenüberschrift anzuordnen, ist eine gängige Praxis.

Wenn Sie jedoch mit Quelldaten beginnen, die so aussehen, entstehen furchtbare Pivot-Tabellen. Wenn Sie alle 12 Monate anzeigen möchten, müssten Sie 12 Felder in den Wertebereich ziehen. Abbildung 19.2 zeigt die Pivot-Tabelle mit nur den ersten drei Monaten.

Sobald Sie die Monate in die Pivot-Tabelle eingegeben haben, benötigen Sie ein berechnetes Feld, um eine Gesamtsumme hinzuzufügen. Wählen Sie *PivotTable-Analyse | Felder, Elemente und Gruppen | Berechnetes Feld* und erstellen Sie dann die Formel, wie in Abbildung 19.3 gezeigt.

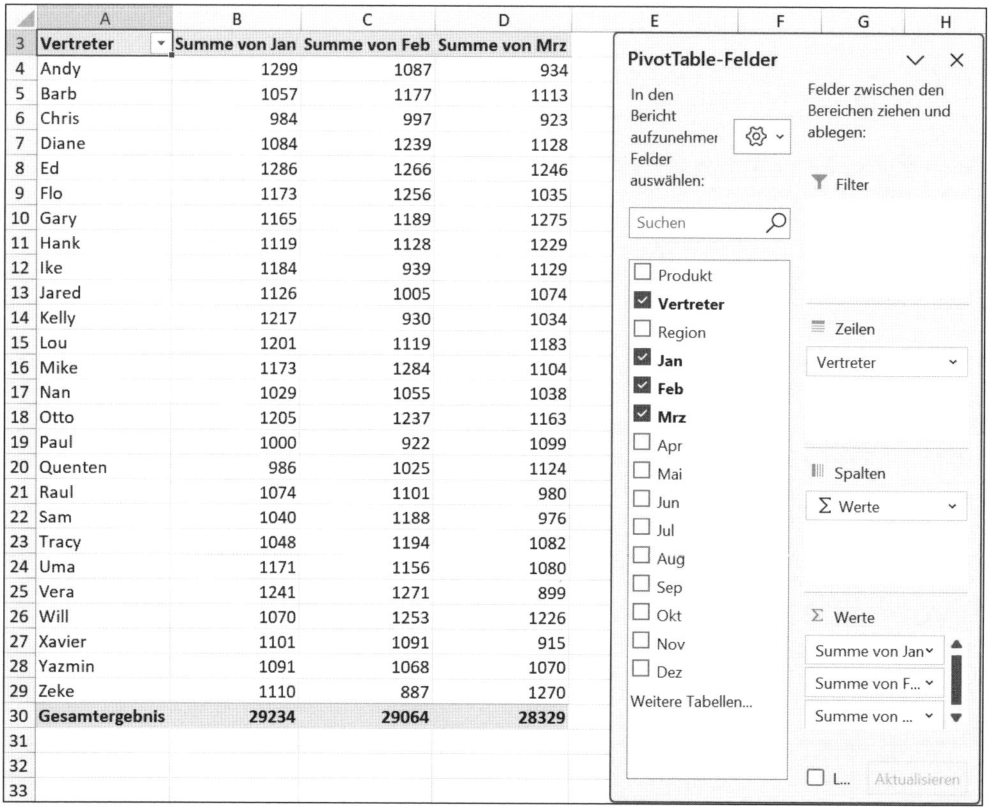

| | A | B | C | D |
|---|---|---|---|---|
| 3 | Vertreter | Summe von Jan | Summe von Feb | Summe von Mrz |
| 4 | Andy | 1299 | 1087 | 934 |
| 5 | Barb | 1057 | 1177 | 1113 |
| 6 | Chris | 984 | 997 | 923 |
| 7 | Diane | 1084 | 1239 | 1128 |
| 8 | Ed | 1286 | 1266 | 1246 |
| 9 | Flo | 1173 | 1256 | 1035 |
| 10 | Gary | 1165 | 1189 | 1275 |
| 11 | Hank | 1119 | 1128 | 1229 |
| 12 | Ike | 1184 | 939 | 1129 |
| 13 | Jared | 1126 | 1005 | 1074 |
| 14 | Kelly | 1217 | 930 | 1034 |
| 15 | Lou | 1201 | 1119 | 1183 |
| 16 | Mike | 1173 | 1284 | 1104 |
| 17 | Nan | 1029 | 1055 | 1038 |
| 18 | Otto | 1205 | 1237 | 1163 |
| 19 | Paul | 1000 | 922 | 1099 |
| 20 | Quenten | 986 | 1025 | 1124 |
| 21 | Raul | 1074 | 1101 | 980 |
| 22 | Sam | 1040 | 1188 | 976 |
| 23 | Tracy | 1048 | 1194 | 1082 |
| 24 | Uma | 1171 | 1156 | 1080 |
| 25 | Vera | 1241 | 1271 | 899 |
| 26 | Will | 1070 | 1253 | 1226 |
| 27 | Xavier | 1101 | 1091 | 915 |
| 28 | Yazmin | 1091 | 1068 | 1070 |
| 29 | Zeke | 1110 | 887 | 1270 |
| 30 | Gesamtergebnis | 29234 | 29064 | 28329 |
| 31 | | | | |
| 32 | | | | |
| 33 | | | | |



**Abbildung 19.2** Sie müssen alle 12 Monate auswählen, um das gesamte Jahr in die Pivot-Tabelle aufzunehmen.

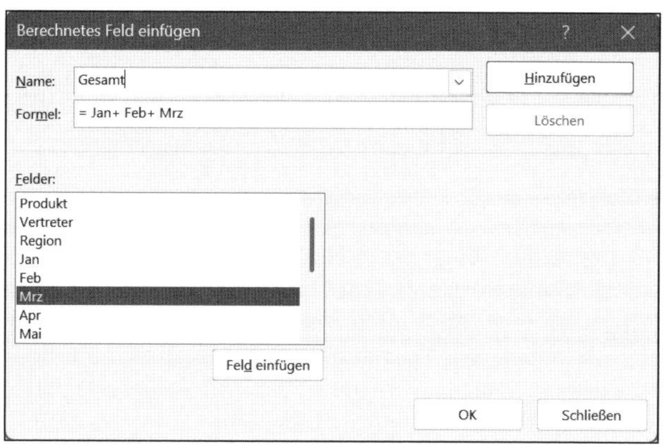


**Abbildung 19.3** Bis zum Ende des Jahres haben Sie diese Formel so bearbeitet, dass alle 12 Monate hinzugefügt wurden.

Abbildung 19.4 zeigt die Spalte *Gesamt* für Januar bis März. Wenn Sie weitere Monate hinzufügen, müssen Sie die Formel zur Berechnung der Summe jeden Monat bearbeiten.

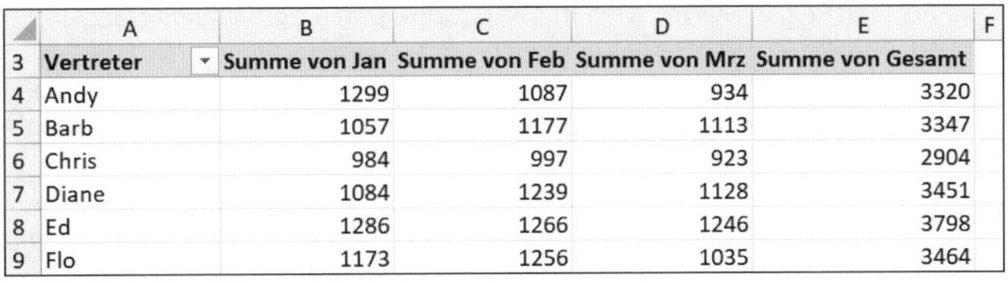

| | A | B | C | D | E |
|---|---|---|---|---|---|
| 3 | Vertreter | Summe von Jan | Summe von Feb | Summe von Mrz | Summe von Gesamt |
| 4 | Andy | 1299 | 1087 | 934 | 3320 |
| 5 | Barb | 1057 | 1177 | 1113 | 3347 |
| 6 | Chris | 984 | 997 | 923 | 2904 |
| 7 | Diane | 1084 | 1239 | 1128 | 3451 |
| 8 | Ed | 1286 | 1266 | 1246 | 3798 |
| 9 | Flo | 1173 | 1256 | 1035 | 3464 |

**Abbildung 19.4** Es ist zwar möglich, eine Gesamtsumme für alle Monate zu erhalten, dies ist jedoch sehr umständlich.

# In Power Query Entpivotieren zum Transformieren der Daten verwenden

In der Regel sollten Sie eher schmale und hohe Datensätze als breite Datensätze verwenden. Anstelle von 12 Spalten mit Verkaufsdaten sollten Sie in den Originaldaten fünf Spalten verwenden: Produkt, Vertreter, Region, Monat und Umsatz. Dadurch wird der Datensatz höher. Wenn das Dataset in Abbildung 19.1 aus 500 Zeilen bestehen würde, würden 6000 Zeilen Daten im neuen Format benötigt, aber die Pivot-Tabellen würden besser funktionieren.

Über die Tools *Daten abrufen und transformieren* auf der Registerkarte *Daten* können Sie den Power Query-Editor starten, der viele Möglichkeiten zur Transformation von Daten bietet, darunter einen Befehl namens *Entpivotieren*. Power Query behält Ihren ursprünglichen Datensatz unverändert bei, führt Transformationen im Speicher durch und lädt die transformierten Daten dann in ein neues Tabellenblatt oder direkt in das Datenmodell der Arbeitsmappe. Führen Sie die folgenden Schritte aus:

1. Zuerst sollten Sie die Daten als Tabelle formatieren. Wählen Sie eine beliebige Zelle in Ihren Daten aus und drücken Sie Strg+T. Stellen Sie sicher, dass das Kontrollkästchen *Tabelle hat Überschriften* aktiviert ist. Die Daten werden formatiert und in der Kopfzeile werden Filter-Dropdownmenüs angezeigt.
2. Wechseln Sie im Menüband zur Registerkarte *Tabellenentwurf* und ändern Sie den Tabellennamen von *Tabelle1* in einen aussagekräftigen Namen. In Abbildung 19.5 lautet der Tabellenname **FormatierteDaten**.

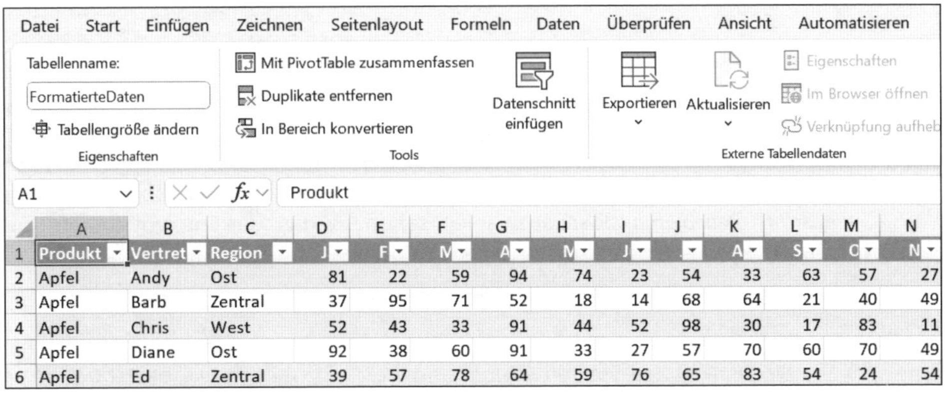


| | A | B | C | D | E | F | G | H | I | J | K | L | M | N |
|---|---|---|---|---|---|---|---|---|---|---|---|---|---|---|
| 1 | Produkt | Vertret | Region | J | F | M | A | M | J | | A | S | O | N |
| 2 | Apfel | Andy | Ost | 81 | 22 | 59 | 94 | 74 | 23 | 54 | 33 | 63 | 57 | 27 |
| 3 | Apfel | Barb | Zentral | 37 | 95 | 71 | 52 | 18 | 14 | 68 | 64 | 21 | 40 | 49 |
| 4 | Apfel | Chris | West | 52 | 43 | 33 | 91 | 44 | 52 | 98 | 30 | 17 | 83 | 11 |
| 5 | Apfel | Diane | Ost | 92 | 38 | 60 | 91 | 33 | 27 | 57 | 70 | 60 | 70 | 49 |
| 6 | Apfel | Ed | Zentral | 39 | 57 | 78 | 64 | 59 | 76 | 65 | 83 | 54 | 24 | 54 |

**Abbildung 19.5** Formatieren Sie die Daten als Tabelle und geben Sie der Tabelle einen Namen.

3. Suchen Sie auf der Registerkarte *Daten* in der Gruppe *Daten abrufen und transformieren* den Befehl *Aus Tabelle/Bereich*. Der Power Query-Editor wird geöffnet.
4. Wählen Sie die Spalte *Produkt* aus, indem Sie auf die Überschrift *Produkt* klicken. Klicken Sie bei gedrückter ⇧-Taste auf die Überschrift *Region*, um die Beschriftungsspalten *Produkt, Vertreter, Region* auszuwählen.
5. Öffnen Sie in Power Query auf der Registerkarte *Transformieren* das Dropdownmenü *Spalten entpivotieren* und wählen Sie *Andere Spalten entpivotieren* (siehe Abbildung 19.6).

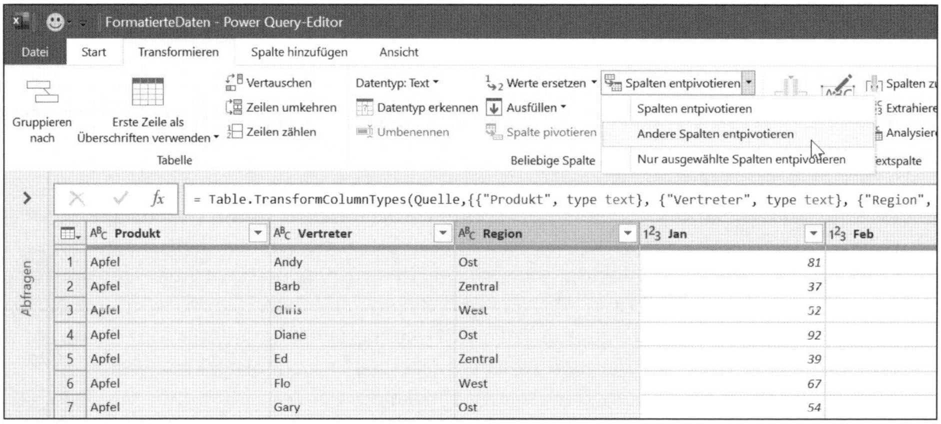


**Abbildung 19.6** Eine einzige Operation zum Entpivotieren in Power Query ersetzt ein Dutzend zeitaufwendiger Schritte in Excel.

6. Nach Auswahl von *Andere Spalten entpivotieren* werden die 12 Spalten mit den Monatsdaten durch zwei neue Spalten ersetzt. Diese Spalten heißen zunächst immer *Attribut* und *Wert*. Wie in Abbildung 19.7 dargestellt, sind die früheren Spaltenüberschriften *Jan, Feb, Mrz* usw. nun vertikal in der Spalte *Attribut* angeordnet. Die früheren Verkaufszahlen sind nun vertikal in der Spalte *Wert* angeordnet.

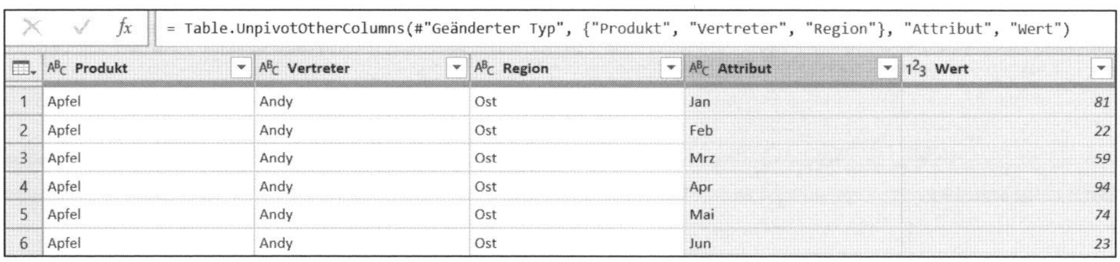


**Abbildung 19.7** Der ehemals breite Datensatz ist nun schmal, aber 12-mal länger.

In Power Query gibt es eine Bearbeitungsleiste, die standardmäßig nicht angezeigt wird. Wenn Sie *Ansicht | Bearbeitungsleiste* auswählen, sehen Sie, dass das Entpivotieren im vorherigen Schritt in der Bearbeitungsleiste als folgende Codezeile aufgezeichnet ist:

```
= Table.UnpivotOtherColumns(#"Geänderter Typ", {"Produkt", "Vertreter", "Region"},
"Attribut", "Wert")
```

Eine schnelle Möglichkeit, die Spalten *Attribut* und *Wert* umzubenennen, besteht darin, in die Bearbeitungsleiste zu klicken und *Attribut* in **Monat** und *Wert* in **Umsatz** zu ändern, wie in Abbildung 19.8 dargestellt.

```
= Table.UnpivotOtherColumns(#"Geänderter Typ", {"Produkt", "Vertreter", "Region"}, "Monat", "Umsatz")
```

| | Produkt | Vertreter | Region | Monat | Umsatz |
|---|---|---|---|---|---|
| 1 | Apfel | Andy | Ost | Jan | 81 |
| 2 | Apfel | Andy | Ost | Feb | 22 |
| 3 | Apfel | Andy | Ost | Mrz | 59 |
| 4 | Apfel | Andy | Ost | Apr | 94 |
| 5 | Apfel | Andy | Ost | Mai | 74 |
| 6 | Apfel | Andy | Ost | Jun | 23 |

**Abbildung 19.8** Bearbeiten Sie den vorherigen Schritt in der Bearbeitungsleiste, um die vom Entpivotieren verwendeten generischen Überschriften zu bereinigen.

Der in der Bearbeitungsleiste angezeigte Code ist ein Ausschnitt in der Programmiersprache M. Wenn Sie in Power Query Aktionen mit den Befehlen im Menüband ausführen, werden diese Befehle in M-Code übersetzt und in der Bearbeitungsleiste sowie im erweiterten Editor, den Sie auf der Registerkarte *Ansicht* öffnen können, angezeigt.

M ist eine sehr umfangreiche Sprache mit vielen Optionen. Nur ein Bruchteil dieser Optionen wird im Power Query-Menüband angezeigt. Wenn Sie *Andere Spalten entpivotieren* auswählen, werden die Ergebnisse angezeigt. Das Power Query-Team hätte sich dafür entscheiden können, ein weiteres Dialogfeld anzuzeigen, in dem Sie nach dem neuen Namen für die Spalten *Attribut* und *Wert* gefragt werden, aber es kam zu dem Schluss, dass es einfacher wäre, Ihnen schnell die erstaunlichen Ergebnisse des Entpivotierens zu präsentieren und Ihnen dann die Möglichkeit zu geben, die Spalten mit den vorhandenen Methoden umzubenennen, wenn Ihnen dies wichtig ist.

Es gibt noch andere Möglichkeiten, die Spalten umzubenennen. Sie können auf jede Überschrift doppelklicken, um sie in den Bearbeitungsmodus zu versetzen: Geben Sie einen neuen Wert ein oder klicken Sie mit der rechten Maustaste auf jede Überschrift und wählen Sie *Umbenennen*.

Ich habe Leute getroffen, die das Power Query-Menüband nie verwenden. Sie erstellen eine leere Abfrage und geben den gesamten M-Code von Grund auf neu ein. Ich bin nicht so extrem, aber ich werde nach Möglichkeiten suchen, einige Schritte durch Bearbeiten des Codes in der Bearbeitungsleiste in einem einzigen Schritt zusammenzufassen.

Sie haben in Power Query alles erledigt. Klicken Sie auf der Registerkarte *Start* auf *Schließen & laden*. Ihre transformierten Daten werden in ein neues Tabellenblatt links neben dem ursprünglichen Blatt eingefügt.

Abbildung 19.9 zeigt die Ergebnisse von Power Query in den Spalten A bis E und anschließend in einer neuen PivotTable, die in G2 beginnt. Ziehen Sie in der Pivot-Tabelle *Monat* in die Zeilen, *Region* in die Spalten und *Umsatz* in die Werte.

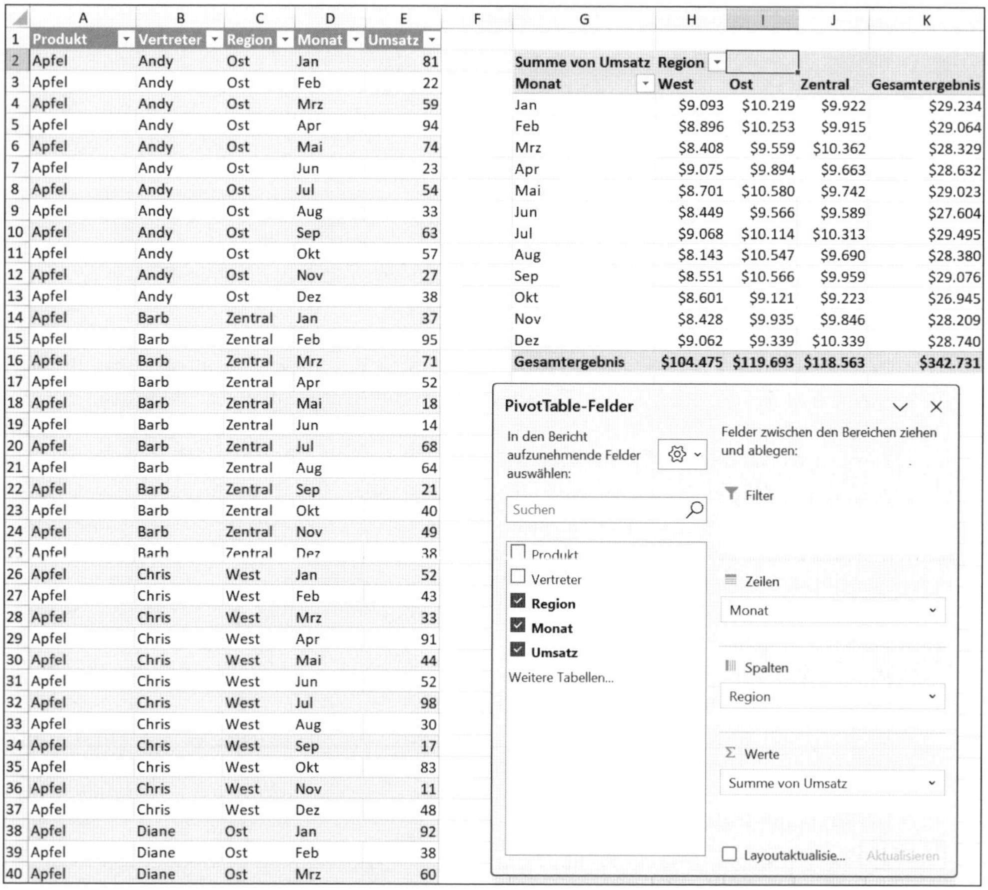

| | A | B | C | D | E |
|---|---|---|---|---|---|
| 1 | Produkt | Vertreter | Region | Monat | Umsatz |
| 2 | Apfel | Andy | Ost | Jan | 81 |
| 3 | Apfel | Andy | Ost | Feb | 22 |
| 4 | Apfel | Andy | Ost | Mrz | 59 |
| 5 | Apfel | Andy | Ost | Apr | 94 |
| 6 | Apfel | Andy | Ost | Mai | 74 |
| 7 | Apfel | Andy | Ost | Jun | 23 |
| 8 | Apfel | Andy | Ost | Jul | 54 |
| 9 | Apfel | Andy | Ost | Aug | 33 |
| 10 | Apfel | Andy | Ost | Sep | 63 |
| 11 | Apfel | Andy | Ost | Okt | 57 |
| 12 | Apfel | Andy | Ost | Nov | 27 |
| 13 | Apfel | Andy | Ost | Dez | 38 |
| 14 | Apfel | Barb | Zentral | Jan | 37 |
| 15 | Apfel | Barb | Zentral | Feb | 95 |
| 16 | Apfel | Barb | Zentral | Mrz | 71 |
| 17 | Apfel | Barb | Zentral | Apr | 52 |
| 18 | Apfel | Barb | Zentral | Mai | 18 |
| 19 | Apfel | Barb | Zentral | Jun | 14 |
| 20 | Apfel | Barb | Zentral | Jul | 68 |
| 21 | Apfel | Barb | Zentral | Aug | 64 |
| 22 | Apfel | Barb | Zentral | Sep | 21 |
| 23 | Apfel | Barb | Zentral | Okt | 40 |
| 24 | Apfel | Barb | Zentral | Nov | 49 |
| 25 | Apfel | Barb | Zentral | Dez | 38 |
| 26 | Apfel | Chris | West | Jan | 52 |
| 27 | Apfel | Chris | West | Feb | 43 |
| 28 | Apfel | Chris | West | Mrz | 33 |
| 29 | Apfel | Chris | West | Apr | 91 |
| 30 | Apfel | Chris | West | Mai | 44 |
| 31 | Apfel | Chris | West | Jun | 52 |
| 32 | Apfel | Chris | West | Jul | 98 |
| 33 | Apfel | Chris | West | Aug | 30 |
| 34 | Apfel | Chris | West | Sep | 17 |
| 35 | Apfel | Chris | West | Okt | 83 |
| 36 | Apfel | Chris | West | Nov | 11 |
| 37 | Apfel | Chris | West | Dez | 48 |
| 38 | Apfel | Diane | Ost | Jan | 92 |
| 39 | Apfel | Diane | Ost | Feb | 38 |
| 40 | Apfel | Diane | Ost | Mrz | 60 |

| Summe von Umsatz | Region | | | |
|---|---|---|---|---|
| Monat | West | Ost | Zentral | Gesamtergebnis |
| Jan | $9.093 | $10.219 | $9.922 | $29.234 |
| Feb | $8.896 | $10.253 | $9.915 | $29.064 |
| Mrz | $8.408 | $9.559 | $10.362 | $28.329 |
| Apr | $9.075 | $9.894 | $9.663 | $28.632 |
| Mai | $8.701 | $10.580 | $9.742 | $29.023 |
| Jun | $8.449 | $9.566 | $9.589 | $27.604 |
| Jul | $9.068 | $10.114 | $10.313 | $29.495 |
| Aug | $8.143 | $10.547 | $9.690 | $28.380 |
| Sep | $8.551 | $10.566 | $9.959 | $29.076 |
| Okt | $8.601 | $9.121 | $9.223 | $26.945 |
| Nov | $8.428 | $9.935 | $9.846 | $28.209 |
| Dez | $9.062 | $9.339 | $10.339 | $28.740 |
| Gesamtergebnis | $104.475 | $119.693 | $118.563 | $342.731 |



**Abbildung 19.9** Mit Daten in diesem hohen und schmalen Format ist es viel einfacher, weitere Pivot-Tabellen zu erstellen.

# Zwei Zeilen mit Überschriften entpivotieren

Das vorherige Beispiel war einfach: Ein einziges Entpivotieren hat Ihre Daten transformiert. Das in Abbildung 19.10 gezeigte Beispiel entspricht eher dem, was Sie in der Praxis sehen würden. Die Daten in Spalte A werden in einer Art Gliederungsformat angezeigt, wobei das Wort Ost in A3 für die leeren Zeilen A4:A11 gilt. Das Jahr 2029 in C1 gilt für alle leeren Spalten von D1 bis N1. Das Jahr 2030 in O1 gilt für die leeren Spalten rechts davon.

Mit Power Query lassen sich die leeren Felder in Spalte A sehr einfach ausfüllen, jedoch ist es komplexer, die erste Zeile zu füllen.

| | A | B | C | D | E | F | G | H | I | J | K | L | M | N | O | P | Q |
|---|---|---|---|---|---|---|---|---|---|---|---|---|---|---|---|---|---|
| 1 | | | 2029 | | | | | | | | | | | | 2030 | | |
| 2 | Region | Vertreter | Jan | Feb | Mrz | Apr | Mai | Jun | Jul | Aug | Sep | Okt | Nov | Dez | Jan | Feb | Mrz |
| 3 | Ost | Andy | 1299 | 1087 | 934 | 1173 | 1073 | 1120 | 1077 | 849 | 1190 | 954 | 1156 | 1183 | 1559 | 1304 | 1121 |
| 4 | | Diane | 1084 | 1239 | 1128 | 1105 | 1136 | 1239 | 1096 | 1116 | 1318 | 1284 | 1021 | 1244 | 1301 | 1487 | 1354 |
| 5 | | Gary | 1165 | 1189 | 1275 | 984 | 1027 | 1082 | 1114 | 1127 | 1237 | 1007 | 988 | 993 | 1398 | 1427 | 1530 |
| 6 | | Jared | 1126 | 1005 | 1074 | 1069 | 1327 | 998 | 1150 | 1226 | 1139 | 1020 | 1156 | 1018 | 1351 | 1206 | 1289 |
| 7 | | Michelle | 1173 | 1284 | 1104 | 1068 | 1358 | 1047 | 1269 | 1287 | 1297 | 1114 | 1259 | 971 | 1408 | 1541 | 1325 |
| 8 | | Paul | 1000 | 922 | 1099 | 1234 | 981 | 954 | 1246 | 1265 | 1052 | 1024 | 1089 | 805 | 1200 | 1106 | 1319 |
| 9 | | Stacie | 1040 | 1188 | 976 | 906 | 1211 | 1073 | 1210 | 1145 | 1071 | 871 | 1224 | 938 | 1248 | 1426 | 1171 |
| 10 | | Vera | 1241 | 1271 | 899 | 1140 | 1251 | 1064 | 891 | 1260 | 1175 | 885 | 963 | 1101 | 1489 | 1525 | 1079 |
| 11 | | Yazmin | 1091 | 1068 | 1070 | 1215 | 1216 | 989 | 1061 | 1272 | 1087 | 962 | 1079 | 1086 | 1309 | 1282 | 1284 |
| 12 | Ost Ergebnis | | 10219 | 10253 | 9559 | 9894 | 10580 | 9566 | 10114 | 10547 | 10566 | 9121 | 9935 | 9339 | 12263 | 12304 | 11471 |
| 13 | West | Chris | 984 | 997 | 923 | 1198 | 1178 | 1017 | 1056 | 969 | 1055 | 1158 | 899 | 1071 | 1181 | 1196 | 1108 |
| 14 | | Flo | 1173 | 1256 | 1035 | 1220 | 1157 | 1298 | 1071 | 914 | 981 | 993 | 1090 | 1091 | 1408 | 1507 | 1242 |

**Abbildung 19.10** Sie können diese Daten mit Power Query transformieren.

Power Query arbeitet gerne mit Tabellen, aber Tabellen erfordern eine Überschrift über jeder Spalte. Die Daten in Abbildung 19.10 haben keine Überschriften, die in einer Tabelle verwendet werden können. Der größte Teil von Zeile 1 ist leer. Die Monatsüberschriften in Zeile 2 sind nicht eindeutig. In diesem Fall sollten Sie daher anstelle einer Tabelle einen benannten Bereich verwenden:

1. Wählen Sie alle Daten von A1:Z32 aus. Klicken Sie in das Namensfeld (links neben der Bearbeitungsleiste), geben Sie **MeineDaten** ein und drücken Sie die [↵]-Taste.
2. Wählen Sie den gesamten Bereich *MeineDaten* aus und wählen Sie *Daten | Aus Tabelle/Bereich*. Power Query erkennt, dass Sie einen benannten Bereich verwenden, und versucht nicht, Ihren Daten Überschriften hinzuzufügen. Der Power Query-Editor wird gestartet.
3. Füllen Sie die leeren Felder in Spalte A des Excel-Tabellenblatts aus. Wählen Sie die Überschrift *Spalte1* aus. Öffnen Sie auf der Registerkarte *Transformieren* das Dropdownmenü *Ausfüllen* und wählen Sie *Nach unten*, wie in Abbildung 19.11 dargestellt.

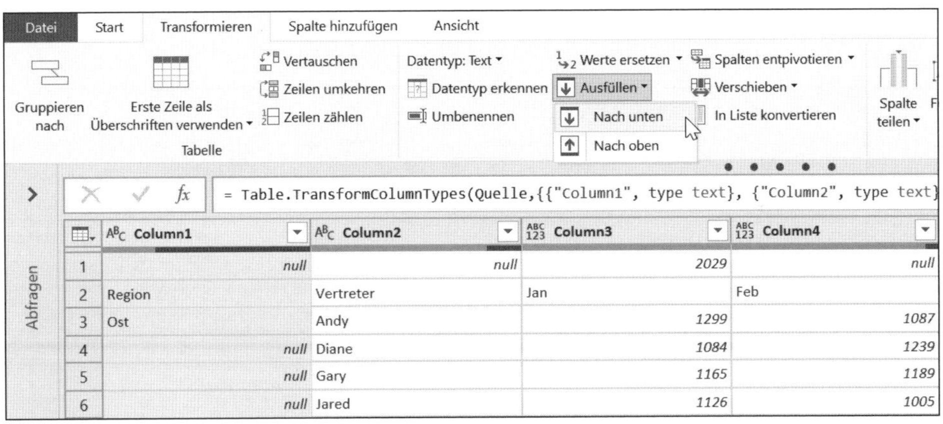


**Abbildung 19.11** Die Zeiten, in denen Sie in Excel *Gehe zu: Inhalte* verwendet haben, sind vorbei.

Erstaunlicherweise füllt die Auswahl von *Ausfüllen | Nach unten* jede leere Zelle mit dem in Abbildung 19.12 gezeigten Wert.

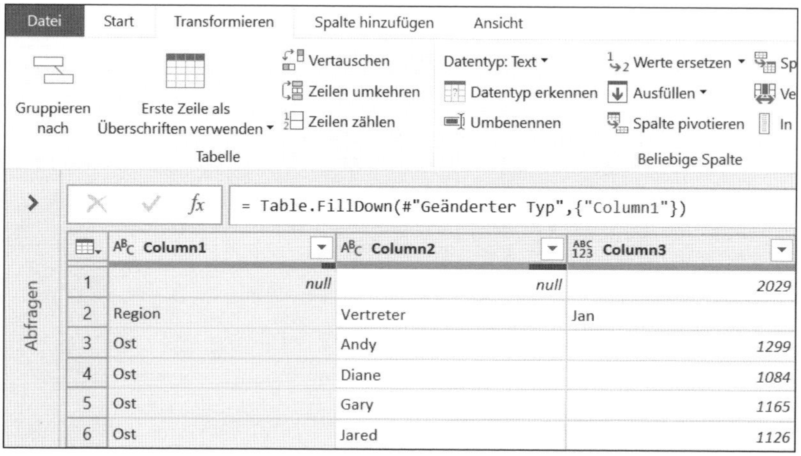


**Abbildung 19.12** Die Leerzeichen in Spalte A werden mit den Daten aus der Zeile darüber ausgefüllt.

An dieser Stelle würde ich mir immer wünschen, dass ich Zeile 1 auswählen und *Ausfüllen | Nach rechts* wählen könnte, aber Power Query stellt diesen Befehl nicht zur Verfügung. Da Microsoft *Ausfüllen | Nach rechts* nicht anbietet, müssen Sie die Daten transponieren, *Ausfüllen | Nach unten* wählen und dann wieder zurücktransponieren. Alle Schritte aus Abbildung 19.13 bis Abbildung 19.17 könnten ersetzt werden, wenn Power Query einen Befehl *Ausfüllen | Nach rechts* anbieten würde.

Sehen Sie sich Abbildung 19.12 noch einmal genau an. Im Menüband wird der Befehl *Vertauschen*, also Transponieren, auf der Registerkarte *Transformieren* angezeigt. Wählen Sie *Vertauschen*, um die Daten vorübergehend seitlich zu drehen, damit Sie *Ausfüllen | Nach unten* auswählen können.

Wählen Sie, wie in Abbildung 19.13 gezeigt, die Spalte mit den Jahren 2029 und 2030 aus. Wählen Sie *Transformieren | Ausfüllen | Nach unten*.

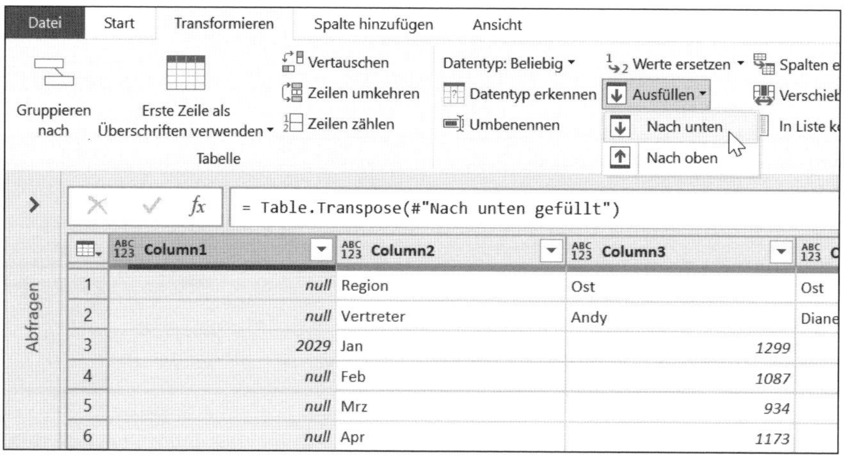


**Abbildung 19.13** Füllen Sie die leeren Jahre aus.

Nach dem Ausfüllen haben Sie links zwei Spalten, die die Spaltenüberschriften in den Originaldaten darstellen. Das Jahr befindet sich in Column1 und die Monatsabkürzung in Column2. Diese müssen Sie zu einer einzigen Spalte zusammenfassen. In Excel könnten Sie =B2&" "&A2 verwenden und diese Formel in die anderen Zeilen kopieren.

Der entsprechende Befehl in Power Query heißt *Spalten zusammenführen*. Da Sie den Monat aus Column2 vor dem Jahr aus Column1 haben möchten, müssen Sie diese Anweisungen sehr sorgfältig befolgen:

1. Klicken Sie auf die Überschrift *Column2*, um zuerst die Monate auszuwählen.
2. Klicken Sie bei gedrückter [Strg]-Taste auf die Überschrift *Column1*, um als Nächstes die Jahre auszuwählen.
3. Wählen Sie auf der Registerkarte *Transformieren* den Befehl *Spalten zusammenführen* (siehe Abbildung 19.14).

---

Wenn Sie die oben genannten Schritte nicht sorgfältig lesen, kann es passieren, dass Sie die Spalten in der falschen Reihenfolge auswählen. Es erscheint naheliegend, zuerst auf die linke Spalte (mit den Jahren) zu klicken und dann bei gedrückter [Strg]-Taste (oder [⇧]-Taste) auf die Monate zu klicken. Wenn Sie die Spalten in der falschen Reihenfolge auswählen, erhalten Sie nicht das gewünschte Ergebnis.

---

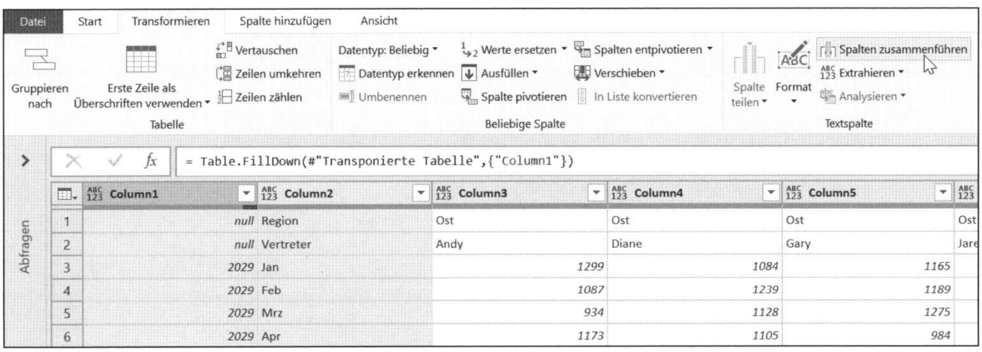


**Abbildung 19.14** Wählen Sie die Spalten mit den Monaten und den Jahren aus und klicken Sie dann auf *Spalten zusammenführen*.

Im Dialogfeld *Spalten zusammenführen* können Sie ein Trennzeichen für die Spalten auswählen und einen neuen Namen für die Spalte eingeben. Wenn Sie ein Leerzeichen als Trennzeichen auswählen, sollten Sie *Jan 2029* erhalten, wodurch die Ergebnisse so aussehen, dass Power Query sie als Datum transformieren kann (siehe Abbildung 19.15).

Ich habe eine kleine Beschwerde über die Ergebnisse des Zusammenführens. Im vorherigen Beispiel haben Sie *Column2* und *Column1* zusammengeführt. Sie hätten vielleicht erwartet, dass Power Query die neue Spalte links von Column1 oder rechts von Column2 (oder sogar links von Column2) einfügt. Power Query fügt die neue Spalte jedoch immer rechts von der letzten Spalte ein. Scrollen Sie bis über Spalte 32 hinaus, um die neuen Monats- und Jahresdaten zu finden.

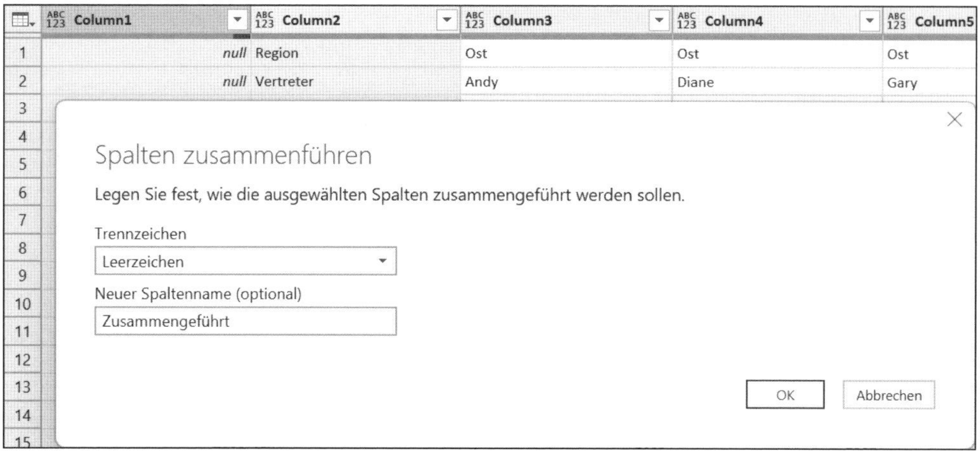


**Abbildung 19.15** Ändern Sie das Trennzeichen in ein Leerzeichen, bevor Sie den Monat und das Jahr zusammenführen.

Klicken Sie mit der rechten Maustaste auf die Überschrift der neuen Spalte und wählen Sie *Verschieben | An den Anfang*, wie in Abbildung 19.16 dargestellt.

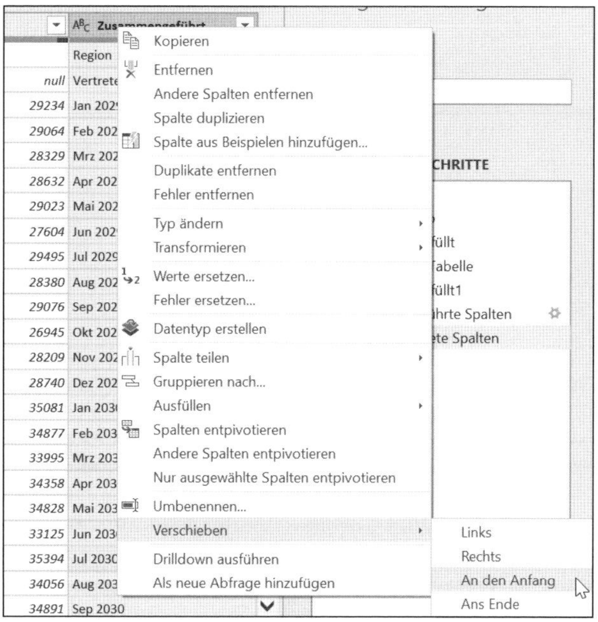


**Abbildung 19.16** Verschieben Sie die zusammengeführte Spalte zurück an den Anfang.

Es ist in den Abbildungen nicht dargestellt, aber da Sie nun Monat und Jahr als erste Spalte haben, können Sie *Column1* und *Column2* löschen.

Da Sie die beiden Zeilen mit den Überschriften erfolgreich zu einem einzigen Wert zusammengefasst haben, können Sie die Daten nun wieder in die ursprüngliche Struktur transponieren. Wählen Sie auf der Registerkarte *Transformieren* den Befehl *Vertauschen* (siehe Abbildung 19.17).

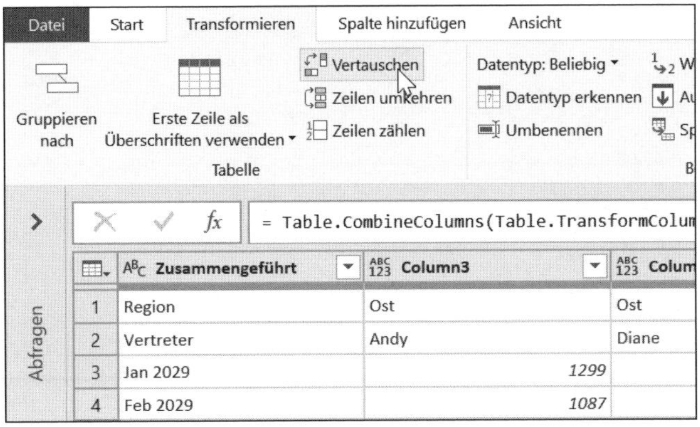


**Abbildung 19.17** Transponieren Sie die Daten zurück in die ursprüngliche Ausrichtung.

Nachdem Sie die Daten wieder in ihre ursprüngliche Ausrichtung transponiert haben, werden die Spaltenüberschriften in Zeile 1 der Daten angezeigt. Wählen Sie auf der Registerkarte *Transformieren* den Befehl *Erste Zeile als Überschriften verwenden* (siehe Abbildung 19.18).

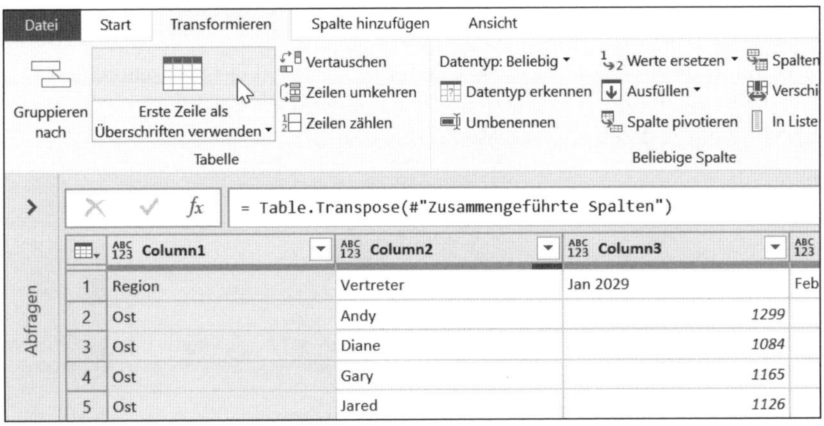


**Abbildung 19.18** Die erste Zeile enthält eigentlich die Spaltenüberschrift. Verwenden Sie *Erste Zeile als Überschriften verwenden*, um sie über Ihre Daten zu verschieben.

Bevor Sie diese Daten entpivotieren, müssen Sie noch ein paar Aufräumarbeiten vornehmen. Es ist sehr wahrscheinlich, dass der ursprüngliche Datensatz das Ergebnis einer Pivot-Tabelle war. Bevor Ihnen dieser Bericht zugesandt wurde, hat jemand eine Pivot-Tabelle erstellt, diese kopiert und als feste Werte eingefügt. Wenn Sie diese Person finden könnten, würden Sie sie wahrscheinlich bitten, Ihnen stattdessen die Quelldaten zuzusenden. Zumindest hätten Sie sie jedoch bitten können, die Teilergebnisse für das Feld *Region* zu deaktivieren.

Sie benötigen weder die in Zeile 10 von Abbildung 19.19 angezeigte Summe für Ost noch die in Zeile 19 angezeigte Summe für West. Weiter unten in den Daten, jedoch nicht in der Abbildung dargestellt, finden Sie auch Zeilen mit der Summe für Zentral und die Gesamtergebnisse. Diese benötigen Sie ebenfalls nicht.

Eine einfache Möglichkeit, die Summenzeilen zu entfernen, besteht darin, das Dropdownmenü *Filter* für das Feld *Vertreter* zu öffnen und alle Nullwerte zu entfernen.

| | Region | Vertreter | Jan 2029 |
|---|---|---|---|
| 1 | Ost | Andy | 1299 |
| 2 | Ost | Diane | 1084 |
| 3 | Ost | Gary | 1165 |
| 4 | Ost | Jared | 1126 |
| 5 | Ost | Michelle | 1173 |
| 6 | Ost | Paul | 1000 |
| 7 | Ost | Stacie | 1040 |
| 8 | Ost | Vera | 1241 |
| 9 | Ost | Yazmin | 1091 |
| 10 | Ost Ergebnis | null | 10219 |
| 11 | West | Chris | 984 |
| 12 | West | Flo | 1173 |
| 13 | West | Ike | 1184 |
| 14 | West | Lou | 1201 |
| 15 | West | Otto | 1205 |
| 16 | West | Raul | 1074 |
| 17 | West | Uma | 1171 |
| 18 | West | Xavier | 1101 |
| 19 | West Ergebnis | null | 9093 |
| 20 | Zentral | Barb | 1057 |

**Abbildung 19.19** Wenn Sie die Nullwerte in der Spalte *Vertreter* herausfiltern, werden alle Ergebniszeilen entfernt.

Nun können wir endlich das Entpivotieren ausführen. Wählen Sie die Spalten *Region* und *Vertreter* aus. Klicken Sie mit der rechten Maustaste auf die Überschrift *Vertreter* und wählen Sie *Andere Spalten entpivotieren* (siehe Abbildung 19.20).

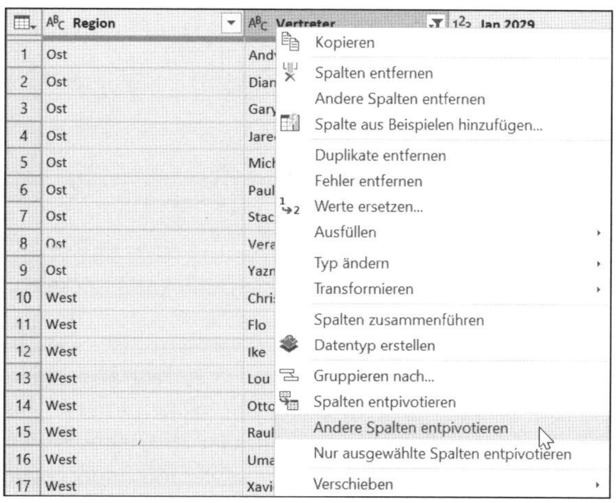


**Abbildung 19.20** Es waren zusätzliche Schritte erforderlich, um hierher zu gelangen, aber der Befehl *Andere Spalten entpivotieren* ist dennoch der wichtige Schritt.

Die Monats- und Jahreswerte, aus denen sich die Spaltenüberschriften zusammensetzen, werden in die Spalte *Attribut* übertragen, aber als Text angezeigt. Wählen Sie die Spalte mit diesen Werten aus. Öffnen Sie auf der Registerkarte *Transformieren* das Dropdownmenü *Datentyp* und wählen Sie *Datum*. Der Text »Jan 2029« wird in das Datum 1.1.2029 umgewandelt (siehe Abbildung 19.21).

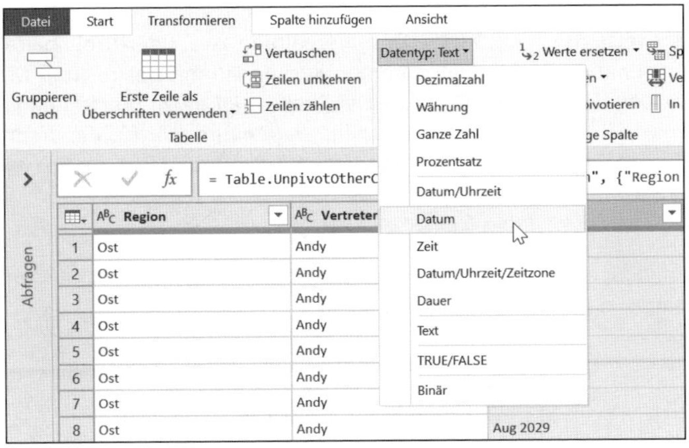


**Abbildung 19.21** Konvertieren Sie den Text »Jan 2029« in ein echtes Datum.

---

Falls Sie bei der Änderung in den Datentyp *Datum* in einige Zellen die Meldung »Error« sehen, kann dies daran liegen, dass das falsche Gebietsschema verwendet wird. Um dies zu ändern, wählen Sie im Power Query-Editor den Befehl *Datei | Optionen und Einstellungen | Abfrageoptionen.* Klicken Sie im Abschnitt *Aktuelle Arbeitsmappe* auf *Regionale Einstellungen.* Falls das Gebietsschema nicht auf *Deutsch (Deutschland)* steht, ändern Sie es entsprechend ab.

---

Das ist schon ganz gut, aber die Verkäufe für Januar fanden nicht alle am 1. Januar statt. Vielleicht möchten Sie lieber den 1. Januar 2029 in den 31. Januar 2029 umwandeln. Sobald Sie echte Datumsangaben in der Spalte haben, ist das ganz einfach.

Wählen Sie die Daten aus. Öffnen Sie auf der rechten Seite der Registerkarte *Start* das große Dropdownmenü *Datum*. Wählen Sie dann *Monat | Monatsende*, wie in Abbildung 19.22 dargestellt.

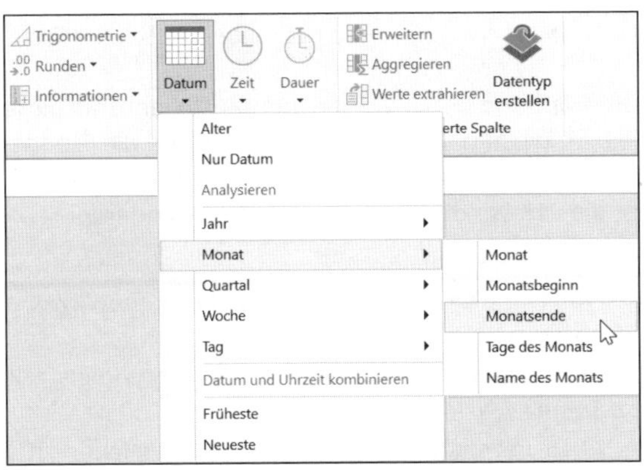


**Abbildung 19.22** Wenn ich mir diese fünf Optionen anschaue und über die entsprechende Excel-Formel nachdenke, die für die jeweilige Transformation erforderlich wäre, schätze ich die Einfachheit von Power Query.

Möglicherweise möchten Sie die Datumsspalte in zwei oder drei Spalten aufteilen, z.B. Jahr, Monatsname und Monatsnummer. Klicken Sie mit der rechten Maustaste auf die Spalte *Attribut* und wählen Sie zweimal *Spalte duplizieren*. Verwenden Sie dann das in Abbildung 19.22 gezeigte Dropdownmenü *Datum*, um *Jahr* für die ursprüngliche Spalte, *Name des Monats* für die erste duplizierte Spalte und *Monat* für die zweite duplizierte Spalte auszuwählen.

Benennen Sie einige Spalten um, und schon können Sie das Dataset schließen und laden. Abbildung 19.23 zeigt den transformierten Datensatz.

| | A | B | C | D |
|---|---|---|---|---|
| 1 | Region | Vertreter | Datum | Umsatz |
| 2 | Ost | Andy | 31.01.2029 | 1299 |
| 3 | Ost | Andy | 28.02.2029 | 1087 |
| 4 | Ost | Andy | 31.03.2029 | 934 |
| 5 | Ost | Andy | 30.04.2029 | 1173 |
| 6 | Ost | Andy | 31.05.2029 | 1073 |
| 7 | Ost | Andy | 30.06.2029 | 1120 |
| 8 | Ost | Andy | 31.07.2029 | 1077 |

**Abbildung 19.23** Blättern Sie zurück und vergleichen Sie dies mit dem Quelldatum in Abbildung 19.10.

Mit einer einfachen Aktualisierung können Sie alle Daten aus dem alten Format schnell in dieses nützliche Format konvertieren.

## Zellen mit Werten mit Trennzeichen in neue Zeilen entpivotieren

Ein paar Mal im Jahr sehe ich Daten, bei denen sich viele Datenwerte in einer einzigen Zelle befinden und bei denen die einzelnen Werte durch Trennzeichen getrennt sind. Ein extremes Beispiel ist in Abbildung 19.24 dargestellt. Spalte C enthält viele Wertepaare. Die beiden Werte in jedem Paar sind durch ein Komma getrennt, aber jedes nachfolgende Wertepaar ist durch ein Pipe-Zeichen (|) getrennt. Jede Zelle in Spalte C enthielt etwa 1000 Datenpaare, alle in einer Zelle.

Sie müssen die Daten anhand von Trennzeichen aufteilen und diese Ergebnisse dann in neue Zeilen umwandeln. In diesem speziellen Datensatz sind die Trennzeichen verschachtelt. Jedes Pipe-Zeichen (|) steht für eine neue Zeile und jedes Komma für eine neue Spalte.

Mit Power Query ist die Umwandlung dieser Daten ein Kinderspiel:

1. Formatieren Sie die Daten als Tabelle.
2. Wählen Sie auf der Registerkarte *Daten* den Befehl *Aus Tabelle/Bereich*, um die Daten in Power Query zu importieren.
3. Wählen Sie Spalte C aus. Wählen Sie auf der Power Query-Registerkarte *Start* den Befehl *Spalte teilen | Nach Trennzeichen*.
4. Wie in Abbildung 19.25 gezeigt, ändern Sie das Trennzeichen in *Benutzerdefiniert* und geben Sie das Pipe-Zeichen (|) ein.
5. Öffnen Sie die erweiterten Optionen und wählen Sie *Aufteilen in | Zeilen*. Wenn Sie Spalte C in neue Zeilen aufteilen, werden die Daten aus Spalte A und Spalte B in die neuen Zeilen kopiert. Das ist perfekt und unglaublich nützlich.

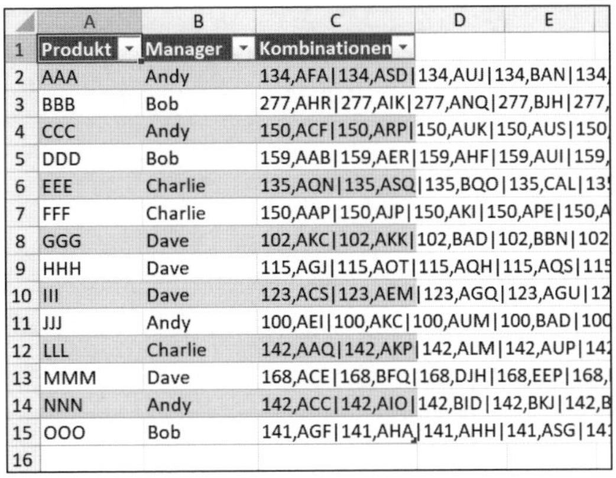

| | A | B | C | D | E |
|---|---|---|---|---|---|
| 1 | Produkt | Manager | Kombinationen | | |
| 2 | AAA | Andy | 134,AFA\|134,ASD\|134,AUJ\|134,BAN\|134 | | |
| 3 | BBB | Bob | 277,AHR\|277,AIK\|277,ANQ\|277,BJH\|277 | | |
| 4 | CCC | Andy | 150,ACF\|150,ARP\|150,AUK\|150,AUS\|150 | | |
| 5 | DDD | Bob | 159,AAB\|159,AER\|159,AHF\|159,AUI\|159 | | |
| 6 | EEE | Charlie | 135,AQN\|135,ASQ\|135,BQO\|135,CAL\|13 | | |
| 7 | FFF | Charlie | 150,AAP\|150,AJP\|150,AKI\|150,APE\|150,A | | |
| 8 | GGG | Dave | 102,AKC\|102,AKK\|102,BAD\|102,BBN\|102 | | |
| 9 | HHH | Dave | 115,AGJ\|115,AOT\|115,AQH\|115,AQS\|11 | | |
| 10 | III | Dave | 123,ACS\|123,AEM\|123,AGQ\|123,AGU\|12 | | |
| 11 | JJJ | Andy | 100,AEI\|100,AKC\|100,AUM\|100,BAD\|10 | | |
| 12 | LLL | Charlie | 142,AAQ\|142,AKP\|142,ALM\|142,AUP\|14 | | |
| 13 | MMM | Dave | 168,ACE\|168,BFQ\|168,DJH\|168,EEP\|168, | | |
| 14 | NNN | Andy | 142,ACC\|142,AIO\|142,BID\|142,BKJ\|142,B | | |
| 15 | OOO | Bob | 141,AGF\|141,AHA\|141,AHH\|141,ASG\|14 | | |
| 16 | | | | | |

**Abbildung 19.24** Jede Zelle in Spalte C enthält eine große Datenmenge.

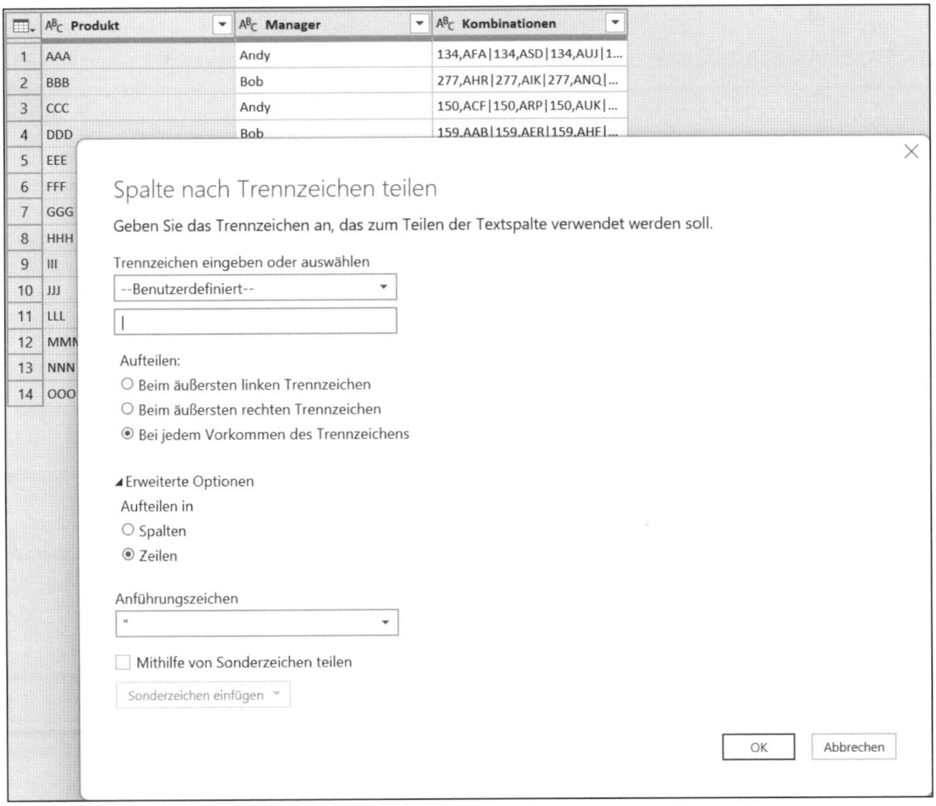


**Abbildung 19.25** Teilen Sie jedes Trennzeichen in eine neue Zeile auf.

6. Der letzte Schritt besteht darin, die dritte Spalte an der Stelle zu teilen, an der sich das Komma befindet (siehe Abbildung 19.26).

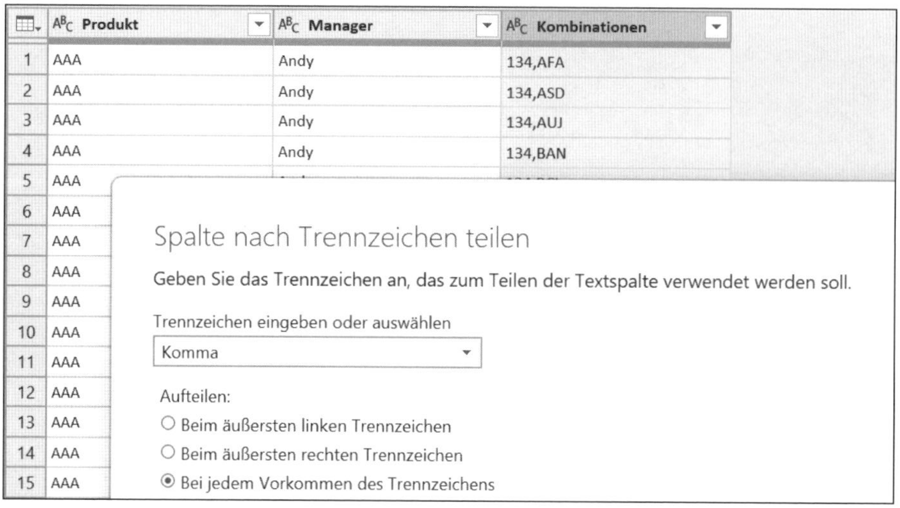


**Abbildung 19.26** Teilen Sie die Daten an der Stelle des Kommas, um zwei Spalten zu erstellen.

Die Ergebnisse sind in Abbildung 19.27 dargestellt. Die Daten aus den 14 Zellen in Abbildung 19.24 werden schnell in mehr als 16.000 Datenzeilen umgewandelt.

| | Produkt | Manager | Kombinationen.1 | Kombinationen.2 | E |
|---|---|---|---|---|---|
| 16336 | OOO | Bob | 976 | SLT | |
| 16337 | OOO | Bob | 976 | SML | |
| 16338 | OOO | Bob | 976 | TEO | |
| 16339 | OOO | Bob | 976 | TNK | |
| 16340 | OOO | Bob | 976 | TPC | |
| 16341 | OOO | Bob | 976 | TPN | |
| 16342 | OOO | Bob | 976 | TRK | |
| 16343 | OOO | Bob | 976 | UDL | |
| 16344 | | | | | |

**Abbildung 19.27** Die Daten wurden schnell in viele Zeilen aufgeteilt.

Fallen Ihnen die »schlechten« Spaltennamen in den Spalten C und D oben auf? Wenn dies wirklich Ihre Daten wären und Sie diese für den Rest Ihrer beruflichen Laufbahn jeden Tag aktualisieren müssten, würden Sie sich die Zeit nehmen, die Spalten in Power Query umzubenennen.

Ich erinnere mich noch gut an den Tag, an dem mir diese Frage gestellt wurde. Mein erster Lösungsversuch war eine komplizierte Sammlung dynamischer Arrays, aber es stellte sich heraus, dass die Tools in Power Query die Lösung erheblich vereinfachten.

# Zum Schluss

Das war's auch schon – alles, was ich über Pivot-Tabellen weiß. Sie sollten nun über alle Tools verfügen, die Sie benötigen, um hässliche, detaillierte Daten in schöne zusammenfassende Berichte umzuwandeln.

# Nachwort

Die englische Originalfassung dieses Buches, auf der diese Übersetzung basiert, ist mittlerweile in der achten Auflage erschienen. Als Mike Alexander und ich 2005 ursprünglich ein Buch über Pivot-Tabellen schrieben, schoss es schnell in die Bestsellerlisten. (Die erste Auflage des Buches war um vier Uhr morgens an einem kalten Januartag für eine Stunde lang das meistverkaufte Computerbuch auf Amazon.com.)

Das brandneue Copilot-Feature, das in Kapitel 18 behandelt wird, könnte die neue Funktion sein, die alles verändert. Derzeit ist sie noch sehr neu und nicht so zuverlässig, wie es die meisten Excel-Kunden benötigen würden. Diese Einschränkungen werden jedoch im Laufe der Zeit behoben werden.

Kapitel 17 zeigt, wie Sie die neuen dynamischen Array-Funktionen `PIVOTMIT()` und `GRUPPIERENNACH()` verwenden können, um etwas zu erstellen, das wie eine Pivot-Tabelle aussieht, ohne dafür jedoch eine Pivot-Tabelle zu verwenden.

Aber ich denke, das große Thema ist Power Query, insbesondere für die 99 Prozent der Excel-Anwender, die noch Windows verwenden. Es ist erstaunlich, wie oft die Datenbereinigungstools in Power Query zu einem wichtigen Bestandteil der Erstellung von Pivot-Tabellen werden. Power Query kommt in acht der 19 Kapitel des Buches vor.

Die meisten Menschen – selbst diejenigen, die Excel mehr als 40 Stunden pro Woche nutzen – wissen nicht, dass die Befehle auf der Registerkarte *Daten*, die als Einstiegspunkt für Power Query dienen, etwas Besonderes sind. Diese Befehle und Schaltflächen wurden 2016 hinzugefügt und ersetzten eine Reihe sehr ähnlicher älterer Symbole aus Excel 2013. Man könnte leicht denken, dass sich nichts Wesentliches geändert hat.

Für alle, die täglich den ganzen Tag mit Excel arbeiten – wenn Sie Power Query noch nicht entdeckt haben, schauen Sie sich diese Beispiele im Buch an:

- »Fallstudie: Daten für die PivotTable-Analyse bereinigen« in Kapitel 2
- »Fallstudie: DAX-Measures anstelle von berechneten Feldern verwenden« in Kapitel 5
- »Mit Power Query Daten extrahieren und transformieren « in den letzten drei Vierteln von Kapitel 7
- »Big Data mit Power Query verarbeiten« in Kapitel 10
- Alle Dateien aus einem Ordner kombinieren im Abschnitt »Ein Makro mit Power Query erstellen« in Kapitel 12
- »Tipp 21: Mit Power Query einen bidirektionalen SVERWEIS durchführen« in Kapitel 14
- »Pivotieren ohne PivotTable mithilfe von Formeln, Python oder Power Query« in Kapitel 17
- »Entpivotieren in Power Query« in Kapitel 19

# Index

## B

## C

## D

## E

## F

## G

## H



## I



## J



## K



## L

## M

## Q



## R

## U



## V

## W



## X



## Y

## Z